2025

백광훈 통합

형사소송법의 수사와 증거

기본서

백광훈 편저

경단기

박영사

PREFACE

| 머리말 |

백광훈 통합 형사소송법의 수사와 증거 제3판

독자 여러분들의 호응에 힘입어 올해도 2025년 시험대비 개정 제3판을 출간하게 되었다.

제3판의 개정사항을 요약해 보면 다음과 같다.

첫째, 제2판 출간 이후 이루어진 법령 개정사항을 반영하였다.

대표적으로 ㉠ 2023년 10월 12일 개정된 「성폭력범죄의 처벌 등에 관한 특례법」에서는 19세 미만 피해자와 신체적 · 정신적 장애로 사물을 변별하거나 의사를 결정하는 능력이 미약한 피해자의 진술이 영상녹화된 영상녹화물의 증거능력 인정요건으로서 피고인 등에게 반대신문의 기회가 보장되어야 함이 명시되었고, 변호사가 없는 19세 미만 피해자 등을 보호하기 위하여 국선변호사를 선정해 주어야 하는 등의 수사 및 재판절차에서의 여러 보호조치들이 마련되었으며, ㉡ 2023년 10월 17일에 개정된 「검사와 사법경찰관의 상호협력과 일반적 수사준칙에 관한 규정」에서는 수사기관이 고소 · 고발을 받은 경우에는 이를 반려하는 등의 조치를 하지 않고 수리하여야 하는 의무가 명시되었고, 수사기관의 수사의 기한들을 정비하는 등의 여러 변화가 있었으며, ㉢ 2024년 2월 13일에 개정된 「형사소송법」에서는 피고인이 형사처분을 면할 목적으로 국외에 있는 기간 동안에는 일반적인 공소시효기간과 마찬가지로 같은 법 제249조 제2항의 소위 의제 공소시효기간도 그 진행이 정지되도록 하였다. 이러한 법령의 개정사항들을 충실히 반영하기 위해서는 본서의 내용에 대한 전반적인 수정 · 보완이 불가피하였다.

둘째, 2024년 1월 11일까지 판시된 대법원 판례들을 비롯한 최신 판례의 내용을 수록하였다. 대표적으로 검사가 작성한 공범자에 대한 피의자신문조서의 증거능력 인정요건에 관한 대법원의 명시적인 판례(대법원 2023.6.1, 2023도3741 판결) 등이 내려졌으므로 이를 반영해야만 했다.

셋째, 제2판 출간 이후 제자들을 지도하면서 찾아낸 오탈자를 바로잡았다. 이외에는 초판의 집필원칙을 유지하였다.

끝으로 제2판에 이어 제3판에서도 편집 · 교정 · 제작과정에 전문적인 기술력과 열정적인 노력으로 임해 주신 도서출판 박영사의 임직원님들에게 깊은 감사를 드린다.

2024년 5월

백 광 훈

학습문의 http://cafe.daum.net/jplpexam (백광훈형사법수험연구소)

백광훈 통합 형사소송법의 수사와 증거 제2판(전면개정판)

초판에 대한 독자 여러분의 과분한 호응에 힘입어 올해에도 2024년 시험대비 전면개정판을 출간하게 되었다.

특히 형사소송법의 수사와 증거 기본서 제2판은 이전 초판과는 아예 다른 책으로 새롭게 태어났다.

가장 큰 변화는 초판의 기본서와 판례집 각 권 분권체제를 이번 개정을 통하여 기본서 한 권으로 통합한 것이다. 물론 분권체제와 통합체제는 각각의 장단점이 있을 수 있다. 그럼에도 기본서와 판례집의 통합작업을 한 것은, 아무래도 한 권의 책으로 이론과 판례를 반복하여 학습하는 것이 독자들의 공부에 더 큰 도움이 되리라는 판단이 유력하게 작용한 결과이다. 이러한 통합작업에는 기존 내용에 대한 전반적인 재검토가 자연스럽게 동반될 수밖에 없으므로, 기존의 판례정리 부분을 중심으로 책 전반에 걸친 대대적인 수정·보완이 행해지게 되었다.

이외에 최근 법령개정의 내용과 2023년 1월 31일까지 판시된 대법원 판례들을 비롯한 최신 판례의 내용을 충실히 반영하였고, 그동안 발견된 오탈자를 바로잡았다.

아무쪼록 본서가 경찰채용시험과 경찰간부시험을 준비하는 독자 여러분의 실력향상과 합격에 도움이 되기를 바라는 마음뿐이다. 끝으로, 전판에 이어 제2판의 출간을 기꺼이 허락해 주시고, 편집 및 교정작업에 헌신적인 노력을 해 주신 도서출판 박영사의 임직원님들에게 깊은 감사를 드린다.

2023년 5월

백광훈

학습문의 http://cafe.daum.net/jplpexam (백광훈형사법수험연구소)

PREFACE

| 머리말 |

백광훈 경찰형사법 형사소송법의 수사와 증거

본서는 경찰공무원 공개경쟁채용시험(순경공채), 경찰공무원 경력경쟁채용시험(전의경 · 경행 · 법학경채), 해양경찰공무원 공개경쟁채용시험(해경공채), 경찰간부후보생 선발시험(경찰간부) 및 경찰공무원 정기 승진시험(경찰승진) 등을 준비하는 수험생들을 위한 전문수험서이다.

2022년 7월, 필자는 서울 경단기학원에 출강하게 됨에 따라, 위에서 나열한 시험들을 준비하는 수험생들만을 위한 경찰형사법 전용 기본서, 판례집, 기출문제집, OX문제집 등의 강의교재 시리즈를 모두 새롭게 다시 만들게 되었다.

'백광훈 경찰형사법 교재 시리즈'는 필자의 기존 형법 · 형사소송법 교재들의 방대한 분량을 경찰형사법의 각 단계별 강의에 맞추어 확 줄인 것이다. 즉, ① 기본 이론강의에 필요한 '기본서', ② 심화 총정리강의에 필요한 '판례집', ③ 기출문제 총정리강의에 필요한 '기출문제집'이 바로 그것이다.

특히 최근 경찰공무원 시험과목이 개편되어 형사법에서는 형법총론 35%, 형법각론 35%, 형사소송법의 수사와 증거 30%의 비중으로 출제되고 있으며, 이 중 형사소송법의 수사에서는 15%가, 증거에서는 15%가 출제되고 있다. 이에 본서는 경찰형사법의 형사소송법의 수사와 증거를 공부하는 수험생들의 기본개념과 기본이론의 학습에 꼭 맞는 콘텐츠를 제공하고자 하였다.

본서의 특징을 간단히 소개하자면 아래와 같다.

1. 최근 형사소송법 및 관련 법령의 변화들을 꼼꼼히 반영하였다. 이를 간단히 도표로 정리하면 다음과 같다.

개정법률	주요내용
2020.2.4. 개정 형사소송법 · 검찰청법	• 사법경찰관에게 1차적 수사권과 수사종결권 부여 • 검사의 수사개시권 제한 • 검사에게 사법경찰관의 수사에 대한 감독기능 부여 • 고소인 · 피해자 등에게 이의신청권 부여 • 검사작성 피의자신문조서의 증거능력 요건의 강화
위 개정 관련 법령	• 2020년 12월 일부 개정 형사소송규칙(대법원규칙) 반영 • 2020년 10월 제정 검사와 사법경찰관의 상호협력과 일반적 수사준칙에 관한 규정(대통령령) 반영 • 2020년 12월 개정 공수처법 반영
2020.12.8. 개정 형사소송법	• 후관예우 방지 제척사유 신설 • 우리말에 맞게 순화한 전반적인 개정

2021.8.17. 개정 형사소송법	• 영상재판 등의 확대
2022.2.3. 개정 형사소송법	• 영장집행 시 사본교부의무의 신설
2022.5.9. 개정 형사소송법	• 사법경찰관의 불송치에 대한 고소인 등의 이의신청 등에 따라 검사가 사법경찰관으로부터 송치받은 사건 등에 관해서는 검사가 동일성을 해치지 아니하는 범위 내에서만 수사할 수 있도록 함 • 수사기관이 수사 중인 사건의 범죄혐의를 밝히기 위한 목적으로 합리적인 근거 없이 별개의 사건을 부당하게 수사하는 것을 금지함
2022.5.9. 개정 검찰청법	• 검사가 수사를 개시할 수 있는 6대 범죄 중에서 공직자범죄, 선거범죄, 방위사업범죄, 대형참사 등 4개 범죄를 제외함(선거범죄에 대해서는 2022년 12월 31일까지 수사권 유지) • 다른 법률에 따라 사법경찰관리의 직무를 행하는 자 및 고위공직자범죄수사처 소속 공무원이 범한 범죄는 검사가 수사를 개시할 수 있도록 함 • 검사는 자신이 수사개시한 범죄에 대하여는 공소를 제기할 수 없도록 함

2. 본서만으로도 형사소송법의 수사와 증거에 대한 실질적인 이해가 가능하도록 그 내용을 충실히 구성하였다. 동시에 기출문제는 수험의 시작이자 끝이라는 점에서 기본서 내용 전반에 경찰형사법 기출지문들이 모두 녹아들도록 만전을 기하였다.
3. 핵심만을 간추려 빠른 회독을 할 수 있도록 하였다. 이에 본서는 전체 내용을 단기간에 정리할 수 있는 요약서의 기능 또한 충분히 수행할 것이다.
4. 형사법 과목에서 판례의 중요성은 아무리 강조해도 지나치지 아니하므로, 본서는 이론과 판례를 연계하여 이해할 수 있도록 핵심적인 기본판례를 수록하였다. 다만, 경찰형사법에서 최대 출제비중을 차지하는 판례에 대한 심화학습은 제2단계 교재인 판례집에서 이루어지게 될 것이다. 참고로 기본서와 판례집 모두 2022년 2월 11일까지 판시된 판례들이 수록되어 있음을 확인해 둔다. 이후의 최신판례들은 각 시험 전 최신 판례특강을 통해 업데이트된다는 점도 동시에 알려두고자 한다.
5. 기본이론 강의교재인 본서와 심화판례 강의교재인 판례집의 내용구성을 일치시킴으로써 독자들이 이론과 판례를 쉽게 연결하여 학습할 수 있도록 하였다.

끝으로 지면을 빌려, 경찰형사법 교재 시리즈를 집필함에 있어서 필자의 까다로운 여러 요청들을 묵묵히 수용해 주시고 본서의 출간을 기꺼이 맡아 주신 도서출판 박영사의 임직원들에 대한 심심한 감사의 마음을 기록해 둔다.

2022년 6월

백광훈

학습문의 http://cafe.daum.net/jplpexam (백광훈형사법수험연구소)

STRUCTURE

| 구성과 특징 |

1 도표로 제시한 핵심포인트

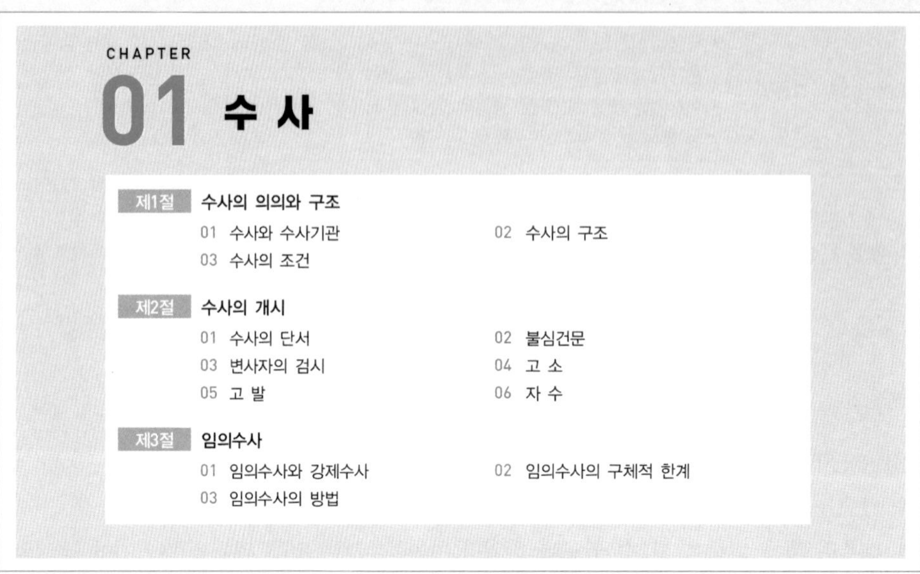

CHAPTER 01 수 사

제1절 수사의 의의와 구조
01 수사와 수사기관
02 수사의 구조
03 수사의 조건

제2절 수사의 개시
01 수사의 단서
02 불심검문
03 변사자의 검시
04 고 소
05 고 발
06 자 수

제3절 임의수사
01 임의수사와 강제수사
02 임의수사의 구체적 한계
03 임의수사의 방법

각 장을 시작하면서 후술할 내용의 구조를 도표화하여 학습에 앞서 전체적인 논리를 파악하고 준비할 수 있도록 하였다. 이는 세부사항에만 몰두하여 중요한 맥락에 대한 이해를 놓치지 않도록 함으로써 효과적인 학습을 돕기 위함이다.

2 최근 출제경향 분석

5개년 출제경향 분석

구분	경찰간부					경찰승진					경찰채용					국가7급					국가9급					법원9급					변호사				
	19	20	21	22	23	20	21	22	23	24	20	21	22	23	24	19	20	21	22	23	20	21	22	23	24	19	20	21	22	23	20	21	22	23	24
제1절 형사소송법의 의의와 성격																				1															
제2절 형사소송법의 법원과 적용범위									1	2	1																								
제3절 형사소송법의 역사																																			
출제율	0/200 (0.0%)					3/200 (1.5%)					1/160 (0.6%)					1/100 (1.0%)					0/115 (0.0%)					0/125 (0.0%)					0/200 (0.0%)				

각종 시험의 출제횟수와 비율을 분석하여 각 장의 도입부에 제시하였다. 이를 통해 출제경향에 따른 학습방향을 설계할 수 있도록 하였다.

3 개념과 이론

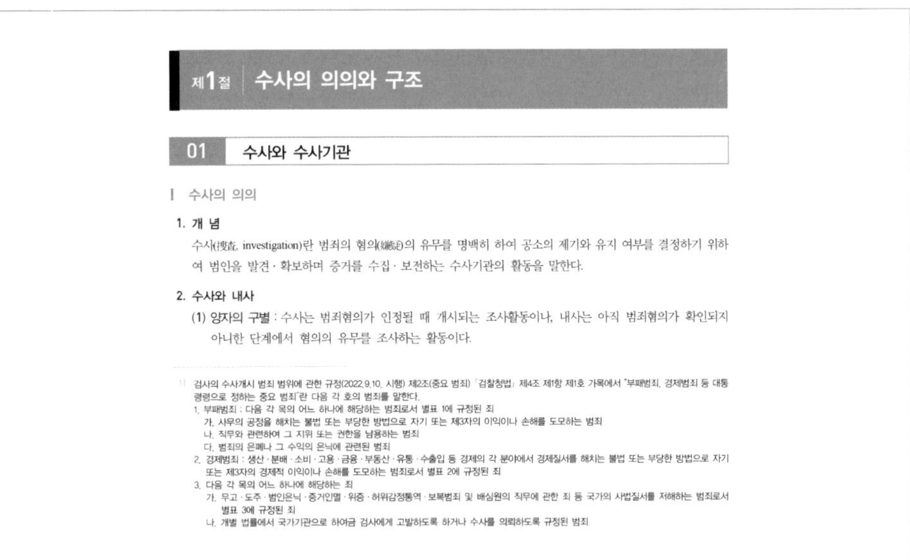

제1절 수사의 의의와 구조

01 수사와 수사기관

I 수사의 의의

1. 개 념

수사(搜査, investigation)란 범죄의 혐의(嫌疑)의 유무를 명백히 하여 공소의 제기와 유지 여부를 결정하기 위하여 범인을 발견·확보하며 증거를 수집·보전하는 수사기관의 활동을 말한다.

2. 수사와 내사

(1) **양자의 구별** : 수사는 범죄혐의가 인정될 때 개시되는 조사활동이나, 내사는 아직 범죄혐의가 확인되지 아니한 단계에서 혐의의 유무를 조사하는 활동이다.

1) 검사의 수사개시 범죄 범위에 관한 규정(2022.9.10. 시행) 제2조(중요 범죄) 「검찰청법」 제4조 제1항 제1호 가목에서 "부패범죄, 경제범죄 등 대통령령으로 정하는 중요 범죄"란 다음 각 호의 범죄를 말한다.
1. 부패범죄 : 다음 각 목의 어느 하나에 해당하는 범죄로서 별표 1에 규정된 죄
가. 사무의 공정을 해치는 불법 또는 부당한 방법으로 자기 또는 제3자의 이익이나 손해를 도모하는 범죄
나. 직무와 관련하여 그 지위 또는 권한을 남용하는 범죄
다. 범죄의 은폐나 그 수익의 은닉에 관련된 범죄
2. 경제범죄 : 생산·분배·소비·고용·금융·부동산·유통·수출입 등 경제의 각 분야에서 경제질서를 해치는 불법 또는 부당한 방법으로 자기 또는 제3자의 경제적 이익이나 손해를 도모하는 범죄로서 별표 2에 규정된 죄
3. 다음 각 목의 어느 하나에 해당하는 죄
가. 무고·도주·범인은닉·증거인멸·위증·허위감정통역·보복범죄 및 배심원의 직무에 관한 죄 등 국가의 사법질서를 저해하는 범죄로서 별표 3에 규정된 죄
나. 개별 법률에서 국가기관으로 하여금 검사에게 고발하도록 하거나 수사를 의뢰하도록 규정된 범죄

정확한 개념을 견지하면서도 수험생이 이해하기 쉽도록 간결하게 서술하였다. 중요내용은 음영과 굵은 서체로 표기하였고, 추가적인 설명이 필요한 부분은 각주로 처리하여 본문독해에 효율성을 기하면서도 쉽게 이해할 수 있도록 하였다.

4 풍부한 판례연구

판례연구 내용의 인정

대법원 2023.4.27, 2023도2102 [국가9급 24]

검사 작성 피의자신문조서의 증거능력 인정요건인 내용의 인정의 의미

피고인에 대한 검찰 피의자신문조서에는 피고인이 2021.3.경부터 같은 해 6.10. 19 : 00경 사이에 공소사실과 같은 방법으로 메트암페타민을 2회 투약하였다고 진술한 것으로 기재되어 있는데, 피고인은 공소사실을 부인하였다. … 2020.2.4. 법률 제16924호로 개정되어 2022.1.1.부터 시행된 형사소송법 제312조 제1항은 검사가 작성한 피의자신문조서는 공판준비, 공판기일에 그 피의자였던 피고인 또는 변호인이 그 내용을 인정할 때에 한정하여 증거로 할 수 있다고 규정하고 있다. 여기서 '그 내용을 인정할 때'라 함은 피의자신문조서의 기재 내용이 진술 내용대로 기재되어 있다는 의미가 아니고 그와 같이 진술한 내용이 실제 사실과 부합한다는 것을 의미한다(대법원 2022.7.28, 2020도15669; 2010.6.24, 2010도5040 등). 따라서 피고인이 공소사실을 부인하는 경우 검사가 작성한 피의자신문조서 중 공소사실을 인정하는 취지의 진술 부분은 그 내용을 인정하지 않았다고 보아야 한다.[2]

형사소송법 최신 중요판례를 본문 곳곳에 수록하였다. 해당 이론과 관련된 판례를 바로 하단에 배치함으로써 학습의 흐름을 이어가며 판례학습과 이론암기를 동시에 진행할 수 있도록 하였다.

Terminology Summary

주요 법령 및 약칭

- 가정폭력범죄의 처벌 등에 관한 특례법 → 가폭법
- 검사의 사법경찰관리에 대한 수사지휘 및 사법경찰관리의 수사준칙에 관한 규정(대통령령) → 수사규정
- 검찰사건사무규칙 → 검사규
- 검찰청법 → 검찰
- 경찰관직무집행법 → 경직
- 공직선거법 → 공선
- 교통사고처리특례법 → 교특
- 국민의 형사재판 참여에 관한 법률 → 국참
- 국민의 형사재판 참여에 관한 규칙 → 국참규
- 대한민국헌법 → 헌법
- 민사소송법 → 민소
- 법원조직법 → 법조
- 성매매알선 등 행위의 처벌에 관한 법률 → 성매매법
- 성폭력범죄 사건의 심리·재판 및 피해자 보호에 관한 규칙 → 성폭심리규
- 성폭력범죄의 처벌 등에 관한 특례법 → 성폭법
- 소년법 → 소년
- 소송촉진 등에 관한 특례법 → 소촉
- 소송촉진 등에 관한 특례규칙 → 소촉규
- 아동·청소년의 성보호에 관한 법률 → 아청법
- 즉결심판에 관한 절차법 → 즉심
- 집회와 시위에 관한 법률 → 집시법
- 특정강력범죄 처벌에 관한 특례법 → 특강(법)
- 특정경제범죄 가중처벌 등에 관한 법률 → 특경법
- 특정범죄 가중처벌 등에 관한 법률 → 특가법
- 폭력행위 등 처벌에 관한 법률 → 폭처법
- 헌법재판소법 → 헌재
- 형법 → 형법
- 형사보상 및 명예회복에 관한 법률 → 형보법
- 형사소송법 → 법 또는 생략
- 형사소송규칙(대법원규칙) → 규칙
- 형사소송비용 등에 관한 법률 → 형비
- 형의 집행 및 수용자의 처우에 관한 법률 → 형집행법

※ 이외 재판예규 등은 해당 부분에서 적절히 축약하여 씀

주요 참고문헌 및 약칭

- 강구진, 형사소송법원론, 1982 → 강구진
- 김재환, 형사소송법, 2013 → 김재환
- 노명선/이완규, 형사소송법, 2009 → 노/이
- 배종대/이상돈/정승환/이주원, 신형사소송법, 2013 → 배/이/정/이
- 법무부, 개정 형사소송법, 2007 → 법무부개정법해설
- 법원행정처, 법원실무제요, 형사 Ⅰ·Ⅱ → 법원실무Ⅰ·Ⅱ
- 법원행정처, 형사소송법 개정법률 해설, 2007 → 법원개정법해설
- 손동권/신이철, 새로운 형사소송법, 2013 → 손/신
- 신동운, 신형사소송법, 2015 → 신동운
- 심희기/양동철, 신형사소송법판례, 2009 → 심/양
- 이은모, 형사소송법, 2014 → 이은모
- 이재상/조균석, 형사소송법, 2015 → 이/조
- 이창현, 형사소송법, 2015 → 이창현
- 임동규, 형사소송법, 2015 → 임동규
- 정영석/이형국, 형사소송법, 1996 → 정/이
- 정웅석/백승민, 형사소송법, 2012 → 정/백
- 정주형, 형사소송법 강의안, 2014 → 정주형
- 차용석/최용성, 형사소송법, 2009 → 차/최
- 형사판례연구회, 형사판례연구 → 형판연구

판례부호 해설

- 고단 : 형사1단독사건
- 고합 : 형사1심합의사건
- 노 : 형사항소사건
- 도 : 형사상고사건
- 로 : 형사항고사건
- 모 : 형사재항고사건
- 보 : 형사준항고사건
- 오 : 비상상고사건
- 재 : 재심사건(단, 재심사건이 상소되면 '재'를 붙이지 않음)
- 감도 : 치료감호상고사건
- 전도 : 부착명령상고사건[이상과 관련하여, 이외의 사건부호는 「사건별 부호문자의 부여에 관한 예규」(재판예규 제1615호) 참조]
- 헌가 : 위헌법률심판사건
- 헌마 : 제1종 헌법소원심판사건
- 헌바 : 제2종 헌법소원심판사건

Tendency of Questions

| 출제경향 |

최근 5개년 출제경향 분석

제1장 수사

구분	경찰간부					경찰승진					경찰채용					국가7급					국가9급					법원9급					변호사				
	19	20	21	22	23	20	21	22	23	24	20	21	22	23	24	19	20	21	22	23	20	21	22	23	24	19	20	21	22	23	20	21	22	23	24
제1절 수사의 의의와 구조					1	1	1	2	2		1	4						1																	
제2절 수사의 개시		2	1	2	1	2	5	3	3	2	3	2	4	2	1		1		2		1	1	1		1	1	1	1	1	1		1	1	1	
제3절 임의수사	3	1	1	2	2	2	5	1	1	1	4		1	1	1			1						1			1							2	
출제율	16/200 (8.0%)					31/200 (15.5%)					24/160 (15.0%)					5/100 (5.0%)					5/115 (4.3%)					6/125 (4.8%)					5/200 (2.5%)				

제2장 강제처분과 강제수사

구분	경찰간부					경찰승진					경찰채용					국가7급					국가9급					법원9급					변호사				
	19	20	21	22	23	20	21	22	23	24	20	21	22	23	24	19	20	21	22	23	20	21	22	23	24	19	20	21	22	23	20	21	22	23	24
제1절 체포와 구속	4	4	4		2	7	4	6	3	7	5	3	4	4	2	2	1	2	2	1	2	2		1	1	4	1	1	2	3	4	1	1	2	
제2절 압수·수색·검증·감정	3	3	4	2	2	4	5	3	3	3	3	3	3	3	2	1	1	2	1	2	1	2	4	1	2	1	2	1	1	2	1	1	2	2	1
제3절 수사상의 증거보전		1				1		1	1					2																					
출제율	29/200 (14.5%)					48/200 (24.0%)					34/160 (21.3%)					15/100 (15.0%)					16/115 (13.9%)					18/125 (14.4%)					15/200 (7.5%)				

제3장 수사의 종결

구분	경찰간부					경찰승진					경찰채용					국가7급					국가9급					법원9급					변호사				
	19	20	21	22	23	20	21	22	23	24	20	21	22	23	24	19	20	21	22	23	20	21	22	23	24	19	20	21	22	23	20	21	22	23	24
제1절 사법경찰관과 검사의 수사종결		1	1		1	2		2	1			1	2																					1	
제2절 공소제기 후의 수사	1	1	1				1	1	1			1								1		1		1	1	1		1	1					1	1
출제율	6/200 (3.0%)					8/200 (4.0%)					4/160 (2.5%)					1/100 (1.0%)					3/115 (2.6%)					3/125 (2.4%)					3/200 (1.5%)				

제4장 증거

구분	경찰간부					경찰승진					경찰채용					국가7급					국가9급					법원9급					변호사				
	19	20	21	22	23	20	21	22	23	24	20	21	22	23	24	19	20	21	22	23	20	21	22	23	24	19	20	21	22	23	20	21	22	23	24
제1절 증거법 일반	1		1				1	1	1	1					2					1														1	1
제2절 증명의 기본원칙	1	1				1		1	1	2	2	1	2	1	2	1		1	1		1	1			1		1						1		
제3절 자백배제법칙	1		1				1	1	1	1	2		1	1	2														1						
제4절 위법수집증거 배제법칙	1		1			1	2	3	3	1	3	2	1	1	2		1		1			1			1		1	1	1		2	1	1	2	1
제5절 전문법칙	1	2	2	4	1	3	1	3	3	4	1	3	5	2	3	2	2	1	2		1	2	3	2	1	1		1	1		3	4	3		1
제6절 당사자의 동의와 증거능력	1	2	2	1		1	1		1	1	1	1	1	1	1			1		1	1		1			1					1	1	1	1	1
제7절 탄핵증거		1	1				1			1	1	1								1	1													1	
제8절 자백의 보강법칙	1	1	1	1		1		1		1						1	1						1			1		1		1	1	1	1	1	
제9절 공판조서의 배타적 증명력																														1					
출제율	30/200 (15.0%)					46/200 (23.0%)					46/160 (28.8%)					18/100 (18.0%)					18/115 (15.7%)					13/125 (10.4%)					31/200 (15.5%)				

CONTENTS

| 차 례 |

출제경향 분석

구분	제1장 수사	제2장 강제처분과 강제수사	제3장 수사의 종결	제4장 증거
경찰간부	16/200 (8.0%)	29/200 (14.5%)	6/200 (3.0%)	30/200 (15.0%)
경찰승진	31/200 (15.5%)	48/200 (24.0%)	8/200 (4.0%)	46/200 (23.0%)
경찰채용	24/160 (15.0%)	34/160 (21.3%)	4/160 (2.5%)	46/160 (28.8%)
국가7급	5/100 (5.0%)	15/100 (15.0%)	1/100 (1.0%)	18/100 (18.0%)
국가9급	5/115 (4.3%)	16/115 (13.9%)	3/115 (2.6%)	18/115 (15.7%)
법원9급	6/125 (4.8%)	18/125 (14.4%)	3/125 (2.4%)	13/125 (10.4%)
변호사	5/200 (2.5%)	15/200 (7.5%)	3/200 (1.5%)	31/200 (15.5%)

형사소송법의 수사와 증거

CHAPTER

01 수 사

제1절 수사의 의의와 구조

01 수사와 수사기관

02 수사의 구조

03 수사의 조건

제2절 수사의 개시

01 수사의 단서

02 불심검문

03 변사자의 검시

04 고 소

05 고 발

06 자 수

제3절 임의수사

01 임의수사와 강제수사

02 임의수사의 구체적 한계

03 임의수사의 방법

5개년 출제경향 분석

구분	경찰간부					경찰승진					경찰채용					국가7급					국가9급					법원9급					변호사				
	19	20	21	22	23	20	21	22	23	24	20	21	22	23	24	19	20	21	22	23	20	21	22	23	24	19	20	21	22	23	20	21	22	23	24
제1절 수사의 의의와 구조					1	1	1	2	2		1	4						1																	
제2절 수사의 개시		2	1	2	1	2	5	3	3	2	3	2	4	2	1		1		2		1	1	1		1	1	1	1	1	1		1	1	1	
제3절 임의수사	3	1	1	2	2	2	5	1	1	1	4		1	1	1			1						1			1							2	
출제율	16/200 (8.0%)					31/200 (15.5%)					24/160 (15.0%)					5/100 (5.0%)					5/115 (4.3%)					6/125 (4.8%)					5/200 (2.5%)				

제1절 수사의 의의와 구조

01 수사와 수사기관

I 수사의 의의

1. 개 념

수사(捜査, investigation)란 범죄의 혐의(嫌疑)의 유무를 명백히 하여 공소의 제기와 유지 여부를 결정하기 위하여 범인을 발견·확보하며 증거를 수집·보전하는 수사기관의 활동을 말한다.

2. 수사와 내사

(1) **양자의 구별** : 수사는 범죄혐의가 인정될 때 개시되는 조사활동이나, 내사는 아직 범죄혐의가 확인되지 아니한 단계에서 혐의의 유무를 조사하는 활동이다.

(2) 구별실익

① 피내사자는 형사소송법이 인정하는 피의자의 권리를 원칙적으로 주장할 수 없다. 형사소송법에서도 피의자의 권리를 피내사자에 준용하는 명문의 규정을 두고 있지 않다[경찰채용 14 1차]. 그러나 변호인과의 접견교통권은 제한되지 않는다.

② 피내사자는 피의자와 달리 증거보전(제184조)을 청구할 수 없다.

③ 내사종결처분에 대해서 고소인은 재정신청(제260조)이나 헌법소원을 제기할 수 없다.

II 수사기관

1. 의 의

법률상 수사의 권한이 인정된 국가기관을 말한다. 여기에는 검사와 사법경찰관리가 있다.

2. 검 사

(1) 수사권

① **수사개시권의 제한** : 검사는 범죄의 혐의가 있다고 사료하는 때에는 범인·범죄사실과 증거를 수사하여야 한다(제196조 제1항). 다만 검사의 직접적 수사개시권은 제한적으로만 인정된다. 즉, 2020년 검·경 수사권 조정을 위한 개정 검찰청법(이하 '검찰')에 의하여 검사가 직접 수사를 개시할 수 있는 범죄는 부패범죄, 경제범죄, 공직자범죄, 선거범죄, 방위사업범죄, 대형참사범죄 등 대통령령(검사의 수사개시범위에 관한 규정)이 정하는 6대 범죄로 제한되었다가, 2022년 5월 개정 검찰청법에 의하여 그 범위가 더욱 축소되어 **부패범죄, 경제범죄 등 대통령령으로 정하는 중요 범죄**[1]로 제한되었다. 이외는 경찰공무원 및 고위공직자범죄수사처 소속 공무원이 범한 범죄와 사법경찰관이 송치한 범죄와 관련하여 인지

---

1) 검사의 수사개시 범죄 범위에 관한 규정(2022.9.10. 시행) 제2조(중요 범죄) 「검찰청법」 제4조 제1항 제1호 가목에서 "부패범죄, 경제범죄 등 대통령령으로 정하는 중요 범죄"란 다음 각 호의 범죄를 말한다.
1. 부패범죄 : 다음 각 목의 어느 하나에 해당하는 범죄로서 별표 1에 규정된 죄
   가. 사무의 공정을 해치는 불법 또는 부당한 방법으로 자기 또는 제3자의 이익이나 손해를 도모하는 범죄
   나. 직무와 관련하여 그 지위 또는 권한을 남용하는 범죄
   다. 범죄의 은폐나 그 수익의 은닉에 관련된 범죄
2. 경제범죄 : 생산·분배·소비·고용·금융·부동산·유통·수출입 등 경제의 각 분야에서 경제질서를 해치는 불법 또는 부당한 방법으로 자기 또는 제3자의 경제적 이익이나 손해를 도모하는 범죄로서 별표 2에 규정된 죄
3. 다음 각 목의 어느 하나에 해당하는 죄
   가. 무고·도주·범인은닉·증거인멸·위증·허위감정통역·보복범죄 및 배심원의 직무에 관한 죄 등 국가의 사법질서를 저해하는 범죄로서 별표 3에 규정된 죄
   나. 개별 법률에서 국가기관으로 하여금 검사에게 고발하도록 하거나 수사를 의뢰하도록 규정된 범죄

한 각 해당범죄와 '직접 관련성이 있는 범죄'에 한정된다(2022.5.9. 개정 검찰청법 제4조 제1항 제1호 단서)(이외의 범죄에 대한 수사개시권은 사법경찰관에게 있다).[2]

② **송치사건에 대한 보완수사권 행사의 범위** : 검사는 제197조의3 제6항(사경의 위법 · 부당수사에 대한 시정조치 미이행으로 검사가 송치받은 경우), 제198조의2 제2항(사경의 위법체포 · 구속에 의하여 검사가 송치받은 경우) 및 제245조의7 제2항(사경의 불송치결정에 대한 고소인 등의 이의신청에 의하여 검사가 송치받은 경우)에 따라 사법경찰관으로부터 송치받은 사건에 관하여는 **해당 사건과 동일성을 해치지 아니하는 범위 내**에서 수사할 수 있다(2022.5.9. 개정 제196조 제2항).

③ **검찰송치사건에 대한 보완수사의 방식** : 사법경찰관은 고소 · 고발 사건을 포함하여 범죄를 수사한 때 범죄의 혐의가 있다고 인정되는 경우에는 지체 없이 검사에게 사건을 송치하고, 관계 서류와 증거물을 검사에게 송부하여야 한다(2020.2.4. 수사권 조정 개정법 제245조의5 제1호). 검사는 사법경찰관으로부터 송치받은 사건에 대해 보완수사가 필요하다고 인정하는 경우에는 특별히 직접 보완수사를 할 필요가 있다고 인정되는 경우를 제외하고는 사법경찰관에게 보완수사를 요구하는 것을 원칙으로 한다(검사와 사법경찰관의 상호협력과 일반적 수사준칙에 관한 규정 제59조 제1항).

④ **수사권의 내용** : 검사는 임의수사(예 피의자신문, 참고인조사)는 물론 강제수사(예 체포와 구속, 압수 · 수색 · 검증)를 할 수 있다. 특히 영장청구권(제200조의2, 제201조, 제215조), 증거보전청구권(제184조), 증인신문청구권(제221조의2)은 사법경찰관에게는 인정되지 않고 검사에게만 인정된다.

(2) 검사의 일반사법경찰관에 대한 수사지휘권의 폐지와 경찰수사에 대한 감독기능

① **검사의 수사지휘권의 폐지** : 2020.2.4. 검 · 경 수사권 조정 개정법에 의하여, "사법경찰관(경찰청 근무 경무관을 제외한 경무관 이하)은 검사의 지휘를 받아 수사를 한다(구 형사소송법 제196조, 검찰 제4조 제1항 제2호)."는 폐지되었고, 대신에 "검사와 사법경찰관은 수사, 공소제기 및 공소유지에 관하여 서로 협력하여야 한다(2020.2.4. 수사권 조정 개정법 제195조 제1항)."라는 **'검사와 사법경찰관의 상호협력의 지위와 의무'** 규정이 신설되었다(단, '특별사법경찰관리'에 대한 검사의 수사지휘권은 그대로 유지된다. 법 제245조의10 제2항 및 제4항). 이러한 수사를 위하여 준수하여야 하는 일반적 수사준칙에 관한 사항은 대통령령으로 정하도록 하고(제195조 제2항), 이를 위해 2020.10.7. 대통령령으로 '검사와 사법경찰관의 상호협력과 일반적 수사준칙에 관한 규정'(본서에서는 '수사준칙')이 제정되었다. 이러한 수사준칙은 2023.10.17. 일부 개정되었는데, 개정 수사준칙에서는 수사기관이 고소 또는 고발을 받은 경우 수리하도록 명시하고, 신속한 수사를 위하여 각종 수사기한을 정비하는 한편, 검사와 사법경찰관 사이의 상호 협력을 강화하는 등의 내용을 담고 있다.

② **경찰수사에 대한 검사의 감독기능** : 사법경찰관의 위법 · 부당 수사에 대한 검사의 감독기능을 보장하기 위한 시정조치요구 등의 제도들이 신설되었다. 또한 검찰청법상 체임요구, 형사소송법상 긴급체포 사후승인 등의 제도는 계속 유지되고 있다(후술함).

3. 사법경찰관리

(1) 종 류

① 일반사법경찰관리

(가) 사법경찰관 : 검찰수사관(검찰주사, 검찰주사보), 경무관, 총경, 경정, 경감, 경위가 여기에 해당한다

---

2) 2020.10.7. 제정된 '검사와 사법경찰관의 상호협력과 일반적 수사준칙에 관한 규정'(대통령령 제31089호)(본서에서는 '수사준칙'이라 함)에서는 관련 규정을 두고 있다.
제18조(검사의 사건 이송 등) ① 검사는 다음 각 호의 어느 하나에 해당하는 때에는 사건을 검찰청 외의 수사기관에 이송해야 한다.
1. 「검찰청법」 제4조 제1항 제1호 각 목에 해당되지 않는 범죄에 대한 고소 · 고발 · 진정 등이 접수된 때
2. 「검사의 수사개시 범죄 범위에 관한 규정」 제2조 각 호의 범죄에 해당하는 사건 수사 중 범죄 혐의 사실이 「검찰청법」 제4조 제1항 제1호 각 목의 범죄에 해당되지 않는다고 판단되는 때. 다만 구속영장이나 사람의 신체, 주거, 관리하는 건조물, 자동차, 선박, 항공기 또는 점유하는 방실에 대하여 압수 · 수색 또는 검증영장이 발부된 경우는 제외한다.
② 검사는 다음 각 호의 어느 하나에 해당하는 때에는 사건을 검찰청 외의 수사기관에 이송할 수 있다.
1. 법 제197조의4 제2항 단서에 따라 사법경찰관이 범죄사실을 계속 수사할 수 있게 된 때
2. 그 밖에 다른 수사기관에서 수사하는 것이 적절하다고 판단되는 때
③ 검사는 제1항 또는 제2항에 따라 사건을 이송하는 경우에는 관계 서류와 증거물을 해당 수사기관에 함께 송부해야 한다. (이하 생략)

(법 제197조 제1항).[1] 여기에서 사법경찰관의 직무를 행하는 검찰청 직원은 검사의 지휘를 받아 수사하여야 하며(법 제245조의9 제2항) 이는 종래와 같다. 그러나 2020.2.4. 수사권 조정 개정 형사소송법에 의하여 경찰공무원인 사법경찰관에 대한 검사의 수사지휘권은 폐지되었다(구법 제196조 제1항의 "수사관, 경무관, 총경, 경정, 경감, 경위는 사법경찰관으로서 모든 수사에 관하여 검사의 지휘를 받는다." 는 규정은 삭제됨). 대신에 경무관, 총경, 경정, 경감, 경위는 사법경찰관으로서 범죄의 혐의가 있다고 사료하는 때에는 범인, 범죄사실과 증거를 수사한다(2020.2.4. 수사권 조정 개정법 제197조 제1항) 는 규정이 신설되었다. 즉, **경찰공무원[2]인 일반사법경찰관에게 독자적인 수사권이 부여된 것이다.**

(나) **사법경찰리** : 경사, 경장, 순경은 사법경찰리로서 수사의 보조를 하여야 한다(법 제197조 제2항). 사법경찰리는 수사의 보조기관으로서 수사의 주체가 아니다.[3]

예 서기와 서기보에 해당하는 검찰수사관 · 마약수사관도 사법경찰리에 해당한다(서기 및 서기보, 검찰 제47조 제1항 제2호).

② 특별사법경찰관리

(가) 삼림, 해사, 전매, 세무, 군 수사기관 기타 특별한 사항에 관하여 사법경찰관리의 직무를 행할 자와 그 직무의 범위는 법률로써 정한다(제245조의10 제1항).[4] 여기서 법률이라 함은 '사법경찰관리의 직무를 수행할 자와 그 직무범위에 관한 법률'을 말한다.

(나) 그 권한의 범위가 사항적 · 지역적으로 제한되어 있으나, 권한사항에 대해서는 일반사법경찰관리와 동일한 지위와 권한을 갖는다. 다만, 특별사법경찰관은 모든 수사에 관하여 검사의 지휘를 받는다(제245조의10 제2항).

판례연구 특별사법경찰관리의 범위

대법원 2022.12.15, 2022도8824

조세범칙조사를 담당하는 세무공무원은 특별사법경찰관리에 해당하지 않는다는 사례

사법경찰관리 또는 특별사법경찰관리에 대하여는 헌법과 형사소송법 등 법령에 따라 국민의 생명 · 신체 · 재산 등을 보호하기 위하여 광범위한 기본권 제한조치를 할 수 있는 권한이 부여되어 있으므로, 소관 업무의 성질이 수사업무와 유사하거나 이에 준하는 경우에도 명문의 규정이 없는 한 함부로 그 업무를 담당하는 공무원을 사법경찰관리 또는 특별사법경찰관리에 해당한다고 해석할 수 없다. 구 형사소송법(2020.2.4. 법률 제16924호로 개정되기 전의 것) 제197조는 세무 분야에 관하여 특별사법경찰관리의 직무를 행할 자와 그 직무의 범위를 법률로써 정한다고 규정하였고(현행법으로는 제245조의10 제1항), 이에 따라 구 사법경찰관리의 직무를 수행할 자와 그 직무범위에 관한 법률(2021.3.16. 법률 제17929호로 개정되기 전의 것, 이하 '구 사법경찰직무법')은 특별사법경찰관리를 구체적으로 열거하면서 '관세법에 따라 관세범의 조사 업무에 종사하는 세관공무원'만 명시하였을 뿐 '조세범칙조사를 담당하는 세무공무원'을 포함시키지 않았다(구 사법경찰직무법 제5조 제17호). 뿐만 아니라 현행 법령상 조세범칙조사의 법적 성질은 기본적으로 행정절차에 해당하므로, 조세범 처벌절차법 등 관련 법령에 조세범칙조사를 담당하는 세무공무원에게 압수 · 수색 및 혐의자 또는 참고인에 대한 심문권한이 부여되어 있어 그 업무의 내용과 실질이 수사절차와 유사한 점이 있고, 이를 기초로 수사기관에 고발하는 경우에는 형사절차로 이행되는 측면이 있다 하여도, 달리 특별한 사정이 없는 한 이를 형사절차의 일환으로 볼 수는 없다.

(2) 관할구역

사법경찰관리는 각 소속관서의 관할구역 내에서 직무를 행하지만, 필요한 경우에는 관할구역 외에서도 직무를 행할 수 있다. 사법경찰관리가 관할구역 외에서 수사하거나 관할구역 외의 사법경찰관리의 촉탁을 받아 수사할 때에는 관할지방검찰청 검사장 또는 지청장에게 보고하여야 한다(제210조, 다만 긴급을 요하는 경우에는 사후보고, 동조 단서). 특별사법경찰관리도 검사장 등의 수사지휘를 받는 것이지, 소속 행정관

1) [참고] 경찰공무원은 경위 이상, 검찰수사관은 검찰주사와 검찰주사보가 사법경찰관에 해당한다.

2) [참고] 경찰공무원의 계급 : 치안총감, 치안정감, 치안감, 경무관, 총경, 경정, 경감, 경위, 경사, 경장, 순경(경찰공무원법 제3조).

3) [참고] 사법경찰리도 검사 또는 사법경찰관으로부터 구체적 사건에 관하여 특정한 수사명령을 받으면 사법경찰관의 사무를 취급할 권한이 인정되는바, 이를 사법경찰관사무취급이라고 한다(대법원 1981.6.9, 81도1357).

4) [참고] 교도소장, 출입국관리소직원은 법률상 당연한 특별사법경찰관리요, 교도관, 세관공무원은 검사장이 지명함으로써 여기에 해당하게 된다. 이외에도 소년원장, 산림공무원, 근로감독관, '제주특별자치도 설치 및 국제자유도시 조성을 위한 특별법'에 따라 도지사 소속으로 두는 자치경찰공무원이나 공수처법에 의한 수사처수사관 등이 특별사법경찰관리에 포함된다.

청의 수사지휘를 받는 것이 아니다. 다만 판례에 의하면, 위 보고의무를 이행하지 않은 경우 중대한 위법에 해당하지 않는다.

판례연구 특별사법경찰관리의 범위

대법원 2023.6.1, 2020도12157

검사장에 대한 사법경찰관리의 관외수사 보고의무 미이행 시의 효과

구「특별사법경찰관리 집무규칙(2021.1.1. 법무부령 제995호로 폐지되기 전의 것)」제4조에 의하면 특별사법경찰관이 관할구역 밖에서 수사할 경우 관할 검사장에 대한 보고의무를 규정하고 있는데, 이는 내부적 보고의무 규정에 불과하므로 특별사법경찰관리가 위 보고의무를 이행하지 않았다고 하여 적법절차의 실질적인 내용을 침해하는 경우에 해당하지 않는다.

4. 검사와 사법경찰관리의 관계 : 검 · 경 수사권 조정

(1) 상호협력관계

① 의의 : 2020년 2월 4일 검 · 경 수사권 조정을 담은 개정 형사소송법(법률 제16924호)과 개정 검찰청법(법률 제16908호)이 공포되었다. 형사1소송법과 검찰청법이 개정된 이유는, 2018년 6월 21일 법무부장관과 행정안전부장관이 발표한「검 · 경 수사권 조정 합의문」의 취지에 따라 검찰과 경찰로 하여금 국민의 안전과 인권 수호를 위하여 서로 협력하게 하고, 수사권이 국민을 위해 민주적이고 효율적으로 행사되도록 하기 위함에 있다고 한다. 아래에서는 이러한 검 · 경 수사권 조정의 자세한 내용을 살펴보기로 한다.

② 검사와 사법경찰관의 관계 : 검사와 사법경찰관은 수사, 공소제기 및 공소유지에 관하여 서로 협력하도록 한다(법 제195조 제1항, 수사준칙 제6조 제1항).

참고하기 수사준칙의 검 · 경 상호협력 관련규정

제6조(상호협력의 원칙) ① 검사와 사법경찰관은 상호 존중해야 하며, 수사, 공소제기 및 공소유지와 관련하여 협력해야 한다. (중략)

제7조(중요사건 협력절차) ① 검사와 사법경찰관은 다음 각 호의 어느 하나에 해당하는 사건(이하 "중요사건"이라 한다)의 경우에는 송치 전에 수사할 사항, 증거수집의 대상, 법령의 적용, 범죄수익 환수를 위한 조치 등에 관하여 상호 의견을 제시 · 교환할 것을 요청할 수 있다. 이 경우 검사와 사법경찰관은 특별한 사정이 없으면 상대방의 요청에 응해야 한다.

1. 공소시효가 임박한 사건
2. 내란, 외환, 대공(對共), 선거(정당 및 정치자금 관련 범죄를 포함한다), 노동, 집단행동, 테러, 대형참사 또는 연쇄살인 관련 사건
3. 범죄를 목적으로 하는 단체 또는 집단의 조직 · 구성 · 가입 · 활동 등과 관련된 사건
4. 주한 미합중국 군대의 구성원 · 외국인군무원 및 그 가족이나 초청계약자의 범죄 관련 사건
5. 그 밖에 많은 피해자가 발생하거나 국가적 · 사회적 피해가 큰 중요한 사건

② 제1항에도 불구하고 검사와 사법경찰관은 다음 각 호의 어느 하나에 따른 공소시효가 적용되는 사건에 대해서는 공소시효 만료일 3개월 전까지 제1항 각 호 외의 부분 전단에 규정된 사항 등에 관하여 상호 의견을 제시 · 교환해야 한다. 다만, 공소시효 만료일 전 3개월 이내에 수사를 개시한 때에는 지체 없이 상호 의견을 제시 · 교환해야 한다.

1.「공직선거법」제268조 (이하 생략)

제8조(검사와 사법경찰관의 협의) ① 검사와 사법경찰관은 수사와 사건의 송치, 송부 등에 관한 이견의 조정이나 협력 등이 필요한 경우 서로 협의를 요청할 수 있다. 이 경우 특별한 사정이 없으면 상대방의 협의 요청에 응해야 한다.

② 제1항에 따른 협의에도 불구하고 이견이 해소되지 않는 경우로서 다음 각 호의 어느 하나에 해당하는 경우에는 해당 검사가 소속된 검찰청의 장과 해당 사법경찰관이 소속된 경찰관서(지방해양경찰관서를 포함한다. 이하 같다)의 장의 협의에 따른다.

1. 중요사건에 관하여 상호 의견을 제시 · 교환하는 것에 대해 이견이 있거나 제시 · 교환한 의견의 내용에 대해 이견이 있는 경우
2.「형사소송법」(이하 "법"이라 한다) 제197조의2 제2항 및 제3항에 따른 정당한 이유의 유무에 대해 이견이 있는 경우
3. 법 제197조의4 제2항 단서에 따라 사법경찰관이 계속 수사할 수 있는지 여부나 사법경찰관이 계속 수사할 수 있는 경우 수사를 계속할 주체 또는 사건의 이송 여부 등에 대해 이견이 있는 경우
4. 법 제245조의8 제2항에 따른 재수사의 결과에 대해 이견이 있는 경우

③ 사법경찰관과 검사의 수사권

(가) 사법경찰관의 수사권 : 사법경찰관은 **1차적 수사권과 1차적 수사종결권**을 가진다.

(나) 검사의 수사권 : 검사의 1차적 수사권(수사개시권)은 제한적으로만 인정된다. 다만 사법경찰관의 1차적 수사의 위법 · 부당을 통제하기 위하여 검사는 사법경찰관의 1차적 수사에 대한 감독기능을 수행한다. 또한 영장청구권과 증거보전청구권과 증인신문청구권 및 최종적 수사종결권인 공소권은 사법경찰관에게는 없고 여전히 검사에게만 부여되어 있다.

(2) 검 · 경 수사권 조정의 내용

① 수사개시권 : ㉠ 사법경찰관은 범죄의 혐의가 있다고 사료하는 때에는 검사의 지휘를 받지 않고(구법 제196조 제1항의 삭제) **스스로 수사하고 스스로 수사를 종결**한다(법 제197조 제1항, 제245조의5). 한편, ㉡ 검사도 범죄의 혐의가 있다고 사료하는 때에는 범인, 범죄사실과 증거를 수사한다(법 제196조 제1항). 그러나 **검사가 스스로 수사를 개시할 수 있는 범죄는 부패범죄와 경제범죄 등으로 제한**되어 있다(2022.5.9. 개정 검찰청법 제4조 제1항 단서, 선거범죄는 2022.12.31.까지 검사의 수사개시권 유지). 또한 검사는 제197조의3 제6항(사경의 위법 · 부당수사에 대한 시정조치 미이행으로 검사가 송치받은 경우), 제198조의2 제2항(사경의 위법체포 · 구속에 의하여 검사가 송치받은 경우) 및 제245조의7 제2항(사경의 불송치결정에 대한 고소인 등의 이의신청에 의하여 검사가 송치받은 경우)에 따라 사법경찰관으로부터 송치받은 사건에 관하여는 **해당 사건과 동일성을 해치지 아니하는 범위 내**에서 수사할 수 있다(2022.5.9. 개정 제196조 제2항).

② 사법경찰관의 위법 · 부당 수사에 대한 검사의 감독권

(가) 사법경찰관의 피의자신문 전 검사구제신청권 고지의무 : 사법경찰관은 피의자를 신문하기 전에 수사과정에서 **법령위반, 인권침해 또는 현저한 수사권 남용이 있는 경우 검사에게 구제를 신청할 수 있음**을 피의자에게 알려주어야 한다(제197조의3 제8항). 이로써 사법경찰관의 피의자신문 전 고지의무의 내용으로서 진술거부권 · 변호인조력권(제244조의3) 외에도 검사에 대한 구제신청권이 추가된 것이다[1](사경 피의자신문 전 고지사항－거/불/포/변/검).

(나) 검사의 시정조치 등 요구권 : ㉠ 검사는 사법경찰관리의 수사과정에서 **법령위반, 인권침해 또는 현저한 수사권 남용**이 의심되는 사실의 신고가 있거나 그러한 사실을 인식하게 된 경우에는 사법경찰관에게 **사건기록 등본의 송부를 요구**할 수 있다(사건기록등본송부요구권, 법 제197조의3 제1항)(송부요구는 서면에 의함, 수사준칙 제45조 제1항). ㉡ 위 송부 요구를 받은 사법경찰관은 지체 없이(수사준칙에 의하면 7일 이내, 동규정 동조 제2항) 검사에게 **사건기록 등본을 송부**하여야 한다(지체 없는 사건기록등본송부의무, 법 동조 제2항). ㉢ 위 송부를 받은 검사는 필요한 경우 사법경찰관에게 **시정조치를 요구**할 수 있다(시정조치요구권, 동 제3항)(검사의 시정조치요구권 행사기간은 등본송부일로부터 30일 이내인데, 10일의 범위에서 1회 연장 가능, 시정조치요구는 서면에 의함, 동규정 동조 제3항). ㉣ 사법경찰관은 정당한 이유가 없으면 지체 없이 이를 이행하고 그 결과를 검사에게 통보하여야 한다(원칙적 시정조치의무, 동 제4항). ㉤ 검사는 시정조치 요구가 정당한 이유 없이 이행되지 않은 경우에 사법경찰관에게 **사건을 송치할 것을 요구**할 수 있다(사건송치요구권, 동 제5항)(사건송치요구는 서면에 의함, 동규정 동조 제5항). ㉥ 송치 요구를 받은 사법경찰관은 검사에게 사건을 송치하여야 한다(사건송치의무, 동 제6항)(수사준칙에 의하면 7일 이내 송치해야 함, 동규정 동조 제6항). ㉦ 검찰총장 또는 각급 검찰청 검사장은 사법경찰관리의 수사과정에서 법령위반, 인권침해 또는 현저한 수사권 남용이 있었던 때에는 권한 있는 사람(경찰관서의 장, 동규정 제46조 제1항)에게 해당 사법경찰관리의 징계를 요구할 수 있다(검사장의 징계요구권, 동 제7항).

③ 사법경찰관이 신청한 영장의 청구 여부에 대한 심의 : 검사가 사법경찰관이 신청한 영장을 정당한 이유 없이 판사에게 청구하지 아니한 경우 사법경찰관은 관할 고등검찰청에 영장 청구 여부에 대한 심의를 신청할 수 있고, 이를 심의하기 위하여 각 고등검찰청에 외부 위원으로 구성된 영장심의위원회를 둔다

1) [보충] 관련 수사준칙 : 검사구제신청권을 피의자에게 고지한 사법경찰관은 피의자로부터 고지확인서를 받아 사건기록에 편철한다. 다만, 피의자가 고지 확인서에 기명날인 또는 서명하는 것을 거부하는 경우에는 사법경찰관이 고지 확인서 끝부분에 그 사유를 적고 기명날인 또는 서명해야 한다(수사준칙 제47조).

(제221조의5 제1항). 영장심의위원회는 위원장 1명을 포함한 10명 이내의 외부 위원으로 구성하고, 위원은 각 고등검찰청 검사장이 위촉한다(동 제2항). 사법경찰관은 심의위원회에 출석하여 의견을 개진할 수 있다(동 제4항).

④ 수사의 경합 시의 처리 : ㉠ 검사는 사법경찰관과 동일한 범죄사실을 수사하게 된 때에는 사법경찰관에게 사건을 송치할 것을 요구할 수 있고(수사경합 시 검사 우선의 원칙, 제197조의4 제1항), ㉡ 요구를 받은 사법경찰관은 지체 없이 검사에게 사건을 송치하도록 하되(7일 이내에 사건을 검사에게 송치, 수사준칙 제49조 제2항), 검사가 영장을 청구하기 전에 동일한 범죄사실에 관하여 사법경찰관이 영장을 신청한 경우에는 해당 영장에 기재된 범죄사실을 계속 수사할 수 있다(사경 영장신청 선행 시 예외, 동 제2항). 영장청구 · 신청의 시간적 선후관계는 검사의 영장청구서와 사법경찰관의 영장신청서가 각각 법원과 검찰청에 접수된 시점을 기준으로 판단한다(수사준칙 제48조 제2항).

⑤ 수사종결권의 분점 : 개정법에 의하여 **사법경찰관에게 검찰송치결정과 사건불송치결정을 내릴 수 있는 1차적 수사종결권**이 부여되었다(법 제245조의5, 단, 특별사법경찰관은 수사종결권이 없으므로 범죄를 수사한 때에는 지체 없이 검사에게 사건을 송치해야 한다. 법 제245조의10 제5항). 동시에 이에 대한 감독기능으로서 **검사에게 보완수사요구권과 재수사요청권**이 부여되었고(법 제197조의2, 제245조의8), 이에 대한 통제기능으로서 **고소인 등에게 이의신청권**이 부여되었다(법 제245조의6, 제245조의7)(자세한 내용은 수사의 종결 부분에서 설명함). 다만 사법경찰관으로부터 송치받은 사건이나 검사가 직접 수사를 개시한 사건에 대하여 법원에 재판을 청구하는 최종적 수사종결권인 공소권은 검사만 행사한다(제246조, 제247조)(단, 경미사건에 대한 즉결심판청구권은 경찰서장에게 있음).

⑥ 검사가 작성한 피의자신문조서의 증거능력 : 2020.2.4. 개정에 의하여, 검사가 작성한 피의자신문조서는 적법한 절차와 방식에 따라 작성된 것으로서 공판준비, 공판기일에 그 피의자였던 **피고인 또는 변호인이 그 내용을 인정할 때에 한정하여** 증거로 할 수 있다(제312조 제1항). 이에 같은 조 제2항은 삭제되었다. 이는 검사 작성 피의자신문조서의 증거능력을 검사 이외의 수사기관 작성 피의자신문조서(동조 제3항)의 증거능력과 같은 수준으로 하향시킨 것으로서 공판중심주의를 강화한 시도로 보인다. 동 제2항의 삭제는 이미 2021.1.1. 시행되었고, 동 제1항의 개정은 2022.1.1.부터 시행되었다.

5. 개정법에서도 유지되고 있는 검사의 감독기능

(1) 수사중지명령 및 교체임용요구(체임요구) : 서장이 아닌 경정 이하의 사법경찰관리가 직무집행에 관하여 부당한 행위를 하는 경우에 지방검찰청 검사장은 당해 사건의 수사중지를 명하고, 임용권자에게 그 교체임용을 요구할 수 있다. 교체임용의 요구를 받은 임용권자는 정당한 사유가 없으면 교체임용을 하여야 한다(검찰청법 제54조 제1 · 2항). 이외에 폭처법에서도 체임요구권을 부여하고 있다.[1]

(2) 체포 · 구속장소 감찰 : 지방검찰청 검사장 또는 지청장은 불법체포 · 구속의 유무를 조사하기 위하여 검사로 하여금 매월 1회 이상 관하수사관서의 피의자의 체포 · 구속장소를 감찰하게 하여야 한다. 감찰하는 검사는 체포 또는 구속된 자를 심문하고 관련서류를 조사하여야 한다(제198조의2 제1항). 검사는 적법한 절차에 의하지 아니하고 체포 또는 구속된 것이라고 의심할 만한 상당한 이유가 있는 경우에는 즉시 체포 또는 구속된 자를 석방하거나 사건을 검찰에 송치할 것을 명하여야 한다(동조 제2항, 이렇게 송치받은 사건에 대해서 검사는 동일성을 해치지 아니하는 범위 내에서 수사함, 법 제196조 제2항).

(3) 영장청구권 등 검사의 독점적 권한 : 헌법은 체포 · 구속 · 압수 · 수색을 할 때에는 적법한 절차에 따라 검사의 신청에 의하여 법관이 발부한 영장을 제시하여야 한다고 규정하여(헌법 제12조 제3항), 강제수사에 필요한 **영장청구권이 검사에게만 독점되어 있음**을 명시하고 있다(제200조의2, 제201조 제1항, 제215조). 위 영장청구권 외에도 **긴급체포 사후승인권**(제200조의3 제2항), **증거보전청구권, 증인신문청구권, 감정유치청구권,** 변사자 검시, **공소권, 형집행장 발부, 정식재판청구권** 등이 검사의 독점적 권한이다.

---

1) [참고] 폭력행위 등 처벌에 관한 법률 위반 사건의 경우에도 교체임용요구권자는 수사지휘를 한 검사가 아니라 관할검찰청 검사장이며(폭처법 제10조), 폭처법에 기한 체임요구가 있을 때에는 임명권자는 2주일 이내에 당해 사법경찰관리에 대하여 행정처분을 하여야 한다.

(4) 기타 사법경찰관리의 검사에 대한 의무 : 관할구역 외 수사의 보고의무(제210조 : 사법경찰관리가 관할구역 밖에서 수사할 때에는 관할 지방검찰청 검사장 또는 지청장에게 원칙적으로 사전에 보고하여야 한다)는 개정법에서도 유지되었다. 이외에 수사관계서류 · 증거물 송부의무(구법 제196조 제4항[1])는 2020.2.4. 개정법에 의하여 삭제되었으나, 사법경찰관이 고소 · 고발을 받은 때 신속히 조사 후 관계서류와 증거물을 검사에게 송부하여야 한다(법 제238조)는 규정은 존치되었다(사법경찰관에게 1차적 수사권 및 수사종결권을 부여한 개정법의 취지에 맞지 않는 조항으로 보임).

6. 전문수사자문위원

(1) 의의 · 지정 · 취소 : 2007.12.21. 개정법은 첨단산업분야, 지식재산권, 국제금융 등 전문지식을 요하는 사건에서 전문가의 조력을 받을 필요가 있다는 점에서 전문심리위원제도(제279조의2 이하)와 전문수사자문위원제도(제245조의2 이하)를 도입하였다. 이에 검사는 공소제기 여부와 관련된 사실관계를 분명하게 하기 위하여 필요한 경우에는 직권이나 피의자 또는 변호인의 신청에 의하여 전문수사자문위원을 지정하여 수사절차에 참여하게 하고 자문을 들을 수 있다(제245조의2 제1항). 이 경우 검사는 각 사건마다 1인 이상의 전문수사자문위원을 지정한다(제245조의3 제1항). 검사는 상당하다고 인정하는 때에는 전문수사자문위원의 지정을 취소할 수 있다(동조 제2항). 피의자 또는 변호인은 검사의 자문위원 지정에 대하여 관할 고등검찰청 검사장에게 이의를 제기할 수 있다(동조 제3항). [국가7급 10/20, 경찰채용 12 2차, 경찰채용 14 1차]

(2) 자문 : 지정된 전문수사자문위원은 전문적인 지식에 의한 설명 또는 의견을 기재한 서면을 제출하거나 전문적인 지식에 의하여 설명이나 의견을 진술할 수 있다(제245조의2 제2항). 이때 검사는 자문위원이 제출한 서면이나 설명 또는 의견의 진술에 관하여 피의자 또는 변호인에게 구술 또는 서면에 의한 의견진술의 기회를 주어야 한다(동조 제3항). [경찰채용 14 1차] 다만, **의견진술의 기회를 부여하는 시기에 대해서는 제한이 없는데,** 이에 대해서는 입법이 필요해 보인다. [국가7급 10]

Ⅲ 수사기관의 준수사항

피의자에 대한 수사는 불구속 상태에서 함을 원칙으로 한다(제198조 제1항). 검사 · 사법경찰관리와 그 밖에 직무상 수사에 관계있는 자는 피의자 또는 다른 사람의 인권을 존중하고 수사과정에서 취득한 비밀을 엄수하며 수사에 방해되는 일이 없도록 하여야 하고(동조 제2항),[2] 수사과정에서 수사와 관련하여 작성하거나 취득한 서류 또는 물건에 대한 목록을 빠짐없이 작성하여야 하며(동조 제3항), 수사기관은 수사 중인 사건의 범죄 혐의를 밝히기 위한 목적으로 합리적인 근거 없이 별개의 사건을 부당하게 수사하여서는 아니 되고, 다른 사건의 수사를 통하여 확보된 증거 또는 자료를 내세워 관련 없는 사건에 대한 자백이나 진술을 강요하여서도 아니 된다(2022.5.9. 개정 제198조 제4항).

02 수사의 구조

Ⅰ 수사구조론의 의의

수사구조론이란 수사과정을 전체로서의 형사절차에 어떻게 위치시키고, 수사절차에서 등장하는 검사 · 사법경찰관리 · 피의자 · 법관 등 각 주체의 관계를 어떻게 이해할 것인가에 관한 이론이다.

---

1) [조문] 구법 제196조 제4항 : 사법경찰관은 범죄를 수사한 때에는 관계 서류와 증거물을 지체 없이 검사에게 송부하여야 한다. [경찰채용 11 2차]

2) [참고] 수사기관은 인권존중의무가 있으므로 피의자 신상정보는 공개하지 않아야 한다. 다만, 특강법에서는 범행수단이 잔인하고 중대한 피해가 발생한 특정강력범죄사건인 경우 등 제반요건을 갖춘 경우에 한하여 신상정보 공개가 가능함을 규정하고 있고(특강법 제8조의2 제1항), 성폭법에도 성폭력범죄 피의자의 신상정보 공개를 규정하고 있다(성폭법 제25조 제1항).

Ⅱ 수사관의 종류

1. 규문적 수사관(수사기관 중심적 수사관)

수사는 검사를 주재자로 하는 수사기관과 그 상대방인 피의자의 불평등 · 수직관계로 구성된 규문적 구조라고 이해하는 견해이다. 이에 의하면 수사는 수사기관의 독자적인 판단하에 범인 · 범죄사실과 증거를 조사하는 합목적적 절차가 되므로, 강제처분은 수사의 주재자인 검사의 고유권능에 속하게 되고, 강제처분에 대한 법관의 영장은 남용방지를 위한 허가장의 성질을 가지며, 피의자는 절차상의 대상에 불과하여 피의자신문을 위한 구인도 허용된다.

2. 탄핵적 수사관(법원 중심적 수사관)

수사는 수사기관과 피의자가 공판을 위해 준비하고 법관이 이러한 수사절차에 개입하고 공평하게 그 절차를 후견하는 탄핵적 구조라고 이해하는 견해이다(수사권 남용 억제). 이에 의하면 수사절차는 수사기관의 독자적 활동이 아니라 재판의 준비에 불과하므로, 강제처분은 법원의 고유권한에 속하게 되고, 강제처분에 대한 법관의 영장은 법원의 명령장의 성질을 가지며, 피의자도 독자적인 준비활동을 하게 되므로 피의자신문을 위한 구인은 허용되지 않게 된다.

3. 소송적 수사관(독립절차적 수사관)

수사는 기소 · 불기소의 결정을 목적으로 하는 독자적 절차로서 검사를 공판과는 별개의 절차로 이해하는 견해이다. 이에 의하면 수사는 범죄혐의의 유무와 정상을 밝혀 제1차적 선별기능을 하는 독자적 소송구조 절차이므로, 강제처분은 수사의 내용에 포함되지 않게 되고, 피의자도 수사의 주체로서 준당사자의 지위를 가지게 되므로 피의자신문에 응할 의무가 없게 된다.

03 수사의 조건

Ⅰ 의 의

1. 개념 및 등장배경

수사의 조건이란 수사의 개시와 그 진행 · 유지에 필요한 조건을 말하는바, 수사는 필요한 경우 상당한 방법으로 해야 하므로, 필요성과 상당성이 여기에 해당된다. 필요성이란 범죄혐의가 있고 소송조건이 구비되어야 한다는 것이고, 상당성이란 신의칙에 반하지 않는 수사이어야 한다는 것이다. 이는 수사의 합목적성을 강조하기 위한 것이 아니라, 수사가 인권을 제한한다는 점에서 수사권 발동과 행사의 제한을 위해 등장한 것이다.

2. 소송조건과의 구별

수사의 조건이 수사를 하기 위한 조건이라면, 소송조건은 공소제기의 유효요건이다. 물론 공소제기의 가능성이 없다면 수사도 할 수 없다.

Ⅱ 수사의 필요성

1. 의 의

수사는 범죄혐의가 존재하고 수사의 목적을 달성함에 필요한 경우에 한해서 허용된다는 것이다.

예 피의자의 출석요구 → 수사에 필요한 때(제200조 제1항), 구속의 필요성(제201조 제1항, 제70조). 수사의 필요성은 강제수사뿐만 아니라 임의수사의 경우에도 수사의 조건이다.

2. 범죄혐의와 수사

(1) 수사개시의 조건 : 수사는 수사기관이 "범죄의 혐의가 있다고 사료하는 때"에 개시된다(제196조 제1항, 제197조 제1항).

(2) **범죄혐의** : 수사기관의 주관적 혐의를 의미하고, 객관적 혐의를 말하지 않는다. 주관적 혐의란 구체적 사실에 근거를 두면서 주위 사정을 합리적으로 판단하여 범죄의 혐의가 있다고 생각됨을 말한다(구체적 혐의).[1]

3. 소송조건과 수사

(1) **일반적 소송조건과 수사** : 소송조건은 공소제기의 유효요건이고 수사는 공소제기의 전제적 절차이므로 소송조건의 결여로 공소제기의 가능성이 없을 때에는 수사의 필요성도 부인된다.

(2) **친고죄의 고소와 수사** : 친고죄에 있어서 고소는 소송조건이고 공소제기의 유효요건이다. 이에 고소가 없는 경우 수사를 개시할 수 있는가에 대하여 전면허용설, 전면금지설, 예외적 허용설(원칙적 불허설), 제한적 허용설(원칙적 허용설, 판례)이 대립하나, 친고죄의 고소는 소송조건에 불과하므로 고소가 있기 전이더라도 고소의 가능성이 없지 않는 한 수사기관의 임의수사·강제수사가 모두 허용된다는 제한적 허용설이 타당하다고 생각된다. [경찰간부 13, 경찰승진 10, 경찰채용 12 2차]

> **판례연구** 수사의 필요성 : 소송조건과 수사
>
> **대법원 1995.2.24, 94도252** [국가7급 10, 경찰채용 12/20 1차]
>
> 친고죄의 고소나 즉시고발사건의 고발은 소송조건에 불과하므로 고소·고발이 없어도 원칙적으로 수사는 가능하다는 사례
>
> 친고죄나 세무공무원 등의 고발이 있어야 논할 수 있는 죄에 있어서 고소 또는 고발은 이른바 소추조건에 불과하고 당해 범죄의 성립요건이나 수사의 조건은 아니므로, 위와 같은 범죄에 관하여 고소나 고발이 있기 전에 수사를 하였다고 하더라도 그 수사가 장차 고소나 고발이 있을 가능성이 없는 상태에서 행해졌다는 등의 특단의 사정이 없는 한 고소나 고발이 있기 전에 수사를 하였다는 이유만으로 그 수사가 위법하다고 볼 수는 없다.

Ⅲ 수사의 상당성

1. 의 의

수사기관은 수사의 목적을 달성하기 위하여 필요한 조사를 할 수 있지만(제199조 제1항 본문), 수사의 필요성이 인정되는 경우에도 수사의 방법은 사회통념상 용인되는 수단이어야 하고 수사의 목적을 달성하기 위한 필요한 최소한도에 그쳐야 한다(제199조 제1항 단서). 이를 수사의 상당성이라 하는데, 그 내용으로는 수사의 신의칙과 수사비례의 원칙이 있다. 이 중 수사의 신의칙과 관련해서는 함정수사가 문제되며, 수사비례원칙과 관련해서는 임의수사의 한계와 강제수사의 규제가 문제된다.

2. 수사의 신의칙과 함정수사

(1) 의 의

① **수사의 신의칙** : 수사의 방법은 사회통념상 용인되는 수단이어야 하며, 국민의 신뢰를 침해하는 형태인 사술로 이루어져서는 안 된다는 원칙이다.

② 함정수사

(가) 의의 : 수사기관이 자신의 신분을 숨기고 일반인에게 범죄를 교사한 후 그 실행을 기다렸다가 범인을 체포하는 수사방법을 말한다.

(나) 종 류

㉠ **기회제공형 함정수사** : 이미 범죄의사를 가지고 있는 자에게 범죄를 범할 기회를 제공하는 경우로서, 수사의 상당성을 충족하여 적법하다.

㉡ **범의유발형 함정수사** : 범죄의사가 없는 자에게 범죄의사를 갖게 하는 경우로서, 수사의 신의칙에 반하지 않는가가 문제된다. 판례는 "범의를 가진 자에 대하여 범행의 기회를 주거나 범행을

---

1) [참고] 피의자를 체포·구속하기 위해서는 피의자가 죄를 범하였다고 의심할 만한 상당한 이유가 있어야 하는데, 이 경우의 범죄혐의는 증거에 의하여 뒷받침되는 객관적 혐의에 해당한다.

용이하게 한 것에 불과한 경우에는 함정수사라 할 수 없다(2004도1066)."고 함으로써, 범의유발형 함정수사만 함정수사로 보고 있다. [경찰간부 13, 경찰채용 09 2차/11 1차]

(2) 함정수사의 적법성 여부 및 처리 : 학설은 대립하나,[1] 통설과 판례의 입장은 범의유발형 함정수사의 경우 위법하다는 데 일치하고 있다.[2] 그렇다면 이를 어떻게 처리해야 하는가가 문제되는바, 여기에는 ① 무죄판결설(신동운), ② 유죄판결설(이/조), ③ 공소기각판결설(다수설 · 판례)이 대립하나,[3] 헌법상 적법절차원리를 위반한 수사이므로 법 제327조 제2호에 따라 공소기각판결을 내려야 할 것이다. [법원9급 13/17, 국가9급 10, 경찰승진 11/12/14, 경찰채용 09 2차/10 2차/11 1 · 2차/14 1차]

판례연구 수사의 상당성 : 수사의 신의칙과 함정수사 관련판례

1. **대법원 1982.6.8, 82도884**

   함정수사에 의하여 피고인의 범의가 비로소 야기되거나 범행이 이루어진 것이 아닌 경우에는 피고인의 행위가 함정수사에 의한 것이어서 처벌할 수 없다는 주장은 이유 없다.

2. **대법원 2005.10.28, 2005도1247** [법원9급 13/17, 국가9급 10, 경찰승진 11/12/14, 경찰채용 09 2차/10 2차/11 1 · 2차/22 2차]

   범의유발형 함정수사에 의한 공소제기의 처리에 관하여 판례는 공소기각판결설

   범의를 가진 자에 대하여 단순히 범행의 기회를 제공하거나 범행을 용이하게 하는 것에 불과한 수사방법이 경우에 따라 허용될 수 있음은 별론으로 하고, 본래 범의를 가지지 아니한 자에 대하여 수사기관이 사술이나 계략 등을 써서 범의를 유발케 하여 범죄인을 검거하는 함정수사는 위법함을 면할 수 없고, 이러한 함정수사에 기한 공소제기는 그 절차가 법률의 규정에 위반하여 무효인 때에 해당한다고 볼 것이다.

3. **대법원 2013.3.28, 2013도1473; 2007.7.12, 2006도2339; 2007.11.29, 2007도7680** [경찰채용 22 2차]

   위법한 함정수사인 경우와 위법한 함정수사가 아닌 경우의 구분

   본래 범의를 가지지 아니한 자에 대하여 수사기관이 사술이나 계략 등을 써서 범의를 유발하게 하여 범죄인을 검거하는 함정수사는 위법한바, 구체적인 사건에 있어서 위법한 함정수사에 해당하는지 여부는 해당 범죄의 종류와 성질, 유인자의 지위와 역할, 유인의 경위와 방법, 유인에 따른 피유인자의 반응, 피유인자의 처벌 전력 및 유인행위 자체의 위법성 등을 종합하여 판단하여야 한다. ① 수사기관과 직접 관련이 있는 유인자가 피유인자와의 개인적인 친밀관계를 이용하여 피유인자의 동정심이나 감정에 호소하거나, 금전적 · 심리적 압박이나 위협 등을 가하거나, 거절하기 힘든 유혹을 하거나, 또는 범행방법을 구체적으로 제시하고 범행에 사용될 금전까지 제공하는 등으로 과도하게 개입함으로써 피유인자로 하여금 범의를 일으키게 하는 것은 위법한 함정수사에 해당하여 허용되지 않지만, ② 유인자가 수사기관과 직접적인 관련을 맺지 아니한 상태에서 피유인자를 상대로 단순히 수차례 반복적으로 범행을 부탁하였을 뿐 수사기관이 사술이나 계략 등을 사용하였다고 볼 수 없는 경우는, 설령 그로 인하여 피유인자의 범의가 유발되었다 하더라도 위법한 함정수사에 해당하지 아니한다.

4. **대법원 2021.7.29, 2017도16810**

   이미 이루어지고 있던 다른 범행을 적발한 것은 위법한 함정수사가 아니라는 사례

   ① 경찰관이 게임 결과물의 환전을 거절하는 피고인에게 적극적으로 환전을 요구하는 방식의 함정수사는 위법하다. (그러나) ② 경찰관이 (설사 함정수사과정이라 하더라도) 수사기관이 사술이나 계략 등을 써서 피고인의 범의를 유발한 것이 아니라 이미 이루어지고 있던 피고인의 다른 범행을 적발한 경우 이에 관한 공소제기는 법률의 규정에 위반하여 무효인 때에 해당하지 아니한다.

---

1) [참고] ① 주관설에 의하면 기회제공형 함정수사와 범의유발형 함정수사 중에 후자는 위법하다고 보고(배/이/정/이), ② 절충설에 의하면 범의유발형 함정수사는 위법하고, 나아가 행위자에게 이미 범의가 있더라도 수사방법이 적정절차를 위반하였거나 강한 범죄의 유혹을 제공한 경우는 위법하다고 본다(신동운, 이/조, 손/신 등).

2) [심화] 대법원은 기본적으로 함정수사를 범의유발형에 한정하고 있지만, 최근 기회제공형 수사방법에 대하여 경우에 따라 허용될 수 있음은 별론으로 하고(2008도7362). 위법한 함정수사라고 단정할 수 없다(2007도1903)라고 판시하여, 기회제공형도 경우에 따라서는 위법할 수 있다는 가능성을 열어두고 있다(이/조, 199면). 구체적인 사건에 있어서 위법한 함정수사에 해당하는지 여부는, 해당 범죄의 종류와 성질, 유인자의 지위와 역할, 유인의 경위와 방법, 유인에 따른 피유인자의 반응, 피유인자의 처벌전력 및 유인행위 자체의 위법성 등을 종합하여 판단해야 한다고 판시하고 있다.

3) [정리] 범의유발형 함정수사에 의한 공소제기의 처리에 관한 학설을 정리하면 아래와 같다.
   ① 유죄판결설 : 신의칙에 반하는 수사의 소송법적 고려는 증거배제로 고려하면 충분하고, 함정수사에 의하여 범죄를 실행했다는 사실만으로 범죄의 성립을 조각한다고 할 수 없다(가벌설, 이영란, 이재상/조균석/이창온).
   ② 무죄판결설 : 범죄행위가 함정의 부당한 권유에 의한 경우에는 고의가 없거나 책임이 조각되고 범인에 대한 사회적 반감이 적으며 오히려 동정할 수 있으므로, 가벌적 위법성이 결여된다(불가벌설 중 무죄판결설, 손동권/신이철, 신동운, 이창현).
   ③ 공소기각판결설 : 함정수사에 의한 공소는 적법절차에 위반되는 수사에 의한 공소제기이므로, 공소제기의 절차가 법률의 규정에 위반되어 무효인 때에 해당한다(불가벌설 중 공소기각판결설, 다수설 · 판례).

함정수사에 해당하는 경우	① 경찰관이 노래방의 도우미 알선영업 단속실적을 올리기 위하여 제보나 첩보가 없는데도 손님을 가장하고 들어가 도우미를 불러낸 경우(대법원 2008.10.23, 2008도7362) [법원9급 13, 국가9급 12, 경찰승진 10, 경찰채용 11 2차/15 2차] ② 검찰직원 등의 작업에 의하여 중국에서 필로폰을 수입한 경우(대법원 2005.10.28, 2005도1247) [경찰채용 14 1차/11 · 15 2차] ③ 게임결과물 환전을 거절함에도 적극적으로 환전을 요구한 경우(대법원 2021.7.29, 2017도16810)
함정수사에 해당하지 않는 경우	① 이미 범행을 저지른 범인을 검거하기 위하여 정보원을 이용하여 범인을 검거장소로 유인한 경우(대법원 2007.7.26, 2007도4532) [경찰채용 22 2차] ② 부축빼기 절도범 검거(대법원 2007.5.31, 2007도1903) [법원9급 08, 국가7급 10, 국가9급 10, 경찰승진 10/11/14, 경찰채용 10 2차/14 1차/15 2차] ③ 범죄사실을 인지하고도 바로 체포하지 않고 추가범행을 지켜보고 있다가 범죄사실이 많이 늘어난 뒤에야 체포한 경우(대법원 2007.6.29, 2007도3164) [경찰승진 10/11/14, 경찰채용 15 2차] ④ 유인자가 수사기관과 직접적인 관련을 맺지 않은 상태에서 피유인자를 상대로 단순히 수차례 반복적으로 범행을 교사한 경우(대법원 2008.3.13, 2007도10804) [경찰승진 10/11/14, 경찰채용 09 2차/10 2차/11 1 · 2차/14 1차/15 2차] ⑤ 유인자가 사적인 동기에 기하여 수사기관과 직접적인 관련 없이 독자적으로 피고인을 유인한 경우(대법원 2008.7.24, 2008도2794; 2013.3.28, 2013도1473) [국가7급 14, 경찰승진 12, 경찰채용 11 2차] ⑥ 함정수사과정에서 이미 이루어지고 있던 다른 범행을 적발한 경우(대법원 2021.7.29, 2017도16810)

3. 수사비례의 원칙

(1) 의의 : 수사의 수단과 목적 사이에 비례관계가 유지되어야 한다는 원칙을 말하는데, 이 원칙은 임의수사의 경우에도 적용되지만 특히 '강제수사'의 경우 그 허용 여부와 범위를 판단하는 기준으로서 중요한 의미를 가지며, 경미사건에 대한 범죄인지권 남용이나 구속의 제한과 같은 경우 적용된다.

(2) 내 용

① **적합성** : 수사의 수단은 목적달성에 적합해야 한다.

② **필요성** : 수사처분은 수사의 목적을 달성하기 위한 필요 최소한의 범위 내에서 이루어져야 한다(최소침해원칙).

③ **균형성** : 수사목적의 달성으로 인한 이익과 그로 인한 법익 침해 사이에 균형을 유지해야 한다.

4. 수사조건 위반의 효과

수사조건을 위반한 위법한 수사에 의한 수사기관의 체포 · 구속에 대해서는 준항고(제417조)에 의한 불복 및 체포 · 구속적부심사가 가능하며, 그 획득한 증거의 증거능력은 위법수집증거배제법칙에 의해 부정되고, 위법수사를 행한 수사기관은 직권남용죄(형법 제123조) 등 형사책임과 국가배상책임(국가배상법 제2조)을 지게 된다.

사례문제

마약수사관 甲은 자신의 정보원으로 일했던 乙에게 "우리 정보원 A가 또 다른 정보원의 배신으로 구속되게 되었다. A의 공적(다른 마약범죄에 대한 정보를 제공하여 수사기관의 수사를 도운 공적)을 만들어 A를 빼내려 한다. 그렇게 하기 위해서는 수사에 사용할 필로폰이 필요하니 좀 구해 달라. 구입하여 오면 수사기관에서 관련자의 안전을 보장한다."라고 하면서, 구입자금까지 교부하며 집요하게 부탁하였다. 이에 乙은 甲을 돕기로 마음먹고 丙에게 이러한 사정을 이야기하면서 필로폰의 매입을 의뢰하였고, 丙도 비로소 필로폰을 매입하여 乙에게 교부하기로 마음먹고 乙에게서 받은 대금으로 B로부터 필로폰을 매수하여 乙을 통하여 甲에게 교부하였다. (다툼이 있는 경우에는 판례에 의함) [변호사 12]

문제 乙과 丙이 마약류관리에 관한 법률에 위반한 죄로 기소되었다면 乙과 丙에 대하여 법원은 결정으로 공소를 기각하여야 한다.

→ (×) 본래 범의를 가지지 아니한 자에 대하여 수사기관이 사술이나 계략 등을 써서 범의를 유발케 하여 범죄인을 검거하는 함정수사는 위법함을 면할 수 없고, 이러한 공소제기의 절차가 법률의 규정에 위반하여 무효인 때에 해당한다는 이유로 판결로써 공소기각을 선고하여야 한다(2010도9330).

제2절 수사의 개시

01 수사의 단서

Ⅰ 의의 및 종류

1. 의 의

검사는 범죄의 혐의(嫌疑)가 있다고 사료하는 때에는 범인·범죄사실과 증거를 수사한다(제196조 제1항). 사법경찰관도 범죄의 혐의가 있다고 인식하는 때에는 범인, 범죄사실과 증거를 수사한다(제197조 제1항). 경찰공무원인 사법경찰관의 수사는 검사의 지휘를 받지 않는다는 것은 기술한 바와 같다(특별사법경찰관은 검사의 지휘를 받아 수사한다. 제245조의10 제2·3·4항). 이렇게 수사기관이 범죄의 혐의가 있다고 판단하게 되는 원인을 수사의 단서(端緖, clue, lead)라고 한다.

2. 유 형

(1) 수사기관의 체험에 의한 단서

예 현행범인의 체포(제211조), 변사자검시(제222조), 불심검문(경직 제3조), 타사건 수사 중의 범죄발견, 기사·풍설·세평에 의한 범죄혐의 인지

(2) 타인의 체험의 청취에 의한 단서

예 고소(제223조), 고발(제234조), 자수(제240조), 진정·탄원·투서 등에 의한 범죄혐의 확인(검사규 제141조 제1호, 제143조 제1항 제1호), 피해신고·범죄신고 등

Ⅱ 수사의 개시

1. 의 의

수사의 개시는 수사기관에 의하여 입건(立件)[1]이 된 때(형식설 : 입건) 혹은 입건 전이라 하더라도 수사기관이 범죄의 혐의가 있다고 판단하고 이에 따른 행위를 외부적으로 행한 때(실질설 : 입건 전 범죄혐의 인정에 의한 조사활동 포함) 인정된다(결론 : 실질설). 판례도 같은 입장이다(내사와 수사의 구별, 수사의 개시에 관한 실질설을 취한 판례는 대법원 1989.6.20, 89도648; 2001.10.26, 2000도2968; 2010.6.24, 2008도12127; 2011.11.10, 2011도8125).

한편, 2023.7.11. 수사준칙 개정에 의하여 수사기관이 **고소 또는 고발을 받은 경우 이를 수리(受理)할 의무가 있음**이 명시되었다(수사준칙 제16조의2 제1항).[2] 이렇게 수사기관이 범죄인지 등에 의해 수사를 개시하면 이

---

1) [참고] 입건(立件)은 범죄의 혐의가 있다고 수사기관이 판단한 경우의 실무상 처리형식이다. 실무에서의 인지절차는 다음과 같다. ① 사법경찰관은 내사과정에서 범죄혐의가 있다고 판단될 때에는 내사를 종결하고 범죄인지서를 작성(입건)하여 수사를 개시하여야 하는데 이 경우 지체 없이 소속 경찰관서장에게 보고하여야 한다(경찰 내사 처리규칙 –경찰청훈령– 제11조 제1항). 한편 ② 검사는 범죄혐의가 있다고 판단되는 경우 입건으로 처리하여 내사사건부 또는 진정사건부 또는 수사사건부의 비고란에 '형제번호'(2017년 형제 ○ 호)로 표시한다(검찰사건사무규칙 제143조 제1항, 제142조 제1항 제2호, 제4조 제3항 등 참조).

2) [보충] 검찰사건사무규칙(법무부령) 및 경찰수사규칙(행안부령)에 의하면, 고소 또는 고발사건으로 제출된 서류가 불분명하거나 구체적 사실이 적시되어 있지 않을 때에는 진정사건으로 수리할 수 있었다(검사규 제224조 제3항 제1호, 경수규 제21조 제2항 제1호). [국가7급 23]
[조문] 검찰사건사무규칙 제224조(진정 등 수리) ③ 검사는 고소 또는 고발사건으로 제출된 서류가 다음 각 호의 어느 하나에 해당하는 경우에는 이를 진정사건으로 수리할 수 있다.
1. 고소인 또는 고발인의 진술이나 고소장 또는 고발장의 내용이 불분명하거나 구체적 사실이 적시되어 있지 않은 경우 (중략)
경찰수사규칙 제21조(고소·고발의 수리) ① 사법경찰관리는 진정인·탄원인 등 민원인이 제출하는 서류가 고소·고발의 요건을 갖추었다고 판단하는 경우 이를 고소·고발로 수리한다.
② 사법경찰관리는 고소장 또는 고발장의 명칭으로 제출된 서류가 다음 각 호의 어느 하나에 해당하는 경우에는 이를 진정(陳情)으로 처리할 수 있다.
1. 고소인 또는 고발인의 진술이나 고소장 또는 고발장에 따른 내용이 불분명하거나 구체적 사실이 적시되어 있지 않은 경우
2. 피고소인 또는 피고발인에 대한 처벌을 희망하는 의사표시가 없거나 처벌을 희망하는 의사표시가 취소된 경우
그러나, 위와 같이 2023.10.7. 개정(2023.11.1. 시행) 수사준칙 제16조의2 제1항에 의하여 이제는 고소 또는 고발이 있는 때에는 수사기관은 이를 수리하여야 한다.

때부터 그 조사대상자는 피내사자(被內査者)가 아니라 피의자(被疑者, suspect, Beschuldigter, prévenu)의 지위를 가지게 된다.

내사단계 (피내사자)	수사의 개시	수사단계 (피의자)	공소제기	공판단계 (피고인)	유죄판결	확정 (수형자)

판례연구 수사의 개시에 관한 실질설의 판례

대법원 1989.6.20, 89도648; 2001.10.26, 2000도2968; 2010.6.24, 2008도12127

수사개시 이전에는 피의자가 아니고, 형식적 입건 전이라 하여도 실질적 수사개시행위가 있으면 수사는 개시된다는 사례

'피의자'라고 하기 위해서는 수사기관에 의하여 범죄의 인지 등으로 수사가 개시되어 있을 것을 필요로 하고, 그 이전의 단계에서는 장차 형사입건될 가능성이 크다고 하더라도 그러한 사정만으로 '피의자'에 해당한다고 볼 수는 없다. 사법경찰관이 범죄를 인지하는 경우에는 범죄인지보고서를 작성하는 절차를 거치도록 되어 있으므로 특별한 사정이 없는 한 수사기관이 그와 같은 절차를 거친 때에 범죄 인지가 된 것으로 볼 수 있겠으나, 사법경찰관이 그와 같은 절차를 거치기 전에 범죄의 혐의가 있다고 보아 수사에 착수하는 행위를 한 때에는 이때에 범죄를 인지한 것으로 보아야 하고 그 뒤 범죄인지보고서를 작성한 때에 비로소 범죄를 인지하였다고 볼 것은 아니다.

참고하기 수사준칙상 수사개시의 구체적 예시 및 고소·고발 시 수리의무의 신설

제16조[수사의 개시] ① 검사 또는 사법경찰관이 다음 각 호의 어느 하나에 해당하는 행위에 착수한 때에는 수사를 개시한 것으로 본다. 이 경우 검사 또는 사법경찰관은 해당 사건을 즉시 입건해야 한다.

1. 피혐의자의 수사기관 출석조사
2. 피의자신문조서의 작성
3. 긴급체포
4. 체포·구속영장의 청구 또는 신청
5. 사람의 신체, 주거, 관리하는 건조물, 자동차, 선박, 항공기 또는 점유하는 방실에 대한 압수·수색 또는 검증영장(부검을 위한 검증영장은 제외한다)의 청구 또는 신청 (중략)

④ 검사 또는 사법경찰관은 입건 전에 범죄를 의심할 만한 정황이 있어 수사개시 여부를 결정하기 위한 사실관계의 확인 등 필요한 조사를 할 때에는 적법절차를 준수하고 사건관계인의 인권을 존중하며, 조사가 부당하게 장기화되지 않도록 신속하게 진행해야 한다.

④ 검사 또는 사법경찰관은 제3항에 따른 조사 결과 입건하지 않는 결정을 한 때에는 피해자에 대한 보복범죄나 2차 피해가 우려되는 경우 등을 제외하고는 피혐의자 및 사건관계인에게 통지해야 한다.

제16조의2[고소·고발 사건의 수리 등] ① 검사 또는 사법경찰관은 고소 또는 고발을 받은 경우에는 이를 수리해야 한다.

② 검사 또는 사법경찰관은 고소 또는 고발에 따라 범죄를 수사하는 경우에는 고소 또는 고발을 수리한 날부터 3개월 이내에 수사를 마쳐야 한다.

[본조신설 2023.10.17.]

2. 수사의 단서에 따른 수사의 개시

(1) 고소·고발·자수 : 즉시 수사가 개시된다. 이미 구체적 사실을 근거로 하는 범죄혐의가 드러났기 때문이다. 이에 따라 피고소인 등은 피의자의 지위를 가지게 된다.

(2) 기타의 수사단서 : 즉시 수사가 개시되는 것이 아니라, 수사기관이 범죄의 혐의가 있다고 판단하여 범죄인지를 한 때 비로소 수사가 개시된다. 여기서 범죄인지란 수사기관이 고소·고발·자수 이외의 수사단서가 있는 경우 범죄의 혐의가 있다고 판단하여 수사를 개시하는 것을 말한다. 따라서 범죄인지 전에는 내사단계에 불과하다. 아래에서는 이러한 수사의 단서들 중에서 불심검문, 변사자검시, 고소, 고발, 자수에 대하여 설명해보기로 하겠다.

02 불심검문

Ⅰ 의의 및 성격

1. 의 의

불심검문(不審檢問, 직무질문)이란 경찰관이 거동이 수상한 자를 발견한 때에 이를 정지시켜 질문하는 것을 말한다(경직 제3조 제1항, 제2항). 불심검문은 정지와 질문 및 질문을 위한 동행요구를 그 내용으로 한다. [경찰승진 22]

2. 법적 성격

① 보안경찰작용설(노/이, 손/신, 이/조, 차/최 등)과 ② 보안경찰 · 사법경찰 병존설(병유설)(신동운, 배/이/정/이, 임동규, 정/백 등)의 대립이 있다. 생각건대, 경직법상 불심검문은 구체적인 범죄혐의를 요건으로 하지 않는 보안경찰작용으로 보는 제1설이 타당하다. 따라서 불심검문은 구체적인 범죄혐의가 없어도 행할 수 있다. [법원행시 03]

Ⅱ 대 상

불심검문 대상인 거동불심자(擧動不審者)라 함은, 수상한 거동 기타 주위의 사정을 합리적으로 판단하여 어떠한 죄를 범하였거나 범하려고 하고 있다고 의심할 만한 이유가 있는 자나 이미 행하여진 범죄나 행하여지려고 하는 범죄행위에 관하여 그 사실을 안다고 인정되는 자를 말한다(**거동불심자 : 하/려/안**, 경직 제3조 제1항).

Ⅲ 방 법

1. 정지와 질문

(1) 정 지

① **의의** : 질문을 위한 선행수단으로서 거동불심자를 불러 세우는 것을 말한다.

② **정지를 위한 실력행사** : 정지는 질문을 위한 전제에 불과하므로 강제수단은 허용될 수 없지만, 범행의 경중, 범행과의 관련성, 상황의 긴박성, 혐의의 정도, 질문의 필요성 등에 비추어 목적 달성에 필요한 최소한의 범위 내에서 사회통념상 용인될 수 있는 상당한 방법으로 대상자를 정지시키는 것은 허용된다(제한적 허용설, 다수설 · 판례, 대법원 2012.9.13, 2010도6203; 2014.2.27, 2011도13999). 따라서 정지요구 후 불응시 앞을 막는 정도의 행위는 가능하다.[1]

판례연구 거동불심자에 대한 직무질문을 위한 정지를 위한 실력 행사

대법원 2014.2.27, 2011도13999; 2012.9.13, 2010도6203 [경찰간부 22, 경찰채용 1차 23]

불심검문 대상자 해당 여부의 판단과 정지를 위한 실력 행사

경찰관직무집행법(이하 '법')의 목적, 법 제1조 제1항, 제2항, 제3조 제1항, 제2항, 제3항, 제7항의 내용 및 체계 등을 종합하면, 경찰관이 법 제3조 제1항에 규정된 대상자(이하 '불심검문 대상자') 해당 여부를 판단함에 있어서는 불심검문 당시의 구체적 상황은 물론 사전에 얻은 정보나 전문적 지식 등에 기초하여 불심검문 대상자인지 여부를 객관적 · 합리적인 기준에 따라 판단하여야 할 것이나, 반드시 불심검문 대상자에게 형사소송법상 체포나 구속에 이를 정도의 혐의가 있을 것을 요한다고 할 수는 없다. 그리고 경찰관은 불심검문 대상자에게 질문을 하기 위하여 범행의 경중, 범행과의 관련성, 상황의 긴박성, 혐의의 정도, 질문의 필요성 등에 비추어 그 목적 달성에 필요한 최소한의 범위 내에서 사회통념상 용인될 수 있는 상당한 방법으로 그 대상자를 정지시킬 수 있고 질문에 수반하여 흉기의 소지 여부도 조사할 수 있다.

③ **정지시간** : 구체적 사정에 따라 결정해야 한다. 그러나 구속이라고 볼 수 있을 정도의 장시간이어서는 안 된다(경직 제3조 제7항 전단). 대법원은 ㉠ 검문에 불응하고 자전거를 타고 그냥 가는 피고인을 따라

1) [참고] 학설로는 강제정지 허용설, 예외적 허용설(이/조), 제한적 허용설(다수설)이 있다. 판례는 제한적 허용설과 가깝다.

가 앞을 막아 일단 정지시킨 뒤 피고인의 오른편 인도에 올라서서 가지 못하게 경찰봉으로 계속 앞을 가로막고 검문에 응할 것을 요구하는 행위(대법원 2012.9.13, 2010도6203), ㉡ 검문에 불응하고 달아나는 자동차에 대한 추적행위(대법원 2000.11.10, 2000도26807, 26814)는 적법하다고 판시하였다.

판례연구 직무질문을 위한 정지의 적법성

대법원 2012.9.13, 2010도6203

불심검문에 있어서 정지의 시간과 방법

검문 중이던 경찰관들이, 자전거를 이용한 날치기 사건 범인과 흡사한 인상착의의 피고인이 자전거를 타고 다가오는 것을 발견하고 정지를 요구하였으나 멈추지 않아, 앞을 가로막고 소속과 성명을 고지한 후 검문에 협조해 달라는 취지로 말하였음에도 불응하고 그대로 전진하자, 따라가서 재차 앞을 막고 검문에 응하라고 요구하였는데, 이에 피고인이 경찰관들의 멱살을 잡아 밀치거나 욕설을 하는 등 항의하여 공무집행방해 등으로 기소된 경우, 범행의 경중, 범행과의 관련성, 상황의 긴박성, 혐의의 정도, 질문의 필요성 등에 비추어 경찰관들은 목적 달성에 필요한 최소한의 범위 내에서 사회통념상 용인될 수 있는 상당한 방법을 통하여 경찰관직무집행법 제3조 제1항에 규정된 자에 대해 의심되는 사항을 질문하기 위하여 정지시킨 것으로 보아야 하는데도, 이와 달리 경찰관들의 불심검문이 위법하다고 보아 피고인에게 무죄를 선고한 원심판결에는 불심검문의 내용과 한계에 관한 법리오해의 위법이 있다.

(2) 질 문

① **의의** : 거동불심자에게 행선지나 용건 · 성명 · 주소 · 연령 등을 묻고, 필요한 때에는 소지품의 내용을 묻는 것을 말하는바, 이를 직무질문이라 한다.

② **절차** : 경찰관은 상대방에게 자신의 신분을 표시하는 증표를 제시하면서 소속 · 성명을 밝히고 질문의 목적 · 이유를 설명하여야 한다(경직 제3조 제4항). 다만, 경찰관의 직무질문은 피의자신문이 아니므로 진술거부권의 고지는 요하지 않는다.

판례연구 불심검문 시 신분증의 제시

대법원 2014.12.11, 2014도7976 [경찰간부 22, 경찰채용 23 1차, 국가9급 20]

객관적으로 경찰관의 직무질문임을 충분히 알 수 있는 경우에는 신분증 제시가 없어도 위법하지 않다는 사례

경찰관직무집행법 제3조 제4항은 경찰관이 불심검문을 하고자 할 때에는 자신의 신분을 표시하는 증표를 제시하여야 한다고 규정하고, 경찰관직무집행법 시행령 제5조는 위 법에서 규정한 신분을 표시하는 증표는 경찰관의 공무원증이라고 규정하고 있는데, 불심검문을 하게 된 경위, 불심검문 당시의 현장상황과 검문을 하는 경찰관들의 복장, 피고인이 공무원증 제시나 신분 확인을 요구하였는지 여부 등을 종합적으로 고려하여, 검문하는 사람이 경찰관이고 검문하는 이유가 범죄행위에 관한 것임을 피고인이 충분히 알고 있었다고 보이는 경우에는 신분증을 제시하지 않았다고 하여 그 불심검문이 위법한 공무집행이라고 할 수 없다.

유사 경찰관이 정복을 착용한 경우에는 상대방이 요구하지 않는 한 신분증을 제시하지 않아도 위법이라 할 수 없다(대법원 2004.10.18, 2004도4029).

비교 다만, 물론 경찰관이 경직법상 직무질문을 할 당시 경찰복을 입고 있었다 하더라도, 상대방이 요구할 때에는 신분을 표시하는 증표를 제시하면서 소속 · 성명을 밝힐 의무가 있다.[1] [해경간부 12/경찰승진 11]

③ **답변강요금지** : 당해인은 형사소송법에 의하지 아니하고는 신체를 구속당하지 아니하며, 답변을 강요당하지 아니한다(경직 제3조 제7항). 따라서 상대방은 답변을 거부할 수 있고, 답변을 강요하기 위한 최소한의 유형력 행사도 허용되지 않으므로, 예컨대 수갑을 채운 뒤 질문을 하는 것은 적법한 직무질문이 아니며, 이 경우 불법체포죄(형법 제124조)의 죄책을 진다. 다만, 답변을 거부하고 떠나려는 경우에 번의를 구하기 위해 설득하는 것은 허용되는 질문방법에 속한다.

1) [조문] 주민등록법 제26조(주민등록증의 제시요구) 사법경찰관리는 범인의 체포 등 그 직무를 수행함에 있어서 주민의 신원 또는 거주관계를 확인할 필요가 있는 경우에는 17세 이상의 자에 대하여 주민등록증의 제시를 요구할 수 있다. 이 경우 사법경찰관리는 정복근무 중인 경우 외에는 미리 신원을 표시하는 증표를 지니고 이를 관계인에게 제시해야 한다.

2. 동행요구

(1) 의 의

① 경찰관은 그 장소에서 질문을 하는 것이 당해인에게 불리하거나 교통의 방해가 된다고 인정되는 때에는 질문하기 위하여 부근의 경찰관서 등에 동행할 것을 요구할 수 있다(불교동행). [국가9급 13, 경찰승진 11] 따라서 질문에 응답을 거부하거나 신분증 제시를 거부한다고 하여 동행을 요구할 수 있는 것은 아니다. [국가9급 13, 해경간부 12, 경찰채용 07]

② 이 경우 당해인은 경찰관의 동행요구를 거절할 수 있다(경직 제3조 제2항 단서). 이러한 경직법상 동행의 요구를 임의동행이라고 부르는 이유도 바로 여기에 있다. 따라서 동행요구시 경찰장구(경직 제10조의2)를 사용하는 것은 허용될 수 없다. [국가9급 13] 한편 경직법상 임의동행도 수사의 목적을 가질 때에는 동행시부터 수사로 보아야 할 것이다. 따라서 임의동행 후라 하더라도 언제든지 퇴거할 수 있다.

(2) 절 차

① 동행을 요구할 경우 경찰관은 당해인에게 자신의 신분을 표시하는 증표를 제시하면서 소속 · 성명을 밝히고 그 목적 · 이유를 설명하여야 하며, 동행장소를 밝혀야 한다(경직 제3조 제4항). 다만, 경찰관이 정복을 착용한 경우에는 상대방이 요구하지 않는 한 신분증을 제시하지 않아도 위법이라 할 수 없다(대법원 2004.10.18, 2004도4029). 물론 경찰관이 경직법상 직무질문을 할 당시 경찰복을 입고 있었다 하더라도, 상대방이 요구할 때에는 신분을 표시하는 증표를 제시하면서 소속 · 성명을 밝힐 의무가 있다.[1] [경찰승진 11, 해경간부 12]

② 동행을 한 경우 경찰관은 당해인의 가족 · 친지 등에게 동행한 경찰관의 신분, 동행장소, 동행목적과 이유를 고지하거나 본인으로 하여금 즉시 연락할 수 있는 기회를 부여하여야 하며, 변호인의 조력을 받을 권리가 있음을 고지하여야 한다(경직 제3조 제5항)(cf. 피내사자 : 접견교통권 ○). [국가9급 13, 해경간부 12, 경찰승진 11]

(3) 한 계

동행을 한 경우 경찰관은 당해인을 6시간을 초과하여 경찰관서에 머물게 할 수 없다(경직 제3조 제6항). [국가9급 13, 경찰간부 13] 다만, 이 경우에도 언제든지 퇴거할 수 있으므로, 구금이 허용되지 않는다. [경찰간부 13, 경찰승진 06/11, 경찰채용 06 2차]

Ⅳ 소지품검사(흉기소지검사)

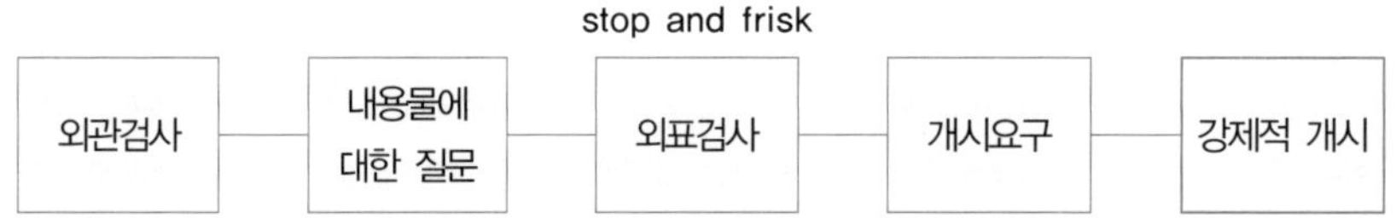

1. 의 의

(1) 개념 : 경직법상 경찰관은 거동불심자에 대하여 질문을 할 때에 흉기의 소지 여부를 조사할 수 있다(경직 제3조 제3항). 이렇게 불심검문을 하는 과정에서 흉기 기타 물건의 소지 여부를 밝히기 위하여 거동불심자의 착의나 휴대품을 조사하는 것을 소지품검사라 한다.

(2) 성격 : 불심검문에 수반하는 부수적 처분으로서 수사의 단서에 불과하므로, 수사상 강제처분인 수색(搜索)과는 구별된다. [국가9급 10]

2. 허용범위 : 흉기 이외의 소지품검사

경직법의 조문에는 "흉기"만 규정하고 있고 기타 소지품에 대해서는 규정하고 있지 않다. [경찰승진 08] 이에 흉기 외 다른 소지품에 대해서도 검사가 가능한가에 대해서는 긍정설과 부정설이 대립하고 있다. 생각건대, 거동불심자의 소지품은 경찰관의 의심을 강화 또는 해소하는 데 유력한 단서가 될 뿐만 아니라, 무엇

---

1) [참고] [주민등록법] 사법경찰관리는 범인의 체포 등 그 직무를 수행함에 있어서 주민의 신원 또는 거주관계를 확인할 필요가 있는 경우에는 17세 이상의 자에 대하여 주민등록증의 제시를 요구할 수 있다. 이 경우 사법경찰관리는 정복근무 중인 경우 외에는 미리 신원을 표시하는 증표를 지니고 이를 관계인에게 제시해야 한다(동법 제26조).

보다 불심검문의 실효성을 위해서는 (제한적) 긍정설을 택하는 것은 불가피해 보인다.

3. 절차 및 한계

(1) 절차 : 소지품검사는 ① 외부에서의 소지품 관찰, ② 소지품의 내용에 대한 질문, ③ 외부에서 손을 가볍게 대어보는 외표검사, ④ 소지품의 임의적 내용개시 요구, ⑤ 개시된 소지품의 검사라는 5단계의 절차이다.

(2) 정지 및 외표검사(Stop and Frisk[1]) : 상대방을 정지시키고(stop), 의복 · 휴대품의 외부를 손으로 만져서 확인하는 외표검사(frisk)는 필요하고 긴급한 경우 허용된다.

(3) 소지품의 개시요구와 내용검사

① 문제점 : 소지품의 개시요구는 강요적 언동에 의하지 않는 한 허용된다. [경찰간부 13] 문제는 상대방이 이에 응하지 않을 때 실력행사가 허용되는가이다.

② 흉기조사 : 흉기소지의 고도의 개연성이 있는 경우 경찰관 또는 제3자의 생명 · 신체의 안전을 위하여, 폭력을 사용하지 않는 범위에서 실력을 행사하여 소지품의 내용을 조사하는 것은 가능하다. [국가9급 13]

③ 일반 소지품검사 : 직접 내부를 뒤져보거나 강제적으로 소지품을 제시하게 하는 것은 허용되지 않는다. 소지품검사는 수사의 단서에 불과하고, 만일 중범죄의 구체적 혐의가 존재한다면 긴급체포의 요건에 따라 긴급수색 절차를 밟아야 할 것이기 때문이다. 우리 형소법이 영장주의 예외규정(제216조~제218조)을 명문으로 두고 있는 취지도 여기에 있다.

V 자동차검문

1. 의의 및 종류

(1) 의의 : 경찰관이 통행 중인 자동차를 정지시켜서 운전자 또는 동승자에게 질문을 행하는 것을 말한다.

(2) 종 류

① 교통검문 : 도로교통의 안전을 확보하기 위하여 도로교통법 위반행위를 단속하는 검문으로서(도로교통법 제47조), 교통행정상의 한 작용이다.

② 경계검문 : 불특정 일반범죄의 예방과 검거를 목적으로 하는 검문을 말한다. 보안경찰의 한 작용이다. [국가9급 10]

③ 긴급수배검문 : 특정범죄가 발생한 경우에 범인의 검거와 수사정보의 수집을 목적으로 하는 검문을 말한다. 사법경찰작용에 속한다.

2. 법적 근거

(1) 교통검문 : 도로교통법 제47조(위험방지를 위한 조치)의 일시정지권을 근거로 한다.

(2) 경계검문 : 경찰관직무집행법 제3조 제1항의 직무질문을 근거로 한다. 따라서 기술한 불심검문의 법리가 적용된다. [여경 01 2차]

(3) 긴급수배검문 : 경찰관직무집행법 제3조 제1항의 직무질문과 형사소송법의 임의수사 규정을 근거로 한다.

3. 허용한계

(1) 임의의 수단에 의할 것을 요한다.

(2) 자동차를 이용하는 중대범죄에 제한되어야 한다.

(3) 범죄의 예방과 검거를 위하여 필요하고 적절한 경우에 한한다.

(4) 불심검문의 법리에 준하므로 자동차 이용자에 대한 자유의 제한은 필요한 최소한도에 그쳐야 한다. 따라서 자동차 압수 · 수색시에는 영장주의 규정을 준수해야 한다.

---

1) [참고] 미연방대법원 판례에서 확립된 원칙이다. Terry v. Ohio, 392 U.S. 1(1968)

03 변사자의 검시

Ⅰ 의의 및 성질

1. 의 의

변사자의 검시란 통상의 병사나 자연사가 아닌 사체로서 범죄로 인한 사망이라는 의심이 있는 사체에 대하여, 사람의 사망이 범죄로 인한 것인가를 판단하기 위한 수사기관의 조사를 말한다. 판례에 의할 때, 범죄로 인하여 사망한 것임이 명백한 자의 사체는 변사체에 포함되지 않는다(형법 제163조의 변사체검시방해의 객체에서 제외, 대법원 2003.6.27, 2003도1331). [해경간부 12, 경찰채용 05 2차/20 2차]

> **판례연구** 변사자의 개념
>
> **대법원 2003.6.27, 2003도1331**
>
> 범죄로 인하여 사망한 것이 명백한 자의 사체는 형법 제163조 소정의 변사체검시방해죄의 객체가 될 수 없다는 사례
>
> 형법 제163조의 변사자라 함은 부자연한 사망으로서 그 사인이 분명하지 않은 자를 의미하고 그 사인이 명백한 경우는 변사자라 할 수 없으므로(대법원 1970.2.24, 69도2272 참조), 범죄로 인하여 사망한 것이 명백한 자의 사체는 같은 법조 소정의 변사체검시방해죄의 객체가 될 수 없는 것이다.

2. 성 질

(1) **수사의 단서** : 변사자의 검시는 수사의 일부분이 아니라 수사의 단서에 불과하다. [국가9급 10]

(2) **검증과의 구별** : 변사자의 검시는 수사 전의 처분이라는 점에서 수사가 개시된 이후의 처분인 검증과 구별된다.

Ⅱ 절 차

1. 주 체

(1) **원칙 – 검사** : 변사자 또는 변사의 의심이 있는 사체가 있는 때에는 그 소재지를 관할하는 지방검찰청 검사가 검시하여야 한다(제222조 제1항). [경찰채용 10 2차]

(2) **예외 – 대행검시** : 검사는 사법경찰관에게 검시를 명할 수 있다(제222조 제3항).

2. 영장주의와의 관계

(1) **검시** : 검시 자체는 수사의 단서에 불과하므로 법관의 영장을 요하지 않는다.

(2) **검증** : 검시 후의 사체검증(사체해부, 부검)에는 원칙적으로 압수 · 수색 · 검증영장을 요하나, 예외적으로 검시로 범죄혐의를 인정하고 긴급을 요할 때(예 부패의 우려)에는 영장 없이 검증을 할 수 있다(제222조 제2항).

(3) **검시를 위하여 타인의 주거에 들어가야 하는 경우** : 거주자의 동의가 없는 한 영장을 요한다.

04 고 소

Ⅰ 의의 및 성격

1. 개 념

고소(告訴)란 범죄의 피해자 또는 그와 일정한 관계가 있는 고소권자가 수사기관에 대하여 범죄사실을 신고하여 범인의 처벌을 구하는 의사표시를 말한다.

2. 개념요소

(1) 수사기관에 대한 신고 : 고소는 수사기관에 대한 의사표시이다. 따라서 법원에 대한 진정서의 제출이나 범인에 대한 처벌희망의 의사표시는 고소가 아니다.

(2) 범죄사실의 신고 : 고소는 범죄사실을 신고하는 것이므로 고소의 대상인 범죄사실은 특정되어야 한다. 다만, 상대적 친고죄의 경우를 제외하고는 범인(피고소인)의 지정은 요하지 않으며, 범행의 일시 · 장소 · 방법까지 구체적으로 특정할 필요는 없다. 이는 후술하는 공소제기에 있어서 일시 · 장소 · 방법 · 피고인이 특정되어야 하는 점과 다른 점이다. [해경간부 12, 경찰승진 11, 경찰채용 05 2차] 한편 범행기간을 특정한 고소는 어느 특정범죄에 대하여 범인의 처벌을 희망하지 않는 의사가 있다고 볼 만한 특별한 사정이 없는 한 그 특정된 기간 중 저지른 모든 범죄에 대하여 고소한 것이라 보아야 한다.

(3) 처벌희망의 의사표시 : 고소는 범인의 처벌을 구하는 의사표시이어야 한다. 따라서 처벌희망의 의사표시가 명시되어 있지 않은 단순한 도난신고 등 피해사실의 신고는 고소가 아니다.

판례연구 고소의 개념요소

대법원 1984.3.27, 84도50; 1984.10.23, 84도1704; 1985.3.26. 84도1374; 1985.7.23, 85도1213; 1988.10.25, 87도1114; 1990.9.28, 90도603 [국가7급 11/15, 경찰채용 12 1차]

고소는 고소인이 일정한 범죄사실을 수사기관에 신고하여 그 범인의 처벌을 구하는 의사표시이므로 고소한 범죄사실이 특정되어야 함은 말할 나위가 없다 하겠으나 그 특정의 정도는 고소인의 의사가 구체적으로 어떤 범죄사실을 지정하여 범인의 처벌을 구하고 있는 것인가를 확정할 수 있으면 되는 것이고 고소인 자신이 직접 범행일시, 장소와 방법 등까지 구체적으로 상세히 지적하고 그 범죄사실을 특정할 필요까지는 없다 할 것이며(대법원 1984.3.27, 84도50), 한편 범행기간을 특정하고 있는 고소에 있어서는 그 기간 중의 어느 특정범죄에 대하여 범인의 처벌을 원치 않는 고소인의 의사가 있다고 볼만한 특단의 사정이 없는 이상 그 고소는 특정된 기간 중에 저지른 모든 범죄에 대하여 범인의 처벌을 구하는 의사표시라고 봄이 상당할 것이다.

---

3. 성 격

(1) 고소는 일반적(비친고죄)으로는 수사의 단서이나, 고소가 있어야만 공소를 제기할 수 있는 친고죄(親告罪)의 경우에는 수사의 단서일 뿐 아니라 소송조건이 된다.

(2) 고소는 법률행위적 소송행위이다. 따라서 행위자에게 고소능력이 있어야 한다. 이는 피해를 받은 사실을 이해하고 고소에 따른 사회생활상의 이해관계를 알아차릴 수 있는 사실상의 의사능력을 말하므로, 민법상의 행위능력(19세 이상)과 일치하지 않는다(대법원 2011.6.24, 2011도4451). [경찰승진 22, 법원9급 13, 국가7급 15, 국가9급 08, 경찰채용 15 2차, 경찰채용 20 1차]

판례연구 고소능력, 반의사불벌죄의 처벌불원의사의 표시능력

1. **대법원 2011.6.24, 2011도4451, 2011전도76**

   고소에 필요한 고소능력의 정도(= 사실상의 의사능력)

   고소를 할 때는 소송행위능력, 즉 고소능력이 있어야 하나, 고소능력은 피해를 입은 사실을 이해하고 고소에 따른 사회생활상의 이해관계를 알아차릴 수 있는 사실상의 의사능력으로 충분하므로, 민법상 행위능력이 없는 사람이라도 위와 같은 능력을 갖추었다면 고소능력이 인정된다.

2. **대법원 2009.11.19, 2009도6058 전원합의체** [경찰채용 15 1차, 경찰승진 11/12/22, 국가7급 10/11/20, 법원9급 12, 변호사 13]

   14세 10개월의 피해자의 처벌불원 의사표시에 법정대리인의 동의가 필요하지 않다는 사례

   형사소송법상 소송능력이라 함은 소송당사자가 유효하게 소송행위를 할 수 있는 능력, 즉 피고인 또는 피의자가 자기의 소송상의 지위와 이해관계를 이해하고 이에 따라 방어행위를 할 수 있는 의사능력을 의미한다. 의사능력이 있으면 소송능력이 있다는 원칙은 피해자 등 제3자가 소송행위를 하는 경우에도 마찬가지라고 보아야 한다. 따라서 반의사불벌죄에 있어서 피해자의 피고인 또는 피의자에 대한 처벌을 희망하지 않는다는 의사표시 또는 처벌을 희망하는 의사표시의 철회는, 위와 같은 형사소송절차에 있어서의 소송능력에 관한 일반원칙에 따라, 의사능력이 있는 피해자가 단독으로 이를 할 수 있고, 거기에 법정대리인의 동의가 있어야 한다거나 법정대리인에 의해 대리되어야만 한다고 볼 것은 아니다.

Ⅱ 고소의 절차

1. 고소권자

(1) 피해자

① 범위 : 범죄로 인한 피해자는 고소할 수 있다(제223조).

(가) 피해자란 범죄로 인해 침해된 법익의 주체를 말하며, 자연인뿐만 아니라 법인 · 법인격 없는 단체도 포함된다.

(나) 범죄로 인한 직접적 피해자를 의미하므로 간접적 피해자는 제외된다(cf. 제척의 원인도 同). 예컨대, 처가 강간을 당한 경우의 남편에게는 고소권이 없고, 乙과 丙이 채권 · 채무 관계인데 甲이 丙을 기망하여 재산상 이익을 취득함으로써 사기죄에 해당되는 경우, 丙이 직접적 피해자로서 고소권자가 되고, 乙은 간접적 피해자에 불과하므로 고소권이 없다. [경찰승진 09/10] 다만, 국가적 · 사회적 법익에 대한 죄의 경우에는 행위객체도 피해자가 된다.

② 상속 · 양도 : 고소권은 일신전속적 권리이므로 상속 · 양도가 허용되지 않으나, 저작권과 같이 침해가 계속적인 때에는 권리 이전에 따라 고소권도 이전된다.

대법원 1995.9.26, 94도2196

피해자의 지위를 승계받은 고소권자 사례

침해가 계속적인 때에는 권리이전에 따라 고소권도 이전되므로 상표권을 이전등록받은 승계인은 이전에 발생한 침해에 대해서도 피해자의 지위를 승계한다.

비교판례 특허법 제225조 제1항 소정의 특허권침해죄는 피해자의 고소가 있어야 논할 수 있는 죄인바, 특허를 무효로 하는 심결이 확정된 때에는 원칙적으로 그 특허권은 처음부터 없었던 것으로 보게 되므로(특허법 제133조 제3항), 무효심결 확정 전의 고소라 하더라도 그러한 특허권에 기한 고소는 무효심결이 확정되면 고소권자에 의한 적법한 고소로 볼 수 없다 할 것이고, 이러한 고소를 기초로 한 공소는 형사소송법 제327조 제2호 소정의 공소제기의 절차가 법률의 규정에 위반되어 무효인 때에 해당한다고 할 수 있다(대법원 2008.4.10, 2007도6325).

(2) 피해자의 법정대리인

① 범위 : **피해자의 법정대리인은 독립하여 고소할 수 있다**(제225조 제1항). [국가9급 08, 경찰채용 13 1차] 법정대리인은 피성년후견인 · 피한정후견인 · 미성년자와 같은 무능력자인 피해자의 행위를 일반적으로 대리할 수 있는 친권자 · 후견인을 말한다. 예컨대, 고소 당시 이혼한 생모라도 피해자인 그의 자(子)의 친권자로서 독립하여 고소할 수 있다(대법원 1987.9.22, 87도1707). [경찰승진 09] 나아가, 부재자의 재산에 대한 범죄행위에 관하여 법원으로부터 고소권 행사에 관한 허가를 얻은 법원이 선임한 부재자 재산관리인도 여기에 포함된다. 다만 일반적 대리권이 없는 재산관리인 · 파산관재인, 무능력자의 법정대리인 개념에 해당되지 못하는 법인의 대표자는 제외된다.

판례연구 고소권자인 법정대리인의 범위

1. **대법원 1987.9.22, 87도1707**

   입적되어 있지 아니한 생모도 법정대리인인 친권자로서 고소할 수 있다는 사례

   모자관계는 호적에 입적되어 있는 여부와는 관계없이 자의 출생으로 법률상 당연히 생기는 것이므로 고소당시 이혼한 생모라도 피해자인 그의 자의 친권자로서 독립하여 고소할 수 있다.

2. **대법원 2022.5.26, 2021도2488**

   부재자 재산관리인이 법정대리인으로서 적법한 고소권자에 해당하는가의 문제

   법원이 선임한 부재자 재산관리인이 그 관리대상인 부재자의 재산에 대한 범죄행위에 관하여 법원으로부터 고소권 행사에 관한 허가를 얻은 경우 부재자 재산관리인은 형사소송법 제225조 제1항에서 정한 법정대리인으로서 적법한 고소권자에 해당한다고 보아야 한다. … 부재자 재산관리인의 권한은 원칙적으로 부재자의 재산에 대한 관리행위에 한정되나, 부재자 재산관리인은 재산관리를 위하여 필요한 경우 법원의 허가를 받아 관리행위의 범위를 넘는 행위를 하는 것도 가능하고, 여기에는 관리대

상 재산에 관한 범죄행위에 대한 형사고소도 포함된다. 따라서 부재자 재산관리인은 관리대상이 아닌 사항에 관해서는 고소권이 없겠지만, 관리대상 재산에 관한 범죄행위에 대하여 법원으로부터 고소권 행사 허가를 받은 경우에는 독립하여 고소권을 가지는 법정대리인에 해당한다. … 부재자는 자신의 재산을 침해하는 범죄에 대하여 처벌을 구하는 의사표시를 하기 어려운 상태에 있다. 따라서 부재자 재산관리인에게 법정대리인으로서 관리대상 재산에 관한 범죄행위에 대하여 고소권을 행사할 수 있도록 하는 것이 형사소송법 제225조 제1항과 부재자 재산관리제도의 취지에 부합한다.

보충 피고인은 피해자(부재자)의 언니로서(비동거친족) 법원에서 부재자 재산관리인으로 선임되어 피해자 앞으로 공탁된 수용보상금을 출급하였고, 이후 법원은 피고인을 재산관리인에서 해임하고 변호사 A를 재산관리인으로 개임하였는데, 피고인이 변호사 A에게 수용보상금의 존재를 알리지 않았고 그 인계도 거부하자, 변호사 A가 법원의 권한초과행위 허가를 받아 수사기관에 피고인을 배임(친고죄) 등으로 고소한 것은 형사소송법 제225조 제1항에서 정한 법정대리인으로서 적법한 고소에 해당한다는 사례이다.

② **시기** : 고소할 당시 피해자가 성년이 되면 법정대리인이라는 개념은 인정되지 않으므로, 법정대리인의 지위는 고소 당시에 있어야 한다. 따라서 범죄 당시에는 그 지위에 없었거나 고소 후에 지위를 상실하더라도 고소는 유효한 것이 된다. 법정대리인이 고소할 때에는 고소인과의 신분관계를 소명하는 서면을 제출하여야 한다(규칙 제116조 제1항).[1]

③ **고소권의 성질** : ㉠ 독립대리권설(백형구, 신현주, 이/조)과 ㉡ 고유권설(다수설 · 판례, 대법원 1984.9.11, 84도1579; 1987.6.9, 87도857; 1999.12.24, 99도3784)이 대립하나, 독립대리권설에 의하면 피해자는 법정대리인이 한 고소를 취소할 수 있는데, 이는 피해자가 무능력자이기 때문에 법정대리인을 고소권자로 인정한 제225조의 입법취지에 반하므로, **고유권설**이 타당하다. 따라서 ㉠ 피해자의 고소권이 소멸하여도 법정대리인이 고소권을 행사할 수 있고(∴ 피해자가 고소를 취소한 다음 법정대리인이 고소를 한 경우 재고소금지규정 －제232조 제2항－ 위반이 아님), ㉡ 고소기간도 법정대리인을 기준으로 산정하며(법정대리인 자신이 범인을 알게 된 날로부터 진행), ㉢ 피해자의 (명시한) 의사에 반하여도 법정대리인은 고소할 수 있으며, ㉣ 피해자는 법정대리인이 한 고소를 취소할 수 없다. [법원승진 09, 국가9급 08/14, 경찰승진 09/10/22]

대법원 1999.12.24, 99도3784

법정대리인의 고소권의 성질에 관한 고유권설

형사소송법 제225조 제1항이 규정한 법정대리인의 고소권은 무능력자의 보호를 위하여 법정대리인에게 주어진 고유권이므로, 법정대리인은 피해자의 고소권 소멸 여부에 관계없이 고소할 수 있고, 이러한 고소권은 피해자의 명시한 의사에 반하여도 행사할 수 있다.

(3) 피해자의 배우자 · 직계친족 · 형제자매 등 친족

① **피해자 사망시** : 피해자가 사망한 때에는 그 배우자 · 직계친족 · 형제자매는 고소할 수 있다(제225조 제2항 본문). 신분관계의 존재시점은 피해자 사망시를 기준으로 한다(고소시 고소인과 피해자와의 신분관계를 소명하는 서면 제출, 규칙 제116조 제1항). 단, 피해자의 명시한 의사에 반하지 못한다(동 단서).[2] 예컨대, 비밀침해죄나 모욕죄의 고소권자인 피해자가 사망한 경우 그의 배우자 · 직계친족 · 형제자매가 고소할 수 있으나, 피해자가 생전에 명시한 의사에 반하여 고소할 수는 없다. [경찰간부 01, 경찰채용 05 3차/10 1차] 이 경우의 피해자의 의사는 유서(遺書) 등을 통해서 확인될 수 있다.

정리 피해자 생존 시에는 피해자와 법정대리인만이 고소권자이다.

---

1) [조문] 형사소송규칙 제116조(고소인의 신분관계 자료제출) ① 법 제225조 내지 제227조의 규정에 의하여 고소할 때에는 고소인과 피해자와의 신분관계를 소명하는 서면을, 법 제229조에 의하여 고소할 때에는 혼인의 해소 또는 이혼소송의 제기사실을 소명하는 서면을 각 제출하여야 한다. ② 법 제228조의 규정에 의하여 검사의 지정을 받은 고소인이 고소할 때에는 그 지정받은 사실을 소명하는 서면을 제출하여야 한다.

2) [보충] 피해자 사망 시의 배우자 · 직계친족 · 형제자매의 고소권의 성질에 대해서는, ① 피해자가 사망하였다는 점을 중시하는 고유권설(송광섭, 이재상/조균석, 임동규, 정웅석/백승민, 진계호)과 ② 피해자의 명시한 의사에 반하지 못한다는 위 단서규정을 중시하는 독립대리권설(권오걸, 백형구, 신동운, 이영란, 차용석/최용석)이 대립한다. 생각건대, 고유권설에 의하면 사망한 피해자의 생전의 명시한 의사에 반하지 못한다는 규정을 설명할 수 없다는 점에서, 본서는 독립대리권설을 따른다. 다만, 독립대리권설에 의하더라도 피해자가 생전에 명시한 의사를 표시하지 아니하고 사망한 경우의 그 배우자 · 직계친족 · 형제자매의 고소권은 고유권의 성질을 띠게 된다.

판례연구 친고죄의 피해자 사망 시 배우자 · 직계친족 · 형제자매의 고소 관련판례

1. 대법원 1955.6.28, 4288형상109

피해자 사망 시 배우자 · 직계친족 · 형제자매는 고소할 수 있으나, 피해자의 명시한 의사에 반하지 못한다는 사례

본건 범죄(혼인빙자간음죄, 구형법상 친고죄)에 대한 고소는 피해자 V의 부 F로부터 제기된 것임을 인정할 수 있는바 F의 고소는 형사소송법 제225조에 의하여 적법한 것임은 물론이나 동조에 의하면 피해자 이외 고소권자의 고소는 피해자의 명시한 의사에 위반할 수 없음이 명정되어 있는바, 검사의 증인 공소외 3에 대한 청취서기재에 의하면 피해자 V는 전기 공소외 3에 대하여 본건 범죄를 고소할 의사가 없음을 표시한 바 있음을 인정할 수 있으므로, 결국 전기 F의 고소는 피해자 V의 명시한 의사에 반한 부적법한 고소이므로 이러한 고소에 기인한 본건 공소는 기각을 면할 수 없다.

[본건] 이 판례에 대해서는 피해자 사망시 배우자 · 직계친족 · 형제자매의 고소권의 성질을 독립대리권으로 본 것이라는 평석(신동운, 197면)이 유력하다.

2. [유사판례] 대법원 1969.4.29, 69도376

피해자가 생전에 고소하고 사망한 후 피해자의 배우자 · 직계친족 · 형제자매가 고소를 취소할 수 없다는 사례

피해자의 부친이 피해자 사망 후에 피해자를 대신하여 그 피해자가 이미 하였던 고소를 취소하더라도 이는 적법한 고소취소라 할 수 없다.

3. 헌법재판소 1993.7.29, 92헌마234

피해자 고소 후 사망 시 상속인은 피해자 지위를 수계하여 검찰항고 등을 할 수 있다는 사례

형사소송법 제225조 제2항에서 피해자가 사망한 경우 그 배우자, 직계친족 또는 형제자매에게 고소권을 인정하고 있는 취지에 비추어 볼 때, 피해자인 고소인이 고소 후에 사망한 경우 피보호법익인 재산권의 상속인은 자신들이 따로 고소를 할 것 없이 피해자 지위를 수계(受繼)하여 피해자가 제기한 당해 고소사건에 관한 검사의 불기소처분에 대하여 항고 · 재항고도 할 수 있고 또한 헌법소원심판(현재는 ×)도 청구할 수 있다.

② **법정대리인 등이 피의자인 경우** : 피해자의 법정대리인이 피의자이거나 법정대리인의 친족이 피의자인 때에는 피해자의 친족은 독립하여 고소할 수 있다(제226조). [법원승진 09, 경찰채용 12 3차] 이 경우 친족의 고소권도 **고유권**에 속하므로[경찰승진 09, 경찰채용 12 3차], 친족은 피해자의 명시한 의사에 반해서도 고소할 수 있다. 이 경우 친족의 개념은 가족관계등록부(호적부)의 기재를 기준으로 하는 것이 아니다.

판례연구 법정대리인 등이 피의자인 경우 친족의 고소권 관련판례

1. 대법원 1986.11.11, 86도1982 [경찰승진 09]

법정대리인이 피의자인 경우 피해자의 친족은 독립하여 고소할 수 있다(제226조)는 사례

모자관계는 호적에 입적되어 있는 여부와는 관계없이 자의 출생으로 법률상 당연히 생기는 것이므로, 생모와 그 자의 자 사이에도 법률상 친족관계가 있다 할 것인바, 피고인의 생모가 피고인의 그 딸에 대한 강제추행(현재는 친고죄 ×) 등 범죄사실에 대하여 고소를 제기한 것은 법 제226조 소정의 피해자의 친족에 의한 피해자의 법정대리인에 대한 적법한 고소라 할 것이다.

2. 대법원 2010.4.29, 2009도12446 [국가7급 15]

법정대리인이 피의자인 경우 피해자의 친족은 독립하여 고소할 수 있다는 사례

남편 甲이 식물인간 상태가 되어 금치산선고를 받아 그 후견인이 된 배우자 乙의 간통행위(현재는 폐지)에 대해 甲의 모(母) 丙이 제기한 고소는 간통죄의 공소제기 요건으로서 적법하다.

③ **사자명예훼손시** : 사자의 명예를 훼손한 범죄(형법 제308조)에 대하여는 그 친족 · 자손은 고소할 수 있다(제227조). 당연히 고유권에 속한다.

(4) 지정고소권자

① **고소권자의 지정** : 친고죄에 대하여 고소할 자가 없는 경우에 이해관계인의 신청이 있으면 검사는 10일 이내에 고소할 수 있는 자를 지정하여야 한다(제228조).[1] [국가7급 08, 경찰채용 14 2차] 검사는 고소권자를 지정하는 것이지 자신이 고소권자가 되는 것은 아니다. [경찰승진 09]

1) [참고] 검사는 지정하여야 한다. 검사의 객관의무가 나타나는 조항이다.

② 고소할 자가 없게 된 사유는 따지지 않는다. 다만, 고소권을 상실하거나 고소하지 아니할 의사를 명시하고 사망한 경우는 포함되지 않는다.

③ 이해관계인은 법률상 또는 사실상의 이해관계인을 불문하므로 내연의 부부관계에 있는 자도 포함된다. [국가7급 01] 다만, 단순한 감정상의 이해관계인은 제외된다.

2. 고소의 방법

(1) 고소의 방식

① 고소장과 고소조서

(가) 검사 · 사법경찰관에 대한 서면 · 구술에 의한 의사표시 : 고소는 서면 또는 구술로써 검사 또는 사법경찰관에게 하여야 한다(제237조 제1항). [경찰채용 15 1차]

(나) 조서의 작성 : 구술에 의한 고소를 받은 때에는 조서를 작성하여야 한다(동조 제2항). 고소조서는 처벌희망의 의사표시가 있으면 족하므로, 반드시 독립된 조서일 필요는 없다(대법원 65도1089). [법원9급 14, 국가7급 15, 국가9급 10, 경찰채용 12 · 16 1차/12 2차/14 · 15 2차] 다만, 조서의 작성은 필요하므로, 전화 · 전보 · 팩시밀리에 의한 고소는 조서가 작성되지 않는 한 유효한 고소가 아니다.

> **판례연구** 고소의 방법
>
> **대법원 2011.6.24, 2011도4451; 1966.1.31, 65도1089; 1985.3.12, 85도190** [국가7급 17, 법원9급 22]
>
> 고소는 서면 또는 구술에 의할 수 있다는 사례
>
> 친고죄에 있어서의 고소는 서면뿐만 아니라 구술로도 할 수 있는 것이고, 다만 구술에 의한 고소를 받은 검사 또는 사법경찰관은 조서를 작성하여야 하지만 그 조서가 독립된 조서일 필요는 없으며 수사기관이 고소권자를 증인 또는 피해자로서 신문한 경우에 그 진술에 범인의 처벌을 요구하는 의사표시가 포함되어 있고 그 의사표시가 조서에 기재되면 고소는 적법하게 이루어진 것이다.

② 사법경찰관의 조치 : 사법경찰관이 고소를 받은 때에는 신속히 조사하여 관계서류와 증거물을 검사에게 송부하여야 한다(사건송치, 제238조).

정리 법원에 송부하는 것이 아니라, 검사에게 송부하는 것이다.

(2) 고소의 대리 : 고소는 **대리인**으로 하여금 하게 할 수 있다(특정대리-고재변상적, 제236조). 대리권은 정당한 고소권자에 의하여 수여되었음이 실질적으로 증명되면 충분하므로 반드시 위임장을 제출한다거나 '대리'라는 표시를 하여야 하는 것은 아니며, **대리인**은 수사기관에 구술에 의한 방식으로 고소를 제기할 수도 있다(대법원 2002.6.14, 2000도4595).[1] [법원9급 08, 국가7급 15, 해경간부 12, 경찰승진 11, 경찰채용 05 2차]

> **판례연구** 고소의 대리
>
> **대법원 2002.6.14, 2000도4595** [경찰채용 05 2차, 해경간부 12, 경찰승진 11, 국가7급 15, 법원9급 08]
>
> 대리권 수여는 실질적으로 증명되면 충분하고, 대리인도 구술에 의한 고소를 할 수 있다는 사례
>
> 형사소송법 제236조의 대리인에 의한 고소의 경우 대리권이 정당한 고소권자에 의하여 수여되었음이 실질적으로 증명되면 충분하고 그 방식에 특별한 제한은 없다고 할 것이며(피의자 · 피고인의 변호인 선임의 방식과 다름), 한편 친고죄에 있어서의 고소는 고소권 있는 자가 수사기관에 대하여 범죄사실을 신고하고 범인의 처벌을 구하는 의사표시로서 서면뿐만 아니라 구술로도 할 수 있는 것이므로, 피해자로부터 고소를 위임받은 대리인은 수사기관에 구술에 의한 방식으로 고소를 제기할 수도 있다.

(3) 조건부 고소 : 고소에 조건을 붙일 수 있다는 긍정설(이/조, 임동규, 정/백 -단 친고죄는 불허-)과 사인의 의사표시가 국가 형사소추권의 행사를 지나치게 좌우해서는 안 된다는 부정설(多)이 대립한다. 본서는 부정설을 따른다. 친고죄의 공범 중 일부만 처벌을 원하고 나머지는 원하지 않는 고소는 허용되지 않는다는 것도 같은 의미이다.

---

1) [참고] 고소 대리의 범위에 대해서는 의사대리허용설, 친고죄표시대리한정설, 표시대리한정설 정도로 학설이 대립한다. 본서에서는 생략한다.

3. 고소의 기간

(1) 의의

① **친고죄** : 고소기간은 범인을 알게 된 날부터 6개월이다(제230조 제1항 본문). [경찰채용 13 1차] 이는 국가형벌권의 행사를 사인의 처벌희망 의사표시에 의해 장기간 좌우되는 사태를 막기 위한 것이다.[1]

② **비친고죄** : 비친고죄의 고소는 소송조건이 아니므로 제한이 없다. [교정9급특채 12]

(2) 고소기간의 시기

① **원칙** : 범인을 알게 된 날이다(제230조 제1항 본문).

(가) **범인** : 범인은 정범 · 공범을 불문한다. 범인이 수인인 때에는 그 중 1인만 알면 족하다. 다만, 상대적 친고죄의 경우에는 신분관계 있는 범인을 알게 된 날이 기준이 된다. [국가9급 14]

(나) **범인을 알게 되었다는 의미** : 고소능력이 있는 피해자가 통상인의 입장에서 고소를 할 수 있을 정도로 범죄사실과 범인을 아는 것을 의미한다. 범죄사실을 안다는 것은 범죄피해사실에 관한 **확정적 인식**이 있음을 말하고, 범인을 안다는 것은 범인이 누구인가 특정할 수 있을 정도로 알아야 하는 것을 말하므로 범인의 동일성을 식별할 수 있을 정도로 인식함으로써 족하다. 단, 범인의 주소 · 성명까지 알 필요는 없다(대법원 2001.10.9, 2001도3106; 2010.7.15, 2010도4680). 물론 범죄사실을 안 것만으로는 범인을 알게 되었다고 할 수 없다. [경찰채용 12 1 · 2차/16 1차]

> **판례연구** 친고죄의 고소기간의 시기의 의미
>
> **1. 대법원 1995.5.9, 95도696** [국가7급 07, 국가9급 08/10, 경찰채용 08 1차/10 2차/15 1차/22 2차]
>
> 고소기간은 고소능력이 생긴 때로부터 기산된다는 사례
>
> 강제추행의 피해자가 범인을 안 날로부터 6월이 경과된 후에 고소제기하였더라도 범행 당시 피해자가 11세의 소년에 불과하여 고소능력이 없었다가 고소 당시에 비로소 고소능력이 생겼다면, 그 고소기간은 고소능력이 생긴 때로부터 기산되어야 하므로 고소기간이 경과된 것으로 볼 것이 아니다.
>
> **2. 대법원 2001.10.9, 2001도3106** [경찰승진 22]
>
> 범인을 알게 된다 함에서 범죄사실을 안다는 것은 범죄피해사실에 관한 확정적 인식을 요한다는 사례
>
> 범인을 알게 된다 함은 통상인의 입장에서 보아 고소권자가 고소를 할 수 있을 정도로 범죄사실과 범인을 아는 것을 의미하고, 범죄사실을 안다는 것은 고소권자가 친고죄에 해당하는 범죄의 피해가 있었다는 사실관계에 관하여 확정적인 인식이 있음을 말한다(대법원 2010.7.15, 2010도4680). 고소인이 처와 상간자 간에 성관계가 있었다는 사실을 알게 되었으나 처가 상간자와의 성관계는 강간에 의한 것이라고 주장하며 상간자를 강간죄로 고소하였고 이에 대하여 검찰에서 무혐의결정이 나자 이들을 간통죄(현재는 폐지)로 고소한 경우, 고소인으로서는 그 강간 고소사건에 대한 검찰의 무혐의결정이 있은 때 비로소 처와 상간자 간의 간통사실을 알았다고 봄이 상당하므로, 그때로부터 고소기간을 기산하여야 한다.

(다) **법정대리인** : 법정대리인(고유권)의 고소기간은 법정대리인 자신이 범인을 알게 된 날로부터 진행된다. [경찰채용 08 1차]

(라) **대리고소** : 고소의 대리의 경우 고소기간은 대리고소인이 아니라 정당한 고소권자를 기준으로 고소권자가 범인을 알게 된 날로부터 기산한다(대법원 2001.9.4, 2001도3081). [법원9급 11, 경찰채용 12 3차]

> **대법원 2001.9.4, 2001도3081** [경찰채용 12 3차/법원9급 11]
>
> 대리인에 의한 고소의 고소기간의 기준
>
> 형사소송법 제236조의 대리인에 의한 고소의 경우, 고소기간은 대리고소인이 아니라 정당한 고소권자를 기준으로 고소권자가 범인을 알게 된 날부터 기산한다.

(마) **고소권자가 수인인 경우** : 고소할 수 있는 자가 수인인 때에는 1인의 기간의 해태(고소기간의 경과)

---

1) [참고] 종래 성폭력특별법상 친고죄의 경우 고소기간이 1년으로 되어 있었으나, 2012.12.18. 법 개정으로 인하여 성폭력범죄에 대한 친고죄 규정들이 폐지되었으므로 이는 의미가 없게 되었다.

는 타인의 고소에 영향이 없다(제231조). [경찰채용 14 2차] 여기서 고소할 수 있는 자란 피해자를 말한다.
비교 재정신청인 중 1인의 신청은 전원에 대하여 효력이 있다(제264조 제1항).

② 예 외

(가) 불가항력 사유 : 친고죄의 경우에 고소할 수 없는 불가항력의 사유가 있는 때에는 그 사유가 없어진 날로부터 기산한다(제230조 제1항 단서).[1] 예컨대 피해자가 의식불명의 상태가 된 경우에는 회복된 날로부터 6개월을 기산한다. 다만, 해고될 것이 두려워 고소를 하지 않은 것을 불가항력적 사유에 해당한다고 할 수는 없다(대법원 1985.9.10, 85도1273).

> **대법원 1985.9.10, 85도1273**
> 법 제230조 제1항 단서 소정의 "고소할 수 없는 불가항력의 사유"에 해당하는지 여부
> 자기의 피용자인 부녀를 간음하면서 불응하는 경우 해고할 것을 위협하였다 하더라도 이는 업무상 위력에 의한 간음죄(현재는 친고죄가 아님)의 구성요건일 뿐 그 경우 해고될 것이 두려워 고소를 하지 않은 것이 고소할 수 없는 불가항력적 사유에 해당한다고 할 수 없다(친고죄의 고소기간은 경과된 것임).

(나) 범죄 진행 중 : 범죄가 아직 진행 중인 경우에는 범인을 알게 되었을지라도 범죄종료시로부터 고소기간이 진행된다. 예컨대, 영업범과 같은 포괄일죄에 있어서 최후의 범죄행위가 종료된 때 전체 범죄행위가 종료된 것이므로, 고소권자가 범죄행위가 계속되는 도중에 범인을 알았다고 하더라도 그 날부터 곧바로 고소기간이 진행된다고 볼 수는 없다. [국가7급 12]

4. 고소의 제한[2]

(1) 원칙 : 자기 또는 배우자의 직계존속은 고소하지 못한다(제224조). [법원9급 10/13, 경찰채용 08 3차/11 1차] 다만, 직계비속에 대한 고소의 제한은 없다.

(2) 예외 : 성폭력범죄 · 가정폭력범죄에 대해서는 자기 또는 배우자의 직계존속이라도 고소할 수 있다(성폭법 제18조[3], 가폭법 제6조 제2항).

Ⅲ 고소불가분의 원칙

1. 의 의

(1) 개념 : 친고죄에 있어서 고소의 효력이 미치는 범위에 관한 원칙으로서, 고소의 효력이 인적 · 물적으로 불가분이라는 원칙을 말한다.

(2) 취지 : 피해자의 고소가 반드시 정확하지 않을 뿐만 아니라, 고소권자의 의사에 의해 국가의 형벌권의 범위가 좌지우지 되는 것을 방지함으로써 형사사법의 객관성과 공평성을 도모하는 데 있다.

2. 객관적 불가분의 원칙

(1) 의 의

① 한 개의 범죄사실의 일부분에 대한 고소 또는 그 취소는 그 범죄사실의 전부에 대하여 효력이 발생한다는

---

1) [참고] 종래의 판례 중에는 업무상 위력에 의한 간음죄의 고소할 수 없는 불가항력의 사유에 관하여 다음과 같은 판시가 있다. "자기의 피용자인 부녀를 간음하면서 불응하는 경우 해고할 것을 위협하였다 하더라도 이는 업무상 위력에 의한 간음죄의 구성요건일 뿐 그 경우 해고될 것이 두려워 고소를 하지 않은 것이 고소할 수 없는 불가항력적 사유에 해당한다고 할 수 없다(대법원 1985.9.10, 85도1273)." 그러나 2012년 12월 형법 개정에 의해 업무상 위력에 의한 간음죄를 포함한 성폭력범죄에 대한 친고죄 규정이 삭제되었으므로, 이제는 큰 의미를 가지지 못한다.
[참고] 구 형소법 제230조 제2항에서는 "결혼목적약취 · 유인죄(구 형법 제291조, 2013.4.5. 개정 형법 제288조 제1항)로 약취 · 유인된 자가 혼인을 한 경우에는 혼인의 무효 또는 취소의 재판이 확정된 날로부터 고소기간이 진행된다."고 규정하고 있었으나, 결혼목적약취 · 유인죄도 친고죄 규정이 삭제되어 2013.4.5. 형소법에서도 삭제되었다.

2) [참고] 형소법 제229조에서는 간통죄(형법 제241조)의 경우에는 혼인이 해소되거나 이혼소송을 제기한 후가 아니면 고소할 수 없고(제1항), 이 경우 다시 혼인을 하거나 이혼소송을 취하한 때에는 취소된 것으로 간주한다(제2항)고 규정하고 있으며, 이에 대한 대법원판례도 있다(대법원 1994.6.10, 94도774). 그러나 주지하다시피 간통죄에 대한 헌재의 위헌결정으로 이에 관한 논의는 불필요하게 되었다.

3) [조문] 성폭법 제18조(고소 제한에 대한 예외) 성폭력범죄에 대하여는 「형사소송법」 제224조(고소의 제한) 및 「군사법원법」 제266조에도 불구하고 자기 또는 배우자의 직계존속을 고소할 수 있다. 〈개정 2013.4.5.〉

원칙을 말한다. [법원9급 13, 법승 14, 국가7급 12/15, 경찰채용 15 2차]

② 한 개의 범죄(사건)는 소송법상 나누어 취급하지 않는다. 따라서 객관적 불가분의 원칙은 명문의 규정은 없으나 당연히 인정된다.

비교 객관적 고소불가분의 원칙은 조세범처벌법의 즉시고발에 대하여도 적용된다(대법원 2014.10.15, 2013도5650). 다만, 후술하듯이 주관적 불가분 원칙은 적용되지 아니한다.

(2) 적용범위

① 단순일죄 : 예외 없이 적용된다.

② 과형상 일죄(상상적 경합)[1]

(가) 각 부분이 모두 친고죄인 경우

㉠ 피해자가 동일한 경우 : 이 원칙이 적용된다(**과형상 일죄에서는 피해자가 동일하고 모두 친고죄인 경우에만 고소불가분 O**).

예 비동거친족인 甲이 乙이 맡긴 재산상 사무를 처리하다가 乙을 기망하여 재산상 이익을 취득 – 사기죄와 배임죄의 상상적 경합 → 사기죄에 대한 乙의 고소의 효력은 배임죄에 대해서도 미친다.

> **판례연구** 친고죄인 일죄에 대한 고소의 객관적 불가분 원칙
>
> **대법원 2011.6.24, 2011도4451,2011전도76**
>
> 친고죄에서 적법한 고소가 있었는지는 자유로운 증명의 대상, 일죄의 일부에 대한 고소의 효력이 미치는 범위
>
> 친고죄에서 적법한 고소가 있었는지는 자유로운 증명의 대상이 되고, 일죄의 관계에 있는 범죄사실 일부에 대한 고소의 효력은 일죄 전부에 대하여 미친다(친고죄인 일죄에 대한 고소나 그 취소의 객관적 불가분의 원칙).

㉡ 피해자가 다른 경우 : 피해자의 의사를 존중하는 친고죄의 취지상 이 원칙이 적용되지 않는다. [법원행시 02/03, 교정9급특채 12]

예 하나의 문서로 A · B · C를 모욕하였으나 A만 고소한 경우 → A의 고소는 B · C에 대한 모욕에는 효력이 없다. [경찰승진 10]

(나) 일부분만이 친고죄인 경우 예 비동거친족 간의 사기죄와 변호사법상 알선수재죄

㉠ 비친고죄에 대한 고소는 친고죄에 대하여 효력이 없다. [국가7급 09, 국가9급 09, 경찰승진 10, 여경 04 1차] 따라서 친고죄는 소추할 수 없다.

㉡ 친고죄에 대한 고소의 취소도 비친고죄에 대하여 효력이 없다. 이 경우 친고죄는 소추할 수 없으나, 비친고죄에 있어서는 고소 또는 그 취소가 수사의 단서에 불과하기 때문에 소추가 가능하다. [법원9급 13]

③ 과형상 수죄(실체적 경합)[2] : 이 원칙은 한 개의 범죄사실을 전제로 한다. 따라서 경합범에 대해서는 적용되지 않는다.

예 비동거친족 간의 재산범죄가 수죄로서 실체적 경합인 경우, 어느 하나의 죄에 대한 고소는 다른 죄에 대해서는 효력이 없다.

---

1) [형법을 배우지 않은 독자들을 위한 배경학습] 상상적 경합이란 1개의 행위가 수개의 죄에 해당하는 경우를 말한다(형법 제40조). 예를 들어, 甲이 乙의 개를 죽이려고 총을 쏘았는데 그 총알이 빗나가 乙이 맞아 죽은 경우, 甲에게는 손괴미수와 과실치사의 상상적 경합의 죄책이 성립한다. 또 다른 예로, A가 여성 B를 강간할 의도로 B를 자신의 차에 강제로 태우고 내리지 못하게 차를 질주하여 강간을 시도하였으나 실패한 경우에는, A에게 강간미수와 감금의 상상적 경합이 인정된다. 이렇게 1개의 행위로 수개의 죄에 해당하는 경우를 상상적 경합이라 하는 것이다. 상상적 경합의 경우는 형법 제40조에 의하여 가장 중한 죄에 정한 형으로 처벌한다. 실질상은 수죄이지만 과형상으로는 1죄의 형으로 처벌하는 것이다. 물론 이것이 가장 중한 죄가 아닌 죄에서 정한 벌금이나 몰수의 형을 병과할 수 없다는 의미는 아니다. 여하튼 상상적 경합은 형법에서는 수죄, 형사소송법에서는 과형상 일죄인 점이 강조되며, 소송법상 1죄로 파악되어, 상상적 경합의 관계에 있는 죄들 중 1개의 죄에 대하여 공소가 제기되거나 실체판결이 확정되면 그 효력은 전부에 대하여 미치게 되는 것이다.

2) [형법을 배우지 않은 독자들을 위한 배경학습] 실체적 경합 또는 경합범이라 함은 수개의 행위로 수개의 죄를 범한 경우를 말한다. 형법 제37조에서는 판결이 확정되지 않은 수개의 죄(동시적 경합범) 또는 금고 이상의 형에 처한 판결이 확정된 죄와 그 판결확정 전에 범한 죄(사후적 경합범)로 규정되어 있다. 다만, 형사소송법 공부를 하면서 형법 제37조를 기준으로 기억할 필요는 없다. 여하튼 실체적 경합이란 예컨대, 甲이 여성 乙을 감금하다가 강간의 고의가 생겨 강간한 경우, 甲에게 감금죄와 강간죄의 실체적 경합의 죄책이 인정되는 것이다. 실체적 경합은 수개의 행위로 수개의 죄에 해당하는 경우이므로 소송법상 수죄로 파악된다. 따라서 실체적 경합범 중 일부 죄에 대하여 공소의 제기가 있거나 실체판결이 확정되어도 공소제기나 확정판결의 효력은 나머지 죄에 대하여 미치지 아니한다.

3. 주관적 불가분의 원칙

(1) 의 의

① 개 념

(가) 친고죄의 공범 중 그 1인 또는 수인에 대한 고소 또는 그 취소는 다른 공범자에 대하여도 효력이 있다는 원칙을 말하며, [국가9급 10, 경찰채용 12 3차, 여경 04 1차] 명문으로 규정하고 있다(제233조). [국가7급 09, 경찰승진 13] 따라서 고소뿐만 아니라 고소의 취소도 다른 공범자에 대해 효력이 있다. [법원9급 11/15]

(나) 공범에는 형법총칙상의 임의적 공범(교사범 · 종범 · 공동정범)뿐만 아니라 필요적 공범(집합범 · 대향범 등)도 포함된다. [경찰승진 10]

(다) **친고죄와 양벌규정** : 행위자의 친고죄인 범죄에 대한 고소가 있으면, 저작권법상 양벌규정에 의해 처벌받는 **업무주에 대해 별도의 고소를 요하지 않는다**(대법원 1996.3.12, 94도2423). [법원승진 09, 국가7급 11] 다만, 이는 친고죄의 고소에 대해서 적용될 뿐 고발의 경우에는 적용되지 아니한다.

② 이 유

(가) 고소는 원래 특정 범인에 대한 것이 아니라 범죄사실에 대한 것이다.

(나) 고소인의 자의에 의한 불공평한 결과를 방지할 필요가 있다.

(2) 적용범위

① **절대적 친고죄** : 신분관계와 관계없이 친고죄인 경우를 말하는데, 형법상 비밀침해죄, 업무상 비밀누설죄, 모욕죄, 사자명예훼손죄가 여기에 해당한다**[비누모사(절대적)/재(상대적)]**.[1] [국가7급 09, 경찰채용 12 3차/14 2차] 이 경우 언제나 주관적 불가분 원칙이 적용된다.

예 모욕죄의 공동정범 중 1인에 대한 고소는 다른 공범자에 대하여도 효력이 있다. 따라서 공범 중 일부에 대해서만 처벌을 구하고 나머지에 대해서는 처벌을 원하지 않는 내용의 고소는 적법한 고소라 할 수 없다(대법원 1994.4.26, 93도1689 ; 2009.1.30, 2008도7462). [법원9급 10/15/ 20, 법승 14, 국가7급 09, 경찰채용 11 · 13 · 15 1차/11 2차]

판례연구 절대적 친고죄의 고소의 주관적 불가분 원칙 관련판례

1. 대법원 2009.1.30, 2008도7462 [국가9급 12]

절대적 친고죄의 고소의 주관적 불가분의 원칙

고소불가분의 원칙상 공범 중 일부에 대하여만 처벌을 구하고 나머지에 대하여는 처벌을 원하지 않는 내용의 고소는 적법한 고소라고 할 수 없고(처음부터 고소가 무효인 경우에 해당함), 공범 중 1인에 대한 고소취소는 고소인의 의사와 상관없이 다른 공범에 대하여도 효력이 있다(대법원 1994.4.26, 93도1689). [경찰간부 22, 경찰채용 24 1차] 따라서 이 경우 법원은 직권으로 이를 심리하여 공소기각의 판결을 선고하여야 한다(제327조 제2호).

2. 대법원 1996.3.12, 94도2423 [경찰채용 22 2차, 국가7급 11, 법원승진 09]

절대적 친고죄의 경우 양벌규정에 의하여 처벌받는 자에 대하여 별도의 고소를 요하지 아니한다는 사례

고소는 범죄의 피해자 또는 그와 일정한 관계가 있는 고소권자가 수사기관에 대하여 범죄사실을 신고하여 범인의 처벌을 구하는 의사표시이므로, 고소인은 범죄사실을 특정하여 신고하면 족하고 범인이 누구인지 나아가 범인 중 처벌을 구하는 자가 누구인지를 적시할 필요도 없는바, 저작권법 제103조의 양벌규정은 직접 위법행위를 한 자 이외에 아무런 조건이나 면책조항 없이 그 업무의 주체 등을 당연하게 처벌하도록 되어 있는 규정으로서 당해 위법행위와 별개의 범죄를 규정한 것이라고는 할 수 없으므로, 친고죄의 경우에 있어서도 행위자의 범죄에 대한 고소가 있으면 족하고, 나아가 양벌규정에 의하여 처벌받는 자에 대하여 별도의 고소를 요한다고 할 수는 없다.

3. 대법원 2015.11.17, 2013도7987

친고죄의 고소는 직권조사사항이고, 절대적 친고죄의 고소의 취소에는 주관적 불가분의 원칙이 적용된다는 사례

법원은 검사가 공소를 제기한 범죄사실을 심판하는 것이지 고소권자가 고소한 내용을 심판하는 것이 아니므로, 고소권자가 비친고죄로 고소한 사건이더라도 검사가 사건을 친고죄로 구성하여 공소를 제기하였다면 공소장 변경절차를 거쳐 공소사실이 비친고죄로 변경되지 아니하는 한, 법원으로서는 친고죄에서 소송조건이 되는 고소가 유효하게 존재하는지를 직권으로 조사 · 심리하여야 한다. 그리고 이 경우 친고죄에서 고소와 고소취소의 불가분 원칙을 규정한 형사소송법 제233조는 당연히 적용되므로, 만일 공소사실에 대하여 피고인과 공범관계에 있는 사람에 대한 적법한 고소취소가 있다면 고소취소의 효력은 피고인에 대하여 미친다.

---

1) [참고] 2012.12.18. 형법 · 성폭법 · 아청법 개정으로 성폭력범죄에 대한 친고죄 · 반의사불벌죄 규정은 모두 삭제되었다. 이는 2013.6.19. 시행되고 있다.

② 상대적 친고죄 : 비동거친족 간의 친족상도례(형법 제328조 제2항)처럼 일정한 신분관계가 있을 때 친고죄가 되는 범죄를 말하는데, 이 경우에는 공범자 전원에게 당해 신분관계가 있는 경우를 제외하고는 주관적 불가분 원칙이 적용되지 않는다.

(가) 공범자 전원이 피해자와 일정한 신분관계가 있는 경우 : 모두 친고죄인 경우이므로 주관적 불가분의 원칙이 적용된다. 예를 들어, 丙의 비동거친족 甲 · 乙이 丙의 재물을 보관 중 횡령한 경우에는 丙이 甲에 대해서 한 고소의 효력은 乙에게 미친다.

(나) 공범자 중 일부만이 피해자와 일정한 신분관계가 있는 경우[1] : 일부만 친고죄이고 나머지는 비친고죄이므로 주관적 불가분의 원칙이 적용되지 않는다.

㉠ 비신분자에 대한 고소는 신분자에 대하여 효력이 없다. 예를 들어 甲과 乙이 甲과 비동거친족인 숙부 丙의 재물을 절도한 경우, 丙이 乙을 고소해도 甲의 절도는 친고죄에 해당하므로 甲을 소추할 수 없다. [국가9급 08, 국가7급 12, 교정9급특채 12, 경찰채용 06 1차]

㉡ 신분자에 대한 고소취소는 비신분자에 대하여 효력이 없다. 예컨대 甲과 乙이 甲과 비동거친족인 고모 丙에 대해 사기를 범한 경우, 丙이 甲 · 乙을 모두 고소했다가 甲에 대해 고소를 취소하여도 乙에 대해서는 효력이 없다. 乙은 비친고죄이므로 고소나 고소의 취소는 수사의 단서 내지 양형에 있어서의 참작사유에 불과하기 때문이다. [법원행시 02/03, 국가9급 08, 해경간부 12, 경찰승진 11/13, 경찰채용 04 2차]

③ 반의사불벌죄

(가) 의의 : 반의사불벌죄라 함은 피해자의 명시한 의사에 반하여 공소를 제기할 수 없는 죄를 말하는데, 형법상 폭행 · 존속폭행, 과실치상, 협박 · 존속협박, 명예훼손, 출판물 등에 의한 명예훼손, 외국원수 · 외국사절 폭행 · 협박 · 모욕 · 명예훼손죄가 여기에 해당한다(**폭과협명출**). 반의사불벌죄의 처벌희망 의사표시의 철회에 관해서는 친고죄의 고소취소의 시기의 제한과 재고소 금지에 관한 규정이 준용되나(제232조 제3항, 동 제1항 · 제2항) [국가7급 11, 국가9급 13], 친고죄의 고소나 고소취소의 주관적 불가분 원칙을 규정한 형사소송법 제233조에서는 반의사불벌죄를 규정하고 있지 않으므로, 과연 반의사불벌죄에 대해서 주관적 불가분의 원칙이 적용될 것인가가 문제된다.

> **판례연구** 반의사불벌죄 기본판례
>
> **대법원 2009.11.19, 2009도6058 전원합의체** [변호사 13, 법원9급 12, 국가7급 10/11, 경찰승진 11/12, 경찰채용 15 1차, 국가7급 20]
>
> 14세 10개월의 피해자의 처벌불원 의사표시에 법정대리인의 동의가 필요하지 않다는 사례
>
> 형사소송법상 소송능력이라 함은 소송당사자가 유효하게 소송행위를 할 수 있는 능력, 즉 피고인 또는 피의자가 자기의 소송상의 지위와 이해관계를 이해하고 이에 따라 방어행위를 할 수 있는 의사능력을 의미한다. 의사능력이 있으면 소송능력이 있다는 원칙은 피해자 등 제3자가 소송행위를 하는 경우에도 마찬가지라고 보아야 한다. 따라서 반의사불벌죄에 있어서 피해자의 피고인 또는 피의자에 대한 처벌을 희망하지 않는다는 의사표시 또는 처벌을 희망하는 의사표시의 철회는, 위와 같은 형사소송절차에 있어서의 소송능력에 관한 일반원칙에 따라, 의사능력이 있는 피해자가 단독으로 이를 할 수 있고, 거기에 법정대리인의 동의가 있어야 한다거나 법정대리인에 의해 대리되어야만 한다고 볼 것은 아니다.

(나) 적용 여부 : 긍정설(권오걸, 신동운, 신양균, 이은모)과 부정설(다수설 : 이/조, 임동규, 정/백, 진계호, 차/최 등, 판례)이 대립하나, 형사소송법이 친고죄에 대해서만 주관적 불가분 원칙을 명시한 점과 피해자의 의사를 중시하는 반의사불벌죄의 입법취지를 고려할 때 부정설이 타당하다. [법원9급 10, 경찰승진 11/14] 예컨대 명예훼손죄(반의사불벌죄)의 공범 A와 B 중 A에 대하여 피해자가 처벌불원 의사표시를 하였다면, B에 대해서는 그 효력이 미치지 아니한다. [법원9급 15, 국가9급 07/14, 경찰승진 10, 경찰채용 06 1차]

---

1) [보충] 비신분자에 대한 고소는 친고죄의 고소가 아니므로 원래부터 고소불가분원칙과는 무관한 것이다(신동운, 149면 ; 이/조, 217면 ; 임동규, 141면 등).

대법원 1994.4.26, 93도1689 [경찰승진 22, 국가9급 24, 법원9급 19]

반의사불벌죄에 대해서는 주관적 불가분 원칙이 적용되지 않는다는 사례

형사소송법이 고소와 고소취소에 관한 규정을 하면서 제232조 제1항, 제2항에서 고소취소의 시한과 재고소의 금지를 규정하고 제3항에서는 반의사불벌죄에 제1항, 제2항의 규정을 준용하는 규정을 두면서도, 제233조에서 고소와 고소취소의 불가분에 관한 규정을 함에 있어서는 반의사불벌죄에 이를 준용하는 규정을 두지 아니한 것은 처벌을 희망하지 아니하는 의사표시나 처벌을 희망하는 의사표시의 철회에 관하여 친고죄와는 달리 공범자 간에 불가분의 원칙을 적용하지 아니하고자 함에 있다고 볼 것이지 입법의 불비로 볼 것은 아니다.

(3) 공범과 고소의 취소

① **문제점** : 친고죄의 고소의 취소는 제1심 판결 선고 전에만 허용되는바(제232조 제1항), 공범자 중 1인에 대하여 먼저 제1심 판결이 선고된 경우 제1심 판결선고 전의 다른 공범자에 대하여 고소를 취소할 수 있는가가 문제된다.

② **학설 및 판례** : 긍정설과 부정설(통설 · 판례)이 대립하나, 고소의 주관적 불가분 원칙의 취지와 고소권자의 선택에 의해 국가의 형사사법이 자의적으로 행사되는 것은 형평에 어긋나므로 **부정설**이 타당하다.

판례연구 친고죄의 공범 중 1심 판결 선고 전에 있는 자에 대한 고소의 취소

대법원 1985.11.12, 85도1940 [법원9급 11, 법원승진 14, 국가9급 08/24, 경찰승진 10/12/13, 경찰채용 09 1차/24 1차]

친고죄의 공범자 중 1인에 대한 1심 판결 선고 후 1심 판결 선고 전의 다른 공범자에 대한 고소취소 불가

친고죄의 공범 중 그 일부에 대하여 제1심 판결이 선고된 후에는 제1심 판결선고 전의 다른 공범자에 대하여는 그 고소를 취소할 수 없고 그 고소의 취소가 있다 하더라도 그 효력을 발생할 수 없으며, 이러한 법리는 필요적 공범이나 임의적 공범이나 구별함이 없이 모두 적용된다.

보충 다만 이는 친고죄의 고소나 그 취소의 주관적 불가분 원칙에 기인하는 것이라, 반의사불벌죄의 경우에는 제1심 판결선고 전의 다른 공범자에 대한 처벌희망의사표시의 철회(고소의 취소)가 가능하게 된다.

사례문제

甲의 주도하에 甲, 乙, 丙은 절도를 공모하고 2010.7.8. 23 : 00경 乙은 A의 집에 들어가 A 소유의 다이아몬드 반지 1개를 가지고 나오고, 丙은 A의 집 문앞에서 망을 보았다는 공소사실로 기소되었다. 법원의 심리결과 공소사실은 모두 사실로 밝혀졌고, 다만 甲은 자신의 집에서 전화로 지시를 하였을 뿐 30km 떨어져 있는 A의 집에는 가지 않았음이 확인되었다. 甲의 누나로서, 결혼하여 따로 살고 있는 A는 경찰에 도난신고를 할 당시에는 범인이 누구인지를 알지 못하고 무조건 범인 모두를 처벌해 달라고 고소하였는데, 나중에 친동생 甲이 처벌되는 것을 원하지 않아 제1심 공판 중 甲에 대한 고소만을 취소하였다. [변호사 12]

문제 고소의 주관적 불가분원칙에 의하여 법원은 甲, 乙, 丙 모두에 대하여 공소기각의 판결을 하여야 한다.

→ (×) 상대적 친고죄의 경우에는 신분자에게만 고소 및 고소취소의 효력이 미치고 비신분자인 乙, 丙에게는 고소 취소의 효력이 미치지 아니한다. 따라서 甲에 대해서만 공소기각의 판결을 해야 한다.

사례문제

A회사 감사팀으로부터 횡령 의혹을 받고 있는 직원인 甲과 乙은 공모하여 '회사의 내부비리를 금융감독원 등 관계기관에 고발하겠다.'라는 취지의 서면을 A회사 대표이사의 처남이자 상무이사인 B에게 팩스로 송부하였다. 그 후 甲은 B에게 전화를 하여 "당신도 그 비리에 연루되어 있으니 우리의 횡령행위를 문제 삼지 말라."라고 요구하면서 위 서면의 내용과 같은 말을 하였다. 이에 B는 甲과 乙을 협박죄로 고소하여 검사는 甲과 乙을 협박죄의 공동정범으로 기소하였는데, 재판 도중 B는 乙과 합의하고 乙에 대한 고소를 취소하였다. (특별법 위반의 점은 논외로 하고, 다툼이 있는 경우에는 판례에 의함) [변호사 12]

문제 B가 乙과 합의하고 乙에 대한 고소를 취소하였으므로 고소불가분의 원칙상 甲을 협박죄로 처벌할 수 없다.

→ (×) 협박죄와 같은 반의사불벌죄에서는 고소의 주관적 불가분 원칙이 적용되지 않기 때문에(대법원 1994.4.26, 93도1689) 乙에 대한 고소를 취소하였더라도 甲을 협박죄로 처벌하는 데에는 하등의 지장이 없다.

Ⅳ 고소의 취소

1. 의 의

고소의 취소라 함은 일단 제기한 범인에 대한 처벌희망의 의사표시를 철회하는 법률행위적 소송행위를 말한다. 여기에는 ① 친고죄에 있어서 이미 행한 고소를 철회하는 경우뿐만 아니라 ② 반의사불벌죄에 있어서 처벌을 희망하는 의사표시를 철회하는 경우도 고소의 취소에 준한다(제232조 제3항). [국가7급 11, 국가9급 13]

2. 취소권자

(1) 고소인 : 고소를 한 고소인이라면, 고유의 고소권자인지 고소의 대리권자인지를 가리지 않고 그 고소를 취소할 수 있다.

(2) 피해자와 대리권자 : **고소뿐만 아니라 고소의 취소도 대리가 가능**하므로, 대리인으로 하여금 고소의 취소를 하게 할 수 있다(제236조). 여기서 고소인 내지 피해자는 **피의자·피고인 및 그 변호인에게 친고죄의 고소취소 내지 반의사불벌죄의 처벌불원의사표시의 대리권을 수여**하는 것도 가능하다. 여하튼, ① 피해자는 고유의 고소권자이므로 고소의 대리권자가 한 고소를 취소할 수 있다. [교정9급특채 12] 반면 ② **고소의 대리권자는 피해자가 한 고소를 취소할 수 없다.** 예컨대, 피해자가 고소를 제기한 후 사망하였다면, 피해자의 부(父)가 그 고소를 취소하더라도 고소취소의 효력이 인정되지 않는다(대법원 1969.4.29, 69도376).

판례연구 반의사불벌죄의 처벌불원 의사표시의 대리 관련판례

1. 대법원 2010.5.27, 2010도2680

반의사불벌죄에서 피해자 사망 후 상속인이 그 의사표시를 대신할 수 있는지 여부(소극)

폭행죄는 피해자의 명시한 의사에 반하여 공소를 제기할 수 없는 반의사불벌죄로서 처벌불원의 의사표시는 의사능력이 있는 피해자가 단독으로 할 수 있는 것이고(대법원 2009.11.19, 2009도6058 전원합의체), 피해자가 사망한 후 그 상속인이 피해자를 대신하여 처벌불원의 의사표시를 할 수는 없다고 보아야 한다.

정리 친고죄에서도 피해자가 고소를 취소하고 사망한 후에는 그 배우자·직계친족·형제자매라 하더라도 피해자의 생전에 명시한 의사에 반하여 고소할 수 없다(제225조 제2항 단서). 또한 피해자가 생전에 고소를 하고 사망한 경우에는 고소의 대리권자는 그 고소를 취소할 수 없다. 즉, 법정대리인을 제외한 고소의 대리권자는 피해자의 명시한 의사에 반하는 고소나 고소취소를 할 수 없다.

2. 대법원 2001.12.14, 2001도4283; 2008.2.29, 2007도11339; 2017.9.7, 2017도8989

반의사불벌죄의 처벌불원 의사표시의 대리권을 피의자·피고인·변호인에게 수여하는 것도 가능하다는 사례

반의사불벌죄의 피해자는 피의자나 피고인 및 그들의 변호인에게 자신을 대리하여 수사기관이나 법원에 자신의 처벌불원의사를 표시할 수 있는 권한을 수여할 수 있다.

3. 시기의 제한

(1) 원칙 : 친고죄의 고소는 **제1심 판결선고 전**까지 취소할 수 있다(제232조 제1항)(cf. 비친고죄의 고소는 소송조건이 아니므로 그 취소 시한은 없음). [변호사 13, 법원9급 11/15, 국가9급 13] 반의사불벌죄의 처벌희망의사표시의 철회의 경우도 같다(동조 제3항, 제1항).

판례연구 친고죄·반의사불벌죄의 고소취소의 시간적 한계

대법원 2002.3.15, 2002도158 [국가7급 11, 국가7급 13, 경찰승진 11, 경찰채용 07 2차]

처벌불원의 의사표시의 부존재는 직권조사사항이며, 시간적 한계는 제1심 판결선고 전이라는 사례

이른바 반의사불벌죄에 있어서 처벌불원의 의사표시의 부존재는 소극적 소송조건으로서 직권조사사항이라 할 것이므로 당사자가 항소이유로 주장하지 아니하였다고 하더라도 원심은 이를 직권으로 조사·판단하여야 한다. 한편 법 제232조 제3항, 제1항의 규정에 의하면, 반의사불벌죄에서 처벌을 희망하는 의사표시의 철회 또는 처벌을 희망하지 아니하는 의사표시는 제1심 판결선고 시까지 할 수 있다(친고죄의 고소의 취소는 제1심 판결선고 전까지만 가능, 법 제232조 제1항; [국가9급 13, 법원9급 11/15, 변호사 13] 반의사불벌죄의 처벌희망 의사표시의 철회에 관해서는 고소의 취소에 관한 규정이 준용됨 [국가9급 13, 국가7급 11]).

(2) 항소심 : 비친고죄로 1심 판결이 선고된 후, **항소심에서 친고죄 또는 반의사불벌죄로 공소장이 변경된 때**에는 고소취소 또는 처벌희망의사표시 철회가 **인정될 수 없다**(친고죄에 대해서는 대법원 1999.4.15, 96도1922 전원합의체, [국가7급 08] 반의사불벌죄에 대해서는 대법원 1988.3.8, 85도2518).[1] [변호사 13, 법원9급 11/15/18, 법원승진 10, 경찰채용 15 1차] 따라서 항소심에서 반의사불벌죄로 변경되었는데 피해자가 처벌의사를 철회하더라도 법원은 공소기각판결을 하는 것이 아니라 실체판결을 해야 한다. [국가9급 13, 경찰승진 10/12] 또한 이는 제1심 확정판결에 대하여 재심을 청구하는 대신 항소권회복청구를 하여 항소심 재판을 받게 된 경우에도 마찬가지이다(대법원 2016.11.25, 2016도9470).

판례연구 항소심에서의 친고죄의 고소의 취소 및 반의사불벌죄의 처벌희망의사의 철회

1. 대법원 1999.4.15, 96도1922 전원합의체 [법원9급 12, 경찰채용 21 1차, 법원승진 09, 국가7급 08, 해경간부 12]

항소심에서 친고죄로 변경되어도 고소의 취소는 불가하다는 사례

원래 고소의 대상이 된 피고소인의 행위가 친고죄에 해당할 경우 소송요건인 그 친고죄의 고소를 취소할 수 있는 시기를 언제까지로 한정하는가는 형사소송절차운영에 관한 입법정책상의 문제이기에 형사소송법의 그 규정은 국가형벌권의 행사가 피해자의 의사에 의하여 좌우되는 현상을 장기간 방치하지 않으려는 목적에서 고소취소의 시한을 획일적으로 제1심 판결선고시까지로 한정한 것이고, 따라서 그 규정을 현실적 심판의 대상이 된 공소사실이 친고죄로 된 당해 심급의 판결선고시까지 고소인이 고소를 취소할 수 있다는 의미로 볼 수는 없다 할 것이어서, 항소심에서 공소장의 변경에 의하여 또는 공소장변경절차를 거치지 아니하고 법원 직권에 의하여 친고죄가 아닌 범죄를 친고죄로 인정하였더라도 항소심을 제1심이라 할 수는 없는 것이므로, 항소심에 이르러 비로소 고소인이 고소를 취소하였다면 이는 친고죄에 대한 고소취소로서의 효력은 없다(항소심에서 피해자가 고소를 취소하여도 법원은 공소기각판결이 아니라 실체재판을 해야 함 [경찰승진 10/12, 국가9급 13]).

2. 대법원 2016.11.25, 2016도9470 [법원9급 18]

피고인이 제1심 법원에 소촉법 제23조의2에 따른 재심을 청구하는 대신 항소권회복청구를 하여 항소심 재판을 받게 된 경우, 항소심 절차에서 처벌을 희망하는 의사표시를 철회할 수 있는지 여부(소극)

형사소송법 제232조 제1항 및 제3항은 반의사불벌죄에 있어 처벌을 희망하는 의사표시는 제1심 판결선고 전까지 철회할 수 있다고 규정하고 있다. 반의사불벌죄에 있어 처벌을 희망하는 의사표시의 철회를 어느 시점까지로 제한할 것인지는 형사소송절차 운영에 관한 입법정책의 문제로, 위 규정은 국가형벌권의 행사가 피해자의 의사에 의하여 좌우되는 현상을 장기간 방치하지 않으려는 목적에서 그 철회 시한을 획일적으로 제1심 판결 선고 시까지로 제한한 것으로 볼 수 있다(대법원 1999.4.15, 96도1922 전원합의체). ① 제1심 법원이 반의사불벌죄로 기소된 피고인에 대하여 소촉법 제23조에 따라 피고인의 진술 없이 유죄를 선고하여 판결이 확정된 경우, 만일 피고인이 책임을 질 수 없는 사유로 공판절차에 출석할 수 없었음을 이유로 소촉법 제23조의2에 따라 제1심 법원에 재심을 청구하여 재심개시결정이 내려졌다면 피해자는 재심의 제1심 판결선고 전까지 처벌을 희망하는 의사표시를 철회할 수 있다(대법원 2002.10.11, 2002도1228). 그러나 ② 피고인이 제1심 법원에 소촉법 제23조의2에 따른 재심을 청구하는 대신 항소권회복청구를 함으로써 항소심 재판을 받게 되었다면 항소심을 제1심이라고 할 수 없는 이상 항소심 절차에서는 처벌을 희망하는 의사표시를 철회할 수 없다.

(3) 파기환송에 따른 제1심 : 상소심에서 제1심 공소기각판결을 **파기**하고 사건을 제1심 법원에 **환송함에 따라 다시 제1심 절차가 진행된 경우**, 종전의 제1심 판결은 이미 파기되어 효력을 상실하였으므로, 환송 후 제1심 판결선고 전에 **고소취소가 가능**하게 된다(대법원 2011.8.25, 2009도9112)(**≠공소취소**). [법원9급 12, 국가9급 13/22, 경찰채용 12 2차]

판례연구 항소심의 파기환송 이후 제1심 절차에서의 친고죄의 고소의 취소

대법원 2011.8.25, 2009도9112 [경찰채용 12 2차/법원9급 12·13]

항소심에서 법률 위반을 이유로 제1심 공소기각판결을 파기하고 사건을 제1심법원에 환송하였는데 환송 후의 제1심판결 선고 전 친고죄의 고소가 취소된 경우, 법원이 취하여야 할 조치(=공소기각판결)

형사소송법 제232조 제1항은 고소를 제1심판결 선고 전까지 취소할 수 있도록 규정하여 친고죄에서 고소취소의 시한을 한정하고 있다. 그런데 상소심에서 형사소송법 제366조 또는 제393조 등에 의하여 법률 위반을 이유로 제1심 공소기각판결을 파기하고

---

[1] [참고] 간통죄와 이혼소송의 취하에 관하여 종래의 판례는 "간통피고사건에 대한 제1심 판결선고 후에 고소인의 이혼심판청구사건이 취하간주된 경우에는 간통고소는 소급하여 효력을 상실하고 간통의 상간자가 이미 유죄판결을 받아 확정되었어도 이론을 달리하지 않는다(대법원 1975.6.24, 75도1449 전원합의체)."라는 입장이었으나, 간통죄에 대해 위헌결정이 내려진 현재에는 문제되지 않는다.

사건을 제1심법원에 환송함에 따라 다시 제1심절차가 진행된 경우, 종전의 제1심판결은 이미 파기되어 효력을 상실하였으므로 환송 후의 제1심판결 선고 전에는 고소취소의 제한사유가 되는 제1심판결 선고가 없는 경우에 해당한다. (따라서) 항소심이 공소기각 부분이 위법하다는 이유로 사건을 파기·환송하였고, 고소취소가 항소심에서 종전 제1심 공소기각판결이 파기되고 사건이 제1심법원에 환송된 후 진행된 환송 후 제1심판결이 선고되기 전에 이루어진 것으로서 적법하므로, 형사소송법 제327조 제5호에 의하여 판결로써 공소를 기각하였어야 한다(cf. 공소취소는 이와 다름).

4. 방 식[1]

(1) **고소취소의 방식** : 고소의 방식과 동일하므로(제239조) **서면 또는 구술**에 의한다(제237조). 따라서 공소제기 전 구술로 수사기관에 대하여 한 고소취소는 효력이 있다. [교정9급특채 10] 다만, 고소취소는 **수사기관 또는 법원에 대한 법률행위적 소송행위**이므로 -고소와는 달리(고소는 수사기관에 함)- ① 공소제기 전에는 고소사건을 담당하는 수사기관에, ② 공소제기 후에는 고소사건의 수소법원에 해야 한다(대법원 2012.2.23, 2011도17264). [법원9급 14, 국가9급 13]

(2) **합의서 제출** : ① 고소취소는 수사기관·법원에 대한 법률행위적 소송행위이므로, 범인과 피해자 간의 **합의서 작성만으로는 고소의 취소라고 할 수 없다**(대법원 1981.10.6, 81도1968 등). [변호사 13] ② 다만, 합의서가 제출되었다면 그 문서의 명칭 여하에 불구하고 **피해자의 진정한 의사**가 무엇인가가 중요하므로, ㉠ 합의서와 함께 관대한 처분을 바란다는 탄원서가 법원에 제출되었거나(대법원 1981.11.10, 81도1171) [경찰채용 07 2차], ㉡ 피해자가 가해자와 합의하였고 어떠한 민형사상 책임도 묻지 않는다는 합의서가 경찰에 제출된 경우는 고소를 취소한 것에 해당한다. 반의사불벌죄에서 처벌을 원하는 의사표시를 철회한 경우에도 같다(2020.12.8. 우리말 순화 개정법 제232조 제2항).

판례연구 친고죄의 고소의 취소 긍정례

1. 대법원 2012.2.23, 2011도17264 [국가9급 13, 법원9급 14]

친고죄에서 고소를 취소하거나 반의사불벌죄에서 처벌을 희망하는 의사표시를 철회하는 시기와 상대방

형사소송법 제232조 제1항, 제3항에 의하면 친고죄에서 고소의 취소 및 반의사불벌죄에서 처벌을 희망하는 의사표시의 철회는 제1심판결 선고 전까지만 할 수 있고, 따라서 제1심판결 선고 후에 고소가 취소되거나 처벌을 희망하는 의사표시가 철회된 경우에는 효력이 없으므로 형사소송법 제327조 제5호 내지 제6호의 공소기각 재판을 할 수 없다. 그리고 고소의 취소나 처벌을 희망하는 의사표시의 철회는 수사기관 또는 법원에 대한 법률행위적 소송행위이므로 공소제기 전에는 고소사건을 담당하는 수사기관에, [교정9급특채 10] 공소제기 후에는 고소사건의 수소법원에 대하여 이루어져야 한다. 피고인이 甲의 명예를 훼손하고 甲을 모욕하였다는 내용으로 기소된 경우, 공소제기 후에 피고인에 대한 다른 사건의 검찰 수사과정에서 피고인에 대한 이전의 모든 고소 등을 취소한다는 취지가 기재된 합의서가 작성되었으나 그것이 제1심판결 선고 전에 법원에 제출되었다고 볼 자료가 없고, [변호사 13] 오히려 甲이 제1심법정에서 증언하면서 위 합의건은 기소된 사건과 별개이고 피고인의 처벌을 원한다고 진술하여, 고소취소 및 처벌의사의 철회가 있었다고 할 수 없는데도, 이와 달리 적법한 고소취소 및 처벌의사의 철회가 있었다고 보아 공소를 기각한 원심판결에는 법리오해의 위법이 있다.

2. 대법원 1981.11.10, 81도1171 [경찰채용 07 2차]

강간피해자 명의의 합의서 및 탄원서가 제1심 법원에 제출되었다면 고소취소에 해당한다는 사례

강간피해자 명의의 "당사자 간에 원만히 합의되어 민·형사상 문제를 일체 거론하지 않기로 화해되었으므로 합의서를 1심 재판장앞으로 제출한다"는 취지의 합의서 및 피고인들에게 중형을 내리기보다는 법의 온정을 베풀어 사회에 봉사할 수 있도록 관대한 처분을 바란다는 취지의 탄원서가 제1심 법원에 제출되었다면 이는 결국 고소취소가 있은 것으로 보아야 한다.

판례연구 친고죄의 고소의 취소 부정례

1. 대법원 1981.10.6, 81도1968

강간피해자와 가해자 사이의 합의서가 고소취하서에 해당하지 않는다고 본 사례

고소인(강간피해자)과 피고인(가해자)사이에 작성된, "상호간에 원만히 해결되었으므로 이후에 민·형사간 어떠한 이의도

[1] [참고] 형소법에서의 고소취소의 의제 규정은 다음과 같다. "간통죄로 고소를 한 자가 다시 그 배우자와 혼인을 하거나 이혼소송을 취하한 때에는 고소는 취소된 것으로 간주한다(제229조 제2항)." 현재는 의미가 없는 조항이다.

제기하지 아니할 것을 합의한다"는 취지의 합의서가 제1심 법원에 제출되었으나 고소인이 제1심에서 고소취소의 의사가 없다고 증언하였다면(피고인에 대한 처벌희망의사를 유지하고 있다고 본 것임) 위 합의서의 제출로 고소취소의 효력이 발생하지 아니한다.

2. 대법원 1983.9.27, 83도516

합의서 작성·교부로는 고소취소로 볼 수 없다는 사례

형사소송법 제239조, 제237조의 규정상 고소인이 합의서를 피고인에게 작성하여준 것만으로는 고소가 적법히 취소된 것으로 볼 수 없다.

3. 대법원 2004.3.25, 2003도8136

관련 민사사건에서 고소를 취하한다는 내용이 포함된 조정이 성립된 것만으로는 고소취소로 볼 수 없다는 사례

피고인과 고소인 사이의 대전지방법원 2001가단36532 채무부존재확인 청구사건에서 제1심판결 선고 전인 2002.3.5. '이 사건과 관련하여 서로 상대방에 대하여 제기한 형사 고소 사건 일체를 모두 취하한다.'는 내용이 포함된 조정이 성립된 사실은 인정되나, 고소인이 위 조정이 성립된 이후에도 수사기관 및 제1심 법정에서 여전히 피고인의 처벌을 원한다는 취지로 진술하고 있으며 달리 고소인이 고소취소 또는 처벌불원의 의사를 표시하기 위하여 위 조정조서 사본 등을 수사기관이나 제1심 법정에 제출하지 아니하였다면, 위와 같은 조정이 성립된 것만으로는 고소인이 수사기관이나 제1심 법정에 피고인에 대한 고소를 취소하였다거나 처벌을 원하지 아니한다는 의사를 표시한 것으로 보기 어렵다.

(3) 고소취소의 대리 : 고소취소는 **대리인**으로 하여금 하게 할 수 있다(제236조). 대리인은 단지 표시대리만이 가능하다. 다만, 반의사불벌죄에서는 처벌불원의 의사는 피해자 본인이 표시하여야 하고 그 대리는 허용되지 않는다는 것이 판례의 입장이다.

판례연구 반의사불벌죄의 처벌불원의사 표시의 대리 부정례

대법원 2023.7.17, 2021도11126 전원합의체

반의사불벌죄의 처벌불원의사 내지 처벌희망 의사표시 철회의 대리의 가능 여부

① 형사소송절차에서 명문의 규정이 없으면 소송행위의 법정대리가 허용되지 않는다. 교통사고처리 특례법 제3조 제2항은 '피해자의 명시적인 의사'에 반하여 공소를 제기할 수 없다고 규정하므로 문언상 그 처벌 여부는 피해자의 명시적 의사에 달려 있음이 명백하고, 제3자가 피해자를 대신하여 처벌불원의사를 형성하거나 결정할 수 있다고 해석하는 것은 법의 문언에 반한다. 교통사고처리 특례법이나 형법, 형사소송법에 처벌불원의사의 대리를 허용하는 규정을 두고 있지 않으므로 원칙적으로 그 대리는 허용되지 않는다고 보아야 한다. ② 형사소송법은 친고죄의 고소·고소취소와 반의사불벌죄의 처벌불원의사를 달리 규정하고 있으므로 반의사불벌죄의 처벌불원의사를 친고죄의 고소·고소취소와 동일하게 취급할 수 없다. 형사소송법은 친고죄의 고소·고소취소에 관하여 다수의 조문을 두고 있고 특히 제236조에서 대리를 명시적으로 허용하고 있으나 이와 달리 반의사불벌죄의 처벌불원의사에 관하여는 대리에 관한 명시적 규정을 두지 않고 고소·고소취소의 대리규정을 준용하지도 않았다. 친고죄와 반의사불벌죄는 피해자의 의사가 소송조건이 된다는 점에서는 비슷하지만 이를 소송조건으로 하는 이유·방법·효과는 같다고 할 수 없다. 반의사불벌죄에서 처벌불원의사는 피해자 본인이 하여야 하고 그 대리는 허용되지 않는다는 것이 입법자의 결단으로 이해할 수 있다. ③ (결론) 반의사불벌죄에서 성년후견인은 명문의 규정이 없는 이상 의사무능력자인 피해자를 대리하여 피고인 또는 피의자에 대한 처벌불원의사를 결정하거나 처벌희망 의사표시를 철회할 수 없다. 성년후견인의 법정대리권 범위에 통상적인 소송행위가 포함되어 있거나 성년후견개시심판에서 정하는 바에 따라 성년후견인이 가정법원의 허가를 얻었더라도 마찬가지이다.[1]

5. 효 과

(1) 고소권의 소멸

① 고소취소와 재고소 금지 : 고소의 취소에 의해서 고소권이 **소멸**하므로, 고소를 취소한 자는 **다시 고소할 수 없다.** [경찰채용 21 1차] 반의사불벌죄에서 처벌을 원하는 의사표시를 철회한 경우에도 같다(2020.12.8. 우리말 순화 개정법 제232조 제2항).

1) [조문] 제236조(대리고소) 고소 또는 그 취소는 대리인으로 하여금 하게 할 수 있다.
제232조(고소의 취소) ① 고소는 제1심 판결선고 전까지 취소할 수 있다.
② 고소를 취소한 자는 다시 고소할 수 없다.
③ 피해자의 명시한 의사에 반하여 공소를 제기할 수 없는 사건에서 처벌을 원하는 의사표시를 철회한 경우에도 제1항과 제2항을 준용한다.

판례연구 친고죄와 반의사불벌죄의 재고소 금지

1. **대법원 1983.7.26, 83도1431; 2007.4.13, 2007도425**

친고죄의 고소취소가 있은 후 다시 고소할 수는 없다는 사례

형사소송법 제232조에 의하면 고소는 제1심판결 선고 전까지 취소할 수 있되 고소를 취소한 자는 다시 고소할 수 없으며, 한편 고소취소는 범인의 처벌을 구하는 의사를 철회하는 수사기관 또는 법원에 대한 고소권자의 의사표시로서 형사소송법 제239조, 제237조에 의하여 서면 또는 구술로써 하면 족한 것이므로, 고소권자가 서면 또는 구술로써 수사기관 또는 법원에 고소를 취소하는 의사표시를 하였다고 보이는 이상 그 고소는 적법하게 취소되었다고 할 것이고(친고죄에서 처벌을 구하는 의사표시의 철회는 수사기관이나 법원에 대한 공법상의 의사표시로서 내심의 조건부 의사표시는 허용되지 않는 것), 그 후 고소취소를 철회하는 의사표시를 다시 하였다고 하여도 그것은 효력이 없다 할 것이다.

2. **대법원 2007.9.6, 2007도3405** [법원9급 12, 경찰간부 13, 경찰승진 11, 경찰채용 12 2차]

친고죄의 고소취소 시 재고소 금지는 반의사불벌죄의 처벌불원의사의 표시에 준용된다는 사례

반의사불벌죄에 있어서 피해자가 처벌을 희망하지 아니하는 의사표시나 처벌을 희망하는 의사표시의 철회를 하였다고 인정하기 위해서는 피해자의 진실한 의사가 명백하고 믿을 수 있는 방법으로 표현되어야 하고(대법원 2001.6.15, 2001도1809), 이러한 의사표시는 공소제기 이후에도 제1심 판결이 선고되기 전이라면 수사기관에도 할 수 있는 것이지만, 한번 명시적으로 표시된 이후에는 다시 처벌을 희망하지 아니하는 의사표시를 철회하거나 처벌을 희망하는 의사를 표시할 수 없다고 할 것이다.

보충 친고죄에서 고소를 취소한 후에는 고소권이 소멸하므로 재고소가 금지되는 것과 같다.

② **고유의 고소권자와 대리권자** : 고유의 고소권자인 피해자가 고소를 취소하면 대리권자의 고소권도 소멸한다. 다만, 대리권자의 고소취소의 경우에는 그렇지 않다.

(2) 수사기관 · 법원의 조치

① **수사기관** : 공소제기 전에 고소가 취소된 때에는, 사법경찰관은 공소권 없음 **불송치결정**을(수사준칙 제51조 제1항 제3호 다목), 검사는 공소권 없음 **불기소처분**을 하여야 한다(검찰사건사무규칙 제115조 제3항 제4호 차목).

② **법원** : 공소제기 후에 고소가 취소된 때에는 법원은 **공소기각판결**을 하여야 한다(제327조 제5호).

V 고소권의 포기

1. 의 의

친고죄의 고소기간 내에 장차 고소권을 행사하지 아니한다는 의사표시를 하는 것을 말한다. 반의사불벌죄에서 처음부터 처벌을 희망하지 아니한다는 의사표시를 하는 것도 같다.

2. 허용 여부

학설의 대립이 있으나(긍정설-권오걸, 절충설-이/조, 정/백, 부정설-多·判), 고소권은 공권이므로 개인의 처분에 맡길 수 없고 명문의 규정도 없다는 점에서 **부정설**이 타당하며, 판례도 부정설이다. 따라서 고소를 포기한 자라 하더라도 고소를 할 수 있다. 예컨대, 피해자가 고소장을 제출하여 처벌을 희망하는 의사를 분명히 표시한 후 고소를 취소한 바 없다면 **비록 고소 전에 피해자가 처벌을 원치 않았다 하더라도** 그 후에 한 피해자의 고소는 유효하다(대법원 1993.10.22, 93도1620; 2008.11.27, 2007도4977). [법원9급 07/22, 국가7급 17, 국가9급 24, 해경간부 12, 경찰채용 13 2차/21 1차]

판례연구 친고죄의 고소권의 포기

1. **대법원 1967.5.23, 67도471** [변호사 13, 국가9급 10, 경찰승진 11]

친고죄의 고소권 포기는 있을 수 없다는 사례

피해자의 고소권은 형사소송법상 부여된 권리로서 친고죄에 있어서는 고소의 존재는 공소의 제기를 유효하게 하는 것이며 공법상의 권리라고 할 것이므로 그 권리의 성질상 법이 특히 명문으로 인정하는 경우를 제외하고는 자유처분을 할 수 없다고 함이 상당하다 할 것이다. 그런데 형사소송법 제232조에 의하면 일단 한 고소는 취소할 수 있도록 규정하였으나 친고죄의 포기에 관하여는 아무런 규정이 없으므로 고소 전에 고소권을 포기할 수는 없다고 함이 상당하다 할 것이다.

2. **대법원 2008.11.27, 2007도4977** [법원9급 22]

단순한 피해사실의 신고는 고소가 아니고, 고소 포기 후 고소하더라도 고소는 유효하다는 사례

고소는 범죄의 피해자 기타 고소권자가 수사기관에 대하여 범죄사실을 신고하여 범인의 소추를 구하는 의사표시를 말하는 것으로서, 단순한 피해사실의 신고는 소추·처벌을 구하는 의사표시가 아니므로 고소가 아니다. 또한, 피해자가 고소장을 제출하여 처벌을 희망하는 의사를 분명히 표시한 후 고소를 취소한 바 없다면 비록 고소 전에 피해자가 처벌을 원치 않았다 하더라도 그 후에 한 피해자의 고소는 유효하다.

표정리 친고죄의 고소와 비친고죄의 고소의 비교

항 목	친고죄의 고소	비친고죄의 고소
성 질	수사의 단서이자 소송조건	수사의 단서
주 체	피해자 등 고소권자	피해자 등 고소권자
기 간	범인을 안 날로부터 6월	기간 제한 없음
대 리	허용	허용
주관적 불가분	적용	×
취 소	제1심 판결선고 전	제한 없음

05 고 발

I 의 의

1. 개 념

고소권자와 범인 이외의 자가 수사기관에 대하여 범죄사실을 신고하여 범인의 소추를 구하는 의사표시를 말한다. 고발은 범인을 지적할 필요가 없으므로 고발에서 지정한 **범인이 진범인이 아니더라도 고발의 효력에는 영향이 없다**(대법원 1994.5.13, 94도458 : 고발인이 농지전용행위를 한 사람을 甲으로 잘못 알고 甲을 피고발인으로 하여 고발하여도 乙이 농지전용행위를 한 이상 乙에 대하여도 고발의 효력이 미침). [해경간부 12, 경찰채용 05 2차/10 1차] 또한 관계공무원의 고발이 있어야 검사가 공소를 제기할 수 있는 즉시고발사건에 있어서 관계공무원의 즉시고발이 있으면 소송조건은 충족되는 것이므로, 수소법원은 즉시고발사유에 대하여 심사할 수는 없고 본안에 대하여 심판하여야 한다.

판례연구 고발 관련판례

1. **대법원 1994.5.13, 94도458** [경찰채용 10 1차/경찰채용 05 2차/해경간부 12]

고발인이 범법자를 잘못 알고 고발하여도 진범에 대하여 고발의 효력이 미친다는 사례

고발이란 범죄사실을 수사기관에 고하여 그 소추를 촉구하는 것으로서 범인을 지적할 필요가 없는 것이고 또한 고발에서 지정한 범인이 진범인이 아니더라도 고발의 효력에는 영향이 없는 것이므로, 고발인(관계공무원)이 농지전용행위를 한 사람을 甲으로 잘못 알고 甲을 피고발인으로 하여 고발하였다고 하더라도 乙이 농지전용행위를 한 이상 乙에 대하여도 고발의 효력이 미친다.

2. **대법원 1996.5.31, 94도952; 2014.10.15, 2013도5650**

즉시고발에 의하여 공소제기가 되면 법원은 즉시고발사유에 대하여 심사할 수는 없다는 사례

조세범 처벌절차법에 즉시고발을 할 때 고발사유를 고발서에 명기하도록 하는 규정이 없을 뿐만 아니라, 원래 즉시고발권을 세무공무원에게 부여한 것은 세무공무원으로 하여금 때에 따라 적절한 처분을 하도록 할 목적으로 특별사유의 유무에 대한 인정권까지 세무공무원에게 일임한 취지라고 볼 것이므로, 조세범칙사건에 대하여 관계 세무공무원의 즉시고발이 있으면 그로써 소추의 요건은 충족되는 것이고, 법원은 본안에 대하여 심판하면 되는 것이지 즉시고발 사유에 대하여 심사할 수 없다.

2. 구별개념

(1) 고소 : 고발은 다음과 같은 점에서 고소와 같다. 즉, ① 원칙적으로 수사의 단서이나, 예외적으로 공무원의 고발을 기다려 공소를 제기하는 즉시고발사건에 있어서는 소송조건이 될 수 있다.[1] ② 처벌희망 의사표시를 본질로 하므로 단순한 범죄사실의 신고는 고발이 아니다. ③ 절차 · 방식이 동일하고(제239조), 자기나 배우자의 직계존속에 대해서는 할 수 없다(제235조, 제224조). 다만, **아래와 같은 차이**가 있다.

구 분	고 소	고 발
주 체	피해자 등 고소권자	고소권자 · 범인 이외의 제3자
기 간	6월	제한 없음
대 리	○	×
주관적 불가분	○	×
취소 후의 재고소 · 재고발	×	○

(2) 자수 : 자수는 범인 본인의 의사표시이나, 고발은 피해자 · 범인 이외의 제3자의 의사표시라는 점에서 구별된다.

Ⅱ 주체 및 방식

1. 주 체

(1) 피해자 · 범인 이외의 모든 자 : **누구든지** 범죄가 있다고 사료하는 때에는 고발할 수 있다. **공무원**은 그 직무를 행함에 있어 범죄가 있다고 사료하는 때에는 고발하여야 한다(제234조). [경찰승진 11, 경찰채용 10 2차]

(2) 대리 불가 : 고소와 달리 **대리인에 의한 고발은 인정되지 않는다.** [경찰승진 14, 경찰채용 06 2차]

(3) 고발의 제한 : 자기 또는 배우자의 직계존속은 고발하지 못한다(제235조, 제224조). [경찰승진 11/14, 경찰채용 06 1차]

2. 방 식

(1) 서면 · 구술 및 조서의 작성 : 고발은 **서면 또는 구술**로써 검사 또는 사법경찰관에게 하여야 한다. 검사 · 사법경찰관이 구술에 의한 고발을 받은 때에는 조서를 작성하여야 한다(제237조).

(2) 사건송치 : 사법경찰관이 고발을 받은 때에는 신속히 조사하여 관계서류와 증거물을 **검사**에게 송부하여야 한다(제238조).

Ⅲ 불가분 원칙의 적용 여부

객관적 불가분 원칙은 적용되나(고발 사실과 동일성이 인정되는 사실에 고발의 효력이 미침), 주관적 불가분 원칙은 적용되지 아니한다(즉시고발사건의 공범 중 1인 또는 수인에 대한 고발은 다른 공범에 대해서는 효력이 없음). [경찰승진 10/11/14, 경찰채용 08 1차]

판례연구 조세범처벌법상 즉시고발과 객관적 불가분 원칙

1. 대법원 2014.10.15, 2013도5650 [국가9급 24]

즉시고발에는 객관적 불가분의 원칙이 적용되지만, 수개의 범칙사실 중 일부만을 범칙사건으로 하는 고발의 효력범위는 불가분의 원칙이 적용되지 아니한다는 사례

조세범처벌절차법에 따라 범칙사건에 대한 고발이 있는 경우 고발의 효력은 범칙사건에 관련된 범칙사실의 전부에 미치고 한 개의 범칙사실의 일부에 대한 고발은 전부에 대하여 효력이 생긴다. 그러나 수개의 범칙사실 중 일부만을 범칙사건으로 하는 고발이 있는 경우 고발장에 기재된 범칙사실과 동일성이 인정되지 않는 다른 범칙사실에 대해서까지 고발의 효력이 미칠 수는 없다.

---

1) [참고] 예컨대, 독점규제법, 물가안정법, 관세법, 전투경찰법, 출입국관리법, 조세범처벌법이 있다.

2. 대법원 2022.6.30, 2018도10973

즉시고발사건의 고발에는 객관적 불가분의 원칙이 적용된다는 사례

조세범 처벌법에 의한 고발은 고발장에 범칙사실의 기재가 없거나 특정이 되지 아니할 때에는 부적법하나, 반드시 공소장 기재요건과 동일한 범죄의 일시·장소를 표시하여 사건의 동일성을 특정할 수 있을 정도로 표시하여야 하는 것은 아니고, 「조세범 처벌법」이 정하는 어떠한 태양의 범죄인지를 판명할 수 있을 정도의 사실을 일응 확정할 수 있을 정도로 표시하면 족하고, 고발사실의 특정은 고발장에 기재된 범칙사실과 세무공무원의 보충진술 기타 고발장과 함께 제출된 서류 등을 종합하여 판단하여야 한다. 그리고 고발은 범죄사실에 대한 소추를 요구하는 의사표시로서 그 효력은 고발장에 기재된 범죄사실과 동일성이 인정되는 사실 모두에 미친다(고발의 객관적 불가분의 원칙, 대법원 2011.11.24, 2009도7166). 이 사건 고발장에 기재된 범칙사실과 이 사건 공소장에 기재된 공소사실 사이에는 법률적 평가에 차이가 있을 뿐 양자 간에 기본적 사실관계의 동일성이 인정되어 이 사건 공소는 유효한 고발에 따라 적법하게 제기된 것이다.

보충 국세청장이 허위세금계산서 교부의 중개행위로 고발하였는데('피고인은 A가 재화나 용역을 공급하지 아니하고 허위세금계산서를 발급하는 행위를 중개하였다'는 내용의 범칙사실, 특가법 제8조의2 제1항 제1호, 조세범 처벌법 제10조 제4항), 검사가 허위세금계산서 교부의 공동정범으로 공소를 제기('피고인은 A와 공모하여 재화나 용역을 공급하지 아니하고 허위세금계산서를 교부하였다'는 내용의 공소사실, 특가법 제8조의2 제1항 제1호, 조세범 처벌법 제10조 제3항 제1호, 형법 제30조)한 것은 적법하다는 사례이다.

판례연구 조세범처벌법상 즉시고발과 주관적 불가분 원칙

1. 대법원 2004.9.24, 2004도4066 [국가7급 12]

조세범처벌법에 의한 즉시고발에는 친고죄의 고소의 주관적 불가분의 원칙이 적용되지 아니한다는 사례

조세범처벌법 제6조는 조세에 관한 범칙행위에 대하여는 원칙적으로 국세청장 등의 고발을 기다려 논하도록 규정하고 있는 바, 같은 법에 의하여 하는 고발에 있어서는 이른바 고소·고발 불가분의 원칙이 적용되지 아니하므로, 고발의 구비 여부는 양벌규정에 의하여 처벌받는 자연인인 행위자와 법인에 대하여 개별적으로 논하여야 한다(피고발인을 법인으로 명시한 다음, 이어서 법인의 등록번호와 대표자의 인적 사항을 기재한 고발장의 표시를 자연인인 개인까지를 피고발자로 표시한 것이라고 볼 수는 없다고 한 사례).

2. [유사판례] 대법원 2010.9.30, 2008도4762 [경찰채용 13 1차/21 1차]

공정거래법 제71조 제1항이 명시한 공정거래위원회의 고발에는 법 제233조의 주관적 불가분원칙이 유추적용될 수 없다.

대법원 2018.5.17, 2017도14749 전원합의체

국회 국정농단 특위 활동기간 종료 후 위증 고발은 위법하다는 사례

다수의견 국회에서의 증언·감정 등에 관한 법률(이하 '국회증언감정법'이라 한다)의 목적과 위증죄 관련 규정들의 내용에 비추어 보면, 국회증언감정법은 국정감사나 국정조사에 관한 국회 내부의 절차를 규정한 것으로서 국회에서의 위증죄에 관한 고발 여부를 국회의 자율권에 맡기고 있고, 위증을 자백한 경우에는 고발하지 않을 수 있게 하여 자백을 권장하고 있으므로 국회증언감정법 제14조 제1항 본문에서 정한 위증죄는 같은 법 제15조의 고발을 '소추요건'으로 한다고 봄이 타당하다. … 국회증언감정법 제15조 제1항 본문에 따른 고발은 증인을 조사한 본회의 또는 위원회의 의장 또는 위원장의 명의로 한다(동 제15조 제3항). 따라서 그 위원회가 고발에 관한 의결을 하여야 하므로 제15조 제1항 본문의 고발은 위원회가 존속하고 있을 것을 전제로 한다. 한편 국회증언감정법 제15조 제1항 단서는 위와 같은 본문에 이어서 "다만 청문회의 경우에는 재적위원 3분의 1 이상의 연서에 따라 그 위원의 이름으로 고발할 수 있다."라고 규정하고 있다. … 국회증언감정법 제15조 제1항 단서에 의한 고발도 위원회가 존속하는 동안에 이루어져야 한다고 해석하는 것이 타당하다. 특별위원회가 존속하지 않게 된 이후에도 과거 특별위원회가 존속할 당시 재적위원이었던 사람이 연서로 고발할 수 있다고 해석하는 것은 유추해석금지의 원칙에 위배된다. 국회증언감정법 제15조 제1항 단서의 문언 및 입법 취지, 다른 법률 규정과의 관계 등에 비추어 보면, 국회증언감정법 제15조 제1항 단서의 재적위원은 존속하고 있는 위원회에 적을 두고 있는 위원을 의미하고, 특별위원회가 존속하지 않게 된 경우 그 재적위원이었던 사람을 의미하는 것은 아니라고 해석하는 것이 타당하다. 이와 달리 특별위원회가 소멸하였음에도 과거 특별위원회가 존속할 당시 재적위원이었던 사람이 연서로 고발할 수 있다고 해석하는 것은 소추요건인 고발의 주체와 시기에 관하여 그 범위를 행위자에게 불리하게 확대하는 것이다. 이는 가능한 문언의 의미를 벗어나므로 유추해석금지의 원칙에 반한다.

06 자 수

Ⅰ 의의 및 성격

1. 의 의

(1) **개념** : 범인이 자발적으로 수사기관에 대하여 자신의 범죄사실을 신고하여 처벌을 구하는 의사표시를 말한다. 형법 제52조 제1항에서는 이 경우 형을 감경 또는 면제할 수 있다고 규정하고 있다.

(2) **자복과의 구별** : 자수는 수사기관에 대한 의사표시이고, 자복은 반의사불벌죄에 있어서 피해자에게 자신의 범죄사실을 고백하고 용서를 구하는 것이다.

2. 성 격

수사의 단서인 동시에 양형상의 참작사유이다.

Ⅱ 시기 · 절차 및 방식

자수의 시기에는 제한이 없으므로 범행이 발각된 후이든 지명수배를 받은 후이든 체포 전에 자발적으로 신고한 이상 자수에 해당된다. 또한 자수의 방식과 자수에 대한 사법경찰관의 조치는 고소 · 고발의 방식을 준용한다(제240조). 다만, 자수는 범인 스스로의 의사이어야 하므로 대리에 의한 자수는 허용되지 않는다.

제3절 임의수사

01 임의수사와 강제수사

Ⅰ 의의 및 구별기준

1. 의 의

(1) **임의수사** : 강제력을 행사하지 않고 상대방의 동의 · 승낙을 받아서 행하는 수사를 말한다.

(2) **강제수사** : 상대방의 의사 여하를 불문하고 강제적으로 행하는 수사를 말한다. 강제수사는 강제처분법정주의(제199조 제1항 단서)를 따른다.

(3) **구별실익**

① **영장주의** : 임의수사에는 적용되지 않으나, 강제수사의 경우에는 적용된다.

② **위법수집증거배제법칙** : 임의수사에 비하여 강제수사의 경우에는 특히 강조된다. 즉, 강제수사의 경우 엄격한 법적 규제가 가해지고 있으므로 법정의 요건과 적법절차를 준수하지 않으면 그로 인해 획득한 증거는 증거능력이 부정된다.

2. 구별기준

형식설(명문규정이 있는 처분만 강제처분), 적법절차기준설(적법절차원칙에 의할 때 최소한의 기본적 인권을 침해할 우려가 있는 것이면 강제수사), 실질설의 대립이 있다. 본서는 실질설을 취한다. **실질설**에 의하면, ① 강제처분이란 상대방의 의사에 반하여 실질적으로 그의 법익을 침해하는 처분이고 이에 의한 수사가 강제수사인 반면, ② 임의수사는 상대방의 법익침해를 수반하지 않는 수사로 분류될 수 있다.

표정리 임의수사와 강제수사의 구별

임의수사	강제수사
① 피의자신문 ② 참고인 조사 ③ 감정 · 통역 · 번역의 위촉 ④ 공무소 등에 대한 사실조회	① 체포 · 구속 ② 압수 · 수색 ③ 임의제출물의 압수 ④ 검증 ⑤ 사진촬영(∵초상권 침해) ⑥ 통신제한조치

Ⅱ 임의수사의 원칙과 강제수사의 규제

1. 임의수사의 원칙

수사는 **원칙적으로 임의수사**에 의하고 **강제수사는 법률에 규정된 경우에 한하여 예외적으로 허용**된다는 원칙을 말한다(제199조 제1항). [경간부 13, 경찰승진 10] 따라서 임의수사라 하더라도, 헌법상 적정절차원칙의 적용을 받으며, 피의자에 대한 수사는 불구속 수사가 원칙이 되고(제198조 제1항), 필요한 한도 내에서만 허용된다는 수사비례원칙의 적용을 받아야 한다.

2. 강제수사의 규제

(1) 강제처분법정주의 : 수사상의 **강제처분은 법률에 특별한 규정이 없으면 하지 못한다**는 원칙을 말하며, 이에 의할 때 강제처분의 종류 · 요건 · 절차는 법률이 정하여야 한다. 강제수사법정주의는 임의수사의 원칙과 표리관계에 있으며, 영장주의의 전제가 된다. [경찰채용 06 2차]

(2) 영장주의

① 의의 : **형사절차상 체포 · 구속 · 압수 · 수색 등 강제처분을 함에 있어서는 헌법상 신분 및 독립성이 보장되는 법관이 발부한 영장에 의하지 않으면 안 된다**는 원칙을 말한다(헌법 제12조 제3항 본문, 제16조, 제106조). [경찰승진 11/14] 법관이 발부하는 영장은 소환장, 체포영장, 구속영장, 압수 · 수색 · 검증영장, 감정유치장, 감정처분허가장 등이 있다. 영장주의는 법관발부원칙, 사전영장원칙, 일반영장금지원칙, 영장제시원칙을 그 내용으로 한다. 다만, 영장주의는 강제처분에 적용되는 것이므로, **당사자의 자발적 협조가 필수적인 음주측정, 지문채취, 소변제출**의 경우에는 적용되지 아니한다.

판례연구 당사자의 자발적 협조가 필수적인 절차이므로 영장주의에 위반되지 않는다는 사례

1. 헌법재판소 1997.3.27, 96헌가11 [경찰채용 15 2차]

도로교통법상 음주측정불응죄가 헌법 제12조 제3항의 영장주의에 위배되는지 여부(소극)

도로교통법 제41조 제2항에 규정된 음주측정은 성질상 강제될 수 있는 것이 아니며 궁극적으로 당사자의 자발적 협조가 필수적인 것이므로 이를 두고 법관의 영장을 필요로 하는 강제처분이라 할 수 없다. 따라서 이 사건 법률조항이 주취운전의 혐의자에게 영장 없는 음주측정에 응할 의무를 지우고 이에 불응한 사람을 처벌한다고 하더라도 헌법 제12조 제3항에 규정된 영장주의에 위배되지 아니한다.

2. 헌법재판소 2004.9.23, 2002헌가17 · 18(병합) [법원9급 13, 경찰승진 11/14]

범죄의 피의자로 입건된 사람들에게 경찰공무원이나 검사의 신문을 받으면서 자신의 신원을 밝히지 않고 지문채취에 불응하는 경우 형사처벌을 통하여 지문채취를 강제하는 구 경범죄처벌법 제1조 제42호와 영장주의

이 사건 법률조항은 수사기관이 직접 물리적 강제력을 행사하여 피의자에게 강제로 지문을 찍도록 하는 것을 허용하는 규정이 아니며 형벌에 의한 불이익을 부과함으로써 심리적 · 간접적으로 지문채취를 강요하고 있으므로 피의자가 본인의 판단에 따라 수용여부를 결정한다는 점에서 궁극적으로 당사자의 자발적 협조가 필수적임을 전제로 하므로 물리력을 동원하여 강제로 이루어지는 경우와는 질적으로 차이가 있다. 따라서 이 사건 법률조항에 의한 지문채취의 강요는 영장주의에 의하여야 할 강제처분이라 할 수 없다. 또한 수사상 필요에 의하여 수사기관이 직접강제에 의하여 지문을 채취하려 하는 경우에는 반드시 법관이 발부한 영장에 의하여야 하므로 영장주의원칙은 여전히 유지되고 있다고 할 수 있다.

3. 헌법재판소 2006.7.27, 2005헌마277 [법원9급 13, 경찰승진 11/14]

마약류사범에게 마약류반응검사를 위하여 소변을 받아 제출하게 한 것이 영장주의에 반하는지 여부(소극)

헌법 제12조 제3항의 영장주의는 법관이 발부한 영장에 의하지 아니하고는 수사에 필요한 강제처분을 하지 못한다는 원칙으로 소변을 받아 제출하도록 한 것은 교도소의 안전과 질서유지를 위한 것으로 수사에 필요한 처분이 아닐 뿐만 아니라 검사대상자들의 협력이 필수적이어서 강제처분이라고 할 수도 없어 영장주의의 원칙이 적용되지 않는다.

4. 헌법재판소 2016.11.24, 2014헌바401

형집행법 제41조 제2항 제1호, 제3호 중 '미결수용자의 접견내용의 녹음 · 녹화'에 관한 부분(이 사건 녹음조항)이 영장주의 및 평등원칙에 위배되는지 여부(소극)

이 사건 녹음조항에 따라 접견내용을 녹음 · 녹화하는 것은 직접적으로 물리적 강제력을 수반하는 강제처분이 아니므로 영장주의가 적용되지 않아 영장주의에 위배된다고 할 수 없다. 또한 불구속 피의자 · 피고인과는 달리 미결수용자에 대하여 법원의 허가 없이 접견내용을 녹음 · 녹화하도록 하는 것도 충분히 합리적 이유가 있으므로 이 사건 녹음조항은 평등원칙에 위배되지 않는다.

② 내 용

(가) 법관발부의 원칙 : 수사기관이 강제처분을 하려면 **법관이 발부**한 영장에 의하여야 한다. 따라서 검사 · 법원서기 등은 영장을 발부할 수 없다. 또한 강제수사의 적법성을 지키기 위해 영장은 사법경찰관이 아니라 반드시 **검사가 신청**해야 한다(헌법 제12조 제3항 본문, 제16조).

(나) 사전영장의 원칙

㉠ 원칙 : 영장은 **사전영장을 원칙**으로 한다(헌법 제12조 제3항 본문, 제16조). 형사소송법은 피고인과 피의자의 구속에 관하여는 영장주의의 예외를 인정하지 않고 필히 영장의 발부를 요건으로 한다(제73조, 제201조). 피의자 체포도 체포영장에 의하는 것이 원칙이다(제200조의2).

㉡ 예외 : 강제처분의 **긴급성에 대처할 필요가 있거나 남용의 우려가 없는 경우에 예외를 인정**하고 있다. ⓐ 대인적 강제처분으로서는 **현행범인의 체포**(제212조)와 **긴급체포**(제200조의3)의 경우 체포영장을 요하지 않고, ⓑ 대물적 강제처분의 경우 **공판정에서의 압수 · 수색**과 **임의제출물의 압수**의 경우 영장을 요하지 않으며(제108조, 제218조),[1] **체포 · 구속 목적의 피의자수색, 체포 · 구속현장에서의 압수 · 수색 · 검증, 피고인 구속현장에서의 압수 · 수색 · 검증, 범죄장소에서의 압수 · 수색 · 검증**(제216조), **긴급체포시의 압수 · 수색 · 검증**(제217조 제1항)의 경우도 영장을 요하지 않는다.

영장주의의 예외

① 공판정에서의 압수 · 수색(제113조)	⑥ 체포현장에서의 압수 · 수색 · 검증(제216조 제1항 제2호)
② 임의제출물 등의 압수(제108조, 제218조)	⑦ 피고인 구속현장에서 압수 · 수색 · 검증(제216조 제2항)
③ 긴급체포(제200조의3)	⑧ 범죄장소에서의 압수 · 수색 · 검증(제216조 제3항)
④ 현행범인의 체포(제212조)	⑨ 긴급체포된 자에 대한 압수 · 수색 · 검증(제217조)
⑤ 체포 · 구속목적의 피의자수색(제216조 제1항 제1호)	

(다) 일반영장금지의 원칙

㉠ 원칙 : 법관이 발부하는 영장은 그 내용이 **특정**되어야 한다.

예 범죄사실, 피의자, 기간, 인치 · 구금장소, 압수 · 수색의 대상(제209조, 제75조) [법원9급 14, 경찰간부 13]

㉡ 예외 : 통신비밀보호법은 통신의 특수성에 비추어 **일정기간 포괄적으로 통신제한조치**를 허가하는 영장발부를 인정하고 있다(동법 제5조 제2항[2]).

(라) 영장제시 · 사본교부의 원칙

㉠ 원칙 : 수사기관은 강제처분을 함에 있어서 **영장을 반드시 제시하고 그 사본을 교부**하여야 한다

1) [비교] 다만, 공판정 외 법원의 압수 · 수색(제113조)이나 수사기관의 압수 · 수색 · 검증(제215조)에는 법관이 발부한 영장을 요한다.

2) [조문] 통신비밀보호법 제5조 ② 통신제한조치는 제1항의 요건에 해당하는 자가 발송 · 수취하거나 송 · 수신하는 특정한 우편물이나 전기통신 또는 그 해당자가 일정한 기간에 걸쳐 발송 · 수취하거나 송 · 수신하는 우편물이나 전기통신을 대상으로 허가될 수 있다.

(2022.2.3. 개정 제85조 제1항, 제209조, 제118조, 제219조). 정본을 제시해야 하며 사본의 제시는 허용되지 않는다.

ⓒ 예외 : 체포영장 · 구속영장을 집행함에 있어서 수사기관이 영장을 소지하지 아니한 경우에 **급속을 요하는 때**에는 범죄사실의 요지와 영장이 발부되었음을 고지하고 집행할 수 있다 다만, **집행완료 후 신속히 영장을 제시하고 그 사본을 교부**하여야 한다(제200조의5, 제209조, 제213조의2, 제85조 제3항).

(3) 비례성의 원칙 : 법에 근거한 강제처분이라 할지라도 그로 인하여 헌법이 보장하는 기본권이 침해되므로, 강제수사는 법령이 정한 절차와 요건에 따라 **필요한 범위 내에서 최소한으로** 행해져야 한다는 원칙을 말한다(제199조). [경찰승진 14]

02 임의수사의 구체적 한계

I 임의동행

1. 의의 및 성격

(1) 의의 : 피의자신문을 위한 보조수단으로서 수사기관이 피의자의 동의를 얻어 수사관서까지 피의자와 동행하는 수사방법을 말한다.

(2) 성 격

① 임의수사로서의 임의동행 : 피의자신문을 위한 보조수단으로서 임의수사에 속하므로, 경직법상 직무질문을 위한 임의동행과는 구별된다. 일단 임의수사이지만, 의사에 반하는 기본권 제한이 있는 순간부터 강제수사가 개시된다.

② 직무질문을 위한 임의동행 : 불심검문은 보안경찰작용으로서 수사의 단서에 불과하다. 다만, 이에 의하여 범죄혐의가 드러나면 수사가 개시된다.

판례연구 경직법상 임의동행과 형사소송법상 임의수사를 위한 임의동행

대법원 2020.5.14, 2020도398 [경찰채용 22 2차]

임의동행은 ① 경찰관 직무집행법 제3조 제2항에 따른 행정경찰 목적의 경찰활동으로 행하여지는 것 외에도 ② 형사소송법 제199조 제1항에 따라 범죄 수사를 위하여 수사관이 동행에 앞서 피의자에게 동행을 거부할 수 있음을 알려 주었거나 동행한 피의자가 언제든지 자유로이 동행과정에서 이탈 또는 동행장소로부터 퇴거할 수 있었음이 인정되는 등 오로지 피의자의 자발적인 의사에 의하여 이루어진 경우에도 가능하다(대법원 2006.7.6, 2005도6810 등). 기록에 의하면, 경찰관은 당시 피고인의 정신 상태, 신체에 있는 주사바늘 자국, 알콜솜 휴대, 전과 등을 근거로 피고인의 마약류 투약 혐의가 상당하다고 판단하여 경찰서로 임의동행을 요구하였고, 동행장소인 경찰서에서 피고인에게 마약류 투약 혐의를 밝힐 수 있는 소변과 모발의 임의제출을 요구하였음을 알 수 있다. 그렇다면 이 사건 임의동행은 마약류 투약 혐의에 대한 수사를 위한 것이어서 형사소송법 제199조 제1항에 따른 임의동행에 해당한다.

보충 소변과 모발을 형사소송법 제218조에 따른 임의제출물로 압수함에 있어 그 제출의 임의성이 부정되므로 증거능력이 인정되지 않는다.

2. 적법성

(1) 성질 : 임의동행에 대해서는 강제수사설(∴ 법적 근거 없는 임의동행은 위법함)과 임의수사설(多)이 대립하나, ① 형사소송법은 피의자에 대한 출석요구방법을 제한하지 않고, ② 상대방의 동의를 전제로 이루어진 임의동행은 법 제199조 제1항 본문(수사의 목적을 달성하기 위한 필요한 조사)이 예정한 임의수사의 일종이므로 적법하다는 점에서 **임의수사설**이 타당하다.

(2) **적법성** : 수사관의 출석요구에 오로지 **피의자의 자발적인 의사**에 의하여 수사관서 등에의 동행이 이루어졌음이 객관적 사정에 의해 명백히 입증된 경우에 한하여 **적법성이 인정**된다.[1] 따라서 사법경찰관이 피의자를 동행할 당시 물리력을 행사한 바 없고 피의자가 명시적 거부의사를 표명하지 않았다 하더라도 사법경찰관의 동행요구를 거절할 수 없는 **심리적 압박**이 있었다면 이는 사실상의 강제연행인 불법체포에 해당한다.

판례연구 임의동행의 적법성 관련판례

1. 대법원 2006.7.6, 2005도6810[2]; 2011.6.30, 2009도6717; 2012.9.13, 2012도8890 [경찰채용 09 2차/11 2차/13 2차/15 2차/22 1·2차]

임의동행은 오로지 피의자의 자발적 의사에 의해야 한다는 사례

형사소송법 제199조 제1항은 임의수사 원칙을 명시하고 있다. 수사관이 수사과정에서 동의를 받는 형식으로 피의자를 수사관서 등에 동행하는 것은, 피의자의 신체의 자유가 제한되어 실질적으로 체포와 유사한데도 이를 억제할 방법이 없어서 이를 통해서는 제도적으로는 물론 현실적으로도 임의성을 보장할 수 없을 뿐만 아니라, 아직 정식 체포·구속단계 이전이라는 이유로 헌법 및 형사소송법이 체포·구속된 피의자에게 부여하는 각종 권리보장 장치가 제공되지 않는 등 형사소송법 원리에 반하는 결과를 초래할 가능성이 크다. 따라서 수사관이 동행에 앞서 피의자에게 동행을 거부할 수 있음을 알려 주었거나 동행한 피의자가 언제든지 자유로이 동행과정에서 이탈 또는 동행장소에서 퇴거할 수 있었음이 인정되는 등 오로지 피의자의 자발적인 의사에 의하여 수사관서 등에 동행이 이루어졌다는 것이 객관적인 사정에 의하여 명백하게 입증된 경우에 한하여, 동행의 적법성이 인정된다고 보는 것이 타당하다. 형사소송법 제200조 제1항에 의하여 검사 또는 사법경찰관이 피의자에 대하여 임의적 출석을 요구할 수 있는 있겠으나, 그 경우에도 수사관이 단순히 출석을 요구함에 그치지 않고 일정 장소로의 동행을 요구하여 실행한다면 위 법리가 적용되어야 할 것이고, 한편 행정경찰 목적의 경찰활동으로 행하여지는 경직법 제3조 제2항 소정의 질문을 위한 동행요구도 형사소송법의 규율을 받는 수사로 이어지는 경우에도 역시 위 법리가 적용되어야 할 것이다.

2. 대법원 2016.9.28, 2015도2798

임의동행의 적법성을 인정한 사례

피고인이 술에 취한 상태에서 굴삭기를 운전하여 화물차에 적재하였다고 하여 도로교통법 위반(음주운전)으로 기소된 경우, 피고인이 음주측정을 위해 경찰서에 동행할 것을 요구받고 자발적인 의사로 경찰차에 탑승하였고, 경찰서로 이동 중 하차를 요구하였으나 그 직후 수사 과정에 관한 설명을 듣고 빨리 가자고 요구하였으므로, 피고인에 대한 임의동행은 적법하고, 그 후 이루어진 음주측정 결과는 증거능력이 있다.

Ⅱ 거짓말탐지기의 사용

1. 의 의

거짓말탐지기(polygraph)란 피의자 등 피검자에 대하여 피의사실과 관련 있는 질문을 한 다음 응답시의 생리적 변화를 기록하는 기계를 말한다.

2. 허용 여부

거짓말탐지기의 사용은 기계적 방법을 통하여 답변의 진실성을 판단함으로써 결국 진술을 강요하는 결과가 되어 인격권을 침해하므로 원칙적으로 허용되지 않는다. [법원9급 13] 다만, **제한적 허용설**(多·判)과 불허설(신동운)이 대립하고 있는데, **동의**에 의한 기계의 사용은 진술거부권의 침해가 아니므로 제한적 허용설이 타당하다 생각된다.[3]

---

1) [참고] 수사준칙에서도 이를 규정하고 있다.
제20조(수사상 임의동행 시의 고지) 검사 또는 사법경찰관은 임의동행을 요구하는 경우 상대방에게 동행을 거부할 수 있다는 것과 동행하는 경우에도 언제든지 자유롭게 동행 과정에서 이탈하거나 동행 장소에서 퇴거할 수 있다는 것을 알려야 한다.

2) [판례] 사법경찰관이 피고인을 수사관서까지 동행한 것이 사실상의 강제연행, 즉 불법체포에 해당하고, 불법체포로부터 6시간 상당이 경과한 후에 이루어진 긴급체포 또한 위법하므로 피고인이 불법체포된 자로서 형법 제145조 제1항에 정한 '법률에 의하여 체포 또는 구금된 자'가 아니어서 도주죄의 주체가 될 수 없다고 한 사례이다(대법원 2006.7.6, 2005도6810). [경찰채용 09 2차]

3) [판례]
1. 거짓말탐지기 검사결과의 증거능력의 인정요건(대법원 1984.3.13, 84도36; 2005.5.26, 2005도130)
① 거짓말을 하면 반드시 일정한 심리상태의 변동이 일어나야 한다.
② 그 심리상태의 변동은 반드시 일정한 생리적 반응을 일으켜야 한다.
③ 그 생리적 반응에 의하여 피검사자의 말이 거짓인지 아닌지가 정확히 판정될 수 있어야 한다. 판정의 정확성 확보를 위해서는 거짓말탐지기

대법원 1984.2.14, 83도3146
거짓말탐지기의 검사결과의 증거능력과 증명력
거짓말탐지기의 검사는 그 기구의 성능, 조작기술에 있어 신뢰도가 극히 높다고 인정되고 그 검사자가 적격자이며, 검사를 받는 사람이 검사를 받음에 동의하였으며 검사자 자신이 실시한 검사의 방법, 경과 및 그 결과를 충실하게 기재하였다는 여러 가지 점이 증거에 의하여 확인되었을 경우에 형사소송법 제313조 제2항(현재는 동 제3항의 감정서 조항)에 의하여 이를 증거로 할 수 있다. (다만) 거짓말탐지기의 검사결과가 증거능력이 있는 경우에도 그 검사 즉 감정의 결과는 검사를 받는 사람의 진술의 신빙성을 가늠하는 정황증거로서의 기능을 다하는데 그치는 것이다.

Ⅲ 전기통신의 감청

1. 의의 및 성질

(1) 의 의

① **개념** : 통신비밀보호법에서 통신이라 함은 우편물과 전기통신을 말하고(통신비밀보호법 – 이하 '통비' – 제2조 제1호), 통신제한조치라 함은 우편물의 검열과 전기통신감청을 말하는데(통비 제3조 제2항 참조), '전기통신'이라 함은 전화 · 전자우편 · 모사전송 등과 같이 유선 · 무선 · 광선 및 기타의 전자적 방식에 의하여 모든 종류의 음향 · 문언 · 부호 또는 영상을 송신하거나 수신하는 것을 말하고(통비 제2조 제3호), '감청(監聽)'이라 함은 전기통신에 대하여 당사자의 동의 없이 전자장치 · 기계장치 등을 사용하여 통신의 음향 · 문언 · 부호 · 영상을 청취 · 공독(共讀)하여 그 내용을 지득(知得) 또는 채록(採錄)하거나 전기통신의 송 · 수신을 방해하는 것을 말한다(통비 제2조 제7호).[1] 따라서 수사기관이 타인의 전기통신상 대화를 그 타인의 부지(不知) 중에 청취하는 행위도 전기통신감청에 해당한다. 통비법에서는 전기통신상 대화와 일반적인 대화의 개념을 구별하여, 불법적인 전기통신의 감청은 통신비밀침해죄로, 불법적인 타인 간의 일반적인 대화에 대한 녹음이나 전자장치 또는 기계적 수단을 이용한 청취를 대화비밀침해죄로 규율하고 있다.

대법원 2003.11.13, 2001도6213 [경찰승진 12/14, 경찰채용 14 1차]
전기통신과 대화의 구별
통신비밀보호법에서는 그 규율의 대상을 통신과 대화로 분류하고 그 중 통신을 다시 우편물과 전기통신으로 나눈 다음, 그 제2조 제3호로 "전기통신"이라 함은 유선 · 무선 · 광선 및 기타의 전자적 방식에 의하여 모든 종류의 음향 · 문언 · 부호 또는 영상을 송신하거나 수신하는 것을 말한다고 규정하고 있는바, 무전기와 같은 무선전화기를 이용한 통화가 위 법에서 규정하고 있는 전기통신에 해당함은 전화통화의 성질 및 위 규정 내용에 비추어 명백하므로, 이를 같은 법 제3조 제1항 소정의 '타인 간의 대화'에 포함된다고 할 수 없다.

② 객 체

(가) 의의 : 감청은 **현재 이루어지고 있는(~ing) 전기통신**의 내용을 대상으로 한다. 따라서 **이미 완료된(~ed) 전기통신**에 관하여 남아있는 기록이나 내용을 입수하는 것은 전기통신감청에 해당하지 아니한다(대법원 2012.7.26, 2011도12407; 2013.11.28, 2010도12244; 2016.10.13, 2016도8137)(cf. 수사기관이 입수하려면 압수 · 수색영장에 의하여야 함).

(나) **인터넷회선 감청에 대한 법 개정** : 인터넷통신망을 통한 송 · 수신도 전기통신에 해당하므로 인

의 물적 정확성과 질문사항의 작성과 검사의 기술 및 방법, 검사자의 탐지기의 측정내용에 대한 정확한 판독능력 등 인적 정확성도 확보되어야 한다.

2. 증명력의 제한(대법원 1984.2.14, 83도3146)
거짓말탐지기에 의한 검사결과가 위 조건이 모두 충족되어 증거능력이 있는 경우(법 제313조 제3항에 의해 감정서에 준하여 인정)에도 그 검사결과는 피검사자의 진술의 신빙성을 가늠하는 정황증거로서의 기능을 하는 데 그친다.

1) [참고] 감청의 유형에는 전화 등 유선통신을 도청하는 전화도청(wiretapping)과, 도청기를 사용하여 실내의 대화를 도청하는 전자도청(electronic eavesdropping, bugging)이 있다.

터넷 통신망을 통하여 흐르는 전기신호 형태의 패킷(packet)을 중간에 확보하여 그 내용을 지득하는 **소위 패킷감청이 허용되는가**에 대하여, 종래 대법원 판례는 이를 인정하였으나(대법원 2012.10.11, 2012도7455), 2018년 헌법재판소는 통비법 제5조 제2항 중 '인터넷 회선을 통하여 송신·수신하는 전기통신'에 관한 부분은 인터넷 감청의 특성상 다른 통신제한조치에 비하여 수사기관이 취득하는 자료가 매우 방대함에도 불구하고 수사기관이 감청 집행으로 취득한 자료에 대한 처리 등을 객관적으로 통제할 수 있는 절차가 마련되어 있지 않다는 취지로 헌법에 합치되지 아니한다는 결정을 내렸다(헌법불합치결정, 헌법재판소 2018.8.30, 2016헌마263). 이에 **2020.3.24. 통신비밀보호법이 개정**되어, 수사기관이 인터넷 회선을 통하여 송·수신하는 전기통신에 대한 통신제한조치로 취득한 자료에 대해서 집행 종료 후 범죄수사나 소추 등에 사용하거나 사용을 위하여 보관하고자하는 때에는 보관 등이 필요한 전기통신을 선별하여 **법원으로부터 보관 등의 승인**을 받도록 하고, 승인 청구를 하지 아니한 전기통신 등의 폐기 절차를 마련하게 되었다(∴ **패킷감청은 적법하나, 패킷감청으로 취득한 자료 보관 시 법원의 보관승인 要)**. 인터넷회선에 대한 통신제한조치 관련 통비법 개정내용은 아래에서 정리한다.

판례연구 전기통신 감청의 객체 관련판례

1. 대법원 2013.11.28, 2010도12244 [국가9급 24, 법원9급 20]

이미 수신이 완료된 전자우편을 수집하는 것은 전기통신감청에 해당하지 아니한다는 사례

X시 Y동장 직무대리의 지위에 있던 피고인 甲은 X시장 乙에게 X시청 전자문서시스템을 통하여 이 사건 전자우편을 보냈는데, 전자우편에는 Y동 1통장인 A등에게 X시장 乙을 도와 달라고 부탁하였다는 내용이 포함되어 있었다. 그런데 X시청 소속 공무원인 제3자가 권한 없이 전자우편에 대한 비밀 보호조치를 해제하는 방법을 통하여 이 사건 전자우편을 수집하여 경찰에 제출하였고, 이렇게 수집된 전자우편의 내용에 기초하여 경찰은 A 등을 참고인으로 소환하여 A 등에 대한 참고인 진술조서를 작성하였다. 그런데 '전기통신의 감청'은 '감청'의 개념 규정에 비추어 현재 이루어지고 있는 전기통신의 내용을 지득·채록하는 경우와 통신의 송·수신을 직접적으로 방해하는 경우를 의미하는 것이지 전자우편이 송신되어 수신인이 이를 확인하는 등으로 이미 수신이 완료된 전기통신에 관하여 남아 있는 기록이나 내용을 열어보는 등의 행위는 포함하지 않는다 할 것이다(대법원 2012.7.26, 2011도12407). 위 제출된 전자우편은 이미 수신자인 X시장이 그 수신을 완료한 후에 수집된 것임을 알 수 있으므로, 이 사건 전자우편의 수집행위가 통비법이 금지하는 '전기통신의 감청'에 해당한다고 볼 수 없고, 따라서 이 사건 전자우편이 통비법 제4조에 의하여 증거능력이 배제되는 증거라고 할 수 없다.

2. 헌법재판소 2018.8.30, 2016헌마263

인터넷회선 감청(소위 패킷감청) 규정에 대한 헌법불합치 결정례

통신비밀보호법(1993.12.27. 법률 제4650호로 제정된 것) 제5조 제2항은 "통신제한조치는 제1항의 요건에 해당하는 자가 발송·수취하거나 송·수신하는 특정한 우편물이나 전기통신 또는 그 해당자가 일정한 기간에 걸쳐 발송·수취하거나 송·수신하는 우편물이나 전기통신을 대상으로 허가될 수 있다."고 규정하고 있는데, 이 중 '인터넷회선을 통하여 송·수신하는 전기통신'에 관한 부분은 헌법에 합치되지 아니한다. 위 법률조항은 2020.3.31.을 시한으로 개정될 때까지 계속 적용한다(인터넷 감청의 특성상 다른 통신제한조치에 비하여 수사기관이 취득하는 자료가 매우 방대함에도 불구하고 수사기관이 감청집행으로 취득한 자료에 대한 처리 등을 객관적으로 통제할 수 있는 절차가 마련되어 있지 않다는 점에서 헌법에 합치되지 아니함)(이에 2020.3.24. 개정 통비법에서 제12조의2를 신설함).

보충 ① 침해의 최소성 : 이 사건 법률조항은 인터넷회선 감청의 특성을 고려하여 그 집행 단계나 집행 이후에 수사기관의 권한 남용을 통제하고 관련 기본권의 침해를 최소화하기 위한 제도적 조치가 제대로 마련되어 있지 않은 상태에서, 범죄수사 목적을 이유로 인터넷회선 감청을 통신제한조치 허가 대상 중 하나로 정하고 있으므로 침해의 최소성 요건을 충족한다고 할 수 없다. ② 법익의 균형성 : '패킷감청' 방식으로 이루어지는 인터넷회선 감청은 그 특성상, 실제 집행 단계에서 원래 허가받은 통신제한조치의 인적·물적 범위를 넘어 피의자 또는 피내사자의 범죄 수사와 무관한 정보뿐만 아니라 피의자 또는 피내사자와 무관하게 해당 인터넷회선을 이용하는 불특정 다수인의 정보까지 광범위하게 수사기관에 수집·보관되므로, 다른 종류의 통신제한조치에 비하여, 개인의 통신 및 사생활의 비밀과 자유가 침해될 가능성이 높다. … ③ 결론 : 그렇다면 이 사건 법률조항은 과잉금지원칙에 반하여 청구인의 통신 및 사생활의 비밀과 자유를 침해한다. 이 사건 법률조항은 청구인의 기본권을 침해하여 헌법에 위반되지만, … 중대 범죄의 수사에 있어 법적 공백이 발생할 우려가 있어 … 이 사건 법률조항에 대해 단순위헌결정을 하는 대신 헌법불합치결정을 선고하되, 2020. 3. 31.을 시한으로 입법자가 이 사건 법률조항의 위헌성을 제거하고 합리적인 내용으로 개정할 때까지 일정 기간 이를 잠정적으로 적용할 필요가 있다.

[개정 통신비밀보호법의 인터넷회선 감청자료에 대한 법원의 보관승인제도]
2020.3.24. 개정 통비법에 의하여 신설된 동법 제12조의2는 아래와 같다.

제12조의2(범죄수사를 위하여 인터넷 회선에 대한 통신제한조치로 취득한 자료의 관리) ① 검사는 인터넷 회선을 통하여 송신·수신하는 전기통신을 대상으로 제6조 또는 제8조(제5조 제1항의 요건에 해당하는 사람에 대한 긴급통신제한조치에 한정한다)에 따른 통신제한조치를 집행한 경우 그 전기통신을 제12조 제1호에 따라 사용하거나 사용을 위하여 보관(이하 이 조에서 "보관 등"이라 한다)하고자 하는 때에는 집행종료일부터 '14일 이내'에 보관 등이 필요한 전기통신을 선별하여 통신제한조치를 허가한 법원에 보관 등의 승인을 청구하여야 한다.
② 사법경찰관은 인터넷 회선을 통하여 송신·수신하는 전기통신을 대상으로 제6조 또는 제8조(제5조 제1항의 요건에 해당하는 사람에 대한 긴급통신제한조치에 한정한다)에 따른 통신제한조치를 집행한 경우 그 전기통신의 보관 등을 하고자 하는 때에는 집행종료일부터 '14일 이내'에 보관 등이 필요한 전기통신을 선별하여 검사에게 보관 등의 승인을 신청하고, 검사는 신청일부터 '7일 이내'에 통신제한조치를 허가한 법원에 그 승인을 청구할 수 있다.
(③항과 ④항은 중략)
⑤ 검사 또는 사법경찰관은 제1항에 따른 청구나 제2항에 따른 신청을 하지 아니하는 경우에는 집행종료일부터 '14일(검사가 사법경찰관의 신청을 기각한 경우에는 그 날부터 7일) 이내'에 통신제한조치로 취득한 전기통신을 폐기하여야 하고, 법원에 승인청구를 한 경우(취득한 전기통신의 일부에 대해서만 청구한 경우를 포함한다)에는 제4항에 따라 법원으로부터 승인서를 발부받거나 청구기각의 통지를 받은 날부터 '7일 이내'에 승인을 받지 못한 전기통신을 폐기하여야 한다.
⑥ 검사 또는 사법경찰관은 제5항에 따라 통신제한조치로 취득한 전기통신을 폐기한 때에는 폐기의 이유와 범위 및 일시 등을 기재한 폐기결과보고서를 작성하여 피의자의 수사기록 또는 피내사자의 내사사건기록에 첨부하고, 폐기일부터 '7일 이내'에 통신제한조치를 허가한 법원에 송부하여야 한다.

(2) 법적 성질 : 임의수사설과 강제수사설의 대립이 있으나, 감청은 헌법상 보장된 사생활의 비밀과 통신의 자유와 같은 기본권을 침해하는 것이므로 **강제수사설**이 타당하다. 통비법이 일정한 요건 아래 법원의 허가를 얻은 때에만 전기통신의 감청을 할 수 있도록 규정한 취지도 바로 여기에 있다.

2. 법적 규제

(1) 통신제한조치허가에 의한 감청

① 관할법원 : 통신제한조치 청구사건의 관할법원은 그 통신제한조치를 받을 **통신당사자**의 쌍방 또는 일방의 **주소지·소재지, 범죄지** 또는 통신당사자와 **공범**관계에 있는 자의 주소지·소재지를 관할하는 **지방법원 또는 지원**(보통군사법원을 포함한다)으로 한다(동법 제6조 제3항)[1](국가안보를 위한 통신제한조치의 경우 통신의 일방 또는 쌍방당사자가 내국인인 때에는 고등법원 수석판사의 허가를 받아야 하고, 이외의 경우에는 대통령의 승인을 얻어야 함, 동법 제7조).[2]

② 통신제한조치 대상범죄에 대한 검사의 피의자별 청구 : 검사는 **통신비밀보호법 제5조가 규정한 주요범죄**의 경우에 법원에 대하여 감청을 허가하여 줄 것을 청구할 수 있는데, **각 피의자별 또는 각 피내사자별**로 청구한다(동법 제6조 제1항). 사법경찰관은 허가요건이 구비된 경우 검사에 대하여 각 피의자별·피내사자별로 통신제한조치 허가를 신청한다(동법 동조 제2항).
비교 사건단위별로 신청하는 것이 아니므로, 구속영장과 구별할 것

---

1) [참고] 수사관서의 관할법원이 아니라, 통신당사자의 주소지·소재지 등 관할 지방법원이다.

2) [조문] 통신비밀보호법 제7조(국가안보를 위한 통신제한조치) ① 대통령령이 정하는 정보수사기관의 장은 국가안전 보장에 상당한 위험이 예상되는 경우 또는 「국민보호와 공공안전을 위한 테러방지법」 제2조 제6호의 대테러활동에 필요한 경우에 한하여 그 위해를 방지하기 위하여 이에 관한 정보수집이 특히 필요한 때에는 다음 각 호의 구분에 따라 통신제한조치를 할 수 있다.
1. 통신의 일방 또는 쌍방당사자가 내국인인 때에는 고등법원 수석판사의 허가를 받아야 한다. 다만, 군용전기통신법 제2조의 규정에 의한 군용전기통신(작전수행을 위한 전기통신에 한한다)에 대하여는 그러하지 아니하다. [해경승진 23]
2. 대한민국에 적대하는 국가, 반국가활동의 혐의가 있는 외국의 기관·단체와 외국인, 대한민국의 통치권이 사실상 미치지 아니하는 한반도 내의 집단이나 외국에 소재하는 그 산하단체의 구성원의 통신인 때 및 제1항 제1호 단서의 경우에는 서면으로 대통령의 승인을 얻어야 한다.
② 제1항의 규정에 의한 통신제한조치의 기간은 4월을 초과하지 못하고, 그 기간 중 통신제한조치의 목적이 달성되었을 경우에는 즉시 종료하여야 하되, 제1항의 요건이 존속하는 경우에는 소명자료를 첨부하여 고등법원 수석판사의 허가 또는 대통령의 승인을 얻어 4월의 범위 이내에서 통신제한조치의 기간을 연장할 수 있다. 다만, 제1항 제1호 단서의 규정에 의한 통신제한조치는 전시·사변 또는 이에 준하는 국가비상사태에 있어서 적과 교전상태에 있는 때에는 작전이 종료될 때까지 대통령의 승인을 얻지 아니하고 기간을 연장할 수 있다. (이하 생략)

표정리 통신비밀보호법상 통신제한조치 대상범죄

통신제한조치 대상범죄(통비법 제5조 제1항)

1. 형법 제2편
   - 제1장 내란의 죄, 제2장 외환의 죄(제103조의 전시군수계약불이행 ×)
   - 제4장 국교에 관한 죄 중 제107조, 제108조, 제111조 내지 제113조의 죄(제109조의 외국국기 · 국장모독 ×)
   - 제5장 공안을 해하는 죄 중 제114조, 제115조의 죄(범죄단체조직, 소요 ○)(다중불해산, 전시공수계약불이행 ×)
   - 제6장 폭발물에 관한 죄
   - 제7장 공무원의 직무에 관한 죄 중 제127조, 제129조 내지 제133조의 죄(공무상 비밀누설, 뇌물 ○)(직무유기, 직권남용, 불법체포 · 감금, 폭행 · 가혹행위, 피의사실공표, 선거방해 ×)
   - (제8장 공무방해의 죄 ×)
   - 제9장 도주와 범인은닉의 죄(제145조 제2항의 집합명령위반도 포함됨) [경찰승진 06]
   - 제13장 방화와 실화의 죄 중 제164조 내지 제167조 · 제172조 내지 제173조 · 제174조 및 제175조의 죄(방화, 폭발성물건파열, 가스 · 전기방류, 가스 · 전기공급방해 ○)(연소, 진화방해, 실화 ×)
   - 제17장 아편에 관한 죄
   - 제18장 통화에 관한 죄
   - 제19장 유가증권, 우표와 인지에 관한 죄 중 제214조 내지 제217조, 제223조(제214조 내지 제217조의 미수범에 한한다) 및 제224조(제214조 및 제215조의 예비 · 음모에 한한다)(인지 · 우표 ×)
   - 제24장 살인의 죄(제252조 제2항의 자살방조도 포함됨) [경찰승진 10, 경찰채용 04 2차]
   - 제29장 체포와 감금의 죄
   - 제30장 협박의 죄 중 제283조 제1항, 제284조, 제285조(제283조 제1항, 제284조의 상습범에 한한다), 제286조[제283조 제1항, 제284조, 제285조(제283조 제1항, 제284조의 상습범에 한한다)의 미수범에 한한다]의 죄(제283조 제2항의 존속협박 ×) [경찰승진 11/12]
   - 제31장 약취(略取), 유인(誘引) 및 인신매매의 죄
   - 제32장 강간과 추행의 죄 중 제297조 내지 제301조의2, 제305조의 죄(미성년자 등에 대한 간음, 업무상 위력 등에 의한 간음 ×) [경찰승진 14, 경찰채용 04 2차]
   - 제34장 신용, 업무와 경매에 관한 죄 중 제315조의 죄(경매 · 입찰방해 ○) [경찰승진 10/12/14, 경찰채용 04 2차]
   - 제37장 권리행사를 방해하는 죄 중 제324조의2 내지 제324조의4 · 제324조의5(제324조의2 내지 제324조의4의 미수범에 한한다)의 죄(인질범죄)
   - 제38장 절도와 강도의 죄 중 제329조 내지 제331조, 제332조(제329조 내지 제331조의 상습범에 한한다), 제333조 내지 제341조, 제342조[제329조 내지 제331조, 제332조(제329조 내지 제331조의 상습범에 한한다), 제333조 내지 제341조의 미수범에 한한다]의 죄(자동차불법사용 ×)
   - 제39장 사기와 공갈의 죄 중 제350조, 제350조의2, 제351조(제350조, 제350조의2의 상습범에 한정), 제352조(제350조, 제350조의2의 미수범에 한정)의 죄(공갈 ○) [경찰승진 11/14] (사기 ×) [경찰승진 10, 경찰채용 04 2차]
   - 제41장 장물에 관한 죄 중 제363조의 죄
2. 군형법 제2편 중 제1장 반란의 죄, 제2장 이적의 죄, 제3장 지휘권 남용의 죄, 제4장 지휘관의 항복과 도피의 죄, 제5장 수소이탈의 죄, 제7장 군무태만의 죄 중 제42조의 죄, 제8장 항명의 죄, 제9장 폭행 · 협박 · 상해와 살인의 죄, 제11장 군용물에 관한 죄, 제12장 위령의 죄 중 제78조 · 제80조 · 제81조의 죄
3. 국가보안법에 규정된 범죄
4. 군사기밀보호법에 규정된 범죄
5. 군사기지 및 군사시설 보호법에 규정된 범죄
6. 마약류관리에 관한 법률에 규정된 범죄 중 제58조 내지 제62조의 죄
7. 폭력행위 등 처벌에 관한 법률에 규정된 범죄 중 제4조 및 제5조의 죄
8. 총포 · 도검 · 화약류 등의 안전관리에 관한 법률에 규정된 범죄 중 제70조 및 제71조 제1호 내지 제3호의 죄
9. 특정범죄 가중처벌 등에 관한 법률에 규정된 범죄 중 제2조 내지 제8조, 제11조, 제12조의 죄
10. 특정경제범죄 가중처벌 등에 관한 법률에 규정된 범죄 중 제3조 내지 제9조의 죄
11. 제1호(형법)와 제2호(군형법)의 죄에 대한 가중처벌을 규정하는 법률에 위반하는 범죄
12. 국제상거래에 있어서 외국공무원에 대한 뇌물방지법에 규정된 범죄 중 제3조 및 제4조의 죄

③ 허가요건 : 상당한 범죄혐의와 보충성이 요구된다. 즉, 감청은 통신비밀보호법 제5조에 규정된 범죄를 계획 또는 실행하고 있거나 실행하였다고 의심할 만한 충분한 이유가 있고(**범죄혐의의 상당성**), 다른 방법으로는 그 범죄의 실행을 저지하거나 범인의 체포 또는 증거의 수집이 어려운 경우에 한하여(**보충성**) 허가할 수 있다(동법 제5조 제1항).[1] [국가9급 17, 경찰승진 11]

④ 허가서의 발부 및 기간의 연장

(가) 허가서의 발부 : 전기통신 감청은 위 허가요건에 해당하는 자가 송·수신하는 특정한 전기통신 또는 그 해당자가 일정한 기간에 걸쳐 송·수신하는 전기통신을 대상으로 허가될 수 있다(통비 제5조 제2항). 법원은 검사의 청구가 이유 있다고 인정하는 경우에는 감청을 허가하고 이를 증명하는 서류(허가서)를 청구인에게 발부한다(동 제6조 제5항). 통신제한조치허가서에는 통신제한조치의 종류·목적·대상·범위·기간 및 집행장소와 방법을 특정하여 기재하여야 하고(동조 제6항), 통신제한조치의 기간은 **2월**을 초과하지 못한다(동조 제7항 본문)(국가안보 관련 통신제한조치는 **4월**, 통비 제7조 제2항 본문). [경찰승진 11/14]

(나) 기간의 연장 : 구법 제6조 제7항 단서에 의할 때, 허가요건이 존속하는 경우에는 **2월의 범위 안에서 기간의 연장을 청구할 수 있었는데,** 이러한 기간연장규정에 대해서는 **총연장기간 또는 총연장횟수의 제한**이 없다는 점에서 침해의 최소성원칙과 기본권제한의 법익균형성을 갖추지 못하여 헌법에 합치되지 않는다는 헌법재판소의 **헌법불합치결정**이 내려졌다(헌법재판소 2010.12.28, 2009헌가30).[2] 이에 2019.12.31. 통신비밀보호법이 개정되어, 통신제한조치 기간을 연장하는 경우 **총 연장기간을 1년 이내**로 하도록 하고, 예외적으로 내란죄·외환죄 등 국가안보와 관련된 범죄 등에 대해서는 통신제한조치의 총 연장기간을 3년 이내로 하여 통신제한조치와 관련한 국민의 권리제한 범위를 명확히 하였다(2019.12.31. 동조 제8항 신설).

> **판례연구** 전기통신 감청기간의 연장 관련판례
>
> **헌법재판소 2010.12.28, 2009헌가30**
>
> 통신제한조치기간의 총연장기간 또는 총연장횟수의 제한을 두지 아니한 것에 대한 헌법불합치 결정례
>
> 통신제한조치기간을 연장함에 있어 법운용자의 남용을 막을 수 있는 최소한의 한계를 설정하지 않은 이 사건 법률조항은 침해의 최소성원칙에 위반한다. 나아가 통신제한조치기간의 연장을 허가함에 있어 총연장기간 또는 총연장횟수의 제한이 없을 경우 수사와 전혀 관계없는 개인의 내밀한 사생활의 비밀이 침해당할 우려도 심히 크기 때문에 기본권 제한의 법익균형성 요건도 갖추지 못하였다. 따라서 이 사건 법률조항은 헌법에 위반된다. 이 사건 법률조항에 대하여 헌법불합치결정을 선고하되 입법자의 개선입법이 있을 때까지 잠정적으로 적용한다(이에 2019.12.31. 개정 통비법에서 제6조에 제8항을 신설하여 총 연장기간을 1년 이내로, 국가안보 관련범죄의 경우 3년 이내로 하였음).

⑤ **통신제한조치의 집행**(허가서 기재사항의 준수) : 수사기관은 통신제한조치허가서에 기재된 허가의 내용과 범위 및 집행방법 등을 준수하여 통신제한조치를 집행하여야 한다. 이때 수사기관은 통신기관 등에 통신제한조치허가서의 사본을 교부하고 집행을 위탁할 수 있으나(통비 제9조 제1항·제2항), 그 경우에도 집행의 위탁을 받은 통신기관 등은 수사기관이 직접 집행할 경우와 마찬가지로 허가서에 기재된 집행방법 등을 준수하여야 한다. 허가된 통신제한조치의 종류가 전기통신의 '감청'인 경우, 수사기관 또는 수사기관으로부터 통신제한조치의 집행을 위탁받은 통신기관 등은 통비법이 정한 감청의 방식

1) [참고 : 국가안보를 위한 감청] 정보수사기관의 장은 국가안전보장에 대한 위해를 방지하기 위하여 정보수집이 필요한 때 ① 통신의 일방 또는 쌍방 당사자가 내국인인 때에는 고등검찰청 검사의 신청으로 고등법원 수석 부장판사의 허가를 받고 ② 대한민국에 적대하는 국가, 반국가활동의 혐의가 있는 외국의 기관 단체와 외국인, 대한민국의 통치권이 사실상 미치지 아니하는 한반도 내의 집단이나 외국에 소재하는 그 산하단체의 구성원의 통신인 때에는 대통령의 승인을 얻어 통신제한조치를 할 수 있다(동법 제7조 제1항). 이에 의한 감청의 기간은 4월을 초과하지 못하나 4월의 범위 안에서 그 기간을 연장할 수 있다(제7조 제2항).

2) [참고판례] 2010.12.28. 통신비밀보호법 제6조 제7항 단서 중 전기통신에 관한 '통신제한조치기간의 연장'에 관한 부분의 법률조항에 대한 헌법재판소의 헌법불합치결정이 있었지만, 그 위헌성이 제거된 개선입법이 이루어지지 아니한 채 위 개정시한이 도과함으로써 이 사건 법률조항의 효력이 상실되었다고 하더라도 그 효과는 장래에 향하여만 미칠 뿐이며 그 이전에 이 사건 법률조항에 따라 이루어진 통신제한조치기간 연장의 적법성이나 효력에는 영향을 미치지 아니한다고 볼 것이고, 이른바 당해 사건이라고 하여 달리 취급하여야 할 이유는 없다(대법원 2012.10.11, 2012도7455).

으로 집행하여야 하고 그와 다른 방식으로 집행하여서는 아니 되는 것이다. 이를 위반하여 수집한 전기통신의 내용 등은 위법수집증거에 해당하므로 유죄인정의 증거가 될 수 없다.

⑥ **통신제한조치로 취득한 자료의 사용제한** : 통신제한조치의 집행으로 인하여 취득된 전기통신의 내용은 통신제한조치의 목적이 된 범죄나 이와 관련되는 범죄를 수사·소추하거나 그 범죄를 예방하기 위한 경우 등에 한정하여 사용할 수 있다(통비 제12조 제1호). 이는 통신사실확인자료[1]의 사용에 있어서도 마찬가지이다(동법 제13조의5). 따라서 통신사실확인자료 제공요청에 의하여 취득한 통화내역 등 통신사실확인자료를 범죄의 수사·소추를 위하여 사용하는 경우, 그 대상범죄는 통신사실확인자료 제공요청의 목적이 된 범죄 및 이와 관련된 범죄에 한정되어야 한다.

판례연구 통신제한조치허가서 기재요건의 준수 관련판례

1. 대법원 1999.9.3, 99도2317 [경찰승진 10/12/14]

통신제한조치에 대한 기간연장결정이 원 허가의 대상과 범위를 초과할 수 없다는 사례 : 대화녹음 ×

통신제한조치에 대한 기간연장결정은 원 허가의 내용에 대하여 단지 기간을 연장하는 것일 뿐 원 허가의 대상과 범위를 초과할 수 없다 할 것이므로 통신제한조치허가서에 의하여 허가된 통신제한조치가 '전기통신 감청 및 우편물 검열'뿐인 경우 그 후 연장결정서에 당초 허가 내용에 없던 '대화녹음'이 기재되어 있다 하더라도 이는 대화녹음의 적법한 근거가 되지 못한다.

보충 전술하였듯이 전기통신과 대화는 통비법에서 서로 다른 개념으로 구별하고 있다.

2. 대법원 2016.10.13, 2016도8137

카카오톡 감청 사건

수사기관으로부터 통신제한조치의 집행을 위탁받은 통신기관 등이 집행에 필요한 설비가 없을 때에는 수사기관에 설비의 제공을 요청하여야 하고, 그러한 요청 없이 통신제한조치허가서에 기재된 사항을 준수하지 아니한 채 통신제한조치를 집행하였다면, 그러한 집행으로 취득한 전기통신의 내용 등은 헌법과 통신비밀보호법이 국민의 기본권인 통신의 비밀을 보장하기 위해 마련한 적법한 절차를 따르지 아니하고 수집한 증거에 해당하므로(법 제308조의2) 이는 유죄 인정의 증거로 할 수 없다. … 이 사건 통신제한조치허가서에 기재된 통신제한조치의 종류는 전기통신의 '감청'이므로, 수사기관으로부터 집행위탁을 받은 카카오는 통신비밀보호법이 정한 감청의 방식, 즉 전자장치 등을 사용하여 실시간으로 이 사건 대상자들이 카카오톡에서 송·수신하는 음향·문언·부호·영상을 청취·공독하여 그 내용을 지득 또는 채록하는 방식으로 통신제한조치를 집행하여야 하고 임의로 선택한 다른 방식으로 집행하여서는 안 된다고 할 것이다. 그런데도 카카오는 이 사건 통신제한조치허가서에 기재된 기간 동안, 이미 수신이 완료되어 전자정보의 형태로 서버에 저장되어 있던 것을 3~7일마다 정기적으로 추출하여 수사기관에 제공하는 방식으로 통신제한조치를 집행하였다. 이러한 카카오의 집행은 동시성 또는 현재성 요건을 충족하지 못해 통신비밀보호법이 정한 감청이라고 볼 수 없으므로 이 사건 통신제한조치허가서에 기재된 방식을 따르지 않은 것으로서 위법하다고 할 것이다. 따라서 이 사건 카카오톡 대화내용은 적법절차의 실질적 내용을 침해하는 것으로 위법하게 수집된 증거라 할 것이므로 유죄 인정의 증거로 삼을 수 없다.

3. 대법원 2017.1.25, 2016도13489 [경찰채용 22 1차]

통신사실확인자료 제공요청에 의하여 취득한 통화내역 등 통신사실확인자료의 사용의 제한

통비법은 통신제한조치의 집행으로 인하여 취득된 전기통신의 내용은 통신제한조치의 목적이 된 범죄나 이와 관련되는 범죄를 수사·소추하거나 그 범죄를 예방하기 위한 경우 등에 한정하여 사용할 수 있도록 규정하고(제12조 제1호), 통신사실확인자료의 사용제한에 관하여 이 규정을 준용하도록 하고 있다(제13조의5). 따라서 통신사실확인자료 제공요청에 의하여 취득한 통화내역 등 통신사실확인자료를 범죄의 수사·소추를 위하여 사용하는 경우 그 대상범죄는 통신사실확인자료 제공요청의 목적이 된 범죄 및 이와 관련된 범죄에 한정되어야 한다(대법원 2014.10.27, 2014도2121). 여기서 통신사실확인자료제공 요청의 목적이 된 범죄와 관련된 범죄라 함은 통신사실확인자료제공 요청허가서에 기재한 혐의사실과 객관적 관련성이 있고 자료제공 요청대상자와 피의자 사이에 인적 관련성이 있는 범죄를 의미한다고 할 것이다. 그 중 ① 혐의사실과의 객관적 관련성은, 통신사실확인자료제공 요청허가서에 기재된 혐의사실 자체 또는 그와 기본적 사실관계가 동일한 범행과 직접 관련되어 있는 경

1) [조문] 통신비밀보호법 제2조(정의) 이 법에서 사용하는 용어의 정의는 다음과 같다.
11. "통신사실확인자료"라 함은 다음 각 목의 어느 하나에 해당하는 전기통신사실에 관한 자료를 말한다.
가. 가입자의 전기통신일시
나. 전기통신개시·종료시간
다. 발·착신 통신번호 등 상대방의 가입자번호
라. 사용도수
마. 컴퓨터통신 또는 인터넷의 사용자가 전기통신역무를 이용한 사실에 관한 컴퓨터통신 또는 인터넷의 로그기록자료
바. 정보통신망에 접속된 정보통신기기의 위치를 확인할 수 있는 발신기지국의 위치추적자료
사. 컴퓨터통신 또는 인터넷의 사용자가 정보통신망에 접속하기 위하여 사용하는 정보통신기기의 위치를 확인할 수 있는 접속지의 추적자료

우는 물론 범행 동기와 경위, 범행 수단 및 방법, 범행 시간과 장소 등을 증명하기 위한 간접증거나 정황증거 등으로 사용될 수 있는 경우에도 인정될 수 있다. 다만, 통신비밀보호법이 위와 같이 통신사실확인자료의 사용 범위를 제한하고 있는 것은 특정한 혐의사실을 전제로 제공된 통신사실확인자료가 별건의 범죄사실을 수사하거나 소추하는 데 이용되는 것을 방지함으로써 통신의 비밀과 자유에 대한 제한을 최소화하는 데 입법 취지가 있다고 할 것이다. 따라서 그 관련성은 통신사실확인자료제공 요청허가서에 기재된 혐의사실의 내용과 당해 수사의 대상 및 수사 경위 등을 종합하여 구체적·개별적 연관관계가 있는 경우에만 인정된다고 보아야 하고, 혐의사실과 단순히 동종 또는 유사 범행이라는 사유만으로 관련성이 있다고 할 것은 아니다. 그리고 ② 피의자와 사이의 인적 관련성은 통신사실 확인자료제공요청허가서에 기재된 대상자의 공동정범이나 교사범 등 공범이나 간접정범은 물론 필요적 공범 등에 대한 피고사건에 대해서도 인정될 수 있다.

보충 통신비밀보호법상 통신사실확인자료 제공의 절차 관련내용

제13조(범죄수사를 위한 통신사실 확인자료제공의 절차) ① 검사 또는 사법경찰관은 수사 또는 형의 집행을 위하여 필요한 경우 전기통신사업법에 의한 전기통신사업자(이하 "전기통신사업자"라 한다)에게 통신사실 확인자료의 열람이나 제출(이하 "통신사실 확인자료제공"이라 한다)을 요청할 수 있다.

② 검사 또는 사법경찰관은 제1항에도 불구하고 수사를 위하여 통신사실확인자료 중 다음 각 호의 어느 하나에 해당하는 자료가 필요한 경우에는 다른 방법으로는 범죄의 실행을 저지하기 어렵거나 범인의 발견·확보 또는 증거의 수집·보전이 어려운 경우에만 전기통신사업자에게 해당 자료의 열람이나 제출을 요청할 수 있다. 다만, 제5조 제1항 각 호의 어느 하나에 해당하는 범죄 또는 전기통신을 수단으로 하는 범죄에 대한 통신사실확인자료가 필요한 경우에는 제1항에 따라 열람이나 제출을 요청할 수 있다.

1. 제2조 제11호 바목·사목 중 실시간 추적자료
2. 특정한 기지국에 대한 통신사실확인자료

③ 제1항 및 제2항에 따라 통신사실 확인자료제공을 요청하는 경우에는 요청사유, 해당 가입자와의 연관성 및 필요한 자료의 범위를 기록한 서면으로 관할 지방법원(군사법원을 포함한다. 이하 같다) 또는 지원의 허가를 받아야 한다. 다만, 관할 지방법원 또는 지원의 허가를 받을 수 없는 긴급한 사유가 있는 때에는 통신사실 확인자료제공을 요청한 후 지체 없이 그 허가를 받아 전기통신사업자에게 송부하여야 한다. [경찰승진 22]

④ 제3항 단서에 따라 긴급한 사유로 통신사실확인자료를 제공받았으나 지방법원 또는 지원의 허가를 받지 못한 경우에는 지체 없이 제공받은 통신사실확인자료를 폐기하여야 한다. (이하 생략)

(2) 긴급감청

① 요건 : 검사와 사법경찰관이 제5조 제1항의 요건을 구비한 자에 대하여 허가서 발부절차를 거칠 수 없는 **긴급한 사유**가 있는 때에는 법원의 허가 없이 통신제한조치를 할 수 있다(동법 제8조 제1항, 제7항). 사법경찰관이 긴급통신제한조치를 할 경우에는 미리 검사의 지휘를 받아야 한다. 다만, 특히 급속을 요하여 미리 지휘를 받을 수 없는 사유가 있는 경우에는 긴급통신제한조치의 **집행착수 후 지체 없이 검사의 승인**을 얻어야 한다(동법 제8조 제3항). 검사 또는 사법경찰관이 긴급통신제한조치를 하고자 하는 경우에는 반드시 긴급검열서 또는 긴급감청서에 의하여야 하며 소속기관에 긴급통신제한조치대장을 비치하여야 한다(동법 제8조 제4항).

② 사후허가

(가) 긴급감청에 대한 법원의 사후허가 취득의 강제 : 검사 또는 사법경찰관은 긴급통신제한조치의 집행에 착수한 후 지체 없이 법원에 허가청구를 하여야 하고, 긴급통신제한조치의 **집행에 착수한 때부터 36시간** 이내에 **법원의 허가를 받지 못한 경우**에는 해당 조치를 **즉시 중지하고 해당 조치로 취득한 자료를 폐기**하여야 한다(2022.12.27. 개정 통비법 제8조 제3항, 제5항). 집행착수시부터 36시간 내에 **법원의 허가를 받아야** 하고 **허가의 청구**만 있다고 사후허가의 요건이 충족되는 것은 아니다. 2022년 12월 개정 통비법의 요점은, 긴급통신제한조치의 집행에 착수하면 지체 없이 법원에 허가청구를 하고 법원의 허가를 받지 못한 경우 긴급감청 즉시 중지 조항을 신설함으로써 **긴급통신제한조치가 단시간 내에 종료된 경우라도 예외 없이 법원의 허가를 받아야 함**을 분명히 하였다는 점이다. 이로써 구 통비법상 '긴급통신제한조치 단시간 종료 시 법원의 허가를 받을 필요가 없는 경우 종료 후 7일 내 법원에 대한 사후통보제도(구법 제8조 제5항)'는 폐지되었다.[1]

1) [주의] 2022.12.27. 개정으로 다음의 구법 제8조 제5항이 삭제되었다. "긴급통신제한조치가 단시간내에 종료되어 법원의 허가를 받을 필요가 없는

(나) 긴급감청자료의 폐기 : 검사 또는 사법경찰관은 긴급통신제한조치로 취득한 자료를 폐기한 경우 폐기이유 · 범위 · 일시 등을 기재한 자료폐기결과보고서를 작성하여 폐기일부터 7일 이내에 제2항에 따라 허가청구를 한 법원에 송부하고, 그 부본(副本)을 피의자의 수사기록 또는 피내사자의 내사사건기록에 첨부하여야 한다(2022.12.27. 개정 통비법 제8조 제6항).[1]

보충 통신비밀보호법상 통신제한조치 집행의 통지 및 통신사실 확인자료제공의 통지 관련내용

제9조의2(통신제한조치의 집행에 관한 통지) ① 검사는 제6조 제1항 및 제8조 제1항에 따라 통신제한조치를 집행한 사건에 관하여 공소를 제기하거나, 공소의 제기 또는 입건을 하지 아니하는 처분(기소중지결정, 참고인중지결정을 제외한다)을 한 때에는 그 처분을 한 날부터 30일 이내에 우편물 검열의 경우에는 그 대상자에게, 감청의 경우에는 그 대상이 된 전기통신의 가입자에게 통신제한조치를 집행한 사실과 집행기관 및 그 기간 등을 서면으로 통지하여야 한다. (중략)

② 사법경찰관은 제6조 제1항 및 제8조 제1항에 따라 통신제한조치를 집행한 사건에 관하여 검사로부터 공소를 제기하거나 제기하지 아니하는 처분(기소중지 또는 참고인중지 결정은 제외한다)의 통보를 받거나 검찰송치를 하지 아니하는 처분(수사중지 결정은 제외한다) 또는 내사사건에 관하여 입건하지 아니하는 처분을 한 때에는 그날부터 30일 이내에 우편물 검열의 경우에는 그 대상자에게, 감청의 경우에는 그 대상이 된 전기통신의 가입자에게 통신제한조치를 집행한 사실과 집행기관 및 그 기간 등을 서면으로 통지하여야 한다. [경찰채용 21 2차] (중략)

④ 제1항 내지 제3항의 규정에 불구하고 다음 각 호의 1에 해당하는 사유가 있는 때에는 그 사유가 해소될 때까지 통지를 유예할 수 있다.

1. 통신제한조치를 통지할 경우 국가의 안전보장 · 공공의 안녕질서를 위태롭게 할 현저한 우려가 있는 때
2. 통신제한조치를 통지할 경우 사람의 생명 · 신체에 중대한 위험을 초래할 염려가 현저한 때 [해경승진 23]

⑤ 검사 또는 사법경찰관은 제4항에 따라 통지를 유예하려는 경우에는 소명자료를 첨부하여 미리 관할지방검찰청검사장의 승인을 받아야 한다. (중략)

⑥ 검사, 사법경찰관 또는 정보수사기관의 장은 제4항 각 호의 사유가 해소된 때에는 그 사유가 해소된 날부터 30일 이내에 제1항 내지 제3항의 규정에 의한 통지를 하여야 한다.

제13조의3(범죄수사를 위한 통신사실 확인자료제공의 통지) ① 검사 또는 사법경찰관은 제13조에 따라 통신사실 확인자료제공을 받은 사건에 관하여 다음 각 호의 구분에 따라 정한 기간 내에 통신사실 확인자료제공을 받은 사실과 제공요청기관 및 그 기간 등을 통신사실 확인자료제공의 대상이 된 당사자에게 서면으로 통지하여야 한다.

1. 공소를 제기하거나, 공소제기 · 검찰송치를 하지 아니하는 처분(기소중지 · 참고인중지 또는 수사중지 결정은 제외한다) 또는 입건을 하지 아니하는 처분을 한 경우 : 그 처분을 한 날부터 30일 이내. 다만, 다음 각 목의 어느 하나에 해당하는 경우 그 통보를 받은 날부터 30일 이내 (중략) [국가7급 23]
   나. 사법경찰관이 「형사소송법」 제245조의5 제1호에 따라 검사에게 송치한 사건으로서 검사로부터 공소를 제기하거나 제기하지 아니하는 처분(기소중지 또는 참고인중지 결정은 제외한다)의 통보를 받은 경우
2. 기소중지 · 참고인중지 또는 수사중지 결정을 한 경우 : 그 결정을 한 날부터 1년(제6조 제8항 각 호의 어느 하나에 해당하는 범죄인 경우에는 3년)이 경과한 때부터 30일 이내. 다만, 다음 각 목의 어느 하나에 해당하는 경우 그 통보를 받은 날로부터 1년이 경과한 때부터 30일 이내 (중략)
   나. 사법경찰관이 「형사소송법」 제245조의5 제1호에 따라 검사에게 송치한 사건으로서 검사로부터 기소중지 또는 참고인중지 결정의 통보를 받은 경우
3. 수사가 진행 중인 경우 : 통신사실 확인자료제공을 받은 날부터 1년이 경과한 때부터 30일 이내 (이하 생략)

3. 불법감청 등의 처벌 및 불법감청 등 자료의 증거능력

(1) 통신 및 대화비밀의 보호 : 누구든지 통비법과 형사소송법 또는 군사법원법의 규정에 의하지 아니하고는 … 전기통신의 감청 또는 통신사실확인자료의 제공을 하거나 공개되지 아니한 타인 간의 대화를 녹음 또는 청취하지 못한다(통비법 제3조 제1항). 또한 누구든지 공개되지 아니한 타인 간의 대화를 녹음하거나 전자장치 또는 기계적 수단을 이용하여 청취할 수 없다(통비법 제14조 제1항, 전자장치 등을 이용한 청취로 제한). 따

경우에는 그 종료 후 7일 이내에 관할 지방검찰청검사장은 이에 대응하는 법원장에게 긴급통신제한조치를 한 검사, 사법경찰관 또는 정보수사기관의 장이 작성한 긴급통신제한조치통보서를 송부하여야 한다(구법 제8조 제5항)." 따라서 이제는 이 내용으로 출제되면 틀린 것이다.

1) [참고] 정보수사기관의 장은 국가안보를 위협하는 음모행위, 직접적인 사망이나 심각한 상해의 위험을 야기할 수 있는 범죄 또는 조직범죄등 중대한 범죄의 계획이나 실행 등 긴박한 상황에 있고 제7조 제1항 제2호에 해당하는 자에 대하여 대통령의 승인을 얻을 시간적 여유가 없거나 통신제한조치를 긴급히 실시하지 아니하면 국가안전보장에 대한 위해를 초래할 수 있다고 판단되는 때에는 소속 장관(국가정보원장을 포함한다)의 승인을 얻어 통신제한조치를 할 수 있다(통비법 제8조 제8항). 정보수사기관의 장은 위 통신제한조치의 집행에 착수한 후 지체 없이 동법 제7조에 따라 대통령의 승인을 얻어야 하고(2022.12.27. 개정 통비법 제8조 제9항), 위 통신제한조치의 집행에 착수한 때부터 36시간 이내에 대통령의 승인을 얻지 못한 경우에는 해당 조치를 즉시 중지하고 해당 조치로 취득한 자료를 폐기하여야 한다(2022.12.27. 개정 통비법 제8조 제10항).

라서 통비법 제3조의 규정에 위반하여 전기통신의 감청을 하거나(통신비밀침해죄) 통비법 제3조 및 제14조 제1항의 규정에 위반하여 공개되지 아니한 타인 간의 대화를 녹음 또는 (전자장치 또는 기계적 수단을 이용하여) 청취한(대화비밀침해죄) 자에 대하여는 그 녹음주체가 수사기관인지 사인인지를 불문하고 1년 이상 10년 이하의 징역과 5년 이하의 자격정지에 처한다(통비법 제16조 제1항 제1호). 이 죄는 미수범도 처벌한다(통비법 제18조). 예컨대, 대화에 원래부터 참여하지 않는 제3자가 일반 공중이 알 수 있도록 공개되지 아니한 타인 간의 발언을 녹음하거나 전자장치 또는 기계적 수단을 이용하여 청취하는 것은 통비법 제3조 제1항에 위반되어 대화비밀침해죄를 구성하게 된다. 반면, 자신도 당사자로 참여하는 대화나 통신의 내용을 녹음하는 등의 행위는 위 대화비밀침해죄·통신비밀침해죄를 구성하지 않는다.

대법원 2016.5.12, 2013도15616

통신비밀보호법 제14조 제1항의 금지를 위반하는 행위도 같은 법 제16조 제1항 제1호의 처벌대상이 된다는 사례

통비법의 내용 및 형식, 통비법이 공개되지 아니한 타인간의 대화에 관한 녹음 또는 청취에 대하여 제3조 제1항에서 일반적으로 이를 금지하고 있음에도 제14조 제1항에서 구체화하여 금지되는 행위를 제한하고 있는 입법 취지와 체계 등에 비추어 보면, 통비법 제14조 제1항의 금지를 위반하는 행위는, 통비법과 형사소송법 또는 군사법원법의 규정에 의한 것이라는 등의 특별한 사정이 없는 한, 같은 법 제3조 제1항 위반행위에 해당하여 같은 법 제16조 제1항 제1호의 처벌대상이 된다고 해석하여야 한다(공개되지 아니한 타인간의 대화를 녹음하거나 전자장치 또는 기계적 수단을 이용하여 청취하는 소위 대화비밀침해행위도 전기통신의 불법감청 등과 마찬가지로 당연히 통비법의 처벌대상임).

(2) 불법감청에 의한 전기통신내용의 증거사용 금지 : 통비법 제3조의 규정에 위반하여 불법검열에 의하여 취득한 우편물이나 그 내용 및 불법감청에 의하여 지득 또는 채록된 전기통신의 내용은 재판 또는 징계절차에서 증거로 사용할 수 없다(통비 제4조). 이는 형사소송법의 위법수집증거배제법칙(제308조의2)보다도 먼저 명문화된 규정이다. 따라서 통비법을 위반하여 수집한 전기통신의 내용은 위법수집증거로서 그 증거능력이 인정되지 아니한다. 나아가 피고인이나 변호인이 이를 증거로 함에 동의한다 하더라도 증거능력이 부정됨은 마찬가지이다.

4. 관련문제

(1) 대화 당사자인 사인의 비밀녹음 : 자기와의 통화를 녹음하거나 3인 간의 대화에 있어서 그 중 한 사람이 그 대화를 녹음하는 등 대화 당사자(대화 참여자) 중 1인이 몰래 녹음하는 행위는 타인 간의 대화에 해당되지 않으므로 통비법상 통신비밀·대화비밀침해죄(통비 제16조 제1항 제1호)가 성립하지 않는다. 따라서 대화당사자의 비밀 녹음자료의 **증거능력은 인정**된다(대법원 2001.10.9, 2001도3106; 2006.10.12, 2006도4981; 2014.5.16, 2013도16404 -택시기사 몰래 인터넷중계 사건-).[1] [국가7급 11, 국가9급 15/24]

판례연구 대화당사자의 비밀녹음

1. **대법원 2006.10.12, 2006도4981** [국가9급 15, 국가7급 11]

   대화당사자인 사인의 비밀녹음은 통비법위반이 아니라는 사례

   통신비밀보호법 제3조 제1항이 "공개되지 아니한 타인 간의 대화를 녹음 또는 청취하지 못한다."라고 정한 것은, 대화에 원래부터 참여하지 않는 제3자가 그 대화를 하는 타인들 간의 발언을 녹음해서는 아니 된다는 취지이고, 3인 간의 대화에 있어서 그 중 한 사람이 그 대화를 녹음하는 경우에 다른 두 사람의 발언은 그 녹음자에 대한 관계에서 '타인 간의 대화'라고 할 수 없으므로, 이와 같은 녹음행위가 통신비밀보호법 제3조 제1항에 위배된다고 볼 수는 없다.

2. **대법원 2022.10.27, 2022도9877**

   인터넷개인방송을 비정상적인 방법으로 시청·녹화한 사건

   방송자가 인터넷을 도관 삼아 인터넷서비스제공업체 또는 온라인서비스제공자인 인터넷개인방송 플랫폼업체의 서버를 이용하여 실시간 또는 녹화된 형태로 음성, 영상물을 방송함으로써 불특정 혹은 다수인이 이를 수신·시청할 수 있게 하는 인터넷개인방송은 그 성격이나 통신비밀보호법의 위와 같은 규정에 비추어 전기통신에 해당함은 명백하다. ① 인터넷개인방송의 방송자가 비밀번호를 설정하는 등 그 수신 범위를 한정하는 비공개 조치를 취하지 않고 방송을 송출하는 경우, 누구든지 시청하

1) [참고] 학설로는 증거능력 긍정설(이/조, 임동규)과 부정설(多)이 대립한다. 판례는 긍정설이다.

는 것을 포괄적으로 허용하는 의사라고 볼 수 있으므로, 그 시청자는 인터넷개인방송의 당사자인 수신인에 해당하고, 이러한 시청자가 방송 내용을 지득·채록하는 것은 통신비밀보호법에서 정한 감청에 해당하지 않는다. 그러나 ② 인터넷개인방송의 방송자가 비밀번호를 설정하는 등으로 비공개 조치를 취한 후 방송을 송출하는 경우에는, 방송자로부터 허가를 받지 못한 사람은 당해 인터넷개인방송의 당사자가 아닌 '제3자'에 해당하고, 이러한 제3자가 비공개 조치가 된 인터넷개인방송을 비정상적인 방법으로 시청·녹화하는 것은 통신비밀보호법상의 감청에 해당할 수 있다. 다만, ③ 방송자가 이와 같은 제3자의 시청·녹화 사실을 알거나 알 수 있었음에도 방송을 중단하거나 그 제3자를 배제하지 않은 채 방송을 계속 진행하는 등 허가받지 아니한 제3자의 시청·녹화를 사실상 승낙·용인한 것으로 볼 수 있는 경우에는 불특정인 혹은 다수인을 직·간접적인 대상으로 하는 인터넷개인방송의 일반적 특성상 그 제3자 역시 인터넷개인방송의 당사자에 포함될 수 있으므로, 이러한 제3자가 방송 내용을 지득·채록하는 것은 통신비밀보호법에서 정한 감청에 해당하지 않는다.

보충 비밀번호를 설정하여 인터넷개인방송을 진행하던 乙은 甲이 불상의 방법으로 방송에 접속하거나 시청하고 있다는 사정을 알면서도 방송을 중단하거나 甲을 배제하는 조치를 취하지 아니하고 오히려 甲의 시청사실을 전제로 甲을 상대로 한 발언을 하기도 하는 등 계속 방송을 진행하였다. 그런데 甲은 위 방송을 시청하면서 음향·영상 등을 청취하거나 녹음하였다. 이 경우 甲의 행위는 통신비밀보호법에 위반되는 감청행위에 해당하지 않는다는 판례이다.

(2) 일방당사자의 동의에 의한 감청 : 제3자가 전화통화자 중 일방만의 동의를 얻어 통화내용을 녹음한 행위는 통신비밀침해죄를 구성한다. 따라서 위 감청자료의 **증거능력은 부정**된다(대법원 2002.10.8, 2002도123; 2009.12.24, 2009도11401; 2010.10.14, 2010도9016; 2016.5.12, 2013도15616－통화종료 전 타인 간 대화 몰래 녹음 사건).

판례연구 일방당사자의 동의에 의한 제3자의 감청 여부 및 불법감청자료의 증거능력

1. 대법원 2002.10.8, 2002도123

일방당사자의 동의에 의한 감청은 통비법위반이라는 사례

① 전기통신에 해당하는 전화통화 당사자의 일방이 상대방 모르게 통화내용을 녹음(위 법에는 '채록'이라고 규정한다)하는 것은 여기의 감청에 해당하지 아니하지만(따라서 전화통화 당사자의 일방이 상대방 몰래 통화내용을 녹음하더라도, 대화 당사자 일방이 상대방 모르게 그 대화내용을 녹음한 경우와 마찬가지로 동법 제3조 제1항 위반이 되지 아니한다), ② 제3자의 경우는 설령 전화통화 당사자 일방의 동의를 받고 그 통화내용을 녹음하였다 하더라도 그 상대방의 동의가 없었던 이상, 사생활 및 통신의 불가침을 국민의 기본권의 하나로 선언하고 있는 헌법규정과 통신비밀의 보호와 통신의 자유신장을 목적으로 제정된 통신비밀보호법의 취지에 비추어 이는 동법 제3조 제1항 위반이 된다고 해석하여야 할 것이다(이 점은 제3자가 공개되지 아니한 타인 간의 대화를 녹음한 경우에도 마찬가지이다).

2. 대법원 2009.12.24, 2009도11401; 2010.10.14, 2010도9016

불법감청자료는 증거능력이 없다는 사례

제3자의 경우는 설령 전화통화 당사자 일방의 동의를 받고 그 통화 내용을 녹음하였다 하더라도 그 상대방의 동의가 없었던 이상, 이는 여기의 감청에 해당하여 통신비밀보호법 제3조 제1항 위반이 되고(대법원 2002.10.8, 2002도123 참조), 법 제3조 제1항에 위반한 불법감청에 의하여 녹음된 전화통화의 내용은 법 제4조에 의하여 증거능력이 없다(대법원 2001.10.9, 2001도3106 등 참조). 사생활 및 통신의 불가침을 국민의 기본권의 하나로 선언하고 있는 헌법규정과 통신비밀의 보호와 통신의 자유신장을 목적으로 제정된 통신비밀보호법의 취지에 비추어 볼 때 피고인이나 변호인이 이를 증거로 함에 동의하였다고 하더라도 달리 볼 것은 아니다.

보충 수사기관이 甲으로부터 피고인의 마약류관리에 관한 법률 위반(향정) 범행에 대한 진술을 듣고 추가적인 증거를 확보할 목적으로, 구속수감되어 있던 甲에게 그의 압수된 휴대전화를 제공하여 피고인과 통화하고 위 범행에 관한 통화 내용을 녹음하게 하여 획득한 녹음을 근거로 작성된 녹취록 첨부 수사보고는 피고인의 증거동의가 있더라도 그 증거능력이 인정되지 아니한다는 사례이다.

3. 대법원 2024.1.11, 2020도1538

피해아동의 부모가 초등학교 담임교사의 수업시간 중 발언을 몰래 녹음한 파일의 증거능력이 문제된 사건

피해아동의 담임교사인 피고인 甲은 피해아동 乙에게 수업시간 중 교실에서 "학교 안 다니다 온 애 같아."라고 말하는 등 정서적 학대행위를 하였다는 이유로 기소되었는데, 피해아동의 부모 A 등은 피해아동 乙의 가방에 녹음기를 넣어 수업시간 중 교실에서 피고인 甲이 한 발언을 몰래 녹음하였다. … 통신비밀보호법 제14조 제1항은 "누구든지 공개되지 아니한 타인 간의 대화를 녹음하거나 전자장치 또는 기계적 수단을 이용하여 청취할 수 없다."라고 규정하고, 제14조 제2항 및 제4조는 "제14조 제1항을 위반한 녹음에 의하여 취득한 대화의 내용은 재판 또는 징계절차에서 증거로 사용할 수 없다."라는 취지로 규정하고 있다. 통신비밀보호법 제14조 제1항이 공개되지 않은 타인 간의 대화를 녹음 또는 청취하지 못하도록 한 것은, 대화에 원래부터 참여하지 않는 제3자가 일반 공중이 알 수 있도록 공개되지 않은 타인 간의 발언을 녹음하거나 전자장치 또

는 기계적 수단을 이용하여 청취해서는 안 된다는 취지이다. 여기서 '공개되지 않았다'는 것은 반드시 비밀과 동일한 의미는 아니고 일반 공중에게 공개되지 않았다는 의미이며, 구체적으로 공개된 것인지는 발언자의 의사와 기대, 대화의 내용과 목적, 상대방의 수, 장소의 성격과 규모, 출입의 통제 정도, 청중의 자격 제한 등 객관적인 상황을 종합적으로 고려하여 판단해야 한다(대법원 2022.8.31, 2020도1007 등). ① 초등학교 교실은 출입이 통제되는 공간이고, 수업시간 중 불특정 다수가 드나들 수 있는 장소가 아니며, 수업시간 중인 초등학교 교실에 학생이 아닌 제3자가 별다른 절차 없이 참석하여 담임교사의 발언 내용을 청취하는 것은 상정하기 어려우므로, 초등학교 담임교사가 교실에서 수업시간 중 한 발언은 통상적으로 교실 내 학생들만을 대상으로 하는 것으로서 교실 내 학생들에게만 공개된 것일 뿐, 일반 공중이나 불특정 다수에게 공개된 것이 아닌 점, ② 피고인의 발언은 특정된 30명의 학생들에게만 공개되었을 뿐, 일반 공중이나 불특정 다수에게 공개되지 않았으므로, 대화자 내지 청취자가 다수였다는 사정만으로 '공개된 대화'로 평가할 수는 없고, 대화 내용이 공적인 성격을 갖는지 여부나 발언자가 공적 인물인지 여부 등은 '공개되지 않은 대화'에 해당하는지 여부를 판단하는 데에 영향을 미치지 않는 점, ③ 피해아동의 부모는 피고인의 수업시간 중 발언의 상대방, 즉 대화에 원래부터 참여한 당사자에 해당하지 않는 점 등에 비추어 보면, 이 사건 녹음파일 등은 통신비밀보호법 제14조 제1항을 위반하여 '공개되지 아니한 타인 간의 대화'를 녹음한 것이므로 통신비밀보호법 제14조 제2항 및 제4조에 따라 증거능력이 부정된다고 보아야 한다.

(3) **발신자추적장치의 사용** : 대화내용 자체에 대한 청취가 아니어서 사생활의 침해가 없으므로 영장 없이도 허용된다.

Ⅳ 보호실유치

1. 원 칙

(1) **강제유치** : 실질적인 구금으로서 구속에 해당하므로 영장에 의하지 않는 한 허용되지 않는다.

(2) **승낙유치** : 승낙이 있다고 하여 이를 허용하게 되면 영장에 의하지 않은 실질적인 구속이 자행되어 영장주의원칙이 침해되므로 **허용되지 않는다**(통설 · 판례, 대법원 1994.3.11, 93도958).[1] [경찰승진 11, 경찰채용 06 2차]

대법원 1994.3.11, 93도958

피의자를 보호실에 유치하는 것은 위법하다는 사례

경찰서에 설치되어 있는 보호실은 영장대기자나 즉결대기자 등의 도주방지와 경찰업무의 편의 등을 위한 수용시설로서 사실상 설치, 운영되고 있으나 현행법상 그 설치근거나 운영 및 규제에 관한 법령의 규정이 없고, 이러한 보호실은 그 시설 및 구조에 있어 통상 철창으로 된 방으로 되어 있어 그 안에 대기하고 있는 사람들이나 그 가족들의 출입이 제한되는 등 일단 그 장소에 유치되는 사람은 그 의사에 기하지 아니하고 일정장소에 구금되는 결과가 되므로(대법원 1971.3.9, 70도2406; 1985.7.29, 85모16 등), 경직법상 정신착란자, 주취자, 자살기도자 등 응급의 구호를 요하는 자를 24시간을 초과하지 아니하는 범위 내에서 경찰관서에 보호조치할 수 있는 시설로 제한적으로 운영되는 경우(경직법 제4조 제1항, 제7항)를 제외하고는 구속영장을 발부받음이 없이 피의자를 보호실에 유치함은 영장주의에 위배되는 위법한 구금으로서 적법한 공무수행이라고 볼 수 없다 할 것이다.

2. 예 외

경직법상 주취자 · 정신착란자 · 자살기도자 등에 대한 보호조치(경직법 제4조) 등의 경우 보호실유치가 허용된다.[2]

---

1) [참고] 승낙이 있어도 허용될 수 없는 것 : (경직법에 근거가 없는) 보호실유치, 마취분석

2) [조문] 경찰관직무집행법 제4조(보호조치 등) ① 경찰관은 수상한 행동이나 그 밖의 주위 사정을 합리적으로 판단해 볼 때 다음 각 호의 어느 하나에 해당하는 것이 명백하고 응급구호가 필요하다고 믿을 만한 상당한 이유가 있는 사람(이하 "구호대상자"라 한다)을 발견하였을 때에는 보건의료기관이나 공공구호기관에 긴급구호를 요청하거나 경찰관서에 보호하는 등 적절한 조치를 할 수 있다.
1. 정신착란을 일으키거나 술에 취하여 자신 또는 다른 사람의 생명 · 신체 · 재산에 위해를 끼칠 우려가 있는 사람
2. 자살을 시도하는 사람
3. 미아, 병자, 부상자 등으로서 적당한 보호자가 없으며 응급구호가 필요하다고 인정되는 사람. 다만, 본인이 구호를 거절하는 경우는 제외한다.
(중략)
⑦ 제1항에 따라 구호대상자를 경찰관서에서 보호하는 기간은 24시간을 초과할 수 없고, 제3항에 따라 물건을 경찰관서에 임시로 영치하는 기간은 10일을 초과할 수 없다.

Ⅴ 승낙수색과 승낙검증

승낙수색에 대해서는, 강제수사설과 임의수사설(多)이 대립하나, 형사소송법상 임의제출물의 압수에 대하여 영장을 요하지 않는 취지(제108조)를 고려할 때 임의수사설이 타당하다. 판례는 범죄피해자의 동의만으로 승낙검증이 허용된다는 판시도 내리고 있다.

판례연구 승낙수색 · 승낙검증에 의한 유류물 압수 사례

대법원 2008.10.23, 2008도7471

수사기관이 적법절차를 위반하여 지문채취 대상물을 압수한 경우, 그전에 이미 범행 현장에서 위 대상물에서 채취한 지문이 위법수집증거에 해당하지 아니한다는 사례

피해자 공소외 1의 신고를 받고 현장에 출동한 인천남동경찰서 과학수사팀 소속 경장 공소외 2는 피해자 공소외 1이 범인과 함께 술을 마신 테이블 위에 놓여 있던 맥주컵에서 지문 6점을, 물컵에서 지문 8점을, 맥주병에서 지문 2점을 각각 현장에서 직접 채취하였음을 알 수 있는바, 이와 같이 범행 현장에서 지문채취 대상물에 대한 지문채취가 먼저 이루어진 이상, 수사기관이 그 이후에 지문채취 대상물을 적법한 절차에 의하지 아니한 채 압수하였다고 하더라도, 위와 같이 채취된 지문은 위법하게 압수한 지문채취 대상물로부터 획득한 2차적 증거에 해당하지 아니함이 분명하여, 이를 가리켜 위법수집증거라고 할 수 없다.

Ⅵ 마취분석

일정한 약품의 작용에 의하여 사실을 진술하게 하는 것을 말하는바, 이는 인간을 한낱 조사의 객체로 전락하게 함으로써 인간의 존엄성을 훼손시키는 방법이므로, 피의자의 **동의 유무를 불문하고 절대적으로 금지**된다. [법원행시 02]

Ⅶ 사진촬영

1. 법적 성격

사진촬영에 대해서는 임의수사로 보는 일본 법원의 견해, 공개장소에서는 임의수사이나 사적 공간에서는 강제수사라는 이분설, 피촬영자의 의사의 반하여 그 법익인 초상권을 침해한다는 점에서 강제수사로 보는 통설이 대립한다. 판례는 명시적인 입장이 없었으나 최근 임의수사로 본 듯한 판시를 내린 바 있다.

판례연구 사진촬영의 법적 성격

대법원 2023.7.13, 2019도7891

사진촬영을 임의수사로 본 듯한 판례

수사기관이 범죄를 수사하면서 불특정, 다수의 출입이 가능한 장소에 통상적인 방법으로 출입하여 아무런 물리력이나 강제력을 행사하지 않고 통상적인 방법으로 위법행위를 확인하는 것은 특별한 사정이 없는 한 임의수사의 한 방법으로서 허용되므로 영장 없이 이루어졌다고 하여 위법하다고 할 수 없다. 또한 수사기관이 범죄를 수사하면서 현재 범행이 행하여지고 있거나 행하여진 직후이고, 증거보전의 필요성 및 긴급성이 있으며, 일반적으로 허용되는 상당한 방법으로 촬영한 경우라면 위 촬영이 영장 없이 이루어졌다 하여 이를 위법하다고 할 수 없다. 다만, 촬영으로 인하여 초상권, 사생활의 비밀과 자유, 주거의 자유 등이 침해될 수 있으므로 수사기관이 일반적으로 허용되는 상당한 방법으로 촬영하였는지 여부는 수사기관이 촬영장소에 통상적인 방법으로 출입하였는지 또 촬영장소와 대상이 사생활의 비밀과 자유 등에 대한 보호가 합리적으로 기대되는 영역에 속하는지 등을 종합적으로 고려하여 신중하게 판단하여야 한다.

2. 허용요건

(1) 영장주의 : 강제수사이므로 영장주의가 적용되는 것은 당연하다. 따라서 수사기관은 검증 등에 관한 사전영장을 받아야 한다. 다만, 판례는 사진촬영에 대해서는 폭넓은 영장주의의 예외를 인정하는 판시들을 내리고 있다.

(2) 영장주의의 예외 : 현재 범행이 행하여지고 있거나 행하여진 직후(**범죄의 현재성**), **증거보전의 필요성 내지 긴급성**이 있으며, 일반적으로 허용되는 상당한 방법(**수단의 상당성**)에 의하여 촬영하였다는 요건을 갖춘 경우 사진촬영이 허용된다.

판례연구 사진촬영은 적법하다는 판례

1. 대법원 1999.9.3, 99도2317 [경찰채용 23 1차]

영남위원회 사건 : 비디오테이프의 증거능력

누구든지 자기의 얼굴 기타 모습을 함부로 촬영당하지 않을 자유를 가지나 이러한 자유도 국가권력의 행사로부터 무제한으로 보호되는 것은 아니고 국가의 안전보장 · 질서유지 · 공공복리를 위하여 필요한 경우에는 상당한 제한이 따르는 것이고, 수사기관이 범죄를 수사함에 있어 현재 범행이 행하여지고 있거나 행하여진 직후이고, 증거보전의 필요성 및 긴급성이 있으며, 일반적으로 허용되는 상당한 방법에 의하여 촬영을 한 경우라면 위 촬영이 영장 없이 이루어졌다 하여 이를 위법하다고 단정할 수 없다.

2. 대법원 1999.12.7, 98도3329

무인장비에 의하여 제한속도 위반차량의 차량번호 등을 촬영한 사진의 증거능력을 인정한 사례

무인장비에 의한 제한속도 위반차량 단속은 이러한 수사활동의 일환으로서 도로에서의 위험을 방지하고 교통의 안전과 원활한 소통을 확보하기 위하여 도로교통법령에 따라 정해진 제한속도를 위반하여 차량을 주행하는 범죄가 현재 행하여지고 있고, 그 범죄의 성질 · 태양으로 보아 긴급하게 증거보전을 할 필요가 있는 상태에서 일반적으로 허용되는 한도를 넘지 않는 상당한 방법에 의한 것이라고 판단되므로, 이를 통하여 운전 차량의 차량번호 등을 촬영한 사진을 두고 위법하게 수집된 증거로서 증거능력이 없다고 말할 수 없다.

3. 대법원 2013.7.26, 2013도2511

왕재산 간첩단 사건 : 해외촬영 사진의 증거능력

(위 대법원 1999.9.3, 99도2317 판결의 법리에 의하여) 피고인들이 일본 또는 중국에서 북한 공작원들과 회합하는 모습을 동영상으로 촬영한 것은 위 피고인들이 회합한 증거를 보전할 필요가 있어서 이루어진 것이고, 피고인들이 반국가단체의 구성원과 회합 중이거나 회합하기 직전 또는 직후의 모습을 촬영한 것으로 그 촬영 장소도 차량이 통행하는 도로 또는 식당 앞길, 호텔 프런트 등 공개적인 장소인 점 등을 알 수 있으므로, 이러한 촬영이 일반적으로 허용되는 상당성을 벗어난 방법으로 이루어졌다거나, 영장 없는 강제처분에 해당하여 위법하다고 볼 수 없다.

4. 대법원 2023.4.27, 2018도8161; 2023.7.13, 2019도7891

영장 없이 촬영된 촬영물 등의 증거능력 : 수사기관의 영장 없는 범행장면 촬영이 위법한지 여부를 판단하는 기준

P 등 경찰관들은 나이트클럽에 손님으로 가장하고 출입하여 나이트클럽 무대 위의 음란 공연을 촬영하였는데, 사전 또는 사후에 영장을 발부받지 않았다(풍속영업규제법위반 혐의). … 수사기관이 범죄를 수사하면서 현재 범행이 행하여지고 있거나 행하여진 직후이고, 증거보전의 필요성 및 긴급성이 있으며, 일반적으로 허용되는 상당한 방법으로 촬영한 경우라면 위 촬영이 영장 없이 이루어졌다 하여 이를 위법하다고 할 수 없다(대법원 1999.9.3, 99도2317). … 이 사건 촬영물은 경찰관들이 피고인들에 대한 범죄의 혐의가 포착된 상태에서 이 사건 나이트클럽 내에서의 음란행위 영업에 관한 증거를 보전하기 위한 필요에 의하여, 불특정 다수에게 공개된 장소인 이 사건 나이트클럽에 통상적인 방법으로 출입하여 손님들에게 공개된 모습을 촬영한 것이다. 따라서 영장 없이 촬영이 이루어졌다 하여 이를 위법하다고 할 수 없어 이 사건 촬영물과 그 촬영물을 캡처한 영상 사진은 그 증거능력이 인정된다.

5. 대법원 2023.7.13, 2021도10763

공개된 영업소에서의 촬영 사건

수사기관이 범죄를 수사하면서 현재 범행이 행하여지고 있거나 행하여진 직후이고, 증거보전의 필요성 및 긴급성이 있으며, 일반적으로 허용되는 상당한 방법으로 촬영한 경우라면 위 촬영이 영장 없이 이루어졌다 하여 이를 위법하다고 할 수 없다(대법원 1999.9.3, 99도2317). 특별사법경찰관이 범죄혐의가 포착된 상태에서 증거를 보전하기 위한 필요에 의하여 공개된 장소인 이 사건 영업소에 통상적인 방법으로 출입하여 이 사건 영업소 내에 있는 사람이라면 누구나 볼 수 있었던 손님들이 춤추는 모습을 촬영한 것은 영장 없이 이루어졌다고 하여 위법하다고 볼 수 없다.[1]

1) [참고 – 또 다른 논점] 식품위생법 제22조 제3항에 의하면, 같은 법 제22조 제1항 제2호에 따라 영업소에 출입하여 식품 등 또는 영업시설 등에 대하여 검사하거나, 식품 등의 무상수거, 장부 또는 서류를 열람하는 등의 행정조사를 하려는 경우 공무원은 '권한을 표시하는 증표 및 조사기간 등이 기재된 서류를 제시'하여야 한다. (다만) 식품위생법 제22조 제3항에 따라 '권한을 표시하는 증표 및 조사기간 등이 기재된 서류를 제시하여야 하는 경우'는 식품위생법 제22조 제1항 제2호에 따라 영업소에 출입하여 식품 등 또는 영업시설 등에 대하여 검사하거나, 식품 등의 무상수거, 장부 또는 서류를 열람하는 등의 행정조사를 하려는 경우에 한정된다. 따라서 구 형사소송법(2020.2.4. 법률 제16924호로 개정되기 전의 것) 제197조, 구 사법경찰관리의 직무를 수행할 자와 그 직무범위에 관한 법률(2019.12.10. 법률 제16768호로 개정되기 전의 것) 제5조 제8호에 근거하여 특별사법경찰관리로 지명된 공무원이 범죄수사를 위하여 음식점 등 영업소에 출입하여 증거수집 등 수사를 하는 경우에는 식품위생법 제22조 제3항이 정한 절차를 준수하지 않았다고 하여 위법하다고 할 수 없다(대법원 2023.7.13, 2021도10763).

Ⅷ 계좌추적

금융실명거래 및 비밀보장에 관한 법률에 의하면, 금융기관 종사자는 금융거래 정보 또는 자료를 타인에게 제공하거나 누설하지 못한다. 다만, **법원의 제출명령이나 영장**이 발부된 경우 등에 예외적으로 금융정보를 제공할 수 있다(동법 제4조 제1항). 따라서 영장주의를 위반하여 금융실명법상 거래정보를 취득한 것은 위법수집증거에 해당한다.

> **판례연구** 금융실명법상 거래정보의 획득에는 영장이 필요하다는 사례
>
> **대법원 2013.3.28, 2012도13607**
>
> 수사기관이 법관의 영장에 의하지 아니하고 금융회사 등으로부터 신용카드 매출전표의 거래명의자에 관한 정보를 획득한 경우, 그와 같이 수집된 증거의 증거능력은 원칙적으로 인정되지 아니한다는 사례
>
> 수사기관이 범죄 수사를 목적으로 금융실명법 제4조 제1항에 정한 '거래정보 등'을 획득하기 위해서는 법관의 영장이 필요하고, 신용카드에 의하여 물품을 거래할 때 '금융회사 등'이 발행하는 매출전표의 거래명의자에 관한 정보 또한 금융실명법에서 정하는 '거래정보 등'에 해당하므로, 수사기관이 금융회사 등에 그와 같은 정보를 요구하는 경우에도 법관이 발부한 영장에 의하여야 한다. 그럼에도 수사기관이 영장에 의하지 아니하고 매출전표의 거래명의자에 관한 정보를 획득하였다면, 그와 같이 수집된 증거는 원칙적으로 형사소송법 제308조의2에서 정하는 '적법한 절차에 따르지 아니하고 수집한 증거'에 해당하여 유죄의 증거로 삼을 수 없다.

03 임의수사의 방법

Ⅰ 피의자신문

1. 의 의

검사 또는 사법경찰관이 수사에 필요한 경우에 피의자의 출석을 요구하여 피의자를 신문하고 그 진술을 듣는 절차를 말하며, 형사소송법에서는 이를 명문으로 규정하고 있다(제200조). [경찰채용 08 2차] 피의자신문(被疑者訊問)은 대표적인 임의수사의 방법이다.

2. 방법 (cf. 제312조 제1항 · 제3항의 적법성 요건)

(1) 출석요구

① 방법 : 수사기관은 피의자 · 참고인에 대하여 진술을 듣기 위해 출석을 요구할 수 있으므로(제200조) **제한이 없다.** 서면(출석요구서)의 송달에 의함이 원칙이나, 전화 · 구두 · 인편에 의한 출석요구도 허용된다. [경찰간부 13] 출두장소는 반드시 수사관서로 제한되지 않는다.

> **참고하기** 피의자에 대한 출석요구 시 유의사항
>
> 수사준칙에서는 피의자에 대한 출석요구 시 유의해야 할 사항을 규정하고 있다.
>
> **제19조[출석요구]** ① 검사 또는 사법경찰관은 피의자에게 출석요구를 할 때에는 다음 각 호의 사항을 유의해야 한다.
>
> 1. 출석요구를 하기 전에 우편 · 전자우편 · 전화를 통한 진술 등 출석을 대체할 수 있는 방법의 선택 가능성을 고려할 것
> 2. 출석요구의 방법, 출석의 일시 · 장소 등을 정할 때에는 피의자의 명예 또는 사생활의 비밀이 침해되지 않도록 주의할 것
> 3. 출석요구를 할 때에는 피의자의 생업에 지장을 주지 않도록 충분한 시간적 여유를 두도록 하고, 피의자가 출석 일시의 연기를 요청하는 경우 특별한 사정이 없으면 출석 일시를 조정할 것
> 4. 불필요하게 여러 차례 출석요구를 하지 않을 것
>
> ② 검사 또는 사법경찰관은 피의자에게 출석요구를 하려는 경우 피의자와 조사의 일시 · 장소에 관하여 협의해야 한다. 이 경우 변호인이 있는 경우에는 변호인과도 협의해야 한다.
>
> ③ 검사 또는 사법경찰관은 피의자에게 출석요구를 하려는 경우 피의사실의 요지 등 출석요구의 취지를 구체적으로 적은 출석요구서를 발송해야 한다. 다만, 신속한 출석요구가 필요한 경우 등 부득이한 사정이 있는 경우에는 전화, 문자메시지, 그

밖의 상당한 방법으로 출석요구를 할 수 있다.

(중략)

⑥ 제1항부터 제5항까지의 규정은 피의자 외의 사람에 대한 출석요구의 경우에도 적용한다.

② 임의출석 : 임의수사이므로 피의자는 **출석요구에 응할 의무가 없어** 출석을 거부할 수 있으며, 출석한 때에도 언제든지 퇴거할 수 있다. [국가9급 08, 경찰간부 14] 따라서 피의자신문을 위한 구인(拘引)은 허용되지 않는다.

(2) 진술거부권의 고지

① 시기 · 고지의무 : 수사기관이 피의자를 **신문하기 전**에 진술을 거부할 수 있음을 알려야 한다(제244조의3 제1항). [경찰간부 13, 경찰승진 14] 여러 번 신문할 경우 신문시마다 고지할 필요는 없다.

② 고지내용(제244조의3 제1항) : 거/불/포/변/(검)

(가) 일체의 진술을 하지 아니하거나 개개의 질문에 대하여 진술을 하지 아니할 수 있다는 것(진술 거부) [법원9급 09]

(나) 진술을 하지 아니하더라도 불이익을 받지 아니한다는 것

(다) 진술을 거부할 권리를 포기하고 행한 진술은 법정에서 유죄의 증거로 사용될 수 있다는 것 [경찰승진 11, 경찰채용 09 2차]

(라) 신문을 받을 때에는 변호인을 참여하게 하는 등 변호인의 조력을 받을 수 있다는 것

보충 2020.2.4. 개정 형사소송법에 의하여 사법경찰관의 피의자신문 전 고지사항으로 위법 · 부당수사에 대한 검사에 대한 구제신청권도 포함되게 되었다(법 제197조의3 제8항).[1]

③ 조서에의 기재 : 검사 또는 사법경찰관은 진술거부권을 고지한 때에는 피의자가 진술을 거부할 권리와 변호인의 조력을 받을 권리를 행사할 것인지의 여부를 질문하고, 이에 대한 **피의자의 답변을 기재하여야 한다.** 이 경우 피의자의 답변은 피의자로 하여금 **자필로 기재**하게 하거나 검사 또는 사법경찰관이 피의자의 답변을 기재한 부분에 **기명날인 또는 서명**하게 하여야 한다(동조 제2항).

④ 불고지 효과 : 진술거부권을 고지하지 않고 신문한 경우에는 **진술의 임의성이 인정되는 경우라 하더라도** 그 진술을 기재한 피의자신문조서는 **위법수집증거로서 증거능력이 부정**된다는 것이 판례의 입장이다. [법원9급 11/13/14, 국가7급 07/08, 국가9급 09/13, 교정9급특채 10, 경찰간부 11/12, 경찰승진 10/11]

판례연구 피의자신문 전 진술거부권 불고지

대법원 1992.6.23, 92도682

피의자에게 진술거부권을 고지하지 아니하고 작성한 피의자신문조서는 위법수집증거라는 사례

형사소송법은 검사 또는 사법경찰관이 출석한 피의자의 진술을 들을 때에는 미리 피의자에 대하여 진술을 거부할 수 있음을 알려야 한다고 규정하고 있는바, 이러한 피의자의 진술거부권은 헌법이 보장하는 형사상 자기에 불리한 진술을 강요당하지 않는 자기부죄거부의 권리에 터잡은 것이므로 수사기관이 피의자를 신문함에 있어서 피의자에게 미리 진술거부권을 고지하지 않은 때에는 그 피의자의 진술은 위법하게 수집된 증거로서 진술의 임의성이 인정되는 경우라도 증거능력이 부인되어야 한다.

보충 진술거부권을 고지하지 않고 피의자신문에 의하여 자백을 받은 경우 자백의 증거능력이 부정됨은 당연하다. 다만, 그 근거에 대해서는 아래와 같은 학설 · 판례의 대립이 있다.

① 자백배제법칙적용설 : 자백배제법칙(법 제309조)의 이론적 근거에 관하여 위법배제설을 취하면 자백배제법칙은 위법수집증거배제법칙의 특칙에 지나지 않으므로, 진술거부권 불고지, 변호인 조력권 침해에 의한 자백은 법 제309조의 자백배제법칙의 '기타의 방법'에 해당되어 그 임의성이 의심되므로 자백배제법칙이 적용된다(다수설).

② 위법수집증거배제법칙적용설 : 진술거부권은 진술의 내용을 문제삼지 않는다는 점에서 허위배제를 근거로 하는 증거법칙인 자백배제법칙과는 구별되어야 하고(진술거부권과 자백배제법칙의 관계에 관한 구별설), 진술거부권을 고지하지 않은 것은 중대한 위법에 해당하므로 (진술의 임의성이 인정된다 하더라도) 위법수집증거배제법칙이 적용된다(소수설 · 판례).

1) [조문] 제197조의3(시정조치요구 등) ① 검사는 사법경찰관리의 수사과정에서 법령위반, 인권침해 또는 현저한 수사권 남용이 의심되는 사실의 신고가 있거나 그러한 사실을 인식하게 된 경우에는 사법경찰관에게 사건기록 등본의 송부를 요구할 수 있다. (중략)
⑧ 사법경찰관은 피의자를 신문하기 전에 수사과정에서 법령위반, 인권침해 또는 현저한 수사권 남용이 있는 경우 검사에게 구제를 신청할 수 있음을 피의자에게 알려주어야 한다.

(3) 피의자에 대한 신문

① 신문사항

(가) 인정신문 : 수사기관은 먼저 피의자의 성명 · 연령 · 본적 · 주거 · 직업을 물어야 한다(제241조). 피의자는 인정신문에 대해서도 진술을 거부할 수 있다.

(나) 범죄사실과 정상 : 수사기관은 피의자에 대하여 범죄사실과 정상(情狀)에 관한 필요사항을 신문하여야 하며, 그 이익되는 사실을 진술할 기회를 주어야 한다(제242조).

(다) 대질신문 : 수사기관이 사실발견에 필요한 때에는 피의자와 다른 피의자 또는 피의자 아닌 자와 대질(對質)하게 할 수 있다(제245조). [경찰간부 13]

② 신문의 주체와 참여자

(가) 신문의 주체 : 검사 또는 사법경찰관이다. 사법경찰리도 사법경찰관사무취급일 때에는 신문할 수 있다(대법원 1982.12.28, 82도1080).

(나) 참여자

㉠ 변호인 : 검사 또는 사법경찰관은 **피의자 또는 변호인 · 법정대리인 · 배우자 · 직계친족 · 형제자매의 신청**이 있는 때에는 변호인을 피의자와 접견하게 하거나 정당한 사유가 없는 한 **변호인**을 피의자신문에 참여하게 하여야 한다(제243조의2 제1항). [법원9급 13, 국가9급 09]

조문 구금되어 있지 않은 피의자의 접견교통권 및 피의자신문과정에의 변호인 참여권을 2007년 개정에 의하여 신설하여 명문의 규정을 둔 것이다.

㉡ 신뢰관계 있는 자 : 검사 또는 사법경찰관은 피의자를 신문하는 경우에 ⓐ 피의자가 신체적 또는 정신적 장애로 사물을 변별하거나 의사를 결정 · 전달할 능력이 미약하거나, ⓑ 피의자의 연령 · 성별 · 국적 등의 사정을 고려하여 그 심리적 안정의 도모와 원활한 의사소통을 위하여 필요한 경우에는 **직권 또는 피의자, 법정대리인의 신청**에 따라 피의자와 **신뢰관계에 있는 자**를 동석하게 할 수 있다(제244조의5).

㉢ 검찰수사관 등 : 검사의 피의자신문시에는 **검찰청수사관 또는 서기관이나 서기**를, 사법경찰관의 피의자신문시에는 **사법경찰관리**를 참여하게 하여야 한다(제243조). [국가7급 08] 이는 참여자의 신문 보조 기능을 고려함과 동시에 조서 기재의 정확성과 신문절차의 적법성을 보장하기 위한 것이다.

㉣ 전문수사자문위원 : 검사는 공소제기 여부와 관련된 사실관계를 분명하게 하기 위하여 필요한 경우에는 직권이나 **피의자 또는 변호인의 신청**에 의하여 **전문수사자문위원**을 지정하여 수사절차에 참여하게 하고 자문을 들을 수 있다(제245조의2 제1항).

③ 조사의 시간 : 2020.10.7. 제정된 수사준칙에서는 조사(피의자신문 · 참고인조사 등)의 시간과 관련된 규정들을 신설하고 있다.

(가) 심야조사의 제한 : 검사 또는 사법경찰관은 조사, 신문, 면담 등 그 명칭을 불문하고 피의자나 사건관계인에 대해 (예외적인 경우[1]를 제외하고는) 오후 9시부터 오전 6시까지 사이에 조사(이하 '심야조사')를 해서는 안 된다. 다만, 이미 작성된 조서의 열람을 위한 절차는 자정 이전까지 진행할 수 있다(수사준칙 제21조 제1항).

(나) 장시간 조사의 제한 : ㉠ 검사 또는 사법경찰관은 조사, 신문, 면담 등 그 명칭을 불문하고 피의자나 사건관계인을 조사하는 경우에는 대기시간, 휴식시간, 식사시간 등 모든 시간을 합산한 **총조사시간이 12시간을 초과하지 않도록 해야 한다**. 다만, 피의자나 사건관계인의 서면 요청에 따라 조서를 열람하는 경우, 체포 후 48시간 이내에 구속영장의 청구 또는 신청 여부를 판단하기 위해 불

1) [보충] 심야조사가 가능한 예외적인 경우 : 영장/시효/요청/기타허가
수사준칙 제21조(심야조사 제한) ② 제1항에도 불구하고 다음 각 호의 어느 하나에 해당하는 경우에는 심야조사를 할 수 있다. 이 경우 심야조사의 사유를 조서에 명확하게 적어야 한다.
1. 피의자를 체포한 후 48시간 이내에 구속영장의 청구 또는 신청 여부를 판단하기 위해 불가피한 경우
2. 공소시효가 임박한 경우
3. 피의자나 사건관계인이 출국, 입원, 원거리 거주, 직업상 사유 등 재출석이 곤란한 구체적인 사유를 들어 심야조사를 요청한 경우(변호인이 심야조사에 동의하지 않는다는 의사를 명시한 경우는 제외한다)로서 해당 요청에 상당한 이유가 있다고 인정되는 경우
4. 그 밖에 사건의 성질 등을 고려할 때 심야조사가 불가피하다고 판단되는 경우 등 법무부장관, 경찰청장 또는 해양경찰청장이 정하는 경우로서 검사 또는 사법경찰관의 소속 기관의 장이 지정하는 인권보호 책임자의 허가 등을 받은 경우

가피한 경우 등(동 규정 제21조 제2항 각호의 경우)는 예외로 한다(동 규정 제22조 제1항). 또한 ㉡ 검사 또는 사법경찰관은 특별한 사정이 없으면 총조사시간 중 식사시간, 휴식시간 및 조서의 열람시간 등을 제외한 **실제 조사시간이 8시간을 초과하지 않도록 해야 한다**(동 제2항). 나아가 ㉢ 검사 또는 사법경찰관은 피의자나 사건관계인에 대한 **조사를 마친 때부터 8시간이 지나기 전에는 다시 조사할 수 없다**(역시 동 규정 제21조 제2항 각호의 경우는 예외).

(다) 휴식시간의 부여 : 검사 또는 사법경찰관은 조사에 상당한 시간이 소요되는 경우에는 특별한 사정이 없으면 피의자 또는 사건관계인에게 조사 도중에 **최소한 2시간마다 10분 이상의 휴식시간**을 주어야 한다(동 규정 제23조 제1항). 또한 휴식시간 부여를 요청받았을 때에도 적정하다고 판단될 경우 휴식시간을 주도록 한다(동 제2항).

3. 피의자신문조서

(1) 조서의 작성

① 조서에의 기재 : 피의자의 진술은 조서에 기재하여야 한다(제244조 제1항).

② 확인절차 : 조서는 피의자에게 열람하게 하거나 읽어 들려주어야 하며, 진술한 대로 기재되지 아니하였거나 사실과 다른 부분의 유무를 물어 피의자가 증감·변경의 청구 등 **이의를 제기하거나 의견을 진술한 때에는 이를 조서에 추가로 기재**하여야 한다. [경찰간부 13] 이 경우 피의자가 **이의를 제기하였던 부분은 읽을 수 있도록 남겨두어야** 한다(동조 제2항).

비교 열람·낭독 등 확인절차를 거치지 않은 피의자신문조서도 위법수집증거라 할 수는 없다(판례 – 87도2716, 단 법개정으로 변경 가능). 공판조서(제55조 제3항)와 다름.

③ 간인, 기명날인 또는 서명 : 피의자가 조서에 대하여 이의나 의견이 없음을 진술한 때에는 피의자로 하여금 그 취지를 자필로 기재하게 하고 조서에 **간인한 후 기명날인 또는 서명**하게 한다(동조 제3항).[1]

비교 공판 외에서 행한 피고인·증인·감정인·통역인·번역인에 대한 신문결과를 기재한 각종 신문조서는 진술자가 간인 후 서명날인한다(제48조 제7항).

(2) 피의자신문조서의 증거능력 : 검사와 사법경찰관 작성 피의자신문조서의 증거능력에 대해서는 피고인 측의 증거동의가 없는 한, 모두 적법한 절차와 방식에 따라 작성될 것과 **공판준비 또는 공판기일에 피의자였던 피고인 또는 변호인이 그 내용을 인정할 것**이라는 요건을 갖추어야 인정된다(제312조 제1항 및 제3항). 2020.2.4. 개정 형사소송법에 의하여 특히 **제312조 제1항의 검사 작성의 피의자신문조서의 증거능력 인정요건에 대해서 큰 변화**가 생긴 것인데, 종래의 '작성절차·방식의 적법성, 실질적 진정성립의 인정, 특신상태'(구법 제312조 제1항)에서 **'실질적 진정성립에 관한 영상녹화물 그밖의 객관적 방법에 의한 대체증명'을 정한 제312조 제2항이 위 개정법에 의하여 2021.1.1.자로 삭제**되었고, **2022.1.1.부터는 제312조 제1항 자체가 변경**되어 이제는 '작성절차·방식의 적법성과 피고인 또는 변호인의 내용의 인정'이 있어야 그 증거능력을 인정받을 수 있게 된 것이다. 결국 **검사 작성 피의자신문조서의 증거능력 인정요건은 사법경찰관과 같은 검사 이외의 수사기관 작성 피의자신문조서의 증거능력 인정요건과 동일**하게 된 것이다(제312조 제1항 = 제312조 제3항).

1. 사건개요

- 피의자는 도박전과가 있는 사람으로서 2016. 7. 26. 서울특별시 성북구 보국문로 80에 있는 김연자가 운영하는 구멍가게 옥상에서, 피해자 강오현 외 3명과 화투를 치던 중 피해자가 돈을 다 잃자 피의자에게 속임수를 쓴다고 트집을 잡으면서 욕설을 하는 데 격분하여 손으로 피해자의 가슴을 밀고 발로 복부를 힘껏 차서 약 2미터 높이의 옥상에서 길바닥으로 떨어지면서 머리를 부딪치게 하여 피해자를 두개골골절 및 뇌실질손상으로 인하여 즉사하게 하였고, 유족과는 미합의 상태임.
- 사법경찰관이 인지하여 송치한 사건임.

---

1) [참고] 전문법칙에서 후술할 것이지만, 서명 또는 기명날인 및 간인의 진정을 형식적 진정성립, 진술내용대로 기재되었는가의 진정이 실질적 진정성립이다. 이 중 형식적 진정성립은 조서작성절차의 다른 요건과 더불어 제312조의 수사기관의 조서의 전문법칙의 예외요건인 작성절차와 방식의 적법성 요건을 구성한다.

2. **작성례**

피 의 자 신 문 조 서

성　　명 :　　홍 갑 동

주민등록번호 :　　730819－1989089

위의 사람에 대한 폭행치사 피의사건에 관하여 2016. 8. 10. 서울중앙지방검찰청 제○○○호 검사실에서 검사 사연생은 검찰주사보 명수사를 참여하게 한 후, 아래와 같이 피의자임에 틀림없음을 확인하다.

문　피의자의 성명, 주민등록번호, 직업, 주거, 등록기준지 등을 말하시오.

답　성명은　　홍 갑 동(洪甲東)

주민등록번호는　　730819－1989089 (42세)

직업은　　노 동

주거는　　서울특별시 중구 난계로6길 60

등록기준지는　　서울특별시 종로구 북촌로9길 91

직장 주소는　　없 음

연락처는

자택 전화 :　　234－9876　　휴대 전화 :　　010－234－9876

직장 전화 :　　없 음　　전자우편(e－mail) :　　없 음

입니다.

검사는 피의사실의 요지를 설명하고 검사의 신문에 대하여 「형사소송법」 제244조의3에 따라 진술을 거부할 수 있는 권리 및 변호인의 참여 등 조력을 받을 권리가 있음을 피의자에게 알려주고 이를 행사할 것인지 그 의사를 확인하다.

진술거부권 및 변호인 조력권 고지 등 확인

1. 귀하는 일체의 진술을 하지 아니하거나 개개의 질문에 대하여 진술을 하지 아니할 수 있습니다.
2. 귀하가 진술을 하지 아니하더라도 불이익을 받지 아니합니다.
3. 귀하가 진술을 거부할 권리를 포기하고 행한 진술은 법정에서 유죄의 증거로 사용될 수 있습니다.
4. 귀하가 신문을 받을 때에는 변호인을 참여하게 하는 등 변호인의 조력을 받을 수 있습니다.

문 피의자는 위와 같은 권리들이 있음을 고지받았는가요.　답 예. 고지받았습니다.

문 피의자는 진술거부권을 행사할 것인가요.　답 아닙니다.

문 피의자는 변호인의 조력을 받을 권리를 행사할 것인가요.　답 아닙니다. 혼자서 조사를 받겠습니다.

이에 검사는 피의사실에 관하여 다음과 같이 피의자를 신문하다.

문 피의자는 형벌을 받은 사실이 있는가요.

답 2004. 5.경 서울중앙지방법원에서 도박죄로 벌금 50만원의 약식명령을 받고 곧바로 서울중앙지방검찰청에 그 벌금을 납부한 적이 있습니다.

문 피의자의 학력, 경력, 가족, 재산, 병역, 상훈관계는 경찰에서 이 사건으로 이와 같이 진술한 내용과 같은가요.
(이때 검사는 사법경찰관 작성 피의자신문조서 중 기록 56쪽부터 58쪽까지 기재된 해당부분을 제시하고 열람하게 하다.)

답 예, 모두 사실대로 진술하였습니다.

문 피의자는 다른 사람을 때리고 밀어 그 사람이 높은 곳에서 길바닥으로 떨어지면서 머리를 다쳐 사망에 이르게 한 사실이 있지요.	답 그런 사실이 없습니다.
문 그러면 피의자는 강오현을 아는가요.	답 종종 화투를 같이 치는 동네 친구라 잘 알고 있습니다.
문 강오현과 다툰 일이 있는가요.	답 화투를 치다가 다툰 일이 있습니다.
문 언제, 어디서 다투었나요.	답 2016. 7. 26. 오후 6시경 서울특별시 성북구 보국문로 80에 있는 김연자씨가 운영하는 구멍가게의 2층 옥상입니다.
문 어떻게 하여 다투게 되었나요.	답 그날 낮에 위 구멍가게에서 강오현과 다른 친구 3명을 우연히 만나 2층 옥상에 올라가 앉아 소주를 나눠 먹으면서 소주값 내기 고스톱을 하였습니다. 오후 6시쯤 강오현이 돈을 다 잃게 되자 갑자기 저를 보고 화투를 속인다고 "이 사기꾼아!"라고 욕설을 하면서 저의 멱살을 잡고 저의 집에 불을 지르겠다고 고함을 치기에 저도 강오현의 팔을 잡고 옥신각신하면서 밀고 당겼습니다.
문 그때 강오현을 발로 차서 옥상에서 떨어지게 한 일이 있나요.	답 아닙니다. 그런 일이 없습니다.
문 피의자가 강오현의 가슴을 밀고 왼발로 그의 배를 차서 옥상에서 떨어지게 한 것이 아닌가요.	답 아닙니다. 저는 강오현의 가슴을 밀거나 그의 배를 발로 찬 일이 없습니다. 오히려 제가 여러 차례 얻어맞았습니다.
문 그렇다면 강오현이 옥상에서 왜 떨어지게 되었나요.	답 서로 붙들고 옥신각신하다가 제가 강오현의 팔을 뿌리치고 달아나자 강오현이 잡으려고 쫓아오다가 술에 취한 탓인지 몸의 중심을 잃고 발을 헛디뎌 옥상 난간을 넘어 떨어졌던 것입니다.
문 그때 현장에서 본 사람이 있는가요.	답 같이 화투 놀이를 하던 3명은 먼저 아래층으로 내려가고 가게주인 김연자씨가 싸움을 말리다가 보았습니다.
문 피의자가 강오현과 시비하던 옥상의 난간은 어땠나요.	답 블록 벽돌로 약 30센티미터 높이의 난간이 설치되어 있습니다.
문 강오현이 떨어진 위치는 이와 같은가요. (이때 검사는 기록 ○쪽부터 ○쪽까지 편철된 사법경찰관이 작성한 현장검증조서 기재 내용과 현장사진 및 도면을 제시하다.)	답 강오현이 떨어진 위치는 대충 맞지만 당시 저와 강오현이 시비한 곳은 옥상의 가장자리가 아니고 옥상의 중앙 쪽이라고 생각합니다.
문 그렇다면 옥상의 한가운데에서 싸웠는데 어떻게 피해자가 발을 헛디뎌 떨어질 수가 있겠는가요.	답 저는 그 이유를 모르겠습니다. 저는 강오현을 밀거나 찬 일이 없는데 강오현 스스로 몸의 중심을 잃고 헛딛은 게 분명합니다.
문 피해자가 사망한 원인은 이와 같다고 하는데 어떤가요. (이때 사체부검 결과 주된 사인이 두개골골절 및 뇌실질손상이라는 감정서(기록 ○쪽부터 ○쪽)를 제시하고 그 요지를 읽어주다.)	답 그것은 모르겠습니다.
문 피의자나 강오현은 당시 어느 정도 술에 취하여 있었는가요.	답 소주 4병을 5명이 나누어 마셨으므로 모두 다 상당히 취하였습니다.
문 싸움을 말리던 가게 주인 김연자의 진술에 의하면 위와 같이 술을 마셨다 하더라도 그날 낮부터 18：00경까지 사이에 마신 것이므로 술기운이 조금 있었을 뿐 많이 취한 것은 아니었다고 하는데 어떤가요.	답 아닙니다. 김연자의 말은 거짓말입니다.
문 또한 김연자의 진술에 의하면 피의자가 피해자의 가슴을 밀고 왼발로 배를 차서 옥상에서 떨어지게 하였다고 하는데 어떤가요.	답 김연자는 본 그대로 말하는 것이 아니라 거짓말을 하고 있습니다.

문 김연자와 대질하여도 좋은가요.

답 대질하여도 좋습니다.

이때 검사는 대기실에서 대기 중이던 김연자를 입실케 하고 김연자에게

문 진술인이 김연자인가요

답 그렇습니다.

문 피의자는 그날 모두 술에 많이 취하여 있었다고 하는데 어떤가요.

답 그날 낮부터 저녁까지 5명이서 소주 4병인가를 드셨는데 두 분이 옥신각신할 때 보니까 술기운은 있었지만 그다지 취한 것 같지 않았습니다.

문 피의자는 피해자의 가슴을 밀거나 발로 찬 일이 없다고 하는데 어떤가요.

답 아닙니다. 제가 두 분이 싸운다는 소리를 듣고 2층 옥상으로 뛰어 올라가 보니 서로 멱살을 잡고 있었습니다. 강씨(죽은 피해자)가 저기 앉아 있는 홍씨(피의자를 가리킴)의 얼굴을 먼저 때렸고 홍씨는 피해자의 가슴을 밀고 왼발로 배를 걷어찼습니다. 그러자 강씨가 몸의 균형을 잃고 옥상 난간 밖으로 떨어진 것입니다.

이때 다시 피의자를 향하여

문 진술인의 말에 대하여 어떻게 생각하는가요.

답 글쎄요. 아무튼 저는 피해자를 밀거나 찬 일이 없습니다.

문 유가족과 합의하였는가요.

답 합의를 하지 않았습니다.

이때 피의자와 진술인 김연자를 향하여

문 조서에 진술한 대로 기재되지 아니하였거나 사실과 다른 부분이 있는가요.

답 (피의자) 저는 억울할 따름입니다. (인)
(진술인) 없습니다. (인)

위의 조서를 진술자들에게 각 열람하게 하였던바, 진술자 홍갑동은 자기의 진술내용은 진술한 대로 오기나 증감 · 변경할 것이 없으나 참고인 김연자의 진술내용이 거짓말이라는 이유로 간인 및 서명 · 날인을 거부하였고, 진술자 김연자는 진술한 대로 오기나 증감 · 변경할 것이 전혀 없다고 말하므로 간인한 후 서명 · 날인하게 하다.

진 술 자 서명날인거부
진 술 자 김 연 자 (인)
2016. 8. 10.
서 울 중 앙 지 방 검 찰 청
검 사 **사 연 생** (인)
검찰주사보 명 수 사 (인)

사법연수원, 검찰서류작성례, 2017년, p. 233~240

4. 수사과정 기록

① 검사 또는 사법경찰관은 피의자가 조사장소에 **도착한 시각, 조사를 시작하고 마친 시각, 그 밖에 조사과정의 진행경과**를 확인하기 위하여 필요한 사항을 피의자신문조서에 기록하거나 별도의 서면에 기록한 후 수사기록에 편철하여야 한다(제244조의4 제1항). [국가9급 08/12, 경찰승진 10]

② 피의자가 이에 대하여 이의를 제기하거나 이의나 이견이 없음을 진술한 때의 조치는 피의자신문조서의 작성의 경우(제244조 제2항 · 제3항)와 같다(동조 제2항).

5. 피의자진술의 영상녹화

(1) 의의 : 2007년 개정 형사소송법은 피의자의 진술과 참고인의 진술을 영상녹화할 수 있다고 하여 영상녹화제도를 도입하였다. 이 중 피의자진술의 영상녹화에 대해서는 "피의자의 진술은 영상녹화할 수 있다." 라고 규정하고 있다(제244조의2 제1항 제1문). 따라서 영상녹화는 수사기관의 필요에 따라 **임의적**으로 하는 것이어서, 피의자 요구시 영상녹화를 해야 하는 것은 아니다. [해경간부 12, 경찰채용 20 1차]

(2) 영상녹화의 방법

① 사전고지 : 피의자진술을 영상녹화할 경우 **미리** 영상녹화사실을 알려주어야 한다(동조 동항 제2문). 고지하면 되고, 피의자 또는 변호인의 **동의는 요하지 아니한다.** [법원9급 09/11/12, 국가7급 08/09/12, 국가9급 08/11/12, 경찰승진 11/13/14, 경찰채용 12 1차·3차/13 2차/15 1차/16 1차]

비교 이는 참고인조사의 영상녹화시에는 동의를 요하는 것(제221조 제2문)과는 다른 점이다.

② 조사 전 과정 및 객관적 정황의 녹화 : 조사의 개시부터 종료까지의 **전 과정 및 객관적 정황**을 영상녹화하여야 한다(제244조의2 제1항 제2문). [법원9급 12] 다만, 여러 차례의 조사가 이루어진 경우 최초 조사부터 모든 조사를 영상녹화해야 하는 것은 아니다.

③ 봉인, 기명날인 또는 서명 : 영상녹화가 완료된 때에는 **피의자 또는 변호인 앞**에서 **지체 없이** 그 원본을 **봉인**하고 피의자로 하여금 **기명날인 또는 서명**하게 하여야 한다(동조 제2항). [국가9급 08, 교정9급특채 10, 경찰승진 09, 경찰채용 14 2차]

④ 봉인시 재생·시청 및 이의 기재 : 봉인시 피의자 또는 변호인의 요구가 있는 때에는 영상녹화물을 **재생하여 시청**하게 하여야 한다. 이 경우 그 내용에 대하여 **이의**를 진술하는 때에는 그 취지를 기재한 **서면을 첨부**하여야 한다(동조 제3항). 다만, 위 이의 진술시 이를 따로 영상녹화하여 첨부해야 하는 것은 아니다. [국가7급 09, 경찰승진 13, 경찰채용 12 1차·3차]

(3) 영상녹화물의 증거능력의 제한 : 영상녹화물은 **본증으로는 사용될 수 없으며**, 검사 및 사법경찰관 작성의 **참고인진술조서의 실질적 진정성립을 증명**하는 방법으로 인정되고(제312조 제4항), 진술자의 기억이 불명확한 경우에 기억환기용으로만 사용할 수 있다(제318조의2 제2항)(대법원 2014.7.10, 2012도5041). [법원9급 20]

주의 2020.2.4. 개정 형사소송법에 의하여, 실질적 진정성립의 대체증명 수단으로서의 기능은 제312조 제4항의 진술조서의 증거능력에 대해서만 인정되고 제312조 제1항의 검사 작성의 피의자신문조서에 대해서는 인정되지 않는다. 제312조 제2항의 대체증명 규정은 2021.1.1.자로 삭제되었기 때문이다. 또한 2022.1.1.부터는 제312조 제1항의 증거능력 인정요건 자체가 실질적 진정성립의 증명이 아니라 '내용의 인정'으로 변경되었다.

6. 변호인의 피의자신문참여권

(1) 의의 및 도입배경 : 검사 또는 사법경찰관의 피의자신문에 변호인이 참여하는 것(권리)을 말한다. 종래 구 형사소송법에서는 변호인의 피의자신문참여권이 규정되지 않았었는데, 2003년 대법원은 신체구속을 당한 사람에 대한 수사기관의 피의자신문 도중이라 하더라도 언제든지 변호인과의 접견교통이 보장되어야 한다는 중요한 판시를 내렸고(대법원 2003.11.11, 2003모402 : 송두율교수 사건), 2004년 헌법재판소는 헌법 제12조 제4항의 변호인의 조력을 받을 권리는 신체구속된 사람에게만 한정되는 것이 아님을 명확히 하고 형사소송법 제243조가 변호인을 피의자신문참여권자로 명시하지 않았다 하더라도 이를 변호인의 피의자신문참여권을 배제하는 근거로 삼을 수 없다고 판단함으로써 변호인 피의자신문참여권을 불구속 피의자에게까지 확장시켰다(헌법재판소 2004.9.23, 2000헌마138 : 총선시민연대사건), 이러한 대법원과 헌법재판소의 판례의 전개에 따라 **2007년 개정형사소송법**은 변호인의 피의자신문 참여권을 명문으로 규정하게 된 것이다. 따라서 "검사 또는 사법경찰관은 피의자 또는 그 변호인·법정대리인·배우자·직계친족·형제자매의 신청에 따라 **변호인을 피의자와 접견하게** 하거나 **정당한 사유가 없는 한 피의자에 대한 신문에 참여하게 하여야 한다**(제243조의2 제1항)." [법원9급 10/13, 국가7급 08/10/12, 경찰채용 13 1차/14 2차/16 1차] 이에 변호인(변호인 되려는 자 × [국가9급 15] ≠ 접견교통권)은 불구속 피의자에 대한 피의자신문에 참여할 수 있으며, 불구속 피의자도 피의자신문을 받을 때에 변호인의 참여를 요구할 권리를 갖는다. [국가9급 15, 경찰승진 11, 경찰채용 12 3차]

(2) 법적 성질 : 변호인의 피의자신문참여권의 법적 성질에 대해서는 헌법상 기본권인 변호인접견권이라는 입장과 법률상 권리의 일종인 참여권이라는 입장이 대립하나, 최근 헌법재판소는 **헌법상 기본권인 변호인의 변호권으로서 보호되어야 한다**는 입장을 분명히 하였다.

헌법재판소 2017.11.30, 2016헌마503

변호인이 조력할 권리(변호권)도 헌법상 기본권이라는 헌법재판소 결정례

헌법 제12조 제4항 및 제12조 제5항 제1문은 형사절차에서 체포·구속된 사람이 가지는 변호인의 조력을 받을 권리를 헌법상

기본권으로 명시하고 있다. 나아가 헌법재판소는 체포·구속된 사람뿐만 아니라 불구속 피의자 및 피고인의 경우에도 헌법상 법치국가원리, 적법절차원칙에 의하여 변호인의 조력을 받을 권리가 당연히 인정된다고 판시하였다(헌법재판소 2004.9.23, 2000헌마138 참조). 피의자 및 피고인이 가지는 변호인의 조력을 받을 권리가 실질적으로 확보되기 위해서는, 피의자 및 피고인에 대한 변호인의 조력할 권리의 핵심적인 부분(이하 '변호인의 변호권'이라 한다)은 헌법상 기본권으로서 보호되어야 한다(헌법재판소 2003.3.27. 2000헌마474 참조). 헌법상 기본권으로 인정되는 피의자 및 피고인이 가지는 변호인의 조력을 받을 권리에서 '변호인의 조력'이란 변호인의 충분한 조력을 의미한다(헌법재판소 1992.1.28. 91헌마111; 헌법재판소 1997.11.27. 94헌마60 참조). 피의자신문의 결과는 수사의 방향을 결정하고, 피의자의 기소 및 유죄 입증에 중요한 증거자료로 사용될 수 있으므로, 형사절차에서 매우 중요한 의미를 가진다. 변호인이 피의자신문에 자유롭게 참여할 수 없다면, 변호인은 피의자가 조언과 상담을 요청할 때 이를 시의적절하게 제공할 수 없고, 나아가 스스로의 판단에 따라 의견을 진술하거나 수사기관의 부당한 신문방법 등에 대하여 이의를 제기할 수 없게 된다. 그 결과 피의자는 형사절차에서 매우 중요한 의미를 가지는 피의자신문의 시기에 변호인으로부터 충분한 조력을 받을 수 없게 되어 피의자가 가지는 변호인의 조력을 받을 권리가 형해화될 수 있다. 따라서 변호인이 피의자신문에 자유롭게 참여할 수 있는 권리는 피의자가 가지는 변호인의 조력을 받을 권리를 실현하는 수단이라고 할 수 있으므로 헌법상 기본권인 변호인의 변호권으로서 보호되어야 한다.

(3) 고지 : 검사 또는 사법경찰관은 피의자를 신문하기 전에 진술거부권 등과 아울러 "신문을 받을 때에는 변호인을 참여하게 하는 등 변호인의 조력을 받을 수 있다는 것"을 **알려주어야 한다**(제244조의3 제1항 제4호).

(4) 신청권자(cf. ≠ 신뢰관계자 동석 : 직권 or 신청) : 피의자 또는 그 변호인·직계친족·배우자, 형제자매, 법정대리인이다(cf. = 제30조 제2항의 변호인 선임권자 ≠ 적부심·보석 : 법배직형가동고). [경찰승진 11/14]

(5) 참여변호인 지정 : 신문에 참여하고자 하는 변호인이 2인 이상인 때에는 ① **피의자가 신문에 참여할 변호인 1인을 지정**한다. ② 지정이 없는 경우에는 **검사 또는 사법경찰관이 이를 지정할 수 있다**(지정하여야 한다 ×)(제243조의2 제2항 : 피 – 검/사). [법원9급 08/10/13, 국가7급 12, 국가9급 11/15, 경찰승진 11/14, 경찰채용 09 1차/10 2차/12 1·2차/13 2차]

(6) 변호인 참여방법

① 원칙 – 신문 후 의견진술 : 신문에 참여한 변호인은 **신문 후 의견을 진술**할 수 있다(제243조의2 제3항 본문). [국가7급 10]

② 예외 – 신문 중 이의제기·의견진술 : **신문 중이라도 부당한 신문방법에 대하여 이의를 제기**할 수 있다(동항 단서). [법원9급 08/14, 경찰승진 14, 경찰채용 09 1·2차] 따라서 부당한 신문에 대해서는 신문 중이든 신문 후이든 얼마든지 이의제기를 할 수 있다. [경찰채용 13 1차] 또한 변호인은 피의자**신문 중이라도 검사 또는 사법경찰관의 승인을 얻어 의견을 진술**할 수 있다(동항 단서). [법원9급 10/13/14, 국가7급 10/12, 경찰승진 14, 경찰채용 10 2차/12 1·2차/13 1차] 따라서 승인이 없으면 신문 중에는 의견을 진술할 수 없다. [법원9급 13, 경찰승진 11, 경찰채용 14 1차]

참고하기 수사준칙에서는 관련 규정을 두고 있다.

제13조(변호인의 피의자신문 참여·조력) ① 검사 또는 사법경찰관은 피의자신문에 참여한 변호인이 피의자의 옆자리 등 실질적인 조력을 할 수 있는 위치에 앉도록 해야 하고, 정당한 사유가 없으면 피의자에 대한 법적인 조언·상담을 보장해야 하며, 법적인 조언·상담을 위한 변호인의 메모를 허용해야 한다.
② 검사 또는 사법경찰관은 피의자에 대한 신문이 아닌 단순 면담 등이라는 이유로 변호인의 참여·조력을 제한해서는 안 된다.
③ 제1항 및 제2항은 검사 또는 사법경찰관의 사건관계인에 대한 조사·면담 등의 경우에도 적용한다.

제14조(변호인의 의견진술) ① 피의자신문에 참여한 변호인은 검사 또는 사법경찰관의 신문 후 조서를 열람하고 의견을 진술할 수 있다. 이 경우 변호인은 별도의 서면으로 의견을 제출할 수 있으며, 검사 또는 사법경찰관은 해당 서면을 사건기록에 편철한다.
② 피의자신문에 참여한 변호인은 신문 중이라도 검사 또는 사법경찰관의 승인을 받아 의견을 진술할 수 있다. 이 경우 검사 또는 사법경찰관은 정당한 사유가 있는 경우를 제외하고는 변호인의 의견진술 요청을 승인해야 한다(원칙적 승인의무).
③ 피의자신문에 참여한 변호인은 제2항에도 불구하고 부당한 신문방법에 대해서는 검사 또는 사법경찰관의 승인 없이 이의를 제기할 수 있다.
④ 검사 또는 사법경찰관은 제1항부터 제3항까지의 규정에 따른 의견진술 또는 이의제기가 있는 경우 해당 내용을 조서에 적어야 한다.

③ 조서기재

(가) 의견 기재 조서 열람 : 변호인의 의견이 기재된 피의자신문조서는 **변호인**에게 **열람하게 한 후** 변호인으로 하여금 그 조서에 기명날인 또는 서명하게 하여야 한다(제243조의2 제4항). [법원9급 10/14]

(나) 참여 · 제한 기재 : 검사 또는 사법경찰관은 변호인의 **신문참여 및 그 제한**에 관한 사항을 피의자신문조서에 **기재하여야 한다**(동조 제5항). [법원9급 13, 경찰승진 13/14, 경찰채용 13 2차]

(7) 피의자신문참여권의 제한 : 법 제243조의2 제1항에 의하여 변호인의 피의자신문참여권은 수사기관의 입장에서는 원칙적 **의무**로 수인되어야 한다. 따라서 보통의 경우에는 피의자신문에 참여하게 해야 한다. [국가9급 12] 다만, 동조 동항 규정에 의해 '**정당한 사유**'가 있다면 **참여권이 제한될 수 있다.** [국가7급 10, 국가9급 08] 여기에서 '정당한 사유'란 변호인이 **피의자신문을 방해하거나 수사기밀을 누설할 염려가 있음이 객관적으로 명백한 경우** 등을 말한다(대법원 2003.11.11, 2003모402 －송두율 교수 사건－; 2008.9.12, 2008모793).

① 판례가 정당한 사유가 없다고 본 사례 : ㉠ 수사기관이 피의자신문을 하면서 위와 같은 정당한 사유가 없는데도 변호인에 대하여 **피의자로부터 떨어진 곳으로 옮겨 앉으라고 지시를 한 다음 이러한 지시에 따르지 않았음**을 이유로 변호인의 피의자신문 참여권을 제한하거나(대법원 2008.9.12, 2008모793), ㉡ 피의자의 후방에 앉으라고 요구하는 것은 변호인의 변호권을 침해하는 것으로서 허용될 수 없다(헌법재판소 2017.11.30, 2016헌마503).

판례연구 변호인의 피의자신문참여권 침해 사례

1. 대법원 2008.9.12, 2008모793 [경찰승진 22]

형사소송법 제243조의2 제1항에 정한 '정당한 사유'의 의미와 변호인의 피의자신문참여권 제한

변호인의 피의자신문 참여권을 규정한 형사소송법 제243조의2 제1항에서 '정당한 사유'란 변호인이 피의자신문을 방해하거나 수사기밀을 누설할 염려가 있음이 객관적으로 명백한 경우 등을 말하는 것이므로, 수사기관이 피의자신문을 하면서 위와 같은 정당한 사유가 없는데도 변호인에 대하여 피의자로부터 떨어진 곳으로 옮겨 앉으라고 지시를 한 다음 이러한 지시에 따르지 않았음을 이유로 변호인의 피의자신문 참여권을 제한하는 것은 허용될 수 없다.

2. 헌법재판소 2017.11.30, 2016헌마503 [경찰채용 24 1차]

후방착석요구행위와 변호인의 피의자신문참여권 침해

변호인이 피의자신문에 자유롭게 참여할 수 있는 권리는 피의자가 가지는 변호인의 조력을 받을 권리를 실현하는 수단이므로 헌법상 기본권인 변호인의 변호권으로서 보호되어야 한다. 피의자신문에 참여한 변호인이 피의자 옆에 앉는다고 하여 피의자 뒤에 앉는 경우보다 수사를 방해할 가능성이 높아진다거나 수사기밀을 유출할 가능성이 높아진다고 볼 수 없으므로, 이 사건 후방착석요구행위의 목적의 정당성과 수단의 적절성을 인정할 수 없다. 이 사건 후방착석요구행위로 인하여 위축된 피의자가 변호인에게 적극적으로 조언과 상담을 요청할 것을 기대하기 어렵고, 변호인이 피의자의 뒤에 앉게 되면 피의자의 상태를 즉각적으로 파악하거나 수사기관이 피의자에게 제시한 서류 등의 내용을 정확하게 파악하기 어려우므로, 이 사건 후방착석요구행위는 변호인인 청구인의 피의자신문참여권을 과도하게 제한한다. 그런데 이 사건에서 변호인의 수사방해나 수사기밀의 유출에 대한 우려가 없고, 조사실의 장소적 제약 등과 같이 이 사건 후방착석요구행위를 정당화할 그 외의 특별한 사정도 없으므로, 이 사건 후방착석요구행위는 침해의 최소성 요건을 충족하지 못한다. 이 사건 후방착석요구행위로 얻어질 공익보다는 변호인의 피의자신문참여권 제한에 따른 불이익의 정도가 크므로, 법익의 균형성 요건도 충족하지 못한다. 따라서 이 사건 후방착석요구행위는 변호인인 청구인의 변호권을 침해한다.

보충 [위 헌재결정의 의의] 피의자 옆에 앉으려는 변호인에게 후방에 앉으라고 요구한 행위는 (위 2008모793 대법원판례와 달리, 퇴실명령에 이르지 않았더라도) 그 자체로 위헌이다.

3. 대법원 2020.3.17, 2015모2357 [경찰채용 20 2차]

부당한 신문방법에 대한 이의제기를 이유로 변호인을 퇴거시킨 사례

형사소송법 제243조의2 제3항 단서는 피의자신문에 참여한 변호인은 신문 중이라도 부당한 신문방법에 대하여 이의를 제기할 수 있다고 규정하고 있으므로, 검사 또는 사법경찰관의 부당한 신문방법에 대한 이의제기는 고성, 폭언 등 그 방식이 부적절하거나 또는 합리적 근거 없이 반복적으로 이루어지는 등의 특별한 사정이 없는 한, 원칙적으로 변호인에게 인정된 권리의 행사에 해당하며, 신문을 방해하는 행위로는 볼 수 없다. 따라서 검사 또는 사법경찰관이 그러한 특별한 사정 없이, 단지 변호인이 피의자신문 중에 부당한 신문방법에 대한 이의제기를 하였다는 이유만으로 변호인을 조사실에서 퇴거시키는 조치는 정당한 사유 없이 변호인의 피의자신문 참여권을 제한하는 것으로서 허용될 수 없다.

② **진술거부권 행사 권고** : 변호인의 진술거부권 행사 권고는 단순히 헌법상 권리인 진술거부권을 알려주는 데 불과하므로 수사를 방해하는 행위에 해당한다고 볼 수 없어, 이 경우 피의자신문참여권을 제한할 수는 없다(대법원 2007.1.31, 2006모657). [경찰승진 11]

③ **조서 기재** : 기술하였듯이 참여 제한에 관한 사항은 **피의자신문조서에 기재해야 한다**(제243조의2 제5항). [법원9급 10/13, 경찰승진 13/14, 경찰채용 10 2차/13 2차]

(8) **준항고** : 2007년 개정법 제417조는 준항고의 대상에 제243조의2에 따른 **변호인의 참여 등에 관한 처분을 포함**시켰다(수사기관 준항고 : 압/구/변). 따라서 이에 대하여 불복이 있으면 그 직무집행지의 **관할법원** 또는 검사의 소속검찰청에 대응한 법원에 그 **처분의 취소 또는 변경을 청구**할 수 있다. [법원9급 14, 국가7급 10, 국가9급 11, 경찰간부 13, 경찰승진 10/14, 경찰채용 13 1차]

(9) **변호인참여권 제한 조서의 증거능력** : 피의자가 변호인의 참여를 원한다는 의사를 명백하게 표시하였음에도 수사기관이 정당한 사유 없이 변호인을 참여하게 하지 아니한 채 피의자를 신문하여 작성한 피의자신문조서는 제312조에 정한 '적법한 절차와 방식'에 위반된 증거일 뿐만 아니라 제308조의2에서 정한 '적법한 절차에 따르지 아니하고 수집한 증거'에 해당하므로 **증거로 할 수 없다**(대법원 2013.3.28, 2010도3359).

7. 신뢰관계자 동석

(1) **의의** : 법 제244조의5(장애인 등 특별히 보호를 요하는 자에 대한 특칙)에서는 "검사 또는 사법경찰관은 피의자를 신문하는 경우 다음 각 호의 어느 하나에 해당하는 때에는 직권 또는 피의자 · 법정대리인의 신청에 따라 피의자와 신뢰관계에 있는 자를 동석하게 할 수 있다."라고 규정하고 있다. [경찰승진 14, 경찰채용 13 2차] 이는 수사과정에서 장애인, 아동, 노인, 여성, 외국인 등 사회적 약자인 피의자의 방어권을 보장하고 실질적인 진상 발견을 도모하기 위해 2007년 개정법에서 신설된 조항이다.

(2) **신청** : **직권 또는 피의자 · 법정대리인의 신청**에 의한다(동조 제1항).

(3) **대상** : ① 피의자가 **신체적 또는 정신적 장애**로 사물을 변별하거나 의사를 결정 · 전달할 능력이 미약한 때 및 ② 피의자의 **연령 · 성별 · 국적 등의 사정**을 고려하여 그 심리적 안정의 도모와 원활한 의사소통을 위하여 필요한 경우이다. [경찰채용 08 3차]

(4) **신뢰관계자** : 피의자와 동석할 수 있는 신뢰관계에 있는 사람(법 제221조 제3항에서 준용하는 법 제163조의2에 따라 피해자와 동석할 수 있는 신뢰관계에 있는 사람도 동일함)은 피의자(또는 피해자)의 직계친족, 형제자매, 배우자, 가족, 동거인, 보호 · 교육시설의 보호 · 교육담당자 등 피의자(또는 피해자)의 심리적 안정과 원활한 의사소통에 도움을 줄 수 있는 사람으로 한다(수사준칙 제24조 제1항). 피의자, 피해자 또는 그 법정대리인이 신뢰관계에 있는 사람의 동석을 신청한 경우 검사 또는 사법경찰관은 그 관계를 적은 동석신청서를 제출받거나 조서 또는 수사보고서에 그 관계를 적어야 한다(동 제2항).

(5) **동석의 내용** : 법 제244조의5 제1항에서는 "**동석하게 할 수 있다.**"고 하여 이를 수사기관의 **재량**에 맡기고 있다. 따라서 피의자 등의 신청이 있다고 하여 수사기관의 신뢰관계자 동석의무가 생기는 것은 아니다. [국가9급 12, 경찰승진 13]

(6) **동석자 대리진술의 불허** : 구체적인 사안에서 위와 같은 동석을 허락할 것인지는 원칙적으로 검사 또는 사법경찰관이 피의자의 건강 상태 등 여러 사정을 고려하여 재량에 따라 판단하여야 할 것이나, 이를 허락하는 경우에도 **동석한 사람으로 하여금 피의자를 대신하여 진술하도록 하여서는 안 된다**. 만약 동석한 사람이 피의자를 대신하여 진술한 부분이 조서에 기재되어 있다면 그 부분은 **피의자의 진술을 기재한 것이 아니라 동석한 사람의 진술을 기재한 조서**에 해당하므로(제312조 제1항 · 제3항 ×, 제312조 제4항 ○), 그 사람에 대한 **진술조서**로서의 증거능력을 취득하기 위한 요건을 충족하지 못하는 한 이를 유죄 인정의 증거로 사용할 수 없다(대법원 2009.6.23, 2009도1322).

Ⅱ 피의자 이외의 자에 대한 조사

1. 참고인 조사

(1) 의 의

① 개념 : 검사 또는 사법경찰관은 수사에 필요한 때에는 피의자 아닌 자(참고인)의 출석을 요구하여 진술을 들을 수 있다(제221조).

② 참고인과 증인의 구별 : 참고인은 제3자로 자신이 경험한 사실을 진술한다는 점에서 증인(제146조)과 유사하나, 다음과 같은 차이가 있다.

(가) 진술의 대상기관 : 참고인은 **수사기관에 대하여** 체험사실을 진술하는 자라는 점에서, 법원·법관에 대해서 체험사실을 진술하는 증인과 구별된다. [경찰승진 01/05]

(나) 의무 및 불출석에 대한 제재 : 참고인조사는 임의수사이기 때문에 참고인에 대해서는 증인과 달리 **출석의무·선서의무·증언의무가 없다.** 또한 **불출석에 따른 제재가 없어,** 과태료부과(제151조 제1항)·감치(동조 제2항)·구인(제152조)을 할 수 없다. [경찰승진 10]

(2) 방 법

① 출석요구 : 피의자신문과 같다. 참고인은 출석의무가 없으므로, 강제로 소환되거나 신문받지 않는다.

② 진술거부권 고지 및 행사 : 참고인에게는 **진술거부권을 고지할 필요는 없다.** [경찰승진 05] 그러나 헌법 제12조 제2항에 의하여, 참고인조사에 있어서도 **고문금지와 진술거부권과 같은 기본권은 그대로 보장된다.** [경찰승진 01]

③ 출석·진술 거부 및 증인신문 청구 : 참고인이 출석 또는 진술을 거부하는 경우에 검사는 제1회 공판기일 전에 한하여 판사에게 그에 대한 증인신문을 청구할 수 있다(제221조의2 제1항). 이때에는 불출석 제재가 가능하다.

④ 조서 작성 및 동의에 의한 영상녹화 : 참고인조사의 조서작성은 피의자신문에 준하여 참고인의 진술을 조서에 기재하고, 참고인으로 하여금 이의·의견이 없으면 그 취지를 자필로 기재하게 하고 조서에 간인 후 기명날인 또는 서명하게 한다(제244조의4 제3항, 제2항). 이때 참고인의 **동의를 받아** 참고인의 진술을 영상녹화할 수 있다(제221조 제1항 제2문). [법원9급 08/12, 국가9급 08, 교정9급특채 10, 해경간부 12, 경찰채용 09 1차]

비교 참고인에 대한 조사 및 조서작성방법은 피의자신문에 준하지만, [경찰승진 01/05] 영상녹화의 요건은 다르다. 피의자신문 영상녹화 : 고지, 참고인조사 영상녹화 : 동의

⑤ 참여자 : (피의자신문과 달리) 참고인조사에 검찰수사관 등의 참여는 필요 없다.

⑥ 피해자 참고인조사시 신뢰관계자의 임의적·필요적 동석 : ㉠ 검사 또는 사법경찰관은 범죄로 인한 피해자를 참고인으로 신문하는 경우, 피해자의 연령, 심신의 상태, 그 밖의 사정을 고려하여 피해자가 현저하게 불안 또는 긴장을 느낄 우려가 있다고 인정하는 때에는 직권 또는 피해자·법정대리인·검사의 신청에 따라 피해자와 신뢰관계에 있는 자를 동석하게 할 수 있다(임의적 동석, 제221조 제3항, 제163조의2 제1항). ㉡ 다만, 피해자가 **13세 미만**이거나 **신체적 또는 정신적 장애**로 사물을 변별하거나 의사를 결정할 능력이 미약한 경우에 참고인조사 등 수사에 지장을 초래할 우려가 있는 등 **부득이한 경우가 아닌 한** 피해자와 신뢰관계에 있는 자를 **동석하게 하여야 한다**(필요적 동석, 제163조의2 제2항). 여기에서 '부득이한 경우'에 해당한다면 필요적 동석의 경우라 하여도 **동석을 거부할 수는 있다.** [국가9급 09]

정리 불안은 혼자 할 수 있는데, 13장은 함께 해야 한다.

조문 규칙 제84조의3(신뢰관계에 있는 사람의 동석) ① 법 제163조의2에 따라 피해자와 동석할 수 있는 신뢰관계에 있는 사람은 피해자의 배우자, 직계친족, 형제자매, 가족, 동거인, 고용주, 변호사, 그 밖에 피해자의 심리적 안정과 원활한 의사소통에 도움을 줄 수 있는 사람을 말한다.

조문 아청법 제28조 및 성폭법 제34조(신뢰관계에 있는 사람의 동석) 법원 및 수사기관은 아동·청소년대상 성범죄 또는 19세미만성폭력피해자등을 증인 또는 참고인으로 신문 또는 조사하는 경우에 검사, 피해자 또는 법정대리인이 신청하는 경우에는 재판에 지장을 줄 우려가 있는 등 부득이한 경우가 아니면 피해자와 신뢰관계에 있는 사람을 동석하게 하여야 한다(동조 제1항·제2항).

⑦ 수사과정의 기록 : 피의자신문과 마찬가지로, 검사 또는 사법경찰관은 참고인이 **조사장소에 도착한 시각, 조사를 시작하고 마친 시각, 그 밖에 조사과정의 진행경과**를 확인하기 위하여 필요한 사항을 참고인진술조서

에 기재하거나 별도의 서면에 기록한 후 수사기록에 편철해야 한다(제244조의4 제3항 · 제1항). [국가9급 08]

(3) 참고인진술조서의 증거능력

① 조서의 작성 : 진술조서의 작성방법은 피의자신문의 경우와 같다.

② 증거능력 : 수사기관 작성 참고인진술조서의 증거능력은 제312조 제4항(적/실/반/특)에 따라 판단해야 한다. 즉, 수사기관 작성 참고인진술조서의 증거능력이 인정되기 위해서는 당해 참고인이 법정에 출석함이 원칙적으로 요구된다.

1. 사건개요

○ 피의자 홍갑동이 2016. 7. 26. 서울특별시 성북구 보국문로 80에 있는 김연자가 운영하는 구멍가게 옥상에서, 피해자 강오현 외 3명과 화투를 치던 중 피해자가 돈을 다 잃고 피의자 홍갑동에게 속임수를 쓴다고 트집을 잡으면서 욕설을 하는 데 격분하여 손으로 피해자의 가슴을 밀고 발로 복부를 힘껏 차서 약 2미터 높이의 옥상에서 길바닥으로 떨어지면서 머리를 부딪치게 하여서 피해자를 두개골골절 및 뇌실질손상으로 인하여 즉사하게 하고도 범행을 부인하고 있는 상태임.

2. 작성례

진 술 조 서

성　　명 : 김 연 자
주민등록번호 : 560908－2989098
직　　업 : 상 업
주　　거 : 서울특별시 성북구 보국문로 80
등록기준지 : 서울특별시 서대문구 이화여대길 50－12
직 장 주 소 : 서울특별시 성북구 보국문로 80
연　락　처 : (자택 전화) 321－6543 (휴대 전화) 010－321－6543
(직장 전화) 333－7878 (전자우편) 없 음

위의 사람은 피의자 홍갑동에 대한 폭행치사 피의사건에 관하여 2016. 8. 10. 서울중앙지방검찰청 제501호 검사실에 임의 출석하여 다음과 같이 진술하다.

1. 피의자와의 관계
저는 피의자 홍갑동과 아무런 친인척 관계가 없습니다.

2. 피의사실과의 관계
저는 피의사실에 관하여 참고인 자격으로 출석하였습니다.

이때 검사는 **진술인 김연자**를 상대로 다음과 같이 문답을 하다.

문 진술인은 무엇을 하고 있나요.

답 주거지에서 구멍가게를 운영하고 있습니다.

문 진술인은 홍갑동이나 강오현을 아는가요.

답 두 사람 다 저희 가게에 가끔 놀러 오는 사람들이라 알고 있습니다.

문 진술인은 그 두 사람이 싸우는 것을 본 일이 있는가요.

답 예, 있습니다.

문 언제 어디서 목격하였나요.

답 2016. 7. 26. 12 : 00경부터 저녁 6시경까지 사이에 홍갑동과 강오현이 다른 손님 3명과 저의 가게 옥상에서 술을 마시며 화투를 치다가 싸움이 벌어져 홍갑동이 강오현을 발로 차서 강오현이 옥상에서 떨어지는 것을 보았습니다.

문 어떻게 하여 보게 된 것인가요.

답 그날 낮부터 홍씨와 죽은 강씨 그리고 다른 세 명이 저의 가게 이층 옥상에서 술을 드시면서 화투를 치고 놀았습니다. 오후 6시경에 다른 세 분이 먼저 내려오시면서 두 분이 다투고 있다고 하기에 이층 옥상으로 올라가 보았더니 서로 멱살을 잡고 옥신각신하고 있었습니다.

문 그래서 어떻게 되었나요.

답 제가 두 분을 뜯어 말리려 하였으나 서로 감정이 격한 탓인지 말릴 수가 없었습니다. 서로 밀고 당기고 하다가 죽은 강씨가 홍씨의 멱살을 잡고 오른손으로 얼굴을 때리자 홍씨는 강씨의 가슴을 밀고 왼발로 배를 걷어차니까 몸의 균형을 잃고 난간 밖으로 떨어졌습니다.

문 당시에 두 사람은 만취한 상태였는가요.

답 낮부터 저녁 때까지 화투를 치면서 소주 4병을 5명이 드셨는데 서로 시비할 때 보니 술기운은 있었지만 그렇게 취한 것 같아 보이지 않았습니다.

문 진술인의 옥상은 어떻게 되어 있나요.

답 저의 옥상은 약 20여평 정도로 평평합니다. 어린애들이 떨어질까봐 가장자리 벽돌을 쌓아 높이 약 30센티미터 가량의 난간을 설치하였습니다.

문 발을 헛디뎌 떨어질 수가 있다고 생각하는가요.

답 그렇지 않습니다. 난간이 튼튼하지는 못하나 벽돌담이 약 30센티 높이로 설치되어 있기 때문에 발을 헛딛어 떨어질 수는 없습니다.

문 조서에 진술한 대로 기재되지 아니하였거나, 사실과 다른 부분이 있는가요.

답 없습니다. 다만 저의 가게에서 이런 일이 생겨 기가 막힙니다. (인)

위의 조서를 진술자에게 열람하게 하였던바, 진술한 대로 오기나 증감 · 변경할 것이 전혀 없다고 말하므로 간인한 후 서명날인하게 하다.

진 술 자 **김 연 자** (인)

2016. 8. 10.

서 울 중 앙 지 방 검 찰 청

검 사 **사 연 생** (인)

검찰주사보 명 수 사 (인)

사법연수원, 검찰서류작성례, 2017년, p. 253~257

2. 감정 · 통역 · 번역의 위촉

(1) 의의 · 성질 및 법원의 감정과의 구별

① **의의 · 성질** : 검사 또는 사법경찰관은 수사에 필요한 때에는 감정 · 통역 · 번역을 위촉할 수 있다(제221조 제2항). 이는 **임의수사**이므로 위촉에 대한 수락 여부, 출석 여부, 출석 후 퇴거는 위촉받은 자의 자유이다. 반드시 특정인이 감정 등을 해야 할 필요가 없기 때문에 거부하더라도 다른 사람으로 대체하면 되기 때문이다.

② **법원의 감정과의 구별** : 수사상 감정위촉을 받은 자를 감정수탁자라 하고, 법원의 증거조사방법으로 행해지는 감정에 있어서 그 명을 받은 자를 감정인이라 한다. 감정수탁자는 선서를 하지 않으며 감정 시 당사자 참여 등 규정이 적용되지 않는다는 점에서 감정인과는 구별된다.

(2) 방 법

① **감정유치처분** : 감정을 위하여 유치가 필요하면 검사는 판사에게 감정유치처분(제172조 제3항)을 청구(감정유치청구서)하여야 한다(제221조의3 제1항). 검사의 청구가 상당하면 판사는 감정유치처분을 한다. 이는 영장주의 원칙의 적용을 받는 강제수사에 속하므로, 판사가 발부한 감정유치장에 의해야 한다(제221조의3 제2항, 제172조 제4항).

정리 감정유치장은 명령장의 성격을 가지므로, 결정에는 불복할 수 없으며, 감정유치기간은 검사의 연장 청구시 판사가 결정하고 기간 제한이 없다.

② **감정에 필요한 처분** : 감정위촉을 받은 자는 검사의 청구를 거쳐 판사의 허가(감정처분허가서)를 얻어 감정에 필요한 처분(제173조 제1항)을 할 수 있다(제221조의4). 감정에 필요한 처분으로서는 타인의 주거, 간수자 있는 가옥, 건조물, 항공기, 선차 내에 들어갈 수 있고 신체의 검사, 사체의 해부, 분묘발굴, 물건의 파괴가 있다(제173조 제1항).

③ **참고인 조사 및 조서의 작성** : 감정 · 통역 · 번역의 내용을 분명히 하기 위하여 감정인 · 통역인 · 번역인을 참고인으로 조사할 수 있는바, 이 경우 조서를 작성하여야 한다(제48조, 제50조).

(3) **감정서 · 감정보고서의 증거능력** : 감정의 경과와 결과를 기재한 서류는 제313조 제3항(자/성/반)에 의하여 동조 제1항 · 제2항에 따라 그 증거능력이 인정된다. 감정서는 피고인 아닌 자가 작성한 진술서에 준하므로, 감정서로서 그 작성자 등의 자필이거나 그 서명 또는 날인이 있는 것은 공판준비나 공판기일에서의 그 원진술자인 작성자 또는 진술자의 진술에 의하여 그 성립의 진정함이 증명된 때에는 증거로 할 수 있다(제313조 제1항 본문). 감정인이 성립의 진정을 부인하는 경우에는 과학적 분석결과에 기초한 디지털포렌식 자료, 감정 등 객관적 방법으로 성립의 진정함이 증명되는 때에는 증거로 할 수 있다(동조 제2항 본문). 다만, 피고인 또는 변호인이 공판준비 또는 공판기일에 그 기재내용에 관하여 감정인을 신문할 수 있었을 것을 요한다(동항 단서).

3. 사실조회

(1) **의의** : 사실조회 또는 공무소 등에의 조회라 함은, 수사기관이 수사에 관하여 공무소 기타 공사단체에 조회하여 필요한 사항의 보고를 요구하는 것을 말한다(제199조 제2항).

예 전과조회, 신원조회 등 [경찰간부 13, 경찰승진 10]

(2) **성질** : 임의수사이다. 조회를 받은 상대방에게 보고의무는 있으나, 이행강제의 방법이 없고 영장을 요하지 않기 때문이다.

CHAPTER

02 강제처분과 강제수사

5개년 출제경향 분석

구분	경찰간부					경찰승진					경찰채용				
	19	20	21	22	23	20	21	22	23	24	20	21	22	23	24
제1절 체포와 구속	4	4	4		2	7	4	6	3	7	5	3	4	4	2
제2절 압수 · 수색 · 검증 · 감정	3	3	4	2	2	4	5	3	3	3	3	3	3	3	2
제3절 수사상의 증거보전		1				1		1	1					2	
출제율	29/200 (14.5%)					48/200 (24.0%)					34/160 (21.3%)				

구분	국가7급					국가9급					법원9급					변호사				
	19	20	21	22	23	20	21	22	23	24	19	20	21	22	23	20	21	22	23	24
제1절 체포와 구속	2	1	2	2	1	2	2		1	1	4	1	1	2	3	4	1	1	2	
제2절 압수 · 수색 · 검증 · 감정	1	1	2	1	2	1	2	4	1	2	1	2	1	1	2	1	1	2	2	1
제3절 수사상의 증거보전																				
출제율	15/100 (15.0%)					16/115 (13.9%)					18/125 (14.4%)					15/200 (7.5%)				

제1절 | 체포와 구속

표정리 강제처분의 종류(참고만 할 것)

객 체	대인적 강제처분	체포, 구속, 소환, 신체수색 · 신체검증	사람에 대해 강제력이 직접 행사됨
	대물적 강제처분	압수, 수색, 수사상의 검증, 제출명령	물건에 대해 강제력이 직접 행사됨
주 체	수소법원	구속, 압수, 수색, 검증, 감정	공소제기 후 법원
	판사	• 증거보전절차로서 판사가 행하는 강제처분(제184조) • 검사의 청구에 의한 감정유치처분(제221조의3)	• 수사기관의 청구 • 공소제기 전 판사
	수사기관	체포, 구속, 압수, 수색, 검증	강제수사라고도 함
절 차	기소 전	수사기관에 의한 강제처분	검사의 청구에 의하여 수사단계에서 판사가 행하는 강제처분
	기소 후	수소법원에 의한 강제처분	–
사전영장의 요부	통상강제처분	체포영장에 의한 체포, 구속, 통상의 압수 · 수색 · 검증	사전영장에 의한 강제처분
	긴급강제처분	긴급체포, 현행범체포, 영장에 의하지 아니하는 압수 · 수색 · 검증	사후영장에 의한 강제처분
강제의 정도	직접적 강제처분	체포, 구속, 압수, 수색	직접 물리적인 힘을 행사하는 강제처분
	간접적 강제처분	소환, 제출명령	심리적 강제에 의하여 일정한 행동을 하게 하는 강제처분

01 체 포

I 영장에 의한 체포

제200조의2(영장에 의한 체포) ① 피의자가 죄를 범하였다고 의심할 만한 상당한 이유가 있고, 정당한 이유 없이 제200조의 규정에 의한 출석요구에 응하지 아니하거나 응하지 아니할 우려가 있는 때에는 검사는 관할 지방법원판사에게 청구하여 체포영장을 발부받아 피의자를 체포할 수 있고, 사법경찰관은 검사에게 신청하여 검사의 청구로 관할 지방법원판사의 체포영장을 발부받아 피의자를 체포할 수 있다. 다만, 다액 50만원 이하의 벌금, 구류 또는 과료에 해당하는 사건에 관하여는 피의자가 일정한 주거가 없는 경우 또는 정당한 이유 없이 제200조의 규정에 의한 출석요구에 응하지 아니한 경우에 한한다.

1. 의 의

(1) 개념 : 영장에 의한 체포(통상 체포)라 함은 수사기관이 사전에 법관의 체포영장을 발부받아 피의자를 체포하는 것을 말한다. 체포(逮捕, arrest, Festnahme)란 수사단계에서 피의자의 신병확보를 위하여 48시간을 초과하지 않는 기간 동안 수사관서 등 일정한 장소로 인치하는 구속의 전 단계 처분으로서, 그 요건이 구속보다는 넓은 편이다.

(2) 제도의 취지

① 탈법적 수사관행 근절 : 1995년 형사소송법 개정시 도입된 이 제도는, 수사단계에서 조사에 불응하는 피의자에 대한 간편한 인치제도를 마련함으로써 임의동행 · 보호실유치와 같은 탈법적인 수사관행을 근절하고자 마련된 것이다.

② **불필요한 구속 억제** : 체포를 했다 하더라도 다시 구속요건을 신중하게 심사함으로써 불필요한 구속을 억제하고자 마련된 것이다.

2. 요 건

(1) 범죄혐의의 상당성

① **의의** : 피의자가 **죄를 범하였다고 의심할 만한 상당한 이유**가 있어야 한다(제200조의2 제1항). 즉, **범죄혐의**가 존재해야 한다.

② **객관적 혐의** : 수사기관의 주관적 혐의로는 부족하고 **객관적 혐의**, 즉 무죄추정을 깨뜨릴 수 있을 정도의 유죄판결에 대한 **고도의 개연성**이 있어야 한다.

(2) 체포사유

① **출석요구 불응 또는 불응 우려** : 피의자가 수사기관의 **출석요구에 응하지 아니하거나 응하지 아니할 우려**가 있어야 한다(**영-출불**, 제200조의2 제1항). [경찰승진 10]

② **경미사건** : 다액 50만원 이하의 벌금, 구류 또는 과료에 해당하는 경미사건에 관하여는 피의자가 **일정한 주거가 없는 경우** 또는 정당한 이유 없이 제200조의 규정에 의한 **출석요구에 응하지 아니한 경우**에 한한다(동항 단서). [경찰승진 10]

(3) 체포의 필요성-소극적 요건 : 명백히 체포의 필요가 인정되지 아니하는 경우, 즉 도망 또는 증거인멸의 염려가 없는 경우에는 판사는 체포영장을 발부할 수 없다(동조 제2항 단서). 이렇게 체포의 필요성은 이것이 있어야 체포할 수 있는 **(적극적) 요건이 아니라**, 이것이 명백히 없을 때 체포할 수 없게 되는 **소극적 요건**에 해당한다.

3. 절 차

> 체포영장 신청(경찰) → 체포영장 청구(검사) → 체포영장 발부(판사) → 체포영장 제시 및 집행(검사 지휘, 사경 집행) : 미란다고지(사/이/변/기) → 체포통지(24h) → 구속영장 신청 또는 석방(48h)

(1) 체포영장의 청구

① **청구권자** : 검사는 관할 지방법원판사(수임판사)에게 청구하여 체포영장을 받아 피의자를 체포할 수 있다(동조 제1항). 즉, 체포영장의 청구권은 **검사**에게 있다. 따라서 사법경찰관은 검사에게 신청하여 검사의 청구로 체포영장을 발부받아야 한다. [경찰승진 13]

② **청구방식** : 체포영장의 청구는 **서면(체포영장청구서)**에 의하여야 하며, 체포의 사유 및 필요를 인정할 수 있는 자료를 제출하여야 한다(규칙 제93조 제1항, 제96조 제1항). 긴급체포나 구속영장 청구와는 달리, 체포영장 청구에는 체포적부심으로 석방된 피의자를 제외하고는 **재체포 · 재구속 제한은 적용되지 않는다**. 다만, 동일한 범죄사실에 관하여 그 피의자에 대하여 전에 체포영장을 청구하였거나 발부받은 사실이 있는 때에는 **다시 체포영장을 청구하는 취지 및 이유를 기재하여야 한다**(제200조의2 제4항, 규칙 제95조 제8호).[1] [국가7급 10, 교정9급특채 12, 경찰승진 10/13]

정리 [경찰용] 다/7/수 있으니 기재해라(다시/7일/수통)

---

1) [참고] 체포영장청구서에는 7일을 넘는 유효기간을 필요로 하는 때(예 지명수배자)에는 그 취지 및 사유를 기재해야 하고, 또한 여러 통의 영장을 청구하는 때에는 그 취지 및 사유를 기재해야 한다(규칙 동조 제4호, 제5호). [경찰승진 14, 경찰채용 12 3차]

검사가 직접 청구하는 경우

<table>
<tr><td colspan="4" align="center">서울중앙지방검찰청
(530－3114)</td></tr>
<tr><td></td><td colspan="3">체　　　호
형　　　호　　　　　　　　　　　　　　　　2016. 5. 29.</td></tr>
<tr><td>수 신</td><td>서울중앙지방법원장</td><td colspan="2">발 신　서울중앙지방검찰청</td></tr>
<tr><td>제 목</td><td>체포영장청구</td><td colspan="2">검 사　사 연 생 (인)</td></tr>
<tr><td rowspan="4">피의자</td><td>성　　명</td><td colspan="2">생 략</td></tr>
<tr><td>주민등록번호</td><td colspan="2">생 략</td></tr>
<tr><td>직　　업</td><td colspan="2">생 략</td></tr>
<tr><td>주　　거</td><td colspan="2">생 략</td></tr>
<tr><td colspan="2">변 호 인</td><td colspan="2">변호사홍길동</td></tr>
<tr><td colspan="4">위의 피의자에 대한 변호사법위반 피의사건에 관하여 동인을 서울중앙지방검찰청에 인치하고 서울구치소에 구금하고자 2016년 6월 5일까지 유효한 체포영장의 발부를 청구합니다.</td></tr>
<tr><td colspan="3">범죄사실 및 체포를 필요로 하는 사유</td><td>별지와 같음</td></tr>
<tr><td colspan="3">7일을 넘는 유효기간을 필요로 하는 취지 및 사유</td><td></td></tr>
<tr><td colspan="3">둘 이상의 영장을 청구하는 취지 및 사유</td><td></td></tr>
<tr><td colspan="3">재청구의 취지 및 이유</td><td></td></tr>
<tr><td colspan="3">현재 수사 중인 다른 범죄사실에 관하여 발부된 유효한 체포영장 존재 시 그 취지 및 범죄사실</td><td></td></tr>
<tr><td colspan="3">발부하지 아니하는 취지 및 이유</td><td>판사　　　　(인)</td></tr>
</table>

범죄사실 및 체포를 필요로 하는 사유

피의자는 2016. 5. 10. 10 : 00경 서울특별시 종로구 수표로 95에 있는 모란봉다방에서, 강명순으로부터 충남지방경찰청이 그 무렵 강명순의 친척인 강금석이 경영하는 충남 보령시 주산면 동막오상길 64－51에 있는 진주주유소 등 3개 주유소의 유류를 채취하여 한국석유관리원에 가짜휘발유 여부를 감정 의뢰한 사건에 관하여 합격판정이 날 수 있도록 담당공무원에게 청탁해 달라는 부탁을 받았다.

피의자는 위 부탁을 승낙한 후 강명순으로부터 교제비 명목으로 즉석에서 3,000,000원을 받은 것을 비롯하여 서울, 천안 등지에서 2016. 5. 10. 12 : 00경 1,000,000원, 2016. 5. 12. 500,000원, 2016. 5. 13. 500,000원, 2016. 5. 17. 2,000,000원을 송금받았다.

이로써 피의자는 공무원이 취급하는 사건에 관하여 청탁한다는 명목으로 5회에 걸쳐 합계 7,000,000원의 금품을 받았다.

피의자는 정당한 이유 없이 출석요구에 불응하는 점에 비추어 도망 또는 증거인멸의 염려가 있다. (인)

사법연수원, 검찰서류작성례, 2017년, p. 273~274

(2) 체포영장의 발부

① **발부** : 영장의 청구를 받은 지방법원판사(영장전담판사; 수임판사)[1]는 상당하다고 인정할 때에는 체포영장을 발부한다(제200조의2 제2항).

② **피의자심문 불요** : 구속영장과 달리, 체포영장 발부시 피의자심문은 인정되지 않는다.

③ **기각** : 체포영장을 발부하지 아니할 때에는 청구서에 그 취지 및 이유를 기재하고 서명날인하여 청구한 검사에게 교부한다(동조 제3항).

④ **불복** : 영장발부 및 기각결정에 대해서는 **불복방법이 없다**. 부적법한 체포영장 발부에 대해서는 체포적부심에 의하여 다툴 수 있고, 기각결정에 대해서는 체포영장 재청구가 가능하기 때문이다.

정리 수임판사의 결정에 대해서는 불복방법이 없다.

판례연구 체포영장 발부결정에 대해서는 불복할 수 없다는 사례

대법원 2006.12.18, 2006모646 [법원9급 19]

체포영장 또는 구속영장의 청구에 관한 재판 자체에 대하여 직접 항고나 준항고를 통한 불복을 허용하지 아니한 것이 헌법에 위반되지 아니한다는 사례

검사의 체포영장 또는 구속영장 청구에 대한 지방법원판사의 재판은 형사소송법 제402조의 규정에 의하여 항고의 대상이 되는 '법원의 결정'에 해당하지 아니하고, 제416조 제1항의 규정에 의하여 준항고의 대상이 되는 '재판장 또는 수명법관의 구금 등에 관한 재판'에도 해당하지 아니한다. … 체포영장 또는 구속영장에 관한 재판 그 자체에 대하여 직접 항고 또는 준항고를 하는 방법으로 불복하는 것은 이를 허용하지 아니하는 대신에, 체포영장 또는 구속영장이 발부된 경우에는 피의자에게 체포 또는 구속의 적부심사를 청구할 수 있도록 하고 그 영장청구가 기각된 경우에는 검사로 하여금 그 영장의 발부를 재청구할 수 있도록 허용함으로써, 간접적인 방법으로 불복할 수 있는 길을 열어 놓고 있는 데 그 취지가 있고, 이는 헌법이 법률에 유보한 바에 따라 입법자의 형성의 자유의 범위 내에서 이루어진 합리적인 정책적 선택의 결과일 뿐 헌법에 위반되는 것이라고는 할 수 없다.

(3) 체포영장의 집행

① **집행자** : 체포영장은 검사의 지휘에 의하여 사법경찰관리 또는 교도관리가 집행한다(제200조의6, 제81조 제1항 · 제3항). [국가9급 13]

② **영장제시 및 사본교부** : ㉠ 체포영장을 집행함에는 체포영장을 피의자에게 **제시하고 그 사본을 교부**하여야 한다(2022.2.3. 개정 제85조 제1항). **정본**을 제시해야 하며 사본을 제시하는 것은 위법하다. [경찰승진 10] 다만, ㉡ **체포영장을 소지하지 아니한 경우에 급속을 요하는 때**에는 범죄사실의 요지와 영장이 발부되었음을 고하고 집행할 수 있으나 집행이 완료된 후에는 **신속히 체포영장(정본)을 제시하고 그 사본을 교부**하여야 한다(**긴급집행**, 동조 제3항 · 제4항).

정리 우연히 범인을 마주쳤는데, 체포영장이 발부되었으나 미소지 상태에서는 긴급집행을 하고, 체포영장이 발부되지 않은 경우에는 후술하는 긴급체포를 하는 것임.

판례연구 체포영장 긴급집행 시 현행범인을 체포한 사례

대법원 2021.6.24, 2021도4648

체포영장에 의한 긴급집행 중 현행범체포 한 경우 체포영장의 사후제시는 요하지 아니한다는 사례

경찰관이 긴급을 요하여 체포영장을 제시하지 않은 채 체포영장에 기한 체포 절차에 착수하였으나, 이에 피고인이 저항하면서 경찰관을 폭행하는 등 행위를 하여 특수공무집행방해의 현행범으로 체포한 후 사후에 체포영장을 별도로 제시하지 않은 것은 적법하다.[2]

---

1) [참고] 당직법관도 이를 처리한다.

2) [보충] 경찰관들이 체포영장을 근거로 체포절차에 착수하였으나 피고인이 흥분하며 타고 있던 승용차를 출발시켜 경찰관들에게 상해를 입히는 범죄를 추가로 저지르자, 경찰관들이 위 승용차를 멈춘 후 저항하는 피고인을 별도 범죄인 특수공무집행방해치상의 현행범으로 체포한 경우, 이 사건 당시 체포영장에 의한 체포절차가 착수된 단계에 불과하였고, 피고인에 대한 체포가 체포영장과 관련 없는 새로운 피의사실인 특수공무집행방해치상을 이유로 별도의 현행범 체포 절차에 따라 진행된 이상, 집행 완료에 이르지 못한 체포영장을 사후에 피고인에게 제시할 필요는 없는 점까지 더하여 보면, 피고인에 대한 체포절차는 적법하다(위 판례).

③ **고지의무** : 체포영장을 집행하는 사법경찰관리는 피의자에 대하여 ㉠ 피의사실의 요지, ㉡ 체포의 이유와 ㉢ 변호인을 선임할 수 있음을 말하고 ㉣ 변명할 기회를 준 후가 아니면 피의자를 체포할 수 없다(**미란다원칙**, 제200조의5 : 사/이/변/기). [경찰승진 13] 종래 **진술거부권**은 피의자 체포 · 구속 시의 미란다고지 내용에 포함되지 않았지만, 2020.10.7. 제정된 수사준칙(대통령령)에 의하여 포함되게 되었다. 즉, "검사 또는 사법경찰관은 피의자를 체포하거나 구속할 때에는 피의자에게 피의사실의 요지, 체포 · 구속의 이유와 변호인을 선임할 수 있음을 말하고, 변명할 기회를 주어야 하며, 진술거부권을 알려주어야 한다(동규정 제32조 제1항)." 이때 피의자에게 알려주어야 하는 진술거부권의 내용은 법 제244조의3 제1항 제1호부터 제3호까지의 사항(진술거부/불이익없음/포기시유죄증거사용가능)으로 한다(동 제4호의 변호인조력권은 이미 미란다고지 내용에 포함되어 있으므로 여기에는 빠진 것임, 수사준칙 제32조 제2항). 검사와 사법경찰관이 피의자에게 그 권리를 알려준 경우에는 피의자로부터 권리 고지 확인서를 받아 사건기록에 편철한다(동 제3항). 이는 체포 · 구속 시의 미란다고지에 진술거부권이 포함된 최초의 규정에 해당한다.

④ **고지시기** : 위 고지는 체포를 위한 실력행사에 들어가기 **이전에 미리** 하여야 하는 것이 **원칙**이나, 달아나는 피의자를 쫓아가 붙들거나 폭력으로 대항하는 피의자를 실력으로 제압하는 경우에는 **붙들거나 제압한 후에 지체 없이** 하여야 한다(대법원 2000.7.4, 99도4341; 2004.8.30, 2004도3212, 긴급 · 현행범 同). [국가7급 13/17, 국가9급 11, 경찰승진 10]

판례연구 체포영장 집행 시 미란다고지의 시기

대법원 2017.9.21, 2017도10866

사법경찰관 등이 체포영장을 소지하고 피의자를 체포하는 경우, 체포영장의 제시나 고지 등을 하여야 하는 시기

사법경찰관 등이 체포영장을 소지하고 피의자를 체포하기 위해서는 체포영장을 피의자에게 제시하고(형사소송법 제200조의6, 제85조 제1항), 피의사실의 요지, 체포의 이유와 변호인을 선임할 수 있음을 말하고 변명할 기회를 주어야 한다(형사소송법 제200조의5). 이와 같은 체포영장의 제시나 고지 등은 체포를 위한 실력행사에 들어가기 이전에 미리 하여야 하는 것이 원칙이다. 그러나 달아나는 피의자를 쫓아가 붙들거나 폭력으로 대항하는 피의자를 실력으로 제압하는 경우에는 붙들거나 제압하는 과정에서 하거나, 그것이 여의치 않은 경우에는 일단 붙들거나 제압한 후에 지체 없이 하여야 한다. … 피고인이 경찰관들과 마주하자마자 도망가려는 태도를 보이거나 먼저 폭력을 행사하며 대항한 바 없는 등 경찰관들이 체포를 위한 실력행사에 나아가기 전에 체포영장을 제시하고 미란다 원칙을 고지할 여유가 있었음에도 애초부터 미란다 원칙을 체포 후에 고지할 생각으로 먼저 체포행위에 나선 행위는 적법한 공무집행이라고 보기 어렵다(공소사실은 무죄).

⑤ **압수 · 수색 · 검증** : **체포영장의 집행 시**에는 미리 수색영장을 발부받기 어려운 긴급한 사정이 있는 때에는 수색영장 없이 타인의 주거에 들어가서 피의자의 발견을 위한 수색을 할 수 있으며, **체포현장**에서는 영장 없이 압수 · 수색 · 검증을 할 수 있다(제216조 제1항 제1호 · 제2호 : **영장주의 예외**).

⑥ **집행 촉탁** : ㉠ 검사는 필요에 의하여 관할구역 외에서 구속영장의 집행을 지휘할 수 있고 또는 당해 관할구역의 검사에게 집행지휘를 촉탁할 수 있다. 또한 ㉡ 사법경찰관리는 필요에 의하여 관할구역 외에서 구속영장을 집행할 수 있고 또는 당해 관할구역의 사법경찰관리에게 집행을 촉탁할 수 있다(제200조의6, 제83조). [국가9급 13]

⑦ **인치 · 구금** : ㉠ 체포된 피의자는 체포영장에 기재된 인치 · 구금할 장소(경찰서 유치장, 구치소 또는 교도소 내의 미결수용실)에 수용된다. ㉡ 체포영장의 집행을 받은 피의자를 호송할 경우에 필요하면 가장 가까운 교도소 · 구치소에 임시로 유치할 수 있다(제200조의6, 2020.12.8. 우리말 순화 개정법 제86조 : 호송 중 가유치).

⑧ **체포영장 발부 후 체포 미집행시 법원에의 통지** : 체포영장의 발부를 받은 후 피의자를 체포하지 아니하거나 체포한 피의자를 석방(구속취소)한 때에는 **지체 없이** 검사는 영장을 발부한 법원에 그 사유를 서면으로 **통지**하여야 한다(제204조). [법원9급 14] 이때, 체포영장의 원본을 첨부해야 한다(규칙 제96조의19 제3항).

(4) 집행 후 절차

① 피의자 등에 대한 체포적부심사청구권 고지의무[1] : 피의자를 체포한 검사 또는 사법경찰관은 체포된 피의자와 체포적부심사청구권자(제214조의2 제1항) 중 피의자가 지정하는 자에게 **체포적부심사를 청구할 수 있음**을 알려야 한다(동조 제2항).

② 변호인 등에 대한 체포통지의무

(가) 통지시한 · 방법 : 통지는 **지체 없이** 하여야 한다(제200조의6, 제87조 제2항). 여기서 '지체 없이'의 시간적 한계는 체포한 때로부터 늦어도 **24시간** 이내이다(규칙 제100조 제1항 본문, 제51조 제2항 제1문). 통지방법은 **서면**이다(제200조의6, 제87조 제2항). **급속을 요하는 경우**에는 구속되었다는 취지 및 구속의 일시 · 장소를 전화 또는 모사전송기 기타 상당한 방법에 의하여 통지할 수 있다. 다만, 이 경우에도 구속통지는 **다시 서면**으로 하여야 한다(규칙 제100조 제1항 본문, 제51조 제3항). [경찰채용 15 3차]

(나) 통지대상 : ㉠ 변호인이 있는 경우에는 변호인에게, ㉡ 변호인이 없는 경우에는 제30조 제2항에 규정한 자(법정대리인 · 배우자 · 직계친족 · 형제자매) 중 피의자가 지정한 자에게[2] 알려야 한다(제200조의6, 제87조 제1항 · 제2항).

(다) 통지내용 : ㉠ 피의사건명, ㉡ 체포일시와 장소, ㉢ 범죄사실의 요지, ㉣ 체포의 이유와 변호인을 선임할 수 있다는 사실이다(제200조의6, 제87조 제1항).[3]

(5) 구속영장 청구 · 발부 · 석방과 구속기간의 계산

① 구속영장의 청구 · 발부 · 석방 : 체포한 피의자를 구속하고자 할 때에는 **체포한 때부터 48시간 이내**에 제201조의 규정[4]에 의하여 검사가 구속영장을 **청구**하여야 하고, [경찰승진 10/12/14] 그 기간 내에 구속영장을 청구하지 아니하는 때에는 피의자를 **즉시 석방**하여야 한다(제200조의2 제5항). 다만, 48시간 이내에 구속영장을 청구하면 족하고, 구속영장이 **발부될 것은 요하지 않는다.** 또한 구속영장을 청구하였으나 영장청구가 기각되어 **구속영장을 발부받지 못한 경우에도 즉시 석방**해야 한다(규칙 제100조 제1항, 법 제200조의4 제2항).[5] [6] [7] [법원행시 03, 경찰승진 01/22, 경찰채용 04 2차/05 2차/06 1차]

② 구속기간의 계산 : 체포된 피의자를 구속영장에 의하여 구속한 때에는 그 구속기간은 피의자를 **체포한 날부터 기산**한다(제203조의2).

---

1) [참고] 형사소송법 제88조는 '구속과 공소사실 등의 고지'라는 제명하에 "피고인을 구속한 때에는 즉시 공소사실의 요지와 변호인을 선임할 수 있음을 알려야 한다."라고 규정하고 있다. 이는 구속된 피고인에 대한 일정한 권리고지를 내용으로 하는 사후청문절차이다. 종래 2007년 개정 전 구형사소송법에서는 위 제88조가 체포(제200조의5), 피의자구속(제209조), 현행범인 체포 · 인수(제213조의2), 구속전피의자심문을 위한 법원 구인(제201조의2)에 준용되고 있었다. 그런데 2007년 개정 형사소송법에서 위 구속피고인 사후권리고지규정의 준용규정들이 모두 삭제되었다. 예를 들어, 제200조의6(종전의 제200조의5)에서는 전단 중 "제86조 내지 제91조, 제93조, 제101조 제4항 및 제102조 제1항 단서"를 "제86조, 제87조, 제89조부터 제91조까지, 제93조, 제101조 제4항 및 제102조 제2항 단서"로 한다는 내용으로 조항이 개정되면서, 구법에 있었던 제88조(구속된 피고인에 대한 권리고지규정)의 체포절차 준용규정이 사라지게 된 것이다. 이러한 법률의 개정이유에 대해서 법무부는, 제88조를 적용할 경우 피의자에 대한 체포 · 구속의 집행 전과 후에 걸쳐 시간적 간격이 거의 없는 짧은 시간 안에 거의 동일한 고지절차를 반복해야 하는데 이는 불합리하기 때문이라고 설명하고 있다(법무부개정법해설, 90면). 따라서 제88조의 사후청문절차는 법원의 피고인 구속에만 적용될 뿐이다.

2) [참고] 통지대상이 없으면 그 취지를 기재한 서면을 수사기록에 편철한다(규칙 제51조 제2항 제2문).

3) [조문] 체포된 피의자는 법원, 교도소장 또는 구치소장 또는 그 대리자에게 변호사를 지정하여 변호인의 선임을 의뢰할 수 있다. 이러한 의뢰를 받은 법원, 교도소장 또는 구치소장 또는 그 대리자는 급속히 피고인이 지명한 변호사에게 그 취지를 통지하여야 한다(제200조의6, 제90조). 또한 구속영장이 청구되거나 체포 또는 구속된 피의자, 그 변호인, 법정대리인, 배우자, 직계친족, 형제자매나 동거인 또는 고용주는 긴급체포서, 현행범인체포서, 체포영장, 구속영장 또는 그 청구서를 보관하고 있는 검사, 사법경찰관 또는 법원사무관 등에게 그 등본의 교부를 청구할 수 있다(규칙 제101조 : 체포 · 구속적부심청구권자의 체포 · 구속영장등본 교부청구 등).

4) [조문] 제201조 제1항 본문 : 피의자가 죄를 범하였다고 의심할 만한 상당한 이유가 있고 제70조 제1항 각 호의 1에 해당하는 사유(주거부정, 증거인멸염려, 도망 · 도망염려)가 있을 때에는 검사는 관할 지방법원판사에게 청구하여 구속영장을 받아 피의자를 구속할 수 있고, 사법경찰관은 검사에게 신청하여 검사의 청구로 관할 지방법원판사의 구속영장을 받아 피의자를 구속할 수 있다.

5) [참고] 48시간 이내에 구속영장을 검사가 청구하였는데, 판사의 영장발부가 늦어졌다면 피의자는 인치 · 장소의 구금상태가 계속 유지될 수밖에 없다. 이는 판사의 구속영장청구에 대한 심사판단을 하기 위한 잠정적 구금에 불과하다. 따라서 이후 판사가 구속영장청구를 기각하거나 구속영장을 발부하였다면, 그 집행절차가 신속하게 이루어져야 함은 분명하다. 만일 판사의 결정을 집행하는 절차가 신속하게 이루어지지 않았다면, 해당 절차는 위법하다는 평가를 면할 수 없다.

6) [조문] 체포 후 피의자 등이 체포적부심사를 청구하였다면(제214조의2 제1항), 법원이 수사관계서류와 증거물을 접수한 때부터 결정 후 검찰청에 반환된 때까지의 기간(영장실질심사와 동일한 기간, 제201조의2 제7항)은 제200조의2 제5항(영장에 의한 체포시 구속영장청구기간) 및 제200조의4 제1항(긴급체포시 구속영장청구기간)을 적용할 때에는 그 제한기간에 산입하지 아니한다(제214조의2 제13항).

7) [참고] 구속영장청구 기각시 즉시 석방해야 하고, 구속영장 재청구를 이유로 하여 계속 구금할 수 없다.

Ⅱ 긴급체포

제200조의3(긴급체포) ① 검사 또는 사법경찰관은 피의자가 사형 · 무기 또는 장기 3년 이상의 징역이나 금고에 해당하는 죄를 범하였다고 의심할 만한 상당한 이유가 있고, 다음 각 호의 어느 하나에 해당하는 사유가 있는 경우에 긴급을 요하여 지방법원판사의 체포영장을 받을 수 없는 때에는 그 사유를 알리고 영장 없이 피의자를 체포할 수 있다. 이 경우 긴급을 요한다 함은 피의자를 우연히 발견한 경우 등과 같이 체포영장을 받을 시간적 여유가 없는 때를 말한다. 〈개정 2007.6.1.〉

1. 피의자가 증거를 인멸할 염려가 있는 때
2. 피의자가 도망하거나 도망할 우려가 있는 때

1. 의 의

(1) 개념 : 긴급체포(緊急逮捕, emergency arrest)란 수사기관이 중대한 죄를 범하였다고 의심할 만한 상당한 이유가 있는 피의자를 법관의 체포영장을 발부받지 않고 체포하는 제도를 말한다.[1]

(2) 목적 : 영장주의 원칙에 얽매이게 되면 중대범죄를 범한 범인을 놓치는 결과를 낳을 수 있는바, 이를 방지하는 것이 긴급체포제도의 취지이다.

2. 요건(긴-긴/중/필)

(1) 범죄의 중대성 : 피의자가 사형 · 무기 또는 **장기 3년 이상**의 징역이나 금고에 해당하는 죄를 범하였다고 의심할 만한 상당한 이유가 있어야 한다(제200조의3 제1항). [국가9급 13, 경찰승진 14]

비교 긴급체포의 중범죄 요건을 고려할 때 영장체포의 경미범죄 특칙은 당연히 적용되지 않는다.

비교 필요적 변호사건은 단기 3년 이상이다.

정리 긴급체포할 수 없는 범죄 : 폭행 [경찰승진 11], 과실치사상, 자기낙태 · 동의낙태, 사실적시 명예훼손, 점유이탈물횡령, 업무상과실장물취득, 실화, 위조통화취득후지정행사, 소인말소, 문서부정행사, 도박, 단순도주, 무면허운전 [교정9급특채 10]

(2) 범죄혐의의 상당성 : 범죄혐의는 객관적 혐의로서 통상체포와 동일하다.

(3) 체포의 필요성 : 피의자가 **증거를 인멸할 염려가 있거나 도망 또는 도망할 염려**, 즉 구속사유가 있어야 한다(제200조의3 제1항, 제70조 제1항 제2호 · 제3호). 다만, 주거부정은 긴급체포의 요건이 아니다. 기술한 영장에 의한 체포가 체포의 필요성을 (적극적) 요건으로 요구하고 있지 않은 데 비하여, 긴급체포는 이를 명시하고 있다.

(4) 체포의 긴급성 : 긴급을 요하여 지방법원판사의 체포영장을 발부받을 수 없을 것을 요하는바(제200조의3 제1항), 긴급을 요한다 함은 "피의자를 우연히 발견한 경우 등과 같이 체포영장을 받을 시간적 여유가 없는 때"를 말한다(동조 제1항 후단).

3. 요건의 판단시점 및 기준

(1) 판단기준시점 : 긴급체포의 요건을 갖추었는지 여부는 **사후에 밝혀진 사정을 기초로 판단하는 것이 아니라 체포 당시의 상황을 기초로 판단**하여야 한다(대법원 2006.9.8, 2006도148). [법원9급 14, 경찰승진 10/12/14, 경찰채용 05 3차/06 2차/10 2차/12 3차/13 1 · 2차/21 1차]

(2) 판단의 기준 : 판사의 체포영장을 받아서는 체포할 수 없거나 체포가 현저히 곤란할 것을 요한다. 따라서 반드시 영장에 의한 체포가 객관적으로 불가능해야 하는 것이 아니라 **검사 또는 사법경찰관의 합리적 판단**에 의하여 체포의 목적이 위험하게 된다고 인정되면 족하다(대법원 2006.9.8, 2006도148). [법원9급 14] 이러한 검사 · 사법경찰관의 판단에는 상당한 재량의 여지가 있지만 긴급체포 당시의 상황을 보아 **현저히 합리성을 잃은 경우에는 위법한 체포**라 해야 한다(대법원 2003.3.27, 2002모81). [국가9급 11] 따라서 ① 체포 당시 범죄혐의가 인정되지 않는 사람을 긴급체포한 경우는 물론(대법원 2002.6.11, 2000도5701), ② 조사를 받기 위하여 **수사관서에 자진 출석한 피의자**를 긴급체포한 경우에도 원칙적으로 긴급체포는 위법하다고 해야 한다(대법원 2006.9.8, 2006도148). 반면, 피의자가 임의출석의 형식에 의하여 수사기관에 **자진출석**한 후 조사를

1) [참고] 헌법 제12조 ③ 체포 · 구속 · 압수 또는 수색을 할 때에는 적법한 절차에 따라 검사의 신청에 의하여 법관이 발부한 영장을 제시하여야 한다. 다만, 현행범인인 경우와 장기 3년 이상의 형에 해당하는 죄를 범하고 도피 또는 증거인멸의 염려가 있을 때에는 사후에 영장을 청구할 수 있다.

받았고 그 과정에서 피의자가 장기 3년 이상의 범죄를 범하였다고 볼 상당한 이유가 드러나고, **도주하거나 증거를 인멸할 우려가 생긴다고 객관적으로 판단되는 경우**에는 자진출석한 피의자에 대해서도 긴급체포가 가능하다. [경찰채용 11 2차]

4. 위법한 체포와 증거능력

긴급체포 당시의 상황으로 보아서도 그 요건의 충족 여부에 관한 검사나 사법경찰관의 판단이 경험칙에 비추어 현저히 합리성을 잃은 경우에는 그 체포는 위법한 체포라 할 것이고, 이러한 위법은 영장주의에 위배되는 중대한 것이니 **그 체포에 의한 유치 중에 작성된 피의자신문조서는 위법하게 수집된 증거**로서 특별한 사정이 없는 한 이를 유죄의 증거로 할 수 없다(대법원 2002.6.11, 2000도5701). [국가7급 09, 국가9급 10/11, 경찰간부 12, 경찰승진 11/12, 경찰채용 05 3차/06 1차]

판례연구 긴급체포가 적법하다는 사례

대법원 2005.12.9, 2005도7569

피고인에 대한 고소사건을 담당하던 경찰관은 피고인의 소재 파악을 위해 피고인의 거주지와 피고인이 경영하던 공장 등을 찾아가 보았으나, 피고인이 공장 경영을 그만 둔 채 거주지에도 귀가하지 않는 등 소재를 감추자 법원의 압수 · 수색영장에 의한 휴대전화 위치추적 등의 방법으로 피고인의 소재를 파악하려고 하던 중, 2004. 10. 14. 23 : 00경 주거지로 귀가하던 피고인을 발견하고, 피고인이 계속 소재를 감추려는 의도가 다분하고 증거인멸 및 도망의 염려가 있다는 이유로 피고인을 사기 혐의로 긴급체포한 것은 위법한 체포에 해당한다고 보기는 어렵다.

판례연구 긴급체포가 위법하다는 사례

1. **대법원 2002.6.11, 2000도5701** [국가9급 05/10]

   긴급체포가 요건을 갖추지 못하여 위법한 체포에 해당하는 경우 및 위법한 체포에 의한 유치 중에 작성된 피의자신문조서의 증거능력 유무(소극)

   수사검사는 피고인 1에게 뇌물을 주었다는 피고인 3 및 관련 참고인들의 진술을 먼저 확보한 다음, 현직 군수인 피고인 1을 소환 · 조사하기 위하여 검사의 명을 받은 검찰주사보가 경기도 광주군청 군수실에 도착하였으나 위 피고인이 군수실에 없어 도시행정계장에게 군수의 행방을 확인하였더니, 위 피고인이 검사가 자신을 소환하려 한다는 사실을 미리 알고 자택 옆에 있는 초야농장 농막에서 기다리고 있을 것이니 수사관이 오거든 그 곳으로 오라고 하였다고 하므로, 같은 날 17 : 30경 검찰주사보가 위 초야농장으로 가서 그곳에서 수사관을 기다리고 있던 위 피고인을 긴급체포한 것은 위법하다. … 피고인은 현직 군수직에 종사하고 있어 검사로서도 위 피고인의 소재를 쉽게 알 수 있었고, 1999. 11. 29. 피고인 3의 위 진술 이후 시간적 여유도 있었으며, 위 피고인도 도망이나 증거인멸의 의도가 없었음은 물론, 언제든지 검사의 소환조사에 응할 태세를 갖추고 있었고, 그 사정을 위 검찰주사보도 충분히 알 수 있었다 할 것이어서, 위 긴급체포는 그 당시로 보아서도 형사소송법 제200조의3 제1항의 요건을 갖추지 못한 것으로 쉽게 보여져 이를 실행한 검사 등의 판단이 현저히 합리성을 잃었다고 할 것이므로, 이러한 위법한 긴급체포에 의한 유치 중에 작성된 이 사건 각 피의자신문조서는 이를 유죄의 증거로 하지 못한다고 할 것이다.

2. **[유사판례] 대법원 2003.3.27, 2002모81**

   도로교통법위반 피의사건에서 기소유예처분을 받은 재항고인이 그 후 혐의 없음을 주장함과 동시에 수사경찰관의 처벌을 요구하는 진정서를 검찰청에 제출함으로써 이루어진 진정사건을 담당한 검사가, 재항고인에 대한 위 피의사건을 재기한 후 담당검사인 자신의 교체를 요구하고자 부장검사 부속실에서 대기하고 있던 재항고인을 위 도로교통법위반죄로 긴급체포하여 감금한 경우, 그 긴급체포는 형사소송법이 규정하는 긴급체포의 요건을 갖추지 못한 것으로서 당시의 상황과 경험칙에 비추어 현저히 합리성을 잃은 위법한 체포에 해당한다.

3. **대법원 2006.9.8, 2006도148** [경찰채용 11 2차/13 2차/20 2차]

   검사가 참고인 조사를 받는 줄 알고 검찰청에 자진출석한 변호사사무실 사무장을 합리적 근거 없이 긴급체포하자 그 변호사가 이를 제지하는 과정에서 위 검사에게 상해를 가한 것은 정당방위에 해당한다는 사례

   위증교사, 위조증거사용죄로 기소된 피고인 1에 대하여 무죄가 선고되었고, 당시 공판검사이던 공소외 1은 이에 불복하여 항소한 후 위 무죄가 선고된 공소사실에 대한 보완수사를 한다며 피고인 1의 변호사사무실 사무장이던 피고인 2에게 검사실로 출석하라고 요구하여 … 자진출석한 피고인 2에 대하여 참고인 조사를 하지 아니한 채 곧바로 위증 및 위증교사 혐의로 피의자신문조서를 받기 시작하였고, 이에 피고인 2는 인적사항만을 진술한 후 검사의 승낙하에 피고인 1에게 전화를 하여 "검사가 자

신에 대하여 위증 및 위증교사 혐의로 피의자신문조서를 받고 있으니 여기서 데리고 나가 달라"고 하였으며, 더 이상의 조사가 이루어지지 아니하는 사이 피고인 1이 위 검사실로 찾아와서 검사에게 "참고인 조사만을 한다고 하여 임의수사에 응한 것인데 피고인 2를 피의자로 조사하는 데 대해서는 협조를 하지 않겠다"는 취지로 말하며 피고인 2에게 여기서 나가라고 지시한 사실, 피고인 2가 일어서서 검사실을 나가려 하자 검사는 피고인 2에게 "지금부터 긴급체포하겠다"고 말하면서 피고인 2의 퇴거를 제지하려 한 것은 … 적법한 공무집행이라고 할 수 없다.

4. 대법원 2016.10.13, 2016도5814 [경찰채용 22 2차, 국가9급개론 17]

피고인이 필로폰을 투약한다는 제보를 받은 경찰관이 제보의 정확성을 사전에 확인한 후에 제보자를 불러 조사하기 위하여 피고인의 주거지를 방문하였다가, 그곳에서 피고인을 발견하고 피고인의 전화번호로 전화를 하여 나오라고 하였으나 응하지 않자 피고인의 집 문을 강제로 열고 들어가 피고인을 긴급체포한 것은 위법하다는 사례

피고인이 필로폰을 투약한다는 제보를 받은 경찰관이 제보된 주거지에 피고인이 살고 있는지 등 제보의 정확성을 사전에 확인한 후에 제보자를 불러 조사하기 위하여 피고인의 주거지를 방문하였다가, 현관에서 담배를 피우고 있는 피고인을 발견하고 사진을 찍어 제보자에게 전송하여 사진에 있는 사람이 제보한 대상자가 맞다는 확인을 한 후, 가지고 있던 피고인의 전화번호로 전화를 하여 차량 접촉사고가 났으니 나오라고 하였으나 나오지 않고, 또한 경찰관임을 밝히고 만나자고 하는데도 현재 집에 있지 않다는 취지로 거짓말을 하자 피고인의 집 문을 강제로 열고 들어가 피고인을 긴급체포한 경우, 피고인이 마약에 관한 죄를 범하였다고 의심할 만한 상당한 이유가 있었더라도, 경찰관이 이미 피고인의 신원과 주거지 및 전화번호 등을 모두 파악하고 있었고, 당시 마약 투약의 범죄 증거가 급속하게 소멸될 상황도 아니었던 점 등의 사정을 감안하면, 긴급체포가 미리 체포영장을 받을 시간적 여유가 없었던 경우에 해당하지 않아 위법하다고 본 원심판단은 정당하다.

5. 절 차

긴급체포 : 미란다고지, 즉시 긴급체포서 작성, 지체 없이(24h) 변호인 등에의 통지 → 즉시 검사의 승인 → ① 구속영장청구 또는 ② 석방
① 구속영장청구(48h) → 영장발부(구속) 또는 기각(석방) ② 석방 → 석방통지(경찰 : 즉시 검사에게 보고, 검사 : 30일 내 법원에 통지)

(1) 긴급체포의 방법

① 긴급체포권자 : **검사 또는 사법경찰관**이다. 판례에 의하면, **사법경찰리**도 사법경찰관사무취급의 지위에서는 긴급체포권이 있다(대법원 1965.1.19, 64도740, 통설은 반대).

판례연구 긴급체포권자

대법원 1965.1.19, 64도740

사법경찰리도 긴급체포권이 있다는 사례

사법경찰리의 직무를 행하는 산림보호서기가 사법경찰관 직무취급인 산림계장의 지시에 의하여 임산물 단속에 관한 법률위반으로 조사를 받는 피의자를 체포하여 긴급구속(현재는 폐지, 긴급체포로 이해할 것)하려다가 폭행을 당한 경우에는 공무집행방해죄가 성립한다 할 것이며 여러 사정에 의하여 여하한 이유로 긴급구속을 하려는가를 명백히 알 수 있다면 긴급구속하는 이유를 고지하지 아니하였다 하더라도 적법한 공무집행이 아니라고 볼 수 없다 할 것이다.

② 미란다원칙 고지의무 : 긴급체포시에도 피의사실의 요지, 체포의 이유와 변호인을 선임할 수 있음을 말하고 변명할 기회를 주어야 한다(제200조의5). [경찰채용 05 2차/06 1차] 이 경우 대통령령에 의하여 **진술거부권을 고지하여야 함**은 기술한 바와 같다(수사준칙 제32조 제1항).

③ 압수 · 수색 · 검증

(가) 체포목적의 수색, 체포현장에서의 압수 · 수색 · 검증 : 긴급체포시에는 필요한 때에는 **영장 없이** 타인의 주거 등 내에서 피의자 발견을 위해 수색을 할 수 있고(제216조 제1항 제1호), **체포현장**에 한하여 영장 없이 압수 · 수색 · 검증을 할 수 있다(동 제2호). [국가9급 13, 경찰간부 13, 경찰채용 15 3차]

(나) 긴급체포 후 압수 · 수색 · 검증 : 검사 또는 사법경찰관은 긴급체포된 자가 소유 · 소지 · 보관하는 물건에 대하여 **긴급히 압수할 필요**가 있는 경우에는 체포된 때로부터 **24시간 이내**에 한하여 영장 없이 압수 · 수색 · 검증을 할 수 있다(제217조 제1항). [법원9급 15, 국가9급 09/11/13, 경찰승진 11, 경찰채용 08 3차]

(다) 압수한 물건을 계속 압수할 필요가 있는 경우 : **지체 없이** 압수·수색영장을 청구하여야 한다. 이 경우 영장 청구는 긴급체포된 때로부터 **48시간** 이내에 하여야 한다(제217조 제2항). [국가9급 18, 국가9급 13, 경찰채용 15 3차]

(2) 체포 후 절차

① 긴급체포서의 작성 : 검사 또는 사법경찰관이 피의자를 긴급체포한 경우에는 **즉시 긴급체포서를 작성**하여야 한다. [국가9급 13] 여기에는 범죄사실의 요지, 긴급체포의 사유 등을 기재하여야 한다(제200조의3 제3항·제4항).

긴 급 체 포 서

제 00000－0000 호

피의자	성 명	김 갑 돌 ( )
	주 민 등 록 번 호	000000－0000000 (00 세)
	직 업	무 직
	주 거	서울특별시 ○○○
변 호 인		

위의 피의자에 대한 공문서변조 등 피의사건에 관하여「형사소송법」제200조의3 제1항에 따라 동인을 아래와 같이 긴급체포함.

2016년 5월 29일

서울중앙지방검찰청

검사 사 연 생 (인)

체포한 일시	2016년 5월 29일 14시 15분
체포한 장소	서울중앙지방검찰청 제123호 검사실
범죄사실 및 체포의 사유	별지와 같음
체포자의 관직 및 성명	서울중앙지방검찰청 검찰주사보 명수사
인치한 일시	2016년 5월 29일 14시 15분
인치한 장소	서울중앙지방검찰청 제123호 검사실
구금한 일시	2016년 5월 29일 20시 05분
구금한 장소	서울서초경찰서 유치장
구금을 집행한 자의 관직 및 성명	서울중앙지방검찰청 검찰주사보 명수사

범죄사실 및 체포의 사유

1. 공문서변조

피의자는 2016. 4. 23. 20 : 00경 서울특별시 종로구 성균관로 25－2에 있는 피의자의 집에서, 행사할 목적으로 2016. 2. 3. 서울특별시 종로구 혜화동장이 발행한 같은 구 창경궁로 305－1에 거주하는 윤태호의 인감증명서 1통의 발행일자 란에 기재되어 있는 "2"자를 칼로 긁어 지우고 그 자리에 먹물과 펜을 사용하여 "4"자를 기입하였다.

이로써 피의자는 공문서인 혜화동장 명의의 인감증명서 1통을 변조하였다.

2. 변조공문서행사

피의자는 2016. 4. 24. 15 : 00경 서울특별시 중구 종로 54에 있는 한일상사 주식회사 사무실에서, 그 변조 사실을 모르는 위 회사 총무과장 신정균에게 위와 같이 변조한 인감증명서를 마치 진정하게 작성된 것처럼 교부하여 이를 행사하였다.

피의자는 조사과정에서 범행을 부인하다가 참고인 윤태호, 신정균 등과 대질하자 마지 못해 자백하고 참고인들에게 악담을 하는 등 개전의 정이 전혀 없을 뿐만 아니라 조사 후 즉시 귀가를 요청하고 있는 점 등에 비추어 귀가시키면 도망 및 증거인멸의 염려가 현저하고, 체포영장을 발부받을 시간적 여유가 없어 긴급체포할 필요성이 있다. (인)

사법연수원, 검찰서류작성례, 2017년, p. 279~280

② **긴급체포 승인과 이를 위한 요청** : 사법경찰관이 긴급체포를 한 경우에는 **즉시 검사의 승인**을 얻어야 한다(제200조의3 제2항). [국가9급 13, 경찰간부 13, 경찰채용 15 3차] 이를 위해 사법경찰관은 긴급체포 후 **12시간 내**에 범죄사실의 요지, 긴급체포의 일시·장소, 긴급체포의 사유, 체포를 계속해야 하는 사유 등을 적은 긴급체포 승인요청서로 검사에게 **긴급체포의 승인을 요청**해야 한다. 다만, 수사중지·기소중지된 피의자를 소속 경찰관서가 위치하는 특별시·광역시·특별자치시·도 또는 특별자치도 **외의 지역**(「해양경비법」 제2조 제2호에 따른 경비수역 포함)에서 긴급체포한 경우에는 긴급체포 후 **24시간 내**에 긴급체포의 승인을 요청해야 한다. 긴급한 경우에는 형사사법정보시스템 또는 팩스를 이용할 수도 있다(수사준칙 제27조 제1항·제2항). 검사는 사법경찰관의 긴급체포 승인 요청이 이유 있다고 인정하는 경우에는 지체 없이 긴급체포 승인서를 사법경찰관에게 송부해야 하고(동 제3항), 이유 없다고 인정하는 경우에는 지체 없이 사법경찰관에게 불승인 통보를 해야 한다. 이 경우 사법경찰관은 긴급체포된 피의자를 즉시 석방하고 그 석방 일시와 사유 등을 검사에게 통보해야 한다(동 제4항).

③ **검사의 긴급체포 적법성 심사권 및 피의자의 동의** : 사법경찰관이 검사에게 긴급체포된 피의자에 대한 긴급체포 승인 건의(현 수사준칙에서는 '요청')와 함께 구속영장을 신청한 경우, 검사는 긴급체포의 승인 및 구속영장의 청구가 피의자의 인권에 대한 부당한 침해를 초래하지 않도록 **긴급체포의 적법성 여부를 심사하면서 수사서류뿐만 아니라 피의자를 검찰청으로 출석시켜 직접 대면조사할 수 있는 권한**을 가진다. 다만, 검사의 구속영장 청구 전 피의자 대면조사는 **강제수사는 아니므로 피의자는 검사의 출석 요구에 응할 의무가 없고, 피의자가 검사의 출석 요구에 동의한 때에 한하여 사법경찰관리는 피의자를 검찰청으로 호송하여야 한다**(대법원 2010.10.28, 2008도11999). [법원9급 14, 국가9급개론 17, 경찰채용 12 2차/11 2차/20 1차]

판례연구 사법경찰관의 긴급체포에 대한 검사의 적법성 심사

대법원 2010.10.28, 2008도11999 [법원9급 14, 국가7급 18, 경찰채용 11 2차/12 2차]

검사가 구속영장 청구 전 대면조사를 위하여 사법경찰관리에게 긴급체포된 피의자의 인치를 명하는 것이 적법할 수 있다는 사례

사법경찰관이 검사에게 긴급체포된 피의자에 대한 긴급체포 승인 건의(현 수사준칙에서는 '요청')와 함께 구속영장을 신청한 경우, 검사는 긴급체포의 승인 및 구속영장의 청구가 피의자의 인권에 대한 부당한 침해를 초래하지 않도록 긴급체포의 적법성 여부를 심사하면서 수사서류뿐만 아니라 피의자를 검찰청으로 출석시켜 직접 대면조사할 수 있는 권한을 가진다. 다만, 검사의 구속영장 청구 전 피의자 대면조사는 강제수사는 아니므로 피의자는 검사의 출석 요구에 응할 의무가 없고, 피의자가 검사의 출석요구에 동의한 때에 한하여 사법경찰관리는 피의자를 검찰청으로 호송하여야 한다. [경찰채용 20 1차, 경찰채용 12/11 2차, 국가9급개론 17, 법원9급 14] … 긴급체포의 승인 및 구속영장의 청구가 피의자의 인권에 대한 부당한 침해를 초래하지 않도록 긴급체포의 적법성 여부를 심사하기 위하여 검사가 구속영장 청구 전에 피의자를 대면조사하기 위하여 사법경찰관리에게 피의자를 검찰청으로 인치할 것을 명하는 것은 적법하므로 사법경찰관리는 이를 준수할 의무를 부담한다. … 따라서 이러한 검사의 명령(형법 제139조의 인권옹호직무명령을 의미함)을 따르지 않은 사법경찰관리에게는 형법 제139조에 규정된 인권옹호직무명령불준수죄와 형법 제122조에 규정된 직무유기죄의 상상적 경합의 죄책이 인정된다.[1]

④ 변호인 등에 대한 체포통지의무

(가) **통지시한·방법** : 통지는 **지체 없이** 하여야 한다(제200조의6, 제87조 제2항). 여기서 '지체 없이'의 시간적 한계는 체포한 때로부터 늦어도 **24시간** 이내이다(규칙 제100조 제1항 본문, 제51조 제2항 제1문). 통지방법은 **서면**이다(제200조의6, 제87조 제2항). **급속을 요하는 경우**에는 구속되었다는 취지 및 구속의 일시·장소를 전화 또는 모사전송기 기타 상당한 방법에 의하여 통지할 수 있다. 다만, 이 경우에도 구속통지는 **다시 서면**으로 하여야 한다(규칙 제100조 제1항 본문, 제51조 제3항).

1) [참고] 다만, 체포된 피의자의 구금 장소가 임의적으로 변경되는 점, 법원에 의한 영장실질심사 제도를 도입하고 있는 현행 형사소송법하에서 체포된 피의자의 신속한 법관 대면권 보장이 지연될 우려가 있는 점 등을 고려하면, 위와 같은 검사의 구속영장 청구 전 피의자 대면조사는 긴급체포의 적법성을 의심할 만한 사유가 기록 기타 객관적 자료에 나타나고 피의자의 대면조사를 통해 그 여부의 판단이 가능할 것으로 보이는 예외적인 경우에 한하여 허용될 뿐, 긴급체포의 합당성이나 구속영장 청구에 필요한 사유를 보강하기 위한 목적으로 실시되어서는 아니 된다. [경찰채용 11 2차] 나아가 검사의 구속영장 청구 전 피의자 대면조사는 강제수사가 아니므로 피의자는 검사의 출석 요구에 응할 의무가 없고, 피의자가 검사의 출석 요구에 동의한 때에 한하여 사법경찰관리는 피의자를 검찰청으로 호송하여야 한다.

(나) **통지대상** : ㉠ 변호인이 있는 경우에는 변호인에게, ㉡ 변호인이 없는 경우에는 제30조 제2항에 규정한 자(법정대리인 · 배우자 · 직계친족 · 형제자매) 중 피의자가 지정한 자에게[1] 알려야 한다(제200조의6, 제87조 제1항 · 제2항).

(다) **통지내용** : ㉠ 피의사건명, ㉡ 체포일시와 장소, ㉢ 범죄사실의 요지, ㉣ 체포의 이유와 변호인을 선임할 수 있다는 사실이다(제200조의6, 제87조 제1항).

(3) 구속과 석방

① **구속영장의 청구** : 검사 또는 사법경찰관이 긴급체포한 피의자를 구속하고자 할 때에는 **지체 없이** 검사는 관할 지방법원판사에게 **구속영장을 청구**하여야 하고, 사법경찰관은 검사에게 신청하여 검사의 청구로 관할 지방법원판사에게 구속영장을 청구하여야 한다. [국가9급 09, 경찰채용 05 3차] 이 경우 구속영장은 피의자를 체포한 때부터 **48시간 이내**에 청구하여야 하며, 제200조의3 제3항에 따른 **긴급체포서를 첨부**하여야 한다(제200조의4 제1항).[2] [3] [4] [국가9급 09]

② **피의자의 석방** : 긴급체포한 후 48시간 이내에 구속영장을 청구하지 않거나, 청구를 하였지만 구속영장을 발부받지 못한 때에는 피의자를 **즉시 석방**하여야 한다(제200조의4 제2항).

(4) 긴급체포 남용에 대한 사후적 통제 – 석방시 보고 · 통지의무와 열람 · 등사권 등

① **사법경찰관의 검사에 대한 즉시보고의무** : 사법경찰관은 긴급체포한 피의자에 대하여 구속영장을 신청하지 아니하고 석방한 경우에는 **즉시 검사에게 보고하여야 한다**(제200조의4 제6항).[5] [국가9급 09/10, 경찰승진 10/11/12, 경찰채용 08 3차/09 1차/10 2차/12 3차/13 1차] 이는 긴급체포자를 석방한 사법경찰관의 검사에 대한 즉시보고의무를 규정함으로써 검사의 법원에 대한 통지의무를 원활히 함과 동시에 사법경찰관에 대한 검사의 감독을 통해 긴급체포 남용을 방지하고자 함에 그 취지가 있다.

② **검사의 법원에 대한 통지의무** : 검사는 구속영장을 청구하지 아니하고 피의자를 석방한 경우에는 석방한 날부터 **30일 이내에 서면으로 긴급체포의 이유 및 석방사유 등의 사항을 법원에 통지하여야 한다.** 이 경우 긴급체포서의 사본을 첨부하여야 한다. [경찰승진 13, 경찰채용 08 3차] 법원에 통지해야 할 사항들은 다음과 같다 : "1. 긴급체포 후 석방된 자의 인적사항, 2. 긴급체포의 일시 · 장소와 긴급체포하게 된 구체적 이유, 3. 석방의 일시 · 장소 및 사유, 4. 긴급체포 및 석방한 검사 또는 사법경찰관의 성명"(제200조의4 제4항)

③ **피의자 측의 통지서 등 열람 · 등사권** : 긴급체포 후 석방된 자 또는 그 변호인 · 법정대리인 · 배우자 · 직계친족 · 형제자매는 **통지서 및 관련 서류를 열람하거나 등사할 수 있다**(제200조의4 제5항). [국가9급 10, 국가9급개론 17, 경찰승진 11/14]

④ **재체포의 제한** : 긴급체포가 되었으나 구속영장을 청구하지 아니하거나 구속영장을 발부받지 못하여 석방한 피의자는 **영장 없이는 동일한 범죄사실에 관하여 다시 체포하지 못한다**(제200조의4 제3항). [법원9급 14, 국가9급개론 17, 경찰간부 13, 경찰승진 08/09, 경찰채용 12 2차/21 1차] 따라서 긴급체포 후 영장 미청구이든 영장 기각이든 그 사유를 불문하고 석방된 자에 대해서는 설사 새로운 중요한 증거자료가 발견되거나 피의자가 도망 또는 증거를 인멸할 경우라 하더라도 긴급체포는 불가하다(긴급체포 – 석방 – 긴급체포 : ×). [국가7급 11, 국가9급 10/11, 교정9급특채 12, 경찰승진 11, 경찰15 3차] 다만, 긴급체포 후 석방된 자에 대한 영장에 의한 체포는

---

1) [참고] 통지대상이 없으면 그 취지를 기재한 서면을 수사기록에 편철한다(규칙 제51조 제2항 제2문).

2) [참고] 구속영장을 '지체 없이' 청구하라는 의미 : 주의적 요건설과 기속적 요건설이 대립하나, 기속적 요건설이 타당하다고 생각된다. 본서의 특성상 논의는 생략한다.

3) [참고] 긴급체포의 위법과 구속영장기각의 관계 : 고려해서는 안 된다는 입장(이/조)과 고려해야 한다는 입장(多)이 대립하나, 논의는 생략한다.

4) [참고] 구속기간에의 산입 : 긴급체포된 피의자에 대한 구속기간은 피의자를 체포한 날부터 기산한다(제203조의2).

5) [참고] 수사준칙 제36조(피의자의 석방) ① 검사 또는 사법경찰관은 법 제200조의2제5항(영장체포 후 구속영장 청구 없이 석방) 또는 제200조의4 제2항(긴급체포 후 구속영장 미청구 또는 미발부 시 석방)에 따라 구속영장을 청구하거나 신청하지 않고 체포 또는 긴급체포한 피의자를 석방하려는 때에는 다음 각 호의 구분에 따른 사항을 적은 피의자 석방서를 작성해야 한다.
 1. 체포한 피의자를 석방하려는 때 : 체포 일시 · 장소, 체포 사유, 석방 일시 · 장소, 석방 사유 등
 2. 긴급체포한 피의자를 석방하려는 때 : 법 제200조의4제4항 각 호의 사항
② 사법경찰관은 제1항에 따라 피의자를 석방한 경우 다음 각 호의 구분에 따라 처리한다.
 1. 체포한 피의자를 석방한 때 : 지체 없이 검사에게 석방사실을 통보하고, 그 통보서 사본을 사건기록에 편철한다.
 2. 긴급체포한 피의자를 석방한 때 : 법 제200조의4제6항에 따라 즉시 검사에게 석방 사실을 보고하고, 그 보고서 사본을 사건기록에 편철한다.

가능하다(긴급체포 – 석방 – 영장체포 : ○). [경찰채용 12 3차/15 2차/13 1 · 2차]

비교 [재구속의 제한] 검사 · 사경에 의하여 구속되었다가 석방된 자는 다른 중요한 증거를 발견한 경우를 제외하고는 동일한 범죄사실에 관하여 재차 구속하지 못한다(제208조 제1항)(구속 – 석방 – 다중× – 구속×)(다중 – 구/기/재). 다만, 이는 법원의 구속에는 적용되지 않는다.

Ⅲ 현행범체포

제211조(현행범인과 준현행범인) ① 범죄를 실행하고 있거나 실행하고 난 직후의 사람을 현행범인이라 한다.
② 다음 각 호의 어느 하나에 해당하는 사람은 현행범인으로 본다.
1. 범인으로 불리며 추적되고 있을 때
2. 장물이나 범죄에 사용되었다고 인정하기에 충분한 흉기나 그 밖의 물건을 소지하고 있을 때
3. 신체나 의복류에 증거가 될 만한 뚜렷한 흔적이 있을 때
4. 누구냐고 묻자 도망하려고 할 때

제212조(현행범인의 체포) 현행범인은 누구든지 영장 없이 체포할 수 있다.[1]

1. 의 의

(1) 개념 : 현행범인이나 준현행범인을 누구나 영장 없이 체포할 수 있는 제도이다. 현행범체포는 긴급체포와 함께 대인적 강제수사에 있어서 영장주의의 예외로 인정된다.

(2) 현행범인의 의의

① 고유한 의미의 현행범인 : 범죄를 실행하고 있거나(실행 중) 실행하고 난 직후(실행 직후)의 사람을 말한다(2020.12.8. 우리말 순화 개정법 제211조 제1항). [해경간부 12, 경찰승진 09]

(가) 범죄의 실행 중 : 범죄의 실행에 착수하여 종료하지 못한 상태를 말한다.

㉠ 미수, 예비 · 음모 : 미수범은 실행의 착수가, 예비 · 음모범은 예비 · 음모행위가 있으면 현행범인에 해당한다. 기도된 교사는 형법상 예비 · 음모로 처벌되므로(형법 제31조 제2항 · 제3항) 교사행위가 예비 · 음모행위가 되어 현행범에 해당하게 된다.

㉡ 교사범 · 종범 : 공범종속성원칙상 정범의 실행행위가 개시된 때에 현행범인이 된다.

(나) 범죄의 실행 직후 : 범죄의 실행행위를 종료한 직후를 말한다.

㉠ 실행 직후 : 시간적 접착성이 인정되는 시점을 말하는바, 범죄의 실행행위를 **끝마친 순간 또는 이에 접착된 시간적 단계**까지를 의미한다. [경찰승진 09/14] 즉, 범죄의 실행행위를 종료한 직후의 범인이라는 것이 **체포하는 자의 입장**에서 볼 때 명백한 경우를 말하므로 [경찰승진 10/11/12/14, 경찰채용 11 1차/13 2차], **시간적 · 장소적으로 보아 체포를 당하는 자가 방금 범죄를 실행한 범인이라는 점에 관한 죄증이 명백히 존재하는 것으로 인정되어야 현행범인으로 볼 수 있다**(대법원 2006.2.10, 2005도7158 등). [경찰승진 09/10, 경찰채용 10 2차/11 1차/16 1차]

㉡ 결과 불요 : 실행 직후는 실행행위를 전부 종료하였을 것을 요하지 않으며, 결과발생에 이를 필요는 더더욱 없다.

② 준현행범인 : 현행범인은 아니지만 현행범인으로 보는 다음과 같은 자를 말한다(제211조 제2항).

(가) **범인으로 불리며 추적되고 있는 때**(제1호) : 범인으로 불리며 쫓기고 있는 경우이다. [경찰간부 13] 호창 · 추적의 주체에는 제한이 없다.

(나) **장물이나 범죄에 사용되었다고 인정하기에 충분한 흉기나 그 밖의 물건을 소지하고 있을 때**(제2호) : 현재 소지하고 있어야 하므로, 흉기를 소지하고 있다고 지적되고 있는 자는 포함되지 않는다. [법원9급 08]

(다) **신체 또는 의복류에 증거가 될 만한 뚜렷한 흔적이 있는 때**(제3호) : 객관적 · 외부적으로 범죄의 흔적이 명백한 경우를 말한다.

---

1) [참고] 헌법 제12조 ③ 체포 · 구속 · 압수 또는 수색을 할 때에는 적법한 절차에 따라 검사의 신청에 의하여 법관이 발부한 영장을 제시하여야 한다. 다만, 현행범인인 경우와 장기 3년 이상의 형에 해당하는 죄를 범하고 도피 또는 증거인멸의 염려가 있을 때에는 사후에 영장을 청구할 수 있다.

(라) **누구냐고 묻자 도망하려고 하는 때**(제4호) [경찰채용 11 2차] : 누구임을 묻는 주체는 수사기관에 한하지 않고 사인을 포함한다. 다른 상황을 종합하여 죄를 범하였다는 사실이 충분히 인정될 것을 요한다.[1]

정리 준현행범인 : 준/호/장/신/물 (준호가 장에서 신물이 났다)

정리 현행범인과 준현행범인의 개념은 서로 다름.

2. 요건 [현-현/명(가)/필]

(1) 범죄 · 범인의 명백성

① 특정 범죄의 범인 : 체포의 시점에서 **특정 범죄의 범인임이 명백**하여야 한다. 즉, **체포 당시의 구체적 상황**을 기초로 객관적으로 판단하여야 하고, 사후에 범인으로 인정되었는지에 의할 것은 아니다(대법원 2013.8.23, 2011도4763).

② 범죄의 가벌성 : 외형상 죄를 범한 것처럼 보일지라도 위법성조각사유나 책임조각사유가 존재하여 범죄불성립이 명백한 경우에는 현행범인으로 체포할 수 없다. 또한 인적 처벌조각사유가 존재하여 처벌조건이 구비되지 않음이 명백한 경우나 미수 · 예비 · 음모의 처벌규정이 없는 경우에도 역시 체포할 수 없다.

예 형사미성년자의 행위, 직계혈족 · 배우자 간의 절도행위, 미수를 벌하지 않는 폭행을 아직 행하지 않은 경우 등

③ 소송조건 불요 : 소송조건은 체포의 요건이 아니므로, 친고죄의 경우 고소가 없어도 체포할 수 있다. 다만, 고소의 가능성이 없다면 체포할 수 없다.

(2) 체포의 필요성

① 문제점 : 현행범인의 체포에 있어서도 긴급체포와 마찬가지로 구속사유(도망 또는 증거인멸의 염려)가 필요한가에 대해서 견해가 대립된다.

② 학설 · 판례 : 학설로는 ㉠ 적극설(判), ㉡ 소극설(多), ㉢ 절충설이 대립한다.[2] 판례는 **적극설**이다. [법원9급 14, 국가7급 14, 경찰승진 10/11/14, 경찰채용 04 3차/11 1차/13 2차/16 1차]

판례연구 적법한 현행범인 · 준현행범인 체포에 해당한다는 사례

1. 대법원 1993.8.13, 93도926 [경찰승진 11, 경찰채용 09 1차/11 2차/24 1차]

경찰관이 112 신고를 받고 출동하여 피고인을 체포하려고 할 때는, 피고인이 무학여고 앞길에서 피해자의 자동차를 발로 걷어차고 그와 싸우는 범행을 한 지 겨우 10분 후에 지나지 않고, 그 장소도 범행 현장에 인접한 위 학교의 운동장이며, 위 피해자의 친구가 112 신고를 하고 나서 피고인이 도주하는지 여부를 계속 감시하고 있던 중 위 신고를 받고 출동한 위 경찰관들에게 피고인을 지적하여 체포하도록 하였다면, 피고인은 "범죄 실행의 즉후인 자"로서 현행범인에 해당한다.

2. 대법원 2000.7.4, 99도4341 [법원9급 04, 국가7급 13/14, 경찰채용 09 1차/11 2차]

순찰 중이던 경찰관이 교통사고를 낸 차량이 도주하였다는 무전연락을 받고 주변을 수색하다가 범퍼 등의 파손상태로 보아 사고차량으로 인정되는 차량에서 내리는 사람을 발견한 경우, 형사소송법 제211조 제2항 제2호 소정의 '장물이나 범죄에 사용되었다고 인정함에 충분한 흉기 기타의 물건을 소지하고 있는 때'에 해당하므로 준현행범으로서 영장 없이 체포할 수 있다.

3. 대법원 2006.2.10, 2005도7158 [경찰승진 09/10/12/14, 경찰채용 10 2차/11 1차/13 2차]

형사소송법 제211조가 현행범인으로 규정한 '범죄의 실행의 즉후인 자'라고 함은 범죄의 실행행위를 종료한 직후의 범인이라는 것이 체포하는 자의 입장에서 볼 때 명백한 경우를 일컫는 것이고, [경찰채용 11 1차/경찰채용 13 2차/경찰승진 10 · 11 · 12 · 14] '범죄의 실행행위를 종료한 직후'라고 함은 범죄행위를 실행하여 끝마친 순간 또는 이에 아주 접착된 시간적 단계를 의미하는 것으로 해석되므로, 시간적으로나 장소적으로 보아 체포를 당하는 자가 방금 범죄를 실행한 범인이라는 점에 관한 죄증이 명백히 존재하는 것으로 인정된다면 현행범인으로 볼 수 있다(대법원 1995.5.9, 94도3016; 2002.5.10, 2001도300 등 참조). 술에 취한 피고인이 목욕탕 탈의실에서 피해자를 구타하고 약 1분여 동안 피해자의 목을 잡고 있다가 그 곳에 있던 다른 사람들이 말리자 잡고 있던 피해자의 목을 놓은 후 위 목욕탕 탈의실 의자에 앉아 있다가 옷을 입고 있었다면, 경찰관들이 바로 출동하여 옷을 입고 있는 피고인을 상해죄의 현행범인으로 체포한 것은 적법하다.

---

1) [참고] 입법론상 의문을 제기하는 입장도 있다. 이/조, 242면 등.

2) [참고] 소극설이 타당하다. 현행범체포는 범죄와 범인이 명백한 경우 예외적으로 인정되는 인신구속제도이고 사인의 현행범체포도 가능하므로, 별도의 구속사유는 필요 없다고 해야 하기 때문이다.

4. 대법원 2016.2.18, 2015도13726 [국가7급 17, 국가9급 20]

현행범인으로 체포하기 위하여는 행위의 가벌성, 범죄의 현행성·시간적 접착성, 범인·범죄의 명백성 외에 체포의 필요성, 즉 도망 또는 증거인멸의 염려가 있어야 하는데(필요성 적극설), 이러한 현행범인 체포의 요건을 갖추었는지는 체포 당시의 상황을 기초로 판단하여야 하고, 이에 관한 수사주체의 판단에는 상당한 재량의 여지가 있다고 할 것이다. 따라서 체포 당시의 상황에서 보아 그 요건에 관한 수사주체의 판단이 경험칙에 비추어 현저히 합리성이 없다고 인정되지 않는 한 수사주체의 현행범인 체포를 위법하다고 단정할 것은 아니다(대법원 2012.11.29, 2012도8184 등). 피고인이 바지선에 승선하여 밀입국하면서 필로폰을 밀수입하는 범행을 실행 중이거나 실행한 직후에 검찰수사관이 바지선 내 피고인을 발견한 장소 근처에서 필로폰이 발견되자 곧바로 피고인을 체포하였으므로 이는 현행범 체포로서 적법하고, 체포 당시 상황에서 피고인이 밀입국하면서 필로폰을 밀수한 현행범인에 해당하지 않는다거나 그에 관한 검찰수사관의 판단이 경험칙에 비추어 현저히 합리성이 없다고 볼 수는 없다.

판례연구 적법한 현행범인·준현행범인 체포에 해당하지 않는다는 사례(1~3 : 명백성 ×, 4 : 필요성 ×)

1. 대법원 1989.12.12, 89도1934 [법원9급 04]

경찰관이 주민의 신고를 받고 현장에 도착했을 때에는 이미 싸움이 끝난 상태였다면 현행범에 해당하지 않으므로 경찰관이 임의동행을 거부하는 피고인을 체포하려는 행위는 적법한 공무집행이라 볼 수 없다.

2. 대법원 1991.9.24, 91도1314 [법원9급 04, 경찰채용 09 1차/11 2차]

교사가 교장실에 들어가 불과 약 5분 동안 식칼을 휘두르며 교장을 협박하는 등의 소란을 피운 후 40여분 정도가 지나 경찰관들이 출동하여 교장실이 아닌 서무실에서 그를 연행하려 하자 그가 구속영장의 제시를 요구하면서 동행을 거부하였다면, 체포 당시 서무실에 앉아 있던 위 교사가 방금 범죄를 실행한 범인이라는 죄증이 경찰관들에게 명백히 인식될 만한 상황이었다고 단정할 수 없다.

3. 대법원 2007.4.13, 2007도1249 [경찰승진 14]

음주운전을 종료한 후 40분 이상이 경과한 시점에서 길가에 앉아 있던 운전자를 술냄새가 난다는 점만을 근거로 음주운전의 현행범으로 체포한 것은 적법한 공무집행으로 볼 수 없다.

4. 대법원 2011.5.26, 2011도3682 [법원9급 14, 국가7급 14, 경찰승진 12/22, 경찰채용 13 2차/15 2차/16 1차]

현행범인 체포의 요건을 갖추었는지는 체포 당시 상황을 기초로 판단하여야 하고, 이에 관한 ① 검사나 사법경찰관 등 수사주체의 판단에는 상당한 재량 여지가 있으나, ② 체포 당시 상황으로 보아도 요건 충족 여부에 관한 검사나 사법경찰관 등의 판단이 경험칙에 비추어 현저히 합리성을 잃은 경우에는 그 체포는 위법하다고 보아야 한다. 따라서 피고인이 경찰관의 불심검문을 받아 운전면허증을 교부한 후 경찰관에게 큰 소리로 욕설을 하였는데, 경찰관이 모욕죄의 현행범으로 체포하겠다고 고지한 후 피고인의 오른쪽 어깨를 붙잡자 반항하면서 경찰관에게 상해를 가한 경우, 피고인은 경찰관의 불심검문에 응하여 이미 운전면허증을 교부한 상태이고, 경찰관뿐 아니라 인근 주민도 욕설을 직접 들었으므로, 피고인이 도망하거나 증거를 인멸할 염려가 있다고 보기는 어렵고, 피고인의 모욕 범행은 불심검문에 항의하는 과정에서 저지른 일시적, 우발적인 행위로서 사안 자체가 경미할 뿐 아니라, 피해자인 경찰관이 범행현장에서 즉시 범인을 체포할 급박한 사정이 있다고 보기도 어려우므로, 경찰관이 피고인을 체포한 행위는 적법한 공무집행이라고 볼 수 없고, 피고인이 체포를 면하려고 반항하는 과정에서 상해를 가한 것은 불법체포로 인한 신체에 대한 현재의 부당한 침해에서 벗어나기 위한 행위로서 정당방위에 해당한다.

(3) 비례성의 원칙－경미사건 특칙 : **다액 50만원 이하**의 벌금, 구류 또는 과료에 해당하는 죄의 현행범인에 대하여는 －원칙적으로 현행범체포가 안 되고 [경찰채용 05 2차]－ 범인의 **주거가 분명하지 아니한 때**에 한하여 현행범인으로 체포할 수 있다(제214조). [경찰간부 13, 해경간부 12, 경찰채용 13 2차/16 1차]

(4) 국회의원의 불체포특권 : 국회의원은 회기 중 국회의 동의 없이 체포 또는 구금되지 아니한다. 다만, 이는 **현행범인의 경우에는 해당되지 않는다**(헌법 제44조 제1항). 또한 국회의원이 회기 전 체포·구금된 때에도 국회의 요구가 있으면 회기 중 석방되는데, 이 또한 현행범인인 경우에는 적용되지 않는다(헌법 동조 제2항). [법원행시 03, 경찰승진 12]

3. 절 차

(1) 체 포

① 체포의 주체 : 현행범체포는 수사기관·사인을 불문하고 **누구든지** 할 수 있다. 다만, 수사기관과는 달리 **사인**에게는 체포권만 있고 체포의무는 없다.

② 미란다원칙 고지의무 : **수사기관**이 현행범을 체포할 경우에는 범죄사실의 요지, 체포의 이유와 변호인

을 선임할 수 있음을 말하고 변명할 기회를 준 후가 아니면 체포할 수 없다(헌법 제12조 제5항, 법 제213조의2, 제200조의5)(진술거부권 고지도 포함됨, 수사준칙 제32조 제1항). [경찰채용 09 1차/11] 다만, **사인**에게는 이러한 고지의무가 없다.

③ **체포시의 압수 · 수색 · 검증 : 수사기관**이 현행범인을 체포하는 경우에 필요한 때에는 ㉠ 영장 없이 타인의 주거에 들어가 피의자를 수색할 수 있고, ㉡ 체포현장에서 영장 없이 압수 · 수색 · 검증을 할 수 있다(제216조 제1항). [법원9급 15, 경찰채용 15 2차]

(2) 체포 후 절차

① **사인 체포시 현행범인의 인도의무** : ㉠ 검사 또는 사법경찰관리 아닌 자가 현행범인을 체포한 때에는 **즉시 검사 또는 사법경찰관리에게 인도**하여야 한다(제213조 제1항). 여기서 '즉시'라 함은 **불필요한 지체를 함이 없어야 한다**는 의미이다(대법원 2011.12.22, 2011도12927). 이때 수사기관은 현행범인인수서를 작성한다. 또한 사인이 체포한 현행범인을 인도하지 않고 **석방하는 것은 허용되지 않는다.** ㉡ 사법경찰관리가 현행범인의 인도를 받은 때에는 체포자의 성명, 주거, 체포의 사유를 물어야 하고 필요한 때에는 체포자에 대하여 **경찰관서에 동행함을 요구할 수 있다**(동조 제2항). [경찰승진 11, 경찰채용 13 2차/16 1차]

대법원 2011.12.22, 2011도12927 : 소말리아 해적 사건 [경찰채용 23 1차]

사인의 현행범 인도에 있어서 즉시의 의미 : 소말리아 해적 사건

현행범인은 누구든지 영장 없이 체포할 수 있고(제212조), 검사 또는 사법경찰관리 아닌 이가 현행범인을 체포한 때에는 즉시 검사 등에게 인도하여야 한다(제213조 제1항). 여기서 '즉시'라고 함은 반드시 체포시점과 시간적으로 밀착된 시점이어야 하는 것은 아니고, '정당한 이유 없이 인도를 지연하거나 체포를 계속하는 등으로 불필요한 지체를 함이 없이'라는 뜻으로 볼 것이다.

② **사인으로부터 현행범인을 인도받은 수사기관의 미란다원칙 고지의무** : 수사기관이 현행범인을 인도받는 경우에는 피의사실의 요지, 체포의 이유와 변호인을 선임할 수 있음을 말하고 변명할 기회를 주어야 한다(제213조의2, 제200조의5)(진술거부권 고지도 포함됨, 수사준칙 제32조 제1항).

③ **변호인 등에 대한 통지의무** : ㉠ 피의자를 체포한 때에는 변호인이 있는 경우에는 변호인에게, ㉡ 변호인이 없는 경우에는 제30조 제2항에 규정한 자(법정대리인 · 배우자 · 직계친족 · 형제자매) 중 피의자가 지정한 자에게 피의사건명, 체포일시와 장소, 범죄사실의 요지, 체포의 이유와 변호인을 선임할 수 있는 취지를 알려야 한다(제213조의2, 제87조 제1항). ㉢ 통지대상이 없는 경우에는 그 취지를 기재한 서면을 수사기록에 편철한다(규칙 제51조 제2항 제2문). 위 통지는 **지체 없이 서면**으로 하여야 한다(제87조 제2항). 여기서 '지체 없이'의 시간적 한계는 체포한 때로부터 늦어도 **24시간** 이내이다(규칙 제100조 제1항 본문, 제51조 제2항 제1문).

(3) 구속과 석방

① **구속영장의 청구** : 체포한 피의자를 구속하고자 할 때에는 체포한 때부터 **48시간 이내**에 구속영장을 청구하여야 한다(제213조의2, 제200조의2 제5항). [경찰채용 05 2차/12 3차] 검사 또는 사법경찰관리가 아닌 자에 의하여 현행범인이 체포된 후 불필요한 지체 없이 검사 등에게 인도된 경우에는 위 48시간의 기산점은 체포시가 아니라 **현행범인을 인도받은 때**이다(대법원 2011.12.22, 2011도12927).[1] [법원9급 13/14, 경찰채용 12 2차/15 3차/21 2차/24 1차]

② **구속기간의 계산** : 현행범인으로 체포된 자에 대한 **구속기간은 체포한 날로부터 기산**한다(제203조의2). [국가9급 10]

③ **석방** : 체포한 후 48시간 이내에 구속영장을 청구하지 않거나, 청구를 하였지만 구속영장을 발부받지 못한 때에는 피의자를 **즉시 석방**하여야 한다(제200조의4 제2항). [경찰승진 11, 경찰채용 06 1차]

1) [판례] 청해부대 소속 군인들이 소말리아 해적인 피고인들을 현행범인으로 체포한 것은 검사 등이 아닌 이에 의한 현행범인 체포에 해당하고, 피고인들 체포 이후 국내로 이송하는 데에 약 9일이 소요된 것은 공간적 · 물리적 제약상 불가피한 것으로 정당한 이유 없이 인도를 지연하거나 체포를 계속한 경우로 볼 수 없으며, 경찰관들이 피고인들의 신병을 인수한 때로부터 48시간 이내에 청구하여 발부된 구속영장에 의하여 피고인들이 구속되었으므로, 피고인들은 적법한 체포, 즉시 인도 및 적법한 구속에 의하여 공소제기 당시 국내에 구금되어 있다 할 것이어서 현재지인 국내법원에 토지관할이 있다(위 판례).

02 구 속

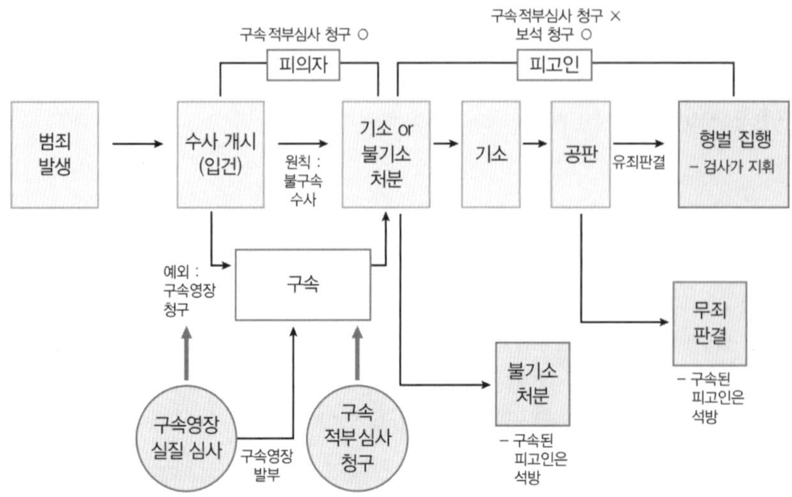

I 의의와 목적

1. 의 의

(1) **개념** : 구속(拘束, detention, Untersuchungshaft)이라 함은 피의자 · 피고인의 신체의 자유를 비교적 장기간 제한하는 강제처분으로서, 구인과 구금을 포함하는 개념이다(제69조). 여기서 구인이란 강제적으로 신병을 단기간 인치하는 것을 말하며, 구금이란 장기간에 걸쳐 신병을 감금하는 것을 말한다.

① **구인**(拘引) : 피의자 · 피고인을 법원 기타의 장소에 실력을 행사하여 인치하는 강제처분을 말한다. 인치 후 구금할 필요가 없다고 인정한 때에는 그 **인치한 때로부터 24시간 내**에 석방하여야 한다(제71조, 제209조). [법원9급 15, 경찰채용 08 3차/16 1차] 법원은 인치받은 피고인을 유치할 필요가 있는 때에는 교도소 · 구치소 또는 경찰서 유치장에 유치할 수 있는데, 이 경우 유치기간도 인치한 때로부터 24시간을 초과할 수 없다(제71조의2). [법원승진 09]

정리 후술하는 영장실질심사의 피의자 구인도 같다(제201조의2 제10항).

② **구금**(拘禁) : 피의자 · 피고인을 교도소 · 구치소 등에 감금하는 강제처분을 말한다. 이는 미결구금이라는 점에서 형벌에 속하는 구류(형법 제46조)와 구별된다.

(2) 유 형

① **피의자의 구속** : 수사절차에서 수사기관이 검사의 청구에 의하여 법관이 발부한 구속영장에 의하여 피의자를 구인 또는 구금하는 것을 말한다. 여기에는 피의자를 체포한 후 구속하는 경우뿐 아니라 체포되지 않은 피의자를 구속영장에 의하여 구속시키는 경우도 있다. 이렇듯 우리 법은 구속 전 반드시 체포를 거쳐야 한다는 체포전치주의를 채택하지는 않고 있다. [법원행시 02, 경찰채용 01 3차/06 1차]

정리 피의자 구속에 있어서 피의자는 체포된 자일 것을 요하지 않는다.

② **피고인의 구속** : 공소제기 후 수소법원이 구속영장에 의하여 피고인을 구인 또는 구금하는 것을 말한다. 우리 형사소송법은 피고인 구속을 규정하고 피의자 구속은 이를 준용하는 형식을 취하고 있다.

(3) **구속영장의 유형** : 구인을 위한 구속영장인 구인영장(구인장)과 구금을 위한 구속영장인 구금영장(보통의 구속영장)으로 나누어 볼 수 있다. 구인장으로는 구금할 수 없으나 **구금영장으로는 구인이 가능**하다. 따라서 구속된 피고인이 피의자신문을 위한 출석요구를 거부하는 경우에는 구속영장의 효력에 의하여 피의자를 조사실로 구인할 수 있다.

판례연구 구속영장의 유형 : 구속(구금)영장으로 구인이 가능하다는 사례

대법원 2013.7.1, 2013모160 [법원9급 15, 경찰승진 22, 경찰채용 14 1차/15 3차/16 1차/22 1차/24 1차]

구속영장 발부에 의하여 적법하게 구금된 피의자에 대한 구인 및 신문 전 진술거부권 고지

수사기관이 관할 지방법원판사가 발부한 구속영장에 의하여 피의자를 구속하는 경우, 그 구속영장은 기본적으로 장차 공판정에의 출석이나 형의 집행을 담보하기 위한 것이지만, 이와 함께 구속기간의 범위 내에서 수사기관이 법 제200조, 제241조 내지 제244조의5에 규정된 피의자신문의 방식으로 구속된 피의자를 조사하는 등 적정한 방법으로 범죄를 수사하는 것도 예정하고 있다고 할 것이다. 따라서 구속영장 발부에 의하여 적법하게 구금된 피의자가 피의자신문을 위한 출석요구에 응하지 아니하면서 수사기관 조사실에 출석을 거부한다면 수사기관은 그 구속영장의 효력에 의하여 피의자를 조사실로 구인할 수 있다고 보아야 한다. 다만, 이러한 경우에도 그 피의자신문 절차는 어디까지나 법 제199조 제1항 본문, 제200조의 규정에 따른 임의수사의 한 방법으로 진행되어야 하므로, 피의자는 헌법 제12조 제2항과 법 제244조의3에 따라 일체의 진술을 하지 아니하거나 개개의 질문에 대하여 진술을 거부할 수 있고, 수사기관은 피의자를 신문하기 전에 그와 같은 권리를 알려주어야 한다.

2. 목적과 통제

구속은 ① 수사 · 공판 등 형사절차에서의 피의자 · 피고인의 출석을 보장하고, 증거인멸에 의한 수사와 심리의 방해를 제거하며(형사소송의 원활한 진행), ② 장차 확정될 형벌의 집행을 확보하는 것(형집행의 담보)을 그 목적으로 하고 있고 이러한 목적을 실현하기 위한 가장 효과적인 수단이다. 그러나 동시에 구속은 인권침해의 소지가 가장 큰 강제처분이므로 어디까지나 예외적으로 운용되는 최후의 수단이어야 한다. 따라서 사전적으로 구속영장의 발부에 신중을 기함과 아울러 사후적으로는 적부심 · 보석 등의 사후구제절차를 보다 활성화하여 피의자와 피고인의 방어권을 최대한 보장하여야 한다.

Ⅱ 요 건

제201조(구속) ① 피의자가 죄를 범하였다고 의심할 만한 상당한 이유가 있고 제70조 제1항 각 호의 1에 해당하는 사유가 있을 때에는 검사는 관할 지방법원판사에게 청구하여 구속영장을 받아 피의자를 구속할 수 있고 사법경찰관은 검사에게 신청하여 검사의 청구로 관할 지방법원판사의 구속영장을 받아 피의자를 구속할 수 있다. 다만, 다액 50만원 이하의 벌금, 구류 또는 과료에 해당하는 범죄에 관하여는 피의자가 일정한 주거가 없는 경우에 한한다.

제70조(구속의 사유) ① 법원은 피고인이 죄를 범하였다고 의심할 만한 상당한 이유가 있고 다음 각 호의 1에 해당하는 사유가 있는 경우에는 피고인을 구속할 수 있다.

1. 피고인이 일정한 주거가 없는 때
2. 피고인이 증거를 인멸할 염려가 있는 때
3. 피고인이 도망하거나 도망할 염려가 있는 때

1. 범죄혐의

피의자 · 피고인이 죄를 범하였다고 의심할 만한 상당한 이유가 있어야 한다(제201조 제1항, 제70조 제1항). 범죄혐의는 유죄판결의 경우와 같이 합리적 의심을 배제할 정도의 고도의 증명(證明)을 요하는 것은 아니지만, 수사기관의 주관적 혐의로는 부족하고 무죄추정을 깨뜨릴 수 있을 정도의 유죄판결에 대한 **고도의 개연성**과 이를 뒷받침할 구체적 소명(疏明)자료에 의한 **객관적 혐의**가 인정되어야 한다. 따라서 위법성 · 책임조각사유가 존재할 경우 및 소송조건의 흠결이 명백한 경우에는 범죄혐의를 인정할 수 없다.

2. 구속사유(도/도증) [법원승진 08]

(1) 증거인멸의 염려

① 증거인멸 : 피의자를 구속하지 않으면 증거방법을 훼손 · 변경 · 위조하거나 공범 · 증인 · 감정인 등에게 위증을 교사하는 등 부정한 영향을 끼쳐 수사와 공판의 진행을 혼란시킴으로써 사실인정과 진실발견을 곤란하게 하는 것을 말한다. 즉, 실체적 진실발견을 어렵게 만드는 것을 방지하고자 함에 근거한 구속사유에 해당한다. 다만, 여기의 증거에는 피의자 자신의 진술은 포함되지 않으므로 구속전피의자심문에 피의자가 출석을 거부하거나 진술거부권을 행사하는 것은 여기에 해당하지 아니한다.[1]

1) [참고] 피의자와 변호인이 피의자에게 유리한 증거를 수집하는 것은 당연한 권리이다. 따라서 피의자와 변호인이 사건 관계자로부터 사정을 청취

② **염려** : 증거를 인멸할 일반적 · 추상적 위험성으로는 부족하고 고도의 개연성(**구체적 위험성**)이 있는 것을 말한다. 따라서 피의자의 진술거부권 행사, 자백의 거부, 범행의 부인 등이 있다고 하여 증거인멸의 구체적 위험을 바로 인정할 수는 없다. 피의자의 자백 여부를 증거인멸의 염려를 판단하는 결정적 기준으로 삼는다면, 이는 결국 구속을 수단으로 자백을 강요하는 것이 되어 적법절차원칙 및 자백배제법칙(제309조)의 취지와도 충돌하게 되기 때문이다. 따라서 증거인멸의 구체적 위험성을 소명할 별도의 자료를 검사가 제출하여야 하며, 법원 또는 법관은 증거인멸의 염려는 여러 요소를 종합적으로 고려하여 판단하되,[1] 증거인멸의 객관적 가능성 내지 실효성 이외에도 주관적으로 피의자에게 증거인멸의 의도가 있는가도 판단하여 구속사유를 심사하여야 한다.

(2) 도망 또는 도망할 염려

① **도망** : 형사절차를 피하기 위하여 생활의 중심지를 이탈하여 그 소재가 불명하게 된 경우를 말한다. 도망 또는 도망할 염려를 구속사유로 규정한 것은 피의자가 수사절차 및 재판절차의 출석과 형집행 등을 회피할 목적으로 도망 또는 도망할 염려가 있는 때에는 그를 구속함으로써 신병을 확보하고자 함에 그 이유가 있다.

② **도망할 염려** : 도망을 할 고도의 개연성(구체적 위험성)이 있는 것을 말한다. 도망할 염려는 범죄사실에 관한 사정, 피의자의 개인적 사정, 가족관계, 사회적 환경 등 여러 요소를 종합적으로 고려하여 판단하되,[2] 피의자 자신에게 도망할 주관적 의도가 있어야 한다. 다만, 출석요구에 응하지 않을 우려가 있다고 하여 여기에 해당한다고 할 수는 없다. [교정9급특채 10]

(3) 주거부정

① **주거부정**(住居不定) : 피의자 · 피고인에게 어느 정도 계속하여 기거할 만한 일정한 생활의 본거지가 없는 경우를 말한다. 구속의 사유로 '일정한 주거가 없는 때'를 따로 규정한 것은 형사절차에서의 출석확보의 목적을 달성하기 위한 취지이다.

② **보조적 사유** : 주거부정은 도망의 염려를 판단하는 보조적 자료가 될 뿐이므로 원칙적으로 독자적인 구속사유에 해당하지 않는다. 따라서 피의자가 일정한 주거가 없더라도, 다른 여러 사정들과 종합하여 고려할 때 피의자가 도망할 염려가 있는 경우에 해당한다고 인정할 수 있는 경우 등에 한하여 '주거부정'이라는 구속의 사유가 있는 것으로 볼 수 있다. 다만, 경미사건(50만원 이하의 벌금, 구류, 과료)의 경우에는 피의자가 일정한 주거가 없는 경우에 한하여 구속영장을 청구할 수 있다는 점에서 독자적인 구속사유가 된다. [법원9급 15]

정리 경미범죄 특칙 : ① 영장에 의한 체포 : 주거부정 or 출석요구불응, ② 긴급체포 : ×, ③ 현행범체포 : 주거부정, ④ 구속 : 주거부정

3. 비례성의 원칙

(1) 의의 : 형사소송법은 "피의자에 대한 수사는 불구속상태에서 함을 원칙으로 한다(제198조 제1항)."라고 규정하여 불구속수사의 대원칙을 명시하고 있으며, "수사에 관하여는 그 목적을 달성하기 위하여 필요한 조

하거나 피해 변상 및 합의를 위하여 피해자 등과 교섭을 하는 일 등은 당연히 허용된다고 보아야 하므로, 이를 증거인멸의 염려라는 구속사유로 판단해서는 안 된다. 즉, 증거인멸 염려라는 구속사유는 피의자의 방어권 행사의 보장과 직결되는 문제로서, 증거인멸의 염려를 확대해석하여 적용하는 경우에는 피의자의 방어권을 필요 이상으로 제약할 위험이 있으므로 신중하게 판단하여야 한다는 것이 법원실무의 입장이다. 법원실무 I 315면.

1) [참고] 인신구속사무의 처리에 관한 예규(재형 2003-4, 재판예규 제1410-8호) 제48조(증거를 인멸할 염려) 구속의 사유 중 증거를 인멸할 염려는 다음 각호의 요소를 종합적으로 고려하여 판단한다. ① 인멸의 대상이 되는 증거가 존재하는지 여부, ② 그 증거가 범죄사실의 입증에 결정적으로 영향을 주는지 여부, ③ 피의자 측에 의하여 그 증거를 인멸하는 것이 물리적 · 사회적으로 가능한지 여부, ④ 피의자 측이 피해자 등 증인에 대하여 어느 정도의 압력이나 영향력을 행사할 수 있는지 여부.

2) [참고] 인신구속사무의 처리에 관한 예규 제49조(도망할 염려) 구속의 사유 중 도망할 염려는 다음 각 호의 요소를 종합적으로 고려하여 판단한다.
1. 범죄사실에 관한 사정 : ① 범죄의 경중, 태양, 동기, 횟수, 수법, 규모, 결과 등, ② 자수 여부
2. 피의자의 개인적 사정 : ① 직업이 쉽게 포기할 수 있는 것인지 여부, ② 경력, 범죄경력, 범죄에 의존하지 아니하고도 생계를 유지하였는지 등 그 동안의 생계수단의 변천, ③ 약물복용이나 음주의 경력, 피의자의 도망을 억제할 만한 치료 중인 질병이 있는지 또는 출산을 앞두고 있는지 여부, ④ 다른 곳 특히 외국과의 연결점이 있는지 여부, 여권의 소지 여부 및 여행 특히 해외여행의 빈도
3. 피의자의 가족관계 : ① 가족 간의 결속력, ② 가족 중에 보호자가 있는지 여부, ③ 배우자 또는 나이가 어리거나 학생인 자녀가 있는지 여부, ④ 연로한 부모와 함께 거주하거나 부모를 부양하고 있는지 여부, ⑤ 피의자에 대한 가족들의 의존 정도, ⑥ 가족들이 피의자에게 양심에 호소하는 권고나 충고를 하여 피의자를 선행으로 이끌 만한 능력과 의사가 있는지 여부
4. 피의자의 사회적 환경 : ① 피의자의 지역사회에서의 거주기간 및 지역사회에서의 정착성의 정도, ② 피의자 가족의 지역사회와의 유대의 정도, ③ 교우 등 지원자가 있는지 여부

사를 할 수 있다. '다만, 강제처분은 이 법률에 특별한 규정이 있는 경우에 한하며, **필요한 최소한도의 범위 안에서만 하여야 한다**(법 제199조 제1항).'"라고 규정함으로써 강제처분에 관한 비례의 원칙을 선언하고 있다. 이에 강제처분 중 가장 큰 필요악(必要惡)인 구속의 요건으로서 비례성의 원칙이 요구됨은 당연한 것이다. 비례성원칙이란 형사소송의 확보라는 구속 목적에 비추어 신체의 자유 침해라는 구속 수단이 상당한 때에만 비로소 구속이 허용된다는 원칙이다.

(2) 내용 : 전술한 구속사유를 충족하더라도, 인신구속에 의한 피의자의 자유침해 등 고통 · 불이익 · 폐해[1]가 국가형벌권의 적정한 행사를 위하여 피의자를 구속하지 않으면 안 되는 적극적 필요성보다 현저히 클 경우에는 구속의 필요성 내지 비례성이 인정되지 않으므로 구속영장의 청구는 기각되어야 한다.

(3) 경미사건의 구속사유의 제한 : 50만원 이하의 벌금, 구류 또는 과료에 해당하는 범죄에 관하여는 피의자에게 **일정한 주거가 없는 때**에 한하여 구속할 수 있다(제201조 제1항 단서, 제70조 제3항). 다만, 이는 경미사건의 피의자에게 일정한 주거가 없다고 하여 바로 구속사유를 충족한다는 것을 의미하는 것이 아니고, 다른 구속사유(도/도증)가 충족되었다 하더라도 주거부정사유가 있어야 한다는 것을 말한다. 또한 경미사건의 피의자가 주거부정사유를 갖춘 경우에도 비례성원칙을 충족하였는지는 별도로 엄격하게 심사하여야 한다. 경미사건일수록 구속은 더 어렵게 되어야 마땅하기 때문이다.

4. 구속사유 심사시 고려사항

(1) 의의 : 2007년 개정법에서는 "법원은 구속사유를 심사함에 있어서 범죄의 중대성, 재범의 위험성, 피해자 및 중요 참고인 등에 대한 위해우려 등을 고려하여야 한다."라는 조항을 신설하였다(제70조 제2항). [법원승진 08] 이는 수사기관의 구속에도 준용된다(제209조). 다만, 이는 동조 제1항의 구속사유가 확대된 것은 아니라는 점에서, 독립적 구속사유가 아니라 구속사유 판단시의 일반적 고려사항일 뿐이다(법원개정법해설, 3면). [경찰채용 08 1차]

정리 중/재/해는 구속시 고려해라.

(2) 내용 : ① 범죄의 중대성과 ② 재범의 위험성은 중한 범죄를 저지른 자에게는 그만큼 높은 처단형이 예상되므로 구속사유 중 '도망의 염려'를 판단할 때 고려해야 한다. 다만, 중한 범죄를 범한 자라고 하여 구속영장 발부를 원칙적으로 해야 한다면 헌법상 무죄추정원칙과 불구속수사 원칙에 반하므로, 이는 고려사항에 불과하다고 해야 한다(형사재판실무, 76면). 또한 ③ 피해자 및 중요 참고인 등에 대한 위해의 우려는 구속사유 중 '증거인멸의 염려'를 판단할 때 고려해야 한다.

III 절 차

구속절차는 피의자 구속과 피고인 구속이 서로 다르다. 피의자 구속 중 체포된 피의자와 체포되지 않은 피의자의 구속절차는 영장실질심사시 구인의 요부 등에서 달라지게 된다.

피의자구속	① 검사청구 ② 영장실질심사 ③ 영장발부(허가장, 수임판사, 불복 ×) ④ 영장집행(검사지휘, 사경집행) ⑤ 석방 ⑥ 재구속(타중요증거 ×) ×
피고인구속	① 법원직권 ② 사전청문(사/이/변/기) ③ 영장발부(명령장, 수소법원, 항고 ○) ④ 영장집행(검사지휘, 사경집행, 급속-재판장 등 지휘) ⑤ 석방 ⑥ 재구속 ○

1. 피의자 구속

① 출석요구 : ○-조사-귀가(미체포)/×-체포-조사 ② 경찰 : 구속영장 신청 ③ 검사 : 구속영장 청구 ④ 영장실질심사 : 체포자-다음 날까지, 미체포자-가능한 한 빨리 ⑤ 수임판사 : 영장 발부 ⑥ 영장집행 : 검사지휘, 사경집행-사전제시(긴급집행시 사후제시)-미란다고지

※ 체포영장과 구속영장의 차이 : 영장실질심사

1) [참고] 구속의 비례성 내지 필요성 유무를 판단함에 있어 참작하여야 할 사정으로는 기소할 가치와 가능성이 있는 사건인지 여부, 구속이 합의 유도의 목적 등 본래의 목적을 일탈한 것이 아닌지 여부, 별건 구속이 아닌지 여부, 구속으로 입게 될 피의자의 개인적 어려움(예 건강상태, 개인 기업주의 경우 부도의 위험, 가족의 생계곤란, 직업이나 사회생활상의 긴급한 사태 발생) 등을 들 수 있다. 법원실무 I 318면.

(1) 구속영장 청구

① **검사의 영장청구권** : 피의자를 구속함에는 검사의 청구에 의하여 법관(영장전담판사)이 발부한 구속영장에 의해야 한다. 사법경찰관은 검사에게 신청하여 검사의 청구로 구속영장을 발부받아 피의자를 구속할 수 있다(제201조 제1항). 즉, 사법경찰관은 검사에게 구속영장의 청구를 신청할 수 있을 뿐이며, 직접적인 영장청구권은 가지고 있지 않다. 검사의 영장청구권은 헌법에 규정되어 있으므로,[1] 사법경찰관이 영장을 청구하는 것은 형사소송법뿐 아니라 헌법개정이 필요한 것이다. [경찰승진 11]

② **청구방식** : **서면**(구속영장청구서)에 의하여야 하며, 구속의 필요성을 인정할 수 있는 자료를 제출하여야 한다(제201조 제2항).

③ **피의자 등의 자료제출** : 법 제214조의2 제1항에 규정한 자(구속된 피의자 또는 그 변호인, 법정대리인, 배우자, 직계친족, 형제자매나 가족, 동거인 또는 고용주)는 체포영장 또는 구속영장의 청구를 받은 판사에게 유리한 자료를 제출할 수 있다(규칙 제96조 제3항).

④ **영장청구서 필요적 기재사항** : 구속영장의 청구서에는 일정한 사항을 기재하여야 한다(규칙 제95조의2),[2] 예컨대, ㉠ 검사는 영장청구를 함에 있어서 동일한 범죄사실에 관하여 그 피의자에 대하여 전에 구속영장을 청구하거나 발부받은 사실이 있을 때에는 다시 구속영장을 청구하는 취지 및 이유를 기재하여

<table>
<tr><td colspan="4" align="center">서울중앙지방검찰청
(530 − 3114)</td></tr>
<tr><td colspan="4">구 호
형 호 2016. 5. 29.
수 신 서울중앙지방법원장 발 신 서울중앙지방검찰청
제 목 구속영장청구(사전) 검 사 사 연 생 (인)</td></tr>
<tr><td rowspan="4">피의자</td><td>성 명</td><td colspan="2">( )</td></tr>
<tr><td>주 민 등 록 번 호</td><td colspan="2" rowspan="3" align="center">생 략</td></tr>
<tr><td>직 업</td></tr>
<tr><td>주 거</td></tr>
<tr><td colspan="2">변 호 인</td><td colspan="2"></td></tr>
<tr><td colspan="4">위의 사람에 대한 사문서위조 등 피의사건에 관하여 동인을 서울구치소에 구속하고자 2016년 6월 5일까지 유효한 구속영장의 발부를 청구합니다.</td></tr>
<tr><td colspan="3">범죄사실 및 구속을 필요로 하는 사유</td><td>별지와 같음 (생략)</td></tr>
<tr><td colspan="3">필요적 고려사항</td><td>□ 범죄의 중대성
□ 재범의 위험성
□ 피해자 · 중요 참고인 등에 대한 위해 우려
□ 그 밖의 사유
※ 구체적 내용은 별지와 같음</td></tr>
<tr><td colspan="3">7일을 넘는 유효기간을 필요로 하는 취지와 사유</td><td></td></tr>
<tr><td colspan="3">둘 이상의 영장을 청구하는 취지와 사유</td><td></td></tr>
<tr><td colspan="3">재청구의 취지 및 이유</td><td></td></tr>
<tr><td colspan="3">발부하지 아니하는 취지 및 이유</td><td>판사 (인)</td></tr>
</table>

사법연수원, 검찰서류작성례, 2017년, p. 283

1) [참고] 헌법 제12조 ③ 체포 · 구속 · 압수 또는 수색을 할 때에는 적법한 절차에 따라 검사의 신청에 의하여 법관이 발부한 영장을 제시하여야 한다. 다만, 현행범인인 경우와 장기 3년 이상의 형에 해당하는 죄를 범하고 도피 또는 증거인멸의 염려가 있을 때에는 사후에 영장을 청구할 수 있다.

2) [조문] 규칙 제95조의2(구속영장청구서의 기재사항) 구속영장의 청구서에는 다음 각 호의 사항을 기재하여야 한다.
1. 제95조 제1호부터 제6호까지 규정한 사항
2. 법 제70조 제1항 각 호에 규정한 구속의 사유
3. 피의자의 체포 여부 및 체포된 경우에는 그 형식
4. 법 제200조의6, 법 제87조에 의하여 피의자가 지정한 사람에게 체포이유 등을 알린 경우에는 그 사람의 성명과 연락처

야 한다(제201조 제5항). 또한 ㉡ 7일을 넘는 유효기간을 필요로 하는 때에는 그 취지 및 사유(규칙 동조 제4호)나 ㉢ 여러 통의 영장을 청구하는 때에는 그 취지 및 사유(규칙 동조 제5호) 등을 기재하여야 한다.

정리 다/7/수 있으니 기재해라.

⑤ 영장전담판사 : 검사는 관할 지방법원판사에게 청구하여 영장을 발부받게 되는데(제201조 제1항), 여기서 관할 지방법원판사는 영장발부를 담당하는 전담법관, 즉 영장전담판사이다.[1]

(2) 구속전피의자심문제도(영장실질심사제도)[2]

> ① 심문기일지정 : 체포 – 지체 없이(다음 날까지), 미체포 – 인치 후 가능한 한 빠른 일시
> ② 통지 : 피의자, 검사, 변호인(국선, 피의자접견, 수사서류열람 · 등사)
> ③ 출석 : 미체포자 – 구인을 위한 구속영장
> ④ 심문 : 비공개, 공범분리심문, 진술거부권 고지, 의견진술, 심문조서 작성

① 의의 : 구속전피의자심문제도란 구속영장 청구를 받은 판사가 피의자를 직접 심문하여 구속사유를 판단하는 제도를 말한다(제201조의2). [경찰승진 22]

② 성격 – 필요적 피의자심문제도 : 구속전피의자심문제도는 1995년 개정에 의하여 처음 형사소송법에 도입되었다. 당시의 제도는 임의적 심문제도였으나, 1997년 개정을 통하여 피의자의 신청 또는 법원의 재량에 의한 심문제도로 변경되었다가, 영장주의의 실효성을 확보하고 피의자의 법관대면권을 보장하며 구속의 신중을 기하기 위해 2007년 개정을 통해 **필요적 피의자심문제도**로 변경되어 오늘날에 이르고 있다. 따라서 영장실질심사는 **피의자의 의사 · 신청이나 법관의 필요성 판단과는 관계없이 필요적으로 실시해야 한다.** [법원9급 09, 법원승진 10, 해경간부 12, 경찰승진 11/14, 경찰채용 12 2차] 다만, 미체포 피의자의 **도망 등 사유로 심문할 수 없는 경우에만 예외**로 한다(제201조의2 제2항 단서) [경찰채용 11 1차] (cf. 피의자 도망시 심문 없이 사전구속영장 발부가 가능한 것에 대해서는 입법론적 비판이 있으나 본서에서는 생략함).

③ 심문기일의 지정

(가) 체포된 피의자 : 체포된 피의자에 대하여는 구속영장을 청구받은 판사는 **지체 없이** 피의자를 심문하여야 한다. 이 경우 특별한 사정이 없는 한 **구속영장이 청구된 날의 다음 날까지** 심문하여야 한다(제201조의2 제1항).[3] [법원9급 09, 법원승진 11, 법원승진 08, 해경간부 12, 경찰승진 13/14, 경찰채용 11 1차/15 1 · 2차]

(나) 미체포 피의자 : ㉠ 사전구속영장이 청구된 미체포 피의자의 심문기일에 대해서는 **시한의 제한이 없다.** 즉, 구속영장을 청구받은 판사는 피의자가 죄를 범하였다고 의심할 만한 이유가 있는 경우에 –**피의자 도망 등 심문불가의 경우를 제외**하고는– **구인을 위한 구속영장**(구인장)**을 발부하여 피의자를 구인(拘引)한 후 심문**하여야 하는바(동조 제2항, 이때 구인 시 구인장 제시 및 사본교부의무 있음, 제201조의2 제10항, 2022.2.3. 개정 제85조 제1항), [경찰채용 12 2차/15 1차] ㉡ 검사 또는 사법경찰관은 구인을 위한 구속영장에 의하여 체포되지 않은 피의자를 구인하는 경우에는 피의사실의 요지, 체포의 이유와 변호인을 선임할 수 있음을 말하고 변명할 기회를 주어야 한다(**미체포 피의자 구인시에도 미란다원칙 적용**, 동조 제10항, 제200조의5). ㉢ 체포된 피의자 외의 피의자에 대한 심문기일은 관계인에 대한 심문기일의 통지 및 그 출석에 소요되는 시간 등을 고려하여 피의자가 법원에 인치된 때로부터 가능한 한 빠른 일시로 지정하여야 한다(규칙 제96조의12). [국가7급 15] ㉣ 법원은 인치받은 피의자를 유치할 필요가 있는 때에는 교도소 · 구치소 또는 경찰서 유치장에 유치할 수 있다. 이 경우 유치기간은 인치한 때부터 24시간을 초과할 수 없다(구인 후 유치, 제201조의2 제10항, 제71조의2).[4]

---

1) [참고] 규칙 제96조의5(영장전담법관의 지정) 지방법원 또는 지원의 장은 구속영장청구에 대한 심사를 위한 전담법관을 지정할 수 있다.

2) [참고] 2007년 법개정에 의한 필요적 심문제도 도입으로 이전의 신청권이나 신청권의 고지, 의사확인에 대한 조항은 삭제되었다.

3) [참고] 판사는 피의자가 심문기일에의 출석을 거부하거나 질병 그 밖의 사유로 출석이 현저하게 곤란하고, 피의자를 심문 법정에 인치할 수 없다고 인정되는 때에는 피의자의 출석 없이 심문절차를 진행할 수 있다(규칙 제96조의13 제1항).

4) [참고] 구인장이 집행되어 피의자 또는 피고인이 심야에 법원에 인치된 경우나 영장실질심사를 위하여 피의자를 구인하였는데 영장발부 여부를 결정하기까지 시간이 필요한 경우(계속하여 다른 사건을 심리하여야 하거나 사건이 복잡한 경우 등)에 법원에는 피의자나 피고인을 유치할 만한 시설

<table>
<tr><td>경 유</td><td rowspan="2" colspan="3">구 속 영 장</td><td>집행지휘</td></tr>
<tr><td></td><td>(인)</td></tr>
</table>

[피의자심문구인용]

서울중앙지방법원

<table>
<tr><td>영 장 번 호</td><td colspan="2">(생략)</td><td>죄 명</td><td colspan="2">저 작 권 법 위 반</td></tr>
<tr><td rowspan="3">피 의 자</td><td>성 명</td><td colspan="2">서 율 하</td><td>직 업</td><td>회사원</td></tr>
<tr><td>주 민 등 록
번 호</td><td colspan="4">771024－1030224</td></tr>
<tr><td>주 거</td><td colspan="4">서울 동작구 만양로 84, 101동 103호, (노량진동, 현대아파트)</td></tr>
<tr><td>변 호 인</td><td colspan="2">최 명 변</td><td>청 구 일 시</td><td colspan="2">2016. 10. 31. 10 : 00</td></tr>
<tr><td>범죄사실의 요지</td><td colspan="2">별지기재와 같다(생략)</td><td>유 효 기 간</td><td colspan="2">2016. 11. 7.</td></tr>
<tr><td>인치할 장소</td><td colspan="2">서울중앙지법 13호 법정</td><td>심문예정일시</td><td colspan="2">2016. 11. 1. 11 : 00</td></tr>
<tr><td colspan="6">피의자가 별지 기재와 같은 죄를 범하였다고 의심할 만한 이유가 있고, 구속의 사유를 판단하기 위하여 필요하다고 인정되므로, 피의자를 구인한다.
유효기간이 경과하면 착수하지 못하여 영장을 반환하여야 한다.
2016. 10. 31.
판사 ○ ○ ○ (인)</td></tr>
<tr><td>집 행 일 시</td><td colspan="2">2016. 11. 1. 10 : 00</td><td>집 행 장 소</td><td colspan="2">서울중앙지검 733호 검사실</td></tr>
<tr><td>집행불능사유</td><td colspan="5"></td></tr>
<tr><td>처리자의 소속
관서 · 관직</td><td colspan="2">서울중앙지방검찰청
검찰주사</td><td>처리자
기명날인</td><td colspan="2">남명석(인)</td></tr>
<tr><td>인 치 일 시</td><td colspan="2">2016. 11. 1. 10 : 30</td><td>법원사무관 등
기명날인</td><td colspan="2">김명학(인)</td></tr>
<tr><td>유치할 장소</td><td colspan="2">서울서초경찰서 유치장</td><td>판 사
서명날인</td><td colspan="2">명 판 사(인)</td></tr>
<tr><td>인수자의 소속
관서 · 관직</td><td colspan="2">법원주사 김계장</td><td>인수자
기명날인</td><td colspan="2">김계장(인)</td></tr>
<tr><td>심 문 기 일</td><td colspan="2">2016. 11. 1. 11 : 00</td><td>심 문 장 소</td><td colspan="2">서울중앙지법 13호 법정</td></tr>
</table>

사법연수원, 검찰서류작성례, 2017년, p. 289

④ **심문기일 · 장소의 통지** : 지방법원판사는 검사, 피의자 및 변호인에게 심문기일과 장소를 통지해야 한다.

(가) **체포된 피의자** : **즉시** 통지하여야 한다(제201조의2 제3항 제1문).

(나) **미체포 피의자** : 피의자를 **인치한 후 즉시** 통지하여야 한다(동조 제3항 제1문).[1]

⑤ **국선변호인** : 심문할 피의자에게 변호인이 없는 때에는 **지방법원판사는 직권으로 변호인을 선정하여야 한다(영적준재즉참재치보복장군).** [법원9급 09, 국가7급 12, 경찰채용 11 1차/13 2차, 교정9급특채 12, 경찰승진 11] 이 경우 변호인의 선정은 피의자에 대한 구속영장 청구가 기각되어 효력이 소멸한 경우를 제외하고는 **제1심까지 효력**이

과 이들을 감시할 인원이 없기 때문에 법원 외의 장소에 유치할 필요가 있다. 2007년 개정 전의 실무는 이러한 경우 피의자를 법원 외의 구금시설에 유치할 필요가 있다고 인정하는 경우에 호송경찰관 등에게 피의자를 유치할 장소를 물어 호송경찰관 등이 원하는 경찰서 유치장 등을 유치할 장소로 지정하여 유치하도록 하고 있었다. 그런데 구형사소송법에서는 피의자를 법원 이외의 장소에 유치할 근거는 명문의 근거는 없었고, 다만 형사소송규칙 제96조의11 제2항에서 "… 피의자를 법원 외의 장소에 유치하는 경우에 판사는 구인을 위한 구속영장에 유치할 장소를 기재하고 서명날인하여 이를 교부하여야 한다."라고 규정하고 있었다(동규칙의 규정은 현재에도 있음). 이는 유치권한을 부여하고 그 방법을 함께 규정한 것이라고 보는 것이 일반적이었는데, 2007년 개정 형사소송법에서는 제71조의2에서 이를 명문으로 규정한 것이다. 법원개정법해설, 4~5면.

1) [참고] 심문기일의 통지는 서면 이외에 구술 · 전화 · 모사전송 · 전자우편 · 휴대전화 문자전송 그 밖에 적당한 방법으로 신속하게 하여야 한다. 이 경우 통지의 증명은 그 취지를 심문조서에 기재함으로써 할 수 있다(규칙 제96조의12 제3항). 판사는 지정된 심문기일에 피의자를 심문할 수 없는 특별한 사정이 있는 경우에는 그 심문기일을 변경할 수 있다(규칙 제96조의22).

있다(제201조의2 제8항). [법원9급 09, 법원승진 08/11/14, 법원승진 08, 국가7급 12, 경찰채용 10 1차/11 1차/13 2차] 법원은 변호인의 사정이나 그 밖의 사유로 변호인 선정결정이 취소되어 변호인이 없게 된 때에는 **직권으로 변호인을 다시 선정할 수 있다**(임의적, 동조 제9항). [경찰채용 11 1차]

⑥ **변호인의 접견교통권 및 수사서류 열람권** : 변호인은 구속영장이 청구된 피의자에 대한 **심문 시작 전에 피의자와 접견**할 수 있으며(규칙 제96조의20 제1항) [국가7급 15, 경찰채용 09 1차/11 2차], 지방법원판사에게 제출된 구속영장청구서 및 그에 첨부된 고소·고발장, 피의자의 진술을 기재한 서류와 피의자가 제출한 서류를 열람할 수 있다(규칙 제96조의21 제1항).[1]

⑦ **심문기일의 출석**

(가) **체포된 피의자** : 체포의 효력을 이용하므로 별도의 영장 없이 피의자를 법원에 인치한다. 검사는 그 기일에 피의자를 출석시켜야 한다(제201조의2 제3항 제2문).

(나) **미체포 피의자** : **구인을 위한 구속영장**을 발부하여 피의자를 구인한 후 심문한다. [법원승진 08] 다만, 도망 등 사유로 심문할 수 없는 경우에는 그러하지 아니하다(동조 제2항).

(다) **불출석 심문** : 판사는 피의자가 심문기일에 출석을 거부하거나 질병 그 밖의 사유로 출석이 현저하게 곤란하고, 피의자를 심문 법정에 인치할 수 없다고 인정되는 때(예 피의자가 영장실질심사를 포기하였다고 하는 경우)에는 -구속전피의자심문절차를 생략할 수 있는 것은 아니고- **피의자의 출석 없이 심문절차를 진행할 수 있다**(규칙 제96조의13 제1항).[2] [법원9급 15, 경찰채용 09 1차]

⑧ **심문장소** : 피의자의 심문은 법원청사 내에서 하여야 한다. 다만, 피의자가 출석을 거부하거나 질병 기타 부득이한 사유로 법원에 출석할 수 없는 때에는 경찰서, 구치소 기타 적당한 장소에서 심문할 수 있다(규칙 제96조의15).

⑨ **심리절차** : 심문기일에 지방법원판사는 구속사유를 판단하기 위하여 피의자를 심문하고, 검사와 변호인은 출석하여 의견을 진술할 수 있다(제201조의2 제4항).

(가) **비공개원칙 및 공범의 분리심문** : 피의자 심문절차는 **공개하지 아니한다.** [법원행시 04, 경찰승진 11/13/14, 경찰채용 11 2차] 다만, 판사는 상당하다고 인정하는 경우에는 피의자의 **친족, 피해자 등 이해관계인의 방청**(**일반인**×)을 허가할 수 있다(규칙 제96조의14). [법원9급 15, 법원승진 10, 국가7급 15, 경찰채용 09 1차] 지방법원판사는 **공범의 분리심문** 기타 **수사상 비밀보호**를 위하여 필요한 조치를 하여야 한다(제201조의2 제5항).

(나) **판사의 진술거부권 등 고지** : 판사는 피의자에게 구속영장청구서에 기재된 범죄사실의 요지를 고지하고, 피의자에게 일체의 진술을 하지 아니하거나 개개의 질문에 대하여 진술을 거부할 수 있으며, 이익되는 사실을 진술할 수 있음을 알려주어야 한다(규칙 제96조의16 제1항). [법원승진 08]

(다) **심문방법 및 심문사항** : 판사는 구속 여부를 판단하기 위하여 필요한 사항에 관하여 신속하고 간결하게 심문하여야 한다. 증거인멸 또는 도망의 염려를 판단하기 위하여 필요한 때에는 피의자의 경력, 가족관계나 교우관계 등 개인적인 사항에 관하여 심문할 수 있다(규칙 동조 제2항). 또한 판사는 구속 여부의 판단을 위하여 필요하다고 인정하는 때에는 심문장소에 출석한 피해자 그 밖의 제3자를 심문할 수 있다(규칙 동조 제5항).

(라) **검사·변호인의 의견진술** : 검사와 변호인은 제3항에 따른 심문기일에 출석하여 **의견을 진술할 수 있는데**(제201조의2 제4항) [법원승진 08, 경찰채용 01 1차/02 3차/12 2차], 원칙적으로 판사의 **심문이 끝난 후에 의견을 진술**할 수 있다. [국가7급 15, 경찰채용 11 2차] 다만, 필요한 경우에는 **심문 도중에도 판사의 허가를 얻어 의견을 진술**할 수 있다(규칙 동조 제3항). [국가7급 15, 경찰승진 13, 경찰채용 09 1차/11 2차/12 2차] 검사·변호인의 의견진술이 다소 보충적 절차로 규정된 것은, 영장실질심사절차는 공판절차와는 달리 구속영장 발부 여부만을 판단하는 것이기 때문이다.

---

1) [참고] 검사는 증거인멸 또는 피의자나 공범 관계에 있는 자가 도망할 염려가 있는 등 수사에 방해가 될 염려가 있는 때에는 지방법원판사에게 제1항에 규정된 서류(구속영장청구서는 제외한다)의 열람 제한에 관한 의견을 제출할 수 있고, 지방법원판사는 검사의 의견이 상당하다고 인정하는 때에는 그 전부 또는 일부의 열람을 제한할 수 있다(동조 제2항).

2) [참고] 검사는 피의자가 심문기일에의 출석을 거부하는 때에는 판사에게 그 취지 및 사유를 기재한 서면을 작성 제출하여야 한다(규칙 동조 제2항). 판사는 출석한 검사 및 변호인의 의견을 듣고, 수사기록 그 밖에 적당하다고 인정하는 방법으로 구속사유의 유무를 조사할 수 있다(동조 제3항).

(마) **변호인의 조력** : 피의자는 판사의 **심문 도중에도 변호인에게 조력**을 구할 수 있다(규칙 동조 제4항). [법원승진 08, 경찰채용 11 2차]

(바) **법정대리인 등의 의견진술** : 구속영장이 청구된 피의자의 법정대리인, 배우자, 직계친족, 형제자매나 가족, 동거인 또는 고용주는 판사의 허가를 얻어 사건에 관한 의견을 진술할 수 있다(규칙 동조 제6항).

(사) **신뢰관계인 동석** : 법관은 피의자를 신문하는 경우 장애인 등 특별히 보호를 요하는 자에 해당하는 때에는 직권 또는 피의자 · 법정대리인 · 검사의 신청에 따라 피의자와 신뢰관계에 있는 자를 동석하게 할 수 있다(제201조의2 제10항, 제276조의2).

⑩ **구속전피의자심문조서의 작성** : **법원사무관 등**은 심문의 요지 등을 **조서로 작성**하여야 한다(제201조의2 제6항). [법원9급 09, 해경간부 12, 경찰승진 13, 경찰채용 11 2차] 이 경우 공판조서 작성상의 특례(제52조)를 준용하지 않고 일반적인 조서 작성방식(제48조)에 의하여 작성하여야 한다(동조 제10항 : **간인 후 서명날인** - 제48조 제7항). 조서는 제311조의 법원 또는 법관의 조서에는 해당하지 않지만, **제315조의 기타 특히 신빙할 만한 정황에 의하여 작성된 서류**로서 증거능력이 인정된다(대법원 2004.1.16, 2003도5693).

⑪ **구속기간 제외** : 피의자심문을 하는 경우 법원이 구속영장청구서, 수사관계서류 및 증거물을 접수한 날부터 구속영장을 발부하여 검찰청에 반환한 날까지의 기간은 **구속기간에 산입하지 아니한다**(법 동조 제7항). [법원행시 04, 해경간부 12, 경찰채용 12 2차]

(3) 구속영장 발부

① **영장 발부** : 구속영장 청구를 받은 **지방법원판사**는 상당하다고 인정할 때에는 (구금을 위한) 구속영장을 발부한다(제201조 제4항 제1문). 구속영장에는 피의자의 성명(성명이 분명치 않은 때 인상, 체격 기타 피고인을 특정할 수 있는 사항으로 표시 가능), 주거(분명치 않은 때 생략 가능), 죄명(사건단위설), 공소사실의 요지, 인치 구금할 장소, 발부연월일, 그 유효기간과 그 기간을 경과하면 집행에 착수하지 못하며 영장을 반환하여야 할 취지를 기재하고 **지방법원판사**가 **서명날인**(기명날인으로 갈음할 수 없는 서류 : 판결서, 각종 영장, 감정유치장, 감정처분허가장)하여야 한다(제209조, 제75조). 구속영장에는 이외에도 피고인의 주민등록번호(외국인인 경우에는 외국인등록번호, 위 번호들이 없거나 알 수 없으면 생년월일 및 성별) · 직업 및 구속의 사유(법 제70조 제1항 각호)를 기재하여야 한다(규칙 제46조). 영장의 유효기간을 **7일**로 한다. 다만, 지방법원판사가 상당하다고 인정하는 때에는 7일을 넘는 기간을 정할 수 있다(**재정기간**, 규칙 제178조).

② **영장기각** : 이를 발부하지 아니할 때에는 청구서에 그 취지 및 이유를 기재하고 서명날인하여 청구한 검사에게 교부한다(동조 동항 제2문).

③ **불복 불가** : (수임판사의) 영장 발부 또는 기각결정에 대해서는 **불복방법이 없다.** [법원행시 02, 국가7급 13, 경찰채용 06 1차/15 2차] 따라서 위 결정에 대해서는 **항고나 재항고가 허용되지 않는다**(대법원 1958.3.14, 4290형항9; 2006.12.18, 2006모646).

비교 후술하는 피고인구속에 대해 보통항고가 가능한 것과의 차이점이다.

④ **구속영장의 법적 성질** : 명령장설(배/이/정/이, 신동운, 신양균, 차/최)과 허가장설(손/신, 이/조, 임동규, 진계호)이 대립하나, ㉠ 피의자 구속의 주체는 어디까지나 수사기관이고, ㉡ 수사기관은 구속영장을 발부받은 후에도 피의자를 구속하지 않을 수 있으므로(제204조), 본서는 **허가장설**을 따른다.

(4) 구속영장 집행절차

① **원칙 - 검사의 지휘, 사전제시 및 사본교부** : ㉠ 체포된 피의자나, 구인을 위한 구속영장에 의하여 구인된 피의자에 대하여 구속영장이 발부된 경우에는 (피의자가 이미 신체구속 상태에 있다는 점에서 별도의 집행절차가 필요한 것은 아니지만) **지체 없이 신속하게 구속영장의 제시와 집행**이 이루어져야 한다. 한편, ㉡ 피의자가 도망하는 등의 사유로 피의자심문 없이 구속영장이 발부된 경우에는(제201조의2 제2항 단서) 별도의 구속영장 집행절차가 필요하다. 여하튼, ㉢ 피의자에 대한 구속영장은 **검사의 지휘에 의하여 사법경찰관리가 집행**한다. 교도소 · 구치소에 있는 피의자는 **검사의 지휘에 의하여 교도관이 집행**한다. ㉣ 구속영장을 집행함에는 **피의자에게 반드시 이를 제시하고 그 사본을 교부**하여야 하며 신속히 지정된 법원 기타 장소에 인치하여야 한다(2022.2.3. 제85조 제1항, 제209조).

구 속 영 장

[미체포 피의자용] 서울중앙지방법원

영 장 번 호			죄 명	
피 의 자	성 명	김 갑 돌	직 업	무 직
	주 민 등 록 번 호	000000-0000000		
	주 거	서울 ○ ○ ○		

청구한 검사	○ ○ ○	청 구 일 시	2016. . .
변 호 인		심 문 여 부	☑ 심문(2016. . .) ☐ 불심문
범죄사실의 요지	별지 기재와 같다(생략)	유 효 기 간	2016. . . 까지
구금할 장소	☐ [ ] 경찰서 유치장 ☑ 서울구치소 ☐ [ ] 교도소		

☐ 피의자는 일정한 주거가 없다. ☑ 피의자는 증거를 인멸할 염려가 있다. [ ] ☐ 피의자는 도망하였다. ☐ 피의자는 도망할 염려가 있다. [ ] ☐ 피의자는 소년으로서 구속하여야 할 부득이한 사유가 있다.	피의자가 별지 기재와 같은 죄를 범하였다고 의심할 만한 상당한 이유가 있고, 구속의 사유가 있으므로, 피의자를 구금한다. 유효기간이 경과하면 집행에 착수하지 못하며 영장을 반환하여야 한다. 2016. . . 판 사 ○ ○ ○ (인)

집행일시		집행장소	
구금일시		구금장소	
집행불능사유			
처리자의 소속 관서, 관직		처리자 서명날인	

구 속 영 장

[체포된 피의자용] 서울중앙지방법원

<table>
<tr><td>영 장 번 호</td><td colspan="2"></td><td>죄 명</td><td colspan="2"></td></tr>
<tr><td rowspan="3">피 의 자</td><td>성 명</td><td colspan="2">김 갑 돌</td><td>직 업</td><td>무 직</td></tr>
<tr><td>주 민 등 록
번 호</td><td colspan="4">000000-0000000</td></tr>
<tr><td>주 거</td><td colspan="4">서울특별시 ○ ○ ○</td></tr>
<tr><td>청구한 검사</td><td colspan="2">○ ○ ○</td><td>변 호 인</td><td colspan="2"></td></tr>
<tr><td>체포된 형식</td><td colspan="2">체포된 피의자(체포영장)</td><td>체 포 일 시</td><td colspan="2">2016. . .</td></tr>
<tr><td>청구서접수일시</td><td colspan="2">2016. . . : (인)</td><td>기록반환일시</td><td colspan="2">2016. . . : (인)</td></tr>
<tr><td>심 문 여 부</td><td colspan="5">☑ 심문(2016. . . :) □ 심문하지 아니함</td></tr>
<tr><td>범죄사실의 요지</td><td colspan="2">별지 기재와 같다</td><td>유 효 기 간</td><td colspan="2">. . . 까지</td></tr>
<tr><td>구금할 장소</td><td colspan="5">☑ [서울서초] 경찰서 유치장 □ [ ] 구치소 □ [ ] 교도소</td></tr>
<tr><td colspan="3">□ 피의자는 일정한 주거가 없다.
☑ 피의자는 증거를 인멸할 염려가 있다.
[ ]
□ 피의자는 도망하였다.
□ 피의자는 도망할 염려가 있다.
[ ]
□ 피의자는 소년으로서 구속하여야 할 부득이한 사유가 있다.</td><td colspan="3">피의자가 별지 기재와 같은 죄를 범하였다고 의심할 만한 상당한 이유가 있고, 구속의 사유가 있으므로, 피의자를 구금한다.
유효기간이 경과하면 집행에 착수하지 못하며 영장을 반환하여야 한다.

2016. . .
판 사 ○ ○ ○ (인)</td></tr>
<tr><td>집행일시</td><td colspan="2">. . . :</td><td>집행장소</td><td colspan="2"></td></tr>
<tr><td>구금일시</td><td colspan="2">. . . :</td><td>구금장소</td><td colspan="2"></td></tr>
<tr><td>집행불능사유</td><td colspan="5"></td></tr>
<tr><td>처리자의
소속 관서, 관직</td><td colspan="2"></td><td>처리자
서명날인</td><td colspan="2"></td></tr>
</table>

사법연수원, 검찰서류작성례, 2017년, p. 287~288

판례연구 발부된 구속영장은 지체 없이 신속하게 집행되어야 한다는 사례

대법원 2021.4.29, 2020도16438

사법경찰리가 현행범인 체포된 피의자에 대하여 구속영장 발부일로부터 만 3일이 경과하여 구속영장 원본 제시에 의한 구속영장을 집행한 사건

헌법이 정한 적법절차와 영장주의 원칙, 형사소송법이 정한 체포된 피의자의 구금을 위한 구속영장의 청구, 발부, 집행절차에 관한 규정을 종합하면, 법관이 검사의 청구에 의하여 체포된 피의자의 구금을 위한 구속영장을 발부하면 검사와 사법경찰관리는 지체 없이 신속하게 구속영장을 집행하여야 한다. 피의자에 대한 구속영장의 제시와 집행이 그 발부 시로부터 정당한 사유 없이 시간이 지체되어 이루어졌다면, 구속영장이 그 유효기간 내에 집행되었다고 하더라도 위 기간 동안의 체포 내지 구금 상태는 위법하다.

② **예외 – 긴급집행** : 구속영장을 소지하지 않은 경우 급속을 요하는 때에는 피의자에 대하여 피의사실의 요지와 영장이 발부되었음을 고하고 집행할 수 있다. 이 경우 **집행 완료 후 신속히 영장 원본을 제시하고 그 사본을 교부**해야 한다(2022.2.3. 개정 제85조 제4항, 제209조).

③ **집행촉탁** : 검사는 필요에 의해 관할구역 외에서 집행을 지휘할 수 있고, 또는 당해 관할구역의 검사에게 집행지휘를 촉탁할 수 있다. 이는 집행을 맡은 사법경찰관리도 같다.

④ **미란다원칙 고지의무** : 검사 또는 사법경찰관은 **피의사실의 요지, 구속이유, 변호인선임권을 고지하고 변명할 기회를 준 후**가 아니면 구속할 수 없다(제209조, 제200조의5). 이때 신설된 수사준칙에 따라 **진술거부권도 고지**하여야 한다(수사준칙 제32조 제1항).

⑤ **인치 및 구금** : 구속된 피의자는 영장에 기재된 경찰서 유치장, 구치소 또는 교도소 내 미결수용실에 수용된다. 단 호송시 필요하면 가장 가까운 교도소 또는 구치소에 가유치(임시유치)할 수 있다(제86조). 다만, **구금장소의 임의적 변경**은 피의자의 방어권·접견교통권 행사에 중대한 장애를 초래하므로 위법하다. [해경간부 12, 경찰승진 10/12/14, 경찰채용 12 2차/16 1차]

판례연구 구금장소의 임의적 변경은 위법하다는 사례

대법원 1996.5.15, 95모94 [경찰채용 12 2차/16 1차, 국가9급 20]

구금장소의 임의적 변경이 청구인의 방어권이나 접견교통권의 행사에 중대한 장애를 초래하는지 여부(적극)

구속영장에는 청구인을 구금할 수 있는 장소로 특정 경찰서 유치장으로 기재되어 있었는데, 청구인에 대하여 위 구속영장에 의하여 1995.11.30. 07:50경 위 경찰서 유치장에 구속이 집행되었다가 같은 날 08:00에 그 신병이 조사차 국가안전기획부 직원에게 인도된 후 위 경찰서 유치장에 인도된 바 없이 계속하여 국가안전기획부 청사에 사실상 구금되어 있다면, 청구인에 대한 이러한 사실상의 구금장소의 임의적 변경은 청구인의 방어권이나 접견교통권의 행사에 중대한 장애를 초래하는 것이므로 위법하다.

⑥ **피의자 미구속·석방 시 법원에 대한 통지의무** : 구속영장의 발부를 받은 후 피의자를 구속하지 아니하거나 구속한 피의자를 석방(구속취소)한 때에는 **지체 없이** 검사는 영장을 발부한 **법원에 그 사유를 서면으로 통지**하여야 한다(제204조). 이 경우 구속영장의 원본을 첨부해야 한다(규칙 제96조의19 제3항).

2. 피고인 구속

(1) 사전청문절차

① **검사의 영장 청구 불요** : 검사의 공소제기에 의하여 수소법원의 공판절차가 개시된 이후, 법원이 재판 중인 피고인에 대하여 구속영장을 발부하는 경우에는 **검사의 구속영장 청구가 필요 없다.** [경찰채용 01 2차]

판례연구 법원의 피고인구속에는 검사의 영장청구가 필요 없다는 사례

대법원 1996.8.12, 96모46 [국가7급 20]

피고인구속은 법원의 직권에 의한다는 사례

헌법 제12조 제3항은 헌법 제12조 제1항과 함께 이른바 적법절차의 원칙을 규정한 것으로서 범죄수사를 위하여 구속 등의 강제

처분을 함에 있어서는 법관이 발부한 영장이 필요하다는 것과 수사기관 중 검사만 법관에게 영장을 신청할 수 있다는 데에 그 의의가 있고, 형사재판을 주재하는 법원이 피고인에 대하여 구속영장을 발부하는 경우에도 검사의 신청이 있어야 한다는 것이 그 규정의 취지라고 볼 수는 없다.

② 사전청문(事前聽聞)

(가) 내용 : 피고인에 대하여 **범죄사실의 요지, 구속의 이유와 변호인을 선임할 수 있음을 말하고 변명할 기회를 준 후가 아니면 구속할 수 없다.** [법원9급 15, 국가9급 17] 다만, 피고인이 **도망한 경우에는 그러하지 아니하다**(제72조).[1] [2] 법원은 사전청문(및 사후청문) 규정에 의한 고지를 할 때에는 법원사무관 등을 참여시켜 조서를 작성하게 하거나 피고인으로 하여금 확인서 기타 서면을 작성하게 하여야 한다(규칙 제52조). 다만, 진술거부권을 고지할 필요는 없다 [경찰채용 08 1차]는 점에서 보통의 피의자신문과는 다르다(∵ 공판절차이므로 진술거부권은 공판을 개시하면서 이미 고지하였음). 여하튼 피고인이 도망한 경우가 아님에도, **법원이 사전청문절차를 거치지 아니한 채 피고인에 대하여 구속영장을 발부한 경우 그 발부결정은 위법**하다. 한편, 법원은 합의부원으로 하여금 위와 같은 사전청문의 절차를 이행하게 할 수 있다(제72조의2 제1항). 또한 법원은 피고인이 출석하기 어려운 특별한 사정이 있고 상당하다고 인정하는 때에는 검사와 변호인의 의견을 들어 비디오 등 중계장치에 의한 중계시설을 통하여 사전청문절차를 진행할 수 있다(2021.8.17. 개정 제72조의2 제2항).

(나) 하자의 치유와 치유의 제한 : ㉠ 2000년 대법원판례에 의하면 사전청문규정에서 정한 **절차적 권리가 실질적으로 보장**되었다고 볼 수 있는 경우에는, **사전청문절차를 거치지 않고 구속영장 발부가 되어도 위법이 아니라고 하였다.** [경찰채용 14 1차] 그런데 이는 제72조의 사전청문규정에 정면으로 반한다는 문제가 있다. 이에 ㉡ 2016년 대법원판례에서는 범죄사실에 대한 충분한 소명과 공방이 이루어지고 그 과정에서 피고인에게 자신의 범죄사실 및 구속사유에 관하여 변명을 할 기회가 충분히 부여되었다고 볼 수 있을 정도의 사유가 아닌 이상 **함부로 청문절차 흠결의 위법이 치유된다고 볼 것은 아니라고 판시**하고 있다.

판례연구 법원의 피고인구속 전 사전청문절차 관련판례

대법원 2016.6.14, 2015모1032 [경찰채용 23 1차]

구속영장 발부결정에 대한 재항고 사건 : 피고인구속에 관한 사전청문절차의 흠결의 치유와 그 치유의 제한

① 형사소송법 제72조의 "피고인에 대하여 범죄사실의 요지, 구속의 이유와 변호인을 선임할 수 있음을 말하고 변명할 기회를 준 후가 아니면 구속할 수 없다."라는 규정은 피고인을 구속함에 있어서 법관에 의한 사전청문절차를 규정한 것으로서, 법원이 사전에 위 규정에 따른 절차를 거치지 아니한 채 피고인에 대하여 구속영장을 발부하였다면 발부결정은 위법하다. ② 한편 위 규정은 피고인의 절차적 권리를 보장하기 위한 규정이므로 이미 변호인을 선정하여 공판절차에서 변명과 증거의 제출을 다하고 그의 변호 아래 판결을 선고받은 경우 등과 같이 위 규정에서 정한 절차적 권리가 실질적으로 보장되었다고 볼 수 있는 경우에는 이에 해당하는 절차의 전부 또는 일부를 거치지 아니한 채 구속영장을 발부하였더라도 이러한 점만으로 발부결정을 위법하다고 볼 것은 아니지만(하자의 치유, 대법원 2000.11.10, 2000모134; 2001.5.29, 2001도1154[경찰채용 14 1차]), ③ 사전청문절차의 흠결에도 불구하고 구속영장 발부를 적법하다고 보는 이유는 공판절차에서 증거의 제출과 조사 및 변론 등을 거치면서 판결이 선고될 수 있을 정도로 범죄사실에 대한 충분한 소명과 공방이 이루어지고 그 과정에서 피고인에게 자신의 범죄사실 및 구속사유에 관하여 변명을 할 기회가 충분히 부여되기 때문이므로, 이와 동일시할 수 있을 정도의 사유가 아닌 이상 함부로 청문절차 흠결의 위법이 치유된다고 해석하여서는 아니 된다.

보충 서울중앙지방법원 2014고단6923 일반교통방해 등 사건(이하 '제1 사건')에서 피고인은 제1 사건의 범죄사실에 관하여 2014.9.19. 발부된 구속영장(이하 '제1차 구속영장')에 의하여 구속된 상태에서 2014.9.26. 기소되어 재판을 받았는데, 그 재판 진행 중 피고인에 대한 2014고단9364 일반교통방해 사건(이하 '제2 사건')이 2014.12.15. 추가 기소되자 제1심법원은 2014.12.22. 제2 사건을 제1 사건에 병합하여 심리한다는 결정을 한 사실, 병합된 사건의 2015.1.20. 제4회 공판기일에서 검사가 제2 사건의 공소장에 의하여

1) [참고] 피고인이 도망한 경우에는 구인영장을 발부하여 주소지에서 구인을 시도하더라도 집행 불능이 될 것이 거의 명백하고, 도망한 피고인은 법적 청문청구권을 포기하였다고 볼 수 있는 점 등을 고려하여 피고인이 도망한 경우에는 제72조 본문의 절차를 거치지 않고도 구금영장을 발부할 수 있도록 단서규정을 신설한 것이다. 법원개정법해설, 5면.

2) [참고] 피의자구속의 영장실질심사(구속전피의자심문)에 대응하여 법원의 사전청문을 구속신문이라 부르는 견해도 있다. 신동운, 829면.

공소사실, 죄명, 적용법조를 낭독하고 이에 대하여 변호인의 변호 아래 피고인은 공소사실을 일부 부인하는 취지의 진술을 한 사실, 그 후 제2 사건에 관하여 어떠한 증거제출이나 증거조사 등 추가심리가 진행되지 않은 상태에서 제1심법원은 제1차 구속영장에 의한 구속기간이 곧 만료하게 되자 2015.3.24. 법정 외에서 별도의 사전청문절차 없이 피고인에 대하여 제2 사건의 범죄사실에 관하여 구속영장(이하 '제2차 구속영장')을 발부하였고 2015.3.26. 위 구속영장이 집행되었다. 위 사실관계를 앞서 본 법리에 비추어 살펴보면, 제1심법원은 제2차 구속영장을 발부하기 전에 형사소송법 제72조에 따른 절차를 따로 거치지 아니하였는데, 그 전 공판기일에서 검사가 모두진술에 의하여 공소사실 등을 낭독하고 피고인과 변호인이 모두진술에 의하여 공소사실의 인정 여부 및 이익이 되는 사실 등을 진술하였다는 점만으로는 위 규정에서 정한 절차적 권리가 실질적으로 보장되었다고 보기는 어렵다고 할 것이다. 그럼에도 원심이 판시와 같은 이유만으로 피고인에게 형사소송법 제72조에 따른 절차적 권리가 실질적으로 보장되었다고 보아 제2차 구속영장 발부결정이 적법하다고 판단한 것에는 형사소송법 제72조에 관한 법리를 오해하여 재판에 영향을 미친 위법이 있다. 그러므로 원심결정을 파기하고 사건을 다시 심리 · 판단하도록 원심법원에 환송한다.

(2) 구속영장 발부

① 원칙 – 수소법원의 결정에 의한 영장 발부 : 법원이 피고인을 구속함에는 **구속영장을 발부하여야 한다**(제73조). 이는 **수소법원의 결정**에 의한다(제70조 제1항).[1] 체포와 달리 구속에 있어서는 피고인 구속이든 피의자 구속이든 반드시 영장이 있어야 하며 영장주의의 예외가 인정되지 않는다. 따라서 어떠한 경우라 하더라도 구속을 한 후 구속영장을 받을 수는 없다. 구속영장에는 피고인의 성명, 주거, 죄명, 공소사실의 요지, 인치 · 구금할 장소, 발부연월일, 그 유효기간과 그 기간을 경과하면 집행에 착수하지 못하며 영장을 반환하여야 할 취지를 기재하고 **재판장 또는 수명법관이 서명날인**하여야 한다(제75조 제1항).[2] [법원9급 08]

정리 구속영장의 기재방식은 피의자 구속영장과 같다. 다만, 피의자 구속영장은 지방법원판사가 서명날인하는 데 비해, 피고인 구속영장은 재판장 또는 수명법관이 서명날인한다.

② 예외 – 구속의 촉탁 및 요급처분

(가) 법원의 구속 촉탁 : 수소법원은 피고인의 **현재지의 지방법원판사**(수탁판사)에게 피고인의 구속을 촉탁할 수 있고(제77조 제1항), 촉탁에 의하여 구속영장을 발부한 판사는 피고인을 인치한 때로부터 24시간 이내에 그 피고인임에 틀림없는가를 조사하고, 피고인임에 틀림없는 때에는 신속히 지정된 장소에 송치하여야 한다(제78조).

(나) 재판장의 요급처분 : 재판장은 급속을 요하는 경우에는 구속영장 발부나 구속의 처분을 할 수 있고, 또는 합의부원으로 하여금 처분을 하게 할 수 있다(제80조).[3]

③ 영장발부 · 기각결정에 대한 불복 : 수소법원의 판결 전 소송절차에 관한 결정에 속하나, 구금에 관한 결정에 속하므로 **보통항고**의 대상이 된다(제403조 제2항).

조문 제403조(판결 전의 결정에 대한 항고) ① 법원의 관할 또는 판결 전의 소송절차에 관한 결정에 대하여는 특히 즉시항고를 할 수 있는 경우 외에는 항고하지 못한다.
② 전항의 규정은 구금, 보석, 압수나 압수물의 환부에 관한 결정 또는 감정하기 위한 피고인의 유치에 관한 결정에 적용하지 아니한다.

④ 피고인 구속영장의 법적 성질 : 피고인에 대한 구속의 주체는 법원이므로 피고인 구속영장은 명령장의 성질을 가진다. 이에 그 집행기관은 집행의무가 있다.

(3) 구속영장 집행절차

① 원칙 – 검사 지휘 : 구속영장은 **검사의 지휘로 사법경찰관리가 집행**한다(제81조 제1항). [법원9급 08] 또한 교도소 · 구치소에 있는 피의자 · 피고인에 대해서는 검사의 지휘로 교도관이 집행한다(제81조 제3항).[4]

---

1) [비교] 다만, 상소기간 중 또는 상소 중의 사건에 관하여 구속기간의 갱신, 구속의 취소, 보석, 구속의 집행정지와 그 정지의 취소에 대한 결정은 소송기록이 원심법원에 있는 때에는 원심법원이 하여야 한다(제105조).

2) [조문] 법 제75조(구속영장의 방식) ② 피고인의 성명이 분명하지 아니한 때에는 인상, 체격, 기타 피고인을 특정할 수 있는 사항으로 피고인을 표시할 수 있다.
③ 피고인의 주거가 분명하지 아니한 때에는 그 주거의 기재를 생략할 수 있다.

3) [참고] 급속을 요하는 경우에는 재판장이 직접 소환, 출석 및 동행명령, 구속을 위한 신문, 구속영장 발부, 구속 촉탁 등의 처분을 할 수 있고, 또한 재판장은 합의부원으로 하여금 이러한 처분을 하게 할 수 있는 것이다(제80조).

4) [참고 – 관할구역 외에서의 집행] 검사는 필요에 의하여 관할구역 외에서 집행을 지휘할 수 있고 당해 관할 구역의 검사에게 집행지휘를 촉탁할 수 있다. 사법경찰관리는 필요에 의하여 관할구역 외에서 구속영장을 집행할 수 있고 또는 당해 관할구역의 사법경찰관리에게 집행을 촉탁할 수 있다(제83조 제1항 · 제2항).

조문 규칙 제48조(검사에 대한 구속영장의 송부) 검사의 지휘에 의하여 구속영장을 집행하는 경우에는 구속영장을 발부한 법원이 그 원본을 검사에게 송부하여야 한다.

② 예외－재판장 등 집행 : **급속**을 요하는 경우에는 **재판장·수명법관·수탁판사**가 집행을 지휘할 수 있다(제81조 제1항 단서). 불구속재판을 진행하던 중 피고인을 법정구속하는 경우가 여기에 속한다. 이 경우 **법원사무관 등**에게 그 집행을 명할 수 있는바, 법원사무관 등은 그 집행에 관하여 필요한 때에는 **사법경찰관리·교도관 또는 법원경위에게 보조를 요구**할 수 있으며 **관할구역 외에서도 집행**할 수 있다(교도관·법원경위 추가, 2007년 개정법 제81조 제2항). [법원9급 05/08/10, 법원승진 09]

③ 영장제시 및 사본교부의무 : 구속영장을 집행함에는 피의자·피고인에게 **영장(원본)을 제시하고 그 사본을 교부**하여야 하며, 신속히 지정된 법원 기타 장소에 인치하여야 한다. 구속영장을 소지하지 아니한 경우에 **급속을 요하는 때**에는 피의사실 또는 공소사실의 요지와 영장이 발부되었음을 알리고 집행할 수 있지만, 집행을 완료한 후에는 **신속히 구속영장을 제시하고 그 사본을 교부**하여야 한다(2022.2.3. 개정 제85조).

④ 호송 중 가유치 : 구속영장의 집행을 받은 피의자·피고인을 호송할 경우에 필요하면 가장 가까운 교도소 또는 구치소에 임시로 유치할 수 있다(2020.12.8. 우리말 순화 개정법 제86조).

(4) 사후청문절차 및 영장등본청구

① 사후청문(事後聽聞)절차 : 피고인을 구속한 때에는 **즉시 공소사실의 요지와 변호인을 선임할 수 있음을 다시 알려야 한다**(제88조). 이러한 사후 권리고지는 피고인구속의 집행기관인 검사·사법경찰관리·교도관이 행하는 것이 원칙이나, 급속을 요하는 경우에는 재판장·수명법관·수탁판사가 집행지휘를 하므로 이때에는 예외적으로 법원 또는 법관이 행할 수도 있다(법원·법관의 사후고지시 법원사무관 등을 참여시켜 조서를 작성하게 하거나 피고인으로 하여금 확인서 기타 서면을 작성하게 함, 규칙 제52조). 다만, 이를 **위반하였다고 하여 구속영장의 효력에 영향을 미치는 것은 아니다**(대법원 2000.11.10, 2000모134). [국가9급 24, 법원승진 14, 교정9급특채 12, 경찰채용 14 1차/16 1차]

판례연구 법원의 피고인구속 후 사후청문절차 관련판례

대법원 2000.11.10, 2000모134 [경찰채용 14·16 1차/교정9급특채 12/법원승진 14]

형사소송법 제88조의 규정을 위반한 경우, 구속영장의 효력이 상실되지 않는다는 사례

형사소송법 제88조는 "피고인을 구속한 때에는 즉시 공소사실의 요지와 변호인을 선임할 수 있음을 알려야 한다."고 규정하고 있는바, 이는 사후청문절차에 관한 규정으로서 이를 위반하였다 하여 구속영장의 효력에 어떠한 영향을 미치는 것은 아니다.

② 구속영장등본청구권 : 피고인, 변호인, 피고인의 법정대리인, 법 제28조에 따른 피고인의 특별대리인, 배우자, 직계친족과 형제자매는 구속영장을 발부한 법원에 구속영장의 등본의 교부를 청구할 수 있다(규칙 제50조 제1항). 고소인·고발인·피해자도 비용을 납부하고 청구사유를 소명하면 영장등본교부를 청구할 수 있다(규칙 동조 제2항, 제26조 제2항).

3. 피의자·피고인 구속영장집행 후 절차

(1) 변호인 등에 대한 통지의무

① 변호인 등에 대한 통지의무 : 피의자·피고인을 구속한 때에는 ㉠ 변호인이 있는 경우에는 변호인에게, ㉡ 변호인이 없는 경우에는 제30조 제2항에 규정한 자(법/배/직/형) 중 피고인이 지정한 자에게 사건명, 구속일시·장소, 피의사실 내지 범죄사실의 요지, 구속의 이유와 변호인을 선임할 수 있다는 취지를 **지체 없이 '서면'으로 알려야 한다**(제87조). [경찰채용 15 1차] 통지는 늦어도 **24시간** 이내에 하여야 한다(규칙 제51조 제2항). 다만, 급속을 요하는 경우에는 전화 또는 모사전송기 기타 상당한 방법에 의하여 통지할 수 있다(동조 제3항).

② 변호인선임의 의뢰 : 구속된 피의자·피고인은 법원, 교도소장·구치소장 또는 그 대리자에게 변호사를 지정하여 변호인의 선임을 의뢰할 수 있다. 의뢰를 받은 법원, 교도소장·구치소장 또는 그 대리자는 급속히 피의자·피고인이 지명한 변호사에게 그 취지를 통지하여야 한다(제90조).

(2) 접견교통권

① **구속된 피의자·피고인** : 관련 법률이 정한 범위에서 타인과 접견하고 서류 또는 물건을 수수하며 의사의 진료를 받을 수 있다(2020.12.8. 우리말 순화 개정법 제89조, 제209조).

② **변호인이나 변호인이 되려는 자** : 신체가 구속된 피고인 또는 피의자와 접견하고 서류나 물건을 수수(授受)할 수 있으며 의사로 하여금 피고인이나 피의자를 진료하게 할 수 있다(2020.12.8. 우리말 순화 개정법 제34조).

4. 구속기간

(1) 피의자에 대한 구속기간

① **사법경찰관의 구속기간** : **최장 10일**이다. 따라서 10일 이내에 피의자를 검사에게 인치하지 않으면 석방하여야 한다(제202조). [국가9급 15, 경찰채용 12 3차]

② **검사의 구속기간** : **최장 20일**이다. 즉, 원칙적으로 **10일**이지만(제203조) 지방법원판사의 허가를 얻어 **10일**을 초과하지 않는 한도에서 1차에 한하여 구속기간을 연장할 수 있다(제205조 제1항). 이상 사법경찰관과 검사의 구속기간을 합산하면 **최장 30일**까지이다.

③ **국가보안법상 특례** : **최장 50일**이다. 즉, 지방법원판사는 국가보안법 제3조 내지 제6조, 제8조, 제9조의 죄의 위반사건에 대하여 사법경찰관에게 1회, 검사에게 2회에 한하여 구속기간의 연장을 허가할 수 있다(국가보안법 제19조). 종래에는 동법 **제7조의 찬양·고무죄와 제10조의 불고지죄**에 대해서도 구속기간 연장이 가능하였으나 헌법재판소의 위헌결정(헌법재판소 1992.4.14, 90헌마82)에 의해 삭제되었다. [법원행시 04, 경찰채용 04 3차]

> **판례연구** 피의자구속기간 연장 관련 국가보안법 위헌결정 사례
>
> **헌법재판소 1992.4.14, 90헌마82** [경찰채용 04 3차, 국가9급 24, 법원행시 04]
>
> 국가보안법 제19조는 위헌이라는 사례
>
> 국가보안법 제7조(찬양·고무) 및 제10조(불고지)의 죄는 구성요건이 특별히 복잡한 것도 아니고 사건의 성질상 증거수집이 더욱 어려운 것도 아님에도 불구하고 국가보안법 제19조가 제7조 및 제10조의 범죄에 대하여서까지 형사소송법상의 수사기관에 의한 피의자구속기간 30일보다 20일이나 많은 50일을 인정한 것은 국가형벌권과 국민의 기본권과의 상충관계 형량을 잘못하여 불필요한 장기구속을 허용하는 것이어서 결국 헌법 제37조 제2항의 기본권 제한입법의 원리인 과잉금지의 원칙을 현저하게 위배하여 피의자의 신체의 자유, 무죄추정의 원칙 및 신속한 재판을 받을 권리를 침해한 것이다.

④ **연장신청** : 사법경찰관 또는 검사는 구속기간의 연장의 필요를 인정할 수 있는 자료를 지방법원판사에게 제출하여야 한다(제205조 제2항).

⑤ **연장청구 기각결정에 대한 불복** : 구속기간의 연장을 허가하지 아니하는 지방법원판사의 결정에 대해서는 **불복할 수 없다**(대법원 1997.6.16, 97모1). [경찰채용 14 1차]

> **대법원 1997.6.16, 97모1** [경찰채용 14 1차]
>
> 피의자구속기간 연장기각결정에 대한 불복은 허용되지 아니한다는 사례
>
> 형사소송법 제402조, 제403조에서 말하는 법원은 형사소송법상의 수소법원만을 가리키므로, 같은 법 제205조 제1항 소정의 구속기간의 연장을 허가하지 아니하는 지방법원 판사의 결정에 대하여는 같은 법 제402조, 제403조가 정하는 항고의 방법으로는 불복할 수 없고, 나아가 그 지방법원 판사는 수소법원으로서의 재판장 또는 수명법관도 아니므로 그가 한 재판은 같은 법 제416조가 정하는 준항고의 대상이 되지도 않는다.

⑥ **제외기간** : ㉠ **영장실질심사**에서 관계서류와 증거물의 법원접수일로부터 검찰청에 반환한 날까지의 기간, ㉡ **체포·구속적부심사**에 있어서 법원이 관계서류와 증거물을 접수한 날로부터 결정 후 검찰청에 반환된 때까지의 기간 [경찰채용 05 1차], ㉢ 구속집행정지기간, ㉣ 피의자가 도망한 기간, ㉤ 감정유치기간 [법원행시 03] 등은 제외된다(구속기간 제외기간만큼 구속기간이 늘어나는 것을 의미함).

정리 정영적도감은 빼자.

[사법경찰관 구속기간 계산의 예]
① 피의자 甲에 대한 체포 : 2016.3.5. 12 : 00, ② 구속영장 청구 : 3.6. 15 : 00(서류 법원 접수), ③ 영장실질심사 : 3.7. 10 : 00, ④ 영장발부 : 3.7. 22 : 00(서류반환), ⑤ 구속
※ ②·③·④ : 구속기간 제외, ∴ 사법경찰관 구속기간 10일은 2016.3.16.까지이다.

(2) 피고인에 대한 구속기간

① **법원의 구속기간** : (**공소제기 후 기간**으로서) **2개월**로 한다. 다만, 특히 구속을 계속할 필요가 있는 경우에는 **심급마다 2차에 한하여 2개월의 한도**에서 결정으로 연장할 수 있다(제92조 제1항, 제2항 본문). 따라서 제1심의 최대구속기간은 6개월이 된다. 다만, **상소심**은 피고인·변호인이 신청한 증거의 조사, 상소이유를 보충하는 서면의 제출 등으로 추가심리가 필요한 **부득이한 경우에는 3차에 한하여 갱신**할 수 있다(2007년 개정, 동조 제2항 단서)(단, 상소심에서 3차 갱신은 예외적인 경우로 한정됨. [법원9급 07 하반기]). [법원9급 13, 법원승진 08/09/13/14, 경찰채용 08 3차/11 1차/12 2차] 따라서 법원의 구속기간은 **최장 18개월**이 된다(단, 상소심에서 파기환송되면 실제 기간은 더 길어짐).[1]

조문 법 제105조(상소와 구속에 관한 결정) 상소기간 중 또는 상소 중의 사건에 관하여 구속기간의 갱신, 구속의 취소, 보석, 구속의 집행정지와 그 정지의 취소에 대한 결정은 소송기록이 원심법원에 있는 때에는 원심법원이 하여야 한다[cf. 상소기간 중 원심법원이 1차 구속기간 갱신하면, 소송기록을 송부받은 상소법원은 나머지 1차 구속기간 갱신 가능(제92조 제2항 본문), 단 부득이한 경우에 한하여 1차에 한하여 갱신 가능(동항 단서)].[2]

② **파기환송받은 법원의 구속기간** : 대법원의 파기환송 판결에 의하여 사건을 환송받은 법원은 형사소송법 제92조 제1항에 따라 **2월**의 구속기간이 만료되면 특히 계속할 필요가 있는 경우에는 **2차**(대법원이 형사소송규칙 제57조 제2항에 의하여 구속기간을 갱신한 경우에는 **1차**)에 한하여 결정으로 구속기간을 갱신할 수 있다(대법원 2001.11.30, 2001도5225). [법원승진 14, 법원9급 13]

③ **제외기간** : ㉠ 피고인이 도망한 기간, 보석기간, 구속집행정지기간, 감정유치기간(제172조의2 제1항) [해경간부 12]은 피고인이 현실적으로 구속된 일수가 아니므로 구속기간에서 제외되고, ㉡ 기피신청(제22조) [법원승진 13], 공소장변경(제298조 제4항) [국가7급 10], 심신상실과 질병(제306조 제1항·제2항) [경찰채용 10 1차]에 의하여 **공판절차가 정지된 기간** 및 **공소제기 전 체포·구인·구금기간**(피의자로서의 구속기간, 2007년 신설되어 제1심의 구속기간이 그만큼 연장되는 효과) [법원9급 14, 법원승진 12/13/14, 국가9급 10, 경찰채용 08 1·3차/13 1차, 경찰채용 15 2차]이나(제92조 제3항) 법원의 위헌법률심판제청에 의한 재판정지기간(헌법재판소법 제42조 제1·2항)도 구속상태에서 재판이 진행되지 않는 기간이므로 수소법원의 구속기간에 산입하지 아니한다.

정리 피고인구속 제외기간 : 심/헌/기/공/보/구/도/피/감

비교 정지기간 중 구속기간에 포함되는 기간 : 관할지정·이전 [경찰승진 10]·토지관할병합심리로 인한 소송절차 정지기간 [해경간부 12], 호송 중 가유치기간 [해경간부 12], → 관병호 구속포함

④ **구속기간과 재판기간의 구별** : 법정 구속기간이 초과되면 구속을 해제하고 불구속 상태에서 재판을 계속할 수 있음은 당연하다.

---

1) [참고] 2007년 개정 전 구법상 구속기간은 1심은 6개월, 항소심 및 상고심은 4개월로 제한되어 있었는데, 구속기간의 제한으로 인하여 충분한 심리가 이루어지지 못한 상태에서 판결이 선고되는 경우가 적지 않았고, 피고인이 추가증거조사를 원해도 구속기간 제한으로 인하여 이를 받아들이기 어려운 경우도 적지 않는 등 신속한 재판을 받을 피고인의 권리를 보장하기 위해 도입된 구속기간 제한제도가 오히려 피고인의 방어권 행사에 장애를 주게 되고 재판받을 권리를 침해하게 되는 불합리한 결과를 낳게 되었으며, 특히 항소심과 상고심의 경우 상소기간, 상소기록의 송부기간, 상소이유서 제출기간 등을 감안하면 실제 심리를 할 수 있는 기간은 3개월이 채 되지 않는 경우가 허다하였다고 한다. 이에 2007년 개정법 제92조 제3항에서는 제1심에서 공소제기 전의 체포·구인·구금기간을 법원의 구속기간에 산입하지 않음으로써 제1심 구속기간이 그만큼 연장되는 효과를 가지게 하였고, 항소심과 상고심에서는 피고인 또는 변호인이 신청한 증거의 조사, 상소이유를 보충하는 서면의 제출 등으로 추가 심리가 필요한 부득이한 경우에는 3차에 한하여 갱신할 수 있도록 되었다(제92조 제2항). 이상은 법원개정법해설, 7~10면에서 발췌·인용하였다.

2) [참고] 규칙 제57조(상소 등과 구속에 관한 결정) ① 상소기간 중 또는 상소 중의 사건에 관한 피고인의 구속, 구속기간갱신, 구속취소, 보석, 보석의 취소, 구속집행정지와 그 정지의 취소의 결정은 소송기록이 상소법원에 도달하기까지는 원심법원이 이를 하여야 한다.
② 이송, 파기환송 또는 파기이송 중의 사건에 관한 제1항의 결정은 소송기록이 이송 또는 환송법원에 도달하기까지는 이송 또는 환송한 법원이 이를 하여야 한다.

> **헌법재판소 2001.6.28, 99헌가14**
> 구속기간을 제한하고 있는 법 제92조 제1항이 피고인의 공정한 재판을 받을 권리를 침해하는지 여부(소극)
> '구속기간'은 '법원이 피고인을 구속한 상태에서 재판할 수 있는 기간'을 의미하는 것이지, '법원이 형사재판을 할 수 있는 기간' 내지 '법원이 구속사건을 심리할 수 있는 기간'을 의미한다고 볼 수 없다. … 그러므로 구속사건을 심리하는 법원으로서는 만약 심리를 더 계속할 필요가 있다고 판단하는 경우에는 피고인의 구속을 해제한 다음 구속기간의 제한에 구애됨이 없이 재판을 계속할 수 있음이 당연하다.

(3) 구속기간 기산 및 계산

① **원칙** : 실제 구속된 날로부터 기산한다.

② **체포 후 구속** : 구속시가 아니라 실제 **체포 · 구인한 날로부터 기산**한다. [법원행시 03, 국가9급 10, 경찰승진 13/14, 경찰채용 04 3차/05 2차/12 3차] 예컨대 사인이 현행범을 체포하고 경찰관서에 인도하고 추후 구속이 된 경우에도 사인이 현행범을 체포한 날로부터 구속기간이 기산된다.

③ **구속기간 연장시** : 연장기간은 **구속기간 만료일 다음 날로부터 기산**한다(규칙 제98조). [국가9급 10, 경찰승진 12, 경찰채용 10 1차]

④ **계산방법** : 구속기간의 초일은 시간을 계산하지 아니하고 1일로 산정한다(**초일산입**, 제66조 제1항 단서). [법원승진 12] 또한 구속기간의 말일이 공휴일이나 토요일에 해당하는 경우에도 구속기간에 산입된다(제66조 제3항 단서). [법원승진 13, 법원승진 08, 경찰채용 10 1차] 이것이 피의자 · 피고인에게 불리하지 않기 때문이다.

(4) **구속기간 경과의 효과** : ① 통설은 구속기간을 경과하면 구속영장은 그 효력이 상실되므로 그 후의 구속은 불법구속이 된다는 입장이며 타당하다. 다만, ② 판례는 구속기간이 경과해도 -형 · 민사상 책임은 별론으로 하고- 구속영장의 효력이 당연히 실효되는 것은 아니라는 입장이다(대법원 1964.11.17, 64도428).

5. 재구속의 제한

(1) 수사기관의 피의자 구속

① **재구속의 원칙적 금지** : 검사 · 사법경찰관에 의하여 구속되었다가 석방된 자는 **다른 중요한 증거를 발견한 경우를 제외하고는 동일한 범죄사실에 관하여 재차 구속하지 못한다**(제208조 제1항)(다중-구기재). [국가7급 11, 국가9급 13, 교정9급특채 12, 경찰승진 08, 경찰채용 15 2차]

② **구속되었다가 석방된 자** : **구속영장에 의하여 구속되었다가 석방된 경우**를 말하는 것이지, 긴급체포나 현행범으로 체포되었다가 사후영장발부 전에 석방된 경우는 포함되지 않는다. 따라서 피고인이 수사 당시 긴급체포되었다가 수사기관의 조치로 석방된 후 법원이 발부한 구속영장에 의하여 구속이 이루어진 경우에는 위법한 구속이라 할 수 없다(대법원 2001.9.28, 2001도4291). [법원9급 22]

③ **동일한 범죄사실** : 1개의 목적을 위하여 **동시 또는 수단 · 결과의 관계**에서 행하여진 행위는 동일한 범죄사실로 간주한다(동조 제2항).[1] [경찰채용 08 3차]

④ **재구속 제한 위반과 공소제기** : 동일한 사건으로 재구속되었다 할지라도 그것만으로 **공소제기 자체가 무효가 된다고 할 수는 없다**(대법원 1966.11.22, 66도1288). 따라서 이 경우에도 실체재판을 할 수 있다.

> **대법원 1966.11.22, 66도1288**
> 피의자구속의 재구속제한 위반으로 공소제기가 무효가 되지 않는다는 사례
> 무혐의 불기소처분된 사건에 대하여 다시 기소할 수 있음은 법리상 명백하여 일사부재리의 원칙에 위반된 것이라고 할 수 없고 동일한 사건으로 재구속되었다 할지라도 그것만으로 공소제기 자체가 무효가 된다고 할 수는 없다.

(2) **법원의 피고인 구속** : 재구속의 제한은 법원이 피고인을 구속하는 경우에는 **적용되지 않는다**(대법원 1969.5.29, 69도507). [법원행시 04, 교정9급특채 12, 경찰채용 04 1차/05 2차/06 1차]

---

1) [참고] 국가보안법상 특례 : 공소보류를 받은 자가 법무부장관이 정한 감시 · 보도에 관한 규칙에 위반한 때에는 공소보류를 취소할 수 있는데, 이 경우에는 형사소송법 제208조의 규정에 불구하고 동일한 범죄사실로 재구속할 수 있다(동법 제20조 제3항 · 제4항).

대법원 1969.5.29, 69도507 [경찰채용 04/06 1차, 경찰채용 05 2차, 교정9급특채 12, 법원행시 04]
법원의 피고인구속에는 재구속제한은 없다는 사례
재구속의 제한은 법원이 피고인을 구속하는 경우에는 적용되지 않는다.

6. 구속영장의 효력범위

(1) 의의 : 구속영장의 효력범위와 관련해서는 ① 피의자의 모든 범죄에 대해 효력이 미친다는 인단위설과 ② 구속영장에 기재된 범죄사실에 대해서만 효력이 미친다는 사건단위설(통설)이 대립한다. ③ 판례는 원칙적으로 사건단위설을 취하나(대법원 1966.8.12, 96모46) [경찰채용 14 1차] 미결구금일수 산입에 있어서는 법원의 재량으로 구속영장이 발부되지 아니한 다른 범죄사실에 관한 죄의 형도 산입할 수 있다고 하여 인단위설도 취하고 있다(대법원 1986.12.9, 86도1875).

판례연구 구속영장의 효력범위 관련판례

1. **대법원 1996.8.12, 96모46** [경찰채용 14 1차/21 2차]
구속영장의 효력범위에 관한 사건단위설의 원칙
구속의 효력은 원칙적으로 구속영장에 기재된 범죄사실에만 미친다는 점(사건단위설), 재항고인과 함께 병합심리되고 있는 공동피고인이 상당수에 이를 뿐만 아니라 재항고인과 공동피고인들에 대한 공소사실이 방대하고 복잡하여 그 심리에 상당한 시일이 요구될 것으로 예상된다는 점 등에 비추어 보면, 구속기간이 만료될 무렵에 종전 구속영장에 기재된 범죄사실과는 다른 범죄사실로 재항고인을 구속하였다는 사정만으로는 재항고인에 대한 구속이 위법하다고 단정할 수는 없다.

2. **대법원 1986.12.9, 86도1875**
경합범에 대하여 2개의 형을 선고할 경우의 미결구금 일수 산입에 있어서는 인단위설도 채택한 판례
수개의 범죄사실로 공소제기된 피고인이 그 중 일부의 범죄사실만으로 구속영장이 발부되어 구금되어 있었고, 법원이 그 수개의 범죄사실을 병합심리한 끝에 피고인에게 구속영장이 발부된 일부 범죄사실에 관한 죄의 형과 나머지 범죄사실에 관한 죄의 형으로 나누어 2개의 형을 선고할 경우, 위와 같은 경우에는 일부 범죄사실에 의한 구금의 효과는 피고인의 신병에 관한 한 나머지 범죄사실에도 미친다고 보아 그 구금일수를 어느 죄에 관한 형에 산입할 것인가의 문제는 법원의 재량에 속하는 사항이라고 봄이 상당하고, 따라서 이를 구속영장이 발부되지 아니한 다른 범죄사실에 관한 죄의 형에 산입할 수도 있다.

(2) 이중구속 : 이미 구속영장이 발부되어 구속되어 있는 피의자·피고인에 대하여 다시 구속영장을 발부하여 구속을 집행하는 것을 말한다. 적법성에 대해서는 ① 사건단위설에 근거한 긍정설(多)과 ② 이미 구속되어 있는 자에 대해서는 구속사유가 충족될 수 없다는 부정설(이/조, 배종대·이상돈·정승환)이 대립한다. ③ **판례**는 구속기간이 만료될 무렵에 종전 구속영장에 기재된 범죄사실과 다른 범죄사실로 피고인을 구속하였다는 사정만으로는 피고인에 대한 구속이 위법하다고 할 수 없다(대법원 2000.11.10, 2000모134) [경찰승진 22, 경찰채용 21 2차]고 함으로써 사건단위설에 근거한 **긍정설**의 입장을 취하고 있다.

(3) 별건구속 : 수사기관이 본래 수사하려는 사건(본건)에 대해서는 구속의 요건이 구비되지 못하였기 때문에 본건 수사를 위해 구속요건이 구비된 다른 사건(별건)으로 피의자를 구속하는 것을 말한다. 별건구속의 적법성에 대해서는 ① 긍정설(노/이)과 ② 부정설(통설)이 대립하고, 판례는 명시적인 입장이 없으나, 별건구속은 영장주의에 반하고 본건에 대한 구속기간 제한을 형해화시킨다는 점에서 허용될 수 없다고 보아야 한다.

표정리 피의자 구속과 피고인 구속 개관

구분	피의자 구속	피고인 구속
성질	수사상 구속	법원의 직권 구속
검사의 영장청구	○	×
사전청문	×	○

영장실질심사	○	×
영장발부	지방법원판사(수임판사)	수소법원 수탁판사 재판장
영장의 성격	허가장	명령장
구속재판 · 불복	• 관할 지방법원판사 • 명령－불복 不可	• 수소법원(상소기간 중 예외적으로 원심법원) • 결정－보통항고 可
고지사항	사/이/변/기	① 사전청문 : 사/이/변/기 ② 사후고지 : 사/변
영장집행 지휘	검사	• 검사 • 재판장 · 수명법관 · 수탁판사
구속기간	• 경찰 : 10일 • 검사 : 10일(1회 연장 可)	• 2개월 • 심급마다 2회 연장 可 • 상소심은 3회 연장 可
재구속	타중요증거 × → ×	제한 ×
공통점	① 구속영장기재방식 : 피고인 · 피의자의 성명, 주민번호, 죄명, 공소사실 또는 피의사실의 요지, 인치 · 구금장소 등 특정 ② 사후통지 : 변호인 또는 변호인선임권자 중 피고인 · 피의자가 지정한 자에게 구속일시 · 장소, 피의사실 내지 범죄사실의 요지 등 24시간 내 통지	

03 피의자 · 피고인의 접견교통권

I 의 의

1. 개 념

접견교통권(接見交通權)이란 피의자 또는 피고인이 변호인 등 타인과 접견하고 서류 또는 물건을 수수하고 의사의 진료를 받을 수 있는 권리를 말한다. 이는 피의자 · 피고인의 권리(헌법상 기본권)임과 동시에 변호인의 고유권(헌법상 기본권)에 속한다.

2. 성질 및 법적 근거

(1) **피의자 · 피고인의 변호인과의 접견교통권** [국가7급 17] : 헌법 제12조 제4항에 규정된 기본권으로서, 헌법에는 체포 또는 구속된 자만 규정하고 있지만, 형사소송법에서는 구속 · 불구속을 불문하고 변호인과의 접견교통권을 제한 없이 보장하고 있다(cf. 진술거부권 : 헌법－불리, 형소법－일체). 이는 **헌법상** 법치국가원리와 적법절차원칙에서 당연히 도출되는 **기본권**이다(헌법재판소 2004.9.23, 2000헌마138). 기본권이므로 법률에 의한 제한(헌법 제37조 제2항)은 가능하나, 형사소송법은 체포 · 구속된 피의자 · 피고인의 변호인과의 접견교통권을 제한 없이 보장하고 있다(제34조)(형소법상 변호인과의 접견통권 제한 명문규정 無). 다만, 형의 집행 및 수용자의 처우에 관한 법률[구 행형법, 이하 '형집행(법)']에서 구속장소에서의 질서유지를 위한 규정을 두고 있을 뿐이다.

(2) **신체구속된 피의자 · 피고인의 비변호인과의 접견교통권** [경찰채용 13 2차] : 비변호인과의 접견교통권도 행복추구권(헌법 제10조 제1문 후단)과 무죄추정의 권리(헌법 제27조 제4항)에 근거하는 헌법상 기본권의 성격을 가진다(헌법재판소 2003.11.27, 2002헌마193). [경찰채용 13 2차] 기본권도 법률에 의한 제한이 가능하므로, 형사소송법에서는 체포 · 구속된 피의자 · 피고인은 **관련 법률이 정한 범위 내**에서 타인(비변호인 ○)과 접견하고 서류나 물건을 수수하며 의사의 진료를 받도록 하면서(2020.12.8. 우리말 순화 개정법 제89조, 제

200조의6, 제209조), 변호인과의 접견교통권과는 달리 명문의 제한규정을 두고 있다(제91조 : 도망 · 증거인멸염려시 접견금지 可).

(3) **변호인의 접견교통권** [경찰채용 13 2차] : 변호인이나 변호인 되려는 자의 구속된 피의자 · 피고인과의 접견교통권의 법적 성질에 대해서는 판례의 입장 변화가 있다. 종래 판례는 피의자 · 피고인의 변호인과의 접견교통권과는 달리 헌법상 보장되는 권리가 아니라 **형사소송법 제34조**에 의하여 비로소 보장되는 권리라는 입장이었으나(헌법재판소 1991.7.8, 89헌마181),[1] [경찰채용 15 2차] 최근 헌법재판소는 **'변호인 되려는 자'의 피의자 등과의 접견교통권**도 피의자 등을 조력하기 위한 핵심적인 부분으로서 피의자 등이 가지는 헌법상의 기본권인 '변호인이 되려는 자'와의 접견교통권과 표리의 관계에 있으므로, 피의자 등이 가지는 '변호인이 되려는 자'의 조력을 받을 권리가 실질적으로 확보되기 위하여 이 역시 **헌법상 기본권으로서 보장되어야 한다**는 점을 분명히 하였다(체포되어 구속영장이 청구된 피의자의 사건 수임을 위한 변호인 되려는 자의 접견신청을 불허한 검사의 행위는 위헌임을 확인한 결정례, 헌법재판소 2019.2.28, 2015헌마1204). **한편,** 변호인의 접견교통권에 대해서도 형집행법을 제외하고는 형사소송법에서 이를 제한하는 규정을 두고 있지 않다.

판례연구 변호인 또는 변호인 되려는 자의 피의자 · 피고인과의 접견교통권의 법적 성질

헌법재판소 2019.2.28, 2015헌마1204 [경찰채용 21 1차]

변호인 되려는 자의 접견교통권 침해 사건

구속된 피의자 등의 변호인 조력을 받을 권리를 헌법상 기본권으로 인정하는 이유 및 그 필요성(헌법재판소 1995.7.21, 92헌마144)은 체포된 피의자 등의 경우에도 마찬가지이다. 헌법 제12조 제4항 본문은 체포 또는 구속을 당한 때에 "즉시" 변호인의 조력을 받을 권리를 가진다고 규정함으로써 변호인이 선임되기 이전에도 피의자 등에게 변호인의 조력을 받을 권리가 있음을 분명히 하고 있다. 이와 같이 아직 변호인을 선임하지 않은 피의자 등의 변호인 조력을 받을 권리는 변호인 선임을 통하여 구체화되는데, 피의자 등의 변호인선임권은 변호인의 조력을 받을 권리의 출발점이자 가장 기초적인 구성부분으로서 법률로써도 제한할 수 없는 권리이다(헌법재판소 2004.9.23, 2000헌마138). 따라서 변호인 선임을 위하여 피의자 등이 가지는 '변호인이 되려는 자'와의 접견교통권 역시 헌법상 기본권으로 보호되어야 한다. … '변호인이 되려는 자'의 접견교통권은 피의자 등을 조력하기 위한 핵심적인 부분으로서, 피의자 등이 가지는 헌법상의 기본권인 '변호인이 되려는 자'와의 접견교통권과 표리의 관계에 있다고 할 것이다. 결론적으로, '변호인이 되려는 자'의 접견교통권은 피의자 등을 조력하기 위한 핵심적인 권리로서, 피의자 등이 가지는 '변호인이 되려는 자'의 조력을 받을 권리가 실질적으로 확보되기 위하여 이 역시 헌법상 기본권으로서 보장되어야 한다(헌법재판소 2019.2.28, 2015헌마1204).[2]

표정리 피의자 · 피고인의 변호인과의 접견교통권과 비변호인과의 접견교통권 비교

구분	변호인과의 접견교통권	비변호인과의 접견교통권
성질	헌법상 기본권	헌법상 기본권

1) [참고] 다만, 변호인의 조력권 또한 헌법상의 기본권으로 보장되어야 한다는 헌법재판소 판례는 다음과 같다. "헌법 제12조 제4항은 '누구든지 체포 또는 구속을 당한 때에는 즉시 변호인의 조력을 받을 권리를 가진다'라고 규정함으로써 변호인의 조력을 받을 권리를 헌법상의 기본권으로 격상하여 이를 특별히 보호하고 있거니와 변호인의 '조력을 받을' 피구속자의 권리는 피구속자를 '조력할' 변호인의 권리가 보장되지 않으면 유명무실하게 된다. 그러므로 피구속자를 조력할 변호인의 권리 중 그것이 보장되지 않으면 피구속자가 변호인으로부터 조력을 받는다는 것이 유명무실하게 되는 핵심적인 부분은, '조력을 받을 피구속자의 기본권'과 표리의 관계에 있기 때문에 이러한 핵심부분에 관한 변호인의 조력할 권리 역시 헌법상의 기본권으로서 보호되어야 한다(헌법재판소 2003.3.27, 2000헌마474 : 구속적부심사건 피의자의 변호인에게 수사기록 중 고소장과 피의자신문조서의 내용을 알 권리 및 그 서류들을 열람 · 등사할 권리가 인정된다는 사례)."

2) [보충] (보충성원칙의 예외 인정 여부) 헌법소원은 다른 법률에 구제절차가 있는 경우에는 그 절차를 모두 거친 후에 심판청구를 하여야 하는데(헌법재판소법 제68조 제1항 단서), 다만 청구인이 그의 불이익으로 돌릴 수 없는 정당한 이유가 있는 착오로 전심절차를 밟지 않은 경우 또는 전심절차로 권리가 구제될 가능성이 거의 없거나 권리구제절차가 허용되는지 여부가 객관적으로 불확실하여 전심절차 이행의 기대가능성이 없는 경우에는 보충성의 예외로서 적법한 청구로 인정된다(헌법재판소 1989.9.4, 88헌마22; 2008.5.29, 2007헌마712 등 참조). … 대법원은 수사기관의 접견불허처분의 취소를 구하는 준항고에도 법률상 이익이 있어야 하고, 소송계속 중 준항고로써 달성하고자 하는 목적이 이미 이루어졌거나 시일의 경과 또는 그 밖의 사정으로 인하여 그 이익이 상실된 경우에는 준항고는 그 이익이 없어 부적법하게 된다고 보면서도(대법원 1999.6.14, 98모121; 2014.4.15, 2014모686 결정 참조), 그에 관한 구체적 기준을 제시하지 않고 있다. 따라서 사건 당일 종료된 이 사건 검사의 접견불허행위에 대하여 청구인이 그 취소를 구하는 준항고를 제기할 경우 법원이 법률상 이익이 결여되었다고 볼 것인지 아니면 실체 판단에 나아갈 것인지가 객관적으로 불확실하여 청구인으로 하여금 전심절차를 이행할 것을 기대하기 어려운 경우에 해당한다. 결론적으로, 이 부분 심판청구는 보충성의 예외로서 적법한 청구로 인정되어야 한다(헌법재판소 2019.2.28, 2015헌마1204).

제한 가능 여부	법률	법률 / 법원결정 · 수사기관처분
현행법률	제한 ×	제한 ○(도망 · 증거인멸 염려)
법원 · 수사기관	제한 ×	제한 ○
침해구제	법원-항고, 수사기관-준항고, 구치소장-행정소송	

Ⅱ 변호인과의 접견교통권

1. 주체 및 상대방

(1) 주체 : **피고인 또는 피의자이며, 구속**(제89조) · **불구속**(제243조의2 제1항)**을 불문**한다.

예 체포 · 구속영장에 의하여 체포 · 구속된 자, 긴급체포된 자, 현행범인으로 체포된 자, 감정유치에 의하여 구속된 자, 임의동행으로 연행된 피의자 · 피내사자(대법원 1996.6.3, 96모18) [법원행시 02, 국가7급 15, 경찰승진 09, 경찰채용 12 3차]. 단, 재심청구절차의 수형자는 제외된다(대법원 1998.4.28, 96다48831).[1] [법원9급 06]

조문 법 제243조의2(변호인의 참여 등) ① 검사 또는 사법경찰관은 피의자 또는 그 변호인 · 법정대리인 · 배우자 · 직계친족 · 형제자매의 신청에 따라 변호인을 피의자와 접견하게 하거나(구금되어 있지 않은 피의자의 접견교통권이 신설된 부분) 정당한 사유가 없는 한 피의자에 대한 신문에 참여하게 하여야 한다.

> **판례연구** 변호인과의 접견교통권의 주체
>
> **1. 대법원 1996.6.3, 96모18** [경찰채용 12 3차, 경찰승진 09, 국가7급 15, 법원행시 02]
>
> 임의동행된 피의자와 피내사자에게 변호인의 접견교통권이 인정된다는 사례
>
> 변호인의 조력을 받을 권리를 실질적으로 보장하기 위하여는 변호인과의 접견교통권의 인정이 당연한 전제가 되므로, 임의동행의 형식으로 수사기관에 연행된 피의자에게도 변호인 또는 변호인이 되려는 자와의 접견교통권은 당연히 인정된다고 보아야 하고, 임의동행의 형식으로 연행된 피내사자의 경우에도 이는 마찬가지이다. (변호인 또는 변호인이 되려는 자와의) 접견교통권은 피고인 또는 피의자나 피내사자의 인권보장과 방어준비를 위하여 필수불가결한 권리이므로 법령에 의한 제한이 없는 한 수사기관의 처분은 물론 법원의 결정으로도 이를 제한할 수 없다.
>
> **2. 대법원 1998.4.28, 96다48831** [법원9급 06]
>
> 형사소송법 제34조의 변호인의 접견교통권이 재심청구절차에 준용되지 않는다는 사례
>
> 형사소송법 제34조는 "변호인 또는 변호인이 되려는 자는 신체구속을 당한 피고인 또는 피의자와 접견하고 서류 또는 물건을 수수할 수 있으며 의사로 하여금 진료하게 할 수 있다."고 규정하고 있는바, 이 규정은 형이 확정되어 집행중에 있는 수형자에 대한 재심개시의 여부를 결정하는 재심청구절차에는 그대로 적용될 수 없다.

(2) 상대방 : **변호인이나 변호인이 되려는 자**(cf. 피의자신문참여권 ×)이다(제34조). 여기서 변호인이 되려는 자라 함은 주로 변호인 선임의뢰를 받았으나 아직 변호인 선임신고가 되지 않은 자를 말한다. 변호인이 되려는 자는 수사기관에 변호인이 되려는 의사를 표시함에 있어 수사기관이 그 의사를 인식하는 데 적당한 방법을 사용하면 되고, **반드시 문서로써 그 의사를 표시할 필요는 없다**(대법원 2003.1.10, 2002다56628)(변호인이 되려는 의사의 표시 방법은 변호인 선임신고의 방법과는 다름).

2. 내 용

(1) 접견의 비밀보장 : 변호인과의 접견교통권은 **방해 · 감시 없는 자유로운 접견교통**을 그 본질로 한다. 따라서 접견시 교도관 · 경찰관이 **입회 · 참여하지 못하며**(헌법재판소 1992.1.28, 91헌마111), **그 내용을 청취 또는 녹취하지 못한다.** [국가7급 07, 경찰간부 13, 경찰승진 12] 다만, **보이는 거리에서 관찰하는 것은 가능**하다(형집행 제84조 제1항). [국가7급 15, 경찰채용 14 1차]

---

1) [보충] 재심절차는 ① 재심청구 → ② 심리(재심사유 : 실체심리 ×, 국선청구 ×, 접견교통 ×) → ③ 결정(개시결정 or 기각결정) → ④ (재심개시결정에 의한) 재심(유 · 무죄판단, 국선청구 ○, 접견교통 ○) → ⑤ 판결의 순으로 진행된다. 이 중 위 96다48831 판례는 ②번 단계에 있는 수형자가 접견교통권의 주체인 피고인에 포함되지 않는다고 판시한 것이다.

헌법재판소 1992.1.28, 91헌마111

접견의 가시거리 내 법집행공무원 O, 가청거리 내 ×

구속된 사람을 계호함에 있어서도 1988. 12. 9. 제43차 유엔총회에서 채택된 "모든 형태의 구금 또는 수감상태에 있는 모든 사람들을 보호하기 위한 원칙" 제18조 제4항이 "피구금자 또는 피수감자와 그의 변호인 사이의 대담은 법 집행 공무원의 가시거리 내에서 행하여 질 수는 있으나 가청거리 내에서 행하여져서는 아니 된다."라고 적절하게 표현하고 있듯이 관계공무원은 구속된 자와 변호인의 대담내용을 들을 수 있거나 녹음이 가능한 거리에 있어서는 아니 되며 계호나 그 밖의 구실 아래 대화장면의 사진을 찍는 등 불안한 분위기를 조성하여 자유로운 접견에 지장을 주어서도 아니 될 것이다.

(2) **서류 · 물건의 수수** : 피의자 · 피고인은 변호인으로부터 서류 · 물건을 수수할 수 있다. 수수한 서류의 검열과 물건의 압수는 허용되지 않는다.

조문 미결수용자와 변호인 간의 서신은 교정시설에서 상대방이 변호인임을 확인할 수 없는 경우를 제외하고는 검열할 수 없다(형집행 제84조 제3항).

헌법재판소 2012.2.23, 2009헌마333

수용자가 밖으로 내보내는 모든 서신을 봉함하지 않은 상태로 교정시설에 제출시키는 행형법 시행령 ×

위 시행령 조항은 수용자가 보내려는 모든 서신에 대해 무봉함 상태의 제출을 강제함으로써 수용자의 발송 서신 모두를 사실상 검열 가능한 상태에 놓이도록 하는 것은 기본권 제한의 최소 침해성 요건을 위반하여 수용자인 청구인의 통신비밀의 자유를 침해하는 것이다.

(3) **의사로부터의 수진** : 피의자 · 피고인은 의사로부터 진료를 받을 수 있다. 이는 인도적 견지에서 요청되는 것이므로 원칙적으로 제한할 수 없다. [경찰채용 16 1차] 다만, 경찰서 유치장에 수용된 피의자가 의사의 진찰을 받는 경우 **의무관을 참여**하도록 하거나, 국정원 사법경찰관이 경찰서 유치장에 구금된 피의자에 대한 변호인의 의사로부터의 수진권 행사에 **국정원 추천 의사의 참여**를 요구하는 행위는 형집행법 시행령상 위법한 처분이라 할 수는 없다(대법원 2002.5.6, 2000모112). [경찰승진 10/12, 경찰채용 12 2차/16 1차]

대법원 2002.5.6, 2000모112 [경찰채용 12 2차/16 1차, 경찰승진 10 · 12]

수사기관의 처분에 의하여 변호인의 접견교통권을 제한할 수 없음 & 피의자에 대한 변호인의 수진권 행사에 의무관의 참여를 요구한 것은 위법은 아님

변호인의 구속된 피고인 또는 피의자와의 접견교통권은 … 신체구속을 당한 피고인 또는 피의자의 인권보장과 방어준비를 위하여 필수불가결한 권리이므로, 수사기관의 처분 등에 의하여 이를 제한할 수 없고, 다만 법령에 의하여서만 제한이 가능하다. (다만) 경찰서 유치장은 미결수용실에 준하는 것이어서(행형법 제68조) 그 곳에 수용된 피의자에 대하여는 행형법 및 그 시행령이 적용되고, 행형법시행령 제176조는 '형사소송법 제34조, 제89조, 제209조의 규정에 의하여 피고인 또는 피의자가 의사의 진찰을 받는 경우에는 교도관 및 의무관이 참여하고 그 경과를 신분장부에 기재하여야 한다.'고 규정하고 있는바, 이는 피고인 또는 피의자의 신병을 보호, 관리해야 하는 수용기관의 입장에서 수진과정에서 발생할지도 모르는 돌발상황이나 피고인 또는 피의자의 신체에 대한 위급상황을 예방하거나 대처하기 위한 것으로서 합리성이 있으므로, 행형법 시행령 제176조의 규정은 변호인의 수진권 행사에 대한 법령상의 제한에 해당한다고 보아야 할 것이고, 그렇다면 국가정보원 사법경찰관이 경찰서 유치장에 구금되어 있던 피의자에 대하여 의사의 진료를 받게 할 것을 신청한 변호인에게 국가정보원이 추천하는 의사의 참여를 요구한 것은 행형법시행령 제176조의 규정에 근거한 것으로서 적법하고, 이를 가리켜 변호인의 수진권을 침해하는 위법한 처분이라고 할 수는 없다.

3. 제 한

(1) **법률에 의하지 않는 한 제한 불가** : 변호인과의 접견교통권은 헌법상 기본권에 속하므로 **법원의 결정 또는 수사상의 필요에 의한 제한은 허용되지 않는다.** [법원행시 02, 국가7급 07, 경찰승진 11, 경찰채용 05 1차/13 2차/14 1차] 다만, 헌법상 기본권이라 하더라도 헌법 제37조 제2항의 요건에 해당하는 한 **법률로써 제한할 수는 있다.** [경찰채용 14 1차] 그럼에도 불구하고 **접견신청일이 경과하도록 접견이 이루어지지 아니한 것은 실질적으로 접견불허처분이 있는 것**과 같은 것이다(대법원 1991.3.28, 91모24). [국가7급 07/15, 경찰승진 11/12, 경찰채용 10 1차/12 3차]

판례연구 변호인과의 접견교통권 제한 관련사례

1. 대법원 1991.3.28, 91모24 [경찰채용 12 3차/16 1차]

변호인의 구속 피의자에 대한 접견이 접견신청일이 경과하도록 이루어지지 아니한 사례

변호인의 조력을 받을 권리를 규정하고 있는 헌법 제12조 제4항 전문, 절차상 또는 시기상의 아무런 제약 없이 변호인의 피고인 또는 피의자와의 접견교통권을 보장하고 있는 형사소송법 제34조, 구속 피고인 또는 피의자에 대한 변호인의 접견교통권을 규정한 같은 법 제89조, 제90조, 제91조 등의 규정에 의하면 변호인의 접견교통권은 신체구속을 당한 피고인이나 피의자의 인권보장과 방어준비를 위하여 필수불가결한 권리로서 법령에 의한 제한이 없는 한 수사기관의 처분은 물론 법원의 결정으로도 이를 제한할 수 없다 할 것인바, 위 관계법령의 규정취지에 비추어 볼 때 접견신청일이 경과하도록 접견이 이루어지지 아니한 것은 실질적으로 접견불허가처분이 있는 것과 동일시된다고 할 것이다.

2. 헌법재판소 1992.1.28, 91헌마111

변호인과의 접견교통권과 헌법 제37조 제2항과의 관계

변호인과의 자유로운 접견은 신체구속을 당한 사람에게 보장된 변호인의 조력을 받을 권리의 가장 중요한 내용이어서 국가안전보장, 질서유지, 공공복리 등 어떠한 '명분'으로도 제한될 수 있는 성질의 것이 아니다.

3. 대법원 2003.1.10, 2002다56628

승낙 없는 변호인 접견 사진촬영은 위법 & 변호인이 되려는 의사표시의 방법

변호인이 피의자를 접견할 때 국가정보원 직원이 승낙 없이 사진촬영을 한 것은 접견교통권 침해에 해당한다. (또한) 변호인이 되려는 변호사는 국가정보원에게 변호인이 되려는 의사를 표시함에 있어, 국가정보원이 그 의사를 인식하는 데 적당한 방법을 사용하면 되고, 반드시 문서로서 그 의사를 표시하여야 할 필요는 없다.

4. 대법원 2004.12.9, 2003다50184

교도소장의 금치기간 중에 있는 피징벌자와 변호사와의 접견을 불허한 사례

금치(禁置, 독방에 감금하는 것, 형집행 제108조 제14호)기간 중의 접견허가 여부가 교도소장의 재량행위에 속한다고 하더라도 피징벌자가 금치처분 자체를 다툴 목적으로 소제기 등을 대리할 권한이 있는 변호사와의 접견을 희망한다면 이는 행형법 시행령 제145조 제2항에 규정된 예외적인 접견허가사유인 '처우상 특히 필요하다고 인정하는 때'에 해당하고, 그 외 제반 사정에 비추어 교도소장이 금치기간 중에 있는 피징벌자와 변호사와의 접견을 불허한 조치는 피징벌자의 접견권과 재판청구권을 침해하여 위법하다.

5. 대법원 2007.1.31, 2006모656,2006모657 [국가7급 15/20, 국가9급 23, 경찰승진 14, 경찰채용 23 1차]

피의자의 범죄행위에 변호인이 관련되었다면 그 변호인과의 접견교통을 금지할 수 있는지 여부(소극)

신체구속을 당한 피의자 또는 피고인이 범한 것으로 의심받고 있는 범죄행위에 해당 변호인이 관련되어 있다는 등의 사유에 기하여 그 변호인의 변호활동을 광범위하게 규제하는 변호인의 제척과 같은 제도를 두고 있지 아니한 우리 법제 아래에서는, 변호인의 접견교통의 상대방인 신체구속을 당한 사람이 그 변호인을 자신의 범죄행위에 공범으로 가담시키려고 하였다는 등의 사정만으로 그 변호인의 신체구속을 당한 사람과의 접견교통을 금지하는 것이 정당화될 수는 없다.

6. 대법원 2007.1.31, 2006모656,2006모657 [국가9급 23, 국가9급개론 23]

변호인의 접견교통권 행사의 한계 일탈 여부는 해당 변호인을 기준으로 하여 개별적으로 판단

신체구속을 당한 사람의 변호인이 1명이 아니라 여러 명인 경우 어느 변호인의 접견교통권의 행사가 그 한계를 일탈한 것인지의 여부는 해당 변호인을 기준으로 하여 개별적으로 판단하여야 한다.

7. 헌법재판소 2011.5.26, 2009헌마341

[1] 미결수용자의 변호인 접견권에 대한 제한가능성

헌법재판소가 91헌마111 결정에서 미결수용자와 변호인과의 접견에 대해 어떠한 명분으로도 제한할 수 없다고 한 것은 구속된 자와 변호인 간의 접견이 실제로 이루어지는 경우에 있어서의 '자유로운 접견', 즉 '대화내용에 대하여 비밀이 완전히 보장되고 어떠한 제한, 영향, 압력 또는 부당한 간섭 없이 자유롭게 대화할 수 있는 접견'을 제한할 수 없다는 것이지, 변호인과의 접견 자체에 대해 아무런 제한도 가할 수 없다는 것을 의미하는 것이 아니므로 미결수용자의 변호인 접견권 역시 국가안전보장 · 질서유지 또는 공공복리를 위해 필요한 경우에는 법률로써 제한될 수 있음은 당연하다. [경찰채용 14 1차/15 2차]

[2] 미결수용자 또는 변호인이 원하는 특정한 시점의 접견 불허는 변호인조력권 침해는 아님

변호인의 조력을 받을 권리를 보장하는 목적은 피의자 또는 피고인의 방어권 행사를 보장하기 위한 것이므로, 미결수용자 또는 변호인이 원하는 특정한 시점에 접견이 이루어지지 못하였다 하더라도 그것만으로 곧바로 변호인의 조력을 받을 권리가 침해되었다고 단정할 수는 없는 것이고, 변호인의 조력을 받을 권리가 침해되었다고 하기 위해서는 접견이 불허된 특정한 시점을 전후한 수사 또는 재판의 진행 경과에 비추어 보아, 그 시점에 접견이 불허됨으로써 피의자 또는 피고인의 방어권 행사에 어느 정도는 불이익이 초래되었다고 인정할 수 있어야만 한다. [해경간부 12, 경찰채용 15 2차]

(2) 질서유지를 위한 제한 : 구속장소의 질서유지를 위한 **접견시간의 일반적인 제한이나 흉기 기타 위험한 물건의 수수를 금지하는 것은 가능**하다.

> **헌법재판소 2011.5.26, 2009헌마341**
>
> 구속장소의 일반적 질서유지를 위한 제한은 가능하다는 사례
>
> '형의 집행 및 수용자의 처우에 관한 법률'(형집행법) 제41조 제4항에서 "접견의 횟수 · 시간 · 장소 · 방법 및 접견내용의 청취 · 기록 · 녹음 · 녹화 등에 관하여 필요한 사항은 대통령령으로 정한다."라고 대통령령에 위임하면서도 동 제84조 제2항에서 "미결수용자와 변호인 간의 접견은 시간과 횟수를 제한하지 아니한다."라고 규정하고 있는데, 행형법 제84조 제2항에 의해 금지되는 접견시간 제한의 의미는 접견에 관한 일체의 시간적 제한이 금지된다는 것으로 볼 수는 없고, 수용자와 변호인의 접견이 현실적으로 실시되는 경우, 그 접견이 미결수용자와 변호인의 접견인 때에는 미결수용자의 방어권 행사로서의 중요성을 감안하여 자유롭고 충분한 변호인의 조력을 보장하기 위해 접견 시간을 양적으로 제한하지 못한다는 의미로 이해하는 것이 타당하므로, 행형법 제41조 제4항의 위임에 따라 수용자의 접견이 이루어지는 일반적인 시간대를 대통령령으로 규정하는 것은 가능하다.

Ⅲ 변호인 아닌 자와의 접견교통권

1. 주체 및 상대방

(1) 주체 : 헌법상 행복추구권(헌법 제10조)과 무죄추정권(동법 제27조 제4항)에 근거하는 비변호인과의 접견교통권의 주체는 체포 · 구속된 피의자 · 피고인이다(제89조, 제200조의6, 제209조, 제213조의2).

(2) 상대방 : 타인이다(제89조). 변호인이나 변호인이 되려는 자는 제외된다.

2. 내 용

체포 · 구속된 피의자 · 피고인은 법률의 범위 내에서 타인과 접견하고 서류 또는 물건을 수수하며 의사의 진료를 받을 수 있다.

3. 제 한

변호인과의 접견교통권의 제한과는 달리, 비변호인과의 접견교통권의 제한은 법률뿐 아니라 법원 또는 수사기관의 결정에 의해서도 가능하다.

(1) 근 거

① 법률에 의한 제한 : 비변호인과의 접견교통권은 법률이 정한 범위내에서만 보장되므로, **법률에 의한 제한이 허용**된다. 따라서 행형법 등에 의해 교도소장은 비변호인과의 접견을 금지할 수 있고, 접견에 교도관을 참여하게 할 수 있다.

예 형집행법 제41조 내지 제43조, 동법 시행령 제58조

② 법원의 결정에 의한 제한 : 법원은 **도망**하거나 또는 **범죄의 증거를 인멸할 염려**가 있다고 인정할 만한 상당한 이유가 있는 때에는 직권 또는 검사의 청구에 의하여 **결정**으로 구속된 피고인과 비변호인과의 접견교통을 제한할 수 있다(2020.12.8. 우리말 순화 개정법 제91조). 여기서 도망 또는 증거인멸의 염려는 논리적으로 **구속사유에 비하여 보다 엄격하게 해석**해야 하므로, 이를 인정할 만한 상당한 개연성 또는 현저한 사유가 있어야 한다.

③ 수사기관의 결정에 의한 제한 : 학설의 대립은 있으나, 제91조는 피의자 체포 · 구속에도 준용되므로(제200조의6, 제209조) 위 요건이 구비되는 한 **수사기관의 결정에 의해서도 할 수 있다**(cf. 법원의 결정에 의하여야 하므로 입법론적 문제가 있음).[1]

(2) 범 위

① 금지 가능한 것 : 타인과의 접견을 금지할 수 있고, 서류나 그 밖의 물건을 수수하지 못하게 하거나 검열

---

1) [참고] 검찰사건사무규칙 제27조(피의자접견등금지의 결정) ① 검사가 형사소송법 제200조의6에 따라 준용되는 같은 법 제91조에 따라 피의자와 같은 법 제34조에 규정된 자 외의 자와의 접견 등을 금지하려는 경우에는 별지 제43호서식에 의한 피의자접견등금지결정서에 의한다. 〈개정 2005.8.26, 2008.1.7.〉

또는 압수할 수 있다(2020.12.8. 우리말 순화 개정법 제91조). 여기서 접견금지는 전면적 금지뿐 아니라 특정인을 제외시키는 개별적 금지, 조건부 금지, 기한부 금지도 가능하다.

② 금지 불가한 것 : 의류 · 양식 · 의료품은 수수를 금지하거나 압수할 수 없다(제91조 단서). 인도적 관점에 근거한 규정이다.

(3) 절차 : 피고인에 대한 비변호인과의 접견교통권의 제한은 법원이 **직권**으로 하거나 **검사의 청구에 의하여 법원의 결정**이 있을 것을 요한다(제91조). 피의자에 대한 접견교통권의 제한은 **수사기관의 결정**에 의한다.

Ⅳ 접견교통권의 침해에 대한 구제

1. 항고 · 준항고

(1) 법원의 결정에 대한 구제 : 제403조 제2항에서는 구금 등 강제처분에 관한 결정에 대해서는 법원의 판결 전 소송절차에 관한 결정이라 하더라도 항고할 수 있다고 규정하고 있으며, 접견교통권을 제한하는 법원의 결정은 구금에 대한 결정에 해당하므로 이에 대해서는 **보통항고**가 허용된다(**압구보감**, 제403조 제2항).[1] [경찰승진 09]

(2) 수사기관의 결정에 대한 구제 : 제417조에서는 검사 또는 사법경찰관의 구금, 압수 또는 압수물의 환부에 관한 처분(강제처분)과 피의자신문 변호인참여권 제한처분에 대한 불복이 있으면 그 직무집행지의 관할법원 또는 검사의 소속 검찰청에 대응한 법원에 그 처분의 취소 또는 변경을 청구할 수 있도록 규정하고 있으며 [법원9급 14, 국가7급 17], 접견교통권을 제한하는 수사기관의 처분은 구금에 대한 처분에 해당하므로 이에 대해서는 **준항고**를 할 수 있다(**압구변**, 제417조). [법원행시 02, 국가9급 11, 경찰승진 09/11/14, 경찰채용 14 1차/16 1차]

2. 증거능력의 부정

(1) 원칙 – 증거능력 부정 : 접견교통권을 침해하고 있는 중에 수집된 피고인 · 피의자의 자백이나 증거물 등은 위법한 절차에 의하여 수집된 증거로서 증거능력이 없다. 따라서 **검사 작성의 피의자신문조서**가 검사에 의하여 피의자에 대한 **변호인의 접견이 부당하게 제한되고 있는 동안에 작성**된 경우에는 **증거능력이 없다**(대법원 1990.8.24, 90도1285). [교정9급특채 11, 경찰승진 12/14, 경찰채용 12 3차]

> **판례연구** 변호인과의 접견교통권 침해에 의한 증거수집은 위법하다는 사례
>
> **대법원 1990.9.25, 90도1586** [경찰승진 09]
>
> 위법한 변호인접견불허기간 중에 작성된 검사 작성의 피의자신문조서는 위법수집증거라는 사례
>
> 헌법상 보장된 변호인과의 접견교통권이 위법하게 제한된 상태에서 얻어진 피의자의 자백은 그 증거능력을 부인하는 유죄의 증거에서 실질적이고 완전하게 배제하여야 하는 것인바, 피고인이 구속되어 국가안전기획부에서 조사를 받다가 변호인의 접견신청이 불허되어 이에 대한 준항고를 제기 중에 검찰로 송치되어 검사가 피고인을 신문하여 제1회 피의자신문조서를 작성한 후 준항고절차에서 위 접견불허처분이 취소되어 접견이 허용된 경우에는 검사의 피고인에 대한 위 제1회 피의자신문은 변호인의 접견교통을 금지한 위법상태가 계속된 상황에서 시행된 것으로 보아야 할 것이므로 그 피의자신문조서는 증거능력이 없다.

(2) 예외 : ① 검사 작성 피의자신문조서가 **변호인 접견 전 작성되었다 하여 증거능력이 없다고는 할 수 없다**(대법원 1990.9.25, 90도1613). [경찰채용 01 1차] 또한 ② 검사의 **비변호인과의 접견금지결정이 있는 중**에 작성된 피의자신문조서라 하여 그 조서가 **임의성이 없다고는 할 수 없다**(대법원 1984.7.10, 84도846). [국가9급 07, 교정9급특채 10, 경찰간부 12, 경찰승진 10, 경찰채용 04 1차/14 1차]

> **판례연구** 변호인과의 접견교통권 침해가 아니므로 증거수집은 적법하다는 사례
>
> **1. 대법원 1990.9.25, 90도1613** [경찰채용 01 1차]
>
> 변호인의 접견 전 작성 피의자신문조서의 증거능력 인정례
>
> 변호인접견 전에 작성된 검사의 피고인에 대한 피의자신문조서가 증거능력이 없다고 할 수 없다.

1) [참고] 재판장이나 수명법관의 권한이 아니므로 제416조의 준항고는 불가함.

2. **대법원 1984.7.10, 84도846** [경찰채용 04/14 1차, 경찰간부 12, 경찰승진 10, 국가9급 07, 교정9급특채 10]

비변호인과의 접견금지상태에서 작성된 피의자신문조서의 임의성 유무

검사의 접견금지 결정으로 피고인들의 (비변호인들과의) 접견이 제한된 상황하에서 피의자 신문조서가 작성되었다는 사실만으로 바로 그 조서가 임의성이 없는 것이라고는 볼 수 없다.

3. 상소이유

수소법원에 의한 접견교통권 침해는 피고인의 **방어준비에 중대한 지장을 초래한 경우**에 해당하므로 **상대적 항소이유 · 상고이유**가 된다(제361조의5 제1호, 제383조 제1호 : 판결에 영향을 미친 헌법 · 법률 · 명령 또는 규칙의 위반이 있을 때). 상대적 상소이유이므로, 수사기관에서의 변호인의 접견 등에 관한 처분이 위법한 사실만으로는 그와 같은 위법이 **판결에 영향을 미친 것이 아닌 한 독립한 상소이유가 될 수는 없다**(대법원 1990.6.8, 90도646).[1] [경찰승진 10/14]

판례연구 접견교통권 침해와 상소이유

대법원 1990.6.8, 90도646 [경찰승진 10/14]

변호인 접견에 관한 처분이 위법한 것은 상대적 상소이유에 불과하다는 사례

수사기관에서의 변호인의 접견 등에 관한 처분이 위법한 사실만으로는 그와 같은 위법이 판결에 영향을 미친 것이 아닌 한 독립한 상소이유가 될 수는 없다.

4. 행정소송

교도소장 · 구치소장 등 행형기관에 의해 접견교통권이 침해된 경우의 구제에 대해서는 형사소송법에 명문의 규정을 두고 있지 않으므로 항고나 준항고가 불가능하다.[2] 따라서 행정심판 · 행정소송(항고소송) · 헌법소원 및 국가배상청구를 통해야 한다. [경찰채용 15 2차]

5. 헌법소원

(1) **원칙** : 법원의 재판에 대해서는 헌법소원이 허용되지 않으며(헌재 제68조 제1항 : 재판소원금지원칙), 구금된 피의자의 변호인과의 접견교통권이 침해되는 경우 법원에 대한 준항고가 허용되므로(제417조) [경찰채용 13 1차], **원칙적으로 헌법소원은 허용되지 아니한다.**

(2) **예외** : 피청구인의 접견거부처분에 대해 법원에 **준항고절차까지 밟아** 이를 취소하는 결정이 있었음에도 피청구인이 결정대로 이행하지 않고 무시한 채 재차 접견거부처분에 이르렀다면 – 이제 준항고에 의거하여서는 권리구제의 기대가능성이 없는 경우로 되었다고 할 것이므로– 이와 같은 경우는 오히려 다른 법률에 의한 구제절차가 없는 경우라고 할 것이므로, 이 부분 소원청구는 결국 헌재법 제68조 제1항 단서 소정의 보충성의 원칙의 예외로서 **헌법소원 청구가 허용**된다(헌법재판소 1991.7.8, 89헌마181).

판례연구 접견교통권 침해와 헌법소원

헌법재판소 1991.7.8, 89헌마181

보충성의 원리의 예외로서 헌법소원이 허용된다는 사례

[법원의 재판에 대해서는 헌법소원이 허용되지 않으며(헌재 제68조 제1항, 재판소원금지원칙), 구금된 피의자의 변호인과의 접견교통권이 침해되는 경우 법원에 대한 준항고가 허용되므로(법 제417조), [경찰채용 13 1차] 원칙적으로 헌법소원은 허용되지 아니한다. 따라서 이미 법원의 준항고절차 취소된 접견불허처분임에도 불구하고 헌법소원으로 거듭 그 취소를 구하는 청구의 경우는 권리보호의 이익이 없어 부적법한 것이 된다.] (다만) 피청구인(검사)의 접견거부처분에 대해 법원에 준항고절차까지 밟아 이를 취소하는 결정이 있었음에도 피청구인이 이를 무시한 채 재차 접견거부처분에 이르렀다면, 이제 준항고절차에 의거하여서는 권리

1) [참고] 객관적 사유만 있으면 항소이유가 되는 것이 절대적 항소이유이고(제361조의5 제2호~제13호, 제15호), 판결에 영향을 미친 경우 항소이유가 되는 것이 상대적 항소이유이다(동조 제1호 · 제14호).

2) [참고] 학설로는 제417조를 준용하여 수소법원에 준항고를 할 수 있다는 견해도 있다. 신동운, 97면; 정웅석 · 백승민, 524면 등.

구제의 기대가능성이 없는 경우로 되었다 할 것이고, 이와 같은 경우에는 오히려 다른 법률에 의한 구제절차가 없는 경우로서 보충성의 원리의 예외에 해당되어 헌법소원 청구가 허용된다.

04 체포 · 구속적부심사제도

I 의의 및 성질

1. 의 의

수사기관에 의하여 체포 · 구속된 피의자에 대하여 법원이 그 체포 · 구속의 적법 여부와 계속의 필요성을 심사하여 체포 · 구속이 위법 · 부당한 경우 피의자를 석방시키는 제도를 말한다.[1] [경찰채용 13 2차] 우리 헌법은 "누구든지 체포 또는 구속을 당한 때에는 적부의 심사를 관할 법원에 청구할 권리를 가진다(헌법 제12조 제6항)."라고 하여 이를 헌법상 기본권으로 보장하고 있으므로, 형사소송법에서도 체포되거나 구속된 피의자 또는 그 변호인, 법정대리인, 배우자, 직계친족, 형제자매나 가족, 동거인 또는 고용주는 관할법원에 체포 또는 구속의 적부심사(適否審査)를 청구할 수 있다."고 규정하고 있다(2020.12.8. 우리말 순화 개정법 제214조의2 제1항).

정리 체포 · 구속적부심의 간단한 이해

> ① A : 미란다원칙 불고지 → 적부심청구 → 석방결정(if 피의자보석 ← A의 항고)
> ② B : 미란다원칙 고지 → 합의(고소취소) → 적부심청구 → 석방결정
> ③ C : 미란다원칙 고지 → 합의 × → 적부심청구 → 기각결정(if 피의자보석 + 조건 ← 검사항고)

정리 구속적부심 절차 개관(48h + 24h)

> ① 구속영장청구 → 영장실질심사(수임판사) → 영장발부 → 적부심청구 → 적부심(법원 – 단독 or 합의부/수임판사 × / 수소법원 ×) → 결정
> ② 적부심 : 청구(피의자/변/법배직형/가동고) → 심사(법원 – 단 or 합 : 기일지정 48h → 통지 → 출석 → 심사)
> ③ 결정(24h) : 석방결정 – 항고 ×, 기각결정 – 항고 ×, 피의자보석(직권) – 항고 O

2. 구별개념

(1) **보석** : 체포 · 구속적부심사는 수사단계의 체포 · 구속된 피의자만을 대상으로 하고 구속영장 자체의 효력을 상실시킨다는 점에서, 공소제기 후 구속피고인의 석방 여부를 결정하는 보석(제94조 이하)과는 다르다.

(2) **구속취소** : 체포 · 구속적부심사는 청구권자의 청구에 의하여 법원의 결정으로 피의자를 석방시키는 제도라는 점에서, 검사 또는 지방법원판사가 직권 또는 청구에 의하여 피의자 · 피고인을 석방시키는 구속취소와는 다르다.

---

1) [참고] 체포 · 구속적부심사제도는 비교법적으로는 영미법의 인신보호영장(人身保護令狀, writ of habeas corpus)제도에서 유래하는 것이다. habeas corpus의 기원은 영국의 보통법(common law)에서 유래되므로 1215년 마그나 카르타(Magna Charta) 이전으로 거슬러 올라가며, 1641년과 1679년의 인신보호법(Habeas Corpus Act)으로 확립되었다. 이러한 영국의 인신보호영장제도는 미국으로 계수되어 1776년 미국연방헌법 제1조 제9항 제2호는 "인신보호영장의 특권은 반란 또는 외환에 의하여 공공의 안전이 요구할 때가 아니면 정지되지 아니한다."고 규정되기에 이른다. 이후 1867년 Habeas Corpus Act에 의해서는 주(州)에 의하여 구금된 자에 대하여 연방법원에게 인신보호영장을 인정하게 되고, 이후 그 영역이 확장되어 구속의 헌법위반 여부 문제까지 다루게 되었다. 간단하게 보자면, 인신보호영장의 신청은 피구금자를 포함하여 피구금자를 위하여 누구나 할 수 있고, 법원 또는 법관은 구금자에 대하여 피구금자의 신병을 인도할 것을 명한 영장을 발하며(habeas corpus), 구금자의 답변서와 신병의 인도에 기초하여 심리하고 신청에 이유가 있으면 피구금자의 석방을 명하거나 또는 보석을 허가하게 된다. 이러한 미국의 구속적부심사제도는 미군정법령 176호(1948.3.20.)에 의하여 우리나라에 처음 도입되어 1948년 제헌헌법부터 헌법상 기본권으로 규정됨에 따라 1954년 제정 형사소송법에 수용된 이래, 유신헌법에서 전면 삭제되었다가, 제5공화국 헌법부터 부활되었으나 구속적부심사청구 대상이 제한된 상태이었는데, 제6공화국 헌법부터는 모든 범죄를 대상으로 하는 체포 · 구속적부심사제도로 확대되어 오늘날에 이르고 있다.

표정리 피의자 · 피고인 석방제도

피의자	피고인
① 체포 · 구속적부심 ② 구속취소 ③ 구속집행정지	① 보석(필요적 보석원칙) ② 구속취소 ③ 구속집행정지

Ⅱ 심사의 청구

1. 청구권자

(1) 체포 · 구속된 피의자 : 2007년 개정법에서는 다수설 · 판례(대법원 1997.8.27, 97모21)의 입장에 따라 영장요건을 삭제함으로써, 체포 · 구속영장에 의하여 체포 · 구속된 피의자뿐만 아니라 **영장에 의하지 않고 체포된 자**에 대해서도 체포 · 구속적부심사청구권을 인정하고 있다. [국가9급 11] 따라서 **긴급체포된 자나 현행범체포된 자**들도 모두 청구권자이다. [법원9급 03/04, 국가9급 13, 경찰승진 11/14, 경찰채용 05 1 · 3차/12 1차/15 3차] 다만, 공소제기 후의 피고인이나 사인에 의하여 불법구금된 자는 청구권이 없다. [국가7급 15, 국가9급 19]

대법원 1997.8.27, 97모21

긴급체포된 피의자에게 체포적부심사청구권이 있다는 사례

헌법 제12조 제6항은 누구든지 체포 또는 구속을 당한 때에는 적부의 심사를 법원에 청구할 권리를 가진다고 규정하고 있고, 형사소송법 제214조의2 제1항은 체포영장 또는 구속영장에 의하여 체포 또는 구속된 피의자 등이 체포 또는 구속의 적부심사를 청구할 수 있다고 규정하고 있는바, 형사소송법의 위 규정이 체포영장에 의하지 아니하고 체포된 피의자의 적부심사청구권을 제한한 취지라고 볼 것은 아니므로 긴급체포 등 체포영장에 의하지 아니하고 체포된 피의자의 경우에도 헌법과 형사소송법의 위 규정에 따라 그 적부심사를 청구할 권리를 가진다(이후 07년 개정법에서 영장 요건이 삭제됨으로써 판례입장이 반영됨).

(2) 변호인 등 : 피의자의 변호인, 법정대리인, 배우자, 직계친족, 형제자매뿐 아니라 가족 · 동거인 · 고용주도 청구권이 있다(**피변/법배직형/가동고**, 제214조의2 제1항). [법원9급 12/13, 국가7급 10/15, 경찰간부 13, 해경간부 12, 경찰승진 13, 경찰채용 10 1차/13 2차/14 2차]

정리 피/변/법/배/직/형/가/동/고 : 보석청구권자도 동일 ≠ 변호인선임대리권자(법배직형)

(3) 전격기소된 피고인 : 전격기소(電擊起訴)라 함은 피의자의 체포 · 구속적부심사청구 후 검사가 공소를 제기하거나 법원이 석방결정을 하고 나서 그 결정서 등본이 검찰청에 송달되기 전에 검사가 공소를 제기한 것을 말하는바, 제214조의2 제4항 제2문의 명문의 규정에 의하여, 적부심 청구 후 피의자에 대하여 공소제기(전격기소)가 있는 경우에도 **피의자의 지위에서 발생한 적부심청구인 지위는 계속 유지**된다.[1] [국가7급 10, 경찰채용 12 1차/13 2차] 요컨대 피의자라는 청구인적격은 절차개시요건이지 절차존속요건은 아니다.

헌법재판소 2004.3.25, 2002헌바104 [경찰채용 12 1차/13 2차, 국가7급 10]

구속된 피의자가 적부심사청구권을 행사한 다음 검사가 전격기소를 한 경우의 처리

우리 형사소송법상 구속적부심사의 청구인적격을 피의자 등으로 한정하고 있어서 청구인이 구속적부심사청구권을 행사한 다음 검사가 법원의 결정이 있기 전에 기소하는 경우(이른바 전격기소), 영장에 근거한 구속의 헌법적 정당성에 대하여 법원이 실질적인 판단을 하지 못하고 그 청구를 기각할 수밖에 없다. 그러나 구속된 피의자가 적부심사청구권을 행사한 경우 검사는 그 적부심사절차에서 피구속자와 대립하는 반대 당사자의 지위만을 가지게 됨에도 불구하고 헌법상 독립된 법관으로부터 심사를 받고자 하는 청구인의 '절차적 기회'가 반대 당사자의 '전격기소'라고 하는 일방적 행위에 의하여 제한되어야 할 합리적인 이유가 없고, 검사가 전격기소를 한 이후 청구인에게 '구속취소'라는 후속절차가 보장되어 있다고 하더라도 그에 따르는 적지 않은 시간적, 정신적, 경제적인 부담을 청구인에게 지워야 할 이유도 없으며, 기소이전단계에서 이미 행사된 적부심사청구권의 당부에 대하여 법원으로부터 실질적인 심사를 받을 수 있는 청구인의 절차적 기회를 완전히 박탈하여야 하는 합리적인 근거도 없기 때문에, 입법자는 그 한도 내에서 적부심사청구권의 본질적 내용을 제대로 구현하지 아니하였다고 보아야 한다(따라서 적부심 청구 후 피의자에 대한 검사의 전격기소가 있어도 피의자의 지위에서 발생한 적부심청구인의 지위는 계속 유지됨).

1) [참고] 구속된 피의자가 적부심사청구권을 행사한 다음 검사가 **전격기소**를 한 경우, 법원으로부터 구속의 헌법적 정당성에 대하여 실질적 심사를 받고자 하는 청구인의 절차적 기회를 제한하는 결과를 가져오는 구 형사소송법 제214조의2 제1항은 헌법에 합치되지 아니한다(헌법재판소 2004.3.25, 2002헌바104).

2. 청구사유

체포 · 구속의 적부(適否)이다. 불법뿐만 아니라 부당(구속 계속의 필요성)도 포함된다.

(1) **불법한 체포 · 구속** : ① 적법한 체포영장 · 구속영장 없이 신체구속을 당한 경우(영장주의 위반), ② 재구속 제한(제208조)에 위반한 구속, 영장체포 · 긴급체포 · 현행범체포 후 구속영장청구기간 경과 후에 청구하였는데 발부된 영장에 의한 구속, 구속사유가 없음에도 불구하고 발부된 영장에 의한 구속된 경우(요건을 갖추지 못하였음에도 영장이 발부된 경우), ③ 영장발부는 적법하였으나 구속기간의 경과 이후의 구속이 계속된 경우 등이 여기에 속한다.

(2) **부당한 체포 · 구속** : 영장 발부가 위법하지는 않지만, 적부심사시를 기준으로 판단할 때 체포 · 구속을 계속할 필요가 없는 경우를 말한다. 예컨대, 피해자에 대한 피해변상, 합의, 고소취소 등의 사정변경이 있는 경우이다.

3 청구방법

(1) **적부심청구권 고지의무** : 피의자를 체포하거나 구속한 검사 또는 사법경찰관은 체포되거나 구속된 **피의자와 심사청구권자 중 피의자가 지정하는 사람**에게 적부심사를 청구할 수 있음을 **알려야 한다**(제214조의2 제2항).

(2) **청구** : 청구권자는 피의사건의 관할법원에 서면으로 적부심사를 청구하여야 한다. 청구서에는 ① 체포 또는 구속된 피의자의 성명, 주민등록번호 등, 주거, ② 체포 또는 구속된 일자, ③ 청구의 취지 및 청구의 이유, ④ 청구인의 성명 및 체포 또는 구속된 피의자와의 관계를 기재하여야 한다(규칙 제102조).

4. 체포 · 구속적부심사권의 실질적 보장을 위한 서류에 대한 열람

(1) **피의자 · 번호인 등의 영장등본교부청구권** : 구속영장이 청구되거나 체포 · 구속된 피의자, 그 변호인, 법정대리인, 배우자, 직계친족, 형제자매나 동거인 또는 고용주는 긴급체포서, 현행범인체포서, 체포영장, 구속영장 또는 그 청구서를 보관하고 있는 검사, 사법경찰관 또는 법원사무관 등에게 그 등본의 교부를 청구할 수 있다(규칙 제101조). [경찰채용 06 2차] 이 경우 변호인은 직원 등 사자(使者)를 통해 수사기관에 체포영장에 대한 등사를 신청할 수 있다(대법원 2012.9.13, 2010다24879).

> **대법원 2012.9.13, 2010다24879** [경찰채용 06 2차]
>
> 피의자 · 변호인 등의 영장등본교부청구권
>
> 형사소송규칙 제101조는 "구속영장이 청구되거나 체포 또는 구속된 피의자, 그 변호인, 법정대리인, 배우자, 직계친족, 형제자매나 동거인 또는 고용주는 긴급체포서, 현행범인체포서, 체포영장, 구속영장 또는 그 청구서를 보관하고 있는 검사, 사법경찰관 또는 법원사무관 등에게 그 등본의 교부를 청구할 수 있다."라고 규정하고 있다. 따라서 변호인은 직원 등 사자(使者)를 통해 수사기관에 체포영장에 대한 등사를 신청할 수 있다.
>
> 보충 법무법인 소속 변호사 甲의 지시로 법무법인 직원 乙이 구금된 피의자 丙의 변호인선임서를 경찰서에 제시하며 체포영장에 대한 등사신청을 하였으나 담당 경찰관 丁이 '변호사가 직접 와서 신청하라'고 말하면서 등사를 거부하자 甲이 국가배상청구를 한 경우, 丁의 등사 거부행위는 변호인 甲의 체포영장에 대한 열람등사청구권을 침해하는 것으로 위법하므로 국가배상책임을 인정한 사례이다.

(2) **변호인의 영장청구서 등 열람 · 등사신청권** : 체포 · 구속적부심사를 청구한 피의자의 변호인은 지방법원판사에게 제출된 **구속영장청구서 및 그에 첨부된 고소 · 고발장, 피의자의 진술을 기재한 서류와 피의자가 제출한 서류**를 열람(조문상은 복사 × [법원9급 17])할 수 있다. [법원9급 17, 국가7급 15, 경찰채용 16 1차] 이 경우 검사는 증거인멸 또는 피의자나 공범 관계에 있는 자가 도망할 염려가 있는 등 수사에 방해가 될 염려가 있는 때에는 지방법원판사에게 **구속영장청구서를 제외한** 서류의 **열람 제한에 관한 의견**을 제출할 수 있고, 지방법원판사는 검사의 의견이 상당하다고 인정하는 때에는 그 전부 또는 일부의 열람을 제한할 수 있다(규칙 제104조의2, 제96조의21 제1항 · 제2항). 즉, **구속영장청구서의 열람은 반드시 허용**해야 한다. 다만, 문제가 되는 것은 위 형사소송규칙에 의하면 체포 · 구속적부심을 청구한 변호인에게 구속영장청구서 등 서류에 대한 열람권만 인정하고 있다는 점이다. 이에 대해서는 헌법 제12조 제4항의 변호인의 조력을 받을 권리를 보장하

기 위해서 위 열람권에는 복사권(등사권)도 포함된다고 보아야 한다는 주장(해석론, 예컨대, 신동운, 임동규 등)이 유력하다. 명확한 입법이 필요한 부분으로 생각된다. 헌법재판소는 구속적부심의 피의자의 변호인에게 고소장 · 피의자신문조서에 대한 열람 · 등사권이 인정된다고 판시한 바 있다.

헌법재판소 2003.3.27, 2000헌마474 [국가7급 10, 경찰승진 09/11/14]

적부심사건 피의자의 변호인에게 고소장과 피의자신문조서에 대한 열람 · 등사권을 인정한 사례

구속적부심사건 피의자의 변호인에게는 수사기록 중 고소장과 피의자신문조서의 내용을 알 권리 및 그 서류들을 열람 · 등사할 권리가 인정되므로, 그 열람 및 등사를 거부한 경찰서장의 정보비공개결정은 변호인의 피구속자를 조력할 권리 및 알 권리를 침해하여 헌법에 위반된다.

보충 다만, 형사소송규칙의 조문에서는 적부심 피의자의 변호인에게 지방법원판사에게 제출된 구속영장청구서 및 그에 첨부된 고소 · 고발장, 피의자의 진술을 기재한 서류와 피의자가 제출한 서류에 대한 열람권만 규정하고 있다 [경찰채용 16 1차, 국가7급 15, 법원9급 17] (규칙 제104조의2, 제96조의21 제1항 · 제2항)(실제 복사를 할 수 없다고 출제한 시험은 [법원9급 17]). 이에 학계에서는 위 열람권을 열람 · 복사권으로 보아야 한다는 주장도 제기된다.

Ⅲ 법원의 심사

1. 심사법원

체포 · 구속적부심사 청구사건은 피의자를 수사 중인 검사의 소속 검찰청에 대응하는 **지방법원 합의부 또는 단독판사**가 심사한다.[1] 이때 **체포영장이나 구속영장을 발부한 법관**은 심문 · 조사 · 결정에 관여하지 못한다(수임판사 ×). [법원9급 12, 경찰승진 11/13] 다만, 체포영장이나 구속영장을 발부한 법관 외에는 심문 · 조사 · 결정을 할 판사가 없는 경우에는 그러하지 아니하다(제214조의2 제12항). [법원행시 03, 법원승진 08/11]

2. 심문기일의 지정과 통지

(1) 심문기일 지정 : 청구를 받은 법원은 **청구서가 접수된 때부터 48시간 이내**에 체포 또는 구속된 피의자를 심문한다(**48+24**, 제214조의2 제4항). [법원9급 11, 국가9급 09/11, 경찰간부 13, 경찰승진 14, 경찰채용 14 2차/15 1차]

(2) 심문기일 · 장소 통지 : 심문기일을 지정한 법원은 즉시 청구인, 변호인, 검사 및 피의자를 구금하고 있는 관서(경찰서 · 교도소 · 구치소)의 장에게 심문기일과 장소를 통지하여야 한다(규칙 제104조 제1항).

3. 심사절차

(1) 출석 : 사건을 수사 중인 검사 또는 사법경찰관은 심문기일까지 수사관계서류와 증거물을 법원에 제출하여야 하고, 피의자를 구금하고 있는 관서의 장은 위 심문기일에 피의자를 출석시켜야 한다. 법원사무관 등은 체포적부심사청구사건의 기록표지에 수사관계서류와 증거물의 접수 및 반환의 시각을 기재하여야 한다(규칙 제104조 제2항).

(2) 심사 : 청구를 받은 법원은 청구서가 접수된 때부터 체포 · 구속된 피의자를 심문하고 수사관계서류와 증거물을 조사하게 되는데(제214조의2 제4항), 이때 법원은 우선 적부심사청구의 형식적 요건을 심사하고 그 다음 실질적 요건을 심사한다. ① 형식적 요건이 불비되면 간이기각결정을 내리며, ② 형식적 요건이 구비되면 실질적 요건인 청구사유의 존부를 심사하여 후술하는 기각결정, 석방결정, 보증금납입조건부 석방결정을 내린다. 법원은 피의자 심문을 합의부원에게 명할 수 있다(규칙 제105조 제4항).

(3) 국선변호인 및 변호인의 조력 : 피의자에게 변호인이 없는 때에는 제33조의 규정을 준용하여 **법원은 직권으로 국선변호인을 선정하여야 한다(영적준재즉참재치보복장군**, 제214조의2 제10항). [법원9급 18, 법원승진 08, 국가9급 13, 경찰승진 09/11] 피의자는 판사의 심문 도중에도 변호인에게 조력을 구할 수 있다(규칙 동조 제2항).

정리 영장실질심사와 체포 · 구속적부심의 국선변호인 제도의 차이 : 피의자구속을 위한 영장실질심사에 있어서 심문할 피

1) [참고-합의부 or 단독] 실무에서는 체포심사청구사건은 단독판사가 담당하고 있다(보석 · 구속집행정지 및 적부심 등 사건의 처리에 관한 예규 제21조 제2항). 구속적부심사청구사건은 재정합의결정으로 원칙적으로 합의부에서 담당하되, 구속영장발부판사를 제외하고 합의부를 구성할 수 없으면 단독판사가 담당한다(동예규 동 제1항).

의자에게 변호인이 없는 때에는 지방법원판사는 직권으로 변호인을 선정하여야 한다(제201조의2 제8항). 이 경우 변호인의 선정은 구속영장청구가 기각되어 효력이 소멸한 경우를 제외하고는 제1심까지 효력이 있다(동 제2문). 따라서 구속전피의자심문의 국선변호인이 구속적부심에서도 변호인인 경우가 대부분일 것이다. 이에 비해, 체포 · 구속적부심의 국선변호인제도에서는 ① 체포영장이 발부된 피의자도 해당되고(이 부분이 실익 有), ② 체포 · 구속적부심사청구가 기각된 경우에도 변호인 선임의 효력이 유지된다.

(4) 의견진술 : **검사 · 변호인 · 청구인**은 심문기일에 출석하여 의견을 진술할 수 있다(제214조의2 제9항). 이 경우 검사 · 변호인 · 청구인은 법원의 심문이 끝난 후 의견을 진술할 수 있다. 다만, 필요한 경우에는 **심문 도중에도 판사의 허가를 얻어 의견을 진술**할 수 있다(규칙 동조 제1항). [경찰채용 16 1차]

(5) 수사상 비밀보호 : 법원은 심문을 하는 경우 공범의 분리심문이나 그 밖에 수사상의 비밀보호를 위한 적절한 조치를 취하여야 한다(동조 제11항).

(6) 체포 · 구속적부심문조서 작성 : 심문기일에 피의자를 심문하는 경우에는, 구속전피의자심문조서(영장실질심사)에 준하여 **법원사무관 등은 심문의 요지 등을 조서로 작성**하여야 한다(동조 제14항, 제201조의2 제6항). **체포 · 구속적부심문조서는 제315조 제3호의 당연히 증거능력 있는 서류**에 해당한다(대법원 2004.1.16, 2003도5693). [경찰채용 14 1차]

대법원 2004.1.16, 2003도5693 [법원9급 11/12, 법원승진 08, 경찰승진 10/11/13, 경찰채용 14 1차]

구속적부심문조서의 증거능력 있음 & 피의자의 자백이 기재된 구속적부심문조서의 증명력을 평가함에 있어 유의할 점

① 구속적부심은 구속된 피의자 또는 그 변호인 등의 청구로 수사기관과는 별개 독립의 기관인 법원에 의하여 행하여지는 것으로서 구속된 피의자에 대하여 피의사실과 구속사유 등을 알려 그에 대한 자유로운 변명의 기회를 주어 구속의 적부를 심사함으로써 피의자의 권리보호에 이바지하는 제도인바, 법원 또는 합의부원, 검사, 변호인, 청구인이 구속된 피의자를 심문하고 그에 대한 피의자의 진술 등을 기재한 구속적부심문조서는 형사소송법 제311조가 규정한 문서에는 해당하지 않는다 할 것이나, 특히 신용할 만한 정황에 의하여 작성된 문서라고 할 것이므로 특별한 사정이 없는 한, 피고인이 증거로 함에 부동의하더라도 형사소송법 제315조 제3호에 의하여 당연히 그 증거능력이 인정된다. [경찰채용 14 1차/22 2차] ② 구속적부심문조서의 증명력은 다른 증거와 마찬가지로 법관의 자유판단에 맡겨져있으나, 피의자는 구속적부심에서의 자백의 의미나 자백이 수사절차나 공판절차에서 가지는 중요성을 제대로 헤아리지 못한 나머지 허위자백을 하고라도 자유를 얻으려는 유혹을 받을 수가 있으므로, 법관은 구속적부심문조서의 자백의 기재에 관한 증명력을 평가함에 있어 이러한 점에 각별히 유의를 하여야 한다.

Ⅳ 법원의 결정

1. 결정기한

체포 · 구속적부심사청구에 대한 결정은 체포 · 구속된 피의자에 대한 심문이 종료된 때로부터 **24시간 이내**에 이를 하여야 한다(**48+24**, 규칙 제106조). [국가9급 11, 경찰간부 13, 경찰채용 05 1차/14 1차/15 3차]

2. 간이기각결정 및 기각결정

(1) 간이기각결정 : ① **청구권자 아닌 사람**이 청구하거나 ② 동일한 체포영장 · 구속영장의 발부에 대하여 **재청구**한 때[법원9급 13], 또는 ③ 공범이나 공동피의자의 **순차청구(順次請求)**가 수사방해를 목적으로 하고 있음이 명백한 때[국가7급 10, 경찰승진 11/14]에는 법원은 **심문 없이 결정으로 청구를 기각**할 수 있다(간이기각결정, 2020.12.8. 우리말 순화 개정법 제214조의2 제3항). 이 경우에는 **심문기일을 지정할 필요가 없다.**

정리 적부심 : 권/재/순 간이기각, cf. 기피신청 : 지/관/사 간이기각

(2) 기각결정 : 청구가 이유 없다고 인정한 때에는 결정으로 이를 기각한다(동조 제4항).

3. 석방결정

(1) 석방명령 : 법원은 적부심사의 청구가 이유 있다고 인정한 때에는 결정으로 체포되거나 구속된 피의자의 석방을 명하여야 한다(2020.12.8. 우리말 순화 개정법 동 제4항). 석방결정은 석방결정시가 아니라 그 결정서 **등본이 검찰청에 송달된 때** 효력이 발생한다(제42조)(≠ 무죄 등 판결선고). [법원9급 11]

(2) 전격기소 : 심사청구 후 피의자에 대하여 공소제기가 있는 경우(피고인이 되었음)에도 법원은 **체포 · 구속 적부심사 및 석방결정을 할 수 있다**(동조 제4항 제2문). [변호사 12, 법원9급 08/11, 법원승진 08/11, 국가9급 10/11/13, 경찰채용 05 1 · 2차/12 1차/13 2차]

4. 보증금납입조건부 피의자 석방결정(피의자보석, 기소 전 보석)

구속적부심사청구를 받은 법원은 구속된 피의자(심사청구 후 공소제기된 사람을 포함한다)에 대하여 피의자의 출석을 보증할 만한 **보증금의 납입을 조건으로 하여 결정으로 석방을 명할 수 있다**(제214조의2 제5항). [법원9급 13, 경찰간부 13, 경찰채용 15 3차]

5. 법원의 결정에 대한 불복

(1) 간이기각결정 · 기각결정 · 석방결정 : **항고하지 못한다**(동조 제8항). [법원행시 03, 법원9급 11/12/13, 경찰간부 13, 경찰승진 10/11, 경찰채용 13 2차/ 15 1차/16 1차/05 2차/10 1차/14 1차] 이는 구속적부심사절차 자체가 이미 종래의 체포 · 구속결정에 대한 항고적 성격을 가지고 있음에 기인하는 것이다.

(2) 보증금납입조건부 석방결정 : 항고를 허용하는 **명문의 규정은 없다**. 다만, 판례는 제214조의2 제8항에서는 동조 제3항 · 제4항의 결정에 대해서만 항고 불가 규정을 두어 동조 제5항의 피의자보석에 대해서는 항고 불가 규정이 없고, 피고인보석에 대해서도 보통항고(제402조)가 허용되므로 이에 준하여 피의자보석에 대해서도 **피의자나 검사가 항고할 수 있다**는 입장이다(대법원 1997.8.27, 97모21).[1] [국가7급 15, 교정9급특채 12, 경찰승진 10/13, 경찰채용 12 1차]

판례연구 구속적부심의 보증금납입조건부 석방결정에 대한 불복 관련판례

대법원 1997.8.27, 97모21 [경찰채용 04/05/06/10/12/13 1 · 2차/14 1 · 2차, 해경간부 12, 경찰승진 09/10/13/22, 교정9급특채 12, 국가7급 15, 법원9급 11, 변호사 12]

체포적부심사절차에서 피의자를 보증금 납입을 조건으로 석방할 수 없음 & 보증금 납입을 조건으로 한 피의자 석방결정에 대하여 항고할 수 있음

① 형사소송법은 수사단계에서의 체포와 구속을 명백히 구별하고 있고 이에 따라 체포와 구속의 적부심사를 규정한 같은 법 제214조의2에서 체포와 구속을 서로 구별되는 개념으로 사용하고 있는바, 같은 조 제4항에 기소 전 보증금 납입을 조건으로 한 석방의 대상자가 '구속된 피의자'라고 명시되어 있고, 같은 법 제214조의3 제2항의 취지를 체포된 피의자에 대하여도 보증금 납입을 조건으로 한 석방이 허용되어야 한다는 근거로 보기는 어렵다 할 것이어서 현행법상 체포된 피의자에 대하여는 보증금 납입을 조건으로 한 석방이 허용되지 않는다. ② 형사소송법 제402조의 규정에 의하면, 법원의 결정에 대하여 불복이 있으면 항고를 할 수 있으나 다만 같은 법에 특별한 규정이 있는 경우에는 예외로 하도록 되어 있는바, 체포 또는 구속적부심사절차에서의 법원의 결정에 대한 항고의 허용 여부에 관하여 같은 법 제214조의2 제7항은 제2항과 제3항의 기각결정 및 석방결정에 대하여 항고하지 못하는 것으로 규정하고 있을 뿐이고 제4항에 의한 석방결정에 대하여 항고하지 못한다는 규정은 없을 뿐만 아니라, 같은 법 제214조의2 제3항의 석방결정은 체포 또는 구속이 불법이거나 이를 계속할 사유가 없는 등 부적법한 경우에 피의자의 석방을 명하는 것임에 비하여, 같은 법 제214조의2 제4항의 석방결정은 구속의 적법을 전제로 하면서 그 단서에서 정한 제한사유가 없는 경우에 한하여 출석을 담보할 만한 보증금의 납입을 조건으로 하여 피의자의 석방을 명하는 것이어서 같은 법 제214조의2 제3항의 석방결정과 제4항의 석방결정은 원래 그 실질적인 취지와 내용을 달리 하는 것이고, 또한 기소 후 보석결정에 대하여 항고가 인정되는 점에 비추어 그 보석결정과 성질 및 내용이 유사한 기소 전 보증금 납입 조건부 석방결정에 대하여도 항고할 수 있도록 하는 것이 균형에 맞는 측면도 있다 할 것이므로, 같은 법 제214조의2 제4항의 석방결정에 대하여는 피의자나 검사가 그 취소의 실익이 있는 한 같은 법 제402조에 의하여 항고할 수 있다. [경찰채용 12 1차, 경찰승진 10/13, 교정9급특채 12, 국가7급 15]

---

6. 체포기간 및 구속기간 제외

법원이 수사관계서류와 증거물을 **접수한 때부터 결정 후 검찰청에 반환된 때까지**의 기간(cf. 영장실질심사와 동일－제201조의2 제7항)은 체포기간(영장체포 · 긴급체포시 구속영장청구기간) 또는 구속기간에 **산입하지 아니한다**(제214조의2 제13항)(**정영적도감**은 빼자). [국가7급 15, 국가9급 15, 경찰채용 14 1차/16 1차/20 1차] 체포 · 구속적부심사의 청구로 인하여 수사에 지장을 초래하는 것을 막음과 동시에 전격기소의 폐해를 방지하기 위한 것이다.

---

1) [참고] 다만, 해석론상 피의자보석에 대해서는 항고를 허용하는 명문의 규정이 없다는 점을 지적하면서 입법론상 법원의 기각결정에 대한 항고권이 인정되어야 함을 주장하는 입장으로는 신동운, 276면 이하 참조.

V 보증금납입조건부 피의자석방

1. 의 의

(1) 개념 : 체포 · 구속적부심사과정에서 구속된 피의자가 법원의 결정을 받아 보증금 납입을 조건으로 석방되는 제도이다(피의자보석, 제214조의2 제5항). [법원9급 11, 경찰채용 15 1차]

(2) 보석과의 구별 – 피의자보석과 피고인보석의 주요 차이

① 보석청구 : 피의자보석은 구속적부심사청구가 있을 때에만 허용되고, 피고인보석과 달리 별도의 피의자보석청구는 **허용되지 않는다**.

② 구속영장 효력 : 피고인보석은 구속영장의 효력이 유지되면서 보증금납입을 조건으로 구속집행을 정지시키는 제도인 데 비하여, 피의자보석은 구속적부심사에 있어서 구속 계속의 필요성이 없을 때 **구속의 효력을 상실**시키는 제도이다.

③ 법원의 직권 : 피고인보석은 청구 또는 직권에 의하여 결정하는 데 비해, 피의자보석은 법원의 직권에 의해서만 석방을 명하는 **직권보석**이다. [법원9급 11]

④ 임의적 보석 : 피고인보석은 예외사유가 없는 한 반드시 보석을 허가하는 필요적 보석이 원칙인 데 비하여, 피의자보석은 법원의 판단에 따른 **재량보석**이다.

⑤ 취소제도 없음 : 피고인보석은 사유가 있으면 직권 또는 검사의 청구에 의해 취소결정을 내릴 수 있는 데 비하여, **피의자보석은 취소제도가 없다**.

2. 절 차

(1) 구속적부심사청구 : 법원이 피의자보석을 하기 위해서는 피의자가 구속적부심사를 청구하여야 한다. **피의자에게는 피의자보석청구권이 인정되지 않는다.** [국가9급 13, 경찰채용 06 1차]

(2) 대 상

① 구속된 피의자 : 명문의 규정에 의해 인정된다(제214조의2 제5항).

② 체포된 피의자 : 동조 제5항에 규정되어 있지 않아 학설이 대립하나, 판례는 체포된 피의자에 대해서는 **인정하지 않고 있다**(대법원 1997.8.27, 97모21). [변호사 12, 법원9급 11, 교정9급특채 12, 해경간부 12, 경찰승진 09/13, 경찰채용 04 1차/05 1차/06 1차/10 1차/12 1차/13 1 · 2차/14 1 · 2차]

③ 전격기소된 피고인 : 구속적부심사청구 시 피의자이었다면 피의자보석의 대상에서 제외되지 않는다.

(3) 석방결정

① 석방명령 : 법원은 구속된 피의자에 대하여 피의자의 출석을 보증할 만한 보증금의 납입을 조건으로 하여 결정으로 석방을 명할 수 있다(제214조의2 제5항). [법원9급 13]

② 보증금의 결정

(가) 피고인보석규정 준용 : 피의자보석의 보증금 결정에 있어서는 피고인보석에 관한 제99조를 준용한다(제214조의2 제7항).

(나) 고려사항 : 보증금을 정함에 있어서는 ㉠ 범죄의 성질 및 죄상, ㉡ 증거의 증명력, ㉢ 피고인의 전과 · 성격 · 환경 및 자산, ㉣ 피해자에 대한 배상 등 범행 후의 정황에 관련된 사항을 고려하여야 한다(제214조의2 제7항, 제99조 제1항).

(다) 제한 : 피의자의 자금능력 또는 자산 정도로는 **이행할 수 없는 보증금을 정할 수 없다**(제214조의2 제7항, 제99조 제2항).

③ 보석조건 부가 : 석방결정을 하는 경우에 주거의 제한, 법원 또는 검사가 지정하는 일시 · 장소에 출석할 의무, 그 밖의 적당한 조건을 부가할 수 있다(2020.12.8. 우리말 순화 개정법 제214조의2 제6항).

④ 피의자보석 제외사유 : 범죄의 증거를 인멸할 염려가 있다고 믿을 만한 충분한 이유가 있는 때 또는 피해자, 당해 사건의 재판에 필요한 사실을 알고 있다고 인정되는 사람 또는 그 친족의 생명 · 신체나 재산에 해를 가하거나 가할 염려가 있다고 믿을 만한 충분한 이유가 있는 때에는 석방할 수 없다

(2020.12.8. 우리말 순화 개정법 동조 제5항 단서).

정리 피의자보석 제외사유 : 증/해/염, cf. 피고인보석 제외사유 : 장10/누상/증/도/주/해(제95조)

(4) 보석집행절차

① **피고인보석규정 준용** : 피의자보석 집행절차도 피고인보석 집행절차(제100조)를 준용한다(제214조의2 제7항).

② **보증금 납입** : 보증금을 납입한 후가 아니면 피의자보석결정을 집행하지 못한다(제214조의2 제7항, 제100조 제1항 전단). 보증금 납입만 필수적 조건으로 한 것은 피고인보석과 다른 점이다. 다만, 법원은 유가증권 또는 피의자 외의 자가 제출한 보증서로써 보증금에 갈음함을 허가할 수 있다(제214조의2 제7항, 제100조 제3항). 이 보증서에는 보증금액을 언제든지 납입할 것을 기재하여야 한다(제100조 제4항).

③ **제3자 납입** : 법원은 구속적부심청구자 이외의 자에게 보증금 납입을 허가할 수 있다(제214조의2 제7항, 제100조 제2항). [법원9급 13]

(5) 보증금의 몰수

① **임의적 몰수**(재구속시) : 법원은 피의자보석에 의해 석방된 자를 ㉠ 재구속 제한의 예외사유(제214조의3 제2항 : 적보/도/염/출/조, 아래 Ⅵ. 2)에 해당하여 **재차 구속**하거나 ㉡ 공소가 제기된 후 **법원이 동일한 범죄사실에 관하여 재차 구속**할 때에는, 직권 또는 검사의 청구에 의하여 결정으로 **보증금의 전부 또는 일부를 몰수할 수 있다**(제214조의4 제1항). 즉, 재구속시에는 임의적 몰수에 해당한다.

② **필요적 몰수**(형선고판결확정 후 불출석·도망시) : 법원은 피의자보석에 따라 석방된 자가 **동일한 범죄사실에 관하여 형의 선고를 받고 그 판결이 확정된 후, 집행하기 위한 소환을 받고 정당한 이유 없이 출석하지 아니하거나 도망한 때**에는 직권 또는 검사의 청구에 의하여 결정으로 보증금의 전부 또는 일부를 **몰수하여야 한다**(동조 제2항). 즉, 형선고판결확정 후 집행절차에서 도주한 경우에는 필요적 몰수에 해당한다.

Ⅵ 재체포·재구속의 제한

1. 체포·구속적부심사결정에 의하여 석방된 피의자

도망하거나 범죄의 증거를 인멸하는 경우를 제외하고는 동일한 범죄사실에 관하여 재차 체포 또는 구속하지 못한다(가장 까다로움, 2020.12.8. 우리말 순화 개정법 제214조의3 제1항). 따라서 단지 죄증을 인멸할 염려가 있다거나 다른 중요한 증거를 발견하였다고 하여 재체포·재구속할 수 없다. [국가7급 15, 국가9급 13, 교정9급특채 12, 경찰승진 08/10/13, 경찰채용 07 1차/10 1차/14 1·2차/15 3차/16 1차]

2. 피의자보석에 따라 석방된 피의자

① **도망**한 때, ② **도망하거나 죄증을 인멸할 염려**가 있다고 믿을 만한 충분한 이유가 있는 때, ③ 출석요구를 받고 정당한 이유 없이 **출석하지 아니한** 때, ④ 주거의 제한 기타 **법원이 정한 조건을 위반**한 때 중 어느 하나에 해당하는 경우를 제외하고는 동일한 범죄사실에 관하여 재차 체포 또는 구속하지 못한다(동조 제2항). [경찰승진 09] 따라서 다른 중요한 증거를 발견하였다거나 [경찰승진 08, 경찰채용 04 3차/05 2차] 피고인보석취소사유에 해당하는 보복 또는 보복의 우려가 있다고 하여도 피의자보석으로 석방된 자를 재체포·재구속할 수 없다.

표정리 재체포 제한과 재구속 제한

구분	내용	암기
재체포 제한	① 긴급체포 → 석방 → 긴급체포×/영장체포 ○ ② 체포 → 적부심 석방 → 도망/증거인멸× → 재체포 ×	① 긴-석-긴 ×/영 ○ ② 적-도증
재구속 제한	① 피의자구속 → 석방 → 다른 중요증거 × → 재구속 × (cf. 법원 구속 : 제한 ×) ② 구속 → 적부심 석방 → 도망/증거인멸 × → 재구속 × ③ 구속 → 적부심 피의자보석 → 도망/염려/출석/조건 × → 재구속 ×	① 다중-구/기/재 ② 적-도증 ③ 적보-도염출조

05 보 석

Ⅰ 의 의

1. 개 념

보석(保釋, bail)이란 보증금의 납부 기타 일정한 조건을 붙여 구속의 집행을 정지하고 구속된 피고인을 석방하는 제도를 말한다. 보석제도는 신체의 자유를 최대한 보장하려는 헌법정신에 기한 불구속재판의 원칙과 영장주의와 공정한 재판을 받을 권리와 무죄추정의 원칙의 구현을 위하여, 형사소송법에서 1인 또는 3인의 법관으로 구성되는 법원의 판단으로 보증금의 납부 등의 조건하에 피고인의 구속을 풀어주어 피고인으로 하여금 자유로운 신체활동을 통한 가정적 · 사회적 기타 모든 면의 행복추구를 하면서 충분한 재판준비를 할 수 있도록 하는 제도이다(헌법재판소 1993.12.23, 93헌가2). 더불어 미결구금에 소요되는 경비를 절약함과 동시에 잡거구금의 폐해를 방지하는 제도적 가치도 존재한다.

2. 구별개념

(1) **구속집행정지** : 보석도 광의의 구속집행정지에 속하나, 피고인에게 신청권이 있고 그 기간도 비교적 길다는 점에서 구속집행정지와는 구별된다.

(2) **구속취소** : 보석은 구속영장의 효력이 유지되면서 그 집행만 정지된다는 점에서 구속영장이 실효되는 구속취소와는 구별된다.

Ⅱ 종 류

보석에는 피고인 등의 청구에 의한 보석인 청구보석과 법원의 직권에 의한 보석인 직권보석이 있고, 보석청구가 있으면 법원이 반드시 보석을 허가하여야 하는 필요적 보석(또는 권리보석, 청구보석에 대해서만 인정)과 보석의 허가 여부가 법원의 재량에 속하는 임의적 보석(또는 재량보석, 청구보석 · 직권보석에 모두 인정)이 있다. 보석은 청구보석－필요적 보석을 원칙으로 한다. 다만, 필요적 보석의 제외사유는 상당히 넓은 편이다. 물론 보석제외사유가 있다고 하여 보석이 금지되는 것은 아니므로 임의적 보석은 가능하다.

1. 필요적 보석－청구보석 : 원칙

피고인 측의 보석청구가 있는 때에는 다음의 **제외사유가 없는 한 법원은 보석을 허가하여야 한다(장10/누상/증/도/주/해,** 제95조). [법원행시 03, 국가9급 10, 경찰승진 09/12]

(1) 피고인이 사형, 무기 또는 **장기 10년**이 넘는 징역 또는 금고에 해당하는 죄를 범한 때 [경찰승진 11, 경찰채용 15 1차] : 법정형을 기준으로 중대범죄인 경우이다. 다만, 장기 10년 이상의 징역 · 금고에 해당하는 죄는 실질적으로는 대단히 광범위하다.

(2) 피고인이 **누범**에 해당하거나 **상습범**인 죄를 범한 때 : 재범의 위험성 내지 실형선고의 개연성으로 인한 도망의 염려가 있어 보석제외사유로 규정된 것이다.[1] 다만, 집행유예기간 중에 범한 죄에 대한 공판 중 보석을 청구한 피고인에 대하여도 보석을 허가할 수 있다. [법원9급 09/10, 경찰승진 12, 전의경 09, 여경기동 07] 집행유예 결격자[2]라 하여도 이를 누범 · 상습범으로 단정할 수는 없기 때문이다. [경찰채용 14 2차]

---

1) [참고] 누범(累犯)이란 금고 이상의 형을 받아 그 집행이 종료 · 면제된 후 3년 이내에 다시 금고 이상에 해당하는 죄를 범하였으므로 그 죄의 형의 장기의 2배까지 가중하여 처단형을 형성하는 형벌가중사유를 말하고(형법 제35조 제1항 · 제2항), 상습범(常習犯)이란 동일한 종류의 죄를 범하는 습벽으로 인하여 그 형을 가중하는 규정을 둔 포괄일죄의 한 유형을 말한다(상습범의 의미에 관하여는 구성요건요소로 둔 경우에 한정된다는 입장과 널리 공소사실인 범죄가 상습적으로 행하여진 경우를 포함한다는 입장이 대립함). 상습범을 필요적 보석 제외사유로 규정한 이유에 대해서는 ① 재범의 위험성을 방지하기 위함이라는 입장(신동운, 차/최)과 ② 실형선고의 높은 가능성으로 인하여 도망의 우려가 현저하기 때문이라는 입장(다수설)이 대립한다.

2) [참고] 형법 제62조 제1항 본문에 의하면, 3년 이하의 징역 또는 금고의 형을 선고할 경우(2018.1.7.부터는 500만원 이하의 벌금도 포함), 형법 제51조의 사항을 참작하여 정상에 참작할 만한 사유가 있는 때에는 1년 이상 5년 이하 그 형의 집행을 유예할 수 있다. 다만 동조 단서에 의하여, 금고 이상의 형을 선고한 판결이 확정된 때부터 그 집행을 종료하거나 면제된 후 3년까지의 기간에 범한 죄에 대하여 형을 선고하는 경우에는 집행유예를 선고할 수 없다. 이것이 집행유예 결격사유이다.

판례연구 보석제외사유의 의미

대법원 1990.4.18, 90모22 [법원9급 09/10, 경찰승진 12, 전의경 09, 여경기동 07]

집행유예기간 중에 있는 피고인에 대한 보석은 가능하다는 사례

피고인이 집행유예의 기간 중에 있어 집행유예의 결격자라고 하여 보석을 허가할 수 없는 것은 아니고 법 제95조는 그 제1호 내지 제5호 이외의 경우에는 필요적으로 보석을 허가하여야 한다는 것이지 여기에 해당하는 경우에는 보석을 허가하지 아니할 것을 규정한 것이 아니므로 집행유예기간 중에 있는 피고인의 보석을 허가한 것이 누범과 상습범에 대하여는 보석을 허가하지 아니할 수 있다는 법 제95조 제2호의 취지에 위배되어 위법이라고 할 수 없다.

(3) 피고인이 **죄증을 인멸하거나 인멸할 염려**가 있다고 믿을 만한 충분한 이유가 있는 때[1] : 죄증을 인멸할 염려라 함은 구속사유의 하나인 증거인멸의 염려(제70조 제2호)와 같은 의미이다. 다만, 보석제외사유인 본호에서는 단순한 죄증인멸의 염려로는 불충분하고, 실제 죄증을 인멸하거나 또는 죄증인멸의 염려가 있다고 믿을 만한 충분한 이유가 있는 때로 제한하여, 보석허가의 범위를 확보하고자 하고 있다.

(4) 피고인이 **도망하거나 도망할 염려**가 있다고 믿을 만한 충분한 이유가 있는 때[2] : 역시 단순한 도망할 염려로는 불충분하고, 실제 도망하거나 또는 도망할 염려가 있다고 믿을 만한 충분한 이유가 있는 때로 제한하여야만 보석제도의 취지에 부합한다.

(5) 피고인의 **주거가 분명하지 아니한** 때[3] : 법원이 피고인의 주거를 알 수 없는 주거불명(住居不明)의 경우를 말한다. 따라서 피고인이 진술거부권을 행사하고 있어도 법원이 피고인의 주거를 알고 있는 경우는 여기에 해당하지 아니한다.

(6) 피고인이 피해자, 당해 사건의 재판에 필요한 사실을 알고 있다고 인정되는 자 또는 그 친족의 생명 · 신체나 재산에 **해를 가하거나 가할 염려**가 있다고 믿을 만한 충분한 이유가 있는 때 : 피해자와 증인 보호를 위한 제외사유이다(1995년 개정법에서 추가). 다만, 이 역시 구속사유시 고려사항(제70조 제2항)과 일정 부분 중복되므로, 단순한 피해자 · 증인 등에 대한 위해 염려로는 불충분하고, 실제 해를 가하거나 가할 염려가 있다고 믿을 만한 충분한 이유가 있는 때로 제한하여야 한다.

정리 장10/누상/증/도/주/해. ∴ 보석해야 하는 건 아니야.

2. 임의적 보석 – 직권보석 · 청구보석 – 재량보석

법원은 보석제외사유에 해당함에도 불구하고 상당한 이유(예 병보석)가 있는 때에는 **직권** 또는 피고인 등의 **청구**에 의하여 결정으로 보석을 허가할 수 있다(제96조). [법원9급 09/10] 즉, 보석청구가 없어도 임의적 보석은 가능하다. 또한 임의적 보석의 대상에는 제한이 없어 구속된 피고인이라면 설사 중대범죄를 범한 자라 하더라도 보석대상이 된다.

Ⅲ 보석결정절차

[보석절차] 청구 → 심리(기일지정 – 통지 – 출석 – 심문) → 결정
① 청구 : 피고인/법배직형/가동고
② 심리 : 수소법원/지체 없이 기일지정/검사의견 – 지체 없이, 구속력 ×
③ 결정 : 7일 이내, 허가결정 – 즉시항고 ×/항고 ○, 기각결정 – 항고 ○
④ (이후 보석취소결정 – 항고○, 몰취×보증금환부 – 7일 내)
정리 보석 : 지없 – 지없 – 7일 – 항 · 항 · 항 – 7일

1) [참고] 증거인멸의 위험은 다른 조건에 의하여 방지될 수 있다는 점에서 이를 필요적 보석의 제외사유로 규정한 것은 타당하다고 할 수 없다는 입법론적 비판(강구진, 이/조, 차/최)도 있다.

2) [참고] 보석은 도망할 염려가 있음에도 일정한 조건에 의해 출석을 담보하고 피고인을 석방하는 제도인 만큼, 도망할 염려를 보석제외사유로 규정한 것에 대해서는 비판론이 다수 학설이다.

3) [참고] 독자적 구속사유에도 해당하지 않는 주거불명이 필요적 보석제외사유로 규정된 것은 타당하지 않다는 입법론적 비판(예 이/조)도 있다.

1. 보석의 청구

(1) 청구권자 : **피고인, 피고인의 변호인, 법정대리인, 배우자, 직계친족, 형제자매, 가족, 동거인 또는 고용주**이다(**피변법배직형가동고**, 2007년 개정 제94조). [법원9급 09, 국가7급 12, 경찰승진 12/14] 피고인은 구속집행 중이든 구속집행정지 중이든 가리지 아니한다. 보석에서는 피의자는 청구권자가 아니다. [국가7급 14] 피고인 이외의 자의 청구권은 독립대리권이다.

정리 피/변/법/배/직/형/가/동/고 : 2007년 개정법에서 적부심청구권자와 동일하게 가동고 추가

(2) 청구방법 : 보석청구는 서면에 의해야 한다(규칙 제53조 제1항). **심급을 불문**하므로 **상소기간 중**에도 할 수 있다(소송기록 있는 법원이 결정 : 제105조, 규칙 제57조 제1항). [여경기동 07] 예컨대, 상소 중인 사건의 소송기록이 원심법원에 있는 때에는 보석결정은 원심법원이 하게 된다. [법원9급 17, 경찰승진 10] 청구는 보석허가결정이 있기 전까지는 철회할 수 있다.

2. 법원의 심리

(1) 심문기일 지정 · 통지 및 출석

① 기일지정과 그 예외 : ㉠ 보석의 청구를 받은 법원은 **지체 없이 심문기일을 정하여** 구속된 피고인을 심문하여야 한다(규칙 제54조의2 제1항)(**지없지없7항항항7**). [경찰승진 10, 경찰채용 08 1차] ㉡ 다만, ⓐ 보석청구권자 이외의 사람이 보석을 청구한 때, ⓑ 동일한 피고인에 대하여 중복하여 보석을 청구하거나 재청구한 때, ⓒ 공판준비 또는 공판기일에 피고인에게 그 이익되는 사실을 진술할 기회를 준 때, ⓓ 이미 제출한 자료만으로 보석을 허가하거나 불허가할 것이 명백한 때 중 어느 하나에 해당하는 때에는 심문 없이 결정할 수 있다(동항 단서).

② 통지 : 심문기일을 정한 법원은 즉시 검사, 변호인, 보석청구인 및 피고인을 구금하고 있는 관서의 장에게 심문기일과 장소를 통지하여야 한다(동조 제2항).

③ 출석 : 피고인을 구금하고 있는 관서의 장은 위 심문기일에 피고인을 출석시켜야 한다(동항).

(2) 검사의 의견의 필요적 청취와 구속력

① 검사의 의견 : **재판장(법원 ×, 합의부는 법관 3인 명의 ×)**은 보석에 관한 결정을 함에는 **검사의 의견을 물어야 한다**(검사의견필청 : **집보구간개**, 제97조 제1항)(**급속 예외** ×). [법원9급 11, 법원승진 08] 재판장의 의견요청이 있는 때에는 **검사는 지체 없이**(**3일 내** × [전의경 09]) **의견을 표명**하여야 한다(2007년 신설, 동조 제3항). 검사는 특별한 사정이 없는 한 의견요청을 받은 날의 다음 날까지 의견을 제출해야 한다(2007년 규칙 제54조 제1항).[1]

주의 종래의 규정에서는 검사가 3일 이내에 의견을 표명하지 아니한 때에는 보석허가에 대하여 동의한 것으로 간주한다고 하고 있었다(구법 제97조 제1항 단서). 이에 3일 동안 보석결정이 보류되는 현상이 실무에서 나타나, 개정법에서는 "지체 없이" 하도록 한 것이다.

주의 현행법에서는 보석에 사용되는 의견요청서에 관하여 의견을 묻는 주체를 재판장 단독으로 할 수 있도록 규정하여, 재판장 단독으로 검사의 의견을 물을 수 있게 하였다(제97조 제1항).

정리 ㉠ 보석 : 검사의견 必 물을 것(보석에는 예외 없음), ㉡ 구속집행정지 : 급속 외에는 검사의견 물을 것, ㉢ 구속취소 : 검사 청구 or 급속 외에는 검사의견 물을 것.

정리 검사의견의 필요적 청취제도 : 구속집행정지/보석/구속취소/간이공판절차취소/증거개시

---

1) [참고] ① 2007년 개정 전 구법은 검사에게 의견을 구하는 주체가 규정되어 있지 아니하여 합의부의 경우 3명의 법관 명의로 의견요청서를 검사에게 송부하여 왔으나, 의견요청 여부에 대한 판단은 절차 진행을 담당하는 재판장 단독으로 하더라도 아무런 문제가 없으므로, 2007년 개정법 제97조 제1항에서 "재판장은 보석에 관한 결정을 하기 전에 검사의 의견을 물어야 한다."라고 규정하였다. 이로써 합의부의 경우 재판장 명의로 검사에게 보석에 관한 의견을 물을 수 있게 되었다. 또한 ② 구법 제97조 제1항 단서는 "검사가 3일 이내에 의견을 표명하지 아니한 때에는 보석허가에 대하여 동의한 것으로 간주한다."라고 규정되어 있었고, 이는 검사의 의견표명을 촉구하는 데 그 입법취지가 있었음에도 불구하고 재판실무상 위 규정으로 인하여 3일 동안 보석결정을 보류하는 경향이 나타나는 등 문제가 있어, 2007년 개정법 제97조는 동의간주 규정을 삭제하는 대신 제3항에서 검사가 지체 없이 의견을 표명할 의무가 있음을 명시하였다. 구속취소, 보석, 구속집행정지 결정을 하기 전에 검사에게 의견을 묻도록 의무화하고 구속취소와 구속집행정지 결정을 긴급히 하여야 할 때는 그 예외를 인정하고 있었다. 그러나 이는 법원의 직권에 의한 보석 등에도 의견을 묻는 절차가 의무화되어 있어 법원의 심증이 사전에 외부에 알려지게 되는 문제점이 있었고, 검사의 의견을 기다리는 과정에서 신속한 보석결정이 이루어지지 않는다는 지적이 있어 왔다. 이러한 문제점을 해결하기 위하여 보석절차에서는 검사의 의견을 듣도록 하되, 검사는 지체 없이 의견 표명을 하도록 하였다(제97조 제3항). 법원개정법해설, 11면.

② **검사의견의 구속력** : 검사의 의견은 법원에 대한 **구속력이 없다**. 따라서 법원이 검사의 의견을 듣지 아니한 채 보석에 관한 결정을 하였다 하더라도 -그 결정이 적정한 이상- 절차상 하자만을 들어 그 결정을 취소할 수는 없다(대법원 1997.11.27, 97모88). [법원9급 09/17, 국가7급 12/21, 경찰채용 14 2차]

판례연구 검사의 의견청취절차의 의미

대법원 1997.11.27, 97모88

검사의 의견은 법원에 대하여 구속력이 없음 : 검사의 의견청취절차를 거치지 아니한 보석허가결정의 효력

검사의 의견청취의 절차는 보석에 관한 결정의 본질적 부분이 되는 것은 아니므로, 설사 법원이 검사의 의견을 듣지 아니한 채 보석에 관한 결정을 하였다고 하더라도 그 결정이 적정한 이상, 절차상의 하자만을 들어 그 결정을 취소할 수는 없다.

(3) **피고인심문** : 법원이 구속된 피고인을 심문함에 있어서, 검사·변호인·보석청구인은 심문기일에 출석하여 의견을 진술할 수 있으며(규칙 제54조의2 제4항), 피고인·변호인·보석청구인은 피고인에게 유리한 자료를 제출할 수 있다(동조 제5항). 법원은 합의부원에게 피고인심문을 명할 수 있다(동조 제7항).

3. 법원의 결정

(1) **결정기한** : 법원은 특별한 사정이 없는 한 보석을 청구받은 날로부터 **7일 이내**에 보석의 허부를 결정해야 한다(규칙 제55조)(**지없지없7항항항7**). [법원9급 17, 국가9급 15]

(2) **청구기각결정** : 보석청구가 부적법하거나 이유 없는 때에는 결정으로 보석청구를 기각하여야 한다. 이에 대하여 보석청구권자는 **보통항고**를 할 수 있다(제403조 제2항). [국가9급 10] 즉시항고는 할 수 없다. [법원행시 03]

(3) **보석허가결정** : 보석청구가 이유 있는 때에는 하나 이상의 보석조건을 부과하여 보석허가의 결정을 하여야 한다. 보석조건은 불구속재판의 원칙을 실현함과 동시에 피고인의 출석을 담보할 수 있기 위하여, 2007년 개정법에서는 종래의 보증금 납입이라는 필요적 조건에서 벗어나 비금전적 조건을 추가하는 등 대폭 다양화되었다.[1] 이에 법원은 보석을 허가함에 있어 구속사유를 대체하기 위하여 필요한 범위 내에서 법 제98조 각 호의 다양한 석방조건을 적극적으로 활용하여야 한다(보석등예규 제9조).

① **보석조건의 결정** : 법원은 보석을 허가하는 경우에는 필요하고 상당한 범위 안에서 다음 각 호의 조건 중 하나 이상의 조건을 정하여야 한다(2020.12.8. 우리말 순화 개정법 제98조, 1·2·5·7·8호는 선이행, 3·4·6·9는 후이행)(아래 가나다… 순서대로 1호부터 9호까지임).

(가) **법원이 지정하는 일시·장소에 출석하고 증거를 인멸하지 아니하겠다는 서약서를 제출할 것** -본인의 **서약서** 제출, 선이행- : 가장 간편하게 이행할 수 있는 조건이면서도 다른 보석조건에 비하여 출석담보력이 약하다고 할 수 있는 조건이다. 실무상 서약서 제출 조건만으로 보석을 허가하는 경우를 그리 많지 않을 것이므로(법원개정법해설, 15면), 다른 조건과 결합되는 경우가 많다.

(나) **법원이 정하는 보증금에 해당하는 금액을 납입할 것을 약속하는 약정서를 제출할 것** -본인의 보증금 **약정서**의 제출, 선이행- : 현실적으로 보증금을 납입할 필요는 없으나 피고인이 정당한 이유 없이 재판기일에 출석하지 아니하는 경우 법원이 보석조건을 변경하여 동 제8호의 보증금납입조건에

1) [참고] 2007년 개정 전 구법상 보석제도는 보증금의 납입을 조건으로 피고인을 석방하는 제도인 반면, 구속집행정지는 보증금의 납입을 전제로 하지 않고 주거제한 또는 피고인을 적당한 자에게 위탁하는 조건하에서 피고인을 석방하는 제도이었다. 그런데 두 제도는 구속영장의 효력이 상실되지는 않지만 일정한 조건을 부과하여 피고인을 석방하는 점에서 유사하고, 그 조건이 보증금 또는 주거제한 등이라는 점에서 차이가 있을 뿐이다. 그러나 실무상, 보석은 원칙적인 석방제도로 운영되고, 구속집행정지는 피고인의 질병이나 관혼상제 등을 위하여 일시적으로 기간을 정하여 석방하였다가 다시 구속영장을 집행하는 특수한 형태의 석방제도로 운영되어 왔다. 2007년 개정시에 이를 통합하려는 시도가 있었지만 개정법에 반영되지는 못하였고, 대신 보석조건을 다양화하고 확대하는 방향이 개정이 이루어지게 된 것이다. 종래 구법상 보석허가결정에는 보증금 납입을 본래적인 조건으로 부과하고(구법상에서는 보석허가결정시 반드시 보증금을 정하였음, 구법 제98조) 이에 덧붙여 주거제한이나 그 밖에 적당한 조건을 추가로 정하고 있었다. 그러나 이는 보증금을 납부할 자력이 없는 사람에는 보석을 통한 석방기회가 부여되기 어렵고, 이를 시정하기 위하여 보증금의 액수를 낮추거나 보석보험증권의 제출을 허가할 경우 출석담보 기능이 현저히 떨어져 석방제도로서의 역할을 제대로 하지 못한다는 지적이 있어 왔다. 이에 2007년 개정법은 보석조건을 다양화함으로써 비금전적 보석조건을 가능하게 하여 무자력자에게도 석방기회를 넓혀 주어 불구속 원칙의 확대와 실질적 평등원칙을 실현할 수 있게 하고, 개별 사안의 특성과 피고인이 처해 있는 구체적 사정에 가장 적합한 보석조건을 정할 수 있도록 한 것이다. 법원개정법해설, 14~15면에서 발췌한 것이다.

따라 정하는 보증금을 납부하겠다는 의사를 표시하는 서면을 제출하는 보석조건이다.

(다) 법원이 지정하는 장소로 주거를 제한하고 주거를 변경할 필요가 있는 경우에는 법원의 허가를 받는 등 도주를 방지하기 위하여 행하는 조치를 받아들일 것 -**주거제한 등 도주방지조치**의 수인, 후이행- : 구법상 보석을 함에 있어 보증금납입조건에 추가로 부과되는 조건 중 가장 대표적인 것이었으며, 2007년 개정 이후 현재에도 다른 보석조건과 함께 널리 부과될 것으로 보이는 조건이다(ibid.).

(라) 피해자, 당해 사건의 재판에 필요한 사실을 알고 있다고 인정되는 사람 또는 그 친족의 생명 · 신체 · 재산에 해를 가하는 행위를 하지 아니하고 주거 · 직장 등 그 주변에 접근하지 아니할 것 -피해자 · 증인 등에 대한 **접근 · 위해금지**, 후이행- : 피해자 · 증인 또는 그 가족에 대한 접근이나 위해를 가해서는 안 된다는 부작위의무를 부담시키는 조건이다. 특히 성폭력, 가정폭력 관련 피고인 등과 같이 피해자나 그 가족에게 위해를 가할 우려가 있는 피고인이나, 피해자와의 관계 등에 비추어 증거인멸의 우려가 있는 피고인에게 유효하게 부과할 수 있는 조건이다(전게서, 15~16면).

(마) 피고인 아닌 자가 작성한 출석보증서를 제출할 것 -**제3자 출석보증서**, 선이행- : 제3자가 작성한 출석보증서를 제출하는 보석조건이다. 구법 시행 당시 수사절차에서 체포 · 구속된 피의자를 석방하면서 그 부모 등 신원보증인을 세우는 실무를 제도화하여, 피고인의 보호자 등이 피고인의 출석을 담보하는 출석보증서를 제출하게 하도록 개정법에서 마련한 보석조건이다. 제3자 출석보증서 제출 조건은 보증금의 납입 자력이 없는 피고인과 그 가족에게 적절하게 부과하면 보석을 활성화할 수 있는 기회를 제공할 수 있다. 이 보석조건의 실효성을 높이기 위하여, 피고인이 정당한 사유 없이 불출석하는 경우 법원은 결정으로 출석보증인에게 500만원 이하의 과태료를 부과하도록 하였다(출석보증인에 대한 과태료 제재, 제100조의2 제1항). 이 결정에 대해서는 즉시항고를 할 수 있다(동조 제2항)(전게서, 16면).

(바) 법원의 허가 없이 외국으로 출국하지 아니할 것을 서약할 것 -**출국금지서약**, 후이행-[법원승진 08] : 장기 2년 이상의 형에 해당하는 죄를 범하고 기소되어 있는 자에 대해서는 여권의 발급이나 기재사항 변경, 유효기간의 연장 또는 재발급이 제한되는데(여권법 제8조 제1항 제2호), 종래 실무상 형사재판 계속 중인 피고인이 출국하기 위해서는 해외여행허가신청을 하고 법원이 이를 허가하면 그 결정을 근거로 여권을 발급받아 해외로 출국하는 관행이 있었다. 개정법 제98조 제6호는 피고인이 법원의 허가 없이 스스로 출국하지 않겠다는 서약을 하는 것을 보석조건의 하나로 규정하여 종래의 실무를 입법화한 것이다. 다만, 실무상으로는 출국금지서약조건만으로는 보석을 허가하기 어려울 것이고 다른 보석조건에 부가하는 부대조건으로 운영될 가능성이 높다(ibid.).

(사) 법원이 지정하는 방법으로 피해자의 권리 회복에 필요한 금전을 공탁하거나 그에 상당하는 담보를 제공할 것 -**피해액 공탁**, 선이행- : 종래 실무상 피해자와 합의가 이루어지지 않은 사건에서 법원이 피고인에 대하여 보석을 허가하는 데에는 한계가 있었다. 그런데 피고인으로서는 피해자 또는 그 가족과 피해를 변상하는 내용의 합의를 하려는 노력을 하였음에도 피해자 측에서 불합리한 변상금액을 주장하면서 합의에 이르지 못하는 경우도 적지 않았으므로, 개정법은 이러한 경우에도 법원이 상당하다고 인정하는 피해변상금액을 공탁하는 조건을 붙여 보석을 허가할 수 있게 한 것이다(전게서, 17면).

(아) 피고인이나 법원이 지정하는 자가 보증금을 납입하거나 담보를 제공할 것 -**보증금납입 · 담보제공**, 선이행- : 전형적인 보석조건이다. 2007년 개정 전 구법에서는 법원은 유가증권 또는 피고인 이외의 자가 제출한 보증서로써 보증금에 갈음함을 허가할 수 있도록 하였는데(제100조 제3항), 실무상으로는 주로 보증보험회사가 발생한 보석보증보험증권으로 보증금에 갈음하여 왔다. 그런데 2007년 개정법에서는 유가증권 등에서 더 나아가 담보제공이 추가되어, 질권이나 저당권 등 다양한 담보제공 방법이 가능하게 되었다(ibid.).

(자) 그 밖에 피고인의 출석을 보증하기 위하여 법원이 정하는 적당한 조건을 이행할 것 -**기타 조건**, 후이행- : 법률에 구체적으로 열거한 보석조건 이외에 법원이 사안과 시대상황의 변화에 따라 적당하다고 판단하는 보석조건을 다양하게 부과할 수 있도록 한 규정이다. 결국 보석조건의 다양화는

실무의 운영을 통하여 정립되어 나갈 것으로 전망된다(ibid.).

정리 서/약/3/피/보는 선이행, 도/해/출/기는 후이행

② 보석조건 결정시 고려사항 등

(가) 고려사항 : 법원은 보석조건을 정할 때 ㉠ 범죄의 성질 및 죄상, ㉡ 증거의 증명력(증거능력 ×) [경찰채용 08 3차], ㉢ 피고인의 전과(前科)·성격·환경 및 자산(경력 ×) [경찰채용 04 3차], ㉣ **피해자에 대한 배상 등 범행 후의 정황에 관련된 사항**(2007년 개정) [법원9급 07]을 고려하여야 한다(제99조 제1항).[1] [경찰채용 13 2차]

정리 보석조건을 정할 때에는 성/죄/증명 성/전/환/자/정황을 고려하라.

(나) 이행가능성 : 법원은 피고인의 자금능력 또는 자산 정도로는 **이행할 수 없는 조건을 정할 수 없다**(동조 제2항).

(다) 자료제출 요구 : 법원은 피고인, 변호인 또는 보석청구인에게 보석조건을 결정함에 있어 필요한 자료의 제출을 요구할 수 있다(규칙 제54조의2 제6항, 2007년 신설).

③ 보석조건 변경 : 보석조건은 **변경 가능**하다. [경찰승진 10] 법원은 **직권 또는 보석청구권자**(**검사** ×) [국가7급 09] **의 신청**에 따라 결정으로 피고인의 보석조건을 변경하거나 일정기간 동안 당해 조건의 이행을 유예할 수 있다(제102조 제1항). 이 경우 법원은 그 취지를 검사에게 지체 없이 통지해야 한다(규칙 제55조의4).

④ 보석조건 위반의 제재(2007년 신설)

(가) 피고인에 대한 제재 : ㉠ 피고인이 정당한 이유 없이 보석조건을 위반한 경우에는 결정으로 피고인에 대하여 1천만원 이하의 과태료를 부과하거나 20일 이내의 감치에 처할 수 있다(제102조 제3항). 이와 같은 제재는 보석허가결정의 취소 여부와는 상관없이 부과할 수 있다. 석방조건을 위반한 피고인에 대하여 과태료·감치 등을 부과하는 제재는 석방조건 위반을 이유로 보석을 취소하여 재구속하는 것보다는 경미한 석방조건 위반이나 조건 위반의 고의성이 약한 경우에 재구속을 대신하여 석방조건 준수를 경고·촉구하는 수단으로 작용할 수 있고, 이를 통하여 피고인의 불구속재판 상태가 유지되는 기능도 있다(법원개정법해설, 23면). ㉡ 이러한 제재결정에 대해서는 피고인은 즉시항고를 할 수 있다(동 제4항)(**집공기참정상선비재재구감** : **비**용/과태료/보상/배상).

(나) 출석보증인에 대한 제재 : ㉠ 법원은 제3자출석보증서(제98조 제5호)의 조건을 정한 보석허가결정에 따라 석방된 피고인이 정당한 사유 없이 기일에 불출석하는 경우에는 결정으로 그 출석보증인에 대하여 500만원 이하의 과태료(**감치** ×)를 부과할 수 있다(제100조의2 제1항). 보석보증금을 납입할 능력이 없는 피고인에게는 제3자의 출석보증서가 적절한 대안이 될 수 있으나, 만일 출석보증인에게 아무런 부담이 없다면 출석보증서가 피고인의 출석을 담보하는 효력이 없어질 것이므로, 출석보증서의 실효성을 제고하기 위하여 피고인이 정당한 사유 없이 불출석하는 경우 법원이 출석보증인에게 과태료제재를 가할 수 있도록 한 것이다(전게서, 21면). 한편, ㉡ 과태료결정에 대해서는 즉시항고를 할 수 있다(동조 제2항). 집행정지의 효력이 있는 즉시항고권을 인정하여 출석보증인이 부당한 제재를 받지 않도록 한 규정이다.

⑤ 보석조건 실효(자동실효) : 구속영장 실효와 보석의 취소가 보석조건 실효사유이다.

(가) 구속영장의 실효 : **구속영장의 효력이 소멸**한 때에는 – 피고인이 더 이상 보석조건을 준수할 필요성이 없으므로 별도의 결정 없이 자동적으로 – 보석조건은 **즉시** 그 효력을 상실한다(2007년 개정, 제104조의2 제1항). [법원9급 11, 국가7급 12, 국가9급 10, 경찰채용 13 2차] 2007년 개정 전에도 해석상 당연한 것으로 인정되었던 것을 명문으로 입법화한 것이다. 예컨대 피고인에게 징역 1년을 선고한 판결이 확정되면 그때부터 형이 집행되는 것이어서 구속영장의 효력은 당연히 실효되고 이에 따라 보석조건 및 보석이 자동으로 실효되는 것이다. 이는 사형·자유형이 확정된 경우는 물론 무죄·면소·형면제·선고유예·집행유예·공소기각 또는 벌금·과료를 과하는 판결이 선고된 경우(제331조)도 같

1] [참고] 2007년 개정법에서는 제99조 제1항 제4호에 "피해자에 대한 배상 등 범행 후의 정황에 관련된 사항"을 신설하였다. 이는 실무상 피해자에 대한 배상을 하였다는 사실이 피고인의 도망 또는 증거인멸의 염려를 낮추는 사정으로 해석되고 있고, 개정법 제98조 제7호에서 피해자의 권리회복에 필요한 금원 공탁이나 담보제공이 새로운 보석조건으로 신설된 점을 고려하여, 피해회복 등 범행 후의 정황에 관련된 사항을 보석조건의 결정시 고려사항으로 신설하게 된 것이다. 법원개정법해설, 18면.

다. 다만, 보석 중의 피고인에 대하여 1심이나 2심에서 실형이 선고되었을지라도 아직 확정되지 않고 보석이 취소되지 않는 한 보석의 효력은 상실되지 않고 계속된다.

(나) 보석의 취소 : **보석이 취소**된 경우에도 −피고인이 더 이상 보석조건을 준수할 필요가 없으므로− 보석조건은 **즉시** 그 효력을 상실한다. 다만, 피고인이나 법원이 지정하는 자가 **보증금을 납입하거나 담보를 제공할 것**의 조건(제98조 제8호)은 예외로 한다(2007년 개정, 제104조의2 제2항). 이러한 보증금납입조건부 석방결정을 취소할 경우에는 법원이 보증금을 몰취할 수 있어 보석조건이 자동으로 실효될 필요가 없기 때문이다.

⑥ 보석허가결정에 대한 불복 : 가능하며 [경찰채용 08 1차], **보통항고**(수소법원의 보석에 관한 결정, **압구보감**, 제403조 제2항)할 수 있다(즉시항고 ×). [국가7급 12, 국가9급 10]

정리 95년 개정 전 형소법에서는 보석허가결정에 대한 검사의 즉시항고권을 인정하고 있었는데(구법 제97조 제3항), 이에 대해서는 구속 여부에 대한 판단을 사법권의 독립이 보장된 법관의 결정에만 맡기려는 영장주의에 위반되고 적법절차원칙에 반하며 과잉금지원칙에도 위반된다는 헌법재판소의 위헌결정이 내려졌고(헌법재판소 1993.12.23, 93헌가2), 95년 개정법에서 삭제되었다.

4. 보석의 집행

(1) 보석조건의 유형 : ① 제98조의 보석조건 중 본인서약서 · 본인보증금약정서 · 제3자출석보증서 · 피해액공탁 · 보증금 or 담보제공(1 · 2 · 5 · 7 · 8호)의 조건은 이를 이행한 후가 아니면 보석허가결정을 집행하지 못한다(제100조 제1항 본문)(서약3피보, **서류와 돈은 먼저 내라**). [국가7급 09] 따라서 이는 **선이행조건**에 해당한다. 다만, 동 제2호에서 규정되어 있듯이 이는 실제 보증금이 납입되어야 하는 것은 아니고 약정서 제출만으로도 선이행에 해당되는 것이다. [법원9급 07] 한편, ② 나머지 3 · 4 · 6 · 9호의 조건은 **후이행조건**에 해당한다(도해출기). 후이행조건은 보석허가결정으로 피고인을 우선 석방하고 이후 당해 조건을 이행하지 아니하면 보석허가결정을 취소하여 피고인을 구금하는 방식이다. ③ 다만, 법원은 필요하다고 인정하는 때에는 다른 조건에 관하여도 그 이행 이후 보석허가결정을 집행하도록 정할 수 있으므로(동 단서), 후이행조건도 선이행조건으로 변경하여 집행하는 것도 가능하다.

(2) 보증금의 납입 : 법원은 **보석청구자 이외의 자에게 보증금의 납입을 허가할 수 있고**(동조 제2항), [법원승진 08] **유가증권 또는 피고인 외의 자가 제출한 보증서로써 보증금에 갈음함을 허가할 수 있는데**(동조 제3항) [경찰채용 13 2차], 이 보증서에는 보증금액을 언제든지 납입할 것을 기재하여야 한다(동조 제4항).

(3) 관공서 등에 대한 협조의무 부과 : 법원은 보석허가결정에 따라 석방된 피고인이 보석조건을 준수하는 데 필요한 범위 안에서 관공서나 그 밖의 공사단체에 대하여 적절한 조치를 취할 것을 요구할 수 있다(동조 제5항). 예컨대, 주거제한 등(제98조 제3호)에 대해서는 피고인 주거지 관할 경찰서장에게(규칙 제55조의3 제1항), 출국금지서약(법 동조 제6호)에 대해서는 출입국관리 관서의 장에게(규칙 동조 제2항) 요구할 수 있다.

Ⅳ 보석의 취소, 실효, 보증금 몰취 및 환부

1. 보석의 취소

(1) 보석취소사유 : 법원은 피고인이 다음의 취소사유 중 어느 하나에 해당하는 경우에는 **직권 또는 검사의 청구**에 따라 결정으로 보석을 **취소할 수 있다**(제102조 제2항, 국회의원 석방요구를 제외하면 구속집행정지취소도 같음. 4호의 보복위험사유를 제외하면 피의자보석의 재구속사유 −제214조의2 제2항− 와 같음) : ① **도망**한 때, ② **도망하거나 죄증을 인멸할 염려**가 있다고 믿을 만한 충분한 이유가 있는 때, ③ 소환을 받고 정당한 이유 없이 **출석하지 아니한** 때, ④ 피해자, 당해 사건의 재판에 필요한 사실을 알고 있다고 인정되는 자 또는 그 친족의 생명 · 신체 · 재산에 **해를 가하거나 가할 염려**가 있다고 믿을 만한 충분한 이유가 있는 때(**보복의 위험**), ⑤ 법원이 정한 **조건을 위반**한 때 [국가9급 15]

표정리 피의자보석의 재구속, 보석취소, 구속집행정지취소사유 비교

피의자보석의 재구속사유	보석취소사유	구속집행정지취소사유
도/염/출/조 (피의자보석 : 취소제도 無)	도/염/출/보/조	도/염/출/보/조 cf. 국회의원 석방요구시 ×

(2) **재구금** : 보석이 취소되면 집행이 정지되었던 구속영장의 효력이 다시 발효되게 된다. 따라서 보석취소결정이 있는 때에는 검사는 그 취소결정의 등본에 의하여 피고인을 재구금하여야 한다(규칙 제56조 제1항 본문). [법원9급 19, 경찰채용 14 2차] 다만, 급속을 요하는 경우에는 재판장, 수명법관 또는 수탁판사가 재구금을 지휘할 수 있다(동항 단서).[1] 이러한 피고인의 재구금은 이미 발부된 구속영장의 효력에 의하는 것이어서, **보석취소결정등본을 피고인에게 송달할 필요도 없고** [여경기동 07] **별도의 구속영장을 발부할 필요도 없다**. [법원9급 10, 경찰승진 09, 전의경 09]

(3) **불복** : 보석의 취소 여부는 법원의 재량이나, 이에 대해서는 **항고**할 수 있다(제403조 제2항, **지없지없7항항항7**).

2. 보석의 실효

구속영장이 실효되거나 보석이 취소되면 보석도 실효되지만, 보증금납입조건(제98조 제8호)의 경우에는 보석이 취소되어도 실효되지 않음(제104조의2)은 기술한 바와 같다.

3. 보증금의 몰취[2]

(1) **임의적 몰취** : 법원은 **보석을 취소하는 때**에는 **직권 또는 검사의 청구**(청구 可, 2007년 개정)에 따라 결정으로 보증금 또는 담보의 전부 또는 일부를 **몰취할 수 있다**(제103조 제1항). [법원9급 11] 이때 보석취소결정과 보증금몰수결정을 동시에 해야 하는가에 대해서는 견해가 대립하는바, 판례는 종래 긍정설의 입장이었으나(대법원 1965.4.8, 65모4), 2002년 전원합의체 판결을 내려 부정설의 입장을 취하고 있다. 따라서 판례에 의하면, **보석보증금을 몰수하려면 반드시 보석취소와 동시에 하여야만 가능한 것이 아니라 보석취소 후 별도로 보증금몰수결정을 할 수도 있다**(대법원 2001.5.29, 2000모22 전원합의체).

> **대법원 2001.5.29, 2000모22 전원합의체**
>
> 보석보증금몰수결정은 반드시 보석취소와 동시에 하여야만 하는 것은 아니라는 사례
>
> 형사소송법 제102조 제2항은 "보석을 취소할 때에는 결정으로 보증금의 전부 또는 일부를 몰수할 수 있다."라고 규정하고 있는바, 이는 보석취소사유가 있어 보석취소결정을 할 경우에는 보석보증금의 전부 또는 일부를 몰수하는 것도 가능하다는 의미로 해석될 뿐, 문언상 보석보증금의 몰수는 반드시 보석취소와 동시에 결정하여야 한다는 취지라고 단정하기는 어려운 점, 같은 법 제103조에서 보석된 자가 유죄판결 확정 후의 집행을 위한 소환에 불응하거나 도망한 경우 보증금을 몰수하도록 규정하고 있어 보석보증금은 형벌의 집행 단계에서의 신체 확보까지 담보하고 있으므로, 보석보증금의 기능은 유죄의 판결이 확정될 때까지의 신체 확보도 담보하는 취지로 봄이 상당한 점, 보석취소결정은 그 성질상 신속을 요하는 경우가 대부분임에 반하여, 보증금몰수결정에 있어서는 그 몰수의 요부(보석조건위반 등 귀책사유의 유무) 및 몰수 금액의 범위 등에 관하여 신중히 검토하여야 할 필요성도 있는 점 등을 아울러 고려하여 보면, 보석보증금을 몰수하려면 반드시 보석취소와 동시에 하여야만 가능한 것이 아니라 보석취소 후에 별도로 보증금몰수결정을 할 수도 있다. 그리고 형사소송법 제104조가 구속 또는 보석을 취소하거나 구속영장의 효력이 소멸된 때에는 몰수하지 아니한 보증금을 청구한 날로부터 7일 이내에 환부하도록 규정되어 있다고 하여도, 이 규정의 해석상 보석취소 후에 보증금몰수를 하는 것이 불가능하게 되는 것도 아니다.

(2) **필요적 몰취** : 법원은 보증금의 납입 또는 담보제공을 조건으로 석방된 피고인이 동일한 범죄사실에 관하여 **형의 선고를 받고 그 판결이 확정된 후** 집행하기 위한 소환을 받고 정당한 사유 없이 **출석하지 아니하거**

---

1) [참고] 재판장 등이 재구금을 지휘할 때에는 법원사무관 등에게 그 집행을 명할 수 있다. 이 경우에 법원사무관 등은 그 집행에 관하여 필요한 때에는 사법경찰관리 또는 교도관에게 보조를 요구할 수 있으며 관할구역 외에서도 집행할 수 있다(규칙 동조 제2항).

2) [참고] 몰수는 형법상 형벌이므로(형법 제41조 제9호) 피고인보석 보증금의 경우에는 몰취라는 용어를 따로 써왔던 것으로 보인다. 다만, 피의자보석 보증금(제214조의4)의 경우에는 몰수라는 용어를 사용하는 것을 볼 때, 몰수로 용어를 통일하는 것이 적당할 것이다.

나 도망한 때에는 직권 또는 검사의 청구에 따라 결정으로 보증금 또는 담보의 전부 또는 일부를 몰취하여야 한다(동조 제2항). 이러한 보석보증금몰수사건의 사물관할은 단독판사에게 있다.

정리 피의자보석과 피고인보석의 임의적 · 필요적 몰수

구분	피의자보석(제214조의4)	피고인보석(제103조)
임의적 몰수	① 적보/도염출조 – 재구속 ② 법원의 재구속	(직권/청구) 보석취소 보석취소와 별도 몰수 가능
필요적 몰수	형선고판결확정 후 도망 등	형선고판결확정 후 도망 등

대법원 2002.5.17, 2001모53 [법원9급 19]

보석 보증금몰수사건의 토지관할과 사물관할

형사소송법 제103조는 "보석된 자가 형의 선고를 받고 그 판결이 확정된 후 집행하기 위한 소환을 받고 정당한 이유 없이 출석하지 아니하거나 도망한 때에는 직권 또는 검사의 청구에 의하여 결정으로 보증금의 전부 또는 일부를 몰수하여야 한다."라고 규정하고 있는바, 이 규정에 의한 보증금몰수사건은 그 성질상 당해 형사본안 사건의 기록이 존재하는 법원 또는 그 기록을 보관하는 검찰청에 대응하는 법원의 토지관할에 속하고, 그 법원이 지방법원인 경우에 있어서 사물관할은 법원조직법 제7조 제4항의 규정에 따라 지방법원 단독판사에게 속하는 것이지 소송절차 계속 중에 보석허가결정 또는 그 취소결정 등을 본안 관할법원인 제1심 합의부 또는 항소심인 합의부에서 한 바 있었다고 하여 그러한 법원이 사물관할을 갖게 되는 것은 아니다.

4. 보증금의 환부

① 구속을 취소한 때, ② 보석을 취소한 때, ③ 구속영장의 효력이 소멸된 때에는 몰취하지 아니한 보증금 또는 담보를 청구한 날로부터 **7일 이내에 환부하여야 한다**(제104조, **지없지없7항항항7**). [경찰승진 14, 경찰채용 13 1 · 2차]

06 구속의 집행정지

Ⅰ 의 의

법원 또는 수사기관이 상당한 이유가 있는 때 결정으로 구속된 피고인 또는 피의자를 친족 · 보호단체 기타 적당한 자에게 부탁하거나 피고인 · 피의자의 주거를 제한하여 구속의 집행을 정지시키는 제도를 말한다(제101조 제1항, 제209조). [법원9급 10]

Ⅱ 피고인보석과의 구별

표정리 피고인보석과 구속집행정지의 구별 [경찰승진 09]

구분	피고인보석	구속집행정지
구속영장의 효력	유지	
피고인의 청구권	○	×(직권)
주 체	법원	법원 · 수사기관 [경찰채용 04]
대 상	피고인	피고인 · 피의자
검사의 의견청취	○	○(급속시 ×)
보증금	○	×
주거제한	○	
취소사유	동일	

Ⅲ 절 차

1. 신청권

구속집행정지는 **직권**으로 행한다. 따라서 피의자 · 피고인 등에는 신청권이 없으며, 설사 신청이 있더라도 이는 법원의 직권발동을 촉구하는 의미밖에 없다. 이 점에서는 기술한 피의자보석과도 유사하다.

2. 피고인구속집행정지

법원은 상당한 이유가 있는 때(예 중한 질병) [법원승진 08]에는 결정으로 구속된 피고인을 친족 · 보호단체 기타 적당한 자에게 부탁하거나 피고인의 주거를 제한하여 구속의 집행을 정지할 수 있다(제101조 제1항). [법원승진 08] 이 결정을 함에는 **검사의 의견**을 물어야 한다. 단, **급속을 요하는 경우**에는 그러하지 아니하다(동조 제2항). [법원9급 10] 검사는 법원으로부터 (보석, 구속취소 또는) 구속집행정지에 관한 의견요청이 있을 때에는 의견서와 소송서류 및 증거물을 **지체 없이** 법원에 제출하여야 한다. 이 경우 특별한 사정이 없는 한 의견요청을 받은 날의 **다음 날**까지 제출하여야 한다(규칙 제54조). 구속집행정지를 함에 있어서는 도주의 방지 및 출석의 확보를 위하여 전자장치의 부착 등을 구속집행정지의 조건으로 부가할 수도 있다.

구법 제101조 제3항에서는 법원의 구속집행정지결정에 대하여 검사는 **즉시항고**를 할 수 있다고 규정되어 있었으나, 이는 영장주의 및 적법절차원칙에 위반되어 **위헌**이므로(헌법재판소 2012.6.27, 2011헌가36) 2015년 삭제되었다. 다만, 이 경우 **보통항고**는 가능하다(제403조 제2항). [법원9급 11]

> **판례연구** 구속집행정지에 부가될 수 있는 조건
>
> **대법원 2022.11.22, 2022모1799**
>
> 전자장치의 부착을 피고인에 대한 구속집행정지의 조건으로 부가할 수 있다는 사례
>
> 군사법원법 제141조 제2항은 피고인에 대한 구속집행정지에 관하여 '피고인이 영내거주자이면 그 소속 부대장에게 부탁하고, 영내거주자가 아니면 친족 · 보호단체 그 밖의 적당한 사람에게 부탁하거나 피고인의 주거를 제한'하도록 규정한다. 이때 구속집행정지 제도의 취지에 부합한다면 피고인의 도주 방지 및 출석을 확보하기 위하여 예컨대, 전자장치의 부착을 구속집행정지의 조건으로 부가할 수도 있다.[1]

3. 피의자구속집행정지

구속된 피의자에 대해서는 **검사 또는 사법경찰관**도 구속의 집행을 정지할 수 있다(제209조). 사법경찰관의 경우, 종래 (체포하거나) 구속한 피의자를 석방하려면 미리 **검사의 지휘**를 받아야 했으나(구 수사규정 제36조 제1항). 2020.10.7. 대통령령이 새로 제정되어 이제는 검사의 석방지휘를 요하지 않고 석방 후 검사에게 통보 내지 보고하도록 하였다(수사준칙 제36조).[2] 여하튼, (체포 또는) 구속한 피의자를 석방(예 구속집행정지 · 구속취소)한 때에는 지체 없이 검사는 영장을 발부한 법원에 그 사유를 서면으로 통지하여야 한다(제204조).

Ⅳ 취 소

1. 취소사유

법원은 제102조 제2항의 취소사유(도/염/출/보/조, 보석취소사유와 동일 [경찰승진 13]) 중 어느 하나에 해당하는

1) [보충] 피고인에 대한 구속집행정지는 상당한 이유가 있을 때 법원이 직권으로 제반 사정을 고려하여 피고인의 구속 상태를 잠정적으로 해제하는 것이다. 가장 중한 기본권 제한인 구속을 예외적으로 해제하면서 다시 구속될 것을 담보하기 위해 일정한 조건을 부가하는 것은 구속집행정지의 성질상 당연히 허용된다고 보아야 한다. 구속의 목적을 달성하는 데 지장이 없다면 일정한 조건을 부가하더라도 구속집행을 정지하는 것이 피고인에게 더 유리하기 때문이다. … 구속집행정지의 구체적인 조건은 보석의 조건이 성질에 반하지 않는 한 적용될 수 있다. 구속집행정지 제도는 불구속재판의 원칙과 무죄추정의 원칙을 구현하기 위한 보석 제도를 보충하는 기능을 하므로 본질적으로 보석과 같은 성격을 띠고 있기 때문이다(위 판례의 판결이유).

2) [참고] 수사준칙 제36조(피의자의 석방) ① 검사 또는 사법경찰관은 법 제200조의2제5항 또는 제200조의4제2항에 따라 구속영장을 청구하거나 신청하지 않고 체포 또는 긴급체포한 피의자를 석방하려는 때에는 다음 각 호의 구분에 따른 사항을 적은 피의자 석방서를 작성해야 한다.
   1. 체포한 피의자를 석방하려는 때 : 체포 일시 · 장소, 체포 사유, 석방 일시 · 장소, 석방 사유 등
   2. 긴급체포한 피의자를 석방하려는 때 : 법 제200조의4제4항 각 호의 사항

   ② 사법경찰관은 제1항에 따라 피의자를 석방한 경우 다음 각 호의 구분에 따라 처리한다.
   1. 체포한 피의자를 석방한 때 : 지체 없이 검사에게 석방사실을 통보하고, 그 통보서 사본을 사건기록에 편철한다.
   2. 긴급체포한 피의자를 석방한 때 : 법 제200조의4제6항에 따라 즉시 검사에게 석방 사실을 보고하고, 그 보고서 사본을 사건기록에 편철한다.

경우에는 **직권 또는 검사의 청구**에 따라 결정으로 (보석 또는) 구속의 집행정지를 취소할 수 있다(제102조 제2항). [교정9급특채 11, 경찰채용 10 2차] 검사 또는 사법경찰관도 같다(제209조).

2. 재구금

구속집행정지가 취소되면 집행이 정지되었던 구속영장의 효력이 다시 발효되게 된다. 따라서 (보석취소 또는) 구속집행정지취소의 결정이 있는 때 또는 기간을 정한 구속집행정지결정의 기간이 만료된 때에는 – 별도의 결정을 요하지 않고 [법원9급 07] – 검사는 그 **취소결정의 등본 또는 기간을 정한 구속집행정지결정의 등본에 의하여 피고인을 재구금**하여야 한다(규칙 제56조 제1항). [법원승진 08] 또한 급속을 요하는 때에는 재판장 등이 재구금을 지휘할 수 있으며, 이에 관한 사항은 전술한 보석취소시 재구금의 내용과 같다.

V 관련문제

1. 감정유치

구속 중인 피고인에 대하여 감정유치장이 집행되었을 때에는 피고인이 유치되어 있는 기간, **구속은 그 집행이 정지된 것으로 간주**한다. 이때 감정유치처분이 취소되거나 유치기간이 만료된 때에는 **구속의 집행정지가 취소된 것으로 간주**한다(제172조의2, 제221조의3 제2항).

2. 국회의원에 대한 석방요구

헌법 제44조 제2항에 의하여 구속된 국회의원에 대한 석방요구가 있으면 **당연히 구속영장의 집행이 정지**된다(제101조 제4항)(**현행범 ×, 헌법 동조**). [경찰승진 13] 이때 법원의 **별도의 결정을 요하지 아니한다.** [법원9급 10, 법원승진 08] 석방요구의 통고를 받은 **검찰총장은 즉시 석방을 지휘**하고 그 사유를 수소법원에 통지하여야 한다(동조 제5항). 또한 국회의원에 대한 구속집행정지는 제102조 제2항의 취소사유에 해당하더라도 그 **회기 중에는 취소하지 못한다.**

07 구속의 실효 – 구속취소 및 당연실효

I 구속취소

1. 의 의

법원 또는 수사기관이 구속의 사유가 없거나(부적법) 소멸(부당)된 때 **직권 또는 청구**에 의하여 결정으로 피고인 또는 피의자를 석방하는 제도를 말한다(제93조, 제209조, 제200조의6). 검사는 보석청구와는 달리 구속취소는 청구할 수 있다. [국가9급 02]

2. 구속집행정지와의 구별

표정리 구속집행정지와 구속취소의 구별

구분	구속집행정지	구속취소
구속영장의 효력	유지	상실
피고인 등의 청구권	×(직권)	O(직권 or 청구)
주 체	법원 · 수사기관	
대 상	피고인 · 피의자 [경찰채용 05 3차]	
검사의 의견청취	O(급속시 ×)	O(검사청구 or 급속시 ×)
검사의 즉시항고	×	O

3. **사유** : 구속의 사유가 없거나 소멸된 때

(1) **구속의 사유가 없는 때** : 구속사유가 처음부터 없음에도 구속을 하였음이 판명된 경우를 말한다. 즉, 구속이 부적법하였음이 판명된 경우이다.

(2) **구속의 사유가 소멸된 때** : 구속사유가 처음에는 있었으나 사후적으로 없어진 경우를 말한다. 즉, 구속의 계속이 부당한 경우이다. 예컨대 **형이 그대로 확정되더라도 잔여형기가 8일 이내**이고 피고인의 주거가 일정하고 증거인멸 · 도망의 염려도 없다거나(대법원 1983.8.18, 83모42) [경찰채용 04 3차], **미결구금일수만으로도 본형의 형기를 초과할 것이 명백**한 경우(대법원 1991.4.11, 91모25)에는 구속을 취소하여야 한다.

판례연구 구속취소사유(구속사유가 없거나 소멸된 때)가 있다는 사례

1. **대법원 1983.8.18, 83모42**

잔여형기가 극히 적고 또한 주거가 일정한 경우 구속취소 신청은 이유 있다는 사례

피고인에 대한 형이 그대로 확정된다고 하더라도 잔여형기가 8일 이내이고 또한 피고인의 주거가 일정할 뿐 아니라 증거인멸이나 도망의 염려도 없어 보인다면 피고인을 구속할 사유는 소멸하였다 보아야 할 것이니 구속취소 신청은 이유 있다.

2. **대법원 1991.4.11, 91모25**

미결구금일수만으로도 본형의 형기를 초과할 것이 명백한 사례

대법원의 파기환송취지대로 제1심판결을 파기하고 징역1년과 공소사실 중 일부무죄를 선고한 항소심판결에 대하여 피고인과 검사가 다시 상고한 경우에는 검사의 상고가 받아들여지리라고 보기 어렵다고 할 것이고, 피고인의 상고가 기각되더라도 제1심과 항소심판결선고 전 구금일수만으로도 구속을 필요로 하는 본형 형기를 초과할 것이 명백하다면 피고인이 현재 집행유예기간 중에 있더라도 이것이 피고인의 구속을 계속하여야 할 사유가 된다고 할 수 없어 피고인을 구속할 사유는 소멸되었다고 할 것이므로 피고인에 대한 구속은 취소해야 한다.

(3) 구속취소사유에 해당되지 않는 경우 : ① **체포 · 구금 당시 그 이유 및 변호인조력권을 고지받지 못하였고 구금기간 중 면회거부처분 등을 받은 사유**는 구속취소사유에 해당하지 않고(대법원 1991.12.30, 91모76), ② **이미 다른 사유로 구속영장이 실효된 경우**라면 피고인이 계속 구금되어 있더라도 구속취소를 할 수 없다(대법원 1999.9.7, 99초355,99도3454). 구속의 취소는 구속영장의 효력이 존속하고 있음을 전제로 하기 때문이다.

판례연구 구속취소사유(구속사유가 없거나 소멸된 때)가 없다는 사례

1. **대법원 1991.12.30, 91모76**

체포, 구금 당시에 헌법 및 형사소송법에 규정된 사항(체포, 구금의 이유 및 변호인의 조력을 받을 권리) 등을 고지받지 못하였고, 그 후의 구금기간 중 면회거부 등의 처분을 받았다 하더라도 이와 같은 사유는 형사소송법 제93조 소정의 구속취소사유에는 해당하지 아니한다.

2. **대법원 1999.9.7, 99초355,99도3454**

구속영장이 이미 실효된 경우 구속취소는 불가하다는 사례

형사소송법 제93조에 의한 구속의 취소는 구속영장에 의하여 구속된 피고인에 대하여 구속의 사유가 없거나 소멸된 때에 법원이 직권 또는 피고인 등의 청구에 의하여 결정으로 구속을 취소하는 것으로서, 그 결정에 의하여 구속영장이 실효되므로, 구속영장의 효력이 존속하고 있음을 전제로 하는 것이고, 다른 사유로 이미 구속영장이 실효된 경우에는 피고인이 계속 구금되어 있더라도 위 규정에 의한 구속의 취소 결정을 할 수 없다.

4. **절 차**

(1) 피고인에 대한 구속취소절차

① 직권 또는 청구에 의한 결정 : 구속취소사유가 있는 때에는 법원은 **직권 또는 검사, 피고인, 변호인 또는 변호인선임권자(법/배/직/형)의 청구**에 의하여 구속을 취소하여야 한다(제93조). [경찰승진 09/14, 경찰채용 15 1차] 청구권자에는 적부심 · 보석과 달리 가족 · 동거인 · 고용주는 포함되지 않는다. [경찰승진 09]

정리 구속적부심과 보석 청구권자 : 피/변/법배직형/가동고, 구속취소 : 직/검/피/변/법배직형

② **검사의 의견청취** : 재판장은 구속취소결정을 함에 있어서도(보석결정 및 구속집행정지결정과 동일하게) **검사의 의견을 물어야 한다.** 다만, **검사의 청구**에 의하거나 **급속을 요하는 경우**에는 예외로 한다(제97조 제2항).

③ **검사의 의견 표명** : (보석, 구속집행정지 또는) 구속취소에 관한 법원의 의견요청을 받은 검사는 **지체없이** 의견을 표명하여야 한다(동조 제3항). 특별한 사정이 없는 한 그 **다음 날**까지 제출하여야 한다(규칙 제54조).

④ **법원의 결정** : 법원은 특별한 사정이 없는 한 (보석 또는) 구속취소의 청구를 받은 날부터 7일 이내에 그에 관한 결정을 하여야 한다(규칙 제55조).

⑤ **불복** : 법원의 구속취소결정에 대하여는 검사는 **즉시항고**를 할 수 있다(제97조 제4항, 석방제도 중 유일한 검사의 즉시항고 규정).[1] [법원9급 11, 법원승진 08]

(2) 피의자에 대한 구속취소절차 : 피고인구속취소절차와 유사하다. 다만, 청구권자에 피고인 대신 피의자가, 결정권자에 법원 대신 검사 또는 사법경찰관이 들어가게 된다. 사법경찰관이 구속을 취소하는 경우 (미리 검사의 석방지휘를 받도록 하는 제도는 폐지되어) 검사에게 통보 또는 보고를 하고(수사준칙 제36조), 검사는 구속취소한 때에는 지체 없이 영장을 발부한 법원에 그 사유를 서면으로 통지하여야 한다(제204조).

Ⅱ 구속의 당연실효

구속영장의 효력이 당연히 실효되는 경우는 구속기간이 만료되거나, 무죄판결 등 석방을 시키는 판결이 선고되거나, 사형 · 자유형을 내리는 유죄판결이 확정된 경우로 나누어 볼 수 있다.

1. 구속기간의 만료

구속기간이 만료되면 구속영장의 효력은 당연히 상실된다(통설). 다만, 판례는 효력이 당연히 상실되는 것은 아니어서 법원의 결정이 별도로 있어야 한다는 입장이다(대법원 1964.11.17, 64도428). [교정9급특채 12, 경찰채용 05 1차]

> **대법원 1964.11.17, 64도428**
> 구속기간 경과만으로 구속이 실효되는 것은 아니라는 사례
> 구 군법회의법 제132조의 제한을 넘어 구속기간을 갱신한 경우에 있어서도 불법구속한 자에 대하여 형법상 · 민법상의 책임을 물을 수는 있어도 구속명령의 효력이 당연히 실효되는 것은 아니다(통설은 반대).

2. 무죄판결 등 석방내용의 판결의 선고

무죄, 면소, 형의 면제, 형의 선고유예, 형의 집행유예, 공소기각 또는 벌금이나 과료를 과하는 판결이 **선고**된 때에는 구속영장은 효력을 잃는다(제331조). [법원9급 09/13/14, 국가9급 10/12, 경찰채용 11 1차] 이러한 판결은 구속된 피고인을 석방시키는 내용을 담고 있어 판결이 선고되면 판결의 확정을 기다리지 않고 바로 그 자리에서 석방되어야 하는 것이다. 다만, **관할위반판결**은 관할위반 선고 이전에 행해진 소송행위이어도 그 효력에 영향이 없다는 점에서 여기에 포함되지 않는다. [경찰승진 07, 경찰채용 08 2차, 여경기동 07] 또한 **부정수표단속법 위반죄로 벌금형이 선고된 경우**에도 부수법 조항에 의해 벌금 가납시까지는 구속영장이 실효되지 아니하므로(동법 제6조) 피고인의 구속상태는 유지된다. [경찰간부 08]

> **헌법재판소 1997.12.24, 95헌마247**
> 무죄 등 판결선고 후 석방대상 피고인을 의사에 반하여 교도소로 연행할 수 없다는 사례
> 무죄 등 판결선고 후 석방대상 피고인이 교도소에서 지급한 각종 지급품의 회수, 수용시의 휴대금품 또는 수용 중 영치된 금품의 반환 내지 환급문제 때문에 임의로 교도관과 교도소에 동행하는 것은 무방하나 피고인의 동의를 얻지 않고 의사에 반하여 교도소로 연행하는 것은 헌법 제12조의 규정에 비추어 도저히 허용될 수 없다.

---

1) [참고] 보석취소결정에 대한 검사의 즉시항고권(헌법재판소 1993.12.23, 93헌가2) 및 구속집행정지결정에 대한 검사의 즉시항고권(헌법재판소 2012.6.27, 2011헌가36)이 모두 위헌으로 판시된 것으로 미루어 보아 이 부분에 대해서도 향후 위헌결정이 있을 것으로 예상된다.

3. 사형 · 자유형의 확정

사형 · 자유형의 판결이 확정된 때에는 즉시 집행하고 이 날이 형기에 초일로 산입된다(제459조, 형법 제84조 제1항, 제85조). 따라서 구속영장은 효력이 상실된다. 사형 · 자유형은 판결이 확정된 때이지 판결이 선고된 때가 아니다. [법원행시 02, 경찰간부 13, 경찰채용 08 2차] 판결확정 이후의 신체구속은 확정판결 자체의 효력에 의한 형집행 내지 형집행의 대기기간인 것이어서 구속영장의 효력이 존속하는 것은 아니다.

표정리 체포 · 구속 · 석방제도 핵심정리

1. 체포 · 구속제도

구분	영장체포	긴급체포	현행범체포	피의자구속	피고인구속
사 유	① 출석요구 불응 ② 불응 우려	① 긴급성 ② 중대성 : 장3↑ ③ 필요성 : 도망 또는 도망 · 증거 인멸 염려	① 명백성 ② 필요성 : 도망 또는 도망 · 증거 인멸 염려	① 객관적 범죄혐의 ② 구속사유 ㉠ 주거부정 ㉡ 도망 ㉢ 증거인멸 및 도망의 염려	
주 체	검사 지휘 사경 집행	검사/사경	All	검사 지휘 사경 집행	법원
경 미	주거부정 출석요구 불응	無	주거부정	주거부정	주거부정
절 차	체포영장 청구 → 체포영장 발부 : 불복 × → 체포영장 집행 → 체포통지 24h → 구속영장 신청 48h	긴급체포 → 긴급체포서 작성 → 체포통지 → 구속영장 신청 - 지체 없이	현행범체포 → 체포통지 → 구속영장 신청 48h	구속영장 청구 → 구인 구속영장 발부 → 영장실질심사 : 다음 날까지 → 영장발부 - 불복 ×	사전청문 → 구속영장 발부 : 불복 - 항고 → 구속집행 → 구속통지
재체포 재구속	제한 ×	동일 범죄사실 × cf. 영장체포 O	제한 ×	다른 중요증거 × 동일 범죄사실 ×	제한 ×

2. 석방제도

구분	구속적부심	피의자보석	피고인보석	구속집행정지	구속취소
주 체	청구 - 법원	법원 직권	청구 - 법원 법원 직권	법/검/경 직권	청구 - 법/검/경 법/검/경 직권
대 상	피의자	피의자	피고인	피의자/피고인	피의자/피고인
사 유	불법/부당 (구속의 필요성)	법원의 재량	제외사유 없는 한 필요적 보석(제외사유 있어도 임의적 보석 O)	상당한 이유	① 구속사유 × ② 사후적 소멸
불허/ 제외 사유	-	① 죄증인멸 염려 ② 피해자 등에게 해를 가할 염려	① 사/무/장10↑ ② 누범/상습범 ③ 죄증인멸 염려 ④ 도망 염려 ⑤ 주거부정 ⑥ 피해자 등에게 해를 가할 염려	無	

절 차	심사의 청구 → 법원심사(48h) → 법원결정(24h)	구속적부심 청구 → 법원의 심사 → 석방결정	보석청구 → 법원의 심리 → 피고인심문 → 보석결정 → 보석집행	법원 → 검사의견 물음 (예외 – 급속)	구속취소 청구 → 법원 – 검사의견 물음 (예외 : 검사청구/ 급속) → 취소결정
보증금	×	○		×	
검사 의견	×		○	○ 예외 – 급속	○ 예외 – 검사청구/ 급속
영장 효력	상실		유지(집행정지)		상실
재구속 · 취소	① 도망 ② 죄증 인멸	① 도망 ② 도망 · 죄증인멸 염려 ③ 출석거부 ④ 법원 조건 위반	[취소사유] ① 도망 ② 도망 · 죄증인멸 염려 ③ 출석거부 ④ 피해자 등에게 해를 가할 염려 ⑤ 법원 조건 위반		無
불 복	無	보통항고			즉시항고

제2절 압수 · 수색 · 검증 · 감정

01 압수 · 수색

Ⅰ 의 의

1. 압 수

압수(押收, seizure, Beschlagnahme)는 증거물 또는 몰수할 것으로 예상되는 물건의 점유를 취득하는 강제처분이다. 압수는 강제처분으로서, 형법상 형벌인 몰수(형법 제41조 제9호)와는 구별된다. [법원9급 13] 압수에는 압류, 영치 및 제출명령의 세 가지 종류가 있다.

(1) **압류** : 물리적 강제력을 사용하여 유체물의 점유를 점유자의 의사에 반하여 수사기관 또는 법원에 이전하는 강제처분이다(제106조 제1항, 제219조).

(2) **영치** : 수사기관 또는 법원에 대한 점유의 이전이 점유자의 의사에 반하지 않는 것으로서 유류물과 임의제출물을 점유하는 경우가 있다(제108조, 제218조). 다만, 점유자가 점유를 임의로 회복할 수 없다는 점에서 압수의 일종으로 분류된다.

(3) **제출명령** : 법원이 압수할 물건을 지정하여 소유자 · 소지자 · 보관자에게 당해 물건의 제출을 명하는 것이다(제106조 제2항). 제출명령을 받은 상대방에게는 제출의무가 부과된다는 점에서 대물적 강제처분에 속하고, 상대방이 제출명령에 응하여 물건을 제출하면 당연히 압수의 효력이 발생한다. 제출명령은 **수사기관이 아니라 법원**의 대물적 강제처분에 속한다.[1] [법원행시 04]

1) [참고] 제219조가 제106조를 준용하고 있으나, 수사기관에게는 제106조 제2항의 제출명령권은 인정되지 않는다(통설).

판례연구 법원의 제출명령 관련 판례

대법원 2023.7.17, 2018스34 전원합의체

통신비밀보호법상 통신사실확인자료에 대한 민사소송법상 문서제출명령의 가부

법원은 민사소송법 제344조 이하의 규정을 근거로 통신사실확인자료에 대한 문서제출명령을 할 수 있고 전기통신사업자는 특별한 사정이 없는 한 이에 응할 의무가 있으며, 전기통신사업자가 통신비밀보호법 제3조 제1항 본문[1]을 들어 문서제출명령의 대상이 된 통신사실확인자료의 제출을 거부하는 것에는 정당한 사유가 있다고 볼 수 없다.

2. 수 색

수색(搜索, search, Durchsuchung)은 증거물 또는 몰수할 물건이나 체포할 사람을 발견하기 위하여 사람의 주거 · 신체 또는 물건 · 장소에 대해서 행해지는 강제처분이다. 수색은 압수를 위해 행해지는 것이 통례이므로 통상 압수 · 수색(search and seizure)이라 하고, 실무상으로는 압수 · 수색영장이라는 단일영장이 발부되고 있다.

판례연구 우편물통관검사와 압수 · 수색의 차이

1. **대법원 2013.9.26, 2013도7718** [국가7급 17]

우편물 통관검사절차에서 이루어지는 우편물의 개봉, 시료채취, 성분분석 등의 검사와 같이 행정조사의 성격을 가지는 것은 수사기관의 강제처분인 압수 · 수색이라고 할 수 없다.

2. **대법원 2017.7.18, 2014도8719** [변호사 24]

마약거래방지법에 따른 검사의 요청으로 세관장이 행하는 조치

수사기관에 의한 압수 · 수색의 경우 헌법과 형사소송법이 정한 적법절차와 영장주의 원칙은 법률에 따라 허용된 예외사유에 해당하지 않는 한 관철되어야 한다. 세관공무원이 수출입물품을 검사하는 과정에서 마약류가 감추어져 있다고 밝혀지거나 그러한 의심이 드는 경우, 검사는 마약류의 분산을 방지하기 위하여 충분한 감시체제를 확보하고 있어 수사를 위하여 이를 외국으로 반출하거나 대한민국으로 반입할 필요가 있다는 요청을 세관장에게 할 수 있고, 세관장은 그 요청에 응하기 위하여 필요한 조치를 할 수 있다(마약류 불법거래 방지에 관한 특례법 제4조 제1항). 그러나 이러한 조치가 수사기관에 의한 압수 · 수색에 해당하는 경우에는 영장주의 원칙이 적용된다. ① 물론 수출입물품 통관검사절차에서 이루어지는 물품의 개봉, 시료채취, 성분분석 등의 검사는 수출입물품에 대한 적정한 통관 등을 목적으로 조사를 하는 것으로서 이를 수사기관의 강제처분이라고 할 수 없으므로, 세관공무원은 압수 · 수색영장 없이 이러한 검사를 진행할 수 있다. 세관공무원이 통관검사를 위하여 직무상 소지하거나 보관하는 물품을 수사기관에 임의로 제출한 경우에는 비록 소유자의 동의를 받지 않았더라도 수사기관이 강제로 점유를 취득하지 않은 이상 해당 물품을 압수하였다고 할 수 없다. ② 그러나 마약류 불법거래 방지에 관한 특례법 제4조 제1항에 따른 조치의 일환으로 특정한 수출입물품을 개봉하여 검사하고 그 내용물의 점유를 취득한 행위는 위에서 본 수출입물품에 대한 적정한 통관 등을 목적으로 조사를 하는 경우와는 달리, 범죄수사인 압수 또는 수색에 해당하여 사전 또는 사후에 영장을 받아야 한다.

Ⅱ 목적물

1. 압수의 목적물

(1) 증거물 · 몰수물 · 정보저장매체 등 : 법원 또는 수사기관은 필요한 때에는 **피고 · 피의사건과 관계가 있다고 인정할 수 있는 것에 한정**하여 증거물 또는 몰수할 것으로 사료하는 물건을 압수할 수 있는바(제106조 제1항 본문, 제219조), 증거물 또는 몰수할 물건으로 사료하는 물건이 압수의 목적물이다. [국가9급 17] 또한 2011년 7월 개정 제106조 제3항에서는 정보저장매체 등의 압수에 관한 규정이 신설되었다.

① **증거물** : 증거물의 압수는 증거물의 멸실을 방지하여 장차의 형사절차진행에 대비하려는 절차확보를 그 목적으로 한다. 증거물은 **동산 · 부동산**을 불문한다(무체물인 전자정보에 대해서는 입법적으로 해결되었으며 후술함). 증거물은 물건을 말하므로 사람의 신체 자체는 압수의 대상이 되지 아니하나, **신체로**

1) [조문] 통신비밀보호법 제3조(통신 및 대화비밀의 보호) ① 누구든지 이 법과 형사소송법 또는 군사법원법의 규정에 의하지 아니하고는 우편물의 검열 · 전기통신의 감청 또는 통신사실확인자료의 제공을 하거나 공개되지 아니한 타인 간의 대화를 녹음 또는 청취하지 못한다. (이하 생략)

부터 분리되어 있는 일부(두발, 체모, 손톱, 발톱, '혈액' -후술함-, 정액, 침, 소변 등)는 압수의 대상이 된다. **사람의 사체**에 대하여도 압수가 허용된다(cf. 사체의 해부·내부검사 : 검증 또는 감정). [법원행시 02] **출판물**도 압수의 대상이 되는 것은 물론이나, 헌법상 출판에 대한 사전검열이 금지되므로(헌법 제21조 제2항) 이에 따른 제한을 받는다.

> **대법원 1991.2.26, 91모1**
>
> 출판물을 출판 직전에 그 내용을 문제삼아 압수하는 것은 실질적으로 출판의 사전검열과 같은 효과가 있을 수 있는 것이므로 범죄혐의와 강제수사의 요건을 보다 엄격히 해석하여 그 허용 여부를 결정하여야 한다.

② **몰수물** : 필요적 몰수와 임의적 몰수를 불문하고, 몰수물의 압수는 향후 형집행에 대비한 판결확보를 그 목적으로 한다.

③ **정보저장매체 등**(2011.7.18. 신설) : ㉠ 압수의 목적물이 컴퓨터용디스크, 그 밖에 이와 비슷한 정보저장매체("정보저장매체 등")인 경우에는 -원칙적으로- **기억된 정보의 범위를 정하여 출력하거나 복제하여 제출받아야 한다.** 다만 예외적으로, ㉡ 범위를 정하여 출력 또는 복제하는 방법이 불가능하거나 압수의 목적을 달성하기에 현저히 곤란하다고 인정되는 때(예 파일을 삭제한 경우)에는 **정보저장매체 등을 압수할 수 있다**(제106조 제3항, 제219조). 이때 ㉢ 정보저장매체를 수사기관의 사무실 등으로 가지고 온 뒤 전자정보를 탐색하여 **해당 전자정보를 문서로 출력하거나 파일을 복사하는 과정 역시 전체적으로 압수·수색의 집행**에 포함되므로, 문서 출력 또는 파일 복사도 **혐의사실과 관련된 부분에 한정**되어야 한다(대법원 2011.5.26, 2009모1190; 2012.3.29, 2011도10508; 2015.7.16, 2011모1839 전원합의체-종근당 압수수색 사건). ㉣ 위 정보를 제공받은 법원 또는 수사기관은 개인정보보호법 제2조 제3호에 따른 **정보주체에게 해당 사실을 지체 없이 알려야 한다**(제106조 제4항, 제219조). 압수·수색할 물건이 전기통신에 관한 것인 경우에는 **작성기간**을 기재하여야 한다(제114조 제1항 단서, 제219조). ㉤ 전자정보의 압수의 방법에 관한 이러한 2011년 개정법과 이후 판시된 대법원 판례들의 입장은 수사준칙에서 아래와 같이 보다 구체화하여 규정되어 있다.

> **판례연구** 전자정보의 압수방법
>
> **대법원 2011.5.26, 2009모1190(전교조 본부 사무실 압수·수색 사건); 2015.7.16, 2011모1839 전원합의체(종근당 압수수색 사건)** [경찰채용 15/16 1차, 경찰승진 22, 국가9급 12]
>
> 전자정보 압수·수색영장 집행방법
>
> ① 원칙 : 전자정보에 대한 압수·수색영장을 집행할 때에는 원칙적으로 영장 발부의 사유인 혐의사실과 관련된 부분만을 문서 출력물로 수집하거나 수사기관이 휴대한 저장매체에 해당 파일을 복사하는 방식으로 이루어져야 한다.
>
> ② 예외 : 집행현장 사정상 위와 같은 방식에 의한 집행이 불가능하거나 현저히 곤란한 부득이한 사정이 존재하더라도 저장매체 자체를 직접 혹은 하드카피나 이미징 등 형태로 수사기관 사무실 등 외부로 반출하여 해당 파일을 압수·수색할 수 있도록 영장에 기재되어 있고 실제 그와 같은 사정이 발생한 때에 한하여 위 방법이 예외적으로 허용될 수 있을 뿐이다.
>
> ③ 저장매체를 옮긴 후 출력·복사방법 : ㉠ 저장매체 자체를 수사기관 사무실 등으로 옮긴 후 영장에 기재된 범죄 혐의 관련 전자정보를 탐색하여 해당 전자정보를 문서로 출력하거나 파일을 복사하는 과정 역시 전체적으로 압수·수색영장 집행의 일환에 포함된다고 보아야 한다. 따라서 그러한 경우 문서출력 또는 파일복사 대상 역시 혐의사실과 관련된 부분으로 한정되어야 하는 것은 헌법 제12조 제1항, 제3항, 형사소송법 제114조, 제215조의 적법절차 및 영장주의 원칙상 당연하다. 그러므로 ㉡ 수사기관 사무실 등으로 옮긴 저장매체에서 범죄 혐의 관련성에 대한 구분 없이 저장된 전자정보 중 임의로 문서출력 혹은 파일복사를 하는 행위는 특별한 사정이 없는 한 영장주의 등 원칙에 반하는 위법한 집행이다.
>
> ④ 열람·복사시 적법한 집행절차 : 검사나 사법경찰관이 압수·수색영장을 집행할 때에는 자물쇠를 열거나 개봉 기타 필요한 처분을 할 수 있지만 그와 아울러 압수물의 상실 또는 파손 등의 방지를 위하여 상당한 조치를 하여야 하므로(법 제219조, 제120조, 제131조 등), 혐의사실과 관련된 정보는 물론 그와 무관한 다양하고 방대한 내용의 사생활 정보가 들어 있는 저장매체에 대한 압수·수색영장을 집행할 때 영장이 명시적으로 규정한 위 예외적인 사정이 인정되어 전자정보가 담긴 저장매체 자체를 수사기관 사무실 등으로 옮겨 이를 열람 혹은 복사하게 되는 경우에도, ㉠ 전체 과정을 통하여 피압수·수색 당사자나 변호인의 계속적인 참여권 보장, ㉡ 피압수·수색 당사자가 배제된 상태의 저장매체에 대한 열람·복사 금지, ㉢ 복사대상 전자정

보 목록의 작성 · 교부 등 압수 · 수색 대상인 저장매체 내 전자정보의 왜곡이나 훼손과 오 · 남용 및 임의적인 복제나 복사 등을 막기 위한 적절한 조치가 이루어져야만 집행절차가 적법하게 된다.

⑤ 결론 : (이 사건의) 압수 · 수색 전 과정에 비추어 볼 때, 수사기관이 영장에 기재된 혐의사실 일시로부터 소급하여 일정 시점 이후의 파일들만 복사한 것은 나름대로 대상을 제한하려고 노력한 것으로 보이고, 당사자 측도 그 적합성에 대하여 묵시적으로 동의한 것으로 보는 것이 타당하므로, 위 영장 집행이 위법하다고 볼 수는 없다는 이유로, 같은 취지에서 준항고를 기각한 원심의 조치는 수긍이 된다.

조문 수사준칙상 전자정보 압수 · 수색검증 관련 규정

수사준칙 제41조(전자정보의 압수 · 수색 또는 검증 방법) ① 검사 또는 사법경찰관은 법 제219조에서 준용하는 법 제106조 제3항에 따라 컴퓨터용디스크 및 그 밖에 이와 비슷한 정보저장매체(이하 이 항에서 "정보저장매체등"이라 한다)에 기억된 정보(이하 "전자정보"라 한다)를 압수하는 경우에는 해당 정보저장매체등의 소재지에서 수색 또는 검증한 후 범죄사실과 관련된 전자정보의 범위를 정하여 출력하거나 복제하는 방법으로 한다.

② 제1항에도 불구하고 제1항에 따른 압수 방법의 실행이 불가능하거나 그 방법으로는 압수의 목적을 달성하는 것이 현저히 곤란한 경우에는 압수 · 수색 또는 검증 현장에서 정보저장매체등에 들어 있는 전자정보 전부를 복제하여 그 복제본을 정보저장매체등의 소재지 외의 장소로 반출할 수 있다.

③ 제1항 및 제2항에도 불구하고 제1항 및 제2항에 따른 압수 방법의 실행이 불가능하거나 그 방법으로는 압수의 목적을 달성하는 것이 현저히 곤란한 경우에는 피압수자 또는 법 제123조에 따라 압수 · 수색영장을 집행할 때 참여하게 해야 하는 사람(이하 "피압수자등"이라 한다)이 참여한 상태에서 정보저장매체등의 원본을 봉인(封印)하여 정보저장매체등의 소재지 외의 장소로 반출할 수 있다.

제42조(전자정보의 압수 · 수색 또는 검증 시 유의사항) ① 검사 또는 사법경찰관은 전자정보의 탐색 · 복제 · 출력을 완료한 경우에는 지체 없이 피압수자등에게 압수한 전자정보의 목록을 교부해야 한다.

② 검사 또는 사법경찰관은 제1항의 목록에 포함되지 않은 전자정보가 있는 경우에는 해당 전자정보를 지체 없이 삭제 또는 폐기하거나 반환해야 한다. 이 경우 삭제 · 폐기 또는 반환확인서를 작성하여 피압수자등에게 교부해야 한다.

③ 검사 또는 사법경찰관은 전자정보의 복제본을 취득하거나 전자정보를 복제할 때에는 해시값(파일의 고유값으로서 일종의 전자지문을 말한다)을 확인하거나 압수 · 수색 또는 검증의 과정을 촬영하는 등 전자적 증거의 동일성과 무결성(無缺性)을 보장할 수 있는 적절한 방법과 조치를 취해야 한다.

④ 검사 또는 사법경찰관은 압수 · 수색 또는 검증의 전 과정에 걸쳐 피압수자등이나 변호인의 참여권을 보장해야 하며, 피압수자등과 변호인이 참여를 거부하는 경우에는 신뢰성과 전문성을 담보할 수 있는 상당한 방법으로 압수 · 수색 또는 검증을 해야 한다.

⑤ 검사 또는 사법경찰관은 제4항에 따라 참여한 피압수자등이나 변호인이 압수 대상 전자정보와 사건의 관련성에 관하여 의견을 제시한 때에는 이를 조서에 적어야 한다.

(2) 압수의 특칙

① 우체물과 전기통신의 압수

(가) 특칙의 내용 : 법원 · 수사기관은 필요한 때에는 **피고 · 피의사건과 관계가 있다고 인정할 수 있는 것에 한정하여** 우체물 또는 통신비밀보호법 제2조 제3호에 따른 전기통신에 관한 것으로서 체신관서, 그 밖의 관련기관 등이 소지 또는 보관하는 물건의 제출을 명하거나 압수를 할 수 있다(제107조 제1항, 제219조). 위 처분을 할 때에는 발신인이나 수신인에게 그 취지를 **통지**하여야 한다. 단, 심리에 방해될 염려가 있는 경우에는 예외로 한다(제107조 제3항).

정리 감청(통신제한조치)과 전기통신 압수의 구별 : 통신비밀보호법상의 "감청"이란 그 대상이 되는 전기통신의 송 · 수신과 동시에 이루어지는 경우만을 의미하고, 이미 수신이 완료된 전기통신의 내용을 지득하는 등의 행위는 포함되지 않는다(대법원 2012.7.26, 2011도12407; 2012.10.25, 2012도4644).

(나) 압수요건의 완화 : 우체물과 전기통신은 **반드시 증거물 또는 몰수할 것으로 사료되는 물건일 필요가 없다**는 점에서 보통의 압수의 목적물보다 그 요건이 완화되어 있다.

② 군사상 비밀 : 군사상 비밀을 요하는 장소는 그 **책임자의 승낙** 없이는 압수 · 수색할 수 없다. 책임자는 **국가의 중대한 이익**을 해하는 경우를 제외하고는 승낙을 거부하지 못한다(제110조, 제219조).

③ 공무상 비밀 : 공무원 또는 공무원이었던 자가 소지 · 보관하는 물건에 관하여는 본인 또는 그 해당 공무소가 직무상의 비밀에 관한 것임을 신고한 때에는 그 **소속 공무소 또는 당해 감독관공서의 승낙** 없이는 압수하지 못한다. [법원9급 09] 소속 공무소 또는 당해 감독관공서는 **국가의 중대한 이익**을 해하는 경우를 제외하고는 승낙을 거부하지 못한다(제111조, 제219조). [국가9급 17]

④ **업무상 비밀** : 변호사, 변리사, 공증인, 공인회계사, 세무사, 대서업자, 의사, 한의사, 치과의사, 약사, 약종상, 조산사, 간호사, 종교의 직에 있는 자 또는 이러한 직에 있던 자가 그 업무상 위탁을 받아 소지 · 보관하는 물건으로 **타인의 비밀에 관한 것은 압수를 거부**할 수 있다. [경찰채용 09 2차] 단, 그 **타인의 승낙이 있거나 중대한 공익상 필요**가 있는 때에는 예외로 한다(제112조, 제219조).

정리 형법상 업무상 비밀누설죄(제317조)의 주체 : 의/한/치/약/ 약/조/변/변/ 공/공/대/보(조자 : 간호사 등) 차(등의 직에 있던 자)/종/종, 형소법상 압수거부권자(제112조) = 증언거부권자(제149조) : 변/변/공/공/ 세(무사)/대/의/한/치/약/약/조/ 간(호사)/종/전(직).
∴ 형법과 형소법의 차이 : 세무사. ※ 감정인 [교정9급특채 10, 해경간부 12] · 교사 · 법무사 · 관세사 · 건축사 · 공인중개사 ×

2. 수색의 목적물

(1) 피고인 · 피의자의 신체 등 : 법원 또는 수사기관은 필요한 때에는 **피고 · 피의사건과 관계가 있다고 인정할 수 있는 것에 한정**하여 피고인 · 피의자의 신체, 물건 또는 주거 기타 장소를 수색할 수 있다(제109조 제1항, 제219조).

(2) 제3자의 신체 등 : 피고인 · 피의자 아닌 자의 신체, 물건, 주거 기타 장소에 관하여는 **압수할 물건이 있음을 인정할 수 있는 경우에 한하여** 수색할 수 있다(제109조 제2항, 제219조).

Ⅲ 요건(압-관/필/비)

1. 범죄혐의

압수 · 수색도 수사인 이상 범죄혐의가 있어야 한다. 범죄혐의의 정도에 대해서는 견해가 대립하나, 구속영장 발부와 같은 **객관적 혐의에 이르지 않는 정도의 단순한 혐의**로도 충분하다(다수설). 따라서 "죄를 범하였다고 의심할 만한 정황(2011.7.18. 개정법 제215조 제1항 · 제2항)"이 있다면 족하다.

2. 해당 사건과의 관련성

2011.7.18. 개정법에 의해 압수 · 수색의 필요성 외에도, 법원은 **피고사건과 관계가 있다고 인정할 수 있는 것에 한정**하여 압수 · 수색할 수 있고(제106조 제1항, 제109조 제1항), 검사 · 사법경찰관은 **해당 사건과 관계가 있다고 인정할 수 있는 것에 한정**하여 압수 · 수색 · 검증할 수 있다(제215조 제1항 · 제2항).[1] 여기에서 관계있는 범죄라는 것은 압수 · 수색영장에 기재된 혐의사실과 **객관적 관련성**이 있고 압수 · 수색영장 대상자와 피의자 사이에 **인적 관련성**이 있는 범죄를 말한다. 판례는 위 개정 이전에도 사건 **관련성이 없는 압수는 영장주의에 위반한 절차적 위법이 있는 것**이어서 위법수집증거로서 증거능력이 없다고 판시하고 있었다(대법원 2011.5.26, 2009모1190 : 압수 · 수색영장에 기재된 **피의자와 무관한 타인의 범죄사실에 관한 녹음파일을 압수한 것은 위법**). [경찰채용 20 1차]

판례연구 압수의 요건인 관련성의 의미

대법원 2017.12.5, 2017도13458 [경찰채용 20 1차, 국가9급 22]

압수 · 수색영장의 범죄 혐의사실과 '관계있는 범죄'의 의미 및 범위

형사소송법 제215조 제1항은 "검사는 범죄수사에 필요한 때에는 피의자가 죄를 범하였다고 의심할 만한 정황이 있고 해당 사건과 관계가 있다고 인정할 수 있는 것에 한정하여 지방법원판사에게 청구하여 발부받은 영장에 의하여 압수, 수색 또는 검증을 할 수 있다."라고 정하고 있다. 따라서 영장 발부의 사유로 된 범죄 혐의사실과 무관한 별개의 증거를 압수하였을 경우 이는 원칙적으로 유죄 인정의 증거로 사용할 수 없다. 그러나 압수 · 수색의 목적이 된 범죄나 이와 관련된 범죄의 경우에는 그 압수 · 수색의 결과를 유죄의 증거로 사용할 수 있다. 압수 · 수색영장의 범죄 혐의사실과 관계있는 범죄라는 것은 압수 · 수색영장에 기재한 혐의사실과 객관적 관련성이 있고 압수 · 수색영장 대상자와 피의자 사이에 인적 관련성이 있는 범죄를 의미한다. 그중 혐의사실과의 객관적 관련성은 압수 · 수색영장에 기재된 혐의사실 자체 또는 그와 기본적 사실관계가 동일한 범행과 직접 관련되어 있는 경우는 물론 범행 동기와 경위, 범행 수단과 방법, 범행 시간과 장소 등을 증명하기 위한 간접증거나 정황증거 등으로 사용될 수 있

---

1) [참고] 해당사건과의 관련성 요건과 필요성 요건의 관계에 대해서는 ① 압수의 필요성은 수사기관의 관점에서 검토되고 사건 관련성은 객관적 관점에서 판단되는 요건으로서 서로 구별된다는 입장(신동운)과 ② 관련성은 필요성 요건의 일부라는 입장(이/조, 임동규)이 대립한다.

는 경우에도 인정될 수 있다. 그 관련성은 압수·수색영장에 기재된 혐의사실의 내용과 수사의 대상, 수사 경위 등을 종합하여 구체적·개별적 연관관계가 있는 경우에만 인정되고, 혐의사실과 단순히 동종 또는 유사 범행이라는 사유만으로 관련성이 있다고 할 것은 아니다. 그리고 피의자와 사이의 인적 관련성은 압수·수색영장에 기재된 대상자의 공동정범이나 교사범 등 공범이나 간접정범은 물론 필요적 공범 등에 대한 피고사건에 대해서도 인정될 수 있다.

판례연구 압수의 요건인 관련성이 충족되지 않는다고 본 사례

1. 대법원 2012.3.29, 2011도10508

저장매체에서 범죄혐의와 관련성에 대한 구분 없이 임의로 문서를 출력하거나 파일을 복사하는 집행은 위법하고 이러한 압수물을 토대로 자백을 받은 것은 독수과실로서 증거능력이 부정된다는 사례

수사기관 사무실 등으로 옮긴 저장매체에서 범죄혐의와 관련성에 대한 구분 없이 저장된 전자정보 중 임의로 문서출력 또는 파일복사를 하는 행위는 특별한 사정이 없는 한 영장주의 등 원칙에 반하는 위법한 집행이고, … 피고인이 수사기관에서 한 자백 역시 절차에 따르지 않은 증거에 기초하여 획득된 경우, 이들 증거는 적법절차의 실질적 내용을 침해하는 것으로 절차 위반행위와 2차적 증거수집 사이에 인과관계가 희석되거나 단절된다고 볼 수 없어 유죄의 증거로 삼을 수 없다.

2. 대법원 2014.1.16, 2013도7101 [국가9급 15, 경찰채용 15 3차]

甲의 공직선거법 위반 범행을 영장 범죄사실로 하여 발부받은 압수·수색영장의 집행 과정에서 乙, 丙 사이의 대화가 녹음된 녹음파일을 압수한 경우, 위법수집증거로서 증거능력이 없다는 사례

수사기관이 피의자 甲의 공직선거법 위반 범행을 영장 범죄사실로 하여 발부받은 압수·수색영장의 집행 과정에서 乙, 丙 사이의 대화가 녹음된 녹음파일(이하 '녹음파일'이라 한다)을 압수하여 乙, 丙의 공직선거법 위반 혐의사실을 발견한 경우, 압수·수색영장에 기재된 '피의자'인 甲이 녹음파일에 의하여 의심되는 혐의사실과 무관한 이상, 수사기관이 별도의 압수·수색영장을 발부받지 아니한 채 압수한 녹음파일은 형사소송법 제219조에 의하여 수사기관의 압수에 준용되는 형사소송법 제106조 제1항이 규정하는 '피고사건' 내지 같은 법 제215조 제1항이 규정하는 '해당 사건'과 '관계가 있다고 인정할 수 있는 것'에 해당하지 않으며, 이와 같은 압수에는 헌법 제12조 제1항 후문, 제3항 본문이 규정하는 영장주의를 위반한 절차적 위법이 있으므로, 녹음파일은 형사소송법 제308조의2에서 정한 '적법한 절차에 따르지 아니하고 수집한 증거'로서 증거로 쓸 수 없고, 그 절차적 위법은 헌법상 영장주의 내지 적법절차의 실질적 내용을 침해하는 중대한 위법에 해당하여 예외적으로 증거능력을 인정할 수도 없다.

3. 대법원 2019.10.17, 2019도6775

필로폰 투약 혐의사실 압수·수색영장 발부 후 1달이 지나 소변·모발을 압수한 사례

이 사건 압수영장에 기재된 메트암페타민(이하 '필로폰') 투약 혐의사실은 피고인이 2018. 5. 23. 시간불상경 부산 이하 불상지에서 필로폰 불상량을 불상의 방법으로 투약하였다는 것이다. 이 사건 공소사실 중 필로폰 투약의 점은 피고인이 2018. 6. 21.경부터 같은 달 25일경까지 사이에 부산 이하 불상지에서 필로폰 불상량을 불상의 방법으로 투약하였다는 것이다. 마약류 투약 범죄는 그 범행일자가 다를 경우 별개의 범죄로 보아야 하고, 이 사건 압수영장 기재 혐의사실과 이 부분 공소사실은 그 범행 장소, 투약방법, 투약량도 모두 구체적으로 특정되어 있지 않아 어떠한 객관적인 관련성이 있는지 알 수 없다. 이 사건 압수영장 기재 혐의사실과 이 부분 공소사실이 동종 범죄라는 사정만으로 객관적 관련성이 있다고 할 수 없다. … 이 사건 압수영장 기재 혐의사실의 내용과 수사의 대상, 수사 경위 등을 종합하여 보면, 이 부분 공소사실과 같은 필로폰 투약의 점은 경찰이 이 사건 압수영장을 발부받을 당시 전혀 예견할 수 없었던 혐의사실이었던 것으로 보이므로, 이 사건 압수영장 기재 혐의사실과 이 부분 공소사실 사이에 연관성이 있다고 보기 어렵다(위법수집증거).

4. 대법원 2021.7.29, 2020도14654 [변호사 24]

피의자의 동생이 피의자로 기재된 압수·수색영장 집행의 적법성

(아동·청소년 이용 음란물 제작, 배포, 소지 등으로 기소된 피의자의 동생이 피의자로 기재된 압수·수색영장으로 피의자 소유의 정보저장매체를 압수한 영장 집행이 적법한가의 문제) 헌법과 형사소송법이 구현하고자 하는 적법절차와 영장주의의 정신에 비추어 볼 때, 법관이 압수·수색영장을 발부하면서 '압수할 물건'을 특정하기 위하여 기재한 문언은 엄격하게 해석하여야 하고, 함부로 피압수자 등에게 불리한 내용으로 확장 또는 유추 해석하여서는 안 된다(대법원 2009.3.12, 2008도763 등). 따라서 피고인이 아닌 사람을 피의자로 하여 발부된 이 사건 영장을 집행하면서 피고인 소유의 이 사건 휴대전화 등을 압수한 것은 위법하다.

보충 경찰은 피해자가 연락을 주고받은 피고인의 페이스북 계정에 관한 압수·수색 결과를 바탕으로 범인이 피해자와 페이스북 메신저를 통해 대화한 계정의 접속 IP 가입자가 공소외 1(피고인의 모친)임을 확인하였다. 그리고 공소외 1의 주민등록표상 공소외 2(피고인의 부친)와 공소외 3(피고인의 남동생)이 함께 거주하고 있음을 확인하였다. 당시 피고인은 위 페이스북 접속지에서 거주하고 있었으나 주민등록상 거주지가 달라 공소외 1의 주민등록표에는 나타나지 않았다. 경찰은 공소외 3을 피의자로

특정한 뒤 압수·수색영장을 신청하였고, 지방법원판사는 경찰이 신청한 대로 이 사건 영장을 발부하였다. 이 사건 영장에는 범죄혐의 피의자로 피고인의 동생인 '공소외 3'이, 수색·검증할 장소, 신체, 물건으로 '가. 전라북도 전주시(주소 생략), 나. 피의자 공소외 3의 신체 및 피의자가 소지·소유·보관하는 물건'이, 압수할 물건으로 '피의자 공소외 3이 소유·소지 또는 보관·관리·사용하고 있는 스마트폰 등 디지털기기 및 저장매체'가 각각 특정되어 기재되어 있다. 경찰이 이 사건 영장을 집행하기 위하여 피고인의 주거지에 도착하였을 때 피고인은 출근을 하여 부재중이었고, 경찰은 공소외 1과 공소외 3으로부터 이 사건 피의사실을 저지른 사람은 공소외 3이 아닌 피고인이라는 취지의 말을 들었다. 이에 경찰은 공소외 1에게 이 사건 영장을 제시하고 이 사건 영장에 의하여 위 주거지를 수색하여 피고인 소유의 이 사건 휴대전화 등을 압수하였다. 경찰은 그 자리에서 위 각 압수물에 대한 압수조서를 작성하였는데, 그 '압수경위'란에 "페이스북 접속 IP 설치장소에 거주하는 공소외 3을 피의자로 특정하였으나 현장 방문한바, 형 피고인이 세대 분리된 상태로 같이 거주하고 있었고 모친 및 공소외 3 진술을 청취한 바 실제 피의자는 피고인으로 확인됨. 그러나 영장 집행 당시 출근하여 부재중이므로 모친 공소외 1 참여하에 이 사건 영장을 집행함."이라고 기재하였다. … 이 사건 영장의 문언상 압수·수색의 상대방은 공소외 3이고, 압수할 물건은 공소외 3이 소유·소지·보관·관리·사용하는 물건에 한정된다. 비록 경찰이 압수·수색 현장에서 다른 사람으로부터 이 사건 범행의 진범이 피고인이라는 이야기를 들었다고 하더라도 이 사건 영장에 기재된 문언에 반하여 피고인 소유의 물건을 압수할 수는 없다. 대물적 강제처분은 대인적 강제처분과 비교하여 범죄사실 소명의 정도 등에서 그 차이를 인정할 수 있다고 하더라도, 일단 피의자와 피압수자를 특정하여 영장이 발부된 이상 다른 사람을 피압수자로 선해하여 영장을 집행하는 것이 적법·유효하다고 볼 수는 없기 때문이다[대법원 2021.7.29, 2020도14654, 아동·청소년의성보호에관한법률위반(음란물제작·배포등)·아동복지법위반(아동에대한음행강요·매개·성희롱등)·아동·청소년의성보호에관한법률위반(음란물소지)·공갈·협박]. → (위 압수 이후 경찰은 피고인의 직장으로 찾아가 피고인으로부터 휴대폰을 임의제출 받으면서 아이디와 비밀번호를 받아 클라우드에서 범죄의 증거를 수집하였음) (다른 유죄의 증거가 있어) 징역 3년, 성폭력 치료프로그램 이수 40시간, 아동·청소년 관련기관 등 및 장애인복지시설에 5년간 취업제한 등.

5. 대법원 2021.11.25, 2016도82

경찰이 지하철 내에서 여성을 촬영한 혐의로 임의제출받은 휴대전화를 복원하여 주택에서 몰래 당시 교제 중이던 여성의 나체와 음부를 촬영한 동영상을 발견하고 이를 함께 기소한 사건

공중밀집장소인 지하철 내에서 여성을 촬영한 행위와 다세대 주택에서 몰래 당시 교제 중이던 여성의 나체와 음부를 촬영한 행위는 범행 시간과 장소뿐만 아니라 범행 동기와 경위, 범행 수단과 방법 등을 달리하므로, 간접증거와 정황증거를 포함하는 구체적·개별적 연관관계 있는 관련 증거의 법리에 의하더라도, 여성의 나체와 음부가 촬영된 사진은 임의제출에 따른 압수의 동기가 된 범죄혐의사실과 구체적·개별적 연관관계 있는 전자정보로 보기 어렵고, 위 사진 및 이 사건 휴대전화에서 삭제된 전자정보를 복원하여 이를 복제한 시디는 경찰이 피압수자인 피고인에게 참여의 기회를 부여하지 않은 상태에서 임의로 탐색·복제·출력한 전자정보로서, 피고인에게 압수한 전자정보 목록을 교부하거나 피고인이 그 과정에 참여하지 아니할 의사를 가지고 있는지 여부를 확인한 바가 없으므로, 수사기관이 영장 없이 이를 취득한 이상 증거능력이 없다.

6. 대법원 2022.1.14, 2021모1586 [경찰채용 22 2차, 변호사 24]

'특정 혐의사실과 관련성 있는 정보만을 압수·수색하고, 관련성 없는 정보는 삭제 등을 할 것' 등으로 압수수색의 대상과 방법을 제한한 압수수색영장 사건

① (법원이 압수·수색영장을 발부하면서 범죄 혐의사실과 관련 있는 전자정보의 탐색·복제·출력이 완료된 때 지체 없이 영장 기재 범죄 혐의사실과 관련이 없는 나머지 전자정보에 대해 삭제·폐기 또는 피압수자 등에게 반환할 것을 정하였음에도 수사기관이 이에 따르지 아니한 채 나머지 전자정보를 보유한 경우 그 압수는 적법하지 않다는 사례) 법원은 압수·수색영장의 집행에 관하여 범죄 혐의사실과 관련 있는 전자정보의 탐색·복제·출력이 완료된 때에는 지체 없이 영장 기재 범죄 혐의사실과 관련이 없는 나머지 전자정보에 대해 삭제·폐기 또는 피압수자 등에게 반환할 것을 정할 수 있다. 수사기관이 범죄 혐의사실과 관련 있는 정보를 선별하여 압수한 후에도 그와 관련이 없는 나머지 정보를 삭제·폐기·반환하지 아니한 채 그대로 보관하고 있다면 범죄 혐의사실과 관련이 없는 부분에 대하여는 압수의 대상이 되는 전자정보의 범위를 넘어서는 전자정보를 영장 없이 압수·수색하여 취득한 것이어서 위법하고, 사후에 법원으로부터 압수·수색영장이 발부되었다거나 피고인이나 변호인이 이를 증거로 함에 동의하였다고 하여 그 위법성이 치유된다고 볼 수 없다. ② (범죄 혐의사실과의 관련성에 대한 구분 없이 임의로 전체의 전자정보를 복제·출력하여 이를 하나의 압축파일로 보관하여 두고, 그와 같이 선별되지 않은 전자정보에 대해 구체적인 개별 파일 명세를 특정하여 상세목록을 작성하지 않고 그 압축파일 이름만을 기재하여 이를 상세목록이라고 하면서 피압수자에게 교부한 경우 그 압축파일 전체에 대한 압수는 적법하지 않다는 사례) 수사기관이 압수·수색영장에 기재된 범죄 혐의사실과의 관련성에 대한 구분 없이 임의로 전체의 전자정보를 복제·출력하여 이를 보관하여 두고, 그와 같이 선별되지 않은 전자정보에 대해 구체적인 개별 파일 명세를 특정하여 상세목록을 작성하지 않고 '….zip'과 같이 그 내용을 파악할 수 없도록 되어 있는 포괄적인 압축파일만을 기재한 후 이를 전자정보 상세목록이라고 하면서 피압수자 등에게 교부함으로써 범죄 혐의사실과 관련성 없는 정보에 대한 삭제·폐기·반환 등의 조치도 취하지 아니하였다면, 이는 결국 수사기관이 압수·수색영장에 기재된 범죄혐의 사실과 관련된 정보 외에 범죄혐의 사실과 관련이 없어 압수의 대상이 아닌 정보까지 영장 없이 취득하는 것일 뿐만 아니라, 범죄혐의와 관련 있는 압수 정보에 대한 상세목록 작성·교부 의무와 범죄혐의와 관련 없는 정보에 대한 삭제·폐기·반환 의무를 사실상 형해화하는 결과가 되는 것이어서 영장주의와 적법절차의 원칙을 중대하게 위반한 것으

로 봄이 상당하다(만약 수사기관이 혐의사실과 관련 있는 정보만을 선별하였으나 기술적인 문제로 정보 전체를 1개의 파일 등으로 복제하여 저장할 수밖에 없다고 하더라도 적어도 압수목록이나 전자정보 상세목록에 압수의 대상이 되는 전자정보 부분을 구체적으로 특정하고, 위와 같이 파일 전체를 보관할 수밖에 없는 사정을 부기하는 등의 방법을 취할 수 있을 것으로 보인다). 따라서 이와 같은 경우에는 영장 기재 범죄혐의 사실과의 관련성 유무와 상관없이 수사기관이 임의로 전자정보를 복제·출력하여 취득한 정보 전체에 대해 그 압수는 위법한 것으로 취소되어야 한다고 봄이 상당하고, 사후에 법원으로부터 그와 같이 수사기관이 취득하여 보관하고 있는 전자정보 자체에 대해 다시 압수·수색영장이 발부되었다고 하여 달리 볼 수 없다.[1)]

7. 대법원 2023.6.1, 2018도19782 [경찰채용 24 1차]

선행사건의 이미징 사본을 공범 수사를 위해 새로 탐색·출력한 사건

수사기관의 전자정보에 대한 압수·수색은 원칙적으로 영장 발부의 사유로 된 범죄 혐의사실과 관련된 부분만을 문서 출력물로 수집하거나 수사기관이 휴대한 저장매체에 해당 파일을 복제하는 방식으로 이루어져야 한다. 수사기관이 저장매체 자체를 직접 반출하거나 그 저장매체에 들어 있는 전자파일 전부를 하드카피나 이미징 등 형태(이하 '복제본')로 수사기관 사무실 등 외부에 반출하는 방식으로 압수·수색하는 것은 현장의 사정이나 전자정보의 대량성으로 인하여 관련 정보 획득에 긴 시간이 소요되거나 전문 인력에 의한 기술적 조치가 필요한 경우 등 범위를 정하여 출력 또는 복제하는 방법이 불가능하거나 압수의 목적을 달성하기에 현저히 곤란하다고 인정되는 때에 한하여 예외적으로 허용될 수 있을 뿐이다(대법원 2015.7.16, 2011모1839 전원합의체 등 참조). 수사기관은 복제본에 담긴 전자정보를 탐색하여 혐의사실과 관련된 정보(이하 '유관정보')를 선별하여 출력하거나 다른 저장매체에 저장하는 등으로 압수를 완료하면 혐의사실과 관련 없는 전자정보(이하 '무관정보')를 삭제·폐기하여야 한다. 수사기관이 새로운 범죄 혐의의 수사를 위하여 무관정보가 남아 있는 복제본을 열람하는 것은 압수·수색영장으로 압수되지 않은 전자정보를 영장 없이 수색하는 것과 다르지 않다. 따라서 복제본은 더 이상 수사기관의 탐색, 복제 또는 출력 대상이 될 수 없으며, 수사기관은 새로운 범죄 혐의의 수사를 위하여 필요한 경우에도 유관정보만을 출력하거나 복제한 기존 압수·수색의 결과물을 열람할 수 있을 뿐이다. 원심은 수사기관이 피고인에 대한 수사를 위하여 유죄 판결이 이미 확정된 A(누설 상대방)에 대한 수사 당시 전자정보 압수·수색 과정에서 생성한 이미징 사본을 탐색, 출력한 행위가 위법하며, 이를 바탕으로 수집한 전자정보 등 2차적 증거는 위법수집증거에 해당하여 유죄의 증거로 사용할 수 없고, 위법수집증거 배제법칙의 예외에 해당한다고 보기도 어렵다는 이유로 피고인에게 무죄를 선고하였는데, 이러한 원심의 판단은 정당하다.

정리1 선행 사건의 전자정보 압수·수색 과정에서 생성한 이미징 사본을 선행 사건의 판결확정 이후 그 공범에 대한 범죄혐의 수사를 위해 새로 탐색·출력한 것은 위법하다.

정리2 전자정보 압수·수색 과정에서 생성한 이미징 사본 등의 복제본에 혐의사실과 관련 없는 전자정보가 남아 있는 경우, 이를 새로운 범죄혐의의 수사를 위하여 탐색, 복제 또는 출력할 수 없다.

8. 대법원 2023.6.1, 2018도18866

군사기밀보호법 위반 혐의에 관한 압수수색영장으로 압수한 증거물을 그 군사기밀보호법 위반죄 공범의 별건 범죄사실에 관한 증거로 사용한 사건

수사기관은 영장 발부의 사유로 된 범죄혐의사실과 관계가 없는 증거를 압수할 수 없고, 별도의 영장을 발부받지 아니하고서는 압수물 또는 압수한 정보를 그 압수의 근거가 된 압수·수색영장 혐의사실과 관계가 없는 범죄의 유죄 증거로 사용할 수 없다. 따라서 현역 군인 피고인 甲이 방산업체 관계자의 부탁을 받고 군사기밀 사항을 메모지에 옮겨 적은 후 이를 전달하여 누설하였는데, 위 메모지가 누설 상대방의 다른 군사기밀 탐지·수집 혐의에 관하여 발부된 압수·수색영장으로 압수된 경우, 위 메모지의 증거능력은 인정되지 않는다.

판례연구 압수의 요건인 관련성이 충족된다고 본 사례

1. 대법원 2020.2.13, 2019도14341,2019전도130 [법원9급 22]

압수된 증거물을 영장 발부의 사유가 된 범죄 혐의사실 이외의 다른 범죄사실을 뒷받침하는 증거로 쓰기 위한 요건 중 '객관적 관련성'

1) [보충] 'A의 특정 혐의사실과 관련성 있는 정보만을 압수·수색하고, 관련성 없는 정보는 삭제 등을 할 것' 등으로 압수수색의 대상과 방법을 제한한 압수수색영장(1영장)에 기하여, 수사기관이 甲의 휴대전화를 압수·수색하면서 휴대전화에 저장된 정보를 하나의 압축파일로 수사기관의 저장매체에 보관하여 두고, 그 압축파일명을 그대로 기재한 상세목록을 작성하여 甲에게 교부하였는데, 이후 A의 특정 혐의사실과는 관련이 없는 甲의 별개 혐의사실에 대한 수사가 개시되자, 수사기관이 위 저장매체에 보관하여 둔 압축파일(甲의 휴대전화 전자정보)에 대해 다시 압수수색영장(2영장, 3영장)을 발부받아 이를 집행하자, 이에 대한 압수의 취소를 구하는 사안으로서, 대법원은 1영장에 기한 압수수색은 결국 혐의사실과 관련성 있는 부분만을 선별하려는 조치를 취하지도 않았고, 이후 관련 없는 부분에 대해 삭제 등의 조치를 취하지도 않았으며 유관·무관정보를 가리지 않은 채 1개의 파일로 압축하여 이를 보관하여 두고 그 파일 이름을 적은 서면을 상세목록이라고 하여 교부한 이상, 1영장에 기한 압수 전부가 위법하고, 이후 2영장, 3영장이 발부되었다고 하더라도 그 위법성이 치유되지 않는다고 보아, 이와 달리 판단한 원심결정을 파기환송한 사례이다.

이 충족되었는지가 문제된 사건

피고인이 2018.5.6.경 피해자 甲(여, 10세)에 대하여 저지른 간음유인미수 및 성폭력범죄의 처벌 등에 관한 특례법(이하 '성폭법') 위반(통신매체이용음란) 범행과 관련하여 수사기관이 피고인 소유의 휴대전화를 압수하였는데, 위 휴대전화에 대한 디지털정보 분석 결과 피고인이 2017.12.경부터 2018.4.경까지 사이에 저지른 피해자 乙(여, 12세), 丙(여, 10세), 丁(여, 9세)에 대한 간음유인 및 간음유인미수, 미성년자의제강간, 성폭력처벌법 위반(13세미만미성년자강간), 성폭력처벌법 위반(통신매체이용음란) 등 범행에 관한 추가 자료들이 획득되어 그 증거능력이 문제된 경우, 위 휴대전화는 피고인이 긴급체포되는 현장에서 적법하게 압수되었고, 형사소송법 제217조 제2항에 의해 발부된 법원의 사후 압수·수색·검증영장(이하 '압수·수색영장')에 기하여 압수 상태가 계속 유지되었으며, 압수·수색영장에는 범죄사실란에 甲에 대한 간음유인미수 및 통신매체이용음란의 점만이 명시되었으나, 법원은 계속 압수·수색·검증이 필요한 사유로서 영장 범죄사실에 관한 혐의의 상당성 외에도 추가 여죄수사의 필요성을 포함시킨 점, 압수·수색영장에 기재된 혐의사실은 미성년자인 甲에 대하여 간음행위를 하기 위한 중간 과정 내지 그 수단으로 평가되는 행위에 관한 것이고 나아가 피고인은 형법 제305조의2 등에 따라 상습범으로 처벌될 가능성이 완전히 배제되지 아니한 상태였으므로, 추가 자료들로 밝혀지게 된 乙, 丙, 丁에 대한 범행은 압수·수색영장에 기재된 혐의사실과 '기본적 사실관계가 동일한 범행에 직접 관련되어 있는 경우'라고 볼 수 있으며, 실제로 2017.12.경부터 2018.4.경까지 사이에 저질러진 추가 범행들은, 압수·수색영장에 기재된 혐의사실의 일시인 2018.5.7.과 시간적으로 근접할 뿐만 아니라, 피고인이 자신의 성적 욕망을 해소하기 위하여 미성년자인 피해자들을 대상으로 저지른 일련의 성범죄로서 범행 동기, 범행 대상, 범행의 수단과 방법이 공통되는 점, 추가 자료들은 압수·수색영장의 범죄사실 중 간음유인죄의 '간음할 목적'이나 성폭력처벌법 위반(통신매체이용음란)죄의 '자기 또는 다른 사람의 성적 욕망을 유발하거나 만족시킬 목적'을 뒷받침하는 간접증거로 사용될 수 있었고, 피고인이 영장 범죄사실과 같은 범행을 저지른 수법 및 준비과정, 계획 등에 관한 정황증거에 해당할 뿐 아니라, 영장 범죄사실 자체에 대한 피고인 진술의 신빙성을 판단할 수 있는 자료로도 사용될 수 있었던 점 등을 종합하면, 추가 자료들로 인하여 밝혀진 피고인의 乙, 丙, 丁에 대한 범행은 압수·수색영장의 범죄사실과 단순히 동종 또는 유사 범행인 것을 넘어서서 이와 구체적·개별적 연관관계가 있는 경우로서 객관적·인적 관련성을 모두 갖추었다는 이유로, 같은 취지에서 추가 자료들은 위법하게 수집된 증거에 해당하지 않으므로 압수·수색영장의 범죄사실뿐 아니라 추가 범행들에 관한 증거로 사용할 수 있다고 본 원심판단은 정당하다.

2. 대법원 2021.7.29, 2021도3756

필로폰 교부 혐의사실 압수·수색영장에 따라 압수한 소변·모발이 필로폰 투약죄의 증거가 된 사례

필로폰 교부의 혐의사실로 발부된 압수·수색영장에 따라 피의자의 소변, 모발을 압수하였고 그에 대한 감정 결과 필로폰 투약 사실이 밝혀져 필로폰 투약에 대한 공소가 제기된 경우, ① 법원이 압수할 물건으로 피고인의 소변뿐만 아니라 모발을 함께 기재하여 압수영장을 발부한 것은 영장 집행일 무렵의 필로폰 투약 범행뿐만 아니라 그 이전의 투약 여부까지 확인하기 위한 것으로 볼 수 있고, 피고인이 혐의사실인 필로폰 교부 일시 무렵 내지 그 이후 반복적으로 필로폰을 투약한 사실이 증명되면 필로폰 교부 당시에도 필로폰을 소지하고 있었거나 적어도 필로폰을 구할 수 있었다는 사실의 증명에 도움이 된다고 볼 수 있으므로, 압수한 피고인의 소변 및 모발은 압수영장의 혐의사실 증명을 위한 간접증거 내지 정황증거로 사용될 수 있는 경우에 해당하고, ② 법원이 영장의 '압수·수색·검증을 필요로 하는 사유'로 "필로폰 사범의 특성상 피고인이 이전 소지하고 있던 필로폰을 투약하였을 가능성 또한 배제할 수 없어 필로폰 투약 여부를 확인 가능한 소변과 모발을 확보하고자 한다."라고 기재하고 있는 점 등에 비추어 볼 때 이 부분 공소사실이 이 사건 압수영장 발부 이후의 범행이라고 하더라도 영장 발부 당시 전혀 예상할 수 없었던 범행이라고 볼 수도 없으므로, 압수·수색영장에 의하여 압수한 피고인의 소변 및 모발과 그에 대한 감정 결과 등은 위 압수·수색영장의 혐의사실과 객관적·인적 관련성을 모두 갖추어 투약의 공소사실의 증거로 사용할 수 있다.

3. 대법원 2021.8.26, 2021도2205

필로폰 투약 혐의사실 압수·수색영장에 따라 압수한 소변·모발이 혐의사실과 수개월의 기간이 경과한 후의 다른 필로폰 투약 사실에 대한 증거가 된 사례

필로폰 투약의 혐의사실로 발부된 압수·수색영장에 따라 피고인의 소변, 모발을 압수하였고, 그에 대한 감정 결과 혐의사실과 다른 필로폰 투약 사실이 밝혀져 압수물에 의하여 밝혀진 필로폰 투약 사실로 공소가 제기된 경우, 법원이 압수·수색영장을 발부하면서 '압수·수색을 필요로 하는 사유'로 "필로폰 사범의 특성상 피고인이 이전 소지하고 있던 필로폰을 투약하였을 가능성 또한 배제할 수 없어 피고인의 필로폰 투약 여부를 확인 가능한 소변과 모발을 확보하고자 한다."라고 기재하고, '압수할 물건'으로 피고인의 소변뿐만 아니라 모발을 함께 기재한 것은 영장 집행일 무렵의 필로폰 투약 범행뿐만 아니라 그 이전의 투약 여부까지 확인하기 위한 것으로 볼 수 있는 점 등을 고려하면, (비록 소변에서 각 압수·수색영장 기재 필로폰 투약과 관련된 필로폰이 검출될 수 있는 기간이 경과된 이후에 영장이 집행되어 압수된 소변으로 혐의사실을 직접 증명할 수는 없다고 하더라도) 유효기간 내에 집행된 위 압수·수색영장에 의하여 압수한 피고인의 소변 및 모발과 그에 대한 감정 결과 등은 압수·수색영장 기재 혐의사실의 정황증거 내지 간접증거로 사용될 수 있는 경우에 해당하여 객관적 관련성이 인정된다(원심이 원용하고 있는 대법원 2019.10.17, 2019도6775 판결은 압수·수색영장의 '압수·수색을 필요로 하는 사유'의 기재 내용, 압수·수색영장의 집행 결과 등 수사의 경위에서 이 사건과 사실관계를 달리하므로 이 사건에 그대로 적용하기에는 적절하지 않다).

4. 대법원 2021.11.25, 2021도10034

스마트폰을 이용한 불법촬영범죄의 경우 스마트폰 안에 저장되어 있는 같은 유형의 전자정보에 대한 압수의 요건인 관련성의 판단

전자정보 또는 전자정보저장매체에 대한 압수수색에서 혐의사실과 관련된 전자정보인지 여부를 판단할 때는 혐의사실의 내용과 성격, 압수수색의 과정 등을 토대로 구체적·개별적 연관관계를 살펴볼 필요가 있다. 특히 카메라의 기능과 전자정보저장매체의 기능을 함께 갖춘 휴대전화인 스마트폰을 이용한 불법촬영 등 범죄와 같이 범죄의 속성상 해당 범행의 상습성이 의심되거나 성적 기호 내지 경향성의 발현에 따른 일련의 범행의 일환으로 이루어진 것으로 의심되고, 범행의 직접 증거가 스마트폰 안에 이미지 파일이나 동영상 파일의 형태로 남아 있을 개연성이 있는 경우에는 그 안에 저장되어 있는 같은 유형의 전자정보에서 그와 관련한 유력한 간접증거나 정황증거가 발견될 가능성이 높다는 점에서 이러한 간접증거나 정황증거는 혐의사실과 구체적·개별적 연관관계를 인정할 수 있다. 이처럼 범죄의 대상이 된 피해자의 인격권을 현저히 침해하는 성격의 전자정보를 담고 있는 촬영물은 범죄행위로 인해 생성된 것으로서 몰수의 대상이기도 하므로, 휴대전화에서 해당 전자정보를 신속히 압수수색하여 촬영물의 유통가능성을 적시에 차단함으로써 피해자를 보호할 필요성이 크다. 나아가 이와 같은 경우에는 간접증거나 정황증거이면서 몰수의 대상이자 압수수색의 대상인 전자정보의 유형이 이미지 파일 내지 동영상 파일 등으로 비교적 명확하게 특정되어 그와 무관한 사적 전자정보 전반의 압수수색으로 이어질 가능성이 적어 상대적으로 폭넓게 관련성을 인정할 여지가 많다는 점에서도 그렇다(대법원 2021.11.18, 2016도348 전원합의체). … 수사기관은 남자 아동·청소년인 피해자 A에 대한 강제추행과 카메라 이용 촬영을 범죄사실로 하여 피고인의 휴대전화 등에 대한 압수수색영장을 발부받았고, 그 집행과정에서 피해자 A에 대한 범죄사실 외에도 다른 피해자들에 대한 범죄사실과 관련한 전자정보를 압수하여, 피고인은 피해자 A에 대한 음란물 제작과 성적 학대행위를 포함하여 다른 피해자들에 대한 여러 범죄사실로 공소제기되었는데, 위 압수수색영장은 피해자 A에 대한 범죄사실과 관련한 직접증거뿐 아니라 그 증명에 도움이 되는 간접증거 또는 정황증거를 확보하기 위한 것이라고 볼 수 있고, 그 압수수색영장에 따라 압수된 전자정보 및 그 분석결과 등은 혐의사실의 간접증거 또는 정황증거로 사용될 수 있는 경우에 해당하여 압수수색영장 기재 혐의사실과의 객관적 관련성이 인정된다.

3. 압수·수색의 필요성

압수·수색은 **증거수집과 범죄수사를 위하여 필요한 때**에만 할 수 있다(제106조, 제109조, 제219조, 제215조 제1항·제2항). [경찰승진 11] 여기서 필요성이란 단지 수사를 위해 필요할 뿐만 아니라 강제처분으로서 압수를 행하지 않으면 수사의 목적을 달성할 수 없어야 함을 말한다(대법원 2004.3.23, 2003모126).

4. 비례성

압수·수색의 요건으로서는 그 필요성이 인정되더라도 비례성이 추가로 요구되는바, 임의수사로도 같은 목적을 달성할 수 있는 경우에는 허용되지 않고(보충성의 원칙), 증거물이나 몰수물의 수집·보전에 필요한 범위에 그쳐야 하며(최소침해원칙), 수사상 필요의 정도와 피압수자가 입게 될 불이익의 정도가 균형을 이루어야 한다(법익균형의 원칙). 따라서 압수의 필요성이 인정되는 경우에도 압수가 무제한적으로 허용되는 것은 아니므로, **범죄의 형태와 경중, 대상물의 증거가치 및 중요성 및 멸실의 우려, 처분을 받는 자의 불이익 정도 등 제반사정을 종합적으로 고려하여 판단**하여야 한다(대법원 2004.3.23, 2003모126). [경찰채용 15 3차]

판례연구 압수의 요건인 필요성과 비례성

대법원 2004.3.23, 2003모126 [경찰채용 08 1차]

압수의 요건인 비례성이 충족되지 않는다고 본 사례

압수·수색은 증거수집과 범죄수사를 위하여 필요한 때에만 할 수 있다(제106조, 제109조, 제219조, 제215조 제1항·제2항). 여기서 필요성이란 단지 수사를 위해 필요할 뿐만 아니라 강제처분으로서 압수를 행하지 않으면 수사의 목적을 달성할 수 없어야 함을 말한다. 압수의 필요성이 인정되는 경우에도 압수가 무제한적으로 허용되는 것은 아니므로, 범죄의 형태와 경중, 대상물의 증거가치 및 중요성 및 멸실의 우려, 처분을 받는 자의 불이익 정도 등 제반사정을 종합적으로 고려하여 판단하여야 한다. 검사가 이 사건 준항고인들의 폐수무단방류 혐의가 인정된다는 이유로 준항고인들의 공장부지, 건물, 기계류 일체 및 폐수운반차량 7대에 대하여 한 압수처분은 수사상의 필요와 그로 인한 개인의 재산권 침해의 정도를 비교형량해 보면 비례성의 원칙에 위배되어 위법하다.

정리 압-관/필/비

Ⅳ 절 차

> **[수사기관의 압수 · 수색절차]**
> ① 영장신청 → ② 영장청구 → ③ 영장발부(cf. 법원 : 공판정 ×) → ④ 영장집행 : 검사지휘 – 사경집행, 영장제시(必 사전제시 ∴ 긴급집행 ×), 참여 → ⑤ 조서작성 & 목록작성 교부

1. 압수 · 수색영장의 발부

(1) 법원의 압수 · 수색

① 공판정에서의 압수 · 수색 : **영장을 요하지 않는다.** [법원행시 02/03/04, 경찰간부 12, 경찰채용 13 2차] 이는 피고인구속시 영장을 요하는 것과의 차이점이다.

② 공판정 외에서의 압수 · 수색 : **영장을 발부하여야 한다**(제113조). [경찰채용 12 1차/13 2차] 이 경우 **검사의 청구 없이 직권으로 발부**한다. [경찰채용 13 1차]

정리 법원의 검증시에는 공판정 내 · 외를 불문하고 영장을 요하지 않는다.

(2) 수사기관의 압수 · 수색

① 압수 · 수색영장의 청구

(가) 검사의 영장청구 : 검사는 범죄수사에 필요한 때에는 지방법원판사에게 청구하여 발부받은 영장에 의하여 압수 · 수색 · 검증을 할 수 있다(제215조 제1항). 영장청구는 서면(영장청구서)으로 한다(규칙 제107조 제1항).[1]

(나) 사법경찰관의 영장신청 : 사법경찰관이 범죄수사에 필요한 때에는 검사에게 신청하여 검사의 청구로 지방법원판사가 발부한 영장에 의하여 압수 · 수색 · 검증을 할 수 있다(제215조 제2항).

② 압수 · 수색영장의 발부

(가) 영장의 방식 : 압수 · 수색영장에는 피의자의 성명, 죄명, 압수할 물건, 수색할 장소 · 신체 · 물건, 영장 발부 연월일, 영장의 유효기간과 그 기간이 지나면 집행에 착수할 수 없으며 영장을 반환하여야 한다는 취지 그 밖에 대법원규칙으로 정하는 사항(압수 · 수색 · 검증사유)을 기재하고 관할지방법원판사가 서명날인하여야 한다. 다만, 압수 · 수색할 물건이 전기통신에 관한 것인 경우에는 작성기간을 기재하여야 한다(2020.12.8. 우리말 순화 개정법 제114조 제1항, 제219조). 피의자의 성명이 불분명할 때에는 인상 · 체격 등 피의자를 특정할 수 있는 사항으로 표시할 수 있다(제114조 제2항, 제75조 제2항, 제219조).

(나) 일반영장의 금지 : 영장에는 압수할 물건, 수색할 장소 · 신체 · 물건이 기재되어야 한다(제114조 제1항, 제219조, 규칙 제58조). 즉, 압수 · 수색 · 검증할 대상이 **명시적이고 개별적으로 표시**되어야 한다. 따라서 압수할 물건을 **피의사건과 관계가 있는 모든 물건**이라고 기재한 영장은 일반영장으로 영장주의에 반한다. [경찰채용 05 1 · 2차, 법원9급 14]

> **판례연구** 압수 · 수색절차에 있어서 영장 기재 문언은 엄격하게 해석해야 한다는 사례
>
> **대법원 2009.3.12, 2008도763 : 제주도지사실 압수 · 수색 사건** [법원9급 12, 경찰채용 11 1차/16 1차]
>
> 압수장소에 '보관 중인 물건' ≠ '현존하는 물건'
>
> 헌법과 형사소송법이 구현하고자 하는 적법절차와 영장주의의 정신에 비추어 볼 때, 법관이 압수 · 수색영장을 발부하면서 '압수할 물건'을 특정하기 위하여 기재한 문언은 엄격하게 해석하여야 하고, 함부로 피압수자 등에게 불리한 내용으로 확장 또는 유추해석하여서는 안 된다. 따라서 압수 · 수색영장에서 압수할 물건을 '압수장소에 보관 중인 물건(압수 · 수색 집행 이전부터 당해 장소에 계속적으로 있어 온 것 – 필자 주)'이라고 기재하고 있는 것을 '압수장소에 현존하는 물건'으로 해석할 수는 없다.

---

1) [참고] 규칙 제108조(자료의 제출) ① 법 제215조의 규정에 의한 청구를 할 때에는 피의자에게 범죄의 혐의가 있다고 인정되는 자료와 압수, 수색 또는 검증의 필요 및 해당 사건과의 관련성을 인정할 수 있는 자료를 제출하여야 한다. ② 피의자 아닌 자의 신체, 물건, 주거 기타 장소의 수색을 위한 영장의 청구를 할 때에는 압수하여야 할 물건이 있다고 인정될 만한 자료를 제출하여야 한다.

(다) **별건압수·별건수색의 금지** : 같은 장소에 대한 압수·수색이라 하여도 별건으로 발부받은 압수·수색영장을 가지고 영장에 기재되어 있지 않은 본건에 대하여 압수·수색하는 것은 영장주의 위반이다. 다만, 이 경우 압수 해제 후 다시 압수하는 것은 압수의 요건을 갖추고 있는 한 가능하다(대법원 1997.1.9, 96모34).

판례연구 압수해제 후 필요시 별도 영장에 의한 재압수는 가능하다는 사례

대법원 1997.1.9, 96모34

압수물에 대한 몰수의 선고가 없어 압수가 해제된 것으로 간주된 상태에서 공범자에 대한 범죄수사를 위하여 그 압수해제된 물품을 재압수할 수 있다는 사례

형사소송법 제215조, 제219조, 제106조 제1항의 규정을 종합하여 보면, 검사는 범죄수사에 필요한 때에는 증거물 또는 몰수할 것으로 사료하는 물건을 법원으로부터 영장을 발부받아서 압수할 수 있는 것이고, 합리적인 의심의 여지가 없을 정도로 범죄사실이 인정되는 경우에만 압수할 수 있는 것은 아니라 할 것이며, 한편 범인으로부터 압수한 물품에 대하여 몰수의 선고가 없어 그 압수가 해제된 것으로 간주된다고 하더라도 공범자에 대한 범죄수사를 위하여 여전히 그 물품의 압수가 필요하다거나 공범자에 대한 재판에서 그 물품이 몰수될 가능성이 있다면 검사는 그 압수해제된 물품을 다시 압수할 수도 있다.

(라) **집행 종료 후 동일영장에 의한 재집행 금지** : 수사기관이 압수·수색영장을 제시하고 집행에 착수하여 압수·수색을 실시하고 그 **집행을 종료한 후라면**, 그 압수·수색영장의 유효기간 내에 동일한 장소 또는 목적물에 대하여 다시 압수·수색할 필요가 있다 하더라도, **종전의 압수·수색영장을 제시하고 다시 압수·수색할 수는 없다**(대법원 1999.12.1, 99모161). [법원9급 13, 교정9급특채 06/10, 경찰간부 12/13, 경찰승진 11/13, 경찰채용 05 2차/08 3차/11 2차/12 1·2차/13 1·2차]

판례연구 압수·수색절차상 영장집행은 신중을 기해야 한다는 사례

1. **대법원 1999.12.1, 99모161** [경찰채용 24 1차, 국가7급 17]

   압수·수색영장 집행종료 후 동일영장에 의한 재집행은 금지된다는 사례

   형사소송법 제215조에 의한 압수·수색영장은 수사기관의 압수·수색에 대한 허가장으로서 거기에 기재되는 유효기간(영장이 효력을 가지고 있는 기간-필자 주)은 집행에 착수할 수 있는 종기를 의미하는 것일 뿐이므로, 수사기관이 압수·수색영장을 제시하고 집행에 착수하여 압수·수색을 실시하고 그 집행을 종료하였다면 이미 그 영장은 목적을 달성하여 효력이 상실되는 것이고, 동일한 장소 또는 목적물에 대하여 다시 압수·수색할 필요가 있는 경우라면 그 필요성을 소명하여 법원으로부터 새로운 압수·수색영장을 발부받아야 하는 것이지 [법원9급 13], 앞서 발부받은 압수·수색영장의 유효기간이 남아 있다고 하여 이를 제시하고 다시 압수·수색을 할 수는 없다.

2. **대법원 2023.3.16, 2020도5336**

   동일 압수·수색영장 재집행 금지 원칙의 또 다른 적용례

   형사소송법 제215조에 의한 압수·수색영장은 수사기관의 압수·수색에 대한 허가장으로서 거기에 기재되는 유효기간은 집행에 착수할 수 있는 종기를 의미하는 것일 뿐이므로, 수사기관이 압수·수색영장을 제시하고 집행에 착수하여 압수·수색을 실시하고 그 집행을 종료하였다면 이미 그 영장은 목적을 달성하여 효력이 상실되는 것이고, 동일한 장소 또는 목적물에 대하여 다시 압수·수색할 필요가 있는 경우라면 그 필요성을 소명하여 법원으로부터 새로운 압수·수색영장을 발부받아야 하는 것이지, 앞서 발부받은 압수·수색영장의 유효기간이 남아 있다고 하여 이를 제시하고 다시 압수·수색을 할 수는 없다(대법원 1999.12.1, 99모161 참조). 사법경찰관 P는 ① 2019.3.5. 피의자가 甲으로, 혐의사실이 대마 광고 및 대마 매매로, 압수할 물건이 '피의자가 소지, 소유, 보관하고 있는 휴대전화에 저장된 마약류 취급 관련자료 등'으로, 유효기간이 '2019.3.31.'로 된 압수·수색·검증영장(이하 '이 사건 영장')을 발부받아, 2019.3.7. 그에 기해 甲으로부터 휴대전화 3대 등을 압수하였다. 이후 ② P는 2019.4.8. 甲의 휴대전화 메신저에서 대마 구입 희망의사를 밝히는 피고인 A의 메시지(이하 '이 사건 메시지')를 확인한 후, 甲 행세를 하면서 위 메신저로 메시지를 주고받는 방법으로 위장수사를 진행하여, 2019.4.10. A를 현행범으로 체포하고 그 휴대전화를 비롯한 소지품 등을 영장 없이 압수한 다음 2019.4.12. 사후 압수·수색·검증영장을 발부받았다. 피고인이 이 사건 메시지를 보낸 시점까지 경찰이 이 사건 영장 집행을 계속하고 있었다고 볼 만한 자료가 없으므로 경찰의 이 사건 메시지 등의 정보 취득은 영장 집행 종료 후의 위법한 재집행이고, 그 외에 경찰이 甲의 휴대전화 메신저 계정을 이용할 정당한 접근권한도 없으므로, 이 사건 메시지 등을 기초로 피고인을 현행범으로 체포하면서 수집한 증거는 위법수집증거로서 증거능력이 없다(「마약류 불법거래 방지에 관한 특례법」 위반 부분에 대해 무죄).

(마) 불복 : 영장 발부 또는 기각결정은 수임판사의 결정이므로 이에 대해서는 **불복할 수 없다.** [경찰채용 08 1차]

2. 압수 · 수색영장의 집행

(1) 집행기관

① 검사지휘 · 사경집행 · 예외 : 압수 · 수색영장은 **검사의 지휘에 의하여 사법경찰관리가 집행**한다. 단, (법원의 압수 · 수색 시) 필요한 경우에는 재판장은 **법원사무관 등**에게 그 집행을 명할 수 있다(제115조 제1항). 법원사무관 등은 압수 · 수색영장의 집행에 관하여 필요한 때에는 사법경찰관리에게 보조를 구할 수 있다(제117조).[1]

② 관외집행 · 촉탁집행 : 검사의 집행지휘나 사법경찰관리의 집행은 **관할구역 외에서도 할 수 있고,** 관할구역의 검사나 사법경찰관리에게 촉탁할 수도 있다(제115조 제2항, 제83조). [경찰승진 13]

(2) 집행방법

① 영장제시 및 사본교부의 원칙과 그 예외

(가) 영장제시 · 사본교부의 원칙 : 압수 · 수색영장은 **처분을 받는 자**에게 **반드시 제시하여야 하고, 처분을 받는 자가 피고인(피의자)인 경우에는 그 사본을 교부**하여야 한다(2022.2.3. 개정 제118조 본문, 제219조). [법원행시 04, 경찰채용 10 1차] 영장의 제시란 **영장의 구체적 내용을 피압수자가 확인**할 수 있도록 해주는 것을 말한다.[2] **반드시 사전제시(정본제시 · 개별제시)**일 것을 요하고 구속과 달리 사후제시의 방법에 의한 **긴급집행**(제85조 제3항 · 제4항, 제219조)**은 인정되지 않는다.** [법원9급 12/13, 국가9급 12/13, 교정9급특채 12, 경찰간부 13, 경찰승진 10/11/14, 경찰채용 10 2차/11 1 · 2차/13 1 · 2차/14 1차]

(나) 영장제시 · 사본교부의 예외 : 피처분자에 대한 압수 · 수색영장제시원칙에도 불구하고, 판례는 피처분자가 현장에 없거나 현장에서 그를 발견할 수 없는 경우 등 **영장제시가 현실적으로 불가능한 경우에는 영장을 제시하지 아니한 채 압수 · 수색을 할 수 있음**을 판시하였다(대법원 2015.1.22, 2014도10978 전원합의체). 이에 2022.2.3. 개정법에서는 "처분을 받는 자가 현장에 없는 등 **영장의 제시나 그 사본의 교부가 현실적으로 불가능한 경우** 또는 처분을 받는 자가 **영장의 제시나 사본의 교부를 거부한 때**에는 예외(영장제시 · 사본교부를 생략할 수 있음)로 한다."는 점을 명시하고 있다(2022.2.3. 개정 제118조 단서, 제219조).

판례연구 압수 · 수색절차의 영장집행 시 영장의 제시 관련사례

1. 대법원 2009.3.12, 2008도763 [법원9급 12/13, 국가7급 11/12, 국가9급 12/14/17, 경찰채용 11 1차/13 2차/15 2차 · 3차/16 1차/22 1차, 변호사 21]

압수 · 수색영장의 제시방법(= 개별적 제시)

압수 · 수색영장은 처분을 받는 자에게 반드시 제시하여야 하는바(제219조, 제118조), 현장에서 압수 · 수색을 당하는 사람이 여러 명일 경우에는 그 사람들 모두에게 개별적으로 영장을 제시해야 하는 것이 원칙이고, 수사기관이 압수 · 수색에 착수하면서 그 장소의 관리책임자에게 영장을 제시하였다고 하더라도, 물건을 소지하고 있는 다른 사람으로부터 이를 압수하고자 하는 때에는 그 사람에게 따로 영장을 제시하여야 한다.

2. 대법원 2015.1.22, 2014도10978 전원합의체 : 내란음모사건 [국가9급 17, 경찰채용 15 2차]

영장제시 현실적 불가능 시에는 영장제시 없이 압수 · 수색을 하는 것은 위법하지 않다는 사례

형사소송법 제219조가 준용하는 제118조는 "압수 · 수색영장은 처분을 받는 자에게 반드시 제시하여야 한다."라고 규정하고 있으나, 이는 영장제시가 현실적으로 가능한 상황을 전제로 한 규정으로 보아야 하고, 피처분자가 현장에 없거나 현장에서 그를 발견할 수 없는 경우 등 영장제시가 현실적으로 불가능한 경우에는 영장을 제시하지 아니한 채 압수 · 수색을 하더라도 위법하

---

1) [참고] 필수적 집행참여 : 법원이 압수 · 수색을 할 때에는 법원사무관 등을 참여하게 하여야 한다. 법원사무관등 또는 사법경찰관리가 압수 · 수색영장에 의하여 압수 · 수색을 할 때에는 다른 법원사무관 등 또는 사법경찰관리를 참여하게 하여야 한다(규칙 제60조). 검사가 압수, 수색, 검증을 함에는 검찰청수사관 또는 서기관이나 서기를 참여하게 하여야 하고 사법경찰관은 사법경찰관리를 참여하게 하여야 한다(동 제110조).

2) [참고] 수사준칙 제38조(압수 · 수색 또는 검증영장의 제시) ① 검사 또는 사법경찰관은 법 제219조에서 준용하는 법 제118조에 따라 영장을 제시할 때에는 피압수자에게 법관이 발부한 영장에 따른 압수 · 수색 또는 검증이라는 사실과 영장에 기재된 범죄사실 및 수색 또는 검증할 장소 · 신체 · 물건, 압수할 물건 등을 명확히 알리고, 피압수자가 해당 영장을 열람할 수 있도록 해야 한다.
② 압수 · 수색 또는 검증의 처분을 받는 자가 여럿인 경우에는 모두에게 개별적으로 영장을 제시해야 한다.

다고 볼 수 없다.

보충 압수·수색영장은 처분을 받는 자에게 반드시 제시하여야 하고, 처분을 받는 자가 피고인(피의자)인 경우에는 그 사본을 교부하여야 한다(2022.2.3. 개정 제118조 본문, 제219조). [경찰채용 10 1차, 법원행시 04] 영장의 제시란 영장의 구체적 내용을 피압수자가 확인할 수 있도록 해주는 것을 말한다. 반드시 사전제시(정본제시·개별제시)일 것을 요하고 구속과 달리 사후제시의 방법에 의한 긴급집행(제85조 제3항·제4항, 제219조)은 인정되지 않는다. [경찰채용 10 2차/11 1·2차/13 2차/14 1차, 경찰간부 13, 경찰승진 10/11/14, 국가9급 12/13, 교정9급특채 12, 법원9급 12/13] 다만, 위 판례에서 나타난 것처럼 영장제시가 현실적으로 불가능한 경우에는 영장을 제시하지 아니한 채 압수·수색을 할 수 있다(대법원 2015.1.22, 2014도10978 전원합의체). 이에 2022.2.3. 개정법에서는 "처분을 받는 자가 현장에 없는 등 영장의 제시나 그 사본의 교부가 현실적으로 불가능한 경우 또는 처분을 받는 자가 영장의 제시나 사본의 교부를 거부한 때에는 예외(영장제시·사본교부를 생략할 수 있음)로 한다."는 점을 명시하고 있다(2022.2.3. 개정 제118조 단서, 제219조).

3. 대법원 2017.9.7, 2015도10648 [경찰채용 22 1차/23 1차]

영장 원본의 제시 없는 압수는 위법하다는 사례

수사기관이 甲 주식회사에서 압수수색영장을 집행하면서 甲 회사에 팩스로 영장 사본을 송신하기만 하고 영장 원본을 제시하거나 압수조서와 압수물 목록을 작성하여 피압수·수색 당사자에게 교부하지도 않은 채 피고인의 이메일을 압수한 후 이를 증거로 제출한 경우, 위와 같은 방법으로 압수된 이메일은 증거능력이 없다.

4. 대법원 2020.4.16, 2019모3526

압수·수색영장의 제시는 구체적 확인을 요한다는 사례

수사기관이 재항고인의 휴대전화 등을 압수할 당시 재항고인에게 압수·수색영장을 제시하였는데 재항고인이 영장의 구체적인 확인을 요구하였으나 수사기관이 영장의 범죄사실 기재 부분을 보여주지 않았고, 그 후 재항고인의 변호인이 재항고인에 대한 조사에 참여하면서 영장을 확인한 경우, 이는 형사소송법 제219조, 제118조에 따른 적법한 압수·수색영장의 제시라고 인정하기 어렵다.

5. 대법원 2022.1.27, 2021도11170

금융계좌추적용 압수·수색영장의 집행에 있어서 모사전송 내지 전자적 송수신 방식으로 금융거래정보 제공요구 및 자료 회신이 이루어진 후 그 중 범죄혐의사실과 관련된 금융거래로 선별된 자료에 대하여 영장 원본 제시 등의 압수절차가 집행된 경우 영장의 적법한 집행 방법으로 인정하기 위한 요건

① 원칙 : 수사기관의 압수·수색은 법관이 발부한 압수·수색영장에 의하여야 하는 것이 원칙이고, 영장의 원본은 처분을 받는 자에게 반드시 제시되어야 하므로(대법원 2017.9.7, 2015도10648; 2019.3.14, 2018도2841 등), 금융계좌추적용 압수·수색영장의 집행에 있어서도 수사기관이 금융기관으로부터 금융거래자료를 수신하기에 앞서 금융기관에 영장 원본을 사전에 제시하지 않았다면 원칙적으로 적법한 집행 방법이라고 볼 수는 없다(원칙적 위법). ② 예외 : 다만, 수사기관이 금융기관에 「금융실명거래 및 비밀보장에 관한 법률」(이하 '금융실명법'이라 한다) 제4조 제2항에 따라서 금융거래정보에 대하여 영장 사본을 첨부하여 그 제공을 요구한 결과 금융기관으로부터 회신받은 금융거래자료가 해당 영장의 집행 대상과 범위에 포함되어 있고, 이러한 모사전송 내지 전자적 송수신 방식의 금융거래정보 제공요구 및 자료 회신의 전 과정이 해당 금융기관의 자발적 협조의사에 따른 것이며, 그 자료 중 범죄혐의사실과 관련된 금융거래를 선별하는 절차를 거친 후 최종적으로 영장 원본을 제시하고 위와 같이 선별된 금융거래자료에 대한 압수절차가 집행된 경우로서, 그 과정이 금융실명법에서 정한 방식에 따라 이루어지고 달리 적법절차와 영장주의 원칙을 잠탈하기 위한 의도에서 이루어진 것이라고 볼 만한 사정이 없어, 이러한 일련의 과정을 전체적으로 '하나의 영장에 기하여 적시에 원본을 제시하고 이를 토대로 압수·수색하는 것'으로 평가할 수 있는 경우에 한하여, 예외적으로 영장의 적법한 집행 방법에 해당한다고 볼 수 있다(예외적 적법).

② 집행 중 가능한 조치 : 출입금지·퇴거·개봉·집행중지·폐쇄 등

(가) 출입금지·퇴거 등 : 압수·수색영장의 집행 중에는 타인의 출입을 금지할 수 있다. 출입금지에 위배한 자에게는 퇴거하게 하거나 집행종료시까지 간수자를 붙일 수 있다(제119조, 제219조).

(나) 개봉 등 : 압수·수색영장의 집행에 있어서는 건정을 열거나 개봉 기타 필요한 처분을 할 수 있다(제120조, 제219조). 이는 압수물에 대해서도 가능하다(제120조 제2항, 제219조). 정보저장매체(제106조 제3항)를 압수한 경우에 범죄혐의 관련 정보를 탐색하여 해당 전자정보를 **문서로 출력하거나 파일을 복사**하는 것도 압수·수색영장의 집행의 일환에 해당한다(대법원 2012.3.29, 2011도10508).

(다) 집행중지·폐쇄 등 : 압수·수색영장의 집행을 중지한 경우에 필요한 때에는 집행이 종료될 때까지 그 장소를 폐쇄하거나 간수자를 둘 수 있다(제127조, 제219조).

판례연구 압수 · 수색영장의 집행의 대상 및 집행에 필요한 처분에 해당한다는 사례

1. 대법원 2017.11.29, 2017도9747 [경찰채용 22 2차, 법원9급 19]

외국계 이메일에 대한 원격지 저장매체 접속 압수 · 수색 사건

수사기관이 인터넷서비스이용자인 피의자를 상대로 피의자의 컴퓨터 등 정보처리장치 내에 저장되어 있는 이메일 등 전자정보를 압수 · 수색하는 것은 전자정보의 소유자 내지 소지자를 상대로 해당 전자정보를 압수 · 수색하는 대물적 강제처분으로 형사소송법의 해석상 허용된다. 나아가 압수 · 수색할 전자정보가 압수 · 수색영장에 기재된 수색장소에 있는 컴퓨터 등 정보처리장치 내에 있지 아니하고 그 정보처리장치와 정보통신망으로 연결되어 제3자가 관리하는 원격지의 서버 등 저장매체에 저장되어 있는 경우에도, 수사기관이 피의자의 이메일 계정에 대한 접근권한에 갈음하여 발부받은 영장에 따라 영장 기재 수색장소에 있는 컴퓨터 등 정보처리장치를 이용하여 적법하게 취득한 피의자의 이메일 계정 아이디와 비밀번호를 입력하는 등 피의자가 접근하는 통상적인 방법에 따라 원격지의 저장매체에 접속하고 그곳에 저장되어 있는 피의자의 이메일 관련 전자정보를 수색장소의 정보처리장치로 내려받거나 그 화면에 현출시키는 것 역시 피의자의 소유에 속하거나 소지하는 전자정보를 대상으로 이루어지는 것이므로 그 전자정보에 대한 압수 · 수색을 위와 달리 볼 필요가 없다. 비록 수사기관이 위와 같이 원격지의 저장매체에 접속하여 그 저장된 전자정보를 수색장소의 정보처리장치로 내려받거나 그 화면에 현출시킨다 하더라도, 이는 인터넷서비스제공자가 허용한 피의자의 전자정보에 대한 접근 및 처분권한과 일반적 접속 절차에 기초한 것으로서, 특별한 사정이 없는 한 인터넷서비스제공자의 의사에 반하는 것이라고 단정할 수 없다. 또한 형사소송법 제109조 제1항, 제114조 제1항에서 영장에 수색할 장소를 특정하도록 한 취지와 정보통신망으로 연결되어 있는 한 정보처리장치 또는 저장매체 간 이전, 복제가 용이한 전자정보의 특성 등에 비추어 보면, 수색장소에 있는 정보처리장치를 이용하여 정보통신망으로 연결된 원격지의 저장매체에 접속하는 것이 위와 같은 형사소송법의 규정에 위반하여 압수 · 수색영장에서 허용한 집행의 장소적 범위를 확대하는 것이라고 볼 수 없다. 수색행위는 정보통신망을 통해 원격지의 저장매체에서 수색장소에 있는 정보처리장치로 내려받거나 현출된 전자정보에 대하여 위 정보처리장치를 이용하여 이루어지고, 압수행위는 위 정보처리장치에 존재하는 전자정보를 대상으로 그 범위를 정하여 이를 출력 또는 복제하는 방법으로 이루어지므로, 수색에서 압수에 이르는 일련의 과정이 모두 압수 · 수색영장에 기재된 장소에서 행해지기 때문이다. 위와 같은 사정들을 종합하여 보면, 피의자의 이메일 계정에 대한 접근권한에 갈음하여 발부받은 압수 · 수색영장에 따라 원격지의 저장매체에 적법하게 접속하여 내려받거나 현출된 전자정보를 대상으로 하여 범죄 혐의사실과 관련된 부분에 대하여 압수 · 수색하는 것은, 압수 · 수색영장의 집행을 원활하고 적정하게 행하기 위하여 필요한 최소한도의 범위 내에서 이루어지며 그 수단과 목적에 비추어 사회통념상 타당하다고 인정되는 대물적 강제처분 행위로서 허용되며, 형사소송법 제120조 제1항에서 정한 압수 · 수색영장의 집행에 필요한 처분에 해당한다. 그리고 이러한 법리는 원격지의 저장매체가 국외에 있는 경우라 하더라도 그 사정만으로 달리 볼 것은 아니다.

2. 대법원 2022.6.30, 2022도1452 [국가9급 23, 국가9급개론 23]

경찰이 압수 · 수색영장으로 압수한 휴대전화가 클라우드 서버에 로그인되어 있는 상태를 이용하여 클라우드 서버에서 불법촬영물을 다운로드받아 압수한 사건

압수할 전자정보가 저장된 저장매체로서 압수 · 수색영장에 기재된 수색장소에 있는 컴퓨터, 하드디스크, 휴대전화와 같은 컴퓨터 등 정보처리장치와 수색장소에 있지는 않으나 컴퓨터 등 정보처리장치와 정보통신망으로 연결된 원격지의 서버 등 저장매체(이하 '원격지 서버'라 한다)는 소재지, 관리자, 저장 공간의 용량 측면에서 서로 구별된다. 원격지 서버에 저장된 전자정보를 압수 · 수색하기 위해서는 컴퓨터 등 정보처리장치를 이용하여 정보통신망을 통해 원격지 서버에 접속하고 그곳에 저장되어 있는 전자정보를 컴퓨터 등 정보처리장치로 내려 받거나 화면에 현출시키는 절차가 필요하므로, 컴퓨터 등 정보처리장치 자체에 저장된 전자정보와 비교하여 압수 · 수색의 방식에 차이가 있다. 원격지 서버에 저장되어 있는 전자정보와 컴퓨터 등 정보처리장치에 저장되어 있는 전자정보는 그 내용이나 질이 다르므로 압수 · 수색으로 얻을 수 있는 전자정보의 범위와 그로 인한 기본권 침해 정도도 다르다. 따라서 수사기관이 압수 · 수색영장에 적힌 '수색할 장소'에 있는 컴퓨터 등 정보처리장치에 저장된 전자정보 외에 원격지 서버에 저장된 전자정보를 압수 · 수색하기 위해서는 압수 · 수색영장에 적힌 '압수할 물건'에 별도로 원격지 서버 저장 전자정보가 특정되어 있어야 한다. 압수 · 수색영장에 적힌 '압수할 물건'에 컴퓨터 등 정보처리장치 저장 전자정보만 기재되어 있다면 컴퓨터 등 정보처리장치를 이용하여 원격지 서버 저장 전자정보를 압수할 수는 없다. 압수 · 수색영장에 적힌 '압수할 물건'에 원격지 서버 저장 전자정보가 기재되어 있지 않은 이상 '압수할 물건'은 컴퓨터 하드디스크 및 외부 저장매체에 저장된 전자정보에 한정되므로 경찰이 압수한 불법촬영물은 위법수집증거에 해당하고, 이를 이용하여 수집한 다른 증거도 위법수집증거에 기한 2차적 증거에 해당하여 증거능력이 없다.

보충 법원이 발부한 압수 · 수색영장에는 '압수할 물건'이 '여성의 신체를 몰래 촬영한 것으로 판단되는 사진, 동영상 파일이 저장된 컴퓨터 하드디스크 및 외부 저장매체'로 되어 있는데, 사법경찰관 P는 위 압수 · 수색영장으로 압수한 휴대전화가 구글계정에 로그인되어 있는 상태를 이용하여 구글클라우드에서 불법촬영물을 다운로드 받는 방식으로 압수하였다. P의 압수는 영장주의 위반이라는 사례이다.

③ 당사자 · 책임자 등의 참여

(가) 당사자 참여권의 보장과 그 예외 : ㉠ **검사, 피의자 · 피고인 또는 변호인**(고유권)은 **압수 · 수색영장의 집행에 참여할 수 있다**(제121조, 제219조). [경찰채용 08 1차] 이를 위해 압수 · 수색영장을 집행함에는 미리 집행의 일시와 장소를 **참여권자(검/피/변)에게 통지하여야 한다.** [법원행시 02, 법원9급 12, 교정9급특채 10, 경찰채용 13 1차] 예컨대, 수사기관이 압수 · 수색한 저장매체에서 영장 혐의와 상관없는 별도의 범죄혐의와 관련된 전자정보를 발견하더라도 피압수자 측의 적정한 참여권을 보장하지 않으면 이를 압수할 수 없고, 압수한 전자정보를 수사기관으로 가져와 복제하고 재복제하는 등 순차적인 압수 · 수색 과정에서 **피압수자의 계속적인 참여권을 보장하지 않았다면 해당 압수 · 수색 전체가 위법**하게 되므로, 이 과정에서 획득한 증거는 증거능력을 인정받을 수 없게 된다(대법원 2015.7.16, 2011모1839 전원합의체). 단, 참여권자가 **참여하지 아니한다는 의사를 명시한 때 또는 급속을 요하는 때에는 예외**로 한다(제122조, 제219조). [법원9급 12, 경찰채용 11 2차] '급속을 요하는 때'라 함은 압수 · 수색영장 집행사실을 미리 알려주면 증거물을 은닉할 염려 등이 있어 압수 · 수색의 실효를 거두기 어려운 경우를 말한다(대법원 2012.10.11, 2012도7455). [국가7급 17] ㉡ 그러나 이와 같은 당사자의 압수 · 수색영장 집행 참여권은 어디까지나 영장의 집행에 대한 참여를 말하므로, **수사기관이 정보저장매체에 기억된 정보 중에서 범죄 혐의사실과 관련 있는 정보를 선별한 다음 이미지 파일을 제출받아 압수한 경우**라면, 수사기관 사무실에서 위와 같이 압수된 이미지 파일을 탐색 · 복제 · 출력하는 과정에서는 피의자 등에게 **참여의 기회를 보장하여야 할 필요는 없다**(대법원 2018.2.8, 2017도13263).

정리 참여권자에 대한 통지는 원칙적 의무이나, 참여권자의 참여는 의무가 아니라 권리임.

판례연구 압수 · 수색영장 집행 시 참여권자의 의미

대법원 2020.11.26, 2020도10729 [경찰채용 24 1차, 변호사 24]

변호인의 압수 · 수색영장 집행 참여권은 고유권이라는 사례

형사소송법 제219조, 제121조가 규정한 변호인의 참여권은 피압수자의 보호를 위하여 변호인에게 주어진 고유권이다. 따라서 설령 피압수자가 수사기관에 압수 · 수색영장의 집행에 참여하지 않는다는 의사를 명시하였다고 하더라도, 특별한 사정이 없는 한 그 변호인에게는 형사소송법 제219조, 제122조에 따라 미리 집행의 일시와 장소를 통지하는 등으로 압수 · 수색영장의 집행에 참여할 기회를 별도로 보장하여야 한다.

보충 검사, 피의자 · 피고인 또는 변호인(고유권)은 압수 · 수색영장의 집행에 참여할 수 있다(제121조, 제219조). [경찰채용 08 1차] 이를 위해 압수 · 수색영장을 집행함에는 미리 집행의 일시와 장소를 참여권자(검/피/변)에게 통지하여야 한다. [경찰채용 13 1차, 교정9급특채 10, 법원9급 12, 법원행시 02] 단, 참여권자가 참여하지 아니한다는 의사를 명시한 때 또는 급속을 요하는 때에는 예외로 한다(제122조, 제219조). [경찰채용 11 2차, 법원9급 12] '급속을 요하는 때'라 함은 압수 · 수색영장 집행사실을 미리 알려주면 증거물을 은닉할 염려 등이 있어 압수 · 수색의 실효를 거두기 어려운 경우를 말한다(대법원 2012.10.11, 2012도7455). [국가7급 17]

판례연구 전자정보 압수 · 수색 시 참여권 보장 위반 사례

1. 대법원 2015.7.16, 2011모1839 전원합의체 : 종근당 압수 · 수색 사건

[사안] 검사가 압수 · 수색영장('제1 영장')을 발부받아 甲 주식회사 빌딩 내 乙의 사무실을 압수 · 수색하였는데, 저장매체에 범죄혐의와 관련된 정보('유관정보')와 범죄혐의와 무관한 정보('무관정보')가 혼재된 것으로 판단하여 甲 회사의 동의를 받아 저장매체를 수사기관 사무실로 반출한 다음 乙 측의 참여하에 저장매체에 저장된 전자정보파일 전부를 '이미징'의 방법으로 다른 저장매체로 복제하고, 乙 측의 참여 없이 이미징한 복제본을 외장 하드디스크에 재복제하였으며, 乙 측의 참여 없이 하드디스크에서 유관정보를 탐색하던 중 우연히 乙 등의 별건 범죄혐의와 관련된 전자정보('별건 정보')를 발견하고 문서로 출력하였고, 그 후 乙 측에 참여권 등을 보장하지 않은 채 다른 검사가 별건 정보를 소명자료로 제출하면서 압수 · 수색영장('제2 영장')을 발부받아 외장 하드디스크에서 별건 정보를 탐색 · 출력하였다.

[결론] 제2 영장 청구 당시 압수할 물건으로 삼은 정보는 제1 영장의 피압수 · 수색 당사자에게 참여의 기회를 부여하지 않은 채 임의로 재복제한 외장 하드디스크에 저장된 정보로서 그 자체가 위법한 압수물이어서 별건 정보에 대한 영장청구 요건을 충족하지 못하였고, 나아가 제2 영장에 기한 압수 · 수색 당시 乙 측에 압수 · 수색 과정에 참여할 기회를 보장하지 않았으므로, 제2 영장에 기한 압수 · 수색은 전체적으로 위법하다.

[1] 전자정보가 담긴 저장매체 또는 복제본을 수사기관 사무실 등으로 옮겨 복제 · 탐색 · 출력하는 일련의 과정에서의 피압수 · 수색 당사자나 변호인의 참여권

저장매체에 대한 압수 · 수색 과정에서 범위를 정하여 출력 또는 복제하는 방법이 불가능하거나 압수의 목적을 달성하기에 현저히 곤란한 예외적인 사정이 인정되어 전자정보가 담긴 저장매체 또는 하드카피나 이미징 등 형태(이하 '복제본')를 수사기관 사무실 등으로 옮겨 복제 · 탐색 · 출력하는 경우에도, 그와 같은 일련의 과정에서 형사소송법 제219조, 제121조에서 규정하는 피압수 · 수색 당사자(이하 '피압수자'라 한다)나 변호인에게 참여의 기회를 보장하고 혐의사실과 무관한 전자정보의 임의적인 복제 등을 막기 위한 적절한 조치를 취하는 등 영장주의 원칙과 적법절차를 준수하여야 한다. 만약 그러한 조치가 취해지지 않았다면 피압수자 측이 참여하지 아니한다는 의사를 명시적으로 표시하였거나 절차 위반행위가 이루어진 과정의 성질과 내용 등에 비추어 피압수자 측에 절차 참여를 보장한 취지가 실질적으로 침해되었다고 볼 수 없을 정도에 해당한다는 등의 특별한 사정이 없는 이상 압수 · 수색이 적법하다고 평가할 수 없고, 비록 수사기관이 저장매체 또는 복제본에서 혐의사실과 관련된 전자정보만을 복제 · 출력하였다 하더라도 달리 볼 것은 아니다.

[2] 전체 압수 · 수색 과정을 단계적 · 개별적으로 구분하여 각 단계의 개별 처분의 취소를 구하는 준항고가 있는 경우, 위법의 중대성에 따라 전체적으로 압수 · 수색 처분을 취소할 것인지를 가릴 것

다수의견 전자정보에 대한 압수 · 수색 과정에서 이루어진 현장에서의 저장매체 압수 · 이미징 · 탐색 · 복제 및 출력행위 등 수사기관의 처분은 하나의 영장에 의한 압수 · 수색 과정에서 이루어진다. 그러한 일련의 행위가 모두 진행되어 압수 · 수색이 종료된 이후에는 특정단계의 처분만을 취소하더라도 그 이후의 압수 · 수색을 저지한다는 것을 상정할 수 없고 수사기관에게 압수 · 수색의 결과물을 보유하도록 할 것인지가 문제될 뿐이다. 그러므로 이 경우에는 준항고인이 전체 압수 · 수색 과정을 단계적 · 개별적으로 구분하여 각 단계의 개별 처분의 취소를 구하더라도 준항고법원은 특별한 사정이 없는 한 구분된 개별 처분의 위법이나 취소 여부를 판단할 것이 아니라 당해 압수 · 수색 과정 전체를 하나의 절차로 파악하여 그 과정에서 나타난 위법이 압수 · 수색 절차 전체를 위법하게 할 정도로 중대한지 여부에 따라 전체적으로 압수 · 수색 처분을 취소할 것인지를 가려야 한다. 여기서 위법의 중대성은 위반한 절차조항의 취지, 전체과정 중에서 위반행위가 발생한 과정의 중요도, 위반사항에 의한 법익침해 가능성의 경중 등을 종합하여 판단하여야 한다(= 대법원 2015.10.15, 2013모1969).

[3] 제1처분, 제2처분, 제3처분 중 제2 · 3처분의 위법성의 중대성에 비추어 전체가 취소되어야 한다는 사례

[다수의견] 검사가 압수 · 수색영장을 발부받아 甲 주식회사 빌딩 내 乙의 사무실을 압수 · 수색하였는데, 저장매체에 범죄혐의와 관련된 정보('유관정보')와 범죄혐의와 무관한 정보('무관정보')가 혼재된 것으로 판단하여 甲 회사의 동의를 받아 저장매체를 수사기관 사무실로 반출한 다음 乙 측의 참여하에 저장매체에 저장된 전자정보파일 전부를 '이미징'의 방법으로 다른 저장매체로 복제('제1 처분')하고, 乙 측의 참여 없이 이미징한 복제본을 외장 하드디스크에 재복제('제2 처분')하였으며, 乙 측의 참여 없이 하드디스크에서 유관정보를 탐색하는 과정에서 甲 회사의 별건 범죄혐의와 관련된 전자정보 등 무관정보도 함께 출력(이하 '제3 처분'이라 한다)한 사안에서, 제1 처분은 위법하다고 볼 수 없으나, 제2 · 3 처분은 제1 처분 후 피압수 · 수색 당사자에게 계속적인 참여권을 보장하는 등의 조치가 이루어지지 아니한 채 유관정보는 물론 무관정보까지 재복제 · 출력한 것으로서 영장이 허용한 범위를 벗어나고 적법절차를 위반한 위법한 처분이며, 제2 · 3 처분에 해당하는 전자정보의 복제 · 출력 과정은 증거물을 획득하는 행위로서 압수 · 수색의 목적에 해당하는 중요한 과정인 점 등 위법의 중대성에 비추어 위 영장에 기한 압수 · 수색이 전체적으로 취소되어야 한다.

[4] 범죄혐의 관련 전자정보를 적법하게 탐색하는 과정에서 별도의 범죄혐의와 관련된 전자정보를 우연히 발견한 경우, 수사기관이 적법하게 압수 · 수색하기 위한 요건

전자정보에 대한 압수 · 수색에 있어 저장매체 자체를 외부로 반출하거나 하드카피 · 이미징 등의 형태로 복제본을 만들어 외부에서 저장매체나 복제본에 대하여 압수 · 수색이 허용되는 예외적인 경우에도 혐의사실과 관련된 전자정보 이외에 이와 무관한 전자정보를 탐색 · 복제 · 출력하는 것은 원칙적으로 위법한 압수 · 수색에 해당하므로 허용될 수 없다. 그러나 전자정보에 대한 압수 · 수색이 종료되기 전에 혐의사실과 관련된 전자정보를 적법하게 탐색하는 과정에서 별도의 범죄혐의와 관련된 전자정보를 우연히 발견한 경우라면, 수사기관은 더 이상의 추가 탐색을 중단하고 법원에서 별도의 범죄혐의에 대한 압수 · 수색영장을 발부받은 경우에 한하여 그러한 정보에 대하여도 적법하게 압수 · 수색을 할 수 있다. 나아가 이러한 경우에도 별도의 압수 · 수색 절차는 최초의 압수 · 수색 절차와 구별되는 별개의 절차이고, 별도 범죄혐의와 관련된 전자정보는 최초의 압수 · 수색영장에 의한 압수 · 수색의 대상이 아니어서 저장매체의 원래 소재지에서 별도의 압수 · 수색영장에 기해 압수 · 수색을 진행하는 경우와 마찬가지로 피압수 · 수색 당사자('피압수자')는 최초의 압수 · 수색 이전부터 해당 전자정보를 관리하고 있던 자라 할 것이므로, 특별한 사정이 없는 한 피압수자에게 형사소송법 제219조, 제121조, 제129조에 따라 참여권을 보장하고 압수한 전자정보 목록을 교부하는 등 피압수자의 이익을 보호하기 위한 적절한 조치가 이루어져야 한다.

2. 대법원 2017.9.21, 2015도12400

전자정보 저장매체 수사기관 반출 후 임의적 복제를 막기 위한 적절한 조치를 취하지 않은 사례

형사소송법 제219조, 제121조는 '수사기관이 압수 · 수색영장을 집행할 때에는 피압수자 또는 변호인은 그 집행에 참여할 수 있다'는 취지로 규정하고 있다. 저장매체에 대한 압수 · 수색 과정에서 범위를 정하여 출력 또는 복제하는 방법이 불가능하거나 압수의 목적을 달성하기에 현저히 곤란한 예외적인 사정이 인정되어 전자정보가 담긴 저장매체 또는 하드카피나 이미징 등 형태를 수사기관 사무실 등으로 옮겨 복제 · 탐색 · 출력하는 경우에도, 그와 같은 일련의 과정에서 피압수자나 변호인에게

참여의 기회를 보장하고 혐의사실과 무관한 전자정보의 임의적인 복제 등을 막기 위한 적절한 조치를 취하는 등 영장주의 원칙과 적법절차를 준수하여야 한다. 만약 그러한 조치를 취하지 않았다면 피압수자 측이 참여하지 아니한다는 의사를 명시적으로 표시하였거나 절차 위반행위가 이루어진 과정의 성질과 내용 등에 비추어 피압수자 측에 절차 참여를 보장한 취지가 실질적으로 침해되었다고 볼 수 없을 정도에 해당한다는 등의 특별한 사정이 없는 이상 압수·수색이 적법하다고 평가할 수 없고, 비록 수사기관이 저장매체 또는 복제본에서 혐의사실과 관련된 전자정보만을 복제·출력하였다고 하더라도 달리 볼 것은 아니다(관련성과 참여권은 모두 지켜져야 하는 요건이므로, 관련성을 준수하여도 참여권이 보장되지 않으면 위법임).

3. 대법원 2022.7.14, 2019모2584

압수·수색영장 제시 위반, 피의자 등에 대한 참여권 보장 위반, 압수목록 작성·교부 위반 사례

압수·수색영장은 수사기관의 범죄수사 목적을 위하여 필요한 최소한의 범위 내에서만 신청·청구·발부되어야 하고, 이를 전제로 한 수사기관의 압수·수색영장 집행에 대한 사전적 통제수단으로, ① 압수·수색의 대상자에게 집행 이전에 영장을 제시하도록 함으로써 법관이 발부한 영장 없이 압수·수색을 하는 것을 방지하여 영장주의 원칙을 절차적으로 보장하고(수사기관이 압수 또는 수색을 할 때에는 처분을 받는 사람에게 반드시 적법한 절차에 따라 법관이 발부한 영장을 사전에 제시하여야 한다. 헌법 제12조 제3항 본문, 형사소송법 제219조 및 제118조), 압수·수색영장에 기재된 물건·장소·신체에 한정하여 압수·수색이 이루어질 수 있도록 함으로써 개인의 사생활과 재산권의 침해를 최소화하며, ② 피의자 등에게 미리 압수·수색영장의 집행 일시와 장소를 통지함으로써 압수·수색영장의 집행과정에 대한 참여권을 실질적으로 보장하고(피의자·피압수자 또는 변호인은 압수·수색영장의 집행에 참여할 권리가 있으므로 수사기관이 압수·수색영장을 집행할 때에도 원칙적으로는 피의자 등에게 미리 집행의 일시와 장소를 통지하여야 한다. 형사소송법 제219조, 제121조, 제122조), 나아가 압수·수색영장의 집행과정에서 피의사실과 관련성이 있는 압수물의 범위가 부당하게 확대되는 것을 방지함으로써 영장 집행절차의 적법성·적정성을 확보하도록 하였다. 또한, ③ 수사기관의 압수·수색영장 집행에 대한 사후적 통제수단 및 피의자 등의 신속한 구제절차로 마련된 준항고 등(형사소송법 제417조)을 통한 불복의 기회를 실질적으로 보장하기 위하여 수사기관으로 하여금 압수·수색영장의 집행을 종료한 직후에 압수목록을 작성·교부할 의무를 규정하였다(수사기관은 압수영장을 집행한 직후에 압수목록을 곧바로 작성하여 압수한 물건의 소유자·소지자·보관자 기타 이에 준하는 사람에게 교부하여야 한다. 형사소송법 제219조, 제129조). 압수목록을 작성할 때에는 압수방법·장소·대상자별로 명확히 구분하여 압수물의 품종·종류·명칭·수량, 외형상 특징 등을 최대한 구체적이고 정확하게 특정하여 기재하여야 한다. … 담당검사 등은 압수·수색에 착수하기 전에 피의자에게 압수·수색영장을 제시하지 않았고, 피의자의 주거지·사무실에 대한 압수·수색 사실을 통지하지 않았으며, 압수목록교부서에는 압수방법·장소·대상자별로 구분되지 않은 채 압수물 중 극히 일부만 기재되었고 압수물의 내역에는 '지출내역 등 서류 1박스' 등과 같이 압수물의 구체적 내역을 알 수 없는 포괄적 방식의 내용이 기재되었으며 담당검사 등은 위 압수목록교부서를 피압수자인 피의자에게 교부하지 않았다. 담당검사 등의 위와 같은 압수처분은 위법하므로, 압수처분은 전부 취소하여야 한다.

판례연구 전자정보 압수·수색 시 참여권 보장 위반이 아니라는 사례

1. 대법원 2018.2.8, 2017도13263 [경찰채용 20 1차, 법원9급 22]

범죄 혐의사실과 관련 있는 정보를 선별·제출받아 압수한 후의 참여권 보장 여부

형사소송법 제219조, 제121조에 의하면, 수사기관이 압수·수색영장을 집행할 때 피의자 또는 변호인은 그 집행에 참여할 수 있다. 압수의 목적물이 컴퓨터용디스크 그 밖에 이와 비슷한 정보저장매체인 경우에는 영장 발부의 사유로 된 범죄 혐의사실과 관련 있는 정보의 범위를 정하여 출력하거나 복제하여 이를 제출받아야 하고, 피의자나 변호인에게 참여의 기회를 보장하여야 한다. 만약 그러한 조치를 취하지 않았다면 이는 형사소송법에 정한 영장주의 원칙과 적법절차를 준수하지 않은 것이다. 수사기관이 정보저장매체에 기억된 정보 중에서 키워드 또는 확장자 검색 등을 통해 범죄 혐의사실과 관련 있는 정보를 선별한 다음 정보저장매체와 동일하게 비트열 방식으로 복제하여 생성한 파일(이하 '이미지 파일'이라 한다)을 제출받아 압수하였다면 이로써 압수의 목적물에 대한 압수·수색 절차는 종료된 것이므로, 수사기관이 수사기관 사무실에서 위와 같이 압수된 이미지 파일을 탐색·복제·출력하는 과정에서도 피의자 등에게 참여의 기회를 보장하여야 하는 것은 아니다.

2. 대법원 2019.7.11, 2018도20504

전자정보 저장매체를 수사기관 사무실 등으로 옮겨 복제·탐색·출력하는 절차에 피압수자 측이 참여하지 않는다는 의사를 명시적으로 표시한 경우 등

형사소송법 제219조, 제121조는 '수사기관이 압수·수색영장을 집행할 때에는 피압수자 또는 변호인은 그 집행에 참여할 수 있다.'고 정하고 있다. 저장매체에 대한 압수·수색 과정에서 범위를 정하여 출력·복제하는 방법이 불가능하거나 압수의 목적을 달성하기에 현저히 곤란한 예외적인 사정이 인정되어 전자정보가 담긴 저장매체, 하드카피나 이미징(imaging) 등 형태(이하 '복제본')를 수사기관 사무실 등으로 옮겨 복제·탐색·출력하는 경우에도, 피압수자나 변호인에게 참여 기회를 보장하고 혐의사실과 무관한 전자정보의 임의적인 복제 등을 막기 위한 적절한 조치를 취하는 등 영장주의 원칙과 적법절차를 준수하

여야 한다. 만일 그러한 조치를 취하지 않았다면 압수·수색이 적법하다고 평가할 수 없다. 다만 피압수자 측이 위와 같은 절차나 과정에 참여하지 않는다는 의사를 명시적으로 표시하였거나 절차 위반행위가 이루어진 과정의 성질과 내용 등에 비추어 피압수자에게 절차 참여를 보장한 취지가 실질적으로 침해되었다고 볼 수 없는 경우에는 압수·수색의 적법성을 부정할 수 없다.

(나) 책임자 참여의 필수적 통지 및 주거주·간수자 등의 필수적 참여 : ㉠ 공무소, 군사용의 항공기 또는 선박·차량 안에서 압수·수색영장을 집행하려면 그 **책임자**에게 참여할 것을 통지하여야 한다. 단순히 직원에게 참여 통지하는 것은 위법이다. ㉡ 위 장소 이외에 타인의 주거, 간수자 있는 가옥, 건조물(建造物), 항공기 또는 선박·차량 안에서 압수·수색영장을 집행할 때에는 주거주(住居主), 간수자 또는 이에 준하는 사람을 참여하게 하여야 한다. ㉡의 자 등을 참여하게 하지 못할 때에는 이웃 사람(주민들) 또는 지방공공단체의 직원을 참여하게 하여야 한다(2020.12.8. 우리말 순화 개정법 제123조, 제219조).

(다) 성년 여자의 필수적 참여 : 여자의 신체에 대하여 수색할 때에는 **성년의 여자**를 참여하게 하여야 한다(제124조, 제219조). [국가9급 09/22, 경찰승진 13, 경찰채용 10 1차]

정리 여자의 신체검사시 성년여자 또는 의사 참여(제141조 제3항) [교정9급특채 10, 경찰채용 03 1차]

④ 야간집행의 제한

(가) 주간집행원칙 : 압수·수색영장의 집행은 일출 후 일몰 전인 주간에 함이 원칙이다. 따라서 일출 전, 일몰 후에는 압수·수색영장에 **야간집행을 할 수 있는 기재가 없으면** 그 영장을 집행하기 위하여 타인의 주거, 간수자 있는 가옥, 건조물, 항공기 또는 선차 내에 들어가지 못한다(제125조, 제219조). [법원9급 10, 교정9급특채 10, 경찰채용 05 2차/10 2차]

보충 제216조에 의한 처분(체포현장에서의 압수·수색 등)을 하는 경우에 급속을 요하는 때에는 제123조 제2항(주거주 등 참여), 제125조(야간집행 제한)의 규정에 의함을 요하지 아니한다(제220조, 요급처분).

(나) 야간집행예외 : ㉠ **도박 기타 풍속을 해하는 행위**(예 성매매)에 상용된다고 인정하는 장소, ㉡ **여관·음식점 기타 야간에 공중이 출입할 수 있는 장소**(단, **공개한 시간 내에 한함**)에서 압수·수색영장을 집행함에는 영장에 야간집행기재가 되어 있지 않아도 집행이 가능하다(제126조, 제219조). [법원9급 10, 경찰채용 12 1차/ 13 1차, 10 2차]

정리 도박장·성매매업소는 제한 없이 야간집행 가능, 여관·음식점은 공개한 시간 내에만 야간집행 가능

(3) 집행 후 절차 – 조서 작성

① 압수한 경우의 압수목록 작성·교부와 압수조서 작성·편철

(가) 압수목록 작성·교부 : 압수한 경우에는 **압수목록**을 작성하여 소유자, 소지자, 보관자 기타 이에 준할 자에게 교부하여야 한다(제129조, 제219조). 법원 압수시에는 참여 법원사무관 등이 작성·교부하고, 영장에 의하여 법원사무관 등이나 사법경찰관리가 압수한 때에는 그 집행을 한 자가 작성·교부한다. [경찰채용 06 1차] 구체적으로, 검사 또는 사법경찰관은 증거물 또는 몰수할 물건을 압수했을 때에는 압수물건의 품종·수량 등을 적은 압수목록을 작성해야 한다(수사준칙 제40조). 판례는, **압수물목록은 작성연월일을 기재하고 사실과 부합하게 물건의 특징을 구체적으로 기재하여 피압수자에게 교부**하여야 함을 분명히 하고 있다. [법원9급 10, 해경간부 12, 경찰채용 06 1차] 이는 피압수자 등이 압수물에 대한 환부·가환부신청을 하거나 압수처분에 대한 **준항고**[1]를 할 때 가장 중요한 기초자료가 되므로 **압수 직후 현장에서 바로 작성하여 교부해야 함이 원칙**이다(대법원 2009.3.12, 2008도763). 또한 전자정보의 압수의 경우, 압수된 정보의 상세목록에는 **정보의 파일 명세가 특정되어 있어야 하고**, 수사기관은 이를 출력한 서면을 교부하거나 전자파일 형태로 복사해 주거나 이메일을 전송하는 등의 방식으로도 할 수 있다(대법원 2018.2.8, 2017도13263).

1) [조문] 제417조(동전) 검사 또는 사법경찰관의 구금, 압수 또는 압수물의 환부에 관한 처분과 제243조의2에 따른 변호인의 참여 등에 관한 처분에 대하여 불복이 있으면 그 직무집행지의 관할법원 또는 검사의 소속검찰청에 대응한 법원에 그 처분의 취소 또는 변경을 청구할 수 있다.
제418조(준항고의 방식) 전2조의 청구는 서면으로 관할법원에 제출하여야 한다.

판례연구 압수 · 수색영장 집행 후 절차 – 압수목록 작성 · 교부 관련판례

1. 대법원 2009.3.12, 2008도763 [경찰승진 10, 경찰채용 11 1차/24 1차]

형사소송법상 압수목록의 작성 · 교부시기(= 압수 직후)

압수물목록은 작성연월일을 기재하고 사실과 부합하게 작성하여 압수 직후 현장에서 바로 작성하여 교부해야 하는 것이 원칙이다. 따라서 작성월일을 누락한 채 일부 사실에 부합하지 않는 내용으로 작성하여 압수 · 수색이 종료된 지 5개월이나 지난 뒤에 이 사건 압수물목록을 교부한 행위는 형사소송법이 정한 바에 따른 압수물목록 작성 · 교부에 해당하지 않는다.

2. 대법원 2018.2.8, 2017도13263

압수된 정보의 상세목록의 특정

형사소송법 제219조, 제129조에 의하면, 압수한 경우에는 목록을 작성하여 소유자, 소지자, 보관자 기타 이에 준할 자에게 교부하여야 한다. 그리고 법원은 압수 · 수색영장의 집행에 관하여 범죄 혐의사실과 관련 있는 정보의 탐색 · 복제 · 출력이 완료된 때에는 지체 없이 압수된 정보의 상세목록을 피의자 등에게 교부할 것을 정할 수 있다. 압수물 목록은 피압수자 등이 압수처분에 대한 준항고를 하는 등 권리행사절차를 밟는 가장 기초적인 자료가 되므로, 수사기관은 이러한 권리행사에 지장이 없도록 압수 직후 현장에서 압수물 목록을 바로 작성하여 교부해야 하는 것이 원칙이다. 이러한 압수물 목록 교부 취지에 비추어 볼 때, 압수된 정보의 상세목록에는 정보의 파일 명세가 특정되어 있어야 하고, 수사기관은 이를 출력한 서면을 교부하거나 전자파일 형태로 복사해 주거나 이메일을 전송하는 등의 방식으로도 할 수 있다.

3. 대법원 2024.1.5, 2021모385

압수목록의 작성 · 교부 의무의 이행의 시기

① (원칙) 수사기관은 압수를 한 경우 압수경위를 기재한 압수조서와 압수물의 특징을 구체적으로 기재한 압수목록을 작성하고, 압수목록은 압수물의 소유자 · 소지자 · 보관자 기타 이에 준하는 사람에게 교부하여야 한다(형사소송법 제219조, 제129조, 구 수사준칙 제44조). 압수조서에는 작성연월일과 함께 품종, 외형상의 특징과 수량을 기재하여야 하고(형사소송법 제49조 제3항, 제57조 제1항), 그 내용은 객관적 사실에 부합하여야 하므로(대법원 2009.3.12, 2008도763 참조), 압수목록 역시 압수물의 특징을 객관적 사실에 맞게 구체적으로 기재하여야 하는데, 압수방법 · 장소 · 대상자별로 명확히 구분한 후 압수물의 품종 · 종류 · 명칭 · 수량 · 외형상 특징 등을 최대한 구체적이고 정확하게 특정하여 기재하여야 한다. 이는 수사기관의 압수처분에 대한 사후적 통제수단임과 동시에 피압수자 등이 압수물에 대한 환부 · 가환부 청구를 하거나 부당한 압수처분에 대한 준항고를 하는 등 권리행사절차를 밟는 데 가장 기초적인 자료가 되므로, 이러한 권리행사에 지장이 없도록 압수 직후 현장에서 바로 작성하여 교부하는 것이 원칙이다(대법원 2009.3.12, 2008도763 등 참조). 한편, 임의제출에 따른 압수(형사소송법 제218조)의 경우에도 압수물에 대한 수사기관의 점유 취득이 제출자의 의사에 따라 이루어진다는 점에서만 차이가 있을 뿐 범죄혐의를 전제로 한 수사 목적이나 압수의 효력은 영장에 의한 압수의 경우와 동일하므로(대법원 2021.11.18, 2016도348 전원합의체 참조), 헌법상 기본권에 관한 수사기관의 부당한 침해로부터 신속하게 권리를 구제받을 수 있도록 수사기관은 영장에 의한 압수와 마찬가지로 객관적 · 구체적인 압수목록을 신속하게 작성 · 교부할 의무를 부담한다. ② (예외) 다만, 적법하게 발부된 영장의 기재는 그 집행의 적법성 판단의 우선적인 기준이 되어야 하므로, 예외적으로 압수물의 수량 · 종류 · 특성 기타의 사정상 압수 직후 현장에서 압수목록을 작성 · 교부하지 않을 수 있다는 취지가 영장에 명시되어 있고, 이와 같은 특수한 사정이 실제로 존재하는 경우에는 압수영장을 집행한 후 일정한 기간이 경과하고서 압수목록을 작성 · 교부할 수도 있으나, 압수목록 작성 · 교부 시기의 예외에 관한 영장의 기재는 피의자 · 피압수자 등의 압수처분에 대한 권리구제절차 또는 불복절차가 형해화되지 않도록 그 취지에 맞게 엄격히 해석되어야 하고, 나아가 예외적 적용의 전제가 되는 특수한 사정의 존재 여부는 수사기관이 이를 증명하여야 하며, 그 기간 역시 필요 최소한에 그쳐야 한다. 또한 영장에 의한 압수 및 그 대상물에 대한 확인조치가 끝나면 그것으로 압수절차는 종료되고, 압수물과 혐의사실과의 관련성 여부에 관한 평가 및 그에 필요한 추가 수사는 압수절차 종료 이후의 사정에 불과하므로 이를 이유로 압수 직후 이루어져야 하는 압수목록 작성 · 교부의무를 해태 · 거부할 수는 없다. 따라서 수사기관이 2020.7.1. 발부된 압수 · 수색영장에 따라 2020.7.3. 압수 · 수색을 실시하면서 준항고인 소유의 물품 박스 약 9,000개를 압수한 다음 2020.9.7. 상세 압수목록을 교부한 조치는 적법하지 않다.

보충 서울본부세관은 2020.7.17.경에는 압수물의 품명, 수량, 제조번호 등을 모두 확인하였으므로 이때 압수방법 및 시기별로 명확히 구분하여 위 각 사항을 구체적으로 특정하여 기재한 상세 압수목록을 작성 · 교부하였어야 함에도, 그 시점으로부터 50여 일이 경과한 후에야 상세 압수목록을 교부하였을 뿐만 아니라 내용상 압수방법 및 시기별로 구분이 되어 있지 않았기에 압수처분에 대한 법률상 권리구제절차 또는 불복절차가 사실상 불가능하였거나 상당한 지장이 초래되었다고 판단된다.

(나) 압수조서 작성 · 편철 : 압수 · 수색 · 검증에 관하여는 조서를 작성하여야 하고(법 제49조 제1항), 압수조서에는 품종, 외형상의 특징과 수량을 기재하여야 한다(동 제3항)(검증조서에는 검증목적물의 현상을 명확하게 하기 위하여 도화나 사진을 첨부할 수 있다. 동 제2항).[1] 구체적으로, 검사 또는 사법

1) [조문] 제49조(검증 등의 조서) ① 검증, 압수 또는 수색에 관하여는 조서를 작성하여야 한다.

경찰관은 증거물 또는 몰수할 물건을 압수했을 때에는 압수의 일시 · 장소, 압수 경위 등을 적은 압수조서를 작성해야 한다(**수사준칙 제40조 본문, 다만, 피의자신문조서, 진술조서, 검증조서에 압수의 취지를 적은 경우에는 압수조서 별도 작성은 필요치 않음, 동 단서**).[1] 압수목록과 달리, 압수조서는 피압수자에게 교부하는 것이 아니라 서류에 편철한다. [경찰채용 06 1차]

판례연구 압수 · 수색영장 집행 후 절차 – 압수조서 작성 등 관련판례

1. 대법원 2023.6.1, 2020도2550

압수조서 작성의 방식, 전자정보 상세목록 미교부 사례

형사소송법 제106조, 제218조, 제219조, 형사소송규칙 제62조, 제109조, 구 (경찰청) 범죄수사규칙(2021.1.8. 경찰청 훈령 제1001호로 개정되기 전의 것, 이하 '구 범죄수사규칙'이라 한다) 제119조 등 관련 규정들에 의하면, 사법경찰관이 임의제출된 증거물을 압수한 경우 압수경위 등을 구체적으로 기재한 압수조서를 작성하도록 하고 있다. 이는 사법경찰관으로 하여금 압수절차의 경위를 기록하도록 함으로써 사후적으로 압수절차의 적법성을 심사 · 통제하기 위한 것이다. 구 범죄수사규칙 제119조 제3항에 따라 피의자신문조서 등에 압수의 취지를 기재하여 압수조서를 갈음할 수 있도록 하더라도, 압수절차의 적법성 심사 · 통제 기능에 차이가 없다. 형사소송법 제106조, 제218조, 제219조, 형사소송규칙 제62조, 제109조, 구 범죄수사규칙 제119조 등 관련 규정들에 의하면, 사법경찰관이 임의제출된 증거물을 압수한 경우 압수경위 등을 구체적으로 기재한 압수조서를 작성하도록 하고 있다. 한편 구 (경찰청) 범죄수사규칙 제119조 제3항에 따라 피의자신문조서 등에 압수의 취지를 기재하여 압수조서를 갈음할 수 있도록 하고 있는데, 이는 위 형사소송법 등 관련 규정의 취지에 반하는 것이 아니다. … 사법경찰관은 피의자신문 시 이 사건 동영상을 재생하여 피고인에게 제시하였고, 피고인은 이 사건 동영상의 촬영 일시, 피해 여성들의 인적사항, 몰래 촬영하였는지 여부, 촬영 동기 등을 구체적으로 진술하였으며 별다른 이의를 제기하지 않았다. 따라서 이 사건 동영상의 압수 당시 실질적으로 피고인에게 해당 전자정보 압수목록이 교부된 것과 다름이 없다고 볼 수 있다. 비록 피고인에게 압수된 전자정보가 특정된 목록이 교부되지 않았더라도, 절차 위반행위가 이루어진 과정의 성질과 내용 등에 비추어 피고인의 절차상 권리가 실질적으로 침해되었다고 보기 어려우므로 이 사건 동영상에 관한 압수는 적법하다고 평가할 수 있다(대법원 2021.11.25, 2019도9100; 2022.2.17, 2019도4938 참조).

2. 대법원 2023.6.1, 2020도12157

압수조서 작성의 방식, 참여권 보장의 대상 사례[2]

특별사법경찰관은 휴대전화의 압수 과정에서 압수조서 및 전자정보 상세목록을 작성 · 교부하지는 않았지만, 그에 갈음하여 압수의 취지가 상세히 기재된 수사보고의 일종인 조사보고를 작성하였는바, 이는 적법절차의 실질적인 내용을 침해하였다고 보기 어렵다. 또한 이 사건 메모리카드 압수 당시 피고인은 메모리카드를 소지하고 있지 않았고, 당초 자신은 아무런 관련이 없다고 진술한 점, 특별사법경찰관은 메모리카드 보관자인 세관 측에 이 사건 영장을 제시하면서 메모리카드를 압수하였고, 압수조서를 작성하였으며, 세관 측에 압수목록을 교부한 점을 감안하면 피고인은 압수 집행과정에서 절차 참여를 보장받아야 하는 사람에 해당한다고 단정할 수 없거나, 압수 집행과정에서 피고인에 대한 절차 참여를 보장한 취지가 실질적으로 침해되었다고 보기 어렵다(증거능력 인정).

② 압수물이 없는 경우의 수색증명서 교부 : 수색한 경우 증거물 또는 몰수할 물건이 없는 때에는 그 취지의 **수색증명서를 교부하여야 한다**(제128조, 제219조). [법원9급 10]

---

② 검증조서에는 검증목적물의 현상을 명확하게 하기 위하여 도화나 사진을 첨부할 수 있다.
③ 압수조서에는 품종, 외형상의 특징과 수량을 기재하여야 한다.

1) [조문] 수사준칙 제40조(압수조서와 압수목록) 검사 또는 사법경찰관은 증거물 또는 몰수할 물건을 압수했을 때에는 압수의 일시 · 장소, 압수 경위 등을 적은 압수조서와 압수물건의 품종 · 수량 등을 적은 압수목록을 작성해야 한다. 다만, 피의자신문조서, 진술조서, 검증조서에 압수의 취지를 적은 경우에는 그렇지 않다.

2) [사례] 인천세관 소속 인천항휴대품검사관들은 2018.6.29. 중국 석도항에서 인천항 제1국제여객터미널로 입국한 무역상 공소외인이 반입한 화물 중 위조품으로 추정되는 이 사건 메모리카드를 적발하여 유치하였고, 2018.7.9. 이 사건 메모리카드가 모두 위조품이라는 취지의 감정서를 회신받았다. 이에 인천세관 소속 특별사법경찰관은 2018.7.11. 공소외인이 제출한 화물 송장(인보이스) 등에 수하인으로 기재된 ○○상사를 방문하여 대표자인 피고인을 조사하였는데, 피고인은 "자신이 화물의 화주도 아니고, 이 사건 메모리카드와는 아무런 관련이 없다"는 취지로 진술하였다. 인천지방법원 판사는 2018.8.22. 피고인을 피의자로 하여 이 사건 상표법 위반을 혐의사실로 이 사건 메모리카드 및 이 사건 휴대전화 등에 대한 사전 압수 · 수색영장을 발부하였다. 특별사법경찰관은 2018.8.23. 인천세관 유치품보관창고에서 유치창고 담당자를 피압수자로 하여 이 사건 영장에 의해 이 사건 메모리카드를 압수하였고, 위 메모리카드 압수에 관한 압수조서를 작성하였으며, 유치창고 담당자에게 압수목록을 교부하였다. 특별사법경찰관은 2018.8.27. 이 사건 영장에 의하여 ○○상사에 대한 압수수색을 실시하여 이 사건 휴대전화를 압수한 다음 디지털포렌식 절차를 진행하여 피고인의 카카오톡 및 문자메시지를 탐색 · 복원 · 출력하였다. 이 과정에서 이 사건 휴대전화 압수에 관한 압수조서가 작성되지 않았고, 피고인에 대하여 전자정보 파일명세가 특정된 압수목록이 교부되지 않았다. 다만, 특별사법경찰관은 압수수색 당시 이 사건 휴대전화를 제출받은 일시, 장소 및 압수경위 등을 '조사보고(압수수색검증영장 집행결과 보고)'로 작성하여 기록에 편철하였다.

판례연구 수사기관의 압수·수색처분에 대한 준항고 관련판례

대법원 2023.1.12, 2022모1566

피압수자가 법 제417조의 준항고를 제기함에는 불복대상인 압수 등 처분을 특정하여야 하나, 제대로 특정하지 못하거나 압수한 수사기관을 특정하지 못한다고 하여 준항고를 배척해서는 안 된다는 사례

형사소송법은 수사기관의 압수·수색영장 집행에 대한 사후적 통제수단 및 피압수자의 신속한 구제절차로 준항고 절차를 마련하여 검사 또는 사법경찰관의 압수 등에 관한 처분에 대하여 불복이 있으면 처분의 취소 또는 변경을 구할 수 있도록 규정하고 있다(제417조). 피압수자는 준항고인의 지위에서 불복의 대상이 되는 압수 등에 관한 처분을 특정하고 준항고취지를 명확히 하여 청구의 내용을 서면으로 기재한 다음 관할법원에 제출하여야 한다(형사소송법 제418조). 다만 준항고인이 불복의 대상이 되는 압수 등에 관한 처분을 구체적으로 특정하기 어려운 사정이 있는 경우에는 법원은 석명권 행사 등을 통해 준항고인에게 불복하는 압수 등에 관한 처분을 특정할 수 있는 기회를 부여하여야 한다. … (또한) 형사소송법 제417조에 따른 준항고 절차는 항고소송의 일종으로 당사자주의에 의한 소송절차와는 달리 대립되는 양 당사자의 관여를 필요로 하지 않는다. 따라서 준항고인이 불복의 대상이 되는 압수 등에 관한 처분을 한 수사기관을 제대로 특정하지 못하거나 준항고인이 특정한 수사기관이 해당 처분을 한 사실을 인정하기 어렵다는 이유만으로 준항고를 쉽사리 배척할 것은 아니다. … 준항고인이 압수·수색 처분의 주체로 지정한 수사처 검사가 압수·수색 처분을 한 사실이 없다거나 준항고인을 압수·수색영장 대상자로 하여 어떠한 물건에 대한 압수·수색 처분을 하였다고 인정할 자료가 없거나 부족하다는 이유만으로 준항고인의 이 부분 청구를 기각한 원심의 판단에는 준항고 대상 특정에 관한 법리를 오해하고 필요한 심리를 다하지 않아 재판에 영향을 미친 잘못이 있다.

보충 준항고인은 언론 보도나 수사 과정을 통하여 수사처 검사가 준항고인을 피의자로 하여 대검찰청 감찰부 등에 대한 압수·수색영장을 집행한 것으로 알고 있지만, 수사처 검사의 압수·수색 당시 압수·수색영장을 제시받지 못하였고 참여를 위한 통지조차 받지 못하였다고 주장하면서, 법원에 "수사처 소속 검사가 2021.9. 초순경부터 2021.11.30.까지 사이에 피의자(준항고인)를 대상으로 실시한 압수·수색 처분 중 피의자에 대한 통지절차를 거치지 아니하여 피의자의 참여권을 보장하지 아니한 압수·수색 처분을 모두 취소해 달라."는 내용의 준항고를 제기하였다. 이러한 준항고제기는 적법하다는 사례이다.

V 압수·수색·검증과 영장주의의 예외

사전영장이 필요하지 않은 대물적 강제처분				
체포·구속	전 (목적)	체포·구속목적의 피의자수색(제216조 제1항 제1호)	요급처분 ○	사후영장 ×
	중 (현장)	① 체포·구속현장에서의 압수·수색·검증(제216조 제1항 제2호) ② 피고인 구속현장에서의 압수·수색·검증(제216조 제2항)	요급처분 ○	사후영장 ○ 지체 없이 (48h) 청구
	후 (현장 ×)	긴급체포된 자가 소지·소유·보관하는 물건에 대한 압수·수색·검증(제217조 제1항) 24h	요급처분 ×	
범죄장소	(범행 중·직후) 범죄장소에서의 압수·수색·검증(제216조 제3항)		요급처분 ○	사후영장 ○ 지체 없이 받을 것
임의제출물	임의제출물의 압수(제108조, 제218조)		요급처분 ×	사후영장 ×
법원 내	법원의 공판정에서의 압수·수색(제113조) cf. 공판정 외 : 영장 요			
검 증	① 법원의 검증(제139조) : 공판정 내·외 불문 ② 변사자 긴급검증(제222조)			

비교 대인적 강제처분의 영장주의의 예외 : 긴급체포(제200조의3)와 현행범체포(제212조)

1. 체포·구속목적의 피의자 수색

(1) 의의 : 검사 또는 사법경찰관은 피의자를 체포(통상체포·긴급체포·현행범체포) 또는 구속하는 경우에 (피의자의 발견을 위하여) **필요한 때**에는 영장 없이 타인의 주거나 타인이 간수하는 가옥·건조물·항공기·선차 내에서 피의자를 수사(수색)할 수 있다(제216조 제1항 제1호 본문). [법원9급 17, 국가9급 13, 경찰간부 13, 해경간부 12] 피의자 체포를 위해 일정 장소에 대한 수색은 필수불가결한 전제이므로 영장주의의 예외로 규정되어 있는 것이다. 다만, 헌법재판소는 아래와 같이, **수색에 앞서 영장을 발부받기 어려운 긴급한 사정이 인정되지**

않는 경우에도 영장 없이 피의자 수색을 할 수 있다는 것은 헌법상 영장주의에 위반된다고 결정하였다(헌법불합치결정, 헌법재판소 2018.4.26, 2015헌바370,2016헌가7). 이에 2019.12.31. 개정 형사소송법에서는 같은 조항의 단서로 "**다만, 제200조의2(영장에 의한 체포) 또는 제201조(구속)에 따라 피의자를 체포 또는 구속하는 경우의 피의자 수색은 미리 수색영장을 발부받기 어려운 긴급한 사정이 있는 때에 한정한다.**"는 긴급성 요건을 신설하였다(2019.12.31. 개정법 제216조 제1항 제1호 단서).[1]

판례연구 형사소송법 제216조 제1항 제1호 관련판례

1. 헌법재판소 2018.4.26, 2015헌바370,2016헌가7(병합)

구 형사소송법 제216조 제1항 제1호에 대한 헌법불합치결정

헌법 제12조 제3항과는 달리 헌법 제16조 후문은 "주거에 대한 압수나 수색을 할 때에는 검사의 신청에 의하여 법관이 발부한 영장을 제시하여야 한다."라고 규정하고 있을 뿐 영장주의에 대한 예외를 명문화하고 있지 않다. 그러나 헌법 제12조 제3항과 헌법 제16조의 관계, 주거 공간에 대한 긴급한 압수·수색의 필요성, 주거의 자유와 관련하여 영장주의를 선언하고 있는 헌법 제16조의 취지 등을 종합하면, 헌법 제16조의 영장주의에 대해서도 그 예외를 인정하되, 이는 ① 그 장소에 범죄혐의 등을 입증할 자료나 피의자가 존재할 개연성이 소명되고, ② 사전에 영장을 발부받기 어려운 긴급한 사정이 있는 경우에만 제한적으로 허용될 수 있다고 보는 것이 타당하다. 형사소송법 제216조 제1호의 조항(이하 심판대상조항)은 체포영장을 발부받아 피의자를 체포하는 경우에 필요한 때에는 영장 없이 타인의 주거 등 내에서 피의자 수사를 할 수 있다고 규정함으로써, 앞서 본 바와 같이 별도로 영장을 발부받기 어려운 긴급한 사정이 있는지 여부를 구별하지 아니하고 피의자가 소재할 개연성만 소명되면 영장 없이 타인의 주거 등을 수색할 수 있도록 허용하고 있다. 이는 체포영장이 발부된 피의자가 타인의 주거 등에 소재할 개연성은 소명되나, 수색에 앞서 영장을 발부받기 어려운 긴급한 사정이 인정되지 않는 경우에도 영장 없이 피의자 수색을 할 수 있다는 것이므로, 헌법 제16조의 영장주의 예외 요건을 벗어나는 것으로서 영장주의에 위반된다.

2. 대법원 2021.5.27, 2018도13458

개정 형사소송법 제216조 제1항 제1호 소급적용 사례

① 헌법재판소는 2018.4.26, 2015헌바370, 2016헌가7(병합) 결정에서, 위 제216조 제1항 제1호 중 제200조의2에 관한 부분(이하 '구법 조항')은 체포영장이 발부된 피의자가 타인의 주거 등에 소재할 개연성은 소명되나, 수색에 앞서 영장을 발부받기 어려운 긴급한 사정이 인정되지 않는 경우에도 영장 없이 피의자 수색을 할 수 있다는 것이므로, 헌법 제16조의 영장주의 예외 요건을 벗어나는 것으로서 영장주의에 위반된다고 판단하였다. 나아가 구법 조항에 대하여 단순위헌결정을 하여 그 효력을 즉시 상실시킨다면, 수색영장 없이 타인의 주거 등을 수색하여 피의자를 체포할 긴급한 필요가 있는 경우에도 이를 허용할 법률적 근거가 사라지게 되는 법적 공백상태가 발생하게 된다는 이유로 헌법불합치를 선언하면서, 구법 조항은 2020. 3. 31.을 시한으로 입법자가 개정할 때까지 계속 적용된다고 결정하였다(이하 '이 사건 헌법불합치결정'). 이 사건 헌법불합치결정에 나타나는 구법 조항의 위헌성, 구법 조항에 대한 헌법불합치결정의 잠정적용의 이유 등에 의하면, 헌법재판소가 구법 조항의 위헌성을 확인하였음에도 불구하고 일정 시한까지 계속 적용을 명한 것은 구법 조항에 근거하여 수색영장 없이 타인의 주거 등을 수색하여 피의자를 체포할 긴급한 필요가 있는 경우에는 이를 허용할 필요성이 있었기 때문이다. 따라서 구법 조항 가운데 그 해석상 '수색영장 없이 타인의 주거 등을 수색하여 피의자를 체포할 긴급한 필요가 없는 경우' 부분은 영장주의에 위반되는 것으로서 개선입법 시행 전까지 적용중지 상태에 있었다고 보아야 한다. … ② 이 사건 헌법불합치결정에 따라 개정된 형사소송법은 제216조 제1항 제1호 중 '피의자 수사'를 '피의자 수색'으로 개정하면서 단서에 "제200조의2 또는 제201조에 따라 피의자를 체포 또는 구속하는 경우의 피의자 수색은 미리 수색영장을 발부받기 어려운 긴급한 사정이 있는 때에 한정한다."라는 부분을 추가하였으나, 부칙은 소급적용에 관하여 아무런 규정을 두고 있지 않다. 어떤 법률조항에 대하여 헌법재판소가 헌법불합치결정을 하여 입법자에게 그 법률조항을 합헌적으로 개정 또는 폐지하는 임무를 입법자의 형성 재량에 맡긴 이상, 개선입법의 소급적용 여부와 소급적용 범위는 원칙적으로 입법자의 재량에 달린 것이다. 그러나 구법 조항에 대한 이 사건 헌법불합치결정의 취지나 위헌심판의 구체적 규범통제 실효성 보장이라는 측면을 고려할 때, 적어도 이 사건 헌법불합치결정을 하게 된 당해 사건 및 이 사건 헌법불합치결정 당시에 구법 조항의 위헌 여부가 쟁점이 되어 법원에 계속 중인 사건에 대하여는 이 사건 헌법불합치결정의 소급효가 미친다고 해야 하므로, 비록 현행 형사소송법 부칙에 소급적용에 관한 경과조치를 두고 있지 않더라도 이들 사건에 대하여는 구법 조항을 그대로 적용할 수는 없고, 위헌성이 제거된 현행 형사소송법의 규정을 적용하여야 한다. … 구법 조항이 헌법재판소법 제47조의 소급효가 인정되는 형벌조항은 아니지만, 기존의 법리에 따라, 이 사건 헌법불합치결정을 하게 된 당해 사건인 이 사건 및 이 사건 헌법불합치결정 당시 구법 조항의 위헌 여부가 쟁점이

1) [보충] 법원의 피고인 구속영장 집행 시의 피고인 수색에도 긴급성 요건이 신설되었다. 2019.12.31. 개정법 제137조(구속영장집행과 수색) 검사, 사법경찰관리 또는 제81조 제2항의 규정에 의한 법원사무관등이 구속영장을 집행할 경우에 필요한 때에는 '미리 수색영장을 발부받기 어려운 긴급한 사정이 있는 경우에 한정하여' 타인의 주거, 간수자있는 가옥, 건조물, 항공기, 선차 내에 들어가 피고인을 수색할 수 있다.

되어 법원에 계속 중인 사건에 대하여는 위헌성이 제거된 현행 형사소송법의 규정이 적용되어야 하므로, 이 사건 건조물을 수색하기에 앞서 수색영장을 발부받기 어려운 긴급한 사정이 있었다고 볼 수 없음에도 수색영장 없이 경찰이 이 사건 건조물을 수색한 행위는 적법한 공무집행에 해당하지 아니한다.[1]

(2) 요 건

① **주체** : 검사 또는 사법경찰관으로 제한된다. **사인**은 현행범체포를 위하여 타인의 주거를 수색할 수 없다. [해경간부 12, 경찰승진 11, 경찰채용 03 1차]

② **피의자 발견을 위한 수색** : 수색은 **피의자의 발견을 위해서만** 인정되는 것이다(필요성). 따라서 이미 피의자를 발견하고 체포를 위해 추적하는 도중에 피의자를 따라 피의자 · 제3자의 주거 등에 들어가는 것은 체포 · 구속과정의 일부에 불과하므로 본호의 수색에는 해당하지 않는다. 한편 피고인을 구속하기 위한 수색은 제137조에 의하여 인정된다.

③ **체포 전** : 수색은 **체포 전**일 것을 요한다. 따라서 체포한 후에는 제216조 제1항 제1호가 아니라 제2호의 긴급조치에 해당된다. 제1호는 사후영장이 필요없지만, 제2호는 필요하므로 양자는 구별실익이 있다. 수색과 체포 사이의 시간적 접착이나 체포의 성공 여부는 따지지 아니한다.

④ **타인** : 타인의 주거 등에서의 타인에는 피의자와 제3자가 모두 포함된다.

⑤ **개연성 및 긴급성** : 본조가 영장주의의 예외인 이상, ㉠ 그 주거 등에 **피의자가 존재한다는 개연성**이 소명되어야 한다. 그리고 ㉡ 그 장소를 수색하기에 앞서 **별도로 수색영장을 발부받기 어렵다는 긴급성**이 있는 경우이어야 한다(헌법재판소 2018.4.26, 2015헌바370, 2016헌가7). 이에 2019.12.31. 개정법에서는 제216조 제1항 제1호 단서를 통하여 **영장에 의한 체포와 구속을 하는 경우의 피의자 수색은 미리 수색영장을 발부받기 어려운 긴급한 사정이 있는 때에 한정한다**는 긴급성 요건을 명문으로 규정하였다. 다만, 긴급체포와 현행범인체포의 경우에는 그 체포절차 자체가 긴급성 내지 현행성을 요건으로 하는 것이므로 피의자 수색을 위한 별도의 긴급성 요건은 규정되지 않았다. 이에 개정법에 의한 명문의 규정에도 불구하고 피의자 수색을 위한 긴급성 요건의 적용범위에 관해서는 향후 학설 · 판례의 입장이 주목된다.

(3) **사후영장** : 체포의 성공 여부를 불문하고 체포 · 구속목적의 피의자수색의 경우 **사후영장은 필요 없다**. [경찰승진 09/11]

2. 체포 · 구속현장에서의 압수 · 수색 · 검증

(1) **의의** : 검사 또는 사법경찰관은 피의자를 체포(통상체포 · 긴급체포 · 현행범체포) 또는 구속하는 경우에 필요한 때에는 **영장 없이 체포현장에서 압수 · 수색 · 검증을 할 수 있다**(제216조 제1항 제2호). [법원9급 15, 국가9급 13, 교정9급특채 10, 경찰간부 13, 경찰승진 11, 경찰채용 04 1차/06 2차/15 1차] 따라서 압수 · 수색영장의 제시에 관한 제118조(압수 · 수색영장은 처분을 받는 자에게 반드시 제시하여야 한다)는 사후에 영장을 받아야 하는 경우인 제216조 등에 대하여 적용되지 아니한다(대법원 2014.9.4, 2014도3263).

대법원 2014.9.4, 2014도3263

압수 · 수색영장의 제시에 관한 법 제118조가 사후영장을 받는 법 제216조 등에 대해서는 적용되지 아니한다는 사례

압수 · 수색영장의 제시에 관한 형사소송법 제118조("압수 · 수색영장은 처분을 받는 자에게 반드시 제시하여야 한다."[2] 이는 형사소송법 제219조에 의하여 검사 또는 사법경찰관의 본장의 규정에 의한 압수, 수색 또는 검증에 준용한다)가 사후에 영장을 받아야 하는 경우에 관한 형사소송법 제216조 등에 대하여도 적용됨을 전제로 하는 주장 역시 독자적인 견해에 불과하여 받아들일 수 없다.

---

1) [연습] 헌법재판소가 구 형사소송법 제216조 제1항 제1호 중 제200조의2에 관한 부분에 대해 헌법불합치결정을 하면서 계속 적용을 명한 부분의 효력은 '수색영장 없이 타인의 주거 등을 수색하여 피의자를 체포할 긴급한 필요가 없는 경우'까지 미치지 않는다. (O)
[연습] 입법자가 구 형사소송법 제216조 제1항 제1호 중 제200조의2에 관한 부분에 대한 헌법불합치결정에 따라 위 법률조항을 개정하면서 부칙에 위헌성이 제거된 개정 조항이 소급 적용에 관한 경과규정을 두지 않은 경우, 개정 조항의 소급 적용될 수 없다. (×)

2) [참고] 과거의 법조문의 내용이다. 현재는 다음과 같다. 제118조(영장의 제시와 사본교부) 압수 · 수색영장은 처분을 받는 자에게 반드시 제시하여야 하고, 처분을 받는 자가 피고인인 경우에는 그 사본을 교부하여야 한다. 다만, 처분을 받는 자가 현장에 없는 등 영장의 제시나 그 사본의 교부가 현실적으로 불가능한 경우 또는 처분을 받는 자가 영장의 제시나 사본의 교부를 거부한 때에는 예외로 한다. 〈개정 2022.2.3.〉

(2) 취지 : ① 부수처분설(큰 구속이 허용되면 그보다 적은 압수 · 수색은 당연히 허용 : 신동운, 배종대 등)과 ② 긴급행위설(체포자의 안전과 피의자의 증거인멸의 방지를 위한 개연성이 인정되면 허용 : 이/조, 임동규 등)이 대립한다. 영장주의의 예외를 확대해서는 안 된다는 점에서 긴급행위설이 타당하다. 다만, 어느 학설에 의하든 2007년 개정법에 의해 제217조 제2항이 도입되어 체포현장 압수물 등에 대한 사후통제가 가능하게 되었다.

(3) 요 건

① 체포현장

(가) 시간적 접착성 : 체포현장에서의 압수 · 수색 · 검증은 **체포와의 시간적 접착성을 요한다**는 것에는 학설 대립이 없다. 다만, 그 시간적 접착성의 의미에 대해서는 학설이 대립하나,[1] 피의자가 현장에 현재한다면 체포 전후 및 성공 여부를 불문하고, 먼저 체포에 착수한 때에는 피의자가 도주한 경우에도 압수 · 수색이 허용된다고 볼 수 있다(현장설).

(나) 장소적 범위 : 피체포자의 신체 및 그가 직접 지배하는 장소에 한한다.

> **대법원 2010.7.22, 2009도14376** [국가7급 11]
>
> 체포현장에서의 압수로 볼 수 없다는 사례
>
> 경찰이 피고인의 집에서 20m 떨어진 곳에서 피고인을 체포하여 수갑을 채운 후 피고인의 집으로 가서 집안을 수색하여 칼과 합의서를 압수하였을 뿐만 아니라 적법한 시간 내에 압수 · 수색영장을 청구하여 발부받지도 않았다면, 위 칼과 합의서는 임의제출물이 아니라 영장 없이 위법하게 압수된 것으로서 증거능력이 없고, 이를 기초로 한 2차 증거인 임의제출동의서, 압수조서 및 목록, 압수물 사진 역시 증거능력이 없다.

② 대상 : (긴급행위설에 의할 때) 체포자에게 위해를 줄 수 있는 **무기 · 흉기**나 피의자가 인멸할 만한 **피의사건과 관련성 있는 증거물**에 한한다. 따라서 **별건의 증거물**에 대해서는 임의제출을 구하거나 영장에 의하여 압수해야 하며, 본호의 압수는 불가하다.[2]

(4) 요급처분 : 제216조에 의한 영장에 의하지 않은 강제처분(체포등목적 피의자수색, 체포등현장 압수 · 수색 · 검증, 피고인구속현장 압수 · 수색 · 검증, 범죄장소 압수 · 수색 · 검증)을 하는 경우 급속을 요하는 때에는 제123조 제2항(**주거주 등 참여**)과 제125조(**야간집행 제한**)의 규정에 의함을 요하지 아니한다(제220조). 체포 · 구속현장이나 범죄장소와 같은 현장성이 구비된 상황에서의 압수 등에는 신속한 집행이 필요하기 때문이다.

정리 제220조의 요급처분은 제216조에만 적용되고, 제217조(긴급체포된 자에 대한 압수 등)와 제218조(임의제출물 압수)에는 적용되지 않음.

(5) 사후영장

① 영장청구 : 검사 또는 사법경찰관은 체포현장에서 압수한 물건을 계속 압수할 필요가 있는 경우에는 **지체 없이** 압수 · 수색영장을 청구하여야 한다. 이 경우 압수 · 수색영장의 청구는 **체포한 때로부터 48시간 이내**에 하여야 한다(제217조 제2항). 이는 **구속영장의 발부와는 관계없이** 하여야 한다. [국가7급 08, 교정9급특채 10]

② 압수물 반환 : 검사 또는 사법경찰관은 청구한 압수 · 수색영장을 발부받지 못한 때에는 압수한 물건을 **즉시 반환**하여야 한다(환부, 동조 제3항). 따라서 피고인을 현행범인으로 체포하면서 체포현장에서 영장 없이 대마를 압수하고 그 다음 날 피고인을 석방했음에도 **사후 압수 · 수색영장을 발부받지 않은 때에는 압수물의 증거능력이 부정**된다(대법원 2009.5.14, 2008도10914). [법원9급 12, 교정9급특채 12, 경찰채용 13 1차/14 1차]

---

1) [참고] ㉠ 체포설(체포가 현실적으로 실현된 경우이어야 함 : 배종대 · 이상돈 등), ㉡ 체포착수설(피의자가 체포현장에 있고 현실적으로 체포에 착수해야 함 : 손/신, 신동운, 신양균 등), ㉢ 현장설(피의자가 체포현장에 있으면 체포 전도 가능 : 이/조, 정웅석 · 백승민 등), ㉣ 체포접착설(체포 전후를 불문하고 압수 · 수색이 체포에 시간적 · 장소적으로 접착되어 있으면 가능 : 임동규 등)이 대립한다. 생각건대, 피의자가 현장에 현재한다면 체포 착수 전이라도 압수 · 수색이 필요한 경우도 있다는 점에서 제3설인 현장설이 타당하다고 본다. 이 경우 긴급행위의 남용의 문제는 제217조 제2항의 사후영장에 의한 통제가 도입됨으로써 일정부분 해소된 것으로 생각된다.

2) [참고] 다만, 피의자가 소지하는 것 자체가 범죄를 구성하는 물건(마약)을 발견한 경우는 현행범체포가 가능하므로 사건 관련성이 충족되어 그 압수가 가능하게 된다.

판례연구 체포현장에서의 압수물에 대한 사후영장 관련판례

1. **대법원 2009.5.14, 2008도10914** [법원9급 12, 국가7급 11]

체포현장 압수물에 대한 사후영장 청구·발부가 없었다면 영장주의 위반으로 위법수집증거라는 사례(스와핑 카페 사례)

음란물 유포의 범죄혐의를 이유로 압수·수색영장을 발부받은 사법경찰관이 피고인의 주거지를 수색하는 과정에서 대마를 발견하자, 피고인을 마약류관리에 관한 법률 위반죄의 현행범인으로 체포하면서 대마를 압수하였으나 그 다음 날 피고인을 석방하고도 사후 압수·수색영장을 발부받지 않았다면, 위 압수물과 압수조서는 형사소송법상 영장주의를 위반하여 수집한 증거로서 증거능력이 부정된다.

2. **대법원 2009.12.24, 2009도11401** [경찰채용 13 2차]

체포현장 압수물에 관하여 사후영장을 청구·발부받지 않은 경우, 증거동의가 있어도 위법수집증거라는 사례

법 제217조 제2항, 제3항에 위반하여 압수·수색영장을 청구하여 이를 발부받지 아니하고도 즉시 반환하지 아니한 압수물은 이를 유죄 인정의 증거로 사용할 수 없는 것이고, 헌법과 형사소송법이 선언한 영장주의의 중요성에 비추어 볼 때 피고인이나 변호인이 이를 증거로 함에 동의하였다고 하더라도 달리 볼 것은 아니다.

3. 피고인 구속현장에서의 압수·수색·검증

(1) 의의 : 검사·사법경찰관은 피고인에 대한 구속영장을 집행하는 경우에 필요한 때에는 집행현장에서 영장 없이 압수·수색·검증을 할 수 있다(제216조 제2항). [법원행시 04] 피고인 구속영장 집행 현장에서는 피고인의 범죄혐의를 입증할 만한 증거물을 압수·수색·검증하는 것이 구속영장 집행의 부수적 처분으로 허용된다는 취지이다.

정리 피고인 구속현장 압수·수색·검증과 임의제출물 압수(제218조)는 공소제기 이후임에도 수사기관의 강제처분이 허용되는 경우임.

(2) 성격 : 피고인 구속영장 집행은 검사·사법경찰관의 집행기관으로서의 활동이나, 그 집행현장에서의 압수·수색·검증은 **수사기관으로서의 강제처분**에 속한다. 따라서 이에 관해서는 **법관에게 결과를 보고하거나 압수물을 제출할 필요가 없다.** [국가7급 07, 경찰승진 11]

(3) 증인에 대한 구인장 집행 : 본항은 피고인에 대한 구속영장 집행시에만 적용되므로, **증인에 대한 구인장을 집행하는 경우에는 적용되지 아니한다.**

(4) 피고인을 구속하기 위한 수색 : 검사, 사법경찰관리 또는 법원사무관 등(제81조 제2항)이 구속영장을 집행할 경우에 필요한 때에는 **미리 수색영장을 발부받기 어려운 긴급한 사정이 있는 경우에 한정하여** 타인의 주거, 간수자 있는 가옥, 건조물, 항공기, 선차 내에 들어가 피고인을 수색할 수 있다(2019.12.31. 개정 제137조). 이는 대물적 강제처분이 아니라 **구속영장 집행을 위한 재판의 집행처분**이므로, 사후영장을 요하지 아니한다.

(5) 요급처분 : 급속을 요하는 때에는 주거주 등 참여 및 야간집행 제한 규정이 적용되지 아니한다(제220조).

4. 범죄장소에서의 압수·수색·검증

(1) 의의 : **범행 중 또는 범행 직후의 범죄장소**에서 **긴급을 요하여 법원판사의 영장을 받을 수 없는 때**에는 영장 없이 압수·수색·검증을 할 수 있다(제216조 제3항). [법원9급 15, 경찰채용 13 1차/15 1차] 특히 현행범인에 대한 체포 전 또는 체포 실패 상황에서의 범죄현장에서는 증거물의 은닉과 산일(散逸)을 방지하기 위한 조항이다. 따라서 범행 중 또는 범행 직후의 범죄장소이면 족하고, **피의자에 대한 체포·구속을 전제로 하지 않을 뿐 아니라 피의자가 현장에 있거나 체포되었을 것을 요건으로 하지 않는다.**

(2) 요 건

① 범죄장소 : **범행 중 또는 범행 직후의 범죄장소**이어야 하는바, 범죄의 증거가 될 만한 뚜렷한 흔적이 신체나 의복류에 있는 준현행범인의 요건(제211조 제2항 제3호)이 갖추어져 있고 범행시각으로부터 사회통념상 범행 직후라고 볼 수 있는 시간 내라면, 의식불명된 피의자를 곧바로 후송한 **병원응급실 등의 장소도 본항의 범죄장소**에 해당된다(대법원 2012.11.15, 2011도15258). [국가9급 22]

판례연구 범죄장소에서의 압수 사례

1. **대법원 1998.5.8, 97다54482** [국가9급 15, 경찰승진 11]

   주취운전을 적발한 경찰관이 주취운전의 계속을 막기 위하여 취할 수 있는 조치

   주취 상태에서의 운전은 도로교통법 제41조의 규정에 의하여 금지되어 있는 범죄행위임이 명백하고 그로 인하여 자기 또는 타인의 생명이나 신체에 위해를 미칠 위험이 큰 점을 감안하면, 주취운전을 적발한 경찰관이 주취운전의 계속을 막기 위하여 취할 수 있는 조치로는, 단순히 주취운전의 계속을 금지하는 명령 이외에 다른 사람으로 하여금 대신하여 운전하게 하거나 당해 주취운전자가 임의로 제출한 차량열쇠를 일시 보관하면서 가족에게 연락하여 주취운전자와 자동차를 인수하게 하거나 또는 주취 상태에서 벗어난 후 다시 운전하게 하며 그 주취 정도가 심한 경우에 경찰관서에 일시 보호하는 것 등을 들 수 있고, 한편 주취운전이라는 범죄행위로 당해 음주운전자를 구속·체포하지 아니한 경우에도 필요하다면 그 차량열쇠는 범행 중 또는 범행 직후의 범죄장소에서의 압수로서 형사소송법 제216조 제3항에 의하여 영장 없이 이를 압수할 수 있다.

2. **대법원 2012.11.15, 2011도15258; 2011.4.28, 2009도2109** [국가7급 17, 경찰채용 13 1차/24 1차]

   [1] 영장·감정처분허가장 없이 채취한 혈액을 이용한 혈중알코올농도 감정 결과의 증거능력 : 원칙 ×

   수사기관이 법원으로부터 영장 또는 감정처분허가장을 발부받지 아니한 채 피의자의 동의 없이 피의자의 신체로부터 혈액을 채취하고 사후에도 지체 없이 영장을 발부받지 아니한 채 혈액 중 알코올농도에 관한 감정을 의뢰하였다면, 이러한 과정을 거쳐 얻은 감정의뢰회보 등은 형사소송법상 영장주의 원칙을 위반하여 수집하거나 그에 기초하여 획득한 증거로서, 원칙적으로 절차위반행위가 적법절차의 실질적인 내용을 침해하여 피고인이나 변호인의 동의가 있더라도 유죄의 증거로 사용할 수 없다.

   [2] 음주운전 중 교통사고를 내고 의식불명 상태에 빠져 병원으로 후송된 운전자에 대하여 수사기관이 영장 없이 강제채혈을 할 수 있는지 여부(한정 적극) 및 이 경우 사후 압수영장을 받아야 하는지 여부(적극)

   음주운전 중 교통사고를 야기한 후 피의자가 의식불명 상태에 빠져 있는 등으로 도로교통법이 음주운전의 제1차적 수사방법으로 규정한 호흡조사에 의한 음주측정이 불가능하고 혈액 채취에 대한 동의를 받을 수도 없을 뿐만 아니라 법원으로부터 혈액 채취에 대한 감정처분허가장이나 사전 압수영장을 발부받을 시간적 여유도 없는 긴급한 상황이 생길 수 있다. 이러한 경우 피의자의 신체 내지 의복류에 주취로 인한 냄새가 강하게 나는 등 형사소송법 제211조 제2항 제3호가 정하는 범죄의 증적이 현저한 준현행범인의 요건이 갖추어져 있고 교통사고 발생 시각으로부터 사회통념상 범행 직후라고 볼 수 있는 시간 내라면, 피의자의 생명·신체를 구조하기 위하여 사고현장으로부터 곧바로 후송된 병원 응급실 등의 장소는 형사소송법 제216조 제3항의 범죄 장소에 준한다 할 것이므로, 검사 또는 사법경찰관은 피의자의 혈중알코올농도 등 증거의 수집을 위하여 의료법상 의료인의 자격이 있는 자로 하여금 의료용 기구로 의학적인 방법에 따라 필요최소한의 한도 내에서 피의자의 혈액을 채취하게 한 후 그 혈액을 영장 없이 압수할 수 있다. 다만, 이 경우에도 형사소송법 제216조 제3항 단서, 형사소송규칙 제58조, 제107조 제1항 제3호에 따라 사후에 지체 없이 강제채혈에 의한 압수의 사유 등을 기재한 영장청구서에 의하여 법원으로부터 압수영장을 받아야 한다.

② 긴급성 : **긴급을 요하여 법원 판사의 영장을 받을 수 없는 때**이어야 한다. 이 요건을 갖추지 못하였다면 당해 압수·수색·검증은 위법하며 이는 **사후영장을 발부받았다고 하여 그 위법이 치유되는 것이 아니다**(대법원 2012.2.9, 2009도14884; 2017.11.29, 2014도16080). 대법원은 불법게임장 주변에서 순찰 도중 남자들이 들어가는 것을 우연히 목격하고 따라 들어가 불법게임기를 압수·수색한 사례에서, **불법게임기는 상당한 부피와 무게 때문에 쉽게 은폐나 은닉이 되지 않는다**는 이유로 **긴급성을 인정하지 아니하였다**(대법원 2012.2.9, 2009도14884).

판례연구 범죄장소에서의 압수의 긴급성 요건

1. **대법원 2012.2.9, 2009도14884; 2017.11.29, 2014도16080** [경찰채용 21 1차]

   범죄장소에서의 긴급압수·수색의 요건을 갖추지 못한 경우와 사후영장

   범행 중 또는 범행 직후의 범죄 장소에서 긴급을 요하여 법원 판사의 영장을 받을 수 없는 때에는 영장 없이 압수·수색 또는 검증을 할 수 있으나, 사후에 지체없이 영장을 받아야 한다(형사소송법 제216조 제3항). 형사소송법 제216조 제3항의 요건 중 어느 하나라도 갖추지 못한 경우에 그러한 압수·수색 또는 검증은 위법하며, 이에 대하여 사후에 법원으로부터 영장을 발부받았다고 하여 그 위법성이 치유되지 아니한다.

   보충 형사소송법 제216조 제3항이 정한 '긴급을 요하여 법원 판사의 영장을 받을 수 없는 때'의 요건을 갖추지 못하였다면 적법한 직무집행으로 볼 수 없다고 한 사례이다.

2. **대법원 2012.2.9, 2009도14884**

   불법 게임기의 상당한 부피와 무게 때문에 긴급성을 인정하지 않은 사례

경찰관들은 단속리스트에 기재된 게임장들 주위를 순찰하던 도중 이 사건 게임장에 남자들이 들어가는 것을 우연히 목격한 후 따라 들어가 그 내부를 수색한 점, 불법 게임장 영업은 그 성질상 상당한 기간 동안 계속적으로 이루어지고 불법 게임기는 상당한 부피 및 무게가 나가는 것들로서 은폐나 은닉이 쉽지 아니한 점 등에 비추어 보면, 위 경찰관들의 압수수색은 형사소송법 제216조 제3항 소정의 '긴급성' 요건을 충족시키지 못한 것으로 위법하다고 판단된다.

(3) 요급처분 : 급속을 요하는 때에는 주거주 등 참여 및 야간집행 제한 규정이 적용되지 아니한다(제220조).

(4) 사후영장

① 지체 없이 받을 것 : 피의자에 대한 체포 · 구속을 전제로 함이 없이 단지 범죄장소라는 이유만으로 긴급압수 등을 인정한 것이므로, 압수 · 수색 · 검증을 하고 난 **사후에 지체 없이(48h ×) 압수 · 수색 · 검증영장을 받아야 한다**(제216조 제3항 제2문). [법원9급 17, 국가7급 07, 교정9급특채 10, 해경간부 12, 경찰승진 11, 경찰채용 06 2차/13 1차] 보통 48시간 이내 영장청구로 하는 것에 비하여 매우 엄격한 규정이다. 따라서 **사후영장을 받지 않은 경우 압수 등 후 작성된 압수 · 수색 · 검증조서는 위법수집증거**로서 증거능력이 부정된다(대법원 1990.9.14, 90도1263).

대법원 1990.9.14, 90도1263

위급처분으로서 압수수색영장 없이 검증을 하고 사후영장을 발부받지 아니한 사례

사법경찰관 작성의 검증조서의 작성이 범죄현장에서 급속을 요한다는 이유로 압수수색 영장 없이 행하여졌는데 그 후 법원의 사후 영장을 받은 흔적이 없다면 유죄의 증거로 쓸 수 없다.

② 영장청구서 기재사항 : 압수 · 수색 · 검증영장청구서에는 영장 없이 압수 · 수색 · 검증을 한 일시 및 장소를 기재하여야 한다(규칙 제107조 제1항 제5호).

③ 압수물의 반환 : 영장을 발부받지 못한 때 압수물을 즉시 반환함은 동일하다.

5. 긴급체포된 자에 대한 압수 · 수색 · 검증

(1) 의의 : 검사 또는 사법경찰관은 긴급체포된 자가 소유 · 소지 · 보관하는 물건에 대하여 긴급히 압수할 필요가 있는 경우에는 체포한 때로부터 24시간 이내에 한하여 영장 없이 압수 · 수색 · 검증을 할 수 있다(제217조 제1항). [법원9급 17, 경찰채용 15 1차] 긴급체포된 사실이 밝혀지면 피의자와 관련된 사람이 증거물을 은닉하는 것을 방지하기 위한 제도이다. 구법에서는 "긴급체포할 수 있는 자"라고 되어 있었던 것을 2007년 개정법에서 "제200조의3에 따라 체포된 자"로 명확히 규정하는 등 적법절차원칙을 강화한 부분이다.[1]

(2) 요 건

① 긴급성 : **긴급히 압수할 필요가 있는 경우**이어야 한다(2007년 개정).

② 대상 : 영장 없이 압수 · 수색 · 검증을 할 수 있는 것은 **현실로 긴급체포된 자의 소유 · 소지 · 보관하는 물건**으로서, **긴급체포의 사유가 된 당해 범죄와 관련된 물건으로 한정된다.** 다만, 긴급체포된 자가 소유 · 소지 · 보관하는 물건이라면 **체포현장이 아닌 장소라 하더라도 압수 · 수색 · 검증을 할 수 있다**(제216조 제1항 제2호와의 차이점, 대법원 2017.9.12, 2017도10309).

1) [참고 – 2007년 개정법의 내용] 종래 긴급압수 · 수색 · 검증이 본래의 취지와 달리 남용되고 있다는 지적에 따라 2007년 개정법에서는 특히 이 부분에 대한 통제를 강화하였다. 먼저 ① 긴급압수 등의 대상자를 종전의 '체포할 수 있는 자'에서 '체포된 자'로 한정하였다(대상의 명확화). 또한 ② 긴급압수 · 수색 · 검증은 실무상 긴급체포된 사실이 밝혀지면 피의자와 관련된 사람이 증거물을 은닉하는 것을 방지하기 위한 제도이므로 법관으로부터 영장을 발부받을 시간적 여유가 없는 상태에서 긴급히 압수할 필요가 있는 경우에 할 수 있다는 점을 명시하였다(긴급성 요건 추가). 아울러 ③ 긴급압수 · 수색 · 검증이 허용되는 시간을 24시간으로 제한하고(시간제한), ④ 체포현장에서의 긴급압수 · 수색 · 검증과 긴급체포에 부수된 긴급압수 · 수색 · 검증의 독자성을 인정하여 압수를 계속할 필요가 있을 경우 구속영장과는 별도로 체포시로부터 48시간 이내에 압수 · 수색영장을 청구하도록 하였다(법원실무 I 361면).

판례연구 긴급체포된 자에 대한 압수 · 수색 · 검증의 대상 관련판례

1. **대법원 2008.7.10, 2008도2245** [경찰채용 12 1차/13 1차/15 3차]

구 형사소송법 제217조 제1항에 따른 긴급체포시 적법하게 압수할 수 있는 대상물인지 여부의 판단기준

어떤 물건이 긴급체포의 사유가 된 범죄사실 수사에 필요한 최소한의 범위 내의 것으로서 압수의 대상이 되는 것인지는 당해 범죄사실의 구체적인 내용과 성질, 압수하고자 하는 물건의 형상 · 성질, 당해 범죄사실과의 관련 정도와 증거가치, 인멸의 우려는 물론 압수로 인하여 발생하는 불이익의 정도 등 압수 당시의 여러 사정을 종합적으로 고려하여 객관적으로 판단하여야 한다. … 경찰관이 이른바 전화사기죄 범행의 혐의자를 긴급체포하면서 그가 보관하고 있던 다른 사람의 주민등록증, 운전면허증 등을 압수한 것은, 구 형사소송법(2007.6.1. 법률 제8496호로 개정되기 전의 것) 제217조 제1항에서 규정한 해당 범죄사실의 수사에 필요한 범위 내의 압수로서 적법하므로, 이를 위 혐의자의 점유이탈물횡령죄 범행에 대한 증거로 인정할 수 있다.

2. **대법원 2017.9.12, 2017도10309**

체포현장이 아닌 장소에서도 긴급체포된 자가 소유 · 소지 또는 보관하는 물건에 대한 압수, 수색이 가능한지 문제된 사건

범죄수사를 위하여 압수, 수색 또는 검증을 하려면 미리 영장을 발부받아야 한다는 이른바 사전영장주의(법 제215조 제2항)가 원칙이지만, 법 제217조는 그 예외를 인정한다. 즉, 검사 또는 사법경찰관은 긴급체포된 자가 소유 · 소지 또는 보관하는 물건에 대하여는 긴급히 압수할 필요가 있는 경우에는 체포한 때부터 24시간 이내에 한하여 영장 없이 압수 · 수색 또는 검증을 할 수 있고(법 제217조 제1항), 압수한 물건을 계속 압수할 필요가 있는 경우에는 지체 없이 압수수색영장을 청구하여야 한다. 이 경우 압수수색영장의 청구는 체포한 때부터 48시간 이내에 하여야 한다(같은 조 제2항). … 이 규정에 따른 압수 · 수색 또는 검증은 체포현장에서의 압수 · 수색 또는 검증을 규정하고 있는 형사소송법 제216조 제1항 제2호와 달리, 체포현장이 아닌 장소에서도 긴급체포된 자가 소유 · 소지 또는 보관하는 물건을 대상으로 할 수 있다.

③ 시한 : 영장 없이 압수 · 수색 · 검증을 할 수 있는 기간은 **체포한 때부터 24시간 이내**에 한한다(24 & 48, 2007년 개정, 구법 : 48시간). [법원9급 15, 국가9급 09/14, 교정9급특채 13, 경찰간부 13, 해경간부 12, 경찰승진 11/12/13/14]

(3) 요급처분 : 제220조의 요급처분은 긴급체포된 자에 대한 압수 · 수색 · 검증에는 적용되지 아니한다(제220조 요급처분은 제216조에만 적용).

(4) 사후영장 : 압수한 물건을 계속 압수할 필요가 있는 때에는 **지체 없이** 압수 · 수색영장을 청구하되, 청구는 **체포(압수 ×)한 때로부터 48시간 이내**에 하여야 한다(24 & 48, 제217조 제2항). 이는 **구속영장 발부와 관계가 없다**. 사후영장을 받지 못하면 즉시 환부해야 하는 것(동 제3항)은 체포현장에서의 압수 · 수색과 동일하다. [법원9급 17, 국가9급 11/13, 경찰간부 13]

6. 유류물 · 임의제출물 등의 압수(영치)

(1) 의의 : 법원 또는 검사 · 사법경찰관은 피의자 · 피고인 기타인의 유류(遺留)한 물건이나 소유자 · 소지자 · 보관자가 임의로 제출한 물건을 영장 없이 압수할 수 있다(제108조, 제218조). 점유취득 방법이 강제적이 아니라 임의적이라는 점에서 영장주의의 예외로 규정하고 있으나, 일단 압수된 후에는 제출자가 임의로 취거하는 것은 불가하므로 대물적 강제처분의 일종에 해당한다. **따라서 제출의 임의성이 인정되기 위해서는 압수하기 전에 수사기관이 기망·강박 없이 임의제출의 의미·효과 등을 소유자 등에게 고지하여 임의제출할 경우 압수되어 돌려받지 못한다는 사정 등을 제출자가 충분히 인식하여야 한다.**

(2) 목적물

① 유류물 : 유실물보다 넓은 개념으로서, 범죄현장에서 발견된 범인이 버리고 간 흉기, 혈흔, 지문, 족적, 범행현장에서 발견된 강판조각 등이 포함된다.

판례연구 유류물 압수에 해당한다는 사례

1. **대법원 2008.10.23, 2008도7471**

지문채취 대상물 압수 이전에 현장에서 먼저 채취된 지문

범행 현장에서 지문채취 대상물에 대한 지문채취가 먼저 이루어진 이상, 수사기관이 그 이후에 지문채취 대상물을 적법한 절차에 의하지 아니한 채 압수하였다고 하더라도(지문채취 대상물인 맥주컵, 물컵, 맥주병 등은 피해자 A가 운영하는 주점 내에 있

던 A의 소유로서 이를 수거한 행위가 A의 의사에 반한 것이라고 볼 수 없으므로, 이를 가리켜 위법한 압수라고 보기도 어렵다), 위와 같이 채취된 지문은 위법하게 압수한 지문채취 대상물로부터 획득한 2차적 증거에 해당하지 아니함이 분명하여, 이를 가리켜 위법수집증거라고 할 수 없다.

2. 대법원 2011.5.26, 2011도1902

교통사고 가장 처 살인 무죄사건에서의 방호벽에 있었던 강판조각

사건 사고일인 2008.11.11.부터 3개월 가까이 경과한 2009.2.2. 이 사건 사고가 발생한 대전차 방호벽의 안쪽 벽면에 부착된 철제구조물에서 발견된 강판조각은 제218조의 유류물에 해당되고, 국과수 소속 감정인의 감정 과정에서 이 사건 사고 차량인 그랜저TG 승용차 우측 앞 펜더에서 탈거된 보강용 강판과 페인트는 위 차량의 보관자가 감정을 위하여 임의로 제출한 물건에 해당되므로, 이 사건 강판조각과 보강용 강판 및 차량에서 채취된 페인트는 형사소송법 제218조에 의하여 영장 없이 압수할 수 있다.[1)]

② 임의제출물 : ㉠ 증거물 · 몰수물에 제한되지 않고, 소유자 · 소지자 · 보관자가 반드시 **적법한 권리자일 필요도 없다.** 판례는 채혈한 혈액을 보관하는 간호사나 재소자가 맡긴 비망록을 보관하는 교도관도 여기에 포함된다고 보고 있다. 또한 **현행범체포현장이나 범죄장소에서도 소지자 등이 임의로 제출하는 물건**은 영장 없이 압수할 수 있다. 다만, ㉡ **소유자 · 소지자 · 보관자 아닌 자**로부터 제출받았거나 **수사기관의 요구**에 의하여 의사 등이 채혈한 혈액이나 금융기관이 제출한 고객의 금융정보는 그 임의성이 없어 임의제출물로 볼 수 없다. [경찰채용 13 1차/16 1차]

판례연구 임의제출물 압수로 보아 적법하다는 사례

1. 대법원 1999.9.3, 98도968 [국가9급 15, 경찰승진 11, 경찰채용 08 3차]

경찰관이 간호사로부터 진료 목적으로 채혈된 피고인의 혈액을 감정 목적으로 제출받아 압수한 사례

형사소송법 및 기타 법령상 의료인이 진료 목적으로 채혈한 혈액을 수사기관이 수사 목적으로 압수하는 절차에 관하여 특별한 절차적 제한을 두고 있지 않으므로(제219조 · 제112조의 의사 · 간호사 등은 압수거부권자에 불과하고 제출거부의무가 있는 것은 아님 - 필자 주), 의료인이 진료 목적으로 채혈한 환자의 혈액을 수사기관에 임의로 제출하였다면 그 혈액의 증거사용에 대하여도 환자의 사생활의 비밀 기타 인격적 법익이 침해되는 등의 특별한 사정이 없는 한 반드시 그 환자의 동의를 받아야 하는 것이 아니고, 따라서 경찰관이 간호사로부터 진료 목적으로 이미 채혈되어 있던 피고인의 혈액 중 일부를 주취운전 여부에 대한 감정을 목적으로 임의로 제출받아 이를 압수한 경우, 당시 간호사가 위 혈액의 소지자 겸 보관자인 병원 또는 담당의사를 대리하여 혈액을 경찰관에게 임의로 제출할 수 있는 권한이 없었다고 볼 특별한 사정이 없는 이상, 그 압수절차가 피고인 또는 피고인의 가족의 동의 및 영장 없이 행하여졌다고 하더라도 이에 적법절차를 위반한 위법이 있다고 할 수 없다.[2)]

2. 대법원 2008.5.15, 2008도1097 [국가7급 11/18, 경찰간부 22, 경찰승진 12]

검사가 교도관으로부터 보관 중이던 재소자의 비망록을 증거자료로 임의로 제출받아 이를 압수한 사례

형사소송법 및 기타 법령상 교도관이 그 직무상 위탁을 받아 소지 또는 보관하는 물건으로서 재소자가 작성한 비망록을 수사기관이 수사 목적으로 압수하는 절차에 관하여 특별한 절차적 제한을 두고 있지 않으므로, 교도관이 재소자가 맡긴 비망록을 수사기관에 임의로 제출하였다면 그 비망록의 증거사용에 대하여도 재소자의 사생활의 비밀 기타 인격적 법익이 침해되는 등의 특별한 사정이 없는 한 반드시 그 재소자의 동의를 받아야 하는 것은 아니다. 따라서 검사가 교도관으로부터 그가 보관하고 있던 피고인의 비망록을 뇌물수수 등의 증거자료로 임의로 제출받아 이를 압수한 경우, 그 압수절차가 피고인의 승낙 및 영장 없이 행하여졌다고 하더라도 이에 적법절차를 위반한 위법이 있다고 할 수 없다.

3. 대법원 2013.9.26, 2013도7718

세관공무원이 통관검사를 위하여 직무상 소지 또는 보관하는 우편물을 수사기관에 임의로 제출한 경우에는 비록 소유자의 동의를 받지 않았다 하더라도 수사기관이 강제로 점유를 취득하지 않은 이상 해당 우편물을 압수하였다고 할 수 없다.

4. 대법원 2016.2.18, 2015도13726; 2020.4.9, 2019도17142 [경찰간부 22, 국가9급개론 17]

현행범 체포현장이나 범죄장소에서 소지자 등이 임의로 제출하는 물건을 제218조에 따라 영장 없이 압수할 수 있는지 여부(적극) 및 이

1) [보충] 자신의 처를 승용차 조수석에 태우고 운전하던 중 교통사고를 가장하여 살해하기로 마음먹고, 도로 옆에 설치된 대전차 방호벽의 안쪽 벽면을 차량의 우측 부분으로 들이받은 후, 재차 차량 앞범퍼 부분으로 위 방호벽 중 돌출된 부분의 모서리를 들이받아 그를 살해하였다는 내용으로 기소되었는데, 피고인이 범행을 강력히 부인하고 있고 달리 그에 관한 직접증거가 없는 경우, 피고인에게 살인죄를 인정한 원심판결에 증거의 증명력에 관한 법리오해 또는 논리와 경험법칙을 위반한 위법이 있다고 한 사례이다.

2) [참고 - 판례에 대한 평석] 다만, 피의자(환자)의 생명 · 신체자기결정권을 침해하는 수사방법은 강제수사로 보아야 한다. 따라서 법원의 감정처분허가장 또는 압수 · 수색 · 검증영장에 의하거나 제216조 제3항의 요건을 갖추었다면 압수 후 지체 없이 영장을 받은 경우가 아니라면 이는 위법한 수사방법이라 볼 수밖에 없다. 유사한 평석으로는 심/양, 161면; 정주형, 356면 참조.

경우 검사나 사법경찰관이 사후에 영장을 받아야 하는지 여부(소극)

검사 또는 사법경찰관은 법 제212조의 규정에 의하여 피의자를 현행범 체포하는 경우에 필요한 때에는 체포현장에서 영장 없이 압수·수색·검증을 할 수 있으나, 이와 같이 압수한 물건을 계속 압수할 필요가 있는 경우에는 체포한 때부터 48시간 이내에 지체 없이 압수영장을 청구하여야 한다(제216조 제1항 제2호, 제217조 제2항). 그리고 검사 또는 사법경찰관이 범행 중 또는 범행 직후의 범죄장소에서 긴급을 요하여 판사의 영장을 받을 수 없는 때에는 영장 없이 압수·수색 또는 검증을 할 수 있으나, 이 경우에는 사후에 지체 없이 영장을 받아야 한다(제216조 제3항). 다만, 제218조에 의하면 검사 또는 사법경찰관은 피의자 등이 유류한 물건이나 소유자·소지자 또는 보관자가 임의로 제출한 물건은 영장 없이 압수할 수 있으므로, 현행범 체포현장이나 범죄장소에서도 소지자 등이 임의로 제출하는 물건은 위 조항에 의하여 영장 없이 압수할 수 있고, 이 경우에는 검사나 사법경찰관이 사후에 영장을 받을 필요가 없다.

보충 [2015도13726 판례] 피고인이 바지선에 승선하여 밀입국하면서 필로폰을 밀수입하는 범행을 실행 중이거나 실행한 직후에 검찰수사관이 바지선 내 피고인을 발견한 장소 근처에서 필로폰이 발견되자 곧바로 피고인을 체포하였으므로 이는 현행범체포로서 적법하고, 검찰수사관이 필로폰(6.1kg)을 압수하기 전에 피고인에게 임의제출의 의미, 효과 등에 관하여 고지하였던 점, 피고인도 필로폰 매매 등 동종 범행으로 여러 차례 형사처벌을 받은 전력이 있어 피압수물인 필로폰을 임의제출할 경우 압수되어 돌려받지 못한다는 사정 등을 충분히 알았을 것으로 보이는 점, 피고인이 체포될 당시 필로폰 관련 범행을 부인하였다고 볼 자료가 없고, 검찰수사관이 필로폰을 임의로 제출받기 위하여 피고인을 기망하거나 협박하였다고 볼 아무런 사정이 없는 점 등에 비추어 보면, 피고인은 필로폰의 소지인으로서 이를 임의로 제출하였다고 할 것이므로 그 필로폰의 압수도 적법하다(판결이유).

5. 대법원 2021.7.29, 2020도14654 [경찰채용 24 1차]

피의자가 휴대전화를 임의제출하면서 휴대전화에 저장된 전자정보가 아닌 클라우드 등 제3자가 관리하는 원격지에 저장되어 있는 전자정보를 수사기관에 제출한다는 의사로 수사기관에게 클라우드 등에 접속하기 위한 아이디와 비밀번호를 임의로 제공하였다면 위 클라우드 등에 저장된 전자정보를 임의제출하는 것으로 볼 수 있다.

판례연구 임의제출물 압수에 해당하지 않아 위법하다는 사례

1. 대법원 2010.1.28, 2009도10092 [경찰간부 22, 경찰승진 22, 경찰채용 13 1차]

소유자, 소지자 또는 보관자가 아닌 자로부터 제출받은 물건을 영장 없이 압수한 쇠파이프 및 그 사진

법 제218조를 위반하여 소유자, 소지자 또는 보관자가 아닌 자로부터 제출받은 물건을 영장 없이 압수한 경우 그 '압수물' 및 '압수물을 찍은 사진'은 이를 유죄 인정의 증거로 사용할 수 없는 것이고, 영장주의의 중요성에 비추어 볼 때 피고인이나 변호인이 이를 증거로 함에 동의하였다고 하더라도 달리 볼 것은 아니다.[1]

2. 대법원 2011.4.28, 2009도2109

병원 응급실에서 경찰관이 영장 없이 의사로 하여금 채혈을 하도록 한 사례

수사기관이 법원으로부터 (검증)영장 또는 감정처분허가장을 발부받지 아니한 채 피의자의 동의 없이 피의자의 신체로부터 혈액을 채취하고 사후적으로도 지체 없이 이에 대한 영장을 발부받지도 아니한 채 강제채혈한 피의자의 혈액 중 알코올농도에 관한 감정이 이루어졌다면, 이러한 감정결과보고서(2차증거) 등은 영장주의 원칙을 위반하여 수집되거나 그에 기초한 증거로서 그 절차 위반행위가 적법절차의 실질적인 내용을 침해하는 정도에 해당하고, 이러한 증거는 피고인이나 변호인의 증거동의가 있다고 하더라도 유죄의 증거로 사용할 수 없다.[2]

3. 대법원 2013.3.28, 2012도13607

영장에 의하지 아니하고 금융회사 등으로부터 신용카드 매출전표의 거래명의자에 관한 정보를 획득한 사례

수사기관이 범죄 수사를 목적으로 금융실명법에 정한 '거래정보 등'을 획득하기 위해서는 법관의 영장이 필요하고, 신용카드에 의하여 물품을 거래할 때 '금융회사 등'이 발행하는 매출전표의 거래명의자에 관한 정보 또한 금융실명법에서 정하는 '거래정보 등'에 해당하므로, 수사기관이 금융회사 등에 그와 같은 정보를 요구하는 경우에도 법관이 발부한 영장에 의하여야 한다. 그럼에도 수사기관이 영장에 의하지 아니하고 매출전표의 거래명의자에 관한 정보를 획득하였다면, 그와 같이 수집된 증거는 원칙적으로 법 제308조의2에서 정하는 '적법한 절차에 따르지 아니하고 수집한 증거'에 해당하여 유죄의 증거로 삼을 수 없다.

---

1) [보충－판결이유] 충남 금산경찰서 소속 경사 공소외 1은 피고인 소유의 쇠파이프를 피고인의 주거지 앞 마당에서 발견하였으면서도 그 소유자, 소지자 또는 보관자가 아닌 피해자 공소외 2로부터 임의로 제출받는 형식으로 위 쇠파이프를 압수하였고 그 후 압수물의 사진을 찍었으며, 피고인이 위 사진을 증거로 하는 데 동의하였으나, 이 사건 압수물과 그 사진은 형사소송법상 영장주의 원칙을 위반하여 수집하거나 그에 기초한 증거로서 그 절차 위반행위가 적법절차의 실질적인 내용을 침해하는 정도에 해당한다고 할 것이므로, 피고인의 증거동의에도 불구하고 위 사진은 이 사건 범죄사실을 유죄로 인정하는 증거로 사용할 수 없다고 할 것이다(위 판례).

2) [보충－판결이유] 피고인의 동서로부터 채혈동의를 받고 의사로 하여금 채혈을 하도록 한 위 사안에서, … 음주운전자에 대한 채혈에 관하여 영장주의를 요구할 경우 증거가치가 없게 될 위험성이 있다거나 음주운전 중 교통사고를 야기하고 의식불명 상태에 빠져 병원에 후송된 자에 대해 수사기관이 수사의 목적으로 의료진에게 요청하여 혈액을 채취한 사정이 있다고 하더라도 이러한 증거의 증거능력을 배제하는 것이 형사사법 정의를 실현하려고 한 취지에 반하는 결과를 초래하는 예외적인 경우에 해당한다고 볼 수 없다. … 음주운전죄의 공소사실은 무죄이다(위 판례).

(3) **사후영장** : 임의제출물 압수에는 **사후영장도 필요 없다.** [경찰승진 11, 경찰채용 06 2차/15 1차] 다만, 압수조서 작성 및 압수목록 교부는 보통의 압수와 동일하며, 계속 압수할 필요가 없을 때 즉시 환부해야 하는 것도 같다.

(4) **임의제출물과 소유권** : 소유자가 임의로 제출할 물건이라 하더라도 소유권을 포기한 것으로 볼 수는 없다.

판례연구 임의제출된 전자정보의 압수절차로서 위법하다는 사례

대법원 2021.11.18, 2016도348 전원합의체 [경찰채용 22 1 · 2차/23 1차, 변호사 24]

경찰이 성폭법위반(카메라등이용촬영)죄의 피해자가 임의제출한 피고인 소유 · 관리의 휴대전화 2대의 전자정보를 탐색하다가 피해자를 촬영한 휴대전화가 아닌 다른 휴대전화에서 다른 피해자 2명에 대한 동종 범행 등에 관한 1년 전 사진 · 동영상을 발견하고 영장 없이 이를 복제한 CD를 증거로 제출한 사건

[1] 임의제출에 따른 전자정보 압수의 방법

① 수사기관의 전자정보에 대한 압수 · 수색은 원칙적으로 영장 발부의 사유로 된 범죄혐의사실과 관련된 부분만을 문서 출력물로 수집하거나 수사기관이 휴대한 정보저장매체에 해당 파일을 복제하는 방식으로 이루어져야 하고, 정보저장매체 자체를 직접 반출하거나 저장매체에 들어 있는 전자파일 전부를 하드카피나 이미징 등 형태(이하 '복제본')로 수사기관 사무실 등 외부로 반출하는 방식으로 압수 · 수색하는 것은 현장의 사정이나 전자정보의 대량성으로 인하여 관련 정보 획득에 긴 시간이 소요되거나 전문 인력에 의한 기술적 조치가 필요한 경우 등 범위를 정하여 출력 또는 복제하는 방법이 불가능하거나 압수의 목적을 달성하기에 현저히 곤란하다고 인정되는 때에 한하여 예외적으로 허용될 수 있을 뿐이다(대법원 2015.7.16, 2011모1839 전원합의체 등). ② 위와 같은 법리는 정보저장매체에 해당하는 임의제출물의 압수(법 제218조)에도 마찬가지로 적용된다. 임의제출물의 압수는 압수물에 대한 수사기관의 점유 취득이 제출자의 의사에 따라 이루어진다는 점에서 차이가 있을 뿐 범죄혐의를 전제로 한 수사 목적이나 압수의 효력은 영장에 의한 경우와 동일하기 때문이다. 따라서 수사기관은 특정 범죄혐의와 관련하여 전자정보가 수록된 정보저장매체를 임의제출받아 그 안에 저장된 전자정보를 압수하는 경우 그 동기가 된 범죄혐의사실과 관련된 전자정보의 출력물 등을 임의제출받아 압수하는 것이 원칙이다. 다만 현장의 사정이나 전자정보의 대량성과 탐색의 어려움 등의 이유로 범위를 정하여 출력 또는 복제하는 방법이 불가능하거나 압수의 목적을 달성하기에 현저히 곤란하다고 인정되는 때에 한하여 예외적으로 정보저장매체 자체나 복제본을 임의제출받아 압수할 수 있다.

[2] 임의제출에 따른 전자정보 압수의 대상과 범위

① 임의제출자의 의사 : 임의제출된 전자정보의 압수가 적법한 것은 어디까지나 제출자의 자유로운 제출 의사에 근거한 것인 이상, 범죄혐의사실과 관련된 전자정보와 그렇지 않은 전자정보가 혼재되어 있는 정보저장매체나 복제본을 수사기관에 임의제출하는 경우 제출자는 제출 및 압수의 대상이 되는 전자정보를 개별적으로 지정하거나 그 범위를 한정할 수 있다. 이처럼 정보저장매체 내 전자정보의 임의제출 범위는 제출자의 의사에 따라 달라질 수 있는 만큼 이러한 정보저장매체를 임의제출받는 수사기관은 제출자로부터 임의제출의 대상이 되는 전자정보의 범위를 확인함으로써 압수의 범위를 명확히 특정하여야 한다. 나아가 헌법과 형사소송법이 구현하고자 하는 적법절차, 영장주의, 비례의 원칙은 물론, 사생활의 비밀과 자유, 정보에 대한 자기결정권 및 재산권의 보호라는 관점에서 정보저장매체 내 전자정보가 가지는 중요성에 비추어 볼 때, 정보저장매체를 임의제출하는 사람이 거기에 담긴 전자정보를 지정하거나 제출 범위를 한정하는 취지로 한 의사표시는 엄격하게 해석하여야 하고, 확인되지 않은 제출자의 의사를 수사기관이 함부로 추단하는 것은 허용될 수 없다. 따라서 수사기관이 제출자의 의사를 쉽게 확인할 수 있음에도 이를 확인하지 않은 채 특정 범죄혐의사실과 관련된 전자정보와 그렇지 않은 전자정보가 혼재된 정보저장매체를 임의제출받은 경우, 그 정보저장매체에 저장된 전자정보 전부가 임의제출되어 압수된 것으로 취급할 수는 없다. 이 경우 제출자의 임의제출 의사에 따라 압수의 대상이 되는 전자정보의 범위를 어떻게 특정할 것인지가 문제 된다.

② 임의제출에 따른 압수의 동기가 된 범죄혐의사실과 관련된 전자정보 : 수사기관은 피의사실과 관계가 있다고 인정할 수 있는 것에 한정하여 증거물 또는 몰수할 것으로 사료하는 물건을 압수할 수 있다(법 제219조, 제106조). 따라서 전자정보를 압수하고자 하는 수사기관이 정보저장매체와 거기에 저장된 전자정보를 임의제출의 방식으로 압수할 때, 제출자의 구체적인 제출 범위에 관한 의사를 제대로 확인하지 않는 등의 사유로 인해 임의제출자의 의사에 따른 전자정보 압수의 대상과 범위가 명확하지 않거나 이를 알 수 없는 경우에는 임의제출에 따른 압수의 동기가 된 범죄혐의사실과 관련되고 이를 증명할 수 있는 최소한의 가치가 있는 전자정보에 한하여 압수의 대상이 된다. 이때 범죄혐의사실과 관련된 전자정보에는 범죄혐의사실 그 자체 또는 그와 기본적 사실관계가 동일한 범행과 직접 관련되어 있는 것은 물론 범행 동기와 경위, 범행 수단과 방법, 범행 시간과 장소 등을 증명하기 위한 간접증거나 정황증거 등으로 사용될 수 있는 것도 포함될 수 있다. 다만 그 관련성은 임의제출에 따른 압수의 동기가 된 범죄혐의사실의 내용과 수사의 대상, 수사의 경위, 임의제출의 과정 등을 종합하여 구체적 · 개별적 연관관계가 있는 경우에만 인정되고, 범죄혐의사실과 단순히 동종 또는 유사 범행이라는 사유만으로 관련성이 있다고 할 것은 아니다(대법원 2021.8.26, 2021도2205 등).

③ 피의자 아닌 사람이 피의자가 소유 · 관리하는 정보저장매체를 임의제출한 경우 전자정보 압수의 범위 : 임의제출 및 그에 따른 수사기관의 압수가 적법하더라도 임의제출의 동기가 된 범죄혐의사실과 구체적 · 개별적 연관관계가 있는 전자정보에 한

하여 압수의 대상이 되는 것으로 더욱 제한적으로 해석하여야 한다. 임의제출의 주체가 소유자 아닌 소지자·보관자이고 그 제출행위로 소유자의 사생활의 비밀 기타 인격적 법익이 현저히 침해될 우려가 있는 경우에는 임의제출에 따른 압수·수색의 필요성과 함께 임의제출에 동의하지 않은 소유자의 법익에 대한 특별한 배려도 필요한바(대법원 1999.9.3, 98도968; 2008.5.15, 2008도1097; 2013.9.26, 2013도7718 등), 피의자 개인이 소유·관리하는 정보저장매체에는 그의 사생활의 비밀과 자유, 정보에 대한 자기결정권 등 인격적 법익에 관한 모든 것이 저장되어 있어 제한 없이 압수·수색이 허용될 경우 피의자의 인격적 법익이 현저히 침해될 우려가 있기 때문이다. 그러므로 임의제출자인 제3자가 제출의 동기가 된 범죄혐의사실과 구체적·개별적 연관관계가 인정되는 범위를 넘는 전자정보까지 일괄하여 임의제출한다는 의사를 밝혔더라도, 그 정보저장매체 내 전자정보 전반에 관한 처분권이 그 제3자에게 있거나 그에 관한 피의자의 동의 의사를 추단할 수 있는 등의 특별한 사정이 없는 한, 그 임의제출을 통해 수사기관이 영장 없이 적법하게 압수할 수 있는 전자정보의 범위는 범죄혐의사실과 관련된 전자정보에 한정된다고 보아야 한다.

[3] 전자정보 탐색·복제·출력 시 피의자의 참여권 보장 및 전자정보 압수목록 교부

압수의 대상이 되는 전자정보와 그렇지 않은 전자정보가 혼재된 정보저장매체나 그 복제본을 임의제출받은 수사기관이 그 정보저장매체 등을 수사기관 사무실 등으로 옮겨 이를 탐색·복제·출력하는 경우, 그와 같은 일련의 과정에서 형사소송법 제219조, 제121조에서 규정하는 피압수·수색 당사자(이하 '피압수자'라 한다)나 그 변호인에게 참여의 기회를 보장하고 압수된 전자정보의 파일 명세가 특정된 압수목록을 작성·교부하여야 하며 범죄혐의사실과 무관한 전자정보의 임의적인 복제 등을 막기 위한 적절한 조치를 취하는 등 영장주의 원칙과 적법절차를 준수하여야 한다. 만약 그러한 조치가 취해지지 않았다면 피압수자 측이 참여하지 아니한다는 의사를 명시적으로 표시하였거나 임의제출의 취지와 경과 또는 그 절차 위반행위가 이루어진 과정의 성질과 내용 등에 비추어 피압수자 측에 절차 참여를 보장한 취지가 실질적으로 침해되었다고 볼 수 없을 정도에 해당한다는 등의 특별한 사정이 없는 이상 압수·수색이 적법하다고 평가할 수 없고, 비록 수사기관이 정보저장매체 또는 복제본에서 범죄혐의사실과 관련된 전자정보만을 복제·출력하였다 하더라도 달리 볼 것은 아니다(위 2011모1839 전원합의체; 대법원 2020.11.17, 2019모291 등). 나아가 피해자 등 제3자가 피의자의 소유·관리에 속하는 정보저장매체를 영장에 의하지 않고 임의제출한 경우에는 실질적 피압수자인 피의자가 수사기관으로 하여금 그 전자정보 전부를 무제한 탐색하는 데 동의한 것으로 보기 어려울 뿐만 아니라 피의자 스스로 임의제출한 경우 피의자의 참여권 등이 보장되어야 하는 것과 견주어 보더라도 특별한 사정이 없는 한 형사소송법 제219조, 제121조, 제129조에 따라 피의자에게 참여권을 보장하고 압수한 전자정보 목록을 교부하는 등 피의자의 절차적 권리를 보장하기 위한 적절한 조치가 이루어져야 한다.

[4] 임의제출된 정보저장매체 탐색 과정에서 무관정보 발견 시 필요한 조치·절차

앞서 본 바와 같이 임의제출된 정보저장매체에서 압수의 대상이 되는 전자정보의 범위를 초과하여 수사기관이 임의로 전자정보를 탐색·복제·출력하는 것은 원칙적으로 위법한 압수·수색에 해당하므로 허용될 수 없다. 만약 전자정보에 대한 압수·수색이 종료되기 전에 범죄혐의사실과 관련된 전자정보를 적법하게 탐색하는 과정에서 별도의 범죄혐의와 관련된 전자정보를 우연히 발견한 경우라면, 수사기관은 더 이상의 추가 탐색을 중단하고 법원으로부터 별도의 범죄혐의에 대한 압수·수색영장을 발부받은 경우에 한하여 그러한 정보에 대하여도 적법하게 압수·수색을 할 수 있다. 따라서 임의제출된 정보저장매체에서 압수의 대상이 되는 전자정보의 범위를 넘어서는 전자정보에 대해 수사기관이 영장 없이 압수·수색하여 취득한 증거는 위법수집증거에 해당하고, 사후에 법원으로부터 영장이 발부되었다거나 피고인이나 변호인이 이를 증거로 함에 동의하였다고 하여 그 위법성이 치유되는 것도 아니다.[1]

사례문제 임의제출된 전자정보에 대한 압수·수색 절차의 적법성 여부

문제 1 불법촬영범죄의 피해자 C는 피고인을 경찰에 고소하면서 사법경찰관에게 습득한 피고인 소유의 휴대전화를 증거물로 임의제출하였다. 당시 압수조서(임의제출)에 의하면 '피고인에 대한 음화제조 피의사건에 관하여 이 사건 휴대전화를 압수한다. 피해자 C가 자신을 포함한 친구들의 음란합성사진들이 많이 있었다고 하면서 위 휴대전화를 임의제출하였다.'라는 취지로 기재되어 있었다. 사법경찰관은 피해자 C로부터 참여권 포기 서류를 제출받은 후 피고인에게는 참여의 기회를 보장하거나 압수한 전자정보 목록을 교부하거나

1) [보충] (판례의 결론) 피고인이 2014. 12. 11. 피해자 甲을 상대로 저지른 성폭력범죄의 처벌 등에 관한 특례법 위반(카메라등이용촬영) 범행(이하 '2014년 범행')에 대하여 甲이 즉시 피해 사실을 경찰에 신고하면서 피고인의 집에서 가지고 나온 피고인 소유의 휴대전화 2대에 피고인이 촬영한 동영상과 사진이 저장되어 있다는 취지로 말하고 이를 범행의 증거물로 임의제출하였는데, 경찰이 이를 압수한 다음 그 안에 저장된 전자정보를 탐색하다가 甲을 촬영한 휴대전화가 아닌 다른 휴대전화에서 피고인이 2013. 12.경 피해자 乙, 丙을 상대로 저지른 같은 법 위반(카메라등이용촬영) 범행(이하 '2013년 범행')을 발견하고 그에 관한 동영상·사진 등을 영장 없이 복제한 CD를 증거로 제출한 사안에서, 甲은 경찰에 피고인의 휴대전화를 증거물로 제출할 당시 그 안에 수록된 전자정보의 제출 범위를 명확히 밝히지 않았고, 담당 경찰관들도 제출자로부터 그에 관한 확인절차를 거치지 않은 이상 휴대전화에 담긴 전자정보의 제출 범위에 관한 제출자의 의사가 명확하지 않거나 이를 알 수 없는 경우에 해당하므로, 휴대전화에 담긴 전자정보 중 임의제출을 통해 적법하게 압수된 범위는 임의제출 및 압수의 동기가 된 피고인의 2014년 범행 자체와 구체적·개별적 연관관계가 있는 전자정보로 제한적으로 해석하는 것이 타당하고, 이에 비추어 볼 때 범죄발생 시점 사이에 상당한 간격이 있고 피해자 및 범행에 이용한 휴대전화도 전혀 다른 피고인의 2013년 범행에 관한 동영상은 임의제출에 따른 압수의 동기가 된 범죄혐의사실(2014년 범행)과 구체적·개별적 연관관계 있는 전자정보로 보기 어려워 수사기관이 사전영장 없이 이를 취득한 이상 증거능력이 없고, 사후에 압수·수색영장을 받아 압수절차가 진행되었더라도 달리 볼 수 없으므로, 피고인의 2013년 범행을 무죄로 판단한 원심의 결론은 정당하다(대법원 2021.11.18, 2016도348 전원합의체).

또는 피고인이 그 과정에 참여하지 아니할 의사를 가지고 있는지 여부를 확인한 바 없이 디지털포렌식 과정을 거쳐 위 휴대전화에서 삭제된 전자정보 일체를 복원하여 탐색하는 과정에서 다른 피해자 A, B에 대한 음란합성사진을 탐색·출력하여 증거기록에 편철하였으며, 나아가 또 다른 피해자인 여고생들인 D 등에 대한 불법촬영사진도 탐색하였다. 이 과정에서 사법경찰관은 위 불법촬영사진에 관한 별도의 압수·수색영장을 발부받지 않은 채 피고인에 대하여 두 차례 피의자신문을 실시하는 등 수사를 진행하였다. 위 불법촬영사진의 압수·수색절차는 적법한가?

→ ① **참여권 보장의 문제** : 피해자 등 제3자가 피의자의 소유·관리에 속하는 정보저장매체를 임의제출한 경우에는 실질적 피압수자인 피의자가 수사기관으로 하여금 그 전자정보 전부를 무제한 탐색하는 데 동의한 것으로 보기 어려울 뿐만 아니라 피의자 스스로 임의제출한 경우 피의자의 참여권 등이 보장되어야 하는 것과 견주어 보더라도 특별한 사정이 없는 한 피의자에게 참여권을 보장하고 압수한 전자정보 목록을 교부하는 등 피의자의 절차적 권리를 보장하기 위한 적절한 조치가 이루어져야 한다(대법원 2021.11.18, 2016도348 전원합의체 참조). 이와 같이 정보저장매체를 임의제출한 피압수자에 더하여 임의제출자 아닌 피의자에게도 참여권이 보장되어야 하는 '피의자의 소유·관리에 속하는 정보저장매체'라 함은, 피의자가 압수·수색 당시 또는 이와 시간적으로 근접한 시기까지 해당 정보저장매체를 현실적으로 지배·관리하면서 그 정보저장매체 내 전자정보 전반에 관한 전속적인 관리처분권을 보유·행사하고, 달리 이를 자신의 의사에 따라 제3자에게 양도하거나 포기하지 아니한 경우로서, 피의자를 그 정보저장매체에 저장된 전자정보 전반에 대한 실질적인 압수·수색 당사자로 평가할 수 있는 경우를 말하는 것이다. 이에 해당하는지 여부는 민사법상 권리의 귀속에 따른 법률적·사후적 판단이 아니라 압수·수색 당시 외형적·객관적으로 인식 가능한 사실상의 상태를 기준으로 판단하여야 한다(대법원 2022.1.27, 2021도11170; 2023.9.18, 2022도7453 전원합의체 참조). … 피해자가 임의제출한 이 사건 휴대전화 내 전자정보의 탐색 등 과정에서 실질적 피압수자인 피고인의 참여권이 보장되지 않았고, 전자정보 압수목록이 교부되지 않은 위법이 있다. ② **객관적 관련성의 문제** : 임의제출된 정보저장매체에서 압수의 대상이 되는 전자정보의 범위를 초과하여 수사기관 임의로 전자정보를 탐색·복제·출력하는 것은 원칙적으로 위법한 압수·수색에 해당하므로 허용될 수 없다. 만약 전자정보에 대한 압수·수색이 종료되기 전에 범죄혐의사실과 관련된 전자정보를 적법하게 탐색하는 과정에서 별도의 범죄혐의와 관련된 전자정보를 우연히 발견한 경우라면, 수사기관은 더 이상의 추가 탐색을 중단하고 법원으로부터 별도의 범죄혐의에 대한 압수·수색영장을 발부받은 경우에 한하여 그러한 정보에 대하여도 적법하게 압수·수색을 할 수 있다(위 대법원 2016도348 전원합의체 판결 참조). … 피고인이 지하철, 학원 등지에서 성명불상의 여고생들을 몰래 촬영한 사진은 임의제출에 따른 압수의 동기가 된 범죄혐의사실인 음화제조교사 부분과 구체적·개별적 연관관계 있는 전자정보로 보기 어렵다. 그런데 사법경찰관은 별도의 범죄혐의와 관련된 전자정보를 우연히 발견하였음에도 더 이상의 추가 탐색을 중단하거나 법원으로부터 압수·수색영장을 발부받지 않았으므로, 그러한 정보에 대한 압수·수색은 위법하다(불법촬영사진의 증거능력 부정, 대법원 2023.12.14, 2020도1669).

→ 적법하지 않다.

문제 2 이후 피고인은 군입대하여 제23보병사단 보통검찰부로 사건이 송치되었는데, 군 검사는 피고인을 피의자로 하여 성폭력처벌법 위반(카메라등이용촬영)을 혐의사실로 위 휴대전화 내 전자정보 등에 관한 사전 압수·수색영장을 발부받았다. 이후 군검사는 위 휴대전화를 제출인인 피해자 C에게 환부하였고, 피해자 C의 모친은 위 휴대전화를 피고인이 소속된 군부대로 발송하였다. 이후 군검사는 위 영장에 의하여 위 휴대전화를 압수한 다음 재차 디지털포렌식 절차를 진행하여 D 등 여고생들에 대한 불법촬영사진을 탐색·복원·출력하였다. 피고인 및 변호인은 군검사의 위 탐색 등 절차에 대한 참여권을 포기하였다. 이후 군검사는 피고인을 불법촬영범죄의 공소사실로 기소하였고, 군검사 수사과정에서 수집된 D 등 여고생들에 대한 불법촬영사진 출력물과 시디(CD)를 증거로 제출하였다. 위 불법촬영사진 출력물과 시디의 증거능력은 인정되는가?

→ (선행 절차위법과 사이에 인과관계가 희석 내지 단절되는지의 문제) 사법경찰관은 피고인의 참여권 등 절차적인 권리를 전혀 보장하지 않은 채 이 사건 휴대전화에 저장된 성폭력처벌법 위반(카메라등이용촬영) 관련 전자정보를 탐색·복원하였고, 별도의 압수·수색영장을 발부받지 않고 여고생들에 대한 불법촬영 부분을 포함하여 피고인에 대하여 두 차례 피의자신문을 실시하는 등 수사를 진행하였다. 이후 사건이 군검사에게 송치되었는데 군검사는 이 사건 휴대전화를 피해자 측에 환부한 후 다시 제출받아 이 사건 영장에 따라 불법촬영사진을 탐색하기는 하였으나, 이는 군검사가 피해자에게 위 휴대전화를 환부하기 이전에 미리 이 사건 영장을 발부받은 다음 위 휴대전화를 피해자에게 환부하고, 휴대전화가 피해자 측을 거쳐 피고인이 소속된 군부대에 도착하자 이 사건 영장을 집행하여 다시 위 불법촬영사진을 탐색·복원·출력한 것에 불과하다. 따라서 군검사의 증거수집과 사법경찰관의 선행 절차위법 사이에는 여전히 직접적 인과관계가 있다고 볼 수 있고 그 인과관계가 희석되거나 단절되었다고 보기는 어려우며, 결국 위 불법촬영사진 출력물, 시디(CD) 역시 위법하게 수집된 증거로서 증거능력이 없다(2차적 증거의 증거능력도 부정, 대법원 2023.12.14, 2020도1669).

→ 인정되지 않는다.

참조 검사 또는 사법경찰관은 범죄수사에 필요한 때에는 피의자가 죄를 범하였다고 의심할 만한 정황이 있는 경우에 판사로부터 발부받은 영장에 의하여 압수·수색을 할 수 있으나, 압수·수색은 영장 발부의 사유로 된 범죄 혐의사실과 관련된 증거에 한하여 할 수 있으므로, 영장 발부의 사유로 된 범죄 혐의사실과 무관한 별개의 증거를 압수하였을 경우 이는 원칙적으로 유죄 인정의 증거로 사용할 수 없다. 다만 수사기관이 별개의 증거를 피압수자 등에게 환부하고 후에 임의제출받아 다시 압수하였다면 증거를 압수한 최초의 절차 위반행위와 최종적인 증거수집 사이의 인과관계가 단절되었다고 평가할 수 있으나, 환부 후 다시 제출하는 과정에서 수사기관의 우월적 지위에 의하여 임의제출 명목으로 실질적으로 강제적인 압수가 행하여질 수 있으므로, 제출에 임의성이 있다는 점에 관하여는 검사가 합리적 의심을 배제할 수 있을 정도로 증명하여야 하고, 임의로 제출된 것이라고 볼 수 없는 경우에는 증거능력을 인정할 수 없다(대법원 2016.3.10, 2013도11233).

판례연구 임의제출된 전자정보의 압수절차로서 위법하지 않다는 사례

1. 대법원 2022.1.27, 2021도11170

대법원 2021.11.18, 2016도348 전원합의체 판결에서 정보저장매체를 임의제출한 피압수자에 더하여 임의제출자 아닌 피의자에게도 참여권이 보장되어야 하는 경우로 설시한 '피의자의 소유 · 관리에 속하는 정보저장매체'의 구체적 의미와 판단 기준

피해자 등 제3자가 피의자의 소유 · 관리에 속하는 정보저장매체를 영장에 의하지 않고 임의제출한 경우에는 실질적 피압수자인 피의자가 수사기관으로 하여금 그 전자정보 전부를 무제한 탐색하는 데 동의한 것으로 보기 어려울 뿐만 아니라 피의자 스스로 임의제출한 경우 피의자의 참여권 등이 보장되어야 하는 것과 견주어 보더라도 특별한 사정이 없는 한 형사소송법 제219조, 제121조, 제129조에 따라 피의자에게 참여권을 보장하고 압수한 전자정보 목록을 교부하는 등 피의자의 절차적 권리를 보장하기 위한 적절한 조치가 이루어져야 한다(대법원 2021.11.18, 2016도348 전원합의체 등). 이와 같이 정보저장매체를 임의제출한 피압수자에 더하여 임의제출자 아닌 피의자에게도 참여권이 보장되어야 하는 '피의자의 소유 · 관리에 속하는 정보저장매체'라 함은, 피의자가 압수 · 수색 당시 또는 이와 시간적으로 근접한 시기까지 해당 정보저장매체를 현실적으로 지배 · 관리하면서 그 정보저장매체 내 전자정보 전반에 관한 전속적인 관리처분권을 보유 · 행사하고, 달리 이를 자신의 의사에 따라 제3자에게 양도하거나 포기하지 아니한 경우로써, 피의자를 그 정보저장매체에 저장된 전자정보에 대하여 실질적인 압수 · 수색 당사자로 평가할 수 있는 경우를 말하는 것이다. 이에 해당하는지 여부는 민사법상 권리의 귀속에 따른 법률적 · 사후적 판단이 아니라 압수 · 수색 당시 외형적 · 객관적으로 인식 가능한 사실상의 상태를 기준으로 판단하여야 한다. 이러한 정보저장매체의 외형적 · 객관적 지배 · 관리 등 상태와 별도로 단지 피의자나 그 밖의 제3자가 과거 그 정보저장매체의 이용 내지 개별 전자정보의 생성 · 이용 등에 관여한 사실이 있다거나 그 과정에서 생성된 전자정보에 의해 식별되는 정보주체에 해당한다는 사정만으로 그들을 실질적으로 압수 · 수색을 받는 당사자로 취급하여야 하는 것은 아니다.[1]

2. 대법원 2022.1.13, 2016도9596

피의자신문 당시 피의자와 함께 피의자로부터 임의제출받은 휴대전화를 탐색하고 다른 범행에 관한 사진을 제시한 사건

다른 범행에 관한 영상은 임의제출에 따른 압수의 동기가 된 범행의 동기와 경위, 범행 수단과 방법 등을 증명하기 위한 간접증거나 정황증거 등으로 사용될 수 있으므로 구체적 · 개별적 연관관계가 인정되어 관련성이 있는 증거에 해당하고, 경찰이 1회 피의자신문 당시 휴대전화를 피고인과 함께 탐색하는 과정에서 (약 10개월 전에 촬영된) 다른 범행에 관한 영상을 발견하였으므로 피고인이 휴대전화의 탐색 과정에 참여하였다고 볼 수 있으며, 경찰은 같은 날 곧바로 진행된 2회 피의자신문에서 이 사건 사진을 피고인에게 제시하였고, 5장에 불과한 이 사건 사진은 모두 동일한 일시, 장소에서 촬영된 다른 범행에 관한 영상을 출력한 것임을 육안으로 쉽게 알 수 있으므로, 비록 피고인에게 전자정보의 파일 명세가 특정된 압수목록이 작성 · 교부되지 않았더라도 절차 위반행위가 이루어진 과정의 성질과 내용 등에 비추어 피고인의 절차상 권리가 실질적으로 침해되었다고 보기도 어렵다.

유사판례 경찰관이 피의자신문 당시 휴대전화를 피고인과 함께 탐색하는 과정에서 발견된 관련성이 인정되는 다른 범행에 관한 동영상을 추출 · 복사하였고, 피고인이 직접 다른 범행에 관한 동영상을 토대로 '범죄일람표' 목록을 작성 · 제출하였으므로, 실질적으로 피고인에게 참여권이 보장되고, 전자정보 상세목록이 교부된 것과 다름이 없다(증거능력 인정, 대법원 2021.11.25, 2019도6730).

3. 대법원 2021.11.25, 2019도7342

모텔 방실에 침입한 혐의로 임의제출받은 위장형 카메라의 메모리카드를 탐색하다가 다른 3개 호실에 설치된 위장형 카메라의 메모리카드에서 성폭법위반(카메라등이용촬영) 범행에 관한 영상을 발견한 사건

이 사건 각 위장형 카메라에 저장된 모텔 내 3개 호실에서 촬영된 영상은 피해자에 의한 임의제출에 따른 압수의 동기가 된 다른 호실에서 촬영한 범행과 범행의 동기와 경위, 범행 수단과 방법 등을 증명하기 위한 간접증거나 정황증거 등으로 사용될 수 있으므로 구체적 · 개별적 연관관계가 인정되어 관련성이 있는 증거에 해당하고, 임의제출된 이 사건 각 위장형 카메라 및 그 메모리카드에 저장된 전자정보처럼 오직 불법촬영을 목적으로 방실 내 나체나 성행위 모습을 촬영할 수 있는 벽 등에 은밀히 설치되고, 촬영대상 목표물의 동작이 감지될 때에만 카메라가 작동하여 촬영이 이루어지는 등, 그 설치 목적과 장소, 방법, 기능, 작동원리상 소유자의 사생활의 비밀 기타 인격적 법익의 관점에서 그 소지 · 보관자의 임의제출에 따른 적법한 압수의 대상이 되는 전자정보와 구별되는 별도의 보호 가치 있는 전자정보의 혼재 가능성을 상정하기 어려운 경우에는 위 소지 · 보관자의 임의제출에 따른 통상의 압수절차 외에 별도의 조치가 따로 요구된다고 보기는 어렵다. 즉, 위장형 카메라 등 특수한 정

1) [보충] ① 이 사건 각 PC의 임의제출에 따른 압수 · 수색 당시 외형적 · 객관적으로 인식 가능한 사실상의 상태를 기준으로 볼 때, 이 사건 각 PC나 거기에 저장된 전자정보가 피고인의 소유 · 관리에 속한 경우에 해당하지 않고, 오히려 이 사건 각 PC에 저장된 전자정보 전반에 관하여 당시 대학교 측이 포괄적인 관리처분권을 사실상 보유 · 행사하고 있는 상태에 있었다고 인정된다고 보아, 이 사건 각 PC에 저장된 전자정보의 압수 · 수색은 대법원 2016도348 전원합의체 판결이 설시한 법리에 따르더라도 피의자에게 참여권을 보장하여야 하는 경우에 해당하지 아니한다. ② 이러한 정보저장매체에 대한 지배 · 관리 등의 상태와 무관하게 개별 전자정보의 생성 · 이용 등에 관여한 자들 혹은 그 과정에서 생성된 전자정보에 의해 식별되는 사람으로서 그 정보의 주체가 되는 사람들에게까지 모두 참여권을 인정하여야 한다는 취지의 피고인의 주장을 받아들일 수 없다(앞 판례).

보저장매체의 경우 위 2016도348 전원합의체 판결의 경우와 달리 수사기관이 임의제출받은 정보저장매체가 그 기능과 속성상 임의제출에 따른 적법한 압수의 대상이 되는 전자정보와 그렇지 않은 전자정보가 혼재될 여지가 거의 없어 사실상 대부분 압수의 대상이 되는 전자정보만이 저장되어 있는 경우에는 소지 · 보관자의 임의제출에 따른 통상의 압수절차 외에 피압수자에게 참여의 기회를 보장하지 않고 전자정보 압수목록을 작성 · 교부하지 않았다는 점만으로 곧바로 증거능력을 부정할 것은 아니다.

4. 대법원 2023.9.18, 2022도7453 전원합의체 [변호사 24]

증거은닉범이 본범으로부터 은닉을 교사받고 소지 · 보관 중이던 본범의 정보저장매체를 임의제출하는 경우 본범의 참여권 인정 여부가 문제된 사건

정보저장매체를 임의제출한 피압수자에 더하여 임의제출자 아닌 피의자에게도 참여권이 보장되어야 하는 '피의자의 소유 · 관리에 속하는 정보저장매체'라 함은, 피의자가 압수 · 수색 당시 또는 이와 시간적으로 근접한 시기까지 해당 정보저장매체를 현실적으로 지배 · 관리하면서 그 정보저장매체 내 전자정보 전반에 관한 전속적인 관리처분권을 보유 · 행사하고, 달리 이를 자신의 의사에 따라 제3자에게 양도하거나 포기하지 아니한 경우로서, 피의자를 그 정보저장매체에 저장된 전자정보 전반에 대한 실질적인 압수 · 수색 당사자로 평가할 수 있는 경우를 말하는 것이다. 이에 해당하는지 여부는 민사법상 권리의 귀속에 따른 법률적 · 사후적 판단이 아니라 압수 · 수색 당시 외형적 · 객관적으로 인식 가능한 사실상의 상태를 기준으로 판단하여야 한다. 이러한 정보저장매체의 외형적 · 객관적 지배 · 관리 등 상태와 별도로 단지 피의자나 그 밖의 제3자가 과거 그 정보저장매체의 이용 내지 개별 전자정보의 생성 · 이용 등에 관여한 사실이 있다거나 그 과정에서 생성된 전자정보에 의해 식별되는 정보주체에 해당한다는 사정만으로 그들을 실질적으로 압수 · 수색을 받는 당사자로 취급하여야 하는 것은 아니다(대법원 2022.1.27, 2021도11170 판결 등 참조). 피고인이 허위의 인턴활동 확인서를 작성한 후 A의 아들 대학원 입시에 첨부자료로 제출하도록 함으로써 A 등과 공모하여 대학원 입학담당자들의 입학사정 업무를 방해한 공소사실로 기소된 사안에서, 이 사건 하드디스크의 임의제출 과정에서 B에게만 참여의 기회를 부여하고 A 등에게 참여의 기회를 부여하지 않은 것이 위법하다고 볼 수 없다.

정리 증거은닉범 B가 본범 A로부터 은닉을 교사받고 소지 · 보관 중이던 A 등의 정보저장매체를 임의제출하는 경우, 증거은닉범행의 피의자이면서 임의제출자인 B에게만 참여의 기회를 부여하고 A 등에게 참여의 기회를 부여하지 않은 것은 위법하지 않다.

Ⅵ 압수물의 처리

1. 압수물의 보관과 폐기

위탁보관	운반 · 보관 불편
폐기처분	위험물/금지물 – 동의 要
대가보관	몰수물/환부받을 자 불명 환부대상물, 멸실 or 보관 곤란/증거물 × 사전통지 要(= 가환부 · 환부)

정리 위 – 불편/폐 – 위험/대 – 몰멸

(1) **자청보관의 원칙** : 압수물은 압수한 법원 또는 수사기관의 청사로 운반하여 직접 보관함이 원칙이다. 압수물에 대하여는 그 상실 · 파손 등의 방지를 위하여 상당한 조치를 하여야 하고(제131조, 제219조), 법원 또는 수사기관은 선량한 관리자의 주의의무로 보관하여야 한다.

(2) 위탁보관 : **운반 또는 보관이 불편한 압수물**에 관하여는 간수자를 두거나 소유자 또는 적당한 자의 승낙을 얻어 **보관하게 할 수 있다**(제130조 제1항, 제219조). [법원9급 10, 해경간부 12] 위탁보관은 공법상의 권력작용이 아니라 단순한 사법상 임치계약에 해당하므로 보관자는 특약이 없으면 임치료를 청구할 수 없다(대법원 1968.4.16, 68다285). [법원승진 03] **사법경찰관**이 압수물 위탁보관을 하려면 **검사의 지휘를 받아야 한다**(제219조 단서).

대법원 1968.4.16, 68다285

위탁보관은 공법상 권력작용이 아니라 사법상 임치계약에 해당하므로 보관자는 특약 없이 임치료 청구가 불가함

원고가 창고업자에게 보관시킨 물건을 조사기관이 압수하여 창고업자의 승낙을 받아 그대로 보관시킨 때에는 조사기관이나 창고업자가 임치료의 수수에 관하여 전혀 고려한 바 없어 특별한 약정이 없는 경우에 해당하여 피고(국가)에게는 임치료지급의무가 없으므로 피고로서는 아무 이득이 없다 할 것이고 원고와 창고업자간의 보관계약상의 원고의 지위를 피고가 승계한 것이라고 볼 수 없다.

(3) 폐기처분

① 대상 : ㉠ **위험발생의 염려**(개연성이 극히 큰 경우)가 있는 압수물(예 전염성 있는 세균에 오염된 물건 등)이나 ㉡ 법령상 생산·제조·소지·소유·유통이 **금지된 압수물**로서 부패의 염려가 있거나 보관하기 어려운 압수물(단, 소유자 등 권한 있는 자의 **동의 要** [법원9급 09, 해경간부 12])은 **폐기할 수 있다**(제130조 제2항·제3항, 제219조). [경찰채용 10 1차/10 2차/12 3차/15 3차]

② 절차 : 사법경찰관이 압수물 폐기처분을 하려면 역시 검사의 지휘를 받아야 한다.

(4) 대가보관(환가처분)

① 대상 : ㉠ **몰수**(임의적·필요적)**하여야 할 압수물** [해경간부 12, 경찰승진 11, 경찰채용 12 3차] 또는 ㉡ **환부하여야 할 압수물 중 환부를 받을 자가 누구인지 알 수 없거나 그 소재가 불명한 경우** [경찰승진 11, 경찰채용 12 3차]로서, **멸실·파손·부패 또는 현저한 가치 감소**의 염려가 있거나 보관하기 어려운 압수물의 경우에는 이를 매각하여 대가를 **보관할 수 있다**(제132조, 제219조). 따라서 **몰수하여야 할 물건이 아닌 이상** 멸실·부패 등 염려가 있다 하여도 환가처분이 허용되지 않고(대법원 1965.1.19, 64다1150), **증거물**도 그 존재와 형태 자체가 중요하므로 환가처분이 허용되지 않는다.

② **대가보관조서 작성 등** : 압수물을 대가보관할 때에는 대가보관조서를 작성해야 하며, 사법경찰관이 대가보관을 하려면 역시 검사의 지휘를 받아야 한다.

③ **통지** : 대가보관(및 환부·가환부)을 함에는 검사·피해자·피고인 또는 변호인에게 **미리 통지하여야 한다**(제135조, 제219조).

④ **대가보관금과 형법상 몰수** : 대가를 보관하는 경우 형법상 형벌인 몰수와의 관계에서는 그 **대가보관금이 몰수의 대상**인 압수물이 된다(대법원 1966.9.20, 66도886; 1996.11.12, 96도2477).

대법원 1996.11.12, 96도2477

형사소송법 제132조에 의하여 압수물을 매각한 경우, 그 대가보관금에 대한 몰수의 가부(적극)

관세법 제198조 제2항에 따라 몰수하여야 할 압수물이 멸실, 파손 또는 부패의 염려가 있거나 보관하기에 불편하여 이를 형사소송법 제132조의 규정에 따라 매각하여 그 대가를 보관하는 경우에는, 몰수와의 관계에서는 그 대가보관금을 몰수 대상인 압수물과 동일시할 수 있다.

2. 압수물의 환부와 가환부

가환부	잠정적 청구 要 통지 要	압수효력 유지 • 처분금지의무 • 보관의무 • 제출의무	(증거에 공할) 임의적 가환부	압수계속필요 ○ 증거물 ○ 임의적 몰수물 ○ 필요적 몰수물 ×
			(증거에만 공할) 필요적 가환부	증거물 ○ 몰수물 ×
환 부	종국적 청구 不要 통지 要	압수효력 상실	압수계속필요 × 증거물 × 몰수물 ×	필요적 환부 청구필요 ×(≠기소전환부) 종결 전 필요적 환부결정 몰수선고 無 → 환부 간주 소유권 포기해도 환부 ○
수사기관	공소 전 청구 要 통지 要	효력 동일	사본 有 압수계속필요 × 증거에 사용할 압수물	소유자·제출인 등 청구 要 필요적 환부(필요 ×)·가환부(증거) 거부시 법원에 청구
압수장물	피해자 통지 要	피해자환부의 예외	환부이유 명백	(해석상 가환부 청구 可-참고) 종결 전 임의적 환부결정(통지 要) 필요적 피해자환부판결

(1) 가환부

① 의의 : 압수의 효력은 그대로 존속시키면서 압수물을 소유자 등에게 잠정적으로 돌려주어 그에 대한 사용을 가능하게 하는 제도이다.

② 대상 : ㉠ **압수를 계속할 필요가 있다고 인정되는 압수물 중**에서 **증거에 공할 압수물**은 가환부할 수 있으며(임의적 가환부, 제133조 제1항 후단), [경찰채용 11 1차] ㉡ **증거에만 공할 목적으로 압수한 물건**으로서 그 소유자·소지자가 계속 사용하여야 할 물건은 가환부하여야 한다(필요적 가환부, 제133조 제2항, 제219조). [경찰채용 11 1차] 가환부의 대상은 증거물에 한하므로, 몰수의 대상물은 가환부의 대상이 아니다(대법원 1966.1.28, 65모21). 다만, 판례는 **임의적 몰수의 대상물에 대해서는** (임의적) **가환부가 가능**하다는 입장이다(대법원 1998.4.16, 97모25). [경찰간부 13, 경찰승진 04/10, 경찰채용 08 3차/10 2차/11 2차]

판례연구 가환부의 대상

1. 대법원 1994.8.18, 94모42

증거에 공할 압수물의 가환부 여부의 판단기준

제219조에 의하여 준용되는 같은 법 제133조 제1항에서 규정하고 있는 증거에 공할 압수물을 가환부할 것인지의 여부는 범죄의 태양, 경중, 압수물의 증거로서의 가치, 압수물의 은닉, 인멸, 훼손될 위험, 수사나 공판수행상의 지장 유무, 압수에 의하여 받는 피압수자 등의 불이익의 정도 등 여러 사정을 검토하여 종합적으로 판단하여야 할 것이다(대법원 1992.9.18, 92모22 참조). [경찰승진 10] … 이 사건 압수물은 타인의 등록상표를 위조하여 부착한 운동화 11,675족이어서 재항고인이 이를 계속 사용하여야 할 필요가 있다고 보기 어렵고, 가환부의 결정이 있는 경우에도 압수의 효력은 지속되므로 가환부를 받은 자는 법원의 요구가 있으면 즉시 압수물을 제출할 의무가 있고 그 압수물에 대하여 보관의무를 부담하며 소유자라 하더라도 그 압수물을 처분할 수는 없는 것이므로, 이를 수사기관의 보관하에 둔다고 하더라도 그에 의하여 재항고인이 어떠한 불이익을 받게 된다고도 보이지 아니한다(∵ 임의적 가환부).

2. 대법원 1998.4.16, 97모25 [법원9급 17]

[1] 형사소송법 제133조 제1항 소정의 '증거에 공할 압수물'의 의미

제133조 제1항 후단이, 제2항의 '증거에만 공할' 목적으로 압수할 물건과는 따로, '증거에 공할' 압수물에 대하여 법원의 재량에 의하여 가환부할 수 있도록 규정한 것을 보면, '증거에 공할 압수물'에는 증거물로서의 성격과 몰수할 것으로 사료되는 물건으로서의 성격을 가진 압수물이 포함되어 있다고 해석함이 상당하다.

[2] 형법 제48조에 해당하는 물건을 피고본안사건에 관한 종국판결 전에 가환부할 수 있는지 여부(적극)

① 몰수할 것이라고 사료되어 압수한 물건 중 법률의 특별한 규정에 의하여 필요적으로 몰수할 것에 해당하거나 누구의 소유도 허용되지 아니하여 몰수할 것에 해당하는 물건에 대한 압수는 몰수재판의 집행을 보전하기 위하여 한 것이라는 의미도 포함된 것이므로 그와 같은 압수 물건은 가환부의 대상이 되지 않지만(필요적 몰수 대상물 : 가환부 ×), ② 형법 제48조에 해당하는 물건에 대하여는 이를 몰수할 것인지는 법원의 재량에 맡겨진 것이므로 특별한 사정이 없다면 수소법원이 피고본안사건에 관한 종국판결에 앞서 이를 가환부함에 법률상의 지장이 없는 것으로 보아야 한다(임의적 몰수 대상물 : 가환부 ○).

[3] 압수물을 환부받을 자가 압수 후 소유권을 포기한 경우 수사기관의 압수물 환부의무의 소멸 여부(소극) 및 수사기관에 대한 환부청구권 포기의 효력(무효)

피압수자 등 환부를 받을 자가 압수 후 그 소유권을 포기하더라도 그 때문에 압수물을 환부하여야 하는 수사기관의 의무에 어떠한 영향을 미칠 수 없고, 또 수사기관에 대하여 형사소송법상의 환부청구권을 포기한다는 의사표시를 하더라도 그 효력이 없다.

③ 절 차

(가) 청구 및 결정 : 소유자·소지자·보관자·제출인의 **청구**와 법원 또는 수사기관의 결정에 의하여 한다(제133조 제1항 후단, 제218조의2 제2항·제4항).

(나) 통지 : 가환부의 결정을 함에는 검사·피해자·피고인·변호인에게 **미리 통지**하여야 한다(제135조, 제219조). 따라서 **피고인에게 의견을 진술할 기회를 주지 아니한 채 한 가환부결정은 위법**하고 이러한 위법은 **재판의 결과에 영향을 미친 것**이다(대법원 1980.2.5, 80모3). [경찰간부 13, 해경간부 12, 경찰승진 10/14, 경찰채용 09 1차/11 1차]

대법원 1980.2.5, 80모3

피고인에 대한 통지 없이 한 가환부결정은 위법하다는 사례

심안컨대 법원이 압수물의 가환부결정을 함에는 미리 검사 피해자 피고인 또는 변호인에 통지를 한 연후에 하도록 형사소송법 제135조에 규정하고 있는 바, 이는 그들로 하여금 압수물의 가환부에 대한 의견을 진술할 기회를 주기 위한 조치라 할 것이다. 따라서 피고인에게 의견을 진술할 기회를 주지 아니한 채 한 가환부결정은 형사소송법 제135조에 위배하여 위법하고 이 위법은 재판의 결과에 영향을 미쳤다 할 것이다(법 제135조는 법 제219조에 의하여 수사기관의 압수·수색 관련 절차에도 준용됨).

(다) 임의적 가환부 : **증거에 공할 압수물**은 **가환부할 수 있다**(제133조 제1항 후단, 제219조). 몰수물 중 **임의적 몰수 대상물도 포함**된다.

(라) 필요적 가환부 : **증거에만 공할 목적으로 압수한 물건**으로서 그 **소유자 또는 소지자가 계속 사용하여야 할 물건**은 사진촬영 기타 원형보존의 조치를 취하고 신속히 **가환부하여야 한다**(제133조 제2항, 제219조).

④ 효 력

(가) 압수 효력 유지 : 가환부한 경우에는 환부와 달리 압수의 효력이 지속된다.

(나) 보관 · 처분금지 · 제출의무 : 가환부받은 자는 압수물에 대한 보관의무를 가지므로, 소유자일지라도 이를 **임의로 처분할 수 없으며**, 법원 · 수사기관의 요구가 있으면 이를 제출하여야 한다(대법원 1994.8.18, 94모42). [경찰채용 07 2차/09 1차]

대법원 1994.8.18, 94모42

가환부의 효력 : 보관의무 · 제출의무 · 처분금지의무

형사소송법 제219조에 의하여 준용되는 같은 법 제133조 제1항에서 규정하고 있는 증거에 공할 압수물을 가환부할 것인지의 여부는 범죄의 태양, 경중, 압수물의 증거로서의 가치, 압수물의 은닉, 인멸, 훼손될 위험, 수사나 공판수행상의 지장 유무, 압수에 의하여 받는 피압수자 등의 불이익의 정도 등 여러 사정을 검토하여 종합적으로 판단하여야 할 것이다. (이때) 가환부의 결정이 있는 경우에도 압수의 효력은 지속되므로 가환부를 받은 자는 법원의 요구가 있으면 즉시 압수물을 제출할 의무가 있고 그 압수물에 대하여 보관의무를 부담하며 소유자라 하더라도 그 압수물을 처분할 수는 없는 것이다.

(다) 환부 간주 : ㉠ 압수한 서류 · 물품에 대하여 －가환부 여하를 불문하고－ **몰수의 선고가 없는 때에는 압수가 해제된 것으로 간주**한다(제332조). 또한 ㉡ 가환부한 장물에 대하여 별단의 선고가 없는 때에도 **환부의 선고가 있는 것으로 간주**한다(제333조 제3항). [법원9급 05/09, 경찰채용 08 3차/11 2차]

(2) 환 부

① 의의 : 압수를 계속할 필요가 없을 때 압수를 해제하여 압수물을 **종국적으로 소유자 또는 제출인에게 반환**하는 법원 또는 수사기관의 처분을 말한다.

② 대상 : **압수를 계속할 필요가 없다고 인정되는 압수물**이다. 따라서 **몰수의 대상이 되는 압수물**을 환부하는 것은 위법하므로 항고 또는 준항고의 사유가 되고, **증거에 공할 압수물**도 가환부의 대상은 될 수 있어도 환부의 대상이 될 수는 없다(대법원 1966.9.12, 66모58). [경찰채용 07 2차/09 2차]

판례연구 환부와 가환부의 대상

1. **대법원 1984.7.24, 84모43** [경찰승진 11/14, 경찰채용 07 2차/09 1차]

위조문서인 약속어음은 몰수대상이므로 환부 또는 가환부할 수 없다는 사례

형사소송법 제133조의 규정에 의하면, 압수를 계속할 필요가 없다고 인정되는 압수물 또는 증거에 공할 압수물은 환부 또는 가환부할 수 있도록 되어 있는 바, 본건 약속어음은 범죄행위로 인하여 생긴 위조문서로서 아무도 이를 소유하는 것이 허용되지 않는 물건이므로 몰수가 될 뿐 환부나 가환부할 수 없고, 다만 검사는 몰수의 선고가 있은 뒤에 형사소송법 제485조에 의하여 위조의 표시를 하여 환부할 수 있다.

보충 압수를 계속할 필요가 없는 물건이 환부의 대상이다. 위 위조 약속어음은 몰수의 대상이므로 환부의 대상이 되지 않는다. 판

례 내용 중에 가환부할 수 없다는 것은 임의적 가환부의 대상이기는 하지만 법원은 가환부하지 않겠다는 의미이다. 위조문서의 소유가 허용되지 않는 것은 진정한 문서인 것처럼 통용됨을 금지하고자 하는 데에 그 뜻이 있으므로, 몰수의 선고가 있은 뒤에 검사가 법 제485조에 의하여 위조의 표시를 하여 환부한 경우에는 이를 적법하게 소지할 수 있을 뿐 아니라 민법상 권리행사의 자료로도 사용할 수 있음은 물론이다.

2. 대법원 1996.8.16, 94모51 전원합의체 [변호사 21]

[1] 수사 도중에 피의자가 수사관에게 소유권포기각서를 제출한 경우 수사기관의 압수물 환부의무가 면제되는지 여부(소극) 및 피의자의 압수물 환부청구권도 소멸하는지 여부(소극) [경찰채용 11 1차/13 2차/15 3차]

피압수자 등 환부를 받을 자가 압수 후 그 소유권을 포기하는 등에 의하여 실체법상의 권리를 상실하더라도 그 때문에 압수물을 환부하여야 하는 수사기관의 의무에 어떠한 영향을 미칠 수 없고, 또한 수사기관에 대하여 형사소송법상의 환부청구권을 포기한다는 의사표시를 하더라도 그 효력이 없어 그에 의하여 수사기관의 필요적 환부의무가 면제된다고 볼 수는 없으므로, 압수물의 소유권이나 그 환부청구권을 포기하는 의사표시로 인하여 위 환부의무에 대응하는 압수물에 대한 환부청구권이 소멸하는 것은 아니다.

[2] 관세포탈된 물건인지 불명하여 기소중지 처분을 한 경우 그 압수물에 대한 국고귀속 처분의 가부(불가) 및 압수 계속의 필요성 여부(소극) [법원행시 04, 법원9급 13, 해경간부 12, 경찰승진 10/11/14]

외국산 물품을 관세장물의 혐의가 있다고 보아 압수하였다 하더라도 그것이 언제, 누구에 의하여 관세포탈된 물건인지 알 수 없어 기소중지처분을 한 경우에는 그 압수물은 관세장물이라고 단정할 수 없어 이를 국고에 귀속시킬 수 없을 뿐만 아니라 압수를 더 이상 계속할 필요도 없다(대법원 1984.12.21, 84모61; 1988.12.14, 88모55; 1991.4.22, 91모10 등).

정리 甲은 다이아몬드를 매도하려다가 경찰에 적발되어 관세법 위반 혐의로 조사를 받는 한편 위 다이아몬드를 압수당하게 되었는데, 검사가 수사한 결과 위 다이아몬드의 최초 매매알선 의뢰인인 乙의 소재가 불명하여 위 다이아몬드가 밀수품인지 여부를 알 수 없다는 이유로 甲을 기소중지처분(석방하면서 소유권포기각서를 제출)하면서 위 다이아몬드에 대하여는 계속 보관하도록 결정하자, 甲이 위 결정에 대해 준항고를 제기한 사안으로서, 대법원은 압수를 계속할 필요가 없어 환부해야 하고, 이때 소유권을 포기하였든 환부청구권을 포기하였든지 간에 마찬가지라고 판시한 것이다.

③ 절 차

(가) 결정 : 환부는 법원(cf. 선고단계 - 판결) 또는 수사기관의 결정에 의한다(제133조 제1항, 제219조). 사법경찰관은 검사의 지휘를 받아야 한다(제218조의2 제4항 제2문). 소유자 등의 **청구는 요하지 않는다** (소유자 등이 환부청구를 할 수는 있음).

(나) 환부청구권과 포기 : 환부청구권은 필요적 환부의무에 대응하는 절차법적 공권에 해당하므로, 피압수자가 **소유권이나 환부청구권을 포기하는 경우**에도 법원 또는 수사기관의 환부의무는 소멸하지 않는다. 따라서 법원 또는 수사기관은 **환부결정을 하여야 한다.** [법원9급 17, 국가9급 12/14, 경찰간부 13, 해경간부 12, 경찰승진 10/11/14, 경찰채용 12 2차/13 2차]

정리 포기가 인정되지 않는 권리 : 고소권, 압수물환부청구권, 약식명령에 대한 정식재판청구권(피고인), 진술거부권, 상소권(**고/환/약/진/상**이라 포기가 안 돼)

(다) 통지 : 환부결정을 함에는 검사 · 피해자 · 피고인 또는 변호인에게 미리 통지하여야 한다(제135조, 제219조).

(라) 필요적 환부 : 압수를 계속할 필요가 없다고 인정되는 압수물은 **피고사건 종결 전이라도** 결정으로 **환부하여야 한다**(제133조 제1항, cf. 압수장물 - 임의적). 이에 의해 압수를 해제하여 압수 이전의 상태로 환원시키도록 한다.

(마) 환부불능과 공고 : 압수물의 환부를 받을 자의 소재가 불명하거나 기타 사유로 인하여 환부를 할 수 없는 경우에는 검사는 그 사유를 관보에 공고하여야 한다. 공고 후 3월 이내에 환부의 청구가 없는 때에는 그 물건을 국고에 귀속한다(제486조 제1항 · 제2항). 이는 **법원의 몰수재판이 없어도 압수물이 국고에 귀속되는 경우**이다. [경찰채용 09 1차] 다만, 위 기간 내이더라도 가치 없는 물건은 폐기할 수 있고 보관하기 어려운 물건은 공매하여 그 대가를 보관할 수 있다(동조 제3항).

④ 효 력

(가) 압수의 효력 상실 : 환부에 의하여 압수는 효력을 상실한다.

(나) 실체법상 권리에의 효력 : 환부에 의하여 압수만 해제될 뿐 **환부받은 자의 실체법상의 권리를 확인 · 확정하는 효력은 없다.** [경찰채용 09 1차] 따라서 이해관계인은 민사소송절차에 의하여 그 권리를 주장할 수 있다(제333조 제4항). 예컨대, 수사단계에서 **소유권을 포기한 압수물**이라 하더라도 형사재판

에서 **몰수형이 선고되지 않은 경우**라면, 피압수자는 국가에 대하여 **민사소송으로 그 반환을 청구할 수 있다**(대법원 2000.12.22, 2000다27725). [해경간부 12, 경찰승진 11, 경찰채용 15 3차]

판례연구 환부의 효력

1. 대법원 1996.8.16, 94모51 전원합의체

압수물의 환부는 환부를 받는 자에게 환부된 물건에 대한 소유권 기타 실체법상의 권리를 부여하거나 그러한 권리를 확정하는 것이 아니라 단지 압수를 해제하여 압수 이전의 상태로 환원시키는 것뿐으로서, 이는 실체법상의 권리와 관계없이 압수 당시의 소지인에 대하여 행하는 것이므로, 실체법인 민법(사법)상 권리의 유무나 변동이 압수물의 환부를 받을 자의 절차법인 형사소송법(공법)상 지위에 어떠한 영향을 미친다고는 할 수 없다.

2. 대법원 2000.12.22, 2000다27725

소유권을 포기한 압수물에 대하여 몰수형이 선고되지 않은 경우 민사소송으로 반환청구할 수 있다는 사례

수사단계에서 소유권을 포기한 압수물에 대하여 형사재판에서 몰수형이 선고되지 않은 경우, 피압수자는 국가에 대하여 민사소송으로 그 반환을 청구할 수 있다.[1]

(다) 몰수선고가 없는 경우 : ㉠ 압수한 서류 · 물품에 대하여 몰수의 선고가 없는 때에는 **압수를 해제한 것으로 간주**한다(제332조). [경찰채용 03 3차] 즉, 환부해야 한다. ㉡ 다만, 형법상 형벌인 **몰수**는 **압수물에 대해서만 하는 것이 아니므로 위법한 압수물이라 하여도 몰수할 수 있으며**(압수≠몰수, 대법원 2003.5.30, 2003도705) 압수 후 판결선고 전 **피고인에게 환부된 물건에 대하여도 피고인으로부터 몰수할 수 있는 것**이므로(대법원 1977.5.24, 76도4001), **공범자에 대한 범죄수사**를 위하여 여전히 그 물품의 압수가 필요하다거나 공범자에 대한 재판에서 그 물품이 몰수될 가능성이 있다면 **검사는 그 압수해제된 물품을 다시 압수할 수도 있다**(환부 후 재압수 가능, 대법원 1997.1.9, 96모34). [해경간부 12, 경찰채용 08 2차/15 3차]

판례연구 압수와 몰수의 구별, 환부 후 재압수의 가능

1. 대법원 2003.5.30, 2003도705

몰수대상물건이 압수되어 있는지 및 적법한 절차에 의하여 압수되었는지는 형법상 몰수의 요건이 아님 : 압수≠몰수

범죄행위에 제공하려고 한 물건은 범인 이외의 자의 소유에 속하지 아니하거나 범죄 후 범인 이외의 자가 정을 알면서 취득한 경우 이를 몰수할 수 있고(형법 제48조 제1항), 한편 법원이나 수사기관은 필요한 때에는 증거물 또는 몰수할 것으로 사료하는 물건을 압수할 수 있으나, 몰수는 반드시 압수되어 있는 물건에 대하여서만 하는 것이 아니므로, 몰수대상물건이 압수되어 있는가 하는 점 및 적법한 절차에 의하여 압수되었는가 하는 점은 몰수의 요건이 아니다. (따라서) 이미 그 집행을 종료함으로써 효력을 상실한 압수 · 수색영장에 기하여 다시 압수 · 수색을 실시하면서 몰수대상물건을 압수한 경우, 압수 자체가 위법하게 됨은 별론으로 하더라도 그것이 위 물건의 몰수의 효력에는 영향을 미칠 수 없다.

2. 대법원 1977.5.24, 76도4001

압수되었다가 피고인에게 환부된 물건의 몰수도 가능하다는 사례

몰수는 압수되어 있는 물건에 대해서만 하는 것이 아니므로 판결선고 전 검찰에 의하여 압수된 후 피고인에게 환부된 물건에 대하여도 피고인으로부터 몰수할 수 있다.

3. 대법원 1997.1.9, 96모34

압수물에 대한 몰수의 선고가 없어 압수가 해제된 것으로 간주된 상태에서 공범자에 대한 범죄수사를 위하여 그 압수해제된 물품을 재압수할 수 있다는 사례

형사소송법 제215조, 제219조, 제106조 제1항의 규정을 종합하여 보면, 검사는 범죄수사에 필요한 때에는 증거물 또는 몰수할 것으로 사료하는 물건을 법원으로부터 영장을 발부받아서 압수할 수 있는 것이고, 합리적인 의심의 여지가 없을 정도로 범

---

1) [보충] 원고들로부터 압수된 이 사건 압수물은 형사재판에서 몰수의 선고가 없는 상태로 확정되어 압수가 해제된 것으로 간주되므로 피압수자는 국가에 대하여 민사소송으로 그 반환을 청구한 수 있다. 나아가 원고들이 수사단계에서 압수물에 대한 소유권을 포기하였다고 하더라도, 압수물을 환부하여야 하는 수사기관의 의무에 어떠한 영향을 미칠 수 없어 그 환부청구권은 소멸하지 않는다. 이러한 법리는 형사재판에서 몰수의 선고가 없어 압수가 해제된 것으로 간주되어 피압수자가 민사소송으로 환부청구권을 행사하는 이 사건과 같은 경우에도 그대로 적용된다. 압수물에 대한 소유권포기가 피압수자의 환부청구권에 아무런 영향을 미치지 못한다는 대법원 1996.8.16. 94모51 전원합의체 결정의 법리를 형사재판에서 몰수의 선고가 없어 압수가 해제된 것으로 간주되어 피압수자가 민사소송으로 환부청구권을 행사하는 이 사건과 같은 경우에는 적용될 수 없다는 것이 위 전원합의체 결정의 취지라는 상고이유의 주장은 독단적인 견해에 불과하여 받아들일 수 없다(위 판례의 판결이유).

죄사실이 인정되는 경우에만 압수할 수 있는 것은 아니라 할 것이며(압수의 요건과 유죄의 증명의 요건은 다름), 한편 범인으로부터 압수한 물품에 대하여 몰수의 선고가 없어 그 압수가 해제된 것으로 간주된다고 하더라도(법 제332조) [경찰채용 03 3차] 공범자에 대한 범죄수사를 위하여 여전히 그 물품의 압수가 필요하다거나 공범자에 대한 재판에서 그 물품이 몰수될 가능성이 있다면 검사는 그 압수해제된 물품을 다시 압수할 수도 있다.

⑤ 압수장물의 피해자환부

(가) 의의－제출인 환부 원칙과 피해자 환부의 예외 : ㉠ 압수물을 환부할 경우에는 제출인에게 환부함이 원칙이다. 다만, 압수장물은 다르다. 즉, ㉡ 압수한 장물(재산범죄에 의하여 영득한 재물)은 피해자에게 환부할 이유가 명백한 때에는 **피고사건의 종결 전**이라도 결정으로 **피해자에게 환부할 수 있다**(공판 중 임의적 환부결정, 제134조, 제219조). [국가7급 17, 국가9급 14, 경찰승진 11, 경찰채용 12 3차/13 1차]

(나) 요건 : 압수한 장물을 **피해자에게 환부할 이유가 명백한 경우**이어야 한다. 따라서 제출자와 피해자간에 소유권에 관한 다툼이 없어, 사법상 피해자가 그 압수물에 대한 인도청구권이 있음이 명백해야 한다. 따라서 그 **인도청구권에 관하여 사실상 · 법률상 다소라도 의문이 있는 경우에는 환부할 수 없다**(대법원 1984.7.16, 84모38). [경찰승진 10]

판례연구 압수장물의 피해자환부

대법원 1984.7.16, 84모38

법 제134조 소정의 "환부할 이유가 명백한 때"의 의미, 피해자를 기망하여 물건을 취득한 자가 이를 제3자에게 임치한 경우 동 물건의 피해자환부가 가능하지 않음

형사소송법 제134조 소정의 "환부할 이유가 명백한 때"[압수한 장물은 피해자에게 환부할 이유가 명백한 때에는 피고사건의 종결 전이라도 결정으로 피해자에게 환부할 수 있다(법 제134조, 제219조)]라 함은 사법상 피해자가 그 압수된 물건의 인도를 청구할 수 있는 권리가 있음이 명백한 경우를 의미하고 위 인도청구권에 관하여 사실상, 법률상 다소라도 의문이 있는 경우에는 환부할 명백한 이유가 있는 경우라고는 할 수 없다. 매수인이 피해자로부터 물건을 매수함에 있어 사기행위로써 취득하였다 하더라도 피해자가 매수인에게 사기로 인한 매매의 의사표시를 취소한 여부가 분명하지 않고, 위 매수인으로부터 위탁을 받은 甲이 위 물건을 인도받아 재항고인의 창고에 임치하여 재항고인이 보관하게 되었고 달리 재항고인이 위 물건이 장물이라는 정을 알았다고 확단할 자료가 없다면, 재항고인은 정당한 점유자라 할 것이고 이를 보관시킨 매수인에 대해서는 임치료 청구권이 있고 그 채권에 의하여 위 물건에 대한 유치권이 있다고 보이므로 피해자는 재항고인에 대하여 위 물건의 반환청구권이 있음이 명백하다고 보기는 어렵다 할 것이므로 이를 피해자에게 환부할 것이 아니라 민사소송에 의하여 해결함이 마땅하다.

(다) 절차 : ㉠ 압수한 장물로서 피해자에게 환부할 이유가 명백한 것은 **판결로써 피해자에게 환부하는 선고**를 해야 하며, ㉡ 장물을 처분하였을 때에는 판결로써 그 **대가로 취득한 것을 피해자에게 교부**하는 선고를 하여야 한다(종국재판시 필요적 환부판결의 선고, 제333조 제1항 · 제2항). [여경 04 1차] ㉢ 가환부(압수장물에 대한 가환부의 근거)한 장물에 대하여 별단의 선고가 없는 때에는 환부의 선고가 있는 것으로 간주한다(동조 제3항, 제332조의 압수물 환부간주규정과 같은 의미).

(라) 효력 : 압수장물 또는 그 대가를 피해자에게 환부하는 선고가 있다 하더라도 이해관계인이 민사소송절차에 그 권리를 주장함에 영향을 미치지 아니한다(제333조 제4항). [경찰승진 14, 경찰채용 08 3차]

⑥ 공소제기 전 압수물의 환부 · 가환부

(가) 의의 : 검사 또는 사법경찰관은 **사본을 확보한 경우** 등 **압수를 계속할 필요가 없다고 인정되는 압수물**(환부) 및 **증거에 사용할 압수물**(가환부)에 대하여 **공소제기 전**이라도 소유자 · 소지자 · 보관자 또는 제출인의 **청구가 있는 때**에는 **환부 또는 가환부하여야 한다**(공소제기 전 필요적 환부 · 가환부, 2011.7. 개정 제218조의2 제1항 · 제4항). [해경간부 12, 경찰채용 12 1차] **사법경찰관도** 환부 또는 가환부 처분을 할 수 있으나[경찰채용 09 2차] 이 경우 검사의 지휘를 받아야 한다(동조 제4항 단서). [경찰간부 13] 따라서 검사 또는 사법경찰관은 증거에 사용할 압수물에 대하여 가환부의 청구가 있는 경우, 원칙적으로 가환부 청구에 응하여야 한다(대법원 2017.9.29, 2017모236). [경찰채용 20 2차]

정리 필요적 가환부 : 증거에만 공할 압수물(제133조 제2항)과 공소제기 전 증거에 사용할 압수물에 대한 수사기관

의 가환부(제218조의2 제1항)

주의 보통 증거에 공할 압수물에 대해서는 임의적 가환부이지만(제133조 제1항 후단), 공소제기 전이라는 문구가 나오면 필요적 가환부(제218조의2 제1항)로 정리해둘 것

> **대법원 2017.9.29, 2017모236** [국가7급 18, 경찰채용 20 2차]
>
> 압수물가환부청구에 대하여 검사는 원칙적으로 응하여야 한다는 사례
>
> 형사소송법 제218조의2 제1항은 '검사는 사본을 확보한 경우 등 압수를 계속할 필요가 없다고 인정되는 압수물 및 증거에 사용할 압수물에 대하여 공소제기 전이라도 소유자, 소지자, 보관자 또는 제출인의 청구가 있는 때에는 환부 또는 가환부하여야 한다'고 규정하고 있다. 따라서 검사는 증거에 사용할 압수물에 대하여 가환부의 청구가 있는 경우 가환부를 거부할 수 있는 특별한 사정이 없는 한 가환부에 응하여야 한다.
>
> 보충 사법경찰관도 환부 또는 가환부 처분을 할 수 있으나, 이 경우 사법경찰관은 검사의 지휘를 받아야 한다(형소법 제218조의2 제4항 단서). [경찰간부 13]

(나) 공소제기 전 압수장물의 피해자 환부 : 압수한 장물은 피해자에게 환부할 이유가 명백한 때에는 피고사건의 종결 전이라도 결정으로 피해자에게 환부할 수 있다(법 제134조). 이는 검사 또는 사법경찰관의 압수에도 마찬가지이므로(법 제219조, 단 사경의 위탁보관 · 폐기처분 · 대가보관 · 가환부 · 환부 · 압수장물피해자환부는 검사의 지휘 요, 동조 단서),[1] 공소제기 전 수사기관이 판단하여 압수한 장물을 피해자에게 환부할 이유가 명백한 때에는 결정으로 피해자에게 환부할 수 있다(압수장물의 환부절차는 '임의적 환부결정').

정리 환부 절차의 간단한 정리

㉠ **압수물의 환부**	법원의 공판 중에는 필요적 환부결정(법 제133조 제1항)
㉡ **압수장물의 환부**	법원의 공판 중 또는 수사기관의 수사 중에는 임의적 환부결정(법 제134조, 제219조)
㉢ **공소제기 전 수사기관의 압수물의 환부 · 가환부**	소유자 · 소지자 · 보관자 · 제출인의 청구 시 필요적 환부 · 가환부(법 제218조의2 제1항)

(다) 수사기관 거부시 절차 : 검사 또는 사법경찰관이 소유자 등의 환부 · 가환부 청구를 거부하는 경우에는 신청인은 해당 **검사의 소속 검찰청에 대응한 법원**에 압수물의 환부 또는 가환부결정을 **청구할 수 있다**(동조 제2항, 제417조의 준항고와 중복). 법원이 환부 또는 가환부결정을 하면 검사 또는 사법경찰관은 신청인에게 압수물을 환부 또는 가환부하여야 한다(동조 제3항).

(라) 통지 : 수사기관이 공소제기 전 환부 · 가환부결정을 함에는 **피해자, 피의자 또는 변호인**에게 **미리 통지하여야 한다**(제135조, 제219조). [경찰채용 09 2차] 당해인의 의견진술의 기회를 보장하기 위함이다.

(3) 환부 · 가환부결정에 대한 불복

① 수소법원의 압수나 압수물의 환부에 관한 결정에 대해서는 보통항고를 할 수 있다(**압구보감**, 제403조 제2항).

② 재판장 · 수명법관이 압수 또는 압수물환부에 관한 재판을 고지한 경우에 불복이 있으면 그 법관 소속의 법원에 재판의 취소 또는 변경을 구하는 준항고를 할 수 있다(**압구보감비과기**, 제416조 제1항 제2호).

③ 압수물의 가환부 · 환부에 대한 항고법원의 결정에 대해서는 재판에 영향을 미친 법령의 위반이 있음을 이유로 하여 대법원에 즉시항고(재항고, 특별항고)할 수 있다(제415조, 제419조).

④ 검사 또는 사법경찰관의 압수 또는 압수물의 환부에 관한 처분에 대하여 불복이 있으면 그 직무집행지의 관할법원 또는 검사의 소속검찰청에 대응한 법원에 그 처분의 취소 또는 변경을 청구하는 준항고를 할 수 있다(제417조)(제218조의2 : 청구받은 수사기관의 가환부 · 환부거부시 : 법원에 청구).

---

1) [조문] 형사소송법 제219조(준용규정) 제106조, 제107조, 제109조 내지 제112조, 제114조, 제115조 제1항 본문, 제2항, 제118조부터 제132조까지, 제134조, 제135조, 제140조, 제141조, 제333조 제2항, 제486조의 규정은 검사 또는 사법경찰관의 본장의 규정에 의한 압수, 수색 또는 검증에 준용한다. 단, 사법경찰관이 제130조, 제132조 및 제134조에 따른 처분을 함에는 검사의 지휘를 받아야 한다.

02 수사상의 검증

I 의 의

1. 개 념

검증(檢證, inspection)이란 사람 · 물건 · 장소의 성질과 형상을 **오관(五官)의 작용**에 의하여 인식하는 강제처분을 말한다. 이 중에서 사람의 신체에 대한 검증은 피검자의 건강과 명예에 영향을 미칠 수 있으므로 제141조에서 별도의 규정을 두어 규율하고 있다.

2. 구별개념

(1) **법원 · 법관의 검증** : 법원 · 법관이 직접 행하는 증거조사의 일종이므로 공판정 내 · 외를 불문하고 영장을 요하지 않으나(다만 공판기일 검증은 검증 자체가 증거가 되고 −검증조서 기재 不要−, 공판기일 외 검증은 검증조서가 서증으로 증거가 됨), 수사기관의 검증은 증거를 수집 · 보전하기 위한 강제처분으로서 원칙적으로 법관의 영장을 요한다.

(2) **승낙검증** : 수사상 검증은 원칙적으로 강제수사이나, 승낙검증 · 수색은 임의수사이다.

대법원 2015.7.9, 2014도16051 [경찰채용 23 1차]

음주운전 혐의가 있는 운전자에 대해 호흡측정이 이루어졌으나 호흡측정 결과에 오류가 있다고 인정할 만한 객관적이고 합리적인 사정이 있는 경우, 혈액 채취에 의한 측정 방법으로 다시 음주측정을 하는 것이 허용되는지 여부(한정적극) 및 혈액 채취에 의한 측정의 적법성이 인정되려면 운전자의 자발적 의사를 요한다는 사례

교통안전과 위험방지를 위한 필요가 없음에도 주취운전을 하였다고 인정할 만한 상당한 이유가 있다는 이유만으로 이루어지는 음주측정은 이미 행하여진 주취운전이라는 범죄행위에 대한 증거 수집을 위한 수사절차로서의 의미를 가지는 것이다(대법원 2012.12.13, 2012도11162 판결 등 참조). … 한편 수사기관은 수사의 목적을 달성하기 위하여 필요한 조사를 할 수 있으나(법 제199조 제1항 본문), 수사는 그 목적을 달성함에 필요한 최소한도의 범위 내에서 사회통념상 상당하다고 인정되는 방법과 절차에 따라 수행되어야 하는 것이다(대법원 1999.12.7, 98도3329). ① 음주운전에 대한 수사 과정에서 음주운전 혐의가 있는 운전자에 대하여 구 도로교통법 제44조 제2항에 따른 호흡측정이 이루어진 경우에는 그에 따라 과학적이고 중립적인 호흡측정 수치가 도출된 이상 다시 음주측정을 할 필요성은 사라졌다고 할 것이므로 운전자의 불복이 없는 한 다시 음주측정을 하는 것은 원칙적으로 허용되지 아니한다고 할 것이다. 그러나 ② 운전자의 태도와 외관, 운전 행태 등에서 드러나는 주취 정도, 운전자가 마신 술의 종류와 양, 운전자가 사고를 야기하였다면 그 경위와 피해의 정도, 목격자들의 진술 등 호흡측정 당시의 구체적 상황에 비추어 호흡측정기의 오작동 등으로 인하여 호흡측정 결과에 오류가 있다고 인정할 만한 객관적이고 합리적인 사정이 있는 경우라면 그러한 호흡측정 수치를 얻은 것만으로는 수사의 목적을 달성하였다고 할 수 없어 추가로 음주측정을 할 필요성이 있다고 할 것이므로, 경찰관이 음주운전 혐의를 제대로 밝히기 위하여 운전자의 자발적인 동의를 얻어 혈액 채취에 의한 측정의 방법으로 다시 음주측정을 하는 것을 위법하다고 볼 수는 없다. 이 경우 운전자가 일단 호흡측정에 응한 이상 재차 음주측정에 응할 의무까지 당연히 있다고 할 수는 없으므로, 운전자의 혈액 채취에 대한 동의의 임의성을 담보하기 위하여는 경찰관이 미리 운전자에게 혈액 채취를 거부할 수 있음을 알려주었거나 운전자가 언제든지 자유로이 혈액 채취에 응하지 아니할 수 있었음이 인정되는 등 운전자의 자발적인 의사에 의하여 혈액 채취가 이루어졌다는 것이 객관적인 사정에 의하여 명백한 경우에 한하여 혈액 채취에 의한 측정의 적법성이 인정된다고 보아야 한다.

(3) **실황조사** : 수사기관의 범죄현장 기타 장소(교통사고 · 화재사고 등 현장)에 임하여 실제 상황을 조사하는 활동을 말한다(검찰사건사무규칙 제17조). 실황조사의 성격에 대해서는 ① 임의수사설과 ② 강제수사설이 대립하나, **원칙적으로 검증에 준하는 강제수사**로 보는 것이 타당하다.[1] 따라서 당사자의 동의를 받을 필요가 없는 장소에서 이루어지거나 당사자의 동의하(승낙검증)에 이루어진 실황조사는 임의수사에 해당하므로 법관의 영장을 요하지 아니하나, 사고장소에서 긴급을 요하여 영장 없이 행해진 실황조사는 제216조 제3항(범죄장소에서의 긴급검증)에 의한 검증에 해당한다. 따라서 **실황조사 후 지체 없이 사후검증영장**을 받아야 한다. **판례도 같은 입장**이다.

1) [참고] 예를 들어, 수사기관의 수사보고서에 검증결과에 해당하는 기재가 있는 경우, 그 기재부분은 증거로 할 수 없다. 이렇듯 수사기관에서는 실황조사라 하더라도 영장주의 및 당사자의 참여권 보장(규칙 제110조, 제219조, 제121조~제123조) 등 적법절차를 준수하여야 한다. 적법한 절차와 방식에 따라 작성된 것이 아닌 검증조서는 증거능력이 인정되지 않는다(제312조 제6항).

대법원 1989.3.14, 88도1399

사법경찰관사무취급이 작성한 실황조사는 이 사건 사고가 발생한 직후에 사고장소에서 긴급을 요하여 판사의 영장 없이 시행된 것이므로 이는 형사소송법 제216조 제3항에 의한 검증에 해당한다 할 것이고 기록상 사후영장을 받은 흔적이 없으므로 이 실황조서는 유죄의 증거로 삼을 수 없다.

Ⅱ 요건 및 절차

1. 요 건

수사기관의 검증도 강제처분이므로 압수·수색과 동일하게 ① 범죄혐의, ② 사건과의 관련성, ③ 검증의 필요성, ④ 비례성의 원칙이 그 요건으로 요구된다.

2. 절 차

(1) **개관** : 수사기관의 검증에 대해서는 법원의 검증에 관한 규정이 준용된다(제219조). 수사기관의 검증에도 영장에 의한 검증이나 영장에 의하지 않는 검증이 있는바, 검증영장청구, 검증영장의 발부 및 영장의 기재사항, 영장의 집행방법 등 검증의 절차는 압수·수색의 경우와 같다.

(2) **검증영장 집행시 필요한 처분** : 검증을 함에는 신체의 검사, 시체의 해부, 분묘의 발굴, 물건의 파괴 기타 필요한 처분을 할 수 있다(제219조, 제140조). 시체의 해부 또는 분묘의 발굴을 하는 때에는 예(禮)를 어긋나지 아니하도록 주의하고 미리 유족에게 통지하여야 한다(2020.12.8. 우리말 순화 개정법 제141조 제4항, 제219조).

정리 검증에 필요한 처분 : 신/시/분/물/기는 검증해

(3) **검증조서** : 검증에 관하여는 조서를 작성하여야 한다(제49조 제1항). 검증조서에는 검증목적물의 현상을 명확하게 하기 위하여 도화나 사진을 첨부할 수 있다(동조 제2항). 수사기관의 검증조서는 공판에서 전문증거가 되는바, 그 증거능력의 요건에 대해서는 제312조 제6항(**적/성**)(cf. 법원·법관 검증조서 : 증거 ○, 제311조)이 규정하고 있다.

Ⅲ 신체검사

1. 의의 및 성질

사람의 신체 자체를 검사의 대상으로 하는 강제처분을 말한다. 신체검사는 원칙적으로 **검증**의 성질을 갖는다(제140조, 제219조).

2. 구별개념

(1) **신체수색** : 신체검사는 신체 자체를 검사의 대상으로 하는 데 비해, 신체수색은 신체 외부(표면)나 착의에서 증거물을 찾는 강제처분이다(제109조, 제219조). 물론 신체수색에도 영장주의가 적용된다(제215조).

(2) **감정으로서의 신체검사** : 신체검사는 오관의 작용에 의한 것인 데 비해, 감정으로서의 신체검사는 전문적 지식과 경험을 요하는 경우이다. 예 혈액채취, X선 촬영

3. 절 차

(1) **영장주의** : 수사상 신체검사도 검증에 해당하므로 영장주의 원칙이 적용된다. 따라서 검증영장에 의하여야 한다.

(2) **영장주의의 예외** : 전술한 바와 같이 체포·구속현장, 범행 중 또는 범행 직후의 범죄장소, 긴급체포된 자의 경우 무영장 긴급검증이 가능하다(제216조, 제217조 제1항). 이 경우 사후영장을 발부받지 못한 경우 위법하다는 것도 압수·수색과 같다.

(3) 신체검사에 관한 주의

① 대상 : 신체검사는 피고인을 대상으로 함이 원칙이나, **피고인 아닌 자**도 대상이 될 수 있다(제141조 제2항). [경찰채용 09 2차]

② 피검자 보호 : 신체의 검사에 관하여는 검사를 받는 사람의 성별, 나이, 건강상태, 그 밖의 사정을 고려하여 그 사람의 건강과 명예를 해하지 아니하도록 주의하여야 한다(동조 제1항).

③ 피고인 아닌 사람에 대한 신체검사 : **피고인 아닌 사람**의 신체검사는 **증거가 될 만한 흔적을 확인할 수 있는 현저한 사유가 있는 경우에 한하여** 할 수 있다(2020.12.8. 우리말 순화 개정법 동조 제2항).

④ 여자에 대한 신체검사 : **의사나 성년 여자**를 참여하게 하여야 한다(동조 제3항). [교정9급특채 10] 둘 중 한 명만 참여해도 무방하다. [국가9급 09, 경찰채용 09 2차/10 2차]

비교 여자의 신체 수색 : 성년 여자 참여(제124조)

4. 체내검사

(1) 의의 : 신체의 **내부**에 대한 검사를 말한다. 인간의 존엄성을 침해할 위험성이 있으므로 보다 엄격한 기준에 의해서 집행되어야 한다.

(2) 체내수색 : 구강 내, 항문 내, 질 내 등 신체의 내부에 대한 수사기관의 수색을 말하는바, 압수할 물건이 신체의 내부에 있을 고도의 개연성과 검사방법의 상당성이 구비될 경우에 한하여 허용된다. 신체 내부에 대한 수색은 신체검사의 성질을 병유하고 있으므로 원칙적으로 **압수·수색영장과 검증영장을 모두** 받아야 한다.

(3) 체내검증 : 구강 내, 항문 내, 질 내 등 신체의 내부에 대한 수사기관의 검증을 말하는바, **검증영장**을 발부받아야 한다.

(4) 체내물의 강제채취

① 의의 : 수사기관이 혈액·정액·뇨 등을 강제로 채취하는 것을 말한다. 강제채뇨, 강제채혈이 대표적인 예이다.

② 요건 : ㉠ 사건과의 관련성, ㉡ 강제채취의 필요성, ㉢ 증거로서의 중요성, ㉣ 대체수단의 부존재(보충성), ㉤ 의학적으로 상당하다고 인정되는 방법(채취방법의 상당성)이 구비되어야 허용된다.

③ 절차 : 필요한 영장이 무엇인가에 대해서는 학설의 대립이 있으나,[1] 다수설은 검증영장 및 감정처분허가장 병용설이다. 이와 달리, 판례의 입장은 두 영장 중 하나로 충분하다는 택일설을 취한다. 판례는 **검증영장 또는 감정처분허가장 택일설**을 취한 것(대법원 2011.4.23, 2009도2109 : 피의자 동의 없이 무영장 채혈 후 사후영장도 받지 않아 위법하다는 사례로서, 임의제출물 압수에서 설명함)도 있고, 아래와 같이 **압수·수색영장 또는 감정처분허가장 택일설**을 취한 것(대법원 2012.11.15, 2011도15258 : 병원 응급실 등 범죄장소에서의 채혈 후 사후영장이 필요하다는 사례)도 있다.[2] [국가9급 22] 압수·수색의 방법으로 소변을 채취하는 경우, 압수대상물인 피의자의 소변을 확보하기 위한 수사기관의 노력에도 불구하고, 피의자가 인근 병원 응급실 등 소변 채취에 적합한 장소로 이동하는 것에 동의하지 않거나 저항하는 등 임의동행을 기대할 수 없는 사정이 있는 때에는, 수사기관으로서는 **소변 채취에 적합한 장소로 피의자를 데려가기 위해서 필요 최소한의 유형력을 행사하는 것이 허용된다.** 이는 법 제219조, 제120조 제1항에서 정한 '압수·수색영장의 집행에 필요한 처분'에 해당한다고 보아야 한다(이때 공무집행에 항거하는 피고인을 제지하고 자해위험을 방지하기 위해 수갑과 포승을 사용하는 것은 경찰관직무집행법에 따른 경찰장구의 사용으로서 적법함).

1) [참고] 체내물 강제채취에 필요한 영장에 대해서는 ① 압수·수색영장설(배/이/정/이), ② 압수·수색영장 및 감정처분허가장 병용설(임동규, 정/백), ③ 검증영장 및 감정처분허가장 병용설(다수설), ④ 검증영장·감정처분허가장 택일설(판례), ⑤ 압수·수색영장·감정처분허가장 택일설(판례)이 대립한다. 본서는 수험서라는 특성에서 판례의 입장을 존중하고 있다.

2) [보충] 체내물의 강제채취는 체내물에 대한 점유를 확보하기 위한 측면에서는 압수·수색영장(제215조)에 의할 수 있고, 또한 신체검사라는 측면에서는 검증영장(제215조)에 의할 수 있으나, 한편 의사가 참여하여 전문적인 지식과 경험을 사용한다는 점에서는 감정처분허가장(제221조의4)에 의할 수도 있다(압수·수색영장 또는 검증영장 또는 감정처분허가장 택일설).

판례연구 체내검사로서의 체내물의 강제채취 : 강제채혈 · 강제채뇨 관련판례

1. 대법원 2012.11.15, 2011도15258 [국가9급 18]

강제채혈의 법적 성질(= 감정에 필요한 처분 또는 압수영장의 집행에 필요한 처분)

수사기관이 범죄 증거를 수집할 목적으로 피의자의 동의 없이 피의자의 혈액을 취득 · 보관하는 행위는 법원으로부터 감정처분허가장을 받아 형사소송법 제221조의4 제1항, 제173조 제1항에 의한 '감정에 필요한 처분'으로도 할 수 있지만, 형사소송법 제219조, 제106조 제1항에 정한 압수의 방법으로도 할 수 있고, 압수의 방법에 의하는 경우 혈액의 취득을 위하여 피의자의 신체로부터 혈액을 채취하는 행위는 혈액의 압수를 위한 것으로서 형사소송법 제219조, 제120조 제1항에 정한 '압수영장의 집행에 있어 필요한 처분'에 해당한다.

2. 대법원 2018.7.12, 2018도6219 [경찰채용 22 1차, 변호사 24]

강제채뇨는 감정에 필요한 처분 또는 압수영장의 집행에 필요한 처분

강제채뇨는 피의자가 임의로 소변을 제출하지 않는 경우 피의자에 대하여 강제력을 사용해서 도뇨관(catheter)을 요도를 통하여 방광에 삽입한 뒤 체내에 있는 소변을 배출시켜 소변을 취득 · 보관하는 행위이다. 수사기관이 범죄 증거를 수집할 목적으로 하는 강제 채뇨는 피의자의 신체에 직접적인 작용을 수반할 뿐만 아니라 피의자에게 신체적 고통이나 장애를 초래하거나 수치심이나 굴욕감을 줄 수 있다. 따라서 피의자에게 범죄 혐의가 있고 그 범죄가 중대한지, 소변성분 분석을 통해서 범죄 혐의를 밝힐 수 있는지, 범죄 증거를 수집하기 위하여 피의자의 신체에서 소변을 확보하는 것이 필요한 것인지, 채뇨가 아닌 다른 수단으로는 증명이 곤란한지 등을 고려하여 범죄 수사를 위해서 강제 채뇨가 부득이하다고 인정되는 경우에 최후의 수단으로 적법한 절차에 따라 허용된다고 보아야 한다. 이때 의사, 간호사, 그 밖의 숙련된 의료인 등으로 하여금 소변 채취에 적합한 의료장비와 시설을 갖춘 곳에서 피의자의 신체와 건강을 해칠 위험이 적고 피의자의 굴욕감 등을 최소화하는 방법으로 소변을 채취하여야 한다. … 수사기관이 범죄 증거를 수집할 목적으로 피의자의 동의 없이 피의자의 소변을 채취하는 것은 법원으로부터 감정허가장을 받아 형사소송법 제221조의4 제1항, 제173조 제1항에서 정한 '감정에 필요한 처분'으로 할 수 있지만(피의자를 병원 등에 유치할 필요가 있는 경우에는 형사소송법 제221조의3에 따라 법원으로부터 감정유치장을 받아야 한다), 형사소송법 제219조, 제106조 제1항, 제109조에 따른 압수 · 수색의 방법으로도 할 수 있다. 이러한 압수 · 수색의 경우에도 수사기관은 원칙적으로 형사소송법 제215조에 따라 판사로부터 압수 · 수색영장을 적법하게 발부받아 집행해야 한다. 압수 · 수색의 방법으로 소변을 채취하는 경우 압수대상물인 피의자의 소변을 확보하기 위한 수사기관의 노력에도 불구하고, 피의자가 인근 병원 응급실 등 소변 채취에 적합한 장소로 이동하는 것에 동의하지 않거나 저항하는 등 임의동행을 기대할 수 없는 사정이 있는 때에는 수사기관으로서는 소변 채취에 적합한 장소로 피의자를 데려가기 위해서 필요 최소한의 유형력을 행사하는 것이 허용된다. 이는 형사소송법 제219조, 제120조 제1항에서 정한 '압수 · 수색영장의 집행에 필요한 처분'에 해당한다고 보아야 한다.

보충 피고인이 메트암페타민(일명 '필로폰')을 투약하였다는 마약류 관리에 관한 법률 위반(향정) 혐의에 관하여, 피고인의 소변(30cc), 모발(약 80수), 마약류 불법사용 도구 등에 대한 압수 · 수색 · 검증영장을 발부받은 다음 경찰관이 피고인의 주거지를 수색하여 사용 흔적이 있는 주사기 4개를 압수하고, 위 영장에 따라 3시간가량 소변과 모발을 제출하도록 설득하였음에도 피고인이 계속 거부하면서 자해를 하자 이를 제압하고 수갑과 포승을 채운 뒤 강제로 병원 응급실로 데리고 가 의사의 지시를 받은 응급구조사로 하여금 피고인의 신체에서 소변(30cc)을 채취하도록 하여 이를 압수한 경우, 피고인의 소변에 대한 압수영장 집행은 적법하다는 사례이다.

(5) 연하물의 강제배출

① **의의** : 연하물 등 위장 내에 있는 물건을 구토제 · 하제 등을 사용하여 강제로 배출시키는 것을 말한다.

② **요건** : 원칙적으로 허용되지 않지만, ㉠ 압수할 물건이 위장 내에 있다는 압수물 존재의 명백성, ㉡ 연하물에 대한 압수의 필요성, ㉢ 사건과의 관련성, ㉣ 증거로서의 중요성, ㉤ 배출방법의 상당성(의사에 의한 집행)이 구비된 경우에는 허용될 수 있다.

③ **절차** : 체내물 강제채취의 경우처럼 어떤 영장이 필요한가에 대하여 견해의 대립이 있으며, 다수설은 압수 · 수색영장 및 감정처분허가장 병용설이다. 판례는 명시적인 입장이 없다.

03 수사상의 감정

Ⅰ 수사상 감정위촉

1. 의 의

(1) 개념 : 감정(鑑定)이란 특별한 전문지식이 있는 자가 그 전문지식을 이용하여 일정한 사실판단을 하는 것을 말하는바, 검사 또는 사법경찰관은 수사에 필요한 때에는 감정을 위촉할 수 있으며(제221조 제2항), 이를 수사상 감정위촉이라 한다.

(2) 법원의 감정과의 구별 : 수사상 감정위촉은 원칙적으로 임의수사의 일종으로서, 법원의 증거조사의 일종인 감정(제169조, 제184조)과 구별된다. 법원으로부터 감정의 명을 받은 자를 감정인이라 하는 데 비해, 수사상 감정위촉을 받은 자는 감정수탁자(수탁감정인)라 한다. **감정수탁자는 감정인과는 달리**, 선서의무가 없고, 허위감정죄(형법 제154조)의 적용을 받지 않으며, 소송관계인의 반대신문도 허용되지 않는다. [법원행시 04]

2. 성 질

(1) 임의수사 : 감정위촉 그 자체는 임의수사로서 법관의 영장을 요하지 않는다.

(2) 강제수사 : 감정시 강제력의 행사가 불가피한 경우가 있는데, 이때에는 수사상 감정이 강제수사에 해당되므로 법관의 영장이 필요하게 된다. 여기에는 **감정유치장**(제221조의3)과 **감정처분허가장**(제221조의4)이 있다(판결서 · 영장 必 **서명날인**, 규칙 제25조의2).

Ⅱ 수사상 감정유치

1. 의 의

(1) 개념 : 피의자의 정신 또는 신체를 감정하기 위하여 일정기간 동안 병원 기타 적당한 장소에 피의자를 유치하는 강제처분을 말한다(제221조의3, 제172조 제3항).

(2) 성격 : 감정유치는 감정을 목적으로 신체의 자유를 구속하는 강제처분이다. 따라서 법관이 발부하는 영장(**감정유치장**)을 요한다.

2. 대상과 요건

(1) 대상 – 피의자 : 피의자인 이상 구속 · 불구속을 불문하고 감정유치가 허용된다. 피의자가 아닌 제3자는 감정유치의 대상이 아니다.

정리 신체검사는 피의자 아닌 자도 대상이 될 수 있음(제141조 제2항). 피고인도 수소법원에 의한 감정유치가 가능하므로(제172조 제3항) 수사상의 감정유치의 대상이 될 수 없음.

(2) 요 건

① 감정유치의 필요성 : 정신 또는 신체의 감정을 위하여 계속적인 유치와 관찰이 필요해야 한다(제221조의3 제1항).

② 범죄혐의 : 감정유치도 피의자에 대한 유치이므로 범죄혐의가 있어야 한다. **감정유치는 구속사유와는 관계가 없다.**

3. 절 차

(1) 감정유치의 청구 및 감정유치장 발부 : 검사는 감정을 위촉하는 경우에 유치처분이 필요할 때에는 판사에게 이를 청구하여야 한다(제221조의3 제1항). [경찰승진 13] 청구는 서면(감정유치청구서)에 의한다(규칙 제113조). 판사는 청구가 상당하다고 인정할 때에는 유치처분을 하여야 한다(제221조의3 제2항). 이 경우 감정유치장을 발부한다(제172조 제4항).[1] [경찰승진 13]

(2) 감정유치장의 집행 : **구속영장의 집행에 관한 규정이 준용된다**(제221조의3 제2항, 제172조). 지방법원판사는 기

1) [참고] 감정유치장의 법적 성격에 관해서는 명령장설과 허가장설이 대립한다.

간을 정하여 병원 기타 적당한 장소에 피의자를 유치하게 할 수 있고 감정이 완료되면 즉시 유치를 해제하여야 한다(제172조 제3항). 이 경우 필요한 때에는 지방법원판사는 직권 또는 피의자를 수용할 병원 기타 장소의 관리자의 신청에 의하여 사법경찰관리에게 피의자의 간수를 명할 수 있다(간수명령, 동조 제5항). 유치장소의 변경을 위해서는 검사가 판사에게 청구하여 결정을 받을 것을 요한다(규칙 제85조 제2항).

(3) 감정유치기간

① 재정기간 – 제한 없음 : 감정유치기간은 **재정기간으로서 법률상 제한이 없다.** [경찰채용 03 3차]

② 연장 및 단축 : 유치기간은 연장하거나 단축할 수 있는데, 유치기간 연장은 검사의 청구에 의하여 판사가 결정한다(제172조 제6항).

③ 미결구금일수 산입 : 감정유치기간은 미결구금일수의 산입(형법 제57조)에 있어서는 이를 구속으로 간주한다(동조 제8항). 즉, **미결구금일수로 모두 산입**된다. [법원9급 11, 국가9급 10]

4. 구속과의 관계

(1) 구속규정의 준용 : 구속에 관한 규정은 이 법률에 특별한 규정이 없는 경우에는 감정유치에 관하여 이를 준용한다. 단, 보석에 관한 규정은 그렇지 아니하다(제172조 제7항). 따라서 감정유치된 피의자도 접견교통권을 가지고, 구속적부심을 청구할 수 있으며, 구속취소에 준하여 감정유치 취소 청구도 할 수 있다. [경찰승진 13]

(2) 구속집행정지 : 구속 중인 피의자에 대하여 감정유치장이 집행되었을 때에는 피의자가 유치되어 있는 기간 **구속은 그 집행이 정지된 것으로 간주**한다(제172조의2 제1항). 따라서 감정유치기간은 **구속기간에 산입하지 않는다.** [법원9급 11, 경찰승진 13]

(3) 구속집행정지 취소 : 감정유치처분이 취소되거나 유치기간이 만료된 때에는 구속의 집행정지가 취소된 것으로 간주한다(동조 제2항).

Ⅲ 수사상 감정처분의 허가

1. 의 의

검사 또는 사법경찰관의 위촉을 받은 감정수탁자(수탁감정인)는 감정에 필요한 경우 판사의 허가를 얻어 감정에 필요한 처분을 할 수 있다(제221조의4 제1항, 제173조 제1항).

2. 감정에 필요한 처분

타인의 주거, 간수자 있는 가옥, 항공기, 선차 내에 들어갈 수 있고, 신체의 검사, 사체의 해부, 분묘의 발굴, 물건의 파괴를 할 수 있다(제173조 제1항).

정리 검증에 필요한 처분 : 신/사/분/물/기(제140조), 감정처분 : 주/신/사/분/물

3. 절 차

(1) 허가 청구 : 감정에 필요한 처분을 집행하는 것은 감정수탁자이나, 감정처분허가 **청구는 검사**가 하여야 한다(제221조의4 제2항).

(2) 허가장의 발부 : 판사는 검사의 청구가 상당하다고 인정할 때에는 **감정처분허가장**을 발부하여야 한다(동조 제3항). 감정처분허가장에는 피의자의 성명, 죄명, 들어갈 장소, 검사할 신체, 해부할 사체, 발굴할 분묘, 파괴할 물건, 감정수탁자의 성명과 유효기간을 기재하여야 한다(제221조의4 제4항, 제173조 제2항).

비교 법원의 감정은 감정인이 법원의 허가를 얻는 것이고(제173조 제1항), 수사상 감정처분은 감정수탁자가 지방법원판사의 허가(청구 – 검사)를 얻는 것임.

(3) 제시의무 : 감정수탁자는 감정처분을 받는 자에게 **허가장을 제시**하여야 한다(제221조의4 제4항, 제173조 제3항).

(4) 준용규정 : 신체검사에 관한 주의규정(제141조)과 야간집행 제한 및 그 예외에 관한 규정(제143조)은 수사상 감정처분의 집행에도 준용한다(제221조의4 제4항, 제173조 제5항).

제3절 수사상의 증거보전

01 증거보전

Ⅰ 의 의

1. 개 념

(1) 개념 : 수사상 증거보전(證據保全)이란 **판사가 수사절차에서 미리 증거조사 또는 증인신문을 하여 그 결과를 보전하여 두는 제도**를 말한다. 원래 증거조사는 공소제기 후 공판정에서 수소법원에 의하여 행해져야 하지만, 공판기일에서의 정상적인 증거조사가 있을 때까지 기다려서는 증거방법의 사용이 불가능하게 되거나 현저히 곤란하게 될 염려가 있는 경우도 있다는 점에서 증거보전절차(제184조)와 증인신문절차(제221조의2)와 같은 증거보전제도가 있는 것이다. 아래에서는 증거보전절차를 우선 설명한다.

(2) 구별개념 : 증거보전절차는 수사기관이 아닌 판사가 행하고 증거보전의 필요성이 있을 때에만 할 수 있다는 점에서 수사와 다르고, 제1회 공판기일 전에 한하여 수소법원 이외의 판사가 행한다는 점에서 법원의 증거조사와 다르다.

2. 취 지

증거를 수집 · 보전하기 위하여 많은 강제처분권이 부여되어 있는 검사 등 수사기관과는 달리, 피의자 · 피고인에게는 독자적인 증거수집권이 없다. 이에 우리 형사소송법은 증거보전제도를 통하여 **피의자 · 피고인에게도 공판개시 전 자신에게 유리한 증거에 대한 수집 · 보전권을 보장해 줌으로써 공정한 재판의 이념을 실현**하고자 하는 것이다. [여경 04 3차] 따라서 증거보전제도는 강제처분권을 가지고 있는 수사기관보다는 피의자 · 피고인에게 보다 실질적 의미를 가지게 된다.

Ⅱ 요 건

1. 증거보전의 필요성

(1) 의의 : 증거보전은 **미리 증거를 보전하지 않으면 그 증거를 사용하기 곤란한 사정**이 있는 때에만 인정된다(제184조 제1항). [법원승진 08, 국가7급 09, 교정9급특채 10, 경찰채용 15 3차]

(2) 증거사용곤란 : 여기에는 해당 증거에 대한 증거조사가 곤란한 경우뿐만 아니라 **증명력의 변화가 예상되는 경우도 포함**한다.

예 증인 – 생명위독 · 해외여행, 진술번복의 염려, 증거물 – 멸실 · 훼손 · 변경의 위험성, 현장 또는 원상 보존의 불가능 등

2. 시 한

(1) 제1회 공판기일 전 : 증거보전은 형사입건 이후 **제1회 공판기일 전**이라면 **공소제기 전후를 불문**하고 할 수 있다(제184조 제1항). [법원행시 02, 법원9급 11, 법원승진 08, 국가7급 08, 국가9급 13, 교정9급특채 10, 경찰채용 06 2차/11 1차/14 2차] 다만, **형사입건 전** 내사단계에서는 할 수 없고(대법원 1979.6.12, 79도792) [경찰승진 10], **제1회 공판기일 이후**에는 수소법원에 의한 증거조사가 가능하기 때문에 할 수 없다(대법원 1979.6.12, 79도792).[1] 따라서 **항소심이나 재심**(대법원 1984.3.4, 84모15)에서는 증거보전절차가 허용되지 않는다. [국가7급 15, 경찰채용 12 3차]

---

1) [참고] 일단 공소가 제기되었음에도 불구하고 수소법원 이외의 법관에 의한 증거 수집을 허용하는 것은 공판중심주의, 직접심리주의, 피고인 방어권의 실질적 보장 등의 원칙에 배치될 여지가 있으므로 제1회 공판기일 전에 증거보전의 청구가 있었으나 제1회 공판기일이 개시된 경우 등 수소법원의 증거조사에 의하여 그 목적달성이 가능한 경우에는 증거보전의 필요성을 인정하기 어려울 것이다(법원실무 Ⅰ, 424면).

> **판례연구** 증거보전절차 가능시기 : 수사개시 후 제1회 공판기일 전
>
> **1. 대법원 1979.6.12, 79도792** [교정9급특채 12, 경찰승진 10.12, 경찰채용 13 2차, 변호사 24]
> 형사 증거보전청구를 할 수 있는 시기 및 피의자신문에 해당하는 사항에 대한 증거보전청구의 가부
> 형사소송법 184조에 의한 증거보전은 피고인 또는 피의자가 형사입건도 되기 전에 청구할 수는 없고 또 피의자신문에 해당하는 사항을 증거보전의 방법으로 청구할 수 없다고 함이 상당하다 할 것인바 … 피의자를 그 스스로의 피의 사실에 대한 증인으로 바로 신문한 것으로 위법하여 같은 피고인에 대한 증거능력이 없음은 물론 그 신문내용 가운데 다른 공범에 관한 부분의 진술이 있다 하더라도 그 공범이 또한 그 신문 당시 형사입건되어 있지 않았다면 그 공범에 관한 증거보전의 효력도 인정할 수 없는 것이다.
>
> **2. 대법원 1984.3.29, 84모15** [경찰채용 04/05 1차]
> (항소심이나) 재심청구절차에서는 증거보전절차는 허용될 수 없다는 사례
> 증거보전이란 장차 공판에 있어서 사용하여야 할 증거가 멸실되거나 또는 그 사용하기 곤란한 사정이 있을 경우에 당사자의 청구에 의하여 공판전에 미리 그 증거를 수집보전하여 두는 제도로서 제1심 제1회 공판기일 전에 한하여 허용되는 것이므로 재심청구사건에서는 증거보전절차는 허용되지 아니한다.

(2) 제1회 공판기일 전의 의미 : 증거보전청구가 있었더라도 제1회 공판기일이 열리면 수소법원에 의한 증거조사가 가능하므로 증거보전절차를 진행할 수 없다는 점을 고려한다면 제1회 공판기일 전이란 **모두절차가 끝난 때까지**(증거조사 시작 전)를 의미한다.[1]

Ⅲ 절 차

1. 증거보전의 청구

(1) 청구권자

① 형사소송법상 증거보전청구권자 : **검사 · 피고인 · 피의자 또는 변호인**이다(제184조 제1항). [법원승진 07, 국가7급 08/09/15, 국가9급 13, 교정9급특채 10, 경찰채용 14 1차] 사법경찰관 · 피해자[법원9급 06] · 피내사자는 청구권자가 아니다. 변호인의 증거보전청구권은 피의자 · 피고인의 **명시적인 의사에 반해서도 행사할 수 있는 독립대리권**이다.

정리 명시적 의사에 반하여 행사할 수 있는 변호인의 독립대리권 : 구속취소의 청구(제93조), 보석의 청구(제94조)(이상 석방청구), 증거보전청구(제184조), 증거조사에 대한 이의신청(제296조), 공판기일변경신청(제270조 제1항)(명－구/보/증보/증이/공)

② 성폭법상 증거보전의 특례 : **성폭력범죄 또는 아동 · 청소년대상 성범죄의 피해자나 그 법정대리인 또는 사법경찰관**은 피해자가 공판기일에 출석하여 증언하는 것에 현저히 곤란한 사정이 있을 때에는 그 사유를 소명(疏明)하여 성폭법 제30조 또는 아청법 제26조에 따라 영상녹화된 영상녹화물 또는 그 밖의 다른 증거에 대하여 해당 성폭력범죄를 수사하는 검사에게 형사소송법 제184조(증거보전의 청구와 그 절차) 제1항에 따른 **증거보전의 청구를 할 것을 요청**할 수 있다. 요청을 받은 검사는 그 요청이 타당하다고 인정할 때에는 증거보전의 청구를 할 수 있다(성폭법 제41조, 아청법 제27조). 이 경우 피해자가 **19세미만 피해자등**인 경우에는 공판기일에 출석하여 증언하는 것에 현저히 곤란한 사정이 있는 것으로 본다(2023.7.11. 개정 성폭법 제41조 제1항 제2문).[2]

---

1) [참고] 우리 형소법은 수소법원의 증거조사는 제287조의 규정에 의한 절차(재판장의 쟁점정리 및 검사 · 변호인의 증거관계 등에 대한 진술)가 끝난 후에 실시한다고 규정함으로써, 모두절차가 끝난 후 증거조사를 실시함을 명문으로 규정하고 있다(제290조). 독자들은 본서의 처음에 나오는 절차도를 잘 활용하길 바란다.

2) [참고] 여기서 '19세미만피해자등'이라 함은 19세 미만인 피해자나 신체적인 또는 정신적인 장애로 사물을 변별하거나 의사를 결정할 능력이 미약한 피해자를 말한다(성폭법 제26조 제4항).
[조문] 성폭법 제26조(성폭력범죄의 피해자에 대한 전담조사제) ① 검찰총장은 각 지방검찰청 검사장으로 하여금 성폭력범죄 전담 검사를 지정하도록 하여 특별한 사정이 없으면 이들로 하여금 피해자를 조사하게 하여야 한다.
② 경찰청장은 각 경찰서장으로 하여금 성폭력범죄 전담 사법경찰관을 지정하도록 하여 특별한 사정이 없으면 이들로 하여금 피해자를 조사하게 하여야 한다.
③ 국가는 제1항의 검사 및 제2항의 사법경찰관에게 성폭력범죄의 수사에 필요한 전문지식과 피해자보호를 위한 수사방법 및 수사절차, 아동 심리 및 아동 · 장애인 조사 면담기법 등에 관한 교육을 실시하여야 한다. 〈개정 2023.7.11.〉
④ 성폭력범죄를 전담하여 조사하는 제1항의 검사 및 제2항의 사법경찰관은 19세 미만인 피해자나 신체적인 또는 정신적인 장애로 사물을 변별하

③ 제1항의 요청을 받은 검사는 그 요청이 타당하다고 인정할 때에는 증거보전의 청구를 할 수 있다. 다만, 19세미만피해자등이나 그 법정대리인이 제1항의 요청을 하는 경우에는 특별한 사정이 없는 한 「형사소송법」 제184조 제1항에 따라 관할 지방법원판사에게 증거보전을 청구하여야 한다. <개정 2023.7.11.>

(2) 관할법원 : 증거보전청구는 수소법원의 제1회 공판기일 전에 하는 것이므로, **관할 지방법원판사(수임판사)**에게 청구해야 한다. 공소제기 후에도 수소법원에 하는 것이 아니라 반드시 판사에게 해야 한다(규칙 제91조). [법원9급 11, 여경 04 3차] 여기서 관할은 피의자의 소재지가 아니라, 해당 증거의 소재지 또는 증인의 주거지 · 현재지 등의 관할지방법원이다(규칙 동조 참조).

(3) 청구의 방식－서면주의 : 증거보전을 청구함에는 **서면**으로 그 **사유를 소명**하여야 한다(제184조 제3항). [법원승진 08, 국가9급 13, 교정9급특채 10, 경찰승진 10/11/14, 경찰채용 12 2차/13 1 · 2차/15 3차] 증거보전청구서에는 ① 사건의 개요, ② 증명할 사실, ③ 증거 및 보전의 방법, ④ 증거보전을 필요로 하는 사유를 기재하여야 한다(규칙 제92조).

정리 소송행위 중 청구 또는 신청은 거의 서면주의에 의한다. 형식적 확실성을 요하는 절차형성행위의 원칙적 방식이 바로 서면주의이기 때문이다. 다만, 병행주의를 취하는 것으로 기피신청(제18조)과 공소장변경신청(제298조) 등이 있다(**고기국기/변론/공증조취**).

정리 서면으로 그 사유를 소명해야 하는 것 : ① 기피신청, ② 증거보전, ③ 수사상 증인신문청구, ④ 정식재판청구, ⑤ 증언거부권(서면 不要), ⑥ 상소권회복(**증/거/보/인/정청/기/상회**)

(4) 청구의 내용

① 청구할 수 있는 것 : 압수 · 수색 · 검증 · 증인신문 또는 감정에 한한다(제184조 제1항). [법원행시 02]

② 피의자신문 · 피고인신문 : 증거보전청구의 내용인 신문은 증인신문에 한하므로, **피의자신문 또는 피고인신문을 청구할 수는 없다**(대법원 1984.5.15, 84도508). [법원9급 08/11, 국가7급 08/09, 국가9급 13, 교정9급특채 12, 경찰간부 22, 경찰승진 09/10/11/12, 경찰채용 06 2차/13 2차/15 3차]

대법원 1984.5.15, 84도508

증거보전절차에서 피의자신문 · 피고인신문은 불가하다는 사례 : 증거보전절차에서 작성된 증인신문조서 중 피의자가 진술한 내용을 기재한 부분의 증거능력 ×

증인에 대한 증거보전절차에서 피고인이 당사자로 참여하여 자신의 범행사실을 시인하는 전제하에 증인에게 반대신문한 내용이 기재된 조서는 공판준비 또는 공판기일에 피고인 등의 진술을 기재한 조서도 아니고, 반대신문과정에서 피의자가 한 진술에 관한 한 제184조에 의한 증인신문조서도 아니므로 위 조서 중 피고인의 진술기재 부분에 대하여는 제311조에 의한 증거능력을 인정할 수 없다.

③ 공범자나 공동피고인에 대한 증인신문 : **공범자나 공동피고인**은 피의자 · 피고인에 대한 관계에서는 제3자에 해당하므로 그에 대한 **증인신문**도 가능하다(대법원 1988.11.8, 86도1646).[1] [국가7급 13/17, 국가9급 13, 교정9급특채 12, 경찰승진 09/10/11, 경찰채용 11 1차/12 3차/13 1차/13 2차/14 2차]

판례연구 수사상 증거보전절차에서의 공범자 · 공동피고인에 대한 증인신문

1. **대법원 1966.5.17, 66도276**

   증거보전절차에서 공동피고인에 대한 증인신문은 가능하다는 사례

   피고인이 수사단계에서 다른 공동피고인에 대한 증거보전을 위하여 증인으로서 증언한 증인신문조서는 그 다른 공동피고인에 대하여 증거능력이 있다.

2. **대법원 1988.11.8, 86도1646** [국가7급 15]

   증거보전절차에서 공범자나 공동피고인에 대한 증인신문은 적법하다는 사례

   공동피고인과 피고인이 뇌물을 주고받은 사이로 필요적 공범관계에 있다고 하더라도 검사는 수사단계에서 피고인에 대한 증거를 미리 보전하기 위하여 필요한 경우에는 판사에게 공동피고인을 증인으로 신문할 것을 청구할 수 있다.

거나 의사를 결정할 능력이 미약한 피해자(이하 "19세미만피해자등"이라 한다)를 조사할 때에는 피해자의 나이, 인지적 발달 단계, 심리 상태, 장애 정도 등을 종합적으로 고려하여야 한다. 〈신설 2023.7.11.〉

1) [참고] 실무상 공범자 또는 공동피고인에 대한 증인신문에 의하여 획득될 진술이 유죄의 입증에 필요한 증거가 될 가능성이 높다.

2. 증거보전의 처분

증거보전처분 → 소속법원에 결과보관 → 증거조사신청 → 당연 증거능력
청구기각결정 → 3일 내 항고 가능(수임판사의 결정에 대한 유일한 불복)

(1) 청구에 대한 결정

① 증거보전의 실행 : 지방법원판사는 청구가 적법하고 필요성이 있다고 인정할 때에는 **증거보전**을 하여야 한다. 이 경우 **별도의 결정을 요하지 않지만,** 절차를 명확히 하기 위하여 별도의 인용결정을 할 수도 있다. 여하튼 증거보전처분은 증거보전을 청구한 당사자가 판사의 허가를 얻어 이를 행하는 절차가 아니다. [경찰채용 06 2차]

② 기각결정 및 불복 : 청구가 부적법하거나 필요 없다고 인정할 때에는 청구기각결정을 하여야 한다. **기각결정에 대해서는 3일 이내에 항고할 수 있다**(2007년 개정 제184조 제4항). [법원9급 08, 법원승진 08, 국가7급 09, 국가9급 13, 경찰승진 09/10/11/12/14, 경찰채용 11 1차/12 2·3차/13 2차/14 2차] 이는 수임판사의 결정에 항고할 수 있는 유일한 규정인데, 여기서 항고는 제403조 제1항에 의할 때 즉시항고로 보아야 할 것이다.[1] 다만, 2019.12.31. 개정법 제405조에 의하여 즉시항고의 제기기간이 7일로 연장되었으나, 수사상 증거보전 청구 기각결정에 대한 항고 제기기간은 여전히 3일이다.

(2) 판사의 권한 및 당사자의 참여권 : 증거보전절차는 훗날의 공판절차를 미리 앞당겨서 하는 성질의 것이므로 공판절차에 관한 규정들이 준용된다.

① 판사의 권한 : 증거보전의 청구를 받은 판사는 그 처분에 관하여 **법원 또는 재판장** [법원승진 08] **과 동일한 권한**이 있다(제184조 제2항). 따라서 판사는 법원 또는 재판장이 행하는 증인신문의 전제가 되는 소환·구인·유치를 할 수 있고(제68·71·71조의2), 압수·수색·검증·증인신문·감정을 할 수 있다.

② 당사자의 참여권 : 소송관계인의 권리·의무에 관한 규정도 준용되므로, **당사자의 참여권도 수소법원의 처분의 경우와 마찬가지로 보장된다.** 따라서 증거보전절차에서 판사가 압수·수색·검증·증인신문·감정을 하는 때에는 검사, 피의자, 피고인, 변호인의 참여권을 보장해주어야 하고(제121·122·145·163·176·177조), 이를 위해 그 시일과 장소를 참여할 수 있는 자에게 미리 통지하여야 한다(예컨대, 제163조 제2항).

③ 당사자 참여권이 배제된 증거보전절차의 증인신문조서의 증거능력 : ㉠ **원칙적으로 없지만,** [국가7급 08/09, 경찰채용 13 2차] ㉡ **증거동의가 있으면 인정**된다는 것이 판례이다.

정리 위법수집증거임에도 증거동의의 대상으로 본 예외적 판례이다. 또한 공판정에서의 진술을 번복시키는 참고인진술조서도 위법수집증거이나 증거동의의 대상으로 본 판례도 있다(대법원 2000.6.15, 99도1108 전원합의체). 공소제기 후 수사 부분에서 논하기로 한다.

판례연구 증거보전절차의 증인신문에 있어서 당사자의 참여권이 배제된 증인신문조서의 적법성

1. 대법원 1992.2.28, 91도2337 [국가7급 09/15, 경찰채용 13 2차]

증거보전절차에서 참여권 배제 조서는 위법수집증거라는 사례

증거보전절차에서 증인신문을 하면서 증인신문의 일시와 장소를 피의자 및 변호인에게 미리 통지하지 아니하여 증인신문에 참여할 수 있는 기회를 주지 아니하였고, 변호인이 제1심 공판기일에 그 증인신문조서의 증거조사에 관하여 이의신청을 하였다면, 그 증인신문조서는 증거능력이 없고, 그 증인이 후에 법정에서 그 조서의 진정성립을 인정한다 하여 다시 그 증거능력을 취득할 수도 없다.

2. 대법원 1988.11.8, 86도1646

증거보전절차에서 참여권 배제 조서는 위법수집증거이나 증거동의의 대상은 된다는 사례

판사가 제184조에 의한 증거보전절차로 증인신문을 하는 경우에는 동법 제221조의2에 의한 증인신문의 경우와는 달라 동법 제163조에 따라 검사, 피의자 또는 변호인에게 증인신문의 시일과 장소를 미리 통지하여 증인신문에 참여할 수 있는 기회를 주어야 하나 참여의 기회를 주지 아니한 경우라도 피고인과 변호인이 증인신문조서를 증거로 할 수 있음에 동의하여 별다른 이의 없이

1) [참고] 학계에서는 예컨대, 신동운 교수님의 교과서가 즉시항고임을 명시하고 있다(신동운, 469면).

적법하게 증거조사를 거친 경우에는 위 증인신문조서는 증인신문절차가 위법하였는지의 여부에 관계없이 증거능력이 부여된다.

보충 공판정에서의 증언을 번복시키는 참고인 진술조서도 위법수집증거이나 증거동의의 대상으로 본 판례도 있다(대법원 2000.6.15, 99도1108 전원합의체). 공소제기 후 임의수사 부분에서 논하기로 한다.

Ⅳ 증거보전처분 후 절차 – 보전된 증거의 이용

1. 증거물의 보관

증거보전에서 압수한 물건 또는 작성한 조서는 증거보전을 한 **판사가 소속한 법원에 보관**한다. [법원9급 11, 교정9급특채 12, 여경 04 3차, 경찰채용 15 3차] 따라서 검사가 청구인인 때에도 증거보전기록을 **검사에게 송부하는 것은 아니다.** [법원승진 07]

2. 보전된 증거의 열람 · 등사

(1) 당사자의 열람 · 등사권 : 검사 · 피고인 · 피의자 또는 변호인은 **판사의 허가**를 얻어 위의 서류와 증거물을 **열람 · 등사할 수 있다**(제185조). [법원9급 08, 경찰채용 04 3차/06 2차/11/16] **수소법원의 허가를 얻는 것이 아니라** 증거보전절차를 담당한 판사의 허가를 받아야 한다. [경찰채용 11 1차] 증거보전을 청구한 자는 물론이고 그 상대방에게도 열람 · 등사권이 인정되며, 이외에 공동피고인 또는 그 변호인에게도 동일한 권한이 인정된다.

(2) 열람 · 등사의 시기 : 제185조에 의한 열람 · 등사는 **제1회 공판기일 전후를 불문**하고 가능하지만, 증거보전을 행한 판사의 수중에 있는 동안에만 할 수 있고, 증거들이 수소법원으로 옮겨지면 서류 · 증거물의 열람 등에 관한 일반 규정(제35조 · 제55조)에 따라야 한다.

3. 조서의 증거능력 및 공판절차에서의 이용

(1) 절대적 증거능력 : 증거보전절차에서 작성된 조서는 **법원 · 법관의 조서로서 당연히 증거능력이 인정**된다(제311조 제2문). [법원9급 08, 경찰14 2차]

(2) 보전된 증거의 공판절차에서의 이용 – 증거조사 : 증거보전에 의하여 수집된 증거를 본안(공판사건)에서 이용할 것인지 여부는 당사자(청구인 · 상대방)의 의사에 달려 있다. 증거보전절차에서 수집 · 보전된 증거를 이용하기 위해서는 당사자는 **수소법원에 그 증거조사를 신청**하고(제294조 제1항),[1] 수소법원은 증거보전을 한 법원에서 기록과 증거물을 송부받아 증거조사를 하여야 한다(공판중심주의 · 직접심리주의).

02 수사상 증인신문

Ⅰ 의 의

1. 개 념

검사 또는 사법경찰관은 수사에 필요한 때에는 피의자가 아닌 자의 출석을 요구하여 진술을 들을 수 있다(참고인조사, 제221조 제1항). 그런데 범죄의 수사에 없어서는 아니 될 사실을 안다고 명백히 인정되는 자가 참고인조사를 위한 출석 또는 진술을 거부하는 경우에는(참고인조사 : 임의수사) 그 진술증거의 수집과 보전이 필요한 경우가 있는바(참고인은 피의자가 아니므로 체포의 대상이 아님), 이를 위해 제1회 공판기일 전에 한하여 검사가 판사에게 증인신문을 청구하여 그 진술을 확보하는 대인적 강제처분이 바로 수사상 증인신문이다(제221조의2 제1항). 부정부패범죄나 조직범죄의 내부자의 증언을 확보하고 당해 증인을 보호하고자 마련된 제도로서, (전술한 증거보전절차가 미리 하는 공판절차적 성격이 있음에 비해) 수사상 증인신문절차는 검사의 신청에 의한 증거보전의 일종으로서 수임판사의 힘을 빌려 행하는 수사활동의 성격을 가진다.

---

1) [참고] 실무상 수소법원에 그 증거 및 기록의 송부촉탁신청을 하여 현출시켜서 제출하면 될 것이다. 또한 당사자가 직접 조서 등을 열람 · 등사하여 제출하는 것도 가능하다.

> **[수사상 증인신문의 예]**
> 강간사건 → 112신고 → 현행범체포 → 구속영장청구 → 영장실질심사(국선변호인) → 영장발부 → 구속(경찰) → 송치(검찰) → 검사수사 : 중요참고인 출석거부/진술거부 → 검사(경찰 ×) : 수임판사에게 증인신문청구 → 증인신문(당사자참여 ○) → 조서작성 → 검사에게 송부 → 검사기소 → 공판 → 검사증거신청

2. 제도적 취지 - 참고인조사와의 차이

참고인조사는 임의수사이므로 참고인에게는 출석의무와 진술의무가 없는 데 비해, 수사상 증인신문은 **참고인의 출석과 진술을 강제**함으로써 진술증거의 수집과 보전을 기하는 것이 수사상 증인신문의 **제도적 취지**이다.

3. 구별개념

(1) 증거보전 : 공통점으로는 ① 수소법원 이외의 판사에 의해 행해지고, ② 제1회 공판기일 전에 한하여 할 수 있으며, ③ 당사자의 참여권이 보장되고(2007년 개정), ④ 작성된 조서는 법관의 조서로서 절대적 증거능력이 인정된다는 점이 있다. 다만, 증거보전은 미리 행하는 공판의 성격을 가지는 데 비해(재판의 공개), 증인신문은 검사의 청구를 받은 수임판사에 의해 행해지는 수사의 성격을 가진다는 점에서(수사의 비공개) 아래와 같은 차이점이 나타나게 된다.

구분	증거보전	증인신문청구
청구권자	검사, 피의자, 피고인, 변호인	검사
요 건	증거보전의 필요성	참고인의 출석거부 · 진술거부
내 용	압수, 수색, 검증, 증인신문, 감정	참고인에 대한 신문
증거이용	보전을 한 판사 소속법원에 보관, 당사자 열람 · 등사권 ○	검사에게 증인신문조서 송부, 당사자의 열람 · 등사권 ×

(2) 수소법원의 증인신문 : 수사상 증인신문은 그 대상이 증인이 아닌 참고인이고, 그 주체가 수소법원이 아닌 판사라는 점에서 수소법원에 의한 증인신문과 다르다.

Ⅱ 요 건

1. 증인신문의 필요성

(1) 중요참고인의 출석 또는 진술의 거부 : **범죄수사에 없어서는 아니 될 사실을 안다고 명백히 인정되는 자**가 수사기관의 출석요구에 대하여 출석 또는 진술을 거부하는 경우이어야 한다(제221조의2 제1항).

① 피의사실의 존재 및 수사의 개시 : 참고인의 진술로써 증명할 대상인 **피의사실이 존재**하여야 하는데, 이러한 피의사실은 수사기관이 어떠한 자에 대하여 내심의 혐의를 품고 있는 정도로는 부족하고 **수사를 개시하여 수사의 대상으로 삼고 있음**을 외부적으로 표현한 때 인정된다(대법원 1989.6.20, 89도648).

> **판례연구** 수사상 증인신문도 수사개시 이후에야 가능하다는 사례
>
> **대법원 1989.6.20, 89도648** [경찰승진 10]
> 형사소송법 제221조의2 제2항의 증인신문청구와 피의사실의 존재
> 형사소송법 제221조의2 제2항에 의한 검사의 증인신문청구는 수사단계에서의 피의자 이외의 자의 진술이 범죄의 증명에 없어서는 안 될 것으로 인정되는 경우에 공소유지를 위하여 이를 보전하려는 데 그 목적이 있으므로 이 증인신문청구를 하려면 증인의 진술로서 증명할 대상인 피의사실이 존재하여야 하고, 피의사실은 수사기관이 어떤 자에 대하여 내심으로 혐의를 품고 있는 정도의 상태만으로는 존재한다고 할 수 없고 고소, 고발 또는 자수를 받거나 또는 수사기관 스스로 범죄의 혐의가 있다고 보아 수사를 개시하는 범죄의 인지 등 수사의 대상으로 삼고 있음을 외부적으로 표현한 때에 비로소 그 존재를 인정할 수 있다.

② 증인적격 : 증인신문의 대상이 되는 **참고인**은 범죄수사에 필요한 사실을 진술할 수 있는 자일 것을 요

한다. 따라서 감정인은 제외된다. 다만, 공범자 및 공동피고인은 다른 피의자 · 피고인에 대한 관계에서는 제3자적 지위에 있으므로 증인신문의 대상이 될 수 있다.

③ **범죄수사에 없어서는 아니 될 사실** : 범죄의 성립요건에 관한 사실뿐만 아니라 정상에 관한 사실, 기소 · 불기소처분 및 양형에 중요한 영향을 미치는 사실도 포함된다. 따라서 피의자의 소재를 알고 있는 자, 범행의 목격자, 범죄의 증명에 없어서는 안 될 정보를 갖고 있는 참고인의 소재를 알고 있는 자 등이 모두 포함된다.

④ **출석거부** : 거부에 정당한 이유가 있는 경우도 포함되므로, 증언거부권이 있는 자에 대하여도 증인신문을 청구할 수 있다.

⑤ **진술거부** : 참고인도 진술거부권을 가지고 있으므로, 범죄사건에 대한 핵심적 사실을 안다고 명백히 인정되는 참고인이 진술거부를 하는 경우에만 증인신문이 허용된다고 해석해야 한다. 진술거부는 일부거부 · 전부거부를 불문한다. 진술을 하였으나 진술조서에 서명 · 날인을 거부하는 경우도 진술거부에 해당한다.

(2) **위헌결정에 의하여 삭제된 요건인 '진술 번복의 염려'** : 2007년 개정 전 법에서는 수사기관에게 임의의 진술을 한 자가 공판기일에 '전의 진술과 다른 진술을 할 염려'가 있고 그의 진술이 범죄의 증명에 없어서는 아니 될 것으로 인정되는 경우에도 증인신문이 가능했었으나(구법 제221조의2 제2항), 헌법재판소는 이에 대해 적법절차원칙 및 공정한 재판을 받을 권리를 침해함을 이유로 **위헌결정**을 내렸으며, 대법원도 헌재결정의 취지에 따라 진술 번복을 우려하여 청구한 수사상 증인신문에서 작성된 증인신문조서의 증거능력을 부정하였고, 결국 2007년 개정을 통해 위 규정은 **삭제되었다**. 따라서 **검사 또는 사법경찰관에게 임의의 진술을 한 자가 공판기일에 전의 진술과 다른 진술을 할 염려가 있다는 이유만으로는 증인신문을 청구할 수 없다**. [경찰간부 12, 경찰채용 12 2차/13 1차]

판례연구 진술번복 염려를 이유로 한 수사상 증인신문은 위헌

1. 헌법재판소 1996.12.26, 94헌바1

법 제221조의2 제2항은 범인필벌의 요구만을 앞세워 과잉된 입법수단으로 증거수집과 증거조사를 허용함으로써 법관의 합리적이고 공정한 자유심증을 방해하여 헌법상 보장된 법관의 독립성을 침해할 우려가 있으므로, 결과적으로 그 자체로서도 적법절차의 원칙 및 공정한 재판을 받을 권리에 위배되는 것이다.

2. 대법원 1997.12.26, 97도2249

헌법재판소가 1996.12.26. 선고 94헌바1 사건의 결정에서 제1회 공판기일 전 증인신문제도를 규정한 형사소송법 제221조의2 제2항에 관한 부분이 위헌이라는 결정을 선고하였고 이러한 위헌결정의 효력은 그 결정 당시 법원에 계속 중이던 사건에도 미치고, 또 각 공판기일 전 증인신문절차마다 피고인이 피의자로서 참석하였으나 그에게 공격 · 방어할 수 있는 기회가 충분히 보장되었다고 보기 어려운 사정이 있었다면, 검사가 증인들의 진술 번복을 우려하여 제1회 공판기일 전 증인신문을 청구하여 작성된 증인신문조서는 비록 그 신문이 법관의 면전에서 행하여졌지만 결과적으로 헌법 제27조가 보장하는 공정하고 신속한 공개재판을 받을 권리를 침해하여 수집된 증거로서 증거능력이 없다.

보충 이후 2007년 개정에 의하여 진술번복 염려 조항은 삭제되었다.
현행 형사소송법 제221조의2(증인신문의 청구) ① 범죄의 수사에 없어서는 아니될 사실을 안다고 명백히 인정되는 자가 전조의 규정에 의한 출석 또는 진술을 거부한 경우에는 검사는 제1회 공판기일 전에 한하여 판사에게 그에 대한 증인신문을 청구할 수 있다.
② 삭제 〈2007.6.1.〉

2. 제1회 공판기일 전

증인신문의 청구도 **제1회 공판기일 전에 한하여 허용**된다. 역시 모두절차가 끝난 때까지를 말하며, **공소제기의 전후는 불문**한다. [경찰간부 12, 경찰채용 09 1차/14 1차]

Ⅲ 절 차

1. 증인신문의 청구

(1) **청구권자** : 증인신문의 청구권자는 **검사**로 제한된다(제221조의2 제1항). [법원행시 02, 경찰간부 12] 검사만이 청구권을 가지며, 사법경찰관은 청구권이 없다.

(2) **관할법원** : 증인신문의 청구는 **수소법원이 아닌 판사(수임판사)**에게 하여야 한다(동조 제1항). 공소제기 이후일지라도 판사에게 한다. [경찰채용 09 2차] 수사상 증인신문도 전술한 증거보전의 일종이기 때문이다.

(3) **청구의 방식** : 증인신문의 청구를 함에는 **서면으로 그 사유를 소명하여야 한다**(동조 제3항). 검사는 참고인의 출석거부 또는 진술거부에 정당한 이유가 없다는 점 혹은 정당한 이유가 있더라도 수사상의 필요성이 보다 우월하다는 점을 소명하여야 할 것이다. 증인신문청구서에는 규칙 제111조의 사항을 기재하여야 한다.

정리 서면으로 그 사유를 소명해야 하는 것 : ① 기피신청, ② 증거보전, ③ 수사상 증인신문청구, ④ 정식재판청구, ⑤ 증언거부권(서면 不要), ⑥ 상소권회복(**증/거/보/인/정청/기/상회**)

2. 심사 및 결정

(1) **증인신문** : 청구를 받은 판사는 청구가 적법하고 이유가 있다고 인정할 때에는 **별도의 결정 없이 증인신문**을 하여야 한다.

(2) **기각결정** : 청구가 부적법하거나 이유 없는 때에는 청구기각결정을 하여야 한다. 증거보전절차와는 달리 **수사상 증인신문청구 기각결정에 대해서는 불복할 수 없다.**[1] [경찰승진 10/12, 경찰채용 14 1차]

3. 판사의 권한 및 당사자의 참여권

(1) **판사의 권한** : 청구를 받은 판사는 증인신문에 관하여 **법원 또는 재판장과 동일한 권한**이 있다(제221조의2 제4항). 따라서 증인의 소환, 구인, 증언거부, 과태료 및 감치, 선서, 신문방식, 조서 작성 방식 등은 모두 수소법원이 공판기일 외에서 행하는 증인신문의 경우와 동일하다.

(2) **당사자의 참여권** : 구법은 "판사는 특별히 수사에 지장이 있다고 인정하는 경우를 제외하고는 피고인·피의자 또는 변호인을 증인신문에 참여하게 하여야 한다(동조 제5항)."라고 규정하여 원칙적으로는 참여권을 인정하나 수사에 지장을 준다고 여겨지면 참여권이 배제될 여지가 있었다. 이에 대해 피의자·피고인의 방어권·반대신문권을 보장하기 위해, 2007년 개정법에서는 "판사는 증인신문청구에 따라 증인신문기일을 정한 때에는 **피고인·피의자 또는 변호인에게 이를 통지하여 증인신문에 참여할 수 있도록 하여야 한다**(동조 제5항, 규칙 제112조)."라고 규정하였다. [경찰간부 12, 경찰채용 09 2차] 다만, 통지받은 피의자·피고인 또는 변호인의 **출석이 증인신문의 요건이 되는 것은 아니다.** [국가9급 09]

Ⅳ 증인신문 후의 조치

1. 서류의 송부

(1) **검사에 대한 송부** : 증인신문을 한 때에는 판사는 **지체 없이** 이에 관한 서류를 **검사에게 송부**하여야 한다(제221조의2 제6항). [경찰승진 12] 본안사건이 이미 기소되어 계속 중인 경우에도 본안기록에 첨철할 것이 아니라 검사에게 송부하여야 한다. 그 이후에는 검사의 판단에 따라, 검사가 본안의 공판절차에서 수사기록 등과 함께 증거로 제출하면 될 것이기 때문이다.

(2) **열람·등사권의 불인정** : 증거보전절차와 달리 증인신문은 수임판사의 힘을 빌려 행하는 수사로서의 성격을 가질 뿐만 아니라(수사의 비공개) 증인신문조서는 검사가 보관하고 있으므로, 피의자·피고인·변호인에게 증인신문에 관한 서류의 **열람·등사권은 인정되지 않는다.** [경찰채용 09 2차] 다만, 공소제기 이후에 피고인과 변호인은 소송계속 중의 관계서류 또는 증거물을 열람·등사할 수 있을 뿐이다(제35조 제1항).

---

1) [참고] 다만, 2007년 개정 후 현행 형사소송법은 제184조 제4항에서 증거보전청구기각결정에 대하여 항고할 수 있는 근거규정을 마련하면서도, 제221조의2의 증인신문청구기각결정에 대하여는 불복 규정을 마련하지 않았으나, 이에 대해서는 개정된 형사소송법 제184조 제4항의 취지 및 해석상 증인신문청구기각결정에 대해서도 항고가 허용된다고 볼 여지가 남아 있다. 향후 판례의 입장이 주목되는 부분이다.

2. 조서의 증거능력과 증거조사

(1) 절대적 증거능력 : 증인신문조서는 **법관의 면전조서로 당연히 증거능력이 인정**되는 점은 증거보전절차에서 작성된 조서와 같다(제311조 제2문).

(2) 조서의 공판절차에서의 이용 : 증인신문절차에서 수집된 증거를 이용하기 위해서는 공판기일에 검사가 수소법원에 그 증거조사를 신청하여야 한다(공판중심주의).

V 관련문제

특정범죄[1]의 범죄신고자 등에 대하여 형사소송법 제184조(증거보전의 청구와 그 절차) 또는 제221조의2(증인신문의 청구)에 따른 증인신문을 하는 경우 판사는 직권으로 또는 검사의 신청에 의하여 그 과정을 비디오테이프 등 영상물로 촬영할 것을 명할 수 있다(특정범죄신고자 등 보호법 제10조 제1항). 이에 따라 촬영한 영상물에 수록된 범죄신고자 등의 진술은 이를 증거로 할 수 있다(동조 제3항). 이 경우에도 판사는 촬영된 영상녹화물을 지체 없이 검사에게 송부하여야 할 것이다.[2]

VI 다른 제도와의 비교

구분	수사상 증거보전	수사상 증인신문	증거개시	증거조사
절 차	당사자 참여권 ○		검사 의견(지체 없이)	사실심리절차(공판)
신청기간	제1회 공판기일 전(공소제기 전후 불문)		공소제기 후	제한 ×
관할법원	지방법원판사 (수임판사)		수소법원	
청구권자	피의자, 피고인, 변호인, 검사	검사	피고인, 변호인, 검사	검사, 피고인 또는 변호인/직권/범죄피해자
증거보관 이용	수임판사 법원 보관	검사에게 증인신문조서 송부	검사 보관서류 – 서류 또는 물건목록 – 열람 · 등사 거부 × 피고인/변호인 보관서류 – IF 검사가 교부 거부 – 교부 거부 ○	증거신청 →증거결정
내 용	압수, 수색, 검증, 증인신문, 감정	증인신문	소송서류 열람 · 등사	증거서류–낭독 증거물–제시 영상녹화물–전부 또는 일부 재생 증인신문
불 복	3일 이내 항고	×	×	즉시 이의신청 (항고 ×)
요 건	증거멸실, 증거가치변화 위험	참고인 출석거부, 진술거부	검사보관서류–전면적 개시 피고인/변호인 보관서류–현장 부재 · 심신상실 등 법률상 · 사실상 주장을 한 때	증거능력 ○

1) [참고] 특정범죄신고자 등 보호법상 "특정범죄"란 다음 각 목의 어느 하나에 해당하는 범죄를 말한다(동법 제2조 제1호).
가. 특정강력범죄의 처벌에 관한 특례법 제2조의 범죄
나. 마약류 불법거래 방지에 관한 특례법 제2조 제2항의 범죄
다. 폭력행위 등 처벌에 관한 법률 제4조 및 특정범죄 가중처벌 등에 관한 법률 제5조의8의 단체 구성원의 그 단체의 활동과 관련된 범죄
라. 국제형사재판소 관할 범죄의 처벌 등에 관한 법률 제8조부터 제16조까지의 죄
마. 특정범죄 가중처벌 등에 관한 법률 제5조의9의 죄

2) 신동운, 339면.

CHAPTER

03 수사의 종결

5개년 출제경향 분석

구분	경찰간부					경찰승진					경찰채용					국가7급					국가9급					법원9급					변호사				
	19	20	21	22	23	20	21	22	23	24	20	21	22	23	24	19	20	21	22	23	20	21	22	23	24	19	20	21	22	23	20	21	22	23	24
제1절 사법경찰관과 검사의 수사종결		1	1		1	2		2	1			1	2																					1	
제2절 공소제기 후의 수사	1	1	1				1	1	1			1								1		1		1	1	1		1	1					1	1
출제율	6/200 (3.0%)					8/200 (4.0%)					4/160 (2.5%)					1/100 (1.0%)					3/115 (2.6%)					3/125 (2.4%)					3/200 (1.5%)				

제1절 사법경찰관과 검사의 수사종결

01 의의와 종류

Ⅰ 의 의

1. 개 념

수사의 종결이란 공소제기 여부를 결정할 수 있을 정도로 피의사건이 규명되었을 때 검사가 수사절차를 종료하는 행위를 말한다(수사종결처분). 종래 이러한 수사의 종결권은 검사에게만 주어졌지만, 2020.2.4. 수사권 조정 개정 형사소송법에 따라 사법경찰관에게도 1차적 수사종결권이 부여되었다.

이외에도 경찰서장은 20만원 이하의 벌금, 구류, 과료에 처할 범죄사건으로서 즉결심판절차에 의하여 처리될 경미사건의 경우에는 판사에게 즉결심판을 청구할 수 있다는 점에서(즉심법 제2조, 제3조 제1항) 경미사건에 대한 수사종결권을 가지고 있다(기소독점주의의 예외).

2. 수사의 종결권자

수사의 개시와 종결 모두 **검사**뿐 아니라 **사법경찰관**도 할 수 있다. 여기서 사법경찰관의 수사종결처분은 1차적 권한인 데 비하여, 검사의 수사종결처분은 최종적 권한에 해당한다.

Ⅱ 수사종결처분의 종류

사법경찰관의 1차적 수사종결처분은 크게 검찰송치와 사건불송치로 나누어 볼 수 있고, 검사의 최종적 수사종결처분은 공소제기와 불기소처분 그리고 기타 처분으로 나누어 볼 수 있다. 따라서 검사의 공소취소는 공소제기 후 처분에 불과하다는 점에서, 법원의 공소기각은 종국재판에 해당한다는 점에서 수사종결처분이 아니다. [경찰채용 06 2차]

1. 사법경찰관의 수사종결처분과 이에 대한 감독과 통제

(1) 의의 : 최종적 · 궁극적 수사종결이라 할 수 있는 **공소제기의 권한은 검사**에게 있다(기소독점주의, 법 제246조). 그러나 2020.2.4. 형사소송법 개정에 의하여 **사법경찰관에게 1차적 수사종결권**이 부여되었다(법 제245조의5). 동시에 이에 대한 감독기능으로서 **검사에게 보완수사요구권과 재수사요청권**이 부여되었고(법 제197조의2, 제245조의8), 이에 대한 통제기능으로서 **고소인 등에게 이의신청권**이 부여되었다(법 제245조의6, 제245조의7).

(2) 사법경찰관의 1차적 수사종결권 : ① 사법경찰관은 범죄를 수사한 때에는 **범죄의 혐의가 인정되면 검사에게 사건을 송치**하고(검찰송치 내지 사건송치, 법 제245조의5 제1호), ② **그 밖의 경우**(범죄의 혐의가 인정되지 않는 경우 : 혐의없음, 죄가안됨, 공소권없음, 각하)**에는 그 이유를 명시한 서면과 함께 관계 서류와 증거물을 검사에게 송부**하여야 한다. 이 경우 검사는 송부받은 날부터 **90일 이내**에 사법경찰관에게 반환하여야 한다(사건불송치, 동 제2호).[1]

1] [참고] 수사준칙 제51조(사법경찰관의 결정) ① 사법경찰관은 사건을 수사한 경우에는 다음 각 호의 구분에 따라 결정해야 한다.
1. 법원송치
2. 검찰송치
3. 불송치
   가. 혐의 없음
      1) 범죄인정 안 됨
      2) 증거불충분
   나. 죄가 안 됨
   다. 공소권 없음
   라. 각하

■ 경찰수사규칙 [별지 제114호서식]

소속관서

0000.00.00.

사건번호 0000-00000호, 0000-00000호
제 목 송치 결정서

아래와 같이 송치 결정합니다.

Ⅰ. 피의자 인적사항
성명 : 직업 :
주민등록번호 :
주거 :
등록기준지 :
전화번호 :

Ⅱ. 범죄경력자료 및 수사경력자료

Ⅲ. 범죄사실

Ⅳ. 적용법조

Ⅴ. 증거관계

Ⅵ. 송치 결정 이유

사법경찰관 계급

210㎜ × 297㎜(백상지 80g/㎡)

■ 경찰수사규칙 [별지 제122호서식]

소속관서

0000.00.00.

사건번호 0000-00000호, 0000-00000호
제 목 불송치 결정서

아래와 같이 불송치 결정합니다.

Ⅰ. 피의자

Ⅱ. 죄명

Ⅲ. 주문

Ⅳ. 피의사실과 불송치 이유

사법경찰관 계급

210㎜ × 297㎜(백상지 80g/㎡)

(3) 검찰송치 시의 검사의 보완수사요구권

① **형사소송법상 검사의 보완수사요구권** : 검사는 송치사건의 공소제기 여부 결정 또는 공소의 유지에 관하여 필요한 경우에 해당하면 사법경찰관에게 보완수사를 요구할 수 있고, 사법경찰관은 정당한 이유가 없는 한 지체 없이 이를 이행하여야 한다(제197조의2 제1항 제1호).[1] [경찰승진 22]

② **수사준칙상 보완수사의 주체** : 구 수사준칙에서는, 검사는 송치받은 사건에 대해 보완수사가 필요하다고 인정하는 경우에는 '특별히 직접 보완수사를 할 필요가 있다고 인정되는 경우를 제외하고는' 사법경찰관에게 보완수사를 요구하는 것을 원칙으로 하고 있었으나(구 수사준칙 제59조 제1항, 원칙적으로 사법경찰관, 예외적으로 검사가 보완수사 이행), 2023.10.17. 수사준칙이 개정되어 **검사**는 사법경찰관으로부터 송치받은 사건에 대해 보완수사가 필요하다고 인정하는 경우에는 **직접 보완수사**를 하거나 법 제197조의2 제1항 제1호에 따라 **사법경찰관에게 보완수사를 요구**할 수 있도록 하고 있다(원칙적으로 검사 직접 보완수사 이행 또는 사법경찰관에게 요구하여 보완수사 이행).

③ **사법경찰관의 보완수사기간** : 사법경찰관은 검사의 보완수사요구가 접수된 날부터 **3개월 이내**에 보완수사를 마쳐야 한다(2023.10.17. 개정 수사준칙 제60조 제3항).

참고하기 수사준칙상 보완수사 관련 규정

수사협력규정에서는 피의자에 대한 출석요구 시 유의해야 할 사항을 규정하고 있다.

제4장 사건송치와 수사종결

제2절 사건송치와 보완수사요구

제58조(사법경찰관의 사건송치) ① 사법경찰관은 관계 법령에 따라 검사에게 사건을 송치할 때에는 송치의 이유와 범위를 적은 송치 결정서와 압수물 총목록, 기록목록, 범죄경력 조회 회보서, 수사경력 조회 회보서 등 관계 서류와 증거물을 함께 송부해야 한다. (중략)

제59조(보완수사요구의 대상과 범위) ① 검사는 사법경찰관으로부터 송치받은 사건에 대해 보완수사가 필요하다고 인정하는 경우에는 직접 보완수사를 하거나 법 제197조의2 제1항 제1호에 따라 사법경찰관에게 보완수사를 요구할 수 있다. 다만, 송치사건의 공소제기 여부 결정에 필요한 경우로서 다음 각 호의 어느 하나에 해당하는 경우에는 특별히 사법경찰관에게 보완수사를 요구할 필요가 있다고 인정되는 경우를 제외하고는 검사가 직접 보완수사를 하는 것을 원칙으로 한다. <개정 2023.10.17.>

1. 사건을 수리한 날(이미 보완수사요구가 있었던 사건의 경우 보완수사 이행 결과를 통보받은 날을 말한다)부터 1개월이 경과한 경우
2. 사건이 송치된 이후 검사가 해당 피의자 및 피의사실에 대해 상당한 정도의 보완수사를 한 경우
3. 법 제197조의3 제5항, 제197조의4 제1항 또는 제198조의2 제2항에 따라 사법경찰관으로부터 사건을 송치받은 경우
4. 제7조 또는 제8조에 따라 검사와 사법경찰관이 사건 송치 전에 수사할 사항, 증거수집의 대상 및 법령의 적용 등에 대해 협의를 마치고 송치한 경우 (중략)

③ 검사는 법 제197조의2 제1항 제1호에 따라 사법경찰관에게 송치사건 및 관련사건(법 제11조에 따른 관련사건 및 법 제208조 제2항에 따라 간주되는 동일한 범죄사실에 관한 사건을 말한다. 다만, 법 제11조 제1호의 경우에는 수사기록에 명백히 현출(現出)되어 있는 사건으로 한정한다)에 대해 다음 각 호의 사항에 관한 보완수사를 요구할 수 있다. <개정 2023.10.17.>

1. 범인에 관한 사항
2. 증거 또는 범죄사실 증명에 관한 사항
3. 소송조건 또는 처벌조건에 관한 사항

---

4. 수사중지
   가. 피의자중지
   나. 참고인중지
5. 이송 (중략)

④ 사법경찰관은 제1항 제4호에 따른 수사중지 결정을 한 경우 7일 이내에 사건기록을 검사에게 송부해야 한다. 이 경우 검사는 사건기록을 송부받은 날부터 30일 이내에 반환해야 하며, 그 기간 내에 법 제197조의3에 따라 시정조치요구를 할 수 있다.
※ 해설 : 사경의 수사중지결정에 대한 검사의 감독권 조항이다. 이외에 고소인 등은 수사중지결정에 대한 이의제기권(상급경찰관서의 장에게 함)이나 검사에 대한 구제신청권을 행사할 수 있다(수사준칙 제54조, 법 제245조의7 제1항, 제197조의3 제1항).

⑤ 사법경찰관은 제4항 전단에 따라 검사에게 사건기록을 송부한 후 피의자 등의 소재를 발견한 경우에는 소재 발견 및 수사재개 사실을 검사에게 통보해야 한다. 이 경우 통보를 받은 검사는 지체 없이 사법경찰관에게 사건기록을 반환해야 한다.

1) [보충] 이외에 검사의 보완수사요구는 사법경찰관이 신청한 영장의 청구 여부 결정에 관하여 필요한 경우에도 가능하다(법 제197조의2 제1항 제2호).

4. 양형 자료에 관한 사항
5. 죄명 및 범죄사실의 구성에 관한 사항
6. 그 밖에 송치받은 사건의 공소제기 여부를 결정하는 데 필요하거나 공소유지와 관련해 필요한 사항

④ 검사는 사법경찰관이 신청한 영장(「통신비밀보호법」 제6조 및 제8조에 따른 통신제한조치허가서 및 같은 법 제13조에 따른 통신사실 확인자료제공 요청 허가서를 포함한다. 이하 이 항에서 같다)의 청구 여부를 결정하기 위해 필요한 경우 법 제197조의2 제1항 제2호에 따라 사법경찰관에게 보완수사를 요구할 수 있다. (중략) <개정 2023.10.17.>

제60조[보완수사요구의 방법과 절차] ① 검사는 법 제197조의2 제1항에 따라 보완수사를 요구할 때에는 그 이유와 내용 등을 구체적으로 적은 서면과 관계 서류 및 증거물을 사법경찰관에게 함께 송부해야 한다. 다만, 보완수사 대상의 성질, 사안의 긴급성 등을 고려하여 관계 서류와 증거물을 송부할 필요가 없거나 송부하는 것이 적절하지 않다고 판단하는 경우에는 해당 관계 서류와 증거물을 송부하지 않을 수 있다.

② 보완수사를 요구받은 사법경찰관은 제1항 단서에 따라 송부받지 못한 관계 서류와 증거물이 보완수사를 위해 필요하다고 판단하면 해당 서류와 증거물을 대출하거나 그 전부 또는 일부를 등사할 수 있다.

③ 사법경찰관은 법 제197조의2 제1항에 따른 보완수사요구가 접수된 날부터 3개월 이내에 보완수사를 마쳐야 한다. <신설 2023.10.17.>

④ 사법경찰관은 법 제197조의2 제2항에 따라 보완수사를 이행한 경우에는 그 이행 결과를 검사에게 서면으로 통보해야 하며, 제1항 본문에 따라 관계 서류와 증거물을 송부받은 경우에는 그 서류와 증거물을 함께 반환해야 한다. 다만, 관계 서류와 증거물을 반환할 필요가 없는 경우에는 보완수사의 이행 결과만을 검사에게 통보할 수 있다. <개정 2023.10.17.>

⑤ 사법경찰관은 법 제197조의2 제1항 제1호에 따라 보완수사를 이행한 결과 법 제245조의5 제1호에 해당하지 않는다고 판단한 경우에는 제51조 제1항 제3호에 따라 사건을 불송치하거나 같은 항 제4호에 따라 수사중지할 수 있다. <개정 2023.10.17.>

제61조[직무배제 또는 징계요구의 방법과 절차] ① 검찰총장 또는 각급 검찰청 검사장은 법 제197조의2 제3항에 따라 사법경찰관의 직무배제 또는 징계를 요구할 때에는 그 이유를 구체적으로 적은 서면에 이를 증명할 수 있는 관계 자료를 첨부하여 해당 사법경찰관이 소속된 경찰관서장에게 통보해야 한다.

② 제1항의 직무배제요구를 통보받은 경찰관서장은 정당한 이유가 있는 경우를 제외하고는 그 요구를 받은 날부터 20일 이내에 해당 사법경찰관을 직무에서 배제해야 한다.

③ 경찰관서장은 제1항에 따른 요구의 처리 결과와 그 이유를 직무배제 또는 징계를 요구한 검찰총장 또는 각급 검찰청 검사장에게 통보해야 한다.

(4) 사건불송치 시 고소인 등에 대한 통지와 이의신청

① **고소인 등에 대한 통지** : 사법경찰관은 사건을 검사에게 송치하지 아니한 경우에는 **서면으로 고소인 · 고발인 · 피해자 또는 그 법정대리인에게 사건을 검사에게 송치하지 아니하는 취지와 그 이유를 통지**하여야 한다(사건불송치 시 통지의무, 제245조의6). 고소인 등은 불송치 통지를 받지 못한 경우 사법경찰관에게 불송치 통지서로 통지해 줄 것을 요구할 수 있다(수사준칙 제53조 제2항).

② **고소인 등의 이의신청** : 사법경찰관으로부터 사건을 검사에게 송치하지 아니하는 취지와 그 이유를 통지받은 사람(고발인은 제외함, 2022.5.9. 개정)은 **해당 사법경찰관의 소속 관서의 장에게 이의를 신청**할 수 있고, **사법경찰관은 이의신청이 있는 때에는 지체 없이 검사에게 사건을 송치**하여야 한다(이의신청 시 검찰송치의무, 제245조의7). 2022.5.9. 개정에 의하여 사법경찰관의 사건불송치결정에 대한 이의신청권자 중에서 **고발인이 제외**되었다(입법론적 비판이 있음). 고소인 등의 이의신청에는 **기간의 제한이 없다**. 이렇게 고소인 등의 이의신청이 있으면 사법경찰관은 사건불송치로 수사를 종결할 수 없고 검사에게 사건을 송치해야 한다는 점에서 사법경찰관의 수사종결권은 1차적 · 제한적 수사종결권의 의미를 가지는 것이다.

③ **송치받은 검사의 수사범위** : 검사는 고소인 등의 이의신청에 따라 사법경찰관으로부터 송치받은 사건에 관하여는 **해당 사건과 동일성을 해치지 아니하는 범위 내에서 수사**할 수 있다(2022.5.9. 개정 제196조 제2항).

(5) 사건불송치 시 검사의 재수사요청권

① **형사소송법상 검사의 재수사요청권** : 검사는 사법경찰관이 **사건을 송치하지 아니한 것이 위법 또는 부당한 때**에는 그 이유를 문서로 명시하여 사법경찰관에게 **재수사를 요청**할 수 있고(제245조의8 제1항), 사법경찰관은 요청이 있으면 사건을 **재수사하여야 한다**(동 제2항).

② **검사의 재수사 요청의 절차** : 검사는 사법경찰관에게 재수사를 요청하려는 경우에는 관계 서류와 증거물을 송부받은 날부터 **90일 이내**에 해야 한다(수사준칙 제63조 제1항). 다만, 불송치결정에 영향을 줄 수 있는 명백히 새로운 증거 또는 사실이 발견된 경우 등에는 90일이 지난 후에도 재수사를 요청할 수 있다(동조 동항 단서). 재수사를 요청할 때에는 그 내용과 이유를 구체적으로 적은 서면으로 해야 한다. 이 경우 송부받은 관계 서류와 증거물을 사법경찰관에게 반환해야 한다(동 제2항). 검사는 재수사를 요청한 경우 그 사실을 고소인등에게 통지해야 한다(동 제3항).

③ **사법경찰관의 재수사** : 사법경찰관은 검사에 의한 재수사 요청이 접수된 날부터 **3개월 이내**에 재수사를 마쳐야 한다(2023.10.17. 개정 수사준칙 제63조 제4항). 사법경찰관은 재수사를 한 경우, 범죄의 혐의가 있다고 인정되면 검사에게 사건을 송치하고 관계 서류와 증거물을 송부하나, 기존의 불송치 결정을 유지하는 경우에는 재수사 결과서에 그 내용과 이유를 구체적으로 적어 검사에게 통보한다(수사준칙 제64조 제1항). 다만 사법경찰관이 재수사 중인 사건에 대하여 고소인 등의 사건불송치결정에 대한 이의신청이 있는 경우에는 사법경찰관은 재수사를 중단하고 해당 사건을 지체 없이 검사에게 송치하고 관계 서류와 증거물을 송부해야 한다(수사준칙 제65조).

④ **불송치결정 유지 통보를 받은 검사의 조치** : 사법경찰관으로부터 불송치결정 유지 통보를 받은 경우, **원칙적으로 검사는 다시 재수사를 요청하거나 송치요구를 할 수 없다.** 다만, 검사는 사법경찰관이 사건을 송치하지 않은 위법 또는 부당이 시정되지 않아 사건을 송치받아 수사할 필요가 있는 경우에는 예외적으로 사건송치를 요구할 수 있다(수사준칙 제64조 제2항, 사건송치요구는 30일 이내에 하여야 함, 동조 제4항). 2023.10.17. 개정 수사준칙에서는 위 예외적인 경우에 '범죄 혐의의 유무를 명확하게 하기 위하여 재수사를 요청한 사항에 관하여 그 이행이 이루어지지 않은 경우'가 신설되었다(동조 동항 제2호, 다만 재수사 요청의 미이행이 불송치결정의 유지에 영향이 미치지 않음이 명백한 경우는 제외됨). 여하튼 검사의 사법경찰관에 대한 재수사요청권의 행사는 1회로 한정된다.

참고하기 수사준칙상 재수사 관련 규정

제4장 사건송치와 수사종결

제3절 사건불송치와 재수사요청

제62조(사법경찰관의 사건불송치) ① 사법경찰관은 법 제245조의5 제2호 및 이 영 제51조 제1항 제3호에 따라 불송치 결정을 하는 경우 불송치의 이유를 적은 불송치 결정서와 함께 압수물 총목록, 기록목록 등 관계 서류와 증거물을 검사에게 송부해야 한다. (중략)

제63조(재수사요청의 절차 등) ① 검사는 법 제245조의8에 따라 사법경찰관에게 재수사를 요청하려는 경우에는 법 제245조의5 제2호에 따라 관계 서류와 증거물을 송부받은 날부터 90일 이내에 해야 한다. 다만, 다음 각 호의 어느 하나에 해당하는 경우에는 관계 서류와 증거물을 송부받은 날부터 90일이 지난 후에도 재수사를 요청할 수 있다.

1. 불송치 결정에 영향을 줄 수 있는 명백히 새로운 증거 또는 사실이 발견된 경우
2. 증거 등의 허위, 위조 또는 변조를 인정할 만한 상당한 정황이 있는 경우

② 검사는 제1항에 따라 재수사를 요청할 때에는 그 내용과 이유를 구체적으로 적은 서면으로 해야 한다. 이 경우 법 제245조의5 제2호에 따라 송부받은 관계 서류와 증거물을 사법경찰관에게 반환해야 한다.

③ 검사는 법 제245조의8에 따라 재수사를 요청한 경우 그 사실을 고소인등에게 통지해야 한다.

④ 사법경찰관은 법 제245조의8 제1항에 따른 재수사의 요청이 접수된 날부터 3개월 이내에 재수사를 마쳐야 한다. <신설 2023.10.17.>

제64조(재수사 결과의 처리) ① 사법경찰관은 법 제245조의8 제2항에 따라 재수사를 한 경우 다음 각 호의 구분에 따라 처리한다.

1. 범죄의 혐의가 있다고 인정되는 경우 : 법 제245조의5 제1호에 따라 검사에게 사건을 송치하고 관계 서류와 증거물을 송부
2. 기존의 불송치 결정을 유지하는 경우 : 재수사 결과서에 그 내용과 이유를 구체적으로 적어 검사에게 통보

② 검사는 사법경찰관이 제1항 제2호에 따라 재수사 결과를 통보한 사건에 대해서 다시 재수사를 요청하거나 송치 요구를 할 수 없다. 다만, 검사는 사법경찰관이 사건을 송치하지 않은 위법 또는 부당이 시정되지 않아 사건을 송치받아 수사할 필요가 있는 다음 각 호의 경우에는 법 제197조의3에 따라 사건송치를 요구할 수 있다. <개정 2023.10.17.>

1. 관련 법령 또는 법리에 위반된 경우

2. 범죄 혐의의 유무를 명확히 하기 위해 재수사를 요청한 사항에 관하여 그 이행이 이루어지지 않은 경우. 다만, 불송치 결정의 유지에 영향을 미치지 않음이 명백한 경우는 제외한다.
3. 송부받은 관계 서류 및 증거물과 재수사 결과만으로도 범죄의 혐의가 명백히 인정되는 경우
4. 공소시효 또는 형사소추의 요건을 판단하는 데 오류가 있는 경우 (중략)

④ 검사는 재수사 결과를 통보받은 날(제3항에 따라 관계 서류와 증거물의 송부를 요청한 경우에는 관계 서류와 증거물을 송부받은 날을 말한다)부터 30일 이내에 제2항 각 호 외의 부분 단서에 따른 사건송치 요구를 해야 하고, 그 기간 내에 사건송치 요구를 하지 않을 경우에는 송부받은 관계 서류와 증거물을 사법경찰관에게 반환해야 한다. <신설 2023.10.17.>

제65조(재수사 중의 이의신청) 사법경찰관은 법 제245조의8 제2항에 따라 재수사 중인 사건에 대해 법 제245조의7 제1항에 따른 이의신청이 있는 경우에는 재수사를 중단해야 하며, 같은 조 제2항에 따라 해당 사건을 지체 없이 검사에게 송치하고 관계 서류와 증거물을 송부해야 한다.

표정리 사법경찰관의 수사종결처분과 이에 대한 통제와 감독

사법경찰관의 1차적 수사종결		검사의 감독과 고소인 등의 통제	
검찰송치		* 보완수사 필요 시 ① 원칙 : 검사 직접 보완수사 또는 사경에게 보완수사요구 ② 예외 : 직접 보완수사	① 공소제기 ② 불기소처분
사건불송치	① 불송치이유서 · 관계서류 · 증거물 송부	* 90일 내 (예외 ○) ① 반환 or ② 재수사요청 (1회 한정) * 사경 재불송치 시 ㉠ 원칙 : 검사 재재수사요청 ×, 송치요구 × ㉡ 예외 : 위법 · 부당 시 30일 내 사건송치요구 ○	
	② 고소인 등(고발인 포함)에 대한 통지(7일)	* 고소인 등(고발인 제외)의 이의신청 ① 기간 제한 × ② 소속 경찰관서의 장에게 ③ 검찰송치의무 발생 ④ 검사는 동일성 범위 내 수사	

2. 검사의 공소제기

(1) 의의 : 검사의 최종적 수사의 종결은 공소의 제기 또는 불기소처분으로 행하여진다. 검사는 수사의 결과 범죄의 객관적 혐의가 충분하고 소송조건을 구비하여 유죄판결을 받을 수 있다고 판단하는 경우에는 공소를 제기한다(제246조).

(2) 방식 : 공소를 제기함에는 공소장을 관할법원에 제출하여야 한다(제254조 제1항). 다만, 벌금 · 과료 · 몰수에 해당하는 사건의 경우에는 검사는 공소제기와 동시에 약식명령을 청구할 수 있다(제449조)(이렇게 공소제기에는 공판청구와 약식명령청구의 2가지 방식이 있는바, 실무상 전자를 구공판, 후자를 구약식이라 부른다).

3. 검사의 불기소처분

(1) 의의 : 검사가 피의사건에 대하여 공소를 제기하지 않기로 하는 처분을 말한다. 불기소처분은 협의의 불기소처분과 기소유예로 나누어 볼 수 있다(수사준칙 제52조 제1항). 검사는 공소제기 이후에도 공소의 유지 여부를 결정하기 위해 수사를 할 수 있고, 불기소처분 이후에도 언제든지 수사를 재개할 수 있다. [국가9급 09, 경찰채용 05 2차] 불기소처분에는 일사부재리원칙이 적용되지 않기 때문이다.

판례연구 불기소처분에는 일사부재리원칙이 적용되지 않는다는 사례

대법원 2009.10.29, 2009도6614

불기소처분 후에도 다시 공소제기는 가능하며, 관계공무원의 기존의 고발은 유효하다는 사례

검사의 불기소처분에는 확정재판에 있어서의 확정력과 같은 효력이 없어 일단 불기소처분을 한 후에도 공소시효가 완성되기 전이

면 언제라도 공소를 제기할 수 있으므로, 세무공무원 등의 고발이 있어야 공소를 제기할 수 있는 조세범처벌법 위반죄에 관하여 일단 불기소처분이 있었더라도 세무공무원 등이 종전에 한 고발은 여전히 유효하다. 따라서 나중에 공소를 제기함에 있어 세무공무원 등의 새로운 고발이 있어야 하는 것은 아니다.

구분	구성요건	위법성	책임	소송조건	
검 사	× 혐의 없음	조각사유 ○ 죄가 안 됨		× 공소권 없음	공소제기
법 원	무죄판결			형식재판	

(2) 협의의 불기소처분[1]

① 혐의 없음 : 피의사실이 범죄를 구성하지 아니하거나(구성요건해당성 ×) 인정되지 아니하는 경우(범죄 인정 안 됨) 또는 피의사실을 인정할 만한 충분한 증거가 없는 경우(증거불충분)이다.

② 죄가 안 됨 : 피의사실이 구성요건해당성은 있으나 법률상 범죄의 성립을 조각하는 사유(예 위법성조각사유 · 책임조각사유)가 있어 범죄를 구성하지 않는 경우이다. [국가7급 13, 교정9급특채 12, 경찰채용 04 2차]

③ 공소권 없음 : 피의사건에 관하여 소송조건이 결여되었거나 형면제사유가 있는 경우 등이다(hint. 종국재판 중에서는 대체로 형식재판에 해당되는 사유).

[공소권없음 불기소처분사유] (검사규 제115조 제3항 제4호)

1. 확정판결이 있는 경우
2. 통고처분이 이행된 경우 [경찰간부 13]
3. 「소년법」 · 가정폭력처벌법 · 성매매처벌법 또는 아동학대처벌법에 따른 보호처분이 확정된 경우(보호처분이 취소되어 검찰에 송치된 경우는 제외한다) [경찰간부 13]
4. 사면이 있는 경우(일반사면 ○, 특별사면 ×)
5. 공소의 시효가 완성된 경우
6. 범죄 후 법령의 개폐로 형이 폐지된 경우
7. 법률에 따라 형이 면제된 경우 [예 친족상도례(직/배/동/동/배)]
8. 피의자에 관하여 재판권이 없는 경우
9. 같은 사건에 관하여 이미 공소가 제기된 경우(공소를 취소한 경우를 포함한다. 다만, 공소를 취소한 후에 다른 중요한 증거를 발견한 경우는 포함되지 않는다)
10. 친고죄 및 공무원의 고발이 있어야 논할 수 있는 죄의 경우에 고소 또는 고발이 없거나 그 고소 또는 고발이 무효 또는 취소된 경우 [경찰간부 13]
11. 반의사불벌죄의 경우 처벌을 희망하지 않는 의사표시가 있거나 처벌을 희망하는 의사표시가 철회된 경우
12. 피의자가 사망하거나 피의자인 법인이 존속하지 않게 된 경우

④ 각하 : 고소 · 고발이 있는 사건에 있어서 위 불기소처분사유가 명백한 경우 등 일정한 사유가 있는 경우 내려진다.

[각하사유] (검사규 제115조 제3항 제5호)

1. 고소 또는 고발이 있는 사건에 관하여 고소인 또는 고발인의 진술이나 고소장 또는 고발장에 의하여 혐의없음, 죄가안됨, 공소권없음의 사유에 해당함이 명백한 경우 : 처벌할 수 없음이 명백한 경우를 말한다.
2. 고소 · 고발이 고소의 제한을 위반하거나(자기 또는 배우자의 직계존속 고소 · 고발) 고소 취소 후 재고소한 경우 [경찰간부 13]
3. 같은 사건에 관하여 검사의 불기소결정이 있는 경우(다만, 새로이 중요한 증거가 발견된 경우에 고소인 또는 고발인이 그 사유를 소명한 때에는 그러하지 아니하다) [경찰간부 13]
4. 고소권자(피해자, 법정대리인, 배/직/형, 친족, 자손) 아닌 자가 고소한 경우 [경찰간부 13]
5. 고소인 또는 고발인이 고소 · 고발장을 제출한 후 출석요구나 자료제출 등 혐의 확인을 위한 수사기관의 요청에 불응하거나 소재불명이 되는 등 고소 · 고발사실에 대한 수사를 개시 · 진행할 자료가 없는 경우

1) [참고] 내사종결처분은 수사가 개시되기 전 내사만 종결하는 행위로서 피의사건에 대한 종국처분이 아니므로 불기소처분에 해당하지 않는다(대법원 1991.11.5, 91모68; 헌법재판소 1998.2.27, 94헌마77).

6. 고발이 진위 여부가 불분명한 언론 보도나 인터넷 등 정보통신망의 게시물, 익명의 제보, 고발 내용과 직접적인 관련이 없는 제3자로부터의 전문(傳聞)이나 풍문 또는 고발인의 추측만을 근거로 한 경우 등으로서 수사를 개시할 만한 구체적인 사유나 정황이 충분하지 아니한 경우
7. 고소 · 고발 사건(진정 또는 신고를 단서로 수사개시된 사건을 포함한다)의 사안의 경중 및 경위, 피해회복 및 처벌의사 여부, 고소인 · 고발인 · 피해자와 피고소인 · 피고발인 · 피의자와의 관계, 분쟁의 종국적 해결 여부 등을 고려할 때 수사 또는 소추에 관한 공공의 이익이 없거나 극히 적은 경우로서 수사를 개시 · 진행할 필요성이 인정되지 않는 경우

(3) 기소유예 : 피의사실이 인정되나 형법 제51조 각 호의 사항(범인의 연령 · 성행 · 지능과 환경 등 양형의 조건)을 참작하여 공소를 제기하지 아니하는 경우이다(제247조－기소편의주의, 수사준칙 제52조 제1항 제2호 가목, 검사규 제115조 제3항 제1호).

4. 검사의 기타 처분

(1) 기소중지 : 피의자의 소재불명 또는 참고인중지의 사유 외의 사유로 수사를 종결할 수 없는 경우에 그 사유가 해소될 때까지 수사를 잠정적으로 중지하는 처분이다(수사준칙 제52조 제1항 제3호, 검사규 제120조).

(2) 참고인중지 : 검사가 참고인 · 고소인 · 고발인 또는 같은 사건 피의자의 소재불명으로 수사를 종결할 수 없는 경우에는 그 사유가 해소될 때까지 수사를 잠정적으로 중지하는 처분이다(수사준칙 제52조 제1항 제4호, 검사규 제121조).

(3) 공소보류 : 국가보안법 위반의 죄를 범한 자에 대하여 형법 제51조의 사항을 참작하여 공소제기를 2년간 보류하는 처분이다(국가보안법 제20조)(기소유예와 유사).

(4) 타관송치 : 검사는 사건이 그 소속 검찰청에 대응한 법원의 관할에 속하지 아니한 때에는 사건을 서류와 증거물과 함께 관할법원에 대응한 검찰청검사에게 송치하여야 한다(제256조).

(5) 군검찰관송치 : 검사는 사건이 군사법원의 재판권에 속하는 때에는 관할 군사법원검찰부 검찰관에게 송치하여야 한다. 이 경우에 송치 전에 행한 소송행위는 송치 후에도 그 효력에 영향이 없다(제256조의2, 제2조 및 제16조의2 참조).

<table>
<tr><td colspan="6" rowspan="3">불기소 사건기록 및 불기소 결정서</td><td colspan="2" rowspan="3">보 존</td><td>제 질</td></tr>
<tr><td>제 호</td></tr>
<tr><td>년</td></tr>
<tr><td>부장검사</td><td>차장검사</td><td colspan="2">검사장</td><td colspan="2" rowspan="3">서울중앙지방검찰청</td><td>공소</td><td>장기</td><td>2021. 6. 11.</td></tr>
<tr><td rowspan="2"></td><td rowspan="2"></td><td colspan="2" rowspan="2"></td><td>시효</td><td>단기</td><td>. . .</td></tr>
<tr><td colspan="2">재 기</td><td></td></tr>
<tr><td colspan="3">2016년 형 제 104895호</td><td colspan="2">결 정</td><td>2016. 11. 29.</td><td colspan="2">검 사</td><td>사 연 생</td></tr>
<tr><td colspan="3">피 의 자</td><td colspan="3">죄 명</td><td colspan="3">주 문</td></tr>
<tr><td colspan="3">김 갑 동</td><td colspan="3">모욕</td><td colspan="3">혐의없음(범죄인정안됨)</td></tr>
<tr><td colspan="9">불기소 결정서는 별지와 같음</td></tr>
</table>

<table>
<tr><td>부 수 처 분
석방지휘/소재수사지휘/지명수배(통보), 해제</td><td>명 령</td><td>집 행</td><td>인</td></tr>
<tr><td>(해당없음)</td><td></td><td></td><td></td></tr>
<tr><td>압 수 물 처 분
가환부대로본환부/제출인환부/피해자환부/보관/폐기/국고귀속</td><td>명 령</td><td>집 행</td><td>인</td></tr>
<tr><td>(해당없음)</td><td></td><td></td><td></td></tr>
</table>

비 고							
○ 고소인의 무고혐의는 인정하기 어려움 ○ 수사경력자료 보존기간 : 즉시 삭제							
집 행		사 건		압 수		결과통지	

서 울 중 앙 지 방 검 찰 청

2016. 11. 29.

사건번호 2016년 형제104895호

제 목 **불기소결정서**

검사 사연생은 아래와 같이 불기소 결정을 한다.

Ⅰ. 피의자 김갑동

Ⅱ. 죄 명 모욕

Ⅲ. 주 문

피의자는 범죄 인정되지 아니하여 혐의 없다.

Ⅳ. 피의사실과 불기소이유

2016. 6. 12. 고소인 이을수에게 "이 사기꾼 같은 놈아, 너 같은 악질 고리대금업자의 돈은 갚을 수 없다."라고 말하여 모욕

○ 피의자가 2016. 6. 12. 피의자의 사무실에서 위와 같이 말한 사실은 인정된다.

○ 한편 피의자가 위와 같이 말을 할 때 피의자와 고소인 이외에는 아무도 없었고, 문도 닫혀져 있어 다른 사람이 피의자의 말을 들을 수 있는 상태가 아니었으므로(피의자와 고소인의 진술), 공연성을 인정할 수 없다.

○ 범죄 인정되지 아니하여 혐의 없다.

검사 **사 연 생** (인)

사법연수원, 검찰서류작성례, 2017년, p. 169~170

(6) **소년부송치** : 검사는 소년에 대한 피의사건을 수사한 결과 보호처분에 해당하는 사유가 있다고 인정한 때에는 사건을 관할 소년부에 송치한다(소년 제49조 제1항).

(7) **가정보호사건송치** : 검사는 가정폭력범죄의 처벌 등에 관한 특례법이 규정한 가정폭력범죄로서 사건의 성격이 보호처분에 처함이 적절하다고 인정되는 경우에는 관할가정법원 또는 지방법원에 송치하여야 한다(가폭법 제11조 제1항).

(8) **성매매보호사건송치** : 검사는 성매매를 한 사람에 대하여 사건의 성격·동기, 행위자의 성행(性行) 등을 고려하여 성매매알선 등 행위의 처벌에 관한 법률에 따른 보호처분을 하는 것이 적절하다고 인정할 때에는 특별한 사정이 없으면 보호사건으로 관할법원에 송치하여야 한다(성매매법 제12조 제1항).

02 수사종결처분의 부수절차

Ⅰ 수사종결처분의 통지

1. 고소인·고발인에 대한 통지 및 불기소처분 이유의 고지

(1) **검사의 고소·고발사건 처리** : 검사는 고소 또는 고발에 의하여 범죄를 수사할 때에는 고소 또는 고발을

수리한 날로부터 3월 이내에 수사를 완료하여 공소제기 여부를 결정하여야 한다(제257조). 다만, 이때의 3월은 훈시기간에 불과하다.

(2) 처분취지의 통지 : 검사는 고소 · 고발사건에 관하여 **공소를 제기하거나 제기하지 아니한 처분, 공소의 취소 또는 타관송치**를 한 때에는 그 **처분한 날로부터 7일 이내**에 **서면**으로 고소인 · 고발인에게 그 취지를 **통지하여야 한다**(제258조 제1항). [법원행시 02, 경찰승진 09/13/14, 경찰채용 05 2차] 고소인뿐만 아니라 고발인에 대한 불기소 처분 통지도 필요적이다. [국가9급 09]

(3) 불기소처분 이유의 고지 : 검사는 고소 · 고발사건에 관하여 공소를 제기하지 아니하는 처분을 한 경우에 고소인 · 고발인의 **청구가 있는 때에는 7일 이내**에 고소인 · 고발인에게 그 **이유를 서면으로 설명**하여야 한다(제259조). [국가9급 04, 경찰승진 13, 경찰채용 05 2차]

2. 피의자에 대한 불기소처분 등 통지

검사는 **불기소 또는 타관송치**의 처분을 한 때에는 피의자에게 **즉시** 그 취지를 통지하여야 한다(제258조 제2항). [법원행시 02, 국가9급 09, 경찰채용 06 2차] 피의자 보호를 취지로 하는 규정으로서, 이때의 피의자는 고소 · 고발사건의 피의자로 한정되지 아니한다.[1] [법원행시 04]

> **헌법재판소 2001.12.20, 2001헌마39**
>
> 검사가 불기소처분을 한 경우 '모든' 피의자에게 그 취지를 통지하여야 한다는 사례
>
> 형사소송법 제258조 제2항은 검사가 불기소처분을 한 때에는 피의자에게 즉시 그 취지를 통지하여야 한다고 규정하고 있음에도 불구하고 검사는 동조항 소정의 "불기소처분"은 고소 · 고발 있는 사건에 대한 불기소처분만을 의미하는 것으로 보는 검찰의 관행에 따라 이 사건에서도 피의자인 청구인에게 불기소처분의 취지를 통지하지 아니하였다. 그러나 동조항이 고소관련 조항들 가운데 규정되어 있기는 해도 제1항과 달리 제2항은 법문 자체가 고소 · 고발 있는 사건에 대한 불기소처분으로 한정하고 있지 아니하므로 동조항 소정의 "불기소처분"을 고소 · 고발 있는 사건에 대한 불기소처분만을 의미한다고 보아야 할 이유는 없다. 또한 1988년 9월부터는 헌법재판소가 창설되어 기소유예처분을 받은 피의자도 헌법소원을 제기하는 것이 가능하게 되었으므로 고소 · 고발사건 이외의 다른 사건의 피의자도 기소유예처분의 취지를 통지받을 필요와 실익이 생겼다 할 것이다. 그러므로 검사는 불기소처분을 하는 경우 모든 피의자에게 불기소처분의 취지를 통지하여야 할 것이다.

CHAPTER 03 수사와 종결

3. 피해자 등에 대한 통지

검사는 범죄로 인한 피해자 또는 그 법정대리인(피해자 사망시 배우자 · 직계친족 · 형제자매 포함)의 **신청이 있는 때**에는 당해 사건의 **공소제기 여부, 공판의 일시 · 장소, 재판결과, 피의자 · 피고인의 구속 · 석방 등 구금에 관한 사실** 등을 **신속하게 통지**하여야 한다(2007년 개정, 제259조의2). [법원9급 11, 국가7급 08, 국가9급 09, 경찰승진 13] 피해자의 공판정진술권을 보다 실질적으로 보장하여 피해자의 지위를 강화하는 취지의 규정이다. 따라서 고소 · 고발하지 않은 피해자도 신청을 한 때에는 공소제기 여부 등의 사실을 통지받을 수 있고 검사도 통지의무를 부담하게 되었다. 다만, 이는 검사의 의무이지 법원의 의무는 아니며 [국가9급 09], 또한 신청 피해자가 재판의 진행경과까지 통지받을 수 있는 것도 아니다. [경찰채용 09 2차]

표정리 수사종결처분 통지 시한

고소인 · 고발인	공소제기 · 불기소 · 공소취소 · 타관송치	7일 이내
피의자(고소 · 고발 불문)	불기소 · 타관송치	즉시
피해자(신청 要)	기소 여부, 공판일시 · 장소, 재판결과, 피의자 · 피고인의 구속 · 석방 등	신속하게

정리 고고 – 공불취타 – 7/고고 – 불이유청 – 7/피 – 불타 – 즉/피해자 – 신청해 – 공공구

정리 통지는 서면으로 한다. 예외는 출석통지 하나뿐이다.

---

1) [참고] 법원은 피의자에 대한 공소의 제기가 있는 때에는 지체 없이 피고인 또는 변호인에게 공소장부본을 송달하여야 한다. 단, 제1회 공판기일 전 5일까지 송달하여야 한다(제266조).

Ⅱ 압수물의 환부

불기소처분의 경우 검사는 압수물을 원래의 점유자에게 **필요적으로 환부하여야 한다**(대법원 1996.8.16, 94모51 전원합의체). 피의자가 **소유권포기의 의사표시를 한 경우에도 환부하여야 한다**(동 판례). [국가9급 12] 또한 압수물이 장물로서 피해자에게 환부해야 할 이유가 명백한 경우에는 검사는 압수된 장물을 피해자에게 환부하여야 한다(제219조, 제333조 제1항 · 제2항).[1]

03 검사의 불기소처분에 대한 불복

Ⅰ 검찰항고

1. 항 고

(1) 의의 : 검사의 불기소처분에 불복하는 고소인 또는 고발인이 보다 상급검찰청 검사장에게 항고하여 불기소처분의 당부를 다투는 제도로서, 항고와 재항고가 있다. 항고의 경우, 검사의 불기소처분에 불복하는 고소인이나 고발인은 그 검사가 속한 지방검찰청 또는 지청을 거쳐 서면으로 관할 고등검찰청 검사장에게 항고할 수 있다(검찰 제10조 제1항).[2]

(2) 항고권자 : 검사의 불기소처분에 불복하는 **고소인 또는 고발인**이다. 따라서 **고소하지 않은 피해자**는 검찰항고를 할 수 없다. [국가9급 09]

(3) 항고대상 : 검사의 불기소처분이다. 불기소처분에는 협의의 불기소처분뿐만 아니라 기소유예처분도 포함된다. 다만, 불기소처분이 아닌 공소취소나 타관송치는 포함되지 아니한다. 검찰항고 대상범죄에는 제한이 없다.

(4) 항고기간 : ① 검사로부터 불기소처분 통지(제258조 제1항)를 받은 날부터 **30일 이내**에 하여야 한다(검찰 제10조 제4항). 다만, 항고를 한 자가 자신에게 책임이 없는 사유로 정하여진 기간 내에 항고 또는 재항고를 하지 못한 것을 소명하면 그 항고기간은 그 사유가 해소된 때부터 기산한다(동조 제6항). ② 기간이 지난 후 접수된 항고는 기각하여야 한다. 다만, 중요한 증거가 새로 발견된 경우 고소인이나 고발인이 그 사유를 소명하였을 때에는 그러하지 아니하다(동조 제7항).

(5) 항고절차 · 방식 : 불기소처분을 한 검사가 속한 **지방검찰청 또는 지청을 거쳐** 서면으로 관할 고등검찰청 검사장에게 항고할 수 있다(동조 제1항). 해당 지방검찰청 또는 지청의 검사는 항고가 이유 있다고 인정하면 그 처분을 경정(更正)하여야 한다. [법원9급 10]

(6) 처리 : 고등검찰청 검사장은 항고가 이유 있다고 인정하면 소속 검사로 하여금 지방검찰청 또는 지청 검사의 불기소처분을 직접 경정하게 할 수 있다. 이 경우 고등검찰청 검사는 지방검찰청 또는 지청의 검사로서 직무를 수행하는 것으로 본다(동조 제2항).

2. 재항고

(1) 의의 : 항고를 한 자 중에서 재정신청권자를 제외한 자가 그 항고를 기각하는 처분에 불복하여 검찰총장에게 그 항고기각처분의 당부를 다투는 제도이다.

(2) 재항고권자 : 재정신청이 가능한 자(고소인 및 형법 제123조~제126조의 고발인)를 제외한(동조 제3항) 검찰항고권자를 말하므로, 항고한 고발인이다.

---

1) [참고] 다만, 불기소처분된 사건이 고소 · 고발사건인 경우 검찰항고 또는 재정신청 등에 의하여 절차가 계속되므로, 압수물 중 중요한 증거가치가 있는 것에 한하여 당해 절차가 종료된 후 압수물 환부절차를 취하여야 한다(검찰압수물사무규칙 제56조 · 제87조).

2) [참고] 검찰항고를 제기하여도 공소시효는 정지되지 않는다.

(3) 재항고기간 : ① 항고기각결정을 통지받은 날 또는 항고 후 항고에 대한 처분이 이루어지지 아니하고 3개월이 지난 날부터 30일 이내에 하여야 한다(동조 제5항). 다만, 재항고를 한 자가 자신의 책임 없는 사유를 소명하면 재항고기간은 그 사유 해소시부터 기산한다(동조 제6항). ② 기간 경과 후 접수된 재항고는 기각하되, 중요증거가 새로 발견되고 고발인이 그 사유를 소명하면 기각하지 않는다(동조 제7항).

(4) 재항고절차 · 방식 : 항고기각결정을 한 검사가 속한 고등검찰청을 거쳐 서면으로 검찰총장에게 재항고할 수 있다. 이 경우 해당 고등검찰청의 검사는 재항고가 이유 있다고 인정하면 그 처분을 경정하여야 한다(동조 제3항).

Ⅱ 재정신청

고소권자로서 고소를 한 자(형법 제123조부터 제126조까지의 죄에 대하여는 고발을 한 자를 포함한다)가 검사로부터 공소를 제기하지 아니한다는 통지를 받은 때, 검찰항고를 거쳐(검찰항고전치주의, 제260조 제2항) 그 검사 소속의 지방검찰청 소재지를 관할하는 고등법원에 그 당부에 관한 재정을 신청할 수 있는 제도를 말한다(동조 제1항 이하). 신청이 이유 있는 때에는 사건에 대한 공소제기가 결정되어(제262조 제2항 제2호) 검사의 공소제기가 강제되므로(동조 제6항) 기소강제절차라고도 한다. 이에 대해서는 본편의 제4장의 제2절 공소제기의 기본원칙 중 하나로 후술하기로 한다.

불기소처분 → 고소인/고발인 : 검찰항고(고검) →	고소인 및 일정범죄 고발인 : 재정신청(고법)
	대부분의 고발인 : 재항고(검찰총장)

Ⅲ 헌법소원

1. 의 의

공권력의 행사 또는 불행사로 인하여 헌법상 보장된 기본권을 침해받은 자가 헌법재판소에 그 권리구제를 청구하는 제도를 말한다(헌법 제111조 제1항).

2. 검사의 기소 · 불기소와 헌법소원의 대상

검사가 공소제기를 한 경우에는 법원이 재판하면 되기 때문에 검사의 공소제기는 헌법소원의 대상이 아니다. 헌법소원의 대상이 되는 것은 검사의 불기소처분이다.

3. 헌법소원의 요건

헌법재판소법에 의하면, 공권력의 행사 또는 불행사(不行使)(대상적격)로 인하여 헌법상 보장된 기본권을 침해받은 자(청구인적격)는 **법원의 재판을 제외**하고는(재판소원금지원칙) [경찰채용 12 1차] 헌법재판소에 헌법소원 심판을 청구할 수 있다. 다만, 다른 법률에 구제절차가 있는 경우에는 그 절차를 모두 거친 후에 청구할 수 있다(보충성)(헌재 제68조 제1항). 이외에도 청구인능력과 권리보호이익이 있어야 한다.

4. 검사의 불기소처분에 대한 헌법소원 청구권자

(1) 고소인 : 종래 검사의 불기소처분에 불복이 있는 고소인은 불기소처분으로 헌법상 보장된 기본권을 침해당하였다는 이유로 헌법소원을 제기할 수 있었다. 그러나 2007년 개정 형사소송법은 재정신청의 대상을 모든 고소사건으로 전면 확대하였고, 재정신청에 대한 법원의 재판에 대해서는 헌법소원이 불가능하므로, 이제 고소인은 검사의 불기소처분에 대해서 **헌법소원을 제기할 수 없다.**[1]

(2) 고발인 : 고발은 고소권자 · 범인 이외의 자가 범인의 처벌을 구하는 의사표시이고, 헌법소원은 헌법상 보장된 기본권을 침해받은 자(자기의 기본권 : 자기관련성)만이 제기할 수 있으므로, 고발인은 검사의 불기소처분에 대하여 **헌법소원을 제기할 수 없다.**

---

1) [참고] 종래 헌법재판소에 제기된 헌법소원 중 대부분이 검사의 불기소처분에 대한 것이었다. 재정신청 대상이 모든 고소사건으로 확대됨에 따라 앞으로는 이 부분을 법원이 담당하게 되고, 헌법재판소는 본연의 기능에 전념할 수 있을 것으로 보인다.

(3) **고소하지 않은 피해자** : 검사의 불기소처분에 의하여 자기의 재판절차진술권이 침해된 고소하지 않은 피해자는 고소인이 아니므로 검찰항고 및 재정신청을 할 수 없다는 점에서 검사의 불기소처분에 대하여 **헌법소원을 제기할 수 있다**(헌법재판소 2008.11.27, 2008헌마399 · 400 병합; 2008.12.26, 2008헌마387).

> **헌법재판소 2008.12.26, 2008헌마387**
> 고소를 제기한 바 없는 범죄피해자가 불기소처분에 대하여 곧바로 헌법소원심판을 청구할 수 있다는 사례
> 범죄피해자는 그가 고소를 제기한 바 없었어도 검사의 불기소처분에 대하여 헌법소원심판을 청구할 자격이 있고, 고소인이 아니므로 불기소처분에 대한 검찰청법상의 항고, 재항고 또는 형사소송법상의 재정신청 절차에 의한 구제를 받을 방법이 없으므로 곧바로 헌법소원심판을 청구할 수 있다.

(4) **기소유예처분을 받은 피의자** : 혐의없음 불기소처분을 받아야 함이 명백한데도 기소유예처분을 받은 피의자는 평등권 및 행복추구권을 침해당한 자이므로 **헌법소원을 제기할 수 있다**(헌법재판소 1989.10.27, 89헌마56; 2009.10.29, 2008헌마257).

> **헌법재판소 1989.10.27, 89헌마56**
> 기소유예처분에 대한 헌법소원심판 청구가 가능하다는 사례
> 군검찰관의 기소유예처분은 공권력의 행사에 포함되는 것이 명백하므로 이로 인하여 기본권이 침해된 때에는 헌법소원심판청구의 대상이 된다. (또한) 범죄혐의가 없음이 명백한 사안인데도 이에 대하여 검찰관이 자의적(恣意的)이고 타협적으로 기소유예처분을 했다면 이는 헌법 제11조 제1항의 평등권, 제10조의 행복추구권을 침해한 것이다.

5. 헌법소원 인용결정의 효력

검사의 불기소처분을 취소하는 헌법재판소의 결정이 있는 때에는 그 결정에 따라 불기소한 사건을 재기하여 수사하는 검사로서는 헌법재판소가 그 결정의 주문 및 이유에서 밝힌 취지에 맞도록 성실히 수사하여 결정하여야 한다(헌법재판소 1997.7.16, 95헌마290).

04 기소강제절차 - 재정신청제도

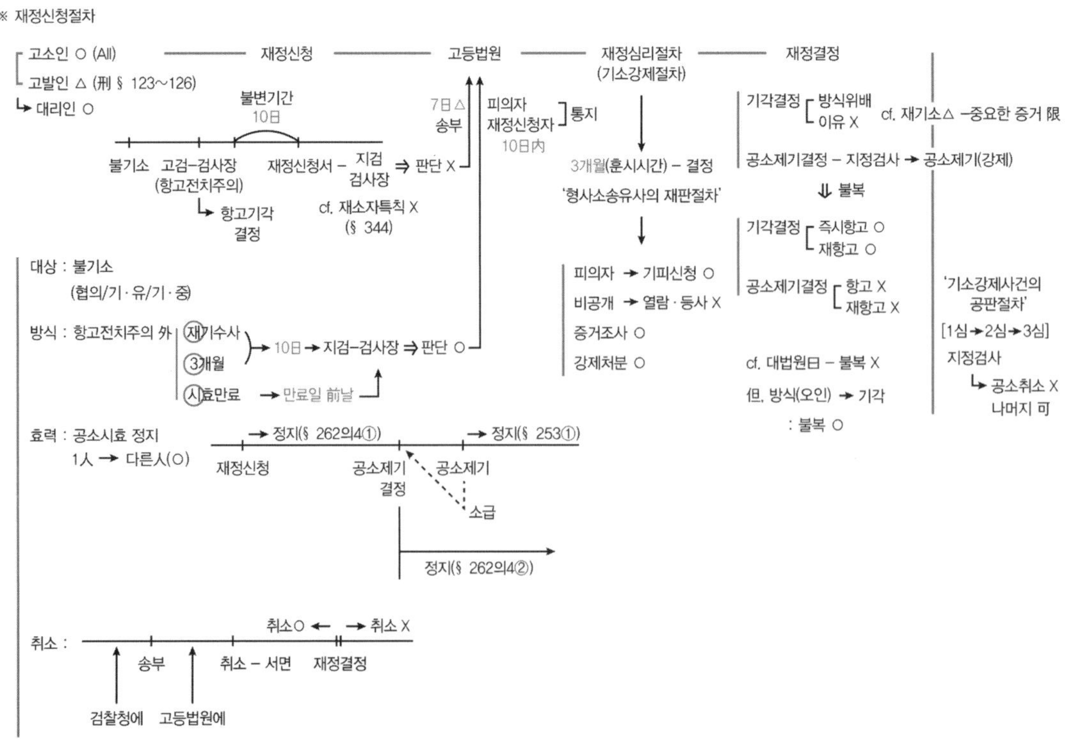

Ⅰ 의의 및 개정내용

1. 의 의

기소강제절차라 함은 검사의 불기소처분에 불복하는 고소인 등의 재정신청에 대하여 법원이 공소제기결정을 한 경우 검사에게 공소제기를 강제하는 제도를 말한다. 현행법상 기소강제절차는 곧 재정신청제도를 말하는바, 이는 고소사건 및 일정한 범위의 고발사건에 관하여 검사의 불기소처분이 있는 경우 고소인 또는 고발인이 이에 불복하여 재정신청을 하고 법원이 이를 이유 있다고 인정하는 때에는 사건에 대한 공소제기결정을 하는 제도를 말한다. 재정신청제도는 기소독점주의와 기소편의주의로 인한 검사의 자의적인 공소권 행사를 규제하는 것에 그 취지가 있다.

2. 근래의 개정내용

2007년 개정 전 종래의 준기소절차에서는 검사의 불기소처분에 대하여 고소인 또는 고발인이 불복하여 재정신청을 한 경우 법원이 이를 이유 있다고 인정하면 심판에 부하는 결정(부심판결정)을 하면 공소제기가 있는 것으로 간주하고 법원이 변호사를 지정하여 공소유지를 담당하게 하였다. 그러나 2007년 개정법에서는 법원이 공소제기결정을 하면 검사가 공소를 제기하는 기소강제절차를 채택하였다. 2007년 개정법의 특징은 ① **재정신청 대상범죄를 모든 범죄로 확대한 점, ② 신청인을 원칙적으로 고소인으로 제한한 점, ③ 검찰항고를 반드시 거치게 한 점(검찰항고전치주의), ④ 부심판결정에 의한 기소의제 및 공소유지담당변호사제도를 폐지하고 재정결정서에 따른 검사의 기소의무강제제도로 전환한 점,**[1] ⑤ (재정절차는 수사와 유사한 절차이므로 비공개원칙에 의한다는 점에서) **재정신청사건기록의 열람 · 등사를 제한한 점, ⑥ 재정결정에 불복할 수 없는 점, ⑦ 재정신청 기각 · 취소시 재정신청인에게 비용부담이 가능하게 한 점**으로 요약해볼 수 있다. 다만, 고발인은 종전처럼 형법 제123조부터 제125조까지의 범죄에 대해서만 재정신청이 가능하도록 하였다가, 2011년 개정을 통하여 형법 제126조(피의사실공표)까지 포함시켜 다소 확대하였다. 또한 최근에는 재정결정에 대한 불복금지 조항에 대한 2011.11.24. 헌법재판소의 한정위헌결정에 따라 ⑧ **재정신청 기각결정에 대해 즉시항고를 할 수 있다**는 규정도 2016.1.6. 개정을 통해 마련되었다.

Ⅱ 재정신청

1. 신청권자와 신청대상

(1) 신청권자 : **고소인** 또는 형법 제123조부터 제126조(**직권남용, 불법체포 · 감금, 폭행 · 가혹행위, 피의사실공표**)(단, 제126조의 죄는 피공표자의 명시한 의사에 반하지 않아야 함)의 죄에 대한 **고발인**이다(제260조 제1항). [법원승진 10, 국가9급 08, 경찰채용 11 2차/2차 15] (고소의 대리도 가능한 것처럼) 재정신청은 **대리인**에 의하여 할 수 있다. [경찰승진 11, 경찰채용 12 3차, 전의경 09] 또한 특별법에서 재정신청대상으로 규정된 범죄의 고발인도 재정신청을 할 수 있다. 다만, 고소하지 않은 범죄피해자는 재정신청을 할 수 없다. [국가7급 08, 경찰승진 10]

(2) 신청대상 : **고발인의 경우 대상범죄의 제한**이 있으나, **고소인의 경우에는 모든 범죄**에 대한 검사의 불기소처분이다. [국가9급 08, 경찰승진 14, 경찰채용 10 1차] 재정신청 대상범죄는 형사소송법 제정 당시에는 모든 고소 · 고발사건에 대해 인정되었으나, 1973년 개정에 의해 형법 제123조 내지 제125조의 수사기관의 인권침해범죄로 대폭 축소되었다가, 2007.6.1. 개정으로 다시 전면 확대된 것이다. [법원9급 08] 불기소처분의 **이유에도 제한이 없다**. 따라서 협의의 불기소처분뿐만 아니라 **기소유예처분에 대하여도 재정신청을 할 수 있다**(대법원 1988.1.29, 86모58). [경찰승진 11] 다만, 검사의 **내사종결 · 공소제기 · 공소취소**는 모두 불기소처분이 아니므로 재정신청의 대상이 되지 않는다. [법원행시 04, 법원9급 08, 국가7급 11, 경찰승진 11, 경찰채용 10 1차] 또한 검사의 불기소처분 당시 공소시효가 완성되어 공소권이 없는 경우에도 이러한 불기소처분에 대한 재정신청은 허용되지 않는다(90모34). [경찰채용 12 1차]

---

1) [참고 – 용어의 변화] 종래에는 고등법원의 부심판결정에 의해 기소가 된 것으로 보고 그 유지를 공소유지담당변호사가 맡는 방식이어서 이를 기소에 준하는 절차인 준기소절차라 하여 기소독점주의의 예외의 하나로 분류했었으나, 2007년 개정에 의해 불기소처분에 불복하는 고소인 등이 법원에서 결정해달라는 신청을 하여 고등법원의 공소제기결정이 내려지면 검사의 기소를 강제하고 이후 검사가 공소유지를 맡게 된다는 점에서 이를 재정신청에 의한 기소강제절차라 하고 기소독점주의 · 기소편의주의의 규제의 의미를 가지게 된 것이다.

판례연구 재정신청의 대상 여부

1. **대법원 1988.1.29, 86모58**

기소유예에 대하여 재정신청을 할 수 있다는 사례

기소편의주의를 채택하고 있는 우리 법제하에서, 검사는 범죄의 혐의가 충분하고 소송조건이 구비되어 있는 경우에도 개개의 구체적 사안에 따라 형법 제51조에 정한 사항을 참작하여 불기소처분(기소유예)을 할 수 있는 재량을 갖고 있기는 하나 그 재량에도 스스로 합리적 한계가 있는 것으로서 이 한계를 초월하여 기소를 하여야 할 극히 상당한 이유가 있는 사안을 불기소처분한 경우 이는 기소편의주의의 법리에 어긋나는 부당한 조처라 하지 않을 수 없고 이러한 부당한 처분을 시정하기 위한 방법의 하나로 우리 형사소송법은 재정신청제도를 두고 있다. 인간의 존엄과 행복추구권을 규정한 헌법 제9조 형사절차에서의 인권보장을 규정한 헌법 제11조 제2항의 정신에 비추어 볼 때에 경찰관이 그 직무를 행함에 당하여 형사피의자에 대하여 폭행 및 가혹행위를 하고 특히 여성으로서의 성적 수치심을 자극하는 방법으로 신체적, 정신적 고통을 가하는 것과 같은 인권침해행위는 용납할 수 없는 범죄행위로서 여러 정상을 참작한다 하더라도 그 기소를 유예할 사안으로는 볼 수 없다.

보충 이에 비하여 검사의 내사종결, 공소제기, 공소취소는 모두 불기소처분이 아니므로 재정신청의 대상이 되지 아니한다.

2. **대법원 1990.7.16, 90모34**

검사의 불기소처분 당시 공소시효가 완성된 경우 불기소처분에 대한 재정신청이 허용되지 않는다는 사례

검사의 불기소처분 당시에 공소시효가 완성되어 공소권이 없는 경우에는 위 불기소처분에 대한 재정신청은 허용되지 않는다.

2. 신청절차

(1) 검찰항고전치주의 : 재정신청을 하려면 **검찰청법 제10조에 따른 항고를 거쳐야 한다**(제260조 제2항). 이 경우에 재정신청을 할 수 있는 자는 검찰청법에 의한 재항고를 할 수 없다(검찰 제10조 제3항). 다만, 다음 중 어느 하나에 해당하면 곧바로 재정신청을 할 수 있다. "① **항고 이후 재기수사가 이루어진 다음에 다시 공소를 제기하지 아니한다는 통지**를 받은 경우[**불기소** → 검찰항고(고검) → 재기수사(지검) → **불기소** → 검찰항고 없이 재정신청 ○] [경찰승진 12], ② 항고 신청 후 항고에 대한 처분이 행하여지지 아니하고 **3개월이 경과**한 경우, ③ 검사가 **공소시효 만료일 30일 전**까지 공소를 제기하지 아니하는 경우."이다. [법원9급 12, 국가9급 14, 경찰채용 12 1차/14 2차]

정리 재정신청 경로 : 지검 → 고검 → 고법

정리 재(기수사)/3(개월)/시(효만료30일전) 검찰항고 불요

(2) 신청방식

① 서면 : 재정신청을 하려는 자는 **재정신청서**를 제출하여야 한다(동조 제3항). 재정신청서에는 재정신청의 대상이 되는 사건의 범죄사실 및 증거 등 재정신청을 이유 있게 하는 사유를 기재하여야 한다(동조 제4항). 따라서 (가) 재정신청서에 위의 사항을 **기재하지 않은 때**(대법원 2002.2.23, 2000모216)라든가 (나) 재정신청보충서를 제출하면서 **원래의 재정신청에 재정신청 대상으로 포함되어 있지 않은 고발사실을 재정신청 대상으로 추가**한 것(대법원 1997.4.22, 97모30)은 법률상 방식에 어긋난 것으로서 부적법하다. [법원9급 07, 해경간부 12, 경찰승진 10]

② 신청서 제출대상 : 재정신청서는 불기소처분을 한 검사가 소속한 **지방검찰청 검사장 또는 지청장**에게 제출하여야 한다(동조 제3항). [법원9급 10]

③ 신청기간 : 재정신청을 하려는 자는 **항고기각결정을 통지받은 날로부터 10일 이내**에 재정신청서를 제출하여야 한다(**7/30/10/7/10/3월**). [법원9급 08, 법원승진 08] 다만, 위 (1)의 검찰항고전치주의의 예외사유 중 ① 또는 ②에 해당하여 항고절차를 거칠 필요가 없는 경우에는 **그 사유가 발생한 날로부터 10일 이내**에 제출하면 되고, [법원승진 10] 위 ③의 예외사유의 경우에는 **공소시효 만료일 전날까지**(만료일까지 ×) 재정신청서를 제출할 수 있다(동조 제3항). [법원9급 12, 경찰승진 14, 경찰채용 10 1차/12 2차] 재정신청기간은 **불변기간**이므로 기간을 도과한 신청은 허용되지 않으며(대법원 1997.4.22, 97모30), [국가7급 11] 재정신청서에 대해서는 **재소자 특례규정**(제344조 제1항[1])이 **적용되지 아니한다**(유일한 예외임)(대법원 1998.12.14, 98모127).[2] [법원9급 10, 국가7급 11, 변호사 24]

---

1) [조문] 제344조(재소자에 대한 특칙) ① 교도소 또는 구치소에 있는 피고인이 상소의 제기기간 내에 상소장을 교도소장 또는 구치소장 또는 그 직무를 대리하는 자에게 제출한 때에는 상소의 제기기간 내에 상소한 것으로 간주한다.

2) [참고] 입법론적으로는 재정신청기간이 검찰항고기간에 비하여 지나치게 단기인 점은 검토가 필요할 것이다.

판례연구 재정신청절차에는 재소자특칙이 적용되지 않는다는 사례

1. **대법원 1997.4.22, 97모30** [변호사 24]
재정신청기간은 불변기간이므로 재정신청 제기기간 후에 재정신청 대상을 추가할 수 없다는 사례
재정신청 제기기간이 경과된 후에 재정신청보충서를 제출하면서 원래의 재정신청에 재정신청 대상으로 포함되어 있지 않은 고발사실을 재정신청의 대상으로 추가한 경우, 그 재정신청보충서에서 추가한 부분에 관한 재정신청은 법률상 방식에 어긋난 것으로서 부적법하다.

2. **대법원 1998.12.14, 98모127** [변호사 24]
재정신청절차에는 재소자특칙이 적용되지 않는다는 사례
재정신청서에 대하여는 형사소송법에 제344조 제1항과 같은 특례규정이 없으므로 재정신청서는 같은 법 제260조가 정하는 기간 안에 불기소처분을 한 검사가 소속한 지방검찰청의 검사장 또는 지청장에게 도달하여야 하고, 설령 구금 중인 고소인이 재정신청서를 그 기간 안에 교도소장 또는 그 직무를 대리하는 사람에게 제출하였다 하더라도 재정신청서가 위의 기간 안에 불기소처분을 한 검사가 소속한 지방검찰청의 검사장 또는 지청장에게 도달하지 아니한 이상 이를 적법한 재정신청서의 제출이라고 할 수 없다.

3. **대법원 2015.7.16, 2013모2347 전원합의체 결정 : 재정신청 기각결정에 대한 재항고 사건** [국가9급 23]
재정신청 기각결정에 대한 재항고나 그 재항고 기각결정에 대한 즉시항고로서의 재항고에 대한 법정기간 준수 여부는 도달주의 원칙에 따라 판단하여야 하는지 여부(적극) 및 여기에 형사소송법 제344조 제1항의 '재소자 피고인에 대한 특칙'이 준용되는지 여부(소극)
재정신청절차는 고소·고발인이 검찰의 불기소처분에 불복하여 법원에 그 당부에 관한 판단을 구하는 절차로서 검사가 공소를 제기하여 공판절차가 진행되는 형사재판절차와는 다르며, 또한 고소·고발인인 재정신청인은 검사에 의하여 공소가 제기되어 형사재판을 받는 피고인과는 지위가 본질적으로 다르다. 또한 재정신청인이 교도소 또는 구치소에 있는 경우에도 제3자에게 제출권한을 위임하여 재정신청 기각결정에 대한 재항고장을 제출할 수 있고(재정신청의 대리 가능), 게다가 특급우편제도를 이용할 경우에는 발송 다음 날까지 재항고장이 도달할 수도 있다. 또한 형사소송법 제67조 및 형사소송규칙 제44조에 의하여 재정신청인이 있는 교도소 등의 소재지와 법원과의 거리, 교통통신의 불편 정도에 따라 일정한 기간이 재항고 제기기간에 부가되며 나아가 법원에 의하여 기간이 더 연장될 수 있다. 그뿐 아니라 재정신청인이 자기 또는 대리인이 책임질 수 없는 사유로 인하여 재정신청 기각결정에 대한 재항고 제기기간을 준수하지 못한 경우에는 형사소송법 제345조에 따라 재항고권 회복을 청구할 수도 있다. … 재정신청 기각결정에 대한 재항고나 그 재항고 기각결정에 대한 즉시항고로서의 재항고에 대한 법정기간의 준수 여부는 도달주의 원칙에 따라 재항고장이나 즉시항고장이 법원에 도달한 시점을 기준으로 판단하여야 하고, 거기에 재소자 피고인특칙은 준용되지 아니한다.

[재정신청기간 정리] 7 – 30 – 10 – 7 – 10 – 3월
7(불기소통지) → 30(검찰항고) → 10(재정신청) → 7(지검 – 고검 – 고법) → 10(고법통지) → 3월(심리기간)
① 검찰항고를 거친 경우 : 검찰항고 기각결정 통지받은 날로부터 10일 이내 재정신청(이후 7일 내 지검 – 고법)
② 검찰항고전치주의 예외에 속하는 경우의 재정신청(이후, 기소 안하면 30일 내 지검 – 고법)
- 항고 이후 재기수사 후 다시 불기소처분 통지받은 날로부터 10일 이내
- 항고 신청 후 항고에 대한 처분 없이 3개월 경과한 날로부터 10일 이내
- 공소시효 만료일 30일 전까지 공소를 제기하지 않는 경우 : 공소시효 만료일 전날까지

3. 효 력

(1) 공소시효 정지 : 재정신청이 있으면 **재정결정이 확정될 때까지 공소시효의 진행이 정지**되고(2016.1.6. 개정, 제262조의4 제1항) [법원승진 07, 국가7급 02, 경찰승진 09/10/13, 경찰채용 08 1차, 전의경 09], 제262조 제2항 제2호의 **공소제기결정이 있는 때에는 공소시효에 관하여 그 결정이 있는 날에 공소가 제기된 것**으로 본다(동조 제2항).

(2) 공동신청 : 재정신청은 대리인에 의하여 할 수 있으며 **공동신청권자 중의 1인의 신청은 그 전원을 위하여 효력이 있다**(제264조 제1항). [법원승진 10, 국가7급 12, 경찰승진 11, 경찰채용 14 2차]

4. 취 소

(1) 시기·방식 : 재정신청인은 고등법원의 **재정결정이 있을 때까지 관할 고등법원에 서면으로 그 신청을 취소**할 수 있으며(취소 중 유일한 서면만 인정) [국가7급 12, 전의경 09], 다만 그 기록이 **관할 고등법원에 송부되기 전에는**

그 기록이 있는 검찰청검사장 또는 지청장에게 하여야 한다(제264조 제2항, 규칙 제121조 제1항). [법원9급 10/12] 심리 중에 재정신청취소서를 제출받은 **고등법원의 법원사무관 등은 즉시 관할 고등검찰청검사장 및 피의자에게 그 사유를 통지**하여야 한다(규칙 제121조 제2항). [국가7급 02]

(2) 재재정신청 금지 : 재정신청을 취소한 자는 (다른 중요한 증거가 발견된 경우라 하더라도) **다시 재정신청을 할 수 없다**(제264조 제2항). [법원9급 07, 경찰승진 11] 이는 제한이 아니라 금지이므로 절대 할 수 없다. 다만, 위 **신청의 취소는 다른 공동신청권자에게 효력이 미치지 않는다**(동조 제3항). [국가7급 02, 경찰승진 11, 전의경 09] 이렇듯 제264조 제1항의 재정신청과 동조 제3항의 취소는 그 효력에 차이를 두고 있다.

5. 지방검찰청 검사장 등의 처리

(1) 검찰항고를 거친 경우 : 재정신청서를 제출받은 지방검찰청검사장 또는 지청장은 **재정신청서를 제출받은 날부터 7일 이내**에 재정신청서, 의견서, 수사관계서류 및 증거물을 관할 고등검찰청을 경유하여 **관할 고등법원에 송부**하여야 한다(제261조 본문). [법원9급 12, 국가9급 08/14, 경찰채용 2차 14]

(2) 항고전치주의 예외의 경우 : 제260조 제2항 각 호의 어느 하나에 해당하는 경우(검찰항고를 거치지 않은 경우)에는, 지방검찰청 검사장 또는 지청장은 ① 신청이 이유 있는 것으로 인정하는 때에는 **즉시 공소를 제기**하고 그 취지를 관할 고등법원과 재정신청인에게 통지하고, ② 신청이 이유 없는 것으로 인정하는 때에는 **30일 이내에 관할 고등법원에 송부**한다(제261조).

Ⅲ 고등법원의 심리와 결정

1. 재정심리절차의 구조

고등법원의 재정심리절차의 구조에 대해서는 수사설, 항고소송설(신양균), 중간설(백형구), 형사소송유사설(재판절차+수사, 다수설)이 대립한다. 생각건대, 재정신청에 의해 공소시효가 정지되며 법관에 대한 기피신청도 가능하고(다수설) 2007년 개정법 제262조 제2항에 "항고의 절차에 준하여" 결정하도록 하면서 증거조사도 할 수 있게 하는 부분은 형사소송(재판)과 같은 성격이지만, 한편 보통의 재판과는 달리 심리의 비공개를 원칙으로 하고 서류의 열람 · 등사도 원칙적으로 제한하는 것은 수사와도 유사한 성격을 가진다고 볼 수 있다는 점에서, **형사소송유사설**이 타당하다.

2. 심 리

(1) 관할 : 불기소처분을 한 검사 소속의 지방검찰청 소재지를 관할하는 **고등법원**이다(제260조 제1항). [국가9급 08, 경찰승진 13]

(2) 통지 : 법원은 재정신청서를 **송부받은 날로부터 10일 이내에 피의자뿐만 아니라 재정신청인에게 그 사실을 통지**하여야 한다(제262조 제1항, 규칙 제120조). [법원9급 12, 법원승진 08, 경찰채용 12 3차/13 1차]

(3) 심리기간 : 종전에는 재정신청사건의 심리기간을 20일로 규정하고 있었으나, 2007년 개정법은 **3개월**로 규정하여 현실적인 재정신청 처리기간을 확보하고 있다(제262조 제2항). 다만, 판례는 이 기간이 경과된 후에 재정결정을 하였다고 하여 그 결정 자체가 위법하게 되는 것은 아니라고 함(대법원 1990.12.13, 90모58)으로써 **훈시기간**에 불과한 것으로 보고 있다. [경찰승진 14, 경찰채용 13 1차/14 2차]

(4) 심리방식

① 항고절차에 준한 심리 : 법원은 **항고**(결정에 대한 상소)**의 절차에 준하여 심리**하여 결정한다(제262조 제2항). 따라서 재정신청사건을 심리하는 경우에는 **서면심리가 허용**되며 **구두변론에 의함을 요하지 아니한다**(제37조 제2항). 또한 공판심리절차가 아니므로 법정에서 심리함을 요하지도 않으며, 그 심리에 재정신청인이나 피의자를 참여시키는 것도 법원의 재량에 속한다(규칙 제24조 제2항).

② 증거조사 · 강제처분 : 법원은 필요할 때에는 **증거조사를 할 수 있다**(제262조 제2항). [법원승진 10, 경찰채용 11 2차] 따라서 참고인조사, 증인신문, 검증, 감정 등이 허용되며, 피의자신문도 증거를 조사하는 경우에 해당하므로 허용된다고 해석된다. 나아가 구인 · 구속 · 압수 · 수색 등 **강제처분**이 가능한지에 대해서 부정

설(백형구, 정/백)과 **긍정설**(다수설[1])이 대립하나, 수소법원의 강제처분권에 준하여 재정법원인 고등법원에도 동일한 권한이 인정된다고 보는 긍정설이 타당하다(다만, 신중 要).

③ 비공개 : 재정신청 사건의 심리는 특별한 사정이 없는 한 **공개하지 아니한다**(제262조 제3항). [법원9급 08, 경찰승진 09/11/13, 경찰채용 08 1차/12 3차] 아직 공소제기 전 수사단계임을 잘 보여주는 규정이다.

④ 재정신청사건 기록의 열람 · 등사 제한 : 재정신청사건의 심리 중에는 **관련 서류 및 증거물을 열람 · 등사할 수 없다.** [법원9급 08/10, 법원승진 08, 경찰승진 09/11/12, 경찰채용 11 2차, 전의경 09] 수사단계에서 수사기관에 의하여 작성된 서류임을 고려한 규정이다. 다만, 재정신청절차에서 법원이 작성한 서류나 당사자가 제출한 서류 등에 대해서까지 제한할 필요는 없으므로, 법원은 제262조 제2항 후단의 **증거조사과정에서 작성된 서류의 전부 또는 일부의 열람 또는 등사를 허가**할 수 있다(제262조의2).[2] [법원9급 10, 해경간부 12, 경찰승진 10]

3. 재정결정 및 효과

(1) 기각결정 및 공소제기의 제한

① **재정신청 기각결정** : 재정신청이 법률상의 방식에 위배되거나 이유 없는 때에는 결정으로 신청을 기각한다(제262조 제2항 제1호). 여기서 신청이 **법률상의 방식에 위배된 경우**란 검찰항고를 거치지 않고 재정신청을 한 경우 등을 말한다. 다만, 검찰항고를 거친 고소인이 재정신청서를 지방검찰청 검사장 또는 지청장에게 제출하지 않고 직접 고등법원에 제출한 경우에는 기각결정을 내릴 것은 아니고 이를 관할 지방검찰청 검사장 또는 지청장에게 송부해야 한다. 또한 신청이 **이유 없는 경우**란 검사의 불기소처분이 정당한 경우를 말한다. 예컨대, **검사의 불기소처분이 위법한 경우에도 기소유예처분을 할 만한 사건**이라면 재정신청이 이유 없다고 보아 **기각결정**을 내릴 수 있다(대법원 1997.4.22, 97모30). [법원9급 07, 국가7급 02, 해경간부 12, 경찰승진 10/12, 경찰채용 22 1차]

> **대법원 1995.6.24, 94모33; 1996.3.11, 96모1; 1996.7.16, 96모53; 1997.4.22, 97모30**
> 검사의 무혐의 불기소처분이 위법하다 하더라도 기소유예를 할 만한 사건이라면 재정신청 기각은 적법하다는 사례
> 공소를 제기하지 아니하는 검사의 처분의 당부에 관한 재정신청이 있는 경우에 법원은 검사의 무혐의 불기소처분이 위법하다 하더라도 기록에 나타난 여러 가지 사정을 고려하여 기소유예의 불기소처분을 할 만한 사건이라고 인정되는 경우에는 재정신청을 기각할 수 있다.

② 공소제기의 제한 : **기각결정이 확정**된 경우에는 **다른 중요한 증거를 새로 발견한 경우를 제외하고는 소추할 수 없다**(재정신청 기각결정 후 공소제기 제한, 동조 제4항, **다중－구/기/재**). [국가9급 14, 경찰채용 12 2차] 여기서 다른 중요한 증거는 새로 발견된 증거를 추가하면 충분히 유죄의 확신을 가지게 할 정도의 증거를 말하므로, 재정신청 기각결정의 정당성에 의문이 제기되거나 범죄피해자의 권리를 보호하기 위하여 형사재판절차를 진행할 필요가 있는 정도의 증거 정도로는 족하지 않으며, 관련 민사판결에서의 사실인정 및 판단도 그 자체만으로는 여기에 해당하지 않는다(대법원 2018.12.28, 2014도17182). 이는 **다른 피해자의 고소가 있었던 경우도 같다**(대법원 1967.7.25, 66도1222). 다만, 공소제기의 제한은 어디까지나 재정신청 기각결정이 확정된 사건으로 제한되며, **기각결정 대상이 되지 않은 사건은** 고소인의 고소내용에 포함되어 있었다 하더라도 **재기소제한규정의 대상이 되지 않으므로** 검사가 이에 대해 공소를 제기했다 하더라도 부적법한 것이 아니다(2012도14755).

> **판례연구** 재정신청 기각결정으로 인한 공소제기의 제한
>
> **1. 대법원 1967.7.25, 66도1222**
> 재정신청 기각결정으로 인한 공소제기의 제한
> 1개의 고소로서 수인을 무고하여 피해자의 수만큼 무고죄가 성립한다 할지라도 피해자 중의 한 사람이 한 고소에 대하여 검

1) [참고] 긍정설을 취하나 재정법원의 구속은 불가하다고 보는 견해는 이/조, 363면 참조.

2) [참고] 다만, 재정법원에 제출된 수사서류는 피의자 및 변호인에게는 필수적인 자료가 된다는 점에서 그 열람 · 등사의 허용 여부에 관한 논쟁의 여지는 남아있다. 입법론적 접근에 의한 명확한 해결이 필요한 부분으로 보인다.

사의 혐의 없다는 불기소처분이 있었고 이에 대한 고소인의 재정신청이 이유 없다 하여 기각된 이상 그 기각된 사건 내용과 동일한 사실로서는 소추할 수 없다 할 것이다.

2. 대법원 2015.9.10, 2012도14755 [법원9급 19, 변호사 24]

[1] 재정신청 기각결정에 의한 재기소제한규정의 취지

형사소송법 제262조 제4항 후문에서 재정신청 기각결정이 확정된 사건에 대하여 다른 중요한 증거를 발견한 경우를 제외하고는 소추할 수 없도록 규정하고 있는 것은, 한편으로 법원의 판단에 의하여 재정신청 기각결정이 확정되었음에도 불구하고 검사의 공소제기를 제한 없이 허용할 경우 피의자를 지나치게 장기간 불안정한 상태에 두게 되고 유죄판결이 선고될 가능성이 낮은 사건에 사법인력과 예산을 낭비하게 되는 결과로 이어질 수 있음을 감안하여 재정신청 기각결정이 확정된 사건에 대한 검사의 공소제기를 제한하면서, 다른 한편으로 재정신청사건에 대한 법원의 결정에는 일사부재리의 효력이 인정되지 않는 만큼 피의사실을 유죄로 인정할 명백한 증거가 발견된 경우에도 재정신청 기각결정이 확정되었다는 이유만으로 검사의 공소제기를 전적으로 금지하는 것은 사법정의에 반하는 결과가 된다는 점을 고려한 것이다.

[2] 형사소송법 제262조 제4항 후문에서 말하는 '제2항 제1호의 결정이 확정된 사건'은 법원에서 심리와 판단이 현실적으로 이루어져 재정신청 기각결정의 대상이 된 사건만을 의미하는지 여부(적극)

형사소송법 제262조 제2항, 제4항과 형사소송법 제262조 제4항 후문의 입법 취지 등에 비추어 보면, 형사소송법 제262조 제4항 후문에서 말하는 '제2항 제1호의 결정이 확정된 사건'은 재정신청사건을 담당하는 법원에서 공소제기의 가능성과 필요성 등에 관한 심리와 판단이 현실적으로 이루어져 재정신청 기각결정의 대상이 된 사건만을 의미한다. 따라서 재정신청 기각결정의 대상이 되지 않은 사건은 형사소송법 제262조 제4항 후문에서 말하는 '제2항 제1호의 결정이 확정된 사건'이라고 할 수 없고, 재정신청 기각결정의 대상이 되지 않은 사건이 고소인의 고소내용에 포함되어 있었다 하더라도 이와 달리 볼 수 없다.

3. 대법원 2018.12.28, 2014도17182 [경찰승진 22]

법 제262조 제4항 후문에서 말하는 '다른 중요한 증거를 발견한 경우'의 의미

여기에서 '다른 중요한 증거를 발견한 경우'란 재정신청 기각결정 당시에 제출된 증거에 새로 발견된 증거를 추가하면 충분히 유죄의 확신을 가지게 될 정도의 증거가 있는 경우를 말하고, 단순히 재정신청 기각결정의 정당성에 의문이 제기되거나 범죄피해자의 권리를 보호하기 위하여 형사재판절차를 진행할 필요가 있는 정도의 증거가 있는 경우는 여기에 해당하지 않는다. 그리고 관련 민사판결에서의 사실인정 및 판단은, 그러한 사실인정 및 판단의 근거가 된 증거자료가 새로 발견된 증거에 해당할 수 있음은 별론으로 하고, 그 자체가 새로 발견된 증거라고 할 수는 없다.

(2) 공소제기결정 및 공소시효정지

① 공소제기결정 : 신청이 이유 있는 때에는 사건에 대한 공소제기를 결정한다(동조 제2항 제2호). 종래에는 부심판결정이었으나 2007년 개정에 의해 공소제기결정으로 변경되었음은 기술한 바와 같다. 공소제기를 결정한 때에는 죄명과 공소사실이 특정될 수 있도록 이유를 명시하여야 한다(규칙 제122조).

② 공소시효정지 : 공소제기결정이 있는 때에는 공소시효에 관하여 **그 결정이 있는 날에 공소가 제기된 것**으로 보아(제262조의4 제2항) 공소제기결정일로부터 **공소시효 정지의 효과**가 발생한다. [해경간부 12, 경찰승진 10, 경찰채용 12 1차]

4. 재정결정서 송부

법원은 재정결정 후 즉시 그 정본을 재정신청인, 피의자와 관할 지방검찰청 검사장 또는 지청장에게 송부하여야 한다. 이 경우 공소제기결정을 한 때에는 **관할 지방검찰청 검사장 또는 지청장에게 사건기록을 함께 송부**하여야 한다(제262조 제5항). 종래에는 사건기록을 관할법원에 송부하였으나 이는 공소장일본주의에 반할 수 있다는 점을 고려한 개정법의 내용이다.

5. 재정결정에 대한 불복

(1) 기각결정에 대한 불복 : 종래 불복할 수 없다고 규정되어 있어서(제262조 제4항 제1문) 학설의 대립이 있었던 부분이나, 헌법재판소의 한정위헌결정(헌법재판소 2011.11.24, 2008헌마578)에 따라 **2016.1.6. 개정**에 의해 **제415조에 따른 즉시항고를 할 수 있다**는 규정이 명문화되었다(제262조 제4항).[1] 따라서 고등법원의 재정신청

1) [참고] 헌법 제107조 제2항 : 명령 · 규칙 또는 처분이 헌법이나 법률에 위반되는 여부가 재판의 전제가 된 경우에는 대법원은 이를 최종적으로 심사할 권한을 가진다.

기각결정에 영향을 미친 헌법 · 법률 · 명령 또는 규칙의 위반이 있음을 이유로 하는 때에 한하여 대법원에 즉시항고를 할 수 있다(제415조). [법원승진 11, 국가7급 12, 국가9급 14/08]

(2) **공소제기결정에 대한 불복 : 허용되지 않는다**(제262조 제4항). 즉, 공소제기결정에 대하여 재항고가 제기된 경우에는 재항고 제기가 법률상 방식에 위반한 것이 명백한 때에 해당하므로 결정으로 이를 기각하여야 한다(대법원 2012.10.29, 2012모1090). [경찰채용 12 1차]

판례연구 공소제기결정에 대한 불복은 허용되지 아니한다는 사례

1. **대법원 2010.11.11, 2009도224**

고등법원의 공소제기결정에 대한 불복은 불가하다는 사례 : 재정신청서 기재요건을 위반한 재정신청을 인용한 공소제기결정의 잘못을 본안사건에서 다툴 수 없음(원칙)

법원이 재정신청서에 재정신청을 이유 있게 하는 사유가 기재되어 있지 않음에도 이를 간과한 채 법 제262조 제2항 제2호 소정의 공소제기결정을 한 관계로 그에 따른 공소가 제기되어 본안사건의 절차가 개시된 후에는, 다른 특별한 사정이 없는 한 이제 그 본안사건에서 위와 같은 잘못을 다툴 수 없다. 그렇지 아니하고 위와 같은 잘못을 본안사건에서 다툴 수 있다고 한다면 이는 재정신청에 대한 결정에 대하여 그것이 기각결정이든 인용결정이든 불복할 수 없도록 한 같은 법 제262조 제4항의 규정취지에 위배하여 형사소송절차의 안정성을 해칠 우려가 있기 때문이다. 또한 위와 같은 잘못은 본안사건에서 공소사실 자체에 대하여 무죄, 면소, 공소기각 등을 할 사유에 해당하는지를 살펴 무죄 등의 판결을 함으로써 그 잘못을 바로잡을 수 있다. 뿐만 아니라 본안사건에서 심리한 결과 범죄사실이 유죄로 인정되는 때에는 이를 처벌하는 것이 오히려 형사소송의 이념인 실체적 정의를 구현하는 데 보다 충실하다는 점도 고려하여야 한다. … 재정신청서에 법 제260조 제4항에 정한 사항의 기재가 없어서 법원으로서는 그 재정신청이 법률상의 방식에 위배된 것으로서 이를 기각하여야 함에도, 심판대상인 사기 부분을 포함한 고소사실 전부에 관하여 공소제기결정을 한 잘못이 있고 나아가 그 결정에 따라 공소제기가 이루어졌다 하더라도, 공소사실에 대한 실체판단에 나아간 제1심판결을 유지한 원심의 조치는 정당하다.

2. **대법원 2017.11.14, 2017도13465** [국가9급개론 19]

재정신청 대상사건이 아님에도 공소제기결정을 한 사례

법원이 재정신청 대상 사건이 아님에도 이를 간과한 채 형사소송법 제262조 제2항 제2호에 따라 공소제기결정을 하였더라도, 그에 따른 공소가 제기되어 본안사건의 절차가 개시된 후에는 다른 특별한 사정이 없는 한 본안사건에서 위와 같은 잘못을 다툴 수 없다.

Ⅳ 검사의 지정 및 공소의 제기와 유지

1. 검사의 지정

공소제기결정에 따른 재정결정서를 송부받은 관할 지방검찰청 검사장 또는 지청장은 **지체 없이 담당검사를 지정**하여야 한다(동조 제6항). [국가7급 08, 국가9급 14, 경찰채용 11 2차]

2. 검사의 공소의 제기와 유지

(1) **기소강제주의** : 고등법원의 공소제기결정이 있다고 하여 공소제기가 있는 것은 의제되는 것(종래의 부심판결정)이 아니라, 담당검사로 지정받은 **검사**(기소독점주의 유지)는 **공소를 제기하여야 한다**(동조 제6항)(기소강제주의 ∴ 기소편의주의의 예외). [국가9급 08]

(2) **공소취소의 금지** : 공소제기결정에 따라 검사가 **공소를 제기한 때에는 이를 취소할 수 없다**(제264조의2 : 기소강제주의의 효력인 공소유지의무). [법원9급 08, 경찰승진 12, 경찰채용 12 2 · 3차] 다만, 공소장변경(대법원 1989.3.14, 88도2428)이나 상소까지 제한되는 것은 아니다.

Ⅴ 재정신청인의 비용부담

1. 제도의 취지

2007년 개정법에서 재정신청 대상범죄가 전면 확대됨에 따라 예상될 수 있는 재정신청의 남용에 대한 억제책으로서 검찰항고전치주의가 신설되었을 뿐만 아니라 재정신청인에게 국가 또는 피의자의 비용을 부담하게 하는 조항도 마련되었다.

2. 비용부담

(1) 국가에 대한 비용부담 : 법원은 **재정신청기각결정 또는 재정신청의 취소**가 있는 경우에는 결정으로 재정신청인에게 신청절차에 의하여 생긴 비용의 전부 또는 일부를 부담하게 할 수 있다(제262조의3 제1항).[1] 임의적 부담규정이므로, 부담하게 해야 하는 것은 아니다. [경찰채용 08 2차/10 1차/12 1차/14 2차]

(2) 피의자에 대한 비용부담 : 법원은 직권 또는 피의자의 신청에 따라 재정신청인에게 피의자가 재정신청절차에서 부담하였거나 부담할 변호인선임료(규칙 제122조의4) 등 비용의 전부 또는 일부의 지급을 **명할 수 있다**(제262조의3 제2항).[2]

3. 비용부담 결정에 대한 불복

법원의 비용부담 결정에 대하여는 **즉시항고**를 할 수 있다(제262조의3 제3항)(**집공기참정상선비재재구감, 비 : 비용/과태료/보상/배상**). [국가7급 12, 경찰승진 11/13, 경찰채용 12 3차]

제2절 공소제기 후의 수사

01 의 의

Ⅰ 필요성

검사의 공소제기가 있으면 ① 수소법원에 소송이 계속되고 ② 공소시효가 정지되며 ③ 심판범위가 한정되고 ④ 강제처분권이 법원에 의해 행사되며 ⑤ 피의자는 피고인으로서의 법적 지위를 가지게 된다. 즉, 검사의 공소제기에 의하여 수사가 종결되고 법원에 소송이 계속되는 것이다. 그럼에도 불구하고 공소제기 후에도 검사가 공소유지를 위해서 또는 공소유지 여부를 결정하기 위해서 수사를 할 필요성은 여전히 존재한다.

Ⅱ 문제점

1. 법원의 절차주재권 침해

공소제기 후의 수사를 무제한 허용하면 피고사건에 대한 법원의 심리에 지장을 초래할 수 있다.

2. 피고인의 당사자지위 위협

공소제기로 인하여 당사자의 지위를 갖는 피고인을 반대당사자인 검사가 수사하는 것은 피고인을 수사의 객체로 전락시킴으로써 피고인의 당사자지위와 충돌하게 된다.

---

1) [참고] 규칙 제122조의2(국가에 대한 비용부담의 범위) 법 제262조의3 제1항에 따른 비용은 다음 각 호에 해당하는 것으로 한다.
1. 증인 · 감정인 · 통역인 · 번역인에게 지급되는 일당 · 여비 · 숙박료 · 감정료 · 통역료 · 번역료
2. 현장검증 등을 위한 법관, 법원사무관 등의 출장경비
3. 그 밖에 재정신청 사건의 심리를 위하여 법원이 지출한 송달료 등 절차진행에 필요한 비용

2) 규칙 제122조의4(피의자에 대한 비용지급의 범위) ① 법 제262조의3 제2항과 관련한 비용은 다음 각 호에 해당하는 것으로 한다.
1. 피의자 또는 변호인이 출석함에 필요한 일당 · 여비 · 숙박료
2. 피의자가 변호인에게 부담하였거나 부담하여야 할 선임료
3. 기타 재정신청 사건의 절차에서 피의자가 지출한 비용으로 법원이 피의자의 방어권행사에 필요하다고 인정한 비용
② 제1항 제2호의 비용을 계산함에 있어 선임료를 부담하였거나 부담할 변호인이 여러 명이 있은 경우에는 그 중 가장 고액의 선임료를 상한으로 한다.
③ 제1항 제2호의 변호사 선임료는 사안의 성격 · 난이도, 조사에 소요된 기간 그 밖에 변호인의 변론활동에 소요된 노력의 정도 등을 종합적으로 고려하여 상당하다고 인정되는 금액으로 정한다.

3. 증거능력

공소제기 후 수사가 허용될 수 없다면 당해 수사로 인하여 획득한 증거는 위법수집증거(제308조의2)로서 증거능력이 부정되어야 한다. 이에 구체적으로 그 허용범위가 문제되는 것이다.

02 공소제기 후의 강제수사

Ⅰ 원 칙

공소의 제기에 의하여 강제처분권은 법원에 부여되는 것이므로, **공소제기 후 강제수사는 원칙적으로 할 수 없다.**

Ⅱ 피고인에 대한 체포 · 구속

체포는 공소제기 전 피의자에 대해서만 적용되는 강제처분이므로, 검사가 피고인을 체포할 수는 없다. 또한 공소제기 후의 피고인구속은 수소법원의 권한에 속한다(제70조). 따라서 공판절차의 반대당사자에 불과한 **검사가 피고인을 구속할 수 없고 구속영장을 청구할 수도 없으며,** 단지 수소법원의 직권발동을 촉구할 수 있을 뿐이다. [국가9급 13, 경찰간부 12/13, 경찰승진 14]

Ⅲ 압수 · 수색 · 검증

1. 원칙 : 허용되지 않음

형사소송법은 제215조에서 검사가 압수 · 수색영장을 청구할 수 있는 시기를 공소제기 전으로 명시적으로 한정하고 있지는 않으므로 [경찰승진 14], 공소제기 후 압수 · 수색 · 검증의 허용 여부에 대해서는 긍정설과 부정설이 대립하나, ① 공소제기로 인하여 사건이 법원에 계속됨에 따라 압수 · 수색 · 검증 등 일체의 강제처분은 법원의 권한에 속하는 것이며, ② 압수 · 수색 · 검증영장청구서에 피의사실의 요지를 기재할 것을 요구함으로써(규칙 제107조) 압수 · 수색 · 검증이 피의자에 대해서만 인정되는 것으로 규정하고 있으며, ③ 증거보전의 필요성이 있다면 제1회 공판기일 전에는 증거보전절차(제184조)를 밟으면 되고, ④ 피고인에 대한 압수 · 수색 · 검증을 허용하게 되면 공소제기 후 제1회 공판기일 전에 검사가 영장을 청구할 때 범죄혐의를 인정할 만한 자료를 제출해야 하는데(규칙 제108조 제1항) 이는 공소장일본주의에도 반하는 것이다. 따라서 부정설이 타당하며, **통설 · 판례도 부정설**을 취하고 있다.

> **대법원 2011.4.28, 2009도10412** [경찰채용 22 1차, 법원9급 15, 국가7급 17, 변호사 21]
>
> 검사가 '공소제기 후' 제215조에 따라 수소법원 이외의 지방법원판사로부터 발부받은 압수 · 수색영장에 의해 수집한 증거의 증거능력 유무(원칙적 소극)
>
> 헌법상 보장된 적법절차의 원칙과 재판받을 권리, 공판중심주의 · 당사자주의 · 직접주의를 지향하는 현행 형사소송법의 소송구조, 관련 법규의 체계, 문언 형식, 내용 등을 종합하여 보면, 일단 공소가 제기된 후에는 피고사건에 관하여 검사로서는 형사소송법 제215조에 의하여 압수 · 수색을 할 수 없다고 보아야 하며, 그럼에도 검사가 공소제기 후 형사소송법 제215조에 따라 수소법원 이외의 지방법원판사에게 청구하여 발부받은 영장에 의하여 압수 · 수색을 하였다면, 그와 같이 수집된 증거는 기본적 인권 보장을 위해 마련된 적법한 절차에 따르지 않은 것으로서 원칙적으로 유죄의 증거로 삼을 수 없다.

2. 예외적 허용

(1) 구속영장 집행현장에서의 압수 · 수색 · 검증 : 검사 또는 사법경찰관이 피고인에 대한 구속영장을 집행하는 때에 그 **집행현장에서는 영장 없이 압수 · 수색 · 검증을 할 수 있다**(제216조 제2항). [국가7급 17, 국가9급 13, 교정9급 특채 12, 경찰간부 12, 경찰승진 14] 피고인에 대한 구속영장 집행시 압수 · 수색 · 검증도 법원의 영장집행의 일부이지만 형사소송법에서는 제216조 제2항에서 명문의 규정을 두어 이를 수사상 강제처분으로 분류하고 있다. 따라서 이때의 압수물은 검사 또는 사법경찰관이 보관하게 된다.

(2) **임의제출물의 압수** : 공소제기 후에도 수사기관은 임의제출물을 압수할 수 있다(제218조). [국가7급 17] 임의제출물 압수가 강제수사로 분류되기는 하나, 점유취득과정은 임의적으로 진행되므로 공소제기 후라 하여 금지할 필요는 없다.

03 공소제기 후의 임의수사

Ⅰ 원 칙

임의수사는 상대방의 의사에 반하지 않거나 기본권을 침해하지 않는 수사방법이므로 공소제기 후라 하여 이를 금지할 필요는 없다. 다만, 공소가 제기된 이상 수사기관의 임의수사를 무제한적으로 허용해줄 수는 없다.

Ⅱ 피고인신문

공소제기 후 수사기관이 피고인을 공판정 외 장소에서 신문할 수 있는가에 대해서는 긍정설(배/이/정/이, 임동규), 부정설(다수설), 절충설(백형구)이 대립하나, ① 제200조의 피의자신문의 피의자에는 피고인은 포함되지 않고, ② 수사기관의 공소제기 후 공판정 외 피고인신문을 인정하는 것은 당사자주의, 공정한 재판의 이념, 공판중심주의에 반하며, ③ 공소제기 후 피고인신문을 허용하게 되면 피고인의 방어준비에도 방해가 된다는 점에서, 부정설이 타당하다. 다만, **판례는 긍정설**이다. 즉, 판례에 의하면 공소제기 후에도 공판기일의 전후를 불문하고 수사기관은 피고인을 신문할 수 있다. [국가9급 13, 경찰간부 13]

> **대법원 1984.9.25, 84도1646** [국가9급 13, 경찰채용 21 2차]
>
> 공수제기 후 임의수사로서의 피고인 신문은 가능하다는 사례
> 검사의 피고인에 대한 당해 피고사건에 대한 진술조서가 기소 후에 작성된 것이라는 이유만으로 곧 그 증거능력이 없는 것이라고는 할 수 없다.[1]

Ⅲ 참고인조사

1. 문제점

공소제기 후 임의수사는 원칙적으로 허용되고, 참고인조사도 임의수사이므로 공소제기 후에도 제1회 공판기일 전후를 불문하고 원칙적으로 허용된다. 문제는 피고인에게 유리한 증언을 한 증인을 수사기관이 공판정 외에서 참고인으로 조사하여 공판정의 증언내용을 번복시키는 것이 허용되는가에 있다.

2. 증인의 공판정에서의 증언을 번복시키는 참고인조사의 허용 여부

공판중심주의 소송구조를 침해하는 위법한 수사이므로 위증사건의 수사가 개시된 경우가 아닌 한 허용될 수 없다(통설). 다만, 판례는 이러한 참고인조사에 의하여 작성된 참고인진술조서의 증거능력에 대하여, 종래에는 ① 증거능력은 인정되나 그 신빙성은 희박하다거나(증거능력 ○, 증명력 제한)(대법원 1983.8.23, 83도1632), ② 공판정에서의 피고인의 참고인에 대한 반대신문의 기회가 보장됨을 조건으로 증거능력이 인정된다(반대신문기회-증거능력 ○)(대법원 1992.8.18, 92도1555)는 입장을 보이다가, 2000년도에 들어서 ③ 전원합의체 판례를 통하여 이는 공판중심주의를 침해하는 위법수집증거이므로 당사자가 **증거동의**하지 않는 한 **증거능력이 부정**된다(제308조의2)는 입장으로 변경하여(대법원 2000.6.15, 99도1108 전원합의체) 이후 **증언번복 진술조**

---

1) [참고] 이 경우 전문법칙의 예외를 정한 조항 가운데 어느 조항을 적용할 것인가가 문제되는바, 제312조 제1항 준용설(노/이, 신동운, 신양균, 임동규), 제312조 제4항 적용설(정/백), 제313조 제1항 적용설 등이 대립하나, 제312조 제1항을 적용하는 것이 피고인의 방어권을 존중할 수 있는 선택으로 보인다.

서의 증거능력이 부정된다는 입장으로 일관하고 있다(대법원 2012.6.14, 2012도534; 2013.8.14, 2012도13665). 나아가, ④ 최근에는 **증인으로 소환된 사람을 미리 수사기관에서 조사한 진술조서의 증거능력도 같은 이유로 부정**하고 있다. [법원행시 02, 법원9급 15, 국가7급 10, 국가9급 13, 경찰간부 13, 경찰승진 09/14, 경찰채용 05 1차]

정리 위법수집증거배제법칙에는 증거동의가 적용되지 않는다는 것이 다수설이지만, 판례에서는 2가지 경우의 예외가 있다. ① 피고인과 변호인에게 참여권을 주지 않은 증거보전절차상의 증인신문조서(대법원 1988.11.8, 86도1646)와 ② 공판정에서의 증언내용을 번복시키는 참고인진술조서(대법원 2000.6.15, 99도1108 전원합의체)가 그것이다. 이외 위법한 압수물이라도 증거동의가 있으면 증거능력이 인정된다는 판례(대법원 1996.5.14, 96초88)가 있었으나 위법수집증거배제법칙을 명문화한 형사소송법 개정(제308조의2) 이후 판례에서는 위법한 압수물은 증거동의의 대상이 되지 않음을 분명히 하고 있다(대법원 2009.12.24, 2009도11401; 2010.1.28, 2009도10092). [국가7급 17]

판례연구 증언번복조서의 증거능력

1. 대법원 2000.6.15, 99도1108 전원합의체 [법원9급 15, 국가9급 13]

증언번복조서는 위법수집증거라는 사례

공판준비 또는 공판기일에서 이미 증언을 마친 증인을 검사가 소환한 후 피고인에게 유리한 그 증언 내용을 추궁하여 이를 일방적으로 번복시키는 방식으로 작성한 진술조서를 유죄의 증거로 삼는 것은 당사자주의 · 공판중심주의 · 직접주의를 지향하는 현행 형사소송법의 소송구조에 어긋나는 것일 뿐만 아니라, 헌법 제27조가 보장하는 기본권, 즉 법관의 면전에서 모든 증거자료가 조사 · 진술되고 이에 대하여 피고인이 공격 · 방어할 수 있는 기회가 실질적으로 부여되는 재판을 받을 권리를 침해하는 것이므로, 이러한 진술조서는 피고인이 증거로 할 수 있음에 동의하지 아니하는 한 그 증거능력이 없다고 하여야 할 것이고, 그 후 원진술자인 종전 증인이 다시 법정에 출석하여 증언을 하면서 그 진술조서의 성립의 진정함을 인정하고 피고인 측에 반대신문의 기회가 부여되었다고 하더라도 그 증언 자체를 유죄의 증거로 할 수 있음은 별론으로 하고 위와 같은 진술조서의 증거능력이 없다는 결론은 달리할 것이 아니다.

2. 대법원 2012.6.14, 2012도534 [국가9급 13]

(위 99도1108 판례의 법리는) 검사가 공판준비기일 또는 공판기일에서 이미 증언을 마친 증인을 소환하여 피고인에게 유리한 증언 내용을 추궁한 다음 진술조서를 작성하는 대신 그로 하여금 본인의 증언 내용을 번복하는 내용의 진술서를 작성하도록 하여 법원에 제출한 경우에도 마찬가지로 적용된다.

3. 대법원 2013.8.14, 2012도13665 [법원9급 14]

(위 99도1108의 법리는) 검사가 공판준비 또는 공판기일에서 이미 증언을 마친 증인에게 수사기관에 출석할 것을 요구하여 그 증인을 상대로 위증의 혐의를 조사한 내용을 담은 피의자신문조서의 경우도 마찬가지이다.

4. 대법원 2019.11.28, 2013도6825 [경찰승진 22, 국가7급 22]

항소심의 증인으로 소환된 사람을 미리 수사기관에서 조사한 진술조서의 증거능력과 법정증언의 증명력이 문제된 사건

형사소송법의 기본원칙에 따라 살펴보면, 제1심에서 피고인에 대하여 무죄판결이 선고되어 검사가 항소한 후, 수사기관이 항소심 공판기일에 증인으로 신청하여 신문할 수 있는 사람을 특별한 사정 없이 미리 수사기관에 소환하여 작성한 진술조서는 피고인이 증거로 할 수 있음에 동의하지 않는 한 증거능력이 없다. 검사가 공소를 제기한 후 참고인을 소환하여 피고인에게 불리한 진술을 기재한 대등한 당사자의 지위에 있는 검사가 수사기관으로서의 권한을 이용하여 일방적으로 법정 밖에서 유리한 증거를 만들 수 있게 하는 것이므로 당사자주의 · 공판중심주의 · 직접심리주의에 반하고 피고인의 공정한 재판을 받을 권리를 침해하기 때문이다. 위 참고인이 나중에 법정에 증인으로 출석하여 위 진술조서의 성립의 진정을 인정하고 피고인 측에 반대신문의 기회가 부여된다 하더라도 위 진술조서의 증거능력을 인정할 수 없음은 마찬가지이다.

보충 (위 참고인이 진술조서를 작성하여 이를 공판절차에 증거로 제출할 수 있게 한다면, 피고인과 공판정에 증인으로 출석하여 진술조서와 같은 내용의 진술을 한 경우의 증명력 판단) 위 참고인이 법정에서 위와 같이 증거능력이 없는 진술조서와 같은 취지로 피고인에게 불리한 내용의 진술을 한 경우, 그 진술에 신빙성을 인정하여 유죄의 증거로 삼을 것인지는 증인신문 전 수사기관에서 진술조서가 작성된 경위와 그것이 법정진술에 영향을 미쳤을 가능성 등을 종합적으로 고려하여 신중하게 판단하여야 한다.

CHAPTER

04 증 거

5개년 출제경향 분석

구분	경찰간부					경찰승진					경찰채용					국가7급					국가9급					법원9급					변호사				
	19	20	21	22	23	20	21	22	23	24	20	21	22	23	24	19	20	21	22	23	20	21	22	23	24	19	20	21	22	23	20	21	22	23	24
제1절 증거법 일반	1		1				1	1	1	1					2					1														1	1
제2절 증명의 기본원칙	1	1				1		1	1	2	2	1	2	1	2	1		1	1		1	1			1		1						1		
제3절 자백배제법칙	1		1				1	1	1	1	2		1	1	2														1						
제4절 위법수집증거 배제법칙	1		1			1	2	3	3	1	3	2	1	1	2		1		1			1			1		1	1	1		2	1	1	2	1
제5절 전문법칙	1	2	2	4	1	3	1	3	3	4	1	3	5	2	3	2	2	1	2		1	2	3	2	1	1		1	1		3	4	3		1
제6절 당사자의 동의와 증거능력	1	2	2	1		1	1		1	1	1	1	1	1	1			1		1	1		1			1					1	1	1	1	1
제7절 탄핵증거		1	1				1			1	1	1								1	1													1	
제8절 자백의 보강법칙	1	1	1	1		1		1		1						1	1						1			1		1		1	1	1	1	1	
제9절 공판조서의 배타적 증명력																														1					
출제율	30/200 (15.0%)					46/200 (23.0%)					46/160 (28.8%)					18/100 (18.0%)					18/115 (15.7%)					13/125 (10.4%)					31/200 (15.5%)				

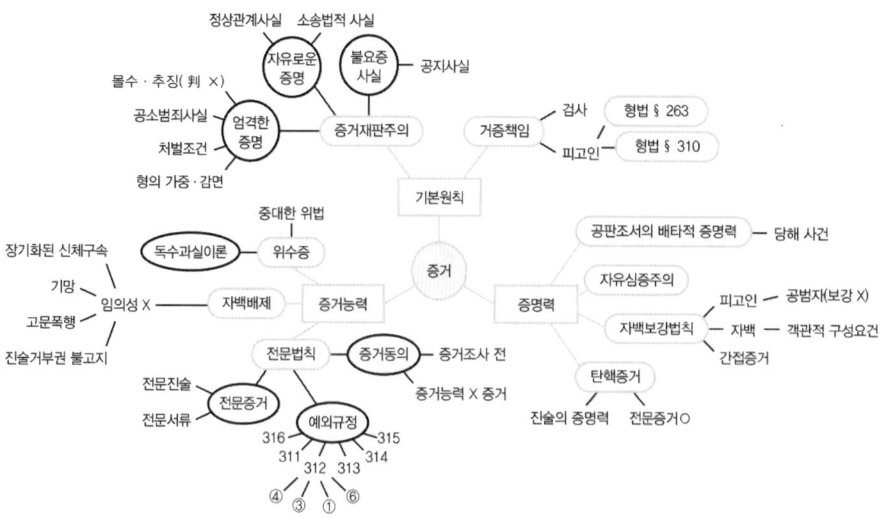

제1절 증거법 일반

01 증거의 의의

Ⅰ 의 의

1. 증거와 증명의 개념

형사소송에 있어서 사실의 인정에 사용되는 객관적인 자료를 증거(證據, evidence, Beweis)라 하고, 이러한 증거에 의하여 사실관계가 확인되는 과정을 증명(證明)이라 한다.

보충 증거법이란 광의로는 증거조사절차, 증거능력, 증명력에 관한 규정을 말하고, 협의로는 제307조 이하의 증거능력 및 증명력에 관한 규정을 말한다.

2. 요증사실과 입증취지

형사절차에서 증명하고자 하는 사실을 요증사실이라고 하고, 증거와 증거를 통해 증명하고자 하는 사실과의 관계를 입증취지라고 한다(규칙 제132조 제1항).

Ⅱ 증거의 의미

1. 증거방법

(1) 의의 : 증인 · 증거물 등 사실인정에 사용될 수 있는 사람 또는 물건 그 자체를 말하며, 증거방법(Beweismittel)은 증거조사의 대상이 된다. 예 증인, 감정인, 증거물, 증거서류

(2) 피고인의 증거방법으로서의 지위 : 피고인의 진술은 유죄 · 무죄의 증거로 되며, 그 신체는 검증의 대상이 된다. 따라서 피고인도 제한된 범위에서는 인적 · 물적 증거방법이 된다. [법원행시 03]

2. 증거자료

(1) 의의 : 증거방법을 조사하여 얻어진 내용 그 자체를 말한다. 예 (증인신문에 의하여 얻게 된) 증인의 증언, 감정인의 감정결과, (증거물의 조사에 의하여 얻게 된) 증거물의 성질과 상태, 서증의 의미내용, 피고인의 자백

(2) 증거조사 : 증거방법에 대한 증거자료를 획득하는 절차를 말한다.

02 증거의 종류

I 직접증거와 간접증거

1. 내 용

증거자료와 요증사실과의 관계에 따른 분류이다. [경찰간부 12] ① 직접증거란 요증사실을 직접적으로 증명하는 증거를 말하고(예 피고인의 자백, 범죄현장을 목격한 증인의 증언), ② 간접증거란 요증사실을 간접적으로 증명하는 증거를 말한다(정황증거)(예 범죄현장에서 채취된 피고인의 지문 [법원행시 03, 국가9급 08], 피고인의 옷에 묻은 피해자의 혈흔 [경찰간부 12], 상해사건에 있어 피해자의 진단서 [경찰간부 12]). [국가9급 08, 국가7급 07]

정리 자백 및 목격자의 증언 외에는 간접증거이다.

2. 구별의 실익

형사소송법은 증거의 증명력을 법관의 자유판단에 의존하는 자유심증주의를 채택하고 있기 때문에(제308조) **직접증거와 간접증거 사이에 증명력의 차이는 없다.** 다만, 간접증거에 의하여 요증사실을 인정하는 경우에는 특히 **논리칙과 경험칙을 적용하여 합리적 의심이 없을 정도로 증명**되어야 한다(대법원 1993.3.23, 92도3327; 1994.9.13, 94도1335). 따라서 **뚜렷한 확증도 없이 단지 정황증거 내지 간접증거들만으로 공소사실을 유죄로 인정**하는 것은 채증법칙을 위배하여 판결결과에 영향을 미친 사실오인의 위법이 있는 것이다(대법원 1987.6.23, 87도795). [국가7급 07, 경찰간부 12]

정리 직접증거에 높은 증명력을 인정하였던 법정증거주의 하에서는 구별의 실익이 있으나, 자유심증주의하에서는 구별의 실익이 없다. [경찰간부 12]

정리 피고인이 치사량의 모르핀을 소지하고 있는 것을 목격하였다는 증언 : 마약소지죄가 요증사실이면 직접증거, 살인죄가 요증사실이면 간접증거 ∴ 동일한 증거자료도 요증사실에 따라 직접증거가 될 수도 있고 간접증거가 될 수도 있음. [법원행시 03]

판례연구 간접증거 관련판례

1. 대법원 1976.2.10, 74도1519 [국가9급 09]

남녀간의 정사를 내용으로 하는 강간, 강제추행, 업무상위력 등에 의한 간음 등의 범죄에 있어서의 채증방법

남녀간 정사를 내용으로 하는 강간, 강제추행, 업무상 위력 등에 의한 간음 등의 범죄에 있어서는 행위의 성질상 당사자 간에서 극비리에 또는 외부에서 알기 어려운 상태 하에서 감행되는 것이 보통이고 그 피해자 외에는 이에 대한 물적증거나 직접적 목격증인 등의 증언을 기대하기가 어려운 사정이 있는 것이라 할 것이니 이런 범죄는 피해자의 피해전말에 관한 증언을 토대로 하여 범행의 전후사정에 관한 제반증거를 종합하여 우리의 경험법칙에 비추어서 범행이 있었다고 인정될 수 있는 경우에는 이를 유죄로 인정할 수 있는 것이다.

정리 목격자가 거의 없는 성범죄의 경우 피해자의 진술을 중시하는 판례의 입장이다.

2. 대법원 1995.11.14, 95도1729

주관적인 요건은 간접증거만에 의하여 이를 인정할 수 있다는 사례

CD를 어음보관계좌에 보관하는 것이 금융실명거래및비밀보장에관한긴급재정경제명령 소정의 금융거래에 해당한다는 것을 피고인이 인식하고 있었는지와 같은 주관적인 요건은 피고인이 부인하는 한 이를 인정할 만한 증거가 있을 수 없는 것이므로, 경험법칙과 논리법칙에 위반되지 아니하는 한 법관의 자유판단에 따라 간접증거만에 의하여 이를 인정하더라도 무방하다.

3. 대법원 2006.3.9, 2005도8675 [경찰간부 12]

증명력 한계가 있는 간접증거만 존재하고 범행을 저지를 만한 동기가 발견되지 않는 경우의 증거평가방법

범행에 관한 간접증거만이 존재하고 더구나 그 간접증거의 증명력에 한계가 있는 경우, 범인으로 지목되고 있는 자에게 범행을 저지를 만한 동기가 발견되지 않는다면, 만연히 무엇인가 동기가 분명히 있는데도 이를 범인이 숨기고 있다고 단정할 것이 아니라 반대로 간접증거의 증명력이 그만큼 떨어진다고 평가하는 것이 형사 증거법의 이념에 부합하는 것이라 할 것이다.

4. 대법원 2008.3.13, 2007도10754

법정형이 무거운 범죄의 형사재판에 있어 간접증거의 증명력 및 시체가 발견되지 아니한 살인사건에서 피고인이 범행을 부인하는 경우, 살인의 죄책을 인정하기 위한 증명의 정도

살인죄 등과 같이 법정형이 무거운 범죄의 경우에도 직접증거 없이 간접증거만에 의하여 유죄를 인정할 수 있고 피해자의 시체가 발견되지 아니하였더라도 간접증거를 상호 관련하에서 종합적으로 고찰하여 살인죄의 공소사실을 인정할 수 있다 할 것이나(대

법원 1999.10.22, 99도3273; 2005.1.14, 2004도7028 등) [경찰간부 15], 그러한 유죄 인정에 있어서는 공소사실에 대한 관련성이 깊은 간접증거들에 의하여 신중한 판단이 요구된다. 또한, 시체가 발견되지 아니한 상황에서 범행 전체를 부인하는 피고인에 대하여 살인죄의 죄책을 인정하기 위해서는 피해자의 사망사실이 추가적·선결적으로 증명되어야 함을 물론, 그러한 피해자의 사망이 살해의사를 가진 피고인의 행위로 인한 것임이 합리적인 의심의 여지가 없을 정도로 증명되어야 한다.

5. **대법원 2009.3.12, 2008도8486; 2004.6.25, 2004도2221** [국가9급 12]

간접증거는 개별적·고립적으로 평가해서는 안 된다는 사례

형사재판에 있어 심증형성은 반드시 직접증거에 의하여 형성되어야만 하는 것은 아니고 간접증거에 의할 수도 있는 것이며, 간접증거는 이를 개별적·고립적으로 평가하여서는 아니 되고 모든 관점에서 빠짐없이 상호 관련시켜 종합적으로 평가하고, 치밀하고 모순 없는 논증을 거쳐야 한다.

Ⅱ 인적 증거, 물적 증거, 증거서류

1. 인적 증거

(1) 의의 : 사람의 진술내용이 증거로 되는 것을 말한다(인증).

예 증인의 증언, 감정인의 진술, 피고인의 진술

(2) 증거조사방식 : 인적 증거에 대한 조사는 신문의 형식에 의한다.

예 증인신문. 감정인신문. 피고인신문

2. 물적 증거

(1) 의의 : 물건의 존재 또는 상태가 증거로 되는 것을 말한다(물증).

예 범행에 사용된 흉기, 절도죄의 장물, 위조문서, 무고죄의 고소장

(2) 증거조사방식 : 물적 증거에 대한 조사는 검증의 방법에 의한다.

3. 증거서류

(1) 서증(증거서류와 증거물인 서면) : 서증에는 ① **증거서류**(서면의 의미내용이 증거로 되는 것 : 예 공판조서, 검증조서, 피의자신문조서, 참고인진술조서, 의사의 진단서 등)와 ② **증거물인 서면**(서면의 내용과 동시에 그 서면의 존재 또는 상태가 증거가 되는 것 : 예 위조죄의 위조문서, 무고죄의 허위고소장, 협박죄의 협박편지, 명예훼손죄의 수단인 인쇄물 등)이 있다.

(2) 증거서류와 증거물인 서면의 구별기준 : 내용기준설에 의함은 기술한 바와 같다. 즉, 서류의 내용만이 증거로 되는지(증거서류) 그 밖에 서류의 존재·상태도 증거로 되는지(증거물인 서면)를 기준으로 구별해야 한다.

(3) 증거조사방식 : 역시 전술한 바와 같이, ① 증거서류는 낭독(예외적으로 내용의 고지나 제시하여 열람)에 의하지만, ② 증거물인 서면은 그 본질이 증거물이지만 증거서류의 성질도 가지므로 제시와 낭독(예외적으로 내용고지 or 제시·열람)에 의할 것을 요한다(제292조, 제292조의2).

Ⅲ 본증과 반증

거증책임의 부담에 따른 분류이다. ① 거증책임을 지는 당사자가 제출하는 증거를 본증(本證)이라 하고(보통은 검사 제출 증거), ② 본증에 의하여 증명될 사실을 부정하기 위하여 반대당사자가 제출하는 증거를 반증(反證, 보통은 피고인 제출 증거)이라 한다.

Ⅳ 진술증거와 비진술증거

1. 진술증거

(1) 의의 : 사람의 진술의 의미내용이 증거로 되는 것을 말하며, 진술과 그 진술이 기재된 서면을 포함한다. 사람의 진술이라 하더라도 그 의미내용이 아니라 당해 진술의 존재 자체가 문제될 때에는 진술증거가 아니라 비진술증거에 불과하다. 진술증거에 대해서는 **전문법칙**(제310조의2)이 적용된다.

(2) 종 류

① **원본증거** : 사실을 체험한 자가 중간의 매개체를 거치지 않고 직접 법원에 진술하는 것을 말한다(본래증거). 예컨대 범행을 본 목격자의 진술은 직접증거이자 원본증거이다. [경찰간부 12]

② **전문증거** : 직접 체험한 자의 진술이 서면이나 타인의 진술의 형식으로 간접적으로 법원에 전달되는 것을 말한다. 전문법칙에 의하여 원칙적으로 증거능력이 부정된다.

③ **양자의 관계** : 전문증거는 **원진술의 내용이 요증사실**이고, 원본증거는 **원진술의 존재 자체가 요증사실**인 경우이다. 예컨대, 甲이 법정에서 "乙이 'A가 B를 강간하는 것'을 보았다고 하는 말을 들었다."고 진술한 경우, 甲의 진술은 A의 강간사건에서는 전문증거가 되고, 乙의 A에 대한 명예훼손사건에서는 원본증거가 된다.

2. 비진술증거

단순한 증거물이나 사람의 신체상태 등과 같이 진술증거 이외의 증거를 말한다. 비진술증거에 대해서는 **전문법칙이 적용되지 않는다.**

정리 ① 비진술증거는 적법성이 인정되면 증거능력이 있다. ② 진술증거 중에서도 ㉠ 원본증거는 적법성이 인정되면 증거능력이 있으나, ㉡ 전문증거는 전문법칙(제310조의2)에 의해 원칙적으로 증거능력이 없으며, 다만 적법성이 인정되고 전문법칙의 예외(제311조~제316조)에 해당되면 예외적으로 증거능력이 인정된다.

V 실질증거와 보조증거

주요사실의 존부를 직접·간접으로 증명하기 위하여 사용되는 증거를 실질증거라 하고, 실질증거의 증명력을 다투기 위하여 사용되는 증거를 보조증거라 한다. 보조증거에는 증명력을 증강하기 위한 보강증거(증강증거)와 증명력을 감쇄하기 위한 탄핵증거가 있다.

보충 살인사건의 목격자 甲의 증언은 직접증거·원본증거이자 실질증거인데, 증인 A가 현장에 있는 甲을 보았다고 증언하면 보강증거가 되고, 증인 B가 범행시각에 甲은 B와 함께 다른 곳에 있었다고 증언하면 탄핵증거가 된다.

표정리 증거의 종류 정리

종 류		내 용
① 증거자료와 요증사실의 관계	직접증거	요증사실을 직접적으로 증명하는 증거 예 피고인의 자백, 목격자의 증언
	간접증거	• 요증사실을 간접적으로 증명하는 증거 • 범죄정황에 관한 사실을 증명하는 자료(정황증거) 예 범죄현장에서 채취된 피고인의 지문, 상해사건의 피해자의 진단서
	비 교	• 직접증거와 간접증거는 그 증명력의 우열은 없다. • 간접증거로도 범죄사실의 증명을 할 수 있음(대법원 1998.11.13, 96도1783) • 같은 증거도 요증사실에 따라 직접증거 또는 간접증거가 될 수 있다.
② 증거조사의 방식	인 증	사람의 진술의 내용이 증거가 되므로, 신문에 의하여 증거조사
	물 증	물건의 존재·상태가 증거가 되므로, 제시하면 검증에 의하여 증거조사
	증거서류	서면의 의미·내용이 증거인 것으로 낭독(요지의 고지)에 의하여 증거조사 • 증거서류 : 서면의 내용만을 증거로 하는 서류(보고적 문서) – 낭독 예 수사기관 작성 진술조서, 법원의 공판조서 • 증거물인 서면 : 서면의 내용 및 그 존재·상태가 증거가 되는 것 – 제시 + 낭독 예 협박죄의 협박편지, 문서위조죄의 위조문서
③ 거증책임의 부담	본 증	거증책임을 부담하는 자가 제출하는 증거(원칙 : 검사)
	반 증	본증의 요증사실을 부인하기 위하여 제출하는 증거
④ 전문법칙의 적용	진술증거	사람의 진술이 증거가 되는 것으로 전문법칙 적용 • 원본증거 : 사실을 체험한 자가 직접 법원에 진술한 증거(본래증거) • 전문증거 : 직접 체험한 자의 진술이 서면 또는 타인의 진술로 법원에 전달되는 증거

	비진술증거	진술증거 이외의 증거물이나 사람의 신체상태 등인 증거로 전문법칙 ×
⑤ 증명의 직접성	실질증거	주요사실의 존부를 직접·간접으로 증명하기 위한 증거 예 목격자의 증언
	보조증거	실질증거의 증명력을 다투기 위한 증거로 보강(증강)증거와 탄핵증거 • 보강증거 : 목격자와 함께 현장에 있었던 자를 검사가 증인신청 • 탄핵증거 : 목격자와 함께 현장에 없었던 자를 피고인이 증인신청

03 증거능력과 증명력

Ⅰ 증거능력

1. 의 의

(1) 개념 : 유죄를 인정하려면 법률상 자격을 갖춘 증거를 법률이 규정한 방식에 의하여 조사함으로써 범죄사실을 증명하여야 하며, 이러한 증명의 방법을 엄격한 증명이라 한다(증거능력 있는 증거 + 증거조사 = 엄격한 증명). 증거능력(證據能力, admissibility of evidence, Beweisfähigkeit, admissibilité)이라 함은 증거가 바로 이러한 엄격한 증명의 자료로 사용될 수 있는 **법률상의 자격**을 말한다.

(2) 증거능력의 결정 : 증거능력은 **법률에 의하여 형식적으로 결정**되어 있다.

2. 내 용

(1) 증명의 기본원칙(엄격한 증명) : "사실의 인정은 증거에 의하여야 한다."라는 증거재판주의(제307조 제1항)를 기본원칙으로 한다.

(2) 증거법칙 : 위법수집증거배제법칙(제308조의2), 자백배제법칙(제309조), 전문법칙(제310조의2)이 적용된다.

Ⅱ 증명력

1. 의 의

(1) 개념 : 증명력(證明力, probative value －force－, Beweiskraft, force probante)이란 증거능력이 인정됨을 전제로, 요증사실을 증명할 수 있는 **증거의 실질적 가치**(신빙성)를 말한다.

(2) 증명력의 판단 : 법관의 주관적인 판단의 대상으로서, **법관의 자유판단**에 의한다.

2. 내 용

(1) 증명의 기본원칙 : "증거의 증명력은 법관의 자유판단에 의한다."라는 자유심증주의(제308조)를 기본원칙으로 한다.

(2) 증거법칙 : 자백의 보강법칙(제310조), 공판조서의 배타적 증명력(제56조) 등이 적용된다.

제2절 증명의 기본원칙

01 증거재판주의

Ⅰ 의 의

1. 개념 및 취지

(1) 개념 : 법 제307조 제1항은 "**사실의 인정은 증거에 의하여야 한다.**"라고 규정하고 있는데, 여기서 사실이란 범죄될 사실을 말하는바, 사실인정의 합리성은 증거능력의 요건에 관한 법률적 제한과 엄격한 증거조사 절차에 의하여 담보된다. 따라서 제307조 제1항의 증거재판주의는 규범적 의미에서 엄격한 증명의 법리를 규정한 것이다. 즉, 증거재판주의에 의하여 범죄될 사실을 인정하려면 증거능력이 있고 적법한 증거조사를 거친 증거에 의하여야 한다. 여기에 개정법은 "범죄사실의 인정은 **합리적인 의심이 없는 정도의 증명**에 이르러야 한다."라는 증명의 방법에 관한 원칙까지 명확히 규정하고 있는바(동조 제2항), 이는 종래 학설과 판례의 태도를 명문으로 확인한 것이다.

(2) 취지 : 형식적 진실주의를 취하는 민사소송법의 증거재판주의(민사소송법 제288조 본문)와는 달리, 실체진실발견을 목표로 하는 형사소송법의 증거재판주의는 범죄될 사실은 증거재판주의를 지킬 때에 한하여 비로소 인정된다는 규범적 의미를 가지게 되므로, 이를 통해 인권을 보장하고 국가형벌권의 적정한 실현을 도모할 수 있게 된다.

2. 증명(證明) : 사실의 인정

> **공소제기 → 1st 소송조건 → 2nd 유죄/무죄**
> ① 소송조건 : 친고죄의 고소, 공소시효 등은 자유로운 증명의 대상
> ② 유죄 : 형벌권의 존부와 범위는 증거능력 있는 증거에 의한 엄격한 증명의 대상

(1) **증명의 의의** : 범죄사실의 인정에 관해서 우월한 증명력을 가진 정도로는 충분하지 않고 법관으로 하여금 **합리적인 의심의 여지가 없을 정도(beyond a reasonable doubt)의 확신**까지 가지게 하는 것을 말한다(제307조 제2항). [국가9급 08] 합리적 의심이라 함은 **요증사실**(예 사실1 : 2017.4.8. 19 : 00 동작구 노량진동에서 A가 B를 상해하였다. 사실2 : 2017.4.8. 23 : 00 甲은 乙을 칼로 찔러 살해하였다.)**과 양립할 수 없는 사실의 개연성에 대한 논리법칙과 경험법칙에 기하여 가질 수 있는 합리성 있는 의문**(예 합리적 의심1 : 그 시간 A는 양천구 목동에서 친구들과 식사를 하고 있었다. 합리적 의심2 : 乙의 사체 부검의의 감정보고서에 기재된 乙의 사인은 독극물 중독이다.)**을 의미하는 것**으로서, **사실의 인정과 관련하여 피고인에게 유리한 정황이 나타나는 이성적 추론에 그 근거를 두어야 하는 것**(예 1 : 알리바이가 있음. 2 : 다른 원인에 의하여 사망함.)을 말한다. 즉, 범죄사실의 인정에 필요한 증명은 공소사실을 배척할 만한 모든 가능한 의심을 배제할 정도에 이를 것까지 요구되는 것은 아니므로, 단순히 관념적인 의심이나 추상적인 가능성에 기초한 의심(예 1 : A가 B를 상해한 것 같지 않다. 2 : 甲이 乙을 살해한 것 같지 않다.)은 합리적 의심에 포함되는 것은 아니다. [국가9급 09/12]

판례연구 합리적인 의심의 여지가 없을 정도의 확신

1. 대법원 1987.7.7, 86도586

유죄의 증거의 증명력 정도

형사재판에 있어서 유죄의 증거는 단지 우월한 증명력을 가진 정도로서는 부족하고 법관으로 하여금 합리적인 의심을 할 여지가 없을 정도의 확신을 생기게 할 수 있는 증명력을 가진 것이어야 한다.

보충 검사의 본증은 70%의 유죄의 증명력이 있고, 피고인의 반증은 30%의 합리적 의심을 주는 것(우월한 증명력)으로는 부족하고, 법관에게 합리적 의심을 배제할 정도의 확신을 주어야 한다는 의미이다.

2. 대법원 2009.3.12, 2008도8486; 2004.6.25, 2004도2221 [경찰승진 22, 국가9급 09/12]

주사기에서 마약성분과 피고인의 혈흔이 확인되어 필로폰을 투약한 사정이 적극적으로 증명되는 경우, 소변 및 모발검사에서 마약성분이 검출되지 않았다는 소극적 사정만으로 이를 쉽사리 뒤집을 수 없다고 한 사례

증거의 증명력은 법관의 자유판단에 맡겨져 있으나 그 판단은 논리와 경험칙에 합치하여야 하고, 형사재판에 있어서 유죄로 인정하기 위한 심증형성의 정도는 합리적인 의심을 할 여지가 없을 정도여야 하나, 이는 모든 가능한 의심을 배제할 정도에 이를 것까지 요구하는 것은 아니며, 증명력이 있는 것으로 인정되는 증거를 합리적인 근거가 없는 의심을 일으켜 이를 배척하는 것은 자유심증주의의 한계를 벗어나는 것으로 허용될 수 없다 할 것인바, 여기에서 말하는 합리적 의심이라 함은 모든 의문, 불신을 포함하는 것이 아니라 논리와 경험칙에 기하여 요증사실과 양립할 수 없는 사실의 개연성에 대한 합리성 있는 의문을 의미하는 것으로서, 피고인에게 유리한 정황을 사실인정과 관련하여 파악한 이성적 추론에 그 근거를 두어야 하는 것이므로 단순히 관념적인 의심이나 추상적인 가능성에 기초한 의심은 합리적 의심에 포함된다고 할 수 없다.

보충 요증사실과 반대되는 정황에 대한 합리적인(타당한) 의심이 인정되지 않는다는 사례이다.

3. 대법원 2013.6.27, 2013도4172; 2013.2.14, 2012도11591 [국가7급 11, 국가9급 08, 국가7급 07, 경찰간부 12]

형사재판에서 유죄를 인정하기 위한 심증 형성의 정도 및 간접증거의 증명력

형사재판에 있어서 유죄의 인정은 법관으로 하여금 합리적인 의심을 할 여지가 없을 정도로 공소사실이 진실한 것이라는 확신을 가지게 할 수 있는 증명력을 가진 증거에 의하여야 하고 이러한 정도의 심증을 형성하는 증거가 없다면 설령 피고인에게 유죄의 의심이 간다 하더라도 피고인의 이익으로 판단할 수밖에 없다. 다만, 그와 같은 심증이 반드시 직접증거에 의하여 형성되어야만 하는 것은 아니고 경험칙과 논리법칙에 위반되지 아니하는 한 간접증거에 의하여 형성되어도 되는 것이며, 간접증거가 개별적으로는 범죄사실에 대한 완전한 증명력을 가지지 못하더라도 전체 증거를 상호 관련하에 종합적으로 고찰할 경우 그 단독으로는 가지지 못하는 종합적 증명력이 있는 것으로 판단되면 그에 의하여도 범죄사실을 인정할 수가 있다.

(2) 소명과의 구별

① **증명** : 법관이 어떤 사실의 존부에 관하여 증거에 의하여 확신을 얻는 것을 말한다. 일반적인 증명의 의의로서 협의의 증명의 개념이다.

② **소명(疏明)** : 법관이 어떤 사실의 존부에 관하여 확신은 얻지 못하지만, 사실의 존부를 **추측할 수 있게 하는 정도**('그럴 수도 있겠다')의 심증을 갖게 하는 것을 말한다. 소명의 대상은 특별히 법률에 정해져 있다.

예 기피사유(제19조 제2항), 국선변호인 선정 청구사유(청구국선 피고인의 소명자료 제출, 규칙 제17조의2), 증거보전청구사유(제184조 제3항), 공판준비기일종료 후 실권효저지사유(제266조의13 제1항), 증인신문청구사유(제221조의2 제3항), 증언거부사유(제150조), 상소권회복청구사유(제346조 제2항), 정식재판청구권회복청구사유(제458조 제2항, 제364조 제2항)

정리 증명을 요하지 않는 사실 : 공지의 사실, 추정된 사실, 초소송법적 이익에 의한 거증금지사실(공무상 비밀)

3. 증명의 방법

(1) 의의 : 형사절차상 피고인 보호의 관점에서는 모든 사실의 인정은 엄격한 증명에 의하여야 하나, 형사절차가 지나치게 지연되면 소송경제에 반할 뿐 아니라 피고인에게도 오히려 불이익한 결과를 초래할 수 있으므로, 자유로운 증명에 의하는 경우도 인정된다.

(2) 엄격한 증명 : **법률상 증거능력이 있고 적법한 증거조사를 거친 증거에 의한 증명**을 말한다. [법원9급 15] **형벌권의 존부와 그 범위에 관한 사실**(주요사실)이 그 대상이다.

(3) 자유로운 증명 : 증거능력 없는 증거 또는 적법한 증거조사를 거치지 아니한 증거에 의하여 사실을 증명하는 것을 말한다. 예컨대, 자백을 담은 증거의 신청이 있으면 자백의 임의성을 인정하여 증거로 채택할지를 결정함에 있어, 법관은 공판절차 외에서 제출된 서면이나 전화통화를 통하여 확인된 증거에 의해서도 사실을 인정할 수 있다.

(4) 증명의 정도

① **심증형성의 정도** : 심증형성의 정도는 통상인으로서의 '합리적 의심이 없을 정도의 확신(belief beyond a reasonable doubt)'을 요한다. 개정법이 범죄사실의 인정은 합리적인 의심이 없는 정도의 증명에 이르러야 한다고 규정하고 있는 것(제307조 제2항)은 이러한 의미에서 당연한 규정이다.

② 엄격한 증명과 자유로운 증명의 증명의 정도 : **엄격한 증명뿐만 아니라 자유로운 증명의 경우에도 법관의 합리적 의심이 없는 확신을 요한다.** [경찰승진 11] 즉, 엄격한 증명과 자유로운 증명은 증거능력의 유무와 증거조사의 방법에 차이가 있을 뿐이고, 심증의 정도에 차이가 있는 것은 아니다(증명의 방법만 차이, 증명의 정도는 동일).

Ⅱ 엄격한 증명의 대상

1. 일반적 기준

형사소송의 목적은 범죄의 유무와 이에 대한 형벌의 범위를 확정하는 데 있다. 따라서 **형벌권의 존부와 범위를 정하는 기초로 되는 사실, 즉 주요사실(구/위/책/처/형/간/경/법/보)**이 엄격한 증명의 대상이 되고, 그 이외의 사실(**정/소/탄**)은 자유로운 증명의 대상이 된다.

2. 공소범죄사실

(1) 의의 : 범죄의 특별구성요건을 충족하는 구체적 사실로서 위법성과 책임을 구비한 것을 말한다. 즉, 구성요건해당성 · 위법성 · 책임을 구성하거나 조각하는 사실(형법적 사실)에 대해서는 엄격한 증명이 필요하다 (cf. 소송법적 사실 : 자유로운 증명으로 족하다).

(2) 구성요건해당사실 : 구성요건에 해당하는 사실(요소)은 객관적 구성요건요소인가 주관적 구성요건요소인가를 불문하고 모두 **엄격한 증명의 대상**이다. [국가9급 17, 경찰채용 09 1차]

① 객관적 구성요건요소 : 행위주체, 행위객체, 행위(예 교사범에 있어 교사의 사실 [법원행시 01, 경찰채용 09 1차]), 결과의 발생, 인과관계, 행위수단, 행위상황(예 야간주거침입절도의 일출 · 일몰시각)은 엄격한 증명의 대상이다.

② 주관적 구성요건요소 : 종래 판례는 범의의 증명은 엄격한 증명을 요하지 않는다고 하였으나(대법원 1969.3.25, 69도99),[1] 입장을 변경하여 **고의**(2001도2064; 2002도4229; 2002도3131; 2004도7359). **공모**(2000도1899; 2001도4947; 2002도603; 2001도606; 2012도16086). **목적**(2014도9030, 예 강제집행면탈의 강제집행을 면할 목적 [경찰채용 08 3차])과 같은 주관적 사실도 엄격한 증명을 요한다고 하고 있다. 즉, 고의 · 과실 · 목적 · 불법영득의사 등 주관적 구성요건요소는 모두 엄격한 증명의 대상이다(통설 · 판례).

판례연구 엄격한 증명의 대상인 구성요건해당사실

1. **대법원 1988.9.13, 88도1114** [국가9급 05/08, 경찰간부 13, 경찰승진 09/11, 경찰채용 09 1차/14 1차]
공모공동정범에 있어서 모의의 증명 및 판시의 정도
공모공동정범의 공모나 모의는 공모공동정범에 있어서의 "범죄될 사실"이라 할 것이므로 이를 인정하기 위하여는 엄격한 증명에 의하지 않으면 아니 되고 그 증거는 판결에 표시되어야 하며, 공모의 판시는 그 구체적 내용을 상세하게 판시할 필요는 없다 하겠으나 위에서 본 취지대로 성립된 것이 밝혀져야만 한다.

2. **대법원 2000.2.25, 99도1252** [경찰간부 12, 해경간부 12, 경찰승진 11]
교사범에 있어서의 교사사실(교사행위)은 범죄사실을 구성하는 것으로서 이를 인정하기 위하여는 엄격한 증명이 요구되지만, 피고인이 교사사실을 부인하고 있는 경우에는 사물의 성질상 그와 상당한 관련성이 있는 간접사실을 증명하는 방법에 의하여 이를 입증할 수도 있고, 이러한 경우 무엇이 상당한 관련성이 있는 간접사실에 해당할 것인가는 정상적인 경험칙에 바탕을 두고 치밀한 관찰력이나 분석력에 의하여 사실의 연결상태를 합리적으로 판단하는 방법에 의하여야 한다.

3. **대법원 2000.6.27, 99도128** [법원승진 12, 국가9급 08, 경찰간부 12, 전의경 09]
위드마크(Widmark) 공식을 사용하여 주취 정도를 계산함에 있어 그 전제사실을 인정하기 위한 입증 정도
범행 직후에 행위자의 혈액이나 호흡으로 혈중 알코올농도를 측정할 수 있는 경우가 아니라면 위드마크 공식을 사용하여 그

[1] [참고] "범의에 관하여는 엄격한 증명을 요하지 아니하므로 피고인이 금편을 반입할 때 관세당국의 면허가 필요 없는 것으로 오인하였다 하더라도 그 오인을 정당화할 이유가 없는 한 무면허수입죄에 해당한다(대법원 1969.3.25, 69도99)." 통설은 이러한 판례의 입장과는 반대의 입장이었다.

계산결과로 특정 시점의 혈중 알코올농도를 추정할 수도 있으나, 범죄구성요건사실의 존부를 알아내기 위해 과학공식 등의 경험칙을 이용하는 경우에는 그 법칙 적용의 전제가 되는 개별적이고 구체적인 사실에 대하여는 엄격한 증명을 요한다 할 것이고, 위드마크 공식의 경우 그 적용을 위한 자료로는 음주량, 음주시각, 체중, 평소의 음주정도 등이 필요하므로 그런 전제사실을 인정하기 위해서는 엄격한 증명이 필요하다.

보충 위드마크공식 : ① 필연법칙적 경험칙, ② 전제사실인 음주량 등 : 엄격한 증명의 대상, ③ 근소한 차이 : 증명력 부정, ④ 피고인에게 가장 유리한 수치 : 증명력 긍정.

4. 대법원 2002.9.4, 2000도637

횡령죄에 있어 불법영득의사를 실현하는 행위로서의 횡령행위가 있다는 점은 검사가 입증하여야 하는 것으로서 그 입증은 법관으로 하여금 합리적인 의심을 할 여지가 없을 정도의 확신을 생기게 하는 증명력을 가진 엄격한 증거에 의하여야 하고, 이와 같은 증거가 없다면 설령 피고인에게 유죄의 의심이 간다 하더라도 피고인의 이익으로 판단할 수밖에 없다.

5. 대법원 2005.6.24, 2004도7212 [경찰간부 12, 전의경 09]

물적 설비에 의한 측정유도를 도로법 제54조 제2항에 정한 적재량 측정요구로 볼 수 있기 위한 요건

물적 설비에 의한 측정유도를 담당공무원에 의한 직접적인 측정요구에 준할 정도로 구체적이고 현실적인 측정요구라고 볼 수 있으려면, 그 측정유도가 도로의 구조를 보전하고 운행의 위험을 방지하기 위한 필요성에 따라 자신의 차량에 대하여 이루어지는 것임을 그 길을 통행하는 화물차량의 운전자가 명확하게 알 수 있었다는 점이 전제가 되어야 할 것이고, 그러한 측정요구가 있었다는 점은 범죄사실을 구성하는 중요부분으로서 이를 인정하기 위하여는 엄격한 증명이 요구된다.

6. 대법원 2011.5.26, 2009도2453 [법원승진 12, 경찰채용 14 1차]

뇌물죄에서 수뢰액은 다과에 따라 범죄구성요건이 되므로 엄격한 증명의 대상이 되고, 특가법에서 정한 범죄구성요건이 되지 않는 단순 뇌물죄의 경우에도 몰수·추징의 대상이 되는 까닭에 역시 증거에 의하여 인정되어야 하며, 수뢰액을 특정할 수 없는 경우에는 가액을 추징할 수 없다.

비교 ① 수뢰액 : 엄격한 증명의 대상, ② 몰수·추징 대상 여부 및 추징액 : 자유로운 증명의 대상.

7. 대법원 2013.11.14, 2013도8121 [법원9급 15, 변호사 23]

횡령죄의 위탁관계 및 금전의 목적과 용도는 엄격한 증명의 대상

목적과 용도를 정하여 위탁한 금전을 수탁자가 임의로 소비하면 횡령죄를 구성할 수 있으나(대법원 2002.10.11, 2002도2939; 2006.3.9, 2003도6733 등), 이 경우 피해자 등이 목적과 용도를 정하여 금전을 위탁한 사실 및 그 목적과 용도가 무엇인지는 엄격한 증명의 대상이라고 보아야 한다.

8. 대법원 2014.9.26, 2014도9030 [국가9급 15]

형사재판에서 공소가 제기된 범죄의 구성요건을 이루는 사실에 대한 증명책임은 검사에게 있으므로 특가법 제5조의9 제1항 위반의 죄의 행위자에게 보복의 목적이 있었다는 점 또한 검사가 증명하여야 하고 그러한 증명은 법관으로 하여금 합리적인 의심을 할 여지가 없을 정도의 확신을 생기게 하는 엄격한 증명에 의하여야 하며 이와 같은 증명이 없다면 피고인의 이익으로 판단할 수밖에 없다.

9. 대법원 2015.10.29, 2015도5355; 2004.5.14, 2004도74 등

[1] 고의의 존재에 대한 증명책임의 소재(= 검사) 및 유죄인정을 위한 증명/범행 결과가 매우 중대하고 범행 동기나 방법 및 범행 정황에 비난 가능성이 큰 사정이 있는 경우, 살인의 고의를 인정하는 방법

공소가 제기된 범죄사실의 주관적 요소인 고의의 존재에 대한 입증책임 역시 검찰관에게 있고, 유죄의 인정은 법관으로 하여금 합리적인 의심을 할 여지가 없을 정도로 공소사실이 진실한 것이라는 확신을 가지게 하는 증명력을 가진 증거에 의하여야 하므로, 그러한 증거가 없다면 설령 피고인들에게 유죄의 의심이 간다고 하더라도 피고인들의 이익으로 판단하여야 한다. 나아가 형벌법규의 해석과 적용은 엄격하여야 하므로, 비록 범행 결과가 매우 중대하고 범행 동기나 방법 및 범행 정황에 비난가능성이 크다는 사정이 있더라도, 이를 양형에 불리한 요소로 고려하여 그 형을 무겁게 정하는 것은 별론, 그러한 사정을 이유로 살인의 고의를 쉽게 인정할 것은 아니고 이를 인정함에 있어서는 신중을 기하여야 한다.

[2] 공동정범의 공동가공의 의사에 기한 상호 이용의 관계의 증명

공동정범이 성립한다고 판단하기 위해서는 범죄실현의 전 과정을 통하여 행위자들 각자의 지위와 역할, 다른 행위자에 대한 권유 내용 등을 구체적으로 검토하고 이를 종합하여 위와 같은 공동가공의 의사에 기한 상호 이용의 관계가 합리적인 의심을 할 여지가 없을 정도로 증명되어야 한다.

10. 대법원 2013.9.26, 2012도3722; 2011.4.28, 2010도14487

엄격한 증명이 요구되는 대상에는 검사가 공소장에 기재한 구체적 범죄사실 모두가 포함되고, 특히 공소사실에 특정된 범죄의 일시는 피고인의 방어권 행사의 주된 대상이 되므로, 범죄의 성격상 특수한 사정이 있는 경우가 아닌 한 엄격한 증명을 통하여 공소사실에 특정한 대로 범죄사실이 인정되어야 한다(대법원 2011.4.28, 2010도14487). 또한 공소사실의 내용 자체로 전후 연속되거나 견련되어 있는 여러 범죄사실에 대하여 그 중 일부는 무죄로 판단하면서도 나머지는 유죄로 인정하려면, 그와 같이 무죄로 본 근거가 되는 사정들이 나머지 부분의 유죄 인정에 방해가 되지 않는다는 점이 합리적으로 설명될 수 있어야 한다.

(3) 위법성과 책임에 관한 사실 : ① 구성요건해당성이 인정되면 위법성과 책임은 사실상 추정되지만, 사실상의 추정은 피고인이 이를 다투면 깨어지므로, 위법성조각사유와 책임조각사유의 부존재에 대해서는 검사가 엄격한 증명을 해야 유죄의 판결을 구할 수 있다(통설). 다만, ② 판례는 **명예훼손죄의 위법성조각사유**(형법 제310조)인 사실의 증명(공공의 이익 + 진실한 사실)에 대해서는 – 거증책임을 행위자에게 부담시키는 대신 – 자유로운 증명으로 족하다고 하며 [국가7급 14, 경찰간부 15], 형법 제10조의 심신장애와 관련하여 **심신상실이나 심신미약의 기초가 되는 사실** 등에 대하여도 자유로운 증명으로 족하다는 입장이다(대법원 1961.10.26, 4294형상590; 1971.3.31, 71도212). 이러한 판례에 대해서는 통설에 의한 비판이 제기된다.

판례연구 위법성조각사유 · 책임조각사유 중 자유로운 증명의 대상이라는 판례

1. 대법원 1996.10.25, 95도1473

명예훼손죄의 위법성조각사유(형법 제310조)에 대한 거증책임(행위자) · 증명방법(자유) · 전문법칙(적용 ×)

공연히 사실을 적시하여 사람의 명예를 훼손한 행위가 형법 제310조의 규정에 따라서 위법성이 조각되어 처벌대상이 되지 않기 위하여는 그것이 진실한 사실로서 오로지 공공의 이익에 관한 때에 해당된다는 점을 행위자가 증명하여야 하는 것이나(대법원 1988.10.11, 85다카29; 1993.6.22, 92도3160; 1996.5.28, 94다33828 등), 그 증명은 유죄의 인정에 있어 요구되는 것과 같이 법관으로 하여금 의심할 여지가 없을 정도의 확신을 가지게 하는 증명력을 가진 엄격한 증거에 의하여야 하는 것은 아니라고 할 것이므로, 이때에는 전문증거에 대한 증거능력의 제한을 규정한 형사소송법 제310조의2는 적용될 여지가 없다고 보아야 한다.

2. 대법원 1961.10.26, 4294형상590

심신상실(책임조각사유) 또는 심신미약(책임감경 ∴ 형의 감경사유)에 대한 증명의 정도

범인의 범행 당시의 정신상태가 심신상실이었느냐 심신미약이었느냐는 자유로운 증명으로서 족하나, 일반적으로는 전문가의 감정에 의뢰하는 것이 타당하다.

3. 처벌조건

객관적 처벌조건과 인적 처벌조각사유와 같은 범죄의 처벌조건은 공소범죄사실 자체는 아니나 형벌권의 발생에 직접 관련되는 사실이므로 **엄격한 증명을 요한다.** [법원행시 04] 따라서 사전수뢰죄(형법 제129조 제2항)의 공무원 또는 중재인이 된 사실, 파산범죄에서 파산선고의 확정 [경찰승진 10], **친족상도례**의 경우 일정한 친족관계(직계혈족 · 배우자 · 동거친족 · 동거가족 또는 그 배우자, 형법 제328조 제1항)의 부존재 [전의경 09]는 모두 엄격한 증명의 대상이 된다.

4. 형벌권의 범위에 관한 사실

(1) 법률상 형의 가중 · 감면의 이유되는 사실 : 범죄사실 자체는 아니지만, 형벌의 종류나 형량은 이에 못지않게 피고인의 이익에 중대한 영향을 미치므로, 형의 가중 · 감면사유에 해당하는 사실에 대해서는 엄격한 증명을 요한다.

예 누범전과, 상습성 [법원승진 12, 국가9급 08, 경찰간부 13], 심신미약(판례 : 자유), 장애미수, 중지미수의 자의성 [경찰채용 08], 불능미수, 자수 · 자복 등.

보충 누범전과가 아닌 전과사실은 형의 양정을 위한 일반적 정상관계사실에 불과하므로 소송경제의 관점에서 엄격한 증명을 요할 필요가 없다(통설).

(2) 몰수 · 추징에 관한 사실 : 몰수 · 추징은 부가형으로서 형벌의 성질을 가지고 있으므로(형법 제41조 제9호) 엄격한 증명을 요한다는 것이 통설이나, 판례는 **몰수 · 추징의 대상이 되는지 여부나 추징액의 인정**은 엄격한 증명을 필요로 하지 아니한다는 입장이다(대법원 1993.6.22, 91도3346). [법원9급 07, 국가7급 14, 국가9급 05/07/08, 해경간부 12, 경찰승진 09/10, 전의경 09]

정리 통설은 엄격한 증명의 대상으로 보지만, 판례는 자유로운 증명의 대상으로 보는 것 : ① 명예훼손죄의 위법성조각사유인 사실의 증명, ② 심신상실 · 심신미약, ③ 몰수 · 추징 대상 여부 및 추징액의 인정(명/심/몰/에서는 자유롭게 증명해).

> **대법원 1993.6.22, 91도3346**
> 몰수, 추징의 대상이 되는지 여부나 추징액의 인정은 엄격한 증명을 필요로 하지 아니한다(대법원 1987.4.11, 87도399; 1982.2.9, 81도3040 등 참조). 따라서 원심이 수사기록에 첨부된 세관공무원의 시가감정서(이 사건 선박들의 범칙 당시의 국내도매물가를 산출한 것)에 근거하여 추징액을 결정한 제1심판결을 정당하다고 본 것은 수긍할 수 있다.

5. 간접사실 · 경험법칙 · 법규 · 보조사실

(1) 간접사실 : 주요사실의 존부를 간접적으로 추인하게 하는 사실을 말하는데, **주요사실이 엄격한 증명을 요한다면 간접사실도 엄격한 증명**의 대상이 된다. [국가9급 05/17] 따라서 피고인의 알리바이(현장부재)에 대한 증명의 경우에는, 피고인은 자유로운 증명으로 알리바이를 주장할 수 있으나, 이에 대한 **검사의 알리바이 부존재의 증명**은 결국 구성요건해당사실을 증명하는 것이므로 **엄격한 증명**의 대상이 된다. [교정9급특채 11]

(2) 경험법칙 : 인간의 경험에서 결과적으로 얻어진 사물의 성상이나 인과관계에 관한 법칙을 경험법칙이라 하는바, 이는 범죄를 구성하는 사실이 아니라 사실판단의 전제가 되는 지식에 불과하다. 이러한 경험법칙 중 ① 일반적 경험법칙(예 총을 쏘거나 독극물을 먹여서 사람을 살해할 수 있음)은 공지의 사실이므로 증명을 요하지 아니한다(불요증사실). 그러나 ② **특별한 경험법칙**(예 법관이 특별한 지식이 있어 개인적으로 알고 있는 법칙)과 같이 경험법칙의 내용이 명백하지 않고 그것이 엄격한 증명을 요하는 사실의 인정에 필요한 때에는 엄격한 증명을 요한다.

(3) 법규 : ① 법규의 존재와 내용은 직권조사사항이므로 불요증사실에 해당한다. 그러나 ② 외국법 · 관습법 · 자치법규와 같이 법규의 내용이 명백하지 않고 그것이 엄격한 증명을 요하는 사실을 인정하는 전제가 되는 경우에는 엄격한 증명을 요한다. 판례도 **외국법규의 존재는 엄격한 증명**의 대상이 된다고 판시하고 있다(형법 제6조의 '행위지의 법률에 의하여 범죄를 구성'하는가 여부 : 대법원 1973.5.1, 73도289). [해경간부 12, 경찰승진 10/11]

> **대법원 1973.5.1, 73도289**
> 외국법규의 존재는 엄격한 증명을 요한다는 사례
> 형법 제6조 단행에 규정한 "행위지의 법률에 의하여 범죄를 구성"하는가 여부에 관하여는 이른바 엄격한 증명을 필요로 한다.

(4) 보조사실 중 보강사실 : 증거의 증명력에 영향을 미치는 사실로서 증거의 증명을 감쇄시키는 사실과 이를 보강하는 사실이 여기에 해당되는바, ① 증명력을 **감쇄시키는 사실**에 대해서는 증거능력이 부정되는 탄핵증거를 가지고도 입증할 수 있으므로 **자유로운 증명**으로 족한 데 비해, ② 주요사실에 대한 증거의 증명력을 **보강하는 보조사실에 대한 증명은 엄격한 증명**을 요한다.

보충 보강증거 : 엄격한 증명, 탄핵증거 : 자유로운 증명

III 자유로운 증명의 대상

1. 정상관계사실

(1) 의의 : 법률에 규정된 형의 가중 · 감면사유 이외에 형의 양정(양형)의 기초가 되는 정상과 관계된 사실을 말한다. 보통 **정상참작**의 '정상'에 해당하는 사실을 말한다.

예 피고인의 경력 · 전과 · 성격 · 환경, 범행 후의 정황(죄를 뉘우치는 정황) 등 형의 양형의 조건(형법 제51조), 작량감경(동법 제53조), 선고유예(동법 제59조) · 집행유예(동법 제62조)의 조건이 되는 사실 등.

(2) 원칙 : 형벌권의 범위에 관한 사실이기는 하나, 이러한 일반적인 정상관계사실은 복잡다단한 양상을 띠고 양형은 법관의 재량에 의한다는 점을 고려할 때 **자유로운 증명**으로 족하다(통설 · 판례). [교정9급특채 11]

대법원 2010.4.29, 2010도750 [국가7급 18]

정상관계사실은 자유로운 증명의 대상이라는 사례

양형의 조건에 관하여 규정한 형법 제51조의 사항은 널리 형의 양정에 관한 법원의 재량사항에 속한다고 해석되므로(대법원 2008.5.29, 2008도1816 등), 법원은 범죄의 구성요건이나 법률상 규정된 형의 가중·감면의 사유가 되는 경우를 제외하고는, 법률이 규정한 증거로서의 자격이나 증거조사방식에 구애됨이 없이 상당한 방법으로 조사하여 양형의 조건이 되는 사항을 인정할 수 있다. 나아가 형의 양정에 관한 절차는 범죄사실을 인정하는 단계와 달리 취급하여야 하므로, 당사자가 직접 수집하여 제출하기 곤란하거나 필요하다고 인정되는 경우 등에는 직권으로 양형조건에 관한 형법 제51조의 사항을 수집·조사할 수 있다.

(3) 예외 : 범죄의 수단·방법이나 피해의 정도는 오히려 공소범죄사실 자체의 내용에 속한다고 할 수 있으므로 엄격한 증명을 요한다.

2. 소송법적 사실

(1) 소송조건의 존부 및 절차진행의 적법성에 관한 사실 : 형벌권의 존부 및 범위와 직접 관계가 없고 소송의 존속과 유지를 위한 조건에 불과하므로 **자유로운 증명**으로 족하다.

예 친고죄에 있어서 고소의 유무(대법원 1999.2.9, 98도2074) [법원9급 13/15, 법원승진 12, 해경간부 12, 경찰승진 11, 경찰채용 12 1차/14 1차/15 2차, 국가9급 22], 즉시고발사건에 있어서 고발의 유무, 친고죄의 고소취소 및 반의사불벌죄의 처벌을 희망하지 않는다는 의사표시 또는 처벌희망 의사표시의 철회의 유무나 효력 여부, 피고인의 구속기간, 공소제기, 관할권의 존재, 피고인신문의 적법성 등.

판례연구 소송조건 충족에 관한 증명의 정도

1. **대법원 1999.2.9, 98도2074** [경찰채용 22 2차]

   소송조건은 자유로운 증명의 대상이라는 사례

   친고죄에서의 고소 유무에 대한 사실은 자유로운 증명의 대상이 된다.

2. **대법원 2010.10.14, 2010도5610**

   반의사불벌죄에서 '처벌불원의 의사표시' 또는 '처벌희망 의사표시 철회'의 유무나 그 효력에 관한 사실이 엄격한 증명의 대상이 아니라는 사례

   반의사불벌죄에서 피고인 또는 피의자의 처벌을 희망하지 않는다는 의사표시 또는 처벌희망 의사표시 철회의 유무나 그 효력 여부에 관한 사실은 엄격한 증명의 대상이 아니라 증거능력이 없는 증거나 법률이 규정한 증거조사방법을 거치지 아니한 증거에 의한 증명, 이른바 자유로운 증명의 대상이다(대법원 1999.2.9, 98도2074; 1999.5.14, 99도947 등).

3. **대법원 2001.2.9, 2000도1216; 2021.10.28, 2021도404** [경찰채용 23 1차]

   출입국사범 사건에서 적법한 고발이 있었는지에 관한 증명의 방법

   출입국사범 사건에서 지방출입국·외국인관서의 장의 적법한 고발이 있었는지 여부가 문제되는 경우에 법원은 증거조사의 방법이나 증거능력의 제한을 받지 아니하고 제반사정을 종합하여 적당하다고 인정되는 방법에 의하여 자유로운 증명으로 그 고발 유무를 판단하면 된다.

(2) 증거의 증거능력 인정을 위한 기초사실 : **자백의 임의성, 진술서의 진정성립, 전문증거의 특신상태** 등을 말하는데, 학설의 대립은 있으나 이 또한 소송법적 사실에 속하므로 **자유로운 증명**으로 족하다는 것이 다수설·판례(대법원 1983.3.8, 83도328; 1986.11.25, 83도1718)이다.[1] 다만, 후술하듯이 거증책임은 검사가 부담한다.

1) [참고] 자백의 임의성 등 증거능력 인정의 기초사실에 대한 증명의 정도에 관한 학설
① 자유로운 증명설 : 소송법적 사실이므로 자유로운 증명으로 족하다는 입장이다(통설·판례).
② 엄격한 증명설 : 피고인에게 중대한 불이익을 초래하는 사실이므로 엄격한 증명의 대상으로 보아야 한다는 입장이다(권오병 176면; 정/백 162면).
③ 절충설 : 실체법적 사실과 소송법적 사실을 나누어 보는 것은 지나치게 형식적이므로, 고문, 폭행, 협박, 부당한 장기구속, 기망 등에 의한 자백의 임의성이 다투어지는 경우에는 엄격한 증명의 대상이 되고, 나머지 경우는 자유로운 증명의 대상으로 보아야 한다는 입장이다(신동운 1110면).

판례연구 증거능력 인정의 기초사실에 관한 증명의 정도

1. **대법원 1986.11.25, 83도1718** [국가9급 08, 국가7급 07, 경찰간부 12, 경찰승진 11, 경찰채용 14 1차, 전의경 09]
   피의자의 진술에 관하여 공판정에서 그 임의성 유무가 다투어지는 경우에는 법원은 구체적인 사건에 따라 증거조사의 방법이나 증거능력의 제한을 받지 아니하고 제반사정을 종합 참작하여 적당하다고 인정되는 방법에 의하여 자유로운 증명으로 그 임의성 유무를 판단하면 된다.

2. **대법원 2001.9.4, 2000도1743** [법원9급 13/20, 교정9급특채 10, 해경간부 12, 경찰승진 11, 경찰채용 14 1차/23 1차]
   피고인의 자필로 작성된 진술서의 경우에는 서류의 작성자가 동시에 진술자이므로 진정하게 성립된 것으로 인정되어 (구)형사소송법 제313조 단서에 의하여 그 진술이 특히 신빙할 수 있는 상태하에서 행하여진 때에는 증거능력이 있고, 이러한 특신상태는 증거능력의 요건에 해당하므로(전문증거의 예외요건) 검사가 그 존재에 대하여 구체적으로 주장·입증하여야 하는 것이지만, 이는 소송상의 사실에 관한 것이므로, 엄격한 증명을 요하지 아니하고 자유로운 증명으로 족하다.
   보충 위 판례는 피고인의 (수사과정 외) 자필 작성 진술서에 대하여 법 제313조 제1항이 규정한 예외요건(자필 또는 서명 또는 날인이 있을 것 + 성립의 진정의 증명)에서 추가로 특신상태를 검토한 판례이다. 학설에서는, 이 판례에 의하여 피고인의 진술서에 대해서도 특신상태가 요구된다는 입장과 그렇지 않다는 견해가 대립하고 있다.

판례연구 소송법적 사실이지만 엄격한 증명의 대상으로 본 사례

대법원 1970.10.30, 70도1936

소송법적 사실이지만 신분적 재판권에 대해서는 엄격한 증명의 대상으로 본 사례

민간인이 군에 입대하여 군인신분을 취득하였는가의 여부를 판단함에는 엄격한 증명을 요한다.

보충 위 판례는 군인에 대해서는 일반법원이 재판권이 없다는 법률적용의 전제로서 군인신분을 취득하였는가를 엄격한 증명의 대상으로 본 것이다. 재판권의 존부의 문제는 소송조건이나, 현실적으로 중요한 문제임을 고려하여 엄격한 증명의 대상으로 판시한 사례이다. 따지고 보면, 판례는 외국법규의 존재에 대해서도 이것이 소송법적 사실인 재판권의 존부에 관한 사실임에도 엄격한 증명의 대상으로 보고 있다.

3. 보조사실 중 탄핵사실

전술하였듯이, 주요사실을 인정하는 증거의 증명력을 보강하는 자료가 되는 사실은 엄격한 증명을 요하나, **증거의 증명력을 탄핵(감쇄)하는 사실은 자유로운 증명**으로 족하다. [경찰간부 12, 경찰승진 11, 경찰채용 09 1차]

Ⅳ 불요증사실

1. 의 의

불요증사실(不要證事實)이란 증명이 필요 없는 사실, 즉 엄격한 증명은 물론 자유로운 증명도 필요 없는 사실을 말한다.

2. 공지의 사실

(1) 의의 : 역사상 명백한 사실이나 자연계의 현저한 사실과 같이 보통의 지식이나 경험이 있는 사람이면 누구나 의심하지 않고 인정하는 사실을 말한다.

(2) 내 용

① **상대적 개념** : 공지의 사실은 반드시 모든 사람에게 알려져 있음을 요하지 않고 일정한 범위의 사람에게 일반적으로 알려져 있으면 족하다(대법원 1993.9.28, 93도1730).

② **증명 및 반증** : 공지의 사실은 증명을 요하지 않는다. 다만, 반증이 금지되는 것은 아니다.

(3) 법원에 현저한 사실

① **의의** : 법원이 그 직무상 명백히 알고 있는 사실을 말한다.

예 당해 재판부가 이전에 선고한 판결·결정 [경찰간부 13]

② **증명** : 형사소송에 있어서 법원에 대한 국민의 신뢰를 확보하고 공정한 재판을 담보하기 위해서는 법관이 알고 있는 사실이라 하더라도 증명을 요한다고 해야 한다(통설). 다만, 자유로운 증명으로 족하다.

3. 추정된 사실

(1) **법률상 추정된 사실** : 전제사실이 증명되면 반증이 없는 한 다른 사실을 인정하도록 법률에 규정되어 있는 경우를 말한다. 다만, 법률상 추정은 법관에게 추정된 사실의 인정이 강제되는 효과가 생기는바, 이는 실체적 진실주의, 자유심증주의 및 무죄추정의 원칙에 반하므로 형사소송에서는 **인정할 수 없다**.[1]

(2) 사실상 추정된 사실

① 의의 : 전제사실에 의하여 다른 사실을 추정하는 것이 논리적으로 합리적인 경우를 말한다.

예 구성요건해당성 인정 → 위법성 · 책임 사실상 추정

② 증명 : 사실상 추정된 사실은 증명을 요하지 않는다. 그러나 당사자 간에 다툼이 있으면 추정은 즉시 깨지므로 이 경우 증명을 요한다.

4. 거증금지사실

(1) 의의 : 공무원의 직무상 비밀(법 제147조)과 같이 증명으로 인하여 얻게 될 소송법적 이익보다 더 큰 초소송법적 이익 때문에 증명이 금지된 사실을 말한다.

(2) 증명 : 원칙적으로 증명을 요하지 않는다.

V 증거재판주의의 위반

증거에 의하지 아니하고 공소사실 등을 인정하거나, 증거능력이 없는 증거에 의하여 공소사실 등을 인정하거나, 적법한 증거조사를 거치지 않은 증거에 의하여 공소사실 등을 인정하는 경우는 증거재판주의 위반에 해당한다. 이는 판결에 영향을 미친 법률위반에 해당하여 항소이유(제361조의5 제1호) 또는 상고이유(제383조 제1호)가 된다.

정리 증명의 방법과 정도

엄격한 증명	구/위/책/처/형/간/경/법/보 ☆ 명/심/몰 : 자유로운 증명
자유로운 증명	정/소/탄 (정상/소송/탄핵)
불요증	공/추/거
증명의 정도	합리적 의심의 여지가 없는 확신

02 거증책임

I 의 의

1. 개념 및 종류

(1) 개념 : 거증책임(擧證責任)이란 요증사실의 존부에 대하여 증명이 불충분한 경우에 그로 인하여 불이익을 받게 되는 당사자의 지위를 말한다(실질적 거증책임, 입증책임, 증명책임, burden of proof). 즉, 거증책임은 **소송의 종결단계에서의 증명불능이 있을 때 증명불능으로 인한 불이익**을 누구에게 부담시킬 것인가의 의미를 가진다. 이러한 거증책임은 **처음부터 고정되어 있는 지위**이므로 소송의 진행에 따라 변동되지 않는다.

(2) 종류 : 재판종결단계의 증명불능의 위험부담을 지는 고정적인 법적 지위인 거증책임을 실질적 거증책임이라 하는 데 비해, 재판절차가 진행됨에 따라 일정한 사실을 증명하지 않으면 불이익을 받을 당사자가 부담하는 책임을 형식적 거증책임(입증의 부담)이라 한다. 이는 절차의 진행에 따라 반대당사자에게 이전될 수도 있다.

---

1) [참고] 다만, 환경범죄의 단속에 관한 특별조치법에 따른 불법배출과 위험발생 간의 인과관계의 추정(동법 제11조), 공무원범죄에 관한 몰수특례법에 의한 불법재산의 입증(동법 제7조)에서는 법률상 추정이 인정된다.

2. 기 능

거증책임은 당사자의 적극적인 입증활동과 법원의 직권에 의한 증거조사에도 불구하고 사실의 존부에 관하여 법원이 확신에 이르지 못한 경우에 재판불능의 상태에 빠지는 것을 방지하는 법적 장치이다.

3. 소송구조와의 관계

당사자주의하에서는 거증책임을 인정하는 것에 문제가 없다. 다만, 직권주의하에서 거증책임의 개념을 인정할 수 있는가에 대해서는 학설의 대립이 있으나, 당사자주의와 직권주의 소송구조가 다른 모습을 보이는 것은 소송의 진행단계인 반면, 거증책임은 종국판결시에 작용하는 위험부담을 의미하므로 직권주의하에서도 거증책임이 인정된다는 것이 통설에 속한다(거증책임긍정설).[1]

Ⅱ 거증책임의 분배

1. 원칙 - 검사부담

무죄추정의 원칙(제275조의2)과 in dubio pro reo(의심스러울 때에는 피고인에게 유리하게)의 원칙에 따라 범죄의 성립과 형벌권의 발생에 영향을 미치는 모든 사실에 대하여 **검사가 거증책임을 지는 것이 원칙**이다. [국가9급 12]

> **대법원 2003.12.26, 2003도5255** [법원9급 09, 국가9급 13, 경찰승진 14]
>
> 형사재판에 있어서 공소사실에 대한 거증책임 및 증명력의 정도와 민사재판상의 입증책임과의 관계
>
> 형사재판에 있어서 공소가 제기된 범죄사실에 대한 입증책임은 검사에 있고, 유죄의 인정은 법관으로 하여금 합리적인 의심을 할 여지가 없을 정도로 공소사실이 진실한 것이라는 확신을 가지게 하는 증명력을 가진 증거에 의하여야 하므로, 그와 같은 증거가 없다면 설령 피고인에게 유죄의 의심이 간다 하더라도 피고인의 이익으로 판단할 수밖에 없으며, 민사재판이었더라면 입증책임을 지게 되었을 피고인이 그 쟁점이 된 사항에 대하여 자신에게 유리한 입증을 하지 못하고 있다 하여 위와 같은 원칙이 달리 적용되는 것은 아니다.

2. 적용범위

(1) 공소범죄사실과 처벌조건인 사실

① 공소범죄사실

(가) 구성요건해당사실 및 위법성·책임의 존재 : 검사가 거증책임을 부담한다. [국가9급 13, 교정9급특채 10]

> **판례연구** 구성요건해당사실에 대한 검사의 거증책임
>
> **1. 대법원 2010.7.23, 2010도1189 전원합의체**
>
> 목적범에서의 목적에 대한 거증책임을 검사가 부담한다는 사례
>
> 국가보안법 제7조 제5항의 죄는 제1, 3, 4항에 규정된 이적행위를 할 목적으로 문서·도화 기타의 표현물을 제작·수입·복사·소지·운반·반포·판매 또는 취득하는 것으로서 이른바 목적범임이 명백하다. 목적범에서의 목적은 범죄 성립을 위한 초과주관적 위법요소로서 고의 외에 별도로 요구되는 것이므로, 행위자가 표현물의 이적성을 인식하고 제5항의 행위를 하였다고 하더라도 이적행위를 할 목적이 인정되지 아니하면 그 구성요건은 충족되지 아니한다. 그리고 형사재판에서 공소가 제기된 범죄의 구성요건을 이루는 사실에 대한 증명책임은 검사에게 있으므로 행위자에게 이적행위를 할 목적이 있었다는 점은 검사가 증명하여야 하며, 행위자가 이적표현물임을 인식하고 제5항의 행위를 하였다는 사실만으로 그에게 이적행위를 할 목적이 있었다고 추정해서는 아니 된다.
>
> **2. 대법원 2014.6.12, 2014도3163**
>
> 선행차량에 이어 피고인 운전 차량이 피해자를 연속하여 역과하는 과정에서 피해자가 사망한 사례
>
> 형사재판에서 공소가 제기된 범죄사실에 대한 증명책임은 검사에게 있고, 유죄의 인정은 법관으로 하여금 합리적인 의심을 할 여지가 없을 정도로 공소사실이 진실한 것이라는 확신을 가지게 하는 증명력을 가진 엄격한 증거에 의하여야 하며, 이러한 법리는 선행차량에 이어 피고인 운전 차량이 피해자를 연속하여 역과하는 과정에서 피해자가 사망한 경우에도 마찬가지로 적용되므로, 피고인이 일으킨 후행 교통사고 당시에 피해자가 생존해 있었다는 증거가 없다면 설령 피고인에게 유죄의 의심이 있다고 하더라도 피고인의 이익으로 판단할 수밖에 없다.

---

1) [참고] 부정설은 배/이/정 533면.

보충 자동차 운전자인 피고인이, 甲이 운전하는 선행차량에 충격되어 도로에 쓰러져 있던 피해자 乙을 다시 역과함으로써 사망에 이르게 하고도 필요한 조치를 취하지 않고 도주하였다고 하여 특가법 위반(도주차량)으로 기소된 경우, 제출된 증거들만으로는 피고인 운전 차량이 2차로 乙을 역과할 당시 아직 乙이 생존해 있었다고 단정하기 어렵다고 본 판례이다. 따라서 이와 달리 보아 피고인에게 유죄를 인정한 원심판결에는 선행 교통사고와 후행 교통사고가 경합하여 피해자가 사망한 경우 후행 교통사고와 피해자의 사망 사이의 인과관계 증명책임에 관한 법리오해 등의 위법이 있다고 판시하였다.

(나) **범죄성립조각사유** : 피고인이 위법성조각사유나 책임조각사유를 주장하는 경우에는 그 부존재에 대해서 검사가 거증책임을 부담한다.

(다) **알리바이** : 피고인의 알리바이 주장에 대해서 법원이 확신을 갖지 못한 경우의 거증책임의 부담에 대해서는 피고인부담설과 검사부담설(다수설)이 대립하나,[1] in dubio pro reo의 원칙에 따라 **검사부담설**이 타당하다. [국가7급 14]

보충 ∴ 피고인이 알리바이 주장을 하면, 검사가 알리바이 부존재를 엄격한 증명으로 증명해야 한다는 설명은 앞서 엄격한 증명의 대상 중 간접사실 참조.

② **처벌조건인 사실** : 형벌권 발생의 요건이 되는 사실이므로 객관적 처벌조건의 존재 및 인적 처벌조각사유의 부존재에 대하여 검사가 거증책임을 부담한다.

(2) 형의 가중·감면의 사유가 되는 사실

① **형의 가중사유가 되는 사실** : 피고인에 불리한 사실이므로 무죄추정의 원칙상 검사에게 거증책임이 있다. 예 누범전과사실

② **형의 감면사유가 되는 사실** : 비록 형의 감경·면제사유이지만 형벌권의 범위에 영향을 미치는 사실이므로 **형의 감면사유의 부존재에 대해서는 검사에게 거증책임**이 있다. 예 심신미약, 자수

(3) 소송법적 사실

① **소송조건의 존부** : 소송조건은 증명의 정도에 있어서는 자유로운 증명의 대상이나, 거증책임의 분배에 있어서는 공소제기의 적법·유효요건이 되므로 **검사에게 거증책임**이 있다. 예 친고죄(반의사불벌죄)의 고소 및 그 취소, 공소시효의 완성, 사면 등.

② **증거능력의 전제사실** : 증거를 자기의 이익을 위해 이용하려는 당사자가 그에 대한 거증책임도 부담하는 것이 공평의 원칙에 부합하므로 거증책임은 증거를 제출한 당사자에게 있다(다수설). 따라서 검사가 피고인의 자필진술서(대법원 2001.9.4, 2000도1743) [법원9급 13], 의사의 진단서(대법원 1969.3.31, 69도179), 서증을 증거로 제출한 경우 그 **거증책임도 검사**가 진다. 또한 **자백의 임의성**을 의심할 만한 합리적이고 구체적인 사실에 대해서도 피고인이 증명할 것이 아니고 무죄추정원칙상 **검사가 그 임의성의 의문점을 해소하는 입증**을 해야 한다.[2] [법원9급 15, 국가9급 08/11/13/14/15, 교정9급특채 10]

보충 과거의 판례는 진술의 임의성에 관한 증명은 자유로운 증명의 대상이므로 특별히 입증책임의 분배가 문제되지 않는다는 입장이었으나, 최근에는 위와 같이 자백의 임의성의 거증책임은 검사가 지도록 하고 있다.

판례연구 증거능력의 전제사실의 거증책임

1. 대법원 1970.11.24, 70도2109

서증의 증거능력을 부여하기 위한 입증책임은 그 서증을 증거로 제출한 검사에게 있다.

2. 대법원 2002.10.8, 2001도3931

임의성 없는 진술의 증거능력을 부정하는 취지 및 그 임의성에 대한 입증책임의 소재(= 검사)

임의성 없는 진술의 증거능력을 부정하는 취지는, 허위진술을 유발 또는 강요할 위험성이 있는 상태하에서 행하여진 진술은 그 자체가 실체적 진실에 부합하지 아니하여 오판을 일으킬 소지가 있을 뿐만 아니라 그 진위 여부를 떠나서 진술자의 기본적 인권을 침해하는 위법 부당한 압박이 가하여지는 것을 사전에 막기 위한 것이므로, 그 임의성에 다툼이 있을 때에는 그 임

1) [참고] 피고인부담설은 이재상 510면 참조.

2) [참고] 다만, 보다 근본적으로는 증거능력 인정의 전제사실에 대해서는 무죄추정원칙에 의하여 검사가 거증책임을 진다고 보는 것이 타당하다는 것이 근래의 유력설이다.

의성을 의심할 만한 합리적이고 구체적인 사실을 피고인이 입증할 것이 아니고 검사가 그 임의성의 의문점을 해소하는 입증을 하여야 한다. … 따라서 알선수재 사건의 공여자 등이 별건으로 구속된 상태에서 10여 일 내지 수십여 일 동안 거의 매일 검사실로 소환되어 밤늦게까지 조사를 받았다면 이들은 과도한 육체적 피로, 수면부족, 심리적 압박감 속에서 진술을 한 것으로 보여지므로 이들에 대한 진술조서는 그 임의성을 의심할 만한 사정이 있고, 검사가 그 임의성의 의문점을 해소하는 입증을 하지 못하면 위 진술조서는 증거능력이 없다고 해야 한다. [법원9급 15, 국가9급 08/11/13/14/15, 교정9급특채 10]

3. 대법원 2007.1.11, 2006도7228

증인 구인장 집행불능 상황을 구법 제314조의 기타 사유에 해당한다고 인정할 수 있는 요건

직접주의와 전문법칙의 예외를 정한 형사소송법 제314조의 요건 충족 여부는 엄격히 심사하여야 하고 전문증거의 증거능력을 갖추기 위한 요건에 관한 입증책임은 검사에게 있는 것이므로, 법원이 증인에 대한 구인장 집행불능 상황을 형사소송법 제314조의 '기타 사유로 인하여 진술할 수 없는 때'에 해당한다고 인정할 수 있으려면, 형식적으로 구인장 집행이 불가능하다는 취지의 서면이 제출되었다는 것만으로는 부족하고, 증인에 대한 구인장의 강제력에 기하여 증인의 법정 출석을 위한 가능하고도 충분한 노력을 다하였음에도 불구하고, 부득이 증인의 법정 출석이 불가능하게 되었다는 사정을 검사가 입증한 경우여야 한다.

Ⅲ 거증책임의 전환

1. 의 의

(1) 개념 : 거증책임의 전환이란 원칙적으로 검사가 부담하는 거증책임이 예외적으로 피고인에게 전가되는 경우를 말한다.

(2) 허용 : 헌법상 무죄추정원칙(제27조 제4항)에 의해 검사가 부담하는 거증책임이 피고인에게로 전환되는 것은 ① **명문의 규정**과 ② **합리적 근거**를 갖춘 경우에만 허용된다.

2. 상해죄의 동시범의 특례

(1) 형법 제263조

① 의의 : "독립행위가 경합하여 상해의 결과를 발생하게 한 경우에 있어서 원인된 행위가 판명되지 아니한 때에는 공동정범의 예에 의한다."

② 내용 : 수사기관의 인과관계의 입증의 곤란을 구제하여 상해의 동시범 중 인과관계가 판명되지 않은 경우에도 상해죄의 기수범으로 처벌할 수 있는 규정이다.

(2) 법적 성격 : ① 법률상 추정설(실체법상 공동정범 의제설), ② 이원설(실체법상 공동정범 의제, 소송법상 거증책임 전환설), ③ 거증책임전환규정설(다수설)이 대립하나,[1] 법률상 추정설에 의하면 사실상 반증이 어려울 뿐만 아니라 실체적 진실주의와 자유심증주의에 의할 때 법률상 추정을 인정할 수는 없다는 점에서 법률상 추정설은 타당하다 할 수 없다. 결론적으로 형법 제263조는 빈번하게 발생하는 상해 · 폭행사건에 대하여 피고인에게 소송법상 거증책임을 부담시키는 정책적 예외규정으로 파악하는 **거증책임전환규정설**이 타당하다.

3. 명예훼손죄의 위법성조각사유

(1) 형법 제310조 : "제307조 제1항의 행위가 진실한 사실로서 오로지 공공의 이익에 관한 때에는 처벌하지 아니한다."

(2) 법적 성격 : ① 거증책임전환설[2]과 ② 부전환설(검사거증책임부담설, 위법성조각사유설, 통설)이 대립하나,[3] **판례는 거증책임전환설**의 입장이다. 판례에 의하면, **형법 제310조의 공익성과 진실성은 행위자가 증명**하여야 한다. 다만, 그 증명은 엄격한 증거에 의하여야 하는 것은 아니므로 전문증거에 대한 증거능력의 제한을 규정한 법 제310조의2는 적용될 여지가 없다(**자유로운 증명**, 대법원 1996.10.25, 95도1473). [국가9급 13, 교정9급특채 11]

---

1) [참고] 이외 사실상 추정설은 손동권 510면 참조.

2) 신동운 1127면; 임동규 477면. 이 견해는 형법 제310조를 실체법상으로는 위법성조각사유로, 소송법상으로 거증책임전환규정으로 파악한다.

3) [참고 – 학설평가] 형법 제310조는 명예훼손죄의 특별한 위법성조각사유를 정한 데 불과하고, 거증책임의 전환을 인정하기 위해서는 명문규정이 있어야 하는데 동조항은 증명문제에 대해서는 아무런 언급이 없으며, 피고인에게 유리한 규정이라 하여 이를 거증책임전환규정으로 보면 다른 위법성조각사유에 대해서도 유사한 문제가 발생할 수 있다는 점에서, 검사거증책임부담설이 타당하다고 생각된다. 다만, 본서의 특성상 판례로 정리한다.

판례연구 거증책임의 전환

대법원 1996.10.25, 95도1473 [국7/9급 13/20, 교정9급특채 11]

형법 제310조의 위법성조각사유는 거증책임전환규정 : 재건축조합 유인물 사건

공연히 사실을 적시하여 사람의 명예를 훼손한 행위가 형법 제310조의 규정에 따라서 위법성이 조각되어 처벌대상이 되지 않기 위하여는 그것이 진실한 사실로서 오로지 공공의 이익에 관한 때에 해당된다는 점을 행위자가 증명하여야 하는 것이나(대법원 1988.10.11, 85다카29; 1993.6.22, 92도3160; 1996.5.28, 94다33828 등), 그 증명은 유죄의 인정에 있어 요구되는 것과 같이 법관으로 하여금 의심할 여지가 없을 정도의 확신을 가지게 하는 증명력을 가진 엄격한 증거에 의하여야 하는 것은 아니라고 할 것이므로, 이때에는 전문증거에 대한 증거능력의 제한을 규정한 형사소송법 제310조의2는 적용될 여지가 없다고 보아야 한다.

보충 학설에서는 거증책임 부전환설(검사거증책임부담설, 위법성조각사유설)이 통설이다. 통설은 ① 형법 제310조는 명예훼손죄의 특별한 위법성조각사유를 정한 데 불과하고, ② 거증책임의 전환을 인정하기 위해서는 명문규정이 있어야 하는데 동조항은 증명문제에 대해서는 아무런 언급이 없으며, ③ 피고인에게 유리한 규정이라 하여 이를 거증책임전환규정으로 보면 다른 위법성조각사유에 대해서도 유사한 문제가 발생할 수 있다는 점을 논거로 한다.

Ⅳ 입증의 부담과 증거제출책임(참고)

1. 입증의 부담

(1) 의의 : 소송이 진행되어 감에 따라 어느 사실이 증명되지 않음으로써 불리한 판단을 받을 가능성이 있는 당사자가 그 불이익을 면하기 위하여 당해 사실을 증명할 증거를 제출해야 할 부담을 말한다(형식적 거증책임). 기술한 거증책임은 소송의 진행과 관계없이 요증사실의 성질에 따라 고정되어 있으나, 입증의 부담은 소송의 발전에 따라 검사와 피고인 사이에 이전·반전되는 성질을 가진다.

(2) 입증의 정도

① 검사 : 법관이 유죄의 확신을 갖게 할 정도로 입증해야 한다. 예컨대, 피고인이 자신의 알리바이를 증명하면 그 알리바이를 번복하기 위한 입증의 부담은 검사에게 있다(또한 최종적인 거증책임도 검사가 부담함은 기술하였음).

② 피고인 : 법관에게 확신을 갖게 할 정도로 증명할 필요는 없고, 반대사실의 존재를 의심하게 함으로써 법관의 심증을 방해할 정도이면 족하다.

2. 증거제출책임

(1) 의의 : 영미법상 유리한 사실을 주장하기 위해서 필요한 증거를 제출하여 배심원을 설득해야 할 의무를 말한다(burden of producing evidence). 이 의무를 다하지 아니하면 문제되는 사실의 판단에 있어서 반대사실이 인정되는 불이익을 받게 된다. 철저한 당사자주의에 의한 제도이다.

(2) 도입 여부 : 당사자주의를 강화하긴 하였으나 아직도 직권주의를 병행하고 있는 우리 형사소송구조하에서는 입증의 부담의 문제로 처리하면 족하므로 영미법상 증거제출책임제도를 도입할 필요는 없다(통설).

03 자유심증주의

Ⅰ 의 의

1. 개 념

(1) 자유심증주의 : **증거의 증명력을 법률로 정하지 않고 법관의 자유로운 판단에 맡기는 주의**를 말한다(증거평가자유원칙, 제308조). 제307조 제1항에 의해 법관은 증거에 의하여 사실을 인정하되(증거재판주의, 엄격한 증명의 원칙), 제308조에 의해 증거의 증명력은 법관의 자유판단에 의하도록 한 것(free evaluation of evidence, freie Beweiswürdigung)은, 법관이 증거능력 있는 증거 중 필요한 증거를 채택·사용하고 채택한 증거의 실질적인 가치를 평가하여 사실을 인정하는 것은 어디까지나 **법관의 자유심증**에 속한다는 의미이다. 따라서

충분한 증명력이 있는 증거를 합리적인 근거 없이 배척하거나 반대로 객관적인 사실에 명백히 반하는 증거를 합리적 근거 없이 채택·사용하는 등으로 **논리와 경험의 법칙에 어긋나는 것이 아닌 이상, 법관은 자유심증으로 증거를 채택하여 사실을 인정**할 수 있다.

(2) 구별개념 : **자유심증주의와 상반되는 개념이 법정증거주의**이다. 이는 증거의 증명력을 적극적 또는 소극적으로 법률로써 정해 놓는 주의를 말한다. [법원행시 03]

2. 평 가

(1) 법정증거주의 : 법관의 자의를 방지할 수 있는 장점이 있으나, 천차만별한 증거의 증명력을 획일적으로 규정하면 실체적 진실발견에는 부당한 결과를 초래할 수 있고 자백의 증명력을 최고로 보므로 강압수사가 행하여질 수 있다는 단점이 있다.

(2) 자유심증주의 : 법관이 사실을 인정하는 데 아무런 법률적 구속을 받지 아니하고 구체적으로 타당한 증거가치를 평가하여 사안의 진상을 파악함으로써 **실체적 진실발견에 기여할 수 있다는 장점**이 있다. [교정9급특채 10] 반면 사실의 인정이 법관의 자의에 흐를 위험성이 있으므로 이를 방지하기 위한 제도적 장치가 요구된다.

Ⅱ 내 용

1. 자유판단의 주체

(1) 법관 : "**증거의 증명력은 법관의 자유판단에 의한다**(제308조)." 즉, 증명력 판단의 주체는 수소법원인 합의부 또는 단독판사가 아니라 **개개의 법관**이 된다.

(2) 합의부 : 합의부에 있어서는 그 구성원인 각 법관의 자유심증의 결과를 합의의 방식으로 결정한다.

보충 국민참여재판의 경우에는 각 배심원이 증명력 판단의 주체가 되나, 배심원의 평결은 법원을 기속하지 않는다(국참 제46조 제5항).

2. 자유판단의 대상

(1) 증명력

① 의의 : 증거능력의 요건은 법률에 규정되어 있으므로, 법관이 자유롭게 판단할 수 있는 것은 **증거의 증명력**이다. [국가7급 08] 여기서 증명력이란 요증사실의 인정을 위한 증거의 실질적 가치를 의미하는바, 증명력은 다시 증거의 신용력과 협의의 증명력으로 나뉜다.

② 증거의 신용력 : 요증사실과의 관계를 떠나 증거 자체가 진실일 가능성을 말한다.

③ 협의의 증명력 : 증거의 신용력을 전제로 하여 증거가 요증사실의 존재를 인정하게 하는 힘(추인력)을 말한다.

(2) 증 거

① 증거의 범위 : 증거는 엄격한 증명의 자료로 사용되는 것뿐만 아니라 자유로운 증명의 자료로 사용되는 증거도 모두 자유심증주의에 의한 증명력 판단의 대상이 된다. 엄격한 증명의 경우에는 증거능력이 있고 적법한 증거조사절차에 의하여 법관에게 제출된 증거만이 증명력 판단의 대상이 되고, 자유로운 증명의 경우에는 이러한 제한이 없다.

② 변론의 전취지 : 증명력 판단의 대상은 '증거'이므로, 민사소송에 있어서와 같이 변론의 전취지(변론의 태도 등)의 참작에 의한 자유심증은 허용되지 않는다.

3. 자유판단의 의미

(1) 자유판단 : 법관이 증거의 증명력을 판단함에 있어서 **법률적 제한을 받지 않는다**는 것을 말한다. 즉, **증거의 취사와 이를 근거로 한 사실의 인정**은 그것이 경험칙에 위배된다는 등의 특단의 사정이 없는 한 **사실심법원의 전권**에 속한다(대법원 1988.4.12, 87도2709) [국가9급 09]. 따라서 법관은 증거능력이 있는 증거라 하더라도 증명력 없음을 이유로 배척할 수 있다. 다만, 자유심증주의를 규정한 제308조가 증거의 증명력을 법관의

자유판단에 의하도록 한 것은 그것이 실체적 진실발견에 적합하기 때문이라 할 것이므로, 증거판단에 관한 전권을 가지고 있는 사실심법관은 **사실인정에 있어 공판절차에서 획득된 인식과 조사된 증거를 남김 없이 고려**하여야 한다(대법원 2004.6.25, 2004도2221).

(2) **구체적 고찰** : 증인의 증언, 피고인의 진술, 감정인의 의견, 증거서류, 일부증거 · 종합증거, 간접증거 등의 증명력 판단에 대해서 모두 자유심증주의가 적용된다(아래에서는 각 증거별로 자유심증주의에 의하여 증명력을 인정한 판례들을 정리함).

① **피고인의 자백 등 진술** : 자백이라 하더라도 다른 증거에 비해 우월적 증거가치가 인정되는 것은 아니다. 따라서 법관은 **자백과는 다른 사실을 인정할 수도 있다**. 또한 반대로 공동피고인의 진술에도 불구하고 피고인의 부인진술을 신빙할 수도 있거나 피고인의 자백을 신빙하여 범죄사실을 인정할 수도 있다(대법원 1995.12.8, 95도2043). 한편 **검찰에서의 피고인의 자백**이 법정진술과 다르다거나 피고인에게 지나치게 불리한 내용이라는 사유만으로 자백의 신빙성이 의심스럽다고 할 수는 없다(대법원 2010.7.22, 2009도1151). 다만, 위와 같은 법리에도 불구하고, 허위자백의 위험을 배제할 수 없기 때문에, **자백은 보강증거가 있는 경우에 한하여 유죄의 증거**로 할 수 있을 뿐이다(헌법 제12조 제7항, 법 제310조)(자백보강법칙에서 후술함).

1. 대법원 2010.7.22, 2009도1151

검찰에서의 피고인의 자백이 법정진술과 다르거나 피고인에게 지나치게 불리한 경우의 증명력

검찰에서의 피고인의 자백이 법정진술과 다르다거나 피고인에게 지나치게 불리한 내용이라는 사유만으로는 그 자백의 신빙성이 의심스럽다고 할 수는 없는 것이고, 자백의 신빙성 유무를 판단함에 있어서는 자백의 진술 내용 자체가 객관적으로 합리성을 띠고 있는지, 자백의 동기나 이유가 무엇이며, 자백에 이르게 된 경위는 어떠한지 그리고 자백 이외의 정황증거 중 자백과 저촉되거나 모순되는 것이 없는지 하는 점 등을 고려하여 피고인의 자백에 법 제309조에 정한 사유 또는 자백의 동기나 과정에 합리적인 의심을 갖게 할 상황이 있었는지를 판단하여야 한다(대법원 2001.9.28, 2001도4091; 2008.6.26, 2008도1994 등).

2. 대법원 2016.10.13, 2015도17869

피고인이 수사기관에서부터 공판기일에 이르기까지 일관되게 범행을 자백하다가 어느 공판기일부터 갑자기 자백을 번복한 경우, 자백 진술의 신빙성 유무를 판단할 때 고려하여야 할 사항

자백의 신빙성 유무를 판단할 때에는 자백 진술의 내용 자체가 객관적으로 합리성이 있는지, 자백의 동기나 이유는 무엇이며, 자백에 이르게 된 경위는 어떠한지, 그리고 자백 외의 정황증거 중 자백과 저촉되거나 모순되는 것은 없는지 등 제반 사정을 고려하여 판단하여야 한다(대법원 1985.2.26, 82도2413; 2013.11.14, 2013도10277 등). **나아가 피고인이 수사기관에서부터 공판기일에 이르기까지 일관되게 범행을 자백하다가 어느 공판기일부터 갑자기 자백을 번복한 경우에는, 자백 진술의 신빙성 유무를 살피는 외에도 자백을 번복하게 된 동기나 이유 및 경위 등과 함께 수사기관 이래의 진술 경과와 그 진술의 내용 등에 비추어 번복 진술이 납득할 만한 것이고 이를 뒷받침할 증거가 있는지 등을 살펴보아야 한다**(번복 진술을 신빙하지 않고 자백 진술을 신빙함).

② **증인의 증언** : ㉠ 증인의 성년 · 미성년, 책임능력, 선서의 유무를 불문하고 **증언의 증명력에는 법적 차이가 없다**(증언의 취사선택의 자유). 따라서 법관은 자유롭게 증거의 취사선택을 할 수 있고, 모순되는 증거 가운데 어떤 증언을 믿을 것인가도 자유롭게 결정할 수 있다. 예컨대, 선서한 증인의 증언과 선서하지 아니한 증인(선서무능력자)의 증언 중에서도 법관은 선서하지 아니한 증인의 증언의 증명력을 인정하여 **선서한 증인의 증언을 배척할 수 있고** [법원행시 03], 본래증거인 공판정 진술보다 **전문증거에 보다 높은 증명력**을 부여할 수도 있다. [경찰간부 14] 다만, ㉡ 피고인이 범죄사실을 부인하고 객관적 물증이 없는 사건에서 **유일한 증인의 증언은 합리적 의심을 배제할 만한 신빙성**이 있어야 한다(대법원 2014.4.10, 2014도1779). 물론 이 경우에도 ㉢ **증인이 수사기관에서의 진술을 법정에서 번복하였다 하더라도 수사기관에서의 진술의 신빙성은 그 자체로서 판단하여야 하며 이를 번복하였다는 이유로 신빙성을 부정할 수는 없다**(대법원 2015.8.20, 2013도11650 전원합의체).

판례연구 증인의 증언에 대한 법관의 자유판단

1. 대법원 1980.4.8, 79도2125 [국가7급 08/11]

증거보전 절차에서의 진술과 자유심증주의

증거보전 절차에서의 진술이 법원의 관여하에 행하여지는 것(∴ 증거능력 ◯)으로서 수사기관에서의 진술보다 임의성이 더 보장되는 것이기는 하나 보전된 증거가 항상 진실이라고 단정지을 수는 없는 것이므로 법원이 그것을 믿지 않을 만한 사유가 있어서 믿지 않는 것에 자유심증주의의 남용이 있다고 볼 수 없다.

2. 대법원 1988.6.28, 88도740 [국가7급 11, 경찰승진 12]

같은 사람의 검찰에서의 진술과 법정에서의 진술이 다른 경우의 증거의 취사

증거의 취사와 사실인정은 채증법칙에 위반되지 아니하면 사실심의 전권사항에 속하는 것이고 같은 사람의 검찰에서의 진술과 법정에서의 증언이 다를 경우 반드시 후자를 믿어야 된다는 법칙은 없다고 할 것이므로 같은 사람의 법정에서의 증언과 다른 검찰에서의 진술을 믿고서 범죄사실을 인정하더라도 그것이 위법하게 진술된 것이 아닌 이상 자유심증에 속한다.

3. 대법원 1991.5.10, 91도579

선서무능력자의 증언도 신빙할 수 있다는 사례

사고 당시는 만 3년 3월 남짓, 증언 당시는 만 3년 6월 남짓된 강간치상죄의 피해자인 여아가 피해상황에 관하여 비록 구체적이지는 못하지만 개괄적으로 물어 본 검사의 질문에 이를 이해하고 고개를 끄덕이는 형식으로 답변함에 대하여 증언능력이 있음을 인정할 수 있다.

4. 대법원 2015.8.20, 2013도11650 전원합의체 : 전 국무총리 사건

증인이 수사기관에서의 진술을 법정에서 번복하였음에도 수사기관에서의 진술의 신빙성을 인정한 사례

국회의원인 피고인이 甲 주식회사 대표이사 乙에게서 3차례에 걸쳐 약 9억원의 불법정치자금을 수수하였다는 내용으로 기소되었는데, 乙이 검찰의 소환 조사에서는 자금을 조성하여 피고인에게 정치자금으로 제공하였다고 진술하였다가, 제1심 법정에서는 이를 번복하여 자금 조성 사실은 시인하면서도 피고인에게 정치자금으로 제공한 사실을 부인하고 자금의 사용처를 달리 진술한 경우, 공판중심주의와 실질적 직접심리주의 등 형사소송의 기본원칙상 검찰진술보다 법정진술에 더 무게를 두어야 한다는 점을 감안하더라도, 乙의 법정진술을 믿을 수 없는 사정 아래에서 乙이 법정에서 검찰진술을 번복하였다는 이유만으로 조성 자금을 피고인에게 정치자금으로 공여하였다는 검찰진술의 신빙성이 부정될 수는 없고, 진술 내용 자체의 합리성, 객관적 상당성, 전후의 일관성, 이해관계 유무 등과 함께 다른 객관적인 증거나 정황사실에 의하여 진술의 신빙성이 보강될 수 있는지, 반대로 공소사실과 배치되는 사정이 존재하는지 두루 살펴 판단할 때 자금 사용처에 관한 乙의 검찰진술의 신빙성이 인정되므로, 乙의 검찰진술 등을 종합하여 공소사실을 모두 유죄로 인정한 원심판단에는 자유심증주의의 한계를 벗어나는 등의 잘못이 없다.[1]

5. 대법원 2017.1.25, 2016도15526

이태원 살인사건

형사재판에서 유죄의 인정은 법관으로 하여금 합리적인 의심을 할 여지가 없을 정도로 공소사실이 진실한 것이라는 확신을 갖도록 할 수 있는 증명력을 가진 증거에 의하여야 한다. 여기에서 말하는 합리적 의심이란 모든 의문이나 불신을 말하는 것이 아니라 논리와 경험법칙에 기하여 증명이 필요한 사실과 양립할 수 없는 사실의 개연성에 대한 합리적인 의문을 의미한다. 따라서 단순히 관념적인 의심이나 추상적인 가능성에 기초한 의심은 합리적 의심에 포함되지 않는다. 법관은 반드시 직접증거로만 범죄사실에 대한 증명이 있는지를 판단하는 것은 아니고, 직접증거와 간접증거를 종합적으로 고찰하여 논리와 경험의 법칙에 따라 범죄사실에 대한 증명이 있는 것으로 판단할 수 있다. 피고인이 1997.4.3. 21 : 50경 이태원 버거킹 화장실에서 피해자 甲을 칼로 찔러 乙과 공모하여 甲을 살해하였다는 내용으로 기소된 경우, 甲은 피고인과 乙만 있던 화장실에서 칼에 찔려 사망하였고, 피고인과 乙은 서로 상대방이 甲을 칼로 찔렀고 자신은 우연히 그 장면을 목격하였을 뿐이라고 주장하나, 범행 현장에 남아 있던 혈흔 등에 비추어 乙의 주장에는 특별한 모순이 발견되지 않은 반면 피고인의 주장에는 쉽사리 해소하기 힘든 논리적 모순이 발생하는 점, 범행 이후의 정황에 나타난 여러 사정들 역시 피고인이 甲을 칼로 찌르는 것을 목격하였다는 乙의 진술의 신빙성을 뒷받침하는 점 등 제반 사정을 종합하면, 피고인이 甲을 칼로 찔러 살해하였음이 합리적인 의심을 할 여지가

1) [위 전원합의체 판결의 소수의견] ① 수사기관이 피고인 아닌 사람을 상대로 증거를 수집하면서 헌법과 형사소송법이 정한 절차에 따르지 아니하여 증거능력이 부정되는 정도에까지는 이르지 아니하였더라도, 피고인 아닌 사람을 소환하여 진술을 듣고 이를 조서로 작성하는 일련의 증거수집 과정이 수사의 정형적 형태를 벗어남으로써 실체적 진실 규명과 기본적 인권 보장을 목표로 하는 형사사법절차의 존재 의의와 목적에 비추어 수사의 상당성을 인정하기 어렵고 그 과정에 허위가 개입될 여지가 있을 경우에는, 진술조서의 진술기재의 신빙성을 인정하려면 그것을 뒷받침할 객관적인 증거나 정황사실이 존재한다는 특별한 사정이 있어야 한다. 그리고 ② 공판중심주의 원칙과 전문법칙의 취지에 비추어 보면, 피고인 아닌 사람이 공판기일에 선서를 하고 증언하면서 수사기관에서 한 진술과 다른 진술을 하는 경우에, 공개된 법정에서 교호신문을 거치고 위증죄의 부담을 지면서 이루어진 자유로운 진술의 신빙성을 부정하고 수사기관에서 한 진술을 증거로 삼으려면 이를 뒷받침할 객관적인 자료가 있어야 한다. 이때 단순히 추상적인 신빙성의 판단에 그쳐서는 아니 되고, 진술이 달라진 데 관하여 그럴 만한 뚜렷한 사유가 나타나 있지 않다면 위증죄의 부담을 지면서까지 한 법정에서의 자유로운 진술에 더 무게를 두어야 함이 원칙이다. → 이렇게 출제되면 틀린 지문임.

없을 정도로 충분히 증명되었다고 본 원심판단은 정당하다.

보충 한편 거짓말탐지기 검사 결과, 피고인의 진술에 대하여는 거짓으로 진단할 수 있는 특이한 반응이 나타나지 않은 반면, 공소외 1(乙)의 진술에 대하여는 거짓으로 진단할 수 있는 현저한 반응이 나타났다. 그러나 거짓말탐지기 검사 결과가 항상 진실에 부합한다고 단정할 수 없을 뿐 아니라, 검사를 받는 사람의 진술의 신빙성을 가늠하는 정황증거로서 기능을 하는 데 그치므로, 그와 같은 검사결과만으로 범행 당시의 상황이나 범행 이후 정황에 부합하는 공소외 1 진술의 신빙성을 부정할 수 없다. [국가7급 23]

6. 대법원 2018.10.25, 2018도7709

피해자 진술의 신빙성 판단

피해자 등의 진술은 그 진술 내용의 주요한 부분이 일관되며, 경험칙에 비추어 비합리적이거나 진술 자체로 모순되는 부분이 없고, 또한 허위로 피고인에게 불리한 진술을 할 만한 동기나 이유가 분명하게 드러나지 않는 이상, 그 진술의 신빙성을 특별한 이유 없이 함부로 배척해서는 아니 된다. … 강간죄에서 공소사실을 인정할 증거로 사실상 피해자의 진술이 유일한 경우에 피고인의 진술이 경험칙상 합리성이 없고 그 자체로 모순되어 믿을 수 없다고 하여 그것이 공소사실을 인정하는 직접증거가 되는 것은 아니지만, 이러한 사정은 법관의 자유판단에 따라 피해자 진술의 신빙성을 뒷받침하거나 직접증거인 피해자 진술과 결합하여 공소사실을 뒷받침하는 간접정황이 될 수 있다.

7. 대법원 2020.8.20, 2020도6965; 2020.9.3, 2020도8533; 2020.10.29, 2019도4047

성폭력범죄 피해자 진술의 신빙성 판단과 피해자다움의 문제

(제1심이 증인신문을 거쳐 신빙성을 인정한 성폭력범죄 피해자의 진술 등에 대하여 항소심이 추가 증거조사 없이 '피해자다움'이 나타나지 않는다는 등의 사정을 들어 신빙성을 배척하는 것이 타당한가의 문제) 성폭행 피해자의 대처 양상은 피해자의 성정이나 가해자와의 관계 및 구체적인 상황에 따라 다르게 나타날 수밖에 없다. 따라서 개별적, 구체적인 사건에서 성폭행 등의 피해자가 처하여 있는 특별한 사정을 충분히 고려하지 않은 채 피해자 진술의 증명력을 가볍게 배척하는 것은 정의와 형평의 이념에 입각하여 논리와 경험의 법칙에 따른 증거판단이라고 볼 수 없다(대법원 2018.10.25, 2018도7709). 범행 후 피해자의 태도 중 '마땅히 그러한 반응을 보여야만 하는 피해자'로 보이지 않는 사정이 존재한다는 이유만으로 피해자 진술의 신빙성을 함부로 배척할 수 없다.

유사 피해자라도 본격적으로 문제제기를 하게 되기 전까지는 피해사실이 알려지기를 원하지 아니하고 가해자와 종전의 관계를 계속 유지하는 경우도 적지 아니하다. 이러한 양상은 결속력이 강하고 폐쇄적인 군부대 내에서 벌어진 성폭력 범행의 경우 더욱 현저할 수 있으므로 범행 후 피해자의 행동을 가지고 범행에 대한 피해자 진술의 신빙성을 판단함에 있어서는 이러한 점이 충분히 고려되어야 한다(대법원 2022.9.29, 2020도11185).

보충 성폭력피해자의 피해자다움이 나타나지 않는다는 이유로 성폭력피해자 진술의 증명력(신빙성)을 함부로 배척할 수 없다는 판례는 최근에도 다수 내려졌다(대법원 2020.5.14, 2020도2433; 2020.8.20, 2020도6965, 2020전도74 병합; 2020.9.7, 2020도8016; 2020.9.24, 2020도7869; 2021.3.11, 2020도15259 등).

8. 대법원 2022.11.10, 2021도230

추행 즉시 행위자에게 항의하지 않은 사정 등과 피해자 진술의 신빙성 판단

누구든지 일정 수준의 신체접촉을 용인하였더라도 자신이 예상하거나 동의한 범위를 넘어서는 신체접촉을 거부할 수 있고, 피해상황에서 명확한 판단이나 즉각적인 대응을 하는 데에 어려움을 겪을 수 있다(대법원 2022.8.19, 2021도3451). 성추행 피해자가 추행 즉시 행위자에게 항의하지 않은 사정만으로 곧바로 피해자 진술의 신빙성을 부정할 것이 아니고(대법원 2020.9.24, 2020도7869), 피해자가 성추행 피해를 당하고서 즉시 항의하거나 반발하는 등의 거부의사를 밝히는 대신 그 자리에 가만히 있었다는 사정만으로 강제추행죄의 성립이 부정된다고 볼 수도 없다(대법원 2020.3.26, 2019도15994). … 범죄 피해자가 적극적으로 범행 관련 증거를 확보하고, 언론사에 관련 제보를 하거나 가해자에게 합의금을 요구하는 등 자신의 피해를 변상받기 위해 적극적으로 행동하는 것은 범죄 피해자로서 충분히 예상되는 행동이고 그 과정에서 통상적인 수준을 넘는 액수의 합의금을 요구하였다는 사정만으로 피해자 진술의 신빙성을 배척할 수는 없는바, 원심이 든 사정만으로 피해자 진술의 신빙성을 배척하기는 어렵다.

③ **감정인의 의견** : 법관은 감정인의 감정의견에 구속되지 않으므로, 법관은 **감정결과에 반하는 사실을 인정**할 수 있고(대법원 1971.3.31, 71도212; 1990.11.27, 90도2210; 1995.2.24, 94도3163) [법원행시 03], 감정의견이 상충된 경우에 **다수의견을 따르지 않고 소수의견을 따를 수 있고, 여러 의견 가운데 각각 일부를 채용**하여도 무방하나(대법원 1976.3.23, 75도2068), **상반된 과학적 분석기법을 사용한 감정에 대해서는 면밀한 심리**를 거쳐 증명력을 판단하여야 한다(대법원 2014.2.13, 2013도9605).

대법원 1976.3.23, 75도2068

감정의견의 판단과 그 채부에 대한 자유심증

감정의견의 판단과 그 채부 여부는 법원의 자유심증에 따르며 법원이 감정결과를 전문적으로 비판할 능력을 가지지 못하는 경

우에는 그 결과가 사실상 존중되는 수가 많게 된다 해도 감정의견은 법원이 가지고 있지 못한 경험칙 등을 보태준다는 이유로 항상 따라야 하는 것도 아니고 감정의견이 상충된 경우 다수 의견을 안 따르고 소수 의견을 채용해도 되고 여러 의견 중에서 그 일부씩을 채용하여도 무방하며 여러 개의 감정의견이 일치되어 있어도 이를 배척하려면 특별한 이유를 밝히거나 또는 반대감정의견을 구하여야 된다는 법리도 없다.

④ **증거서류** : 서증도 인적 증거와 마찬가지로 그 증명력은 자유판단의 대상이다. 따라서 **공판조서의 기재내용이라 하더라도 공판정 외에서 작성된 조서의 기재내용보다 그 증명력이 강하지 않고**, 피고인의 공판정 진술도 증거서류에 기재된 내용보다 우월한 증명력을 가지는 것도 아니다. 다만, **수사기관이 원진술자의 진술을 기재한 조서는 원본증거인 원진술자의 진술에 비하여 본질적으로 낮은 정도의 증명력**을 가질 수밖에 없다는 한계도 지니고 있다(대법원 2006.12.8, 2005도9730 : 증거동의를 하였지만 반대신문이 이루어지지 못하여 증명력을 부정한 사례).

판례연구 증거서류의 증명력 판단

1. **대법원 1983.3.8, 81도3148**
   형사재판에 있어서 처분문서의 배척시 이유설시의 요부
   형사재판에 있어서는 (민사재판과는 달리-필자 주) 처분문서라 하여도 이를 배척하는 이유설시를 하여야 한다는 법칙이 없으며, 경험법칙 내지는 논리측에 위배되지 아니하는 한 그 증거취사는 사실심의 전권에 속한다.
2. **대법원 1986.9.23, 86도1547** [경찰채용 21 2차, 경찰간부 15]
   동일인의 경찰자술서, 검찰 피신조서, 다른 사건 공판조서 및 법정에서의 진술이 서로 다를 경우의 채증방법
   경찰에서의 자술서, 검사 작성의 각 피의자신문조서, 다른 형사사건의 공판조서의 기재와 당해 사건의 공판정에서의 같은 사람의 증인으로서의 진술이 상반되는 경우 반드시 공판정에서의 증언은 믿어야 된다는 법칙은 없고, 상반된 증언, 감정 중에 그 어느 것을 사실인정의 자료로 인용할 것인가는 사실심법원의 자유심증에 속한다.

⑤ **동일증거의 일부와 종합증거** : ㉠ 법관은 **하나의 증거의 일부만을 믿을 수도 있고** [국가9급 09/15, 경찰승진 09], ㉡ 단독으로는 증명력이 없는 여러 증거가 불가분적으로 결합하여 단일증거로는 인정되지 않던 증명력을 가지게 된 경우와 같은 **종합증거에 의한 사실인정도 가능**하다. [법원행시 03] 종합증거에 있어서는 그 가운데 모순되는 증거가 있거나 위법증거가 있는 경우가 문제되는바, 이러한 증거를 제외하고도 범죄사실을 인정할 수 있고 이것이 논리칙과 경험칙에 반하지 아니한다면 유죄의 증명력을 가질 수 있다.

판례연구 동일증거의 일부 및 종합증거의 증명력에 대한 자유판단

1. **대법원 1980.3.11, 80도145** [국가9급 09, 경찰승진 09/22]
   진술조서의 기재 중 일부만을 믿어도 무방함
   진술조서의 기재 중 일부분을 믿고 다른 부분을 믿지 아니한다고 하여도 그것이 곧 부당하다고 할 수 없다.
2. **대법원 1995.12.8, 95도2043** [국가9급 15]
   공동피고인 중 1인이 한 자백의 증명력 : 일부증거로도 사용 가능
   공동피고인 중의 1인이 다른 공동피고인들과 공동하여 범행을 하였다고 자백한 경우, 반드시 그 자백을 전부 믿어 공동피고인들 전부에 대하여 유죄를 인정하거나 그 전부를 배척하여야 하는 것은 아니고, 자유심증주의의 원칙상 법원으로서는 자백한 피고인 자신의 범행에 관한 부분만을 취신하고, 다른 공동피고인들이 범행에 관여하였다는 부분을 배척할 수 있다.
3. **대법원 1994.2.8, 93도1936**
   범죄사실 인정에 핵심적이고 유일한 진술증거의 모순된 진술 부분을 그대로 둔 채 이를 유죄의 증거로 삼을 수 있는지 여부 및 일부에 부분적으로 모순이 있는 증거를 종합하여 범죄사실을 인정할 수 있는 경우
   어느 범죄사실을 인정함에 있어 핵심적이고 유일한 진술증거가 그 내용에 있어 전후 모순되고 일관성이 없는 경우 그 어느 때의 진술이 신빙성이 있는지의 여부에 대한 심리 판단 없이 그 모순된 진술부분을 그대로 둔 채 이를 모두 유죄의 증거로 채택하는 것은 잘못이라 하겠고(대법원 1977.7.26, 76도2949), 핵심부분이 서로 모순되고 양립될 수 없는 증거를 취사선택함이 없이 이를 그대로 종합하여 하나의 사실을 인정하는 증거로 삼는 것도 원칙적으로 허용되어서는 안 될 것이나, 이 사건과 같이 여

러 개의 증거를 종합하여 범죄사실을 인정하는 경우 종합증거 중의 일부에 부분적으로 모순되는 점이 있다고 하더라도 이것이 핵심적인 것이 아니고 이를 제외한 나머지 증거를 종합하여 그 범죄사실을 인정할 수 있으며, 이것이 논리법칙이나 경험법칙에 반하는 것이 아니라면 위법하다고 할 수 없을 것이다(대법원 1961.7.13, 4294형상194).

4. 대법원 2015.5.14, 2015도119; 2004.9.13, 2004도3163

유죄의 심증이 반드시 직접증거에 의하여 형성되어야만 하는 것은 아니고 경험과 논리의 법칙에 위반되지 아니하는 한 간접증거에 의하여 형성되어도 되는 것이며(대법원 1993.3.23, 92도3327; 1997.7.25, 97도974; 2000.2.25, 99도1252 등), 간접증거가 개별적으로는 범죄사실에 대한 완전한 증명력을 가지지 못하더라도 전체 증거를 상호 관련하에 종합적으로 고찰할 경우 그 단독으로는 가지지 못하는 종합적 증명력이 있는 것으로 판단되면 그에 의하여도 범죄사실을 인정할 수 있다.

보충 다만, 원심은 자살이 아니라는 피해자의 진술과 포카리스웨트 PT병에 묻은 피고인의 지문 등에만 의존한 나머지 피고인이 피해자 몰래 유리잔에 농약을 따라 피해자로 하여금 마시게 하여 살해하였다는 이 사건 공소사실을 유죄로 인정하였으니, 이러한 원심판결에는 논리와 경험의 법칙을 위반하여 자유심증주의의 한계를 벗어나거나 이유가 모순되는 등의 위법이 있다(간접증거에 의하여더라도 종합적 증명력 ×, 2005도119).

⑥ 간접증거 : 법관의 심증은 반드시 직접증거에 의하여 형성되어야 하는 것은 아니므로, 주요사실을 추론하게 하는 관련사실을 증명하는 **간접증거(정황증거)에 의하여 사실을 인정할 수 있다**(대법원 2008.11.27, 2007도4977). 다만, 간접증거에 의하여 사실을 인정하기 위해서는 ㉠ 추리과정이 **논리칙과 경험칙**에 반하지 않아야 하고, ㉡ 간접증거를 **개별적 · 고립적으로 평가하여서는 아니 되고** 모든 관점에서 빠짐없이 **상호 관련시켜 종합적으로 평가**하고, **치밀하고 모순 없는 논증**을 하여야 함은 기술한 바와 같다(대법원 2009.3.12, 2008도8486; 2004.6.25, 2004도2221)(증거의 종류 참조). [국가7급 08]

대법원 2011.1.27, 2010도12728

상해의 피해자가 제출하는 '상해진단서'의 증명력

상해죄의 피해자가 제출하는 상해진단서는 일반적으로 의사가 당해 피해자의 진술을 토대로 상해의 원인을 파악한 후 의학적 전문지식을 동원하여 관찰 · 판단한 상해의 부위와 정도 등을 기재한 것으로서 ① 거기에 기재된 상해가 곧 피고인의 범죄행위로 인하여 발생한 것이라는 사실을 직접 증명하는 증거가 되기에 부족한 것이지만, ② 그 상해에 대한 진단일자 및 상해진단서 작성일자가 상해 발생시점과 시간상으로 근접하고 상해진단서 발급 경위에 특별히 신빙성을 의심할 만한 사정이 없으며 거기에 기재된 상해의 부위와 정도가 피해자가 주장하는 상해의 원인 내지 경위와 일치하는 경우에는, 그 무렵 피해자가 제3자로부터 폭행을 당하는 등으로 달리 상해를 입을 만한 정황이 발견되거나 의사가 허위로 진단서를 작성한 사실이 밝혀지는 등의 특별한 사정이 없는 한, 그 상해진단서는 피해자의 진술과 더불어 피고인의 상해 사실에 대한 유력한 증거가 되고, 합리적인 근거 없이 그 증명력을 함부로 배척할 수 없다고 할 것이다(대법원 2007.5.10, 2007도136).

⑦ 과학적 증거 : **유전자검사나 혈액형검사 등 과학적 증거방법**은 그 전제로 하는 사실이 모두 진실임이 입증되고 그 추론의 방법이 과학적으로 정당하여 오류의 가능성이 전무하거나 무시할 정도로 극소한 것으로 인정되는 경우에는 **법관이 사실인정을 함에 있어 상당한 정도로 구속력**을 가지므로, 비록 사실의 인정이 사실심의 전권이라 하더라도 **아무런 합리적 근거 없이 함부로 이를 배척하는 것은 자유심증주의의 한계를 벗어나는 것으로서 허용될 수 없다**(대법원 2007.5.10, 2007도1950).

판례연구 과학적 증거의 높은 신빙성을 인정한 사례

1. 대법원 2004.2.13, 2003도6905

호흡측정기에 의한 음주측정치와 혈액검사에 의한 음주측정치가 불일치한 경우, 증거취사선택의 방법

도로교통법 제41조 제2항에서 말하는 '측정'이란, 측정결과에 불복하는 운전자에 대하여 그의 동의를 얻어 혈액채취 등의 방법으로 다시 측정할 수 있음을 규정하고 있는 같은 조 제3항과의 체계적 해석상, 호흡을 채취하여 그로부터 주취의 정도를 객관적으로 환산하는 측정방법, 즉 호흡측정기에 의한 측정이라고 이해하여야 할 것이고, 호흡측정기에 의한 음주측정치와 혈액검사에 의한 음주측정치가 다른 경우에 어느 음주측정치를 신뢰할 것인지는 법관의 자유심증에 의한 증거취사선택의 문제라고 할 것이나, 호흡측정기에 의한 측정의 경우 그 측정기의 상태, 측정방법, 상대방의 협조정도 등에 의하여 그 측정결과의 정확성과 신뢰성에 문제가 있을 수 있다는 사정을 고려하면, 혈액의 채취 또는 검사과정에서 인위적인 조작이나 관계자의 잘못이 개입되는 등 혈액채취에 의한 검사결과를 믿지 못할 특별한 사정이 없는 한, 혈액검사에 의한 음주측정치가 호흡측정기에 의한 음주측정치보다 측정 당시의 혈중알코올농도에 더 근접한 음주측정치라고 보는 것이 경험칙에 부합한다.

2. 대법원 2007.5.10, 2007도1950

DNA분석을 통한 유전자검사 결과의 증명력 : 높은 신뢰성 O

DNA분석을 통한 유전자검사 결과는, 충분한 전문적인 지식과 경험을 지닌 감정인이 적절하게 관리 · 보존된 감정자료에 대하여 일반적으로 확립된 표준적인 검사기법을 활용하여 감정을 실행하고 그 결과의 분석이 적정한 절차를 통하여 수행되었음이 인정되는 이상 높은 신뢰성을 지닌다. 특히 유전자형이 다르면 동일인이 아니라고 확신할 수 있다는 유전자감정 분야에서 일반적으로 승인된 전문지식에 비추어 볼 때, 피고인의 유전자형이 범인의 그것과 상이하다는 감정결과는 피고인의 무죄를 입증할 수 있는 유력한 증거에 해당한다.

3. 대법원 2008.2.14, 2007도10937 [법원9급 19]

모발에서 메스암페타민 성분이 검출되었는지 여부에 관한 국립과학수사연구소장의 감정의뢰회보의 증명력

① 피고인 모발에서 메스암페타민 성분이 검출되었다는 국립과학수사연구소장의 감정의뢰회보가 있는 경우, 그 회보의 기초가 된 감정에 있어서 실험물인 모발이 바뀌었다거나 착오나 오류가 있었다는 등의 구체적인 사정이 없는 한, 피고인으로부터 채취한 모발에서 메스암페타민 성분이 검출되었다고 인정하여야 하고, 따라서 논리와 경험의 법칙상 피고인은 감정의 대상이 된 모발을 채취하기 이전 언젠가에 메스암페타민을 투약한 사실이 있다고 인정하여야 할 것이다(대법원 1994.12.9, 94도1680 참조). ② 그런데 모근에서부터 길이 5~9cm 가량의 모발검사결과 메스암페타민 성분이 전혀 검출되지 않았다는 피고인 모발에 대한 감정의뢰회보는 적어도 피고인은 모발채취일로부터 5~9개월 이내인 이 사건 판시 범행일자에는 필로폰을 투약하지 않았다는, 즉 피고인의 무죄를 입증할 유력한 증거에 해당한다고 볼 것이다.

4. 대법원 2014.2.13, 2013도9605

과학적 분석기법을 사용하여 제출된 것으로서 공소사실을 뒷받침하는 1차적 증거방법 자체에 오류가 발생할 가능성이 내포되어 있고 동일한 분석기법에 의하여 제출된 2차적 증거방법이 공소사실과 배치되는 경우

어떠한 과학적 분석기법을 사용하여 제출된 것으로서 공소사실을 뒷받침하는 1차적 증거방법 자체에 오류가 발생할 가능성이 내포되어 있고, 그와 동일한 분석기법에 의하여 제출된 2차적 증거방법이 공소사실과 배치되는 소극적 사실을 뒷받침하고 있는 경우, 법원은 각 증거방법에 따른 분석 대상물과 분석 주체, 분석 절차와 방법 등의 동일 여부, 내포된 오류가능성의 정도, 달라진 분석결과가 일정한 방향성을 가지는지 여부, 상반된 분석결과가 나타난 이유의 합리성 유무 등에 관하여 면밀한 심리를 거쳐 각 증거방법의 증명력을 판단하여야 한다. 이때 각 분석결과 사이의 차이점이 합리적인 의심 없이 해명될 수 있고 1차적 증거방법에 따른 결과의 오류가능성이 무시할 정도로 극소하다는 점이 검증된다면 1차적 증거방법만을 취신하더라도 그것이 자유심증주의의 한계를 벗어났다고 할 수는 없을 것이나, 그에 이르지 못한 경우라면 그 중 공소사실을 뒷받침하는 증거방법만을 섣불리 취신하거나 이와 상반되는 증거방법의 증명력을 가볍게 배척하여서는 아니 된다.

보충 (다만 이 사건에서는 증명력 부정) 고춧가루 원산지표시 위반에 관하여, 국립농산물품질관리원 직원(특별사법경찰관)이 고춧가루 시료 11점에 대한 1차 검정을 의뢰하여 국내산과 수입산이 혼합되어 있다는 판정결과를 받았는데, 제1심법원이 품질관리원 시험연구소에 2차 검정을 의뢰한 결과 종전에 '국내산'으로 판정된 것 중 3점은 '혼합'으로 변경되었고, 종전에 '혼합'으로 판정된 것 중 2점은 '국내산'으로 변경되는 검정결과가 나온 경우, 1차 검정결과와 2차 검정결과 사이에 분석결과의 차이점이 발생한 원인에 대하여 합리적 의심이 제거되지 아니하였을 뿐만 아니라 1차 검정결과만에 의한 오류가능성이 전혀 없거나 무시할 정도로 극소한 것이라고 보기도 어렵다.

4. 자유판단의 기준

(1) 합리적 · 과학적 심증주의 : 사실의 인정은 법관의 자유판단에 의하나, 통상인이면 누구도 의심하지 않을 정도록 보편타당성을 가져야 하므로, **증명력의 판단은 논리법칙과 경험법칙에 부합하여야 한다.** [법원행시 03]

(2) 논리법칙 : 인간의 추론능력에 비추어 보아 자명한 사고법칙을 말한다. 법관의 심증은 논리법칙에 따라 모순 없는 논증에 의하여 형성되어야 한다. 따라서 계산착오, 개념의 혼동, 판결이유의 모순은 논리법칙에 반한다.

(3) 경험법칙

① 의의 : 개별적인 체험의 관찰과 그 귀납적 일반화에 의하여 경험적으로 얻어진 판단법칙을 말한다.

② 유 형

(가) 필연법칙적 경험칙 : 예외를 허용하지 않는 물리학상의 원리나 자연법칙 등은 법관의 심증형성을 구속하므로 자유심증이 허용되지 않는다.

예 혈액 감정에 의한 친자관계 확인, 혈중알코올농도 측정(위드마크공식[1])에 의한 음주운전 판단, DNA 분석을 통

1) [참고] 일반적인 혈중알코올농도의 감소수치에 근거하여 운전시점부터 일정 시간 경과 후 혈액 또는 음주측정기로 측정한 혈중알코올농도 수치에 따라 운전 당시의 혈중알코올농도 수치에 따라 운전 당시의 혈중알코올농도를 역추산하는 방식이다(대법원 2005.7.28, 2005도3904).

한 유전자검사에 의한 동일인 판단 등.

(나) 사회심리적 경험칙 : 개연성 또는 가능성의 정도에 불과하여 예외가 있을 수 있으므로 법관의 심증형성을 구속하지 않는다.

판례연구 증명력을 부정하거나 증명력 인정에 신중을 요한다는 판례 정리

[자백의 증명력]

1. 대법원 1980.12.9, 80도2656 [경찰승진 12]

경찰 자백 후 검찰에 송치되자마자 범행을 부인하고 연 4일 매일 한 장씩 진술서 작성은 부자연스럽다는 사례

피고인은 경찰에서 피의자신문을 받아 본건 방화사실을 자백하고 이어서 진술서를 작성·제출하고 그 다음 날부터 연 3일간 자기의 잘못을 반성하고 자백하는 내용의 양심서, 반성문, 사실서를 작성·제출하고 경찰의 검증조서에도 피고인이 자백하는 기재가 있으나, 검찰에 송치되자마자 경찰에서의 자백은 강요에 의한 것이라고 주장하면서 범행을 부인할 뿐더러 연 4일을 계속하여 매일 한 장씩 진술서 등을 작성한다는 것은 부자연하다는 느낌이 드는 등 사정에 비추어 보면 위의 자백은 신빙성이 희박하다.

2. 대법원 2003.2.11, 2002도6766 [경찰승진 09]

피고인이 평소 투약량의 20배에 달하는 1g의 메스암페타민을 한꺼번에 물에 타서 마시는 방법으로 투약하였다는 것은 쉽게 믿기 어렵고, 또 만약 그렇게 투약하였다면 피고인의 생명이나 건강에 위험이 발생하였을 가능성이 없지 않았을 것으로 보이므로 피고인의 자백을 신빙하기 어렵다.

3. 대법원 2010.7.22, 2009도1151

여러 정황에 비추어 피고인들의 검찰에서의 각 자백진술의 신빙성이 의심스럽다는 사례

형사재판에서 공소가 제기된 범죄사실에 대한 증명책임은 검사에게 있고, 유죄의 인정은 법관으로 하여금 합리적인 의심을 할 여지가 없을 정도로 공소사실이 진실한 것이라는 확신을 가지게 하는 증명력을 가진 증거에 의하여야 하므로, 그와 같은 증거가 없다면 설령 피고인에게 유죄의 의심이 간다 하더라도 피고인의 이익으로 판단할 수밖에 없다. 피고인들이 제1심 공판 이후 일관되게 범행을 부인하고 있고, 수사과정에서 다른 피고인들이 이미 범행을 자백한 것으로 오인하거나, 검사가 선처받을 수도 있다고 말하여 자백한 것으로 보이는 점 등 여러 정황에 비추어 피고인들의 검찰에서의 각 자백진술은 그 신빙성이 의심스럽다.

4. 대법원 1993.1.12, 92도2656

임의성 있는 자백의 증명력에 대한 판단방법

피고인의 자백이 임의로 진술한 것이어서 증거능력이 인정된다고 하여 자백의 진실성과 신빙성까지도 당연히 인정되는 것은 아니므로, 법원은 진술의 내용이 논리와 경험의 법칙에 비추어 볼 때 합리적인 것으로 인정되는지의 여부나 자백 이외의 정황증거들 중에 자백과 저촉되거나 모순되는 것이 없는지의 여부 등을 두루 참작하여 자유심증으로 자백이 신빙할 수 있는 것인지의 여부를 판단해야 한다(피고인의 검찰관 앞에서의 자백은 논리와 경험의 법칙에 반하거나 범행현장의 객관적 상황에 부합하는 정황증거들과 상치되어 믿을 수 없음).

[증인의 증언]

1. 대법원 1983.2.8, 82도2971 [경찰승진 11]

피해자의 증언만으로는 상해사실을 인정할 수 없다고 한 사례

피해자는 71세의 노인으로 피고인이 구타하고 넘어뜨려 부상하였다고 경찰과 법정에서 진술하고 있으나 이는 폭행을 당했다는 이해 상반하는 상대방의 일방적 진술에 불과하여 피해자증언만으로 상해사실을 인정할 수 없다.

보충 성폭력범죄의 경우 피해자의 증언만으로 범죄사실을 인정하는 경우도 있는데, 이와는 다른 판례이다.

2. 대법원 1984.12.11, 84도2058 [경찰승진 09]

비가 오는 야간에 우연히 지나다가 20~30명이 몰려있는 싸움현장을 목격했다는 사람이 1개월여가 지난 뒤에 가해자를 바로 지목하는 것과 경험칙상 그 확실성 여부

비가 오는 야간에 우연히 지나다가 20~30여명이 몰려 있던 싸움현장을 목격하였음에 불과한 사람이 그로부터 1개월여가 지난 뒤에 단순한 당시의 기억만으로 피해자를 때리려고 한 사람이 바로 피고인이었다고 지목하는 것은 경험칙상 그 확실성 여부가 의심스러운 것이다.

3. 대법원 2010.11.11, 2010도9633 [경찰승진 12]

피해자의 일련의 주장의 신빙성을 대부분 부정하면서 그중 일부 사실만 믿어 유죄를 인정하기 위한 요건

일정 기간 동안에 발생한 일련의 피해자의 강간 피해 주장에 대하여 이미 대부분의 피해 주장에 대하여는 그에 부합하는 피해자 진술의 신빙성을 부정하여 강간죄의 성립을 부정할 경우에 원심의 판단처럼 그 중 일부의 강간 피해 사실에 대하여만 피해자의 진술을 믿어 강간죄의 성립을 긍정하려면, 그와 같이 피해자 진술의 신빙성을 달리 볼 수 있는 특별한 사정이 인정되어야 할 것이다.

4. 대법원 2011.4.28, 2010도14487

금품수수 여부가 쟁점인 사건에서 금품공여자나 금품수수자로 지목된 자의 진술이 각각 일부는 진실을, 일부는 허위나 과장 · 왜곡 · 착오를 포함하고 있을 경우, 그 진술의 신빙성 유무를 판단할 때 고려하여야 할 사항

금품수수 여부가 쟁점이 된 사건에서 금품수수자로 지목된 피고인이 수수사실을 부인하고 있고 이를 뒷받침할 금융자료 등 객관적 물증이 없는 경우 금품을 제공하였다는 사람의 진술만으로 유죄를 인정하기 위해서는 그 사람의 진술이 증거능력이 있어야 함은 물론 합리적인 의심을 배제할 만한 신빙성이 있어야 하고, 신빙성이 있는지 여부를 판단할 때에는 그 진술 내용 자체의 합리성, 객관적 상당성, 전후의 일관성뿐만 아니라 그의 인간됨, 그 진술로 얻게 되는 이해관계 유무, 특히 그에게 어떤 범죄의 혐의가 있고 그 혐의에 대하여 수사가 개시될 가능성이 있거나 수사가 진행 중인 경우에는 이를 이용한 협박이나 회유 등의 의심이 있어 그 진술의 증거능력이 부정되는 정도에까지 이르지 않는 경우에도 그로 인한 궁박한 처지에서 벗어나려는 노력이 진술에 영향을 미칠 수 있는지 여부 등도 아울러 살펴보아야 한다(대법원 2002.6.11, 2000도5701; 2009.1.15, 2008도8137 등). 그리고 금품공여자나 피고인의 진술이 각기 일부는 진실을, 일부는 허위나 과장 · 왜곡 · 착오를 포함하고 있을 수 있으므로, 형사재판을 담당하는 사실심 법관으로서는 금품공여자와 피고인 사이의 상반되고 모순되는 진술들 가운데 허위 · 과장 · 왜곡 · 착오를 배제한 진실을 찾아내고 그 진실들을 조합하여 사건의 실체를 파악하는 노력을 기울여야 하며, 이러한 노력 없이 금품공여자의 진술 중 일부 진술에 신빙성이 인정된다고 하여 그가 한 공소사실에 부합하는 진술은 모두 신빙하고 이와 배치되는 피고인의 주장은 전적으로 배척한다면, 이는 피고인의 진술에 일부 신빙성이 있는 부분이 있다고 하여 공소사실을 부인하는 피고인의 주장 전부를 신빙할 수 있다고 보는 것과 다를 바 없는 논리의 비약에 지나지 않아서 그에 따른 결론이 건전한 논증에 기초하였다고 수긍하기 어렵다.

5. [유사판례] 대법원 2016.6.23, 2016도2889

금품수수 여부가 쟁점인 사건에서 여러 차례에 걸쳐 금품을 제공하였다는 사람의 진술 중 상당 부분의 신빙성을 배척하는 경우, 나머지 금품제공 진술로 유죄를 인정하기 위한 요건

① 금품수수 여부가 쟁점이 된 사건에서 여러 차례에 걸쳐 금품을 제공하였다고 주장하는 사람의 진술을 신뢰할 수 있는지에 관하여 심사해 본 결과 그중 상당한 진술 부분을 그대로 믿을 수 없는 객관적인 사정 등이 밝혀짐에 따라 그 부분 진술의 신빙성을 배척하는 경우라면, 여러 차례에 걸쳐 금품을 제공하였다는 진술의 신빙성은 전체적으로 상당히 약해졌다고 보아야 할 것이므로, 비록 나머지 일부 금품제공 진술 부분에 대하여는 이를 그대로 믿을 수 없는 객관적 사정 등이 직접 밝혀지지 않았다고 하더라도, 그 진술만을 내세워 함부로 나머지 일부 금품수수 사실을 인정하는 것은 원칙적으로 허용될 수 없다고 보아야 한다. 나머지 일부 금품수수 사실을 인정할 수 있으려면, 신빙성을 배척하는 진술 부분과는 달리 그 부분 진술만은 신뢰할 수 있는 근거가 확신할 수 있을 정도로 충분히 제시되거나, 그 진술을 보강할 수 있는 다른 증거들에 의하여 충분히 뒷받침되는 경우 등과 같이 합리적인 의심을 해소할 만한 특별한 사정이 존재하여야 한다(대법원 2009.1.15, 2008도8137 등). ② 금품수수 여부가 쟁점이 된 사건에서 금품을 제공하였다는 사람의 진술에 대하여 제1심이 증인신문 절차 등을 거친 후에 합리적인 의심을 배제할 만한 신빙성이 없다고 보아 공소사실을 무죄로 판단한 경우에, 항소심이 제1심 증인 등을 다시 신문하는 등의 추가 증거조사를 거쳐 그 신빙성을 심사하여 본 결과 제1심이 들고 있는 의심과 일부 어긋날 수 있는 사실의 개연성이 드러남으로써 제1심의 판단에 의문이 생긴다 하더라도, 제1심이 제기한 의심이 금품 제공과 양립할 수 없거나 그 진술의 신빙성 인정에 장애가 되는 사실의 개연성에 대한 합리성 있는 근거에 기초하고 있고 제1심의 증거조사 결과와 항소심의 추가 증거조사 결과에 의하여도 제1심이 일으킨 이러한 합리적인 의심을 충분히 해소할 수 있을 정도에까지 이르지 아니한다면, 그와 같은 일부 반대되는 사실에 관한 개연성 또는 의문만으로 그 진술의 신빙성 및 범죄의 증명이 부족하다는 제1심의 판단에 사실오인의 위법이 있다고 단정하여 공소사실을 유죄로 인정하여서는 아니 된다. 특히 항소심에서도 그 진술 중의 일부에 대하여 신빙성을 부정함으로써 그에 관한 제1심의 판단을 수긍하는 경우라면, 나머지 진술 부분에 대하여 신빙성을 부정한 제1심의 판단이 위법하다고 인정하기 위해서는 그 부분 진술만은 신뢰할 수 있는 확실한 근거가 제시되는 등의 특별한 사정이 있는지에 관하여 더욱 신중히 판단하여야 한다(대법원 2016.2.18, 2015도11428).

6. 대법원 2014.4.10, 2014도1779 [경찰간부 22, 국가9급 20]

마약류 매매 여부가 쟁점인 사건에서 매도인으로 지목된 자가 수수사실을 부인하고 이를 뒷받침할 객관적 물증이 없는 경우, 마약류를 매수하였다는 사람의 진술만으로 유죄를 인정하기 위한 요건

마약류 매매 여부가 쟁점이 된 사건에서 매도인으로 지목된 피고인이 수수사실을 부인하고 있고 이를 뒷받침할 금융자료 등 객관적 물증이 없는 경우, 마약류를 매수하였다는 사람의 진술만으로 유죄를 인정하기 위해서는 그 사람의 진술이 증거능력이 있어야 함은 물론 합리적인 의심을 배제할 만한 신빙성이 있어야 한다. 신빙성 유무를 판단할 때에는 진술 내용 자체의 합리성, 객관적 상당성, 전후의 일관성뿐만 아니라 그의 인간됨, 진술로 얻게 되는 이해관계 유무 등을 아울러 살펴보아야 한다. 특히, 그에게 어떤 범죄의 혐의가 있고 그 혐의에 대하여 수사가 개시될 가능성이 있거나 수사가 진행 중인 경우에는, 이를 이

용한 협박이나 회유 등의 의심이 있어 그 진술의 증거능력이 부정되는 정도에까지 이르지 않는 경우에도, 그로 인한 궁박한 처지에서 벗어나려는 노력이 진술에 영향을 미칠 수 있는지 여부 등을 살펴보아야 한다.

7. 대법원 2021.6.10, 2020도15891 [국가7급 23]

검사의 사전면담이 이루어진 증인의 법정진술의 신빙성 판단

검사가 공판기일에 증인으로 신청하여 신문할 사람을 특별한 사정 없이 미리 수사기관에 소환하여 면담하는 절차를 거친 후 증인이 법정에서 피고인에게 불리한 내용의 진술을 한 경우, 검사가 증인신문 전 면담 과정에서 증인에 대한 회유나 압박, 답변 유도나 암시 등으로 증인의 법정진술에 영향을 미치지 않았다는 점이 담보되어야 증인의 법정진술을 신빙할 수 있다고 할 것이다. 검사가 증인신문 준비 등 필요에 따라 증인을 사전 면담할 수 있다고 하더라도 법원이나 피고인의 관여 없이 일방적으로 사전 면담하는 과정에서 증인이 훈련되거나 유도되어 법정에서 왜곡된 진술을 할 가능성도 배제할 수 없기 때문이다. 증인에 대한 회유나 압박 등이 없었다는 사정은 검사가 증인의 법정진술이나 면담과정을 기록한 자료 등으로 사전면담 시점, 이유와 방법, 구체적 내용 등을 밝힘으로써 증명하여야 한다.

8. 대법원 2022.3.31, 2018도19472, 2018전도126 – 병합 –

같은 피해자에 대한 동종 범죄라 하더라도 피해자 진술의 신빙성이나 그 신빙성 유무를 기초로 한 범죄 성립 여부를 달리 판단할 수 있다는 사례

사실인정의 전제로 이루어지는 증거의 취사선택과 증명력에 대한 판단은 자유심증주의의 한계를 벗어나지 않는 한 사실심 법원의 재량에 속한다(형사소송법 제308조). 인접한 시기에 같은 피해자를 상대로 저질러진 동종 범죄라도 각각의 범죄에 따라 범행의 구체적인 경위, 피해자와 피고인 사이의 관계, 피해자를 비롯한 관련 당사자의 진술 등이 다를 수 있다. 따라서 사실심 법원은 인접한 시기에 같은 피해자를 상대로 저질러진 동종 범죄에 대해서도 각각의 범죄에 따라 피해자 진술의 신빙성이나 그 신빙성 유무를 기초로 한 범죄 성립 여부를 달리 판단할 수 있고, 이것이 실체적 진실발견과 인권보장이라는 형사소송의 이념에 부합한다(다른 상관인 함장에 대해서는 무죄로 판단한 원심을 파기환송함, 대법원 2022.3.31, 2018도19037).

9. 대법원 2023.1.12, 2022도14645

피고인이 범행한 것이라고 보기에 의심스러운 사정이 병존하고 증거관계 및 경험법칙상 의심스러운 정황을 확실하게 배제할 수 없는 경우, 유죄로 인정할 수 없다는 사례

(공소사실의 요지는 '피고인이 2020. 3. 30. 01:00경 자신의 집에서 필로폰 약 0.05g을 1회용 주사기에 넣어 공소외인의 오른팔 부위에 주사하여 필로폰을 사용하였다.'는 것이다.) 유죄의 인정은 범행 동기, 범행수단의 선택, 범행에 이르는 과정, 범행 전후 피고인의 태도 등 여러 간접사실로 보아 피고인이 범행한 것으로 보기에 충분할 만큼 압도적으로 우월한 증명이 있어야 하고, 피고인이 범행한 것이라고 보기에 의심스러운 사정이 병존하고 증거관계 및 경험법칙상 위와 같이 의심스러운 정황을 확실하게 배제할 수 없다면 유죄로 인정할 수 없다. 피고인은 무죄로 추정된다는 것이 헌법상의 원칙이고, 그 추정의 번복은 직접증거가 존재할 경우에 버금가는 정도가 되어야 한다.[1]

[증거서류]

1. 대법원 1983.2.8, 82도3021 [국가9급 15, 경찰간부 15, 경찰승진 14]

의사의 진술이나 진단서가 폭행, 상해 사실 자체에 대한 직접적인 증거가 될 수 있는지 여부(소극)

상해사건의 경우 상처를 진단한 의사의 진술이나 진단서는 폭행, 상해 등의 사실자체에 대한 직접적인 증거가 되는 것은 아니고, 다른 증거에 의하여 폭행, 상해의 가해행위가 인정되는 경우에 그에 대한 상해의 부위나 정도의 점에 대한 증거가 된다 할 것이므로(직접증거 ×, 간접증거 ○) 의사의 진술이나 그가 작성한 진단서는 의사로서 피해자를 진찰한 결과 외력에 의하여 상처가 있었다는 소견을 나타낸데 불과하고 그것만으로 상해의 원인이 피고인의 폭행에 의한 것이라고 단정할 수 없다.

2. 대법원 2016.11.25, 2016도15018

형사사건에서 상해진단서는 피해자의 진술과 함께 피고인의 범죄사실을 증명하는 유력한 증거가 될 수 있다. 그러나 상해 사실의 존재 및 인과관계 역시 합리적인 의심이 없는 정도의 증명에 이르러야 인정할 수 있으므로, 상해진단서의 객관성과 신빙성을 의심할 만한 사정이 있는 때에는 증명력을 판단하는 데 매우 신중하여야 한다. 특히 상해진단서가 주로 통증이 있다는 피해자의 주관적인 호소 등에 의존하여 의학적인 가능성만으로 발급된 때에는 진단 일자 및 진단서 작성일자가 상해 발생 시점과 시간상으로 근접하고 상해진단서 발급 경위에 특별히 신빙성을 의심할 만한 사정은 없는지, 상해진단서에 기재된 상해 부위 및

1) [보충] 피고인의 일관된 진술 내용 · 태도에다가 범행 도구로 압수된 일회용 주사기 조각에서 피고인의 DNA가 검출되지 않은 상황에서 피고인이 이를 사용하였다고 볼 객관적 · 합리적인 근거가 없는 점, 공소외인의 진술 내용은 위 주사기 조각 및 모발 감정결과에 따라 수시로 변경되었을 뿐만 아니라 필로폰 투약 경험 여부에 관한 진술은 객관적 감정결과와도 명백히 배치되는 점, 이러한 상황에서 공소외인이 수사기관에 자필 진술서를 제출한 후 이 사건 공소사실과 동일한 혐의사실로 교육조건부 기소유예처분을 받았다는 사정은 자신의 필로폰 투약 사실을 부인하다가 객관적 감정결과로 인해 허위성이 드러나자 자신의 투약 사실을 인정하였다는 정도의 의미로 볼 수 있을 뿐, 추가적인 심리 및 증거조사도 없이 이를 넘어 이 사건 공소사실과 같이 '피고인이 공소외인에게 필로폰을 주사하여 사용하였다'는 부분에까지 객관적 · 적극적 증명력이 미친다고 보기 어려운 점 등에 비추어 보면, 비록 피고인의 주장 · 변명에 일부 석연치 않은 면이 있다 하더라도 유죄의 의심이 드는 정도에 불과하고 여전히 공소외인이 제1심 법정에서 증언한 바와 같이 스스로 필로폰을 투약하였을 가능성을 배제할 수 없다. 검사가 제출한 나머지 증거만으로는 피고인이 공소외인에게 필로폰을 주사하여 사용한 것으로 보기에 충분할 만큼 압도적으로 우월한 증명이 있다고 보기 어려워 증거관계상 의심스러운 정황이 확실히 제거되었다고 할 수 없으므로, 이 사건 공소사실을 유죄로 인정할 수 없다(위 판례의 판결이유).

정도가 피해자가 주장하는 상해의 원인 내지 경위와 일치하는지, 피해자가 호소하는 불편이 기왕에 존재하던 신체 이상과 무관한 새로운 원인으로 생겼다고 단정할 수 있는지, 의사가 상해진단서를 발급한 근거 등을 두루 살피는 외에도 피해자가 상해 사건 이후 진료를 받은 시점, 진료를 받게 된 동기와 경위, 그 이후의 진료 경과 등을 면밀히 살펴 논리와 경험법칙에 따라 증명력을 판단하여야 한다.

[간접증거]

1. 대법원 1984.3.27, 83도3067 [법원9급 13, 경찰간부 14, 경찰승진 10]

압수물의 현존사실과 유죄의 증거

승객인 피고인이 운전사가 가스를 주입하기 위해 운전석을 잠시 비운 틈에 운전석옆 돈주머니에 있던 돈 7,000원 중 3,000원만을 꺼내 훔치고, 훔친 돈을 운전사가 돌아 올 때까지 손에 들고 있었다는 증언내용은 경험칙에 비추어 수긍하기 어렵다. … 압수물(피해품)은 피고인에 대한 범죄의 증명이 없게 된 경우에는 압수물의 존재만으로 그 유죄의 증거가 될 수 없다.

2. 대법원 2008.3.13, 2007도10754

살인죄 등과 같이 법정형이 무거운 범죄의 경우에도 직접증거 없이 간접증거만으로 유죄를 인정할 수 있으나, 유죄 인정에 있어서는 공소사실에 대한 관련성이 깊은 간접증거들에 의하여 신중한 판단이 요구된다.

3. 대법원 2017.5.30, 2017도1549 [경찰채용 22 1차, 국가7급 21, 국가9급 18]

남편에게 거액의 보험금 수령이 예상된다는 이유만으로 교통사고를 내어 아내를 살해하였다고 기소된 사건에 있어서의 유죄의 증명

[1] 살인죄와 같이 법정형이 무거운 범죄의 경우에도 직접증거 없이 간접증거만으로도 유죄를 인정할 수 있으나, 그 경우에도 주요사실의 전제가 되는 간접사실의 인정은 합리적 의심을 허용하지 않을 정도의 증명이 있어야 하고, 그 하나하나의 간접사실이 상호 모순, 저촉이 없어야 함은 물론 논리와 경험칙, 과학법칙에 의하여 뒷받침되어야 한다(대법원 2010.12.9, 2010도10895; 2011.5.26, 2011도1902). 그러므로 유죄의 인정은 범행 동기, 범행수단의 선택, 범행에 이르는 과정, 범행 전후 피고인의 태도 등 여러 간접사실로 보아 피고인이 범행한 것으로 보기에 충분할 만큼 압도적으로 우월한 증명이 있어야 하고, 피고인이 고의적으로 범행한 것이라고 보기에 의심스러운 사정이 병존하고 증거관계 및 경험법칙상 고의적 범행이 아닐 여지를 확실하게 배제할 수 없다면 유죄로 인정할 수 없다. 피고인은 무죄로 추정된다는 것이 헌법상의 원칙이고, 그 추정의 번복은 직접증거가 존재할 경우에 버금가는 정도가 되어야 한다.

[2] 거액의 보험금 수령이 예상된다는 금전적 이유만으로 살해 동기를 인정할 수 있는지는 다른 간접사실들의 증명 정도와 함께 더욱 면밀히 살펴볼 필요가 있다. 한편 금전적 이득만이 살인의 범행 동기가 되는 것은, 범인이 매우 절박한 경제적 곤란이나 궁박 상태에 몰려 있어 살인이라는 극단적 방법을 통해서라도 이를 모면하려고 시도할 정도라거나 범인의 인성이 원래부터 탐욕적이고 인명을 가벼이 여기는 범죄적 악성과 잔혹함이 있는 경우 등이 대부분이다. 그렇지 않은 경우는 증오 등 인간관계의 갈등이나 치정 등 피해자를 살해할 금전 외적인 이유가 있어서 금전적 이득은 오히려 부차적이거나 적어도 금전 외적인 이유가 금전적 이득에 버금갈 정도라고 인정될 만한 사정이 있어야 살인의 동기로서 수긍할 정도가 된다. 더구나 계획적인 범행이고 범행 상대가 배우자 등 가족인 경우에는 범행이 단순히 인륜에 반하는 데에서 나아가 범인 자신의 생활기반인 가족관계와 혈연관계까지 파괴되므로 가정생활의 기반이 무너지는 것을 감내하고라도 살인을 감행할 만큼 강렬한 범행 유발 동기가 존재하는 것이 보통이다.

[혈중알코올농도 측정, 유전자검사결과, 부검의 소견, 시료 분석결과 등 과학적 증거방법의 증명력]

1. 대법원 2005.7.28, 2005도3904

위드마크 공식에 의한 역추산 방식을 이용한 혈중 알코올농도의 산정에 있어서 주의할 점

음주운전에 있어서 운전 직후에 운전자의 혈액이나 호흡 등 표본을 검사하여 혈중 알코올농도를 측정할 수 있는 경우가 아니라면 소위 위드마크 공식을 사용하여 수학적 방법에 따른 계산 결과로 운전 당시의 혈중 알코올농도를 추정할 수 있으나, 범죄구성요건 사실의 존부를 알아내기 위해 과학 공식 등의 경험칙을 이용하는 경우에는 그 법칙 적용의 전제가 되는 개별적이고 구체적인 사실에 대하여는 엄격한 증명을 요한다고 할 것이고, 한편 위드마크 공식에 의한 역추산 방식을 이용하여 특정 운전 시점으로부터 일정한 시간이 지난 후에 측정한 혈중 알코올농도를 기초로 하고 여기에 시간당 혈중 알코올의 분해소멸에 따른 감소치에 따라 계산된 운전시점 이후의 혈중 알코올분해량을 가산하여 운전시점의 혈중 알코올농도를 추정함에 있어서는, 피검사자의 평소 음주정도, 체질, 음주속도, 음주 후 신체활동의 정도 등의 다양한 요소들이 시간당 혈중 알코올의 감소치에 영향을 미칠 수 있는바, 형사재판에 있어서 유죄의 인정은 법관으로 하여금 합리적인 의심을 할 여지가 없을 정도로 공소사실이 진실한 것이라는 확신을 가지게 할 수 있는 증명이 필요하므로, 위 영향요소들을 적용함에 있어 피고인이 평균인이라고 쉽게 단정하여 평균적인 감소치를 적용하여서는 아니되고, 필요하다면 전문적인 학식이나 경험이 있는 자의 도움을 받아 객관적이고 합리적으로 혈중 알코올농도에 영향을 줄 수 있는 요소들을 확정하여야 할 것이고(대법원 2000.10.24, 2000도3307; 2000.11.10, 99도5541 등), 위드마크 공식에 의하여 산출한 혈중 알코올농도가 법이 허용하는 혈중 알코올농도를 상당히 초과하는 것이 아니고 근소하게 초과하는 정도에 불과한 경우라면 위 공식에 의하여 산출된 수치에 따라 범죄의 구성요건 사실을 인정함에 있어서 더욱 신중하게 판단하여야 할 것이다(대법원 2001.7.13, 2001도1929).

보충 피고인에게 가장 유리한 감소치를 적용하여 위드마크 공식에 따라 계산한 음주운전 적발시점의 혈중 알코올농도가 도로교통

법상의 처벌기준인 0.05%를 넘는 0.051%이었으나, 사건발생시간을 특정하는 과정에서 발생하는 오차가능성 등의 여러 사정을 고려할 때 피고인의 운전 당시 혈중 알코올농도가 처벌기준치를 초과하였으리라고 단정할 수는 없다고 한 사례이다.

2. [비교판례] 대법원 2005.2.25, 2004도8387

위드마크 공식에 의하여 운전시점의 혈중 알코올농도를 추정함에 있어서 피고인에게 가장 유리한 시간당 감소치를 적용하여 산출된 결과의 증명력

음주운전에 있어서 운전 직후에 운전자의 혈액이나 호흡 등 표본을 검사하여 혈중 알코올농도를 측정할 수 있는 경우가 아니라면 소위 위드마크 공식을 사용하여 수학적 방법에 따른 결과로 운전 당시의 혈중 알코올농도를 추정할 수 있고, 이때 위드마크 공식에 의한 역추산 방식을 이용하여 특정 운전시점으로부터 일정한 시간이 지난 후에 측정한 혈중 알코올농도를 기초로 하고 여기에 시간당 혈중 알코올의 분해소멸에 따른 감소치에 따라 계산된 운전시점 이후의 혈중 알코올분해량을 가산하여 운전시점의 혈중 알코올농도를 추정함에 있어서는, 피검사자의 평소 음주정도, 체질, 음주속도, 음주 후 신체활동의 정도 등 다양한 요소들이 시간당 혈중 알코올의 감소치에 영향을 미칠 수 있으나 그 시간당 감소치는 대체로 0.03%에서 0.008% 사이라는 것은 이미 알려진 신빙성 있는 통계자료에 의하여 인정되는바, 위와 같은 역추산 방식에 의하여 운전시점 이후의 혈중 알코올분해량을 가산함에 있어서 시간당 0.008%는 피고인에게 가장 유리한 수치이므로 특별한 사정이 없는 한 이 수치를 적용하여 산출된 결과는 운전 당시의 혈중 알코올농도를 증명하는 자료로서 증명력이 충분하다(대법원 2001.8.21, 2001도2823 등).

정리 위드마크공식 : ① 필연법칙적 경험칙, ② 전제사실은 엄격한 증명 要, ③ 근소하게 초과하면 신중하게 증명력 판단 要, ④ 가장 유리한 수치(시간당 0.008%)는 증명력 충분.

3. [관련판례1] 대법원 2017.9.21, 2017도661

음주측정 검사절차에서 위드마크공식을 고지할 의무가 없다는 사례

도로교통법 제44조 제2항, 제3항의 내용 등에 비추어 보면, 호흡측정 방식에 따라 혈중알코올농도를 측정한 경찰공무원에게 특별한 사정이 없는 한 혈액채취의 방법을 통하여 혈중알코올농도를 다시 측정할 수 있다는 취지를 운전자에게 고지하여야 할 의무가 있다고 볼 수 없다. 위드마크 공식은 운전자가 음주한 상태에서 운전한 사실이 있는지에 대한 경험법칙에 의한 증거수집 방법에 불과하다(대법원 2005.2.25, 2004도8387). 따라서 경찰공무원에게 위드마크 공식의 존재 및 나아가 호흡측정에 의한 혈중알코올농도가 음주운전 처벌기준 수치에 미달하였더라도 위드마크 공식에 의한 역추산 방식에 의하여 운전 당시의 혈중알코올농도를 산출할 경우 그 결과가 음주운전 처벌기준 수치 이상이 될 가능성이 있다는 취지를 운전자에게 미리 고지하여야 할 의무가 있다고 보기도 어렵다.

4. [관련판례2] 대법원 2022.5.12, 2021도14074

혈중알코올농도 측정 없이 위드마크 하강기 공식을 적용하려면 음주 시작 시점부터 알코올 분해소멸 시작으로 보아야 한다는 사례

범죄구성요건사실을 인정하기 위하여 과학공식 등의 경험칙을 이용하는 경우에 그 법칙 적용의 전제가 되는 개별적 · 구체적 사실에 대하여는 엄격한 증명을 요한다. 위드마크 공식은 알코올을 섭취하면 최고 혈중알코올농도가 높아지고, 흡수된 알코올은 시간의 경과에 따라 일정하게 분해된다는 과학적 사실에 근거한 수학적인 방법에 따른 계산결과를 통해 운전 당시 혈중알코올농도를 추정하는 경험칙의 하나이므로, 그 적용을 위한 자료로 섭취한 알코올의 양 · 음주시각 · 체중 등이 필요하고 이에 관하여는 엄격한 증명이 필요하다. … 만일 위드마크 공식의 적용에 관해서 불확실한 점이 남아 있고 그것이 피고인에게 불이익하게 작용한다면, 그 계산결과는 합리적인 의심을 품게 하지 않을 정도의 증명력이 있다고 할 수 없다(대법원 2000.11.24, 2000도2900 등). 혈중알코올농도 측정 없이 위드마크 공식을 사용해 피고인이 마신 술의 양을 기초로 피고인의 운전 당시 혈중알코올농도를 추산하는 경우로서 알코올의 분해소멸에 따른 혈중알코올농도의 감소기(위드마크 제2공식, 하강기)에 운전이 이루어진 것으로 인정되는 경우에는 피고인에게 가장 유리한 음주 시작 시점부터 곧바로 생리작용에 의하여 분해소멸이 시작되는 것으로 보아야 한다. 이와 다르게 음주 개시 후 특정 시점부터 알코올의 분해소멸이 시작된다고 인정하려면 알코올의 분해소멸이 시작되는 시점이 다르다는 점에 관한 과학적 증명 또는 객관적인 반대 증거가 있거나, 음주 시작 시점부터 알코올의 분해소멸이 시작된다고 보는 것이 그렇지 않은 경우보다 피고인에게 불이익하게 작용되는 특별한 사정이 있어야 한다. … 섭취한 알코올의 양, 음주시간, 체중 등 위드마크 공식의 적용을 위한 자료에 관한 엄격한 증명도 없는 상태로, 혈중알코올농도의 측정 없이 위드마크 공식을 적용하여 혈중알코올농도의 감소기에 운전이 이루어진 것으로 인정함에 있어 음주 시작 시점부터 곧바로 분해소멸이 시작되는 것으로 보지 않았음에도 운전 당시 혈중알코올농도가 0.03% 이상임을 전제로 유죄 판결을 한 것은 위법하다.

5. [관련판례3] 대법원 2023.12.28, 2020도6417

음주운전 교통사고 후 추가음주의 경우와 위드마크공식

일반적으로 범죄구성요건 사실의 존부를 알아내기 위하여 위와 같은 과학공식 등의 경험칙을 이용하는 경우에는 그 법칙 적용의 전제가 되는 개별적이고 구체적인 사실에 관하여 엄격한 증명을 요한다고 할 것이다. 시간의 경과에 의한 알코올의 분해소멸에 관해서는 평소의 음주정도, 체질, 음주속도, 음주 후 신체활동의 정도 등이 시간당 알코올분해량에 영향을 미칠 수 있으므로, 특별한 사정이 없는 한 해당 운전자의 시간당 알코올분해량이 평균인과 같다고 쉽게 단정할 것이 아니라 증거에 의하여 명확히 밝혀야 하고, 증명을 위하여 필요하다면 전문적인 학식이나 경험이 있는 사람들의 도움 등을 받아야 하며, 만일 공식을

CHAPTER 04 증 거

적용할 때 불확실한 점이 남아 있고 그것이 피고인에게 불이익하게 작용한다면 그 계산결과는 합리적인 의심을 품게 하지 않을 정도의 증명력이 있다고 할 수 없다(대법원 2000.10.24, 2000도3307; 2000.10.24, 2000도3145; 2000.12.26, 2000도2185 등). 그러나 시간당 알코올분해량에 관하여 알려져 있는 신빙성 있는 통계자료 중 피고인에게 가장 유리한 것을 대입하여 위드마크 공식을 적용하여 운전시의 혈중알코올 농도를 계산하는 것은 피고인에게 실질적인 불이익을 줄 우려가 없으므로 그 계산결과는 유죄의 인정자료로 사용할 수 있다고 하여야 한다(대법원 2001.6.26, 99도5393 등). 이 사건의 경우와 같이, 형사처벌을 모면하기 위해 의도적인 추가음주를 하는 행위가 드물지 않게 발생하고 있다. 죄증을 인멸하기 위한 의도적인 추가음주행위를 통해 음주운전자가 정당한 형사처벌을 회피하게 되는 결과를 그대로 용인하는 것은 정의의 관념이나 음주운전에 대한 강력한 처벌을 통해 안전사회를 염원하는 국민적 공감대 및 시대적 흐름에 비추어 바람직하지 않다. 국민의 건강과 사회의 안전을 보호하고 의도적인 법질서교란행위에 대한 정당한 처벌이 이루어질 수 있는 방향으로 추가음주 사안의 현황과 문제점을 체계적으로 파악하여 이를 해결하기 위한 입법적 조치 등이 이루어질 필요가 있지만, 이러한 조치가 없는 현재의 상황에서는 죄형법정주의와 검사의 엄격한 증명책임이라는 형사법의 대원칙을 존중하여 판단할 수밖에 없다(의도적 추가음주가 있더라도 엄격한 증명의 원칙은 유지됨).

6. 대법원 2010.6.24, 2009도1856

피측정자가 물로 입 안을 헹구지 아니한 상태에서 호흡측정기로 측정한 혈중 알코올농도 수치의 신빙성

호흡측정기에 의한 혈중 알코올농도의 측정은 장에서 흡수되어 혈액 중에 용해되어 있는 알코올이 폐를 통과하면서 증발하여 호흡공기로 배출되는 것을 측정하는 것이므로, 최종 음주시로부터 상당한 시간이 경과하지 아니하였거나, 트림, 구토, 치아보철, 구강청정제 사용 등으로 인하여 입 안에 남아 있는 알코올, 알코올 성분이 있는 구강 내 타액, 상처부위의 혈액 등이 폐에서 배출된 호흡공기와 함께 측정될 경우에는 실제 혈중 알코올의 농도보다 수치가 높게 나타나는 수가 있어, 피측정자가 물로 입 안 헹구기를 하지 아니한 상태에서 한 호흡측정기에 의한 혈중 알코올농도의 측정 결과만으로는 혈중 알코올농도가 반드시 그와 같다고 단정할 수 없고, 오히려 호흡측정기에 의한 측정수치가 혈중 알코올농도보다 높을 수 있다는 의심을 배제할 수 없다(대법원 2006.11.23, 2005도7034 등).

보충 음주종료 후 4시간 정도 지난 시점에서 물로 입 안을 헹구지 아니한 채 호흡측정기로 측정한 혈중 알코올 농도 수치가 0.05%로 나타난 사안에서, 위 증거만으로는 피고인이 혈중 알코올농도 0.05% 이상의 술에 취한 상태에서 자동차를 운전하였다고 인정하기 부족하다고 한 사례이다.

7. 대법원 2011.5.26, 2011도1902

공소사실을 뒷받침하는 과학적 증거방법은 그 전제로 하는 사실이 모두 진실임이 입증되고 그 추론의 방법이 과학적으로 정당하여 오류의 가능성이 전혀 없거나 무시할 정도로 극소한 것으로 인정되는 경우라야 법관이 사실인정을 함에 있어 상당한 정도로 구속력을 가진다 할 것인바(대법원 2007.5.10, 2007도1950; 2009.3.12, 2008도8486 등), 이를 위해서는 그 증거방법이 전문적인 지식 · 기술 · 경험을 가진 감정인에 의하여 공인된 표준 검사기법으로 분석을 거쳐 법원에 제출된 것이어야 할 뿐만 아니라 그 채취 · 보관 · 분석 등 모든 과정에서 자료의 동일성이 인정되고 인위적인 조작 · 훼손 · 첨가가 없었음이 담보되어야 한다(대법원 2010.3.25, 2009도14772).

보충 피고인이 자신의 처(妻)인 피해자를 승용차 조수석에 태우고 운전하던 중 교통사고를 가장하여 살해하기로 마음먹고, 도로 옆에 설치된 대전차 방호벽의 안쪽 벽면을 차량 우측 부분으로 들이받아 피해자가 차에서 탈출하거나 저항할 수 없는 상태가 되자(1차 사고), 사고 장소로 되돌아와 다시 차량 앞범퍼 부분으로 위 방호벽 중 진행방향 오른쪽에 돌출된 부분의 모서리를 들이받아(2차 사고) 피해자를 살해하였다는 내용으로 기소되었는데, 피고인이 범행을 강력히 부인하고 있고 달리 그에 관한 직접증거가 없는 사안에서, 제1심과 원심이 들고 있는 간접증거와 그에 기초한 인정 사실만으로는 위 공소사실 인정의 전제가 되는 '살인의 범의에 기한 1차 사고'의 존재가 합리적인 의심을 할 여지가 없을 정도로 증명되었다고 보기 어려운데도, 피고인에게 살인죄를 인정한 원심판결에 객관적 · 과학적인 분석을 필요로 하는 증거의 증명력에 관한 법리를 오해하거나 논리와 경험법칙을 위반한 위법이 있다고 한 사례이다.

8. 대법원 2012.6.28, 2012도231 : 의사 만삭부인 살해 사건[1]

형사재판에서 부검의 소견에 주로 의지하여 유죄를 인정하기 위한 요건

부검은 사망 이전의 질병 경과나 사망을 초래한 직접 혹은 간접적 요인들을 자세한 관찰 및 검사를 통하여 규명하는 것으로서, 사망원인의 인정 내지 추정을 위하여는 단편적인 개별 소견을 종합하여 최종 사인에 관한 판단에 이르는 추론의 과정을 거쳐야 한다. 따라서 부검의가 사체에 대한 부검을 실시한 후 어떤 것을 유력한 사망원인으로 지시한다고 하여 그 밖의 다른 사인이 존재할 가능성을 가볍게 배제하여서는 아니 되고, 특히 형사재판에서 부검의의 소견에 주로 의지하여 유죄의 인정을 하기 위해서는 다른 가능한 사망원인을 모두 배제하기 위한 치밀한 논증의 과정을 거치지 않으면 아니 된다. [경찰승진 14] 더구나 사체에 대한 부검이 사망으로부터 상당한 시간이 경과한 후에 실시되고 그 과정에서 사체의 이동 · 보관에 따른 훼손 · 변화 가능성이 있는 경우에는 그 판단에 오류가 포함될 가능성을 전적으로 배제할 수 없다.

보충 대학 부속병원 전공의인 피고인이 자신의 집에서 배우자 甲의 목을 졸라 살해하였다는 내용으로 기소된 사안에서, 사건의 쟁

1) [보충] 위 판례는 부검의 소견만으로는 증명력을 인정할 수 없다는 파기환송판결이나, 이후 검찰의 증거 보강이 이루어져 결국 2013.4.26. 대법원 유죄판결이 확정된 사례이다.

점인 甲의 사망원인이 손에 의한 목눌림 질식사(액사)인지와 피고인이 사건 당일 오전 집을 나서기 전에 甲을 살해하였다고 볼 수 있는 정황이나 증거가 존재하는지에 관하여 치밀한 검증 없이 여러 의문점이 있는 부검소견이나 자료에만 증명력을 인정한 것은 위법하다는 사례이다. 다만, 위 파기환송판결 이후 검찰의 증거보강을 거쳐 위 사건은 2013.4.26. 유죄로 확정되었다.

9. 대법원 2018.2.8, 2017도14222

과학적 증거방법이 사실인정에서 상당한 정도의 구속력을 갖기 위한 요건

과학적 증거방법이 사실인정에 있어서 상당한 정도로 구속력을 갖기 위해서는 감정인이 전문적인 지식 · 기술 · 경험을 가지고 공인된 표준 검사기법으로 분석한 후 법원에 제출하였다는 것만으로는 부족하고, 시료의 채취 · 보관 · 분석 등 모든 과정에서 시료의 동일성이 인정되고 인위적인 조작 · 훼손 · 첨가가 없었음이 담보되어야 하며 각 단계에서 시료에 대한 정확한 인수 · 인계 절차를 확인할 수 있는 기록이 유지되어야 한다. 피고인이 메트암페타민을 투약하였다고 하여 마약류 관리에 관한 법률 위반(향정)으로 기소되었는데, 공소사실을 부인하고 있고, 투약의 일시, 장소, 방법 등이 명확하지 못하며, 투약 사실에 대한 직접적인 증거로는 피고인의 소변과 머리카락에서 메트암페타민 성분이 검출되었다는 국립과학수사연구원의 감정 결과만 있는 경우, 감정물이 피고인으로부터 채취한 것과 동일하다고 단정하기 어려워 그 감정 결과의 증명력은 피고인의 투약 사실을 인정하기에 충분하지 않다.

10. 대법원 2022.6.16, 2022도2236

구미 세 살 여아 살해 사건

법정형이 무거운 범죄의 경우에도 직접증거 없이 간접증거만으로 유죄를 인정할 수 있으나, 그러한 유죄 인정에는 공소사실에 대한 관련성이 깊은 간접증거들에 의하여 신중한 판단이 요구되므로, 간접증거에 의하여 주요사실의 전제가 되는 간접사실을 인정할 때에는 증명이 합리적인 의심을 허용하지 않을 정도에 이르러야 하고, 하나하나의 간접사실 사이에 모순, 저촉이 없어야 하는 것은 물론 간접사실이 논리와 경험칙, 과학법칙에 의하여 뒷받침되어야 한다(대법원 2011.5.26, 2011도1902 참조). 그러므로 유죄의 인정은 범행 동기, 범행수단의 선택, 범행에 이르는 과정, 범행 전후 피고인의 태도 등 여러 간접사실로 보아 피고인이 범행한 것으로 보기에 충분할 만큼 압도적으로 우월한 증명이 있어야 한다. 피고인은 무죄로 추정된다는 것이 헌법상의 원칙이고, 그 추정의 번복은 직접증거가 존재할 경우에 버금가는 정도가 되어야 한다(대법원 2017.5.30, 2017도1549). 그리고 범행에 관한 간접증거만이 존재하고 더구나 그 간접증거의 증명력에 한계가 있는 경우, 범인으로 지목되고 있는 자에게 범행을 저지를 만한 동기가 발견되지 않는다면, 만연히 무엇인가 동기가 분명히 있는데도 이를 범인이 숨기고 있다고 단정할 것이 아니라 반대로 간접증거의 증명력이 그만큼 떨어진다고 평가하는 것이 형사증거법의 이념에 부합하는 것이다(대법원 2006.3.9, 2005도8675 참조). … 유전자검사나 혈액형검사 등 과학적 증거방법은 전제로 하는 사실이 모두 진실임이 증명되고 추론의 방법이 과학적으로 정당하여 오류의 가능성이 없거나 무시할 정도로 극소하다고 인정되는 경우에는 법관이 사실인정을 할 때 상당한 정도로 구속력을 가진다(대법원 2009.3.12, 2008도8486 등 참조). 그러나 이 경우 법관은 과학적 증거방법이 증명하는 대상이 무엇인지, 즉 증거방법과 쟁점이 어떠한 관련성을 갖는지를 면밀히 살펴 신중하게 사실인정을 하여야 한다.

보충 S는 산부인과의원에서 자신의 딸인 K가 출산한 여아 B(피해자)를 다른 여아 C로 바꿔치기 하는 방법으로 C를 데리고 왔고 K가 C를 방치하여 사망케 하였는데, 유전자 감정 결과 C는 A의 딸이 아니라 S 자신의 딸이라는 결과가 나와, S는 현재 생사 및 행방이 불명인 피해자 B(A의 딸)에 대한 미성년자약취죄의 공소사실로 기소되었다. … 유전자 감정 결과가 증명하는 대상은 이 사건 여아(C)를 피고인의 친자로 볼 수 있다는 사실에 불과하고, 피고인이 쟁점 공소사실 기재 일시 및 장소에서 피해자(B)를 이 사건 여아(C)와 바꾸는 방법으로 약취하였다는 사실이 아니며, 피고인이 유전자 감정 결과에도 불구하고 자신이 범행을 저지르지 않았다는 점에 대하여 개연성 있는 설명을 하고 있지는 못하지만, 공소사실에 관한 목격자의 진술이나 CCTV 영상 등 직접적인 증거가 없고, 공소사실을 유죄로 확신하는 것을 주저하게 하는 의문점들이 남아 있으며, 그에 대하여 추가적인 심리가 가능하다고 보이는 이상, 유전자 감정 결과만으로 쟁점 공소사실이 증명되었다고 보기에는 어렵다.

[확정판결의 증명력]

1. 대법원 2008.5.29, 2007도5206; 2000.2.25, 99다55472; 2005.12.8, 2003도7655; 2012.6.14, 2011도15653; 2014.3.27, 2014도1200 [국가9급 15, 경찰승진 14]

형사재판에서 이와 관련된 다른 형사사건 등의 확정판결에서 인정된 사실은 ① 특별한 사정이 없는 한 유력한 증거자료가 되는 것이나, ② 당해 형사재판에서 제출된 다른 증거내용에 비추어 관련 형사사건의 확정판결에서의 사실판단을 그대로 채용하기 어렵다고 인정될 경우에는 이를 배척할 수 있다.

2. [비교] 대법원 2009.6.25, 2008도10096; 1995.1.12, 94다39215; 1999.11.26, 98두10424

형사재판에 있어서 이미 확정된 형사판결이 동일한 사실관계에 관하여 인정한 사실의 증명력

동일한 사실관계에 관하여 이미 확정된 형사판결이 인정한 사실은 유력한 증거자료가 되므로, 그 형사재판의 사실 판단을 채용하기 어렵다고 인정되는 특별한 사정이 없는 한 이와 배치되는 사실은 인정할 수 없는 것이다.

[범인의 식별에 관한 목격자의 확인] (1 대 1 대면 확인 : 원칙 ×, 예외 ○)(주로 경찰직에서 출제되었음)

1. 대법원 2007.5.10, 2007도1950 [경찰승진 09/10, 경찰채용 15 2차]

용의자의 인상착의 등에 의한 범인식별 절차 : 용의자 한 사람 or 용의자의 사진 한 장 ×

용의자의 인상착의 등에 의한 범인식별 절차에 있어 용의자 한 사람을 단독으로 목격자와 대질시키거나 용의자의 사진 한 장만

CHAPTER 04 증거

을 목격자에게 제시하여 범인 여부를 확인하게 하는 것은 사람의 기억력의 한계 및 부정확성과 구체적인 상황 하에서 용의자나 그 사진 상의 인물이 범인으로 의심받고 있다는 무의식적 암시를 목격자에게 줄 수 있는 가능성으로 인하여, 그 용의자가 종전에 피해자와 안면이 있는 사람이라든가 피해자의 진술 외에도 그 용의자를 범인으로 의심할 만한 다른 정황이 존재한다든가 하는 등의 부가적인 사정이 없는 한 그 신빙성이 낮다고 보아야 한다.

2. 대법원 2008.1.17, 2007도5201 [경찰승진 10/11]

용의자의 인상착의 등에 의한 범인식별 절차에서 범인 여부를 확인하는 목격자 진술의 신빙성을 높이기 위한 절차적 요건 및 그 적용범위

범인식별 절차에 있어 목격자의 진술의 신빙성을 높게 평가할 수 있게 하려면, 범인의 인상착의 등에 관한 목격자의 진술 내지 묘사를 사전에 상세히 기록화한 다음, 용의자를 포함하여 그와 인상착의가 비슷한 여러 사람을 동시에 목격자와 대면시켜 범인을 지목하도록 하여야 하고, 용의자와 목격자 및 비교대상자들이 상호 사전에 접촉하지 못하도록 하여야 하며, 사후에 증거가치를 평가할 수 있도록 대질 과정과 결과를 문자와 사진 등으로 서면화하는 등의 조치를 취하여야 할 것이고, 사진제시에 의한 범인식별 절차에 있어서도 기본적으로 이러한 원칙에 따라야 한다(대법원 2001.2.9, 2000도4946; 2004.2.27, 2003도7033; 2007.5.10, 2007도1950 등). 그리고 이러한 원칙은 동영상제시·가두식별 등에 의한 범인식별 절차와 사진제시에 의한 범인식별 절차에서 목격자가 용의자를 범인으로 지목한 후에 이루어지는 동영상제시·가두식별·대면 등에 의한 범인식별 절차에도 적용되어야 할 것이다.

보충 강간 피해자가 수사기관이 제시한 47명의 사진 속에서 피고인을 범인으로 지목하자 이어진 범인식별 절차에서 수사기관이 피해자에게 피고인 한 사람만을 촬영한 동영상을 보여주거나 피고인 한 사람만을 직접 보여주어 피해자로부터 범인이 맞다는 진술을 받고, 다시 피고인을 포함한 3명을 동시에 피해자에게 대면시켜 피고인이 범인이라는 확인을 받은 경우, 위 피해자의 진술은 범인식별 절차에서 목격자 진술의 신빙성을 높이기 위하여 준수하여야 할 절차를 지키지 않은 상태에서 얻어진 것으로서 범인의 인상착의에 관한 피해자의 최초 진술과 피고인의 그것이 불일치하는 점이 많아 신빙성이 낮다는 사례이다. [경찰승진 10]

3. [비교] 대법원 2009.6.11, 2008도12111 [경찰간부 15, 경찰승진 10]

피해자가 경찰관과 함께 범행 현장에서 범인을 추적하다 골목길에서 범인을 놓친 직후 골목길에 면한 집을 탐문하여 용의자를 확정한 경우, 그 현장에서 용의자와 피해자의 일대일 대면이 허용된다고 한 사례

일반적으로 용의자의 인상착의 등에 의한 범인식별 절차에서 용의자 한 사람을 단독으로 목격자와 대질시키거나 용의자의 사진 한 장만을 목격자에게 제시하여 범인 여부를 확인하게 하는 것은 … 부가적인 사정이 없는 한 그 신빙성이 낮다고 보아야 한다. … 그러나 범죄 발생 직후 목격자의 기억이 생생하게 살아있는 상황에서 현장이나 그 부근에서 범인식별 절차를 실시하는 경우에는, 목격자에 의한 생생하고 정확한 식별의 가능성이 열려 있고 범죄의 신속한 해결을 위한 즉각적인 대면의 필요성도 인정할 수 있으므로, 용의자와 목격자의 일대일 대면도 허용된다.

(4) 자유심증과 상소 : 증인의 증언의 신빙성에 대한 제1심의 평가를 항소심에서 어떻게 평가할 것인가 문제되는바, ① 제1심의 판단도 존중되어야 하므로 **항소심은 원칙적으로 제1심의 증명력 판단을 배척할 수 없다.** 따라서 항소심이 심리과정에서 심증 형성에 영향을 미칠 만한 객관적 사유가 새로 드러난 것이 없음에도, 제1심의 사실인정에 관한 판단을 재평가하여 사후심적으로 판단하여 뒤집을 수는 없는 것이 원칙이다. 다만, ② 예외적인 경우에는 항소심이 증언의 신빙성 유무에 관한 제1심의 판단을 번복할 수 있는데, ㉠ 제1심의 증명력 판단에 **논리법칙과 경험법칙에 위배되는 명백한 오류**가 있다고 볼 특별한 사정이 있는 경우, ㉡ 제1심의 증거조사 결과와 항소심 변론종결시까지 추가로 이루어진 **증거조사 결과를 종합하면** 제1심 증인이 한 진술의 신빙성 유무에 대한 **제1심의 증명력 판단을 그대로 유지하는 것이 현저히 부당**하다고 인정되는 경우가 여기에 속한다. 특히 제1심에서 신빙성을 배척한 증언을 항소심에서 채택하기 위해서는 진술의 신빙성을 배척한 제1심의 판단을 수긍할 수 없는 충분하고도 납득할 만한 현저한 사정이 나타나는 경우이어야 한다.

판례연구 자유심증주의와 제1심 판결의 증명력

1. 대법원 1996.12.6, 96도2461 [국가9급 15]

제1심이 채용한 유죄의 증거에 대하여 항소심이 그 신빙성에 의문을 가질 경우, 아무런 추가 심리 없이도 그 증거를 배척할 수 없다는 사례

형사재판에서 항소심은 사후심 겸 속심의 구조이므로, 제1심이 채용한 증거에 대하여 그 신빙성에 의문은 가지만 그렇다고 직접 증거조사를 한 제1심의 자유심증이 명백히 잘못되었다고 볼 만한 합리적인 사유도 나타나 있지 아니한 경우에는, 비록 동일한 증거라고 하더라도 다시 한 번 증거조사를 하여 항소심이 느끼고 있는 의문점이 과연 그 증거의 신빙성을 부정할 정도의 것인지 알아보거나, 그 증거의 신빙성에 대하여 입증의 필요성을 느끼지 못하고 있는 검사에 대하여 항소심이

가지고 있는 의문점에 관하여 입증을 촉구하는 등의 방법으로 그 증거의 신빙성에 대하여 더 심리하여 본 후 그 채부를 판단하여야 하고, 그 증거의 신빙성에 의문이 간다는 사유만으로 더 이상 아무런 심리를 함이 없이 그 증거를 곧바로 배척하여서는 아니 된다.

유사판례 대법원 2017.3.22, 2016도18031(1심의 판단을 2심이 함부로 뒤집을 수는 없다는 사례) : 현행 형사소송법상 항소심은 속심을 기반으로 하되 사후심적 요소도 상당 부분 들어 있는 이른바 사후심적 속심의 성격을 가지므로 항소심에서 제1심판결의 당부를 판단할 때에는 그러한 심급구조의 특성을 고려하여야 한다. 그러므로 항소심이 심리과정에서 심증의 형성에 영향을 미칠 만한 객관적 사유가 새로 드러난 것이 없음에도 제1심의 판단을 재평가하여 사후심적으로 판단하여 뒤집고자 할 때에는, 제1심의 증거가치 판단이 명백히 잘못되었다거나 사실인정에 이르는 논증이 논리와 경험법칙에 어긋나는 등으로 그 판단을 그대로 유지하는 것이 현저히 부당하다고 볼 만한 합리적인 사정이 있어야 하고, 그러한 예외적 사정도 없이 제1심의 사실인정에 관한 판단을 함부로 뒤집어서는 안 된다. 그것이 형사사건의 실체에 관한 유죄·무죄의 심증은 법정 심리에 의하여 형성하여야 한다는 공판중심주의, 그리고 법관의 면전에서 직접 조사한 증거만을 재판의 기초로 삼는 것을 원칙으로 하는 실질적 직접심리주의의 정신에 부합한다.

보충 항소심은 제1심이 채용한 증거의 신빙성에 의문이 있는 경우, 아무런 심리 없이 그 증거를 곧바로 배척하여서는 아니 되고, 이미 증거조사를 거친 동일한 증거라도 그 증거의 신빙성에 대하여 더 심리하여 본 후 그 채부를 판단하여야 한다. [국가9급 15]

2. 대법원 2013.4.26, 2013도1222; 2006.11.24, 2006도4994; 2009.1.30, 2008도7462; 2009.1.30, 2008도7917; 2010.6.24, 2010도3846; 2011.6.30, 2010도15765; 2019.7.24, 2018도17748; 2021.6.10, 2021도2726 [법원9급 08, 국가7급 11, 경찰승진 12]

증인 진술의 신빙성 유무에 대한 제1심의 판단을 항소심이 뒤집을 수 있는 경우

① 원칙 : 우리 형사소송법이 채택하고 있는 실질적 직접심리주의의 정신에 비추어, 항소심으로서는 제1심 증인이 한 진술의 신빙성 유무에 대한 제1심의 판단이 항소심의 판단과 다르다는 이유만으로 이에 대한 제1심의 판단을 함부로 뒤집어서는 아니된다. ② 예외 : 다만, 제1심 증인이 한 진술의 신빙성 유무에 대한 제1심의 판단이 명백하게 잘못되었다고 볼 특별한 사정이 있거나, 제1심의 증거조사 결과와 항소심 변론종결시까지 추가로 이루어진 증거조사 결과를 종합하면 제1심 증인이 한 진술의 신빙성 유무에 대한 제1심의 판단을 그대로 유지하는 것이 현저히 부당하다고 인정되는 예외적인 경우에는 그러하지 아니하다.

보충1 ① 원칙 : 항소심은 제1심의 증명력 판단 배척 불가, ② 예외 : 제1심의 판단이 명백히 잘못이라는 특별한 사정이나 1심의 증거조사 결과와 항소심의 추가증거조사결과를 종합하면 1심의 증명력 판단을 유지하는 것이 현저히 부당하다는 예외적인 경우에는 배척 가능.

보충2 특히 공소사실을 뒷받침하는 증인의 진술의 신빙성을 배척한 제1심의 판단을 뒤집는 경우에는, 무죄추정의 원칙 및 형사증명책임의 원칙에 비추어 이를 수긍할 수 없는 충분하고도 납득할 만한 현저한 사정이 나타나는 경우라야 한다(대법원 2010.3.25, 2009도14065; 2022.5.26, 2017도11582).

3. 대법원 2010.3.25, 2009도14065 [국가9급 12]

국민참여재판에서 배심원이 만장일치의 의견으로 내린 무죄의 평결이 재판부의 심증에 부합하여 그대로 채택된 경우, 증거의 취사 및 사실의 인정에 관한 제1심의 판단을 항소심에서 원칙적으로 뒤집을 수 없음

배심원이 증인신문 등 사실심리의 전 과정에 함께 참여한 후 증인이 한 진술의 신빙성 등 증거의 취사와 사실의 인정에 관하여 만장일치의 의견으로 내린 무죄의 평결이 재판부의 심증에 부합하여 그대로 채택된 경우라면, 이러한 절차를 거쳐 이루어진 증거의 취사 및 사실의 인정에 관한 제1심의 판단은 실질적 직접심리주의 및 공판중심주의의 취지와 정신에 비추어 항소심에서의 새로운 증거조사를 통해 그에 명백히 반대되는 충분하고도 납득할 만한 현저한 사정이 나타나지 않는 한 한층 더 존중될 필요가 있다.

보충 국민참여재판으로 진행된 제1심에서 배심원이 만장일치로 한 평결 결과를 받아들여 강도상해의 공소사실을 무죄로 판단하였으나, 항소심에서는 피해자에 대하여만 증인신문을 추가로 실시한 다음 제1심의 판단을 뒤집어 이를 유죄로 인정한 사안에서, 항소심 판단에 공판중심주의와 실질적 직접심리주의 원칙의 위반 및 증거재판주의에 관한 법리오해의 위법이 있다고 한 사례이다.

4. 대법원 2016.2.18, 2015도11428; 2016.4.15, 2015도8610; 2016.6.23, 2016도2889

증언의 신빙성이 없다고 보아 무죄판결한 1심에 대해 항소심이 일부 반대되는 사실에 관한 개연성 또는 의문만으로 사실오인의 위법이 있다고 단정하여 유죄로 인정할 수 있는지 여부(원칙적 소극)

금품수수 여부가 쟁점이 된 사건에서 금품을 제공하였다는 사람의 진술에 대하여 제1심이 증인신문 절차 등을 거친 후에 합리적인 의심을 배제할 만한 신빙성이 없다고 보아 공소사실을 무죄로 판단한 경우에, 항소심이 제1심 증인 등을 다시 신문하는 등의 추가 증거조사를 거쳐 그 신빙성을 심사하여 본 결과 제1심이 들고 있는 의심과 일부 어긋날 수 있는 사실의 개연성이 드러남으로써 제1심의 판단에 의문이 생긴다 하더라도, 제1심이 제기한 의심이 금품 제공과 양립할 수 없거나 그 진술의 신빙성 인정에 장애가 되는 사실의 개연성에 대한 합리성 있는 근거에 기초하고 있고 제1심의 증거조사 결과와 항소심의 추가 증거조사 결과에 의하여도 제1심이 일으킨 이러한 합리적인 의심을 충분히 해소할 수 있을 정도에까지 이르지 아니한다면, 그와 같은 일부 반대되는 사실에 관한 개연성 또는 의문만으로 그 진술의 신빙성 및 범죄의 증명이 부족하다는 제1심의 판단에 사실오인의 위법이 있다고 단정하여 공소사실을 유죄로 인정하여서는 아니 된다. 특히 항소심에서도 그 진술 중의 일부에 대하여 신빙성을 부정함으로써 그에 관한 제1심의 판단을 수긍하는 경우라면, 나머지 진술 부분에 대하여 신빙성을 부정한 제1심의 판단이 위법하다고 인정하기 위해서는 그 부분 진술만은 신뢰할 수 있는 확실한 근거가 제시되는 등의 특별한 사정이 있는지에 관하여 더욱 신중히 판단하여야 한다.

(5) 증거요지의 명시 : 법관의 합리적 증거평가를 담보하기 위해서 **유죄판결의 이유에는 증거의 요지**(要旨)**를 명시**해야 한다(제323조 제1항). 다만, 증거의 요지만 명시하면 되므로(증거의 중요부분 표시 要) 증거를 취사한 이유까지 명시해야 하는 것은 아니다(증거 채부 이유 설시 不要). 이를 위반하면 절대적 항소이유가 된다(제361조의5 제11호).

Ⅲ 자유심증주의의 예외

1. 자백의 증명력 제한 : 자백보강법칙

증거능력이 있는 자백에 의해서 법관이 유죄를 확신하는 경우에도 보강증거가 없으면 유죄를 선고할 수 없으므로(제310조), 이는 자유심증주의에 대한 예외가 된다.

보충 다만, 이는 범죄의 객관적 구성요건요소에 한하고, 주관적 구성요건요소(예 고의, 과실, 목적 등) 등은 보강증거가 없어도 자백만으로 인정할 수 있다(자유심증주의 적용)(자백보강법칙에서 후술).

2. 공판조서의 배타적 증명력

공판기일의 소송절차로서 공판조서에 기재된 것은 그 조서만으로써 증명한다(제56조). 따라서 법관의 심증 여하를 불문하고 그 기재된 대로 인정해야 하므로 이는 자유심증주의에 대한 예외가 된다.

보충 다만, 공판조서에 기재되지 않는 것에 대해서는 (당해 소송행위 부존재는 추정되지 않고) 자유심증주의가 적용된다. 또한 동일한 사항에 관하여 서로 다른 내용이 기재된 수개의 공판조서가 병존하는 경우에는 법관의 자유심증에 따라 그 중 하나만을 믿을 수 있다.

3. 진술거부권 · 증언거부권의 행사

(1) 진술거부권의 행사 : 진술거부권은 헌법상 기본권(제12조 제2항)에 해당하므로, 피고인의 진술거부권의 행사를 피고인에게 불리한 간접증거로 사용하여 불리한 심증을 형성하는 것은 허용되지 아니한다. 진술거부권을 실질적으로 보장해야 하기 때문이다.

(2) 증언거부권의 행사 : 증언거부권(법 제148조 · 제149조)이 있는 증인의 증언거부를 피고인에게 불리한 정황증거로 인정하여 심증을 형성하는 것도 허용되지 않는다. 증언거부권은 가족관계나 일정한 신뢰관계 있는 자를 보호하기 위한 제도이기 때문이다.

Ⅳ 자유심증주의와 in dubio pro reo의 원칙

1. 심증형성의 정도

범죄사실의 인정을 위한 심증의 정도는 단지 우월적 증명력을 가진 정도로는 부족하고 합리적 의심이 없을 정도에 이르러야 한다(대법원 1996.3.8, 95도3081). 2007년 개정법 제307조 제2항이 "범죄사실의 인정은 합리적 의심이 없는 정도의 증명에 이르러야 한다."라고 규정한 것도 이러한 엄격한 증명을 통해 법관으로 하여금 합리적 의심을 할 여지가 없는 정도의 확신을 갖게 해야만 범죄사실을 인정할 수 있다는 것이다.

2. 의심스러울 때에는 피고인에게 유리하게

법원이 심리를 다하였으나 심증형성이 불가능한 경우에는 in dubio pro reo의 원칙에 의해 무죄판결을 선고할 수밖에 없다.

3. 적용범위

in dubio pro reo의 원칙은 사실판단의 최종적 기준이므로, 법률판단의 문제에는 적용되지 아니한다.

Ⅴ 자유심증주의 위반과 효과

1. 법령의 위반-채증법칙 위반 · 심리미진

① 증거의 증명력의 자유판단의 기준은 논리법칙과 경험법칙이고 이를 채증법칙(採證法則)이라 하며, 논리

법칙과 경험법칙에 위배되는 것을 채증법칙 위반이라 한다. 또한 ② 범죄의 유무 등을 판단하기 위한 논리적 논증을 함에 있어 그 전제는 논증에 반드시 필요한 사항에 대해서는 빠뜨리지 않고 심리를 다하는 것인데, 필요한 사항에 대한 심리를 다하지 않는 것을 심리미진(審理未盡)이라 한다. 이에 ③ 논리법칙 · 경험법칙을 벗어난 **채증법칙의 위반**은 자유심증주의(제308조)의 한계를 벗어나는 것이고, 필요한 사항에 대한 심리를 다하지 않은 **심리미진**은 실체적 진실발견과 적정한 재판이 이루어지도록 자유심증주의(제308조)를 규정한 형사소송법의 근본이념에 배치(背馳)되는 것이다. 결국 이러한 채증법칙 위반 내지 심리미진의 위법이 판결에 영향을 미친 경우는 **법령위반의 상소이유**(제361조의5 제1호의 **상대적 항소이유**, 제383조 제1호의 **상대적 상고이유**)에 해당하는 것이다.

보충 독자들이 대법원 판례를 읽다보면, 채증법칙 위반 또는 심리미진의 위법이 있다는 표현을 종종 보게 된다. 이는 법령위반에 해당하므로 판결에 영향을 미친 경우 상소이유가 되는 것이다.

대법원 2016.10.13, 2015도17869

자유심증주의의 의미, 한계, 위반 및 그 효과

형사소송법은 증거재판주의와 자유심증주의를 기본원칙으로 하면서, 범죄사실의 인정은 증거에 의하되 증거의 증명력은 법관의 자유판단에 의하도록 하고 있다. 그러나 이는 그것이 실체적 진실발견에 적합하기 때문이지 법관의 자의적인 판단을 인용한다는 것은 아니므로, 비록 사실의 인정이 사실심의 전권이라 하더라도 범죄사실이 인정되는지 여부는 논리와 경험법칙에 따라야 하고, 충분한 증명력이 있는 증거를 합리적 이유 없이 배척하거나 반대로 객관적인 사실에 명백히 반하는 증거를 근거 없이 채택 · 사용하는 것은 자유심증주의의 한계를 벗어나는 것으로서 법률위반에 해당한다(대법원 2007.5.10, 2007도1950; 2015.8.20, 2013도11650 전원합의체)(채증법칙위반). 또한 범죄의 유무 등을 판단하기 위한 논리적 논증을 하는 데 반드시 필요한 사항에 대한 심리를 다하지도 아니한 채 합리적 의심이 없는 증명의 정도에 이르렀는지에 대한 판단에 섣불리 나아가는 것(심리미진) 역시 실체적 진실발견과 적정한 재판이 이루어지도록 하려는 형사소송법의 근본이념에 배치되는 것으로서 위법하다. 그러므로 사실심 법원으로서는, 형사소송법이 사실의 오인을 항소이유로는 하면서도 상고이유로 삼을 수 있는 사유로는 규정하지 아니한 데에 담긴 의미가 올바르게 실현될 수 있도록 주장과 증거에 대하여 신중하고 충실한 심리를 하여야 하고, 그에 이르지 못하여 자유심증주의의 한계를 벗어나거나 필요한 심리를 다하지 아니하는 등으로 판결 결과에 영향을 미친 때에는, 사실인정을 사실심 법원의 전권으로 인정한 전제가 충족되지 아니하는 것이므로 당연히 상고심의 심판대상에 해당한다.

연습 사실심 법원이 자유심증주의의 한계를 벗어나거나 필요한 심리를 다하지 아니하는 등으로 판결 결과에 영향을 미친 경우는 당연히 상고심의 심판대상에 해당한다. (O) (∵ 단순한 사실오인이 아니라 법령위반이므로)

2. 사실의 오인

증명력 판단이 채증법칙 위반이나 심리미진은 아니지만 증거취사와 사실인정이 잘못된 경우는 사실의 오인에 해당한다. 사실의 오인이 판결에 영향을 미친 때에는 상대적 항소이유(제361조의5 제14호)에 해당하나, 상고이유에 해당하려면 사형 · 무기 또는 10년 이상의 징역 · 금고가 선고된 사건에 있어서 중대한 사실의 오인이 있어 판결에 영향을 미친 때이어야 한다(제383조 제4호 전단). 따라서 단순한 사실오인의 주장은 법령의 위반에는 해당하지 않으므로 법률심에 해당하는 상고심에서는 적법한 상고이유에 해당하지 아니한다.

대법원 2008.5.29, 2007도1755

구체적인 논리법칙 · 경험법칙 위반을 지적하지 아니한 채 원심의 증거취사와 사실인정만을 다투는 주장이 형사소송법 제383조 제1호의 상고이유가 될 수 있는지 여부(소극)

형사소송법 제308조는 증거의 증명력은 법관의 자유판단에 의하도록 자유심증주의를 규정하고 있으므로, 원심의 증거의 증명력에 관한 판단과 증거취사 판단에 그와 달리 볼 여지가 상당히 있는 경우라고 하더라도, 원심의 판단이 논리법칙이나 경험법칙에 따른 자유심증주의의 한계를 벗어나지 아니하는 한 그것만으로 바로 형사소송법 제383조 제1호가 상고이유로 규정하고 있는 법령위반에 해당한다고 단정할 수 없다. 또한, 원심의 구체적인 논리법칙 위반이나 경험법칙 위반의 점 등을 지적하지 아니한 채 단지 원심의 증거취사와 사실인정만을 다투는 것은 특별한 사정이 없는 한 사실오인의 주장에 불과하다.

제3절 | 자백배제법칙

01 자백의 의의와 효과

I 의의 및 요건

1. 개념 및 성질

(1) 개념 : 자백(自白, confession, Geständnis)이란 피의자 또는 피고인이 자기의 범죄사실의 전부 또는 일부를 인정하는 진술을 말한다.

(2) 성질 : 자백은 공소범죄사실을 직접 증명할 수 있는 직접증거이자, 전문증거에 대하여 원본증거가 되는 진술증거이다.

2. 요 건

(1) 주체 : **진술자의 법적 지위는 불문**한다. 따라서 피고인으로서의 진술뿐만 아니라 **피의자 · 참고인 · 증인 등의 지위에서 한 진술도 자백**에 해당한다. [국가7급 08, 경찰간부 14]

(2) 형식 : 구두 · 서면을 불문한다. [국가7급 08]

(3) 자백의 상대방 : 법원 · 법관 · 수사기관을 불문한다. 범죄사실을 일기장에 기재하는 것처럼 상대방이 없는 경우도 자백에 해당한다. [국가7급 08]

(4) 자백의 단계 : 자백은 반드시 공판정에서 행한 진술일 것을 요하지 아니하므로, 재판상의 자백과 재판 외의 자백을 가리지 아니한다.

(5) 자백의 내용 : **자기의 범죄사실을 인정하는 진술이면 족하고 형사책임까지 인정할 것은 요하지 않는다.** 따라서 구성요건해당사실을 인정하면서 위법성조각사유나 책임조각사유를 주장하는 것도 자백에 해당한다(간이공판절차 개시요건인 자백과의 차이). 다만, ① **모두절차에서 피고인이 "공소사실은 사실대로다."라고 진술**하였다 하여도 당연히 자백에 해당하는 것은 아니며(84도141; 83도2692 : 전후의 진술을 종합하여 자백인지 여부를 판단해야 함), ② **상업장부 · 항해일지 · 진료일지 또는 이와 유사한 금전출납부 등**과 같이 **범죄사실의 인정 여부와는 관계없이** 자기에게 맡겨진 사무를 처리한 사무내역을 **그때그때 계속적 · 기계적으로 기재한 문서** 등의 경우에는 그 안에 공소사실에 일부 부합되는 사실의 기재가 있다고 하여도 **별개의 독립된 증거자료일 뿐 범죄사실을 자백하는 문서라고는 볼 수 없다**(94도2865 전원합의체 : ∴ 자백의 보강증거 ○). [해경간부 12, 전의경 09]

정리 간이공판절차 개시요건인 자백은 ① 법관에 대하여 ② 공판정에서 ③ 구성요건해당성 · 위법성 · 책임을 모두 인정하는 것을 요건으로 하는 데 비하여, 여기서의 자백은 구성요건해당성을 인정하면 되고, 주체 · 형식 · 상대방 · 단계를 불문한다.

판례연구 자백의 의미

대법원 1984.4.10, 84도141

피고인의 공소사실에 대한 "예, 있습니다.", "예, 그렇습니다."라는 답변과 범행사실의 자백

검사가 피고인에게 공소장기재를 낭독하다시피 공소사실 그대로의 사실 유무를 묻자 "예, 있습니다", "예, 그렇습니다"라고 대답한 것으로 되어 있어 피고인이 상피고인과 공모하여 이 사건 사기범죄사실을 저지른 것으로 자백한 것처럼 보이나 계속되는 검사와 변호인의 물음에서나 그 이후의 공판정에서는 피고인이 상피고인의 부동산전매업을 도와주는 모집책이 아니고 단순한 고객일 뿐이라고 진술하고 있다면 위 상피고인이 피고인들과 공모하여 기망 내지 편취한 점까지 자백한 것이라고는 볼 수 없다.

Ⅱ 자백의 효과

1. 자백과 유죄의 인정

(1) 증거능력 인정의 요건

① **임의성** : 임의성이 없는 자백은 증거능력이 없으므로 유죄의 증거로 사용할 수 없다(자백배제법칙, 제309조).

② **적법성** : 자백을 획득한 절차가 위법하고 그 위법의 정도가 중대한 경우에는 증거능력이 부정되어 유죄의 증거로 사용할 수 없다(위법수집증거배제법칙, 제308조의2).

③ **실질적 진정성립** : 재판 외의 자백이 기재된 조서 기타의 서류는 공판절차에서 그 실질적 진정성립이 인정되지 않으면 유죄의 증거로 사용할 수 없다(전문법칙의 예외, 제312조 제1·3·4·5항, 제313조 제1·3항).

(2) 증명력의 요건

① **신빙성** : 자백의 임의성이 있어 증거능력이 인정된다고 하더라도 자백의 진실성과 신빙성까지 당연히 인정되는 것은 아니므로, 법관이 그 자백의 신빙성(신용성)을 인정하지 않으면 유죄의 증거로 되지 아니한다(자유심증주의, 제308조).

판례연구 자백의 임의성이 있어도 증명력 판단은 별도로 해야 한다는 사례

1. 대법원 1980.12.9, 80도2656

연 4일 매일 한 장씩 진술서 작성 사례

피고인은 검찰에 송치되자마자 경찰에서의 자백은 강요에 의한 것이라고 구장하면서 범행을 부인할뿐더러 연 4일을 계속하여 매일 한 장씩 진술서 등을 작성한다는 것은 부자연하다는 느낌이 드는 등 사정에 비추어 보면 위의 자백은 신빙성이 희박하다.

2. 대법원 2008.2.14, 2007도10937

임의성 있는 자백의 증명력에 대한 판단방법

피고인의 자백이 임의로 진술한 것이어서 증거능력이 인정된다고 하여 자백의 진실성과 신빙성까지도 당연히 인정되는 것은 아니므로, 법원은 진술의 내용이 논리와 경험의 법칙에 비추어 볼 때 합리적인 것으로 인정되는지의 여부나 자백 이외의 정황증거들 중에 자백과 저촉되거나 모순되는 것이 없는지의 여부 등을 두루 참작하여 자유심증으로 자백이 신빙할 수 있는 것인지의 여부를 판단하여야 한다(피고인의 검찰관 앞에서의 자백이 논리와 경험의 법칙에 반하거나 범행현장의 객관적 상황에 부합하는 정황증거들과 상치되어 믿을 수 없다고 본 사례).

② **보강증거의 존재** : 증거능력 있는 자백이 신빙성이 있어 법관이 유죄의 심증을 얻은 경우에도, 보강증거가 없는 유일한 증거이면 자백한 범죄사실을 유죄로 인정할 수 없다(자백보강법칙, 제310조).

2. 간이공판절차에로의 진행

(1) **공판정에서의 자백** : 피고인이 공판정에서 당해 공소사실에 대하여 자백(구성요건해당성 인정 + 위법성·책임조각사유의 부존재 인정)한 경우에는 간이공판절차에 의하여 심판할 수 있다(제286조의2).

(2) **증거동의의 의제** : 간이공판절차에서의 전문증거에 대해서는 원칙적으로 피고인의 증거동의가 의제된다(전문법칙의 예외). 단, 검사, 피고인 또는 변호인이 증거로 함에 이의가 있는 때에는 그러하지 아니하다(제318조의3).

02 자백배제법칙

Ⅰ 의 의

"피고인의 자백이 고문·폭행·협박, 신체구속의 부당한 장기화 또는 기망(이상 예시사유) **기타의 방법**으로 임의로 진술한 것이 아니라고 의심할 만한 이유가 있는 때에는 이를 유죄의 증거로 하지 못한다(제309조, 헌법 제12조 제7항)." 이처럼 임의성이 없거나 의심되는 자백은 증거능력이 부정된다는 법칙을 자백배제법칙이라고 한다.[1]

Ⅱ 이론적 근거

1. 학 설

허위배제설, 인권옹호설, 절충설, 위법배제설, 종합설의 대립이 있으나,[2] 본서는 자백배제법칙은 자백취득과정에서의 **적정절차의 보장**을 확보하기 위한 증거법칙이므로 **자백취득과정이 위법하면 자백의 증거능력을 부정**해야 한다는 위법배제설을 따른다.

보충 위법배제설에 의하면, 자백배제법칙은 위법수집증거배제법칙의 특칙에 해당한다.

2. 판례의 태도 : 허위배제설 - 위법배제설 - 절충설

자백배제법칙의 이론적 근거에 관하여, 판례는 종래 허위배제설을 취하다가 위법배제설을 취하였으나, 근래에는 **절충설**을 취하고 있다.

판례연구 자백배제법칙의 이론적 근거에 관한 판례

1. 대법원 1977.4.26, 77도210

허위배제설을 취한 종래의 판례

피고인의 자백진술이 객관적 합리성이 결여되고 범행현장과 객관적 상황의 중요한 부분이 부합되지 않는 등의 특별사정이 있는 경우, 수사기관에서 자백하게 된 연유가 피고인의 주장대로 고문이 아니라 할지라도 다소의 폭행 또는 기타의 방법으로 자백을 강요하여 임의로 진술한 것이 아니라고 의심할 사유가 있다고 할 것이다.

---

1) [참고 - 자백배제법칙의 연혁] 자백배제법칙은 후술하는 위법수집증거배제법칙 및 전문법칙과 함께 주로 영미법에서 발달한 원칙이다. 종래에 자백은 증거의 왕이라고 하여 자백을 얻어내기 위한 고문 등의 위법·탈법적 수단이 자행되어 왔는바, 18세기 후반부터 영국에서는 고문·폭행·협박 등 수단으로 획득한 자백은 그 임의성이 의심된다는 허위배제의 관점에서 그 증거능력을 부정하기 시작하였다. 영국의 허위배제적 자백배제법칙은 미국에 계수되어 1940년대 이후 미연방대법원 판례들을 통해 위법수사의 배제에 근거한 자백배제법칙으로 확립되게 되는데, 1943년 맥납 사건[McNabb v. U.S, 318 U.S. 332(1943)]과 1957년 말로리 사건[Mallory v. U.S, 354 U.S. 449(1957)] 판례에 의해 체포 후 법관에게 인치하지 아니하고 구금한 상태에서 획득한 자백의 증거능력을 부정하였고, 이후 1960년대에 들어 1961년 로저스 사건[Rogers v. Richmond, 365 U.S. 534(1961)], 1964년 에스코베도 사건[Escobedo v. Illinois, 378 U.S. 478(1964)], 1966년 미란다 사건[Miranda v. Arizona, 384 U.S. 436(1966)]의 판례를 통해 위법배제에 근거를 둔 자백배제법칙으로 확립되게 된 것이다.

2) [참고 - 자백배제법칙의 이론적 근거에 대한 학설]
① 허위배제설 : 임의성이 의심되는 자백은 허위일 가능성이 크다는 점에서 증거능력을 부정해야 한다는 입장이다(종래 판례). 이에 대해서는 임의성과 진실성을 동일시함으로써 증거능력과 증명력을 혼동하였고, 고문에 의한 자백이어도 내용이 진실하면 증거능력이 있다고 보게 된다는 비판이 있다.
② 인권옹호설 : 자백배제법칙은 진술거부권(묵비권)의 담보장치이므로 자기결정권(진술의 자유)을 침해한 자백은 인권의 보장을 위해서 증거능력을 부정해야 한다는 입장이다. 이에 대해서는 자백배제법칙과 진술거부권을 연혁을 달리하므로 양자를 동일시하는 것은 부당하고, 약속이나 기망에 의한 자백의 증거능력을 부정해야 하는 근거를 제시하지 못한다는 비판이 있다.
③ 절충설 : 허위배제설과 인권옹호설이 모두 자백의 증거능력을 제한하는 근거로 타당하므로, 고문 등에 의한 자백은 허위의 위험성이 많을 뿐만 아니라 그러한 자백의 강요는 인권보장을 위해 증거능력을 부정해야 한다는 입장이다(신양균, 정/백, 노/이 등). 이에 대해서는 허위배제설과 인권옹호설의 결함만을 결합하는 결과가 된다는 비판이 있다.
④ 위법배제설 : 자백배제법칙은 자백취득과정에서의 적정절차의 보장을 확보하기 위한 증거법상 원칙이므로 자백취득과정에 있어서 적정절차를 위반하여 획득한 자백은 그 위법성으로 인하여 증거능력이 부정된다는 입장이다(다수설). 이에 대해서는 제309조의 임의성을 도외시함으로써, 임의성 없는 경우와 임의성은 인정되나 자백획득절차가 위법한 경우의 질적 차이를 무시한다는 비판이 있다.
⑤ 종합설 : 자백배제법칙은 헌법상 기본권으로 규정되어 있다는 점에서 허위배제설, 인권옹호설, 위법배제설 모두 자백배제법칙의 근거가 되므로 이를 상호보완적으로 운용해야 한다는 입장이다(신동운). 이에 대해서는 자백배제법칙의 객관적 기준을 제시하지 못하고 각 학설의 결함만을 결합하는 결과가 될 수 있다는 비판이 있다.
⑥ 결론 : 자백의 증거능력을 배제하는 적정하고 명확한 기준을 제시함과 아울러 자백배제법칙의 적용범위도 확보된다는 점에서 위법배제설이 타당하다고 생각된다.

2. **대법원 1997.10.10, 97도1720**

위법배제설을 취한 종래의 판례

진술의 임의성이라는 것은 고문·폭행·협박·신체구속의 부당한 장기화 또는 기망 기타 진술의 임의성을 잃게 하는 사정이 없다는 것, 즉 증거의 수집과정 위법성이 없다는 것인데, 진술의 임의성을 잃게 하는 그와 같은 사정은 헌법이나 형사소송법의 규정에 비추어 볼 때 이례에 속한다 할 것이므로 진술의 임의성은 추정된다.

3. **대법원 1998.4.10, 97도3234; 1999.1.29, 98도3584; 2000.1.21, 99도4940; 2006.1.26, 2004도517; 2012.11.29, 2010도3029 등.**

절충설(허위배제설 + 인권옹호설)을 취하는 근래의 판례

임의성 없는 자백의 증거능력을 부정하는 취지는, 허위진술을 유발 또는 강요할 위험성이 있는 상태하에서 행하여진 자백은 그 자체로 실체적 진실에 부합하지 아니하여 오판의 소지가 있을 뿐만 아니라(허위배제설) 그 진위 여부를 떠나서 자백을 얻기 위하여 피의자의 기본적 인권을 침해하는 위법·부당한 압박이 가하여지는 것을 사전에 막기 위한 것(인권옹호설)이다.[1]

Ⅲ 요 건

1. 자백의 임의성에 영향을 미치는 사유

고문, 폭행, 협박, 신체구속의 부당한 장기화 또는 기망 기타의 방법이다(제309조). 이러한 진술의 자유를 침해하는 위법사유는 **예시사유**에 해당한다(대법원 1985.2.26, 82도2413). [국가7급 07, 경찰승진 12]

대법원 1985.2.26, 82도2413

법 제309조에 규정된 피고인의 진술의 자유를 침해하는 위법사유들이 예시적인 것이라는 사례

형사소송법 제309조는 "피고인의 자백이 고문, 폭행, 협박, 신체구속의 부당한 장기화 또는 기망 기타의 방법으로 임의로 진술한 것이 아니라고 의심할 만한 이유가 있을 때에는 이를 유죄의 증거로 하지 못한다"고 규정하고 있는 바, 위 법조에서 규정된 피고인의 진술의 자유를 침해하는 위법사유는 원칙적으로 예시사유로 보아야 한다. (따라서) 고문, 폭행, 협박, 신체구속의 부당한 장기화 또는 기망방법 등은 일응 진술의 자유를 침해하는 위법사유의 예시에 불과함은 같은 법조의 문리적 해석의 당연한 귀결이라 할 것이며 문면상 "기타의 방법"은 또한 다종다양할 것임은 말할 나위도 없다.

(1) 고문 · 폭행 · 협박

① 의의 : 고문이란 사람의 정신·신체에 대하여 비인도적·비정상적인 위해를 가하는 것을 말한다. 폭행은 사람의 신체에 대한 직접적·간접적인 유형력의 행사이고, 협박은 사람에게 공포심을 일으키게 할 만한 해악의 고지를 말한다. 고문·폭행·협박의 형태에는 제한이 없다. 따라서 피고인이 직접 고문을 당하지 않았다 하더라도, 가족이나 다른 피고인 등 **타인이 고문당하는 것을 보고 자백**한 경우도 고문에 의한 자백에 해당한다. [경찰승진 15]

② 경찰고문 – 검찰자백 또는 수사기관가혹행위 – 법정자백의 임의성 : **고문·폭행·협박과 자백의 시점이 일치해야만 자백배제법칙이 적용되는 것은 아니다.** 따라서 ㉠ 피의자가 경찰에서 고문에 의해 자백을 한 후 검사에게 동일한 자백을 한 경우, **검사 면전 자백이 경찰의 위법수사의 효과가 미치는 상태하에서 행해진 것이라면 그 증거능력이 부정**되므로(대법원 1981.10.13, 81도2160; 1992.11.24, 92도2409; 2009도1603; 대법원 2012.11.29, 2010도11788) [법원9급 09, 국가9급 15, 경찰간부 16, 경찰승진 10], 특히 **피고인을 조사한 경찰관이 검사 앞에까지 피고인을 데려간 경우**에는 검사 앞에서 임의성 없는 심리상태가 계속되었다고 해야 한다(91도1). [국가9급 15, 경찰승진 10] 다만, 그 사정이 검사의 수사과정에 영향을 미치지 않은 때에는 임의성 없는 자백이라고 할 수 없으므로(82도2943; 83도2436), 단순히 **검사의 피의자신문조서가 송치받은 당일에 작성**된 것만으로 임의성이 없거나 특신상태가 없다고 할 수는 없다(84도378). [경찰승진 10] 한편, ㉡ **수사기관에서 가혹행위 등으로 임의성 없는 자백을 한 후 법정에서도 그 심리상태가 계속되어 동일한 자백**을 한 것도 그 증거능력이 부정된다(2002도4469; 2009도1603; 2010도3029). [국가9급 15]

1) [참고] 다만, 최근 판례의 입장을 종합설로 평가하는 입장도 있다. 배/이/정/이, 601면.

CHAPTER 04 증거

(2) 신체구속의 부당한 장기화

① **의의** : 구속기간 만료 이후 부당한 장기구금이 계속된 경우뿐만 아니라 처음부터 불법구금이 행해진 경우도 포함된다. 따라서 위법한 긴급체포에 의한 유치 중 피의자가 자백한 경우 그 증거능력도 부정된다(대법원 2002.6.11, 2000도5701).

② **내용** : 구속의 부당한 장기화로 인한 자백은 임의성과 관계없이 구속의 위법성 때문에 그 증거능력이 부정된다(위법배제설). 다만, 구속기간이 단지 장기간이라는 이유만으로 자백배제법칙이 되는 것은 아니므로, 어느 정도의 부당한 구금이 자백의 증거능력 부인사유가 되는가는 구체적 사정을 기초로 구속의 필요성과 비례성을 기준으로 판단할 수밖에 없다. 판례는 **구속영장 없이 13여 일간 불법구속**되어 있으면서 고문이나 잠을 재우지 않는 등 진술의 자유를 침해하는 위법사유가 있는 증거의 증거능력을 부정한 예가 있다(대법원 1985.2.26, 82도2413). [경찰승진 15]

③ **경찰부당구속 – 검찰자백의 임의성** : 경찰에서 부당한 신체구속을 당하였다 하더라도 **검사 앞에서의 피고인의 진술에 임의성이 인정**된다면 그와 같은 부당한 신체구속이 있었다는 사유만으로 검사가 작성한 피의자신문조서의 증거능력이 상실된다고 할 수 없다(대법원 1986.11.25, 83도1718).

판례연구 고문 · 폭행 · 협박 · 부당신체구속 등으로 자백의 임의성이 부정된 사례

1. 대법원 1992.11.24, 92도2409; 2011.10.27, 2009도1603; 2012.11.29, 2010도11788

이전 수사기관에서 가혹행위로 인하여 임의성 없는 심리상태가 계속되어 이후 수사기관에서 동일한 내용의 자백을 한 사례

피고인이 검사 이전의 수사기관에서 고문 등 가혹행위로 인하여 임의성 없는 자백을 하고 그 후 검사의 조사단계에서도 임의성 없는 심리상태가 계속되어 동일한 내용의 자백을 하였다면 검사의 조사단계에서 고문 등 자백의 강요행위가 없었다고 하여도 검사 앞에서의 자백도 임의성 없는 자백이라고 볼 수밖에 없다.

2. 대법원 1992.3.10, 91도1

경찰에서의 임의성 없는 심리상태가 검찰에서 자백할 때에도 계속된 사례

검사 작성의 피고인에 대한 제1회 피의자신문조서의 기재는 그 자백 내용에 있어 그 자체에 객관적 합리성이 없고 검사 앞에서 조사 받을 당시는 자백을 강요당한 바 없다고 하여도 경찰에서의 자백이 폭행이나 신체구속의 부당한 장기화에 의하여 임의로 진술한 것이 아니라고 의심할 만한 상당한 이유가 있어서 경찰에서 피고인을 조사한 경찰관이 검사 앞에까지 피고인을 데려간 경우 검사 앞에서의 자백도 그 임의성이 없는 심리상태가 계속된 경우라고 할 수밖에 없어 검사 작성의 피고인에 대한 제1회 피의자 신문조서는 증거능력이 없다.

3. 대법원 2004.7.8, 2002도4469; 2011.10.27, 2009도1603; 2012.11.29, 2010도3029

피고인이 수사기관에서 임의성 없는 자백을 한 후 법정에서도 임의성 없는 심리상태가 계속되어 동일한 내용의 자백을 한 경우, 법정에서 자백의 임의성도 인정되지 않는다는 사례

피고인이 수사기관에서 가혹행위 등으로 인하여 임의성 없는 자백을 하고 그 후 법정에서도 임의성 없는 심리상태가 계속되어 동일한 내용의 자백을 하였다면 법정에서의 자백도 임의성 없는 자백이라고 보아야 한다.

4. 대법원 1985.2.26, 82도2413

구속영장 없이 13여일간 불법구속된 것은 신체구속의 부당한 장기화에 해당한다는 사례

피고인의 진술의 자유를 침해하는 위법사유는 개별 독립적이던 2개 이상 경합적이던 간에 임의로 진술한 것이 아니라고 의심할 만한 이유가 있을 때에는 이를 유죄의 증거로 하지 못할 것임은 분명하다. 피고인은 1981.8.4부터 적법한 절차에 따른 법관의 구속영장이 발부 집행된 1981.8.17까지 불법적으로 신체구속이 장기화된 사실을 인정하기에 충분하므로 수사경찰관의 피고인에 대한 고문이나 잠을 재우지 않는 등 경합된 진술의 자유를 침해하는 위법사유를 아울러 고려한다면 피고인의 경찰에서의 이건 공소사실에 부합하는 자백진술은 피고인이 증거로 함에 동의 유무를 불구하고 유죄의 증거로 할 수 없음은 헌법과 형사소송법의 법이념상 당연한 해석귀결이다.

판례연구 고문 · 폭행 · 협박 · 부당신체구속 관련 자백의 임의성이 긍정된 사례

1. 대법원 1984.5.29, 84도378

사건송치 당일에 작성된 검사에 의한 피의자신문조서의 증거능력이 인정된 사례

검사작성의 피고인에 대한 피의자신문조서가 사건의 송치를 받은 당일에 작성된 것이었다 하여 그와 같은 조서의 작성시기만으로 그 조서에 기재된 피고인의 자백진술이 임의성이 없는 것이라 의심하여 증거능력을 부정할 수 없다.

2. 대법원 1984.10.23, 84도1846 [경찰간부 12, 해경간부 12]

수사기관에 영장 없이 연행되어 약 40일간 조사를 받아오다가 구속 송치된 후 검사 앞에서 한 자백이지만 특히 신빙할 수 있는 상태에서 행해진 임의성 있는 진술이라고 본 사례

피고인이 국가보안법위반 등의 혐의를 받고 수사기관에 영장 없이 연행되어 약 40일간 조사를 받다가 구속영장에 의하여 구속되고 검찰에 송치된 후 약 1개월간에 걸쳐 검사로부터 4회 신문을 받으면서 범죄사실을 자백한 경우라도, 피고인이 1, 2심 법정에서 검사로부터 폭행 · 협박 등 부당한 대우를 받음이 없이 자유스러운 분위기에서 신문을 받았다고 진술하고 있고 검찰에 송치된 후 4차의 신문을 받으면서 범행의 동기와 경위에 관하여 소상하게 진술을 하고 있고 일부 신문에 대하여는 부인하고 변명한 부분도 있으며 그 자백내용이 원심인용의 다른 증거들에서 나타난 객관적 사실과도 일치하고 있다면 피고인들의 연령, 학력 등 기록에 나타난 제반사정에 비추어 피고인의 검사 앞에서의 자백은 특히 신빙할 수 있는 상태하에서 행하여진 임의성 있는 진술이라고 볼 수 있다.[1]

3. 대법원 1986.11.25, 83도1718 [경찰승진 22]

경찰에서의 부당한 신체구속에도 불구하고 검찰에서의 진술의 임의성이 인정된 사례

설사 경찰에서 부당한 신체구속을 당하였다 하더라도 검사 앞에서의 피고인의 진술에 임의성이 인정된다면 그와 같은 부당한 신체구속이 있었다는 사유만으로 검사가 작성한 피의자 신문조서의 증거능력이 상실된다고 할 수 없다.

(3) 기 망

① 의의 : 위계를 사용하여 상대방을 착오에 빠지게 한 후 자백하게 하는 것을 말한다.

② 내용 : 기망이라고 하기 위해서는 단순히 상대방의 착오를 이용하는 것으로는 부족하고, 국가기관에 대하여 신문방법이 정당하지 않음을 비난할 수 있을 정도로 **적극적인 사술**이 사용될 것을 요한다.

예 공범자가 자백하였다고 거짓말을 하는 경우 [교정9급특채 11], 자백을 하면 피의사실을 불문에 붙이겠다고 한 경우 [국가9급 07], 증거가 발견되었다거나 목격자가 있다고 기망하여 자백을 받은 경우 등.

대법원 1985.12.10, 85도2182 [교정9급특채 10, 경찰승진 10/15]

피고인의 자백이 신문에 참여한 검찰주사가 피의사실을 자백하면 피의사실 부분은 가볍게 처리하고 보호감호의 청구를 하지 않겠다는 각서를 작성하여 주면서 자백을 유도한 것에 기인한 것이라면 기망에 의하여 임의로 진술한 것이 아니라고 의심할 만한 이유가 있는 때에 해당하여 제309조의 규정에 따라 증거로 할 수 없다.

(4) 기타의 방법

① 이익의 약속

(가) 의의 : 국가기관이 자백의 대가로 이익을 제공하겠다고 약속하고 자백하게 하는 것을 말한다.

(나) 이익의 내용 : 형사처벌과 관련이 있는 이익(예 기소유예 · 석방, 가벼운 법조의 적용)이 대표적이다. 예컨대, **특가법을 적용하지 않고 가벼운 형법상 단순수뢰죄로 처벌**되도록 하겠다고 약속하는 경우(83도2782)를 들 수 있다. [국가9급 09, 교정9급특채 10/11] 또한 세속적 이익(예 가족 보호)도 포함된다. 그러나 사소한 편의제공(예 식사, 담배, 커피)은 포함되지 않는다. 또한 이익은 구체적 · 특수적인 것이어야 하므로, 자백하는 것이 유리하다는 일반적인 약속은 포함되지 아니한다.

대법원 1984.5.9, 83도2782

이익의 약속 : 가벼운 형으로 처벌받도록 유도한 결과 얻어진 자백의 임의성 내지 신뢰성

피고인이 처음 검찰조사 시에 범행을 부인하다가 뒤에 자백을 하는 과정에서 금 200만원을 뇌물로 받은 것으로 하면 특정범죄가중처벌등에관한법률 위반으로 중형을 받게 되니 금 200만원 중 금 30만원을 술값을 갚은 것으로 조서를 허위작성한 것이라면 이는 단순수뢰죄의 가벼운 형으로 처벌되도록 하겠다고 약속하고 자백을 유도한 것으로 위와 같은 상황하에서 한 자백은 그 임의성에 의심이 간다.

1) [참고] 자백배제법칙의 이론적 근거에 관하여 인권옹호설, 절충설, 위법배제설의 관점에서 보면 자백의 임의성을 충분히 의심할 만한 상황으로 볼 수 있다.

(다) **이익의 약속과 자백과의 관계** : 법률상 허용되는 이익이라 하더라도 자백과의 교환이 신문방법의 정당성을 해칠 경우에는 그 자백은 증거능력이 없다. 그러나 약속에 의한 자백이 이익과의 교환에 의한 것이 아니라면 임의성이 없다고 할 수는 없다(이익의 약속과 자백 간의 인과관계 필요). 판례도 **증거가 발견되면 자백하겠다는 약속**이 검사의 강요 · 위계나 불기소 또는 경한 죄의 소추 등 **이익과 교환조건으로 된 것으로 인정되지 아니한다**면 임의성에 의심 있는 자백이라고 할 수 없다고 판시한 바 있다(대법원 1983.9.13, 83도712). [국가9급 14, 교정9급특채 11, 경찰간부 12, 경찰승진 10]

> **대법원 1983.9.13, 83도712** [경찰채용 23 1차]
> 약속에 의한 자백이나 이익과의 교환조건이 아닌 경우 : 일정한 증거 등이 발견되면 자백하기로 한 약속하에 된 자백의 임의성이 인정된 사례
> 일정한 증거가 발견되면 피의자가 자백하겠다고 한 약속이 검사의 강요나 위계에 의하여 이루어졌다던가 또는 불기소나 경한 죄의 소추등 이익과 교환조건으로 된 것으로 인정되지 않는다면 위와 같은 자백의 약속하에 된 자백이라 하여 곧 임의성 없는 자백이라고 단정할 수는 없다.

② 위법한 신문방법

(가) **이론적 추궁** : 수사의 본질상 이론적 추궁에 의한 신문은 허용된다. 따라서 상대방의 논리의 모순을 이용하여 신문하는 것은 위법이 아니다.

(나) **야간신문** : 피의자는 신문을 받고도 자백을 하지 않는 일이 많을 것이므로 야간신문(철야신문) 그 자체가 위법한 것은 아니다. 단, 피의자가 **정상적인 판단능력을 상실할 정도의 수면부족상태에서의 자백**은 증거능력이 없다.

> **판례연구** 야간신문에 의한 자백
>
> 1. **대법원 1997.6.27, 95도1964** [국가9급 11, 교정9급특채 10, 경찰간부 15, 경찰승진 10]
> 위법한 신문방법에 해당하는 철야신문 사례
> 피고인의 검찰에서의 자백은 피고인이 검찰에 연행된 때로부터 약 30시간 동안 잠을 재우지 아니한 채 검사 2명이 교대로 신문을 하면서 회유한 끝에 받아낸 것으로 임의로 진술한 것이 아니라고 의심할 만한 이유가 있는 때에 해당한다고 보아(허위배제설) 법 제309조의 규정에 의하여 그 피의자신문조서는 증거능력이 없다.
>
> 2. **대법원 2006.1.26, 2004도517** [국가9급 11]
> 장시간에 걸쳐 많은 횟수의 야간신문에 의한 자백은 임의성에 의심이 있다는 사례
> 별건으로 수감 중인 자를 약 1년 3개월의 기간 동안 무려 270회나 검찰청으로 소환하여 밤늦은 시각 또는 그 다음 날 새벽까지 조사를 하였다면 그는 과도한 육체적 피로, 수면부족, 심리적 압박감 속에서 진술을 한 것으로 보이고, 미국 영주권을 신청해 놓았을 뿐 아니라 가족들도 미국에 체류 중이어서 반드시 미국으로 출국하여야 하는 상황에 놓여있는 자를 구속 또는 출국금지조치의 지속 등을 수단으로 삼아 회유하거나 압박하여 조사를 하였을 가능성이 충분하다면 그는 심리적 압박감이나 정신적 강압상태하에서 진술을 한 것으로 의심되므로 이들에 대한 진술조서는 그 임의성을 의심할 만한 사정이 있는데, 검사가 그 임의성의 의문점을 해소하는 증명을 하지 못하였으므로 위 각 진술조서는 증거능력이 없다고 해야 한다.

③ 기본권의 침해

(가) **의의** : **진술거부권**(헌법 제12조 제2항, 법 제244조의3, 제283조의2)을 고지하지 않거나, **변호인선임권**(헌법 제12조 제5항, 법 제88조, 제209조, 제244조의3)이나 **변호인과의 접견교통권**(헌법 제12조 제4항의 변호인의 조력을 받을 권리, 법 제34조의 변호인의 접견교통권)을 침해하여 자백을 받는 경우를 말한다.

(나) **내용** : 피고인의 기본권을 침해하는 중대한 위법에 해당하므로 그 자백은 증거능력이 부정된다.

(다) 근 거

㉠ **자백배제법칙 적용설** : 자백배제법칙의 이론적 근거는 수사절차의 위법의 배제에 있으므로(위법배제설), 진술거부권과 자백배제법칙은 구별되지 않으며(불구별설), 위법수집증거배제법칙은 헌법 제12조 제1항의 적정절차의 보장과 법 제308조의2에 근거하는 일반원칙이고 자백배제법칙은 헌법 제12조 제7항과 법 제309조에 근거한 특별한 증거법칙이므로(자백배제법칙은 위법수집

증거배제법칙의 특칙), 진술거부권을 고지하지 않거나 변호인조력권을 침해하는 것을 자백배제법칙의 '기타의 방법'에 해당한다고 보아 자백배제법칙이 우선 적용되어야 한다는 입장이다(다수설).

㉡ **위법수집증거배제법칙 적용설** : 진술거부권을 고지하지 않는 등의 위법한 절차에 의하여 획득한 자백의 경우 자백배제법칙이 아니라 위법수집증거배제법칙이 적용되어야 한다는 입장이다(소수설).[1] **판례도 위법수집증거배제법칙**에 근거하여 자백의 임의성이 인정된다 하더라도 그 증거능력이 부정된다는 내용으로 판시되고 있다(진술거부권 불고지는 대법원 1992.6.23, 92도682; 2009.8.20, 2008도8213; 2015.10.29, 2014도5939 [경찰채용 22 1차], 변호인선임권 침해는 대법원 2013.3.28, 2010도3359, 변호인과의 접견교통권 침해는 대법원 1990.9.25, 90도1586 [경찰승진 09]). 다만, **변호인 아닌 자와의 접견이 금지된 상태**에서 피의자신문조서가 작성된 것만으로는 임의성이 부정되지 아니한다(대법원 1984.7.10, 84도846). [국가9급 07, 교정9급특채 10, 경찰간부 12/13, 경찰승진 10/15, 경찰채용 14 1차]

판례연구 기본권 침해에 의한 자백에 대하여 위법수집증거배제법칙을 적용하는 판례

1. 대법원 1990.9.25, 90도1586 [경찰승진 09]

위법한 변호인접견불허 기간 중에 작성된 검사 작성의 피의자신문조서는 증거능력이 없다는 사례

헌법상 보장된 변호인과의 접견교통권이 위법하게 제한된 상태에서 얻어진 피의자의 자백은 유죄의 증거에서 실질적이고 완전하게 배제하여야 하는 것인바, 피고인이 구속되어 국가안전기획부에서 조사를 받다가 변호인의 접견신청이 불허되어 이에 대한 준항고를 제기 중에 검찰로 송치되어 검사가 피고인을 신문하여 제1회 피의자신문조서를 작성한 후 준항고절차에서 위 접견불허처분이 취소되어 접견이 허용된 경우에는 검사의 피고인에 대한 위 제1회 피의자신문은 변호인의 접견교통을 금지한 위법상태가 계속된 상황에서 시행된 것으로 보아야 할 것이므로 그 피의자신문조서는 증거능력이 없다.

2. 대법원 1992.6.23, 92도682 [법원9급 14, 국가7급 07, 국가9급 09, 경찰간부 14, 경찰승진 15]

진술거부권 불고지 획득 자백에는 위법수집증거배제법칙을 적용한다는 판례

진술거부권은 헌법이 보장하는 형사상 자기에 불리한 진술을 강요당하지 않는 자기부죄거부권리에 터잡은 것이므로 수사기관이 피의자를 신문함에 있어서 피의자에게 미리 진술거부권을 고지하지 않는 때에는 그 피의자의 진술은 위법하게 수집된 증거로서 진술의 임의성이 인정되는 경우라도 증거능력이 부인되어야 한다.

판례연구 변호인 아닌 자와의 접견

대법원 1984.7.10, 84도846

비변호인과의 접견금지상태에서 작성된 피의자신문조서의 임의성이 있다는 사례

검사의 접견금지 결정으로 피고인들의 (변호인 아닌 자와의) 접견이 제한된 상황 하에서 피의자 신문조서가 작성되었다는 사실만으로 바로 그 조서가 임의성이 없는 것이라고는 볼 수 없다.

④ 거짓말탐지기 · 마취분석

(가) **거짓말탐지기** : 거짓말탐지 검사결과를 토대로 획득한 자백은, 피검사자의 **동의**가 있는 경우 검사절차가 위법하다고 할 수 없으므로 당해 자백의 증거능력이 인정된다(**제한적 긍정설**, 다수설 · 판례).[2]

(나) **마취분석** : 약물을 투여하여 무의식상태에서 자백을 하게 하는 것은 인간의 의사결정능력을 배제하고 진술거부권을 침해하는 위법한 수사방법이므로 피분석자의 **동의 여하를 따지지 아니하고 그 증거능력이 부정**된다.

2. 인과관계의 요부

(1) **문제점** : 자백배제법칙을 적용하기 위하여 고문 · 폭행 등 자백의 임의성을 의심하게 할 사유와 자백 사이

1) 위법수집증거배제법칙에 의하여야 한다는 소수설은 신양균 758면; 정/백 189면 참조.

2) [참고] 인간의 존엄과 가치를 침해하는 방법이므로 증거능력을 부정하는 소수설은 신동운 1124면; 신양균 759면 등.

에 인과관계의 존재를 요하는가가 문제된다.

(2) 학설 : 허위배제설에 의하면 인과관계필요설을, 위법배제설에 의하면 인과관계불요설을 취하게 되나,[1] ① 다수설은 인과관계의 입증이 곤란하고 현행법은 자백의 임의성의 의심되기만 하면 증거능력을 부정하고 있다는 점에 근거하여 인과관계불요설을 취하고, ② **판례**는 임의성 의심사유와 자백 사이에 **인과관계가 존재하지 않는 것이 명백한 때에는 자백의 임의성이 인정**된다(대법원 1984.4.24, 84도135; 1984.11.27, 84도2252)고 하여 **인과관계필요설**을 취한다. [국가9급 14, 해경간부 12, 경찰채용 14 1차]

판례연구 임의성 의심사유와 자백 사이의 인과관계의 필요 여부

대법원 1984.11.27, 84도2252

자백배제법칙의 적용에 관한 인과관계 필요설

피고인의 자백이 임의성이 없다고 의심할 만한 사유가 있는 때에 해당한다 할지라도 그 임의성이 없다고 의심하게 된 사유들과 피고인의 자백과의 사이에 인과관계가 존재하지 않은 것이 명백한 때에는 그 자백은 임의성이 있는 것으로 인정된다.

3. 임의성의 입증

(1) 임의성에 대한 거증책임 : 진술의 임의성을 잃게 하는 사정은 헌법이나 형사소송법의 규정에 비추어 볼 때 이례에 속하므로 진술의 임의성은 추정된다(대법원 1997.10.10, 97도1720). 그러나 임의성에 대한 다툼이 있을 때에는 **검사가 자백의 임의성의 의문점을 해소하는 입증**을 하여야 하고, 이를 하지 못하면 당해 진술증거의 증거능력은 부정된다(통설 · 판례, 대법원 1998.4.10, 97도3234; 1999.1.29, 98도3584; 99도4940; 2004도517; 2004도7900; 2007도7760 등). 즉, 자백의 임의성에 대한 거증책임은 검사에게 있다(피고인이 임의성 의심사유를 증명하는 것이 아님. 거증책임은 검사 부담 원칙). [국가9급 08/11] 이는 **피고인 · 변호인이 검사 작성 피의자신문조서의 임의성을 인정하였다가 이를 번복하는 경우에도 동일**하다(대법원 2008.7.10, 2007도7760). [법원9급 14/15, 국가9급 14, 경찰간부 14, 경찰승진 15, 경찰채용 22 1차]

판례연구 자백의 임의성의 증명

1. **대법원 1998.4.10, 97도3234**

   임의성의 거증책임은 검사에게 있으며, 임의성 의심사유를 판단하지 않은 판결은 파기되어야 한다는 사례

   임의성에 다툼이 있을 때에는 그 임의성을 의심할 만한 합리적이고, 구체적인 사실을 피고인이 입증할 것이 아니고 검사가 그 임의성의 의문점을 해소하는 입증을 하여야 한다. … 자백한 경위, 그 구체적 내용 및 자백 후의 정황 등에 비추어 볼 때, 검찰에서의 자백이 잠을 재우지 아니한 상태에서 임의로 진술된 것이 아니라고 의심할 만한 상당한 이유가 있음에도 그에 관하여 심리 · 판단 없이 이를 유죄의 증거로 삼은 원심판결은 파기되어야 한다.

2. **대법원 2008.7.10, 2007도7760** [법원9급 14/15, 국가7급 16, 국가9급 11/14/15, 경찰간부 13/14, 경찰승진 15]

   피고인 또는 변호인이 검사가 작성한 피의자 신문조서에 대하여 임의성을 인정하였다가 증거조사 완료 후 이를 다투는 경우, 임의성의 증명책임 부담자(= 검사) 및 법원이 취해야 할 조치

   검사 작성의 당해 피고인에 대한 피의자신문조서에 기재된 진술의 임의성에 다툼이 있을 때에는 그 임의성을 의심할 만한 합리적이고 구체적인 사실을 피고인이 증명할 것이 아니라 검사가 그 임의성의 의문점을 없애는 증명을 하여야 하고, 검사가 그 임의성의 의문점을 없애는 증명을 하지 못한 경우에는 그 조서는 유죄 인정의 증거로 사용할 수 없는데, 이러한 법리는 피고인이나 그 변호인이 검사 작성의 당해 피고인에 대한 피의자신문조서의 임의성을 인정하는 진술을 하였다가 이를 번복하는 경우에도 마찬가지로 적용되어야 한다. 따라서 증거조사를 마친 조서의 임의성을 다투는 주장이 받아들여지게 되면, 그 조서는 구 형사소송규칙 제139조 제4항의 증거배제결정을 통하여 유죄 인정의 자료에서 제외하여야 한다.

(2) 증명방법 : 견해의 대립이 있으나,[2] 다수설 · 판례는 자백의 임의성의 증명은 **자유로운 증명**으로 족하다고

---

1) [참고] 위법배제설에 의한 인과관계불요설이 다수설인 데 비하여, 고문 · 폭행 · 협박, 신체구속의 부당한 장기화 등 국가기관의 중대한 위법행위의 경우에는 인과관계가 필요 없으나 그 외의 사유와 자백 간에는 인과관계가 필요하다는 제한적 긍정설로는 신동운 1126면; 신양균 760면 참조.

2) [참고 – 자백의 임의성에 대한 증명방법]
① 엄격증명설 : 자백의 임의성의 기초가 되는 사실은 피고인에게 중대한 불이익을 초래한다는 점에서 순수한 소송법적 사실과는 다르므로 실체

보고 있다(대법원 1986.11.25, 83도1718; 1994.12.22, 94도2316). [국가9급 08/11/15, 경찰간부 12/13/14, 경찰승진 10/11] 따라서 자백의 임의성은 **여러 사정을 종합하여 법원의 자유로운 심증으로 판단**할 수 있다(대법원 1985.2.8, 84도2630; 1998.12.22, 98도2890). [국가9급 08/14, 경찰간부 12, 경찰승진 11/15]

판례연구 자백의 임의성의 증명의 방법

1. 대법원 1986.11.25, 83도1718

피의자의 진술의 임의성은 자유로운 증명에 의하여 판단하면 된다는 사례

피의자의 진술에 관하여 공판정에서 그 임의성 유무가 다투어지는 경우에는 법원은 구체적인 사건에 따라 증거조사의 방법이나 증거능력의 제한을 받지 아니하고 제반사정을 종합 참작하여 적당하다고 인정되는 방법에 의하여 자유로운 증명으로 그 임의성 유무를 판단하면 된다.

2. 대법원 1994.12.22, 94도2316

임의성 유무의 판단은 자유로운 증명에 의한다는 사례

피고인이 그 진술을 임의로 한 것이 아니라고 다투는 경우에는 법원은 구체적인 사건에 따라 당해 조서의 형식과 내용, 피고인의 학력, 경력, 직업, 사회적 지위, 지능정도 등 제반사정을 참작하여 자유로운 심증으로 그 진술을 임의로 한 것인지의 여부를 판단하면 될 것이다.

3. 대법원 2012.11.29, 2010도3029

피고인이 피의자신문조서에 기재된 진술과 공판기일에서 한 진술의 임의성을 다투면서 허위자백이라고 주장하는 경우, 진술의 임의성 유무 판단방법 : 자유로운 증명

임의성 없는 진술의 증거능력을 부정하는 취지는, 허위진술을 유발 또는 강요할 위험성이 있는 상태하에서 행하여진 진술은 그 자체가 실체적 진실에 부합하지 아니하여 오판을 일으킬 소지가 있을 뿐만 아니라(허위배제설) 그 진위를 떠나서 진술자의 기본적 인권을 침해하는 위법·부당한 압박이 가하여지는 것을 사전에 막기 위한 것이므로(인권옹호설)(이상 절충설), 그 임의성에 다툼이 있을 때에는 그 임의성을 의심할 만한 합리적이고 구체적인 사실을 피고인이 증명할 것이 아니고 검사가 그 임의성의 의문점을 없애는 증명을 하여야 하며, 검사가 그 임의성의 의문점을 없애는 증명을 하지 못한 경우에는 그 진술증거는 증거능력이 부정된다(대법원 2006.1.26, 2004도517 등). 한편 피고인이 피의자신문조서에 기재된 피고인의 진술 및 공판기일에서의 피고인의 진술의 임의성을 다투면서 그것이 허위자백이라고 다투는 경우, 법원은 구체적인 사건에 따라 피고인의 학력, 경력, 직업, 사회적 지위, 지능 정도, 진술의 내용, 피의자신문조서의 경우 그 조서의 형식 등 제반 사정을 참작하여 자유로운 심증으로 위 진술이 임의로 된 것인지의 여부를 판단하면 된다(대법원 2003.5.30, 2003도705 등).

Ⅳ 효 과

1. 임의성이 의심되는 자백의 증거능력

(1) 증거능력의 절대적 부정 : 임의성이 의심되는 자백은 증거능력이 없다. 따라서 피고인의 **동의가 있어도 증거능력이 생기지 않으며**(제318조의 배제) [법원9급 13, 경찰간부 13/14, 경찰승진 15] (대법원 2006.11.23, 2004도7900), **탄핵증거로도 사용할 수 없다**(제318조의2의 배제) [국가9급 07, 경찰간부 13, 경찰승진 11/12/15].

보충 헌법 제12조 제7항을 고려할 때, 임의성이 의심되는 자백의 증거능력 배제는 절대적이다. 예외 없이 증거에서 완전히 배제된다.

판례연구 임의성이 의심되는 자백의 증거능력과 법원의 임의성의 조사의무

대법원 2006.11.23, 2004도7900; 2013.7.11, 2011도14044

[1] 임의성 없는 진술의 증거능력을 부정하는 취지 및 그 임의성에 대한 증명책임의 소재(= 검사)

임의성 없는 진술의 증거능력을 부정하는 취지는, 허위진술을 유발 또는 강요할 위험성이 있는 상태하에서 행하여진 진술은 그 자체가 실체적 진실에 부합하지 아니하여 오판을 일으킬 소지가 있을 뿐만 아니라 그 진위를 떠나서 진술자의 기본적 인권을 침해하는 위법 부당한 압박이 가하여지는 것을 사전에 막기 위한 것이므로, 그 임의성에 다툼이 있을 때에는 그 임의성을 의심할 만한 합리적이고 구체적인 사실을 피고인이 증명할 것이 아니고 검사가 그 임의성의 의문점을 없애는 증명을 하여야

법적 사실에 준하여 엄격한 증명을 요한다는 입장이다(배/이/정/이 609면 등).
② 자유로운 증명설 : 소송법적 사실에 불과하므로 자유로운 증명으로 충분하다는 입장이다(이재상 578면 등 다수설 및 판례).
③ 절충설 : 소송법적 사실과 실체법적 사실을 구별하는 것은 지나치게 형식적이므로 위법사유의 중대성 정도에 따라 달리 보아야 한다는 입장이다(신동운 1182면).

할 것이고, 검사가 그 임의성의 의문점을 없애는 증명을 하지 못한 경우에는 그 진술증거는 증거능력이 부정된다. [법원9급 15, 국가9급 08/11/13/14, 교정9급특채 10, 경찰간부 14, 경찰승진 12/15]

[2] 기록상 진술증거의 임의성에 관하여 의심할 만한 사정이 나타나 있는 경우에 법원이 취하여야 할 조치

기록상 진술증거의 임의성에 관하여 의심할 만한 사정이 나타나 있는 경우에는 법원은 직권으로 그 임의성 여부에 관하여 조사를 하여야 하고 [법원9급 13], 임의성이 인정되지 아니하여 증거능력이 없는 진술증거는 피고인이 증거로 함에 동의하더라도 증거로 삼을 수 없다.

보충 참고인에 대한 검찰 진술조서가 강압상태 내지 강압수사로 인한 정신적 강압상태가 계속된 상태에서 작성된 것으로 의심되어 그 임의성을 의심할 만한 사정이 있는데도, 검사가 그 임의성의 의문점을 없애는 증명을 하지 못하였으므로 증거능력이 없다고 한 사례이다.

(2) 상소이유 : 임의성이 의심되는 자백을 유죄인정의 자료로 삼은 경우에는 소송절차의 법령(제309조 및 제307조)위반에 해당하므로 상대적 항소이유(제361조의5 제1호) 및 상대적 상고이유(제383조 제1호)가 된다. [경찰간부 14]

2. 2차적 증거의 증거능력

임의성이 의심되어 증거능력이 부정된 자백에 근거하여 획득된 다른 증거(2차적 증거, 파생증거)의 증거능력도 부정할 것인가가 문제되는바, 자백배제법칙(제309조)이 무의미하게 되지 않기 위해 그 진실성 여부를 불문하고 -독수과실의 예외에 해당하지 않는 한- **2차적 증거의 증거능력도 부정**하여야 한다(통설).

제4절 위법수집증거배제법칙

01 의 의

Ⅰ 의 의

위법수집증거배제법칙(違法蒐集證據排除法則, exclusionary rule)이란 위법한 절차에 의하여 수집된 증거의 증거능력을 부정하는 증거법칙을 말한다.[1] 2007년 개정 형사소송법 제308조의2는 "적법한 절차에 따르지 아니하고 수집한 증거는 증거로 할 수 없다."라고 규정하여 위법수집증거배제법칙을 선언하고 있다.

Ⅱ 도 입

1. 2007년 개정법 이전의 학설과 판례

명문의 규정이 없었던 2007년 이전 형사소송법 아래에서도 학설은 헌법상 적법절차원칙(헌법 제12조 제1항 제2문 후단, 제3항)에 근거하여 위법수집증거배제법칙을 긍정하고 있었다. 판례는, 진술증거의 경우 일찍부

1) [참고] 영미법계에서는 보이드(Boyd) 사건 미연방대법원 판례[Boyd v. U.S, 116 U.S. 616(1886)])에서 비롯되어 1914년 윅스 사건[Weeks v. U.S, 232 U.S. 388(1914)]에서 위법수집증거배제법칙은 적정절차의 법리를 이론적 근거로 연방헌법상 증거법칙으로 확립되었으며, 1961년 맵(Mapp) 사건[Mapp v. Ohio, 367 U.S. 643(1961)]에 의해 주 사건에도 적용되기 시작하였고, 이후 독수의 과실(fruit of the poisonous tree)이론으로 확대되었다. 독수과실이론은 1920년 실버톤(Silverthorne) 사건[Silverthorne Lumber Co v. U.S, 251 U.S. 385(1920)]에서 처음 인정되어 1939년 나돈(Nardone) 사건[Nardone v. U.S, 308 U.S. 338(1939)]에서 그 용어가 처음 사용되고, 이후 1963년 웡 순(Wong Sun) 사건[Wong Sun v. U.S, 371 U.S. 471(1963)]에서 위법한 압수·수색뿐만 아니라 위법한 체포로 획득한 자백과 증거물의 증거능력을 부정하였으며, 1964년 에스코베도(Escobedo) 사건[Escobedo v. Illinois, 378 U.S. 478(1964)]에서 미연방헌법 수정 제6조에 의한 변호권을 침해하여 획득한 진술을 기초로 하여 수집한 증거도 독수의 과실에 해당한다고 하였다. 더불어 이후 위법수집증거배제법칙의 예외이론으로서 선의(good faith)이론, 희석(purged taint, 오염순화의 예외)이론, 독립된 증거원(independent untainted source)이론, 불가피한 발견(inevitable discovery)이론 등이 제시되고 있다. 한편 대륙법계에서는 예컨대 독일의 증거금지론(Beweisverbote)이 등장하여 증거수집금지(Beweiserhebungsverbote)와 증거사용금지(Beweis-verwertungsverbote) 그리고 증거금지의 파급효과(Fernwirkung) 이론과 그 파급효과 제한이론 등으로 전개되고 있다.

터 위법수집증거배제법칙을 받아들여 왔으나, 비진술증거인 증거물에 관하여는, 압수물은 압수절차가 위법하다고 하더라도 물건 자체의 성질, 형상에 변경을 가져오는 것은 아니어서 그 형태 등에 관한 증거가치에는 변함이 없어 증거능력이 있다고 하여(성질 · 형상불변론, 대법원 1987.6.23, 87도705; 1996.5.14, 96초88 등) 위법수집증거배제법칙을 받아들이지 않는 태도를 보여 왔다.

2. 2007년 개정법에 의한 도입

2007년 개정법은 제308조의2의 규정을 신설함으로써 위와 같은 학설과 판례의 대립을 입법적으로 해결하여, 적법한 절차에 따르지 아니하고 수집한 '증거'는 증거로 될 수 없다고 규정하여, **진술증거뿐만 아니라 비진술증거에 대해서도 위법수집증거배제법칙이 적용**됨을 분명히 하였다(08.1.1. 시행). 그 후 대법원도 2007.11.15, 2007도3061 전원합의체 판결(제주지사실 압수 · 수색사건)을 통하여 "헌법과 형사소송법이 정한 절차에 따르지 아니하고 수집한 증거는 원칙적으로 유죄인정의 증거로 삼을 수 없다."라고 판시함으로써 **종래의 성질 · 형상불변론을 폐기하고 위법수집증거배제법칙을 명시적으로 인정**하기에 이르렀다.

3. 근거 : 적정절차의 보장 및 위법수사의 억지 [국가9급 10]

(1) **이론적 근거 – 적정절차의 보장** : 형사소송의 목표가 실체진실의 발견에 있다 하더라도 이는 적정한 절차에 의하여 행하여져야 한다(헌법 제12조 제1항). 위법하게 수집된 증거의 증거능력을 인정하는 것은 수사기관의 위법수사를 인정하는 것과 다를 바 없으므로 적정절차의 보장과 사법의 청렴결백성(염결성, judical integrity)과 재판의 공정성을 유지하게 위하여 위법수집증거는 그 증거능력이 부정되어야 한다.

(2) **정책적 근거 – 위법수사의 억지** : 수사기관의 위법한 압수수색을 억제하고 재발을 방지하는 가장 효과적이고 확실한 대응책은 이를 통하여 수집한 증거는 물론 이를 기초로 하여 획득한 2차적 증거를 유죄 인정의 증거로 삼을 수 없도록 하는 것이다. 이를 통해 수사기관의 위법수사에 대한 동기형성을 미연에 차단할 수 있게 된다.

02 적용범위

Ⅰ 일반원칙

1. 위법의 정도

위법수집증거배제법칙은 **증거수집의 절차에 중대한 위법이 있는 경우**에 한하여 적용된다. 따라서 형식적으로 위법한 증거수집의 경우에도 그 위법의 정도가 경미한 경우에는 증거능력이 부정되지 않는다. [국가9급 10]

2. 중대한 위법

(1) **의의** : 중대한 위법이란 적정절차의 기본이념에 반하는 경우를 의미한다. 중대한 위법인가의 여부는 수사기관의 증거수집 과정에서 이루어진 절차 위반행위와 관련된 모든 사정, 즉 절차 조항의 취지와 그 위반의 내용 및 정도, 구체적인 위반 경위와 회피가능성, 절차 조항이 보호하고자 하는 권리 또는 법익의 성질과 침해 정도 및 피고인과의 관련성, 절차 위반행위와 증거수집 사이의 인과관계 등 관련성의 정도, 수사기관의 인식과 의도 등을 전체적 · 종합적으로 고려하여 구체적 · 개별적으로 판단해야 한다(대법원 2007.11.15, 2007도3061 전원합의체).

판례연구 위법수집증거배제법칙의 의의

대법원 2007.11.15, 2007도3061 전원합의체 : 제주지사실 압수 · 수색사건 [법원9급 14/15/16, 국가7급 15, 국가9급 09, 경찰간부 12/13, 경찰채용 13 2차/15 1차]

40여 년간 유지한 성질 · 형상불변론의 폐기 : 헌법과 형사소송법이 정한 절차를 위반하여 수집한 압수물과 이를 기초로 획득한 2차적 증거

의 증거능력 유무(원칙적 소극) 및 그 판단기준

① 원칙 : 기본적 인권 보장을 위하여 압수수색에 관한 적법절차와 영장주의의 근간을 선언한 헌법과 이를 이어받아 실체적 진실 규명과 개인의 권리보호 이념을 조화롭게 실현할 수 있도록 압수수색절차에 관한 구체적 기준을 마련하고 있는 형사소송법의 규범력은 확고히 유지되어야 한다. 그러므로 헌법과 형사소송법이 정한 절차에 따르지 아니하고 수집한 증거는 기본적 인권 보장을 위해 마련된 적법한 절차에 따르지 않은 것으로서 원칙적으로 유죄 인정의 증거로 삼을 수 없다. [법원9급 15, 경찰간부 13, 경찰채용 09 1차]

② 예외 : 다만, 법이 정한 절차에 따르지 아니하고 수집한 압수물의 증거능력 인정 여부를 최종적으로 판단함에 있어서는, 실체적 진실 규명을 통한 정당한 형벌권의 실현도 헌법과 형사소송법이 형사소송 절차를 통하여 달성하려는 중요한 목표이자 이념이므로, 형식적으로 보아 정해진 절차에 따르지 아니하고 수집한 증거라는 이유만을 내세워 획일적으로 그 증거의 증거능력을 부정하는 것 역시 헌법과 형사소송법이 형사소송에 관한 절차 조항을 마련한 취지에 맞는다고 볼 수 없다. 따라서 … 전체적 · 종합적으로 살펴 볼 때, 수사기관의 절차 위반행위가 적법절차의 실질적인 내용을 침해하는 경우에 해당하지 아니하고, 오히려 그 증거의 증거능력을 배제하는 것이 헌법과 형사소송법이 형사소송에 관한 절차 조항을 마련하여 적법절차의 원칙과 실체적 진실 규명의 조화를 도모하고 이를 통하여 형사 사법 정의를 실현하려 한 취지에 반하는 결과를 초래하는 것으로 평가되는 예외적인 경우라면, 법원은 그 증거를 유죄 인정의 증거로 사용할 수 있다고 보아야 한다. [법원9급 15, 국가7급 09, 경찰간부 13, 경찰승진 10/11, 경찰채용 09 1차] 이는 적법한 절차에 따르지 아니하고 수집한 증거를 기초로 하여 획득한 2차적 증거의 경우에도 마찬가지여서, 절차에 따르지 아니한 증거 수집과 2차적 증거수집 사이 인과관계의 희석 또는 단절 여부를 중심으로 2차적 증거 수집과 관련된 모든 사정을 전체적 · 종합적으로 고려하여 예외적인 경우에는 유죄 인정의 증거로 사용할 수 있다.

보충1 피고인 측에서 검사의 압수수색이 적법절차를 위반하였다고 다투고 있음에도 불구하고 주장된 위법사유가 적법절차의 실질적인 내용을 침해하였는지 여부 등에 관하여 충분히 심리하지 아니한 채, 압수절차가 위법하더라도 압수물의 증거능력은 인정된다는 이유만으로 압수물의 증거능력을 인정한 것은 위법하다고 한 사례이다. [경찰간부 12, 경찰채용 11 2차]

보충2 위 판례에서 나타난 위법수집증거의 증거능력에 대한 원칙은 다음과 같이 요약할 수 있다 : "① 원칙적으로 위법수집증거의 증거능력 부정, ② 예외적으로 위법수집증거라 하더라도 절차위반이 적법절차의 실질적 내용을 침해하지 아니하고 증거배제가 정의실현의 취지에 반하는 경우에는 증거능력 인정."

(2) 일반적 기준 : 수사기관의 증거수집활동이 ① 헌법규정에 위반한 경우, ② 형벌법규에 저촉되는 경우, ③ 형사소송법의 효력규정에 위반한 경우(훈시규정 제외)는 중대한 위법에 해당한다.

Ⅱ 개별적 검토

1. 헌법정신에 반하여 수집한 증거

(1) 영장주의의 위반 : 영장 없이 한 강제처분, 영장 자체에 하자가 있는 경우, 영장의 발부나 집행절차에 중대한 위법이 있는 경우에는 그로 인하여 수집한 증거의 증거능력이 부정된다. [국가9급 10] 예컨대 **위법한 체포에 의한 유치 중에 작성된 피의자신문조서**(2000도5701; 2009도6717)나 **영장 없이 압수한 후 임의제출동의서를 받은 경우**(2009도14376, 독수과실에서 후술), **압수 · 수색영장 집행과정에서 이와 무관한 타인의 혐의사실을 발견하였음에도 별도의 영장을 받지 않은 경우**(대법원 2014.1.16, 2013도7101)는 증거능력이 부정된다. 나아가 판례는 **피고인 아닌 자에 대한 위법수집증거는 피고인에 대한 유죄의 증거로 삼을 수 없다**고 보아(대법원 2011.6.30, 2009도6717 등), 위법수집증거배제법칙을 주장할 수 있는 자는 위법수사로 인하여 기본권이 침해된 자로 제한된다는 미국 판례의 당사자적격이론(미연방대법원의 스탠딩 법리, standing to claim the exclusionary rule)을 수용하지 않는 우리 대법원의 독자적 이론(위법수집증거배제법칙 주장에 관한 당사자적격 부정설)을 구축하고 있다.[1]

판례연구 영장주의 위반의 위법수집증거 사례

1. 대법원 1984.3.13, 83도3006

범행 직후 범죄장소에서 긴급검증 후 사후영장을 받지 않은 사례

이 사건 사법경찰관사무취급 작성의 검증조서에 의하면 동 검증은 이 사건 발생 후 범행장소에서 긴급을 요하여 법원판사의

1) [참고] 위법수집증거배제법칙을 주장할 수 있는 자를 제한하는 당사자적격의 개념을 인정할 것인가에 대해서는, ① 영미의 당사자적격이론을 수용하여 위법행위로 인하여 기본권이 침해된 자에 한정된다는 긍정설(노/이, 정/백 등)과 ② 우리 형사소송법에 명문의 규정이 없는 한 당사자적격을 인정할 수 없다는 부정설(심희기/양동철)이 대립한다. 판례는 부정설이다. 생각건대, 당사자적격의 개념을 긍정하면 위법수집증거배제법칙의 적용범위가 제한된다는 점에서 명문의 규정이 없는 우리 형사소송법상 부정설을 따를 수밖에 없다고 사료된다.

영장을 받을 수 없으므로 영장 없이 시행한다고 기재되어 있으므로 이 검증은 법 제216조 제3항에 의한 검증이라 할 것임에도 불구하고 기록상 사후영장을 받은 흔적이 없다면 이러한 검증조서는 피고인에 대한 유죄의 증거로 할 수 없다.

2. 대법원 2002.6.11, 2000도5701 [국가7급 09, 국가9급 10/11, 경찰간부 12, 경찰승진 11/12/15]

위법한 체포에 의한 유치 중에 작성된 피의자신문조서의 증거능력은 인정되지 않는다는 사례

긴급체포 당시의 상황으로 보아서도 그 요건의 충족 여부에 관한 검사나 사법경찰관의 판단이 경험칙에 비추어 현저히 합리성을 잃은 경우에는 그 체포는 위법한 체포라 할 것이고, 이러한 위법은 영장주의에 위배되는 중대한 것이니 그 체포에 의한 유치 중에 작성된 피의자신문조서는 위법하게 수집된 증거로서 특별한 사정이 없는 한 이를 유죄의 증거로 할 수 없다.

3. 대법원 2011.6.30, 2009도6717 [법원9급 18/22, 국가7급 12, 경찰채용 20 1차]

수사기관이 '피고인 아닌 자'를 상대로 위법하게 수집한 증거를 '피고인'에 대한 유죄 인정의 증거로 삼을 수 없다는 사례 : 미국의 스탠딩 법리의 부정

법 제308조의2는 "적법한 절차에 따르지 아니하고 수집한 증거는 증거로 할 수 없다."라고 규정하고 있는데, 수사기관이 헌법과 형사소송법이 정한 절차에 따르지 아니하고 수집한 증거는 유죄 인정의 증거로 삼을 수 없는 것이 원칙이므로, 수사기관이 피고인 아닌 자를 상대로 적법한 절차에 따르지 아니하고 수집한 증거는 원칙적으로 피고인에 대한 유죄 인정의 증거로 삼을 수 없다.

보충 우리 대법원의 입장과 달리, 미국 연방대법원은 피고인이 아닌 제3자에 대하여 위법한 방법으로 수사가 행해진 경우에는 그로 인하여 얻은 증거를 피고인에 대하여 사용할 수 있고, 피의자에 대한 위법한 수사결과 취득한 증거를 제3자에 대한 증거로 사용할 수 있다는 입장으로[Alderman v. U.S, 394 U.S. 165(1969)], 위법수집증거배제법칙은 위법수사로 인하여 기본권이 침해된 자에 대하여만 적용된다는 입장이다[심담(판사), 형사소송법 핵심판례110선 제3판, 133면].

유사판례 1 대법원 1992.6.23, 92도682 : 공범으로서 별도로 공소제기된 다른 사건의 피고인 甲에 대한 수사과정에서 담당 검사가 피의자인 甲과 그 사건에 관하여 대화하는 내용과 장면을 녹화한 비디오테이프에 대한 법원의 검증조서는 이러한 비디오테이프의 녹화내용이 피의자의 진술을 기재한 피의자신문조서와 실질적으로 같다고 볼 것이므로 피의자신문조서에 준하여 그 증거능력을 가려야 한다. 그런데 검사가 녹화 당시 甲의 진술을 들음에 있어 동인에게 미리 진술거부권이 있음을 고지한 사실을 인정할 자료가 없으므로 위 녹화내용은 위법하게 수집된 증거로서 증거능력이 없는 것으로 볼 수밖에 없고, 따라서 이러한 녹화내용에 대한 법원의 검증조서 기재는 유죄증거로 삼을 수 없다.

유사판례 2 대법원 2009.8.20, 2008도8213 : 검사가 국가보안법 위반죄로 구속영장을 발부받아 피의자신문을 한 다음, 구속 기소한 후 다시 피의자(B)를 소환하여 공범들(A등)과의 조직구성 및 활동 등에 관한 신문을 하면서 피의자신문조서가 아닌 일반적인 진술조서의 형식으로 조서를 작성하였는데, 진술조서의 내용이 피의자신문조서와 실질적으로 같고, 진술의 임의성이 인정되는 경우라도 미리 피의자에게 진술거부권을 고지하지 않았다면 위법수집증거에 해당하므로, 이를 당해 피고인 A에 대한 유죄인정의 증거로 사용할 수 없다.

4. 대법원 2014.1.16, 2013도7101 [법원9급 17, 국가7급 22, 국가9급 14]

압수·수색영장 집행과정에서 무관한 타인의 혐의사실을 발견한 사례

수사기관이 피의자 甲의 공직선거법 위반 범행을 영장 범죄사실로 하여 발부받은 압수·수색영장의 집행 과정에서 乙, 丙 사이의 대화가 녹음된 녹음파일(이하 '녹음파일'이라 한다)을 압수하여 乙, 丙의 공직선거법 위반 혐의사실을 발견한 경우, 압수·수색영장에 기재된 '피의자'인 甲이 녹음파일에 의하여 의심되는 혐의사실과 무관한 이상, 수사기관이 별도의 압수·수색영장을 발부받지 아니한 채 압수한 녹음파일은 형사소송법 제219조에 의하여 수사기관의 압수에 준용되는 형사소송법 제106조 제1항이 규정하는 '피고사건' 내지 같은 법 제215조 제1항이 규정하는 '해당 사건'과 '관계가 있다고 인정할 수 있는 것'에 해당하지 않으며, 이와 같은 압수에는 헌법 제12조 제1항 후문, 제3항 본문이 규정하는 영장주의를 위반한 절차적 위법이 있으므로, 녹음파일은 형사소송법 제308조의2에서 정한 '적법한 절차에 따르지 아니하고 수집한 증거'로서 증거로 쓸 수 없고, 그 절차적 위법은 헌법상 영장주의 내지 적법절차의 실질적 내용을 침해하는 중대한 위법에 해당하여 예외적으로 증거능력을 인정할 수도 없다.

사례문제

(이 문제는 대법원 2011.6.30, 2009도6717 판례 -티켓영업 사건- 를 사례화한 것이다. 주제는 위법수집증거배제법칙과 당사자적격 부인 문제이다) 경찰관 P1 · P2 · P3 · P4의 4명은 피고인 A가 운영하는 ○○유흥주점(종업원 B 등)에서 성매매가 이루어진다는 제보를 받고, 유흥주점 업주와 종업원인 피고인들이 영업장을 벗어나 시간적 소요의 대가로 금품을 받아서는 아니 되는데도 이른바 '티켓영업' 형태로 성매매를 하면서 금품을 수수한 식품위생법 위반 혐의를 수사하기 위하여, 2008.1.30. 21 : 30경부터 위 유흥주점 앞에서 잠복근무를 하다가 같은 날 22 : 24경 위 유흥주점에서 손님 甲과 위 유흥주점 종업원인 乙(女)이 나와 인근의 △△△ 여관으로 들어가는 것을 확인하고 여관 업주의 협조를 얻어 같은 날 22 : 54경 甲과 乙이 투숙한 여관 방문을 열고 들어갔다. 당시 甲과 乙 두 사람은 침대에 옷을 벗은 채로 약간 떨어져 누워 있었는데 경찰관들이 위 두 사람에게 '성매매로 현행범 체포한다.'고 고지하였으

CHAPTER 04 증거

나, 위 두 사람이 성행위를 하고 있는 상태도 아니었고 방 내부 및 화장실 등에서 성관계를 가졌음을 증명할 수 있는 화장지나 콘돔 등도 발견되지 아니하였다. 이에 경찰관들은 위 두 사람을 성매매로 현행범 체포를 하지는 못하고(성매매 미수는 처벌규정 없음) 수사관서로 동행해 줄 것을 요구하면서 그 중 경찰관 P3는 위 두 사람에게 "동행을 거부할 수도 있으나 거부하더라도 강제로 연행할 수 있다."고 말하였고, 수사관서로 동행과정에서 乙이 화장실에 가자 여자 경찰관 P4는 乙을 따라가 감시하기도 하였다. 甲과 乙은 경찰관들과 경찰서에 도착하여 같은 날 23 : 40경 각각 자술서를 작성하였고, 곧이어 사법경찰리가 2008.1.31. 00 : 00경부터 01 : 50경까지 사이에 甲과 乙에 대하여 각각 제1회 진술조서를 작성하였다. (다툼이 있는 경우에는 판례에 의함) [국가7급 12 유사]

문제1 사법경찰관이 피고인 아닌 甲과 乙을 경찰서에 데리고 온 것은 임의동행의 적법성이 인정된다.

→ (×) 형사소송법 제199조 제1항은 임의수사 원칙을 명시하고 있는데, 수사관이 수사과정에서 동의를 받는 형식으로 피의자를 수사관서 등에 동행하는 것은, 피의자의 신체의 자유가 제한되어 실질적으로 체포와 유사한데도 이를 억제할 방법이 없어서 이를 통해서는 제도적으로는 물론 현실적으로도 임의성을 보장할 수 없을 뿐만 아니라, 아직 정식 체포 · 구속단계 이전이라는 이유로 헌법 및 형사소송법이 체포 · 구속된 피의자에게 부여하는 각종 권리보장 장치가 제공되지 않는 등 형사소송법의 원리에 반하는 결과를 초래할 가능성이 크므로, 수사관이 동행에 앞서 피의자에게 동행을 거부할 수 있음을 알려 주었거나 동행한 피의자가 언제든지 자유로이 동행과정에서 이탈 또는 동행장소에서 퇴거할 수 있었음이 인정되는 등 오로지 피의자의 자발적인 의사에 의하여 수사관서 등에 동행이 이루어졌다는 것이 객관적인 사정에 의하여 명백하게 입증된 경우에 한하여, 동행의 적법성이 인정된다고 보는 것이 타당하다. … 비록 사법경찰관이 甲과 乙을 동행할 당시에 물리력을 행사한 바가 없고, 이들이 명시적으로 거부의사를 표명한 적이 없다고 하더라도, 사법경찰관이 이들을 수사관서까지 동행한 것은 위에서 본 적법요건이 갖추어지지 아니한 채 사법경찰관의 동행 요구를 거절할 수 없는 심리적 압박 아래 행하여진 사실상의 강제연행, 즉 불법체포에 해당한다고 보아야 할 것이다.

문제2 수사기관이 '피고인 아닌 자'를 상대로 위법하게 수집한 증거를 '피고인'에 대한 유죄 인정의 증거로 사용할 수 있는 것은 위법수집증거배제법칙에 위배되지 아니한다.

→ (×) 형사소송법 제308조의2는 "적법한 절차에 따르지 아니하고 수집한 증거는 증거로 할 수 없다."라고 규정하고 있는데, 수사기관이 헌법과 형사소송법이 정한 절차에 따르지 아니하고 수집한 증거는 유죄 인정의 증거로 삼을 수 없는 것이 원칙이므로, 수사기관이 '피고인 아닌 자'를 상대로 적법한 절차에 따르지 아니하고 수집한 증거는 원칙적으로 '피고인'에 대한 유죄 인정의 증거로 삼을 수 없다. [경찰채용 21 1차]

문제3 사법경찰관이 피고인 아닌 甲과 乙을 사실상 강제연행하여 불법체포한 상태에서 甲 · 乙 간의 성매매행위나 피고인 A · B의 유흥업소 영업행위를 처벌하기 위하여 甲 · 乙에게서 자술서를 받고 甲 · 乙에 대한 진술조서를 작성한 경우, 이를 피고인 A · B에 대한 유죄 인정의 증거로 사용할 수 없다.

→ (○) 위 각 자술서와 진술조서는 헌법과 형사소송법이 규정한 체포 · 구속에 관한 영장주의 원칙에 위배하여 수집된 것으로서 수사기관이 피고인 아닌 자를 상대로 적법한 절차에 따르지 아니하고 수집한 증거에 해당하여 형사소송법 제308조의2에 따라 증거능력이 부정되므로, 이를 피고인들에 대한 유죄 인정의 증거로 삼을 수 없다.

(2) 적정절차의 위반 : 수사기관이 **정당한 사유 없이 변호인을 참여하게 하지 아니한 채 피의자를 신문하여 작성한 피의자신문조서**(대법원 2013.3.28, 2010도3359), 수사기관이 **피압수자 측에게 참여의 기회를 보장하거나 압수한 전자정보 목록을 교부하지 않는** 위법한 압수 · 수색 과정을 통하여 취득한 증거(대법원 2022.7.28, 2022도2960), 야간압수 · 수색의 금지규정에 위반한 압수 · 수색, 당사자의 참여권과 신문권을 침해한 증인신문, 위법한 함정수사에 의하여 수집한 증거, **진술거부권을 고지하지 않고 작성한 피의자신문조서**[1] 등은 증거능력이 없다. 예컨대, **피의자신문**을 행하고 있는 경우에는 피의자신문조서가 아닌 일반적인 진술조서 형식으로 조서를 작성하더라도 미리 피의자에게 진술거부권을 고지하지 않았다면 위 진술조서는 위법수집증거에 해당한다(대법원 2009.8.20, 2008도8213; 2011.11.10, 2010도8294). 다만, **피의자의 지위에 있지 않은 자**에 대하여 진술거부권이 고지되지 않은 채 진술조서를 작성한 경우는 절차의 위법이 없으므로 나중에 참고인을 피고인으로 하여 공소가 제기되어도 위 진술조서를 위법수집증거라 할 수는 없다(대법원 2011.11.10, 2011도8125).

1) [비교] 다만, 진술거부권 행사 여부에 대한 피의자의 답변이 형사소송법 제244조의3 제2항에 규정한 방식에 위배된 경우, 사법경찰관 작성 피의자신문조서는 법 제312조 제3항이 정한 '적법한 절차와 방식'에 따라 작성된 조사에 해당하지 않아 그 증거능력이 부정된다는 것이 판례이다. [판례] 헌법 제12조 제2항, 형사소송법 제244조의3 제1항, 제2항, 제312조 제3항에 비추어 보면, 비록 사법경찰관이 피의자에게 진술거부권을 행사할 수 있음을 알려 주고 그 행사 여부를 질문하였다 하더라도, 형사소송법 제244조의3 제2항에 규정한 방식에 위반하여 진술거부권 행사 여부에 대한 피의자의 답변이 자필로 기재되어 있지 아니하거나 그 답변 부분에 피의자의 기명날인 또는 서명이 되어 있지 아니한 사법경찰관 작성의 피의자신문조서는 특별한 사정이 없는 한 형사소송법 제312조 제3항에서 정한 '적법한 절차와 방식'에 따라 작성된 조서라 할 수 없으므로 그 증거능력을 인정할 수 없다(전문법칙의 예외요건 위반, 대법원 2013.3.28, 2010도3359).

판례연구 적정절차 위반의 위법수집증거 사례

1. **대법원 2013.3.28, 2010도3359** [법원9급 14/15, 경찰간부 15/22, 경찰승진 15]
   정당한 사유 없이 변호인을 참여하게 하지 아니한 채 작성한 피의자신문조서의 증거능력 ×
   헌법 제12조 제1항, 제4항 본문, 형사소송법 제243조의2 제1항 및 그 입법 목적 등에 비추어 보면, 피의자가 변호인의 참여를 원한다는 의사를 명백하게 표시하였음에도 수사기관이 정당한 사유 없이 변호인을 참여하게 하지 아니한 채 피의자를 신문하여 작성한 피의자신문조서는 형사소송법 제312조에 정한 '적법한 절차와 방식'에 위반된 증거일 뿐만 아니라, 형사소송법 제308조의2에서 정한 '적법한 절차에 따르지 아니하고 수집한 증거'에 해당하므로 이를 증거로 할 수 없다.

2. **대법원 2014.10.15, 2011도3509** [법원9급 17]
   선거관리위원회 위원 · 직원이 관계인에게 진술이 녹음된다는 사실을 미리 알려 주지 아니한 채 진술을 녹음하였다면, 그와 같은 조사절차에 의하여 수집한 녹음파일 내지 그에 터 잡아 작성된 녹취록은 형사소송법 제308조의2에서 정하는 '적법한 절차에 따르지 아니하고 수집한 증거'에 해당하여 원칙적으로 유죄의 증거로 쓸 수 없다.
   보충 수험에서는, 구 공직선거법 당시 선관위 위원 · 직원이 선거범죄 조사와 관련하여 관계자에게 질문을 하면서 미리 진술거부권을 고지하지 않은 경우 그 과정에서 작성 · 수집된 선관위 문답서의 증거능력은 긍정된다는 판례(대법원 2014.1.16, 2013도5441)와 구별하여야 한다.

3. **대법원 2022.7.28, 2022도2960**
   피압수자의 참여권이 보장되지 않은 압수에 의한 압수물의 증거능력
   압수의 대상이 되는 전자정보와 그렇지 않은 전자정보가 혼재된 정보저장매체나 그 복제본을 압수 · 수색한 수사기관이 정보저장매체 등을 수사기관 사무실 등으로 옮겨 이를 탐색 · 복제 · 출력하는 경우, 그와 같은 일련의 과정에서 형사소송법 제219조, 제121조에서 규정하는 피압수 · 수색 당사자나 변호인에게 참여의 기회를 보장하고 압수된 전자정보의 파일 명세가 특정된 압수목록을 작성 · 교부하여야 하며 범죄혐의사실과 무관한 전자정보의 임의적인 복제 등을 막기 위한 적절한 조치를 취하는 등 영장주의 원칙과 적법절차를 준수하여야 한다. 만약 그러한 조치가 취해지지 않았다면 피압수자 측이 참여하지 아니한다는 의사를 명시적으로 표시하였거나 절차 위반행위가 이루어진 과정의 성질과 내용 등에 비추어 피압수자 측에 절차 참여를 보장한 취지가 실질적으로 침해되었다고 볼 수 없을 정도에 해당한다는 등의 특별한 사정이 없는 이상 압수 · 수색이 적법하다고 평가할 수 없고, 비록 수사기관이 정보저장매체 또는 복제본에서 범죄혐의사실과 관련된 전자정보만을 복제 · 출력하였다 하더라도 달리 볼 것은 아니다(대법원 2015.7.16, 2011모1839 전원합의체; 2021.11.18, 2016도348 전원합의체). 따라서 수사기관이 피압수자 측에게 참여의 기회를 보장하거나 압수한 전자정보 목록을 교부하지 않는 등 영장주의 원칙과 적법절차를 준수하지 않은 위법한 압수 · 수색 과정을 통하여 취득한 증거는 위법수집증거에 해당하고, 사후에 법원으로부터 영장이 발부되었다거나 피고인이나 변호인이 이를 증거로 함에 동의하였다고 하여 위법성이 치유되는 것도 아니다(위 대법원 2016도348 전원합의체). 사법경찰관은 피고인을 유치장에 입감시킨 상태에서 휴대전화 내 전자정보를 탐색 · 복제 · 출력함으로써 참여의 기회를 배제한 상태에서 이 사건 엑셀파일을 탐색 · 복제 · 출력하였고, 압수한 전자정보 상세목록을 교부한 것으로 평가할 수 없어, 위 엑셀파일은 위법하게 수집된 증거로서 증거능력이 없고, 사후에 압수 · 수색영장을 발부받아 압수절차가 진행되었더라도 위법성이 치유되지 않는다.
   보충 수원지방법원 판사는 2021.4.2.경 피고인 甲에 대하여 「성매매알선 등 행위의 처벌에 관한 법률」 위반(성매매알선등) 혐의로 체포영장을 발부하면서, 피고인이 사용 · 보관중인 휴대전화(성매매여성 등 정보가 보관되어 있는 저장장치 포함) 등에 대한 사전 압수 · 수색영장을 함께 발부하였다. 경기남부지방경찰청 소속 사법경찰관 P는 2021.4.15. 13:25경 피고인을 체포하면서 피고인 소유의 휴대전화를 압수하였다. 피고인은 당일 21:36분경 입감 되었다. 경찰관은 2021.4.16. 09:00경 이 사건 휴대전화를 탐색하던 중 성매매영업 매출액 등이 기재된 엑셀파일을 발견하였고, 이를 별도의 저장매체에 복제하여 출력한 후 이 사건 수사기록에 편철하였다. 그러나 이 사건 휴대전화 탐색 당시까지도 피고인은 경찰서 유치장에 입감된 상태였던 것으로 보인다. 사법경찰관은 2021.4.17.경 이 사건 엑셀파일 등에 대하여 사후 압수 · 수색영장을 발부받았다. 그러나 이 사건 휴대폰 내 전자정보 탐색 · 복제 · 출력과 관련하여 사전에 그 일시 · 장소를 통지하거나 피고인에게 참여의 기회를 보장하거나, 압수한 전자정보 목록을 교부하거나 또는 피고인이 그 과정에 참여하지 아니할 의사를 가지고 있는지 여부를 확인할 수 있는 어떤 객관적인 자료도 존재하지 않는다. 그렇다면 위 엑셀파일의 증거능력은 인정되지 않는다.

2. 형사소송법의 효력규정을 위반하여 수집한 증거

증거수집절차나 증거조사절차가 위법하여 무효인 경우에 이로 인하여 수집한 증거는 **증거능력이 없다.**

예 공무상 비밀 등 거절권을 침해한 압수 · 수색, (선서능력자의) 선서 없이 한 증인신문, 피고인에게 실질적인 반대신문의 기회를 부여하지 아니한 채 이루어진 증인신문(대법원 2010.1.14, 2009도9344)(책문권포기 → 하자치유), 변호인에게 반대신문권의 기회는 제공되었으나 반대신문사항을 모두 신문하지 못한 경우 증인의 법정진술이나 그 진술이 기재된 증인신문조서(대법원 2022.3.17, 2016도17054)(책문권 포기 → 하자치유), 위법한 공개금지결정에 의하여 피고인의 공개재판을 받을 권리가 침해된 절차에서 이루어진 증인신문(대법원 2005.10.28, 2005도5854) 등.

판례연구 형사소송법의 효력규정 위반의 위법수집증거 사례

1. 대법원 2010.1.14, 2009도9344

피고인의 반대신문권의 배제에 따른 위법수집증거 및 책문권 포기에 의한 하자의 치유

형사소송법 제297조의 규정에 따라 재판장은 증인이 피고인의 면전에서 충분한 진술을 할 수 없다고 인정한 때에는 피고인을 퇴정하게 하고 증인신문을 진행함으로써 피고인의 직접적인 증인 대면을 제한할 수 있지만, 이러한 경우에도 피고인의 반대신문권을 배제하는 것은 허용될 수 없다. 따라서 법 제297조에 따라 변호인이 없는 피고인을 일시 퇴정하게 하고 증인신문을 한 다음 피고인에게 실질적인 반대신문의 기회를 부여하지 아니한 채 이루어진 증인의 법정진술은 위법한 증거로서 증거능력이 없다고 볼 여지가 있으나, 그 다음 공판기일에서 재판장이 증인신문 결과 등을 공판조서(증인신문조서)에 의하여 고지하였는데 피고인이 '변경할 점과 이의할 점이 없다'고 진술하여 책문권 포기 의사를 명시하였다면 실질적인 반대신문의 기회를 부여받지 못한 하자는 치유된 것이다.

2. 대법원 2022.3.17, 2016도17054 [경찰채용 23 1차]

피해자가 변호인의 반대신문을 절반가량 남겨둔 상황에서 속행된 증인신문기일에 출석하지 않고 이후 소재불명에 이른 사건

(반대신문권의 기회는 제공되었으나 반대신문사항을 모두 신문하지 못한 경우, 증인의 법정진술이나 그 진술이 기재된 증인신문조서의 증거능력을 인정할 수 없다는 사례) 피고인에게 불리한 증거인 증인이 주신문의 경우와 달리 반대신문에 대하여는 답변을 하지 아니하는 등 진술내용의 모순이나 불합리를 그 증인신문 과정에서 드러내어 이를 탄핵하는 것이 사실상 곤란하였고, 그것이 피고인 또는 변호인에게 책임있는 사유에 기인한 것이 아닌 경우라면, 관계 법령의 규정 혹은 증인의 특성 기타 공판절차의 특수성에 비추어 이를 정당화할 수 있는 특별한 사정이 존재하지 아니하는 이상, 이와 같이 실질적 반대신문권의 기회가 부여되지 아니한 채 이루어진 증인의 법정진술은 위법한 증거로서 증거능력을 인정하기 어렵다. 이 경우 피고인의 책문권 포기로 그 하자가 치유될 수 있으나, 책문권 포기의 의사는 명시적인 것이어야 한다(채무자 특수상해 혐의를 받은 폭력조직 두목에 대하여 증거 부족을 이유로 무죄판결을 내린 사례).

3. 대법원 2005.10.28, 2005도5854

증인신문절차의 공개금지결정이 위법하면 그 증인의 증언은 증거능력이 없다는 사례

원심이 증인신문절차의 공개금지사유로 삼은 사정이 '국가의 안녕질서를 방해할 우려가 있는 때'에 해당하지 아니하고, 달리 헌법 제109조, 법원조직법 제57조 제1항이 정한 공개금지사유를 찾아볼 수도 없어, 원심의 공개금지결정은 피고인의 공개재판을 받을 권리를 침해한 것으로서 그 절차에 의하여 이루어진 증인의 증언은 증거능력이 없다.

3. 경미한 위법절차에 의하여 수집한 증거

절차의 위반이 중대하지 않아 경미한 경우에는 획득한 증거의 **증거능력이 인정될 수 있다.**

예 하자 있는 증인소환절차에 따라 소환된 증인에 대한 증인신문, 위증의 벌을 경고하지 않고 한 증인신문, 증언거부권자에게 증언거부권을 고지하지 않고 한 증인신문(단, 위증죄는 성립하지 않을 수 있음), 검찰관이 형사사법공조절차를 거치지 아니한 채 외국 호텔에서 작성한 참고인진술조서(대법원 2011.7.14, 2011도3809) 등.

판례연구 절차가 위법하지 않거나 절차의 위법이 중대하지 않아 위법수집증거는 아니라는 사례

1. 대법원 2011.7.14, 2011도3809 [법원9급 13, 국가9급 17, 경찰간부 14/15, 경찰승진 22, 경찰채용 12 1차, 변호사 23]

검찰관이 피고인을 뇌물수수 혐의로 기소한 후, 형사사법공조절차를 거치지 아니한 채 외국에 현지출장하여 그곳에서 뇌물공여자 甲을 상대로 참고인 진술조서를 작성한 사례

검찰관이 피고인을 뇌물수수 혐의로 기소한 후, 형사사법공조절차를 거치지 아니한 채(인터폴의 협조를 받아야 절차가 적법한 것은 아님, 다만 특신상태는 부정) 과테말라공화국에 현지출장하여 그곳 호텔에서 뇌물공여자 甲을 상대로 참고인 진술조서를 작성한 경우, 참고인조사가 증거수집을 위한 수사행위에 해당하고 그 조사 장소가 우리나라가 아닌 과테말라공화국의 영역에 속하기는 하나, 조사의 상대방이 우리나라 국민이고 그가 조사에 스스로 응함으로써 조사의 방식이나 절차에 강제력이나 위력은 물론 어떠한 비자발적 요소도 개입될 여지가 없었음이 기록상 분명한 이상, 위법수집증거배제법칙이 적용된다고 볼 수 없다.

보충 다만, 형사사법공조절차나 과테말라공화국 주재 우리나라 영사를 통한 조사 등의 방법을 택하지 않고 직접 현지에 가서 조사를 실시한 것은 수사의 정형적 형태를 벗어난 것이라고 볼 수 있는 점 등 제반 사정에 비추어 볼 때, 甲의 진술이 특신상태에서 이루어졌다는 점에 관한 증명이 있다고 보기 어려워 진술조서를 유죄의 증거로 삼을 수는 없다(위 판례). → 전문법칙에서 후술함.

2. 대법원 2013.9.12, 2011도12918

범죄 피해자인 검사 또는 압수·수색영장의 집행에 참여한 검사가 관여한 수사도 적법하다는 사례

범죄의 피해자인 검사가 그 사건의 수사에 관여하거나, 압수·수색영장의 집행에 참여한 검사가 다시 수사에 관여하였다는 이유

만으로 바로 그 수사가 위법하다거나 그에 따른 참고인이나 피의자의 진술에 임의성이 없다고 볼 수는 없다.

3. 대법원 2017.9.21, 2015도12400 [국가7급 19]

경미한 위법에 해당한다는 증명책임은 검사에게 있다는 사례

적법한 절차에 따르지 아니하고 수집한 증거는 증거로 할 수 없다(법 제308조의2). 다만 수사기관의 증거수집 과정에서 이루어진 절차 위반행위와 관련된 모든 사정을 전체적·종합적으로 살펴볼 때, 수사기관의 절차 위반행위가 적법절차의 실질적인 내용을 침해하는 경우에 해당하지 아니하고, 오히려 그 증거의 증거능력을 배제하는 것이 헌법과 형사소송법이 형사소송에 관한 절차 조항을 마련하여 적법절차의 원칙과 실체적 진실 규명의 조화를 도모하고 이를 통하여 형사 사법 정의를 실현하려고 한 취지에 반하는 결과를 초래하는 것으로 평가되는 예외적인 경우라면 법원은 그 증거를 유죄 인정의 증거로 사용할 수 있다. 그러나 구체적 사안이 위와 같은 예외적인 경우에 해당하는지를 판단하는 과정에서 적법한 절차를 따르지 않고 수집된 증거를 유죄의 증거로 삼을 수 없다는 원칙이 훼손되지 않도록 유념하여야 하고, 그러한 예외적인 경우에 해당한다고 볼 만한 구체적이고 특별한 사정이 존재한다는 점은 검사가 증명하여야 한다.

4. 대법원 2019.7.11, 2018도20504 [경찰채용 22 1차]

판사의 날인이 누락된 압수수색영장에 기초하여 수집한 증거 사건 : 영장은 위법, 증거능력은 인정

S지방법원 영장담당판사가 발부한 압수수색검증영장은 판사의 서명날인란에는 서명만 있고 그 옆에 날인이 없다. … 이 사건 파일 출력물이 위와 같이 적법하지 않은 영장에 기초하여 수집되었다는 절차상의 결함이 있지만, 이는 법관이 공소사실과 관련성이 있다고 판단하여 발부한 영장에 기초하여 취득된 것이고, 위와 같은 결함은 피고인의 기본적 인권보장 등 법익 침해 방지와 관련성이 적다. 이 사건 파일 출력물의 취득 과정에서 절차 조항 위반의 내용과 정도가 중대하지 않고 절차 조항이 보호하고자 하는 권리나 법익을 본질적으로 침해하였다고 볼 수 없다. 오히려 이러한 경우에까지 공소사실과 관련성이 높은 이 사건 파일 출력물의 증거능력을 배제하는 것은 적법절차의 원칙과 실체적 진실 규명의 조화를 도모하고 이를 통하여 형사 사법 정의를 실현하려는 취지에 반하는 결과를 초래할 수 있다. 요컨대, 이 사건 영장이 형사소송법이 정한 요건을 갖추지 못하여 적법하게 발부되지 못하였다고 하더라도, 그 영장에 따라 수집한 이 사건 파일 출력물의 증거능력을 인정할 수 있다.

5. 대법원 2020.1.30, 2018도2236 전원합의체

특별검사가 검찰을 통하여 또는 직접 청와대로부터 넘겨받은 청와대 문건 사건

대통령비서실장인 피고인이 대통령의 뜻에 따라 정무수석비서관실과 교육문화수석비서관실 등 수석비서관실과 문화체육관광부에 문화예술진흥기금 등 정부의 지원을 신청한 개인·단체의 이념적 성향이나 정치적 견해 등을 이유로 한국문화예술위원회·영화진흥위원회·한국출판문화산업진흥원이 수행한 각종 사업에서 이른바 좌파 등에 대한 지원배제를 지시하였다는 직권남용권리행사방해의 공소사실로 기소된 경우, 특별검사가 검찰을 통하여 또는 직접 청와대로부터 넘겨받아 원심에 제출한 '청와대 문건'은 '대통령기록물 관리에 관한 법률'을 위반하거나 공무상 비밀을 누설하여 수집된 것으로 볼 수 없어 위법수집증거가 아니므로 증거능력이 있다.

6. 대법원 2022.4.28, 2021도17103

외국인 체포 시 영사통보권 불고지와 체포·구속 이후 수집된 증거의 증거능력

① (수사기관이 외국인을 체포하거나 구속하면서 지체 없이 영사통보권 등이 있음을 고지하지 않았다면 수사절차는 위법함) 영사관계에 관한 비엔나협약(Vienna Convention on Consular Relations, 1977. 4. 6. 대한민국에 대하여 발효된 조약 제594호, 이하 '협약'이라 한다) 제36조 제1항 (b)호, 경찰수사규칙 제91조 제2항, 제3항이 외국인을 체포·구속하는 경우 지체 없이 외국인에게 영사통보권 등이 있음을 고지하고, 외국인의 요청이 있는 경우 영사기관에 체포·구금 사실을 통보하도록 정한 것은 외국인의 본국이 자국민의 보호를 위한 조치를 취할 수 있도록 협조하기 위한 것이다. 따라서 수사기관이 외국인을 체포하거나 구속하면서 지체 없이 영사통보권 등이 있음을 고지하지 않았다면 체포나 구속 절차는 국내법과 같은 효력을 가지는 협약 제36조 제1항 (b)호를 위반한 것으로 위법하다. … ② 적법한 절차에 따르지 아니하고 수집한 증거는 증거로 할 수 없다(형사소송법 제308조의2). 다만 수사기관의 절차 위반행위가 적법절차의 실질적인 내용을 침해하는 경우에 해당하지 않고, 오히려 그 증거의 증거능력을 배제하는 것이 헌법과 형사소송법이 형사소송에 관한 절차 조항을 마련하여 적법절차의 원칙과 실체적 진실 규명의 조화를 도모하고 이를 통하여 형사 사법 정의를 실현하려고 한 취지에 반하는 결과를 초래하는 것으로 평가되는 예외적인 경우라면 법원은 그 증거를 유죄 인정의 증거로 사용할 수 있다. 이 사건에서 사법경찰관이 피고인을 현행범인으로 체포할 당시 피고인이 인도네시아 국적의 외국인이라는 사실이 명백했는데도 피고인에게 영사통보권 등을 고지하지 않았으므로 이 사건 체포나 구속 절차는 협약 제36조 제1항 (b)호를 위반하여 위법하다. 다만, 이 사건에서 피고인이 영사통보권 등을 고지받았더라도 영사의 조력을 구하였으리라고 보기 어려운 점, 수사기관이 피고인에게 영사통보권 등을 고지하지 않았더라도 그로 인해 피고인에게 실질적인 불이익이 초래되었다고 볼 수 없는 점 등에 비추어보면 이 사건 체포나 구속 절차에 협약 제36조 제1항 (b)호를 위반한 위법이 있더라도 절차 위반의 내용과 정도가 중대하거나 절차 조항이 보호하고자 하는 외국인 피고인의 권리나 법익을 본질적으로 침해하였다고 볼 수 없으므로 이 사건 체포나 구속 이후 수집된 증거와 이에 기초한 증거들은 위법수집 배제 원칙의 예외에 해당하여 유죄 인정의 증거로 사용할 수 있다.

4. 사인에 의한 위법수집증거

(1) 문제의 소재 : 위법수집증거배제법칙은 수사기관의 위법수사 억지에 그 이론적 근거를 두고 있으므로 **사인의 증거수집행위에 대해서는 원칙적으로 적용되지 아니한다.** 다만, 기본권의 대사인적 효력 및 국가의 기본권보호의무(헌법 제10조 후문)를 고려할 때, 사인 간의 사진촬영이나 비밀녹음 등 사인이 위법하게 수집한 증거에 대해서도 위법수집증거배제법칙이 적용되어야 하는가가 문제된다.

(2) 결론 : 견해의 대립이 있으나,[1] **효과적인 형사소추 및 실체진실발견의 공익과 개인의 인격적 이익 등 보호이익을 비교형량**하여 사인의 위법수집증거의 허용 여부를 결정하여야 한다(**제한적 긍정설 중 이익형량설**, 다수설 및 대체적인 판례).

판례연구 사인에 의한 위법수집증거의 증거능력 : 대체로 인정

1. 대법원 1997.3.28, 97도240 [경찰간부 14, 경찰승진 10/11/15, 경찰채용 08 3차]

피고인이 범행 후 피해자에게 전화를 걸어오자 피해자가 증거를 수집하려고 그 전화내용을 녹음한 경우, 그 녹음테이프가 피고인 모르게 녹음된 것이라 하여 이를 위법하게 수집된 증거라고 할 수 없다.

보충 사인 간의 비밀녹음에 대해서는 전문법칙에 근거하여 그 증거능력을 제한하는 판례는 있으나(대법원 1997.3.28, 96도2417 : 실질적 진정성립의 인정이 없어 증거능력이 없다는 사례로서 전문법칙 중 제313조 제1항에서 후술함), 위 경우는 타인 간의 통화를 녹음한 경우(위수증 ∴ 증거 ×)가 아니고 자기와의 통화를 녹음한 경우에 속하므로 위법수집증거배제법칙은 적용될 수 없다는 판례이다. [경찰간부 15]

2. 대법원 1997.9.30, 97도1230 [법원행시 02, 국가7급 10, 국가9급 14, 경찰승진 10/15, 경찰채용 11 2차/12 1차, 경찰간부 23]

제3자가 공갈목적을 숨기고 피고인의 동의하에 나체사진을 찍은 경우, 나체사진의 증거능력 긍정

모든 국민의 인간으로서의 존엄과 가치를 보장하는 것은 국가기관의 기본적인 의무에 속하는 것이고, 이는 형사절차에서도 당연히 구현되어야 하는 것이기는 하나 그렇다고 하여 국민의 사생활 영역에 관계된 모든 증거의 제출이 곧바로 금지되는 것으로 볼 수는 없고, 법원으로서는 효과적인 형사소추 및 형사소송에서의 진실발견이라는 공익과 개인의 사생활의 보호이익을 비교형량하여 그 허용 여부를 결정하고, 적절한 증거조사의 방법을 선택함으로써 국민의 인간으로서의 존엄성에 대한 침해를 피할 수 있다고 보아야 할 것이므로(이익형량설에 의한 제한적 긍정설의 입장), 피고인의 동의하에 촬영된 나체사진의 존재만으로 피고인의 인격권과 초상권을 침해하는 것으로 볼 수 없고, 가사 사진을 촬영한 제3자가 그 사진을 이용하여 피고인을 공갈할 의도였다고 하더라도 사진의 촬영이 임의성이 배제된 상태에서 이루어진 것이라고 할 수는 없으며, 그 사진은 범죄현장의 사진으로서 피고인에 대한 형사소추를 위하여 반드시 필요한 증거로 보이므로, 공익의 실현을 위하여는 그 사진을 범죄의 증거로 제출하는 것이 허용되어야 하고, 이로 말미암아 피고인의 사생활의 비밀을 침해하는 결과를 초래한다 하더라도 이는 피고인이 수인하여야 할 기본권의 제한에 해당된다.

3. 대법원 2008.6.26, 2008도1584 [법원9급 13, 국가9급 18, 경찰간부 15, 경찰채용 23 1차, 변호사 24]

소송사기의 피해자가 제3자로부터 대가를 지급하고 취득한 절취된 업무일지의 증거능력 긍정

사문서위조·위조사문서행사 및 소송사기로 이어지는 일련의 범행에 대하여 피고인을 형사소추하기 위해서는 이 사건 업무일지가 반드시 필요한 증거로 보이므로, 설령 그것이 제3자에 의하여 절취된 것으로서 위 소송사기 등의 피해자측이 이를 수사기관에 증거자료로 제출하기 위하여 대가를 지급하였다 하더라도, 공익의 실현을 위하여는 이 사건 업무일지를 범죄의 증거로 제출하는 것이 허용되어야 하고, 이로 말미암아 피고인의 사생활 영역을 침해하는 결과가 초래된다 하더라도 이는 피고인이 수인하여야 할 기본권의 제한에 해당된다.

4. 대법원 2010.9.9, 2008도3990

간통 피고인의 남편인 고소인이 주거에 침입하여 획득한 휴지 및 침대시트 등에 대한 감정의뢰회보 O

피고인 甲, 乙의 간통 범행을 고소한 甲의 남편 丙이 甲의 주거에 침입하여 수집한 후 수사기관에 제출한 혈흔이 묻은 휴지들 및 침대시트를 목적물로 하여 이루어진 감정의뢰회보에 대하여, 丙이 甲의 주거에 침입한 시점은 甲이 그 주거에서의 실제상 거주를 종료한 이후이고, 위 회보는 피고인들에 대한 형사소추를 위하여 반드시 필요한 증거이므로 공익의 실현을 위해서

1) [보충] 사인의 위법수집증거에 대하여 위법수집증거배제법칙이 적용되는가에 대해서는 부정설과 제한적 긍정설(절충설)이 대립한다. ① 부정설은 위법수집증거배제법칙은 수사기관에 대해서만 적용되고 사인에 대해서는 적용되지 아니하므로 – 사인이 수사기관에 고용되었거나 수사기관의 위임에 의하여 위법하게 증거를 수집한 경우가 아닌 한 – 사인에 의한 위법수집증거의 증거능력을 인정해야 한다고 주장한다(심희기, 쟁점강의 형사소송법, 511면; 이/조 589면). 한편 ② 제한적 긍정설에서는 ㉠ 침해된 권리의 중요성에 따라 기본권의 핵심적 영역을 침해하는 경우에는 위법수집증거배제법칙을 적용해야 한다는 입장(권리범위설 : 하태훈, "사인에 의한 증거수집과 그 증거능력", 형사법연구 제12호, 44면)과 ㉡ 효과적인 형사소추 및 실체진실발견의 공익과 피고인의 기본권의 사익을 교량하여 사익이 더 우월하다면 위법수집증거배제법칙을 적용해야 한다는 입장(이익형량설 : 다수설 및 대체적인 판례)이 제시되고 있다. 본서는 이익형량설을 따른다. [조언] 다만, 근래의 판례들을 보면 사인에 의한 위법수집증거의 증거능력을 대체로 긍정하는 경향이므로, 부정설과 제한적 긍정설의 차이는 거의 나타나지 않고 있다.

증거로 제출하는 것이 허용되어야 하고, 이로 말미암아 甲의 주거의 자유나 사생활의 비밀이 일정 정도 침해되는 결과를 초래하더라도 이는 甲이 수인하여야 할 기본권의 제한에 해당되므로, 위 회보의 증거능력은 인정해야 한다.

5. 대법원 2013.11.28, 2010도12244 [국가9급 24]

시청공무원이 시장에게 보낸 전자우편을 공직선거법위반죄의 증거로 제출한 사례

이 사건 형사소추의 대상이 된 행위는 구 공직선거법 제255조 제3항, 제85조 제1항에 의하여 처벌되는 공무원의 지위를 이용한 선거운동행위로서 공무원의 정치적 중립의무를 정면으로 위반하고 이른바 관권선거를 조장할 우려가 있는 중대한 범죄에 해당한다. 피고인이 제1심에서 이 사건 전자우편을 이 사건 공소사실에 대한 증거로 함에 동의한 점 등을 종합하면, 이 사건 전자우편을 이 사건 공소사실에 대한 증거로 제출하는 것은 허용되어야 할 것이고, 이로 말미암아 피고인의 사생활의 비밀이나 통신의 자유가 일정 정도 침해되는 결과를 초래한다 하더라도 이는 피고인이 수인하여야 할 기본권의 제한에 해당한다고 보아야 할 것이다. 따라서 원심이 이 사건 전자우편과 그 내용에 터 잡아 수사기관이 참고인으로 소환하여 작성한 공소외 2, 3, 4에 대한 각 진술조서들의 증거능력을 인정한 조치는 정당하다.

보충 X시 Y동장 직무대리의 지위에 있던 피고인 甲은 X시장 乙에게 X시청 전자문서시스템을 통하여 이 사건 전자우편을 보냈는데, 전자우편에는 Y동 1통장인 A 등에게 X시장 乙을 도와 달라고 부탁하였다는 내용이 포함되어 있었다. 그런데 X시청 소속 공무원인 제3자가 권한 없이 전자우편에 대한 비밀보호조치를 해제하는 방법을 통하여 이 사건 전자우편을 수집하여 경찰에 제출하였고, 이렇게 수집된 전자우편의 내용에 기초하여 경찰은 A 등을 참고인으로 소환하여 A 등에 대한 참고인 진술조서를 작성하였다. ① 이 사건 전자우편의 수집행위는 통신비밀보호법이 금지하는 '전기통신의 감청'에 해당하지 않고(∵ 이미 수신 완료), ② 이 사건 전자우편과 참고인 진술조서(제312조 제4항의 요건 갖춤)도 증거능력이 인정된다.

6. 대법원 2023.12.14, 2021도2299

휴대전화 자동녹음 애플리케이션 사건

甲의 배우자 乙은 甲 모르게 甲의 휴대전화에 자동녹음 애플리케이션을 실행해 두어 자동으로 녹음된 甲과 乙 사이의 전화통화 녹음파일이 있다. 그런데 수사기관은 甲의 휴대전화를 적법하게 압수하여 분석하던 중 우연히 이를 발견하여 압수하였다. … 증거수집 절차가 개인의 사생활 내지 인격적 이익을 중대하게 침해하여 사회통념상 허용되는 한도를 벗어난 것이라면, 단지 형사소추에 필요한 증거라는 사정만을 들어 곧바로 형사소송에서 진실발견이라는 공익이 개인의 인격적 이익 등 보호이익보다 우월한 것으로 섣불리 단정해서는 아니 된다. 그러나 그러한 한도를 벗어난 것이 아니라면 형사절차에서 증거로 사용할 수 있다(대법원 2013.11.28, 2010도12244; 2017.3.15, 2016도19843 등). 피고인의 배우자가 피고인의 동의 없이 피고인의 휴대전화를 조작하여 통화내용을 녹음하였으므로 피고인의 사생활 내지 인격적 이익을 침해하였다고 볼 여지는 있으나, ① 피고인의 배우자가 전화통화의 일방 당사자로서 피고인과 직접 대화를 나누면서 피고인의 발언 내용을 직접 청취하였으므로 전화통화 내용을 몰래 녹음하였다고 하여 피고인의 사생활의 비밀, 통신의 비밀, 대화의 비밀 등이 침해되었다고 평가하기는 어렵고, 피고인의 배우자가 녹음파일 등을 제3자에게 유출한 바 없으므로 음성권 등 인격적 이익의 침해 정도도 비교적 경미하다고 보아야 하는 점, ② 피고인의 배우자가 범행에 관한 증거로 사용하겠다는 의도나 계획 아래 전화통화를 녹음한 것이 아니고, 수사기관 역시 위 전화통화의 녹음에 어떠한 관여도 하지 않은 채 적법하게 압수한 휴대전화를 분석하던 중 우연히 이를 발견하였을 뿐인 점, ③ 반면 이 사건 형사소추의 대상이 된 행위는 수산업협동조합장 선거에서 금품을 살포하여 선거인을 매수하는 등 이른바 '돈 선거'를 조장하였다는 것이고, 선거범죄는 대체로 계획적 · 조직적인 공모 아래 은밀하게 이루어지므로, 구체적 범행 내용 등을 밝혀 줄 수 있는 객관적 증거인 전화통화 녹음파일을 증거로 사용해야 할 필요성이 높은 점 등을 종합하면, 전화통화 녹음파일을 증거로 사용할 수 있다.

III 자백배제법칙과의 관계

1. 판 례

판례는 **진술거부권을 고지하지 아니하고 작성된 피의자신문조서**(대법원 1992.6.23, 92도682) 및 **변호인의 접견교통권을 침해한 상태에서 작성된 피의자신문조서**(대법원 1990.9.25, 90도1586)와 같이 헌법상 기본권을 침해하여 획득한 자백에 대해서는 **위법수집증거배제법칙**을 적용하여 그 증거능력을 부정하는 입장이다.

2. 통 설

자백배제법칙은 위법수집증거배제법칙의 특칙에 해당하므로(자백배제법칙의 근거에 관한 위법배제설), ① 임의성 없는 피고인의 자백, 진술거부권을 고지하지 않고 이루어진 자백, 변호인과의 접견교통권을 침해한 상태에서 이루어진 자백에 대해서는 자백배제법칙이 적용되고, ② 자백 이외의 증거와 비진술증거에 대해서는 위법수집증거배제법칙이 적용된다는 것이 통설이다.

03 관련문제

I 독수의 과실이론

1. 의 의

(1) 개념 : 위법하게 수집된 1차적 증거(독수 : 독이 든 나무)에 의하여 2차적 증거(과실 : 열매)가 발견된 경우 그 2차적 증거(파생증거)의 증거능력도 배제되어야 한다는 이론이다(독수독과이론). [경찰채용 15 1차]

> **판례연구** 독수과실이론의 의미
>
> **대법원 2008.10.23, 2008도7471** [법원9급 10/13, 국가7급 17/20, 경찰승진 10/15, 경찰채용 11 2차/12 1차/13 2차/15 2차]
>
> 독수과실 자체가 아니라는 사례 : 수사기관이 적법절차를 위반하여 지문채취 대상물을 압수한 경우, 그전에 이미 범행 현장에서 위 대상물에서 채취한 지문이 위법수집증거에 해당하는지 여부(소극)
>
> 신고를 받고 현장에 출동한 인천남동경찰서 과학수사팀 소속 경장 A는 피해자가 범인과 함께 술을 마신 테이블 위에 놓여 있던 맥주컵에서 지문 6점을, 물컵에서 지문 8점을, 맥주병에서 지문 2점을 각각 현장에서 직접 채취하였음을 알 수 있는바, 이와 같이 범행 현장에서 지문채취 대상물에 대한 지문채취가 먼저 이루어진 이상(소유자의 의사에 반하지 않은 지문채취, ∴ 적법), 수사기관이 그 이후에 지문채취 대상물을 적법한 절차에 의하지 아니한 채 압수하였다고 하더라도, 위와 같이 채취된 지문은 위법하게 압수한 지문채취 대상물로부터 획득한 2차적 증거에 해당하지 아니함이 분명하여, 이를 가리켜 위법수집증거라고 할 수 없다.

(2) 인정 여부 : 수사기관의 위법수사의 효과적 억지에 위법수집증거배제법칙의 근거가 있는바, 2차적 증거의 증거능력을 인정하면 위법수집증거배제법칙이 무의미하게 되므로 독수과실의 증거능력은 부정되어야 한다. **판례도 명시적으로 인정**하고 있다.

> **판례연구** 독수과실이론을 명시적으로 채택한 예
>
> 1. **대법원 2007.11.15, 2007도3061 전원합의체** [법원9급 10/14, 경찰간부 13/15]
>
> 위법수집 압수물과 이를 기초로 획득한 2차적 증거의 증거능력은 원칙적으로 없다는 사례
>
> 기본적 인권 보장을 위하여 압수수색에 관한 적법절차와 영장주의의 근간을 선언한 헌법과 이를 이어받아 실체적 진실 규명과 개인의 권리보호 이념을 조화롭게 실현할 수 있도록 압수수색절차에 관한 구체적 기준을 마련하고 있는 형사소송법의 규범력은 확고히 유지되어야 한다. 그러므로 헌법과 형사소송법이 정한 절차에 따르지 아니하고 수집한 증거는 기본적 인권 보장을 위해 마련된 적법한 절차에 따르지 않은 것으로서 원칙적으로 유죄 인정의 증거로 삼을 수 없다. 수사기관의 위법한 압수수색을 억제하고 재발을 방지하는 가장 효과적이고 확실한 대응책은 이를 통하여 수집한 증거는 물론 이를 기초로 하여 획득한 2차적 증거를 유죄 인정의 증거로 삼을 수 없도록 하는 것이다.
>
> 보충 검사는 제주도지사, 제주도청 소속 공무원 및 선거운동본부 책임자인 피고인들이 공모하여 2006.5. 제주도지사선거에 대비하여 지역주민 및 소속공무원들을 조직화하고 방송토론자료를 마련하는 등 선거운동 기획에 참여하였다는 내용으로 공소를 제기하면서, 도지사실 및 도지사 정책특별보좌관 사무실을 수색하는 과정에서 그 곳을 방문한 도지사 비서관이 소지한 서류뭉치를 압수하고 그 안에 있는 관련서류들을 증거로 제시하였다. 피고인들은 검사가 실시한 압수·수색은 압수·수색영장의 효력이 미치는 범위, 영장의 제시 및 집행에 관한 사전통지와 참여, 압수목록 작성·교부 등에 관하여 법이 정한 여러 절차 조항을 따르지 않아 위법한 것이어서 이를 통하여 수집된 압수물은 물론 이를 기초로 획득한 2차적 증거는 모두 유죄인정의 증거로 삼아서는 안 된다고 주장하였다[김진환(변호사), 선행절차의 위법과 증거능력(1) – 판단기준, 형사소송법 핵심판례110선, 제3판, 138면]. 이에 위법수집증거배제법칙이 적용된 것이다.
>
> 2. **대법원 2010.7.22, 2009도14376** [법원9급 18, 국가7급 13, 경찰간부 15]
>
> 사법경찰관이 영장 없이 물건을 압수한 직후 피고인으로부터 작성받은 압수물에 대한 임의제출동의서 ×
>
> 형사소송법 제215조 제2항은 "사법경찰관이 범죄수사에 필요한 때에는 검사에게 신청하여 검사의 청구로 지방법원 판사가 발부한 영장에 의하여 압수, 수색 또는 검증을 할 수 있다."라고 규정하고 있는바, 사법경찰관이 위 규정을 위반하여 영장 없이 물건을 압수한 경우 그 압수물은 물론 이를 기초로 하여 획득한 2차적 증거 역시 유죄 인정의 증거로 사용할 수 없는 것이고, 이와 같은 법리는 헌법과 형사소송법이 선언한 영장주의의 중요성에 비추어 볼 때 위법한 압수가 있은 직후에 피고인으로부터 작성받은 그 압수물에 대한 임의제출동의서도 특별한 사정이 없는 한 마찬가지라고 할 것이다. 따라서 경찰이 피고인의 집에서 20m 떨어진 곳에서 피고인을 체포한 후 피고인의 집안을 수색하여 칼과 합의서를 압수하였을 뿐만 아니라 적법한 시간 내

에 압수수색영장을 청구하여 발부받지도 않은 경우, 위 칼과 합의서는 위법하게 압수된 것으로서 증거능력이 없고, 이를 기초로 한 2차 증거인 '임의제출동의서', '압수조서 및 목록', '압수품 사진' 역시 증거능력이 없다.

3. 대법원 2011.4.28, 2009도2109

피고인의 동의 또는 영장 없이 채취한 혈액을 이용한 감정결과보고서(2차적 증거)의 증거능력 유무(소극)

사법경찰관이 범죄수사에 필요한 때에는 검사에게 신청하여 검사의 청구로 지방법원 판사가 발부한 영장에 의하여 압수·수색 또는 검증을 할 수 있고(법 제215조 제2항), 범행 중 또는 범행 직후의 범죄장소에서 긴급을 요하여 판사의 영장을 받을 수 없는 때에는 압수·수색·검증을 할 수 있으나 이 경우에는 사후에 지체 없이 영장을 받아야 하며(법 제216조 제3항), 검사 또는 사법경찰관으로부터 감정을 위촉받은 감정인은 감정에 관하여 필요한 때에는 검사의 청구에 의해 판사로부터 감정처분허가장을 발부받아 신체의 검사 등 법 제173조 제1항에 규정된 처분을 할 수 있도록 규정되어 있으므로(법 제221조, 제221조의4, 제173조 제1항), 위와 같은 형사소송법 규정에 위반하여 수사기관이 법원으로부터 영장 또는 감정처분허가장을 발부받지 아니한 채 피의자의 동의 없이 피의자의 신체로부터 혈액을 채취하고(1차증거) 더구나 사후적으로도 지체 없이 이에 대한 영장을 발부받지도 아니하고서 그 강제채혈한 피의자의 혈액 중 알코올농도에 관한 감정이 이루어졌다면, 이러한 감정결과보고서 등(2차증거)은 형사소송법상 영장주의 원칙을 위반하여 수집되거나 그에 기초한 증거로서 그 절차 위반행위가 적법절차의 실질적인 내용을 침해하는 정도에 해당하고, 이러한 증거는 피고인이나 변호인의 증거동의가 있다고 하더라도 유죄의 증거로 사용할 수 없다고 보아야 할 것이다.

보충1 피고인이 운전 중 교통사고를 내고 의식을 잃은 채 병원 응급실로 호송되자, 출동한 경찰관이 영장 없이 의사로 하여금 채혈을 하여 채취한 혈액을 이용한 혈중알코올농도에 관한 감정서 등의 증거능력을 부정하여, 도로교통법 위반(음주운전)의 공소사실을 무죄로 판단한 원심판결을 수긍한 사례이다.

보충2 범죄장소에서의 긴급압수(제216조 제3항)로 본다 하더라도 지체 없이 사후영장을 발부받지 않았고, 감정촉탁에 의한 감정처분(제173조 제1항)으로 검토해보아도 검사의 청구에 의해 판사가 발부한 감정처분허가장에 의하지 않은 경우이므로 강제채혈된 혈액은 위법수집증거에 해당하고, 그 혈액에 대한 감정결과보고서는 2차적 증거로서 독수과실에 해당하므로 증거능력이 없다는 사례이다.

4. 대법원 2013.3.14, 2010도2094 [법원9급 15, 국가7급 13, 국가9급 15/16, 경찰간부 15/16]

위법한 강제연행 상태에서 호흡측정 방법에 의한 음주측정이 이루어진 후 강제연행 상태로부터 시간적·장소적으로 단절되었다고 볼 수 없는 상황에서 피의자의 요구에 의하여 이루어진 혈액채취 사례

위법한 강제연행 상태에서 호흡측정 방법에 의한 음주측정(1차증거)을 한 다음 강제연행 상태로부터 시간적·장소적으로 단절되었다고 볼 수도 없고 피의자의 심적 상태 또한 강제연행 상태로부터 완전히 벗어났다고 볼 수 없는 상황에서 피의자가 호흡측정 결과에 대한 탄핵을 하기 위하여 스스로 혈액채취 방법에 의한 측정을 할 것을 요구하여 혈액채취가 이루어졌다(2차증거)고 하더라도 그 사이에 위법한 체포 상태에 의한 영향이 완전하게 배제되고 피의자의 의사결정의 자유가 확실하게 보장되었다고 볼 만한 다른 사정이 개입되지 않은 이상 불법체포와 증거수집 사이의 인과관계가 단절된 것으로 볼 수는 없다. 따라서 그러한 혈액채취에 의한 측정 결과 역시 유죄 인정의 증거로 쓸 수 없다고 보아야 한다. 그리고 이는 수사기관이 위법한 체포 상태를 이용하여 증거를 수집하는 등의 행위를 효과적으로 억지하기 위한 것이므로, 피고인이나 변호인이 이를 증거로 함에 동의하였다고 하여도 달리 볼 것은 아니다(위법수집증거는 증거동의의 대상 아님).

보충 강제연행하에서 음주측정을 요구하지 않았더라면 피해자가 혈액채취측정도 요구하지 않았을 것이 어느 정도 추론되므로, 강제연행과의 인과관계 단절이 인정되지 아니한다. 독수과실이므로 증거능력 ×

2. 독수과실이론의 예외

(1) 예외인정의 필요성 : 독수과실이론을 제한 없이 적용하게 되면 수사기관의 단 1회의 절차 위반의 위법수사 이후 획득한 모든 증거의 증거능력을 부정해야 한다. 그런데, 수사기관의 절차 위반행위가 적법절차의 실질적인 내용을 침해하는 경우에 해당하지 아니하고, 오히려 그 증거의 증거능력을 배제하는 것이 **적법절차의 원칙과 실체적 진실 규명의 조화**를 도모하고 이를 통하여 **형사사법의 정의**를 실현하려 한 취지에 반하는 결과를 초래하는 것으로 평가되는 예외적인 경우(대법원 2009.3.12, 2008도11437)라면, 독수과실이론을 제한하고 그 증거를 유죄 인정의 증거로 사용할 필요가 있다. 바로 여기에 독수과실이론에 대한 일정한 예외의 필요성이 존재한다.

(2) 판례의 태도 : 수사기관의 위법한 압수수색을 억제하고 재발을 방지하는 가장 효과적이고 확실한 대응책은 **이를 통하여 수집한 증거는 물론 이를 기초로 하여 획득한 2차적 증거를 유죄 인정의 증거로 삼을 수 없도록 하는 것**이다. [법원9급 10/14, 경찰간부 13/15] 이에 판례는 기술한 바와 같이 ① 위법수집증거를 기초로 획득한 2차적 증거의 증거능력을 **원칙적으로 부정**하나, 다만 ② "절차에 따르지 아니한 증거수집과 2차적 증거수집 사이의 **인과관계의 희석 또는 단절 여부**를 중심으로 2차적 증거수집과 관련된 모든 사정을 전체적·종합적

으로 고려하여 **예외적인 경우에는 유죄인정의 증거로 사용**할 수 있다."라고 하여 독수과실이론의 예외를 인정하고 있다.[1] [경찰간부 13, 경찰승진 10, 경찰채용 09 1차/15 1차] 따라서 적법절차를 위반한 수사행위에 기초하여 수집한 증거라 하더라도 **적법절차 위반행위의 영향이 차단되었거나 소멸**되었다고 볼 수 있는 상태에서 수집한 것이라면 유죄 인정의 증거로 사용할 수 있다. [국가9급 15, 국가9급개론 15]

판례연구 판례의 독수과실이론의 예외이론

대법원 2009.3.12, 2008도11437 [법원9급 14/20, 국가7급 10, 경찰승진 10/12]

[1] 2차적 증거의 증거능력을 인정하기 위한 판례의 판단기준

법원이 2차적 증거의 증거능력 인정 여부를 최종적으로 판단할 때에는 먼저 ① 절차에 따르지 아니한 1차적 증거 수집과 관련된 모든 사정들, 즉 절차 조항의 취지와 그 위반의 내용 및 정도, 구체적인 위반 경위와 회피가능성, 절차 조항이 보호하고자 하는 권리 또는 법익의 성질과 침해 정도 및 피고인과의 관련성, 절차 위반행위와 증거수집 사이의 인과관계 등 관련성의 정도, 수사기관의 인식과 의도 등을 살펴야 한다(1차적 증거 수집의 위법의 중대성, 수사기관 의도 등 고려). 나아가 ② 1차적 증거를 기초로 하여 다시 2차적 증거를 수집하는 과정에서 추가로 발생한 모든 사정들까지 구체적인 사안에 따라 주로 인과관계 희석 또는 단절 여부를 중심으로 전체적·종합적으로 고려하여야 한다(1차적 증거와 2차적 증거 수집 사이의 인과관계 등 고려).

[2] 진술거부권 불고지 획득 자백 이후 진술거부권 고지, 석방, 변호인의 충분한 조력 하의 자발적 자백

진술거부권을 고지하지 않은 것이 수사기관의 실수일 뿐 자백을 이끌어내기 위한 의도적이고 기술적인 증거확보의 방법으로 이용되지 않았고, 그 이후 이루어진 신문에서는 진술거부권을 고지하여 잘못이 시정되는 등 수사 절차가 적법하게 진행되었다는 사정, 최초 자백 이후 구금되었던 피고인이 석방되었다거나 변호인으로부터 충분한 조력을 받은 가운데 상당한 시간이 경과하였음에도 다시 자발적으로 계속하여 동일한 내용의 자백을 하였다는 사정, 최초 자백 외에도 다른 독립된 제3자의 행위나 자료 등도 물적 증거나 증인의 증언 등 2차적 증거 수집의 기초가 되었다는 사정, 증인이 그의 독립적인 판단에 의해 형사소송법이 정한 절차에 따라 소환을 받고 임의로 출석하여 증언하였다는 사정 등은 통상 2차적 증거의 증거능력을 인정할만한 정황에 속한다.

보충 아래의 희석이론, 독립된 증거원이론, 선의이론 등이 나타나고 있는 것을 알 수 있다.

(3) 내 용

① **희석이론** : 위법수사로 획득한 1차적 증거의 오염(taint)이 그 후 피고인의 자발적 행위로 희석되어(순화되어, purged) 2차적 증거의 증거능력에는 영향을 미치지 않는다는 이론이다(오염순화에 의한 예외이론)(예 경찰관이 위법하게 피의자의 집에 침입하여 자백을 받은 며칠 후 피의자가 경찰서에 자진출석하여 자백서에 서명한 경우[2] 등). 판례도 ㉠ 진술거부권을 고지하지 않은 상태에서 임의로 행해진 피고인의 자백을 기초로 한 **2차적 증거 중 피고인 및 피해자의 법정진술은 공개된 법정에서 임의로 이루어진 경우** [법원9급 14], ㉡ 구속영장 집행 당시 영장이 제시되지 않았으나 구속적부심사 심문에서 구속영장을 제시받았고 이후 **변호인과의 충분한 상의를 거쳐 공소사실에 대하여 자백**한 경우 [경찰간부 14] 등에서 예외적으로 증거능력이 있다고 판시하고 있다.

정리 판례의 독수과실 예외 : ① 진술거부권 불고지 자백 획득 후 자발적 진술, ② 영장 없이 강제연행하여 1차 채뇨 후 압수영장에 의한 2차 채뇨, ③ 영장 없이 계좌정보 획득 후 석방 후 자백 or 임의제출 or 독립된 제3자의 진술에 의한 증거수집, ④ 영장 무관 압수 증거물을 환부한 후 임의제출받아 압수(단, 임의성은 검사 증명) 등.

판례연구 희석이론 등이 표현된 판례

1. **대법원 2009.3.12, 2008도11437** [법원9급 14, 국가7급 10, 해경간부 12, 경찰승진 10/12, 경찰채용 12 1차/15 1차]

진술거부권 불고지 자백 획득 후 40여 일이 지난 후 변호인의 충분한 조력하의 진술

강도 현행범으로 체포된 피고인에게 진술거부권을 고지하지 아니한 채 강도범행에 대한 자백을 받고, 이를 기초로 여죄에 대한 진술과 증거물을 확보한 후 진술거부권을 고지하여 피고인의 임의자백 및 피해자의 피해사실에 대한 진술을 수집한 경우, 제1심 법정에서의 피고인의 자백은 진술거부권을 고지받지 않은 상태에서 이루어진 최초 자백 이후 40여 일이 지난 후에 변호인의 충분

1) [참고 및 조언] 대법원 판례는 미국의 독수과실의 제한이론 중 희석이론, 불가피한 발견이론, 독립된 증거원이론을 수용하고 있는 것으로 보인다. 본서의 특성상 자세한 논의는 생략하나, 수험을 위해서는 희석이론 위주로 이해하고 있으면 충분할 것이다.

2) Wong Sun v. U.S, 371 U.S. 471 (1963).

한 조력을 받으면서 공개된 법정에서 임의로 이루어진 것이고(희석이론), 피해자의 진술은 법원의 적법한 소환에 따라 자발적으로 출석하여 위증의 벌을 경고받고 선서한 후 공개된 법정에서 임의로 이루어진 것이어서(독립된 증거원이론) 예외적으로 유죄 인정의 증거로 사용할 수 있는 2차적 증거에 해당한다.

2. 대법원 2009.4.23, 2009도526 [경찰간부 14]

구속영장 집행 당시 영장 미제시 but 구속 중 수집한 피고인의 진술증거가 증거능력 있는 예외적인 경우

사전에 구속영장을 제시하지 아니한 채 구속영장을 집행하고, 그 구속 중 수집한 피고인의 진술증거 중 피고인의 제1심 법정진술은, 피고인이 구속집행절차의 위법성을 주장하면서 청구한 구속적부심사의 심문 당시 구속영장을 제시받은 바 있어 그 이후에는 영장 기재 범죄사실에 대해 숙지하고 있었던 것으로 보이고, 구속 이후 원심에 이르기까지 구속적부심사와 보석의 청구를 통하여 구속집행절차의 위법성만을 다투었을 뿐, 그 구속 중 이루어진 진술증거의 임의성이나 신빙성에 대하여는 전혀 다투지 않았을 뿐만 아니라, 변호인과의 충분한 상의를 거친 후 공소사실 전부에 대하여 자백한 것이라면, 유죄 인정의 증거로 삼을 수 있는 예외적인 경우에 해당한다.

3. 대법원 2013.3.14, 2012도13611 [국가7급 14, 경찰간부 15]

피고인을 영장 없이 강제로 연행한 상태에서 마약투약 여부의 확인을 위한 1차 채뇨절차가 이루어졌는데, 그 후 압수영장에 기하여 2차 채뇨절차가 이루어지고 그 결과를 분석한 소변 감정서 등이 증거로 제출된 사례

마약 투약 혐의를 받고 있던 피고인이 임의동행을 거부하겠다는 의사를 표시하였는데도 경찰관들이 피고인을 영장 없이 강제로 연행한 상태에서 마약 투약 여부의 확인을 위한 1차 채뇨절차가 이루어졌는데(1차증거-위법), 그 후 피고인의 소변 등 채취에 관한 압수영장에 기하여 2차 채뇨절차가 이루어지고 그 결과를 분석한 소변 감정서 등이 증거로 제출된 경우(2차증거-독수과실예외), 피고인을 강제로 연행한 조치는 위법한 체포에 해당하고, 위법한 체포상태에서 이루어진 채뇨 요구 또한 위법하므로 그에 의하여 수집된 '소변검사시인서'는 유죄 인정의 증거로 삼을 수 없으나, 한편 연행 당시 피고인이 마약을 투약한 것이거나 자살할지도 모른다는 취지의 구체적 제보가 있었던 데다가, 피고인이 경찰관 앞에서 바지와 팬티를 내리는 등 비상식적인 행동을 하였던 사정 등에 비추어 피고인에 대한 긴급한 구호의 필요성이 전혀 없었다고 볼 수 없는 점, 경찰관들은 임의동행시점으로부터 얼마 지나지 아니하여 체포의 이유와 변호인 선임권 등을 고지하면서 피고인에 대한 긴급체포의 절차를 밟는 등 절차의 잘못을 시정하려고 한 바 있어, 경찰관들의 위와 같은 임의동행조치는 단지 수사의 순서를 잘못 선택한 것이라고 할 수 있지만 관련 법규정으로부터의 실질적 일탈 정도가 헌법에 규정된 영장주의 원칙을 현저히 침해할 정도에 이르렀다고 보기 어려운 점 등에 비추어 볼 때, 위와 같은 2차적 증거 수집이 위법한 체포·구금절차에 의하여 형성된 상태를 직접 이용하여 행하여진 것으로는 쉽사리 평가할 수 없으므로, 이와 같은 사정은 체포과정에서의 절차적 위법과 2차적 증거 수집 사이의 인과관계를 희석하게 할 만한 정황에 속하고, 메스암페타민 투약 범행의 중대성도 아울러 참작될 필요가 있는 점 등 제반 사정을 고려할 때 2차적 증거인 소변 감정서 등은 증거능력은 인정된다.

보충 강제연행 1차 채뇨는 위법하나, 압수영장에 기한 2차 채뇨에 대한 증거능력은 인정한 사례이다.

4. 대법원 2013.3.28, 2012도13607

수사기관이 법관의 영장에 의하지 아니하고 매출전표의 거래명의자에 관한 정보를 획득한 경우, 이에 근거하여 수집한 피의자의 자백이나 범죄 피해에 대한 제3자의 진술 등 2차적 증거의 증거능력

수사기관이 영장에 의하지 아니하고 매출전표의 거래명의자에 관한 정보를 획득하였다면(금융실명법 제4조 제1항 위반), 그와 같이 수집된 증거는 원칙적으로 형사소송법 제308조의2에서 정하는 '적법한 절차에 따르지 아니하고 수집한 증거'에 해당하여 유죄의 증거로 삼을 수 없다. … 그런데 수사기관이 법관의 영장에 의하지 아니하고 매출전표의 거래명의자에 관한 정보를 획득한 경우(1차증거-위법), 이에 터잡아 수집한 2차적 증거들, 예컨대 피의자의 자백이나 범죄 피해에 대한 제3자의 진술 등이 유죄 인정의 증거로 사용될 수 있는지를 판단할 때, 수사기관이 의도적으로 영장주의의 정신을 회피하는 방법으로 증거를 확보한 것이 아니라고 볼 만한 사정, 위와 같은 정보에 기초하여 범인으로 특정되어 체포되었던 피의자가 석방된 후 상당한 시간이 경과하였음에도 다시 동일한 내용의 자백을 하였다거나 그 범행의 피해품을 수사기관에 임의로 제출하였다는 사정, 2차적 증거 수집이 체포 상태에서 이루어진 자백 등으로부터 독립된 제3자의 진술에 의하여 이루어진 사정 등은 통상 2차적 증거의 증거능력을 인정할 만한 정황에 속한다고 볼 수 있다(2차증거-독수과실예외).

보충 위법수사 후 석방 후 자발적인 자백은 2차적 증거의 증거능력이 인정되는 예외적인 경우이다.

5. 대법원 2016.3.10, 2013도11233 [경찰승진 22, 국가7급 17]

영장 무관 별개 증거 압수 후 별개의 증거를 환부하고 후에 임의제출받아 다시 압수한 경우, 제출의 임의성의 증명책임 소재(= 검사)와 임의로 제출된 것이라고 볼 수 없는 경우 증거능력을 인정할 수 있는지 여부(소극)

① 검사 또는 사법경찰관은 범죄수사에 필요한 때에는 피의자가 죄를 범하였다고 의심할 만한 정황이 있는 경우에 판사로부터 발부받은 영장에 의하여 압수·수색을 할 수 있으나, 압수·수색은 영장 발부의 사유로 된 범죄 혐의사실과 관련된 증거에 한하여 할 수 있으므로, 영장 발부의 사유로 된 범죄 혐의사실과 무관한 별개의 증거를 압수하였을 경우 이는 원칙적으로 유죄 인정의 증거로 사용할 수 없다(1차증거-위법). 다만, ② 수사기관이 별개의 증거를 피압수자 등에게 환부하고 후에 임의제출받아 다시 압수하였다면 증거를 압수한 최초의 절차 위반행위와 최종적인 증거수집 사이의 인과관계가 단절되었다고 평가할 수 있으나(2차증거-독수과실예외), ③ 환부 후 다시 제출하는 과정에서 수사기관의 우월적 지위에 의하여 임의제출 명목으로 실질적으로 강제적인 압수가 행하여질 수 있으므로, 제출에 임의성이 있다는 점에 관하여는 검사가 합리적 의심을 배제

할 수 있을 정도로 증명하여야 하고(임의제출의 임의성은 검사의 거증책임), 임의로 제출된 것이라고 볼 수 없는 경우에는 증거능력을 인정할 수 없다.

② **불가피한 발견이론** : 위법수사에 의한 1차적 증거가 없었더라도 다른 합법적 수단을 통해 2차적 증거를 불가피하게 발견(inevitable discovery)할 수 있음이 증명된 경우에는 2차적 증거의 증거능력이 인정된다는 이론이다(불가피한 발견의 예외이론).

예 경찰관이 피의자의 권리를 침해하는 위법한 신문을 하여 시체의 소재를 알게 되었으나 다른 방법에 의해서도 시체를 틀림없이 발견했을 것임이 증명된 경우[1] 등.

③ **독립된 증거원이론** : 위법수사가 현실적으로 행하여지던 중 2차적 증거를 발견하긴 하였지만 위법수사와는 독립하여 수집될 수 있었던 증거(independent untainted source)임이 증명된 경우 2차적 증거의 증거능력이 인정된다는 이론이다(독립된 증거원의 예외이론).

예 위법한 수색에 의하여 피고인의 집에서 유괴된 소녀를 발견한 경우 그 소녀의 진술[2] 등.

④ **선의이론** : 수사기관이 압수・수색영장의 적법성・유효성을 신뢰하여 수색을 하다가 2차적 증거를 발견하였는데 그 후 당해 영장이 부적법・무효임이 밝혀진 경우에는 수사기관의 선의(good faith)를 근거로 2차적 증거의 증거능력이 인정된다는 이론이다(선의의 예외이론).[3]

Ⅱ 위법수집증거와 증거동의 및 탄핵증거

1. 위법수집증거와 증거동의

위법하게 수집된 증거에 대해서 당사자의 동의에 의하여 그 증거능력이 인정될 수 있는가에 대해서는 견해의 대립이 있으나,[4] **반대신문권의 포기가 문제되지 않는 위법수집증거에 대해서는 증거동의가 인정될 수 없다**고 해야 한다(**부정설**, 통설). 따라서 위법수집증거에 해당하면 당사자의 동의가 있어도 증거로 사용할 수 없다. [법원9급 15, 경찰채용 12 2차] **판례**도 적법한 절차에 따르지 아니하고 수집한 증거로서 증거능력이 없는 경우에는 피고인이나 변호인이 이를 증거로 함에 동의하였다고 하더라도 달리 볼 것은 아니라고 판시하여(대법원 2009.12.24, 2009도11401－체포현장 긴급압수 후 사후영장을 받지 않은 위법수집증거는 증거동의 대상 ×－; 2010.1.18, 2009도10092－소유자 등 아닌 자로부터 제출받은 쇠파이프는 임의제출물 아닌 위법수집증거이어서 증거동의 대상 ×) **부정설을 원칙**으로 하고 있다.

정리 다만, 위법수집증거배제법칙 명문화 이전 판례는, 피고인・변호인의 참여권을 배제한 증거보전절차상 증인신문조서(대법원 1988.11.8, 86도1646) [경찰채용 12 3차] 및 검사의 공소제기 후 수사과정에서 작성한 증인의 공판정 증언을 번복시키는 내용의 참고인진술조서(대법원 2000.6.15, 99도1108 전원합의체) [법원9급 14/15, 경찰채용 14 2차]에 대해서는 증거동의의 대상이라고 판시하였음은 이미 기술하였다.

2. 위법수집증거와 탄핵증거

증거능력이 부정되는 위법수집증거를 증거의 증명력을 다투기 위한 탄핵증거로 사용할 수 있는가의 문제이다. 위법수집증거를 탄핵증거로 사용하는 것을 허용할 경우에는 위법수집증거가 법관의 면전에 제출되어 실체형성에 영향을 준다는 점에서, 위법수집증거는 **탄핵증거로도 사용할 수 없다**고 해야 한다(통설). [국가9급 10]

---

1) Nix v. Williams, 467 U.S. 431 (1984).

2) State v. O'Bremski, 423 P.2d. 530 (1967).

3) Massachusetts v. Sheppard, 468 U.S. 981 (1984). 또한 선의이론은 수사기관이 법률을 신뢰하여 당해 법률에 의하여 증거물을 압수하였으나 당해 법률이 위헌선언된 경우까지 확장되었다. Illinois v. Krull, 480 U.S. 340 (1987).

4) [참고] ① 증거동의의 본질을 당사자의 처분권 행사로 보아 위법수집증거도 증거동의의 대상이 될 수 있다는 긍정설(신양균, 심/양 등)과 ② 증거동의의 본질은 반대신문권의 포기에 있으므로 반대신문권 포기와 무관한 위법수집증거는 증거동의의 대상이 될 수 없다는 부정설(통설), ③ 위법의 종류 내지 정도에 따라 증거동의의 대상이 될 수 있다는 절충설(노/이 등)이 대립한다. 본서는 부정설을 따른다.

제5절 전문법칙

01 전문증거와 전문법칙

Ⅰ 전문증거

1. 의 의

(1) **개념** : 사실인정의 기초가 되는 경험사실을 경험자 자신이 직접 구두로 법원에 보고하지 아니하고 서면 또는 타인의 진술의 형식으로 간접적으로 법원에 전달되는 증거를 전문증거(傳聞證據, hearsay evidence)라고 한다.

(2) **구별개념** : 전문증거는 사실을 체험한 자가 중간 매개체를 거치지 않고 직접 법원에 진술하는 원본증거와 구별된다. 피고인의 공판정에서의 자백 [법원행시 02, 국가9급 08]이나 현행범을 체포한 경찰관이 범행을 목격한 부분에 관한 진술(95도535) [경찰승진 10/15, 경찰채용 20 2차]은 전문증거가 아니라 원본증거에 해당한다.

정리 甲을 현행범으로 체포한 경찰관이 법정에서 증인으로 출석하여 甲의 범행을 목격한 부분에 관하여 진술하자, 甲이 경찰관의 목격진술의 내용을 부인하여도 증거능력이 인정된다. [교정9급특채 12]

2. 유 형

(1) **전문진술** : 사실을 직접 경험한 자의 원진술을 청취한 제3자가 그 원진술의 내용을 법원에 대하여 구두로 진술하는 경우이다. 전문증언이라고도 한다.

(2) 전문서류

① **진술서** : 사실을 직접 경험한 자 자신이 경험한 내용을 서면에 기재한 후 그 서면을 법원에 제출하는 경우의 서면을 말한다. 예 자술서, 진술서, 감정서, 진단서

② **진술녹취서** : 사실을 직접 경험한 자의 원진술을 청취한 제3자가 그 원진술의 내용을 서면에 기재한 후 그 서면을 법원에 제출하는 경우의 서면을 말한다. 예 수사기관 작성의 피의자신문조서 · 참고인진술조서

Ⅱ 전문법칙

1. 의 의

(1) **개념** : 전문법칙(傳聞法則, hearsay rule)이란 전문증거는 증거가 아니라는 점에서(Hearsay is no evidence), 전문증거의 증거능력을 부정하는 증거법칙을 말한다. 전문법칙에 의하여, 증거능력이 부정되는 전문증거는 사실인정의 자료로 사용할 수 없을 뿐만 아니라 그에 대한 증거조사 자체도 허용되지 아니한다.[1]

(2) **현행법의 태도** : 법 제310조의2는 "제311조 내지 제316조에 규정한 것 이외에는 공판준비 또는 공판기일에서의 진술(원본증거)에 대신하여 진술을 기재한 서류(전문서류 : 진술서 · 조서)나 공판준비 또는 공판기일 외에서의 타인의 진술을 내용으로 하는 진술(전문진술)은 이를 증거로 할 수 없다."라고 규정하여 전문증거의 증거능력을 원칙적으로 부정하고 있다.

2. 이론적 근거

(1) **반대신문의 결여** : 진술증거에는 기억과 표현의 과정에서 오류가 개입될 위험이 있으며 이를 미연에 방지할 가장 효과적인 방법이 당사자의 반대신문이고, 이러한 의미에서 진술증거에 의해 불이익을 받게 될 당사자가 **반대신문을 통하여 그 오류를 바로잡을 권리**를 가지게 되는바, 이를 **반대신문권**이라 한다. 따라서 원진술에

1) [참고] 전문법칙은 영미 증거법에서 유래하는 원칙으로서, 영미의 전문법칙은 1675년부터 1690년 사이에 형성되어, 18세기와 19세기에 걸쳐 확립된 법칙이다. 이/조 594면.

대하여 반대신문의 기회가 보장되지 않은 증거는 증거능력이 부정된다. 영미법상 전문법칙의 이론적 근거인 **반대신문의 결여**(lack of cross examination)(반대신문권의 보장)야말로 전문법칙의 가장 중요한 근거이다.

(2) 신용성의 결여 : 전문증거는 선서의 결여(lack of an oath)와 전달과정의 와전가능성으로 인하여 원본증거에 비해 **신용성의 결여**(lack of trustworthiness)가 있을 수 있다.

(3) 직접주의와의 관계 : 법원은 공판기일에 공판정에서 직접 심리 · 조사한 증거만을 재판의 기초로 삼을 수 있으므로 전문증거는 증거능력이 부정되어(실질적 직접주의 내지 직접증거주의), 직접주의를 전문법칙의 이론적 근거로 제시하는 학설도 있다. 다만, 직접주의와 전문법칙은 그 연혁과 원리를 달리한다는 점에서 서로 구별되는 개념이고, 그 적용에 있어서도 상이한 점이 많다는 점에서 직접주의를 전문법칙의 이론적 근거로 삼을 수는 없다고 생각된다.

(4) 학설의 대립 및 소결 : 전문법칙의 근거를 무엇으로 볼 것인가에 대해서는 견해의 대립이 있으나,[1] 전문법칙은 반대신문의 결여를 그 주된 근거로 하면서 부수적으로 전문증거에는 신용성이 결여되었다는 점에서 그 증거능력이 배제된다고 본다(**반대신문결여 · 신용성결여 결합설**). 반대신문의 결여와 신용성의 결여에서 전문법칙의 근거를 찾는 것이 타당하다고 생각된다.[2]

3. 적용범위

전문법칙의 적용을 받는 전문증거는 ① 진술의 의미내용이 증거가 되는 증거(진술증거)로서, ② 원진술의 내용인 사실이 요증사실이 되는(요증사실관련성) 공판준비 또는 공판기일 외에서의 타인의 진술을 내용으로 하는 서류 또는 진술에 한한다.

(1) 진술증거

① 원진술의 형태 : 전문증거는 요증사실을 직접 체험한 자의 언어적 표현에 의한 진술을 내용으로 하는 **진술증거를 말하고, 전문법칙은 진술증거에 대해서만 적용된다.** 반대신문은 진술에 대해서만 가능하기 때문이다. 따라서 **비진술증거**(예 흉기, 지문, 위조문서)는 전문증거가 아니므로 전문법칙이 적용되지 않는다.

② 언어적 행동(어떤 행위를 설명하기 위한 말) : 원진술자의 행동의 의미를 설명하기 위하여 원진술자의 말을 옮기는 경우이다. 원진술자의 진술을 진술증거로 사용하는 것이 아니므로 전문증거가 아니고, 따라서 전문법칙이 적용되지 않는다.

---

1) [참고 – 전문법칙의 이론적 근거에 관한 학설] 제310조의2의 전문법칙의 근거에 대해서는, ① 반대신문권의 보장에 있다는 입장(강구진, 서일교, 신현주, 정/이), ② 신용성의 결여에 있다는 입장(신양균, 주광일), 그리고 ③ 반대신문권의 보장에는 주된 근거가, 신용성의 결여(선서의 결여와 부정확한 전달의 위험도 포함됨)에는 부수적 근거가 있다는 입장(반대신문결여 · 신용성결여 결합설 : 이재상, 임동규, 차/최 등), ④ 반대신문의 결여와 직접주의의 요청에 근거가 있다는 입장(반대신문결여 · 직접주의 결합설 : 배/이/정/이, 손/신, 신동운 등)이 제시되고 있다. 이 중 제1설 · 제2설 · 제3설은 영미법상 전문법칙의 근거를 인정하는 입장인 반면, 제4설은 영미법의 반대신문권 보장과 대륙법상 직접주의를 결합한 입장으로 볼 수 있다. 제4설은 전문법칙의 근거를 신용성의 결여에서 찾는 것은 전문법칙의 예외규정과 조화될 수 없다고 주장하나, 제3설에서는 직접주의와 전문법칙은 서로 다른 개념이며 현행법의 전문법칙의 예외규정들은 신용성의 정황적 보장과 필요성에 그 근거를 찾을 수 있다고 주장한다. 본서는 제3설을 따르고 있다.

2) [보충] 전문증거의 증거능력을 부정하는 것이 전문법칙인바, 본서는 전문법칙의 이론적 근거를 반대신문의 결여(따질 수 없다)와 신용성의 결여(믿을 수 없다)에서 찾고 있다. 한편 전문증거가 전문법칙의 예외요건을 갖추지 못한 경우에도 후술하는 증거동의(제318조)가 있으면 그 증거능력이 인정되는바, 증거동의는 반대신문권의 포기(따질 수 없음을 포기함)를 그 본질로 한다. 다만, 증거동의를 하였다 하더라도 법원이 진정성을 인정한 때에 한하여 당해 전문증거의 증거능력이 부여되는바(동조 제1항), 이는 반대신문권은 포기하더라도 신용성을 의심스럽게 하는 유형적 상황은 없어야 함을 의미한다. 즉, 법 제318조의 증거동의제도도 반대신문결여 · 신용성결여결합설을 일관하여, 당사자의 증거동의를 통해서 반대신문권이 포기되고 법원의 진정성 인정을 통해서 신용성이 회복되어야 증거능력이 있다는 의미로 새길 수 있다.

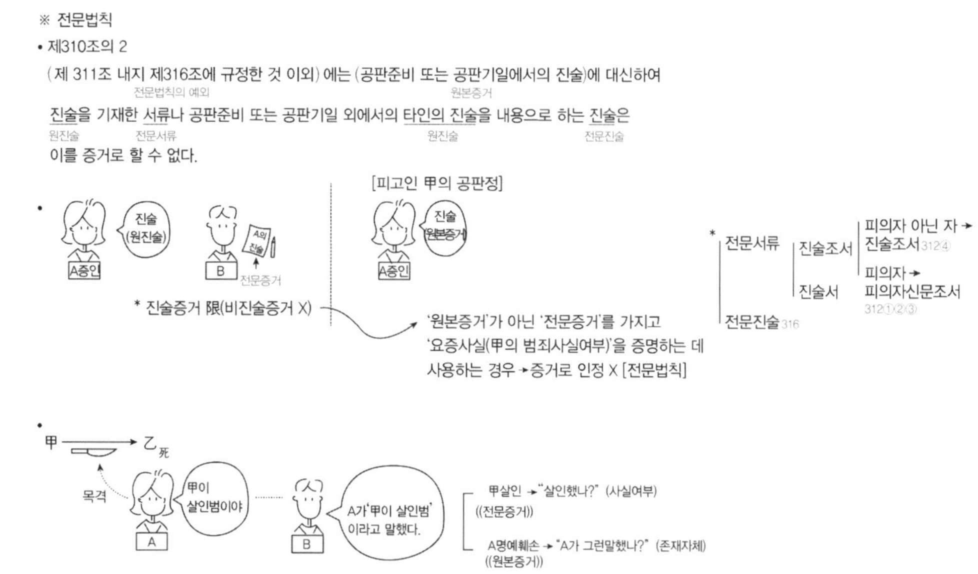

예 甲이 乙을 껴안은 것이 폭행인지 아니면 우정의 표현인지를 설명하기 위하여 그 당시에 甲이 한 말을 증언하는 경우 [경찰간부 13] : 예컨대 "**가만 안 두겠어.**"**라고 말을 하면서 껴안은 행위를 증언**할 때, 위 말은 전문증거가 아니라 폭행이라는 행동의 의미를 설명하기 위한 간접증거인 비진술증거에 불과함.

(2) 요증사실과의 관련성

① **판단의 상대성** : 어떤 증거가 전문증거인가 또는 원본증거인가는 **요증사실과의 관계**에 따라 정하여진다. 즉, ㉠ 원진술자의 **진술내용의 사실 여부가 요증사실인 경우에만 전문증거**가 되고, ㉡ **원진술의 존재 자체가 요증사실인 경우에는 전문증거가 아니므로 전문법칙이 적용되지 않는다**(대법원 2008.9.25, 2008도5347; 2008.11.13, 2008도8007; 2014.2.27, 2013도12155)(기술한 증거의 종류 참조). [경찰간부 14/16]

판례연구 전문증거인가 원본증거인가의 구별

1. 대법원 2012.7.26, 2012도2937 [경찰채용 21 1차/22 1차, 경찰간부 16, 변호사 21]

타인의 진술을 내용으로 하는 진술이 본래증거 또는 전문증거인지 판단하는 기준

타인의 진술을 내용으로 하는 진술이 전문증거인지 여부는 요증사실과의 관계에서 정하여지는바, 원진술의 내용인 사실이 요증사실인 경우에는 전문증거이나, 원진술의 존재 자체가 요증사실인 경우에는 본래증거이지 전문증거가 아니다. A 등은 제1심 법정에서 '피고인 甲이 88체육관 부지를 공시지가로 매입하게 해 주고 KBS와의 시설이주 협의도 2개월 내로 완료하겠다고 말하였다'고 진술하였는데, 피고인 甲의 위와 같은 원진술의 존재 자체가 이 부분 각 사기죄 또는 변호사법 위반죄에 있어서의 요증사실이므로, 이를 직접 경험한 A 등이 피고인으로부터 위와 같은 말을 들었다고 하는 진술은 전문증거가 아니라 본래증거에 해당한다.

2. 대법원 2019.8.29, 2018도13792 전원합의체; 2021.2.25, 2020도17109

"피해자로부터 '피고인이 추행했다'는 취지의 말을 들었다."는 증인의 법정진술에 대한 전문법칙의 적용 여부

(증인 양○○는 제1심 법정에서 "피해자 乙로부터 '피고인 甲이 나를 추행했다'는 취지의 말을 들었다."고 진술한 경우, 양○○의 위 진술이 피해자 乙의 진술에 부합한다고 보아 양○○의 위 진술을 피해자의 진술 내용의 진실성을 증명하는 '간접사실'로 사용하는 경우, 위 위 양○○의 진술은 전문증거에 해당한다는 사건) 다른 사람의 진술을 내용으로 하는 진술이 전문증거인지는 요증사실이 무엇인지에 따라 정해진다. 다른 사람의 진술, 즉 원진술의 내용인 사실이 요증사실인 경우에는 전문증거이지만, 원진술의 존재 자체가 요증사실인 경우에는 본래증거이지 전문증거가 아니다. 어떤 진술 내용의 진실성이 범죄사실에 대한 직접증거로 사용될 때는 전문증거가 되지만, 그와 같은 진술을 하였다는 것 자체 또는 진술의 진실성과 관계없는 간접사실에 대한 정황증거로 사용될 때는 반드시 전문증거가 되는 것이 아니다. 그러나 어떠한 내용의 진술을 하였다는 사실 자체에 대한 정황증거로 사용될 것이라는 이유로 진술의 증거능력을 인정한 다음 '그 사실을 다시 진술 내용이나 그 진실성을 증명하는 간접사실로 사용하는 경우'에 그 진술은 전문증거에 해당한다(법 제316조 제2항의 요건을 갖추지 못하므로 증거능력이 없음).

② **정황증거** : 전문진술이 **원진술자의 심리적 · 정신적 상황을 증명하기 위한 정황증거**로 사용되는 경우에는

전문증거가 아니므로 전문법칙이 적용되지 않는다.

예 살인 피의자 乙이 범행 직후 "나는 신이다." "나는 악을 징벌하는 슈퍼맨이다. [경찰간부 13]"라고 말하는 것을 들은 甲이 이를 증언 : 피고인의 심신장애를 증명하는 정황증거일 뿐 전문증거가 아님.

정리 **어떠한 진술이 직접증거로 사용됨에 있어서는 전문증거가 된다고 하더라도, 그와 같은 진술을 하였다는 것 자체가 요증사실인 경우 또는 그 진술의 진실성과 관계없는 간접사실에 대한 정황증거(그 행위를 했는지 안 했는지 밝혀주는 간접사실)로 사용됨에 있어서는 반드시 전문증거가 되는 것은 아니다(대법원 2000.2.25, 99도1252).** [법원9급 14/16, 국가7급 15, 국가9급 16, 경찰간부 14/16, 경찰채용 14 1차]

대법원 2014.12.24, 2014도10199

제3자의 진술을 담고 있는 서류 등의 증거가 제3자의 진술 내용의 진실성이 범죄사실에 대한 직접증거로 사용될 때는 전문증거가 된다고 하더라도, 그와 같은 진술을 하였다는 것 자체로 사용되거나 그 진술의 진실성과 관계없는 간접사실에 대한 정황증거로 사용될 때에는 반드시 전문증거가 되는 것은 아니다.

③ **탄핵증거** : 증인의 신용성을 탄핵하기 위하여 증인의 공판정에서의 진술과 모순되는 공판정 외의 진술(공판정 외의 자기모순진술)을 사용하는 것은, 원진술의 내용이 된 사실의 존부를 증명하기 위한 것이 아니라 증인진술의 증명력을 다투기 위한 증거이므로 전문법칙이 적용되지 않는다(∴ 전문증거 : 탄핵증거 ○).

④ **증거동의** : 전문법칙의 예외라는 것이 종래 판례이나, 입증절차에서 당사자주의의 이념이 구현된 것에 불과하므로 전문법칙이 배제되는 경우이다(통설)(후술).

4. 배제되는 절차

전문법칙은 서면심리에 의하는 **즉결심판절차, 약식절차** [법원행시 02, 국가9급 08] 및 증거동의가 의제되는 **간이공판절차에는 적용되지 아니한다.**

Ⅲ 전문법칙의 예외이론

1. 의 의

전문법칙이 적용되어 원칙적으로 증거능력이 없는 전문증거가 예외적으로 증거능력이 인정되는 경우를 전문법칙의 예외라 한다.

2. 예외 인정의 필요성

(1) **실체적 진실의 발견** : 전문법칙을 지나치게 고수하면 재판에 필요한 증거를 잃게 되므로 실체진실발견이 어렵게 된다.

(2) **소송경제의 도모** : 전문법칙을 예외 없이 지키게 되면 재판의 지연을 낳게 된다.

3. 예외 인정의 기준

(1) **신용성의 정황적 보장**(circumstantial guarantee of trustworthiness) : 공판정 외에서의 원진술의 진실성이 여러 정황에 의하여 고도로 보장되어 있는 경우를 말한다. 현행법의 조문에서는 보통 원진술이 특히 신빙할 수 있는 상태하에서 행하여졌음(특신상태)이라는 문언으로 표현되고 있다. 다만, 신용성의 정황적 보장이라 함은 진술내용의 진실성을 의미하는 것이 아니라, 그 **진술의 진실성을 보장할 만한 구체적이고 외부적인 정황**이 있음을 의미한다(통설 · 판례, 대법원 2000.3.10, 2000도159).

판례연구 전문법칙의 예외 인정의 기준

대법원 1983.3.8, 82도3248

이른바 신용성의 정황적 보장의 존재 및 강약에 대한 판단기준

이른바 신용성의 정황적 보장이란 사실의 승인 즉 자기에게 불이익한 사실의 승인이나 자백은 재현을 기대하기 어렵고 진실성

이 강하다는 데 근거를 둔 것으로서 … "부지 불각 중에 한 말" "사람이 죽음에 임해서 하는 말" "어떠한 자극에 의해서 반사적으로 한 말" "경험상 앞뒤가 맞고 이론정연한 말" 또는 "범행에 접착하여 범증은폐를 할 시간적 여유가 없을 때 한 말" "범행 직후 자기의 소행에 충격을 받고 깊이 뉘우치는 상태에서 한 말"등이 특히 신용성의 정황적 보장이 강하다고 설명되는 경우이다. … 이러한 신용성의 정황적 보장의 존재 및 그 강약에 관하여서는 구체적 사안에 따라 이를 가릴 수밖에 없는 것이다.

(2) 필요성 : **원진술과 같은 가치의 증거를 얻는 것이 불가능하거나 현저히 곤란**하기 때문에 전문증거라도 사용하여 실체진실을 규명할 필요성이 있는 경우를 말한다.

예 원진술자의 사망 · 질병 · 외국거주 · 소재불명 등.

보충 신용성의 정황적 보장과 필요성은 상호 보완관계 내지 반비례의 관계에 있다. 다만, 필요성이 높다고 하여 전문증거의 증거능력을 인정하는 것에는 신중을 기해야 한다.

정리 전문법칙, 증거동의, 전문법칙의 예외

전문법칙 = 반대신문권의 결여 + 신용성의 결여 = ∴ 전문증거 × (따져 물을 수 없음) (믿어줄 수 없음) (전문증거의 증거능력 부정)
증거동의 = 반대신문권의 포기 + 법원의 진정성 인정 = 전문증거 ○ (당사자주의) (신용성 의심 정황 ×)
전문법칙의 예외 : 신용성의 정황적 보장 or 필요성

4. 현행법상 전문법칙의 예외(제311조~제316조)

전문서류에 대해서는 제311조부터 제315조까지에서, 전문진술에 대해서는 제316조에서 전문법칙의 예외규정을 두고 있다. 간단히 요약 · 정리해보면 아래의 도표와 같다.

정리 전문법칙의 예외 조문 총정리

법조문		제목(주제)	예외요건	적용대상 및 관련내용		
제311조		법원 · 법관 면전조서	절대적 증거능력 ○	공판준비/공판기일/검증조서/증거보전/증인신문		
제312조 20년 개정	①	검사 작성 피의자신문조서	적법성/내용인정	당해 피고인 공범자 ○	검사임석 × → 증거능력 × 간인 × → 증거능력 ×	
	③	사경 작성 피의자신문조서	적/내용인정		외국수사기관○	
	④	검사/사경 작성 진술조서	적/실/반대신문권/특	공범자 × 공범자 아닌 자 ○	화상서명불능 → × 검사작성 – 공피성립인정 → ○	
	⑤	수사과정 작성 사인진술서	검사수사과정 → 312 ① 사경수사과정 → 312 ③ 수사과정 참고인 진술서 → 312 ④		일기, 메모도 포함 디스켓 내용 포함	
	⑥	수사기관 작성 검증조서	적/성립진정	(영장주의)실황조사서	범죄장소검증(지체 없이 영장)	
제313조 16년 개정	① ②	피고인진술서	자필서명날인/성립진정 /(판례는)특신상태	정보저장매체(디지털증거) 포함(제313조 이하 동일) 진술 – 성립진정부인시 → 디지털포렌식 객관적 증명 ○		
		피고인 아닌 자 진술서	자/성/반대신문기회보장	성립진정부인시 → 객관적 증명 ○/반대신문보장 신설		
		피고인진술기재서류	자/성/특신상태	피고인진술에 불구하고 – 완화요건(성립진정부인) 성립진정 : 작성자(피고인 ×) 진술에 의함/객관 ×		
		피고인 아닌 자 진술기재서류	자/성	성립진정 : 진술자 진술에 의함/객관 ×		
	③	감정서	자/성/반	감정인의 감정보고서/감정수탁자의 감정서 피고인 아닌 자 진술서에 준함		
제314조		제312조 · 제313조 증거 중 반대신문 결여된 증거	필요성 – 사망/질병/외국거주/소재불명/그 밖 특신상태	공범자 피신조서 × 외국수사기관 문서 ○	○ 치매 보복 재현 ×	× 출산 증언거부권 진술거부권
제315조		당연 증거능력 있는 서류	1. 공권적 증명문서	공정증서등본/외국공무원/가족관계기록사항증명서		
			2. 업무상 통상문서	성매매업소메모리카드/항해일지/금전출납부(댓글파일 ×)		
			3. 기타 특신문서	타사건공판조서/구속전피의자심문조서/구속적부심문조서		

제316조	①	피고인진술내용 피고인 아닌 자 전문진술	특신상태	피고인 – 당해 피고인만∴공범자 & 공동피고인 × 조사자증언 포함
	②	피고인 아닌 자 진술내용 피고인 아닌 자 전문진술	필요성 – 사/질/외/소/그 특신상태	피고인 아닌 자 – 공범자 & 공동피고인 O/조사자증언 포함 ※ 재전문서류 O/재전문진술 ×(단, 동의 – O)

[관련문제] 사진/녹음테이프/영상녹화물/정보저장매체 : 존재/상태 – 원본동일성(최량증거법칙) + 내용진실성 – 전문법칙

02 형사소송법상 전문법칙의 예외

I 법원 또는 법관의 면전조서

> **제311조(법원 또는 법관의 조서)** 공판준비 또는 공판기일에 피고인이나 피고인 아닌 자의 진술을 기재한 조서와 법원 또는 법관의 검증의 결과를 기재한 조서는 증거로 할 수 있다. 제184조 및 제221조의2의 규정에 의하여 작성한 조서도 또한 같다.

1. 의 의

법원이나 법관(수명법관·수탁판사 등)이 진술을 청취하고 그 결과가 조서로 작성되었다면 성립의 진정과 신용성의 정황적 보장이 고도로 인정되므로 전문법칙의 예외로서 당연히 증거능력이 인정된다. 이때 조서는 **당해 사건에 대한 조서**를 의미하므로, 다른 사건에 대한 조서는 제315조 제3호의 문서(특신문서)로서 증거능력이 인정된다(다수설[1]·판례).

2. 공판준비 또는 공판기일에 피고인의 진술을 기재한 조서

(1) 공판준비에서 피고인의 진술을 기재한 조서 : 공판준비절차에서 피고인신문이 행해진 결과 작성된 조서(제273조 제1항)와 공판기일 전의 법원의 검증조서 가운데 피고인의 진술이 기재된 부분을 말한다.

(2) 공판기일에 피고인의 진술을 기재한 조서 : 공판조서가 증거로 되는 경우이다.

예 공판절차갱신 전의 공판조서, 파기환송 또는 이송 전의 공판조서

3. 공판준비 또는 공판기일에 피고인 아닌 자의 진술을 기재한 조서

(1) 공판준비에서 피고인 아닌 자의 진술을 기재한 조서 : 공판준비절차에서 증인·감정인·통역인·번역인 등을 신문한 결과 작성된 조서를 말한다.

(2) 공판기일에 피고인 아닌 자의 진술을 기재한 조서 : 피고인을 제외한 제3자(예 증인, 감정인, 공범자, 공동피고인)의 진술이 기재된 공판조서를 의미한다.

예 공판절차갱신 전의 공판조서, 파기환송 또는 이송 전의 공판조서 등.

(3) 공동피고인의 진술을 기재한 조서

① 공동피고인이 공범자인 경우 : **피고인의 동의가 없어도 증거능력이 있다**(66도316).

② 공동피고인이 공범자가 아닌 경우 : 피고인에 대한 사건과 다른 공소사실로 기소되어 병합심리된 공동피고인은 피고인의 사건에 관하여는 증인의 지위에 있으므로 선서가 없는 한 증거능력이 없다.

4. 검증조서

검증은 공평한 제3자인 법원·법관이 직접 행하는 증거조사이며, 검증시 당사자의 참여권이 인정되어 그 기재의 정확성이 담보되므로, 수소법원 이외의 법관이 검증을 행하고 이를 기재한 검증조서는 법원·법관 작성의 검증조서로서 당연히 증거능력이 있다. 역시 **당해 사건의 검증조서로 제한**된다.[2]

---

1) [참고] 제311조의 적용대상이 된다는 견해는 정/백, 정/이, 이/조.

2) [참고] 검증조서에 기재된 검증참여자의 진술을 어떻게 볼 것인가에 대해서는 견해가 대립하나, 현장지시(법관이 행하는 검증의 대상을 지시하는 진술)는 검증조서와 일체를 이루므로 제311조에 따라 증거능력이 인정되나, 현장진술(검증의 기회에 법관 면전에서 진행되는 현장지시 이외의 진

5. 제184조 및 제221조의2의 규정에 의하여 작성한 조서

증거보전절차(제184조)에 의하여 작성된 조서 및 제1회 공판기일 전에 검사의 신청에 의하여 행한 증인신문절차(제221조의2)에 의하여 작성된 조서는 당연히 증거능력이 있다. 다만, **증거보전절차에서 작성한 증인신문조서에 피의자의 진술이 기재되어 있는 경우**는 제311조에 의해 증거능력을 인정할 수 없다(대법원 1984.5.15, 84도508).

> **판례연구** 수사상 증거보전절차에서 작성한 증인신문조서의 의미
>
> **1. 대법원 1966.5.17, 66도276**
>
> 피고인이 수사단계에서 다른 공동피고인에 대한 증거보전을 위하여 증인으로서 증언한 증인신문조서는 그 다른 공동피고인에 대하여 증거능력이 있다.
>
> **2. 대법원 1984.5.15, 84도508** [법원9급 12]
>
> 증거보전절차에서 작성된 증인신문조서는 공판준비 또는 공판기일에 피고인이나 피고인 아닌 자의 진술을 기재한 조서도 아니고 위 조서 중 피의자가 당사자로 참여하여 자기의 범행사실을 시인하는 전제하에서 증인에 대한 반대신문 과정에서 한 진술 기재에 관한 한 법 제184조에 의하여 작성된 증인신문조서도 아니므로 위 조서 중 피의자 진술기재 부분에 법 제311조에 의한 증거능력을 인정할 여지가 없다.

Ⅱ 피의자신문조서

1. 의 의

(1) **개념** : 피의자신문조서(被疑者訊問調書)란 수사기관인 검사 또는 사법경찰관이 피의자를 신문하여 그 진술을 기재한 조서를 말한다. **피의자의 진술을 녹취 내지 기재한 서류 또는 문서가 수사기관에서의 조사과정에서 작성된 것**이라면 그것이 진술조서 · 진술서 · 자술서(제312조 제5항의 수사과정 진술서는 동 제1항~제4항을 적용)라는 형식을 취하였다 하더라도 모두 피의자신문조서에 해당한다(대법원 1992.4.14, 92도442). [법원9급 11, 국가7급 08]

> **판례연구** 피의자신문조서의 의미
>
> **1. 대법원 1992.4.14, 92도442**
>
> 수사기관에서의 조사과정에서 피의자가 작성한 진술조서나 진술서 등의 증거능력
>
> 피의자의 진술을 녹취 내지 기재한 서류 또는 문서가 수사기관에서의 조사과정에서 작성된 것이라면 그것이 진술조서, 진술서, 자술서라는 형식을 취하였다 하더라도 피의자신문조서와 달리 볼 수 없다.
>
> **2. 대법원 1992.6.23, 92도682**
>
> 수사과정에서 검사와 피의자의 대화가 녹화된 비디오테이프
>
> 공범으로서 별도로 공소제기된 다른 사건의 피고인에 대한 수사과정에서 담당 검사가 피의자와 그 사건에 관하여 대화하는 내용과 장면을 녹화한 비디오테이프의 녹화내용은 피의자의 진술을 기재한 피의자신문조서와 실질적으로 같다고 볼 것이므로 피의자신문조서에 준하여 그 증거능력을 가려야 한다.

(2) **제312조의 법적 성격** : 수사기관이 작성한 피의자신문조서는 법관 면전 작성 조서에 비하여 그 신용성이 낮은 전문증거이므로 제312조의 엄격한 예외요건을 갖춘 경우에만 증거로 할 수 있으며, 전문법칙의 근거는 반대신문의 결여뿐 아니라 신용성의 결여에도 있다는 점에서, 제312조는 신용성의 정황적 보장과 필요성을 갖춘 예외적인 경우 그 조서의 증거능력을 인정하는 전문법칙의 예외규정이다.[1]

술)은 진술조서로 취급하여 동조 제1문에 따라 증거능력이 인정된다고 본다(다수설).

1) [참고] 피의자신문조서의 경우 원진술자는 피고인 자신이고 피고인 자신에 대한 피고인의 반대신문권의 결여란 있을 수 없으므로 제312조는 전문법칙의 예외가 아니라 직접주의의 예외로 보는 입장도 있다. 신동운, 990면 등.

(3) 증거능력 인정의 전제조건

① **진술의 임의성** : 진술의 내용이 자백인 경우에는 제309조(자백배제법칙)에 의하여, 자백 이외의 진술인 경우에는 제317조(진술의 임의성)에 의하여 임의성이 인정되어야 한다. [국가7급 08]

② **위법수집증거가 아닐 것** : 헌법상 적법절차원칙을 지켜 수집한 증거이어야 한다(제308조의2). 따라서 피의자신문절차에 중대한 위법이 있는 경우에는 위법수집증거배제법칙에 의하여 증거능력이 부정된다. 이는 개정법 제312조의 "적법한 절차와 방식에 따른 작성"과는 다른 요건이다.

2. 검사 작성 피의자신문조서

> **제312조(검사 또는 사법경찰관의 조서 등)** ① 검사가 작성한 피의자신문조서는 적법한 절차와 방식에 따라 작성된 것으로서 공판준비, 공판기일에 그 피의자였던 피고인 또는 변호인이 그 내용을 인정할 때에 한정하여 증거로 할 수 있다. 〈2020.2.4. 개정, 2022.1.1 시행〉

(1) 의의 및 적용범위

① **의의** : 검사가 작성한 피의자신문조서는 적법한 절차와 방식에 따라 작성된 것으로서 공판준비, 공판기일에 그 피의자였던 피고인 또는 변호인이 그 내용을 인정할 때에 한정하여 증거로 할 수 있다(2020.2.4. 수사권 조정 개정법 제312조 제1항).

② 법 제312조 제1항의 개정과 적용범위

(가) 구법상 판례 : 2020.2.4. 개정(2022.1.1. 시행) 이전 구법 제312조 제1항(검사가 피고인이 된 피의자의 진술을 기재한 조서)은 검사가 피고인이 된 피의자의 진술을 기재한 피의자신문조서에만 적용된다는 것이 판례의 해석론이었다. 여기서 '피고인이 된 피의자'라 함은 당해 피고인만을 말하므로, 당해 피고인이 아닌 자에 대한 검사 작성의 피의자신문조서에 대해서는 공범자이든 아니든 본조가 아니라 제312조 제4항(진술조서)이 적용된다는 구법 제312조 제1항에 관한 판례의 입장이었던 것이다.

(나) 2020.2.4. 법 제312조 제1항의 개정 : **2020.2.4. 형사소송법 제312조 제1항이 개정**되었다. 종래 검사 작성 피의자신문조서의 구법 제312조 제1항의 증거능력 인정요건인 '적법성, 실질적 진정성립, 특신상태'를 2022.1.1. 시행 개정법에서는 **'적법성, 내용의 인정'**으로 변경함으로써 **검사 이외의 수사기관 작성 피의자신문조서에 관한 제312조 제3항과 일치**시킨 것이다. 이에 따라 **구법 제312조 제1항의 실질적 진정성립의 영상녹화물 등 객관적 방법에 의한 대체증명방법을 규정한 같은 조 제2항이 삭제**되었다. 제312조 제2항의 삭제는 2021.1.1.부터 시행되었고, 제312조 제1항의 개정은 2022.1.1.부터 시행되었다.

(다) 개정법 제312조 제1항의 적용범위

㉠ 공범자 아닌 자에 대한 피의자신문조서 : **공범자 아닌 공동피고인에 대한 피의자신문조서**에 대해서는 그것이 **검사 작성이든 사법경찰관 작성이든 법 제312조 제4항**의 진술조서 조항이 적용된다는 것이 판례의 입장이므로(대법원 2006.1.12, 2005도7601), 이는 개정법하에서도 유지된다(사경 작성 공범자 아닌 자에 대한 피신조서에 대해서도 법 제312조 제4항을 적용하고 있으므로 검사 작성 공범자 아닌 자에 대한 피신조서에 대해서도 동일함).

> **판례연구** 공범자 아닌 자에 대한 피의자신문조서의 증거능력 인정요건
>
> **대법원 2006.1.12, 2005도7601**
>
> 수사기관 작성 공범자 아닌 공동피고인에 대한 피의자신문조서에 대하여 법 제312조 제4항을 적용한 사례
>
> 공동피고인인 절도범과 그 장물범은 서로 다른 공동피고인의 범죄사실에 관하여는 증인의 지위에 있다 할 것이므로, 피고인이 증거로 함에 동의한 바 없는 공동피고인에 대한 피의자신문조서는 공동피고인의 증언에 의하여 그 성립의 진정(07년 개정법 제312조 제4항에 의하면 원진술자인 공동피고인의 진술에 의한 실질적 진정성립의 인정과 피고인 측에 의한 반대신문의 기회 보장)이 인정되지 아니하는 한 피고인의 공소 범죄사실을 인정하는 증거로 할 수 없다(대법원 1982.6.22, 82도898; 1982.9.14, 82도1000 등). 공동피고인에 대한 경찰 및 검찰 피의자신문조서 중 공동피고인이 그가 절취한 각 수표를 피고인 2를 통하여 교환한

사실이 있다는 진술기재 부분은 원심 공동피고인의 제1심법정에서의 증언에 의하여 실질적 진정성립이 인정되지 아니하여 증거능력이 없다.

ⓛ **공범자에 대한 피의자신문조서** : (공범자에 대한 검사 이외의 수사기관 작성의 피의자신문조서에 대해서는 판례가 일관하여 법 제312조 제3항을 적용하는 데 비하여) 공범자에 대한 검사 작성의 피의자신문조서에 대해서는 2020년 법 제312조 제1항 개정 전 판례는 법 제312조 제4항을 적용해온바, 2020.2.4. 개정(2022.1.1. 시행) 이후에도 향후 판례가 이를 유지할 것인지 아니면 개정법 제312조 제1항을 적용할 것인지 주목되어 왔고, 학설은 대립하고 있다. 즉, ⓐ 법률이 개정되었으므로 검사 작성의 공범자에 대한 피의자신문조서도 개정법 제312조 제1항을 적용해야 한다는 입장(**법 제312조 제1항 적용설**, 이에 따르면 해당 조서의 진술자인 공범자가 실질적 진정성립을 인정한다고 하여도 당해 피고인이 그 내용을 부인하면 증거능력을 인정받을 수 없게 됨)과 ⓑ 공범자 간의 공모관계는 공범자의 진술에 의하지 않으면 증명이 어렵다는 점을 고려하여 법 제312조 제1항의 개정에도 불구하고 구법의 해석론을 유지하여 법 제312조 제4항을 적용해야 한다는 입장(**법 제312조 제4항 적용설**, 이에 따르면 당해 피고인이 그 내용을 부인한다 하더라도 원진술자인 공범자의 진술에 의하여 실질적 진정성립이 인정되고 피고인 측에 의한 반대신문의 기회가 부여된다면 증거능력을 인정할 수 있게 됨)[1]이 그것이다. 판례는 2023년 6월 대법원판결을 통하여 **법 제312조 제1항 적용설**을 취했다(대법원 2023.6.1, 2023도3741).

판례연구 공범자에 대한 검사 작성 피의자신문조서의 증거능력 인정요건

대법원 2023.6.1, 2023도3741 [변호사 24, 국가9급 24]

형사소송법 제312조 제1항의 '검사 작성 피의자신문조서'의 범위

① 2020.2.4. 법률 제16924호로 개정되어 2022.1.1.부터 시행된 형사소송법 제312조 제1항은 검사가 작성한 피의자신문조서의 증거능력에 대하여 '적법한 절차와 방식에 따라 작성된 것으로서 공판준비, 공판기일에 그 피의자였던 피고인 또는 변호인이 그 내용을 인정할 때에 한정하여 증거로 할 수 있다'고 규정하였다. 여기서 '그 내용을 인정할 때'라 함은 피의자신문조서의 기재 내용이 진술 내용대로 기재되어 있다는 의미가 아니고 그와 같이 진술한 내용이 실제 사실과 부합한다는 것을 의미한다(대법원 2023.4.27, 2023도2102). ② 형사소송법 제312조 제1항에서 정한 '검사가 작성한 피의자신문조서'란 당해 피고인에 대한 피의자신문조서만이 아니라 당해 피고인과 공범관계에 있는 다른 피고인이나 피의자에 대하여 검사가 작성한 피의자신문조서도 포함되고, 여기서 말하는 '공범'에는 형법 총칙의 공범 이외에도 서로 대향된 행위의 존재를 필요로 할 뿐 각자의 구성요건을 실현하고 별도의 형벌 규정에 따라 처벌되는 강학상 필요적 공범 또는 대향범까지 포함한다. 따라서 피고인이 자신과 공범관계에 있는 다른 피고인이나 피의자에 대하여 검사가 작성한 피의자신문조서의 내용을 부인하는 경우에는 형사소송법 제312조 제1항에 따라 유죄의 증거로 쓸 수 없다.

보충 피고인과 변호인이 필로폰 매도 범행과 관련하여 필로폰을 매수한 '김○○에 대한 검찰 피의자신문조서 사본'에 대해 내용 부인 취지에서 증거로 사용함에 동의하지 않는다는 의견을 밝혔음에도, 원심이 이를 유죄인정의 증거로 사용한 것은 형사소송법 제312조 제1항에 관한 법리를 오해한 것이다.

연습 피고인 甲과 그 변호인은 甲의 필로폰 매도 범행과 관련하여 필로폰을 매수한 '김○○에 대한 검사 작성 피의자신문조서'에 대하여 내용 부인 취지에서 증거로 사용함에 동의하지 않는다는 의견을 밝혔지만, 원진술자 김○○가 피고인 甲의 공판절차에 출석하여 위 조서의 실질적 진정성립을 인정하여 피고인 甲과 그 변호인에게 원진술자에 대한 반대신문의 기회가 부여된 이상 위 조서의 증거능력은 부정되지 아니한다. ( )

→ ×

(2) **입법취지** : 검사에게 객관의무가 인정된다고 하여 검사에게 피의자의 이익을 충분히 보장할 것을 기대하기는 어렵다는 점에서 검사 작성의 피의자신문조서에 대한 신용성의 보장은 법관의 면전조서에 비하여 약하다고 하지 않을 수 없으므로 법관의 면전조서보다는 엄격한 요건을 요구하는 한편, 검사 작성의 피의자신문조서도 검·경 수사권 조정에 따라 검사 이외의 수사기관 작성의 피의자신문조서와 그 증거

1) 이재상/조균석/이창온, 687~688면. 이러한 입장은 나아가 사법경찰관 작성의 공범자에 대한 피의자신문조서에 대해서도 법 제312조 제4항을 적용해야 하므로 법 제312조 제3항을 적용하는 현재의 판례는 변경되어야 한다고 주장한다. 같은 책, 같은 면.

능력 인정요건을 동일하게 적용함으로써 결국 공판중심주의와 피고인의 방어권을 강화하자는 것이다.

(3) 증거능력 인정요건(제312조 제1항) : **적/내**

> **검사가 작성한 피의자신문조서는**
> ① 적법성 : 적법한 절차와 방식에 따라 작성된 것으로서, (실질적 진정성립과 특신상태의 증명)
> ② 내용인정 : 공판준비 또는 공판기일에 그 피의자였던 피고인 또는 변호인이 그 내용을 인정할 때에 한하여 → 증거로 할 수 있다.

① 적법한 절차와 방식

(가) 의의 : 검사가 피고인이 된 피의자의 진술을 기재한 조서는 **적법한 절차와 방식에 따라 작성된 것**이어야 한다. 이는 구법상 조서의 형식적 진정성립보다는 넓은 개념으로서,[1] 개정법이 규정하고 있는 피의자신문사항(제242조), 검사에 의한 피의자신문과 참여자(제243조), 변호인의 피의자신문 참여권의 보장(제243조의2), 피의자신문조서의 작성방법(제244조), 진술거부권의 고지(제244조의3), 수사과정의 기록(제244조의4), 장애인 등 특별히 보호를 요하는 자에 대한 특칙(제244조의5) 등 **형사소송법이 정한 제반 절차를 준수하고 조서의 작성 방식에도 어긋남이 없어야 한다**는 것을 의미한다(대법원 2012.5.24, 2011도7757).

판례연구 적법한 절차와 방식에 따라 작성된 것

1. 대법원 2012.5.24, 2011도7757

적법한 절차와 방식이라 함은 피의자 또는 제3자에 대한 조서 작성 과정에서 지켜야 할 진술거부권의 고지 등 형사소송법이 정한 제반 절차를 준수하고 조서의 작성방식에도 어긋남이 없어야 한다는 것을 의미한다.

2. 대법원 1988.5.10, 87도2716

2007년 개정법에 의하여 유지될 수 없는 판례(but 수험에서는 판례대로 정리)

법 제244조의 규정에 비추어 수사기관이 피의자신문조서를 작성함에 있어서는 그것을 열람하게 하거나 읽어 들려야 하는 것이나 그 절차가 비록 행해지지 안했다 하더라도 그것만으로 그 피의자신문조서가 증거능력이 없게 된다고는 할 수 없고 같은 법 제312조 소정의 요건을 갖추게 되면 그것을 증거로 할 수 있다.

보충 과거에는 전문법칙의 예외인정요건에 성립의 진정만 있었고 절차 · 방식의 적법성은 없었다. 이를 보여주는 판례이다. 개정법에서는 수사기관 작성 진술조서에 대하여 적법한 절차와 방식의 요건을 요구하므로, 위 87도2716의 경우는 피의자신문조서의 작성방식(개정법 제244조 제2항)에 위반되어 개정법 제312조 제1항의 요건을 갖추지 못한 조서에 해당된다. 다만, 수험에서는 판례대로 증거능력이 있다고 정리해두어야 한다.

(나) 신문의 주체 : 신문의 주체는 **검사**이어야 한다. 따라서 **검찰에 송치되기 전**에 구속피의자로부터 받은 검사 작성 피의자신문조서는 극히 이례에 속하는 것으로서 특별한 사정이 보이지 않는 한 제312조 제1항의 피의자신문조서로는 볼 수 없다(대법원 1994.8.9, 94도1228).

판례연구 검사 작성 피의자신문조서의 작성주체 요건

1. 대법원 1990.9.28, 90도1483

검찰주사가 검사의 지시에 따라 검사가 참석하지 않은 상태에서 피의자였던 피고인을 신문하여 작성하고 검사는 검찰주사의 조사 직후 피고인에게 개괄적으로 질문한 사실이 있을 뿐인데도 검사가 작성한 것으로 되어 있는 피고인에 대한 피의자신문조서와 검찰주사가 참고인 주거지에서 그의 진술을 받아 작성한 것인데도 검사가 작성한 것으로 되어 있는 참고인에 대한 진술조서는 검사의 서명날인이 되어 있다고 하더라도 검사가 작성한 것이라고는 볼 수 없으므로, (구)법 제312조 제1항 소정의 검사가 피의자나 피의자 아닌 자의 진술을 기재한 조서에 해당하지 않는 것임이 명백하다(검사작성 ×, 검사 이외 수사기관 작성 ○).

---

1) [보충] 조서가 조작되지 않았음을 담보하는 것이 성립의 진정 요건이다. 이러한 성립의 진정은 종래 조서에 기재된 간인, 서명, 날인이 진술자의 것임에 틀림없다는 진술인 형식적 진정성립과 조서의 기재내용이 진술자의 진술내용과 일치한다는 진술인 실질적 진정성립으로 나누어 설명되었으나, 2007년 개정법에 의해 형식적 진정성립은 적법한 절차와 방식(절차와 방식의 적법성) 요건으로 보다 강화되었고, 성립의 진정은 실질적 진정성립의 의미로 파악되고 있는 것이다.

2. 대법원 1994.8.9, 94도1228

검찰에 송치되기 전에 구속피의자로부터 받은 검사 작성의 피의자신문조서는 극히 이례에 속하는 것으로, 그와 같은 상태에서 작성된 피의자신문조서는 내용만 부인하면 증거능력을 상실하게 되는 사법경찰관 작성의 피의자신문조서상의 자백 등을 부당하게 유지하려는 수단으로 악용될 가능성이 있어, 그렇게 했어야 할 특별한 사정이 보이지 않는 한 송치 후에 작성된 피의자신문조서와 마찬가지로 취급하기는 어렵다(검사작성 ×).[1]

3. 대법원 2001.10.26, 2000도2968

인지절차 전 검사 수사 중 작성한 피의자신문조서 O

검사가 범죄를 인지하는 경우에는 범죄인지서를 작성하여 사건을 수리하는 절차를 거치도록 되어 있으므로, 특별한 사정이 없는 한 수사기관이 그와 같은 절차를 거친 때에 범죄인지가 된 것으로 볼 것이나, 범죄의 인지는 실질적인 개념이고, 이 규칙의 규정은 검찰행정의 편의를 위한 사무처리절차 규정이므로, 검사가 그와 같은 절차를 거치기 전에 범죄의 혐의가 있다고 보아 수사를 개시하는 행위를 한 때에는 이 때에 범죄를 인지한 것으로 보아야 하고, 그 뒤 범죄인지서를 작성하여 사건수리 절차를 밟은 때에 비로소 범죄를 인지하였다고 볼 것이 아니며, 이러한 인지절차를 밟기 전에 수사를 하였다고 하더라도, 그 수사가 장차 인지의 가능성이 전혀 없는 상태하에서 행해졌다는 등의 특별한 사정이 없는 한, 인지절차가 이루어지기 전에 수사를 하였다는 이유만으로 그 수사가 위법하다고 볼 수는 없고, 따라서 그 수사과정에서 작성된 피의자신문조서나 진술조서 등의 증거능력도 이를 부인할 수 없다.

4. 대법원 2010.4.15, 2010도1107

'사법연수생'인 검사 직무대리가 작성한 피의자신문조서의 증거능력

사법연수생인 검사 직무대리가 검찰총장으로부터 명받은 범위 내에서 법원조직법에 의한 합의부의 심판사건에 해당하지 아니하는 사건에 관하여 검사의 직무를 대리하여 피고인에 대한 피의자신문조서를 작성할 경우, 그 피의자신문조서는 법 제312조 제1항의 요건을 갖추고 있는 한 당해 지방검찰청 또는 지청 검사가 작성한 피의자신문조서와 마찬가지로 그 증거능력이 인정된다.

(다) 기명날인 또는 서명

㉠ **피의자의 간인 후 기명날인 또는 서명** : 피의자신문조서에는 피의자로 하여금 **간인한 후 기명날인 또는 서명**하게 하여야 한다(제244조 제3항, 종래의 형식적 진정성립)(과거 간인 후 서명 또는 날인 but 개정법은 간인 후 서명 또는 기명날인으로 강화됨)(cf. 법원의 공판 외 신문조서 : 간인 후 서명날인 – 제48조 제7항, 공판조서 : 不要 – 제52조). 따라서 피고인의 기명날인 및 간인이 없거나, 피고인의 기명만이 있고 그 날인이나 무인이 없거나, 간인이 없는 검사 작성의 피고인에 대한 피의자신문조서는 모두 증거능력이 없다(대법원 1981.10.27, 81도1370; 1992.6.23, 92도924; 1999.4.13, 99도237). 나아가 날인이나 간인을 거절하여 그 뜻을 조서에 기재하여 둔 경우에도 그 거절 이유 여하를 묻지 않고 증거능력이 없으며, 이는 피고인이 법정에서 그 임의성을 인정한 경우라도 마찬가지이다(대법원 1999.4.13, 99도237). [해경간부 12, 경찰승진 11, 국가9급 24]

㉡ **검사의 기명날인 또는 서명** : 작성자인 **검사의 기명날인 또는 서명**이 되어 있지 아니한 피의자신문조서는 제57조 제1항에서 요구하는 공무원이 작성하는 서류로서의 요건을 갖추지 못한 것으로서 무효이고, 따라서 그 증거능력을 인정할 수는 없다(대법원 2001.9.28, 2001도4091). [국가7급 10, 해경간부 12]

판례연구 간인 후 기명날인 또는 서명

1. 대법원 1999.4.13, 99도237

피의자의 날인·간인 없는 검사 작성 피의자신문조서의 증거능력은 없다는 사례

조서말미에 피고인의 서명만이 있고, 그 날인(무인 포함)이나 간인이 없는 검사 작성의 피고인에 대한 피의자신문조서는 증거능력이 없다고 할 것이고, 그 날인이나 간인이 없는 것이 피고인이 그 날인이나 간인을 거부하였기 때문이어서 그러한 취지가 조서말미에 기재되었다거나, 피고인이 법정에서 그 피의자신문조서의 임의성을 인정하였다고 하여 달리 볼 것은 아니다.

1) [참고] 학설로는 제312조 제1항 적용설(이재상), 제312조 제3항 적용설(배/이/정, 신양균), 특신상태 부정에 의한 증거능력 부정설(신동운, 정/백)이 대립한다.

2. 대법원 2001.9.28, 2001도4091

검사 작성의 피의자신문조서에 작성자인 검사의 서명날인이 누락된 사례

형사소송법 제57조 제1항은 공무원이 작성하는 서류에는 법률에 다른 규정이 없는 때에는 작성년월일과 소속공무소를 기재하고 서명날인하여야 한다고 규정하고 있는바(현행법은 기명날인 또는 서명하여야 함), 그 서명날인은 공무원이 작성하는 서류에 관하여 그 기재 내용의 정확성과 완전성을 담보하는 것이므로 검사 작성의 피의자신문조서에 작성자인 검사의 서명날인이 되어 있지 아니한 경우 그 피의자신문조서는 공무원이 작성하는 서류로서의 요건을 갖추지 못한 것으로서 위 법규정에 위반되어 무효이고 따라서 이에 대하여 증거능력을 인정할 수 없다고 보아야 할 것이며, 그 피의자신문조서에 진술자인 피고인의 서명날인이 되어 있다거나, 피고인이 법정에서 그 피의자신문조서에 대하여 진정성립과 임의성을 인정하였다고 하여 달리 볼 것은 아니다.

(라) **신문절차와 작성절차의 적법성** : 적법한 절차와 방식에 따라 작성되었다고 하기 위해서는 형식적 진정성립 이외에도 피의자신문과 참여자(제243조), 변호인의 참여(제243조의2) 등의 규정을 준수해야 한다. 따라서 피의자가 변호인의 참여를 원한다는 의사를 명백하게 표시하였음에도 수사기관이 **정당한 사유 없이 변호인을 참여하게 하지 아니한 채 피의자를 신문하여 작성**한 피의자신문조서는 제312조에 정한 적법한 절차와 방식에 위반된 증거일 뿐 아니라 제308조의2에서 정한 적법한 절차에 따르지 아니하고 수집한 증거에 해당하므로 이를 증거로 할 수 없다(대법원 2013.3.28, 2010도3359).

② **실질적 진정성립과 특신상태의 증명** : 내용의 인정이란 성립의 진정을 전제하는 개념이므로 당연히 인정되는 요건이다. 이에 관한 상세한 설명은 진술조서(제312조 제4항) 부분에서 후술할 것이다.

③ **내용의 인정**

(가) **의의** : 조서의 기재내용이 피의자의 진술내용과 일치하는 것을 의미하는 것이 아니라, 그 **조서의 기재내용이 객관적 진실(실제 사실)과 부합함**을 말한다.

(나) **방법** : 내용의 인정은 **피의자였던 피고인 또는 변호인의 진술**에 의하여야 한다. 따라서 **피고인이 공판정에서 내용을 부인하는 경우에는 다른 증거에 의하여 그 증거능력을 인정받을 수 없게 된다.** 내용의 인정 요건과 관련되는 상세한 설명은 검사 이외의 수사기관 작성의 피의자신문조서(제312조 제3항) 부분에서 후술할 것이다.

(다) **대체증명 규정의 폐지** : **2020.2.4. 검·경 수사권 조정을 위한 형사소송법 제312조 제1항의 개정에 따라 제312조 제2항의 대체증명 규정은 삭제**되었다(해당 삭제는 2021.1.1.부터 이미 시행 중임은 기술하였음).

정리 영상녹화물 기타 객관적 방법에 의하여 진술한 내용과 동일하게 기재되어 있음을 대체증명하는 것은 이제 진술조서(제312조 제4항)에 적용될 뿐이다.[1]

판례연구 내용의 인정

대법원 2023.4.27, 2023도2102 [국가9급 24]

검사 작성 피의자신문조서의 증거능력 인정요건인 내용의 인정의 의미

피고인에 대한 검찰 피의자신문조서에는 피고인이 2021.3.경부터 같은 해 6.10. 19 : 00경 사이에 공소사실과 같은 방법으로 메트암페타민을 2회 투약하였다고 진술한 것으로 기재되어 있는데, 피고인은 공소사실을 부인하였다. … 2020.2.4. 법률 제16924호로 개정되어 2022.1.1.부터 시행된 형사소송법 제312조 제1항은 검사가 작성한 피의자신문조서는 공판준비, 공판기일에 그 피의자였던 피고인 또는 변호인이 그 내용을 인정할 때에 한정하여 증거로 할 수 있다고 규정하고 있다. 여기서 '그 내용을 인정할 때'라 함은 피의자신문조서의 기재 내용이 진술 내용대로 기재되어 있다는 의미가 아니고 그와 같이 진술한 내용이 실제 사실과 부합한다는 것을 의미한다(대법원 2022.7.28, 2020도15669; 2010.6.24, 2010도5040 등). 따라서 피고인이 공소사실을 부인하는 경우 검사가 작성한 피의자신문조서 중 공소사실을 인정하는 취지의 진술 부분은 그 내용을 인정하지 않았다고 보아야 한다.[2]

1) [보충] 기타 객관적 방법의 의미에 대해서는 ① 영상녹화물에 준하는 정도의 객관적인 증거방법(예 녹음테이프)이어야 한다는 견해(한정설, 다수설, 단 수사기관의 조사자가 아닌 참여변호인의 증언이 포함되는가에 대해서는 다수설은 포함설이고, 불포함설은 이은모, 신동운)와 ② 조사참여자의 증언이나 참여변호인의 증언 등 인적 증거방법도 포함된다는 견해(비한정설, 노/이, 신동운, 정/백)가 대립한다. 판례는 한정설이다.

2) [보충] 피고인은 제1심에서 공소사실을 부인하였으므로 증거목록에 피고인이 제1심에서 검찰 피의자신문조서에 동의한 것으로 기재되어 있어도 그중 공소사실을 인정하는 취지의 진술 내용을 인정하지 않았다고 보아야 하고 증거목록에 위와 같이 기재되어 있는 것은 착오 기재이거나 조서를 잘못 정리한 것으로 이해될 뿐 이로써 위 검찰 피의자신문조서가 증거능력을 가지게 되는 것은 아니다.

3. 사법경찰관 작성 피의자신문조서

> **제312조(검사 또는 사법경찰관의 조서 등)** ③ 검사 이외의 수사기관이 작성한 피의자신문조서는 적법한 절차와 방식에 따라 작성된 것으로서 공판준비 또는 공판기일에 그 피의자였던 피고인 또는 변호인이 그 내용을 인정할 때에 한하여 증거로 할 수 있다.

(1) 의의 및 취지

① 의의 : 검사 이외의 수사기관 작성의 피의자신문조서는 적법한 절차와 방식에 따라 작성된 것으로서 공판준비 또는 공판기일에 그 피의자였던 피고인이나 변호인이 그 내용을 인정할 때에 한하여 증거로 할 수 있다(제312조 제3항).

② 적용범위 – 검사 이외의 수사기관 : 피의자신문의 주체에는 사법경찰관(제243조) 이외에 사법경찰관사무취급의 자격을 가진 사법경찰리도 포함된다(대법원 1981.6.9, 81도1357; 1982.12.28, 82도1080). 또한 **외국의 권한 있는 수사기관**도 특별한 사정이 없는 한 검사 이외의 수사기관에 포함된다(대법원 2006.1.13, 2003도6548).

③ 취지 : 검사 이외의 수사기관 작성의 피의자신문조서에 대하여 보다 엄격한 요건을 요구하는 취지는, 검사 이외의 수사기관의 피의자신문은 **신용성의 정황적 보장이 박약**하고, 그 신문에 있어 행해질지 모르는 **기본적 인권침해를 방지하려는 입법정책적 고려**에 있다(82도1479 전원합의체). 즉, 본 조항은 단순한 전문법칙의 예외규정이라기보다는 **고문 등 위법수사의 예방 · 억제장치로서의 독자적인 의미**를 가지는 우리 형사소송법 특유의 규정이라는 점에서, 다른 전문법칙 예외규정들보다 우선하여 적용되어야 한다.

보충 예컨대, 경찰의 고문에 의해 피의자가 "제가 죽였습니다."라고 허위의 자백을 한 경우, 이는 실질적 진정성립은 인정되나, 공판정에서 피의자였던 피고인이 내용인정을 하지 않으면("사실이 아닙니다." "거짓말이었습니다.") 증거로 쓸 수 없게 된다. 여기에 제312조 제3항이 고문 등 위법수사의 방지에 그 목적을 두고 있음을 알 수 있다.

(2) 증거능력 인정요건 : 적/(실/특)/내

> **검사 이외의 수사기관이 작성한 피의자신문조서는**
> ① 적법성 : 적법한 절차와 방식에 따라 작성된 것으로서(개정), (실질적 진정성립과 특신상태의 증명)
> ② 내용인정 : 공판준비 또는 공판기일에 그 피의자였던 피고인 또는 변호인이 그 내용을 인정할 때에 한하여 → 증거로 할 수 있다. [법원9급 08, 국가7급 08, 국가9급 09, 경찰간부 14, 해경간부 12, 경찰승진 10/14]

① 적법한 절차와 방식 : 사법경찰관이 작성한 피의자신문조서도 검사 작성 피의자신문조서와 마찬가지로 적법한 절차와 방식에 따라 작성된 것이어야 한다. [경찰간부 14] 여기서 적법한 절차와 방식의 의미는 검사가 피고인이 된 피의자의 진술을 기재한 조서에 있어서와 같다. 예컨대 **진술거부권 행사 여부에 대한 피의자의 답변이 자필로 기재되어 있지 아니하거나 그 답변 부분에 피의자의 기명날인 또는 서명이 되어 있지 아니한**(제244조의3 제2항 위반) 사법경찰관 작성 피의자신문조서는 특별한 사정이 없는 한 그 증거능력이 인정되지 아니한다(대법원 2013.3.28, 2010도3359). [국가9급 17]

> **판례연구** 적법한 절차와 방식에 따라 작성된 것
>
> **대법원 2014.4.10, 2014도1779** [법원9급 11/15, 국가7급 15/23, 경찰간부 15/16, 경찰승진 15, 경찰채용 12 2차/14 2차/16 1차]
> 헌법 제12조 제2항, 법 제244조의3 제1항, 제2항, 제312조 제3항에 비추어 보면, 비록 사법경찰관이 피의자에게 진술거부권을 행사할 수 있음을 알려 주고 그 행사 여부를 질문하였다 하더라도, 형사소송법 제244조의3 제2항에 규정한 방식에 위반하여 진술거부권 행사 여부에 대한 피의자의 답변이 자필로 기재되어 있지 아니하거나 그 답변 부분에 피의자의 기명날인 또는 서명이 되어 있지 아니한 사법경찰관 작성의 피의자신문조서는 특별한 사정이 없는 한 법 제312조 제3항에서 정한 '적법한 절차와 방식'에 따라 작성된 조서라 할 수 없으므로 그 증거능력을 인정할 수 없다(대법원 2013.3.28, 2010도3359). 공소외 2에 대한 사법경찰관 작성의 피의자신문조서에는 "피의자는 진술거부권과 변호인의 조력을 받을 권리들이 있음을 고지받았는가요?"라는 질문에 "예, 고지를 받았습니다."라는 답변이, "피의자는 진술거부권을 행사할 것인가요?"라는 질문에 "행사하지 않겠습니다."라는 답변이 기재되어 있기는 하나 그 답변은 공소외 2의 자필로 기재된 것이 아니고, 각 답변란에 무인이 되어 있기는 하나 조서 말미와 간인

으로 되어 있는 공소외 2의 무인과 달리 흐릿하게 찍혀 있는 사실을 알 수 있다. 따라서 공소외 2에 대한 사법경찰관 작성의 피의자신문조서는 법 제312조 제3항에서 정하는 '적법한 절차와 방식'에 따라 작성된 조서로 볼 수 없으므로 이를 증거로 쓸 수 없다 할 것이다.

② **실질적 진정성립과 특신상태의 증명**(통설 · 판례) : 당연히 인정되는 요건이다. 내용의 인정이란 성립의 진정을 전제하기 때문이다(대법원 1995.5.23, 94도1735; 2010.6.24, 2010도5040).

③ 내용의 인정

(가) 의의 : 조서의 기재내용이 피의자의 진술내용과 일치하는 것을 의미하는 것이 아니라 [법원승진 07], 그 **조서의 기재내용이 객관적 진실(실제 사실)과 부합함**을 말한다(94도1745). [국가9급 13, 경찰간부 12, 경찰승진 10/11, 경찰채용 15 3차/16 1차]

(나) 방법 : 내용인정은 **피의자였던 피고인 또는 변호인의 진술**에 의하여야 한다. 따라서 **피고인이 공판정에서 내용을 부인하는 경우에는 다른 증거에 의하여도 증거능력을 인정받을 수 없다.**

판례연구 사법경찰관 작성 피의자신문조서의 내용의 인정

1. 대법원 1994.9.27, 94도1905

피고인이 경찰에서 조사받는 도중에 범행을 시인하였고 피해자 측에게도 용서를 구하는 것을 직접 보고 들었다는 취지의 증인들의 각 증언 및 그들에 대한 사법경찰리 · 검사 작성의 각 진술조서 기재는 모두 피고인이 경찰에서 조사 받을 때의 진술을 그 내용으로 하는 것에 다름이 아니어서, 피고인이 공판정에서 경찰에서의 위와 같은 진술내용을 부인하고 있는 이상 위 증거들은 증거능력이 없다고 보아야 한다.

2. 대법원 1997.10.28, 97도2211 [법원9급 10]

피고인이 당해 공소사실에 대하여 법정에서 부인한 경우에는 사법경찰리작성의 피의자신문조서의 내용을 인정하지 아니한 것이므로 그 피의자신문조서의 기재는 증거능력이 없고, 이러한 경우 피고인을 조사하였던 경찰관이 법정에 나와 "피고인의 진술대로 조서가 작성되었고, 작성 후 피고인이 조서를 읽어보고 내용을 확인한 후 서명 · 무인하였으며, 피고인이 내용의 정정을 요구한 일은 없었다."고 증언하더라도 그 피의자신문조서가 증거능력을 가지게 되는 것은 아니다.

유사판례 대법원 1985.2.13, 84도2897; 2002.8.23, 2002도2112 : 피고인을 검거하고 경찰에서 피고인에 대하여 피의자 신문을 한 경찰관의 피고인이 경찰조사에서 범행사실을 순순히 자백하였다는 증언은 피고인이 경찰에서의 진술을 부인하는 이상 형사소송법 제312조 제2항(현 제3항)의 취지에 비추어 증거능력이 없는 것이다.

보충 적법한 절차와 방식에 의하여 작성되었다 하더라도 내용인정이 없으면 증거로 쓸 수 없다는 판례이다. 다만, 이 경우 검사나 사법경찰관 등 조사자의 증언(전문진술)이 공판정에서 행하여진 경우, 후술하듯이 피고인의 원진술의 특신상태가 증명되면 조사자 증언의 증거능력은 인정된다(제316조 제1항) [국가9급 13, 경찰승진 10/11, 경찰채용 14 2차]. 따라서 수험에서는 상대적으로 접근하는 것이 안전하다. 즉, ① 제316조 제1항의 조사자증언이 법조문 문제로 나올 때(특신상태 ○ → 조사자증언의 증거능력 ○)와 ② 위 97도2211 등을 그대로 내는 판례문제로 나올 때(경찰관이 증언하여도 피고인이 내용을 부인하면 사경피신조서는 증거능력 ×)를 구별하여야 한다.

(3) 적용범위

① 공동피고인에 대한 피의자신문조서

(가) 공범자인 공동피고인에 대한 피의자신문조서 : **제312조 제3항**은 검사 이외의 수사기관이 작성한 당해 피고인에 대한 피의자신문조서를 유죄의 증거로 하는 경우뿐만 아니라, **검사 이외의 수사기관이 작성한 당해 피고인과 공범관계에 있는 다른 피고인이나 피의자에 대한 피의자신문조서를 당해 피고인에 대한 유죄의 증거로 채택할 경우에도 적용**된다(대법원 1979.4.10, 79도287; 1984.10.23, 84도505; 1986.11.1, 86도1783; 96도667; 2009도1889). 따라서 **당해 피고인이 공동피고인에 대한 피의자신문조서의 내용을 부인하면 그 증거능력이 부정**된다. 이러한 법리는 형법총칙상 공범뿐만 아니라 대향범 등 필요적 공범이나 행정형법상 양벌규정이 적용되는 자연인과 법인의 관계에 대해서도 마찬가지로 적용된다. 나아가 여기서의 조서는 공범에 대한 조서로서의 내용을 가지면 되므로 그 형식이 피의자신문조서로 한정되는 것도 아니다.

보충 당해 피고인과 공범관계에 있는 다른 공동피고인 또는 피의자에 대한 검사 이외의 수사기관이 작성한 피의자신문조서의 증거능력을 피고인에 대한 그것과 마찬가지로 엄격히 제한하여야 할 이유는 그 내용이 당해 피고인에 대한 피의자신문조서의 내용과 다름없기 때문이므로, 그 증거능력은 진정성립이 인정되는 외에 당해 피고인 또는 변호인이 그 내용을 인정하여야만 부여할 수 있는 것이며, 원진술자인 피의자 또는 그의 변호인이 내용을 인정하였다 하여 증거능력을 부여할 수는 없다. [경찰간부 13, 경찰승진 12]

판례연구 사법경찰관 작성 공범자 피의자신문조서에 대한 증거능력 인정요건

1. **대법원 1996.7.12, 96도667; 2004.7.15, 2003도7185 전원합의체; 2008.9.25, 2008도5189; 2014.4.10, 2014도1779** [경찰간부 22, 국가7급 17]

   제312조 제3항은 검사 이외의 수사기관이 작성한 당해 피고인에 대한 피의자신문조서를 유죄의 증거로 하는 경우뿐만 아니라 검사 이외의 수사기관이 작성한 당해 피고인과 공범관계에 있는 다른 피고인이나 피의자에 대한 피의자신문조서를 당해 피고인에 대한 유죄의 증거로 채택할 경우에도 적용되는바, 당해 피고인과 공범관계가 있는 다른 피의자에 대한 검사 이외의 수사기관 작성 피의자신문조서는 그 피의자의 법정진술에 의하여 그 성립의 진정이 인정되더라도 당해 피고인이 공판기일에서 그 조서의 내용을 부인하면 증거능력이 부정된다.

2. **대법원 2009.10.15, 2009도1889** [경찰채용 21 2차, 경찰간부 13, 경찰승진 12/14]

   당해 피고인과 공범관계에 있는 공동피고인이 법정에서 경찰수사 도중 피의자신문조서에 기재된 것과 동일한 내용을 진술하였다는 취지로 증언한 경우, 그 증언의 증거능력 ×

   당해 피고인과 공범관계에 있는 공동피고인에 대해 검사 이외의 수사기관이 작성한 피의자신문조서는 그 공동피고인의 법정진술에 의하여 성립의 진정이 인정되더라도 당해 피고인이 공판기일에서 그 조서의 내용을 부인하면 증거능력이 부정된다. 그리고 이러한 경우 그 공동피고인이 법정에서 경찰수사 도중 피의자신문조서에 기재된 것과 같은 내용으로 진술하였다는 취지로 증언하였다고 하더라도, 이러한 증언은 원진술자인 공동피고인이 그 자신에 대한 경찰 작성의 피의자신문조서의 진정성립을 인정하는 취지에 불과하여 위 조서와 분리하여 독자적인 증거가치를 인정할 것은 아니므로, 앞서 본 바와 같은 이유로 위 조서의 증거능력이 부정되는 이상 위와 같은 증언 역시 이를 유죄 인정의 증거로 쓸 수 없다.

(나) 공범자 아닌 공동피고인에 대한 피의자신문조서 : 공범자 아닌 공동피고인은 당해 피고인에 대해서는 증인의 지위에 있으므로, **공범자 아닌 공동피고인에 대한 피의자신문조서**에 대해서는 **법 제312조 제4항**의 진술조서 조항이 적용된다(검사 작성 피신조서에서 기술함, 대법원 2006.1.12, 2005도7601). 따라서 원진술자(공범자 아닌 공동피고인)의 진술에 의하여 그 실질적 진정성립이 인정되고 원진술자에 대한 당해 피고인 측에 의한 반대신문의 기회가 보장된다면 당해 피고인이 그 내용을 부인하더라도 그 피의자신문조서의 증거능력은 인정된다.

② 다른 사건의 피의자신문조서 : **제312조 제3항**은 당해 사건에서 피의자였던 피고인에 대한 피의자신문조서뿐만 아니라 **전혀 별개의 사건에서 피의자였던 피고인에 대한 피의자신문조서에도 적용**된다(대법원 1995.3.24, 94도2287). 따라서 피고인이 그 내용을 부인하면 그 피의자신문조서의 증거능력은 인정될 수 없다.

판례연구 사법경찰관 작성 다른 사건의 피의자신문조서의 증거능력 인정요건

대법원 1995.3.24, 94도2287

피고인의 다른 사건에 관한 사법경찰관 작성 피의자신문조서에 대하여 법 제312조 제3항을 적용한 사례

법 제312조 제2항(현 제3항)은 검사 이외의 수사기관의 피의자신문은 이른바 신용성의 정황적 보장이 박약하다고 보아 피의자신문에 있어서 진정성립 및 임의성이 인정되더라도 공판 또는 그 준비절차에 있어 원진술자인 피고인이나 변호인이 그 내용을 인정하지 않는 한 그 증거능력을 부정하는 취지로 입법된 것으로, 그 입법취지와 법조의 문언에 비추어 볼 때 당해 사건에서 피의자였던 피고인에 대한 검사 이외의 수사기관 작성의 피의자신문조서에만 적용되는 것은 아니고 전혀 별개의 사건에서 피의자였던 피고인에 대한 검사 이외의 수사기관 작성의 피의자신문조서도 그 적용대상으로 하고 있는 것이라고 보아야 한다.

(4) 관련문제

① 증거동의 : **피의자신문조서도 증거동의 대상**이 된다. [경찰간부 13] 따라서 피고인이 증거로 함에 동의한 때

에는 진정성립 · 내용인정 등을 조사할 필요가 없다.

② 탄핵증거 : **피고인이 성립의 진정이나 내용을 부인하는 피의자신문조서를 탄핵증거로 사용**할 수 있는가에 대해서는 긍정설과 부정설이 대립하나, 직접심리주의는 원본증거를 대체하는 전문증거의 사용을 금지하는 것이지 **전문증거를 탄핵증거로 사용하는 것까지 금지하는 것은 아니라는 점**에서 **긍정설**이 타당하며, 또한 이는 판례의 입장이기도 하다(대법원 2005.8.19, 2005도2617, 단, 탄핵증거로서의 증거조사는 필요함).

Ⅲ 진술조서

> **제312조(검사 또는 사법경찰관의 조서 등)** ④ 검사 또는 사법경찰관이 피고인이 아닌 자의 진술을 기재한 조서는 적법한 절차와 방식에 따라 작성된 것으로서 그 조서가 검사 또는 사법경찰관 앞에서 진술한 내용과 동일하게 기재되어 있음이 원진술자의 공판준비 또는 공판기일에서의 진술이나 영상녹화물 또는 그 밖의 객관적인 방법에 의하여 증명되고, 피고인 또는 변호인이 공판준비 또는 공판기일에 그 기재 내용에 관하여 원진술자를 신문할 수 있었던 때에는 증거로 할 수 있다. 다만, 그 조서에 기재된 진술이 특히 신빙할 수 있는 상태하에서 행하여졌음이 증명된 때에 한한다.

1. 의의 및 취지

(1) 의의 : 진술조서란 검사 또는 사법경찰관이 피고인 아닌 자(참고인, 피해자 등)의 진술을 기재한 조서를 말한다. 여기서 피고인 아닌 자는 당해 사건의 피고인 자신 이외의 모든 자를 말하므로, 공동피고인에 대한 피의자신문조서도 제312조 제4항의 적용을 받는다. 이것이 2007년 개정법에서 동 조항을 신설한 취지이다.

(2) 개정취지

① 진술조서의 작성주체 : 구법과 달리 2007년 개정법 제312조 제4항에서는 피고인 아닌 자의 진술을 기재한 조서의 증거능력에 대하여 작성주체인 검사와 사법경찰관을 구별하지 않고 동일한 조항에서 동일한 증거능력 인정요건으로 규정하고 있다. 따라서 **참고인진술조서의 경우 검사 작성 조서와 사법경찰관 작성 조서 사이에 그 증거능력 인정요건에는 차이가 없다.** [경찰채용 11 2차]

② 공동피고인에 대한 반대신문의 기회보장 : 수사기관 작성 **공범자 아닌 공동피고인**에 대한 피의자신문조서도 제312조 제4항의 적용을 받음에 따라 참고인진술조서로 취급된다. 따라서 공동피고인이 실질적 성립진정을 인정한 것만으로는 그 조서의 증거능력이 인정되지 않고, **당해 피고인 또는 변호인에게 반대신문권이 부여되어야만** 한다. 이는 공동피고인에 대해서도 피고인 · 변호인의 반대신문의 기회 보장이 강화된 것이다.

2. 증거능력 인정요건 : 적/실/반/특

> **검사 또는 사법경찰관이 피고인이 아닌 자의 진술을 기재한 조서는**
> ① 적법성 : 적법한 절차와 방식에 따라 작성된 것으로서,
> ② 실질적 진정성립 : 피고인이 아닌 자가 진술한 내용과 동일하게 기재되어 있음이 공판준비 또는 공판기일에서의 원진술자의 진술이나 영상녹화물 또는 그 밖의 객관적인 방법에 의하여 증명되고,
> ③ 반대신문의 기회보장 : 피고인 또는 변호인이 공판준비 또는 공판기일에 그 기재내용에 관하여 원진술자를 신문할 수 있었으며,
> ④ 특신상태 : 그 조서에 기재된 진술이 특히 신빙할 수 있는 상태하에서 행하여졌음이 증명된 때에 한하여 → 증거로 할 수 있다.

(1) 적법한 절차와 방식 : 검사 또는 사법경찰관이 피고인이 아닌 자의 진술을 기재한 조서는 우선 적법한 절차와 방식에 따라 작성된 것이어야 한다. 여기서 적법한 절차와 방식이라 함은 피고인 아닌 피의자 또는 제3자에 대한 조서 작성 과정에서 지켜야 할 진술거부권의 고지 등 형사소송법이 정한 제반절차를 준수하고 조서의 작성방식에도 어긋남이 없어야 한다는 의미이다(대법원 2012.5.24, 2011도7757; 2013.3.28, 2010도3359). 따라서 **외국에 거주하는 참고인과의 전화대화 내용을 문답형식으로 기재한 검찰주사보 작성의**

수사보고서는 **원진술자의 기명날인 또는 서명이 없는 이상** 제312조 제4항이 적용될 수 없어 증거능력이 인정되지 아니한다(대법원 1999.2.26, 98도2742). [경찰간부 12, 경찰승진 11] 다만, 진술조서에 **진술자의 실명 등 인적사항이 기재되지 않았다** 하더라도 그 이유만으로 그 조서가 적법한 절차와 방식에 따라 작성되지 않았다고 할 것은 아니다(대법원 2012.5.24, 2011도7757).

판례연구 적법한 절차와 방식에 따라 작성된 것

1. 대법원 1997.4.11, 96도2865 [경찰간부 15, 경찰승진 15/22, 경찰채용 10 2차]

피해자 진술조서가 화상으로 인한 서명불능이라는 이유로 입회인에 의해 서명날인된 경우 증거능력 ×

사법경찰리 작성의 피해자에 대한 진술조서가 피해자의 화상으로 인한 서명불능을 이유로 입회하고 있던 피해자의 동생에게 대신 읽어 주고 그 동생으로 하여금 서명날인하게 하는 방법으로 작성된 경우, 이는 형사소송법 제313조 제1항(07년 개정법 제312조 제4항) 소정의 형식적 요건을 결여한 서류로서 증거로 사용할 수 없다.

2. 대법원 1999.2.26, 98도2742 [경찰간부 12, 경찰승진 11]

외국 거주 참고인과의 전화대화를 문답형식으로 기재한 검찰주사보 작성의 수사보고서의 증거능력 ×

외국에 거주하는 참고인과의 전화 대화내용을 문답형식으로 기재한 검찰주사보 작성의 수사보고서는 전문증거로서 제311조 내지 제316조에 규정된 것 이외에는 이를 증거로 삼을 수 없는 것인데(제310조의2), 위 수사보고서는 전문법칙 예외규정의 적용대상이 되지 아니함이 분명하므로, 결국 제313조의 진술을 기재한 서류에 해당하여야만 제314조의 적용 여부가 문제될 것인바, 제313조(07년 개정법 제312조 제4항)가 적용되기 위하여는 그 진술을 기재한 서류에 그 진술자의 서명 또는 날인(07년 개정 : 기명날인 or 서명)이 있어야 한다.

참고 참고인진술조서에는 참고인의 확인도장을 날인하지만, 수사보고서에는 참고인의 확인도장을 날인하지 않는다. 예컨대 전화 통화를 통해 작성하는 경우도 있기 때문이다.

3. 대법원 2012.5.24, 2011도7757 [경찰채용 21 2차]

수사기관이 피고인 아닌 자에 대한 진술조서를 작성하면서 진술자의 성명을 가명으로 기재한 사례

형사소송법은 조서에 진술자의 실명 등 인적사항을 확인하여 이를 그대로 밝혀 기재할 것을 요구하는 규정을 따로 두고 있지는 아니하다. 따라서 특정범죄신고자 등 보호법 등에서처럼 명시적으로 진술자의 인적사항의 전부 또는 일부의 기재를 생략할 수 있도록 한 경우가 아니라 하더라도, 진술자와 피고인의 관계, 범죄의 종류, 진술자 보호의 필요성 등 여러 사정으로 볼 때 상당한 이유가 있는 경우에는 수사기관이 진술자의 성명을 가명으로 기재하여 조서를 작성하였다고 해서 그 이유만으로 그 조서가 '적법한 절차와 방식'에 따라 작성되지 않았다고 할 것은 아니다. 그러한 조서라도 공판기일 등에 원진술자가 출석하여 자신의 진술을 기재한 조서임을 확인함과 아울러 그 조서의 실질적 진정성립을 인정하고 나아가 그에 대한 반대신문이 이루어지는 등 법 제312조 제4항에서 규정한 조서의 증거능력 인정에 관한 다른 요건이 모두 갖추어진 이상 그 증거능력을 부정할 것은 아니라고 할 것이다.

(2) 실질적 진정성립

① 의의 : 조서의 기재내용이 원진술자가 진술한 내용과 동일하게 기재되어 있음을 말한다. 즉, 당해 조서의 기재내용과 원진술자의 진술내용이 일치한다는 것을 말하므로, 적극적으로 진술한 내용이 그 진술대로 기재되어 있어야 한다는 것뿐만 아니라 진술하지 아니한 내용이 진술한 것처럼 기재되어 있지 아니할 것을 포함하는 의미를 가진다. 실질적 진정성립은 **원진술자가 진술한 내용과 동일하게 기재되어 있음**이 공판준비 또는 공판기일에서의 **원진술자의 진술이나 영상녹화물 또는 그 밖의 객관적 방법에 의하여 증명**되어야 한다. 만일 **원진술자가 그 조서의 성립의 진정을 부인하는 경우**에는 그 조서에 기재된 진술이 원진술자가 진술한 내용과 동일하게 기재되어 있음이 **영상녹화물 기타 객관적인 방법에 의하여 증명**되면 된다. [국가9급 09, 경찰간부 13] 이는 진술내용이 진실하다는 **내용의 인정과는 구별되는 개념**이다.

② 원진술자의 진술에 의한 실질적 진정성립의 증명

(가) 인정되는 경우 : 실질적 진정성립의 인정은 공판준비 · 공판기일에서 원진술자가 행한 **명백하고 명시적인 진술**에 의하여야 한다. 원진술자가 실질적 진정성립을 인정하면 그 내용을 부인하거나 그 조서내용과 다른 공판정 진술을 하여도 진술조서의 증거능력은 인정된다. [법원9급 12, 국가9급개론 15, 경찰간부 12] **실질적 진정성립의 인정을 번복하여도 같다.**

CHAPTER 04 증거

판례연구 진술조서의 실질적 진정성립이 인정된 사례

대법원 1990.12.26, 90도2362; 1993.6.22, 91도3346; 1994.8.9, 94도1318; 1996.3.8, 95도2930; 1998.12.22, 98도2890; 2005.8.19, 2005도3045 [법원9급 12/14, 국가9급개론 15, 경찰간부 12]

진술조서는 원진술자의 진술(또는 영상녹화물 등 객관적 방법)에 의한 실질적 진정성립이 증명되면 피고인이 증거로 동의하지 않아도 증거능력이 인정된다는 사례

검사 작성의 공동피고인에 대한 피의자신문조서(2020년 개정 전 판례이므로, 진술조서 또는 공범자 아닌 공동피고인에 대한 피의자신문조서라고 생각할 것)는 공동피고인이 그 성립 및 임의성을 인정한 이상(2007년 개정 전 판례이므로 반대신문권 보장 요건이 없음) 피고인이 이를 증거로 함에 부동의하였다고 하더라도 그 증거능력이 있고(증거동의 또는 전문법칙예외 중 하나만 인정되면 증거능력 ○), 원진술자가 조서의 성립의 진정과 임의성을 인정하였다가 그 뒤 이를 부인하는 진술을 하거나 서면을 제출한 경우 그 조서의 증거능력이 언제나 없다고 할 수는 없고, 법원이 그 조서의 기재내용, 형식 등과 피고인의 법정에서의 범행에 관련된 진술 등 제반 사정에 비추어 성립의 진정을 인정한 최초의 진술이 신빙성이 있다고 보아 그 성립의 진정을 인정하는 때에는 그 조서는 증거능력이 인정된다고 할 것이다.

(나) 인정되지 않는 경우 : 법 제312조는 형사소송절차의 직접주의·공판중심주의·구두주의 원칙상 원칙적으로 증거능력을 인정할 수 없는 전문증거에 대해 예외적으로 증거능력을 부여하는 규정임을 고려할 때 엄격하게 해석해야 한다. 따라서 실질적 진정성립의 증명은 원진술자의 진술 또는 영상녹화물 등 객관적 방법에 의하여 인정되어야 한다. 이에 ㉠ **형식적 진정성립을 인정한다고 하여 실질적 진정성립이 추정되어서는 안 되고,** [법원9급 10, 경찰간부 15] ㉡ 단지 **원진술자가 실질적 진정성립에 대하여 이의하지 않았다거나 조서 작성절차와 방식의 적법성을 인정하였다는 것만으로 실질적 진정성립까지 인정한 것으로 보아서는 아니 되며**(cf. **≠간이공판절차 개시요건인 자백 : 명시적 유죄인정 진술 不要, ≠증거동의 : 묵시적 동의 足**), ㉢ 특별한 사정이 없는 한 '입증취지 부인'이라고 진술한 것만으로 조서의 진정성립을 인정하는 전제에서 증명력만을 다투는 것이라고 가볍게 단정해서도 안 되고, ㉣ "**검찰 경찰에서 진술한 내용은 그대로 틀림없다**(대법원 1979.11.27, 76도3962 전원합의체)."라거나 ㉤ "**수사기관에서 사실대로 진술하고 진술한 대로 기재되어 있는지 확인하고 서명날인하였다**(대법원 1996.10.15, 96도1301; 2010.6.29, 2010도2722; 2013.8.14, 2012도13665)."는 취지로 진술한 것만으로는 실질적 진정성립을 인정한 것으로 볼 수 없다(그때 확인했다는 과거형 진술 ×/현재 공판에서 확인하고 인정 진술 ○).

판례연구 실질적 진정성립이 인정되지 않은 사례

1. **대법원 1979.11.27, 76도3962 전원합의체**

   검찰 경찰에서 진술한 내용은 그대로 틀림없다는 취지의 진술만으로서 곧 검사 및 사법경찰관사무취급 작성의 참고인에 대한 각 진술조서의 진정성립을 인정하기에 부족하다.

2. **대법원 1996.10.15, 96도1301**

   원진술자가 법정에서 한 "수사기관에서 사실대로 진술하고 서명날인하였다."는 취지의 진술

   피해자가 제1심의 제5회 공판기일에 증인으로 출석하여 검사의 신문에 대하여 수사기관에서 사실대로 진술하고 그 내용을 확인한 후 서명날인하였다는 취지로 증언하고 있을 뿐이어서, 과연 그 진술이 조서의 진정성립을 인정하는 취지인지 분명하지 아니하므로 그 진술만으로는 조서의 진정성립을 인정하기에 부족하다.

3. **대법원 1999.10.8, 99도3063**

   공범이나 제3자에 대한 검사 작성의 피의자신문조서에 대한 실질적 진정성립의 인정 要

   공범(B)이나 제3자(C)에 대한 검사 작성의 피의자신문조서등본이 증거로 제출된 경우 피고인(A)이 위 공범 등에 대한 피의자신문조서를 증거로 함에 동의하지 않는 이상, 원진술자인 공범(B)이나 제3자(C)가 각기 자신에 대한 공판절차나 다른 공범에 대한 형사공판의 증인신문절차에서 위 수사서류의 진정성립을 인정해 놓은 것만으로는 증거능력을 부여할 수 없고, 반드시 공범이나 제3자가 현재의 사건(피고인 A의 공판정)에 증인으로 출석하여 그 서류의 성립의 진정을 인정하여야 증거능력이 인정된다.

보충 검사 작성 공범자인 공동피고인에 대한 피의자신문조서에 대하여 제312조 제4항이 적용된다는 구법하에서 나온 판례이다. 여기서 공범(B)은 공범자 아닌 자로 바꿔서 생각하는 것이 필요하다.

4. 대법원 2004.12.16, 2002도537 전원합의체

형식적 진정성립을 인정한다고 실질적 진정성립이 추정되지 아니한다는 사례

검사가 피의자 아닌 자의 진술을 기재한 조서는 공판준비 또는 공판기일에서 원진술자의 진술에 의하여 형식적 진정성립뿐만 아니라 실질적 진정성립까지 인정된 때에 한하여 비로소 그 성립의 진정함이 인정되어 증거로 사용할 수 있다고 보아야 한다.

5. 대법원 2013.8.14, 2012도13665

공소외 1은 제1심에서 증인으로 출석하여 검사로부터 위 진술조서를 제시받고 검사의 신문에 대하여 '수사기관에서 사실대로 진술하고 진술한 대로 기재되어 있는지 확인하고 서명무인하였다'는 취지로 증언하였을 뿐이어서 그 진술이 위 진술조서의 진정성립을 인정하는 취지인지 분명하지 아니하고, 오히려 '피고인이 훔쳤다'는 내용으로 기재되어 있는 부분은 자신이 진술한 사실이 없음에도 잘못 기재되었다는 취지로 증언하였으며, 원심에서도 증인으로 출석하였으나 위 진술조서의 진정성립을 인정하는 내용의 증언을 하지는 아니하였음을 알 수 있다. 따라서 공소외 1의 제1심 및 원심에서의 진술만으로는 그에 대한 경찰 진술조서 중 적어도 피고인이 이 사건 지게차를 훔쳤다는 진술 기재 부분의 진정성립을 인정하기에 부족하다.

6. 대법원 2013.3.14, 2011도8325 [법원9급 18, 경찰간부 15]

조서의 실질적 진정성립의 인정방법

원진술자 본인의 진술에 의한 실질적 진정성립의 인정은 공판준비 또는 공판기일에서 한 명시적인 진술에 의하여야 하고, 단지 이른바 원진술자가 실질적 진정성립에 대하여 이의하지 않았다거나 조서 작성절차와 방식의 적법성을 인정하였다는 것만으로 실질적 진정성립까지 인정한 것으로 보아서는 아니 된다. 또한 특별한 사정이 없는 한 '입증취지 부인'이라고 진술한 것만으로 이를 조서의 진정성립을 인정하는 전제에서 그 증명력만을 다투는 것이라고 가볍게 단정해서도 안 된다.

유사판례 대법원 1982.10.12, 82도1865 · 82감도383; 1994.11.11, 94도343 : 피고인이 사법경찰리 작성의 공소외인에 대한 피의자신문조서, 진술조서 및 검사 작성의 피고인에 대한 피의자신문조서 중 위 공소외인의 진술기재 부분을 증거로 함에 부동의하였고, 원진술자인 위 공소외인이 제1심 및 항소심에서 증인으로 나와 그 진술기재의 내용을 열람하거나 고지받지 못한 채 단지 검사나 재판장의 신문에 대하여 수사기관에서 사실대로 진술하였다는 취지의 증언만을 하고 있을 뿐이라면, 그 피의자신문조서와 진술조서는 증거능력이 없어 이를 유죄의 증거로 삼을 수 없다. [변호사 17]

③ 영상녹화물 또는 그 밖의 객관적 방법에 의한 실질적 진정성립의 증명

(가) 의의 : 실질적 진정성립은 **원진술자의 공판준비 또는 공판기일에서의 진술**이나 **영상녹화물 기타 객관적 방법**으로 증명될 수 있다(07년 개정에 의하여 신설). [국가7급 09, 경찰승진 15, 경찰채용 14 2차] 이는 원진술자가 진술조서의 실질적 진정성립을 부인하는 경우에는 그 조서에 기재된 진술이 원진술자가 진술한 내용과 동일하게 기재되어 있음이 **영상녹화물 기타 객관적 방법**(기타 객관적 방법이 과학적 · 기계적 방법으로 제한되는가에 대해서는 학설이 대립하나[1] 다수설 · 판례는 한정설을 취했음)에 의하여 증명될 수 있도록 하는 **대체증명** 방식을 말한다.

판례연구 법 제312조 제4항의 영상녹화물 또는 그 밖의 객관적 방법

대법원 2016.2.18, 2015도16586 [국가7급 16/17, 국가9급 16/18, 경찰간부 16/23]

영상녹화물이나 그 밖의 객관적인 방법은 객관적 방법으로 한정된다는 사례

실질적 진정성립을 증명할 수 있는 방법으로서 법 제312조 제2항(원래는 구법 제312조 제1항에 대한 판례이나, 2020.2.4. 개정법에 의하면 동 제4항에 적용될 수 있음)에 예시되어 있는 영상녹화물의 경우 형사소송법 및 형사소송규칙에 의하여 영상녹화의 과정, 방식 및 절차 등이 엄격하게 규정되어 있는데다(법 제244조의2, 규칙 제134조의2 제3 · 4 · 5항 등) 피의자의 진술을 비롯하여 검사의 신문 방식 및 피의자의 답변 태도 등 조사의 전 과정이 모두 담겨 있어 피고인이 된 피의자의 진술 내용 및 취지를 과학적 · 기계적으로 재현해 낼 수 있으므로 조서의 내용과 검사 앞에서의 진술 내용을 대조할 수 있는 수단으로서의 객관성이 보장되어 있다고 볼 수 있으나, 피고인을 피의자로 조사하였거나 조사에 참여하였던 자들의 증언은 오로지 증언자의 주관적 기억 능력에 의존할 수밖에 없어 객관성이 보장되어 있다고 보기 어렵다. 결국 검사 작성의 피의자신문조서에 대한 실질적 진정성립을 증명할 수 있는 수단으로서 (구)법 제312조 제2항에 규정된 '영상녹화물이나 그 밖의 객관적인 방법'이란 형사소송법 및 형사소송규칙에 규정된 방식과 절차에 따라 제작된 영상녹화물 또는 그러한 영상녹화물에 준할 정도로 피고인의 진술을 과학적 · 기계적 · 객관적으로 재현해 낼 수 있는 방법만을 의미하고, 그 외에 조사관 또는 조사 과정에 참여한 통역인 등의 증언은 이에 해당한다고 볼 수 없다.

1) [보충] 기타 객관적 방법의 의미에 대해서는 ① 영상녹화물에 준하는 정도의 객관적인 증거방법(예 녹음테이프)이어야 한다는 견해(한정설, 다수설, 단 수사기관의 조사자가 아닌 참여변호인의 증언이 포함되는가에 대해서는 다수설은 포함설이고, 불포함설은 이은모, 신동운)와 ② 조사참여자의 증언이나 참여변호인의 증언 등 인적 증거방법도 포함된다는 견해(비한정설, 노/이, 신동운, 정/백)가 대립한다. 판례는 한정설이다.

(나) 영상녹화물의 요건 : 진술조서의 실질적 진정성립을 증명할 수 있는 수단이 되기 위해서는 **형사소송법 및 형사소송규칙에 규정된 방식과 절차에 따라 제작되어 조사 신청된 영상녹화물**이어야 한다(대법원 2016.2.18, 2015도16586 등). 따라서 이를 위반하였다면 원칙적으로 대체증명수단이 될 수 없다.

판례연구 법 제312조 제4항의 영상녹화물의 요건

1. 대법원 2016.2.18, 2015도16586

형사소송법 제312조 제4항이 실질적 진정성립을 증명할 수 있는 방법으로 규정하는 영상녹화물에 대하여는 형사소송법 및 형사소송규칙에서 영상녹화의 과정, 방식 및 절차 등을 엄격하게 규정하고 있으므로(법 제221조 제1항 후문, 규칙 제134조의2, 제134조의3) 수사기관이 작성한 피고인 아닌 자의 진술을 기재한 조서에 대한 실질적 진정성립을 증명할 수 있는 수단으로서 형사소송법 제312조 제4항에 규정된 '영상녹화물'이라 함은 형사소송법 및 형사소송규칙에 규정된 방식과 절차에 따라 제작되어 조사 신청된 영상녹화물을 의미한다고 봄이 타당하다.

2. 대법원 2022.6.16, 2022도364

진술조서의 실질적 진정성립의 대체증명 수단인 영상녹화물의 요건

(사법경찰관 P는 피해자 A 등의 진술을 영상녹화하면서 사전에 영상녹화에 동의한다는 취지의 서면 동의서를 받지 않았고, A 등 피해자들이 조서를 열람하는 도중 영상녹화가 중단되어 조서 열람과정 일부와 조서에 기명날인 또는 서명을 마치는 과정이 영상녹화물에 녹화되지 않은 사례) 형사소송법과 형사소송규칙의 규정 내용과 취지에 비추어 보면, 수사기관이 작성한 피고인이 아닌 자의 진술을 기재한 조서에 대하여 실질적 진정성립을 증명하기 위해 영상녹화물의 조사를 신청하려면 영상녹화를 시작하기 전에 피고인 아닌 자의 동의를 받고 그에 관해서 피고인 아닌 자가 기명날인 또는 서명한 영상녹화 동의서를 첨부하여야 하고, 조사가 개시된 시점부터 조사가 종료되어 참고인이 조서에 기명날인 또는 서명을 마치는 시점까지 조사 전 과정이 영상녹화되어야 하므로 이를 위반한 영상녹화물에 의하여는 특별한 사정이 없는 한 피고인 아닌 자의 진술을 기재한 조서의 실질적 진정성립을 증명할 수 없다.

3. 대법원 2022.7.14, 2020도13957

영상녹화물의 봉인과 조사 전 과정에 대한 영상녹화의 의미

① (형사소송법이 정한 봉인절차를 지키지 않은 영상녹화물의 경우 예외적으로 영상녹화물을 법정 등에서 재생·시청하는 방법으로 조사하여 영상녹화물의 조작 여부를 확인함과 동시에 위 조서에 대한 실질적 진정성립의 인정 여부를 판단할 수 있는가의 문제) 영상녹화물은 형사소송법 등에 규정된 방식과 절차에 따라 제작되어 조사 신청된 영상녹화물을 의미한다. … 형사소송법 및 형사소송규칙에서 영상녹화물에 대한 봉인절차[1]를 둔 취지는 영상녹화물의 조작가능성을 원천적으로 봉쇄하여 영상녹화물 원본과의 동일성과 무결성을 담보하기 위한 것이다. 이러한 형사소송법 등의 규정 내용과 취지에 비추어 보면, 검사가 작성한 피고인이 된 피의자의 진술을 기재한 ㉠ 조서의 실질적 진정성립을 증명하려면 원칙적으로 봉인되어 원진술자가 기명날인 또는 서명한 영상녹화물을 조사하는 방법으로 하여야 하고 특별한 사정이 없는 한 봉인절차를 위반한 영상녹화물로는 이를 증명할 수 없다. ㉡ 다만 형사소송법 등이 정한 봉인절차를 제대로 지키지 못했더라도 영상녹화물 자체에 원본으로서 동일성과 무결성을 담보할 수 있는 수단이나 장치가 있어 조작가능성에 대한 합리적 의심을 배제할 수 있는 경우에는 그 영상녹화물을 법정 등에서 재생·시청하는 방법으로 조사하여 영상녹화물의 조작 여부를 확인함과 동시에 위 조서에 대한 실질적 진정성립의 인정 여부를 판단할 수 있다고 보아야 한다. 그와 같은 예외적인 경우라면 형사소송법 등이 봉인절차를 마련하여 둔 취지와 형사소송법에서 '영상녹화물이나 그 밖의 객관적인 방법'에 의하여 실질적 진정성립을 증명할 수 있도록 한 취지에 부합하기 때문이다.

② (조사 전 과정이 영상녹화되어야 함에도 불구하고, 수회의 조사가 이루어진 경우, 원칙적으로 최초의 조사부터 모든 조사 과정을 빠짐없이 영상녹화하여야 하는가의 문제) 형사소송법은 제244조의2 제1항에서 피의자의 진술을 영상녹화하는 경우 조사의 개시부터 종료까지의 전 과정 및 객관적 정황을 영상녹화하여야 한다고 규정하고 있고, 형사소송규칙은 제134조의2 제3항에서 영상녹화물은 조사가 개시된 시점부터 조사가 종료되어 피의자가 조서에 기명날인 또는 서명을 마치는 시점까지 전 과정이 영상녹화된 것이어야 한다고 규정하고 있는데, … 여기서 조사가 개시된 시점부터 조사가 종료되어 조서에 기명날인 또는 서명을 마치는 시점까지라 함은 기명날인 또는 서명의 대상인 조서가 작성된 개별 조사에서의 시점을 의미하므로 수회의 조사가 이루어진 경우에도 최초의 조사부터 모든 조사 과정을 빠짐없이 영상녹화하여야 한다고 볼 수 없고, 같은 날 이루어진 수회의 조사라 하더라도 특별한 사정이 없는 한 조사 과정 전부를 영상녹화하여야 하는 것도 아니다.

---

1) [조문] 영상녹화가 완료된 때에는 피의자 또는 변호인 앞에서 지체 없이 그 원본을 봉인하고 피의자로 하여금 기명날인 또는 서명하게 하여야 한다(법 제244조의2 제2항). 법원은 검사가 영상녹화물의 조사를 신청한 경우 이에 관한 결정을 함에 있어 피고인 또는 변호인으로 하여금 그 영상녹화물이 적법한 절차와 방식에 따라 작성되어 봉인된 것인지에 관한 의견을 진술하게 하여야 하고(규칙 제134조의4 제1항), 법원은 공판준비 또는 공판기일에서 봉인을 해체하고 영상녹화물의 전부 또는 일부를 재생하는 방법으로 조사하여야 한다(동 제3항 전문). 재판장은 조사를 마친 후 지체 없이 법원사무관 등으로 하여금 다시 원본을 봉인하도록 하고, 원진술자와 함께 피고인 또는 변호인에게 기명날인 또는 서명하도록 하여 검사에게 반환한다(동 제4항 본문).

④ 실질적 진정성립의 일부의 인정 : 대상이 가분적이라면 그 일부에 대한 소송행위의 유효성은 대체로 인정된다. 따라서 **진술조서의 일부에 관해서만 실질적 진정성립을 인정하는 것도 가능하다**(cf. 일부인정 = 간이공판절차 · 증거동의 · 상소). 이 경우 법원은 어느 부분이 인정되고 어느 부분이 달리 기재되어 있는지 구체적으로 심리한 후 인정한 부분에 한하여 증거능력을 인정하여야 한다.

판례연구 실질적 진정성립의 일부인정

대법원 2013.5.23, 2010도15499; 2005.6.10, 2005도1849 [경찰채용 16 1차]

조서 중 일부에 관하여만 실질적 진정성립을 인정하는 경우의 조치

진술조서 중 일부에 관하여만 원진술자가 공판준비 또는 공판기일에서 실질적 진정성립을 인정하는 경우에는 법원은 어느 부분이 원진술자가 진술한 대로 기재되어 있고 어느 부분이 달리 기재되어 있는지 여부를 구체적으로 심리한 다음 진술한 대로 기재되어 있다고 하는 부분에 한하여 증거능력을 인정하여야 하고, 그 밖에 실질적 진정성립이 부정되는 부분에 대해서는 증거능력을 부정하여야 한다.

⑤ 실질적 진정성립 인정의 번복 : 피고인 또는 변호인은 실질적 진정성립을 인정하는 진술을 하였다 하더라도 **증거조사 완료 전에는 이를 번복할 수 있다**(2005도3045). 또한 **증거조사가 완료된 후** 성립진정 인정 진술을 번복하여도 이미 인정된 피의자신문조서의 증거능력이 당연히 상실되는 것은 아님이 원칙이나, 중대한 하자가 있고 귀책사유가 없다면 성립진정 인정 진술의 취소도 **예외적으로 인정**될 수 있다.

판례연구 실질적 진정성립의 인정의 번복

대법원 2008.7.10, 2007도7760 [경찰채용 22 1차]

원진술자가 진술조서에 대하여 성립의 진정을 인정하였다가 증거조사 완료 후 이를 번복한 경우, 이미 인정된 증거능력이 당연히 상실되는지 여부(원칙적 소극) 및 법원이 취해야 할 조치

① (원칙) 원진술자가 진술조서의 성립의 진정함을 인정하는 진술을 하였다 하더라도, 그 진술조서에 대하여 증거조사가 완료되기 전에는 최초의 진술을 번복함으로써 그 조서를 유죄 인정의 자료로 사용할 수 없도록 할 수 있으나, 그 조서에 대하여 위의 증거조사가 완료된 뒤에는 그와 같은 번복의 의사표시에 의하여 이미 인정된 조서의 증거능력이 당연히 상실되는 것은 아니다.

② (예외) 다만, 적법절차 보장의 정신에 비추어 성립의 진정함을 인정한 최초의 진술에 그 효력을 그대로 유지하기 어려운 중대한 하자가 있고 그에 관하여 진술인에게 귀책사유가 없는 경우에 한하여 예외적으로 증거조사 절차가 완료된 뒤에도 그 진술을 취소할 수 있고, 그 취소 주장이 이유 있는 것으로 받아들여지게 되면 법원은 형사소송규칙상 증거배제결정을 통하여 그 조서를 유죄 인정의 자료에서 제외하여야 한다.

(3) 반대신문의 기회보장 : 진술조서는 피고인 또는 변호인이 공판준비 또는 공판기일에 그 기재내용에 관하여 원진술자를 신문할 수 있어야 한다. 이렇게 2007년 개정법은 원진술자에 대한 반대신문의 기회가 보장된 때에만 진술조서의 증거능력을 인정할 수 있음을 명시하였다. 따라서 **피의자신문의 동석자(신뢰관계인)가 피의자를 대신하여 한 진술**이 피의자신문조서에 기재되어 있는 경우에는 **당해 동석자에 대한 반대신문의 기회가 보장**되는 등 당해 동석자에 대한 진술조서의 증거능력 인정요건을 갖추어야만 증거로 할 수 있다(대법원 2009.6.23, 2009도1322). 다만, 피고인 또는 변호인에게 **반대신문의 기회가 보장되면 족하며, 반드시 반대신문이 실제로 이루어져야 한다는 것은 아니다**(다만 피고인 측의 반대신문권이 보장되지 못한 증인신문의 결과는 위법수집증거가 될 여지가 있음, 위법수집증거배제법칙 참조). [경찰간부 14]

정리 반대신문이 행해지려면 원진술자가 공판정에 출석해야 하므로, 검사가 원진술자가 사망 · 질병 · 외국거주 · 소재불명 기타 이에 준하는 사유로 공판정에 출정하여 진술을 할 수 없고 그 진술이 특히 신빙할 만한 상태하에서 이루어졌음을 증명한 경우(제314조)가 아니라면, 원진술자가 법정에 출석하여 이에 대한 피고인 · 변호인의 반대신문의 기회가 보장되지 못한 경우에는 당해 피고인 아닌 자의 진술조서는 증거능력이 인정되지 아니한다.

> **판례연구** 피의자신문의 동석자의 진술
>
> **대법원 2009.6.23, 2009도1322** [경찰승진 10/13]
>
> 법 제244조의5에서 정한 피의자신문 동석자가 한 진술의 성격과 그 진술의 증거능력을 인정하기 위한 요건
>
> 형사소송법 제244조의5는, 검사 또는 사법경찰관은 피의자를 신문하는 경우 피의자가 신체적 또는 정신적 장애로 사물을 변별하거나 의사를 결정·전달할 능력이 미약한 때나 피의자의 연령·성별·국적 등의 사정을 고려하여 그 심리적 안정의 도모와 원활한 의사소통을 위하여 필요한 경우에는, 직권 또는 피의자·법정대리인의 신청에 따라 피의자와 신뢰관계에 있는 자를 동석하게 할 수 있도록 규정하고 있다. 구체적인 사안에서 위와 같은 동석을 허락할 것인지는 원칙적으로 검사 또는 사법경찰관이 피의자의 건강 상태 등 여러 사정을 고려하여 재량에 따라 판단하여야 할 것이나, 이를 허락하는 경우에도 동석한 사람으로 하여금 피의자를 대신하여 진술하도록 하여서는 안 된다. 만약 동석한 사람이 피의자를 대신하여 진술한 부분이 조서에 기재되어 있다면 그 부분은 피의자의 진술을 기재한 것이 아니라 동석한 사람의 진술을 기재한 조서에 해당하므로, 그 사람에 대한 진술조서로서의 증거능력을 취득하기 위한 요건을 충족하지 못하는 한 이를 유죄 인정의 증거로 사용할 수 없다.

> **판례연구** [주의] 증거동의를 하여 증거능력은 인정되나, 증명력이 부정되어 유죄의 증거로 할 수 없다는 사례
>
> **대법원 2006.12.8, 2005도9730** [법원9급 08, 경찰승진 10/12, 경찰채용 12 3차]
>
> 원진술자의 법정 출석과 피고인에 의한 반대신문이 이루어지지 못한 경우(증거동의 등에 의하여 증거능력이 인정되더라도) 그 증명력을 부정한 사례
>
> 수사기관이 원진술자의 진술을 기재한 조서는 원본증거인 원진술자의 진술에 비하여 본질적으로 낮은 정도의 증명력을 가질 수밖에 없다는 한계를 지니는 것이고, 특히 원진술자의 법정 출석 및 반대신문이 이루어지지 못한 경우에는 그 진술이 기재된 조서는 법관의 올바른 심증 형성의 기초가 될 만한 진정한 증거가치를 가진 것으로 인정받을 수 없는 것이 원칙이다. 따라서 피고인이 공소사실 및 이를 뒷받침하는 수사기관이 원진술자의 진술을 기재한 조서 내용을 부인하였음에도 불구하고, 원진술자의 법정 출석과 피고인에 의한 반대신문이 이루어지지 못하였다면, 그 조서에 기재된 진술이 직접 경험한 사실을 구체적인 경위와 정황의 세세한 부분까지 정확하고 상세하게 묘사하고 있어 구태여 반대신문을 거치지 않더라도 진술의 정확한 취지를 명확히 인식할 수 있고 그 내용이 경험칙에 부합하는 등 신빙성에 의문이 없어 조서의 형식과 내용에 비추어 강한 증명력을 인정할 만한 특별한 사정이 있거나, 그 조서에 기재된 진술의 신빙성과 증명력을 뒷받침할 만한 다른 유력한 증거가 따로 존재하는 등의 예외적인 경우가 아닌 이상(진술조서 내용이 구체적이지 않다는 의미), 그 조서는 진정한 증거가치를 가진 것으로 인정받을 수 없는 것이어서 이를 주된 증거로 하여 공소사실을 인정하는 것은 원칙적으로 허용될 수 없다. 이는 원진술자의 사망이나 질병 등으로 인하여 원진술자의 법정 출석 및 반대신문이 이루어지지 못한 경우는 물론 수사기관의 조서를 증거로 함에 피고인이 동의한 경우에도 마찬가지이다.
>
> 보충 피고인이 증거동의를 하였다면 증거능력은 있으나, 피고인이 그 내용을 부인하고 원진술자의 법정출석 및 피고인에 의한 반대신문이 이루어지지 못하였다면 이를 주된 증거로 하여 공소사실을 인정하는 것(증명력)은 원칙적으로 허용될 수 없다는 사례이다. 즉, 증거동의를 하여 증거조사에는 들어갔으나 증거조사의 결과 증명력에는 합리적 의심의 여지가 있다는 것이다.
>
> 정리 진술조서 내용이 구체적이지 않은데, 원진술자의 법정출석 및 반대신문이 이루어지지 못함 → 제312조 제4항 × → 제314조에 해당하거나 증거동의가 있음 → 증거능력은 인정 but 증명력 부정(자유심증주의)

(4) 특신상태

① **의의** : 조서에 기재된 진술이 특히 신빙할 수 있는 상태하에서 행하여졌음이 증명되어야 한다(2007년 개정법에 의한 요건 추가). 2007년 개정법은 구두변론주의·직접심리주의를 강화하기 위해, 수사기관 작성 참고인 진술조서에 대해서도 그 진술이 특히 신빙할 수 있는 상태하에서 행하여졌음이 증명된 때에 한하여 증거능력이 인정됨을 명시한 것이다. '특신상태'의 의미는 영미법의 **신용성의 정황적 보장과 같은 의미**로서, 조서작성 당시 그 진술내용이나 조서 또는 서류의 작성에 **허위개입의 여지가 없고 그 진술내용의 신빙성·임의성을 담보할 구체적·외부적인 정황이 있는 경우**를 말하고, 특신상태의 증명은 **개연성 정도로는 부족하고 합리적 의심의 여지를 배제할 정도**에 이르러야 한다(대법원 2014.2.21, 2013도12652).[1] [국가9급 13, 경찰간부 12, 해경간부 12, 경찰승진 12/14, 경찰채용 15 2차]

② **판단기준** : 신용성의 정황적 보장의 존부 및 그 정도에 관하여서는 구체적 사안에 따라 이를 가릴 수

1) [보충] 특신상태의 의미에 대해서는 ① 신용성의 정황적 보장으로 보는 입장(다수설), ② 검사 면전의 진술을 법관 면전의 진술에 준하는 것으로 취급될 수 있는 객관성과 적법성을 갖춘 상황으로 보는 견해(적법절차설 : 신동운, 이영란 등), ③ 결합설(배/이/정, 신양균)이 대립하고 있다. 제2설과 제3설은 제314조의 특신상태와 제315조 제3호의 특신상태는 구별된다고 한다. 결론적으로, 현행법은 적법한 절차와 방식에 의한 작성과 실질적 진정성립의 인정과는 별도로 특신상태를 요구하고 있을 뿐 특신상태의 개념은 단일하게 파악하는 것이 타당하다는 점에서, 본서는 제1설을 따른다.

밖에 없다. 예컨대 참고인이 변호인 또는 신뢰관계 있는 사람의 동석하여 심리적 안정을 충분히 가진 상태에서 진술한 경우에는 그 상황의 특신성이 인정된다고 할 수 있으나, 그 반대의 경우라면 진술상태의 특신성은 인정되기 어려울 것이다.

③ 거증책임과 증명의 정도 : 특신상태의 존재에 대한 거증책임은 **검사**에게 있다. 따라서 특신상태 증명불능의 경우 당해 조서는 증거로 쓸 수 없다. 다만, 특신상태는 소송법적 사실이므로 **검사가 자유로운 증명으로 증명**하면 족하다(대법원 2001.9.4, 2000도1743; 2012.7.26, 2012도2937) [경찰채용 20 2차]. 이때 증명은 특신상태의 **개연성이 있다는 정도로는 부족**하고 특신상태 부존재에 대한 **합리적인 의심의 여지를 배제할 정도**에 이르러야 한다(대법원 2014.2.21, 2013도12652; 2014.4.30, 2012도725).

판례연구 진술이 특히 신빙할 수 있는 상태하에서 행하여졌음

1. 대법원 2011.7.14, 2011도3809 [국가7급 18]

참고인진술조서의 원진술의 특신상태가 인정되는 않는다는 사례

검찰관이 피고인을 뇌물수수 혐의로 기소한 후, 형사사법공조절차를 거치지 아니한 채 과테말라공화국에 현지출장하여 그곳 호텔에서 뇌물공여자 甲을 상대로 참고인 진술조서를 작성한 경우, 甲이 자유스러운 분위기에서 임의수사 형태로 조사에 응하였고 조서에 직접 서명·무인하였다는 사정만으로 특신상태를 인정하기에 부족할 뿐만 아니라, 검찰관이 군사법원의 증거조사절차 외에서, 그것도 형사사법공조절차나 과테말라공화국 주재 우리나라 영사를 통한 조사 등의 방법을 택하지 않고 직접 현지에 가서 조사를 실시한 것은 수사의 정형적 형태를 벗어난 것이라고 볼 수 있는 점 등 제반 사정에 비추어 볼 때, 진술이 특별히 신빙할 수 있는 상태에서 이루어졌다는 점에 관한 증명이 있다고 보기 어려워 甲의 진술조서는 증거능력이 인정되지 아니하므로, 이를 유죄의 증거로 삼을 수 없다.

보충 다만, 전술하였듯이 위법수집증거배제법칙에는 위배되지 아니한다.

2. 대법원 2012.7.26, 2012도2937 [경찰채용 15/20 2차, 경찰승진 12/14, 경찰간부 12, 해경간부 12, 국가9급 13]

형사소송법 제312조 제4항에서 정한 '특히 신빙할 수 있는 상태'의 의미 및 그 증명책임 소재(= 검사)와 증명의 정도(= 자유로운 증명)

형사소송법 제312조 제4항에서 '특히 신빙할 수 있는 상태'란 진술 내용이나 조서 작성에 허위개입의 여지가 거의 없고, 진술 내용의 신빙성이나 임의성을 담보할 구체적이고 외부적인 정황이 있는 것을 말한다. 그리고 이러한 '특히 신빙할 수 있는 상태'는 증거능력의 요건에 해당하므로 검사가 그 존재에 대하여 구체적으로 주장·증명하여야 하지만, 이는 소송상의 사실에 관한 것이므로 엄격한 증명을 요하지 아니하고 자유로운 증명으로 족하다.

(5) 공소제기 후 피고인·증인에 대한 진술조서

① 공소제기 후 피고인에 대한 진술조서 : 진술조서에 해당한다는 견해와 피의자신문조서로 취급해야 한다는 견해가 대립되어 있으나, 공판중심주의·당사자주의에 비추어 공소제기 후의 피고인신문은 위법하므로(전술한 공소제기 후 수사 참조) 그 조서는 위법수집증거로 보아 증거능력이 부정된다는 것이 통설이다. 다만, **판례는 제312조의 요건을 충족한다면 증거로 사용**할 수 있다고 본다(대법원 1982.6.8, 82도754; 1984.9.25, 84도1646).

대법원 1982.6.8, 82도754

검사의 피고인에 대한 진술조서(당해 공소사실에 관한 것임)가 기소 후에 작성된 것이라는 이유만으로 곧 그 증거능력이 없는 것이라고 할 수 없다.

보충 판례는 통설과 반대로 공소제기 후 피고인신문에 의한 진술조서의 증거능력을 인정하고 있다.

② 공소제기 후 증인에 대한 진술조서 : 공소제기 후 참고인조사는 임의수사로서 허용되므로, 어떠한 증거가 공소가 제기된 이후 수사관에 의하여 수집되었다는 이유만으로 위법한 절차에 의하여 수집된 증거라고 볼 수는 없다(대법원 1983.8.23, 83도1632). 다만, **피고인에게 유리한 증언을 한 증인을 법정 외에서 추궁하여 법정에서의 증언을 번복하는 내용의 진술조서**(이른바 **증언 번복 진술조서**)의 증거능력에 관하여,[1] 판례

1) [보충] 공소제기 후 수사 부분에서 검토한 내용이다. 공소제기 후 검사 작성 증언번복조서에 대해서, 종래 판례는 공판기일에 다시 증인으로 신문하면서 그 진술조서 기재내용에 관하여 피고인 측에게 반대신문의 기회를 부여하였다면 그 증거채용을 탓할 것은 아니나(대법원 1992.8.18, 92도

는 **피고인이 증거로 할 수 있음에 동의하지 아니하는 한** (당해 진술조서의 성립의 진정이 인정되고 피고인 측에 반대신문의 기회가 보장되더라도) 당사자주의 · 공판중심주의 · 직접주의 및 법관면전재판청구권(헌법 제27조 제4항)을 침해하는 것이어서 그 **증거능력이 없다**는 입장이다(대법원 2000.6.15, 99도1108 전원합의체). 이는 검사가 공판준비 또는 공판기일에서 이미 증언을 마친 증인에게 수사기관에 출석할 것을 요구하여 그 증인을 상대로 **위증의 혐의를 조사한 내용을 담은 피의자신문조서의 경우도 마찬가지**이다(대법원 2013.8.14, 2012도13665). 통설도 증거능력 부정설의 입장이다.

(6) 관련문제 – 영상녹화물의 용도 · 조사신청 · 조사

① 의의 : 피의자신문에 있어서 피의자의 진술은 미리 영상녹화사실을 알려주면 영상녹화할 수 있고(제244조의2), 참고인조사에 있어서는 참고인의 동의를 받으면 영상녹화할 수 있다(제221조 제1항). 이러한 영상녹화물은 **제312조 제4항의 진술조서의 실질적 진정성립을 증명하는 용도**로 사용될 수 있다. 제312조 제1항의 검사 작성 피의자신문조서에는 더 이상 적용되지 않는다는 점은 기술한 바와 같다. 아래에서는 영상녹화물의 용도, 조사신청 및 조사절차에 관하여 살펴보기로 한다.

② 영상녹화물의 용도

(가) 기억환기용 : 피고인 또는 피고인이 아닌 자의 진술을 내용으로 하는 영상녹화물은 공판준비 또는 공판기일에 피고인 또는 피고인이 아닌 자가 진술함에 있어서 **기억이 명백하지 아니한 사항에 관하여 기억을 환기시켜야 할 필요가 있다고 인정되는 때에 한하여** 피고인 또는 피고인이 아닌 자에게 재생하여 시청하게 할 수 있다(제318조의2 제2항). [경찰승진 13] 기억환기를 위한 영상녹화물의 재생은 **검사의 신청**이 있는 경우에 한하며 피고인은 신청권이 없고 [법원9급 12], **기억의 환기가 필요한 피고인 또는 피고인 아닌 자에게만**(검사 ×) **이를 재생하여 시청**하게 하여야 한다 [국가7급 09, 해경간부 12, 경찰채용 12 1차](규칙 제134조의5 제1항).

(나) 본증 · 탄핵증거 : 수사기관의 영상녹화물은 범죄사실을 증명하는 독립된 증거인 **본증으로는 사용할 수 없으며**(판례, 학설대립), 피고인의 공판정 진술 내지 참고인의 법정증언에 대한 **탄핵증거로도 사용할 수 없다**(통설). [경찰간부 13/14/16]

판례연구 영상녹화물의 용도

대법원 2014.7.10, 2012도5041 [경찰간부 22, 법원9급 20]

수사기관이 참고인을 조사하는 과정에서 형사소송법 제221조 제1항에 따라 작성한 영상녹화물이 공소사실을 직접 증명할 수 있는 독립적인 증거로 사용될 수 없다는 사례

2007.6.1. 법률 제8496호로 개정된 형사소송법은 제221조 제1항에서 수사기관은 피의자 아닌 자(이하 '참고인'이라 한다)의 동의를 얻어 그의 진술을 영상녹화할 수 있는 절차를 신설하면서도, 제312조 제4항에서 위 영상녹화물과 별도로 검사 또는 사법경찰관이 참고인의 진술을 기재한 조서가 작성됨을 전제로 하여 영상녹화물로 그 진술조서의 실질적 진정성립을 증명할 수 있도록 규정하는 한편, 증거로 할 수 없는 서류나 진술이라도 공판준비 또는 공판기일에서 피고인 또는 참고인 진술의 증명력을 다투기 위한 증거로 사용될 수 있도록 정한 제318조의2 제1항과 별도로 제318조의2 제2항을 두어 참고인의 진술을 내용으로 하는 영상녹화물은 공판준비 또는 공판기일에 참고인이 진술함에 있어서 기억이 명백하지 아니한 사항에 관하여 기억을 환기시켜야 할 필요가 있다고 인정되는 때에 한하여 참고인에게 재생하여 시청하게 할 수 있다고 규정함으로써, 참고인의 진술에 대한 영상녹화물이 증거로 사용될 수 있는 경우를 제한하고 있다. … 따라서 수사기관이 참고인을 조사하는 과정에서 형사소송법 제221조 제1항에 따라 작성한 영상녹화물은, 다른 법률에서 달리 규정하고 있는 등의 특별한 사정이 없는 한, 공소사실을 직접 증명할 수 있는 독립적인 증거로 사용될 수는 없다고 해석함이 타당하다.

(다) 성폭력범죄 피해자 보호를 위한 영상녹화물 : ㉠ 검사 또는 사법경찰관은 **19세 미만 피해자등**(19세 미만인 피해자나 신체적인 또는 정신적인 장애로 사물을 변별하거나 의사를 결정할 능력이 미약한 피해자를 말한다. 2023.7.11. 개정 성폭법 제26조 제4항)**의 진술 내용과 조사 과정을 영상녹화장치로 녹화**(녹음이 포함된 것을 말하며, 이하 "영상녹화"라 함)**하고, 그 영상녹화물을 보존하여야 하고**(2023.7.11. 개정

1555), 그와 같은 경로에 의하여 수집된 증거는 신빙성이 상대적으로 희박하다고 할 수밖에 없다(대법원 1983.8.23, 83도1632; 1993.4.27, 92도2171)고 하여 그 증거능력 자체를 부정하지 아니하면서 그 신빙성만을 문제삼았었다.

성폭법 제30조 제1항), 영상녹화를 함에 있어서는 미리 영상녹화사실을 알려주어야 하며, 조사의 개시부터 종료까지의 전 과정 및 객관적 정황을 영상녹화하여야 하는데(동 제9항, 형사소송법 제244조의2 제1항 후단), 19세 미만 피해자등 또는 그 법정대리인(**법정대리인이 가해자이거나 가해자의 배우자인 경우는 제외**한다)이 이를 원하지 아니하는 의사를 표시하는 경우에는 영상녹화를 하여서는 아니 되고(동 제3항), 검사 또는 사법경찰관은 위 영상녹화를 마쳤을 때에는 **지체 없이 피해자 또는 변호사 앞에서 봉인하고 피해자로 하여금 기명날인 또는 서명**하게 하여야 하며(동 제4항), 검사 또는 사법경찰관은 위 영상녹화 과정의 진행 경과를 조서(별도의 서면 포함)에 기록한 후 수사기록에 편철하여야 한다(동 제5항).[1] [경찰간부 14, 경찰승진 15] ㉡ 이러한 성폭력피해자의 진술 내용을 담은 영상녹화물의 증거능력 인정 요건에 관하여, 구 성폭법 제30조 제6항은 촬영한 영상물에 수록된 19세 미만 또는 신체적 · 정신적 장애로 사물변별 · 의사결정능력이 미약한 성폭력피해자의 진술은 공판준비기일 또는 공판기일에 피해자나 조사 과정에 동석하였던 신뢰관계에 있는 사람 또는 진술조력인의 진술에 의하여 그 성립의 진정함이 인정된 경우에 증거로 할 수 있었으나, ㉢ 2021년 12월 헌법재판소가 **19세 미만 성폭력범죄 피해자의 진술에 대하여 동석한 신뢰관계인 또는 진술조력인의 진술에 의하여 그 성립의 진정함이 인정된 경우에 증거로 할 수 있다**는 부분에 대해서는 피고인의 반대신문권을 실질적으로 배제함으로써 피고인의 방어권을 과도하게 제한한다고 보아 **위헌결정**을 내림(헌법재판소 2021.12.23, 2018헌바524)에 따라, ㉣ 2023.7.11. 성폭법 제30조의2가 신설되었다.[2] 이에 따르면, 19세 미만 피해자등의 진술이 영상녹화된 영상녹화물은 ⓐ **적법한 절차와 방식**(2023.7.11. 개정 성폭법 제30조 제4항~제6항에서 정한 절차와 방식)에 따라 영상녹화된 것으로서, **증거보전기일, 공판준비기일 또는 공판기일에 그 내용에 대하여 피의자, 피고인 또는 변호인이 피해자를 신문할 수 있었던 경우**(다만, 증거보전기일에서의 신문의 경우 법원이 피의자나 피고인의 방어권이 보장된 상태에서 피해자에 대한 반대신문이 충분

---

1) [참조조문] 2023.7.11. 개정 성폭법 제30조(19세 미만 피해자등 진술 내용 등의 영상녹화 및 보존 등) ① 검사 또는 사법경찰관은 19세 미만 피해자등의 진술 내용과 조사 과정을 영상녹화장치로 녹화(녹음이 포함된 것을 말하며, 이하 "영상녹화"라 한다)하고, 그 영상녹화물을 보존하여야 한다.
② 검사 또는 사법경찰관은 19세 미만 피해자등을 조사하기 전에 다음 각 호의 사실을 피해자의 나이, 인지적 발달 단계, 심리 상태, 장애 정도 등을 고려한 적절한 방식으로 피해자에게 설명하여야 한다.
1. 조사 과정이 영상녹화된다는 사실
2. 영상녹화된 영상녹화물이 증거로 사용될 수 있다는 사실
③ 제1항에도 불구하고 19세 미만 피해자등 또는 그 법정대리인(법정대리인이 가해자이거나 가해자의 배우자인 경우는 제외한다)이 이를 원하지 아니하는 의사를 표시하는 경우에는 영상녹화를 하여서는 아니 된다.
④ 검사 또는 사법경찰관은 제1항에 따른 영상녹화를 마쳤을 때에는 지체 없이 피해자 또는 변호사 앞에서 봉인하고 피해자로 하여금 기명날인 또는 서명하게 하여야 한다.
⑤ 검사 또는 사법경찰관은 제1항에 따른 영상녹화 과정의 진행 경과를 조서(별도의 서면을 포함한다. 이하 같다)에 기록한 후 수사기록에 편철하여야 한다.
⑥ 제5항에 따라 영상녹화 과정의 진행 경과를 기록할 때에는 다음 각 호의 사항을 구체적으로 적어야 한다.
1. 피해자가 영상녹화 장소에 도착한 시각
2. 영상녹화를 시작하고 마친 시각
3. 그 밖에 영상녹화 과정의 진행경과를 확인하기 위하여 필요한 사항
⑦ 검사 또는 사법경찰관은 19세 미만 피해자등이나 그 법정대리인이 신청하는 경우에는 영상녹화 과정에서 작성한 조서의 사본 또는 영상녹화물에 녹음된 내용을 옮겨 적은 녹취서의 사본을 신청인에게 발급하거나 영상녹화물을 재생하여 시청하게 하여야 한다.
⑧ 누구든지 제1항에 따라 영상녹화한 영상녹화물을 수사 및 재판의 용도 외에 다른 목적으로 사용하여서는 아니 된다.
⑨ 제1항에 따른 영상녹화의 방법에 관하여는 「형사소송법」 제244조의2 제1항 후단을 준용한다.
[전문개정 2023. 7. 11.]

2) [참조조문] 2023.7.11. 신설 성폭법 제30조의2(영상녹화물의 증거능력 특례) ① 제30조 제1항에 따라 19세 미만 피해자등의 진술이 영상녹화된 영상녹화물은 같은 조 제4항부터 제6항까지에서 정한 절차와 방식에 따라 영상녹화된 것으로서 다음 각 호의 어느 하나의 경우에 증거로 할 수 있다.
1. 증거보전기일, 공판준비기일 또는 공판기일에 그 내용에 대하여 피의자, 피고인 또는 변호인이 피해자를 신문할 수 있었던 경우. 다만, 증거보전기일에서의 신문의 경우 법원이 피의자나 피고인의 방어권이 보장된 상태에서 피해자에 대한 반대신문이 충분히 이루어졌다고 인정하는 경우로 한정한다.
2. 19세 미만 피해자등이 다음 각 목의 어느 하나에 해당하는 사유로 공판준비기일 또는 공판기일에 출석하여 진술할 수 없는 경우. 다만, 영상녹화된 진술 및 영상녹화가 특별히 신빙(信憑)할 수 있는 상태에서 이루어졌음이 증명된 경우로 한정한다.
가. 사망
나. 외국 거주
다. 신체적, 정신적 질병 · 장애
라. 소재불명
마. 그 밖에 이에 준하는 경우
② 법원은 제1항 제2호에 따라 증거능력이 있는 영상녹화물을 유죄의 증거로 할지를 결정할 때에는 피고인과의 관계, 범행의 내용, 피해자의 나이, 심신의 상태, 피해자가 증언으로 인하여 겪을 수 있는 심리적 외상, 영상녹화물에 수록된 19세 미만 피해자등의 진술 내용 및 진술 태도 등을 고려하여야 한다. 이 경우 법원은 전문심리위원 또는 제33조에 따른 전문가의 의견을 들어야 한다.
[본조신설 2023. 7. 11.]

히 이루어졌다고 인정하는 경우로 한정됨)(2023.7.11. 신설 성폭법 제30조의2 제1항 제1호 : **적 + 반**) 또는 ⓑ **적법한 절차와 방식**에 따라 영상녹화된 것으로서, **19세 미만 피해자등이 사망, 외국 거주, 신체적 · 정신적 질병 · 장애, 소재불명, 그 밖에 이에 준하는 경우 중 어느 하나에 해당하는 사유로 공판준비기일 또는 공판기일에 출석하여 진술할 수 없고, 영상녹화된 진술 및 영상녹화가 특별히 신빙(信憑)할 수 있는 상태에서 이루어졌음이 증명**된 경우(동 제2호 : **적 + 필 + 특**)에 증거로 할 수 있다. 법원은 ⓑ의 경우 증거능력이 있는 영상녹화물을 유죄의 증거로 할지를 결정할 때에는 피고인과의 관계, 범행의 내용, 피해자의 나이, 심신의 상태, 피해자가 증언으로 인하여 겪을 수 있는 심리적 외상, 영상녹화물에 수록된 19세 미만 피해자등의 진술 내용 및 진술 태도 등을 고려하여야 한다. 이 경우 법원은 전문심리위원 또는 전문가(성폭법 제33조)의 의견을 들어야 한다(동 제2항).

판례연구 성폭법상 성폭력피해자 진술 영상녹화물

1. 대법원 2010.1.28, 2009도12048

성폭법에 따라 촬영된 영상물에 수록된 피해자 진술의 증거능력이 인정되는 '진술'의 범위

성폭력범죄의 처벌 및 피해자보호 등에 관한 법률 제21조의3 제3항(현 성폭력범죄의 처벌 등에 관한 특례법 제30조[1] 제1항)에 의해 촬영된 영상물에 수록된 '피해자의 진술'은 같은 조 제4항에 의해 공판준비 또는 공판기일에서 피해자 또는 조사과정에 동석하였던 신뢰관계에 있는 자의 진술에 의하여 그 성립의 진정함이 인정된 때에는 증거로 할 수 있다. 그리고 같은 규정에 의하여 증거능력이 인정될 수 있는 것은 '같은 규정에 의해 촬영된 영상물에 수록된 피해자의 진술' 그 자체일 뿐이고, '피해자에 대한 경찰 진술조서'나 '조사과정에 동석하였던 신뢰관계 있는 자의 공판기일에서의 진술'은 그 대상이 되지 아니한다.

보충 성폭법 위반으로 공소제기된 사안에서, 같은 법에 의해 촬영된 영상물에 수록된 피해자의 진술이 피해자에 대한 경찰 진술조서의 내용과 일치함을 조사과정에 동석하였던 피해자의 어머니의 진술을 통하여 확인하였으면서도(이제는 19세 미만 피해자의 경우에는 위 방법에 의한 증거능력 인정은 허용되지 않음, 아래 헌재 위헌결정 참조) 그 피해자의 진술을 증거로 쓰지 아니한 채, 형사소송법 제316조 제2항 및 제312조 제4항의 각 요건을 갖추지 못하여 증거로 할 수 없는 피해자의 어머니의 공판기일에서의 진술, 피해자에 대한 경찰진술조서 등만에 의하여 범죄사실에 대한 증명이 충분하다고 보아 이를 유죄로 판단한 원심판결을 파기한 사례이다.

2. 헌법재판소 2021.12.23, 2018헌바524

영상물에 수록된 19세 미만 성폭력범죄 피해자 진술에 관한 증거능력 특례조항 사건

성폭력범죄의 처벌 등에 관한 특례법 제30조 제6항 중 '제1항에 따라 촬영한 영상물에 수록된 피해자의 진술은 공판준비기일 또는 공판기일에 조사 과정에 동석하였던 신뢰관계에 있는 사람 또는 진술조력인의 진술에 의하여 그 성립의 진정함이 인정된 경우에 증거로 할 수 있다' 부분 가운데 19세 미만 성폭력범죄 피해자에 관한 부분은 헌법에 위반된다.[2]

---

1) 성폭력범죄의 처벌 등에 관한 특례법(본서에서는 '성폭법') 제30조(영상물의 촬영 · 보존 등) ① 성폭력범죄의 피해자가 19세 미만이거나 신체적인 또는 정신적인 장애로 사물을 변별하거나 의사를 결정할 능력이 미약한 경우에는 피해자의 진술 내용과 조사 과정을 비디오녹화기 등 영상물 녹화장치로 촬영 · 보존하여야 한다.
② 제1항에 따른 영상물 녹화는 피해자 또는 법정대리인이 이를 원하지 아니하는 의사를 표시한 경우에는 촬영을 하여서는 아니 된다. [경찰간부 14/경찰승진 15] 다만, 가해자가 친권자 중 일방인 경우는 그러하지 아니하다.
③ 제1항에 따른 영상물 녹화는 조사의 개시부터 종료까지의 전 과정 및 객관적 정황을 녹화하여야 하고, 녹화가 완료된 때에는 지체 없이 그 원본을 피해자 또는 변호사 앞에서 봉인하고 피해자로 하여금 기명날인 또는 서명하게 하여야 한다.
④ 검사 또는 사법경찰관은 피해자가 제1항의 녹화장소에 도착한 시각, 녹화를 시작하고 마친 시각, 그 밖에 녹화과정의 진행경과를 확인하기 위하여 필요한 사항을 조서 또는 별도의 서면에 기록한 후 수사기록에 편철하여야 한다.
⑤ 검사 또는 사법경찰관은 피해자 또는 법정대리인이 신청하는 경우에는 영상물 촬영과정에서 작성한 조서의 사본을 신청인에게 발급하거나 영상물을 재생하여 시청하게 하여야 한다.
⑥ 제1항에 따라 촬영한 영상물에 수록된 피해자의 진술은 공판준비기일 또는 공판기일에 피해자나 조사 과정에 동석하였던 신뢰관계에 있는 사람 또는 진술조력인의 진술에 의하여 그 성립의 진정함이 인정된 경우에 증거로 할 수 있다.
⑦ 누구든지 제1항에 따라 촬영한 영상물을 수사 및 재판의 용도 외에 다른 목적으로 사용하여서는 아니 된다.

2) [보충1] (이유 요약) ① (목적의 정당성 및 수단의 적합성) 미성년 피해자가 받을 수 있는 2차 피해를 방지하는 것은, 성폭력범죄에 관한 형사절차를 형성함에 있어 결코 포기할 수 없는 중요한 가치라 할 것이나 그 과정에서 피고인의 공정한 재판을 받을 권리 역시 보장되어야 한다. 그런데 성폭력범죄의 특성상 영상물에 수록된 미성년 피해자 진술이 사건의 핵심 증거인 경우가 적지 않고, 이러한 진술증거에 대한 탄핵의 필요성이 인정됨에도 심판대상조항은 그러한 주요 진술증거의 왜곡이나 오류를 탄핵할 수 있는 효과적인 방법인 피고인의 반대신문권을 보장하지 않고 있으며, 이를 대체할 만한 수단도 마련하고 있지 못하다. … 심판대상조항에 의하여 피고인은 사건의 핵심적인 진술증거에 관하여 충분히 탄핵할 기회를 갖지 못한 채 유죄 판결을 받을 수 있게 되므로, 그로 인한 피고인의 방어권 제한의 정도는 매우 중대하다. … 피고인의 반대신문권을 보장하면서도 미성년 피해자를 보호할 수 있는 조화적인 방법을 상정할 수 있음에도, 영상물의 원진술자인 미성년 피해자에 대한 피고인의 반대신문권을 실질적으로 배제하여 피고인의 방어권을 과도하게 제한하는 심판대상조항은 피해의 최소성 요건을 갖추지 못하였다. ② (법익의 균형성) 심판대상조항으로 인하여 피고인의 방어권이 제한되는 정도가 중대하고, 미성년 피해자의 2차 피해를 방지할 수 있는 여러 조화적인 대안들이 존재함은 앞서 살핀 바와 같다. 이러한 점들을 고려할 때, 심판대상조항이 달성하려는 공익이 제한되는 피고인의 사익보다 우월하다고 쉽게 단정하기는 어렵다. 따라서 심판대상조항은 법익의 균형성 요건도 갖추지 못하였다. ③ (결론) 심판대상조항은 과잉금지원칙을 위반하여 청구인의 공정한 재판을 받을 권리를 침해한다.
[보충2] (결정의 의의) 이번 위헌결정은 원진술자에 대한 피고인의 반대신문권을 제한하는 성폭법 제30조 제6항에 관한 특례조항에 관한 것으로

3. 대법원 2022.4.14, 2021도14530

19세 미만 성폭력 피해자에 대한 반대신문권 보장 없이 조사 과정에 동석하였던 신뢰관계인의 진술에 의한 진정성립 인정

헌법재판소는 2021.12.23. 선고 2018헌바524 사건에서 "성폭력처벌법 제30조 제6항 중 '제1항에 따라 촬영한 영상물에 수록된 피해자의 진술은 공판준비기일 또는 공판기일에 조사 과정에 동석하였던 신뢰관계에 있는 사람 또는 진술조력인의 진술에 의하여 그 성립의 진정함이 인정된 경우에 증거로 할 수 있다'는 부분 가운데 19세 미만 성폭력범죄 피해자에 관한 부분은 헌법에 위반된다."라고 결정하였는데, 이는 피고인의 반대신문권을 보장하면서도 미성년 피해자를 보호할 수 있는 조화로운 방법을 상정할 수 있는데도, 피고인의 반대신문권을 실질적으로 배제하여 피고인의 방어권을 과도하게 제한하는 이 사건 위헌 법률 조항은 피해의 최소성, 법익의 균형성 요건을 충족하지 못하여 과잉금지 원칙을 위반하고 피고인의 공정한 재판을 받을 권리를 침해한다고 본 것이다. 이 사건 위헌 결정의 효력은 결정 당시 법원에 계속 중이던 이 사건에도 미친다. 따라서 19세 미만 성폭력 피해자에 대한 피고인의 반대신문권의 보장 없이 조사 과정에 동석하였던 신뢰관계인의 진술에 의하여 그 진정성립이 인정되면 증거능력을 부여하는 이 사건 위헌 법률 조항은 이 사건 영상물의 증거능력을 인정하는 근거가 될 수 없다.

4. [유사판례] 대법원 2022.4.14, 2021도14616

아동·청소년대상 성범죄의 혐의로 기소된 피고인은 수사기관에서 촬영한 피해자 진술에 대한 영상물과 이를 그대로 녹취한 속기록이 모두 증거능력이 없다고 주장하면서 이를 증거로 함에 동의하지 않다가, 위헌결정을 받은 법률 조항(미성년성폭력피해자에 대한 피고인의 반대신문 없이 신뢰관계인·진술조력인의 진술에 의한 성립의 진정만으로 피해자 진술에 대한 영상물의 증거능력을 인정하는 성폭력처벌법 제30조 제6항)에 따라 신뢰관계인에 대한 증인신문에 의하여 위 영상물이 증거로 채택되어 증거조사가 이루어지게 되자 증거에 관한 의견을 변경하여 위 속기록을 증거로 함에는 동의하였다. (그러나) 이 사건 위헌 결정으로 인하여 이 사건 영상물의 증거능력이 인정될 수 없는 경우라면, 비록 피고인이 이 사건 속기록에 대해서는 증거로 함에 동의하였다고 하더라도 그 동의의 경위와 사유 등에 비추어 이 사건 영상물과 속기록 사이에 증거능력의 차이를 둘 수 있는 합리적 이유가 존재한다는 등의 특별한 사정이 없는 한, 이 사건 속기록을 진정한 것으로 인정하기는 어렵다.

보충 원심으로서는 이 사건 청소년성보호법 조항의 위헌 여부 또는 그 적용에 따른 위헌적 결과를 피하기 위하여 피해자들을 증인으로 소환하여 그 진술을 듣고 피고인에게 반대신문권을 행사할 기회를 부여할 필요가 있는지 여부 등에 관하여 심리·판단하였어야 한다.

③ 영상녹화물의 조사신청

(가) 피고인 아닌 피의자의 진술에 대한 영상녹화물의 조사신청 : 검사는 **피고인이 아닌 피의자의 진술을 영상녹화**한 사건에서 피고인이 아닌 피의자가 그 조서에 기재된 내용이 자신이 진술한 내용과 동일하게 기재되어 있음을 인정하지 아니하는 경우 그 부분의 성립의 진정을 증명하기 위하여 영상녹화물의 조사를 신청할 수 있다(2020.12.28. 개정 형사소송규칙 제134조의2 제1항). 종래 위 규칙의 조문에는 "피고인이 된 피의자의 진술을 영상녹화한 사건에서 피고인이 그 조서에 기재된 내용이 피고인이 진술한 내용과 동일하게 기재되어 있음을 인정하지 아니하는 경우"도 규정되어 있었으나, 2020.2.4. 검·경 수사권 조정을 위해 형사소송법이 개정되어 **검사 작성 피고인이 된 피의자신문조서의 진정성립 증명을 위한 영상녹화물 조사가 허용되지 않게 됨**에 따라(2021.1.1. 시행) 그 영상녹화물 증거조사 절차를 규정한 대법원규칙(형사소송규칙)도 개정된 것이다. 여하튼, 이러한 영상녹화물은 조사가 개시된 시점부터 조사가 종료되어 피의자가 조서에 기명날인 또는 서명을 마치는 시점까지 전 과정이 영상녹화된 것으로 피의자의 신문이 영상녹화되고 있다는 취지의 고지(피의자신문시 영상녹화를 위한 사전고지 요건), 영상녹화를 시작하고 마친 시각 및 장소의 고지, 신문하는 검사 또는 사법경찰관과 참여한 자의 성명과 직급의 고지, 진술거부권·변호인의 참여를 요청할 수 있다는 점 등의 고지, 조사를 중단·재개하는 경우 중단 이유와 중단 시각, 중단 후 재개하는 시각, 조사를 종료하는 시각 등의 내용을 포함하는 것이어야 한다(규칙 제134조의2 제3항).

(나) 피의자 아닌 자의 진술에 대한 영상녹화물의 조사신청 : 검사는 피의자가 아닌 자가 공판준비 또는 공판기일에서 조서가 자신이 검사 또는 사법경찰관 앞에서 진술한 내용과 동일하게 기재되어 있음을 인정하지 아니하는 경우 그 부분의 성립의 진정을 증명하기 위하여 영상녹화물의 조사를 신청할 수 있다(규칙 제134조의3 제1항). 이 경우 검사는 피의자가 아닌 자가 **영상녹화에 동의하였다는 취지**

서, 헌법재판소는, 미성년 피해자의 2차 피해를 방지하는 것은 성폭력범죄에 관한 형사절차를 형성함에 있어 결코 포기할 수 없는 중요한 가치라 할 것이나, 피고인의 반대신문권을 보장하면서도 성폭력범죄의 미성년 피해자를 보호할 수 있는 조화적인 방법을 상정할 수 있음에도, 심판대상 조항이 영상물에 수록된 미성년 피해자 진술에 있어 원진술자에 대한 피고인의 반대신문권을 실질적으로 배제하여 피고인의 방어권을 과도하게 제한하는 것은 과잉금지원칙에 반한다고 보아, 재판관 6:3의 의견으로 위헌 결정을 내린 것이다.

로 기재하고 기명날인 또는 서명한 서면을 첨부하여야 한다(참고인 조사 시 영상녹화를 위한 사전동의 요건, 동 제2항). 피의자 아닌 자 진술 영상녹화물의 내용적 요건은 (피의자 이외의 자에 대한 조사라는 수사과정의 특성상) 진술거부권 · 변호인 참여권 고지를 제외하고는 영상녹화 전 과정이 영상녹화된 것이어야 하는 등 위 피의자 진술 영상녹화물의 요건과 동일하다(동 제3항).

④ 영상녹화물의 조사 : 법원은 검사가 영상녹화물의 조사를 신청한 경우 이에 관한 결정을 함에 있어 원진술자와 함께 피고인 또는 변호인으로 하여금 그 **영상녹화물이 적법한 절차와 방식에 따라 작성되어 봉인된 것인지 여부에 관한 의견을 진술하게 하여야 한다**(규칙 제134조의4 제1항). 법원은 증거조사를 함에 있어서는 공판준비 또는 공판기일에서 봉인을 해체하고 영상녹화물의 전부 또는 일부를 재생하는 방법으로 조사하여야 한다(동 제3항 전문). 이때 영상녹화물은 그 재생과 조사에 필요한 전자적 설비를 갖춘 법정 외의 장소에서 이를 재생할 수 있다(동 제3항 후문). 재판장은 조사를 마친 후 지체 없이 법원사무관 등으로 하여금 다시 원본을 봉인하도록 하고, 원진술자와 함께 피고인 또는 변호인에게 기명날인 또는 서명하도록 하여 검사에게 반환한다(동 제4항 본문). 다만, 피고인의 출석 없이 개정하는 사건에서 변호인이 없는 때에는 피고인 또는 변호인의 기명날인 또는 서명을 요하지 아니한다(동 제4항 단서).

Ⅳ 진술서 및 진술기재서류

1. 의의 및 종류

(1) 의의 : 진술서(陳述書)란 피의자 · 피고인 · 참고인이 스스로 자기의 의사 · 사상 · 관념 및 사실관계를 기재한 서면을 말한다. 진술서는 **피의자 · 피고인 · 참고인이 그 작성주체**라는 점에서 법원(제311조) · 수사기관(제312조 제1항 · 제4항)이 작성주체인 진술조서와는 구별된다. 진술서는 그 명칭 여하는 불문하고(예 자술서, 진술서, 시말서), 반드시 자필일 것도 요하지 않으며(예 타이프라이터 기타 부동문자로 작성) [교정9급특채 11] 당해 사건의 수사절차(제312조 ○, 제313조 ×)나 공판절차에서 작성될 것을 요하지 않으므로, 사건과 관계없이 작성된 일기나 메모 등도 진술서에 포함된다. 한편, 진술기재서류(陳述記載書類)는 제3자가 진술자의 진술을 기재한 서류를 말한다.

(2) 종 류

① 일반적인 분류 : 진술서는 작성주체에 따라서 피고인, 피의자, 참고인의 진술서로 나뉘고, 작성과정에 따라서 공판심리 중에 작성된 진술서, 검사의 수사단계에서 작성된 진술서, 사법경찰관의 수사단계에서 작성된 진술서 및 공판절차 · 수사절차 외에서 작성된 진술서로 나뉘며, 작성동기에 따라서는 피의자 등이 자진하여 작성한 진술서와 수사기관의 요구에 의하여 작성한 진술서로 나뉜다.

② 법률상 분류 : 형사소송법에서는 **수사과정에서 작성한 진술서(제312조 제5항)**와 **그 밖의 과정에서 작성한 진술서(제313조 제1항)**로 나누어 규정하고 있다.

(3) 제312조 제5항의 진술서와 제313조 제1항의 진술서의 관계 : ① 수사과정에서 작성한 진술서에 대해서는 제312조 제5항에서 보다 엄격한 요건으로 규정되어 있으므로 동조항을 우선 적용하고, ② 여기에 해당되지 않는, 즉 수사과정 이외에서 작성한 진술서에 대해서만 제313조를 적용하여야 한다. 제313조의 진술서 조항에는 진술서와 진술기재서류가 규정되어 있다.

> **판례연구** 수사과정 진술서와 수사과정 외 진술서의 구별
>
> **대법원 2022.12.15, 2022도8824** [변호사 24]
>
> 세무공무원 작성 심문조서의 증거능력
>
> 조세범칙조사를 담당하는 세무공무원이 피고인이 된 혐의자 또는 참고인에 대하여 심문한 내용을 기재한 조서는 검사 · 사법경찰관 등 수사기관이 작성한 조서와 동일하게 볼 수 없으므로(세무공무원이 특별사법경찰관리에 해당하지 않음은 1권 수사기관 참조) 형사소송법 제312조에 따라 증거능력의 존부를 판단할 수는 없고, 피고인 또는 피고인이 아닌 자가 작성한 진술서나 그 진술을 기재한 서류에 해당하므로 형사소송법 제313조에 따라 공판준비 또는 공판기일에서 작성자 · 진술자의 진술에 따라 성립의 진정함이 증명되고 나아가 그 진술이 특히 신빙할 수 있는 상태 아래에서 행하여진 때에 한하여 증거능력이 인정된다.[1]

1) [참고] 이때 '특히 신빙할 수 있는 상태'란 조서 작성 당시 그 진술내용이나 조서 또는 서류의 작성에 허위 개입의 여지가 거의 없고, 그 진술내용

(4) **진술서와 진술기재서류** : 진술서란 피고인 또는 피고인 아닌 자가 스스로 자기의 의사·사실관계를 기재한 서면을 말하고, 진술기재서류란 변호인이나 수사기관 이외의 제3자가 피고인 또는 피고인 아닌 자의 진술을 기재한 서류를 말한다. 즉, 진술서는 작성자와 진술자가 일치하는 전문서류이고, 진술기재서류는 작성자와 진술자가 일치하지 않는 전문서류이다. 진술서와 진술기재서류의 분류는 특히 제313조의 적용과 관련하여 구별의 실익이 있다.

2. 수사과정에서 작성한 진술서

> **제312조(검사 또는 사법경찰관의 조서 등)** ⑤ 제1항부터 제4항까지의 규정은 피고인 또는 피고인이 아닌 자가 수사과정에서 작성한 진술서에 관하여 준용한다.

(1) 의의 : 제312조 제5항은, 수사기관이 진술조서를 작성하지 않고 피의자·참고인으로 하여금 직접 진술서를 작성·제출하게 함으로써 제312조의 엄격한 전문법칙 예외요건을 우회하여 **제313조의 완화된 요건을 적용받고자 한 수사기관의 기도(企圖)를 물리친 종래 대법원 전원합의체 판례의 입장이 입법화**된 것이다(82도1479 전원합의체).[1] 즉, **피의자의 진술을 기재한 서류 또는 문서가 수사기관에서의 조사 과정에서 작성된 것**이라면, 그것이 '진술조서, 진술서, 자술서'라는 형식을 취하였다고 하더라도 피의자신문조서와 달리 볼 수 없다. 예컨대, **사법경찰관의 수사과정에서 피의자가 작성한 진술서**의 증거능력은 제313조에 의하여 성립의 진정이 증명되는 것만으로는 안 되고, **제312조 제3항**에 의해 내용인정까지 되어야 한다. [경찰채용 14 2차]

> **판례연구** 수사과정 진술서와 수사기관 조서
>
> **대법원 1982.9.14, 82도1479 전원합의체** [경찰승진 15, 경찰채용 09 2차/14 2차]
>
> 사법경찰관에 의한 신문과정에서 피의자에 의하여 작성·제출된 진술서에 대해서 법 제312조 제3항이 적용되어야 한다는 사례
>
> 증거능력의 부여에 있어서 검사 이외의 수사기관 작성의 피의자 신문조서에 엄격한 요건을 요구한 취지는 그 신문에 있어서 있을지도 모르는 개인의 기본적 인권보장의 결여를 방지하려는 입법정책적 고려라고 할 것이고, 피의자가 작성한 진술서에 대하여 그 성립만 인정되면 증거로 할 수 있고 그 이외에 기재내용의 인정이나 신빙성을 그 요건으로 하지 아니한 취지는 피고인의 자백이나 불이익한 사실의 승인은 재현불가능이 많고 또한 진술거부권이 있음에도 불구하고 자기에게 불이익한 사실을 진술하는 것은 진실성이 강하다는 데에 입법적 근거를 둔 것이다. 따라서 위와 같은 형사소송법 규정들의 입법취지 그리고 공익의 유지와 개인의 기본적 인권의 보장이라는 형사소송법의 기본이념들을 종합 고찰하여 볼 때, 사법경찰관이 피의자를 조사하는 과정에서 형사소송법 제244조에 의하여 피의자신문조서에 기재됨이 마땅한 피의자의 진술내용을 진술서의 형식으로 피의자로 하여금 기하여 제출케 한 경우에는 그 진술서의 증거능력 유무는 검사이외의 수사기관이 작성한 피의자 신문조서와 마찬가지로 형사소송법 제312조 제2항(현 제3항)에 따라 결정되어야 할 것이고 동법 제313조 제1항 본문에 따라 결정할 것이 아니다.

(2) 증거능력 인정요건 : **제312조 제1항~제4항 준용**

검사의 수사과정에서 작성한 피고인(당해 피고인)이 된 피의자의 진술서 (제312조 제1항)	① 적법한 절차와 방식 (실질적 진정성립 + 특신상태) ② 내용의 인정
사법경찰관의 수사과정에서 작성한 피고인이 된 피의자의 진술서 (제312조 제3항)	① 적법한 절차와 방식 (실질적 진정성립 + 특신상태) ② 내용의 인정

의 신빙성과 임의성을 담보할 구체적이고 외부적인 정황이 있는 경우를 의미하는데, 조세범 처벌절차법 및 이에 근거한 시행령·시행규칙·훈령(조사사무처리규정) 등의 조세범칙조사 관련 법령에서 구체적으로 명시한 진술거부권 등 고지, 변호사 등의 조력을 받을 권리 보장, 열람·이의제기 및 의견진술권 등 심문조서의 작성에 관한 절차규정의 본질적인 내용의 침해·위반 등도 '특히 신빙할 수 있는 상태' 여부의 판단에 있어 고려되어야 한다(위 판례).

1) [보충] 종래 경찰수사단계에서 사법경찰관리의 면전에서 작성된 피의자의 진술서에 대해서도 제313조 제1항을 적용해서 피고인이 그 내용을 부인해도 증거능력을 인정할 것인가가 문제되어왔고, 이에 대하여 제312조설, 제313조설, 절충설의 대립이 있었다. 판례는 대법원 1982.9.14, 82도1479 전원합의체 판결에서 제312조설을 취한 이래 일관된 입장을 유지하여 왔고, 2007년 개정법에서 이를 반영하여 제312조 제5항을 신설하게 된 것이다.

검사 · 사법경찰관의 수사과정에서 작성한 피고인 아닌 자(참고인, 공동피고인 등 피고인이 되지 않은 피의자 포함)의 진술서 (제312조 제4항)	① 적법한 절차와 방식 ② 실질적 진정성립 ③ 반대신문의 기회보장 ④ 특신상태

판례연구 수사과정 작성 진술서의 적법한 절차와 방식에 의한 작성

1. 대법원 2015.4.23, 2013도3790 [국가7급 16, 경찰채용 21 2차/23 1차]

피고인이 아닌 자가 수사과정에서 진술서를 작성하였으나 수사기관이 그에 대한 조사과정을 기록하지 아니한 경우, 진술서의 증거능력이 인정되지 아니한다는 사례

법 제221조 제1항에서 검사 또는 사법경찰관은 수사에 필요한 때에는 피의자가 아닌 자의 출석을 요구하여 진술을 들을 수 있다고 규정하고, 제244조의4 제3항, 제1항에서 검사 또는 사법경찰관이 피의자가 아닌 자를 조사하는 경우에는 피의자를 조사하는 경우와 마찬가지로 조사장소에 도착한 시각, 조사를 시작하고 마친 시각, 그 밖에 조사과정의 진행경과를 확인하기 위하여 필요한 사항을 조서에 기록하거나 별도의 서면에 기록한 후 수사기록에 편철하여야 한다고 규정하고 있다. 이와 같이 수사기관으로 하여금 피의자가 아닌 자를 조사할 수 있도록 하면서도 그 조사과정을 기록하도록 한 취지는 수사기관이 조사과정에서 피조사자로부터 진술증거를 취득하는 과정을 투명하게 함으로써 그 과정에서의 절차적 적법성을 제도적으로 보장하려는 데 있다. 따라서 수사기관이 수사에 필요하여 피의자가 아닌 자를 조사하는 과정에서 그 진술을 청취하여 증거로 남기는 방법으로 진술조서가 아닌 진술서를 작성 · 제출받는 경우에도 그 절차는 준수되어야 할 것이다. 이러한 형사소송법의 규정 및 그 입법 목적 등을 종합하여 보면, 피고인이 아닌 자가 수사과정에서 진술서를 작성하였지만 수사기관이 그에 대한 조사과정을 기록하지 아니하여 형사소송법 제244조의4 제3항, 제1항에서 정한 절차를 위반한 경우에는, 특별한 사정이 없는 한 '적법한 절차와 방식'에 따라 수사과정에서 진술서가 작성되었다 할 수 없으므로 그 증거능력을 인정할 수 없다.

보충 진술서를 증거로 제출하기 위해서는 수사기관이 그에 대한 조사과정을 기록해야만 한다는 것을 분명히 한 판례이다.

2. 대법원 2015.10.29, 2014도5939

피의자의 진술을 기재한 서류 또는 문서가 수사기관에서의 조사 과정에서 작성된 경우의 처리

피의자의 진술을 기재한 서류 또는 문서가 수사기관에서의 조사 과정에서 작성된 것이라면, 그것이 '진술조서, 진술서, 자술서'라는 형식을 취하였다고 하더라도 피의자신문조서와 달리 볼 수 없다. 특히 조사대상자의 진술 내용이 단순히 제3자의 범죄에 관한 경우가 아니라 자신과 제3자에게 공동으로 관련된 범죄에 관한 것이거나 제3자의 피의사실뿐만 아니라 자신의 피의사실에 관한 것이기도 하여 실질이 피의자신문조서의 성격을 가지는 경우에 수사기관은 진술을 듣기 전에 미리 진술거부권을 고지하여야 한다.

3. 대법원 2019.11.14, 2019도13290 [경찰승진 22, 국가9급 20]

현행범을 체포한 경찰관의 목격자로서의 진술이 기재된 압수조서의 압수경위란 사건

피고인이 지하철역 에스컬레이터에서 휴대전화기의 카메라를 이용하여 성명불상 여성 피해자의 치마 속을 몰래 촬영하다가 현행범으로 체포되어 성폭력범죄의 처벌 등에 관한 특례법 위반(카메라 등 이용 촬영)으로 기소된 사안에서, 체포 당시 임의제출 방식으로 압수된 피고인 소유 휴대전화기에 대한 압수조서 중 '압수경위'란에 기재된 내용은 피고인이 범행을 저지르는 현장을 직접 목격한 사람의 진술이 담긴 것으로서 법 제312조 제5항에서 정한 '피고인이 아닌 자가 수사과정에서 작성한 진술서'에 준하는 것으로 볼 수 있고, 이에 따라 휴대전화기에 대한 임의제출절차가 적법하였는지에 영향을 받지 않는 별개의 독립적인 증거에 해당한다.

보충 따라서 이는 자백의 보강증거가 될 수 있게 된다(자백보강법칙에서 후술).

4. 대법원 2022.10.27, 2022도9510 [변호사 24]

사법경찰관이 작성자를 방문하여 질문 후 작성을 요구하여 제출받은 진술서 : 형사소송법 제312조 제5항의 적용범위

(甲은 乙을 위하여 처리 후 보관하던 '입당원서'를 작성자의 동의 없이 수사기관에 임의 제출하였다. 사법경찰관은 위 입당원서 작성자의 주거지 · 근무지를 방문하여 그 작성 경위 등을 질문한 후 작성을 요구하여 '진술서'를 제출받았다. 이때 사법경찰관은 조사과정의 진행경과를 확인하기 위하여 필요한 사항을 그 진술서에 기록하거나 별도의 서면에 기록한 후 수사기록에 편철하는 등 적절한 조치를 취하지 않았다.) 형사소송법 제312조 제5항은 피고인 또는 피고인이 아닌 자가 수사과정에서 작성한 진술서의 증거능력에 관하여 형사소송법 제312조 제1항부터 제4항까지 준용하도록 규정하고 있으므로, 검사 또는 사법경찰관이 피고인이 아닌 자의 진술을 기재한 조서의 증거능력이 인정되려면 '적법한 절차와 방식에 따라 작성된 것'이어야 한다는 법리가 피고인이 아닌 자가 수사과정에서 작성한 진술서의 증거능력에 관하여도 적용된다. 이러한 형사소송법 규정 및 문언과 그 입법 목적 등에 비추어 보면, 형사소송법 제312조 제5항의 적용대상인 '수사과정에서 작성한 진술서'란 수사가 시작된 이후에 수사기관의 관여 아래 작성된 것이거나, 개시된 수사와 관련하여 수사과정에 제출할 목적으로 작성한 것으로, 작성 시기와 경위 등 여러 사정에 비추어 그 실질이 이에 해당하는 이상 명칭이나 작성된 장소 여부를 불문한다. 한편 검사 또는 사법

경찰관이 피의자가 아닌 자의 출석을 요구하여 조사하는 경우에는 피의자를 조사하는 경우와 마찬가지로 조사장소에 도착한 시각, 조사를 시작하고 마친 시각, 그 밖에 조사과정의 진행경과를 확인하기 위하여 필요한 사항을 조서에 기록하거나 별도의 서면에 기록한 후 수사기록에 편철하도록 하는 등 조사과정을 기록하게 한 형사소송법 제221조 제1항, 제244조의4 제1·3항의 취지는 수사기관이 조사과정에서 피조사자로부터 진술증거를 취득하는 과정을 투명하게 함으로써 그 과정에서의 절차적 적법성을 제도적으로 보장하려는 것이다. 따라서 수사기관이 수사에 필요하여 피의자가 아닌 자로부터 진술서를 작성·제출받는 경우에도 그 절차는 준수되어야 하므로, 피고인이 아닌 자가 수사과정에서 진술서를 작성하였지만 수사기관이 조사과정의 진행경과를 확인하기 위하여 필요한 사항을 그 진술서에 기록하거나 별도의 서면에 기록한 후 수사기록에 편철하는 등 적절한 조치를 취하지 아니하여 형사소송법 제244조의4 제1·3항에서 정한 절차를 위반한 경우에는, 그 진술증거 취득과정의 절차적 적법성의 제도적 보장이 침해되지 않았다고 볼 만한 특별한 사정이 없는 한 '적법한 절차와 방식'에 따라 수사과정에서 진술서가 작성되었다고 할 수 없어 증거능력을 인정할 수 없다.

3. 그 밖의 과정에서 작성한 진술서 및 진술기재서류

제313조(진술서 등) ① 전2조의 규정 이외에 피고인 또는 피고인이 아닌 자가 작성한 진술서나 그 진술을 기재한 서류로서 그 작성자 또는 진술자의 자필이거나 그 서명 또는 날인이 있는 것(피고인 또는 피고인 아닌 자가 작성하였거나 진술한 내용이 포함된 문자·사진·영상 등의 정보로서 컴퓨터용디스크, 그 밖에 이와 비슷한 정보저장매체에 저장된 것을 포함한다. 이하 이 조에서 같다. 2016.5.개정)은 공판준비나 공판기일에서의 그 작성자 또는 진술자의 진술에 의하여 그 성립의 진정함이 증명된 때에는 증거로 할 수 있다. 단, 피고인의 진술을 기재한 서류는 공판준비 또는 공판기일에서의 그 작성자의 진술에 의하여 그 성립의 진정함이 증명되고 그 진술이 특히 신빙할 수 있는 상태하에서 행하여진 때에 한하여 피고인의 공판준비 또는 공판기일에서의 진술에 불구하고 증거로 할 수 있다.

② 제1항 본문에도 불구하고 진술서의 작성자가 공판준비나 공판기일에서 그 성립의 진정을 부인하는 경우에는 과학적 분석결과에 기초한 디지털포렌식 자료, 감정 등 객관적 방법으로 성립의 진정함이 증명되는 때에는 증거로 할 수 있다. 다만, 피고인 아닌 자가 작성한 진술서는 피고인 또는 변호인이 공판준비 또는 공판기일에 그 기재 내용에 관하여 작성자를 신문할 수 있었을 것을 요한다(2016.5. 신설).

(1) 의의 : 제313조 제1항은, 제311조·제312조의 규정 이외에 피고인 또는 피고인 아닌 자가 작성한 진술서나 그 진술을 기재한 서류(진술기재서류) 그리고 피고인 또는 피고인 아닌 자가 작성하였거나 진술한 내용이 포함된 문자·사진·영상 등의 정보로서 컴퓨터용디스크, 그 밖에 이와 비슷한 정보저장매체에 저장된 것의 전문법칙의 예외요건을 규정한 것이다. 제312조 제5항과의 관계상, 제313조 제1항의 진술서와 진술기재서류는 수사 이전에 작성하였거나 수사과정에서 작성되지 아니한 진술서·진술기재서류를 피고인 또는 제3자가 법원에 직접 제출하거나, 공판심리 중에 작성하여 법원에 제출한 진술서·진술기재서류로 제한된다.

(2) 취지 : 제313조 제1항 본문은 참고인의 진술서뿐 아니라 피의자의 진술에 대해서도 내용의 인정이나 특신상태를 요건으로 하지 않고 성립의 진정의 증명으로만 증거능력을 부여하고 있는데, 이는 **작성자의 자필이거나 서명 또는 날인이 있는 것**은 작성자가 직접 진술한 것이라는 점이 보장되고 진실성이 강하다는 점에 그 취지가 있다. 다만, 동항 단서에 의해 피고인의 진술을 기재한 서류는 성립의 진정 이외에 특히 신빙할 수 있는 상태하에서 진술이 행해진 때에 증거로 할 수 있다.

(3) 2016년 5월 개정 제313조의 내용 [국가7급 17]

① 디지털증거의 포함 : 2016년 5월 29일 개정 형사소송법(법률 제14179호, 2016.5.29, 일부개정)에 의하여, 제313조의 진술서 및 진술기재서류에는 **피고인 또는 피고인 아닌 자가 작성하였거나 진술한 내용이 포함된 문자·사진·영상 등의 정보로서 컴퓨터용디스크, 그 밖에 이와 비슷한 정보저장매체에 저장된 것** –이하 **디지털증거**라 함– 이 포함되게 되었다(동 제3항의 감정서도 같음)(제313조 제1항 본문, 제3항).

② 진술서에 대한 진술 이외 과학적 방법에 의한 성립의 진정의 증명 : 종래 진술서는 공판준비나 공판기일에서의 작성자의 진술에 의하여 그 성립의 진정이 증명된 때 증거로 할 수 있을 뿐이었으나, 2016.5. 개정법에 의하여 진술서의 작성자가 그 성립의 진정을 부인하는 경우에도, **과학적 분석결과에 기초한 디지털포렌식 자료, 감정 등 객관적 방법**(제312조 제4항의 객관적 방법과 구별하기 위해 이하 **과학적 방법**이라 함)으로 성립의 진정함이 증명되는 때에는 증거로 할 수 있도록 하였다(제313조 제2항 본문).

디지털증거가 이는 최근 전기통신기술의 비약적인 발전에 따라 컴퓨터 등 각종 정보저장매체를 이용한 정보저장이 일상화되었고, 범죄행위에 사용된 증거들도 종이문서가 아닌 전자적 정보의 형태로 디지털화되어 있는 현실을 고려한 것이다.[1)]

③ **피고인 아닌 자의 진술서에 대한 피고인 · 변호인의 반대신문권의 보장** : 종래 피고인 아닌 자가 작성한 진술서(예 참고인진술서)는 다른 진술서 · 진술기재서류와 마찬가지로 피고인 아닌 자의 진술에 의하여 그 성립의 진정함이 증명된 때에는 증거로 할 수 있었으나, 2016.5. 개정법에 의하여 이를 증거로 하려면 **피고인 또는 변호인이 공판준비 또는 공판기일에 그 기재내용에 관하여 참고인 등 당해 작성자를 신문할 수 있어야 한다**는 요건이 추가되어(제313조 제2항 단서), **피고인 · 변호인의 반대신문의 기회를 보장**할 수 있도록 하였다.

(4) 증거능력 인정요건 : ① 피고인의 진술서－**자/성**립(작성자진술 or 과학적 방법)/**특**신상태 ② 피고인 아닌 자의 진술서－**자/성**립(작성자진술 or 과학)/**반**대신문권 ③ 피고인의 진술기재서류－ **자/성**립(**작성자진술**)/**특**신상태 ④ 피고인 아닌 자의 진술기재서류－**자/성**립(진술자진술)

제313조 제1항 · 제2항	피고인의 진술서 자 + 성	① 자필 or 서명 or 날인(디지털증거 포함) ② 작성자(= 진술자)의 진술 또는 과학적 방법에 의한 성립의 진정의 증명(제1항 본문, 제2항 본문) ③ (판례) 특신상태(제1항 단서)
	피고인 아닌 자의 진술서 자 + 성 + 반	① 자필 or 서명 or 날인(디지털증거 포함) ② 작성자(= 진술자)의 진술 또는 과학적 방법에 의한 성립의 진정의 증명(제1항 본문, 제2항 본문) ③ 반대신문권의 보장(제2항 단서)
	피고인의 진술 기재서류 자 + 성 + 특	① 자필 or 서명 or 날인(디지털증거 포함) ② 작성자의 진술에 의한 성립의 진정의 증명(제1항 단서) ③ 특신상태(제1항 단서) ※ 피고인의 진술에 불구하고 : 성립진정 부인 진술(완화요건설)
	피고인 아닌 자의 진술 기재서류 자 + 성	① 자필 or 서명 or 날인(디지털증거 포함) ② 진술자의 진술에 의한 성립의 진정의 증명(제1항 본문)

① 진술서

(가) 피고인의 진술서 －**자/성**(진술 or 과학)－ : 진술서는 진술자가 직접 작성한 서류로서 자필이거나 서명 또는 날인이 있는 것이므로, 공판준비나 공판기일에서의 당해 **작성자의 진술에 의하여 그 성립의 진정함이 증명**된 때에는 증거능력이 있다. 성립의 진정은 형식적 진정성립과 실질적 진정성립을

1) [참고] 개정 제313조 제2항에 규정된 과학적 분석결과에 기초한 디지털포렌식 자료, 감정 등 객관적 방법의 부분에서, ① 디지털포렌식(digital forensic)이란 컴퓨터 등 정보저장매체(디지털 기록매체)에 남겨진 법적 증거에 관한 것 등을 다루는 컴퓨터 법과학(computer forensic science)을 말하는데, 검찰에서는 이를 디지털증거를 수집 · 분석 또는 보관하거나 현출하는 데 필요한 기술 또는 절차라 규정하고 있다(대검찰청 디지털포렌식 수사관의 증거 수집 및 분석 규정 제3조 제1호). 국정원 댓글 사건에 대한 2015도2625 전원합의체 판례에서는 "저장매체의 사용자 및 소유자, 로그기록 등 저장매체에 남은 흔적, 초안 문서의 존재, 작성자만의 암호 사용 여부, 전자서명의 유무 등 여러 사정에 의하여 동일인이 작성하였다고 볼 수 있고 그 진정성을 탄핵할 다른 증거가 없는 한 작성자의 진술과 상관없이 성립의 진정을 인정하여야 한다는 견해가 유력하게 주장되고 있지만 이는 입법을 통하여 해결하여야 할 문제"라고 지적하고 있었으며, 그 결과 개정 제313조 제2항의 "과학적 분석결과에 기초한 디지털포렌식 자료"가 진술에 의한 성립진정 부인시의 성립의 진정의 대체증명방법으로 신설된 것으로 보인다. 참고로, 증거로 제출된 컴퓨터용디스크 기타 정보저장매체와 같은 디지털증거가 원본이 아니라 사본일 경우 원본과의 동일성의 증명을 위하여 수사실무에서는 대검찰청 디지털포렌식 수사관에 의하여 EnCase 프로그램 등이 포렌식 조사를 위한 분석도구로 사용되고 있는데, 개정 제313조 제2항의 성립의 진정의 증명은 이와는 또 다른 문제이므로 향후 디지털포렌식의 대응이 필요한 부분일 것이다.
또한 ② 감정(鑑定)이란 전문적인 학식경험을 가진 자로 하여금 해당 진술서가 인위적으로 조작된 것인지의 판단을 보고하도록 하는 조사방법을 말한다.
이러한 디지털포렌식 자료와 감정은 ③ 객관적 방법의 예시인데, 여기서 객관적 방법은 전술한 제312조 제4항의 객관적 방법(판례는 물적 방법 한정설)과 동일한 의미를 가질 것인가에 대해서는 향후 판례의 입장이 주목된다. 왜냐하면 피의자신문조서 · 참고인진술조서의 실질적 진정성립의 증명과 수사과정 이외에서 작성된 디지털증거 형태의 진술서의 성립의 진정의 증명은 다소 의미가 다른 면이 있고, 공판정에 제출되는 디지털포렌식 자료에 대한 전문가의 감정보고나 감정보고서 등을 제출한 감정인에 대한 신문과정이 필수적으로 예상되기 때문이다. 이와 관련하여 과학적 자료에 근거한 디지털포렌식 조사관의 증언에 의한 증명도 가능하다는 주장도 있다(예 이/조, 625면). 그러나 피고인에 불리한 증거의 증거능력 인정방법으로서 수사기관 소속 조사관의 진술이 허용된다고 보기에는 무리가 있다고 생각된다. 향후 한국포렌식학회 등 독립적 기관이 제출하는 인증등본 등에 의한 증명과 같이 이에 관한 대안적 논의가 진행될 것으로 본다. 역시 대법원 판례의 향후 입장이 주목되는 부분이다.

포함하는 개념이다. 성립의 진정만 증명되면 되고 내용의 인정은 요하지 아니한다. 다만 성립의 진정 외에 추가적으로 특신상태가 필요한가에 대해서는, 학설은 대립하나[1] **판례는 특신상태 필요설**을 취한 것으로 보인다. 또한 작성자가 성립의 진정을 부인하는 경우에는 **과학적 방법에 의하여 성립의 진정함이 증명**되는 때에는 증거로 할 수 있다(2016.5. 개정 동조 제2항 본문).

판례연구 수사과정 외에서 작성한 피고인의 진술서

1. 대법원 2007.12.13, 2007도7257; 2013.6.13, 2012도16001; 2015.7.16, 2015도2625 전원합의체

압수된 디지털 저장매체로부터 출력한 문서를 진술증거로 사용하는 경우, 그 기재 내용의 진실성에 관하여는 전문법칙이 적용되므로 법 제313조 제1항에 따라 그 작성자 또는 진술자의 공판준비나 공판기일에서의 진술에 의하여 그 성립의 진정함이 증명된 때에 한하여 이를 증거로 사용할 수 있다. [국가7급 18, 경찰채용 14 2차]

보충1 2016.5. 개정법에 의하여 틀린 문장이다. 진술서 및 디지털증거에 대해서는 진술뿐만 아니라 과학적 방법에 의한 성립의 진정의 증명이 가능하게 되었기 때문이다. 다만, 아직 개정법에 따른 판례가 나오지 않아, 객관식 수험에서는 상대적으로 풀어야 한다.

보충2 종래 2015도2625 전원합의체 판결(국정원 댓글 사건)에서는 "1954.9.23. 제정되고 1961.9.1. 개정된 형사소송법 제313조 제1항의 규정은 21세기 정보화시대를 맞이하여 그에 걸맞게 해석하여야 하므로, 디지털 저장매체로부터 출력된 문서에 관하여는 저장매체의 사용자 및 소유자, 로그기록 등 저장매체에 남은 흔적, 초안 문서의 존재, 작성자만의 암호 사용 여부, 전자서명의 유무 등 여러 사정에 의하여 동일인이 작성하였다고 볼 수 있고 그 진정성을 탄핵할 다른 증거가 없는 한 그 작성자의 공판준비나 공판기일에서의 진술과 상관없이 성립의 진정을 인정하여야 한다는 견해가 유력하게 주장되고 있는바, 그 나름 경청할 만한 가치가 있는 것은 사실이나, 입법을 통하여 해결하는 것은 몰라도 해석을 통하여 위와 같은 실정법의 명문조항을 달리 확장 적용할 수는 없다. 이는 '의심스러울 때는 피고인의 이익으로'라는 형사법의 대원칙에 비추어 보아도 그러하다."라고 판시한 바 있다. 바로 위 내용을 근거로 2016.5. 개정이 이루어진 것이다.

2. 대법원 2001.9.4, 2000도1743

피고인의 자필진술서에도 제313조 제1항 단서에 의하여 특신상태를 요한다는 판례

피고인의 자필로 작성된 진술서의 경우에는 서류의 작성자가 동시에 진술자이므로 진정하게 성립된 것으로 인정되어 형사소송법 제313조 (제1항) 단서에 의하여 그 진술이 특히 신빙할 수 있는 상태하에서 행하여진 때에는 증거능력이 있다.

(나) 피고인 아닌 자의 진술서 **−자 + 성**(진술 or 과학) **+ 반**대신문권− : **성립의 진정의 증명**에 관하여는 피고인의 진술서와 같다. 다만, 2016.5. 개정법에 의하여, **피고인 또는 변호인이 공판준비 또는 공판기일에 그 기재내용에 관하여 작성자를 신문할 수 있었어야** 그 증거능력이 인정된다(**반대신문권의 보장**, 동조 제2항 단서).

판례연구 수사과정 외에서 작성한 피고인 아닌 자의 진술서

대법원 2010.11.25, 2010도8735 [경찰간부 22]

피해자가 피해를 당한 내용을 타인에게 보낸 문자메시지는 피해자의 진술서라는 사례

피해자가 (피고인으로부터 풀려난 당일에 남동생에게 도움을 요청하면서 피고인이 협박한 말을 포함하여) 피고인으로부터 당한 공갈 등 피해 내용을 담아 남동생에게 보낸 문자메시지를 촬영한 사진은 법 제313조에 규정된 '피해자의 진술서'에 준하는 것이므로, 피해자가 법정에 출석하여 자신이 이 사건 문자메시지를 작성하여 동생에게 보낸 것과 같음을 확인하고, 남동생도 제1심 법정에 출석하여 피해자가 보낸 이 사건 문자메시지를 촬영한 사진이 맞다고 확인한 이상, 이 사건 문자메시지를 촬영한 사진은 그 성립의 진정함이 증명되었다고 볼 수 있으므로 이를 증거로 할 수 있다.

보충 2016.5. 개정 제313조 제2항 단서에 의하면 피고인·변호인의 위 피해자에 대한 반대신문의 기회가 보장되어야 이를 증거로 할 수 있다. 다만 아직 개정법에 의한 판례가 나오지 않았으므로, 객관식 수험에서는 상대적으로 풀어야 한다.

1) [보충] 피고인이 자필로 작성한 진술서는 법 제313조 제1항 본문에 의하면 그 성립의 진정만 증명되면 증거능력이 부여되는 것임에도 불구하고, 이에 관해서 추가적으로(가중적으로) 법 제313조 제1항 단서에 의하여 그 진술이 특히 신빙할 수 있는 상태하에서 행하여져야 하는가에 대해서는, 특신상태 필요설(소위 가중요건설, 손동권/신이철, 이주원, 임동규 등)과 특신상태 불요설(소위 완화요건설, 노명선/이완규, 신동운, 이재상/조균석/이창온 등)이 대립한다. 불요설에서는, 위 2000도1743 판례에 대해서 피고인 진술서가 강압에 의하여 작성된 것으로 다투고 있는 사안에서 작성경위에 대하여 더 심리하는 취지로 파기환송하면서 설시하고 있는 판례에 불과하고, 같은 취지의 다른 판례를 찾기 어려운 점에 비추어, 피고인 진술서 전반에 적용할 수 있는 판례인지는 의문이라는 평석도 있다(이재상/조균석/이창온, 665면). [조언] 수험에서는, 판례의 입장은 피고인 자필 진술서의 증거능력 인정요건에 관하여 '특신상태 필요설'로 분류하는 것이 안전한 방법이다.

② 진술기재서류 [1]

(가) 피고인의 진술기재서류 -**자 + 성**(작성자) **+ 특**- : 피고인의 진술을 기재한 서류는 공판준비 또는 공판기일에서의 그 **작성자의 진술에 의하여 그 성립의 진정함이 증명**되고 그 진술이 **특히 신빙할 수 있는 상태**하에서 행하여진 때에 한하여 피고인의 공판준비 또는 공판기일에서의 진술에 불구하고 증거로 할 수 있다(동조 제1항 단서). 여기서 ㉠ **성립의 진정은 작성자의 진술에 의하여 증명**되면 족하고 원진술자인 피고인의 진정성립의 증명까지 요하는 것은 아니라는 것이 판례의 입장이다(대법원 2012.9.13, 2012도7461 등). 또한 진술기재서류의 성립의 진정의 증명은 작성자의 진술에 의하여야 하므로, 2016.5. 신설된 제313조 제2항의 과학적 방법에 의한 증명은 허용되지 아니한다(과학적 방법에 의한 증명에 관한 진술기재서류 불포함설).[2] 과학적 방법에 의한 증명은 진술서에 적용되고 진술기재서류에는 적용되지 않기 때문이다. 한편, ㉡ **'피고인의 공판준비 또는 공판기일에서의 진술에 불구하고'**의 의미와 관련하여서는 견해가 대립하나,[3] 판례는 **'피고인의 실질적 진정성립을 부인하는 진술에도 불구하고'** 작성자의 진정성립 인정 및 검사의 특신상태 증명이 있으면 증거능력이 인정된다는 입장이다(**완화요건설**). 더불어 ㉢ **특신상태**의 의미는 진술조서의 그것과 동일하다.[4]

판례연구 수사과정 외에서 작성한 피고인의 진술을 기재한 서류

1. **대법원 2012.9.13, 2012도7461; 2001.10.9, 2001도3106; 2004.5.27, 2004도1449; 2008.12.24, 2008도9414** [경찰채용 20 1차/23 1차]

피고인과의 대화 내용을 녹음한 녹음테이프의 증거능력

피고인과 상대방 사이의 대화 내용에 관한 녹취서가 증거로 제출되어 그 녹취서의 기재 내용과 녹음테이프의 녹음 내용이 동일한지 여부에 대하여 법원이 검증을 실시한 경우에, 증거자료가 되는 것은 녹음테이프에 녹음된 대화 내용 그 자체이고, 그 중 피고인의 진술 내용은 실질적으로 법 제311조, 제312조의 규정 이외에 피고인의 진술을 기재한 서류와 다름없어, 피고인이 그 녹음테이프를 증거로 할 수 있음에 동의하지 않은 이상 그 녹음테이프에 녹음된 피고인의 진술 내용을 증거로 사용하기 위해서는 법 제313조 제1항 단서에 따라 공판준비 또는 공판기일에서 그 작성자인 상대방의 진술에 의하여 녹음테이프에 녹음된 피고인의 진술 내용이 피고인이 진술한 대로 녹음된 것임이 증명되고 나아가 그 진술이 특히 신빙할 수 있는 상태하에서 행하여진 것임이 인정되어야 한다.

보충 전문법칙 관련문제 중 대화당사자의 비밀녹음(후술)과도 관련되는 판례이다.

---

1) [참고] 진술기재서(류)와 재전문서류의 구별 [경찰채용 22 2차]
두 서류 모두 작성자와 진술자가 일치하지 않는다는 공통점이 있으나, 아래와 같은 차이가 있다.
① 진술기재서 : 타인의 진술을 기재한 서류로서, 이에 대해 원진술자의 서명 · 날인이 있는 서류를 말한다. 원진술자의 확인이 있으므로 단순한 전문증거의 형태에 속한다. 예 대화녹음의 경우에도 진술자의 음성의 동일성이 확인되면 진술자의 자필 · 서명 · 날인이 있는 것과 마찬가지이므로 여기의 진술기재서에 포함된다.
② 재전문서류 : 타인의 진술이 기재된 서류인 점에서 진술기재서와 동일하나 원진술자의 서명 · 날인이 없는 경우를 말한다. 원진술자의 확인절차가 결여되어 있으므로 전문진술이 기재된 서류로서 재전문증거에 속한다. 요컨대, 재전문서류에는 원진술자의 확인이 없다. [예] 전형적으로는 ㉠ 전문진술자에 대하여 수사기관이 참고인 조사를 작성한 진술조서(전문진술자의 서명 등은 있으나 원진술자의 서명 등은 없음)라든가, ㉡ 원진술자의 진술을 작성자가 듣고(전문하고, 1차 전문) 그 내용을 작성자가 서류로 만든 경우(전문서류, 2차 전문)(원진술자의 서명 · 날인이 없음) 등이 여기에 해당한다.
[연습] 살인현장을 목격한 친구 B가 "甲이 길가던 여자를 죽였다."고 A에게 말한 경우
㉠ 이를 A가 공판정에서 증언하는 경우 : 전문진술(제316조 제2항)
㉡ 수사기관이 A에 대한 참고인 조사를 통하여 작성한 진술조서 : 재전문서류(제316조 제2항, 제312조 제4항)
㉢ A가 자필로 일기장에 기재한 경우
ⓐ B가 여기에 서명 또는 날인을 해준 경우 : 진술기재서(제313조 제1항)
ⓑ B가 여기에 서명 또는 날인을 해주지 않은 경우(보통의 일기장) : 재전문서류(제316조 제2항, 제313조 제1항)

2) [참고] 진술기재서류에 대해서도 과학적 방법에 의한 증명이 가능하다는 견해도 있다(진술기재서류 포함설, 예컨대, 임동규 532면). 그러나 제313조 제2항은 진술서만 규정하고 있을 뿐 진술기재서류에 대해서 규정한 것은 아니며, 피고인에게 불리한 과학적 방법에 의한 증명을 명문의 규정도 없는 진술기재서류에 유추적용하는 것은 타당하지 않다고 해야 한다(진술기재서류 불포함설, 다수설로 보임). 이에 본서는 진술기재서류 불포함설을 따른다.

3) [참고] 제313조 제1항 단서의 '피고인의 공판준비 또는 공판기일에서의 진술에 불구하고'의 의미와 관련하여서는 ① '피고인의 실질적 진정성립을 부인하는 진술에도 불구하고' 작성자의 진정성립 인정 및 검사의 특신상태 증명이 있으면 증거능력이 인정된다는 완화요건설(노/이, 신동운 -신판에서 견해 변경-, 이/조, 이주원 등 및 판례)과 ② '피고인이 실질적 진정성립은 인정하였으나 그 내용을 부인하는 진술에도 불구하고' 진정성립 인정 및 특신상태 증명이 있으면 증거능력이 인정된다는 가중요건설(손/신, 임동규, 정/백, 차용석 등)이 대립하고 있다. 양설의 차이는 피고인에 의한 실질적 진정성립의 인정을 그 요건을 볼 것인가(부정 : 완화요건설, 긍정 : 가중요건설)에 있다. 생각건대, 가중요건설은 입법론으로서는 검토의 여지가 있을지 모르지만, 제313조 제1항 단서의 해석상 원진술자(피고인)에 의한 실질적 진정성립의 인정을 피고인의 진술을 기재한 서류의 증거능력 인정요건으로 추가하는 것은 무리가 있다고 본다. 해석론상 완화요건설이 타당하다고 생각된다.

4) [참고] 다만, 제313조 제1항 단서의 특신상황을 해석함에 있어서는 신중을 요한다는 견해는 신동운 1223면 이하.

2. **대법원 2022.4.28, 2018도3914**

법 제313조 제1항 단서의 '작성자의 진술' 및 '피고인의 공판준비 또는 공판기일에서의 진술에 불구하고'의 의미

형사소송법 제313조 제1항 단서는 "단, 피고인의 진술을 기재한 서류는 공판준비 또는 공판기일에서의 그 작성자의 진술에 의하여 그 성립의 진정함이 증명되고 그 진술이 특히 신빙할 수 있는 상태하에서 행하여진 때에 한하여 피고인의 공판준비 또는 공판기일에서의 진술에 불구하고 증거로 할 수 있다."라고 규정하고 있다. 피고인이 피고인의 진술을 기재한 서류를 증거로 할 수 있음에 동의하지 않은 이상 그 서류에 기재된 피고인의 진술 내용을 증거로 사용하려면 형사소송법 제313조 제1항 단서에 따라 공판준비 또는 공판기일에서 작성자의 진술에 의하여 그 서류에 기재된 피고인의 진술 내용이 피고인이 진술한 대로 기재된 것임이 증명되고 나아가 진술이 특히 신빙할 수 있는 상태하에서 행하여진 것임이 인정되어야 한다(대법원 2012.9.13, 2012도7461 등). 여기서 '특히 신빙할 수 있는 상태'라 함은 진술 내용이나 서류의 작성에 허위개입의 여지가 거의 없고, 진술 내용의 신빙성이나 임의성을 담보할 구체적이고 외부적인 정황이 있는 것을 말한다(대법원 2006.9.28, 2006도3922 등).

보충 충남 ○○군 사무관인 피고인이 어선 선주들로부터 1,020만 원 상당의 뇌물을 수수하는 등으로 뇌물수수죄 등으로 기소된 사건에서, 국무조정실 산하 정부합동공직복무점검단 소속 점검단원이 작성한 피고인의 진술을 기재한 서류(확인서)의 증거능력에 관하여 작성자인 점검단원의 진술에 의하여 성립의 진정함이 증명되고 나아가 진술이 특히 신빙할 수 있는 상태하에서 행하여졌다고 보아 형사소송법 제313조 제1항 단서에 따라 확인서의 증거능력을 인정한 사례로서, 형사소송법 제313조 제1항 단서의 의미에 관하여, 완화요건설(원진술자인 피고인의 '진정성립을 부정하는 진술'에도 불구하고 특신상태 등이 인정되면 진술기재서의 증거능력을 인정하는 견해)의 입장을 분명히 한 판례이다.

(나) 피고인 아닌 자의 진술기재서류 －**자 + 성**(진술자)－ : 제3자(작성자 · 진술기재자)가 피고인 아닌 자의 진술을 기재한 서류로서 원진술자의 서명 또는 날인이 있는 것이므로, **진술자의 진술에 의하여 그 성립의 진정함이 증명**되면 증거로 할 수 있다(제313조 제1항 본문). 역시 성립의 진정의 증명방법으로서 신설된 제2항의 과학적 방법에 의한 증명은 허용되지 아니한다.

판례연구 수사과정 외에서 작성한 피고인 아닌 자의 진술을 기재한 서류

대법원 1997.3.28, 96도2417

사인이 피고인 아닌 자의 진술을 비밀녹음한 녹음테이프 및 그 검증조서의 증거능력

피고인의 동료 교사가 학생들과의 사적인 대화 중에 피고인이 수업시간에 학생들에게 북한을 찬양 · 고무하는 발언을 하였다는 사실에 대한 학생들의 대화 내용을 학생들 모르게 녹음한 녹음테이프에 대하여 실시한 검증의 내용은 녹음테이프에 녹음된 대화의 내용이 검증조서에 첨부된 녹취서에 기재된 내용과 같다는 것에 불과하여 증거자료가 되는 것은 여전히 녹음테이프에 녹음된 대화의 내용이라고 할 것인바, 그 중 위와 같은 내용의 학생들의 대화의 내용은 실질적으로 법 제311조, 제312조 규정 이외의 피고인 아닌 자의 진술을 기재한 서류와 다를 바 없으므로, 피고인이 그 녹음테이프를 증거로 할 수 있음에 동의하지 않은 이상 녹음테이프의 녹음내용 중 위와 같은 내용의 학생들의 진술 및 이에 관한 검증조서의 기재 중 학생들의 진술내용을 공소사실을 인정하기 위한 증거자료로 사용하기 위하여서는 제313조 제1항에 따라 공판준비나 공판기일에서 원진술자인 학생들의 진술에 의하여 이 사건 녹음테이프에 녹음된 각자의 진술내용이 자신이 진술한 대로 녹음된 것이라는 점이 인정되어야 한다.

보충 위 판례의 결론은 개정법에 의하더라도 그대로 유지된다. 진술서가 아닌 진술기재서류의 성립의 진정의 증명방법에는 제313조 제2항 본문의 과학적 방법이 허용될 수 없기 때문이다.

V 수사기관의 검증조서

제312조(검사 또는 사법경찰관의 조서 등) ⑥ 검사 또는 사법경찰관이 검증의 결과를 기재한 조서는 적법한 절차와 방식에 따라 작성된 것으로서 공판준비 또는 공판기일에서의 작성자의 진술에 따라 그 성립의 진정함이 증명된 때에는 증거로 할 수 있다.

1. 의 의

(1) 개념 : 검증조서(檢證調書)란 수사기관이 검증을 실시하고 그 결과를 기재한 서면을 말한다. 검증이란 수사에서 기술한 바와 같이 오관의 작용에 의하여 사람 · 물건 · 장소의 성질과 상태를 인식하는 강제처분을 말한다. 수사기관의 검증조서에는 수사기관의 영장에 의한 검증(제215조)과 **영장에 의하지 아니한 검증**(제216조 · 제217조, 당사자 참여 ×) 및 승낙에 의한 검증 등의 결과를 기재한 조서뿐 아니라 **당해 사건 이외 다른 사건의 검증조서도 포함**된다. 다만, **수사보고서**에 검증의 결과에 해당하는 기재가 있다고 하여도 이는

실황조사서에 해당하지 않고 단지 수사의 경위 및 결과를 내부적으로 보고하기 위하여 작성된 서류에 불과하므로 그 기재는 증거로 할 수 없다.

대법원 2001.5.29, 2000도2933 [경찰간부 22]

수사보고서에 검증의 결과에 해당하는 기재가 있는 경우, 그 기재부분은 증거능력이 없다는 사례

수사보고서에 검증의 결과에 해당하는 기재가 있는 경우, 그 기재 부분은 검찰사건사무규칙 제17조에 의하여 검사가 범죄의 현장 기타 장소에서 실황조사를 한 후 작성하는 실황조서 또는 사법경찰관리집무규칙 제49조 제1항, 제2항에 의하여 사법경찰관이 수사상 필요하다고 인정하여 범죄현장 또는 기타 장소에 임하여 실황을 조사할 때 작성하는 실황조사서에 해당하지 아니하며, 단지 수사의 경위 및 결과를 내부적으로 보고하기 위하여 작성된 서류에 불과하므로 그 안에 검증의 결과에 해당하는 기재가 있다고 하여 이를 (구)형사소송법 제312조 제1항의 '검사 또는 사법경찰관이 검증의 결과를 기재한 조서'라고 할 수 없을 뿐만 아니라 이를 같은 법 제313조 제1항의 '피고인 또는 피고인이 아닌 자가 작성한 진술서나 그 진술을 기재한 서류'라고 할 수도 없고, 같은 법 제311조, 제315조, 제316조의 적용대상이 되지 아니함이 분명하므로 그 기재 부분은 증거로 할 수 없다.

보충 수사보고서는 사법경찰관이 수사의 경위와 결과를 내부적으로 보고하기 위하여 작성된 서류로서, 실무상 다른 서식이 없을 때 작성하는 서류에 불과함을 고려할 것.

(2) **취지** : 제312조 제6항에서 법원의 검증조서(제311조)에 비해 수사기관의 검증조서의 증거능력 인정에 있어 보다 가중된 요건을 규정한 것은, 성질상 법원의 검증조서와 동일하기는 하지만 영장에 의하지 아니한 긴급검증과 같이 당사자의 참여권이 인정되지 않는 경우가 많다는 점을 고려한 것이다.

2. 증거능력 인정요건 : (전제조건 - 위수증) 적/성 (if. 진술 O : 제312조 제1항~제4항)

검사 또는 사법경찰관이 검증의 결과를 기재한 조서는
① 적법성 : 적법한 절차와 방식에 따라 작성된 것으로서
② 성립의 진정 : 공판준비 또는 공판기일에서의 작성자의 진술에 따라 그 성립의 진정함이 증명된 때에는 → 증거로 할 수 있다.

(1) **적법한 절차와 방식** : 적법한 절차와 방식에 따라 작성되어야 한다. 다만, 검증은 강제처분이므로 영장주의가 적용되는바, **영장주의에 위반하여 이루어진 검증**의 결과를 기재한 조서는 적법한 절차와 방식을 위반하여 작성한 조서이기 이전에 이미 **위법수집증거배제법칙**(제308조의2)이 적용되는 것이어서 본조항의 적용은 없다. 따라서 제312조 제6항의 적법한 절차와 방식에 따르지 아니한 경우는 예컨대 수사기관의 검증시 당사자의 참여권(제219조, 제145조, 제122조, 제121조)이 보장되지 아니하였거나 신체검사시 주의사항(제219조, 제141조)을 준수하지 아니한 경우 등을 말한다.

(2) **성립의 진정** : 수사기관의 검증조서는 법원 · 법관의 검증조서와 달리 당사자의 참여권이 인정되지 않는 경우가 많다는 점에서, **작성자의 진술에 의하여 그 성립의 진정함이 인정**된 때 증거로 할 수 있다. 작성자는 검증조서의 작성자인 **검사 또는 사법경찰관**을 의미한다. 따라서 검증에 참여한 자에 불과한 **사법경찰리**나 **피고인**은 성립의 진정을 인정할 수 없다(대법원 1976.4.13, 76도500). [경찰채용 12 3차] 또한 본조의 성립의 진정의 증명은 수사기관인 작성자의 진술에 의하여 증명될 뿐이고 영상녹화물 등에 의해서는 증명될 수 없다.

3. 관련문제 - 검증조서 기재 진술 및 실황조사서의 증거능력

(1) 검증조서에 기재된 참여자의 진술의 증거능력

① 문제의 소재 : **수사기관의 검증조서에 기재된 검증참여자의 진술**이 기재되어 있는 경우, 참여자의 진술은 진술일 뿐 검증의 결과와는 구별된다는 점에서 그 진술의 증거능력 인정요건에 대해 어느 규정을 적용하여야 하는가의 견해의 대립이 있다.[1]

1) [참고] 검증조서에 기재된 참여인의 진술을 현장지시(검증의 대상을 지시하는 진술)와 현장진술(검증현장을 이용하여 행하여지는 현장지시 이외의 진술)인지 구별하여 판단할 것인가 여부에 따라 크게 비구별설과 구별설이 대립한다. ① 비구별설은 현장지시와 현장진술을 구별할 수 없다는 전제에서 이는 모두 검증조서 규정(제312조 제6항)이 아니라 제312조 제1항부터 제4항까지의 규정을 적용해야 한다고 주장하며(신동운, 백형구), ② 구별설은 현장지시는 검증조서와 일체를 이루지만 현장진술은 검증조서로 볼 수 없으므로 검증주체와 진술자에 따라 제312조 제1항부터 제4항까지의

② **결론** : 검증의 대상을 지시하는 현장지시 중 범죄사실을 인정하기 위한 증거로 이용되는 현장지시 및 현장지시 이외의 현장진술이 기재된 부분은 **검증조서로 볼 수 없으므로** 제312조 제6항이 아니라 **제312조 제1·3·4항이 적용**되어야 한다(수정된 구별설). 판례도 **사법경찰관이 작성한 검증조서에 기재된 피고인의 진술기재부분**에 대하여는 피고인이 **성립의 진정뿐만 아니라 내용을 인정할 때에만 증거능력을 가질 수 있다**고 하여 같은 취지이다(대법원 1998.3.13, 98도159).

정리 ① 검사 작성 검증조서에 기재된 피고인이 된 피의자의 진술은 제312조 제1항에 의하여, ② 사법경찰관 작성의 검증조서에 기재된 피고인이 된 피의자의 진술은 제312조 제3항에 의하여, ③ 검사 또는 사법경찰관 작성 검증조서에 기재된 피의자 아닌 자(참고인·공동피고인)의 진술인 경우에는 제312조 제4항에 의하여 증거능력을 판단해야 한다.

판례연구 수사기관의 검증조서에 기재된 진술과 범행재연 부분의 성격

1. 대법원 1998.3.13, 98도159 [국가9급 12]

피고인이 사법경찰관 작성의 검증조서 중 자신의 진술 또는 범행재연 사진 부분을 부인 : 그 부분 증거 ×

'사법경찰관이 작성한 검증조서'에는 이 사건 범행에 부합되는 피의자이었던 피고인의 진술기재 부분이 포함되어 있고 또한 범행을 재연하는 사진이 첨부되어 있으나, 기록에 의하면 피고인이 위 검증조서에 대하여 증거로 함에 동의만 하였을 뿐 공판정에서 검증조서에 기재된 진술내용 및 범행을 재연한 부분에 대하여 그 성립의 진정 및 내용을 인정한 흔적을 찾아 볼 수 없고 오히려 이를 부인하고 있으므로 그 증거능력을 인정할 수 없는바, 위 검증조서 중 이 사건 범행에 부합되는 피고인의 진술을 기재한 부분과 범행을 재연한 부분을 제외한 나머지 부분만을 증거로 채용하여야 한다(원심이 이를 구분하지 아니한 채 그 전부를 유죄의 증거로 인용한 조치는 위법).

보충 사법경찰관 작성 검증조서 중 피의자이었던 피고인의 진술기재부분과 범행재연의 사진영상에 관한 부분의 증거능력에 관하여 종래 판례는 87도2692, 81도343 판결 등에 구법 제312조 제1항을 적용하였다가, 위 98도159 판결에서 제312조 제3항을 적용해야 한다는 입장(피고인의 내용인정 요함)을 판시한 후 아래 2003도6548 판결에서 다시 제312조 제3항 적용 입장을 명백히 하고 있다.

2. 대법원 2006.1.13, 2003도6548 [교정9급특채 12]

피고인의 자백진술과 이를 기초로 한 범행재연상황을 기재한 사법경찰관 작성의 검증조서의 증거능력

사법경찰관이 작성한 검증조서에 피의자이던 피고인이 검사 이외의 수사기관 앞에서 자백한 범행내용을 현장에 따라 진술·재연한 내용이 기재되고 그 재연 과정을 촬영한 사진이 첨부되어 있다면, 그러한 기재나 사진은 피고인이 공판정에서 진술내용 및 범행재연의 상황을 모두 부인하는 이상 증거능력이 없다.

(2) 실황조사서의 증거능력

① **문제의 소재** : 실황조사서(實況調査書)란 수사기관이 임의수사의 한 방식으로 교통사고, 화재사고 등 범죄현장 기타 장소에 임하여 실제 상황을 조사하고 그 실황조사의 경위와 결과를 기재한 서류를 말한다(검찰사건사무규칙 제51조). 이러한 검사 작성 실황조서나 사법경찰관 작성 실황조사서의 증거능력을 인정할 수 있는가에 대해서는 견해의 대립이 있다.[1]

② **결론** : 실황조사는 **범행 중 또는 범행 직후의 사고현장에서 행해지는 영장주의의 예외인 긴급검증**에 해당하므로 강제수사에 대한 영장주의원칙에 따라 **지체 없이 사후검증영장**을 발부받아야 그 적법성이 확보될 수 있다. 따라서 영장주의를 준수한 실황조사를 기재한 실황조사서에 한해서만 제312조 제6항에 따라 그 증거능력이 인정된다(긍정설 중 절충설). 판례도 실황조서가 검증에 따라 작성된 것이라면 **사후영장을 받지 않는 한 유죄의 증거로 할 수 없다**는 입장이다(88도1399). [국가9급 09] 더불어 판례는 실황조사서의

규정에 따라 그 증거능력을 판단해야 한다고 주장한다(통설). 이러한 구별설 내에서도 현장지시가 수사기관의 검증활동의 동기를 설명하는 것이 아니라 범죄사실을 인정하기 위한 증거로 이용될 때에는 현장진술과 동일하게 취급해야 한다는 입장이 수정된 구별설이다(배/이/정/이, 손/신, 이/조, 정/백 등).

1) [참고] 실황조사서의 증거능력에 대해서는 ① 실황조사서는 법령의 근거에 의하여 작성된 서면이라 할 수 없으므로 제312조 제6항의 적용대상인 검증조서로 볼 수 없다는 부정설(검증조서 부정설 : 신동운, 정/이), ② 실황조사의 실질은 상대방의 동의에 의하거나 동의를 요하지 않는 상황에서의 임의수사의 성격을 가진 검증이고, 실황조사서의 결과는 그 정확성에 있어서 검증조서와 다르지 않다는 점에서 제312조 제6항에 따라 증거능력이 인정될 수 있다는 긍정설(다수설), ③ 실황조사는 강제수사이므로 사후 검증영장을 발부받아야 하는 등 영장주의를 준수한 실황조사서에 한하여 제312조 제6항이 적용된다는 절충설(검증조서 긍정설이나 영장주의를 준수해야 한다는 입장, 배/이/정/이 및 88도1399 판결 등 판례의 입장)이 대립한다. 본서는 제3설을 따르고 있다.

기재가 **검사나 사법경찰관의 의견을 기재한 것에 불과**하다면 그 실황조사서는 **증거능력이 없다**(83도948)는 판시도 내린 바 있다.

판례연구 실황조사서 관련판례

1. 대법원 1983.6.28, 83도948

경찰 및 검사의 의견을 기재한 실황조서는 증거능력이 없다는 사례

경찰 및 검사가 작성한 실황조서의 기재는 사고현장을 설명하면서 경찰이나 검사의 의견을 기재한 것에 불과하여 이것만으로는 피고인이 이 건 사고를 일으켰다고 인정할 자료가 될 수 없다.

2. 대법원 1989.3.14, 88도1399 [국가9급 09]

수사기관이 긴급처분으로서 시행하고 사후영장을 발부받지 아니한 채 작성한 실황조서의 증거능력

사법경찰관 사무취급이 작성한 실황조서가 사고발생 직후 사고장소에서 긴급을 요하여 판사의 영장 없이 시행된 것으로서 제216조 제3항에 의한 검증에 따라 작성된 것이라면 사후영장을 받지 않는 한 유죄의 증거로 삼을 수 없다.

보충 실황조사서를 검증조서로 본다 하더라도, 검증 자체가 영장주의 위반인 경우에는 이미 위법수집증거라는 사례이다.

③ 관련문제 －실황조사서에 기재된 진술의 증거능력－ : 실황조사서도 검증조서에 준하여 취급되므로 실황조사서에 기재된 참여자의 진술의 증거능력도 검증조서 기재 진술과 동일하게 해결해야 한다(수정된 구별설 : 현장진술 등이 기재된 부분은 검증조서가 아니라 진술조서로 취급하여 제312조 제1항~제4항 적용). 따라서 **사법경찰관이 작성한 실황조사서에 피고인이 사법경찰관의 면전에서 자백한 범행내용을 현장에 따라 진술 · 재연하고 사법경찰관이 그 진술재연의 상황을 기재하거나 이를 사진으로 촬영**한 것 외에 다른 기재가 없는 경우에 **피고인이 진술내용 및 범행재연의 상황을 부인**하였다면 위 실황조사서는 증거능력이 인정되지 아니한다(84도378; 89도1557). [경찰간부 12, 경찰승진 11, 경찰채용 10 2차]

대법원 1984.5.29, 84도378 [경찰간부 12, 경찰승진 11, 경찰채용 10 2차]

실황조사서에 기재된 진술의 증거능력과 피고인의 내용부인

사법경찰관이 작성한 실황조사서에 피의자이던 피고인이 사법경찰관의 면전에서 자백한 내용을 현장에 따라 진술, 재연하고 사법경찰관이 그 진술, 재연의 상황을 기재하거나 이를 사진으로 촬영한 것 외에 별다른 기재가 없는 경우에 피고인이 공판정에서 실황조사서에 기재된 진술내용 및 범행재연의 상황을 모두 부인하고 있다면 그 실황조사서는 증거능력이 없다 할 것이다.

보충 사법경찰관리 작성 실황조사서에 기재된 피의자의 진술의 증거능력에 대해서는 제312조 제3항이 적용됨.

Ⅵ 감정서

제313조(진술서 등) ③ 감정의 경과와 결과를 기재한 서류도 제1항 및 제2항(2016.5.개정)과 같다.

1. 의의 및 범위

(1) 의의 : 감정서(鑑定書)란 감정의 경과와 결과를 기재한 서면을 말한다.

(2) 범위 : 법원의 명령에 의한 감정인이 제출하는 감정서(제171조)뿐만 아니라 수사기관의 촉탁을 받은 감정수탁자가 작성한 감정서(제221조의3)도 포함된다. 다만, 사인이 의뢰하여 의사가 작성한 **진단서**는 법원의 명령이나 수사기관의 촉탁이 없었다는 점에서 **감정서에 해당하지 않으므로, 일반적인 진술서**에 준하여 제313조 제1항 · 제2항의 적용을 받아야 한다(대법원 1960.9.14, 4293형상247, 단 성립의 진정 등의 점은 동일).

판례연구 감정의 경과와 결과를 기재한 서류

대법원 1960.9.14, 4293형상247

사인이 의뢰하여 의사가 작성한 진단서는 법원의 명령이나 수사기관의 촉탁이 없었다는 점에서 감정서에 해당하지 않으므로 일반

적인 진술서에 준하여 (현) 제313조 제1항, 제2항의 적용을 받아야 한다.
보충 다만, 감정서로 보아도 피고인 아닌 자의 진술서에 준하므로, 실질적인 차이는 없다.

2. 증거능력의 인정요건 : 자/성/반

(1) 성립의 진정 및 반대신문의 기회보장 : 감정인 등은 피고인이 아니므로 감정서는 피고인 아닌 자가 작성한 진술서에 해당한다. 따라서 제313조 제1항 단서는 적용될 수 없고 동 제1항 본문 및 제2항이 적용된다. 이에 감정서는 그 작성자(감정인 또는 감정수탁자)의 자필이거나 서명 또는 날인이 있고, 그 **작성자의 공판진술**(또는 동조 제2항의 **과학적 방법, 2016.5. 신설 동조 제2항 본문**)에 의하여 그 **성립의 진정**함이 증명되고 [법원행시 02, 경찰채용 10 2차], 피고인 또는 변호인이 공판준비 또는 공판기일에 그 기재 내용에 관하여 **감정인을 신문할 수 있어야** 증거로 할 수 있다(**2016.5. 신설 동조 제2항 단서**).

(2) 감정인의 진술불능의 경우 : 후술하는 제314조를 적용하므로, 특신상태의 존재를 요건으로 그 증거능력이 인정된다.

Ⅶ 제314조의 증거능력에 대한 예외

제314조(증거능력에 대한 예외) 제312조 또는 제313조의 경우에 공판준비 또는 공판기일에 진술을 요하는 자가 사망 · 질병 · 외국거주 · 소재불명 그 밖에 이에 준하는 사유로 인하여 진술할 수 없는 때에는 그 조서 및 그 밖의 서류(피고인 또는 피고인 아닌 자가 작성하였거나 진술한 내용이 포함된 문자 · 사진 · 영상 등의 정보로서 컴퓨터용디스크, 그 밖에 이와 비슷한 정보저장매체에 저장된 것을 포함한다. 2016.5.개정)를 증거로 할 수 있다. 다만, 그 진술 또는 작성이 특히 신빙할 수 있는 상태하에서 행하여졌음이 증명된 때에 한한다.
[개정내용] 기타 사유로 진술할 수 없는 때 → '소재불명 그 밖에 이에 준하는 사유로 인하여' 진술할 수 없는 때, 특신상태의 '증명'[1]

1. 의의 및 적용범위

(1) 의의 : 제314조는 "제312조 또는 제313조의 경우에 공판준비 또는 공판기일에 진술을 요하는 자가 사망 · 질병 · 외국거주 · 소재불명 그 밖에 이에 준하는 사유로 인하여 진술할 수 없는 때에는 그 조서 및 그 밖의 서류를 증거로 할 수 있다(2007년 개정). 다만, 그 진술 또는 작성이 특히 신빙할 수 있는 상태하에서 행하여졌음이 증명된 때에 한한다."라고 규정하여 전문법칙의 예외를 규정하고 있다.

(2) 취지 : 수사기관 작성 참고인진술조서나 참고인의 진술서 등은 제312조와 제313조에 따라 원진술자가 공판정에 나와 성립의 진정을 인정하고 반대신문의 기회가 보장되는 등 엄격한 요건이 충족되어야 그 증거능력이 인정되는바, 원진술자가 공판정에 출석하지 않는 경우에는 신용성이 정황적으로 보장됨에도 그 증거능력이 부정될 수밖에 없다. 이는 **실체진실발견과 소송경제실현**에 현저한 어려움을 야기한다는 점에서 제314조의 보충규정을 두어, **제312조와 제313조의 요건 중 반대신문의 기회보장 요건을 갖추지 못한 전문서류**의 경우에도 그 증거능력을 인정할 수 있도록 한 것이다.

(3) 성격 : 제312조 또는 제313조에 규정된 조서 · 서류가 **원진술자의 진술불능**으로 인하여 진정성립을 인정할 수 없는 경우에 대비한 보충적 규정(전문법칙의 예외의 예외규정)으로서, 반대신문의 기회가 보장되지 않은 전문증거를 당해 증거의 **필요성과 신용성의 정황적 보장이 높다**는 점에 근거하여 예외적으로 증거능력을 인정한 **전형적인 영미법상 전문법칙의 예외규정**에 해당한다.

(4) 적용범위 : **반대신문권의 결여가 문제되는 증거**

① **피고인이 된 피의자신문조서, 피고인의 진술서 및 진술기재서류** : 당해 피고인은 반대신문권의 주체이

1) [보충] 증거능력에 대한 예외사유로 1995. 12. 29. 법률 제5054호로 개정되기 전의 구 형사소송법 제314조가 '사망, 질병 기타 사유로 인하여 진술할 수 없는 때', 2007. 6. 1. 법률 제8496호로 개정되기 전의 구 형사소송법 제314조가 '사망, 질병, 외국거주 기타 사유로 인하여 진술할 수 없는 때'라고 각 규정한 것에 비하여 현행 형사소송법은 그 예외사유의 범위를 더욱 엄격하게 제한하고 있는데, 이는 직접심리주의와 공판중심주의의 요소를 강화하려는 취지가 반영된 것이다(대법원 2012.5.17. 2009도6788 전원합의체).

지 그 대상이 아니며 피고인의 출석 없이는 원칙적으로 공판이 개정되지 아니하므로, 제312조 제1항 · 제3항의 피의자신문조서 및 제313조 제1항의 피고인 진술서 · 진술기재서류에 대해서는 제314조가 적용되지 아니한다.

② 공범자 또는 공동피고인에 대한 피의자신문조서

(가) 검사 작성 피고인 아닌 자에 대한 피의자신문조서 : 종래에는 반대신문의 기회보장이 문제되는 경우이므로 **제314조가 적용**된다는 것이 판례이었다(대법원 1984.1.24, 83도2945, 소위 '피의자신문조서 중 유일하게 제314조가 적용되는 경우'라는 설명방식). 다만 2020.2.4. 제312조 제1항이 개정되었으므로 이제는 나눠서 보아야 할 것이다. 즉, 검사 작성 피의자신문조서 중에서 공범자 아닌 자에 대한 피의자신문조서의 경우에는 (법 제312조 제4항이 적용되므로) 여전히 법 제314조가 적용되나, 공범자에 대한 검사 작성 피의자신문조서의 경우 학설에서는 법 제312조 제1항 적용설(이에 의하면 법 제314조 적용 불가)과 법 제312조 제4항 적용설(이에 의하면 법 제314조 적용 가능)이 대립하고 판례는 법 제312조 제1항 적용설을 취했다(대법원 2023.6.1, 2023도3741).

판례연구 공범자 아닌 자에 대한 검사 작성 피의자신문조서와 법 제314조

대법원 1984.1.24, 83도2945

피고인 아닌 자에 대한 검사 작성의 피의자신문조서의 증거능력

검사작성의 공소외 甲에 대한 피의자신문조서는 제1심에서 동인에 대한 증인 소환장이 소재불명으로 송달불능이 되고 소재탐지촉탁에 의하여도 거주지를 확인할 방도가 없어 그 진술을 들을 수 없는 사정이 있고 그 조서의 내용에 의하면 특히 신빙할 수 있는 상태하에서 작성된 것으로 보이므로 원심이 형사소송법 제314조에 의하여 증거능력을 인정한 조치는 정당하다(법 제312조 제4항이 적용된다는 전제에서 원진술자의 소재불명으로 법 제314조를 적용한 사례).

(나) 검사 이외 수사기관 작성 피의자신문조서 : 공범자인 공동피고인에 대한 검사 이외의 수사기관 작성 피의자신문조서에 대해서도 피고인이 내용을 인정하지 아니하면 **제312조 제3항에 의해 그 증거능력이 부정**된다. 따라서 사경작성 피의자신문조서는 **공범자(필요적 공범** 및 **양벌규정의 적용대상인 법인과 자연인** 포함)에 대한 조서라 하더라도 **제314조의 적용대상이 아니다**(2003도7185 등). [법원9급 13, 교정9급특채 11, 해경간부 12, 경찰승진 10/14]

정리 사법경찰관 작성 공범자에 대한 피의자신문조서에 대하여 당해 피고인이 내용을 부인하면 증거능력이 부정되는 것은 고문 등 위법수사의 억제장치로서 독자적 의미를 가지므로, 제312조 제3항이 다른 조항보다 우선 적용된다.

판례연구 형사소송법 제314조의 2007년 개정의 의미와 적용범위

1. 대법원 2012.5.17, 2009도6788 전원합의체

형사소송법 제314조는 "제312조 또는 제313조의 경우에 공판준비 또는 공판기일에 진술을 요하는 자가 사망 · 질병 · 외국거주 · 소재불명, 그 밖에 이에 준하는 사유로 인하여 진술할 수 없는 때에는 그 조서 및 그 밖의 서류를 증거로 할 수 있다. 다만, 그 진술 또는 작성이 특히 신빙할 수 있는 상태하에서 행하여졌음이 증명된 때에 한한다."라고 정함으로써, 원진술자 등의 진술에 의하여 진정성립이 증명되지 아니하는 전문증거에 대하여 예외적으로 증거능력이 인정될 수 있는 사유로 '사망 · 질병 · 외국거주 · 소재불명, 그 밖에 이에 준하는 사유로 인하여 진술할 수 없는 때'를 들고 있다. 위 증거능력에 대한 예외사유로 1995.12.29. 법률 제5054호로 개정되기 전의 구 형사소송법 제314조가 '사망, 질병 기타 사유로 인하여 진술할 수 없는 때', 2007.6.1. 법률 제8496호로 개정되기 전의 구 형사소송법 제314조가 '사망, 질병, 외국거주 기타 사유로 인하여 진술할 수 없는 때'라고 각 규정한 것에 비하여 현행 형사소송법은 그 예외사유의 범위를 더욱 엄격하게 제한하고 있는데, 이는 직접심리주의와 공판중심주의의 요소를 강화하려는 취지가 반영된 것이다.

2. 대법원 2004.7.15, 2003도7185 전원합의체; 2009.11.26, 2009도6602 [법원9급 13, 교정9급특채 11, 해경간부 12, 경찰간부 22, 경찰승진 10/14]

법 제312조 제3항이 적용되는 조서는 법 제314조의 적용대상이 아님 : 피고인과 공범관계에 있는 다른 피의자에 대한 사경 작성 피의자신문조서는 제314조 적용 ×

법 제312조 제2항(현재 : 동조 제3항)은 검사 이외의 수사기관이 작성한 당해 피고인에 대한 피의자신문조서를 유죄의 증거

로 하는 경우뿐만 아니라 검사 이외의 수사기관이 작성한 당해 피고인과 공범관계에 있는 다른 피고인이나 피의자에 대한 피의자신문조서를 당해 피고인에 대한 유죄의 증거로 채택할 경우에도 적용되는바, 당해 피고인과 공범관계가 있는 다른 피의자에 대한 검사 이외의 수사기관 작성의 피의자신문조서는 그 피의자의 법정진술에 의하여 그 성립의 진정이 인정되더라도 당해 피고인이 공판기일에서 그 조서의 내용을 부인하면 증거능력이 부정되므로 그 당연한 결과로 그 피의자신문조서에 대하여는 사망 등 사유로 인하여 법정에서 진술할 수 없는 때에 예외적으로 증거능력을 인정하는 규정인 형사소송법 제314조가 적용되지 아니한다.

3. 대법원 2020.6.11, 2016도9367 [변호사 23, 국가9급 24]

양벌규정상 행위자인 다른 피의자에 대한 사법경찰관 작성의 피의자신문조서에 대한 법 제314조의 적용 ×

(양벌규정의 종업원과 사업주인 피고인 중에서 망인인 종업원에 대한 경찰 피의자신문조서에 대하여 법 제314조에 기초하여 증거능력을 인정할 수 있는가의 문제) 해당 피고인과 공범관계가 있는 다른 피의자에 대하여 검사 이외의 수사기관이 작성한 피의자신문조서는 그 피의자의 법정진술에 의하여 그 성립의 진정이 인정되는 등 제312조 제4항의 요건을 갖춘 경우라고 하더라도 해당 피고인이 공판기일에서 그 조서의 내용을 부인한 이상 이를 유죄 인정의 증거로 사용할 수 없고, 그 당연한 결과로 위 피의자신문조서에 대하여는 사망 등 사유로 인하여 법정에서 진술할 수 없는 때에 예외적으로 증거능력을 인정하는 규정인 형사소송법 제314조가 적용되지 아니한다(대법원 2004.7.15, 2003도7185 전원합의체 등). 그리고 이러한 법리는 공동정범이나 교사범, 방조범 등 공범관계에 있는 자들 사이에서뿐만 아니라, 법인의 대표자나 법인 또는 개인의 대리인, 사용인, 그 밖의 종업원 등 행위자의 위반행위에 대하여 행위자가 아닌 법인 또는 개인이 양벌규정에 따라 기소된 경우, 이러한 법인 또는 개인과 행위자 사이의 관계에서도 마찬가지로 적용된다고 보아야 한다.

보충 대법원은 법 제312조 제3항이 형법총칙의 공범 이외에도, 서로 대향된 행위의 존재를 필요로 할 뿐 각자의 구성요건을 실현하고 별도의 형벌규정에 따라 처벌되는 강학상 필요적 공범 내지 대향범 관계에 있는 자들 사이에서도 적용된다는 판시를 하기도 하였다(대법원 1996.7.12, 96도667; 2007.10.25, 2007도6129 등). 이는 필요적 공범 내지 대향범의 경우 형법총칙의 공범관계와 마찬가지로 어느 한 피고인이 자기의 범죄에 대하여 한 진술이 나머지 대향적 관계에 있는 자가 저지른 범죄에도 내용상 불가분적으로 관련되어 있어 목격자, 피해자 등 제3자의 진술과는 본질적으로 다른 속성을 지니고 있음을 중시한 것으로 볼 수 있다. 무릇 양벌규정은 법인의 대표자나 법인 또는 개인의 대리인, 사용인, 그 밖의 종업원 등 행위자가 법규위반행위를 저지른 경우, 일정 요건 하에 이를 행위자가 아닌 법인 또는 개인이 직접 법규위반행위를 저지른 것으로 평가하여 행위자와 같이 처벌하도록 규정한 것으로서, 이때의 법인 또는 개인의 처벌은 행위자의 처벌에 종속되는 것이 아니라 법인 또는 개인의 직접책임 내지 자기책임에 기초하는 것이기는 하다(대법원 2006.2.24, 2005도7673; 2010.9.9, 2008도7834; 2010.9.30, 2009도3876 등). 그러나 양벌규정에 따라 처벌되는 행위자와 행위자가 아닌 법인 또는 개인 간의 관계는, 행위자가 저지른 법규위반행위가 사업주의 법규위반행위와 사실관계가 동일하거나 적어도 중요부분을 공유한다는 점에서 내용상 불가분적 관련성을 지닌다고 보아야 하고, 따라서 앞서 본 형법총칙의 공범관계 등과 마찬가지로 인권보장적인 요청에 따라 형사소송법 제312조 제3항이 이들 사이에서도 적용된다고 보는 것이 타당하다.

③ **참고인진술조서 · 참고인진술서** : 반대신문권의 결여를 근거로 증거능력이 부정되는 경우이므로, 전형적인 **제314조의 적용대상**에 해당한다.

④ **외국 수사기관 작성 참고인진술조서** : **제314조의 적용대상**이다. 따라서 외국의 권한 있는 수사기관 등이 작성한 조서나 서류도 법 제314조 소정의 요건을 모두 갖춘 것이라면 이를 유죄의 증거로 삼을 수 있다(대법원 1997.7.25, 97도1351). [법원9급 13, 국가7급 17]

대법원 1997.7.25, 97도1351

미합중국 주검찰 수사관이 작성한 질문서와 형사사법공조요청에 따라 미합중국 법원의 지명을 받은 수명자가 작성한 증언녹취서의 증거능력을 인정한 사례

형사소송법 제312조 소정의 조서나 같은 법 제313조 소정의 서류 등은 원진술자가 사망, 질병 기타 사유로 인하여 공판정에 출석하여 진술을 할 수 없고, 그 진술 또는 서류의 작성이 특히 신빙할 수 있는 상태하에서 행하여진 경우에는 원진술자의 진술 없이도 형사소송법 제314조에 의하여 이를 유죄의 증거로 삼을 수 있는 것인바, 여기서 형사소송법 제312조 소정의 조서나 같은 법 제313조 소정의 서류를 반드시 우리 나라의 권한 있는 수사기관 등이 작성한 조서 및 서류에만 한정하여 볼 것은 아니고, 외국의 권한 있는 수사기관 등이 작성한 조서나 서류도 같은 법 제314조 소정의 요건을 모두 갖춘 것이라면 이를 유죄의 증거로 삼을 수 있다.

⑤ **진술자의 서명 · 날인이 없는 서류** : **외국에 거주하는 참고인과의 전화 대화내용을 문답형식으로 기재**한 검찰주사보 작성 수사보고서는 그 **진술자의 서명 또는 날인이 기재되어 있지 않으므로** 제312조 · 제313조의 서류에 해당하지 아니한다. 따라서 **제314조의 적용대상이 아니다**(98도2742).

판례연구 적법한 절차와 방식에 따라 작성된 조서가 아닌 경우와 법 제314조

대법원 1999.2.26, 98도2742 [경찰간부 22]

외국에 거주하는 참고인과의 전화 대화내용을 문답형식으로 기재한 진술조서는 법 제314조의 적용대상이 아니라는 사례

외국에 거주하는 참고인과의 전화 대화내용을 문답형식으로 기재한 검찰주사보 작성의 수사보고서는 전문증거로서 형사소송법 제310조의2에 의하여 제311조 내지 제316조에 규정된 것 이외에는 이를 증거로 삼을 수 없는 것인데, 위 수사보고서는 제311조, 제312조, 제315조, 제316조의 적용대상이 되지 아니함이 분명하므로, 결국 제313조(현 제312조 제4항)의 진술을 기재한 서류에 해당하여야만 제314조의 적용 여부가 문제될 것인바, 제313조(현 제312조 제4항)가 적용되기 위하여는 그 진술을 기재한 서류에 그 진술자의 서명 또는 날인이 있어야 한다.

2. 증거능력 인정요건 : 필/특

제312조 또는 제313조의 경우에

① 필요성 : 공판준비 또는 공판기일에 진술을 요하는 자가 사망 · 질병 · 외국거주 · 소재불명 그 밖에 이에 준하는 사유로 진술할 수 없는 때

② 특신상태 : 그 진술 또는 작성이 특히 신빙할 수 있는 상태하에서 행하여졌음이 증명된 때에 한하여 → 그 조서 및 그 밖의 서류를 증거로 할 수 있다.

(1) 필요성 : 원진술자 등의 진술에 의하여 진정성립이 증명되지 아니하는 전문증거에 대하여 예외적으로 증거능력이 인정되려면 '사망 · 질병 · 외국거주 · 소재불명, 그 밖에 이에 준하는 사유로 인하여 진술할 수 없는 때'이어야 한다(원진술자의 진술불능).

① 사망 · 질병 : 질병에는 정신적 질환도 포함되나, 진술을 요할 자가 공판이 계속되는 동안 **임상신문이나 출장신문도 불가능할 정도의 중병**임을 요한다(대법원 2006.5.25, 2004도3619). 따라서 원진술자가 단지 입원한 정도로는 여기에 해당되지 아니한다.

② 외국거주 : 외국거주는 반드시 영구적임을 요하지 아니하고 **일시적인 경우도 포함**된다. 다만, 원진술자가 **단지 외국에 있다는 사정만으로는 부족**하고, **가능하고 상당한 수단을 다하더라도 원진술자를 법정에 출석시킬 수 없는 사정**이 있어야 한다(87도1446; 2004도5561; 2007도10004). [법원9급 12, 경찰승진 13] 예컨대, ㉠ 일본에 거주하는 사람을 증인으로 채택하여 환문코자 하였으나 외무부로부터 현재 일본 측에서 형사사건에 대하여는 **양국 형법체계상의 상이함을 이유로 송달에 응하지 않고 있어 그 송달이 불가능하다는 취지의 회신**을 받고 위 증인을 취소한 경우(87도1446) [법원9급 12, 경찰승진 13]나 ㉡ 미국 내 주소지로 증인소환장을 발송하였으나 원진술자가 법원에 경위서를 제출하면서 **장기간 귀국할 수 없음을 통보**한 경우(2004도5561) [경찰채용 14 2차] 등이 여기에 해당한다. 또한 통상적으로 외국거주 요건은 소재의 확인, 소환장의 발송과 같은 절차를 거쳐 확정되는 것이기는 하지만 항상 그와 같은 절차를 거쳐야만 하는 것은 아니고, ㉢ 위 **절차를 거치지 않더라도 원진술자를 법정에서 신문할 것을 기대하기 어려운 사정이 있다고 인정할 수 있다면 그 요건은 충족**된다(2001도5666 : **수사를 받던 중 미국으로 불법도피** → 증인소환장 발송 등 조치를 취하지 않아도 필요성 요건 충족).

판례연구 법 제314조의 외국거주에 해당한다는 사례

1. **대법원 1987.9.8, 87도1446**

외국에 거주하는 증인의 소환이 송달에 응하지 않아 불가능한 경우

일본에 거주하는 사람을 증인으로 채택하여 환문코자 하였으나 외무부로부터 현재 일본 측에서 형사사건에 대하여는 양국 형법체계상의 상이함을 이유로 송달에 응하지 않고 있어 그 송달이 불가능하다는 취지의 회신을 받고 위 증인을 취소하였다면 이러한 사유는 형사소송법 제314조 소정의 공판기일에서 진술을 요할 자가 기타 사유로 인하여 진술할 수 없는 때에 해당한다.

2. **대법원 2007.6.14, 2004도5561**

법원은 A를 증인으로 채택하여 국내의 주소지 등으로 소환하였으나 소환장이 송달불능되었고, A가 2003.5.16. 미국으로 출국하여 그곳에 거주하고 있음이 밝혀지자 다시 미국 내 주소지로 증인소환장을 발송하였으나, A가 법원에 경위서를 제출하면서

장기간 귀국할 수 없음을 통보하였는바, A에 대한 특별검사 및 검사 작성의 각 진술조서와 A가 작성한 각 진술서는 증인이 외국거주 등 사유로 인하여 법정에서의 신문이 불가능한 상태의 경우에 해당된다고 할 것이고, 그 진술내용의 신빙성이나 임의성도 인정된다고 할 것이므로, 위 각 진술조서와 진술서의 각 기재는 형사소송법 제314조에 의하여 증거능력이 있다고 할 것이다.

3. 대법원 2002.3.26, 2001도5666

진술을 요할 자가 외국에 거주하고 있고 검찰이 그 소재를 확인하여 소환장을 발송하는 등의 절차를 거치지 않은 경우에도 법 제314조가 적용될 수는 있다는 사례

법 제314조의 '외국거주'라고 함은 진술을 요할 자가 외국에 있다는 것만으로는 부족하고, 가능하고 상당한 수단을 다하더라도 그 진술을 요할 자를 법정에 출석하게 할 수 없는 사정이 있어야 예외적으로 그 적용이 있다고 할 것인데, 통상적으로 그 요건의 충족 여부는 소재의 확인, 소환장의 발송과 같은 절차를 거쳐 확정되는 것이기는 하지만 항상 그와 같은 절차를 거쳐야만 위 요건이 충족될 수 있는 것은 아니고, 경우에 따라서는 비록 그와 같은 절차를 거치지 않더라도 법원이 그 진술을 요할 자를 법정에서 신문할 것을 기대하기 어려운 사정이 있다고 인정할 수 있다면, 이로써 그 요건은 충족된다고 보아야 한다. A는 차량공급업체 선정과 관련한 특정범죄가중처벌등에관한법률위반(알선수재) 혐의로 수사를 받던 중 미국으로 불법도피하여 그곳에 거주하고 있고, 이러한 A에 대하여 그 소재를 확인하여 소환장을 발송한다고 하더라도 A가 법정에 증인으로 출석할 것을 기대하기는 어렵다고 할 것이므로, A가 미국에 거주하고 있는 사실이 확인된 후 검찰이 A의 미국 내 소재를 확인하여 증인소환장을 발송하는 등의 조치를 다하지 않았다고 하더라도 위 첫 번째 요건은 충족이 되었다고 할 것이다.

4. 대법원 2002.3.26, 2001도5666; 2008.2.28, 2007도10004; 2016.2.18, 2015도17115 [국가7급 10, 국가9급개론 15]

제314조에 따라 예외적으로 증거능력을 인정하기 위한 요건 중 '외국거주'의 의미와 그 판단방법

(구)법 제314조에 따라, 제312조의 조서나 제313조의 진술서, 서류 등을 증거로 하기 위하여는 '진술을 요할 자가 사망·질병·외국거주 기타 사유로 인하여 공판정에 출석하여 진술을 할 수 없는 경우'이어야 하고, '그 진술 또는 서류의 작성이 특히 신빙할 수 있는 상태하에서 행하여진 것'이라야 한다는 두 가지 요건이 갖추어져야 할 것인바, 첫째 요건과 관련하여 '외국거주'라 함은 진술을 요할 자가 외국에 있다는 것만으로는 부족하고, 수사 과정에서 수사기관이 그 진술을 청취하면서 그 진술자의 외국거주 여부와 장래 출국 가능성을 확인하고, 만일 그 진술자의 거주지가 외국이거나 그가 가까운 장래에 출국하여 장기간 외국에 체류하는 등의 사정으로 향후 공판정에 출석하여 진술을 할 수 없는 경우가 발생할 개연성이 있다면 그 진술자의 외국 연락처를, 일시 귀국할 예정이 있다면 그 귀국 시기와 귀국시 체류 장소와 연락 방법 등을 사전에 미리 확인하고, 그 진술자에게 공판정 진술을 하기 전에는 출국을 미루거나, 출국한 후라도 공판 진행 상황에 따라 일시 귀국하여 공판정에 출석하여 진술하게끔 하는 방안을 확보하여 그 진술자로 하여금 공판정에 출석하여 진술할 기회를 충분히 제공하며, 그 밖에 그를 공판정에 출석시켜 진술하게 할 모든 수단을 강구하는 등 가능하고 상당한 수단을 다하더라도 그 진술을 요할 자를 법정에 출석하게 할 수 없는 사정이 있어야 예외적으로 그 적용이 있다. (여기서부터는 2015도17115만) 나아가 진술을 요하는 자가 외국에 거주하고 있어 공판정 출석을 거부하면서 공판정에 출석할 수 없는 사정을 밝히고 있다고 하더라도 증언 자체를 거부하는 의사가 분명한 경우가 아닌 한 거주하는 외국의 주소나 연락처 등이 파악되고, 해당 국가와 대한민국 간에 국제형사사법공조조약이 체결된 상태라면 우선 사법공조의 절차에 의하여 증인을 소환할 수 있는지 여부를 검토해 보아야 하고, 소환을 할 수 없는 경우라고 하더라도 외국의 법원에 사법공조로 증인신문을 실시하도록 요청하는 등의 절차를 거쳐야 한다고 할 것이고, 이러한 절차를 전혀 시도해 보지도 아니한 것은 가능하고 상당한 수단을 다하더라도 그 진술을 요하는 자를 법정에 출석하게 할 수 없는 사정이 있는 때에 해당한다고 보기 어렵다.

보충 이 중 2007도10004 판례는 공소외 甲의 출입국 현황과 협의이혼 후 국내외 연락처 탐지 불능 상황 등 여러 사정을 종합하여 공소외 甲에 대한 검찰 진술조서의 증거능력이 있다고 판단한 사례이다.

③ 소재불명 그 밖에 이에 준하는 사유 : 법 제314조의 요건 충족 여부는 엄격히 심사하여야 하고, 전문증거의 증거능력을 갖추기 위한 요건에 관한 입증책임은 검사에게 있는 것이므로, 법원이 증인이 소재불명이거나 그 밖에 이에 준하는 사유로 인하여 진술할 수 없는 때에 해당한다고 인정할 수 있으려면, 형식적으로 구인장 집행이 불가능하다는 취지의 서면이 제출되었다는 것만으로는 부족하고, 증인에 대한 구인장의 강제력에 기하여 **증인의 법정 출석을 위한 가능하고도 충분한 노력을 다하였음에도 불구하고, 부득이 증인의 법정 출석이 불가능하게 되었다는 사정을 검사가 입증**한 경우여야 한다(대법원 2007.1.11, 2006도7228; 2013.4.11, 2013도1435; 2013.10.17, 2013도5001). [법원9급 08] 따라서 **소환장이 송달불능된 것으로는 부족**하고 **송달불능이 되어 소재수사를 하였어도 소재를 확인할 수 없는 경우**이어야 한다(83도931; 99도202; 2003도171)(**송달불능 + 소재수사에도 구인불능**). [법원9급 12, 경찰승진 13, 경찰채용 20 2차]

판례연구 법 제314조의 소재불명의 의미

1. 대법원 2013.10.17, 2013도5001

법 제314조의 '증인이 소재불명이거나 그 밖에 이에 준하는 사유로 인하여 진술할 수 없는 때'의 거증책임은 검사에게 있다는 사례

직접주의와 전문법칙의 예외를 정한 형사소송법 제314조의 요건 충족 여부는 엄격히 심사하여야 하고, 전문증거의 증거능력을 갖추기 위한 요건에 관한 입증책임은 검사에게 있는 것이므로, 법원이 증인이 소재불명이거나 그 밖에 이에 준하는 사유로 인하여 진술할 수 없는 때에 해당한다고 인정할 수 있으려면 증인의 법정 출석을 위한 가능하고도 충분한 노력을 다하였음에도 부득이 증인의 법정 출석이 불가능하게 되었다는 사정을 검사가 입증한 경우이어야 한다(대법원 2013.4.11, 2013도1435 등 참조). 공소외인은 그에 대한 제1심 법원의 증인소환장이 송달되지 아니하던 때인 제1심 제4회 공판기일의 며칠 전에 제1심법원에 전화를 걸어 공판기일을 통지받으면서 증인으로 출석할 의사가 있음을 밝혔고 그와 같은 내용의 전화통화결과보고가 제1심 소송기록에 편철되었으며 한편 공소외인의 휴대전화번호들이 수사기록에 기재되어 있었음에도, 이후 검사는 직접 또는 경찰을 통하여 수사기록에 나타난 공소외인의 휴대전화번호들로 공소외인에게 연락하여 법정 출석의사가 있는지를 확인하는 등의 방법으로 공소외인의 법정 출석을 위하여 상당한 노력을 기울였다는 자료는 보이지 아니한다.

2. 대법원 2004.3.11, 2003도171

공판기일에 진술을 요할 자에 대한 소재수사 결과 그 소재를 확인할 수 없는 경우가 형사소송법 제314조가 규정하고 있는 '기타 사유로 인하여 진술할 수 없는 때'에 포함된다는 사례

형사소송법 제314조에서 말하는 '공판준비 또는 공판기일에 진술을 요할 자가 사망, 질병 기타 사유로 인하여 진술할 수 없을 때'라고 함은 소환장이 주소불명 등으로 송달불능이 되어 소재탐지촉탁까지 하여 소재수사를 하였어도 그 소재를 확인할 수 없는 경우도 이에 포함된다고 할 것이다(소환장 송달불능 + 소재수사에도 구인불능 = 소재불명 ○).

(가) 해당하는 경우 : ㉠ 사망 또는 질병에 준하여 증인으로 소환될 당시부터 **기억력이나 분별력의 상실상태**에 있는 경우, ㉡ 원진술자가 **피고인의 보복이 두렵다는 이유로 주소를 옮기고 소환에도 응하지 않아** 구인장을 발부하였으나 그 집행조차 되지 아니한 경우(95도523) [국가7급 10], ㉢ 일정한 주거를 가지고는 있으나 **법원의 소환에 계속 불응하고 구인하여도 구인장이 집행되지 아니하는 경우**(2000도1765) [법원9급 12, 경찰승진 13], ㉣ 증인소환장을 송달받고 출석하지 아니하여 구인을 명하였으나 **끝내 구인의 집행이 되지 아니하는 등** 진술을 요할 자가 공판준비 또는 공판기일에 진술할 수 없는 예외적인 사유(대법원 2006.5.25, 2004도3619 등)가 필요성이 인정되는 경우에 해당한다.

판례연구 소재불명 그 밖에 이에 준하는 사유에 해당한다는 사례

1. 대법원 1995.6.13, 95도523

법원의 소환에 불응하고 그에 대한 구인장이 집행되지 아니하는 등 법정에서의 신문이 불가능한 상태의 경우도 법 제314조 소정 요건이 충족된다는 사례

진술을 요할 자가 사망, 질병, 또는 일정한 주거를 가지고 있더라도 법원의 소환에 계속 불응하고 구인하여도 구인장이 집행되지 아니하는 등 법정에서의 신문이 불가능한 상태의 경우도 형사소송법 제314조 소정의 "공판정에 출정하여 진술을 할 수 없는 경우"라는 요건이 충족되었다고 보아야 한다. 공소외인은 피고인의 보복이 두렵다는 이유로 주거를 옮기고 또 소환에도 응하지 아니하여 결국 구인장을 발부하였지만 그 집행조차 되지 아니한 사실을 알 수 있으므로, 첫번째 요건은 충족되었다고 볼 것이다.

2. 대법원 1968.6.18, 68도488

원심이 검사 또는 사법경찰관 사무취급작성의 참고인들에 대한 진술조서가 증거능력이 없다는 취의의 판단을 함에 있어서 위의 진술자들은 모두 일정한 주거 없이 전전유전하는 넝마주이 등으로서 그 소재를 알기 어렵다는 사실을 인정하는 이상 이는 본조 소정 기타 사유로 인하여 진술할 수 없는 때에 해당된다 할 것이므로 원심은 그 조서의 진술이 신빙할 수 있는 상태하에서 행하여진 것인지를 심리판단하여 증거능력의 유무를 정하였어야 한다.

3. 대법원 2006.4.14, 2005도9561 [경찰채용 23 1차]

형사소송법 제314조, 제316조 제2항에서 말하는 '원진술자가 진술을 할 수 없는 때'에 해당한다고 한 사례

형사소송법 제314조, 제316조 제2항에서 말하는 '원진술자가 진술을 할 수 없는 때'에는 사망, 질병 등 명시적으로 열거된 사유 외에도 원진술자가 공판정에서 진술을 한 경우라도 증인신문 당시 일정한 사항에 관하여 기억이 나지 않는다는 취지로 진술하여 그 진술의 일부가 재현 불가능하게 된 경우도 포함하는 것이고, 위 규정들에서 '그 진술 또는 작성이 특히 신빙할 수 있는 상태하에서 행하여진 때'라 함은 그 진술내용이나 조서 또는 서류의 작성에 허위개입의 여지가 거의 없고, 그 진술내용의

신빙성이나 임의성을 담보할 구체적이고 외부적인 정황이 있는 경우를 가리킨다[대법원 1992.3.13, 91도2281; 1999.11.26, 99도3786(사건 당시 4세 6개월, 증언 당시 6세 11개월인 증인이 일정한 사항에 관하여 기억이 나지 않는다는 취지로 진술하여 그 진술의 일부가 재현 불가능하게 된 경우); 2000.3.10, 2000도159 등].[1]

(나) 해당하지 않는 경우 : ㉠ 단지 **소환장이 주소불명 등으로 송달불능**되거나, 소환장 **송달불능임에도 소재탐지촉탁에 의해 소재확인을 하지 않거나**, 소재탐지촉탁을 하였으나 그 회보가 오지 않은 경우(96도575), ㉡ **주소지가 아닌 곳**으로 소환장을 보내 송달불능이 되자 그 곳에 소재탐지 끝에 소재불능회보를 받은 경우(79도1002) [경찰승진 09/10], 또한 ㉢ **법정에 출석한 증인이 정당하게 증언거부권을 행사하여 증언을 거부한 경우**(2009도6788 전원합의체) [법원9급 12/13/14/15/17, 국가7급 17, 국가9급개론 15, 경찰승진 13, 경찰채용 12 2차]나 ㉣ 증거서류의 진정성립을 묻는 검사의 질문에 대하여 피고인이 **진술거부권을 행사하여 진술을 거부한 경우**(대법원 2013.6.13, 2012도16001) [국가7급 15/16, 국가9급 16]는 필요성이 인정되는 경우에 해당되지 아니한다. 나아가 최근 판례는 ㉤ **정당하게 증언거부권을 행사한 것이 아니더라도** (피고인이 증언거부상황을 초래하였다는 특별한 사정이 없는 한) 이 역시 제314조의 기타 사유에 해당하지 않는다고 판시한 바 있다(2018도13945 전원합의체).

판례연구 소재불명 그 밖에 이에 준하는 사유에 해당하지 아니한다는 사례

1. 대법원 1973.10.31, 73도2124

1심에서 송달불능이 된 증인을 항소심에서 다시 증인으로 채택하여 소환함에 있어서 1심에서 송달불능된 주소로만 소환하고 기록상 용이하게 알 수 있는 다른 주소로 소환하지 아니함은 심리미진이다.

2. 대법원 1979.12.11, 79도1002

증인의 주소지가 아닌 곳으로 소환장을 보내 송달불능이 되자 그 곳을 중심한 소재탐지 끝에 소재불능회보를 받은 경우에는 형사소송법 제314조에서 말하는 원진술자가 공판정에서 진술할 수 없는 때라고 할 수 없다.

3. 대법원 1996.5.14, 96도575

형사소송법 제314조 소정의 "공판기일에 진술을 요할 자가 사망·질병 기타 사유로 인하여 진술할 수 없는 때"라고 함은 ① 소환장이 주소불명 등으로 송달불능이 되어 소재탐지촉탁까지 하여 소재수사를 하였는데도 그 소재를 확인할 수 없는 경우는 이에 해당하나, ② 단지 소환장이 주소불명 등으로 송달불능되었다거나 소재탐지촉탁을 하였으나 그 회보가 오지 않은 상태인 것만으로는 이에 해당한다고 보기에 부족하다.

4. 대법원 2007.1.11, 2006도7228 [법원9급 08]

직접주의와 전문법칙의 예외를 정한 형사소송법 제314조의 요건 충족 여부는 엄격히 심사하여야 하고 전문증거의 증거능력을 갖추기 위한 요건에 관한 입증책임은 검사에게 있는 것이므로, 법원이 증인에 대한 구인장 집행불능 상황을 형사소송법 제314조의 '기타 사유로 인하여 진술할 수 없는 때'에 해당한다고 인정할 수 있으려면, 형식적으로 구인장 집행이 불가능하다는 취지의 서면이 제출되었다는 것만으로는 부족하고, 증인에 대한 구인장의 강제력에 기하여 증인의 법정 출석을 위한 가능하고도 충분한 노력을 다하였음에도 불구하고, 부득이 증인의 법정 출석이 불가능하게 되었다는 사정을 검사가 입증한 경우여야 한다. [법원9급 08] 따라서 경찰이 증인과 가족의 실거주지를 방문하지 않은 상태에서 전화상으로 증인의 모(母)로부터 법정에 출석케 할 의사가 없다는 취지의 진술을 들었다는 내용의 구인장 집행불능 보고서를 제출하고 있을 뿐이고, 검사가 기록상 확인된 증인의 휴대전화번호로 연락하여 법정 출석의사가 있는지를 확인하는 등의 방법으로 출석을 적극적으로 권유·독려하는 등 증인의 법정 출석을 위하여 상당한 노력을 기울이지 않은 경우, 형사소송법 제314조의 '기타 사유로 인하여 진술할 수 없는 때'에 해당하지 않는다고 해야 한다.

5. 대법원 2012.5.17, 2009도6788 전원합의체 [법원9급 12/13/14/15/17, 국가9급개론 15, 경찰승진 13, 경찰채용 12 2차]

증인이 형사소송법에서 정한 바에 따라 정당하게 증언거부권을 행사하여 증언을 거부한 사례

[다수의견] 현행 형사소송법 제314조의 문언과 개정 취지(필요성 예외사유의 범위를 더욱 엄격하게 제한함), 증언거부권 관련 규정의 내용 등에 비추어 보면, 법정에 출석한 증인이 형사소송법 제148조, 제149조 등에서 정한 바에 따라 정당하게 증언거부권을 행사하여 증언을 거부한 경우는 형사소송법 제314조의 '그 밖에 이에 준하는 사유로 인하여 진술할 수 없는 때'에 해당하지 아니한다.

1) [보충] 위 피해자의 진술내용이나 그에 대한 조서나 서류의 작성에 허위개입의 여지가 거의 없고 그 진술내용의 신빙성이나 임의성을 담보할 구체적이고 외부적인 정황이 있어 '그 진술이 특히 신빙할 수 있는 상태하에서 행하여진 때'에 해당한다고 할 것이므로, 사법경찰리가 작성한 위 피해자에 대한 진술조서의 진술기재는 형사소송법 제314조에 따라 … 그 증거능력이 있다고 할 것이다(대법원 2006.4.14, 2005도9561).

보충 甲 주식회사 및 그 직원인 피고인들이 정비사업전문관리업자의 임원에게 甲 회사가 주택재개발사업 시공사로 선정되게 해 달라는 청탁을 하면서 금원을 제공하였다고 하여 구 건설산업기본법 위반으로 기소되었는데, 변호사가 작성하여 甲 회사 측에 전송한 전자문서를 출력한 '법률의견서'에 대하여 피고인들이 증거로 함에 동의하지 아니하고, 변호사가 그에 관한 증언을 거부한 사안에서, 위 의견서의 증거능력을 부정하고 무죄를 인정한 원심의 결론을 정당하다고 한 사례임.

6. 대법원 2013.6.13, 2012도16001

피고인이 증거서류의 진정성립을 묻는 검사의 질문에 대하여 진술거부권을 행사하여 진술을 거부한 사례

헌법은 모든 국민은 형사상 자기에게 불리한 진술을 강요당하지 아니한다고 선언하고(제12조 제2항), 형사소송법은 피고인은 진술하지 아니하거나 개개의 질문에 대하여 진술을 거부할 수 있다고 규정하여(제283조의2 제1항), 진술거부권을 피고인의 권리로서 보장하고 있다. 위와 같은 현행 형사소송법 제314조의 문언과 개정 취지, 진술거부권 관련 규정의 내용 등에 비추어 보면, 피고인이 증거서류의 진정성립을 묻는 검사의 질문에 대하여 진술거부권을 행사하여 진술을 거부한 경우는 형사소송법 제314조의 '그 밖에 이에 준하는 사유로 인하여 진술할 수 없는 때'에 해당하지 아니한다.

보충 원심이, 피고인 1, 피고인 2가 '공소외 1 USB 문건', '피고인 3 컴퓨터 발견 문건', '피고인 2 이메일 첨부서류', '공소외 2 제출서류'의 진정성립을 묻는 검사의 질문에 대하여 진술거부권을 행사한 경우를 형사소송법 제314조의 '공판준비 또는 공판기일에 진술을 요하는 자가 사망 · 질병 · 외국거주 · 소재불명 기타 그 밖에 이에 준하는 사유로 인하여 진술할 수 없는 때'에 해당한다고 해석하는 것은 진술거부권의 행사를 이유로 위 피고인들에게 불이익을 과하는 것으로서 허용되지 아니한다고 하여, 위 각 문서들이 형사소송법 제314조에 의하여 증거능력이 인정된다는 주장을 배척한 것은 정당하다.

7. 대법원 2019.11.21, 2018도13945 전원합의체 [경찰간부 22, 경찰채용 23 1차, 국가7급 23, 변호사 24]

증인이 정당한 이유 없이 증언을 거부한 경우 검찰 진술조서의 증거능력 유무

다수의견 ㉠ 수사기관에서 진술한 참고인이 법정에서 증언을 거부하여 피고인이 반대신문을 하지 못한 경우에는 정당하게 증언거부권을 행사한 것이 아니라도, 피고인이 증인의 증언거부 상황을 초래하였다는 등의 특별한 사정이 없는 한 형사소송법 제314조의 '그밖에 이에 준하는 사유로 인하여 진술할 수 없는 때'에 해당하지 않는다고 보아야 한다. 따라서 증인이 정당하게 증언거부권을 행사하여 증언을 거부한 경우와 마찬가지로 수사기관에서 그 증인의 진술을 기재한 서류는 증거능력이 없다. 다만 ㉡ 피고인이 증인의 증언거부 상황을 초래하였다는 등의 특별한 사정이 있는 경우에는 형사소송법 제314조의 적용을 배제할 이유가 없다. 이러한 경우까지 형사소송법 제314조의 '그밖에 이에 준하는 사유로 인하여 진술할 수 없는 때'에 해당하지 않는다고 보면 사건의 실체에 대한 심증 형성은 법관의 면전에서 본래증거에 대한 반대신문이 보장된 증거조사를 통하여 이루어져야 한다는 실질적 직접심리주의와 전문법칙에 대하여 예외를 정한 형사소송법 제314조의 취지에 반하고 정의의 관념에도 맞지 않기 때문이다.

보충1 피고인 A가 공소외 B에게 필로폰을 매도하였다는 혐의로 공소제기된 이 사건에서, 검사는 B에 대한 검사 작성의 진술조서와 피의자신문조서(이하 '검찰 조서')의 증거능력이 문제된 바, 위 필로폰 매수 혐의로 별도의 재판을 받고 있던 B는 A의 공판정에서 증언을 거부하였으며 이것이 형사소송법 제314조의 예외에 해당하는가를 판시한 사건이다. B는 A의 공판정에 출석하여 총 3차례에 걸쳐 증언을 거부하였는데, 그 중 1차와 2차의 증언거부는 정당한 증언거부권의 행사에 해당하고, B에 대한 판결이 확정된 후에 증언거부사유도 소명하지 않고 이루어진 B의 3차 증언거부는 정당하지 않은 증언거부권 행사에 해당한다. 이 판례는 정당하지 않은 증언거부권 행사도 제314조의 '그밖에 이에 준하는 사유'에 해당되지 않는다고 판시한 것이다.

보충2 2007년 개정된 제314조는 전문서류의 증거능력을 인정할 수 있는 예외 사유로 '사망 · 질병 · 외국거주 · 소재불명 그밖에 이에 준하는 사유'를 규정하고 있다. 이는 종래의 '사망 · 질병 · 외국거주 기타 사유'보다 분명하고 제한된 규정이며, 이에 대법원은 2012년 정당하게 증언을 거부한 경우는 제314조의 예외사유에 해당하지 않는다고 판시한 것(대법원 2012.5.17, 2009도6788 전원합의체)과 일관된 흐름에서, 2020년 전원합의체 판례를 통하여 정당하지 않은 증언거부권 행사도 제314조의 예외사유에 해당하지 않는다고 판시한 것이다. 이는 공판중심주의, 직접심리주의, 반대신문권의 보장을 철저히 중시한 것으로 평가된다.

표정리 기타 제314조의 필요성 요건에 해당하는 경우와 해당하지 않는 경우

해당하는 경우	해당하지 않는 경우
① 노인성 치매로 인한 기억력 장애(91도2281) [국가9급개론 15, 경찰승진 10] ② 피해자(사건 당시 4세 6개월, 증언 당시 6세 11개월)가 일정한 사항에 관하여 기억이 나지 않는다는 취지로 진술하여 그 진술의 일부가 재현 불가능하게 된 경우(99도3786)(유사판례는 2005도9561) [국가7급 10, 경찰승진 09/10/13]	① 증인으로 소환받고 출산을 앞두고 있다는 사유로 출석하지 아니한 경우(99도915) [국가9급개론 15, 경찰간부 15, 경찰승진 09, 경찰채용 14 2차] ② 만 5세 무렵에 당한 성추행으로 인하여 외상 후 스트레스 증후군을 앓고 있다는 등 이유로 공판정에 출석하지 아니한 약 10세 남짓의 성추행 피해자의 경우(2004도3619)[1] [법원9급 12, 국가7급 10, 경찰승진 09/10/13, 경찰채용 14 2차]

정리 판례가 인정하는 경우는 치매 등으로 인한 기억장애, 보복 등 이유로 구인불능, 최선의 노력을 다했어도 구인 불능 등이다. 반면 외상 후 스트레스 증후군(PTSD), 증언거부, 진술거부, 출산 등의 경우는 여기에 해당되지 않는다고 보고 있다.

1) [보충] 위 판례의 결론에 대해서는 설득력 있는 비판이 제기되나, 본서의 특성상 생략한다.

판례연구 법 제314조의 필요성 긍정례

대법원 1992.3.13, 91도2281

공판기일에 진술을 요하는 자가 노인성 치매로 인한 기억력 장애 등으로 진술할 수 없는 상태에 있어 형사소송법 제314조에 의하여 동인의 진술조서 등에 증거능력이 인정된 사례

사법경찰리 작성의 피해자에 대한 진술조서와 검사 및 사법경찰리 작성의 피고인에 대한 각 피의자신문조서 중 피해자의 진술부분은 비록 피고인이 이를 증거로 함에 동의하지 아니하였으나, 피해자는 제1심에서 증인으로 소환당할 당시부터 노인성 치매로 인한 기억력 장애, 분별력 상실 등으로 인하여 진술할 수 없는 상태하에 있었고 나아가 위 각 진술이 그 내용에 있어서 시종 일관되며 특히 검사 및 사법경찰리 작성의 각 피의자신문조서상의 각 진술부분은 피고인과의 대질하에서 이루어진 것인 점 등에 비추어 그 각 진술내용의 신용성이나 임의성을 담보할 만한 구체적인 정황이 있는 경우에 해당되어 특히 신빙할 수 있는 상태하에서 행하여진 것이라고 보이므로, 각 형사소송법 제314조에 의하여 증거능력이 있는 증거라 할 것이다.

판례연구 법 제314조의 필요성 부정례

1. **대법원 1999.4.23, 99도915**
   공판기일에 증인으로 소환받고도 출산을 앞두고 있다는 이유로 출석하지 아니한 것은 특별한 사정이 없는 한 사망, 질병, 외국거주 기타 사유로 인하여 진술을 할 수 없는 때에 해당한다고 할 수 없어 형사소송법 제314조에 의한 증거능력이 있다고 할 수 없다.
2. **대법원 2006.5.25, 2004도3619**
   만 5세 무렵에 당한 성추행으로 인하여 외상 후 스트레스 증후군을 앓고 있다는 등의 이유로 공판정에 출석하지 아니한 약 10세 남짓의 성추행 피해자에 대한 진술조서 사례
   형사소송법 제314조에 의하면, 같은 법 제312조 소정의 조서나 같은 법 제313조 소정의 서류 등을 증거로 하기 위해서는, 첫째로 진술을 요할 자가 사망, 질병, 외국거주 기타 사유(현 소재불명 그 밖에 이에 준하는 사유)로 인하여 공판준비 또는 공판기일에 진술할 수 없는 경우이어야 하고('필요성의 요건'), 둘째로 그 진술 또는 서류의 작성이 특히 신빙할 수 있는 상태하에서 행하여진 것이어야 한다('신용성 정황적 보장의 요건'). 위 필요성의 요건 중 '질병'은 진술을 요할 자가 공판이 계속되는 동안 임상신문이나 출장신문도 불가능할 정도의 중병임을 요한다고 할 것이고, '기타 사유'는 사망 또는 질병에 준하여 증인으로 소환될 당시부터 기억력이나 분별력의 상실 상태에 있다거나, 증인소환장을 송달받고 출석하지 아니하여 구인을 명하였으나 끝내 구인의 집행이 되지 아니하는 등으로 진술을 요할 자가 공판준비 또는 공판기일에 진술할 수 없는 예외적인 사유가 있어야 한다. 한편, 위 신용성 정황적 보장의 요건인 '특히 신빙할 수 있는 상태하에서 행하여진 때'라고 함은 그 진술내용이나 조서 또는 서류의 작성에 허위개입의 여지가 거의 없고, 그 진술내용의 신빙성이나 임의성을 담보할 구체적이고 외부적인 정황이 있는 경우를 가리킨다. 따라서 만 5세 무렵에 당한 성추행으로 인하여 외상 후 스트레스 증후군을 앓고 있다는 등의 이유로 공판정에 출석하지 아니한 약 10세 남짓의 성추행 피해자에 대한 진술조서는 형사소송법 제314조에 정한 필요성의 요건과 신용성 정황적 보장의 요건을 모두 갖추지 못하여 증거능력이 없다.

(2) 특신상태 : 필요성이 인정되는 경우라 하더라도, 그 진술·작성이 특히 신빙할 수 있는 상태하에서 행하여졌음이 증명된 때에 한하여 그 조서 및 그 밖의 서류를 증거로 할 수 있다. 특신상태가 **신용성의 정황적 보장**을 의미하므로, 그 진술내용이나 조서 또는 서류의 작성에 **허위개입의 여지가 거의 없고 그 진술내용의 신빙성이나 임의성을 담보할 구체적이고 외부적인 정황이 있는 경우**이어야 하고(대법원 1999.2.26, 98도2742; 1997.4.11, 96도2865; 1995.6.13, 95도523 등), 특신상태의 증명은 **단지 그러한 개연성이 있다는 정도로는 부족하고 합리적인 의심의 여지를 배제할 정도**에 이르러야 한다(자유로운 증명의 대상 ○, but 증명의 정도는 확신의 정도 要)(대법원 2014.2.21, 2013도12652). [경찰채용 23 1차, 법원9급 17]

판례연구 특신상태의 의미

1. **대법원 1986.2.5, 85도2788**
   법원이 증인으로 채택, 소환하였으나 계속 불출석하여 3회에 걸쳐 구인영장을 발부하였으나 가출하여 소재불명이라는 이유로 집행되지 아니하였다면 이러한 경우는 형사소송법 제314조의 공판기일에 진술을 요할 자가 기타 사유로 인하여 진술할 수 없는 때에 해당한다(필요성 ○). 그러나 검사 및 사법경찰관 작성의 증인에 대한 진술조서의 진술내용이 상치되어 어느 진술이 진실인지 알 수 없을 뿐 아니라 동인이 제1심법정에서 증인으로 채택되어 소환장을 두번이나 받고도 소환에 불응하고 주소지를 떠나 행방을 감춘 경우라면 동인의 위 진술이 특히 신빙할 수 있는 상태에서 행하여진 것으로 볼 수 없다(특신상태 ×).

2. 대법원 1999.2.26, 98도2742; 2007.6.14, 2004도5561; 2011.11.10, 2010도12; 2014.8.26, 2011도6035

원진술자가 사망·질병·외국거주 기타 사유로 인하여 공판정에 출정하여 진술을 할 수 없을 때에는 그 진술 또는 서류의 작성이 특히 신빙할 수 있는 상태하에서 행하여진 경우에 한하여 형사소송법 제314조에 의하여 예외적으로 원진술자의 진술 없이도 증거능력을 가지는바, 여기서 특히 신빙할 수 있는 상태하에서 행하여진 때라 함은 그 진술내용이나 조서 또는 서류의 작성에 허위개입의 여지가 거의 없고 그 진술내용의 신빙성이나 임의성을 담보할 구체적이고 외부적인 정황이 있는 경우를 가리킨다. 따라서 법원이 법 제314조에 따라 증거능력을 인정하기 위하여는 단순히 그 진술이나 조서의 작성과정에 뚜렷한 절차적 위법이 보이지 않는다거나 진술의 임의성을 의심할 만한 구체적 사정이 없다는 것만으로는 부족하고, 이를 넘어 법정에서의 반대신문 등을 통한 검증을 굳이 거치지 않더라도 진술의 신빙성과 임의성을 충분히 담보할 수 있는 구체적이고 외부적인 정황이 있어 그에 기초하여 법원이 유죄의 심증을 형성하더라도 증거재판주의의 원칙에 어긋나지 않는다고 평가할 수 있는 정도에 이르러야 할 것이다.

3. 대법원 2014.2.21, 2013도12652; 2014.4.30, 2012도725 [변호사 23]

참고인의 소재불명 등의 경우 참고인 진술조서·진술서의 진술 또는 작성이 '특히 신빙할 수 있는 상태하에서 행하여졌음'에 대한 증명의 정도(= 합리적인 의심의 여지를 배제할 정도)

형사소송법이 원진술자 또는 작성자(이하 '참고인')의 소재불명 등의 경우에 참고인이 진술하거나 작성한 진술조서나 진술서에 대하여 증거능력을 인정하는 것은, 형사소송법이 제312조 또는 제313조에서 참고인 진술조서 등 서면증거에 대하여 피고인 또는 변호인의 반대신문권이 보장되는 등 엄격한 요건이 충족될 경우에 한하여 증거능력을 인정할 수 있도록 함으로써 직접심리주의 등 기본원칙에 대한 예외를 인정한 데 대하여 다시 중대한 예외를 인정하여 원진술자 등에 대한 반대신문의 기회조차 없이 증거능력을 부여할 수 있도록 한 것이므로, 그 경우 참고인의 진술 또는 작성이 '특히 신빙할 수 있는 상태하에서 행하여졌음에 대한 증명'은 단지 그러할 개연성이 있다는 정도로는 부족하고 합리적인 의심의 여지를 배제할 정도에 이르러야 한다.[1]

보충 전문증거의 특신상태는 소송법적 사실(증거능력 인정요건)로서 자유로운 증명의 대상이나, 그 증명의 정도는 엄격한 증명과 마찬가지로 법관으로 하여금 합리적 의심의 여지를 배제할 정도(확신)에 이르러야 한다는 점에서는 동일하다(증거재판주의 참조).

사례문제

甲 주식회사 및 그 직원인 피고인들이 정비사업전문관리업자의 임원에게 甲 회사가 주택재개발사업 시공사로 선정되게 해 달라는 청탁을 하면서 금원을 제공하였다고 하여 구 건설산업기본법 위반으로 기소되었는데, 변호사가 법률자문 과정에 작성하여 甲 회사 측에 전송한 전자문서를 출력한 '법률의견서'에 대하여 피고인들이 증거로 함에 동의하지 아니하고, 변호사가 원심 공판기일에 증인으로 출석하였으나 증언할 내용이 甲 회사로부터 업무상 위탁을 받은 관계로 알게 된 타인의 비밀에 관한 것임을 소명한 후 증언을 거부하였다. 그런데 위 법률의견서에 대해서 공판준비 또는 공판기일에서 작성자 또는 진술자인 변호사의 진술에 의하여 성립의 진정함이 증명되지 않았다.

문제1 원심 공판기일에 출석한 변호사가 그 진정성립 등에 관하여 진술하지 아니하였으므로 형사소송법 제314조에 의하여 증거능력을 인정할 수 있다.

→ (×) 원심 공판기일에 출석한 변호사가 그 진정성립 등에 관하여 진술하지 아니한 것은 법 제149조에서 정한 바에 따라 정당하게 증언거부권을 행사한 경우에 해당하므로 법 제314조에 의하여 증거능력을 인정할 수 없다(대법원 2012.5.17, 2009도6788 전원합의체).

문제2 원심이 이른바 변호인·의뢰인 특권에 근거하여 위 의견서의 증거능력을 부정한 것은 적절하다.

→ (×) 헌법과 형사소송법 규정의 내용과 취지 등에 비추어 볼 때, 아직 수사나 공판 등 형사절차가 개시되지 아니하여 피의자 또는 피고인에 해당한다고 볼 수 없는 사람이 일상적 생활관계에서 변호사와 상담한 법률자문에 대하여도, 변호인의 조력을 받을 권리의 내용으로서 그 비밀의 공개를 거부할 수 있는 의뢰인의 특권을 도출할 수 있다거나, 위 특권에 의하여 의뢰인의 동의가 없는 관련 압수물은 압수절차의 위법 여부와 관계없이 형사재판의 증거로 사용할 수 없다는 견해는 받아들일 수 없다. 원심이 이 사건 법률의견서의 증거능력을 부정하는 이유를 설시함에 있어 위와 같은 이른바 변호인-의뢰인 특권을 근거로 내세운 것은 적절하다고 할 수 없다(대법원 2012.5.17, 2009도6788 전원합의체).

---

1) [보충] 기록에 의하면, 검사의 상고이유 주장처럼 공소외인에 대한 검찰 피의자신문 과정에서 피고인과 대질이 이루어진 바 있기는 하나, 함께 들어간 모텔방에서 서로 다툼이 있어 피고인이 먼저 직접 112 신고를 하고 곧바로 공소외인과 함께 경찰에 가서 최초 조사를 받았고, 각 진술 내용을 보더라도 피고인의 진술은 인터넷 채팅으로 만난 공소외인이 합의하에 모텔방에 온 후에야 대가를 요구하길래 이를 신고하였다는 취지인 반면 공소외인의 진술은 인터넷 채팅으로 미리 행위의 내용과 대가를 정하였는데 피고인이 다른 행위를 요구하여 서로 다투었다는 취지로서, 대질을 포함한 각 진술 과정에서 공소사실과 같이 사전에 유사성교행위의 대가를 지급하기로 한 바가 있는지 등 공소사실의 핵심적인 사항에 관하여 두 사람의 진술이 시종일관 일치하지 않았던 사정을 알 수 있다. 더구나 원심에 이르러 피고인이 제출한 CD(을 제1호)에 수록된 동영상에서는 공소외인이 수사기관에서 한 자신의 진술이 허위라는 취지로 진술하고 있는 점도 기록상 드러나 있다. 이와 같은 여러 정황을 종합하여 보면 공소외인의 진술이 형사소송법 제314조가 의미하는 '특히 신빙할 수 있는 상태하에서' 이루어진 것이라는 점, 즉 진술 내용에 허위개입의 여지가 거의 없고 진술 내용의 신빙성을 담보할 구체적이고 외부적인 정황이 있다는 점이 합리적 의심을 배제할 수 있을 만큼 확실히 증명되어 법정에서 반대신문을 통한 확인과 검증을 거치지 않아도 될 정도에 이르렀다고 보기는 어렵다(대법원 2014.2.21, 2013도12652).

문제3 판례에 의할 때 위 법률의견서의 증거능력은 인정된다.

→ (×) 이 사건 법률의견서는 압수된 디지털 저장매체로부터 출력한 문건으로서 ① 그 실질에 있어서 법 제313조 제1항에 규정된 '피고인 아닌 자가 작성한 진술서나 그 진술을 기재한 서류'에 해당한다고 할 것인데, 공판준비 또는 공판기일에서 그 작성자 또는 진술자인 위 변호사의 진술에 의하여 그 성립의 진정함이 증명되지 아니하였으므로 위 규정에 의하여 이 사건 법률의견서의 증거능력을 인정할 수는 없다. 나아가 ② 원심 공판기일에 출석한 위 변호사가 이 사건 법률의견서의 진정성립 등에 관하여 진술하지 아니한 것은 형사소송법 제149조에서 정한 바에 따라 정당하게 증언거부권을 행사한 경우에 해당하므로, 앞서 본 법리에 따라 법 제314조에 의하여 이 사건 법률의견서의 증거능력을 인정할 수도 없다(대법원 2012.5.17, 2009도6788 전원합의체).

Ⅷ 당연히 증거능력 있는 서류

제315조(당연히 증거능력이 있는 서류) 다음에 기재한 서류는 증거로 할 수 있다.
1. 가족관계기록사항에 관한 증명서, 공정증서등본 기타 공무원 또는 외국공무원의 직무상 증명할 수 있는 사항에 관하여 작성한 문서
2. 상업장부, 항해일지 기타 업무상 필요로 작성한 통상문서
3. 기타 특히 신용할 만한 정황에 의하여 작성된 문서

1. 의 의

제315조에 규정된 서류는 원래 전문증거인 진술서에 속하고 진술서가 증거능력을 갖추기 위해서는 작성자(원진술자)의 공판정진술 또는 과학적 방법에 의한 성립 인정 등 요건을 갖추어야 하나(제313조 제1항 · 제2항), 진술서 중에 공무원이 직무상 작성하는 문서나 업무상 필요에 의해 통상적으로 작성하는 문서 등은 특히 신용성이 높고 그 작성자를 증인으로 신문하는 것이 적당하지 않거나 서면제출 이외에는 특별한 의미가 없는 경우가 대부분일 것이다. 따라서 이 경우 **작성자에 의해 당해 서류의 진정성립을 증명하지 않더라도 그 증거능력을 인정**하는 것이 타당할 것이므로 제315조에서 이를 규정한 것이다.

2. 범 위

(1) 공권적 증명문서

① **제315조 제1호** : 가족관계기록사항에 관한 증명서, 공정증서등본 또는 기타 공무원 또는 외국공무원(외국세관 ○, 외국수사기관 ×)의 직무상 증명할 수 있는 사항에 관하여 작성한 문서는 증거로 할 수 있다. 공권적 증명문서는 **공무원 · 외국공무원이 공적인 증명을 목적으로 엄격한 증빙서류를 바탕으로 하여 작성**된 것이어야 하므로, 단순히 상급자 등에 대한 보고를 목적으로 작성된 문서는 포함되지 아니한다(대법원 2007.12.13, 2007도7257). 또한 **수사기관 작성 진술조서**는 제312조와의 관계상 당연히 제외된다.

판례연구 공권적 증명문서에 해당하지 아니하는 서류의 예시

1. 대법원 2007.12.13, 2007도7257

대한민국 주중국 대사관 영사가 작성한 사실확인서 중 공인 부분을 제외한 나머지 부분이 비록 영사의 공무수행 과정 중 작성되었지만 공적인 증명보다는 상급자 등에 대한 보고를 목적으로 하는 것인 경우, 법 제315조 제1호의 '공무원의 직무상 증명할 수 있는 사항에 관하여 작성한 문서' 또는 제3호의 '기타 특히 신뢰할 만한 정황에 의하여 작성된 문서'라고 볼 수 없으므로 증거능력이 없다.

2. 대법원 2006.1.13, 2003도6548

피고인이 수사 과정에서 범행을 자백하였다는 검사 아닌 수사기관의 진술이나 같은 내용의 수사보고서 역시 (현) 제312조 제3항의 적용대상이므로, 피고인이 공판 과정에서 앞서의 자백의 내용을 부인하는 이상 이를 증거로 할 수 없으며(대법원 1979.5.8, 79도493 등), 여기서 말하는 검사 이외의 수사기관에는 달리 특별한 사정이 없는 한 외국의 권한 있는 수사기관도 포함된다고 봄이 상당하다(∴ 제315조 제1호 ×). 따라서 미국의 미군 범죄수사대(CID), 연방수사국(FBI)의 수사관들이 작성한 수사보고서 및 피고인이 위 수사관들에 의한 조사를 받는 과정에서 작성하여 제출한 진술서는 피고인이 그 내용을 부인하는 이상 증거로 쓸 수 없다.

② 이유 : 이러한 문서는 고도의 신용성이 보장되고, 원본의 제출이나 작성공무원에 대한 신문이 의미가 없다는 필요성 때문에 증거능력이 인정되는 것이다.

표정리 제315조 제1호의 공권적 증명문서 정리

해당하는 문서	해당하지 않는 문서
① 가족관계기록사항에 관한 증명서(종전의 호적등·초본) [법원9급 08, 경찰승진 14/15, 경찰채용 08 3차] ② 공정증서등본(등기부등본) [법원9급 08] ③ 공무원·외국공무원의 직무상 작성문서 ④ 일본국 하관(下關) 세관원 작성의 히로뽕에 대한 범칙물건감정서 등본과 분석의뢰서 및 분석회답서(대법원 1984.2.28, 83도3145) [국가9급 14, 경찰채용 12 1차] [기타] • 주민등록등·초본 [경찰간부 13]·인감증명서·신원증명서 • 전과조회회보서 • 국립과학수사연구원장 작성 감정의뢰회보서 [경찰채용 11 1차/13 2차] • 세관공무원의 범칙물자에 대한 시가감정서(대법원 1985.4.9, 85도225) [교정9급특채 12, 국가7급 20] • 군의관(의사 ×)이 작성한 진단서 [경찰승진 14, 경찰채용 09 2차] • 보건사회부장관의 시가조사보고서 [경찰채용 08 3차]	① 검사의 공소장(78도575)[1] [국가7급 00, 경찰승진 15, 경찰채용 11 1차] ② 수사기관 작성 피의자신문조서·검증조서 → 제312조 ○, 제315조 제1호 × ③ 외국수사기관(FBI)이 수사결과 얻은 정보를 회답하여 온 문서(79도1852) [국가9급 09, 경찰채용 09 2차/13 2차] ④ 주중대사관 영사가 작성한 사실확인서(공인을 제외한 부분)(2007도7257) [기타] • 수사보고서 • 육군과학수사연구소 실험분석관 작성 감정서(76도2960) [경찰채용 08 3차/11 1차/12 1차] • 외국수사기관 작성 수사보고서(2003도6548) [경찰승진 14]

(2) 업무상의 통상문서

① **제315조 제2호** : 상업장부, 항해일지 기타 업무상 필요로 작성한 통상문서는 증거로 할 수 있다. 이렇게 범죄사실의 인정 여부와는 관계없이 자기에게 맡겨진 **사무를 처리한 내역을 그때그때 계속적·기계적으로 기재한 문서는 사무처리 내역을 증명하기 위하여 존재하는 문서**로서 법 제315조 제2호에 의하여 당연히 증거능력이 인정된다(대법원 1996.10.17, 94도2865 전원합의체 등)(cf. 사무처리내역 : 자백 ×, 자백보강증거 ○). 업무의 담당자가 일상적·무작위적·계속적으로 기술하는 문서는 일반적인 경험칙상 진술의 태도와 내용의 자연성, 진술자의 양심성, 진술자의 기재내용 진실보유의 의무성, 내부의 결재, 사건과의 무관련성 등의 담보 등으로 허위가 개입될 여지가 적고, 작성자를 소환하더라도 서면을 제출하는 것 이상의 의미가 없기 때문이다. 따라서 금전출납내역을 그때그때 기계적으로 작성한 비밀장부는 여기에 포함되나, 그 장부를 만들면서 외부에 보이기 위해 작성한 표면상의 장부는 업무상 통상문서에 포함되지 아니한다.

판례연구 업무상 통상문서 관련판례

1. **대법원 2007.7.26, 2007도3219** [국가7급 15, 국가9급 09/14, 경찰간부 12, 해경간부 12, 경찰승진 10/13/14/15, 경찰채용 09 2차/10 2차/12 1차/13 2차/15 3차/22 2차]
   성매매업소에 고용된 여성들이 성매매를 업으로 하면서 영업에 참고하기 위하여 성매매 상대방의 아이디와 전화번호 및 성매매방법 등을 메모지에 적어두었다가 직접 메모리카드에 입력하거나 업주가 고용한 다른 여직원이 그 내용을 입력한 경우, 위 메모리카드의 내용은 형사소송법 제315조 제2호의 '영업상 필요로 작성한 통상문서'로서 당연히 증거능력 있는 문서에 해당한다.
2. **대법원 2015.7.16, 2015도2625 전원합의체 : 국정원 심리전단 대선 댓글 사건**
   문서가 형사소송법 제315조 제2호에서 정한 '업무상 통상문서'에 해당하는지 판단하는 기준
   어떠한 문서가 형사소송법 제315조 제2호가 정하는 업무상 통상문서에 해당하는지를 구체적으로 판단함에 있어서는, 위와 같은 형사소송법 제315조 제2호 및 제3호의 입법 취지를 참작하여 ① 당해 문서가 정규적·규칙적으로 이루어지는 업무활동으로부터 나온 것인지 여부, ②당해 문서를 작성하는 것이 일상적인 업무 관행 또는 직무상 강제되는 것인지 여부, ③ 당해 문서에 기재된 정보가 그 취득된 즉시 또는 그 직후에 이루어져 정확성이 보장될 수 있는 것인지 여부, ④ 당해 문서의 기록이 비교적 기계적으로 행하여지는 것이어서 그 기록 과정에 기록자의 주관적 개입의 여지가 거의 없다고 볼 수 있는지 여부, ⑤당해 문서가 공시성이 있는 등으로 사후적으로 내용의 정확성을 확인·검증할 기회가 있어 신용성이 담보되어 있는지 여부 등을

1) [보충] 검사의 공소장은 법원에 대하여 형사재판을 청구하는 서류이지, 그 기재내용이 실체적 사실인정의 증거자료가 될 수는 없다.

종합적으로 고려하여야 한다.

보충 국정원 심리전단사건의 핵심증거인 425지논파일과 시큐리티파일에 대해서는 작성자의 진술에 의한 성립의 진정이 증명되지 않아(2016.5.29. 개정 전 구법 제313조 제1항 ×) 제315조 제2호의 업무상 통상문서에 해당하는지 문제되었는바, 대법원 전원합의체는 출처 · 근원 등이 불분명하고 그 내용의 정확성 · 진실성을 확인할 방법이 없는 등 국정원 심리전단의 업무활동을 위하여 관행적 · 통상적으로 작성된 문서가 아니라고 판단하여 그 증거능력을 부정한 것이다.[1)]

② 이유 : 이러한 문서는 업무의 기계적 반복성으로 인하여 허위가 개입될 여지가 적고, 또 문서의 성질에 비추어 고도의 신용성이 인정되어 반대신문의 필요가 없거나 작성자를 소환해도 서면제출 이상의 의미가 없는 것들에 해당하기 때문에 당연히 증거능력이 인정된다.

표정리 제315조 제2호의 업무상 통상문서 정리

해당하는 문서	해당하지 않는 문서
① 상업장부 [법원9급 08] ② 항해일지 [국가7급 00, 경찰간부 13] ③ 금전출납부 · 전표 · 통계표 ④ 의사의 진료부(진료일지) [경찰채용 09 2차] ⑤ 성매매업소 성매수자정보 메모리카드(2007도3219)	① 사인인 의사가 작성한 진단서(69도179) [경찰간부 13] → 제313조 제1항 · 제2항 ○, 제315조 제2호 ×

(3) 특신정황 작성 문서

① 제315조 제3호 : **기타 특히 신용할 만한 정황에 의하여 작성된 문서**는 증거로 할 수 있는데, 이는 동조 제1호와 제2호에서 열거된 공권적 증명문서 및 업무상 통상문서에 준하여 **굳이 반대신문의 기회 부여 여부가 문제되지 않을 정도로 고도의 신용성의 정황적 보장이 있는 문서**를 의미한다(헌법재판소 2013.10.24, 2011헌바79).

② 이유 : 이러한 문서는 문서 자체에 의하여 제315조 제1호 · 제2호에 준할 정도로 고도의 신용성이 보장되기 때문에 증거능력이 인정되는 것이다.

판례연구 기타 특신정황 작성 문서 관련판례

1. 대법원 2004.1.16, 2003도5693 [국가9급 14, 교정9급특채 12, 경찰승진 14/15, 경찰채용 09 1차/11 1차/12 1차/13 2차]

구속적부심문조서는 제311조가 아니라 제315조 제3호에 의하여 당연 증거능력 인정 서류

구속적부심은 구속된 피의자 또는 그 변호인 등의 청구로 수사기관과는 별개 독립의 기관인 법원에 의하여 행하여지는 것으로서 구속된 피의자에 대하여 피의사실과 구속사유 등을 알려 그에 대한 자유로운 변명의 기회를 주어 구속의 적부를 심사함으로써 피의자의 권리보호에 이바지하는 제도인바, 법원 또는 합의부원, 검사, 변호인, 청구인이 구속된 피의자를 심문하고 그에 대한 피의자의 진술 등을 기재한 구속적부심문조서는 법 제311조가 규정한 문서에는 해당하지 않는다 할 것이나, 특히 신용할 만한 정황에 의하여 작성된 문서라고 할 것이므로 특별한 사정이 없는 한, 피고인이 증거로 함에 부동의하더라도 법 제315조 제3호에 의하여 당연히 그 증거능력이 인정된다.

보충 다만, 위 판례에서는 구속적부심문조서의 증명력은 다른 증거와 마찬가지로 법관의 자유판단에 맡겨져 있으나, 피의자는 구속적부심에서의 자백의 의미나 자백이 수사절차나 공판절차에서 가지는 중요성을 제대로 헤아리지 못한 나머지 허위자백을 하고라도 자유를 얻으려는 유혹을 받을 수가 있으므로, 법관은 구속적부심문조서의 자백의 기재에 관한 증명력을 평가함에 있어 이러한 점에 각별히 유의를 하여야 한다는 점도 판시하고 있다(구속적부심문조서의 증명력 평가시 유의점).

1) [참고] 전 국가정보원장 A 등은 국정원 심리전단 직원들로 하여금 제18대 대통령선거와 관련 특정 정당 또는 정치인을 지지하거나 반대하는 의견을 표시하게 하여 국가정보원법위반 및 공직선거법위반으로 기소되었고, 검사는 국정원 심리전단 직원의 이메일 계정에서 이메일에 첨부된 425지논 파일과 시큐리티 파일을 증거로 제출하였는데, 1심은 국가정보원법위반은 유죄, 공직선거법위반은 무죄를 선고하였으나, 항소심은 공직선거법위반에 대하여도 일부 유죄를 선고한 데 대하여, 대법원 전원합의체는 작성자의 진술에 의한 성립의 진정이 증명되지 않아(2016.5.29. 개정 전 구법 제313조 제1항 ×) 제315조 제2호의 업무상 통상문서에 해당하는가를 따지면서, 425지논 파일의 상당 부분은 출처를 명확히 알기 어렵고(위 판례가 제시한 요건 ①), 시큐리티 파일 중 심리전단 직원들이 사용한 것으로 추정된다는 트위터 계정은 그 정보의 근원, 기재 경위, 정황이 불분명하고(요건 ① · ②) 그 내용의 정확성 · 진실성을 확인할 방법이 없으며(요건 ③), 다른 심리전단 직원들의 이메일 계정에서는 두 파일과 같은 형태의 문서가 발견되지 않았으므로(요건 ② · ④) 이 두 파일이 심리전단의 업무 활동을 위하여 관행적 또는 통상적으로 작성되는 문서가 아니라고 판단하여 그 증거능력을 부정하고, 원심(서울고법)으로 파기환송한 판례이다. 결국 서울고법의 파기환송심에서는 두 증거를 제외한 나머지 다른 증거들 혹은 새로 제출되는 증거를 가지고 국정원법과 공직선거법 위반의 유무죄를 처음부터 다시 다투게 된 것이다. 이후 2018년 서울고법 파기환송심에서 유죄판결이 선고되고 같은 해 대법원 재상고심에서 유죄로 확정되었다.

2. 대법원 2017.12.5, 2017도12671 [법원9급 18/22, 국가7급 22, 국가9급 20, 변호사 24]

수사기관의 의뢰에 따라 건강보험심사평가원에서 작성한 입원진료 적정성 여부 등 검토의뢰에 대한 회신은 기타 특신문서가 아니라는 사례

사무처리 내역을 계속적, 기계적으로 기재한 문서가 아니라 범죄사실의 인정 여부와 관련 있는 어떠한 의견을 제시하는 내용을 담고 있는 문서는 형사소송법 제315조 제3호에서 규정하는 당연히 증거능력이 있는 서류에 해당한다고 볼 수 없으므로, 이른바 보험사기 사건에서 건강보험심사평가원이 수사기관의 의뢰에 따라 그 보내온 자료를 토대로 입원진료의 적정성에 대한 의견을 제시하는 내용의 '건강보험심사평가원의 입원진료 적정성 여부 등 검토의뢰에 대한 회신'은 형사소송법 제315조 제3호의 '기타 특히 신용할 만한 정황에 의하여 작성된 문서'에 해당하지 않는다.

표정리 제315조 제3호의 특신정황 작성문서 정리

해당하는 문서	해당하지 않는 문서
① 공공기록 · 역서 · 보고서 ② 정기간행물의 시장가격표, 스포츠기록 ③ 공무소작성 각종 통계 · 연감 ④ 다른 사건에서 공범의 피고인으로서의 진술을 기재한 공판조서(65도372), 다른 사건의 공판조서(다른 피고인에 대한 형사사건의 공판조서 중 일부인 증인신문조서, 대법원 2005.4.28, 2004도4428) [경찰채용 08 3차] → 제311조(당해 사건) ×, 제315조 제3호 ○ ⑤ 구속전피의자심문조서(영장실질심사, 99도2317) ⑥ 구속적부심문조서(2003도5693)(수임판사 ∴ 공판준비 or 기일 ×) [법원9급 11/12, 국가9급 14, 교정9급특채 12, 경찰간부 16, 경찰승진 14/15, 경찰채용 09 1차/11 1차/12 1차/13 2차/14 1차] ⑦ 군법회의판결사본(교도소장이 교도소 보관 중 판결등본을 사본한 것) (81도2591) [법원9급 08, 경찰간부 13, 경찰채용 11 1차] [기타] • 사법경찰관 작성 새세대 16호(국가보안법상 이적표현물)에 대한 수사보고서(새세대 16호에 대한 복사물에 불과하므로)(92도1211)[1] [경찰채용 08 3차]	① 주민들의 진정서 사본(83도2613) [국가9급 09, 경찰채용 11 1차] ② 감정서 [법원9급 08] → 제313조 제3항 ○, 제315조 제3호 × ③ 피의자 자술서 [경찰채용 07 2차] → 제312조 제5항 or 제313조 제1항 ○, 제315조 제3호 × ④ 체포 · 구속인접견부(2011도5459) [국가9급 16][2] ⑤ 건강보험심사평가원의 입원진료 적정성 여부 등 검토의뢰에 대한 회신(2017도12671)

IX 전문진술

1. 의 의

(1) 개념 : 전문진술(傳聞陳述)이라 함은 타인(乙, 원진술자)의 진술을 전해들은 또 다른 타인(甲, 전문진술자)이 그 전문한 사실을 법원에 진술하는 것을 말한다.

(2) 성격 : 전문진술은 전문법칙상 증거능력이 부정되나, 제316조에 의해 **필요성과 신용성의 정황적 보장**을 근거로 그 전문진술의 증거능력을 예외적으로 인정할 수 있다. 따라서 제316조는 **전문법칙의 예외**이다.[3]

---

1) [보충] 다만, 수사보고서는 형사소송법에 규정되어 있지 않은 서류로서 수사의 경위와 결과를 보고하는 내용에 지나지 않으므로, 다른 조서에 편철되어 그 조서의 증거능력 여하에 따라 판단되는 것은 별론으로 하고, 독자적인 증거로 볼 수는 없다는 점에서 위 판례는 비판의 여지가 있으나, 본서의 특성상 자세한 논의는 생략한다.

2) [보충] 체포 · 구속인접견부는 유치된 피의자가 죄증을 인멸하거나 도주를 기도하는 등 유치장의 안전과 질서를 위태롭게 하는 것을 방지하기 위한 목적으로 작성되는 서류로 보일 뿐이어서 법 제315조 제2호 · 제3호에 규정된 당연히 증거능력이 있는 서류로 볼 수는 없다(대법원 2012.10.25, 2011도5459).

3) [참고] 제316조의 법적 성격에 대해서는 ① 전문법칙예외설과 ② 직접주의예외설이 대립한다. 직접주의의 예외로 보는 견해(예 신동운, 1054면)는 원진술자가 피고인이므로 피고인의 자신에 대한 반대신문은 무의미하다는 점을 주장한다. 검토해보건대, 전문진술자가 공판정에서 원진술자(피고인)의 진술내용을 진술하였다면 이는 직접주의의 예외가 아니라는 점에서 본서는 전문법칙예외설을 따른다. 다만, 전문법칙예외설 내에서도 ① 검사의 피고인에 대한 반대신문권의 보장에 근거를 두는 입장(정/이), ② 피고인의 증인에 대한 반대신문권의 보장에 근거를 두는 입장(강구진), ③ 신용성의 정황적 보장에 근거를 두는 입장(신양균, 이재상, 임동규)이 대립하나, 제1설은 피고인의 진술거부권을 고려하지 못하고 제2설은 피고인의 반대신문권은 보장되고 있다는 점에서, 본서는 제3설을 따른다. 결론적으로, 제316조 제1항은 전문진술 중에서도 여러 정황을 보아 신용성이 높은 경우에 한하여 그 증거능력을 인정하는 전문법칙의 예외로 볼 수 있다.

2. 피고인의 진술을 내용으로 하는 제3자의 진술

> **제316조(전문의 진술)** ① 피고인이 아닌 자(공소제기 전에 피고인을 피의자로 조사하였거나 그 조사에 참여하였던 자를 포함한다. 이하 이 조에서 같다)의 공판준비 또는 공판기일에서의 진술이 피고인의 진술을 그 내용으로 하는 것인 때에는 그 진술이 특히 신빙할 수 있는 상태하에서 행하여졌음이 증명된 때에 한하여 이를 증거로 할 수 있다.

(1) 의의 : 원래 공판준비 또는 공판기일 외에서의 타인의 진술을 내용으로 하는 진술은 이를 증거로 할 수 없으나(제310조의2), 전문진술자가 진술한 피고인의 원진술이 **특히 신빙할 수 있는 상태**하에서 행하여졌음이 증명된 때에는 그 증거능력을 인정할 수 있다(제316조 제1항). [경찰간부 12, 해경간부 12, 경찰승진 12/14]

(2) 적용범위

① 피고인의 진술 : 제3자의 공판진술의 내용인 피고인의 진술은 피고인의 지위에 행하여진 것임을 요하지 않으므로 **피의자 · 참고인 · 기타의 지위에서 행해진 것도 포함**된다. 다만, 피고인은 당해 피고인만을 의미하므로 공동피고인이나 공범자는 여기의 피고인에 해당하지 않는다(동조 제2항의 피고인 아닌 자에 해당함).

② 제3자(특히 경찰자백에 대한 **조사자증언**) : 피고인 이외의 자를 말하는데, 여기에는 사건 직후 피고인의 자백을 청취한 자나 대질 등 수사과정에서 피고인의 진술을 들은 제3자뿐만 아니라 **공소제기 전 피고인을 피의자로 조사하였거나 그 조사에 참여하였던 자**가 포함된다. 종래의 판례는 피고인의 경찰자백을 내용으로 하는 수사경찰관(대법원 1974.3.12, 73도2123; 1975.2.10, 74도3787; 2005.11.25, 2005도5831) 또는 제3자(피해자, 대법원 2001.3.27, 2000도4383)의 증언에 대해서는 **피고인이 그 내용을 부인하면 증거능력이 없다**(현 제312조 제3항)는 입장이었다. 그런데 2007년 개정법은 이 경우 피고인의 원진술이 특히 신빙할 수 있는 상태하에서 행하여졌음이 증명되면 **사법경찰관인 조사자의 법정증언에 대하여도 증거능력을 인정**하였다 [경찰채용 09 2차](다만, 수험에서는 판례문제로 나오는가 조문문제로 나오는가에 따라 상대적으로 풀어야 한다. 사경작성 피신조서 참조).[1]

③ 검사 면전의 피고인진술 : 공소제기 전 피고인을 피의자로 조사하였던 **검사의 법정증언이 피고인의 진술을 그 내용**으로 하는 것인 때에도 원진술의 특신상태가 증명되면 이를 증거로 할 수 있다. [국가9급 13]

(3) 증거능력 인정요건 : 특신상태

① 특신상태 : 전문진술의 증거능력이 인정되는 것은, 피고인의 원진술이 **특히 신빙할 수 있는 상태하에서 행하여졌음이 증명**된 때에 한한다. 특신상태는 그 진술내용에 허위개입의 여지가 거의 없고 그 진술내용의 신빙성이나 임의성을 담보할 구체적이고 외부적인 정황이 있는 경우를 가리킨다(대법원 1992.3.13, 91도2281; 1999.11.26, 99도3786; 2000.3.10, 2000도159; 2006.4.14, 2005도9561). 다만, 원진술자인 피고인은 공판정에 출석할 수 있으므로 사망 · 질병 · 외국거주 · 소재불명 등 **필요성은 본항의 요건이 아니다**.

② 판단 : 특신상태의 유무는 법원이 실체적 진실발견과 정의의 실현이라는 관점에서 구체적으로 판단하여야 한다.

판례연구 피고인 진술을 원진술로 하는 전문진술(조사자증언)의 증거능력 요건인 원진술의 특신상태

1. 대법원 1980.8.12, 80도1289

피고인이 경찰에서 작성한 자술서와 수사경찰 아닌 경찰관의 증언을 유죄의 증거로 할 수 없다고 한 사례

피고인이 경찰에서 작성한 자술서가 진정성립을 인정할 자료가 없을 뿐만 아니라 피고인이 경찰에서 엄문을 당하면서 작성한 것이라고 보인다면 그 자술서에 임의성을 인정하기 어렵다 할 것이고, 증인 甲의 증언내용이 피고인이 경찰에서 피의자로서 조사받을 때 담당수사경찰이 없는 자리에서 자기에게 자백진술을 하였다는 내용이라면 이는 전문증거라고 할 것이므로 원진술자의 진술이 특히 신빙할 수 있는 상태에서 이루어진 것이라고 보기 어렵다면 이러한 증거들을 유죄의 증거로 삼을 수 없다.

---

1) 법원행정처, 형사소송법 개정법률 해설, 142면.

2. **대법원 2012.10.25, 2011도5459** [경찰채용 20 1차]

피고인을 조사하였던 경찰관 공소외인의 원심 법정진술은 '피고인이 이 사건 공소사실 기재와 같은 범행을 저질렀다'는 피고인의 진술을 그 내용으로 하고 있는바, 이를 증거로 사용할 수 있기 위해서는 피고인의 위와 같은 진술이 특히 신빙할 수 있는 상태하에서 행하여졌음이 증명되어야 하는데, 피고인이 그 진술 경위나 과정에 관하여 치열하게 다투고 있는 점, 위와 같은 진술이 체포된 상태에서 변호인의 동석 없이 이루어진 점 등을 고려해 보면, 피고인의 위와 같은 진술이 특히 신빙할 수 있는 상태하에서 행하여졌다는 점이 증명되었다고 보기 어려우므로, 피고인의 위와 같은 진술을 내용으로 한 공소외인의 당심 법정에서의 진술은 그 증거능력이 없다고 해야 한다.

사례문제

피고인의 진술을 원진술로 하는 조사자의 증언

경찰관 P는 피고인에 대하여 세 차례 피의자신문을 하였는데, 세 차례 모두 피고인의 변호인은 동석하지 아니하였다. 피고인은 임의동행 직후 경찰관 P로부터 제1회 피의자신문을 받으면서 당초에는 필로폰 투약 범행을 부인하였으나 경찰관 P가 소변의 임의제출을 종용하는 듯한 태도를 취하자 이를 번복하여 '2021.8.4. 18 : 00경 김해시 B 소재 ○○공원 내 벤치에서 불상량의 필로폰을 커피에 타서 마시는 방법으로 투약하였다'는 취지로 진술하였다. 그 후, 경찰관 P는 피고인 휴대전화의 발신 기지국 위치를 통하여 피고인이 2021.8.4. 18 : 00경 위 ○○공원이 아닌 다른 곳에 있었고, 같은 날 22 : 46경 위 ○○공원 부근에 있었음을 확인하여, 피고인을 재차 소환하여 위와 같은 사실을 언급하면서 2021.8.4. 18 : 00경이 아닌 같은 날 22 : 46경에 필로폰을 투약한 것이 아닌지 물었고, 이에 피고인은 기존 진술을 번복하면서 공소사실 기재와 같이 2021.8.4. 23 : 00경 필로폰을 투약하였던 것 같다는 취지로 진술하였다. 피고인은 법정에서 경찰관 P가 작성한 피의자신문조서의 내용을 부인하였다.

문제1 경찰관 P는 제1심 법정에 출석하여 피고인이 조사 당시 강요나 회유 없이 자발적으로 공소사실 기재 필로폰 투약 범행을 자백하였다는 취지로 증언하였다. P의 증언의 증거능력을 인정하기 위하여 적용되어야 하는 법조문은 형사소송법 제 몇 조 몇 항인가?

→ [판례] 형사소송법은 검사, 사법경찰관 등 수사기관이 작성한 피의자신문조서는 그 피의자였던 피고인 또는 변호인이 공판준비 또는 공판기일에 내용을 인정하지 아니하면 증거능력을 부정하면서도(제312조 제1항 · 제3항), 검사, 사법경찰관 등 공소제기 전에 피고인을 피의자로 조사하였거나 그 조사에 참여하였던 자, 즉 조사자의 공판준비 또는 공판기일에서의 진술이 피고인의 수사기관 진술을 내용으로 하는 것인 때에는 그 진술이 '특히 신빙할 수 있는 상태하에서 행하여졌음이 증명된 때'에 한하여 이를 증거로 할 수 있다고 규정하고 있다(제316조 제1항)(대법원 2023.10.26, 2023도7301).

→ [해결] 제316조 제1항

문제2 경찰관 P의 증언은 증거능력이 인정되는가?

→ [판례] 법 제316조 제1항에서 규정하는 '그 진술이 특히 신빙할 수 있는 상태하에서 행하여졌음'이란 그 진술을 하였다는 것에 허위개입의 여지가 거의 없고, 그 진술내용의 신빙성이나 임의성을 담보할 구체적이고 외부적인 정황이 있음을 의미한다(대법원 2015.12.10, 2015도16105). 이러한 특신상태는 증거능력의 요건에 해당하므로 검사가 그 존재에 대하여 구체적으로 주장 · 증명하여야 하는데(대법원 2001.9.4, 2000도1743), 피고인의 수사기관 진술이 '특히 신빙할 수 있는 상태하에서 행하여졌음에 대한 증명'은 단지 그러할 개연성이 있다는 정도로는 부족하고 합리적인 의심의 여지를 배제할 정도에 이르러야 한다. 피고인이나 변호인이 그 내용을 인정하지 않더라도 검사, 사법경찰관 등 조사자의 법정증언을 통하여 피고인의 수사기관 진술내용이 법정에 현출되는 것을 허용하는 것은, 형사소송법 제312조 제1항 · 제3항이 피고인의 수사기관 진술은 신용성의 정황적 보장이 부족하다고 보아 피고인이나 변호인이 그 내용을 인정하지 않는 이상 피의자신문조서의 증거능력을 인정하지 않음으로써 그 진술내용이 법정에 현출되지 않도록 규정하고 있는 것에 대하여 중대한 예외를 인정하는 것이어서, 이를 폭넓게 허용하는 경우 형사소송법 제312조 제1항 · 제3항의 입법취지와 기능이 크게 손상될 수 있기 때문이다. 피고인이 경찰 조사 당시 변호인의 동석 없이 진술한 점, 피고인의 진술 중 범인만이 알 수 있는 내용에 관한 자발적, 구체적 진술로 평가될 수 있는 부분이 존재하지 않는 점, 오히려 피고인은 임의동행 직후 경찰관이 소변의 임의제출을 종용하자 필로폰 투약 사실을 인정하고, 이후 경찰관이 발신 기지국 위치를 통하여 확인된 사실을 기초로 진술번복을 유도하자 그에 따라 공소사실 기재와 같은 필로폰 투약 범행을 인정한 것으로 보이는 등 피고인이 조사 당시 그 진술내용을 신빙하기 어려운 상태에 있었다고 의심되는 정황이 존재하는 점 등에 비추어 보면, 피고인을 경찰에서 조사하였던 경찰관의 제1심 증언은 증거능력이 인정된다고 보기 어렵다(대법원 2023.10.26, 2023도7301).

→ [해결] 인정되지 않는다.

3. 피고인 아닌 자의 진술을 내용으로 하는 제3자의 진술

제316조(전문의 진술) ② 피고인 아닌 자의 공판준비 또는 공판기일에서의 진술이 피고인 아닌 타인의 진술을 그 내용으로 하는 것인 때에는 원진술자가 사망, 질병, 외국거주, 소재불명 그 밖에 이에 준하는 사유로 인하여 진술할 수 없고, 그 진술이 특히 신빙할 수 있는 상태하에서 행하여졌음이 증명된 때에 한하여 이를 증거로 할 수 있다.

(1) 의의 : 피고인 아닌 자의 공판준비 또는 공판기일에서의 진술이 피고인 아닌 타인의 진술을 그 내용으로 하는 것인 때에는 원진술자가 **사망, 질병, 외국거주, 소재불명 그 밖에 이에 준하는 사유**로 인하여 진술할 수 없고 그 진술이 **특히 신빙할 수 있는 상태**하에서 행하여졌음이 증명된 때에 한하여 이를 증거로 할 수 있다(제316조 제2항). [경찰승진 09, 경찰채용 10 1차]

(2) 적용범위

① **피고인 아닌 자의 진술** : 원진술자인 피고인 아닌 자는 전문진술자가 원진술자로부터 진술을 들을 당시 **증언능력에 준하는 능력을 갖춘 상태**에 있어야 한다(2005도9561). 여기의 원진술자인 피고인 아닌 자에는 제3자는 물론 **공범자와 공동피고인(상피고인)도 포함**된다. [경찰간부 15, 해경간부 12, 경찰승진 09/12/14, 경찰채용 15 2차]

판례연구 피고인 아닌 자의 진술을 원진술로 하는 전문진술에 있어서 원진술자 관련판례

1. **대법원 1984.11.27, 84도2279; 2000.12.27, 99도5679; 2011.11.24, 2011도7173** [국가7급 13, 국가9급 11, 경찰간부 15/16, 해경간부 12, 경찰승진 09/12/14, 경찰채용 15 2차]

법 제316조 제2항 소정의 "피고인 아닌 타인"의 의미

법 제316조 제2항에서 말하는 "피고인 아닌 타인"이라 함은 제3자는 말할 것도 없고 공동피고인이나 공범자를 모두 포함한다.

보충 피고인이 아닌 상피고인도 피고인 아닌 자에 해당하므로, 상피고인이 법정에서 간통사실을 부인하였다면 원진술자인 상피고인이 사망, 질병 기타 사유로 인하여 진술할 수 없는 때에 해당되지 아니하므로 상피고인의 진술을 그 내용으로 하는 증인들의 진술은 전문증거로서 증거능력이 없다는 판례이다. [경찰승진 09/11]

2. **대법원 2006.4.14, 2005도9561**

전문의 진술을 증거로 함에 있어 전문진술자가 원진술자로부터 진술을 들을 당시 원진술자가 증언능력에 준하는 능력을 갖춘 상태에 있어야 하는지 여부(적극) 및 유아의 증언능력 유무의 판단기준

제316조 제2항에 의하여 전문의 진술을 증거로 함에 있어서는 전문진술자가 원진술자로부터 진술을 들을 당시 원진술자가 증언능력에 준하는 능력을 갖춘 상태에 있어야 할 것이다. 그런데 증인의 증언능력은 증인 자신이 과거에 경험한 사실을 그 기억에 따라 공술할 수 있는 정신적인 능력이라 할 것이므로, 유아의 증언능력에 관해서도 그 유무는 단지 공술자의 연령만에 의할 것이 아니라 그의 지적 수준에 따라 개별적이고 구체적으로 결정되어야 함은 물론 공술의 태도 및 내용 등을 구체적으로 검토하고, 경험한 과거의 사실이 공술자의 이해력, 판단력 등에 의하여 변식될 수 있는 범위 내에 속하는가의 여부도 충분히 고려하여 판단하여야 한다(대법원 1999.11.26, 99도3786; 2004.9.13, 2004도3161 등). [경찰채용 22 2차]

보충 사고 당시 만 3세 3개월 내지 만 3세 7개월 가량이던 피해자인 여아(원진술자)의 증언능력 및 그 진술의 신빙성이 인정되므로, 피해자 여아의 진술을 내용으로 한 피해자를 진료한 정신과 전문의 등의 법정증언(전문진술)은 증거능력이 인정된다는 사례이다.

② **제3자**(특히 조사자증언) : 공소제기 전에 피고인 아닌 자를 조사하였거나 그 조사에 참여하였던 자를 포함한다.

③ **진술의 상대방** : 진술이 누구에게 행해졌는가는 묻지 아니한다.[1]

(3) 증거능력 인정요건 : **필**요성/**특**신상태

① 필요성 : 원진술자가 **사망, 질병, 외국거주, 소재불명 그 밖에 이에 준하는 사유**로 인하여 **진술할 수 없어야** 한다(원진술자의 진술불능). 이는 제314조의 필요성 요건의 내용과 같다. 마찬가지로 원진술자가 공판정에 출석하여 진술을 한 경우라도 증인신문 당시 일정한 사항에 관하여 **기억이 나지 않는다는 취지로 진술하여 그 진술의 일부가 재현 불가능**하게 된 경우도 증거능력 부여의 필요성이 인정된다(2005도9561). 다만, **원진술자가 법정에 출석하여 수사기관에서 한 진술을 부인하는 취지로 증언한 이상** 필요성 요건이 충족되지 못하므로, 원진술자의 진술을 내용으로 하는 조사자의 증언의 증거능력은 인정되지 아니한다(대법원 2008.9.25, 2008도6985). [국가7급 13, 경찰승진 10/11/14]

정리 공범자의 진술을 내용으로 하는 제3자의 진술의 경우에도 필요성이 인정되지 않으면(원진술자가 공판정 진술이 가능하면) 증거능력이 인정되지 아니한다. [법원행시 04]

1) [참고] 피고인의 공판준비 또는 공판기일에서의 진술이 피고인 아닌 자의 진술을 내용으로 하는 경우 : 명문의 규정 無, ① 피고인에게 유리한 경우에만 제316조 제2항 유추적용설(손/신, 차/최 등)과 ② 유불리 불문하고 제316조 제2항 유추적용설(다수설)이 대립함.

판례연구 피고인 아닌 자의 진술을 원진술로 하는 전문진술에 있어서 원진술자의 진술불능 여부

1. **대법원 2006.4.14, 2005도9561**

제316조 제2항에서 말하는 '원진술자가 진술을 할 수 없는 때'에는 사망, 질병 등 명시적으로 열거된 사유 외에도 원진술자가 공판정에서 진술을 한 경우라도 증인신문 당시 일정한 사항에 관하여 기억이 나지 않는다는 취지로 진술하여 그 진술의 일부가 재현 불가능하게 된 경우도 포함하는 것이다.

2. **대법원 2008.9.25, 2008도6985**

공소제기 전에 피고인 아닌 자를 조사한 자 등의 증언이 형사소송법 제316조 제2항에 따라 증거능력을 갖추기 위한 요건 : 원진술자가 진술할 수 없음이 증명된 때

형사소송법 제316조 제2항은 "피고인 아닌 자의 공판준비 또는 공판기일에서의 진술이 피고인 아닌 타인의 진술을 그 내용으로 하는 것인 때에는 원진술자가 사망, 질병, 외국거주, 소재불명, 그 밖에 이에 준하는 사유로 인하여 진술할 수 없고, 그 진술이 특히 신빙할 수 있는 상태하에서 행하여졌음이 증명된 때에 한하여 이를 증거로 할 수 있다"고 규정하고 있고, 같은 조 제1항에 따르면 위 '피고인 아닌 자'에는 공소제기 전에 피고인 아닌 타인을 조사하였거나 그 조사에 참여하였던 자(이하 '조사자')도 포함된다. 따라서 조사자의 증언에 증거능력이 인정되기 위해서는 원진술자가 사망, 질병, 외국거주, 소재불명, 그 밖에 이에 준하는 사유로 인하여 진술할 수 없어야 하는 것이라서, 원진술자가 법정에 출석하여 수사기관에서 한 진술을 부인하는 취지로 증언한 이상 원진술자의 진술을 내용으로 하는 조사자의 증언은 증거능력이 없다.

② 특신상태 : 원진술자의 진술이 **특히 신빙할 수 있는 상태**하에서 행하여졌음이 증명된 때에 한하여 증거능력이 인정된다. 참고인의 진술이 **특신상태하에서 행하여졌음에 대한 증명은 단지 그러할 개연성이 있다는 정도로는 부족하고 합리적인 의심의 여지를 배제할 정도에 이르러야 한다**(2012도725 : **제314조의 특신상태와 同**).

판례연구 피고인 아닌 자의 진술에 대한 전문진술의 증거능력 요건인 원진술의 특신상태

1. **대법원 1976.10.12, 76도2781**

증인 등의 진술내용이 주한미국대사관 경비근무 중이였던 미군인의 진술을 전문한 것이라고 하더라도 동인이 한국근무를 마치고 귀국하여 진술할 수가 없고 또 그 진술이 동인 작성의 근무일지 사본의 기재 등에 비추어 특히 신빙할 수 있는 상태하에서 행하여진 것으로 보고 이를 증거로 채택하였음에 잘못이 없다.

2. **대법원 1982.10.26, 82도1957**

전문진술의 원진술자가 특정되어 있지 않고 또 원진술이 신빙할 수 있는 상태에서 행해진 것으로 볼 수 없음

증인 甲(전문진술자)의 경찰 이래 제1심 법정에 이르기까지의 진술은 요컨대 사고지점 부근에서 놀다가 펑하는 소리를 듣고 현장에 가보았더니 피해자와 오토바이가 길 위에 쓰러져 있었는데 행인들(원진술자)이 지금 지나간 버스에 부딪쳐 사고가 났다고 이야기하는 것을 들었다는 취지로 요약할 수 있어 결국 전문의 진술에 불과한바, 원진술자도 특정된 것이 아닐 뿐만 아니라 그 원진술자의 진술이 특히 신빙할 수 있는 상태에서 행하여진 것이라고도 볼 수 없으니 피고인에 대한 유죄의 증거로 삼을 수 없는 것이다.

3. **대법원 2014.4.30, 2012도725** [경찰채용 23 1차]

제314조의 특신상태 관련 법리가 제316조 제2항의 특신상태 해석에 그대로 적용되는지 여부(적극)

제314조가 참고인의 소재불명 등의 경우에 그 참고인이 진술하거나 작성한 진술조서나 진술서에 대하여 증거능력을 인정하는 것은, 형사소송법이 제312조 또는 제313조에서 참고인 진술조서 등 서면증거에 대하여 피고인 또는 변호인의 반대신문권이 보장되는 등 엄격한 요건이 충족될 경우에 한하여 증거능력을 인정할 수 있도록 함으로써 직접심리주의 등 기본원칙에 대한 예외를 인정한 데 대하여 다시 중대한 예외를 인정하여 원진술자 등에 대한 반대신문의 기회조차 없이 증거능력을 부여할 수 있도록 한 것이므로, 그 경우 참고인의 진술 또는 작성이 특히 신빙할 수 있는 상태하에서 행하여졌음에 대한 증명은 단지 그러할 개연성이 있다는 정도로는 부족하고 합리적인 의심의 여지를 배제할 정도에 이르러야 한다. 이러한 제314조의 '특신상태'와 관련된 법리는 마찬가지로 원진술자의 소재불명 등을 전제로 하고 있는 법 제316조 제2항의 '특신상태'에 관한 해석에도 그대로 적용된다.

유사판례 대법원 2017.7.18, 2015도12981, 2015전도21(대구 대학생 성폭행 사망사건)[1]

---

1) [보충] 이 사건은 1998년 대구에서 발생한 여대생 성폭행 사망 사건의 범인으로 지목된 스리랑카인 K(51)에게 무죄판결을 확정한 대법원 판례이다. K는 1998년 10월 18일 새벽 다른 스리랑카인 2명과 함께 대학축제를 마치고 귀가하던 정모(당시 18세)씨를 대구 달서구 구마고속도로(현 중부

사례문제

피고인 A는 새마을금고 이사장 선거와 관련하여 대의원 甲에게 자신을 지지해 달라고 부탁하면서 돈 50만원을 제공하였다고 하여 새마을금고법 위반으로 기소되었다. 검사는 ㉠ 사법경찰관 작성의 공범 甲에 대한 피의자신문조서 및 진술조서를 증거로 제출하고, ㉡ 검사가 신청한 증인 乙은 법정에 출석하여 '甲으로부터 A에게서 돈을 받았다는 취지의 말을 들었다'고 증언하였다. A는 공판기일에서 조서의 내용을 모두 부인하였고, 甲은 일관되게 A로부터 50만원을 받았다는 취지의 공소사실을 부인하였다.

문제 ㉠과 ㉡ 중 증거능력이 인정되는 것이 있는가? 있다면 어느 것인가?

→ [판례] 피고인이 새마을금고 이사장 선거와 관련하여 대의원 甲에게 자신을 지지해 달라고 부탁하면서 현금 50만 원을 제공하였다고 하여 새마을금고법 위반으로 기소되었는데, 검사는 사법경찰관 작성의 공범 甲에 대한 피의자신문조서 및 진술조서를 증거로 제출하고, 검사가 신청한 증인 乙은 법정에 출석하여 '甲으로부터 피고인에게서 50만 원을 받았다는 취지의 말을 들었다'고 증언한 사안에서, ① 甲이 법정에 출석하여 위 피의자신문조서 및 진술조서(내용적으로 공범에 관한 조서이므로 피의자신문조서와 동일함)의 성립의 진정을 인정하였더라도 피고인이 공판기일에서 그 조서의 내용을 모두 부인한 이상 이는 증거능력이 없고, ② 한편 제1심 및 원심 공동피고인인 甲은 원심에 이르기까지 일관되게 피고인으로부터 50만 원을 받았다는 취지의 공소사실을 부인한 사실에 비추어 원진술자 甲이 사망, 질병, 외국거주, 소재불명 그 밖에 이에 준하는 사유로 인하여 진술할 수 없는 때에 해당하지 아니하여 甲의 진술을 내용으로 하는 乙의 법정증언은 전문증거로서 증거능력이 없으며, 나아가 피고인은 일관되게 甲에게 50만 원 자체를 교부한 적이 없다고 주장하면서 적극적으로 다툰 점, 이에 따라 사법경찰관 작성의 甲에 대한 피의자신문조서 및 진술조서의 내용을 모두 부인한 점, 乙의 법정증언이 전문증거로서 증거능력이 없다는 사정에 대하여 피고인 또는 변호인에게 의견을 묻는 등의 적절한 방법으로 고지가 이루어지지 않은 채 증인신문이 진행된 다음 증거조사 결과에 대한 의견진술이 이루어진 점, 乙이 위와 같이 증언하기에 앞서 원진술자 甲이 피고인으로부터 50만 원을 제공받은 적이 없다고 이미 진술한 점 등을 종합하면 피고인이 乙의 법정증언을 증거로 삼는 데에 동의하였다고 볼 여지는 없고, 乙의 증언에 따른 증거조사 결과에 대하여 별 의견이 없다고 진술하였더라도 달리 볼 수 없으므로, 결국 사법경찰관 작성의 甲에 대한 피의자신문조서 및 진술조서와 乙의 전문진술은 증거능력이 없다. 따라서 위 각 증거의 증거능력을 인정하여 공소사실에 대한 유죄의 증거로 삼은 원심의 조치에 형사소송법 제312조, 제316조 등에서 정한 증거능력에 관한 법리 등을 오해한 잘못이 있다(대법원 2019.11.14, 2019도11552).

→ [해결] 증거능력이 인정되는 것이 없다.

X 재전문

1. 의 의

재전문(再傳聞, 이중의 전문, hearsay within hearsay, double hearsay)이라 함은 전문법칙의 예외에 따라 증거능력이 인정되는 전문증거가 그 내용에 다시 전문증거를 포함하는 경우를 말한다. 이때 전문진술을 기재한 조서는 재전문서류, 타인의 전문진술을 전해들었다는 진술은 재전문진술, 타인의 전문진술을 전해들었다는 진술을 기재한 조서는 재재전문서류라 한다.

정리 성폭력 피해아동 A가 어머니 B에게 피해사실을 이야기하자, B가 성폭력상담소 상담원 C에게 A의 성폭력 피해사실을 이야기한 경우 : ① A가 법정에서 직접 증언하면 원본증거, ② A에 대한 피해자조사를 통해 작성된 참고인진술조서는 전문서류(증거 ○), ③ B가 법정에 나와서 A의 성폭력 피해사실을 증언한 것은 전문진술(증거 ○), ④ B에 대한 검사의 참고인조사를 통해 작성된 참고인진술조서는 재전문서류(증거 ○), ⑤ C가 법정에 나와서 B로부터 전해들은 A의 피해사실을 증언한 것은 재전문진술(증거 ×)(단, 증거동의 可), ⑥ C에 대한 검사 작성 참고인진술조서는 재전문진술을 기재한 조서로서 재재전문서류(증거 ×)가 된다(이상 판례의 입장에 따른 정리).

2. 증거능력

(1) 학설의 대립 : ① 재전문은 이중의 예외이며 그 증거능력을 인정하는 명문의 규정이 없으므로 증거로 할 수 없다는 부정설과 ② 재전문증거에 포함된 전문진술이 필요성과 신용성의 정황적 보장의 요건을 충족하면 재전문증거도 증거능력이 인정된다는 긍정설(다수설)이 대립한다.[1]

내륙고속도로) 아래 굴다리로 데려가 성폭행하고 금품을 빼앗은 혐의로 기소됐다. 당시 정씨는 구마고속도로에서 25톤 트럭에 치여 숨진 채 발견됐다. 이 사건은 K가 다른 여성을 강제추행한 혐의로 유전자(DNA) 채취검사를 받은 뒤, K의 DNA가 정씨가 입었던 속옷에서 발견된 DNA와 일치한다는 감정 결과가 2012년에 나오면 수사가 재개된 것이다. 다만, 당시 이미 특수강간죄의 공소시효인 10년이 경과된 후이어서 검찰은 공소시효가 15년인 특수강도강간 혐의를 적용해 K씨를 기소할 수밖에 없었다. 그러나 1심은 K씨가 정씨 가방 속 금품 등을 훔쳤다는 증거가 부족하다며 특수강도강간의 공소사실에 대해 무죄를 선고하였다. 검찰은 국내 스리랑카인을 전수조사해 K의 공범으로부터 범행에 대한 이야기를 들었다는 증인을 발견해 법정에 세웠지만, 2심도 진술증거의 증거능력을 인정할 수 없다며 무죄를 선고할 수밖에 없었다. 한편, K에 대해서는 2013년 다른 여성을 성추행한 혐의와 2008~2009년 무면허 운전을 한 별도 혐의로 징역 1년6개월에 집행유예 3년이 확정되어 국내에서 추방되었고, K의 공범으로 지목된 2명은 각각 2001년과 2005년에 이미 스리랑카로 돌아가 있는 상태이었다. [경찰채용 22 2차]

1) [참고] 부정설은 신동운 1247면, 긍정설은 노/이 703면; 이재상 637면; 임동규 549면; 차/최 571면 참조. 생각건대 전문법칙의 예외규정을 엄격하

(2) 판 례

① **전문의 진술이 기재된 조서**(재전문서류) : 판례는 재전문서류에 대해서는 일정한 요건을 갖춘 경우에 한하여 증거능력을 인정하는 입장이다. 예컨대, 피고인의 진술을 내용으로 하는 피고인 아닌 자의 진술이 기재된 조서는 **제312조부터 제314조**까지의 규정에 의하여 증거능력이 인정되어야 할 뿐만 아니라, **제316조 제1항**의 규정에 따라 피고인의 진술이 특히 신빙할 수 있는 상태하에서 행하여졌음이 증명된 때에 한하여 **증거능력이 있다**(대법원 2000.3.10, 2000도159; 2000.9.8, 99도4814; 2005.11.25, 2005도5831 등). [경찰간부 14, 국가7급 23]

> **대법원 2005.11.25, 2005도5831**
> 피고인의 진술을 내용으로 하는 전문진술을 기재한 서류(재전문서류)의 증거능력을 인정하기 위한 요건
> 피고인 아닌 자의 공판기일에서의 진술이 피고인의 진술을 그 내용으로 하는 것인 때에는 형사소송법 제316조 제1항의 규정에 따라 피고인의 진술이 특히 신빙할 수 있는 상태하에서 행하여진 때에는 이를 증거로 할 수 있고, [경찰간부 14] 그 전문진술이 기재된 조서는 형사소송법 제312조 내지 제314조의 규정에 의하여 증거능력이 인정되어야 할 뿐만 아니라, 형사소송법 제316조 제1항의 규정에 따른 위와 같은 조건을 갖추고 있는 때에 한하여 증거능력이 있다. 피고인을 검거한 경찰관의, 검거 당시 또는 조사 당시 피고인이 범행사실을 순순히 자백하였다는 취지의 법정증언이나 위 경찰관의 진술을 기재한 서류는, 피고인이 그 경찰관 앞에서의 진술과는 달리 범행을 부인하는 이상 형사소송법 제312조 제2항(현 제3항)의 취지에 비추어 증거능력이 없다고 보아야 한다.

② **재전문진술 또는 재전문진술이 기재된 조서**(재재전문서류) : **판례**는 재전문진술 또는 재재전문서류에 대해서는 증거동의가 없는 한 증거능력을 인정할 수 없다는 입장이다. 즉, 제316조에서는 실질상 단순한 전문의 형태를 취하는 경우에 한하여 예외적으로 그 증거능력을 인정하는 규정을 두고 있을 뿐, 재전문진술이나 재전문진술을 기재한 조서에 대하여는 달리 그 증거능력을 인정하는 규정을 두고 있지 아니하므로, 피고인이 **증거로 하는 데 동의하지 아니하는 한 이를 증거로 할 수 없다**는 것이다(대법원 2003.12.26, 2003도5255; 2004.3.11, 2003도171; 2007.7.29, 2007도3798; 2012.4.12, 2011도10926; 2012.5.24, 2010도5948). [법원9급 12, 국가9급 11, 경찰간부 12/14/16, 해경간부 12, 경찰승진 09/10/13/14, 경찰채용 14 1차/15 2차/22 1차] 예컨대, 피해자가 어머니에게 진술한 내용을 전해들은 아버지가 법정에서 그 내용을 진술(재전문진술)하였다면, 피해자와 어머니의 진술불능과 원진술의 특신상태가 증명되었다 하더라도 이를 유죄의 증거로 할 수 없다는 것이 판례이다(대법원 2000.3.10, 2000도159). [경찰간부 14/경찰승진 22]

정리 ① 재전문서류는 증거동의 하지 않더라도 예외요건 갖추면 증거 ○, ② 재전문진술은 증거동의하지 않으면 증거 ×

> **대법원 2012.5.24, 2010도5948**
> 피고인이 증거로 하는 데 동의하지 아니한 재전문진술 또는 재전문진술을 기재한 조서의 증거능력은 인정되지 아니한다는 사례
> 형사소송법은 전문진술에 대하여 제316조에서 실질상 단순한 전문의 형태를 취하는 경우에 한하여 예외적으로 그 증거능력을 인정하는 규정을 두고 있을 뿐, 재전문진술이나 재전문진술을 기재한 조서에 대하여는 달리 그 증거능력을 인정하는 규정을 두고 있지 아니하고 있으므로, 피고인이 증거로 하는 데 동의하지 아니하는 한 형사소송법 제310조의2의 규정에 의하여 이를 증거로 할 수 없다(대법원 2004.3.11, 2003도171 참조).
> 보충 예컨대, 피해자가 어머니에게 진술한 내용을 전해들은 아버지가 법정에서 그 내용을 진술(재전문진술)하였다면, 피고인의 증거동의가 없는 한 피해자와 어머니의 진술불능과 원진술의 특신상태가 증명되었다 하더라도 이를 유죄의 증거로 할 수 없다(대법원 2000.3.10, 2000도159). [경찰간부 14, 경찰승진 22]

3. 관련문제

(1) **증거동의** : 재전문증거라도 피고인이 아무런 조건 없이 증거로 함에 동의하였다면 증거능력이 인정된다(대법원 2004.3.11, 2003도171). [경찰채용 21 1차, 경찰간부 12]

(2) **탄핵증거** : 재전문증거라도 탄핵증거로 사용할 때에는 증거로 사용할 수 있다.

정리 탄핵증거로도 사용할 수 없는 것 : ① 임의성 없는 자백, ② 위법수집증거, ③ 영상녹화물(제318조의2 제2항)

게 해석한다면 재전문증거에 대해서도 증거능력을 인정할 수 있다는 긍정설이 타당하다고 본다. 다만, 본서의 특성상 자세한 논의는 생략한다.

03 진술의 임의성

Ⅰ 의의와 적용범위

1. 의 의

피고인 또는 피고인 아닌 자의 진술이 임의로 된 것이 아닌 것은 증거로 할 수 없고(제317조 제1항), 그 서류도 그 작성 또는 내용인 진술이 임의로 되었다는 것이 증명된 것이 아니면 증거로 할 수 없다(동조 제2항). 또한 검증조서의 일부가 피고인 또는 피고인 아닌 자의 진술을 기재한 것인 때에는 그 부분에 한하여 이상과 같다(동조 제3항). 따라서 전문증거가 전문법칙의 예외에 해당하는 경우에도 진술의 임의성이 인정되지 않으면 증거능력이 인정되지 아니한다.

2. 적용범위

제309조(자백배제법칙)는 제317조(진술의 임의성)의 특별규정이므로, 제317조에 의하여 임의성이 요구되는 진술은 원본진술 · 전문진술을 불문하고 자백 이외의 일체의 진술증거를 의미한다(광의설). 광의설에 의하면, 자백의 임의성이 인정되지 않으면 제309조에 의하여, 자백 이외의 진술의 임의성이 인정되지 않으면 제317조에 의하여 그 증거능력이 인정되지 아니한다.

Ⅱ 임의성의 조사와 증명

진술의 임의성은 증거능력의 요건이므로 **법원의 직권조사사항**에 해당한다. 진술의 임의성의 조사는 증거조사 전에 하는 것이 원칙이나, 증거조사에 들어간 후에도 임의성에 의문이 있으면 다시 조사할 수 있다. 또한 진술의 임의성은 소송법적 사실이므로 **자유로운 증명**으로 족하다.

04 전문법칙 관련문제

Ⅰ 사진의 증거능력

1. 사진의 성격 및 유형

사진은 증거가치가 높은 증거방법이지만 인위적 조작가능성도 배제할 수 없다. 여기서 사진을 비진술증거로 취급할 것인가, 아니면 진술증거로서 전문법칙을 적용할 것인가가 문제된다. 사진은 다시 사본으로서의 사진, 진술의 일부인 사진, 현장사진으로 나누어 살펴볼 수 있다.

2. 사본으로서의 사진

(1) 의의 : 사진이 증거로 제출되어야 할 서면이나 증거물의 대용물로 사용되는 경우를 말한다(예 문서의 사본, 범행에 사용된 흉기의 사진). 이 경우 원본의 성질에 따라 사진에 대한 전문법칙 적용 여부가 정해지게 된다.

(2) 종 류

① 원본이 비진술증거이거나 원진술의 존재 자체가 요증사실인 경우 : 범행에 사용된 흉기를 찍은 사진은 비진술증거에 불과하다. 또한 정보통신망을 통하여 상대방에게 공포심 · 불안감을 유발하는 말 · 글 등을 반복적으로 도달하게 하는 정보통신망법 위반의 공소사실에 대하여, **휴대전화기에 저장된 문자정보**(대법원 2008.11.13, 2006도2556)는 범행(사이버스토킹)의 직접적인 수단으로서 원진술의 존재 자체가 요증사실이므로 **전문증거에는 해당되지 아니한다**[∴ (위법수집증거가 아니고) 원본과의 동일성만 인정되면 증거 ○]. [국가7급 17]

② 원본의 내용의 진실 여부가 요증사실인 경우 : 내용의 진실 여부가 밝혀야 할 사실이라면 전문법칙에 따라 성립의 진정의 증명 등이 요구되며, **군법회의 판결의 사본**(대법원 1981.11.24, 81도2591)이나 **주민들의

진정서 사본(대법원 1983.12.13, 83도2613)이 **전문증거에 해당한다**(∴ 군사법원 판결문 사본 : 제315조 제3호 증거 ○, 주민들 진정서 사본 : 제313조 진술서이나 성립 진정 없고 제315조 제3호에 해당하지 않으므로 증거 ×).

(3) 증거능력 인정요건 －**원**(최량증거) ＋ α (전문법칙)－ : 전문법칙이 적용되는가에 대해서는 견해가 대립한다.[1] 판례의 입장에 의하면, 그 사본의 존재 · 상태에 대해서는 최량증거법칙에 의해 원본과의 동일성이 인정됨을 전제로 하되, 그 사본의 내용에 대해서는 **요증사실과의 관계**에 따라 전문법칙의 적용 여부를 정해야 한다.

① **최량증거법칙**(best evidence rule) : 사본으로서의 사진의 증거능력에 있어서, **원본의 존재, 필요성**(원본 제출의 불가능 · 곤란), **정확성**(원본과의 일치)의 세 가지 요건을 요구하여, **원본증거를 법정에 제출할 수 없거나 그 제출이 곤란한 사정**이 있고, 그 **사진의 영상이 원본증거와 정확하게 같다는 사실이 증명**되어야 함(대법원 2002.10.22, 2000도5461; 2008.11.13, 2006도2556)을 말한다.

정리 최량증거법칙은 사본으로서의 사진, 녹음테이프의 사본(디지털녹음기 = 녹음테이프 = 녹취록), 영상녹화물(비디오테이프)의 사본, 전자기록(전자파일)의 출력물 등에서 원본과의 동일성 요건으로 요구된다.
※ 최량증거법칙 = 원본존재 + 필요성(원본제출×) + 정확성(원본동일)

② 전문법칙의 적용 여부

(가) 원본이 비진술증거이거나 원진술의 존재 자체가 요증사실인 경우 : **최량증거법칙**의 요건만으로 그 증거능력을 인정한다.

(나) 원본의 내용의 진실 여부가 요증사실인 경우 : 최량증거법칙뿐만 아니라 **전문법칙**의 예외 요건을 갖추어야 그 증거능력을 인정하고 있다.

판례연구 사본으로서의 사진의 증거능력 관련판례

1. 대법원 1981.11.24, 81도2591

판결사본의 증거능력 : 전문법칙 ○

군법회의판결사본(교도소장이 교도소에 보관 중인 판결등본을 사본한 것)은 특히 신용할 만한 정황에 의하여 작성된 문서(제315조 제3호)라고 볼 여지가 있으므로 피고인이 증거로 함에 부동의하거나 그 진정성립의 증명이 없다는 이유로 그 증거능력을 부인할 수 없다.

2. 대법원 1983.12.13, 83도2613

진정서 사본의 증거능력 : 전문법칙 ○

주민들의 진정서 사본은 피고인이 증거로 함에 동의하지 않고 기록상 원본의 존재나 그 진정성립을 인정할 아무런 자료도 없을 뿐 아니라 법 제315조 제3호의 규정사유도 없으므로 이를 증거로 할 수 없다.

3. 대법원 2002.10.22, 2000도5461

검사 작성의 피의자신문조서의 일부를 발췌한 초본의 증거능력 유무(한정 적극) : 최량증거법칙도 적용

피고인에 대한 검사 작성의 피의자신문조서가 그 내용 중 일부를 가린 채 복사를 한 다음 원본과 상위없다는 인증을 하여 초본의 형식으로 제출된 경우에, 위와 같은 피의자신문조서초본은 그 피의자신문조서의 원본이 존재하거나 존재하였을 것, 피의자신문조서의 원본 제출이 불능 또는 곤란한 사정이 있을 것, 원본을 정확하게 전사하였을 것 등 3가지 요건(최량증거 = 원 + 필 + 정)을 전제로 피고인에 대한 검사 작성의 피의자신문조서원본과 동일하게 취급할 수 있다.[2]

4. 대법원 2008.11.13, 2006도2556 : 휴대전화 사이버스토킹 문자정보 촬영사진 사례

[1] 정보통신망을 통하여 공포심 · 불안감을 유발하는 글을 반복적으로 상대방에게 도달하게 하는 정통법위반행위와 관련하여 휴대전화

1) [참고] 사본으로서의 사진의 증거능력 인정요건에 대해서는, ① 최량증거의 법칙에 의하여 원본증거를 공판정에 제출할 수 없음이 인정되고, 사진에 사건과의 관련성이 증명된 때에 한하여 증거능력이 인정된다는 견해(비진술증거설 : 이재상, 차용석, 신현주)와 ② 원본의 존재 및 진정성립을 인정할 자료가 구비되고 특히 신용할 만한 정황에 의해 작성되었다고 인정될 때에 제315조 제3호에 의하여 증거능력을 인정해야 한다는 견해(진술증거설 : 배/이/정/이, 신동운, 신양균, 임동규)가 대립하고 있다(제311조 이하의 유추적용도 가능하다는 입장은 신동운). ③ 결론 : 비진술증거의 대용물인 사본은 최량증거법칙을 적용하면 족하나, 진술증거의 대용물인 사진에 대해서는 전문법칙이 추가 적용되어야 한다는 제2설이 타당하다고 생각된다. 왜냐하면 사진은 그 현상 및 인화과정에 조작이 개입할 여지가 있다는 점에서 전문법칙의 근거인 신용성의 결여가 문제되기 때문이다.
[참고] 전문법칙이 적용된다면 피고인 또는 피고인 아닌 자가 작성하거나 그 진술이 포함된 사진 등을 내용으로 하는 디지털증거에 대해서는 2016.5.29. 개정 제313조 제2항이 적용될 수 있게 되는바, 이에 대한 향후 논의가 주목된다.

2) [보충] 또한 위 판례는 원본의 내용 중 일부를 가린 채 복사를 한 초본이 제출된 경우, 초본의 증거능력을 인정하기 위해서는 최량증거법칙 외에도 가려진 부분의 내용이 가려지지 않은 부분과 분리 가능하고 당해 공소사실과 관련성이 없어야 한다는 분리가능성 요건을 판시한 사례이기도 하다.

기에 저장된 문자정보를 촬영한 사진의 증거능력

정보통신망법위반죄의 증거로 검사가 문자정보가 저장되어 있는 휴대전화기를 법정에 제출하는 경우, 휴대전화기에 저장된 문자정보 그 자체가 범행의 직접적인 수단으로서 증거로 사용될 수 있다. 또한, 검사는 휴대전화기 이용자가 그 문자정보를 읽을 수 있도록 한 휴대전화기의 화면을 촬영한 사진을 증거로 제출할 수도 있는데, 이를 증거로 사용하려면 ① 문자정보가 저장된 휴대전화기를 법정에 제출할 수 없거나 그 제출이 곤란한 사정이 있고, ② 그 사진의 영상이 휴대전화기의 화면에 표시된 문자정보와 정확하게 같다는 사실이 증명되어야 한다(대법원 2002.10.22, 2000도5461)(최량증거법칙만 적용).

[2] 정보통신망법상 위 범죄와 관련하여 휴대전화기에 저장된 문자정보가 증거로 제출된 경우 : 전문법칙 ×

정보통신망을 통하여 공포심이나 불안감을 유발하는 글을 반복적으로 상대방에게 도달하게 하는 행위를 하였다는 공소사실에 대하여 휴대전화기에 저장된 문자정보가 그 증거가 되는 경우, 그 문자정보는 범행의 직접적인 수단이고 경험자의 진술에 갈음하는 대체물에 해당하지 않으므로, 법 제310조의2에서 정한 전문법칙이 적용되지 않는다. [법원9급 12/22, 해경간부 12, 경찰간부 22, 경찰승진 13, 경찰채용 10 2차/14 1차/21 2차]

보충 정보통신망법위반죄와 관련하여 문자메시지로 전송된 문자정보를 휴대전화기 화면에 띄워 촬영한 사진에 대하여, 피고인이 성립 및 내용의 진정을 부인한다는 이유로 증거능력을 부정한 것은 위법하다는 사례이다. [해경간부 12, 경찰승진 10/13/14] 왜냐하면, 위 사진은 그 안에 촬영된 원진술의 내용이 요증사실이 아니라 원진술의 존재 자체가 요증사실이라는 점에서 전문증거에 해당하지 아니하기 때문이다.

5. 대법원 2015.4.23, 2015도2275 [법원9급 17, 국가7급 17/22, 경찰간부 22, 경찰채용 22 1차]

수표 발행 후 예금부족으로 부도가 난 부정수표법위반사실을 증명하기 위하여 제출되는 수표 : 전문법칙 ×

① 피고인이 수표를 발행하였으나 예금부족 또는 거래정지처분으로 지급되지 아니하게 하였다는 부정수표단속법위반의 공소사실을 증명하기 위하여 제출되는 수표는 그 서류의 존재 또는 상태 자체가 증거가 되는 것이어서 증거물인 서면에 해당하고 어떠한 사실을 직접 경험한 사람의 진술에 갈음하는 대체물이 아니므로, 증거능력은 증거물의 예에 의하여 판단하여야 하고, 이에 대하여는 법 제310조의2에서 정한 전문법칙이 적용될 여지가 없다. ② 이때 수표 원본이 아니라 전자복사기를 사용하여 복사한 사본이 증거로 제출되었고 피고인이 이를 증거로 하는 데 부동의한 경우 위 수표 사본을 증거로 사용하기 위해서는 ㉠ 수표 원본을 법정에 제출할 수 없거나 제출이 곤란한 사정이 있고 ㉡ 수표 원본이 존재하거나 존재하였으며 ㉢ 증거로 제출된 수표 사본이 이를 정확하게 전사한 것이라는 사실이 증명되어야 한다(최량증거법칙만 적용).

사례문제

문제1 甲은 A의 집에 들어가 금품을 절취하려다 A에게 발각되자 A를 강간한 후에 도주하였다. 甲은 양심에 가책을 느꼈지만 처벌이 두려워 자수하지 못하고 친구인 乙에게 자신의 범행을 이야기하였는데, 乙은 다시 이 사실을 여자친구 丙에게 이야기하였다. 이에 관한 설명 중 옳지 않은 것을 모두 고른 것은? (다툼이 있는 경우 판례에 의함) [변호사 17]

ㄱ. 甲이 자필로 작성한 범행을 인정하는 내용의 메모지가 甲의 집에서 발견되어 증거로 제출된 경우, 甲이 공판기일에서 그 성립의 진정을 부인하면 필적감정에 의하여 성립의 진정함이 증명되더라도 증거로 사용할 수 없다.

ㄴ. 乙이 甲과의 대화를 녹음한 녹음테이프의 원본이 증거로 제출된 경우, 공판기일에서 甲이 녹음내용을 부인하여도 乙의 진술에 의하여 녹음테이프에 녹음된 甲의 진술내용이 甲이 진술한 대로 녹음된 것이 증명되고 그 진술이 특히 신빙할 수 있는 상태하에서 행하여진 것이 인정되는 때에는 증거로 사용할 수 있다.

ㄷ. 丙이 乙로부터 들은 甲의 진술내용을 사법경찰관에게 진술하였고 그러한 진술이 기재된 진술조서가 증거로 제출된 경우, 해당 진술조서 중 甲의 진술기재 부분은 형사소송법 제316조 제1항 및 제312조 제4항의 규정에 따른 요건을 갖춘 때에 한하여 증거로 사용할 수 있다.

ㄹ. 피해자 A는 피해내용을 아버지 B에게 문자메시지로 보냈고 B가 그 문자메시지를 촬영한 사진이 증거로 제출된 경우, A와 B가 법정에 출석하여 A는 사진 속 문자메시지의 내용이 자신이 작성해 보낸 것과 동일함을 확인하고, B는 A가 보낸 문자메시지를 촬영한 사진이 맞다고 확인한 때에는 증거로 사용할 수 있다.

→ ㄱ (×) 형사소송법 제313조(진술서 등) ② 제1항 본문에도 불구하고 진술서의 작성자가 공판준비나 공판기일에서 그 성립의 진정을 부인하는 경우에는 과학적 분석결과에 기초한 디지털포렌식 자료, 감정 등 객관적 방법으로 성립의 진정함이 증명되는 때에는 증거로 할 수 있다. 다만, 피고인 아닌 자가 작성한 진술서는 피고인 또는 변호인이 공판준비 또는 공판기일에 그 기재 내용에 관하여 작성자를 신문할 수 있었을 것을 요한다.

ㄴ (○) 피고인과 상대방 사이의 대화 내용에 관한 녹취서가 공소사실의 증거로 제출되어 녹취서의 기재 내용과 녹음테이프의 녹음 내용이 동일한지에 대하여 법원이 검증을 실시한 경우에, 증거자료가 되는 것은 녹음테이프에 녹음된 대화 내용 자체이고, 그 중 피고인의 진술 내용은 실질적으로 형사소송법 제311조, 제312조의 규정 이외에 피고인의 진술을 기재한 서류와 다름없어, 피고인이 녹음테이프를 증거로 할 수 있음에 동의하지 않은 이상 녹음테이프에 녹음된 피고인의 진술 내용을 증거로 사용하기 위해서는 형사소송법 제313조 제1항 단서에 따라 공판준비 또는 공판기일에서 작성자인 상대방의 진술에 의하여 녹음테이프에 녹음된 피고인의 진술 내용이 피고인이 진술한 대로 녹음된 것임이 증명되고 나아가 그 진술이 특히 신빙할 수 있는 상태하에서 행하여진 것임이 인정되어야 한다. 또한 대화 내용을 녹음한 파일 등 전자매체는 성질상 작성자나 진술자의 서명 또는 날인이 없을 뿐만 아니라, 녹음자의 의도나 특정한 기술에 의하여 내용이 편집·조작될 위험성이 있음을 고려하여, 대화 내용을 녹음한 원본이거나 원본으로부터 복사한 사본일 경우에는 복사

CHAPTER 04 증거

과정에서 편집되는 등의 인위적 개작 없이 원본의 내용 그대로 복사된 사본임이 증명되어야 한다(대법원 2012.9.13, 2012도7461). [경찰채용 20 1차]
ㄷ (×) 판례는 재전문진술이나 재전문진술을 기재한 조서(재재전문서류)에 대하여는 피고인 측의 증거동의가 없는 이상 원칙적으로 증거능력을 부정한다(대법원 2000.3.10, 2000도159).
ㄹ (○) 문자메시지의 내용을 촬영한 사진은 피해자의 진술서에 준하는 것으로 취급함이 상당할 것인바, 진술서에 관한 형사소송법 제313조에 따라 문자메시지의 작성자인 A가 법정에 출석하여 자신이 문자메시지를 작성하여 동생에게 보낸 것과 같음을 확인하고, 동생인 B도 법정에 출석하여 A가 보낸 문자메시지를 촬영한 사진이 맞다고 확인한 이상, 문자메시지를 촬영한 사진은 그 성립의 진정함이 증명되었다고 볼 수 있으므로 이를 증거로 할 수 있다(대법원 2010.11.25, 2010도8735).

문제2 甲은 휴대전화기를 이용하여 A에게 공포심을 유발하는 글을 반복적으로 도달하게 한 혐의로 정보통신망이용촉진 및 정보보호 등에 관한 법률 위반죄로 기소되었다. 검사는 乙이 甲의 부탁을 받고 甲의 휴대전화기를 보관하고 있다는 사실을 알고 乙에게 부탁하여 甲의 휴대전화기를 임의제출받았다. 한편 A는 B의 휴대전화기에 "甲으로부터 수차례 협박 문자메시지를 받았다."는 내용의 문자 메시지를 발송하였다. 이에 대한 설명으로 옳은 것은? (다툼이 있으면 판례에 의함) [국가9급 17, 국가9급개론 17]

① 甲의 휴대전화기는 甲의 승낙이나 영장 없이 위법하게 수집된 증거로서 증거능력이 부정된다.
② 甲의 휴대전화기 자체가 아니라 甲의 휴대전화기 화면에 표시된 문자메시지를 촬영한 사진이 증거로 제출된 경우 甲이 그 성립 및 내용의 진정을 부인하는 때에는 이를 증거로 사용할 수 없다.
③ 甲의 휴대전화기 화면을 촬영한 사진을 증거로 사용하려면 甲의 휴대전화기를 법정에 제출할 수 없거나 그 제출이 곤란한 사정이 있고, 그 사진의 영상이 甲의 휴대전화기 화면에 표시된 문자정보와 정확하게 같다는 사실이 증명되어야 한다.
④ B의 휴대전화기에 저장된 문자메시지는 본래증거로서 형사소송법 제310조의2가 정한 전문법칙이 적용될 여지가 없다.

→ ③ (○) 검사가 문자정보가 저장되어 있는 휴대전화기를 법정에 제출하는 경우 휴대전화기에 저장된 문자정보는 그 자체가 범행의 직접적인 수단으로서 이를 증거로 사용할 수 있다. 또한 검사는 휴대전화기 이용자가 그 문자정보를 읽을 수 있도록 한 휴대전화기의 화면을 촬영한 사진을 증거로 제출할 수도 있을 것인바, 이를 증거로 사용하기 위해서는 문자정보가 저장된 휴대전화기를 법정에 제출할 수 없거나 그 제출이 곤란한 사정이 있고, 그 사진의 영상이 휴대전화기의 화면에 표시된 문자정보와 정확하게 같다는 사실이 증명되어야 한다(대법원 2008.11.13, 2006도2556).
① (×) 검사, 사법경찰관은 피의자 기타인의 유류한 물건이나 소유자, 소지자 또는 보관자가 임의로 제출한 물건을 영장 없이 압수할 수 있다(제218조). 검사는 보관자인 乙이 임의로 제출한 휴대전화기를 압수한 것은 적법하므로 휴대전화기는 증거능력이 부정되지 아니한다.
② (×) 정보통신망을 통하여 공포심이나 불안감을 유발하는 글을 반복적으로 상대방에게 도달하게 하는 행위는 공소 사실에 대하여 휴대전화기에 저장된 문자정보가 그 증거가 되는 경우와 같이 그 문자정보가 범행의 직접적인 수단이 될 뿐 경험자의 진술에 갈음하는 대체물에 해당하지 않는 경우에는 형사소송법 제310조의2에서 정한 전문법칙이 적용될 여지가 없다(대법원 2008.11.13, 2006도2556).
④ (×) (피해자 A가 남동생 B에게 도움을 요청하면서 피고인이 협박한 말을 포함하여 공갈 등 피해를 입은 내용이 들어 있는) 문자메시지의 내용을 촬영한 사진은 피해자의 진술서에 준하는 것으로 취급함이 상당하다(대법원 2010.11.25, 2010도8735).

3. 진술의 일부인 사진

(1) 의의 : 사진이 진술증거의 일부분으로 사용되는 경우이다.

예 검증조서 · 감정서에 사진이 첨부되는 경우 등.

(2) 증거능력 인정요건(**진술과 동일**하게 판단) : 진술의 일부인 사진의 증거능력은 진술증거의 일부를 구성하는 보조수단에 불과하므로 진술증거인 **검증조서나 감정서와 일체적으로 판단**된다. 다만, 사법경찰관 작성 검증조서 중 **피고인의 진술 기재 부분과 범행 재연의 사진 영상에 관한 부분은 제312조 제3항이 적용**되므로 피고인에 의하여 진술 및 범행 재연의 진정함이 인정되지 아니하는 경우 그 부분은 증거능력이 없다(전술).

4. 현장사진

(1) 의의 : 범행장면과 그 전후 상황을 범인의 행동에 중점을 두어 촬영한 사진을 말한다(예 현금인출기의 폐쇄회로 촬영사진 등). 현장사진은 범죄의 증명에 결정적인 독립증거로 이용되는 경우가 많다(예 현장사진은 자백보강증거 ○).

(2) 증거능력

① 위법수집증거배제법칙 : 현장사진은 피촬영자의 의사에 반하여 그의 촬영권을 침해하는 수사방법이므로 강제수사에 해당하고(통설), 현장사진이 증거로 인정되려면 위법수집증거가 아니어야 한다. 판례는 **범죄의 현행성, 증거보전의 필요성 · 긴급성, 촬영방법의 상당성**이 갖추어졌다면 사진촬영은 위법한 수사방법이 아니라고 본다(대법원 1999.9.3, 99도2317; 2013.7.26, 2013도2511). 또한 **사인에 의한 위법수집증거**

의 경우에도 효과적인 형사소추 및 형사소송에서의 진실발견이라는 공익과 개인의 사생활보호이익을 비교형량하여(대법원 2010.9.9, 2008도3990)(이익형량설) **공익의 우월성이 있는 때에는 그 증거능력이 인정**된다. 간통 현장에서 촬영한 피고인의 나체사진이 비록 공갈목적으로 촬영된 것이라 하여도 간통죄의 형사소추라는 공익의 실현을 위하여 그 증거능력을 인정한 판례(대법원 1997.9.30, 97도1230)가 있음은 기술한 바 있다.

판례연구 현장사진 등과 위법수집증거배제법칙

1. **대법원 1999.9.3, 99도2317; 2013.7.26, 2013도2511**
   영장 없는 사진촬영의 허용요건
   누구든지 자기의 얼굴이나 모습을 함부로 촬영당하지 않을 자유를 가지나, 이러한 자유도 무제한으로 보장되는 것은 아니고 국가의 안전보장 · 질서유지 · 공공복리를 위하여 필요한 경우에는 그 범위 내에서 상당한 제한이 있을 수 있으며, 수사기관이 범죄를 수사함에 있어 ① 현재 범행이 행하여지고 있거나 행하여진 직후이고, ② 증거보전의 필요성 및 긴급성이 있으며, ③ 일반적으로 허용되는 상당한 방법으로 촬영한 경우라면 위 촬영이 영장 없이 이루어졌다 하여 이를 위법하다고 단정할 수 없다.
2. **대법원 1999.12.7, 98도3329**
   무인장비에 의하여 제한속도 위반차량의 차량번호 등을 촬영한 사진의 증거능력 유무(적극)
   무인장비에 의한 제한속도 위반차량 단속은 이러한 수사활동의 일환으로서 도로에서의 위험을 방지하고 교통의 안전과 원활한 소통을 확보하기 위하여 도로교통법령에 따라 정해진 제한속도를 위반하여 차량을 주행하는 범죄가 현재 행하여지고 있고, 그 범죄의 성질 · 태양으로 보아 긴급하게 증거보전을 할 필요가 있는 상태에서 일반적으로 허용되는 한도를 넘지 않는 상당한 방법에 의한 것이라고 판단되므로, 이를 통하여 운전 차량의 차량번호 등을 촬영한 사진을 두고 위법하게 수집된 증거로서 증거능력이 없다고 말할 수 없다.

② **전문법칙의 적용 여부** : 견해의 대립이 있으나,[1] 현장사진은 비진술증거임에도 불구하고 증거조작의 위험성이 있다는 점에서 **전문법칙을 유추적용**하여 검증조서 내지 진술서에 준하여 그 증거능력을 제한하여야 한다(검증조서 등 유추적용설).[2]

5. 증거조사의 방법

(1) 사본으로서의 사진

① **증거물의 사본인 사진** : 증거물이므로 제시의 방법에 의한다(제292조의2 제1항).

② **서증의 사본인 사진** : 증거물인 서면과 같은 방식으로서, 사진에 대한 제시와 서면의 내용에 대한 낭독(또는 내용의 고지 또는 제시 · 열람)에 의한다.

(2) 진술의 일부인 사진 : 진술증거와 일체적으로 조사한다.

(3) 현장사진 : (위법수집증거배제법칙 및 전문법칙에 의하여 증거능력을 심리하였으나, 증거조사의 방법에 관해서는) 비진술증거이므로 제시의 방법에 의한다. 또한 현장사진이 CD 등 녹화매체에 들어있으면 재생하여 시청하는 방법에 의한다(제292조의2, 규칙 제134조의8)(대법원 2011.10.13, 2009도13846).

1) [참고] 현장사진의 전문법칙 적용 여부에 대해서는 다음과 같이 견해가 대립한다. ① 비진술증거설 : 현장사진은 사람의 지각에 의한 진술이 아니므로 독립된 비진술증거라고 해석하여 전문법칙이 적용되지 않으므로, 사건과의 관련성, 즉 사진현장의 정확한 영상이라는 점이 입증되면 증거능력이 인정된다는 입장이다(임동규, 차/최). ② 진술증거설 : 현장사진도 사실을 재현 · 보고하는 기능을 함과 동시에 그 현상 · 인화과정에서 조작될 위험을 부정할 수 없으므로 진술증거에 해당한다고 보아 전문법칙을 적용해야 한다는 입장이다(손동권, 이/조). ③ 검증조서유추설 : 현장사진은 비진술증거이기는 하지만 조작의 위험이 있으므로 검증조서에 준하여 촬영자가 법원이면 제311조, 수사기관이면 제312조 제6항, 일반인이면 제313조 제1항 · 제2항을 유추적용해야 한다는 입장이다(신동운, 신양균, 배/이/정/이). ④ 결론 : 현장사진은 비진술증거로 보아야 하지만, 증거조작의 위험에 대응해야 한다는 점에서 본서는 제3설을 따른다.

2) [보충1] 예컨대 수사기관이 촬영한 현장사진은 제312조 제6항의 검증조서 규정을, 피고인 또는 피고인 아닌 자가 수사과정 외에서 촬영한 현장사진은 제313조 제1항 · 제2항의 진술서 규정에 의한다. 특히 2016.5.29. 개정 제313조 제1항에는 피고인 또는 피고인 아닌 자가 작성한 사진 · 영상 등의 정보로서 컴퓨터용디스크, 그 밖에 이와 비슷한 정보저장매체에 저장된 것을 포함하고 있으므로, 현장사진 문제에 대한 향후 논의가 기대된다.
[보충2] 현장사진은 실무적으로는 증거능력의 문제보다는 요증사실과의 관련성이 중요하므로, 사진 속의 물건이나 현장이 사건과 관계없다는 등으로 주장된다면 이는 증거능력을 다투는 것이 아니라 요증사실과의 관련성으로서 증명력을 다투는 취지라고 볼 것이다. 법원실무 II 131면.

Ⅱ 녹음테이프의 증거능력

1. 녹음테이프의 성격 및 유형

녹음테이프(디지털녹음기 · 휴대폰으로 녹음한 녹음파일 포함, 이하 同)는 높은 증거가치를 가진 과학적 증거방법이지만 조작될 위험성을 배제할 수 없다는 점에서, 녹음테이프에 대해서도 진술증거에 대해서 적용되는 전문법칙을 적용할 것인가가 문제된다. 녹음테이프는 다시 진술녹음과 현장녹음으로 나누어 설명되며 더불어 비밀녹음의 문제가 논의된다.

2. 진술녹음

(1) 의의 및 성격

① **의의** : 녹음테이프에 사람의 진술이 녹음되어 있고 그 진술내용의 진실성이 증명의 대상으로 되는 경우이다.

② **성격** : 진술녹음은 진술에 대신하는 서류와 그 기능이 동일하므로 전문증거에 해당하므로 **전문법칙이 적용**된다.

(2) 증거능력 인정요건 －**원**(최량증거법칙) ＋ **전**문법칙－ : 녹음테이프 및 그 사본의 존재 · 상태에 대해서는 최량증거법칙에 의해, 그 내용에 대해서는 전문법칙에 의하여 증거능력 여부를 검토해야 한다.

① **기명날인 또는 서명의 요부** : 원래 진술기재서류는 자필 · 서명 · 날인이 있어야 하나, 녹음테이프는 서명 · 날인이 적합하지 않은 증거방법이므로 **과학적 방법에 의해 원진술자의 음성임이 증명되면 충분**하고 별도로 작성자나 진술자의 **서명 또는 날인은 필요로 하지 아니한다**(통설 · 판례, 대법원 2002.6.28, 2001도6355; 2005.2.18, 2004도6323; 2005.12.23, 2005도2945; 2008.12.24, 2008도9414 등).

② **최량증거법칙 －원본동일성증명원칙(원 ＋ 정)**[1]－ : 녹음테이프는 녹음자의 의도나 특정한 기술에 의하여 그 내용이 편집 · 조작될 위험성이 있으므로, 증거능력이 인정되려면 ㉠ 그 대화내용을 녹음한 **원본**이거나 ㉡ 원본으로부터 복사한 **사본일 경우에는 복사과정에서 편집되는 등의 인위적 개작 없이 원본의 내용 그대로 복사된 사본**임이 증명되어야만 한다(대법원 2002.6.28, 2001도6355; 2005.2.18, 2004도6323; 2005도2945; 2006도8869; 2008도9414; 2012도461; 2011도6035 등). [국가7급 17] 따라서 대화내용을 녹음한 보이스펜 등 디지털녹음기의 파일 원본을 녹음테이프에 복사한 후 이를 풀어쓴 녹취록의 경우, 녹음테이프와 녹취록의 내용의 일치로는 부족하고 어디까지나 **원본의 내용이 그대로 복사된 것임이 증명**되어야 하고(**원칙적으로 원본 필요**), 녹음테이프에 수록된 대화내용이 이를 풀어쓴 녹취록의 기재와 일치한다거나 녹음테이프의 대화 내용이 중단되었다고 볼 만한 사정이 없다는 녹음테이프에 대한 법원의 검증 결과만으로는 위와 같은 증명이 있다고는 할 수 없다(대법원 2008.12.24, 2008도9414). [경찰승진 10]

> **판례연구** 진술녹음 녹음테이프의 증거능력 : 최량증거법칙 = 원본동일성 증명원칙
>
> **1. 대법원 2007.3.15, 2006도8869; 2014.8.26, 2011도6035** [법원9급 16, 국가9급 15/16, 경찰채용 14 1차]
>
> 디지털 녹음기 녹음내용이 콤팩트디스크에 복사되어 그 내용을 담은 녹취록이 증거로 제출된 경우, 원본동일성이 증명되지 않은 콤팩트디스크의 내용이나 이를 녹취한 녹취록의 기재는 증거능력이 없음
>
> 대화내용을 녹음한 테이프 등의 전자매체는 그 성질상 작성자나 진술자의 서명 혹은 날인이 없을 뿐만 아니라, 녹음자의 의도나 특정한 기술에 의하여 그 내용이 편집, 조작될 위험성이 있음을 고려하여, 그 대화내용을 녹음한 원본이거나 혹은 원본으로부터 복사한 사본일 경우에는 복사과정에서 편집되는 등의 인위적 개작 없이 원본의 내용 그대로 복사된 사본임이 입증되어야만 하고, 그러한 입증이 없는 경우에는 쉽게 그 증거능력을 인정할 수 없다(대법원 2005.12.23, 2005도2945). 따라서 디지털 녹음기로 녹음한 내용이 콤팩트디스크에 다시 복사되어 그 콤팩트디스크에 녹음된 내용을 담은 녹취록이 증거로 제출된 경우, 위 콤팩트디스크가 현장에서 녹음하는 데 사용된 디지털 녹음기의 녹음내용 원본을 그대로 복사한 것이라는 입증이 없는 이상, 그 콤팩트디스크의 내용이나 이를 녹취한 녹취록의 기재는 증거능력이 없다.

---

1) [보충] 전술한 바와 같이 사진 사본에 대한 최량증거법칙은 원본의 존재, 원본제출의 불가능 내지 곤란(필요성), 원본과의 일치(정확성)이 증명되어야 한다는 법칙이고(최량증거법칙 = 원 ＋ 필 ＋ 정), 이는 녹음테이프에 대해서도 마찬가지로 적용된다. 다만, 판례는 위 요건(원 ＋ 필 ＋ 정) 중에서 원본이거나 원본과의 일치(원 ＋ 정)를 주로 검토하므로 본서에서는 판례에 맞추어 녹음테이프의 최량증거법칙을 원본동일성증명원칙(원 ＋ 정)이라는 개념으로 축약하였다.

보충 디지털녹음기(보이스펜)(원본) = 콤팩트디스크 = 녹취록.

2. 대법원 2010.3.11, 2009도14525

피고인과 甲, 乙의 대화에 관한 녹취록에 대하여, 피고인이 부동의하였고, 甲이 그 대화를 자신이 녹음하였고 녹취록의 내용이 다 맞다고 1심 법정에서 진술하였을 뿐 녹취록에 그 작성자가 기재되어 있지 않을 뿐만 아니라 녹취록 작성의 토대가 된 대화 내용을 녹음한 원본 녹음테이프 등을 증거로 제출하지도 아니하는 상황이라면 녹취록의 기재는 증거능력이 없다.

③ 전문법칙 : 진술녹음의 증거능력은 **녹음테이프의 작성주체 및 원진술이 행해지는 단계에 따라서 각각 제311조 내지 제313조를 준용**하여 결정해야 한다(다수설). 판례도 녹음테이프는 진술녹취서에 준하여 증거능력이 인정되므로(대법원 1968.6.28, 68도570), **검사가 피의자와 대화하는 내용을 녹화한 비디오테이프는 피의자신문조서**에 준하여 증거능력을 가려야 하며(대법원 1992.6.23, 92도682), **수사기관 아닌 사인이 다른 사람과의 대화내용을 녹화한 녹음테이프도 제313조 제1항**(진술기재서류에 준하므로 16.5. 개정법에 의하더라도 제313조 제1항만 적용)에 따라 증거능력이 인정되어야 한다고 판시하고 있다(대법원 1997.3.28, 96도2417; 98도3169; 2005.12.23, 2005도2945).

정리 증거로 사용하기 위한 진술내용이 ① 피고인의 진술인 경우 피고인의 진술을 기재한 서류에 준하므로 제313조 제1항 단서에 따라 공판준비 또는 공판기일에서 그 작성자의 진술에 의하여 녹음테이프에 녹음된 피고인의 진술 내용이 피고인이 진술한 대로 녹음된 것임이 증명되고 나아가 그 진술이 특히 신빙할 수 있는 상태하에서 행하여진 것임이 인정되어야 한다(대법원 2005.12.23, 2005도2945). ② 피고인이 아닌 자의 진술인 경우 피고인 아닌 자의 진술을 기재한 서류에 준하므로 제313조 제1항 본문에 따라 공판준비나 공판기일에서 원진술자의 진술에 의하여 그 녹음테이프에 녹음된 각자의 진술내용이 자신이 진술한 대로 녹음된 것이라는 점이 인정되어야 한다(대법원 2011.9.8, 2010도7497 등). 다만, 이때에는 특신상태의 증명이 필요 없다(전술한 진술서 및 진술기재서류 참조).

보충 (관련 기출문제 분석) ① 녹취록 등에 대하여 증거로 함에 부동의하였다 하더라도, 피고인과의 대화내용을 녹음한 보이스펜의 내용과 녹취록의 기재가 일치하는 것으로 확인되고(최량증거○) 그 진술의 특신상태가 있으면(엄밀히는 제313조 제1항 단서에 의해 작성자의 진술에 의한 성립의 진정의 증명을 요하나, 생략된 기출문제임) 증거능력이 인정된다(유사판례 : 2012도7461). [경찰채용 14 1차]

② 사인이 녹음한 녹음테이프의 검증조서 기재 중 피고인의 진술내용을 증거로 하기 위해서는 피고인이 내용을 인정할 필요까지는 없고, 법 제313조 제1항 단서에 의해 작성자의 진술에 의한 성립의 진정의 증명과 그 진술의 특신상태가 인정되면 된다(최량증거법칙은 논외로 하고, 녹음테이프에 대한 제313조 제1항 단서의 전문법칙만 출제한 기출문제임, 약간 주의할 것은 녹음테이프에 대한 검증조서 기재 중 피고인의 진술내용 부분은 이 문제처럼 검증조서가 아니라 진술서로 취급함. 이와 달리 피고인의 상태에 대한 법원의 검증조서는 제311조 –법원검증조서– 에 의하여 절대적 증거능력 인정). [경찰승진 10 유사]

③ 수사기관 아닌 사인이 피고인 아닌 사람과의 대화내용을 녹음한 녹음테이프는 원본이거나 인위적 개작 없이 원본의 내용 그대로 복사된 사본으로서(최량증거○), 법 제313조 제1항 본문에 따라 원진술자의 진술에 의하여 그 녹음테이프에 녹음된 진술내용이 자신이 진술한 대로 녹음된 것이라는 점이 인정되어야 한다(2004도6323)(피고인 아닌 자의 진술을 기재한 서류에 준하므로 원진술자 진술에 의한 성립의 진정의 증명만 있으면 되고, 원진술의 특신상태는 요하지 않음). [국가9급 09]

판례연구 진술녹음 녹음테이프에 대한 전문법칙의 적용

대법원 2008.3.13, 2007도10804

수사기관 아닌 사인이 피고인과의 대화내용을 녹음한 녹음테이프의 증거능력 : 최량증거법칙 + 전문법칙

[1] 피고인과 피해자 사이의 대화내용에 관한 녹취서가 공소사실의 증거로 제출되어 그 녹취서의 기재내용과 녹음테이프의 녹음내용이 동일한지 여부에 관하여 법원이 검증을 실시한 경우에 증거자료가 되는 것은 녹음테이프에 녹음된 대화내용 그 자체이고, 그 중 피고인의 진술내용은 실질적으로 법 제311조, 제312조의 규정 이외에 피고인의 진술을 기재한 서류와 다름없어 피고인이 그 녹음테이프를 증거로 할 수 있음에 동의하지 않은 이상 그 녹음테이프 검증조서의 기재 중 피고인의 진술내용을 증거로 사용하기 위해서는 ① 법 제313조 제1항 단서에 따라 공판준비 또는 공판기일에서 그 작성자인 피해자의 진술에 의하여 녹음테이프에 녹음된 피고인의 진술내용이 피고인이 진술한 대로 녹음된 것임이 증명되고 나아가 그 진술이 특히 신빙할 수 있는 상태하에서 행하여진 것임이 인정되어야 하고(대법원 2001.10.9, 2001도3106; 2004.5.27, 2004도1449 등), 녹음테이프는 그 성질상 작성자나 진술자의 서명 혹은 날인이 없을 뿐만 아니라, 녹음자의 의도나 특정한 기술에 의하여 그 내용이 편집, 조작될 위험성이 있음을 고려하여, 그 대화내용을 녹음한 원본이거나 혹은 원본으로부터 복사한 사본일 경우에는 복사과

정에서 편집되는 등의 인위적 개작 없이 원본의 내용 그대로 복사된 사본임이 입증되어야만 하고, 그러한 입증이 없는 경우에는 쉽게 그 증거능력을 인정할 수 없다(대법원 2002.6.28, 2001도6355; 2005.2.18, 2004도6323; 2005.12.23, 2005도2945 등). [경찰승진 10]

[2] 피고인과의 대화내용을 녹음한 보이스펜 자체의 청취 결과 피고인의 변호인이 피고인의 음성임을 인정하고 이를 증거로 함에 동의하였고, 보이스펜의 녹음내용을 재녹음한 녹음테이프, 녹음테이프의 음질을 개선한 후 재녹음한 CD 및 녹음테이프의 녹음내용을 풀어쓴 녹취록 등에 대하여는 증거로 함에 부동의하였으나, 극히 일부의 청취가 불가능한 부분을 제외하고는 보이스펜, 녹음테이프 등에 녹음된 대화내용과 녹취록의 기재가 일치하는 것으로 확인된 경우, 원본인 보이스펜이나 복제본인 녹음테이프 등에 대한 검증조서(녹취록)에 기재된 진술은 그 성립의 진정을 인정하는 작성자의 법정진술은 없었으나, 피고인의 변호인이 보이스펜을 증거로 함에 동의하였고, 보이스펜, 녹음테이프 등에 녹음된 대화내용과 녹취록의 기재가 일치함을 확인하였으므로, 결국 그 진정성립이 인정된다고 할 것이고, 나아가 녹음의 경위 및 대화내용에 비추어 그 진술이 특히 신빙할 수 있는 상태하에서 행하여진 것으로 인정되므로 이를 증거로 사용할 수 있다.

보충 2007도10804 판례는, 녹취록에 대해서는 증거로 함에 부동의하였으나 피고인과의 대화내용을 녹음한 보이스펜 자체에 대하여는 증거동의가 있었고(∴ 전문증거 O) 보이스펜, 녹음테이프 등에 녹음된 대화내용과 녹취록의 기재가 일치하는 것으로 확인되고(∴ 최량증거 O) 그 진술이 특히 신빙할 수 있는 상태하에서 행하여진 것으로 인정되어(증거동의가 있었으므로 그 효과로서 진정성 인정의 의미임) 증거능력이 있다는 사례이다.

3. 현장녹음

(1) **의의** : 대화내용이 아니라 범죄현장에서 범행에 수반하여 발생한 음성이나 음향을 녹음한 것을 말한다.

(2) **증거능력** : (기술한 현장사진의 증거능력과 유사한) 견해의 대립이 있으나, 현장녹음은 비진술증거임에도 그 녹음과정에 조작·오류의 위험에 대응하기 위해 전문법칙을 유추적용하여 검증조서 내지 진술서에 준하여 그 증거능력을 제한하여야 한다.

4. 비밀녹음

(1) **통신비밀보호법** : 누구든지 통비법·형소법·군사법원법에 의하지 아니하고는 전기통신의 감청 및 공개되지 아니한 타인 간의 대화를 녹음·청취할 수 없으며(통비법 제3조 제1항), **불법감청에 의하여 지득·채록된 전기통신의 내용 및 공개되지 아니한 타인 간의 대화를 녹음·녹취한 것은 재판에서 증거로 사용할 수 없다**(동 제4조, 제14조 제2항). [경찰간부 12, 경찰승진 15] 이는 위법수집증거배제법칙보다 먼저 명문화된 규정이다. [경찰채용 09 2차]

보충 비밀녹음의 증거능력 : ① 위법수집증거배제법칙(통비법), ② 원본동일성 증명(최량증거법칙), ③ 전문법칙(진술기재서류에 준함, 피고인진술 : 작성자성립 + 특신, 피고인 아닌 자 진술 : 원진술자성립)의 순으로 판단함.

(2) **수사기관의 비밀녹음** : 법령에 의하지 않고 수사기관이 타인 간의 전기통신을 감청하거나 타인 간의 대화를 비밀녹음한 경우, 통비법 위반으로서 그 **증거능력이 없다.** 이는 **수사기관이 대화당사자 중 일방의 동의를 받고 그 통화내용을 녹음하게 한 경우**도 마찬가지이다(대법원 2010.10.14, 2010도9016). [국가7급 14/20, 경찰승진 12]

대법원 2010.10.14, 2010도9016

수사기관이 구속 수감된 자에게 휴대전화기를 제공하고 그로 하여금 피고인과 범행에 관하여 통화하고 그 내용을 녹음하게 한 행위는 수사기관 스스로가 주체가 되어 구속 수감된 자의 동의만을 받고 상대방인 피고인의 동의가 없는 상태에서 그들의 통화 내용을 녹음한 것과 마찬가지여서 범죄수사를 위한 통신제한조치의 허가 등을 받지 아니한 불법감청에 해당한다.

(3) **제3자인 사인의 비밀녹음** : 공개되지 아니한 타인 사이의 대화를 양쪽 당사자들 몰래 녹음한 경우 그 녹음테이프는 통비법 제4조 및 제14조에 따라 역시 **증거능력이 인정되지 아니한다**(대법원 2001.10.9, 2001도3106; 2003.11.13, 2001도6213－렉카회사 감청사건). [경찰승진 10/12, 경찰채용 14 1차] 또한 제3자의 경우는 설령 전화통화 **당사자 일방의 동의를 받고 그 통화내용을 녹음**하였다 하더라도 그 상대방의 동의가 없었던 이상 **통비법 제3조 제1항 위반**이 된다(대법원 2002.10.8, 2002도123; 2006.10.12, 2006도4981 등).

대법원 2003.11.13, 2001도6213

렉카 회사가 무전기를 이용하여 한국도로공사의 상황실과 순찰차간의 무선전화통화를 청취한 경우 무전기를 설치함에 있어 한국도로공사의 정당한 계통을 밟은 결재가 있었던 것이 아닌 이상 전기통신의 당사자인 한국도로공사의 동의가 있었다고는 볼 수 없으므로 통신비밀보호법상의 감청에 해당한다.

(4) **대화당사자인 사인의 비밀녹음** : 대화당사자의 일방이 상대방 모르게 통화내용을 녹음하는 것은 타인 간의 대화를 녹음하는 것이 아니어서 **통비법의 감청에 해당하지 아니한다**(2006도4981). [국가9급 15] 이에 그 증거능력 인정 여부에 대해서는 견해가 대립하나, 판례는 **대화당사자**가 비밀 녹음한 녹음테이프는 **위법수집증거에 해당되지 않고**(대법원 1997.3.28, 97도240) **전문법칙이 적용**되므로 원진술자가 피고인 아닌 자의 경우라면 **제313조 제1항 본문(피고인 아닌 자의 진술 기재서류)에 의하여 원진술자의 진술에 의하여 성립의 진정이 증명되면 그 증거능력이 인정**된다는 입장이다(대법원 1999.3.9, 98도3169).

정리 대화당사자인 사인의 비밀녹음 : 통비법위반 아니므로 위수증 ×, 전문법칙 ○(제313조 제1항)

(5) **대화가 아닌 음향의 비밀녹음** : 사람의 육성이 아닌 사물에서 발생하는 음향 및 사람의 목소리라 하더라도 상대방에게 의사를 전달하는 말이 아닌 단순한 비명소리나 탄식 등은 타인과 의사소통을 하기 위한 것이 아니라면 특별한 사정이 없는 한 타인 간의 '대화'에 해당한다고 볼 수 없으므로, 이를 비밀녹음한 것은 통신비밀보호법위반이 아니어서 **위법수집증거에 해당하지 아니한다**(대법원 2017.3.15, 2016도19843).

판례연구 사인의 비밀녹음과 전문법칙

1. 대법원 1999.3.9, 98도3169 [경찰채용 14 1차]

수사기관 아닌 사인이 피고인 아닌 자와의 대화내용을 비밀녹음한 녹음테이프의 증거능력

수사기관이 아닌 사인이 피고인 아닌 사람과의 대화내용을 녹음한 녹음테이프는 법 제311조, 제312조 규정 이외의 피고인 아닌 자의 진술을 기재한 서류와는 다를 바 없으므로, 피고인이 그 녹음테이프를 증거로 할 수 있음에 동의하지 아니하는 이상 그 증거능력을 인정하기 위하여는 첫째, 녹음테이프가 원본이거나 원본으로부터 복사한 사본일 경우에는 복사과정에서 편집되는 등의 인위적 개작 없이 원본의 내용 그대로 복사된 사본일 것(원본동일성증명원칙, 최량증거법칙), 둘째 법 제313조 제1항에 따라 공판준비나 공판기일에서 원진술자의 진술에 의하여 그 녹음테이프에 녹음된 각자의 진술내용이 자신이 진술한 대로 녹음된 것이라는 점이 인정되어야 할 것이고(피고인 아닌 자의 진술 기재서류 : 원진술자 진술에 의한 성립의 진정의 증명), 사인이 피고인 아닌 사람과의 대화내용을 대화 상대방 몰래 녹음하였다고 하더라도 위와 같은 조건이 갖추어진 이상 그것만으로는 그 녹음테이프가 위법하게 수집된 증거로서 증거능력이 없다고 할 수 없으며, 사인이 피고인 아닌 사람과의 대화내용을 상대방 몰래 비디오로 촬영 · 녹음한 경우에도 그 비디오테이프의 진술부분에 대하여도 위와 마찬가지로 취급하여야 할 것이다.

2. 대법원 2001.10.9, 2001도3106 [국가9급 12]

사인이 비밀녹음한 녹음테이프에 대한 검증조서 중 피고인과의 대화를 녹음한 부분의 증거능력

녹음테이프 검증조서의 기재 중 고소인이 피고인과의 대화를 녹음한 부분은 타인간의 대화를 녹음한 것이 아니므로 통비법 제14조의 적용을 받지는 않지만, 그 녹음테이프에 대하여 실시한 검증의 내용은 녹음테이프에 녹음된 대화의 내용이 검증조서에 첨부된 녹취서에 기재된 내용과 같다는 것에 불과하여 증거자료가 되는 것은 여전히 녹음테이프에 녹음된 대화의 내용이라 할 것인바, 그 중 피고인의 진술내용은 실질적으로 형사소송법 제311조, 제312조 규정 이외에 피고인의 진술을 기재한 서류와 다를 바 없으므로, 피고인이 그 녹음테이프를 증거로 할 수 있음에 동의하지 않은 이상 그 녹음테이프 검증조서의 기재 중 피고인의 진술내용을 증거로 사용하기 위해서는 법 제313조 제1항 단서에 따라 ① 공판준비 또는 공판기일에서 그 작성자인 고소인의 진술에 의하여 녹음테이프에 녹음된 피고인의 진술내용이 피고인이 진술한 대로 녹음된 것이라는 점이 증명되고 ② 그 진술이 특히 신빙할 수 있는 상태하에서 행하여진 것으로 인정되어야 한다.

보충 피고인의 진술을 기재한 서류 : 작성자의 진술에 의한 성립의 진정 + 특신상태(제313조 제1항 단서)

3. 대법원 2017.3.15, 2016도19843 [경찰승진 22]

'악', '우당탕' 사건

통신비밀보호법 제1조, 제3조 제1항 본문, 제4조, 제14조 제1항, 제2항의 문언, 내용, 체계와 입법 취지 등에 비추어 보면, 통신비밀보호법에서 보호하는 타인 간의 '대화'는 원칙적으로 현장에 있는 당사자들이 육성으로 말을 주고받는 의사소통행위를 가리킨다. 따라서 사람의 육성이 아닌 사물에서 발생하는 음향은 타인 간의 '대화'에 해당하지 않는다. 또한 사람의 목소리라고 하더라도 상대방에게 의사를 전달하는 말이 아닌 단순한 비명소리나 탄식 등은 타인과 의사소통을 하기 위한 것이 아니라면 특별한 사정이 없는 한 타인 간의 '대화'에 해당한다고 볼 수 없다. … (한편) 대화에 속하지 않는 사람의 목소리를 녹음하거나 청취하는 행위가 개인의 사생활의 비밀과 자유 또는 인격권을 중대하게 침해하여 사회통념상 허용되는 한도를 벗어난 것이

라면, 단지 형사소추에 필요한 증거라는 사정만을 들어 곧바로 형사소송에서 진실발견이라는 공익이 개인의 인격적 이익 등 보호이익보다 우월한 것으로 섣불리 단정해서는 안 된다. 그러나 그러한 한도를 벗어난 것이 아니라면 위와 같은 목소리를 들었다는 진술을 형사절차에서 증거로 사용할 수 있다.

5. 증거조사의 방법

(1) **문제점** : 형사소송법은 증거조사의 방법으로 제시와 낭독(내용의 고지, 열람)을 규정하고 있는바(제292조, 제292조의2), 녹음테이프는 그 특성상 제시나 낭독에 의한 증거조사가 부적합하다.

(2) **증거조사** : 녹음 · 녹화매체 등에 대한 증거조사는 녹음 · 녹화매체 등을 **재생하여 청취 또는 시청**하는 방법에 의한다(규칙 제134조의8 제3항). 녹음 · 녹화매체 등에 대한 증거조사를 신청하는 때에는 음성이나 영상이 녹음 · 녹화 등이 된 사람, 녹음 · 녹화 등을 한 사람 및 녹음 · 녹화 등을 한 일시 · 장소를 밝혀야 하고, 녹음 · 녹화매체 등에 대한 증거조사를 신청한 당사자는 법원이 명하거나 상대방이 요구한 때에는 녹음 · 녹화매체 등의 녹취서, 그 밖에 그 내용을 설명하는 서면을 제출하여야 한다(동조 제1항).

Ⅲ 기타 특수매체의 증거능력

1. 비디오테이프 등 영상녹화물의 증거능력

영상녹화물이라 함은 비디오테이프, 컴퓨터용디스크, 그 밖에 이와 유사한 방법으로 음성 · 영상이 녹음 · 녹화되어 이를 재생할 수 있는 매체를 말한다. 영상녹화물은 사진과 녹음테이프의 복합적 성질을 가지고 있으므로 그 증거능력은 원칙적으로 기술한 **사진 및 녹음테이프에 준하여 판단**될 수 있다.[1] 예컨대 **수사기관 아닌 사인이 피고인이나 피고인 아닌 자와의 대화내용을 녹화한 영상녹화물**은 ① **최량증거법칙**에 따라 원본동일성을 증명하고, ② 피고인 아닌 자의 진술을 기재한 서류에 준하므로 전문법칙을 적용하여 **제313조 제1항 본문**에 따라 원진술자의 진술에 의하여 성립의 진정이 증명되어야(cf. 피고인과의 대화내용을 녹화한 영상녹화물이면 녹화자 −작성자− 의 진술에 의하여 성립의 진정이 증명되고 원진술의 특신상태까지 증명되어야) 증거로 할 수 있다(통신비밀보호법에 따라 위법수집증거배제법칙도 검토해야 하나, 보통 자기와의 대화내용에 속하여 특히 문제되는 경우가 아닌 한 검토가 생략됨). 영상녹화물의 증거조사방법은 재생하여 시청함에 의한다(규칙 제134조의8 제3항).[2]

판례연구 비디오테이프 등 영상녹화물의 증거능력

1. 대법원 2004.9.13, 2004도3161 [국가9급 12, 경찰채용 14 1차]

사인이 피고인 아닌 사람과의 대화 내용을 촬영한 비디오테이프의 증거능력

수사기관이 아닌 사인이 피고인 아닌 사람과의 대화 내용을 촬영한 비디오테이프는 법 제311조, 제312조의 규정 이외에 피고인 아닌 자의 진술을 기재한 서류와 다를 바 없으므로, 피고인이 그 비디오테이프를 증거로 함에 동의하지 아니하는 이상 그 진술 부분에 대하여 증거능력을 부여하기 위하여는, 첫째 비디오테이프가 원본이거나 원본으로부터 복사한 사본일 경우에는 복사과정에서 편집되는 등 인위적 개작 없이 원본의 내용 그대로 복사된 사본일 것(최량증거법칙), 둘째 법 제313조 제1항에 따라 공판준비나 공판기일에서 원진술자의 진술에 의하여 그 비디오테이프에 녹음된 각자의 진술내용이 자신이 진술한 대로 녹음된 것이라는 점이 인정되어야 할 것인바(전문법칙), 비디오테이프는 촬영대상의 상황과 피촬영자의 동태 및 대화가 녹화된 것으로서, 녹음테이프와는 달리 피촬영자의 동태를 그대로 재현할 수 있기 때문에 비디오테이프의 내용에 인위적인 조작이 가해지지 않은 것이 전제된다면, 비디오테이프에 촬영, 녹음된 내용을 재생기에 의해 시청을 마친 원진술자가 비디오테이프의 피촬영자의 모습과 음성을 확인하고 자신과 동일인이라고 진술한 것은 비디오테이프에 녹음된 진술내용이 자신이 진술한 대로 녹음된 것이라는 취지의 진술을 한 것으로 보아야 한다.

2. 대법원 2009.12.24, 2009도11575

성폭법에 따라 촬영한 영상에 피해자가 피해상황을 진술하면서 보충적으로 작성한 메모도 함께 촬영되어 있는 경우, 그 증거능력을 인

---

1) [보충] 이외에도, 수사기관이 피의자신문이나 참고인조사시 녹화한 영상녹화물은 본증으로는 사용될 수 없고 참고인진술조서의 실질적 진정성립을 인정하기 위한 자료(제312조 제4항) 및 기억환기를 위한 자료(제318조의2 제2항)로 사용될 수 있을 뿐이다.

2) [보충] 기타 영상녹화물의 증거조사의 방법은 규칙 제134조의2 이하 참조.

정하기 위한 요건

성폭법에 따라 촬영한 영상물에 피해자가 피해상황을 진술하면서 보충적으로 작성한 메모도 함께 촬영되어 있는 경우, 이는 영상물에 수록된 피해자 진술의 일부와 다름없으므로, 위 법률에 따라 (조사과정에 동석하였던 신뢰관계 있는 자의 진술에 의하여 성립의 진정함이 인정된 때에는) 증거로 할 수 있다.

주의 19세 미만 성폭력피해자의 진술을 내용으로 하는 수사기관의 영상녹화물의 증거능력 부여방법으로서 동석자인 신뢰관계인 또는 진술조력인의 진술에 의하여 성립의 진정이 인정되면 증거로 할 수 있다는 구 성폭법 제30조 제6항에 대해서는 헌법재판소의 위헌결정이 내려짐으로써 2023.7.11. 성폭법이 개정되어 이제는 피고인의 피해자에 대한 반대신문권의 보장 등이 그 증거능력 인정 요건으로 요구되고 있다(따라서 위 판례의 후단 부분은 신경을 쓰지 말아야 한다는 의미에서 괄호 처리를 한 것임). 또한 위 조항들에 의하여 증거능력이 인정될 수 있는 것은 '촬영된 영상물에 수록된 피해자의 진술' 그 자체일 뿐이고, 피해자에 대한 경찰 진술조서나 조사과정에 동석하였던 신뢰관계 있는 자의 공판기일에서의 진술(피해자의 진술을 그 내용으로 하는 전문진술)은 위 성폭법 조항에 의하여 증거능력을 취득할 수 없다(대법원 2010.1.28, 2009도12048)(별도로 제316조 제2항의 요건 – 필요성 + 특신상태 – 을 검토해야 함).

2. 컴퓨터용디스크 등 정보저장매체의 증거능력

(1) **의의** : 정보저장매체라 함은 전자적 방식으로 작성된 전자기록(전자파일, 예 한글프로그램으로 작성하여 저장한 진술서 등의 파일), 문자정보, 도면이나 사진 등의 정보를 저장하는 매체를 말한다(예 컴퓨터용디스크나 USB메모리디스크, 외장하드디스크 등). 정보저장매체는 컴퓨터 등의 정보처리장치에서 당해 정보를 화면상에 출력·시청하는 등의 방법으로 그 내용을 인식할 수 있다. 정보저장매체에 담긴 파일 등 전자기록의 출력물의 증거능력에 있어서도 전자기록에 대한 압수·수색·통신제한조치의 적법성(위법수집증거배제법칙)을 전제로, ① 그 존재·상태에 관해서는 **최량증거법칙(원본동일성)** 및 ② (전문증거인 경우) 그 내용에 대해서는 **전문법칙**에 의한 심사를 받아야 한다.[1]

(2) **최량증거법칙** : 최량증거법칙에 의해 전자기록 **원본**이 증거로 제출됨이 원칙이다. 다만, 그 출력물 또는 복사물이 제출된 경우에는 원본이 존재 내지 존재하였을 것, 원본의 제출이 불가능하거나 현저히 곤란할 것, **원본과의 동일성**이 요구된다. 이 중 원본과의 동일성을 인정하기 위해서는 정보저장매체 원본이 압수 시부터 문건 출력 시까지 변경되지 않았다는 사정, 즉 **무결성(無缺性)**이 담보되어야 한다. 여기서 무결성은 **원본매체와 복사매체 사이의 해쉬값의 동일함**을 피압수당사자가 인정하는 방법에 의하여 증명함이 원칙이나, 경우에 따라서 수사관·전문가의 증언에 의하여 증명할 수도 있다(대법원 2013.7.26, 2013도2511)(※ 전자기록의 무결성·원본동일성 : 디지털포렌식 수사관의 증언에 의하여도 증명 可, ≠ 피의자신문조서·진술조서의 실질적 진정성립의 객관적 방법에 의한 대체증명 : 물적 방법 한정).

(3) 전문법칙

① **제313조 제1항·제2항** : 피고인 또는 피고인 아닌 사람이 정보저장매체에 입력하여 기억된 문자정보 또는 그 출력물을 증거로 사용하는 경우, 이는 실질에 있어서 피고인 또는 피고인 아닌 사람이 작성한 진술서나 그 진술을 기재한 서류와 크게 다를 바 없고, 압수 후의 보관 및 출력과정에 조작의 가능성이 있으며, 기본적으로 반대신문의 기회가 보장되지 않는 점 등에 비추어 그 내용의 진실성에 관하여는 전문법칙이 적용되어야 한다. 따라서 원칙적으로 **법 제313조 제1항·제2항**에 의하여 그 작성자 또는 진술자의 진술(진술서에 대해서는 과학적 방법 可)에 의하여 **성립의 진정함이 증명**된 때(피고인 아닌 자의 진술서에 대해서는 반대신문권의 보장 要)에 한하여 이를 증거로 사용할 수 있다.[2]

② **제315조 제1호·제2호** : 원본파일이 공무원 작성 증명기록(예 전자결재시스템에서 이루어지는 기안과 결재

CHAPTER 04 증거

1) [보충] 정보저장매체에 담긴 내용 자체(파일 또는 전자문서)를 증거로 사용하는 경우에는 그 내용이 문자정보로 이루어진 파일인가 또는 음성이나 영상을 녹음·녹화한 파일인가에 따라 기술한 녹음테이프 및 비디오테이프의 예에 따라 증거능력을 인정할 수 있다. 컴퓨터용 디스크 등 정보저장매체에 담긴 일정한 정보를 증거로 사용하는 경우에는, 정보저장매체에 담긴 내용을 직접 증거로 신청할 수도 있고 당해 저장매체에서 출력한 문건만을 독립한 증거로 신청할 수도 있으나, 정보저장매체 자체가 직접적 가시성·가독성이 없기 때문에 증거조사를 하기 위해서는 필연적으로 이를 출력해야 할 것이다.

2) [보충] 전문법칙과 관련하여 수사과정 이외에서 작성한 진술서 및 진술기재서류에 대한 증거능력 인정요건을 2016.5.29. 개정법을 반영하여 다시 정리해보면, ① 피고인의 진술서는 제313조 제1항·제2항에 의하여 작성자의 진술 또는 과학적 방법에 의해 그 성립의 진정함이 증명된 때, ② 피고인 아닌 자의 진술서는 역시 동조항에 의하여 작성자의 진술 또는 과학적 방법에 의해 그 성립의 진정함이 증명되고 피고인·변호인에게 원진술자에 대한 반대신문의 기회가 보장된 때, ③ 피고인의 진술을 기재한 서류는 동조 제1항 단서에 의하여 피고인이 실질적 진정성립을 부인하더라도 – 완화요건설 – 작성자의 진술(과학×)에 의한 성립의 진정함이 증명되고 원진술의 특신상태가 증명된 때, ④ 피고인 아닌 자의 진술을 기재한 서류는 동조 제1항 본문에 의하여 원진술자의 진술에 의한 성립의 진정함이 증명된 때에(특신상태 不要) 한하여 증거로 할 수 있다.

등)이나 기업체의 업무상 통상기록인 경우에는 **제315조 제1호 · 제2호**에 의해 **당연히 증거능력이 인정**될 수 있다. 예컨대, 성매매업소에서 영업에 참고하기 위하여 성매매 상대방에 관한 정보를 입력하여 작성한 메모리카드의 내용은 영업상 필요로 작성한 통상문서로서 당연히 증거능력이 있는 문서에 해당한다(대법원 2007.7.26, 2007도3219).

③ **전문법칙이 적용되지 않는 경우** : 정보저장매체에 기억된 문자정보의 내용의 진실성이 아닌 그와 같은 내용의 **문자정보가 존재하는 것 자체가 증거**로 되는 경우에는 전문법칙이 적용되지 아니한다(대법원 2013.2.15, 2010도3504 등). 나아가 어떤 진술을 범죄사실에 대한 직접증거로 사용할 때에는 그 진술이 전문증거가 된다고 하더라도, 그와 같은 **진술을 하였다는 것 자체** 또는 그 **진술의 진실성과 관계없는 간접사실에 대한 정황증거**로 사용할 때에는 반드시 전문증거가 되는 것은 아니다(대법원 2013.7.26, 2013도2511 등). [국가7급 15/16]

판례연구 정보저장매체에 저장된 전자기록(전자파일) 및 그 출력물의 증거능력

1. 대법원 1999.9.3, 99도2317 – 영남위원회 사건 – ; 2013.2.15, 2010도3504 [법원9급 17, 국가7급 15/16]

피고인 또는 피고인 아닌 사람이 컴퓨터용디스크 그 밖에 이와 비슷한 정보저장매체에 입력하여 기억된 문자정보 또는 그 출력물을 증거로 사용하는 경우, 이는 실질에 있어서 피고인 또는 피고인 아닌 사람이 작성한 진술서나 그 진술을 기재한 서류와 크게 다를 바 없고, 압수 후의 보관 및 출력과정에 조작의 가능성이 있으며, 기본적으로 반대신문의 기회가 보장되지 않는 점 등에 비추어 그 내용의 진실성에 관하여는 전문법칙이 적용되고, 따라서 원칙적으로 법 제313조 제1항에 의하여 그 작성자 또는 진술자의 진술에 의하여 성립의 진정함이 증명된 때에 한하여 이를 증거로 사용할 수 있다. 다만, 정보저장매체에 기억된 문자정보의 내용의 진실성이 아닌 그와 같은 내용의 문자정보의 존재 그 자체가 직접 증거로 되는 경우에는 전문법칙이 적용되지 아니한다고 할 것이다.

2. 대법원 2007.12.13, 2007도7257 : 일심회 사건 [경찰승진 10, 경찰채용 14 2차/15 1차]

디지털 저장매체로부터 출력한 문건의 증거능력 : 최량증거법칙 + 전문법칙

압수물인 디지털 저장매체로부터 출력한 문건을 증거로 사용하기 위해서는 ① 디지털 저장매체 원본에 저장된 내용과 출력한 문건의 동일성이 인정되어야 하고, 이를 위해서는 디지털 저장매체 원본이 압수시부터 문건 출력시까지 변경되지 않았음이 담보되어야 한다(최량증거법칙). 특히 디지털 저장매체 원본을 대신하여 저장매체에 저장된 자료를 '하드카피' 또는 '이미징'한 매체로부터 출력한 문건의 경우에는 디지털 저장매체 원본과 '하드카피' 또는 '이미징'한 매체 사이에 자료의 동일성도 인정되어야 할 뿐만 아니라, 이를 확인하는 과정에서 이용한 컴퓨터의 기계적 정확성, 프로그램의 신뢰성, 입력 · 처리 · 출력의 각 단계에서 조작자의 전문적인 기술능력과 정확성이 담보되어야 한다(그 증명방법에 대해서는 아래 3. 판례 참조). 그리고 ② 압수된 디지털 저장매체로부터 출력한 문건을 진술증거로 사용하는 경우, 그 기재 내용의 진실성에 관하여는 전문법칙이 적용되므로 법 제313조 제1항에 따라 그 작성자 또는 진술자의 진술에 의하여 그 성립의 진정함이 증명된 때에 한하여 이를 증거로 사용할 수 있다(전문법칙).

3. 대법원 2013.7.26, 2013도2511 : 왕재산 간첩단 사건

정보저장매체 원본을 대신하여 저장매체에 저장된 자료를 하드카피 또는 이미징한 매체로부터 출력한 문건의 경우, 원본과의 동일성 내지 무결성의 증명방법

압수물인 컴퓨터용 디스크 그 밖에 이와 비슷한 정보저장매체(이하 '정보저장매체'라고만 한다)에 입력하여 기억된 문자정보 또는 그 출력물(이하 '출력 문건'이라 한다)을 증거로 사용하기 위해서는 정보저장매체 원본에 저장된 내용과 출력 문건의 동일성이 인정되어야 하고, 이를 위해서는 정보저장매체 원본이 압수시부터 문건 출력시까지 변경되지 않았다는 사정, 즉 무결성이 담보되어야 한다. 특히 정보저장매체 원본을 대신하여 저장매체에 저장된 자료를 '하드카피' 또는 '이미징'한 매체로부터 출력한 문건의 경우에는 정보저장매체 원본과 '하드카피' 또는 '이미징'한 매체 사이에 자료의 동일성도 인정되어야 할 뿐만 아니라, 이를 확인하는 과정에서 이용한 컴퓨터의 기계적 정확성, 프로그램의 신뢰성, 입력 · 처리 · 출력의 각 단계에서 조작자의 전문적인 기술능력과 정확성이 담보되어야 한다. 이 경우 출력 문건과 정보저장매체에 저장된 자료가 동일하고 정보저장매체 원본이 문건 출력시까지 변경되지 않았다는 점은, ① 피압수 · 수색 당사자가 정보저장매체 원본과 '하드카피' 또는 '이미징'한 매체의 해쉬(Hash) 값이 동일하다는 취지로 서명한 확인서면을 교부받아 법원에 제출하는 방법에 의하여 증명하는 것이 원칙이나, ② 그와 같은 방법에 의한 증명이 불가능하거나 현저히 곤란한 경우에는, 정보저장매체 원본에 대한 압수, 봉인, 봉인해제, '하드카피' 또는 '이미징' 등 일련의 절차에 참여한 수사관이나 전문가 등의 증언에 의해 정보저장매체 원본과 '하드카피' 또는 '이미징'한 매체 사이의 해쉬 값이 동일하다거나 정보저장매체 원본이 최초 압수시부터 밀봉되어 증거 제출시까지 전혀 변경되지 않았다는 등의 사정을 증명하는 방법 또는 법원이 그 원본에 저장된 자료와 증거로 제출된 출력 문건을 대조하는 방법 등으로도 그와 같은 무결성 · 동일성을 인정할 수 있으며, 반드시 압수 · 수색 과정을 촬영한 영상녹화물 재생 등의 방

법으로만 증명하여야 한다고 볼 것은 아니다.

4. 대법원 2015.8.27, 2015도3467 [법원9급 18, 국가7급 17]

디지털 저장매체에 저장된 로그파일 복사본의 일부 내용을 요약 · 정리하는 방식으로 새로운 문서파일이 작성된 경우, 원본과의 동일성의 증명 및 진술증거 사용시 전문법칙의 적용

디지털 저장매체에 저장된 로그파일의 원본이 아니라 그 복사본의 일부 내용을 요약 · 정리하는 방식으로 새로운 문서파일이 작성된 경우 그 문서파일 또는 거기에서 출력한 문서를 로그파일 원본의 내용을 증명하는 증거로 사용하기 위하여는 피고인이 이를 증거로 하는 데 동의하지 아니하는 이상 그 문서파일의 기초가 된 로그파일 복사본과 로그파일 원본의 동일성도 인정되어야 한다. 나아가 이때 새로운 문서파일 또는 거기에서 출력한 문서를 진술증거로 사용하는 경우 그 기재 내용의 진실성에 관하여는 전문법칙이 적용되므로 형사소송법 제313조 제1항에 따라 공판준비기일이나 공판기일에서 그 작성자 또는 진술자의 진술에 의하여 성립의 진정함이 증명된 때에 한하여 이를 증거로 사용할 수 있다(대법원 2013.6.13, 2012도16001 등).

보충 다만, 위 1 · 2 · 4번 판례와 관련하여, 2016.5.29. 개정법 제313조 제2항에 의하여 진술서에 대해서는 그 작성자가 공판준비나 공판기일에서 그 성립의 진정을 부인하는 경우에는 과학적 분석결과에 기초한 디지털포렌식 자료, 감정 등 객관적 방법으로 성립의 진정함이 증명되는 때에는 증거로 할 수 있도록 하였다(나아가, 피고인 아닌 자의 진술서에 대해서는 제2항 단서에 의하여 피고인 · 변호인에게 반대신문 기회 보장 要). 따라서 위 판례 중 '진술'에 의하여 성립의 진정함이 증명된 때에 한하여 이를 증거로 사용할 수 있다는 부분은 향후 변화가 예상되나, 아직 판례가 나오지 않았으므로 객관식 수험에서는 위 판례 그대로 학습해두면 된다.

5. 대법원 2018.2.8, 2017도13263 [경찰채용 22 2차]

원본 동일성의 거증책임은 검사에게 있다는 사례

전자문서를 수록한 파일 등의 경우에는, 성질상 작성자의 서명 혹은 날인이 없을 뿐만 아니라 작성자 · 관리자의 의도나 특정한 기술에 의하여 내용이 편집 · 조작될 위험성이 있음을 고려하여, 원본임이 증명되거나 혹은 원본으로부터 복사한 사본일 경우에는 복사 과정에서 편집되는 등 인위적 개작 없이 원본의 내용 그대로 복사된 사본임이 증명되어야만 하고, 그러한 증명이 없는 경우에는 쉽게 증거능력을 인정할 수 없다. 그리고 증거로 제출된 전자문서 파일의 사본이나 출력물이 복사 · 출력 과정에서 편집되는 등 인위적 개작 없이 원본 내용을 그대로 복사 · 출력한 것이라는 사실은 전자문서 파일의 사본이나 출력물의 생성과 전달 및 보관 등의 절차에 관여한 사람의 증언이나 진술, 원본이나 사본 파일 생성 직후의 해시(Hash)값 비교, 전자문서 파일에 대한 검증 · 감정 결과 등 제반 사정을 종합하여 판단할 수 있다. 이러한 원본 동일성은 증거능력의 요건에 해당하므로 검사가 그 존재에 대하여 구체적으로 주장 · 증명해야 한다.

(4) 증거조사의 방법 : 컴퓨터용디스크 그 밖에 이와 비슷한 정보저장매체에 기억된 문자정보를 증거자료로 하는 경우에는 **읽을 수 있도록 출력**하여 **인증한 등본**(원본과의 동일성이 증명된 것 ○, 단순한 사본 ×)을 낼 수 있다(규칙 제134조의7 제1항). [경찰채용 15 1차] 도면이나 사진의 경우도 마찬가지이다(동조 제3항). 컴퓨터디스크 등에 기억된 문자정보를 증거로 하는 경우에 증거조사를 신청한 당사자는 법원이 명하거나 상대방이 요구한 때에는 컴퓨터디스크 등에 입력한 사람과 입력한 일시, 출력한 사람과 출력한 일시를 밝혀야 한다(동조 제2항). [경찰채용 15 1차]

3. 거짓말탐지기 검사결과의 증거능력[1]

(1) 거짓말탐지기 사용의 허용 여부 : 거짓말탐지기(polygraph)는 사람의 진술시에 발생하는 신체변화를 기술적 방법으로 측정하여 그 진술의 진위를 판단하는 데 사용되는 기계장치를 말하는바, **피검사자의 동의가 있는 경우라면 임의수사의 한 방법으로서 허용**될 수 있다. 과학수사를 도모함으로써 자백의 강요를 방지하고 결백한 피의자에게는 보다 조기에 혐의에서 벗어날 수 있는 기회를 제공할 수 있기 때문이다.

(2) 거짓말탐지기 검사결과의 증거능력 : 거짓말탐지기에 의하여 피검자의 생리적 변화를 측정하여 기록한 검사결과(감정서, 제313조 제3항)의 증거능력 인정 여부에 관해서는, 학설로서는 ① 피검자의 명시적 동의 내지 적극적 요구가 있으면 인정된다는 긍정설과 ② 인격을 침해하는 방법이므로 허용될 수 없다거나 최량의 조건을 가진 경우에도 필요최소한의 신용성을 부여할 수 없어 증거능력을 인정할 수 없다는 부정설이 대립한다.[2] 판례는 **엄격한 전제요건이 충족되지 아니하는 한 증거능력을 인정할 수 없다**고 하면서(대법원

---

1) [참고] 이외에도 유전자 감정결과나 시료 감정결과(대법원 2010.3.25, 2009도14772) 등의 증거능력 문제가 과학적 감정결과의 증거능력의 문제로서 논의되는 주제들이나, 본서의 특성상 논의를 생략한다.

2) [참고] ① 동의 또는 적극적 요구가 있음을 이유로 하는 긍정설은 김재환, ② 인격침해를 이유로 하는 부정설은 배/이/정/이, 신동운, 신양균 등, ③ 신용성 결여를 이유로 하는 부정설이 다수설이다.

1983.9.13, 83도712; 1984.3.13, 84도36; 85도2208; 87도968 등), 만일 당해 전제요건을 충족하여 **증거능력이 인정되어도 진술의 신빙성을 판단하는 정황증거로서의 기능**을 하는 데 그친다고 보고 있다(대법원 1984.2.14, 83도3146).

판례연구 거짓말탐지기 검사결과의 증거능력 : 원칙적 부정, 정황증거에 불과

1. 대법원 1986.11.25, 85도2208; 2005.5.26, 2005도130

거짓말탐지기 검사결과에 대하여 증거능력을 인정하기 위한 요건

거짓말탐지기의 검사결과에 대하여 사실적 관련성을 가진 증거로서 증거능력을 인정할 수 있으려면 첫째로, 거짓말을 하면 반드시 일정한 심리 상태의 변동이 일어나고, 둘째로, 그 심리상태의 변동은 반드시 일정한 생리적 반응을 일으키며, 셋째로, 그 생리적 반응에 의하여 피검사자의 말이 거짓인지 아닌지가 정확히 판정될 수 있다는 세 가지 전제요건이 충족되어야 할 것이며, 특히 마지막 생리적 반응에 대한 거짓 여부 판정은 거짓말탐지기가 검사에 동의한 피검사자의 생리적 반응을 정확히 측정할 수 있는 장치이어야 하고, 질문사항의 작성과 검사의 기술 및 방법이 합리적이어야 하며, 검사자가 탐지기의 측정내용을 객관성 있고 정확하게 판독할 능력을 갖춘 경우라야만 그 정확성을 확보할 수 있는 것이므로 이상과 같은 여러 가지 요건이 충족되지 않는 한 거짓말탐지기 검사결과에 대하여 형사소송법상 증거능력을 부여할 수는 없다.

2. 대법원 1987.7.21, 87도968 [법원9급 13, 경찰채용 09 2차/14 2차]

전제조건이 모두 충족되어도 정황증거에 그친다는 판례

거짓말탐지기의 검사는 그 기기의 성능, 조작기술 등에 있어 신뢰도가 극히 높다고 인정되고 그 검사자가 적격자이며, 검사를 받은 사람이 검사를 받음에 동의하였으며, 검사가 검사자 자신이 실시한 검사의 방법, 경과 및 그 결과를 충실하게 기재하였다는 등의 전제조건이 증거에 의하여 확인되었을 경우에만 법 제313조 제2항(현 제313조 제3항, 감정서)에 의하여 이를 증거로 할 수 있는 것이고, 위와 같은 조건이 모두 충족되어 증거능력이 있는 경우에도 그 검사결과는 검사를 받는 사람의 진술의 신빙성을 가늠하는 정황증거로서의 기능을 하는 데 그치는 것이다.

(3) 관련문제

① **전문법칙** : 거짓말탐지기 검사결과의 증거능력이 제한적이나마 인정된다면(판례), 그 결과를 기재한 검사결과보고서는 **감정서**의 성질을 가지게 되어 **법 제313조 제3항**이 적용된다(피고인 아닌 자의 진술서에 준하므로 동조 제1항 · 제2항 적용 : 자 + 성 + 반).

② **진술거부권** : 견해의 대립이 있으나, 생리적 변화도 진술증거의 성질을 가지므로 진술거부권을 고지해야 한다. 다만, 피검자의 동의가 있는 경우에만 가능하므로 거짓말탐지기 검사는 진술거부권 침해에는 해당되지 아니한다.

③ **자백** : 피검사자가 거짓말탐지기의 검사결과가 사실이라면 자백하겠다고 약속함에 따라 이루어진 자백의 증거능력 유무에 대하여 자백배제법칙과 관련되어 견해가 대립하나,[1] **피검사자의 동의하에 이루어진 거짓말탐지기 검사의 결과를 피검사자가 인정하고 행한 자백은 임의성이 인정될 수 있다**(긍정설). 판례도 일정한 증거가 발견되면 피의자가 자백하겠다고 한 약속이 검사의 강요나 위계에 의하여 이루어졌다든가 또는 불기소나 경한 죄의 소추 등 이익과 교환조건으로 된 것으로 인정되지 않는다면 위와 같은 **자백의 약속하에 된 자백이라 하여 곧 임의성 없는 자백이라고 단정할 수는 없다**는 입장이다(대법원 1983.9.13, 83도712).

④ **탄핵증거** : 거짓말탐지기 검사결과의 탄핵증거 사용 여부에 대해서도 견해의 대립이 있으나,[2] 거짓말탐지기 검사결과 자체를 유죄인정의 자료로 삼을 수 없지만, 검사결과의 정확성과 신뢰성 요건이 충족됨을 전제로 진술의 신빙성을 판단하는 **탄핵증거로 사용하는 것은 가능**하다. 판례도 정황증거로서의 기능은 인정하고 있으므로 같은 취지라고 볼 수 있다.

---

1) [참고] ① 임의성에 의심 있는 자백이라고 보는 부정설은 배/이/정/이, 신동운, 신양균, ② 임의성 없는 자백이라 볼 수 없다는 긍정설은 이/조, 임동규 등, ③ 판례는 긍정설이다.

2) [참고] ① 부정설은 신양균, ② 긍정설은 이/조, 임동규 등.

제6절 당사자의 동의와 증거능력

01 증거동의의 의의와 성질

Ⅰ 의 의

"검사와 피고인이 증거로 할 수 있음을 동의한 **서류 또는 물건**은 진정한 것으로 인정한 때에는 증거로 할 수 있다"(제318조 제1항). 증거동의(證據同意)는 증거능력이 없는 증거에 대해서 증거능력을 부여하기 위한 당사자의 법원에 대한 소송행위로서, 증거동의가 있으면 원진술자를 공판기일에 증인으로 소환·신문할 필요가 없게 되어 재판의 신속과 소송경제에 기여할 수 있게 된다.

보충 기술하였듯이 전문법칙의 이론적 근거는 반대신문의 결여(따질 수 없다)와 신용성의 결여(믿을 수 없다)에 있다. 전문증거가 전문법칙의 예외요건을 갖추지 못한 경우에도 증거동의가 있으면 그 증거능력이 인정된다. 즉, 증거동의는 반대신문권의 포기(따질 수 없음을 포기함)와 법원의 진정성 인정(신용성 의심 유형적 상황이 없음)을 통하여 증거능력 없는 전문증거에도 그 증거능력을 인정하는 제도이다. 이에 법 제318조 제1항은 증거동의에 의해 반대신문권이 포기되고 법원의 진정성 인정을 통해서 신용성이 회복되어야 증거능력이 있다는 의미로 새길 수 있다.

Ⅱ 성 질

1. 동의의 본질

처분권설과 반대신문권포기설 등의 견해가 대립하나,[1] 형사소송에서 당사자처분권주의는 인정될 수 없다는 점에서 처분권설은 따를 수 없고, 당사자의 동의에 의한 증거능력을 인정하는 제318조 제1항은 **반대신문권을 포기하겠다는 피고인의 의사표시에 의하여 증거능력을 부여**하는 규정으로 보는 것이 타당하다(**반대신문권포기설**, 다수설·판례, 대법원 1983.3.8, 82도2873). 다만, 당사자가 동의하는 것은 증거능력뿐이고 증명력을 다툴 권리까지 포기하는 것은 아니므로, 피고인이 수사기관이 작성한 진술조서에 동의하였다고 하더라도 그 신빙성을 다투기 위하여 원진술자를 증인으로 신청할 수 있음은 물론이다.

정리 반대신문포기설에 의하면 물건(증거물)에 대한 증거동의는 인정되지 않는다. 다만, 법 제318조 제1항에서는 서류 또는 물건을 동의의 대상으로 규정하고 있다.

2. 전문법칙과의 관계

전문법칙예외설(소수설·판례)과 전문법칙부적용설(다수설)의 대립이 있으나,[2] 증거동의(제318조)는 신용성의 보장을 이유로 증거능력을 인정하는 전문법칙의 예외규정(제311조~제316조)과는 달리 입증절차에 있어서 당사자주의의 이념을 구현하기 위한 규정이므로 전문법칙 부적용설이 타당하다. 따라서 전문법칙 예외규정에 해당하지 않아도 증거동의에 의해 증거능력이 인정될 수 있다. 다만, 판례는 제318조 제1항도 **전문증거금지의 원칙에 대한 예외**라고 보고 있다(대법원 1983.3.8, 82도2873). [경찰채용 20 1차]

1) [참고] ① 처분권설 : 증거동의는 증거능력에 관한 당사자의 처분권 행사로 이해하여 전문증거뿐만 아니라 증거물이나 위법수집증거에 대해서도 증거동의가 가능하다고 보는 입장이다(신현주). ② 이원설 : 증거동의는 반대신문권의 포기이자 직접심리주의의 예외의 성격을 가지므로 위법수집증거에 대해서는 증거동의가 불가하나 증거물에 대해서는 직접주의의 관점에서 증거동의가 가능하다는 입장이다(신동운, 정/백). ③ 반대신문권포기설 : 증거동의의 본질은 반대신문권의 포기에 있으므로 반대신문권과 관계없는 임의성 없는 자백, 물건, 위법수집증거 등은 증거동의의 대상이 될 수 없다는 입장이다(다수설·판례).

2) [참고] ① 전문법칙예외설 : 제318조 제1항의 진정성은 신용성의 정황적 보장과 동일한 의미를 가지므로 제318조도 제311조 내지 제316조와 같이 전문법칙의 예외를 규정한 것으로 보는 견해이다(차/최). ② 전문법칙부적용설 : 제318조는 제311조 내지 제316조의 요건을 구비하였는가를 묻지 않고(전문증거가 제311조 내지 제316조에 해당하지 않아 증거능력이 없다 하더라도) 당사자의 동의에 의해 증거능력을 부여하는 규정이므로 전문법칙의 적용이 없는 경우로 보아야 한다는 견해이다(통설). ③ 판례 : 전문법칙예외설의 입장이다.

판례연구 증거동의의 본질 및 전문법칙과의 관계

대법원 1983.3.8, 82도2873

법 제318조 제1항 소정의 증거동의는 전문법칙의 예외라는 사례

형사소송법 제318조 제1항은 전문증거금지의 원칙에 대한 예외로서 반대신문권을 포기하겠다는 피고인의 의사표시에 의하여 서류 또는 물건의 증거능력을 부여하려는 규정이므로 피고인의 의사표시가 위와 같은 내용을 적극적으로 표시하는 것이라고 인정되는 경우이면 증거동의로서의 효력이 있다.

02 동의의 방법

I 동의의 주체와 상대방

1. 동의의 주체

(1) **당사자**(검사 · 피고인) : 증거신청 당사자의 **상대방**인 **검사와 피고인**이다. 피고인의 동의가 있으면 변호인의 동의는 필요 없다. **법원이 직권으로 채택한 증거에 대해서는 양당사자의 동의가 필요**하나, 일방당사자 신청 증거는 반대당사자가 동의하면 된다.

보충 다만, 증거공통의 원칙에 의해 검사제출증거를 피고인이 공소사실을 부정하기 위해 사용할 때에는 증거동의를 요하지 아니한다(94도1159). 반면 피고인제출증거를 검사가 유죄의 증거로 사용하기 위해서는 증거공통원칙에도 불구하고 증거동의 또는 전문법칙의 예외요건을 갖추어야 한다(엄격한 증명의 원칙)(87도966). → 동의의 대상 중 증거의 범위에서 후술.

(2) **변호인** : 증거동의를 할 수 있다. 대리권의 성격에 대해서는 통설은 종속대리권으로 보며, 통설이 타당하나,[1] 판례는 변호인의 증거동의권을 피고인의 **명시적 의사에 반할 수 없으나 묵시적 의사에 반해서는 행사할 수 있는 독립대리권**으로 보는 입장이다(대법원 1988.11.8, 88도1628; 1999.8.20, 99도2029; 2013.3.28, 2013도3). [법원9급 20]

정리 묵反 – 독립대리권 : 기피신청(제18조 제2항), 증거동의(통설은 종속대리권설), 상소제기(제341조 제2항), 약식명령에 대한 정식재판청구(제458조에 의한 제341조 제2항의 준용, 학설대립)

판례연구 증거동의는 피고인의 명시적 의사에 반하지 않는 범위에서 행사할 수 있는 변호인의 독립대리권

1. **대법원 1999.8.20, 99도2029; 1988.11.8, 88도1628** [법원9급 11, 국가7급 12/16, 국가9급 09/13, 경찰간부 12/22, 경찰승진 10/11/13, 경찰채용 14 1차/15 2차/16 2차]

   변호인이 증거로 함에 동의한 것에 대하여 피고인이 즉시 이의하지 아니한 경우, 증거능력 유무(적극)

   증거로 함에 대한 동의의 주체는 소송주체인 당사자라 할 것이지만 변호인은 피고인의 명시한 의사에 반하지 아니하는 한 피고인을 대리하여 이를 할 수 있음은 물론이므로 피고인이 증거로 함에 동의하지 아니한다고 명시적인 의사표시를 한 경우 이외에는 변호인은 서류나 물건에 대하여 증거로 함에 동의할 수 있고 이 경우 변호인의 동의에 대하여 피고인이 즉시 이의하지 아니하는 경우에는 변호인의 동의로 증거능력이 인정된다.

2. **대법원 2013.3.28, 2013도3** [국가9급개론 15, 경찰채용 14 1차/22 1차, 법원9급 20, 변호사 23]

   변호인의 증거동의권은 피고인의 명시적 의사에 반해서는 행사할 수 없다는 사례

   피고인이 출석한 공판기일에서 증거로 함에 부동의한다는 의견이 진술된 경우에는 그 후 피고인이 출석하지 아니한 공판기일에 변호인만이 출석하여 종전 의견을 번복하여 증거로 함에 동의하였다 하더라도 이는 특별한 사정이 없는 한 효력이 없다고 보아야 한다.

---

1) [참고] ① 통설 – 종속대리권설 : 통설은 제318조 제1항에서는 검사와 피고인만을 규정하고 있고, 기피신청권(제18조 제2항)이나 상소제기권(제341조 제2항)과는 달리 피고인의 명시적 의사에 반하지 못한다는 규정을 두고 있지 않으며, 증거동의는 피고인에 대한 유죄의 인정에 결정적인 영향을 준다는 점에서, 변호인의 증거동의권은 종속대리권으로 이해되어야 한다는 입장이다. 종속대리권설에 의하면, 증거동의가 피고인의 명시적 · 묵시적 의사에 반하거나 동의에 대해서 피고인이 즉시 이의 · 취소한 때에는 그 동의는 효력이 없다. ② 판례 – 독립대리권설 : 판례는, 변호인에 대하여는 제318조 제2항 단서 외에는 명문으로 규정되어 있지 않으나 포괄대리인이므로 피고인이 명시적으로 부동의한 경우 이외에는 변호인은 증거동의를 할 수 있다는 입장이다. 따라서 피고인이 즉시 이의를 제기하지 아니하면 변호인의 동의로 증거능력이 인정된다. 다만, 독립대리권설에 의하더라도, 변호인은 피고인을 대리하여 증거동의에 관한 의견을 낼 수 있을 뿐이므로 피고인의 명시한 의사에 반하여 증거로 함에 동의할 수는 없다.

2. 동의의 상대방

(1) 법원에 대한 소송행위 : 동의는 반대신문을 포기하고 증거능력 없는 증거에 대해서 증거능력을 부여하는 중요한 소송행위이므로 동의의 의사표시는 **법원에 대해서 하여야 한다**.

(2) 타방당사자 : 반대당사자에 대한 동의의 의사표시는 증거동의로서의 효력이 없다.

Ⅱ 동의의 대상

1. 서류 또는 물건

(1) 서 류

① 전문서류 : 제318조(증거동의)는 제310조의2(전문법칙)에 대응하는 조문이므로 동의의 대상이 되는 서류는 증거능력이 없는 전문서류를 의미한다. 피해자 등의 진술을 기재한 진술조서, 검증조서, 압수조서, 감정서, 진단서뿐 아니라 공범이나 공동피고인에 대한 피의자신문조서 등도 해당되고, 서류의 사본이나 사진, 대화내용이 녹음된 보이스펜(2007도10804) 등도 동의의 대상이 되며, 서류(검증조서)의 일부도 동의의 대상이 된다(대법원 1990.7.24, 90도1303).

대법원 1986.7.8, 86도893; 1996.1.26, 95도2568

법 제318조 제1항 소정의 동의의 대상이 될 서류에 사본이 포함된다는 사례

피고인이 증거로 할 수 있음을 동의한 서류 또는 물건은 진정한 것으로 인정한 때에는 증거로 할 수 있는 것이고, 여기에서 말하는 동의의 대상이 될 서류는 원본에 한하는 것이 아니라 그 사본도 포함된다.

② 전문진술 : 원진술을 내용으로 하는 전문진술도 전문증거이므로 동의대상이다(통설 · 판례, 대법원 1983.9.27, 83도516 등).

(2) 물건 : ① 다수설은 증거물은 반대신문과 관계가 없고 전문법칙도 적용되지 않으므로 동의의 대상이 되지 않는다고 하나, ② 소수설 · 판례는 제318조에 서류뿐 아니라 물건도 규정되어 있는 점 등을 근거로 **동의의 대상**으로 본다.

대법원 2007.7.26, 2007도3906 [경찰간부 22]

비진술증거인 증거물에 대해서도 증거동의를 인정한 사례

공소외인의 상해부위를 촬영한 사진은 비진술증거로서 전문법칙이 적용되지 않으므로, 위 사진이 진술증거임을 전제로 전문법칙이 적용되어야 한다는 취지의 상고이유의 주장 또한 받아들일 수 없다. … 법 제318조에 규정된 증거동의의 의사표시는 증거조사가 완료되기 전까지 취소 또는 철회할 수 있으나, 일단 증거조사가 완료된 뒤에는 취소 또는 철회가 인정되지 아니하므로 취소 또는 철회 이전에 이미 취득한 증거능력은 상실되지 않는바(대법원 2004.6.25, 2004도2611), 피고인은 제1심 제1회 공판기일에 위 사진을 증거로 함에 동의하였고, 이에 따라 제1심법원이 위 사진에 대한 증거조사를 완료하였음을 알 수 있으므로, 상고이유의 주장과 같이 피고인이 원심에 이르러 위 사진에 대한 증거동의의 의사표시를 취소 또는 철회하였다 하여, 위 사진의 증거능력이 상실되지 않는다.

2. 증거의 범위

(1) 증거능력 없는 증거 : 동의의 대상이 되는 증거는 **증거능력이 없는 증거에 한한다**. 예컨대 전문증거로서 증거능력이 없는 증거에 대하여 당사자가 증거로 함에 동의하면 증거로 할 수 있게 된다. [국가9급 08] 반면 **이미 증거능력이 있는 증거는 증거동의의 대상이 아니다**. 예컨대 피고인이 진정성립을 인정한 검사 작성의 피의자신문조서는 (이미 증거능력이 인정되므로) 동의의 대상이 아니다(67도657).

(2) 임의성 없는 자백 및 위법수집증거 : 자백배제법칙 · 위법수집증거배제법칙은 피고인측의 적법절차의 보장 및 위법수사의 억지의 요구에서 비롯된 것이고 반대신문권의 보장이나 직접심리주의와는 관련성이 없으므로 **임의성 없는 진술이나 진술 기재(제309조, 제317조)나 위법수집증거는 증거동의의 대상이 아니다**. 판례도

헌법과 형사소송법이 선언한 영장주의의 중요성과 통신비밀 보장의 필요성에 비추어, 수사기관이 영장주의에 위반하여 수집(2009도11401; 대법원 2011.4.28, 2009도2109; 2012.11.15, 2011도15258)하였거나 불법감청으로 수집(대법원 2010.10.14, 2010도9016)한 증거물은 증거동의를 하였다 하더라도 유죄 인정의 증거로 쓸 수 없다고 하였다.

정리 다만, 위법수집증거배제법칙이 명문화(법 제308조의2)되기 이전 판례는 당사자의 참여권이 배제된 증거보전절차의 증인신문을 기재한 증인신문조서(86도1646) [경찰채용 12 3차]와 공판정 증언을 마친 증인을 검사가 소환하여 이를 번복시키는 방식으로 작성한 참고인진술조서(99도1108 전원합의체) [법원9급 14/15, 경찰채용 14 2차]에 대해서는 증거동의를 하면 증거로 쓸 수 있다는 판시를 한 바 있다. 그러나 2007년 개정법에 의하여 제308조의2가 명문화된 이후 판례는 제218조에 위반하여 임의로 제출받은 물건을 영장 없이 압수한 경우 당해 압수물 및 압수물을 찍은 사진은 증거동의를 하여도 증거로 사용할 수 없다고 판시하였다(2009도10092 : 쇠파이프 임의제출 사건).

판례연구 위법수집증거에 대해서는 증거동의가 적용되지 않는다는 사례

1. **대법원 2009.12.24, 2009도11401** [법원9급 11, 경찰승진 12/13, 경찰채용 14 1차]

   긴급체포시 압수한 물건에 관하여 사후영장을 받지 아니한 경우와 증거동의

   긴급체포시 압수한 물건에 관하여 법 제217조 제2항, 제3항에 위반하여 압수수색영장을 청구하여 이를 발부받지 아니하고도 즉시 반환하지 아니한 압수물은 이를 유죄 인정의 증거로 사용할 수 없는 것이고, 헌법과 형사소송법이 선언한 영장주의의 중요성에 비추어 볼 때 피고인이나 변호인이 이를 증거로 함에 동의하였다고 하더라도 달리 볼 것은 아니다.

2. **대법원 2010.1.28, 2009도10092** [국가7급 10, 국가9급 13, 경찰간부 15, 경찰승진 12, 경찰채용 12 3차]

   소유자, 소지자 또는 보관자가 아닌 자로부터 제출받은 물건을 영장 없이 압수한 경우와 증거동의

   법 제218조는 "사법경찰관은 소유자, 소지자 또는 보관자가 임의로 제출한 물건을 영장 없이 압수할 수 있다."라고 규정하고 있는바, 위 규정을 위반하여 소유자, 소지자 또는 보관자가 아닌 자로부터 제출받은 물건을 영장 없이 압수한 경우 그 '압수물' 및 '압수물을 찍은 사진'은 이를 유죄 인정의 증거로 사용할 수 없는 것이고, 헌법과 형사소송법이 선언한 영장주의의 중요성에 비추어 볼 때 피고인이나 변호인이 이를 증거로 함에 동의하였다고 하더라도 달리 볼 것은 아니다.

(3) 유죄증거에 대한 반대증거 : 견해의 대립이 있으나, 판례에 의하면 증거동의는 문제의 증거가 유죄 인정의 자료로 사용할 수 있음을 인정하는 의미를 가지므로 **검사의 본증에 대한 피고인의 반증**(반대증거)은 (성립의 진정이 증명되지 않거나) **증거동의가 없다 하더라도 증거로 할 수 있다**(80도1547; 94도1159). [법원9급 12, 경찰승진 10/12/13] 따라서 **무죄취지의 반증은 증거동의의 대상이 되지 않는다.**

판례연구 유죄증거에 대한 반대증거(무죄증거)에는 증거동의를 요하지 아니한다는 사례

1. **대법원 1981.12.22, 80도1547** [법원9급 12, 경찰승진 10/12/13]

   유죄의 자료가 되는 것으로 제출된 증거의 반대증거서류에 대하여는 그것이 유죄사실을 인정하는 증거가 되는 것이 아닌 이상 반드시 그 진정성립이 증명되지 아니하거나 이를 증거로 함에 있어서의 상대방의 동의가 없다고 하더라도 증거판단의 자료로 할 수 있다.

2. **대법원 1994.11.11, 94도1159** [국가9급 09, 경찰채용 13 1차]

   검사가 유죄의 자료로 제출한 증거를 공소사실과 양립할 수 없는 사실을 인정함에는 증거동의 필요 ×

   검사가 유죄의 자료로 제출한 증거들이 그 진정성립이 인정되지 아니하고 이를 증거로 함에 상대방의 동의가 없더라도, 이는 유죄사실을 인정하는 증거로 사용하는 것이 아닌 이상 공소사실과 양립할 수 없는 사실을 인정하는 자료로 쓸 수 있다고 보아야 한다.

   보충 위 1번과 2번 판례는 공소사실을 부정하는 데에는 증거공통의 원칙이 활용됨을 보여준 사례이다.

3. **[비교판례] 대법원 1989.10.10, 87도966**

   증거공통의 원칙에도 불구하고 유죄의 증명을 위해서는 증거능력 심사를 요한다는 사례 : 피고인이 무죄에 관한 자료로 제출한 증거를 유죄인정의 증거로 쓸 경우의 증거조사 절차

   증거공통의 원칙이란 증거의 증명력은 그 제출자나 신청자의 입증취지에 구속되지 않는다는 것을 의미하는 개념적 용어에 불과할 뿐이지 형사소송법에 의하여 서증에 필요하게 되어 있는 증거능력이나 증거에 관한 조사절차를 불필요하게 할 수 있는 힘은 없다. 형사재판에 있어서는 유죄의 자료로 쓸 수 있는 서류는 그 진정성립이 인정되거나 피고인과 검사가 증거로 함에 동의해야만 하게 되어 있으며 이 동의는 법원이 직권으로 증거조사를 할 때에는 양 당사자의 동의가 필요함은 물론이라 하겠으나

당해 서류를 제출한 당사자는 그것을 증거로 함에 동의하고 있음은 명백한 것이므로 상대방의 동의만 얻으면 충분하다. 그리고 피고인이나 변호인이 피고인의 무죄에 관한 자료로 제출한 서증 가운데 도리어 유죄임을 뒷받침하는 내용이 있다 하여도 (그렇다면 증거동의가 있거나 전문법칙의 예외요건을 갖추어야 하므로) 법원은 상대방(검사)의 원용(동의)이 없는 한 당해 서류의 진정성립 여부 등을 조사하고 아울러 당해 서류에 대한 피고인이나 변호인의 의견과 변명의 기회를 준 다음이 아니면 당해 서증을 유죄인정의 증거로 쓸 수 없다. [경찰채용 13 1차] 이렇게 보아야만 범죄사실의 인정은 증거능력이 있고 적법한 증거조사를 거친 증거에 의한 증명(이른바 엄격한 증명)에 의하여야 한다는 증거재판주의가 실현된다 할 것이므로 무죄의 자료가 유죄로 쓰여질 수 있음을 피고인이나 변호인이 예기하였거나 할 수 있었을 것이라는 구실만으로 위와 같은 절차가 불필요하다고 보아서는 안 된다.

보충 증거공통의 원칙에 의해 검사제출증거의 경우 피고인을 위해 사용할 수 있는 동시에 피고인제출증거라 하더라도 검사의 유죄의 증명을 위해 사용할 수 있지만, 이 경우 유죄의 입증을 위해서는 엄격한 증명의 원칙에 의해 당해 증거의 증거능력이 인정되어야 하므로 증거동의 또는 전문법칙의 예외요건을 갖추지 않으면 안 된다는 판례이다.

Ⅲ 동의의 시기와 방식

1. 동의의 시기

(1) **사전동의** : 증거조사의 단계에서는 증거능력 있는 증거만이 증거조사의 대상이 될 수 있으므로, 동의는 **증거조사 전** 증거결정의 단계에서 사전적으로 행해져야 한다. 한편 동의는 공판기일 이외에 공판준비절차에서도 가능하다.

(2) **사후동의** : 증거조사 도중 또는 종료 후에 전문증거임이 밝혀진 경우에는 그때부터 **변론종결시까지 사후적 동의**가 가능하다. 이 경우 그 하자가 치유되어 증거능력이 소급적으로 인정된다.

2. 동의의 방식

(1) **의사표시의 방법** : ① 다수설은 동의는 증거에 대하여 이의가 없다는 정도로는 부족하고 반대신문권을 포기하거나 증거능력을 부여하려는 적극적인 의사가 명시적으로 표시되어야 한다고 하나, ② 판례는 반대신문권을 포기하는 의사 또는 증거능력을 부여하려는 의사가 적극적으로 혹은 충분히 나타난 것(82도2873)이라면 **묵시적인 동의도 허용**된다는 입장으로서(적극 + 묵시), 예컨대 피고인이 전문증언에 대하여 "별 의견이 없다."고 진술하였다면 증거동의로 보고 있다(83도516)(≠실질적 진정성립).[1]

판례연구 증거동의의 방식 : 의사표시는 적극적이어야 하나, 묵시적인 동의도 가능

1. 대법원 1983.3.8, 82도2873

증거동의의 의사표시는 적극적이어야 한다는 사례

법 제318조 제1항은 전문증거금지의 원칙에 대한 예외로서 반대신문권을 포기하겠다는 피고인의 의사표시에 의하여 서류 또는 물건의 증거능력을 부여하려는 규정이므로 피고인의 의사표시가 위와 같은 내용을 적극적으로 표시하는 것이라고 인정되는 경우이면 증거동의로서의 효력이 있다.

2. 대법원 1983.9.27, 83도516

증거동의의 의사표시는 묵시적이어도 된다는 사례

피고인이 신청한 증인의 증언이 피고인 아닌 타인의 진술을 그 내용으로 하는 전문진술이라고 하더라도 피고인이 그 증언에 대하여 별 의견이 없다고 진술하였다면 그 증언을 증거로 함에 동의한 것으로 볼 수 있으므로 이는 증거능력 있다.

(2) **포괄적 동의** : 허용 여부에 대하여, ① 부정설은 증거조사가 개별적으로 이루어져야 하듯이 증거동의도 개별적인 방식으로 이루어져야 한다고 하나, ② 긍정설은 검사가 제시한 모든 증거에 대한 피고인·변호인의 **포괄적인 동의도 허용**된다는 입장이며, 판례는 긍정설을 따른다(대법원 1983.3.8, 82도2873).[2] [국가7급 13, 국가9급 09, 경찰승진 10]

---

1) [참고] 명시적 동의 한정설은 다수설, 묵시적 동의 허용설은 이/조, 임동규 및 판례.

2) [참고] 부정설은 배/이/정/이, 신동운, 신양균, 긍정설은 이/조, 임동규, 정/백 및 판례.

대법원 1983.3.8, 82도2873 [국가7급 13/16, 국가9급 09, 경찰승진 10]

증거동의의 의사표시는 포괄적이어도 된다는 사례

개개의 증거에 대하여 개별적인 증거조사방식을 거치지 아니하고 검사가 제시한 모든 증거에 대하여 피고인이 증거로 함에 동의한다는 방식으로 이루어진 것이라 하여도 증거동의로서의 효력을 부정할 이유가 되지 못한다.

03 동의의 의제

I 피고인의 불출석

1. 의 의

(1) 개념 : **피고인의 출정 없이 증거조사를 할 수 있는 경우에 피고인이 출정하지 아니한 때**에는 대리인 또는 변호인이 출정한 때를 제외하고는 **증거동의가 있는 것으로 간주**한다(제318조 제2항). [법원9급 10/11, 국가7급 17, 경찰간부 12, 경찰채용 12 3차] 피고인 불출석 재판이 가능한 경우 피고인이 불출석하면 대리인·변호인 출석시를 제외하고는 증거동의가 의제된다는 규정이다. 예컨대 피고인 자신의 진술을 기재한 피의자신문조서 등의 경우 불출석으로 성립의 진정이나 내용의 인정에 관한 진술이 불가능하므로, 이 규정에 따라 동의가 간주되어 증거능력이 인정된다. 다만, 대리인이나 변호인이 출정한 때에는 그들이 동의 여부의 진술을 할 것이기 때문에 동의가 간주되지 않으며(동조 제2항 단서), 피고인이 출정하였으나 진술만을 하지 아니한 때(제330조 전단)에도 동의가 간주되지 않는다.

(2) 취지 : 불출석 재판이 가능하였음에도 피고인이 불출석한 경우 전문증거의 증거능력을 결정하지 못하여 소송이 지연되는 것을 방지하기 위한 규정이다.

2. 적용범위

(1) 동의가 의제되는 경우

① 피고인이 법인인 경우에 대리인이 출석하지 아니한 경우(제276조 단서)

② 경미사건과 공소기각·면소의 재판을 할 것이 명백한 사건에 피고인이 출석하지 아니한 경우(제277조)

③ 구속된 피고인이 정당한 사유 없이 출석을 거부하고, 교도관리에 의한 인치가 불가능하거나 현저히 곤란하다고 인정되는 경우(제277조의2 제1항)

④ 소촉 제23조[1]에 의하여(송달불능보고서접수 ~ 6개월), 피고인이 공시송달의 방법에 의한 공판기일의 소환을 2회 이상 받고도 출석하지 아니하여 법원이 피고인의 출정 없이 증거조사를 하는 경우(소촉규 제19조 제2항, 대법원 2011.3.10, 2010도15977)

⑤ **약식명령에 불복하여 정식재판을 청구한 피고인이 정식재판절차에서 2회 불출석**하여 법원이 피고인의 출석 없이 증거조사를 하는 경우(대법원 2010.7.15, 2007도5776) [국가7급 13, 국가9급 13, 국가9급개론 15, 경찰승진 12/13]

(2) **퇴정·퇴정명령** : 피고인이 재판장의 허가 없이 퇴정하거나, 재판장의 퇴정명령에 의하여 출석하지 않는 경우(제330조, 제365조, 제438조)에도 동의가 의제될 것인가에 대해서는 견해가 대립하나,[2] **판례는 동의의제 긍정설(방어권남용설)**의 입장이다. 이는 필요적 변호사건에서 변호인의 퇴정시에도 동일하다. 따라서 판례에 의하면, **피고인과 변호인이 재판장의 허가 없이 퇴정한 경우 피고인의 진의와는 관계없이 동의가 있는 것으로**

---

1) [참고] 소촉 제23조 : 제1심 공판절차에서 피고인에 대한 송달불능보고서가 접수된 때부터 6개월이 지나도록 피고인의 소재를 확인할 수 없는 경우에는 대법원규칙으로 정하는 바에 따라 피고인의 진술 없이 재판할 수 있다. 다만, 사형, 무기 또는 장기 10년이 넘는 징역이나 금고에 해당하는 사건의 경우에는 그러하지 아니하다.

2) [참고] ① 긍정설(방어권남용설) : 피고인 측의 방어권 남용 내지 변호권의 포기에 따른 반대신문권의 상실이 있다고 보아 증거동의가 의제된다는 입장이다(노/이, 손동권, 이/조, 임동규 등). 긍정설 내에서도 피고인의 불출석·무단퇴정시에는 동의가 의제되나 재판장의 퇴정명령에 의한 불출석시에는 동의가 의제될 수 없다는 입장도 있다(제한적 긍정설). ② 부정설(적법절차설) : 증거동의는 불출석에 대한 제재가 아니며 긍정설에 의하면 피고인이 퇴정한 상황을 이용하여 증거능력 없는 증거들이 제출될 염려가 있으므로 증거동의는 의제될 수 없다는 입장이다(배/이/정/이, 신동운, 신양균, 차/최 등). ③ 판례 : 방어권 남용에 대한 제재로 보아 긍정설을 따른다.

간주된다(대법원 1991.6.28, 91도865). [국가9급 14, 경찰채용 14 1차/15 2차]

> **판례연구** 증거동의의 의제
>
> **대법원 1991.6.28, 91도865** [국가9급 14, 경찰채용 14 1차/15 2차]
>
> 필요적 변호사건에 피고인이 재판거부의 의사표시 후 재판장의 허가 없이 퇴정하고 변호인마저 이에 동조하여 퇴정해 버린 것은 모두 피고인 측의 방어권의 남용 내지 변호권의 포기로 볼 수밖에 없는 것이므로 수소법원으로서는 법 제330조에 의하여 피고인이나 변호인의 재정 없이도 심리판결할 수 있고, 이 경우 법 제318조 제2항의 규정상 피고인의 진의와는 관계없이 법 제318조 제1항의 동의가 있는 것으로 간주하게 되어 있다.

Ⅱ 간이공판절차의 특칙

간이공판절차의 결정(제286조의2)이 있는 사건의 증거에 관하여는 검사 · 피고인 · 변호인의 이의가 있는 때를 제외하고는 전문증거(제310조의2, 제312조 내지 제314조 및 제316조)에 대하여 **증거동의가 있는 것으로 간주**한다(제318조의3). 피고인이 자백하여 간이공판절차가 개시된 이상 반대신문권을 포기한 것으로 볼 수 있고 간이공판절차를 통한 재판의 신속을 도모해야 된다는 취지에서 인정된 특례이다. 제318조의3에서는 증거동의의 의제대상에서 제311조 및 제315조를 제외하고 있는바, 이는 해당 전문서류의 경우 이미 증거능력이 있는 증거에 해당하기 때문이다.

04 동의의 효과

Ⅰ 증거능력의 인정

1. 진정성의 인정

(1) 의의 : **당사자의 동의**가 있으면 제311조 내지 제316조의 요건을 갖추지 않은 전문증거도 **법원이 진정성을 인정한 때에 한하여 증거능력이 부여**된다. [법원행시 03, 경찰간부 12, 경찰승진 13] 따라서 당사자가 동의한 증거라고 하더라도 나중에 위조되었다는 것이 밝혀졌다면 당사자의 동의에도 불구하고 증거로 삼을 수는 없다고 할 것이다.

(2) 진정성의 의미 : 견해의 대립이 있으나,[1] 다수설에 의하면 진정성이란 전문증거의 **신용성을 의심스럽게 하는 유형적 상황**(예 진술서의 서명 · 날인의 흠결, 진술서의 기재내용이 진술과 다른 경우 등)이 없음을 의미한다(유형적 상황설).

보충 증거동의제도 = 증거동의(반대신문포기) + 진정성인정(신용성의심 ×) = 증거 ○

> **판례연구** 증거동의의 효과 → 법원의 진정성의 인정
>
> **1. 대법원 1982.3.9, 82도63**
>
> 진술조서 말미에 진술자의 날인이 없는 경우에 그 조서를 진정한 것으로 인정한 예
>
> 진술조서 말미의 진술자란의 서명 옆에 날인이 없고 진술자란의 서명이 그의 필적이라고 단정하기는 분명하지 않다 하더라도 위 조서에는 진술자의 간인이 되어 있고 그 인영이 압수물가환부청구서와 압수물영수증 중의 인영과 동일한 것으로 인정되는 등의 정황에 비추어 위 날인이 없는 것은 단순한 착오에 의한 누락이라고 보여질 뿐 위 조서는 진정한 것으로 인정된다.
>
> 보충 피고인이 위 조서를 증거로 함에 동의함이 분명하니 이를 증거로 삼았다 하여 위법이라 할 수 없다.
>
> **2. 대법원 1990.10.26, 90도1229**
>
> 피고인이 진정성립을 인정하고 증거로 함에 동의하나 그 내용을 부인한 피고인 작성의 진술서 : 증거 ○
>
> 피고인이 작성한 진술서에 관하여 피고인과 변호인이 공판기일에서 증거로 함에 동의하였고 그 진술서에 피고인의 서명과 무

1) [참고] 진정성의 의미에 대해서는, ① 증거의 증명력이 현저히 낮지는 않아야 한다는 증명력설(강구진), ② 증거수집과정에서의 임의성을 의미한다는 임의성설(신양균, 임동규), ③ 전문서류의 신용성을 의심스럽게 하는 유형적 상황을 의미한다는 유형적 상황설(다수설)이 대립한다.

인이 있는 것으로 보아 진정한 것으로도 인정된다면, 그 진술서는 증거로 할 수 있는 것임에도 불구하고 원심이 피고인이 그 내용을 부인하기 때문에 증거로 할 수 없다고 판단한 것은 잘못이다.

(3) 증명의 정도 : 진정성은 소송법적 사항인 증거능력의 요건인 사실과 관련된 증명이므로 자유로운 증명으로 족하다(통설).

2. 증거능력의 인정의 효과

(1) 반대신문권의 상실 : 동의의 본질은 반대신문권의 포기에 있으므로 동의한 당사자가 **원진술자를 증인으로 신청하는 것은 허용되지 않는다.** 법원이 진정성의 조사를 위하여 원진술자를 증인으로 신문하는 경우에도 동의한 당사자는 반대신문을 할 수 없다.

(2) 동의한 증거의 증명력을 다툴 수 있는지 여부 : 동의에 의하여 증거능력을 부여하는 것과 증거능력 있는 증거의 증명력(사실인정의 힘)을 다투는 것은 별개의 문제이므로, 동의한 당사자라 하더라도 **반대신문 이외의 방법으로 동의한 증거의 증명력을 탄핵하는 것은 가능**하다(다수설).

Ⅱ 동의의 효력범위

1. 물적 범위

(1) 원칙 : 동의의 효력은 그 대상으로 특정된 **서류 또는 물건의 전부**에 미친다. [해경간부 12]

(2) 예외 : 동의한 서류·물건의 내용이 **가분적인 경우에는 그 일부에 대한 동의도 가능**하다.

판례연구 증거동의의 물적 효력범위

1. **대법원 1984.10.10, 84도1552**

검사 작성의 피고인 아닌 자에 대한 진술조서에 관하여 피고인이 공판정 진술과 배치되는 부분은 부동의한다고 진술한 것은 조서내용의 특정부분에 대하여 증거로 함에 동의한다는 특별한 사정이 있는 때와는 달리 그 조서를 증거로 함에 동의하지 아니한다는 취지로 해석하여야 한다(일부동의가 인정되지 않는 경우).

2. **대법원 1990.7.24, 90도1303**

피고인들이 제1심 법정에서 경찰의 검증조서 가운데 범행부분만 부동의하고 현장상황 부분에 대해서는 모두 증거로 함에 동의하였다면, 위 검증조서 중 범행상황 부분만을 증거로 채용한 제1심판결에 잘못이 없다.

보충 현장지시는 검증조서에 해당하므로 제312조 제6항이, 현장진술은 피의자신문조서에 해당하므로 제312조 제3항이 적용되는바, 피고인이 현장지시만 증거동의한 사례이다(가분적이니 일부동의 O).

3. **대법원 2011.7.14, 2011도3809** [경찰채용 22 1차, 국가7급 18]

대질신문이 기재된 진술조서 중 특정인의 진술 부분에 대하여만 부동의할 수도 있고, 이때 증거목록에 동의 부분과 부동의 부분을 특정하여 기재하여야 한다(일부동의 가능하므로 동의 부분 특정을 요함). 또한 수사기관이 작성한 수사보고서에 여러 문서가 첨부되어 있는 경우, 동의 대상을 정확하게 확인하여야 한다. 따라서 변호인이 검사가 공판기일에 제출한 증거 중 뇌물공여자가 작성한 고발장에 대하여는 증거 부동의 의견을 밝히고, 같은 고발장을 첨부문서로 포함하고 있는 검찰주사보 작성의 수사보고에 대하여는 증거에 동의하여 증거조사가 행하여진 경우, 수사보고에 대한 증거동의의 효력은 첨부된 고발장에도 당연히 미치는 것은 아니다.

보충 수사기관이 수사과정에서 수집한 자료를 기록에 현출시키는 방법으로 자료의 의미, 성격, 혐의사실과의 관련성 등을 수사보고의 형태로 요약·설명하고 해당 자료를 수사보고에 첨부하는 경우, 수사보고에 기재된 내용은 수사기관이 첨부한 자료를 통하여 얻은 인식·판단·추론이거나 자료의 단순한 요약에 불과하여 원 자료로부터 독립하여 공소사실에 대한 증명력을 가질 수 없고, 피고인이나 변호인도 수사보고의 증명력을 위와 같은 취지로 이해하여 공소사실을 부인하면서도 수사보고의 증거능력을 다투지 않은 것으로 보이는 등의 제반 사정에 비추어, 위 고발장은 군사법원법에 따른 적법한 증거신청·증거결정·증거조사 절차를 거쳤다고 볼 수 없거나 공소사실을 뒷받침하는 증명력을 가진 증거가 아니므로 이를 유죄의 증거로 삼을 수 없다.

2. 인적 범위

피고인은 각자 독립하여 반대신문권을 가지므로, 피고인이 수인인 경우 동의의 효력은 **동의한 피고인에게만 미치고** 다른 피고인에게 미치지 않는다. [국가9급 08, 해경간부 12]

3. 시간적 범위

증거동의의 효력은 **공판절차의 갱신이 있거나 심급을 달리하는 경우에도 달라지지 않는다.** [법원9급 12, 국가7급 13, 국가9급 08, 해경간부 12] 이미 증거조사를 마쳤기 때문이다.

보충1 "제1심에서 증거동의를 하였더라도 제2심에서 증거조사가 완료되기 전에 이를 취소하면 증거능력이 상실된다. [법원9급 12, 국가7급 13, 국가9급 08]" (×) ∵ 1심의 증거동의는 2심에서도 효력이 유지되고, 증거동의의 철회는 증거조사 완료 전까지 가능한데, 제1심의 증거조사는 이미 완료된 후이기 때문이다.

보충2 예외적으로 증거능력이 상실되는 특단의 사유로는 그 진정성이 부인되는 경우 등을 들 수 있다.

판례연구 증거동의의 시간적 효력범위

1. **대법원 1965.6.29, 65도346** [경찰채용 14 1차]
   피고인이 원심에서 참고인에 대한 수사기관의 진술조서를 증거로 함에 동의하였다면 항소심에서 부동의한다는 취지로 진술하더라도 일단 적법하게 부여된 조서의 증거능력은 유지된다.
2. **대법원 2010.7.15, 2007도5776** [법원9급 12/19, 국가7급 13, 국가9급 13/17, 경찰승진 13, 경찰채용 12 3차/14 1차/15 2차]
   약식명령에 불복하여 정식재판을 청구한 피고인이 정식재판절차에서 2회 불출석하여 법원이 피고인의 출석 없이 증거조사를 하는 경우에는 법 제318조 제2항에 의해 증거동의로 간주되고 그 후 증거조사가 완료된 이상, 피고인이 항소심에 출석하여 공소사실을 부인하면서 간주된 증거동의를 철회 또는 취소한다는 의사표시를 하더라도 적법하게 부여된 증거능력이 상실되는 것은 아니다.
3. **대법원 2011.3.10, 2010도15977** [법원9급 16, 국가9급 15, 경찰간부 16, 경찰승진 13]
   1심이 피고인 소재불명으로 소촉법 제23조에 의한 공시송달 및 증거동의 간주조항에 근거하여 증거조사가 완료된 경우, 피고인이 항소심에 출석하여 공소사실을 부인하면서 간주된 증거동의를 철회 또는 취소한다는 의사표시를 하더라도 그로 인하여 적법하게 부여된 증거능력이 상실되는 것은 아니다.
   비교판례 제1심의 공시송달에 의한 피고인 불출석 재판이 위법하다면 항소심으로서는 제1심의 증거동의 간주를 그대로 활용할 수 없다(2012도986).

05 동의의 철회 및 취소

I 동의의 철회

1. 허용 여부

동의는 절차형성행위이므로 절차의 안정성을 현저히 해하지 않는 한 **철회가 허용**된다.

2. 가능시기

동의의 철회가 언제까지 허용되는가에 대해서는 증거조사착수전설, 증거조사완료전설 및 구두변론종결전설이 대립되어 있으나,[1] 절차의 확실성과 소송경제를 고려할 때 **증거조사완료전설**이 타당하다(다수설 · 판례). [법원9급 11, 국가7급 14, 국가9급 13, 경찰승진 10, 경찰채용 14 1차/15 2차] 따라서 **증거동의를 하고 일단 증거조사가 종료된 후 증거동의의 의사표시를 취소 또는 철회하여도 원칙적으로 이미 취득한 증거능력이 상실되지 아니한다.**

판례연구 증거동의의 철회

대법원 1983.4.26, 83도267; 1988.11.8, 88도1628; 1990.2.13, 89도2366; 1991.1.11, 90도2525; 1996.12.10, 96도2507; 1999.8.20, 99도2029 [경찰간부 22]

증거동의의 의사표시를 취소 또는 철회할 수 있는 시한(= 증거조사 완료시)

증거동의의 의사표시는 증거조사가 완료되기 전까지 취소 또는 철회할 수 있으나, 일단 증거조사가 완료된 뒤에는 취소 또는 철회가

1) [참고] 증거조사착수전설은 강구진, 증거조사완료전설은 다수설 · 판례, 구두변론종결전설은 배/이/정/이.

CHAPTER 04 증거

인정되지 아니하므로 1심의 증거동의를 2심에서 취소할 수 없고, 일단 증거조사가 종료된 후에 증거동의의 의사표시를 취소 또는 철회하더라도 취소 또는 철회 이전에 이미 취득한 증거능력이 상실되지 않는다.

II 동의의 취소

착오나 강박을 이유로 하여 증거동의를 취소할 수 있는가(협의의 취소)에 대해서는 견해가 대립하는데,[1] 증거동의의 의사표시에 그 효력을 그대로 유지하기 어려운 **중대한 하자**가 있고 그에 관하여 피고인 또는 변호인에게 **귀책사유가 없는 경우**에는 **취소가 가능하다**고 보는 긍정설(다수설)이 타당하다. **판례도 같은 취지**인 것으로 여겨진다(**실질적 진정성립의 인정의 번복**에 관한 대법원 2008.7.10, 2007도7760). [경찰채용 20 2차] 증거동의가 되거나 의제된 전문증거보다 증거가치가 우월한 원본증거를 심증 형성의 기초로 삼는 것이 바람직하기 때문이다.

제7절 탄핵증거

01 의의와 성질

I 의 의

1. 개 념

"제312조부터 제316조까지의 규정에 따라 증거로 할 수 없는 서류나 진술이라도 공판준비 또는 공판기일에서의 피고인 또는 피고인 아닌 자(공소제기 전에 피고인을 피의자로 조사하였거나 그 조사에 참여하였던 자를 포함)의 진술의 증명력을 다투기 위하여는 이를 증거로 할 수 있는바(제318조의2 제1항)," 탄핵증거(彈劾證據, impeachment)란 진술의 증명력을 다투기 위한 증거를 말한다. [교정9급특채 10, 경찰간부 12] 증인의 신빙성을 감쇄하기 위하여 제출하는 영미증거법상 개념인 탄핵증거는 적극적으로 범죄사실의 존부를 증명하기 위한 증거가 아니므로 엄격한 증명이 필요 없고(대법원 1985.5.14, 85도441) [국가7급 23], 따라서 **전문법칙의 적용이 없어 증거능력이 없는 전문증거라 하더라도 사용할 수 있다**(대법원 1969.9.23, 69도1028). [교정9급특채 10] 한편 제318조의2 제2항에서는 기억의 환기를 위한 영상녹화물에 관한 규정을 두고 있으나, 이를 탄핵증거로 사용할 수 없음은 법문상 명백하다.

2. 취지와 문제점

(1) 취지 : ① 법관으로 하여금 증거가치를 재음미하게 함으로써 증명력 판단의 합리성을 도모할 수 있고(자유심증주의의 보강), ② 반증이라는 번거로운 절차를 거치지 않고도 증거가치를 판단할 수 있으며(소송경제), ③ 당사자의 반대신문권도 보다 효과적으로 보장할 수 있다(반대신문권의 보장).

보충 진술의 증명력을 다투는 방법에는 탄핵증거 외에도 반대신문과 반증이 있다. 반대신문의 대상은 증인의 진술에 국한되는 데 비해, 탄핵증거는 증인 이외의 자의 진술도 포함되고 증거방법에 있어 구두 · 서면을 불문한다. 반증은 엄격한 증명의 방법에 의하고 전문법칙이 적용되는 데 비해, 탄핵증거는 자유로운 증명으로 족하고 전문법칙이 적용되지 아니한다.

1) [참고] 기망 · 강박에 의한 증거동의 취소의 허용 여부에 대해서는, ① 절차의 형식적 확실성에 비추어 원칙적으로 허용될 수 없다는 부정설(이/조, 임동규 등)과 ② 증거동의의 실체형성적 측면도 고려해야 하므로 귀책사유가 없는 한 허용해야 한다는 긍정설(다수설)이 대립한다. 본서는 긍정설을 따른다.

(2) 문제점

① 부당한 심증형성 : 탄핵증거는 증명력을 탄핵하는 증거이지만 실제 재판에 있어서는 역시 범죄사실의 존부에 관한 법관의 심증형성에 영향을 줄 수 있다. 즉, **법관의 심증형성이 증거능력 없는 탄핵증거에 의하여 영향**을 받게 될 수 있는 것이다.

② 허용범위 : 법관의 심증형성에 부당한 영향을 줄 수 있는 위험성을 고려할 때, 탄핵증거라는 명목으로 증거능력 없는 수사기관에서의 자백 진술이 제한 없이 법정에 현출되는 것을 방지할 필요가 있다. **탄핵증거의 허용범위**가 문제되는 까닭도 바로 여기에 있다.

Ⅱ 성 질

1. 탄핵증거와 전문법칙

전문법칙의 예외가 되기 위해서는 신용성의 정황적 보장과 필요성이라는 요건을 갖추어야 하는데, 탄핵증거는 진술의 증명력을 다투는 경우에 불과하므로 전문법칙의 예외요건을 갖추지 않아도 된다. 따라서 탄핵증거는 **전문법칙의 적용이 없는 경우**이다(통설).

2. 탄핵증거와 자유심증주의

탄핵증거에 있어서 탄핵되는 증거의 증명력은 법관의 자유판단에 의하여 결정되므로, 탄핵증거는 **자유심증주의의 예외가 아니라 오히려 이를 보강**하는 제도이다.

02 허용범위와 자격

Ⅰ 탄핵증거의 허용범위

탄핵증거의 허용범위에 관하여, 탄핵증거로 제출될 수 있는 증거를 **자기모순의 진술, 즉 동일인의 법정에서의 진술과 상이한 법정 외의 진술에 제한된다고 볼 것인가**에 대해서는, 한정설(동일인 자기모순 진술), 비한정설(범죄사실 모두 허용, 자기모순진술 + 제3자진술), 절충설(자기모순진술 + 증인의 신빙성에 대한 순수한 보조사실의 입증증거), 이원설(피고인은 비한정, 검사는 한정)의 대립이 있다.[1]

Ⅱ 탄핵증거의 자격 및 제한

1. 탄핵증거적격(탄핵증거의 자격)

(1) 증거능력 없는 전문증거 : 탄핵증거가 될 수 있는 것은 **제312조부터 제316조까지의 규정에 따라 증거로 할 수**

CHAPTER 04 증 거

---

1) [참고] 탄핵증거로 제출될 수 있는 증거의 범위에 관하여, ① 한정설은 탄핵증거로 제출될 수 있는 증거는 동일인의 자기모순 진술, 즉 공판정에서 한 진술과 상이한 공판정 외에서의 진술에 한정된다는 입장이다(강구진, 백형구, 신양균, 이/조, 이은모, 정/이 등). 한정설에 대해서는 탄핵증거의 사용범위를 지나치게 제한한다는 비판이 제기된다. ② 비한정설은 자기모순의 진술에 한하지 않고 증명력을 다투기 위한 증거라면 제한 없이 전문증거를 사용할 수 있다는 입장이다(노/이). 제3자의 진술이 기재된 서면도 탄핵증거로 허용된다고 보는 것이 제318조의2의 법문에 충실한 해석이기 때문이다. 다만, 비한정설에 대해서는 전문증거가 무제한하게 제출되면 전문법칙도 무의미하게 된다는 비판이 제기된다. ③ 절충설은 탄핵증거로 제출될 수 있는 증거에는 자기모순진술 이외에 증인의 신빙성에 대한 보조사실을 입증하기 위한 증거도 포함된다는 입장이다(손동권, 신동운, 임동규, 정/백 등). 절충설에 의하더라도 주요사실 및 간접사실에 대한 증거는 포함되지 않는다고 본다. 다만, 절충설에 대해서는 범죄사실 및 간접사실은 엄격한 증명에 의하는데 보조사실에 대해서는 제한 없이 탄핵증거가 허용되는 것은 부당하다는 비판이 제기된다. (또다시 이에 대해서는 보조사실의 증명의 방법은 엄격한 증명에 의하나 증거능력 있는 증거의 증명력을 탄핵함에는 전문증거에 의할 수 있다는 반론이 제시된다. 신동운 1306면) ④ 이원설은 검사와 피고인을 구별하여 검사는 자기모순진술만을, 피고인은 제한 없이 모든 전문증거를 탄핵증거로 제출할 수 있다는 입장이다(배/이/정/이, 차/최). 다만, 이에 대해서는 검사와 피고인을 구분하여 탄핵증거의 범위를 정하는 이론적 근거가 불분명하고 직권에 의한 증거조사의 경우에는 기준이 모호하다는 비판이 제기된다. ⑤ 결론 : 자기모순진술을 탄핵증거로 사용할 수 있다는 점에는 학설의 대립이 없다. 문제는 제3자의 진술이나 진술기재서류 등 전문증거가 이외에 어느 범위에서 허용될 수 있는가라는 점에 있다. 결론적으로 절충설이 적절한 선에서 탄핵증거의 허용범위를 제시한다고 생각된다. 따라서 주요사실 및 간접사실이 아닌 증인의 신빙성에 관한 순수한 보조사실(증인의 교양 · 성격 · 편견 · 이해관계 · 평판 등)을 입증함에는 제3자의 진술이나 진술기재서류 등 전문증거도 허용된다고 해야 한다.
[참고] 규칙 제77조(증언의 증명력을 다투기 위하여 필요한 사항의 신문)에 의하면, 주신문 또는 반대신문의 경우에는 증언의 증명력을 다투기 위하여 필요한 사항에 관한 신문을 할 수 있는데(동조 제1항), 이러한 신문(탄핵신문)은 증인의 경험, 기억 또는 표현의 정확성 등 증언의 신빙성에 관한 사항 및 증인의 이해관계, 편견 또는 예단 등 증인의 신용성에 관한 사항에 관하여 하도록 하고 있다(동조 제2항, 단 증인의 명예를 해치는 내용의 신문을 하여서는 안 됨).

없는 서류나 진술이다(제318조의2 제1항). 즉, 전문법칙에 의하여 **증거능력이 인정되지 않는 서류나 진술 등 전문증거**는 탄핵증거로 사용될 수 있다(cf. = 증거동의의 대상). [국가9급 08] 따라서 실질적 진정성립이 인정되지 않는 전문서류도 탄핵증거로 사용될 수 있다. 나아가 판례는 **사법경찰관 작성 피의자신문조서**에 대하여 피고인이 그 **내용을 부인**하여도 임의로 작성된 것이 아니라고 의심할 만한 사정이 없는 한 탄핵증거로 사용할 수 있다고 본다.[1] [법원9급 10, 국가7급 09, 국가9급 08/13, 경찰채용 13 2차/14 2차] 마찬가지로 증거능력 없는 전문증거를 탄핵증거로 사용함에는 상대방의 증거동의를 요하지 아니한다. [국가9급개론 17]

(2) **형식적 진정성립도 인정되지 않는 서류** : 진술자의 서명 · 날인이 없어 형식적 진정성립조차 갖추지 못하는 전문서류에 대해서는, ① 이중으로 오류가 개입할 수 있으므로 탄핵증거로 사용할 수 없다는 부정설(다수설)과 ② 탄핵증거는 전문법칙의 적용이 없는 경우이므로 탄핵증거로 사용할 수 있다는 긍정설(소수설 · 판례)이 대립하고 있다.[2] **판례는 탄핵증거에 관하여는 성립의 진정을 요하지 않는다**는 입장을 일관하고 있다(대법원 1981.12.8, 81도370; 1994.11.11, 94도1159)(cf. 법 제314 ×).

판례연구 탄핵증거로는 성립의 진정이 증명되지 않거나 내용이 부인된 서류 · 진술도 포함된다는 사례

1. 대법원 1981.12.8, 81도370

유죄의 자료가 되는 것으로 제출된 증거의 반대증거인 서류 및 진술에 대하여는 그것이 유죄사실을 인정하는 증거가 아니므로 그 진정 성립의 증명이 되어 있지 않거나 전문증거로서 상대방이 증거로 함에 동의를 한 바 없었다고 하여도 증거능력을 다투기 위한 자료로 삼을 수는 있다.

2. 대법원 1998.2.27, 97도1770; 2005.8.19, 2005도2617 [법원9급 10, 국가7급 09/23, 국가9급 08/13, 경찰채용 13 2차/14 2차/21 1차]

피고인이 내용을 부인하여 증거능력이 없는 사법경찰리 작성의 피의자신문조서 등도 탄핵증거 O(∵ 피고인의 공판정 진술도 탄핵의 대상이 된다는 사례)

사법경찰리 작성의 피고인에 대한 피의자신문조서와 피고인이 작성한 자술서들은 모두 검사가 유죄의 자료로 제출한 증거들로서 피고인이 각 그 내용을 부인하는 이상 증거능력이 없으나 그러한 증거라 하더라도 그것이 임의로 작성된 것이 아니라고 의심할 만한 사정이 없는 한 피고인의 법정에서의 진술을 탄핵하기 위한 반대증거로 사용할 수 있다(피고인의 진술도 탄핵의 대상이라고 본 판례이기도 함).

2. 탄핵증거의 제한

(1) **입증취지와의 관계** : 탄핵증거는 증거의 증명력을 감쇄하는(다투는) 용도로만 사용될 뿐이다. 따라서 **범죄사실(주요사실 또는 그 간접사실) 인정의 증거로 사용되는 것은 허용되지 않는다**(대법원 1976.2.10, 75도3433; 1996.9.6, 95도2945; 2012.10.25, 2011도5459). [법원9급 16, 법원승진 10, 국가7급 09/15/16, 국가9급개론 17, 교정9급특채 10, 경찰승진 09, 경찰채용 11 1차] 만약 그것이 허용된다면 범죄사실을 인정함에 있어 증거능력 없는 증거에 의하여 법관의 심증형성에 영향을 미칠 가능성이 있기 때문이다.

보충 탄핵증거는 보조사실에 대한 증거일 뿐, 주요사실의 존부를 직 · 간접으로 증명하는 실질증거가 될 수는 없다.

대법원 2012.10.25, 2011도5459

탄핵증거는 진술의 증명력을 감쇄하기 위하여 인정되는 것이고 범죄사실 또는 그 간접사실의 인정의 증거로서는 허용되지 않는다(대법원 1996.9.6, 95도2945). 검사가 탄핵증거로 신청한 체포 · 구속인접견부 사본은 피고인의 부인진술을 탄핵한다는 것이므로 결국 검사에게 입증책임이 있는 공소사실 자체를 입증하기 위한 것에 불과하므로 법 제318조의2 제1항 소정의 피고인의 진술의 증명력을 다투기 위한 탄핵증거로 볼 수 없다(증거신청 기각).

1) [참고] 피고인의 공판정 진술을 피고인이 내용을 부인한 사법경찰관 작성 피의자신문조서로 탄핵할 수 있다는 것이 판례의 입장(대법원 1998.2.27, 97도1770 등)이기는 하나, 법원실무에서는 피고인의 수사기관에서의 자백진술을 탄핵증거로 받아들일 수 있다는 견해를 취하더라도 알리바이의 진술 등 새로운 사실을 적극적으로 주장하는 경우에 한하여 그 증명력을 다투기 위한 범위 내에서 탄핵증거로 제출할 수 있다고 보아야 할 것이고, 또 임의성 여부에 관하여 검사로 하여금 적극적으로 입증을 하도록 하여야 함을 지적하고 있다. 법원실무 II 149면.

2) [참고] 긍정설은 개정법 제318조의2 제1항에서 명문으로 제312조부터 제316조까지의 규정에 따라 증거로 할 수 없는 서류나 진술을 탄핵증거로 사용할 수 있다고 규정하였다는 점을 근거로 한다. 긍정설은 임동규, 정/백.

(2) **임의성 없는 자백 · 진술** : 자백배제법칙(제309조)에 의하여 증거능력이 없는 자백 및 진술의 임의성법칙(제317조)에 의하여 증거능력이 없는 진술이나 서류도 **탄핵증거로 허용되지 않는다**(대법원 1998.2.27, 97도1770; 2005.8.19, 2005도2617 등). 이는 당사자의 동의 여하를 불문한다. [법원행시 02, 경찰승진 11] 헌법상의 원칙으로 지켜져야 할 뿐 아니라 법 제318조의2 제1항(탄핵증거)도 서류와 진술의 임의성에 관한 법 제317조를 그 대상에서 배제하고 있지 않기 때문이다.

(3) **위법수집증거** : 임의성 없는 자백 · 진술과 같은 맥락에서 법 제308조의2에서의 적법한 절차에 따르지 아니하고 수집한 증거도 **탄핵증거로 사용할 수 없다**.

(4) **공판정에서의 진술 이후의 자기모순진술** : **증인의 공판정에서의 증언 이후**에 수사기관이 그 증인을 신문하여 작성한 진술조서를 탄핵증거로 제출하는 것이 허용되는가가 문제되는바, 증인에 대한 공판정 외의 진술조서를 탄핵증거로 사용하는 것은 **공판중심주의와 공정한 재판의 이념에 반하므로 허용될 수 없다**(대법원 2000.6.15, 99도1108 전원합의체). [국가7급 10, 경찰채용 14 2차] 이는 공판정에서의 증언을 번복시키기 위한 검찰의 수사에 의한 조서의 증거능력을 부정한 취지와 일맥상통한다(공소제기 후 수사 참조).

(5) **진술을 내용으로 하는 영상녹화물** : 2007년 개정법은 제318조의2 제2항에서 "**제1항에도 불구하고** 피고인 또는 피고인 아닌 자의 진술을 내용으로 하는 영상녹화물은 공판준비 또는 공판기일에 피고인 또는 피고인 아닌 자가 진술함에 있어서 **기억이 명백하지 아니한 사항에 관하여 기억을 환기시켜야 할 필요가 있다고 인정되는 때에 한하여** 피고인 또는 피고인이 아닌 자에게 재생하여 시청하게 할 수 있다."라는 규정을 신설하였다. 이렇듯 제318조의2 제2항에서 진술영상녹화물의 사용범위를 기억환기용으로 엄격히 제한하고 있다는 점에서 **탄핵증거로는 사용할 수 없다**(통설).[1] 따라서 영상녹화물은 공판준비 또는 공판기일에서의 피고인 또는 피고인 아닌 자의 진술의 증명력을 다투기 위하여 증거로 할 수 없다. [법원9급 08, 국가7급 09, 경찰승진 10/11]

정리 주요사실의 존부를 직접 증명하는 목격자의 증언이나 주요사실의 존부를 간접적으로 추인하게 하는 알리바이의 부존재 등과 같은 실질증거 및 증거의 증명력에 영향을 미치는 보조사실 중 보강사실(엄격한 증명의 대상)을 증명하는 보강증거(예 자백의 보강증거)는 증거능력을 요한다. 반면, 탄핵사실은 자유로운 증명의 대상이므로 탄핵증거는 증거능력 없는 전문증거도 포함된다. 다만, 임의성 없는 자백, 위법수집증거, 공판정 진술 후 자기모순진술, 진술내용 영상녹화물은 탄핵증거가 될 수 없다.

03 탄핵의 대상과 범위

I 탄핵의 대상

1. 진술의 범위

탄핵의 대상은 공판준비 또는 공판기일에서의 피고인 또는 피고인 아닌 자의 **진술의 증명력, 즉 신빙성**이다. 증거능력을 다투는 것이 아니라 증명력을 다투는 것에 불과하다. 여기서 진술에는 진술이 기재된 서면도 포함된다. [경찰승진 15] 따라서 공판정 진술 이외에 공판정 외 진술도 서면의 형식으로 증거가 된 경우에는 탄핵의 대상이 된다. 또한 여기서 진술은 **피고인 아닌 자의 진술뿐 아니라 피고인의 진술, 자기 측 증인의 증언이 모두 포함**된다. 요컨대 탄핵의 대상이 되지 않는 진술은 없다.

2. 피고인 아닌 자 및 피고인의 진술

(1) **피고인 아닌 자의 진술** : 피고인 아닌 자가 공판기일에 행한 진술의 증명력도 탄핵대상이 된다는 점에는 견해가 일치한다. 피고인 아닌 자의 진술에는 **공소제기 전 피고인을 피의자로 조사하였거나 그 조사에 참여한 자의 진술도 포함**된다.

1) [참고] 진술영상녹화물도 탄핵증거로 사용할 수 있다는 견해는 노/이 580면 참조.

(2) 피고인의 진술 : 피고인의 공판정 진술이 탄핵대상인가에 대해서 견해가 대립하나,[1] **판례는 긍정설**에 따라 [경찰간부 14, 경찰채용 10 1차], **피고인이 내용을 부인하여 증거능력이 없는 사법경찰리 작성의 피의자신문조서라도 피고인의 법정진술을 탄핵하는 증거로 허용**된다고 한다(대법원 1998.2.27, 97도1770).

3. 자기 측 증인의 탄핵

증인을 자신이 신청했다는 이유로 불리한 증언을 탄핵할 수 없다는 것은 불합리하므로 **자기 측 증인의 증언에 대한 탄핵도 가능**하다.

보충 기술한 교호신문의 주신문에서 증인신청 당사자가 탄핵신문을 할 수 있음과 같은 의미이다.

Ⅱ 탄핵의 범위 : 증명력을 다투기 위하여의 의미

1. 문제점

탄핵증거는 진술의 증명력을 다투는 데 사용되어야 한다. 즉, 증명력을 감쇄하는 것이 아니라 **처음부터 증명력을 지지·보강하는 것은 여기에 포함될 수 없다**. 문제는 감쇄된 증명력을 회복시키는 경우도 "증명력을 다투기 위하여"에 해당하는가에 있다.

2. 감쇄된 증명력의 회복

견해의 대립이 있으나, 진술의 증명력을 감쇄하는 탄핵증거는 증거능력을 요하지 않으면서 감쇄한 증명력을 회복시키는 증거에는 증거능력을 요한다는 것은 공평의 관점에 어긋나므로, **감쇄된 증명력을 회복시키는 경우도 증명력을 다투는 경우에 포함시켜 탄핵증거의 사용이 허용**된다는 긍정설(통설)이 타당하다(공평의 원칙에 의한 긍정설).

04 탄핵증거의 조사방법

Ⅰ 탄핵증거의 제출 - 보통의 증거제출과 같은 방식

1. 원칙 - 탄핵증거 입증취지 명시

탄핵증거는 **원칙**적으로 증거제출 당시 **탄핵증거라는 취지로 제출**되어야 한다.[2] 즉, **증명력을 다투고자 하는 증거의 어느 부분에 의하여 진술의 어느 부분을 다투려고 하는지**를 사전에 상대방에게 알려야 한다(입증취지의 **구체적 명시**, 대법원 2005.8.19, 2005도2617)(제출은 보통의 증거신청과 같은 방식, cf. ≠유죄판결에 명시할 이유 중 증거의 요지). [법원9급 10, 법원승진 10, 국가7급 15/16/23, 국가9급 13, 국가9급개론 17, 해경간부 12, 경찰승진 15, 경찰채용 11 1차/13 1차/14 2차/15 2·3차/16 1차] 상대방에게 공격·방어의 수단을 강구할 기회를 사전에 부여하여야 하기 때문이다. [경찰채용 10 1차]

2. 예외 - 유죄증거로 제출되어도 탄핵증거로 조사되면 적법

증거제출 당시 유죄를 입증하기 위한 증거로 제출되어 **탄핵증거라는 입증취지를 명시하지 아니하였다 하여도 탄핵증거로 증거조사가 이루어지면 탄핵증거로 사용될 수 있다**. [경찰승진 11/15]

대법원 2005.8.19, 2005도2617 [경찰승진 11/15, 경찰채용 15]

피고인 내용 부인 사경 작성 피의자신문조서에 대한 탄핵증거로서의 증거조사

탄핵증거는 범죄사실을 인정하는 증거가 아니므로 엄격한 증거조사를 거쳐야 할 필요가 없음은 제318조의2의 규정에 따라 명백

---

1) [참고] ① 부정설은 피고인의 공판정 진술을 공판정 외 진술로 탄핵하는 것은 자백조서 중심의 수사를 촉진케 함으로써 공판중심주의에 반하는 결과를 야기하여 결국 피고인 보호에 반하게 된다는 입장이다(배/이/정/이, 신양균, 정/백 등). ② 긍정설은 제318조의2가 명문으로 피고인의 진술의 증명력을 다툴 수 있다고 규정하고 있으므로 이를 부정할 수는 없다는 입장이다(신동운, 이/조, 임동규, 차/최 등 및 판례). ③ 결론 : 긍정설이 타당하다.

2) [보충] 예컨대, 검사가 피고인의 진술을 탄핵하기 위하여 증거를 제출하는 경우, "피고인은 지금 그 시간 부산 해운대에 있었다고 진술하지만, 검찰 조사에서는 서울 한남동에 있었다고 진술하였습니다. 이를 입증(탄핵)하기 위해 검사 작성 피의자신문조서를 증거로 제출합니다."라고 탄핵증거의 입증취지를 구체적으로 명시해야 하는 것이 보통이다.

하나 법정에서 이에 대한 탄핵증거로서의 증거조사는 필요한 것이고, 한편 증거신청의 방식에 관하여 규정한 규칙 제132조 제1항의 취지에 비추어 보면 탄핵증거의 제출에 있어서도 상대방에게 이에 대한 공격방어의 수단을 강구할 기회를 사전에 부여하여야 한다는 점에서 그 증거와 증명하고자 하는 사실과의 관계 및 입증취지 등을 미리 구체적으로 명시하여야 할 것이므로, 증명력을 다투고자 하는 증거의 어느 부분에 의하여 진술의 어느 부분을 다투려고 한다는 것을 사전에 상대방에게 알려야 한다. 다만, 피고인이 내용을 부인하여 증거능력이 없는 사법경찰리 작성의 피의자신문조서에 대하여 비록 당초 증거제출 당시 탄핵증거라는 입증취지를 명시하지 아니하였지만, 피고인의 법정 진술에 대한 탄핵증거로서의 증거조사절차가 대부분 이루어졌다고 볼 수 있는 점 등의 사정에 비추어 위 피의자신문조서는 피고인의 법정 진술에 대한 탄핵증거로 사용할 수 있다고 해야 한다.

보충 검사가 사법경찰관 작성 피의자신문조서를 피고인에 대한 유죄의 증거로 신청·제출하였는데, 피고인·변호인이 증거동의를 하지 않고 그 내용을 부인하는 경우, 전문법칙에 의하여 증거로 할 수 없다(제312조 제3항). 다만, 피고인의 공판정 진술에 대한 탄핵증거로는 사용할 수 있다.

Ⅱ 탄핵증거의 조사방법 - 조사는 하되, 상당하다고 인정되는 방식으로 조사

탄핵증거는 증거능력 없는 증거가 사용되는 경우이므로 **엄격한 증명의 경우와 같은 정식의 증거조사는 요하지 않는다.** [법원9급 10, 교정9급특채 10, 경찰승진 09, 경찰채용 11 1차/14 2차] 그러나 공개재판의 원칙에 비추어 **공판정에서 탄핵증거로서의 증거조사는 필요**하다(대법원 1998.2.27, 97도1770). [국가7급 09/15, 국가9급 13, 경찰채용 13 1차] 이때 증거조사는 **상당하다고 인정되는 방법**으로 실시할 수 있다(교호신문 不要, 탄핵증거의 증거조사는 간이공판절차와 같은 증거조사방식). 예컨대, 증거신청의 과정에서 증거목록에 기재되지 않았고 증거결정이 있지 아니하였다 하더라도 **공판과정에서 그 입증취지가 구체적으로 명시되고 제시까지 되었다면 탄핵증거로서의 증거조사는 이루어졌다**고 볼 수 있다(대법원 2006.5.26, 2005도6271).[1] [국가9급 13, 경찰채용 21 1차, 해경간부 12]

대법원 2006.5.26, 2005도6271

탄핵사실은 자유로운 증명으로 족하므로 상당하다고 인정되는 방법으로 조사하면 된다는 사례

증거목록에 기재되지 않고 증거결정이 있지 아니한 서증들이 공판과정에서 그 입증취지가 구체적으로 명시되고 제시까지 된 경우, 탄핵증거로서의 증거조사는 이루어졌다고 볼 수 있다.

제8절 자백의 보강법칙

01 의 의

Ⅰ 개 념

헌법 제12조 제7항 후단[2] 및 법 제310조는 "피고인의 자백이 그 피고인에게 불이익한 유일의 증거인 때에는 이를 유죄의 증거로 하지 못한다."라고 규정하여 자백의 보강법칙을 명시하고 있는바, 자백보강법칙이란 증거능력이 있고 신빙성(신용성)이 인정되는 자백에 의하여 법관이 유죄의 확신을 하는 경우에도 **별도의 보강증거가 없으면 유죄로 인정할 수 없다**는 증거법칙을 말한다. [국가9급 14] 여기서 보강증거라 함은 피

1) [보충] 법원은 당사자가 제출하는 서류가 탄핵증거인지 양형에 관한 참고자료인지를 명백히 하도록 한 다음, 탄핵증거로 제출하는 경우에는 입증취지를 분명히 하고, 그것이 반드시 필요한 증거인지를 심사한 후 필요하다고 인정할 경우에는 이를 탄핵증거로 채택하고, 증거조사의 필요가 없다고 판단될 경우에는 탄핵증거의 신청을 기각할 수 있다(증거결정은 법원의 재량).

2) [보충] 정식재판에 있어서 피고인의 자백이 그에게 불리한 유일한 증거일 때에는 이를 유죄의 증거로 삼거나 이를 이유로 처벌할 수 없다(헌법 제12조 제7항 후단).

고인의 자백의 진실성을 확인해줄 수 있는 독립된 증거를 말한다. 이러한 자백보강법칙은 자백의 증명력에 대한 법관의 자유판단을 제한한다는 점에서 **자유심증주의의 예외**에 해당한다. [법원행시 02, 국가9급 08/10, 교정9급 특채 10, 경찰승진 12]

보충 자백보강법칙은 증거능력 있고 신용성 있는 자백도 보강증거가 있어야 증명력이 인정된다(진실성이 담보되어 믿을 만하게 된다)는 원칙이다.

자백보강법칙 = 피고인의 자백 + 보강증거(자백의 진실성 담보) = 유죄
① 피고인의 자백 : 공범자의 자백 ×(보강증거 不要), 객관적 구성요건 O(보강증거 要), 주관적 구성요건/처벌조건/누범전과/확정판결존부/정상관계사실/범인동일성 ×(자백만으로 증명력 인정)
② 보강증거 : 자백, 자백 내용 제3자 진술(이상 보강증거 ×)/자백기재 수첩 · 사무처리내역, 간접증거(but 동기 · 습성 ×), 공범자의 자백(이상 보강증거 O)/증명력 – 진실성담보로 足

Ⅱ 근 거

자백보강법칙은 보강증거에 의하여 자백의 진실성을 담보함으로써 허위자백으로 인하여 생길 수 있는 오판의 위험을 방지함과 더불어, 자백의 증명력을 제한함으로써 수사기관의 자백 편중 수사로 인하여 발생할 수 있는 인권의 침해를 방지하는 데 그 근거가 있다.

02 보강법칙의 적용범위

Ⅰ 절 차

1. 적용되는 절차

(1) 정식재판 : 자백의 보강법칙은 **정식재판**에 대해서만 적용된다(헌법 제12조 제7항 후단). 정식재판이란 검사의 공소제기로 진행되는 통상의 형사 공판절차를 말한다.

(2) 간이공판절차 · 약식명령절차 : 모두 검사의 공소제기나 약식명령청구에 의하여 진행되는 재판절차이므로, **자백의 보강법칙이 적용**된다. [경찰채용 08 3차/12 3차] 따라서 간이공판절차라 하더라도 자백보강증거가 없으면 무죄판결이 가능하고, 약식명령청구가 있다 하더라도 자백이 유일한 증거인 경우에는 약식명령을 내릴 수 없어 공판절차에 회부하여 무죄판결을 선고하여야 한다.

2. 적용되지 않는 절차

즉결심판절차법의 적용을 받는 **즉결심판**(즉심 제10조)과 소년법의 적용을 받는 **소년보호사건**(대법원 1982.10.15, 82모36)은 정식의 재판절차가 아니므로 자백의 보강법칙이 적용되지 않는다. [법원9급 10/12, 국가9급 10]

판례연구 자백보강법칙이 적용되지 않는 절차

대법원 1982.10.15, 82모36

소년보호사건에 있어서 자백만에 의한 비행사실 인정의 적부

형사소송절차가 아닌 소년보호사건에 있어서는 비행사실의 일부에 관하여 자백 이외의 다른 증거가 없다 하더라도 법령적용의 착오나 소송절차의 법령위반이 있다고 할 수 없다.

보충 헌법 제12조 ⑦ … 정식재판에 있어서 피고인의 자백이 그에게 불리한 유일한 증거일 때에는 이를 유죄의 증거로 삼거나 이를 이유로 처벌할 수 없다.

Ⅱ 보강을 필요로 하는 자백

1. 피고인의 자백

(1) 보강법칙 적용의 전제조건

① **자백의 증거능력** : 보강법칙은 **증거능력 있는 자백**을 전제로 한다. 따라서 자백배제법칙 및 전문법칙에 의하여 증거능력 없는 자백(cf. ≠ 증거동의의 대상, 탄핵증거의 자격)은 보강증거가 있어도 유죄의 증거가 될 수 없다.

② **자백의 신용성** : 자백은 증거능력 이외에 **법관의 자유심증에 의한 신용성**(신빙성)이 인정되어야만 보강법칙이 적용된다.

> **대법원 1985.2.26, 82도2413; 1998.3.13, 98도159; 1999.1.15, 98도2605; 2001.9.28, 2001도4091; 2003.2.11, 2002도6110; 2012.1.27, 2011도6497; 2013.11.14, 2013도10277**
>
> 피고인의 자백이 증거능력이 있고 신빙성이 있어야 함 - 자백의 신빙성 판단기준
>
> 자백의 신빙성 유무를 판단함에 있어서는 자백의 진술내용 자체가 객관적으로 합리성을 띠고 있는지, 자백의 동기나 이유는 무엇이며, 자백에 이르게 된 경위는 어떠한지, 그리고 자백 외의 정황증거 중 자백과 저촉되거나 모순되는 것은 없는지 등 제반 사정을 고려하여 판단하여야 한다.

(2) 자백의 형태(= 자백배제법칙의 자백)

① **지위** : 보강법칙은 **피고인의 자백**에 대하여 적용된다. **자백 당시의 지위는 묻지 않으므로**, 피고인의 자백뿐 아니라 피의자 · 참고인 · 증인일 때의 자백도 모두 포함된다. 반면 피고인의 자백이 아닌 증인의 증언이나 참고인의 진술 등은 보강증거가 없어도 유죄의 증거가 될 수 있다.

② **상대방 · 방법** : 자백의 **상대방도 수사기관 · 사인을 불문**하고, 그 **방법도 구두 · 서면을 불문**한다. 따라서 자백의 내용이 담긴 진술뿐만 아니라 자백의 내용이 기재된 진술조서 · 진술서 · 일기장 · 비망록(메모) · 수첩 등도 모두 포함된다.

③ **공판정 자백** : 피고인이 공판정에서 법관의 면전에서 행하는 자백에도 허위개입으로 인한 오판의 위험성은 존재하므로 **보강법칙이 적용**된다(통설 · 판례, 대법원 1960.6.22, 4292형상1043). [법원행시 02, 법원9급 15, 국가7급 08]

정리 자백보강법칙이 적용되는 피고인의 자백은 지위 불문, 방법 불문, 상대방 불문.

> **대법원 1960.6.22, 4292형상1043**
>
> 피고인의 공판정 자백도 보강을 필요로 하는 자백이라는 사례
>
> 피고인이 공판정에서 법관의 면전에서 행하는 자백에도 허위개입으로 인한 오판의 위험성은 존재하므로 자백보강법칙이 적용된다.

CHAPTER 04 증거

2. 공범자의 자백

(1) 증거능력의 인정 여부

① **공범자의 공판정 자백의 증거능력** : 견해의 대립이 있으나,[1] **판례는 적극설**을 취하여(대법원 1985.6.25, 85도691; 1987.7.7, 87도973; 1987.12.12, 87도1020; 1992.7.28, 92도917 등), 피고인은 자백한 다른 공동피고인에 대하여 **반대신문권이 보장되어 있으므로** 공범자의 공판정 자백도 공소사실에 대해서 **증거능력이 있다**

---

1) [참고 – 공범자의 공판정 자백의 증거능력 인정 여부]
① 적극설 : 공범자인 공동피고인에 대한 피고인신문절차에서 피고인의 반대신문권이 보장되어 있으므로 공범자인 공동피고인의 공판정 자백은 피고인의 공소사실에 대하여 증거능력이 있다는 입장이다(이재상, 임동규).
② 소극설 : 변론을 분리하여 증인신문절차에 의하여 신문하지 않는 한 공범자의 공판정 자백은 증거능력이 없다는 견해이다.
③ 절충설 : 공판정에서 자백한 공범자인 공동피고인에 대하여 피고인이 충분히 반대신문을 하거나 반대신문의 기회가 부여된 경우에 한하여 증거능력을 인정할 수 있다는 견해이다(배/이/정/이).
④ 결론 : 공범자 아닌 공동피고인은 증인적격이 인정되므로 증인신문절차에 의하여 증언을 하면 되고, 공범자인 공동피고인은 증인적격이 부정되지만 공판정에서 피고인으로서 자백하는 것은 가능하고 이에 대하여 다른 피고인은 피고인신문절차에서 반대신문의 기회가 부여되므로 적극설이 타당하다고 생각된다.

는 입장이다.

② **공범자의 공판정 외 자백의 증거능력** : 공범자의 검찰수사단계 또는 경찰수사단계에서의 자백을 기재한 피의자신문조서 또는 진술조서 등의 증거능력은 **전문법칙의 예외요건을 갖추면** 피고인이 이를 증거로 함에 동의하지 않더라도 그 **증거능력이 인정**된다. 다만, 검사 이외의 수사기관이 작성한 피의자신문조서에 기재된 공범자의 자백(피고인과의 공범 범행에 대한 자백)은 피고인이 그 내용을 부인하면 증거능력이 부정됨(제312조 제3항)은 기술한 바와 같다.

(2) 보강법칙의 적용 여부

① **문제점** : 피고인의 공범자의 자백이 제310조의 '피고인의 자백'에 포함되는가의 문제, 즉 공범자의 자백이 피고인의 공소사실에 관한 유일한 증거인 경우에도 보강법칙이 적용되는가의 문제이다. 예컨대, 甲과 乙이 공범자인 경우에 乙의 자백만으로 별도의 보강증거 없이 甲을 유죄로 인정할 수 있는가가 문제된다.

② **학설 · 판례** : 견해의 대립이 있으나,[1] 판례는 공범자의 자백을 제310조의 피고인의 자백이라고 할 수 없으므로, **공범자의 자백에 대해서는 보강증거가 필요 없다**는 입장이다(소극설 · 불요설, 대법원 1992.7.28, 92도917). [법원9급 08/12/14/15, 국가7급 08/13/15, 국가9급 08/11/12/13/16, 교정9급특채 10, 경찰간부 12/13/14/16, 경찰승진 10/15/16, 경찰채용 14 1차/15 1차/16 1 · 2차/22 2차]

> **대법원 1992.7.28, 92도917**
> 공범자의 자백은 보강을 요하지 않는다는 사례
> 법 제310조의 피고인의 자백에는 공범인 공동피고인의 진술은 포함되지 않으며, 이러한 공동피고인의 진술에 대하여는 피고인의 반대신문이 보장되어 있어 독립한 증거능력이 있다.

03 보강증거의 자격

I 자백과는 독립된 증거능력 있는 증거

1. 증거능력

(1) 의의 : 보강증거도 **증거능력 있는 증거**이어야 한다(엄격한 증명의 대상, ≠ 탄핵증거). 자백의 증명력을 보강하여 유죄판결을 가능하게 하는 증거이기 때문이다. 따라서 임의성 없는 자백 · 진술이나 위법하게 수집된 증거는 보강증거가 될 수 없다.

(2) 전문증거 : 전문법칙의 예외의 경우를 제외하고는 **보강증거로 사용할 수 없다**(∴ 증거능력 없는 전문증거는 보강증거가 될 수 없음. cf. ≠ 탄핵증거).

2. 독립증거

(1) 의의 : 보강증거는 피고인의 자백과는 **실질적으로 독립된 증거가치**를 가지는 것이어야 한다. 보강증거는 자

---

1) [참고 – 공범자의 자백에 대한 보강법칙 적용 여부(보강증거 요부)]
① 적극설(필요설) : 공범자의 자백도 피고인의 자백에 포함되므로, 공범자의 자백이 있더라도 그 자백에 보강증거가 없으면 피고인을 유죄로 인정할 수 없다는 입장이다(배종대 등. 손동권, 신양균 등). 공범자 A는 범행을 부인하고 공범자 B는 범행을 자백한 경우, 소극설에 의하면 자백을 하지 않은 A는 유죄가 되고 자백을 한 B는 무죄가 되는데, 이는 불합리하다는 것을 근거로 주장하는 입장이다.
② 절충설 : 공동피고인인 공범자의 자백(공판정 자백)에는 보강증거가 필요 없지만, 공동피고인 아닌 공범자 자백(공판정 외 자백)에는 보강증거가 필요하다는 입장이다(신동운).
③ 소극설(불요설) : 공범자의 자백은 법 제310조의 피고인의 자백이라 볼 수 없으므로, 공범자의 자백이 있으면 그 자백에 대한 보강증거가 없어도 피고인을 유죄로 인정할 수 있다는 입장이다(이재상/조균석/이창온, 이주원, 임동규, 정웅석/백승민, 차용석/최용성 등). 판례도 소극설이다.
④ 결론 : 법 제310조의 피고인의 자백에 공범자의 자백을 포함시키는 것은 해석상 무리가 있다는 점에서 소극설이 타당하다. 공범자의 자백에 대해서는 피고인의 반대신문권이 보장되어 있으며, 공범자(B)의 자백과 이에 대한 피고인(A)의 부인 중 어느 증거에 증명력을 부여할 것인가는 법관의 자유판단에 의하는 것이므로 A만 유죄가 되었다 하여도 이를 불합리하다고 볼 수는 없다. 물론 공범자의 자백의 증명력 판단에 신중을 기해야 함은 당연한 요청이다.

백의 증명력을 보강하는 증거이므로 피고인의 자백으로 본인의 자백을 보강하는 것은 허용되지 아니한다.

(2) 형태 : 피고인의 자백과는 별개의 독립증거라면, 인증 · 물증 · 서증 등 증거방법의 형태는 따지지 아니한다.

(3) 피고인의 자백 : 피고인의 자백은 자백에 대한 **독립증거가 아니므로 보강증거가 될 수 없다.** 따라서 피고인의 수사단계 등 공판정 외에서의 자백(대법원 1965.6.29, 65도405; 1966.7.26, 66도634 전원합의체; 1981.7.7, 81도1314), 피고인의 자백이 기재된 조서 · 진술서 등 증거서류, 항소심에서 행한 자백에 대한 제1심에서 행한 자백, 피고인으로부터 자백을 들은 자의 진술, 검증현장에서의 피고인의 범행장면 재연(실연實演에 의한 자백에 불과함) 등은 자백에 대한 보강증거가 될 수 없다. [국가7급 20]

사례문제

유흥업소를 운영하는 甲은 경찰관 乙에게 단속정보를 제공해 주는 대가로 2009. 5. 20. 200만원의 뇌물을 공여하였다는 혐의로 조사를 받았다. 하지만 甲은 "돈을 가져오지 않으면 구속수사하겠다는 乙의 협박 때문에 200만원을 주었을 뿐이고, 乙로부터 단속정보를 제공받은 사실이 없으며, 그 대가로 준 것도 아니다."라고 강하게 부인하였다. 그 후 甲이 잠적해 버리자, 고민을 거듭하던 검사는 甲의 부인 A로부터 "구속수사를 피하기 위해 乙에게 200만원을 주었다는 얘기를 甲으로부터 들었다."라는 진술을 확보하여 2016. 5. 21. 乙을 공갈죄로 기소하였다. 乙의 공판이 진행되던 2016. 7. 10. 검찰에 자진출석한 甲은 "乙로부터 경찰의 단속정보를 제공받는 대가로 200만원을 제공한 것이 맞다."라고 진술하였다. [변호사 17]

문제1 공소장변경을 통해 乙에 대한 공소사실이 공갈에서 뇌물수수로 변경될 경우, 乙에 대해 적용될 공소시효의 기간은 공갈죄를 기준으로 한다.

→ (×) 공소장변경절차에 의하여 공소사실이 변경됨에 따라 그 법정형에 차이가 있는 경우에는 변경된 공소사실에 대한 법정형이 공소시효기간의 기준이 된다(대법원 2013.7.26, 2013도6182). [국가7급 23]

문제2 乙에게 뇌물수수죄가 인정되고 甲에게 뇌물공여죄가 인정될 경우, 乙에 대해 공소가 제기되더라도 甲의 뇌물공여죄에 관한 공소시효가 정지되지 않는다.

→ (○) 대향범 관계에 있는 자 사이에서는 각자 상대방의 범행에 대하여 형법총칙의 공범규정이 적용되지 아니하므로 형사소송법 제253조 제2항에서 말하는 '공범'에는 뇌물공여죄와 뇌물수수죄 사이와 같은 대향범 관계에 있는 자는 포함되지 않는다(대법원 2015.2.12, 2012도4842).

문제3 "乙에게 200만원을 뇌물로 주었다."라는 甲의 진술이 유일한 증거인 경우, "甲으로부터 그런 얘기를 들었다."라는 A의 법정증언을 보강증거로 하여 甲의 뇌물공여를 유죄로 인정할 수 있다.

→ (×) "피고인이 범행을 자인하는 것을 들었다"는 피고인 아닌 자의 진술 내용은 형사소송법 제310조의 피고인의 자백에는 포함되지 아니하나, 이는 피고인의 자백의 보강증거로 될 수 없다(대법원 2008.2.14, 2007도10937). [경찰승진 22, 경찰채용 23 1차, 법원9급 22]

대법원 1966.7.26, 66도634 전원합의체

피고인의 자백은 보강증거가 될 수 없다는 사례

피고인의 자백이 그에게 불리한 유일한 증거인 때에는 그 자백이 공판정에서의 자백이든 피의자로서의 조사관에 대한 진술이든 그 자백의 증거능력이 제한되어 있고 그 어느 것이나 독립하여 유죄의 증거가 될 수 없으므로 위 자백을 아무리 합쳐 보더라도 그것만으로는 유죄의 판결을 할 수 없다.

(4) 피고인의 자백을 내용으로 하는 피고인 아닌 자의 진술 : 피고인의 자백과 독립성이 없다면 보강증거가 될 수 없다. 따라서 **피고인으로부터 범행을 자백받았다는 피고인 아닌 자의 진술**이나 **피고인이 범행을 자인하였다는 것을 들었다는 피고인 아닌 자의 진술**(대법원 1981.7.7, 81도1314; 2008.2.14, 2007도10937)은 설사 피고인 아닌 자의 진술이라 하더라도 **보강증거가 될 수 없다.** [법원9급 10/14/15/21, 국가7급 16, 국가9급 12/14, 경찰간부 12/14, 경찰승진 10/11/13, 경찰채용 12 3차/13 2차/14 1차/15 1차/16 1차]

대법원 1981.7.7, 81도1314 [법원9급 10/14/15, 국가7급 16, 국가9급 12/14, 경찰간부 12/14, 경찰승진 10/11/13, 경찰채용 12 3차/13 2차 등]

피고인의 자백을 내용으로 하는 피고인 아닌 자의 진술은 피고인의 자백은 아니나 보강증거는 될 수 없다는 사례

피고인이 범행을 자인하는 것을 들었다는 피고인 아닌 자의 진술내용은 법 제310조의 피고인의 자백에는 해당되지 아니하나 결국

피고인의 자백을 내용으로 하고 있는 진술기재내용에 불과하므로, 이를 피고인의 자백의 보강증거로 삼는다면 피고인의 자백을 피고인의 자백으로서 보강하는 결과가 되어 아무런 보강도 하는 바 없는 것이다.

(5) 피고인의 자백이 기재된 수첩 · 장부 등 : **피고인이 범인으로 검거되기 전 작성한 수첩 · 일기장 · 메모 · 상업장부 등**에 피고인의 범행이 포함되어 있는 경우, 피고인의 자백과 독립된 보강증거가 될 수 있는가에 대해서는 견해가 대립하나,[1] **판례는 긍정설**이다(대법원 1996.10.17, 94도2865 전원합의체). [법원9급 12, 국가9급 12, 경찰간부 14, 해경간부 12, 경찰승진 10/13/15, 경찰채용 11 1차]

대법원 1996.10.17, 94도2865 전원합의체 [국가7급 18]

[1] 상업장부 · 항해일지 · 진료일지 · 금전출납부 등 사무 내역을 기재한 문서

다수의견 상업장부나 항해일지, 진료일지 또는 이와 유사한 금전출납부 등과 같이 범죄사실의 인정 여부와는 관계없이 자기에게 맡겨진 사무를 처리한 사무 내역을 그때그때 계속적, 기계적으로 기재한 문서 등의 경우는 사무처리 내역을 증명하기 위하여 존재하는 문서로서 그 존재 자체 및 기재가 그러한 내용의 사무가 처리되었음의 여부를 판단할 수 있는 별개의 독립된 증거자료이고, 설사 그 문서가 우연히 피고인이 작성하였고 그 문서의 내용 중 피고인의 범죄사실의 존재를 추론해 낼 수 있는, 즉 공소사실에 일부 부합되는 사실의 기재가 있다고 하더라도, 이를 일컬어 피고인이 범죄사실을 자백하는 문서라고 볼 수는 없다.

[2] 피고인이 업무추진 과정에서 지출한 자금 내역을 기록한 수첩의 기재 내용은 자백에 대한 독립적인 보강증거 [법원9급 12, 국가7급 14, 국가9급 11/12/16, 경찰간부 14, 해경간부 12, 경찰승진 10/13/15, 경찰채용 11 1차]

다수의견 피고인이 뇌물공여 혐의를 받기 전에 이와는 관계없이 준설공사에 필요한 각종 인 · 허가 등의 업무를 위임받아 이를 추진하는 과정에서 그 업무수행에 필요한 자금을 지출하면서, 스스로 그 지출한 자금내역을 자료로 남겨두기 위하여 뇌물자금과 기타 자금을 구별하지 아니하고 그 지출 일시, 금액, 상대방 등 내역을 그때그때 계속적, 기계적으로 기입한 수첩의 기재 내용은, 피고인이 자신의 범죄사실을 시인하는 자백이라고 볼 수 없으므로, 증거능력이 있는 한 피고인의 금전출납을 증명할 수 있는 별개의 증거라고 할 것인즉, 피고인의 검찰에서의 자백에 대한 보강증거가 될 수 있다.[2]

(6) 간접증거 : 보강증거는 직접증거뿐만 아니라 피고인의 자백이 가공한 것이 아니라 진실한 것임을 인정할 수 있는 한 **간접증거(정황증거)도 될 수 있다**(통설 · 판례, 진실성담보설). [법원9급 10/12/14, 국가7급 17, 교정9급특채 10, 경찰간부 14, 경찰승진 10, 경찰채용 12 1 · 3차/13 2차/15 1차/16 2차] 다만, 단지 공소사실의 객관적 부분과는 관련이 없는 **범행동기**(대법원 1990.12.7, 90도2010)나 **습성**(대법원 1996.2.13, 95도1794)에 관한 **정황증거**는 보강증거가 될 수 없다. [국가7급 14, 법원9급 23]

정리 정황증거 : 자백보강증거 대체로 인정 but 범행동기 · 습성에 관한 정황증거는 부정

판례연구 자백의 보강증거가 되는 간접증거(정황증거)

1. **대법원 1960.3.18, 4292형상880** [경찰승진 15]
   과거 낙태를 시키려 했다는 정황적 사실은 피고인이 가정불화로 유아를 살해했다는 자백에 대하여 보강증거가 될 수 있다.
2. **대법원 1983.2.22, 82도3107** [국가7급 14, 경찰승진 15]
   위조신분증의 현존이 동 신분증의 제시 · 행사 사실의 자백에 대한 보강증거능력이 있다는 사례

1) [참고 - 피고인의 자백이 기재된 수첩 · 장부 등의 보강증거의 자격 여부]
① 부정설 : 수첩 등도 피고인의 자백을 내용으로 하고 있다면 보강증거가 될 수 없다는 입장이다(다수설).
② 긍정설 : 범죄의 혐의를 받기 전에 이와 관계없이 사무처리내역을 기재한 수첩 등은 피고인의 범죄사실을 자백하는 문서라 할 수 없으므로 보강증거가 될 수 있다는 입장이다(판례). 학설 중에서도 ㉠ 피고인이 자신의 범행만을 기록한 일기장 등은 보강증거가 될 수 없으나, ㉡ 사무처리나 거래의 내용을 그때그때 기계적으로 기재한 수첩 · 장부 · 일기장 등은 보강증거가 될 수 있다는 입장이 있다(신동운, 신양균, 임동규 등).
③ 결론 : 긍정설은 자신의 범행을 시인하는 자백과 자신의 사무처리내역을 평소 기재한 수첨 등 내용이 구별됨을 전제로 하나, 이러한 전제는 그 구별이 모호하다는 점에서 부정설이 타당하다.
* 다만, 수험에서는 판례의 긍정설에 유의할 것.

2) [참고 - 위 판례의 반대의견] 수첩의 기재는 피고인이 경험한 사물에 대한 인식을 외부에 글로 표현한 내용이 증거방법으로 사용된다는 점에서 이를 자백으로 봄이 합당하고, 이를 피고인의 자백과는 성질이 다른 독립된 증거라고 볼 수 없고, 따라서 물증 등 다른 증거에 비하면 거짓이나 조작이 개재될 여지가 많은 피고인의 자백만으로 유죄판단을 하지 못하도록 제한하려는 형사소송법 제310조의 입법취지에 비추어 이러한 수첩의 기재 내용만으로는 유죄의 판단을 할 수 없음은 물론 이는 자백에 대한 보강증거도 될 수 없다고 보아야 한다. 피고인이 작성한 수첩의 기재 내용이 형사소송법 제315조에 의하여 증거능력을 가지게 된다는 것과 자백만으로는 유죄판결을 할 수 없다는 형사소송법의 원칙과는 서로 차원을 달리하는 것이다.

자백에 대한 보강증거는 피고인의 임의적인 자백사실이 가공적인 것이 아니고 진실하다고 인정될 정도의 증거이면 직접증거이거나 간접증거이거나 보강증거능력이 있다 할 것이고, 반드시 그 증거만으로 객관적 구성요건에 해당하는 사실을 인정할 수 있는 정도의 것임을 요하는 것이 아니라 할 것이므로, 피고인이 위조신분증을 제시행사한 사실을 자백하고 있고, 위 제시행사한 신분증이 현존한다면 그 자백이 임의성이 없는 것이 아닌 한 위 신분증은 피고인의 위 자백사실의 진실성을 인정할 간접증거가 된다고 보아야 한다.

3. 대법원 1983.5.10, 83도686 [국가7급 14, 경찰채용 11/12 3차]

피고인이 간통사실을 자인하는 것을 들었고 공소사실 기재의 간통범행 일시경에 피고인의 가출과 외박이 잦아 의심을 하게 되었다는 취지의 피고인의 남편에 대한 진술조서 기재는 피고인의 간통사실 자백에 대한 보강증거가 될 수 있다. → 간통죄가 폐지되었으므로 참고만 해도 좋은 판례임.

4. 대법원 1995.6.30, 94도993 [경찰승진 10, 경찰채용 16 2차]

뇌물공여 상대방인 공무원의 진술과 뇌물공여자의 자백의 보강증거

뇌물공여의 상대방인 공무원이 뇌물을 수수한 사실을 부인하면서도 그 일시경에 뇌물공여자를 만났던 사실 및 공무에 관한 청탁을 받기도 한 사실 자체는 시인하였다면, 이는 뇌물을 공여하였다는 뇌물공여자의 자백에 대한 보강증거가 될 수 있다.

5. [유사판례] 대법원 1998.12.22, 98도2890

뇌물수수자가 무자격자인 뇌물공여자로 하여금 건축공사를 하도급 받도록 알선하고 그 하도급계약을 승인받을 수 있도록 하였으며 공사와 관련된 각종의 편의를 제공한 사실을 인정할 수 있는 증거들이 뇌물공여자의 자백에 대한 보강증거가 될 수 있다.

6. 대법원 1994.9.30, 94도1146

오토바이에 대한 압수조서 기재가 무면허운전 자백의 보강증거가 된다는 사례

오토바이를 절취당한 피해자로부터 오토바이가 세워져 있다는 신고를 받고 그 곳에 출동한 경찰관이 잠복근무하다가 피고인이 오토바이의 시동을 걸려는 것을 보고 그를 즉시 체포하면서 그로부터 오토바이를 압수하였다는 사법경찰리 작성의 압수조서의 기재는 피고인이 운전면허가 없다는 사실에 대한 직접적인 보강증거는 아니지만 오토바이를 운전하였다는 사실의 자백 부분에 대한 보강증거는 되는 것이므로 결과적으로 피고인이 운전면허 없이 운전하였다는 전체 범죄사실의 보강증거로 충분하다.

7. [유사판례] 대법원 2000.9.26, 2000도2365 [교정9급특채 10, 경찰간부 12, 경찰승진 10, 경찰채용 16 2차, 국가7급 19]

자동차등록증에 차량의 소유자가 피고인으로 등록 · 기재된 것은 피고인이 그 차량을 운전하였다는 사실의 자백 부분에 대한 보강증거가 될 수 있고, 피고인의 무면허운전이라는 전체 범죄사실의 보강증거로 충분하다.

8. 대법원 2002.1.8, 2001도1897

소변검사 결과가 2차에 걸친 향정신성의약품 투약행위 모두에 대한 보강증거가 될 수 있다고 한 사례

2000. 10. 19. 채취한 소변에 대한 검사결과 메스암페타민 성분이 검출된 경우, 위 소변검사결과는 2000. 10. 17. 메스암페타민을 투약하였다는 자백에 대한 보강증거가 될 수 있음은 물론 같은 달 13. 메스암페타민을 투약하였다는 자백에 대한 보강증거도 될 수 있다(소변검사결과 : 검사 이전 2회의 투약에 대한 보강증거).

9. [유사판례] 대법원 2007.9.20, 2007도5845

기소된 대마 흡연일자로부터 한 달 후 피고인의 주거지에서 압수된 대마 잎이 피고인의 자백에 대한 보강증거가 된다.

10. 대법원 2008.5.29, 2008도2343 [경찰간부 12, 경찰승진 10, 경찰채용 12 1차]

피고인의 집에서 피해품을 압수한 압수조서와 압수물 사진은 절도 자백의 보강증거가 된다는 사례

피고인이 자신이 거주하던 다세대주택의 여러 세대에서 7건의 절도행위를 한 것으로 기소되었는데 그 중 4건은 범행장소인 구체적 호수가 특정되지 않은 경우, 위 4건에 관한 피고인의 범행 관련 진술이 매우 사실적 · 구체적 · 합리적이고 진술의 신빙성을 의심할 만한 사유도 없어 자백의 진실성이 인정되므로, 피고인의 집에서 해당 피해품을 압수한 압수조서와 압수물 사진은 위 자백에 대한 보강증거가 된다.

11. [유사판례] 대법원 1985.6.25, 85도848

압수된 피해품의 현존사실은 (절도)자백의 보강증거가 될 수 있다.

12. [유사판례] 대법원 1985.11.12, 85도1838 [국가7급 14]

검사의 피고인에 대한 피의자신문조서 기재에 피고인이 성명불상자로부터 반지 1개를 편취한 후 이 반지를 1984.4.20경 소송외 甲에게 매도하였다는 취지로 진술하고 있고 한편 甲에 대한 진술조서 기재에 위 일시경 피고인으로부터 금반지 1개를 매입하였다고 진술하고 있다면 위 甲의 진술은 피고인이 자백하고 있는 편취물품의 소재 내지 행방에 부합하는 진술로서 피고인의 (사기)자백의 진실성을 보강하는 증거가 될 수 있다.

13. [유사판례] 대법원 2011.9.29, 2011도8015 [경찰간부 22, 국가7급 16]

피고인이 甲과 합동하여 乙의 재물을 절취하려다가 미수에 그쳤다는 내용의 공소사실을 자백한 경우, 피고인을 현행범으로 체포한 乙의 수사기관에서의 진술과 (범행에 사용된 노루발못뽑이와 손괴된 쇠창살 모습이 촬영된) 현장사진이 첨부된 수사보

고서는 피고인 자백의 진실성을 담보하기에 충분한 보강증거가 된다.

14. 대법원 2008.9.25, 2008도6045

자신이 운영하는 게임장에서 미등급 게임기를 판매·유통시켰다는 공소사실에 대하여 경찰 및 제1심 법정에서 자백한 후 이를 다시 번복한 경우, 미등급 게임기가 설치된 게임장 내부 사진 및 피고인 명의의 게임제공업자등록증 등의 증거가 자백의 진실성을 담보하기에 충분한 보강증거가 된다.

15. 대법원 2010.12.23, 2010도11272 [경찰채용 12 1차]

운전해 온 피고인으로부터 필로폰을 건네받았다는 진술 및 필로폰 양성반응과 약물운전죄 자백보강증거

2010.2.18. 01 : 35경 자동차를 타고 온 피고인으로부터 필로폰을 건네받은 후 피고인이 위 차량을 운전해 갔다고 한 甲의 진술과 2010.2.20. 피고인으로부터 채취한 소변에서 나온 필로폰 양성 반응은, 피고인이 2010.2.18. 02 : 00경의 필로폰 투약으로 정상적으로 운전하지 못할 우려가 있는 상태에 있었다는 공소사실 부분에 대한 자백을 보강하는 증거가 되기에 충분하다.

16. 대법원 2018.3.15, 2017도20247

乙은 피고인의 최초 러미라 투약행위가 있었던 시점에 피고인에게 50만 원 상당의 채무변제에 갈음하여 러미라 약 1,000정이 들어있는 플라스틱통 1개를 건네주었다고 하고 있고, 甲은 乙에게 피고인으로부터 러미라를 건네받았다는 취지의 카카오톡 메시지를 보낸 사실을 알 수 있어, 이러한 乙에 대한 검찰 진술조서 및 수사보고는 피고인이 乙로부터 수수한 러미라를 투약하고 甲에게 제공하였다는 자백의 진실성을 담보하기에 충분하다.

17. 대법원 2022.11.17, 2019도11967

휴대전화가 위법하게 압수된 경우 휴대전화에 대한 임의제출서, 압수조서 등이 자백보강증거가 될 수 있다는 사례

피고인이 2017.9.1.~2018.5.25.까지 지하철역 등지에서 총 26회 성명불상의 피해자들의 신체를 의사에 반하여 촬영한 사실로 공소가 제기되었고 피고인이 공소사실을 자백하였는데, 피고인의 휴대전화에 저장된 전자정보 탐색·복제·출력 과정에서 피고인의 참여권이 보장되지 않아 증거능력이 인정되지 않는 경우, 위 휴대전화에 대한 임의제출서, 압수조서 등은 피고인의 자백을 보강하는 증거가 될 수 있는가에 관하여 … 이 사건 휴대전화에 대한 임의제출서, 압수조서, 압수목록, 압수품 사진, 압수물 소유권 포기여부 확인서는 경찰이 피고인의 이 부분 범행 직후 범행 현장에서 피고인으로부터 위 휴대전화를 임의제출 받아 압수하였다는 내용으로서 이 사건 휴대전화에 저장된 전자정보의 증거능력 여부에 영향을 받지 않는 별개의 독립적인 증거에 해당하므로, 피고인이 증거로 함에 동의한 이상 유죄를 인정하기 위한 증거로 사용할 수 있고, 이 부분 공소사실에 대한 피고인의 자백을 보강하는 증거가 된다고 볼 여지가 많다.

판례연구 자백의 보강증거가 되지 않는 간접증거(정황증거)

1. 대법원 1986.2.25, 85도2656

피고인의 범행도구(차량)를 도난당하였다는 자의 진술은 피고인의 소매치기범행 자백에 대한 보강증거가 될 수 없다는 사례

성남시 태평동 자기집 앞에 세워둔 봉고화물차 1대를 도난당하였다는 공소외인의 진술은 피고인이 위 차를 타고 그 무렵 충주까지 가서 소매치기 범행을 하였다고 자백하고 있는 경우, 위 피고인의 자백이 그 차량을 범행의 수단, 방법으로 사용하였다는 취지가 아니고 피고인이 범행장소인 충주까지 가기 위한 교통수단으로 이용하였다는 취지에 불과하여 위 소매치기범행과는 직접적으로나 간접적으로 아무런 관계가 없어 이는 위 피고인의 자백에 대한 보강증거가 될 수 없다.

2. 대법원 1990.12.7, 90도2010 [국가7급 14]

범행동기에 관한 정황증거는 공소사실의 객관적 부분과 관련이 없는 것이어서 자백에 대한 보강증거가 될 수 없다는 사례

검사가 보강증거로서 제출한 증거의 내용이 피고인과 공소외 甲이 현대자동차 춘천영업소를 점거했다가 甲이 처벌받았다는 것이고, 피고인의 자백내용은 현대자동차 점거로 甲이 처벌받은 것은 학교 측의 제보 때문이라 하여 피고인이 그 보복으로 학교총장실을 침입점거했다는 것이라면, 위 증거는 공소사실의 객관적 부분인 주거침입, 점거사실과는 관련이 없는 범행의 침입동기에 관한 정황증거에 지나지 않으므로 위 증거와 피고인의 자백을 합쳐 보아도 자백사실이 가공적인 것이 아니고 진실한 것이라 인정하기에 족하다고 볼 수 없으므로 검사 제출의 위 증거는 자백에 대한 보강증거가 될 수 없다.

3. 대법원 1996.2.13, 95도1794

공소사실 기재 범행 후의 투약에 관한 증거가 되는 소변검사 결과와 압수된 약물은 습성에 관한 범행증거에 불과하므로 마약사범의 이전 각 투약행위 자백에 대한 보강증거가 될 수 없다는 사례

소변검사 결과는 1995.1.17.자 투약행위로 인한 것일 뿐 그 이전(94년 6~11월)의 4회에 걸친 투약행위와는 무관하고, 압수된 약물도 이전의 투약행위에 사용되고 남은 것이 아니므로, 위 소변검사 결과와 압수된 약물은 결국 피고인이 투약습성이 있다는 점에 관한 정황증거에 불과하다(95.1.17. 투약에 대한 소변결과 = 투약습성에 관한 정황증거 → 94.6.~11. 4회 투약 보강증거 ×)(실체적 경합범 및 상습범은 각 행위 보강증거 要).

사례문제

아래 문제들은 대법원 2019.11.14, 2019도13290 판례를 사례문제로 만든 것이다. 이 사건은 피고인이 휴대전화기의 카메라로 피해자를 몰래 촬영한 현장에서 현행범으로 체포되면서 위 휴대전화기를 수사기관에 임의제출한 사안에서, 피고인의 자백을 보강할 증거가 있는지 여부가 쟁점이 된 사건이다.

문제1 피고인 A는 지하철역 에스컬레이터에서 휴대전화기의 카메라를 이용하여 성명불상 여성 피해자의 치마 속을 몰래 촬영하다가 현행범으로 체포되어 성폭력범죄의 처벌 등에 관한 특례법 위반(카메라등이용촬영)으로 기소되었다. 검사가 제출한 증거 중 체포 당시 임의제출 방식으로 압수된 A 소유 휴대전화기에 대한 압수조서가 있다. 이 압수조서 중 '압수경위'란에 기재된 내용은 A가 범행을 저지르는 현장을 직접 목격한 사법경찰관 B의 진술이 담긴 것이다. 이는 전문증거에 해당하는데, 그렇다면 그 증거능력을 인정하기 위한 전문법칙의 예외규정 중 제 몇 조 제 몇 항에 해당하는가?

→ 피고인은 공소사실에 대해 자백하고 검사가 제출한 모든 서류에 대하여 증거로 함에 동의하였는데, 그 서류들 중 체포 당시 임의제출 방식으로 압수된 피고인 소유 휴대전화기(이하 '휴대전화기'라고 한다)에 대한 압수조서의 '압수경위'란에 '지하철역 승강장 및 게이트 앞에서 경찰관이 지하철범죄 예방 · 검거를 위한 비노출 잠복근무 중 검정 재킷, 검정 바지, 흰색 운동화를 착용한 20대가량 남성이 짧은 치마를 입고 에스컬레이터를 올라가는 여성을 쫓아가 뒤에 밀착하여 치마 속으로 휴대폰을 집어넣는 등 해당 여성의 신체를 몰래 촬영하는 행동을 하였다'는 내용이 포함되어 있고, 그 하단에 피고인의 범행을 직접 목격하면서 위 압수조서를 작성한 사법경찰관 및 사법경찰리의 각 기명날인이 들어가 있으므로, 위 압수조서 중 '압수경위'란에 기재된 내용은 피고인이 범행을 저지르는 현장을 직접 목격한 사람의 진술이 담긴 것으로서 형사소송법 제312조 제5항에서 정한 '피고인이 아닌 자가 수사과정에서 작성한 진술서'에 준하는 것으로 볼 수 있다.

[해결] 제312조 제5항(→ 제312조 제4항)

문제2 (현행범 체포현장에서 형사소송법 제218조에 따른 임의제출물 압수가 가능하다고 하더라도, 제출의 임의성이 있어야만 압수물에 대한 증거능력이 인정될 수 있는 것인데, 이 사건에서 만약 임의제출에 의한 압수절차와 그 효과에 대한 피고인의 인식 또는 경찰관의 고지가 없었다고 보이는 등 피고인이 현행범으로 체포될 당시 임의제출 방식으로 압수된 피고인 소유의 휴대전화기 – 제1호증, 이하 '이 사건 휴대전화기' – 에 대하여 경찰관의 강제수사 또는 피고인의 임의적 제출의사 부재가 의심되는 반면 이를 배제할 검사의 증명이 전혀 이루어지지 않아 이 사건 휴대전화기의 증거능력은 인정되지 않는다고 하여도) 위 제1문의 목격자 B의 진술이 담긴 압수조서는 이 사건 휴대전화기에 대한 임의제출절차가 적법하였는지에 따라 그 증거능력에 영향을 받지 않는 별개의 독립적인 증거에 해당하는가?

→ (문제1의 판례에 이어서) 이에 따라 휴대전화기에 대한 임의제출절차가 적법하였는지에 영향을 받지 않는 별개의 독립적인 증거에 해당한다.

[해결] 별개의 독립적인 증거에 해당한다.

문제3 A가 공소사실에 대하여 자백하고 검사가 제출한 모든 서류에 대하여 증거로 함에 동의하였을 경우, 위 제1문의 목격자 B의 진술이 담긴 압수조서는 자백을 보강하는 증거가 될 수 있는가?

→ 피고인이 증거로 함에 동의한 이상 유죄를 인정하기 위한 증거로 사용할 수 있을 뿐 아니라 피고인의 자백을 보강하는 증거가 된다고 볼 여지가 많다. 따라서 이와 달리 피고인의 자백을 뒷받침할 보강증거가 없다고 보아 무죄를 선고한 원심판결에 자백의 보강증거 등에 관한 법리를 오해하거나 필요한 심리를 다하지 아니한 잘못이 있다.

[해결] 자백을 보강하는 증거가 될 수 있다.

Ⅱ 공범자의 자백

1. 문제점

피고인의 자백이 있는 경우에 공범자의 자백을 보강증거로 하여 유죄의 인정을 할 수 있는가가 문제된다. 이는 공동피고인이 모두 자백한 경우에 상호 보강증거가 될 수 있는가의 문제 및 피고인이 자백하지 않았는데 공범자만 자백한 경우 피고인에 대한 유죄의 증거로 삼을 수 있는가의 문제와도 연결된다.

2. 학설 · 판례

견해의 대립이 있으나, 통설 · 판례는 **공범자의 자백도 피고인의 자백에 대한 보강증거가 될 수 있다**는 입장이다(긍정설).[1] [법원9급 10/12/14/15, 국가7급 07, 국가9급 10/12/13, 경찰간부 12/14/16, 경찰승진 10/11/12, 경찰채용 15 1차/16 2차] 긍정설에 의하면, 공동피고인의 자백은 이에 대한 피고인의 반대신문권이 보장되어 있어 증인으로 신문한 경우와 다를

1) [참고] 한편, 공범자의 자백도 보강증거를 요한다는 입장에서는 공범자의 자백만으로는 피고인의 자백에 대한 보강증거가 될 수 없다는 견해를 제시한다(배/이/정/이).

바 없으므로 **독립한 증거능력**이 있고(대법원 1985.6.25, 85도691; 1992.7.28, 92도917 등), 이는 피고인들 간에 이해관계가 상반된다고 하여도 마찬가지이다(대법원 2006.5.11, 2006도1944). [법원9급 23] 따라서 피고인이 자백한 경우 공범자의 자백은 피고인의 자백에 대한 보강증거가 되고, 공범자인 공동피고인들이 모두 자백한 경우 공범자의 각 자백은 **상호 보강증거**가 될 뿐만 아니라, 피고인이 부인하는 경우 공범자의 자백만으로도 피고인에 대한 유죄의 증거로 삼을 수 있다.

> **대법원 1990.10.30, 90도1939** [법원9급 10/12/14/15, 국가7급 07, 국가9급 10/12/13, 경찰간부 12/14, 경찰승진 10/11/12, 경찰채용 15 1차]
>
> 공범자의 자백은 보강증거가 된다는 사례 → 공동피고인의 자백은 상호 보강증거 O
>
> 법 제310조 소정의 '피고인의 자백'에 공범인 공동피고인의 진술은 포함되지 아니하므로 공범인 공동피고인의 진술은 다른 공동피고인에 대한 범죄사실을 인정하는 증거로 할 수 있는 것일 뿐만 아니라 공범인 공동피고인들의 각 진술은 상호 간에 서로 보강증거가 될 수 있다.

정리 공범자의 자백

> ① 공범자의 자백의 보강증거 요부 : 불요(∵ 제310조의 피고인의 자백 ×)
> ② 공범자의 자백은 피고인의 자백에 대한 보강증거가 될 수 있는가 : 긍정
> ③ 공범자 모두 자백한 경우 상호 보강증거가 될 수 있는가 : 긍정
> ＊단, 피고인의 자백의 증거능력 要, 공범자의 자백도 증거능력 要
> ④ 피고인 자백, 공범자 부인시 : 피고인 무죄(∵ 보강증거 ×)
> ⑤ 피고인 부인, 공범자 자백시 : 피고인 유죄(∵ 공범자 자백 보강증거 不要), 공범자 (if 보강 ×) 무죄, 또한 공범자만 유죄도 가능 (if 보강증거 O)(자유심증주의 : 일부 증명력 인정 可)

04 보강증거의 필요범위

Ⅰ 보강증거가 필요한 범위

1. 문제점 – 자백에 대하여 보강증거를 필요로 하는 범위

자백한 범죄사실의 전부에 대해서 보강증거를 요하는 것은 사실상 불가능할 뿐만 아니라 자백의 증거가치를 완전히 부정하는 결과가 되고, 반대로 어떠한 보강증거라도 있기만 하면 자백의 증명력을 인정하는 것은 자백보강법칙이 무의미해진다. 따라서 **자백의 내용인 사실의 어느 범위까지 보강증거가 필요한가**(자백에 대한 보강의 정도)가 문제된다.

2. 결 론

죄체설과 진실성담보설(실질설)이 대립하나,[1] 통설 · 판례는 자백에 대한 보강증거는 **범죄사실의 전부 또는 중요부분을 인정할 수 있는 정도가 되지 아니하더라도**(죄체설 ×) [해경간부 12, 경찰승진 13, 경찰채용 11 1차] **피고인의 자백이 가공적인 것이 아닌 진실한 것임을 인정할 수 있는 정도**만 되면 족하다고 함으로써 **진실성담보설**을 취한다(대법원 1998.3.13, 98도159; 1999.3.23, 99도338; 2001.9.28, 2001도4091 등). 따라서 보강증거는 자백과 서로 어울려서 전체로서 범죄사실을 인정할 수 있으면 유죄의 증거로 충분하므로 정황증거도 보강증거가 될 수 있다. 또한 사람의 기억에는 한계가 있는 만큼 자백과 보강증거 사이에 어느 정도의 차이가 있어도 중요부분이 일치하고 그로써 진실성이 담보되면 보강증거로서의 자격이 인정된다(대법원 2008.5.29, 2008도2343). [법원9급 09/10/11/15/21, 국가7급 16, 국가9급 11/16, 경찰간부 13/14, 경찰승진 10/13/16, 경찰채용 12 1 · 3차/13 2차/15 1 · 2차 등]

1) [참고 – 보강증거의 범위]
① 죄체설 : 객관적 범죄구성사실인 죄체(corpus delicti)의 전부 또는 중요부분에 대하여 보강증거가 필요하다는 견해이다.
② 진실성담보설 : 보강증거는 자백의 진실성을 담보할 수 있을 정도이면 족하다는 견해이다(실질설 : 통설 · 판례).
③ 절충설 : 공판정 외 자백은 죄체설을, 공판정 자백은 진실성담보설에 의하는 입장이다(차/최).
④ 결론 : 죄체의 개념은 공판정 외 자백에 대해 엄격한 보강증거를 요하는 미국증거법상 개념으로서 우리 형사소송법에서 반드시 필요하지 않으므로, 본서는 진실성담보설을 따른다.

> **대법원 2008.5.29, 2008도2343**
>
> 자백에 대한 보강증거는 범죄사실의 전부 또는 중요부분을 인정할 수 있는 정도가 되지 아니하더라도(죄체설 ×) 피고인의 자백이 가공적인 것이 아닌 진실한 것임을 인정할 수 있는 정도만 되면 족한 것으로서(진실성담보설, 통설·판례), 자백과 서로 어울려서 전체로서 범죄사실을 인정할 수 있으면 유죄의 증거로 충분하고, 나아가 사람의 기억에는 한계가 있는 만큼 자백과 보강증거 사이에 어느 정도의 차이가 있어도 중요부분이 일치하고 그로써 진실성이 담보되면 보강증거로서의 자격이 있다.

Ⅱ 보강증거의 요부 및 증명력

1. 보강증거의 요부

(1) 범죄사실

① 보강증거 필요 : 자백을 유죄의 증거로 하기 위해서, 피고인이 자백한 범죄의 **객관적 구성요건**에 해당하는 사실에 대해서는 보강증거가 필요하다.

② 보강증거 불요

(가) 범죄의 주관적 요소 : 견해가 대립하나, 주관적 요소에 대한 보강증거를 얻은 것은 현실적으로 어려우므로 **고의·목적 등의 주관적 요소는 자백만으로 인정할 수 있고 보강증거가 필요 없다**(통설·판례).[1] [경찰승진 11, 경찰채용 10 1차]

(나) 범죄구성요건 이외의 사실 : **처벌조건**에 관한 사실이나 **누범가중사유인 전과**(대법원 1979.8.21, 79도1528; 1981.6.9, 81도1353), **확정판결의 존부** 및 **정상**에 관한 사실은 범죄사실(범죄를 구성하는 사실)이 아니므로 **보강증거를 요하지 않고** 피고인의 자백만으로도 인정할 수 있다. [법원9급 14, 교정9급특채 10, 경찰간부 13/15, 해경간부 12, 경찰승진 13, 경찰채용 11 1차/13 2차]

(2) 범인과 피고인의 동일성 : 범죄사실에 대한 보강증거가 있는 이상, 범인과 피고인의 동일성은 피고인의 자백만으로도 인정할 수 있다(**불필요설** : 통설).[2] 목격자 없는 범죄의 경우에 보강증거를 구하는 것은 극히 곤란하기 때문이다.

(3) 죄수와 보강증거

① 경합범 : 실질적으로 수죄이므로 **각 범죄사실에 관하여 자백에 대한 보강증거가 필요**하다(대법원 1959.6.30, 4292형상122; 2008.2.14, 2007도10937). [국가9급 12, 경찰간부 13]

> **대법원 2008.2.14, 2007도10937** [경찰승진 10]
>
> 실체적 경합범은 실질적으로 수죄이므로 각 범죄사실에 관하여 자백에 대한 보강증거가 있어야 한다. 따라서 필로폰 매수 대금을 송금한 사실에 대한 증거가 필로폰 매수죄와 실체적 경합범 관계에 있는 필로폰 투약행위에 대한 보강증거가 될 수 없다.

② 상상적 경합 : 상상적 경합은 실체법상 수죄이므로 각 죄에 대한 보강증거가 필요하다는 학설과 소송법상 일죄로 처리하므로 가장 중한 죄에 대해서만 보강증거가 있으면 족하다는 학설이 대립하나, 1개의 행위이므로 논의의 실익은 크지 않다.

③ 포괄일죄 : 개별적 행위가 모여 구성요건상 독립된 가중적 처벌규정이 되는 경우(예 상습범 등)**에 한하여 각 행위에 대한 보강증거가 필요**하다(대법원 1996.2.13, 95도1794). [법원9급 11, 경찰간부 13/15, 경찰승진 11/13, 경찰채용 12 3차]

정리 6개월간 6회의 절도행위가 상습절도죄의 포괄일죄를 구성하는 경우, ① 공소사실의 특정, ② 공소장변경, ③ 공소시효와 같이 공소와 관련되어서는 전체적·포괄적으로 정하면 되지만, ④ 보강증거에 있어서는 각 개별행위에 대해 보강증거 要.

---

1) [참고] 고의는 범죄성립의 중요한 요소이므로 고의를 추정케 하는 간접증거가 보강증거로서 필요하다는 입장도 있다(배/이/정/이).

2) [참고] 피고인과 범인이 동일인이라는 점에 대해서는 별도의 보강증거가 필요하다는 입장도 있다(신양균).

대법원 1996.2.13, 95도1794 [법원9급 11, 경찰간부 13/15, 경찰승진 11/13, 경찰채용 12 3차/23 1차]

포괄일죄 중 상습범에 있어서는 각 행위에 대한 보강증거가 있어야 한다는 사례

소변검사 결과는 1995.1.17.자 투약행위로 인한 것일 뿐 그 이전의 4회에 걸친 투약행위와는 무관하고, 압수된 약물도 이전의 투약행위에 사용되고 남은 것이 아니므로, 위 소변검사 결과와 압수된 약물은 결국 피고인이 투약습성이 있다는 점에 관한 정황증거에 불과하다 할 것인바(앞서 보강증거의 자격에서 전술함), 피고인의 습벽을 범죄구성요건으로 하며 포괄1죄인 상습범에 있어서도 이를 구성하는 각 행위에 관하여 개별적으로 보강증거를 요구하고 있는 점에 비추어 보면 투약습성에 관한 정황증거만으로 향정신성의약품관리법 위반죄의 객관적 구성요건인 각 투약행위가 있었다는 점에 관한 보강증거로 삼을 수는 없다.

2. 보강증거의 증명력

보강증거의 범위에 관한 진실성담보설에 의할 때, **보강증거만으로는 범죄사실을 인정할 수 없다고 하더라도, 자백과 종합하여 범죄사실을 인정할 수 있을 정도의 증명력이면 족하다**(**상대설** : 통설 · 판례, 대법원 2002.1.8, 2001도1897).[1] [법원9급 11/14]

05 자백보강법칙 위반의 효과

자백보강법칙 위반은 제310조의 법률의 위반에 해당하므로, ① 자백이 유일한 증거임에도 유죄판결을 선고한 경우에는 항소이유(제361조의5 제1호) 또는 상고이유(제383조 제1호)에 해당한다. 또한 ② 자백이 유일한 증거임에도 유죄판결이 확정된 경우에는 비상상고의 이유가 된다(제441조). 다만, ③ 이는 무죄의 증거가 새로 발견된 경우에는 해당하지 아니하므로 재심사유(제420조 제5호)는 될 수 없다.

대법원 2007.11.29, 2007도7835 [경찰승진 10, 경찰채용 15 1차]

자백보강법칙 위반은 그 자체로 판결 결과에 영향을 미친 위법이 있다는 사례

피고인의 자백이 그 피고인에게 불이익한 유일의 증거인 때에는 이를 유죄의 증거로 하지 못하는 것이므로, 보강증거가 없이 피고인의 자백만을 근거로 공소사실을 유죄로 판단한 경우에는 그 자체로 판결 결과에 영향을 미친 위법이 있는 것으로 보아야 한다.

보충 제1심법원이 증거의 요지에서 피고인의 자백을 뒷받침할 만한 보강증거를 거시하지 않았음에도, 원심이 적법하게 증거조사를 마쳐 채택한 증거들로 피고인의 자백을 뒷받침하기에 충분하므로 제1심법원의 잘못이 판결 결과에 아무런 영향을 미치지 않았다고 본 원심판결에 대하여, 형사소송법 제310조, 제361조의5 제1호 위반을 이유로 파기하고 자판한 사례이다.

제9절 공판조서의 배타적 증명력

01 총 설

I 의 의

1. 개 념

공판조서(公判調書, protocol of trial)란 공판기일의 소송절차가 법정의 방식에 따라 적법하게 행하여졌는지

1) [참고] 보강증거의 증명력에 대해서는, ① 보강증거 자체만으로 범죄사실을 증명할 수 있어야 한다는 절대설(차/최)과 ② 보강증거 자체만으로는 범죄사실을 인정할 수 없다 하더라도 자백과 종합하여 자백이 가공적인 것이 아니고 진실하다고 인정될 정도의 증명력이면 족하다는 상대설(통설 · 판례)이 대립한다. ③ 결론적으로, 통설 · 판례는 보강증거의 범위에 관하여 진실성담보설을 취하므로, 보강증거의 증명력에 관해서도 상대설의 입장이며, 보강증거는 실질증거의 증명력을 보강하는 증거이지 실질증거 그 자체가 아니라는 점에서 상대설이 타당하다.

여부를 인증하기 위하여 법원사무관 등이 공판기일의 소송절차 경과를 기술하는 조서를 말하는바, 법 제56조는 **"공판기일의 소송절차로서 공판조서에 기재된 것은 그 조서만으로써 증명한다."** [국가9급 08] 따라서 소송절차에 관한 사실은 공판조서의 기재가 소송기록상 **명백한 오기인 경우를 제외하고는 공판조서에 기재된 대로 공판절차가 진행된 것으로 증명**되고, 다른 자료에 의한 **반증은 허용되지 아니한다**(대법원 1993.11.26, 93도2505; 1995.4.14, 95도110; 1996.4.9, 96도173; 대법원 2005.10.28, 2005도5996)(**절대적 증명력**). [법원9급 11/12, 국가9급 11, 경찰간부 12, 경찰채용 10 2차] 이 점에서 공판조서의 배타적 증명력은, 증거의 증명력은 법관의 자유판단에 의한다는 **자유심증주의의 예외**가 된다.

2. 취지－상소심 절차의 지연 방지

공판조서에 기재된 원심 공판절차의 존부나 적법성을 상소심에서 다시 심리해야 한다면 원심의 법관이나 법원사무관 등을 증인으로 소환·신문하여야 하므로 불필요하고 번거로운 소송절차의 지연을 초래하게 될 것이다. 바로 여기에 공판조서의 배타적 증명력을 인정한 취지가 있다(**상소심절차의 지연 방지 + 상소심은 유·무죄 실체심리에 집중**).

보충 공판조서의 배타적 증명력은 예컨대, 2심과 3심의 심급에서 그 원심의 공판조서의 증명력을 배타적으로 인정하는 것을 말한다. 예컨대, 1심의 결정적인 목격자인 증인이 증인신문에 앞서 선서하지 않고 증언하여 유죄판결이 선고되었는데(∴ 1심 판결은 위법), 2심에서는 1심에서 선서가 있었는지에 관하여 공판조서로서만 확인하면 된다.

Ⅱ 공판조서의 정확성 보장

1. 의 의

공판조서의 배타적 증명력을 인정하기 위한 전제로서 공판조서 기재의 정확성을 보장하기 위한 장치가 필요하게 된다(제2편 소송주체와 소송행위 중 공판조서 참조).

2. 기명날인 또는 서명

공판조서는 당해 **공판에 참여한 법원사무관 등이 작성**한다(제51조 제1항). 공판조서는 그 기재의 정확성을 담보하기 위하여 **재판장과 참여한 법원사무관 등이 기명날인 또는 서명**해야 한다(제53조 제1항).[1]

3. 공판조서 기재변경청구·이의제기권 및 열람·등사권

(1) **공판조서의 정리와 주요사항 고지** : 공판조서는 각 공판기일 후 신속히 정리하여야 한다(제54조 제1항). 다음 회의 공판기일에 있어서는 전회의 공판심리에 관한 주요사항의 요지를 **조서에 의하여 고지**하여야 한다. 다만, 다음 회의 공판기일까지 전회의 공판조서가 정리되지 아니한 때에는 **조서에 의하지 아니하고 고지**할 수 있다(동조 제2항).

(2) **공판조서 기재변경청구·이의제기권** : 검사, 피고인 또는 변호인은 공판조서의 **기재에 대하여 변경을 청구하거나 이의를 제기**할 수 있다(제54조 제3항). 이 경우 그 취지와 이에 대한 재판장의 의견을 기재한 조서를 당해 공판조서에 첨부하여야 한다(동조 제4항).

(3) **열람·등사권** : 피고인과 변호인은 소송계속 중의 관계 서류 또는 증거물을 열람하거나 복사할 수 있으며(제35조 제1항), **피고인은 공판조서의 열람 또는 등사를 청구할 수 있다**(제55조 제1항). 다만, 피고인이 공판조서를 읽지 못하는 때에는 공판조서의 낭독을 청구할 수 있다(동조 제2항). 법원이 제55조 제1항·제2항의 청구에 응하지 아니한 때에는 그 공판조서를 유죄의 증거로 할 수 없다(동조 제3항).

---

1) [참고] 제53조(공판조서의 서명 등) ② 재판장이 기명날인 또는 서명할 수 없는 때에는 다른 법관이 그 사유를 부기하고 기명날인 또는 서명하여야 하며 법관 전원이 기명날인 또는 서명할 수 없는 때에는 참여한 법원사무관 등이 그 사유를 부기하고 기명날인 또는 서명하여야 한다. 〈개정 2007.6.1.〉
③ 법원사무관 등이 기명날인 또는 서명할 수 없는 때에는 재판장 또는 다른 법관이 그 사유를 부기하고 기명날인 또는 서명하여야 한다. 〈개정 2007.6.1.〉

대법원 2003.10.10, 2003도3282

피고인의 공판조서에 대한 열람 또는 등사청구권이 침해된 경우의 처리 : 공판조서 증거 ×

공판에 참여한 서기관 또는 서기(현 법원사무관 등)는 공판기일에서의 피고인의 진술과 증인의 진술을 공판조서에 기재하여야 하고(법 제51조 제1항, 제2항 제8호, 제48조 제2항), 피고인이나 피고인 아닌 자의 진술을 기재한 당해 사건의 공판조서는 법 제311조 전문의 규정에 의하여 당연히 증거능력이 있다. 한편, 법이 피고인에게 공판조서의 열람 또는 등사청구권(제55조 제1항)을 부여한 이유는 공판조서의 열람 또는 등사를 통하여 피고인으로 하여금 진술자의 진술내용과 그 기재된 조서의 기재내용의 일치 여부를 확인할 수 있도록 기회를 줌으로써 그 조서의 정확성을 담보함과 아울러 피고인의 방어권을 충실하게 보장하려는 데 있다 할 것이므로, 피고인의 공판조서에 대한 열람 또는 등사청구에 법원이 불응하여 피고인의 열람 또는 등사청구권이 침해된 경우에는 그 공판조서를 유죄의 증거로 할 수 없을 뿐만 아니라(제55조 제3항), 공판조서에 기재된 당해 피고인이나 증인의 진술도 증거로 할 수 없다고 보아야 한다(다만, 원하는 시기에는 못했지만 변론종결 전에 열람·등사했고 방어권 지장 없으면 증거로 할 수 있다는 판례는 2007도3906, 공판조서 부분에서 기술함).

02 배타적 증명력이 인정되는 범위

I 공판기일의 소송절차

1. 공판기일의 절차

(1) 공판기일의 절차 : 공판조서만으로써 증명하는 것은 **'공판기일'**의 절차에 한한다.

(2) 공판기일 외 절차 : 당해 사건에 관한 절차라 할지라도 **'공판기일 외'**에서 행하는 절차에 대해서는 배타적 증명력이 인정되지 않는다.

예 증거보전절차, 공판준비절차, 공판기일 외의 증인신문 · 검증절차 등.

2. 소송절차

(1) 소송절차 : 공판기일의 절차 가운데 **'소송절차'**에 대해서만 공판조서의 배타적 증명력이 인정된다. 소송절차에 관한 것인 이상 **소송절차의 적법성**뿐만 아니라 그 **존부**에 대해서도 배타적 증명력이 인정된다.

예 공판기일의 진술거부권 고지, 재판의 **공개금지결정**이 있었다는 사실, 공소장변경의 신청 및 허가, **증거동의**, 증언거부권의 고지, 증인의 선서, 증인이 증언하였다는 사실, 피고인이 진술하였다는 사실, 각 공판기일에 재판장이 피고인에게 **전회 공판심리에 관한 주요사항의 요지를 고지**한 사실(대법원 2003.10.10, 2003도3282), 검사 · 피고인 · 변호인의 최종변론이 있었다는 사실 등.

판례연구 공판기일의 소송절차

1. **대법원 2012.6.14, 2011도12571; 2015.8.27, 2015도3467** [법원9급 11, 국가9급 11, 경찰간부 12, 경찰채용 10 2차]

증거에 관한 피고인의 의견이 기재된 증거목록의 증명력

공판조서의 기재가 명백한 오기인 경우를 제외하고는 공판기일의 소송절차로서 공판조서에 기재된 것은 조서만으로써 증명하여야 하고 그 증명력은 공판조서 이외의 자료에 의한 반증이 허용되지 아니하는 절대적인 것이므로, 검사가 제출한 증거에 관하여 동의 또는 진정성립 여부 등에 관한 피고인의 의견이 증거목록에 기재된 경우에는 그 증거목록의 기재는 공판조서의 일부로서 명백한 오기가 아닌 이상 절대적인 증명력을 가지게 된다.

2. **대법원 2013.7.26, 2013도2511** [경찰간부 14]

1심 공판조서에 기재된 공개금지결정

제1심 공판조서에 제1심법원이 공개금지결정을 선고한 후 위 수사관들에 대하여 비공개 상태에서 증인신문절차를 진행한 것으로 기재된 이상 그 공개금지결정 선고 여부에 대하여 공판조서 이외의 다른 방법에 의한 증명이나 반증은 허용되지 않는다.

3. **대법원 2016.3.10, 2015도19139** [경찰간부 22, 국가7급 16/17/20]

공판기일의 공판조서에 검사 제출 증거에 대해 피고인이 동의한다는 기재의 증명력

법 제318조에 규정된 증거동의는 소송주체인 검사와 피고인이 하는 것이고, 변호인은 피고인을 대리하여 증거동의에 관한

의견을 낼 수 있을 뿐이므로, 피고인이 변호인과 함께 출석한 공판기일의 공판조서에 검사가 제출한 증거에 대하여 동의한다는 기재가 되어 있다면 이는 피고인이 증거동의를 한 것으로 보아야 하고, 그 기재는 절대적인 증명력을 가진다.

(2) 실체면 : 법원 · 법관의 면전조서는 제311조에 의하여 절대적 증거능력이 인정되나, **실체면**에 대해서는 배타적 증명력이 인정되지 않으므로 다른 증거에 의하여 다툴 수 있다(예 증인의 증언의 내용, 피고인이 진술한 내용, 검사 · 피고인 · 변호인의 최종변론의 내용 등).

Ⅱ 공판조서에 기재된 소송절차

1. 기재된 소송절차 – 배타적 증명력

공판조서의 **배타적 증명력**은 공판기일의 소송절차 가운데 **공판조서에 기재된 소송절차**에 대해서만 미친다.[1] 공판조서에 기재된 사항은 필요적 기재사항인가 아닌가는 불문한다.

2. 기재되지 않은 소송절차 – 자유심증주의

(1) 기재되지 않은 경우

① 공판조서 이외의 자료에 의한 증명 : 공판조서에 **기재되지 않은 소송절차**는 **공판조서 이외의 자료에 의한 증명**이 허용된다. 소송법적 사실에 관한 증명이므로 **자유로운 증명**으로 족하다. 예컨대 공판조서에 증인이 출석하여 증언을 하였다고 기재되어 있고 선서 여부는 기재되어 있지 않은 경우, 자유로운 증명에 의한다.

② 부존재 추정의 금지 : 공판조서에 기재되지 않았다고 하여 **그 소송절차의 부존재가 추정되는 것은 아니고,** 법원이 통상 행하는 소송절차인 경우에는 **당해 절차가 적법하게 행해졌다는 점이 사실상 추정**된다(적법한 소송절차의 사실상 추정).

판례연구 공판조서 미기재 소송절차의 증명

1. 대법원 1972.12.26, 72도2421

인정신문이 있었던 사실이 추정되고, 다만 조서의 기재에 이 점에 관한 누락이 있었을 따름인 사례

공판조서에 피고인에 대하여 인정신문을 한 기재가 없다 하여도 같은 조서에 피고인이 공판기일에 출석하여 공소사실신문에 대하여 이를 시정하고 있는 기재가 있으니 인정신문이 있었던 사실이 추정된다 할 것이고, 다만 조서의 기재에 이 점에 관한 누락이 있었을 따름인 것이 인정된다.

2. 대법원 2023.6.15, 2023도3038

공판조서에 기재되지 않은 소송절차의 존재의 증명의 방법

공판기일의 소송절차로서 판결 기타의 재판을 선고 또는 고지한 사실은 공판조서에 기재되어야 하는데(형사소송법 제51조 제1항 · 제2항 제14호), 공판조서의 기재가 명백한 오기인 경우를 제외하고는, 공판기일의 소송절차로서 공판조서에 기재된 것은 조서만으로써 증명하여야 하고 그 증명력은 공판조서 이외의 자료에 의한 반증이 허용되지 않는 절대적인 것이다(대법원 2005.12.22, 2005도6557). 반면에 어떤 소송절차가 진행된 내용이 공판조서에 기재되지 않았다고 하여 당연히 그 소송절차가 당해 공판기일에 행하여지지 않은 것으로 추정되는 것은 아니고 공판조서에 기재되지 않은 소송절차의 존재가 공판조서에 기재된 다른 내용이나 공판조서 이외의 자료로 증명될 수 있고, 이는 소송법적 사실이므로 자유로운 증명의 대상이 된다.

(2) 불분명한 기재 등의 경우

① 기재의 불분명 · 모순 : 공판조서의 기재는 명확함을 요하므로, 그 기재가 불명확하거나 모순이 있는 경우에는 **배타적 증명력이 인정되지 않는다.** 이 경우 법관의 자유로운 심증에 따른다.

---

1) [보충 – 공판조서 기재사항] 공판조서에는 다음 사항 기타 모든 소송절차를 기재하여야 한다(법 제51조 제2항). 1. 공판을 행한 일시와 법원, 2. 법관, 검사, 법원사무관 등의 관직, 성명, 3. 피고인, 대리인, 대표자, 변호인, 보조인과 통역인의 성명, 4. 피고인의 출석 여부, 5. 공개의 여부와 공개를 금한 때에는 그 이유, 6. 공소사실의 진술 또는 그를 변경하는 서면의 낭독, 7. 피고인에게 그 권리를 보호함에 필요한 진술의 기회를 준 사실과 그 진술한 사실, 8. 제48조 제2항에 기재한 사항, 9. 증거조사를 한 때에는 증거될 서류, 증거물과 증거조사의 방법, 10. 공판정에서 행한 검증 또는 압수, 11. 변론의 요지, 12. 재판장이 기재를 명한 사항 또는 소송관계인의 청구에 의하여 기재를 허가한 사항, 13. 피고인 또는 변호인에게 최종 진술할 기회를 준 사실과 그 진술한 사실, 14. 판결 기타의 재판을 선고 또는 고지한 사실

대법원 1988.11.8, 86도1646 [경찰채용 10 2차]

기재내용이 서로 다른 공판조서(기재의 불분명·모순)에 대한 증명력 : 자유심증주의

동일한 사항에 관하여 두 개의 서로 다른 내용이 기재된 공판조서가 병존하는 경우 양자는 동일한 증명력을 가지는 것으로서 그 증명력에 우열이 있을 수 없다고 보아야 할 것이므로 그 중 어느 쪽이 진실한 것으로 볼 것인지는 공판조서의 증명력을 판단하는 문제로서 법관의 자유로운 심증에 따를 수밖에 없다.

② 명백한 오기 : 공판조서의 기재가 소송기록상 **명백한 오기**인 경우에는 공판조서는 그 오기 부분의 **증명력은 없고 올바른 내용에 따라 증명력**을 가진다(대법원 1995.4.14, 95도110 등). [경찰간부 14] 명백한 오기인지 여부의 판단은 공판조서의 기재만으로 판단해야 한다(다수설).[1] 예컨대, 공판조서에 검사가 '고소장' 변경신청을 하여 법원이 공소사실의 동일성을 확인하여 이를 허가하였다고 기재되어 있으면, 이는 고소장이 아니라 공소장 변경신청으로 새겨야 할 것이다.

보충 공판기일의 소송절차로서 공판조서에 기재된 것은 조서만으로써 증명하여야 하는데, 이는 공판조서의 기재가 명백한 오기인 경우에도 동일하다. [경찰간부 14] (×)

대법원 1995.4.14, 95도110

공판조서의 공판기일의 소송절차 기재가 소송기록상 명백한 오기인 경우에는 배타적 증명력은 배제되고 자유심증주의에 의함

형사소송법 제56조는 "공판기일의 소송절차로서 공판조서에 기재된 것은 그 조서만으로써 증명한다"고 규정하고 있으므로 소송절차에 관한 사실은 공판조서에 기재된 대로 공판절차가 진행된 것으로 증명되고 다른 자료에 의한 반증은 허용되지 아니하나, 공판조서의 기재가 소송기록상 명백한 오기인 경우에는 공판조서는 그 올바른 내용에 따라 증명력을 가진다(법관의 자유심증에 의함).

03 배타적 증명력 있는 공판조서

I 당해 사건의 유효한 공판조서

1. 당해 사건의 공판조서

공판조서의 배타적 증명력은 **당해 사건의 공판조서**에 대해서만 인정되고, 다른 사건의 공판조서에 대해서는 인정되지 않는다.

보충 피고인 A의 공판절차에서 증인으로 소환되어 증언한 B가 위증죄로 기소된 경우, 피고인 B에 대한 공판절차에서 B가 A 사건에서 증인신문 전 선서한 사실이 있는가의 증명은 A 사건 공판조서의 기재에도 불구하고 (B 사건에서는 B 사건 공판조서만 절대적 증명력이 있고 A 사건 공판조서는 절대적 증명력이 없으므로) 다른 증거로 그 선서의 존부를 다툴 수 있다.

정리 ① 당해 사건의 공판조서 : 절대적 증거능력 인정(제311조), 절대적 증명력 인정(제56조), ② 다른 사건의 공판조서 : 절대적 증거능력 인정(제315조 제3호), 절대적 증명력 부정(∵ 당해 사건 ×)

대법원 2014.3.27, 2014도1200; 2012.6.14, 2011도15653

다른 사건의 공판조서 : 형사재판에서 관련 형사사건의 확정판결에서 인정된 사실의 증명력

형사재판에서 이와 관련된 다른 형사사건의 확정판결에서 인정된 사실은 특별한 사정이 없는 한 유력한 증거자료가 되는 것이나, 당해 형사재판에서 제출된 다른 증거 내용에 비추어 관련 형사사건의 확정판결에서의 사실판단을 그대로 채택하기 어렵다고 인정될 경우에는 이를 배척할 수 있다.

1) [참고] 반대견해로서 공판조서 이외의 다른 자료도 참조할 수 있다는 입장도 있다(이/조).

2. 유효한 공판조서

공판조서의 배타적 증명력은 유효한 공판조서의 존재를 전제로 하므로, 공판조서가 처음부터 작성되지 않는 경우나 도중에 멸실된 경우 또는 **중대한 방식위반으로 무효인 경우**(예 당해 공판기일에 열석하지 아니한 판사가 재판장으로서 서명 · 날인한 경우 - 대법원 1983.2.8, 82도2940)에는 배타적 증명력이 인정되지 않는다. [법원9급 08, 국가7급 09, 경찰승진 10]

> **대법원 1983.2.8, 82도2940**
>
> 유효하지 않은 공판조서 : 당해 공판기일에 열석하지 아니한 판사가 재판장으로서 서명 날인한 공판조서의 증명력
>
> 공판조서에 서명날인할 재판장은 당해 공판기일에 열석한 재판장이어야 하므로 **당해 공판기일에 열석하지 아니한 판사가 재판장으로서 서명날인한 공판조서**는 적식의 공판조서라고 할 수 없어 이와 같은 공판조서는 소송법상 무효라 할 것이므로 공판기일에 있어서의 소송절차를 증명할 **공판조서로서의 증명력이 없다.**

Ⅱ 공판조서의 멸실 · 무효

공판조서가 무효이거나 멸실된 경우에 상소심에서 원심의 소송절차의 위법을 주장하면서 다른 자료를 사용할 수 있는가에 대해서는, ① 판례는 **다른 자료로 다툴 수 없으므로 파기환송**해야 한다는 입장이나(소극설, 대법원 1950.12.4, 4283형상9), ② 현행법은 항소심의 심판에 관하여 파기자판을 원칙으로 하고 있다는 점 및 공판조서의 멸실 · 무효는 결국 공판조서에 기재되지 아니한 소송절차의 경우와 같다는 점을 고려할 때 자유심증주의에 의해 다른 자료에 의한 사실의 인정이 가능하다고 보아야 한다(적극설, 통설).

memo

부 록

판례색인

| 헌법재판소 |

memo

memo

memo

memo

memo

주요(편)저서

- 백광훈 통합 형법총론
- 백광훈 통합 형법각론
- 백광훈 통합 형사소송법(1·2)
- 백광훈 통합 형사소송법의 수사와 증거
- 백광훈 풀어쓴 형사법전
- 백광훈 형법 최신판례집(최판총)
- 백광훈 형사소송법 최신판례집(최판총)
- 백광훈 형법 새로 쓴 필기노트
- 백광훈 형사소송법 간추린 필기노트
- 백광훈 경찰형사법 필기노트
- 백광훈 형법총론 퍼펙트 써머리(퍼써)
- 백광훈 형법각론 퍼펙트 써머리(퍼써)
- 백광훈 형사소송법 퍼펙트 써머리(퍼써)
- 백광훈 형사소송법의 수사와 증거 퍼펙트 써머리(퍼써)
- 백광훈 통합 기출문제집 형법
- 백광훈 통합 기출문제집 형사소송법
- 백광훈 통합 기출문제집 형사소송법의 수사와 증거
- 백광훈 통합 핵지총 OX 형법총론
- 백광훈 통합 핵지총 OX 형법각론
- 백광훈 통합 핵지총 OX 형사소송법
- 백광훈 통합 핵지총 OX 형사소송법의 수사와 증거
- 백광훈 HOT 형법 최근 1년간 기출총정리
- 백광훈 HOT 형사소송법 최근 1년간 기출총정리

주요논문

- 잘못된 사법개혁, 시민과 변호사(1996/2), 서울지방변호사회
- 미국의 검사제도에 관한 연구, 연세대학교 법학과 대학원 석사 학위 논문(1997)
- 인터넷범죄의 규제법규에 관한 연구, 한국형사정책연구원(2000)
- 해킹범죄와 그 처벌법규 및 문제점, 한국정보보호센터 제4회 해킹방지 워크숍 발표논문, 정보통신부(2000/12)
- 사이버음란물과 처벌법규, 정보보호뉴스(2001/3), 한국정보보호센터
- 사이버스토킹과 그 처벌법규 및 문제점, 정보보호21C(2001/3), 시큐리티월드
- 정보통신범죄의 분류와 정보통신내용범죄의 처벌법규, 정보통신윤리위원회 정기학술포럼 발표논문(2001/9)
- 사이버테러리즘에 관한 연구, 한국형사정책연구원(2001)
- 사이버성폭력에 관한 형사법적 검토, 수사연구(2002/1)
- 인터넷을 이용한 범죄의 유형과 처벌법규, 한국범죄방지재단 정기세미나 발표논문(2003/5)
- 바람직한 검찰개혁의 방향, 한국형사정책연구원(2003)
- 수사상 녹음 · 녹화자료의 증거능력 부여방안(법무부 Project), 법무부 · 한국형사정책연구원(2003)
- 사이버범죄에 대한 ISP의 형사책임에 관한 연구, 한국형사정책연구원(2003)
- 미란다원칙의 재조명, 수사연구(2004/4)
- 미국 형사절차상 비디오녹화제도에 관한 小考, 한국형사정책연구원 15주년 기념논문집(2004)

경단기

2025

백광훈 통합
형사소송법의 수사와 증거

기본서

동영상강의 | **[경단기] gyung.conects.com**

학습문의 | 백광훈형사법수험연구소 http://cafe.daum.net/jplpexam

펴낸날 | 3판 1쇄 2024년 6월 1일 **지은이** | 백광훈 **펴낸이** | 안종만 · 안상준 **펴낸곳** | ㈜박영사
주소 | 서울특별시 금천구 가산디지털2로 53, 210호 **전화** | 02-733-6771 **팩스** | 02-736-4818
E-mail | pys@pybook.co.kr **Homepage** | www.pybook.co.kr
등록번호 | 1959. 3. 11. 제300-1959-1호(倫)

ISBN 979-11-303-4769-1 (13360) 값 25,000원